第四届中国石油石化安全生产与应急管理技术交流大会论文集

徐凤银　宋　宁　黄　凌　等　编著

中国石化出版社
·北京·

图书在版编目(CIP)数据

第四届中国石油石化安全生产与应急管理技术交流大会论文集 / 徐凤银, 宋宁, 黄凌编著. — 北京 : 中国石化出版社, 2024.3
ISBN 978-7-5114-7457-5

Ⅰ.①第… Ⅱ.①徐… ②宋… ③黄… Ⅲ.①石油化工企业-安全生产-中国-文集②石油化工企业-安全管理-中国-文集 Ⅳ.①F426.22-53②TE687-53

中国国家版本馆 CIP 数据核字(2024)第 049915 号

中国石化出版社出版发行
地址:北京市东城区安定门外大街 58 号
邮编:100011 电话:(010)57512500
发行部电话:(010)57512575
http://www.sinopec-press.com
E-mail:press@sinopec.com
北京鑫益晖印刷有限公司印刷
全国各地新华书店经销
*
880 毫米×1230 毫米 16 开本 46.25 印张 2886 千字
2024 年 3 月第 1 版 2024 年 3 月第 1 次印刷
定价:180.00 元

《第四届中国石油石化安全生产与应急管理技术交流大会论文集》

编　委　会

序

安全生产是民生大事，事关人民福祉，事关经济社会发展大局，一丝一毫不能放松。党的十八大以来，习近平总书记站在党和国家事业全局的高度，对加强安全生产工作提出一系列新理念、新思想、新战略、新要求，形成了关于安全生产重要论述，回答了抓好安全生产工作的一系列方向性、全局性、战略性重大问题，为新时代安全生产工作提供了根本遵循。

党的二十大报告提出“……提高公共安全治理水平，建立大安全大应急框架……”的总目标、总要求，为全面提高石油石化企业安全生产工作指明了目标方向。当前，世界百年未有之大变局正加速演进，国内改革发展稳定任务艰巨繁重，石油石化企业安全生产工作面临严峻挑战，牢守安全生产底线红线，从根本上消除事故隐患、提高本质安全水平，推动石油石化行业安全生产治理模式向事前预防转型，必须强化科技创新的支撑引领作用，必须充分依靠先进理念、大力推动先进技术提升防范应对各类风险的能力，从而实现高水平科技保障安全生产高质量发展。

中国石油学会认真贯彻中国科协“科创中国”行动计划，充分发挥全国一级学会的桥梁纽带作用和平台优势，以“着力夯实安全生产管理基础，强化应急处置保障能力建设”为主题，组织召开“第四届中国石油石化安全生产与应急管理技术交流大会暨新技术成果展”，旨在聚焦石油石化行业安全应急新技术创新、新理论发展和新领域探索，促进成果共享，支持石油石化产业安全生产高质量发展。本论文集围绕近年我国石油石化行业安全生产管理、应急管理、危险化学品及油气管道应急救援、技术装备推广应用等领域的重大创新成果与关键技术、人工智能与大数据领域的最新研究进展及应用成果，提出了一系列具有广阔应用前景的先进技术方案，分享了安全应急新认识、新技术、新突破及新经验，对持续推动我国石油石化行业安全生产高质量发展具有十分重要的意义。

中国石油学会会议组委会在认真审核筛选大会论文的基础上，优选部分论文汇编出版本论文集。特向参与论文撰写和编写出版做出积极贡献的同志表示祝贺，向参与本次大会的各石油化工企业、高校、研究院所及相关单位领导、专家与科技工作者表示衷心的感谢。

中国工程院院士

2024年3月11日

前　言

习近平总书记强调："安全生产是民生大事，一丝一毫不能放松，要以对人民极端负责的精神抓好安全生产工作，站在人民群众的角度想问题，把重大风险隐患当成事故来对待，守土有责，敢于担当，完善体制，严格监管，让人民群众安心放心"。"要发挥我国应急管理体系的特色和优势，借鉴国外应急管理有益做法，积极推进我国应急管理体系和能力现代化"。党的二十大报告就完善国家应急管理体系、建立大安全大应急框架作出重要部署，指明了新时代新征程我国安全生产和应急管理现代化的前进方向。广大石油石化企业和全体干部职工牢记习近平总书记重大嘱托，积极响应"能源的饭碗必须端在自己手里"号召，深入贯彻落实习近平总书记系列重要讲话精神和党的二十大决策部署，充分发挥企业科技创新主体地位，强化创新驱动发展，坚持面向世界科技前沿、面向经济主战场、面向国家重大需求、面向人民生命健康，加快实现安全生产和应急领域高水平科技自立自强，集聚力量进行安全生产和应急领域关键原创性引领性科技攻关，取得了系列重要成果，为坚决打赢核心技术攻坚战、保障石油石化安全发展、绿色发展提供了重要科技支撑。

中国石油学会充分发挥学术交流平台优势，联合中国石油、中国石化、中国海油、国家管网、国家能源、延长石油以"着力夯实安全生产管理基础，强化应急处置管理能力建设"为主题，于2024年3月19日~21日召开"第四届中国石油石化安全生产与应急管理技术交流大会"，围绕国内外石油石化安全生产、应急管理、油气管道应急基地建设等领域的政策法规标准、前沿理论和技术攻关、成果转化和产业化应用进行广泛交流，充分展示了我国石油石化行业安全生产和应急管理技术的高质量发展成果，推进了最新技术成果和应用经验共享，促进了石油石化行业安全生产和应急管理现代化水平的提高。

本次大会得到了国家有关部委、中国石油、中国石化、中国海油、国家管网、国家能源、延长石油、高等院校和科研院所等各单位广大安全应急专家和科技工作者的大力支持。大会共征集论文500余篇，中国石油学会学术交流部组织专家认真审核，择优收入133篇辑册成集并公开出版发行。全集共分三篇，分别为综合篇、安全应急管理篇、安全风险防控监测技术装备篇，内容涵盖安全生产管理与技术，应急管理与技术，国家危险化学品、油气管道应急救援基地建设经验交流与成果推广应用等领域。本论文集由徐凤银整体策划，宋宁、黄凌等负责审稿等，徐凤银最终审定。

本论文集展示的安全生产和应急管理理论、方法、装备与技术成果将助力我国石油石化行业“人防、技防、工程防、管理防”等治本措施顺利推行，攻坚解决我国石油石化行业安全生产深层次矛盾问题，夯实筑牢安全生产基层基础，加快推进安全生产治理体系和治理能力现代化，对有效防范遏制重特大事故具有十分重要的意义。

本书编委会

2024年3月

目　　录

第一篇　综合篇

第二篇　安全应急管理篇

第三篇 安全风险防控监测技术装备篇

第一篇　综合篇

为落实习近平总书记关于安全生产与应急管理的一系列重要论述和讲话精神，贯彻新发展理念，以高水平安全应急技术保障高质量发展，需要从严抓实风险防控、隐患排查整改、应急能力建设三件大事，以时时放心不下的责任感和时不我待的紧迫感，推进安全生产与应急管理事业高质量发展。本篇介绍了石油石化安全生产与应急管理领域质量提升、文化建设、队伍建设、物资调配、降本增效等各方面的先进技术、管理经验、典型案例和应对措施等。

浅谈开展健康企业建设工作的几点体会

江丽艳

（中国石油抚顺石化公司）

摘　要　本文主要介绍了健康企业建设工作开展的必要性、意义和工作内容。通过几年的摸索和实践，腈纶部建立了完善的健康管理体系和健康安全环保管理队伍；配备了较齐全的健康、安全保护设施和水处理设施，开展无异味工厂创建工作，对废水、废气和噪声实施监测，杜绝了职业病的产生。腈纶部开展应急救援和心理健康、医疗等培训，使500多人受益；加强重点人群管控、开展控烟限酒行动和健康系列活动，2023年超重、高血压、高血糖等指标的检出率明显降低，非生产亡人数量呈下降趋势，员工对健康管理的认识普遍提高。

关键词　健康企业建设；工作内容；体会

1　前言

习近平总书记在二十大报告中指出，人民健康是民族昌盛和国家富强的重要标志，要完善人民健康促进政策，坚持预防为主，加强重大慢性病健康管理，提高基层防病治病和健康管理能力，推进健康中国建设。2020年中油集团公司印发《中国石油天然气集团有限公司健康企业建设推进方案》，腈纶部作为抚顺石化公司2020年首批健康企业建设和员工健康管理的试点单位，从2021年开始推进健康企业建设工作，针对薄弱环节采取措施进行针对性改进，力求通过一系列健康管理干预方法和措施，全力推进健康企业建设，引导员工树立健康管理理念，防大病、管慢病、促健康。

2　开展健康企业建设工作的必要性

一直以来，国家卫生及医疗水平得到了大幅提高，居民的主要健康指标总体已优于中高收入国家平均水平。但随着工业化、城镇化、人口老龄化发展和生态环境、生活行为方式的变化，慢性非传染性疾病（心血管疾病、癌症、糖尿病、肝炎、艾滋病等）已成为了居民的主要死亡原因和疾病负担，腈纶部近三年非生产亡人数量有上升的苗头。为积极应对当前突出的健康问题，努力使员工不生病、少生病，提高生活质量，开展健康企业建设势在必行。

3　开展健康企业建设的意义

3.1　提升企业综合实力

通过开展健康企业建设，企业能够结合行业的特点、作业的内容、劳动者健康需求以及健康影响因素等，不断优化完善和劳动者相关的各项规章制度，从而提升企业的综合实力。

3.2　保护劳动者健康权益

开展健康企业建设，企业能从职业病防护、食品安全、饮水安全等各个方面进行提升，从而改善工作场所环境和条件，减少各类危害因素对劳动者健康的影响，自觉把法定职业病防治和健康促进的主体责任落到实处。

3.3　保障职工的健康权益、提高企业社会形象

企业通过实施一系列的措施和方法，保护工人的合法权益，减少职业病的发生率，可以增强员工的归属感、提高生产效率，进而提升企业的社会责任形象。

3.4　有利于企业的可持续发展

健康的职工队伍是企业可持续发展的前提，而良好的企业文化和企业形象又会给企业带来更多的发展机会和市场占有率，健康企业建设为企业的发展和壮大打下了坚实的基础。

4　健康企业建设开展情况

4.1　健康管理体系框架的建立

腈纶部根据《抚顺石化公司健康企业验收标准》，健全了公共卫生和职业健康管理体制机制，编写了《健康企业建设实施方案》《健康企业建设工作计划》《健康企业建设工作任务清单》等一系列指导性文件。安全环保组完善了13项职业健康管理相关制度，编写了5个工作指南；生产技术组组织6个装置在《操作规程》中增加了

一节关于职业卫生的内容：本装置主要职业危害因素及控制措施和防护措施；机动工程组编写了《腈纶部生活饮用水管理工作指南》；员工健康体检制度、无烟单位制度和女员工保护制度等执行公司管理制度。健康管理体系框架的建立，为健康企业建设工作奠定了坚实的理论基础。

4.2 成立组织机构

腈纶部高度重视健康企业建设工作，部主要负责人以书面形式签订《健康企业建设承诺书》，并向全体员工公示。2023 年 6 月腈纶部健康企业建设工作划归安全环保组，增加 1 名专职健康管理人员。该部成立了以党政领导为组长的领导小组，每周召开专题会议，协调处理了健康角标识牌制作、女员工特殊时期休息点设置和挂牌、自行车车棚改造、防暑降温物品发放等问题(图 1)。

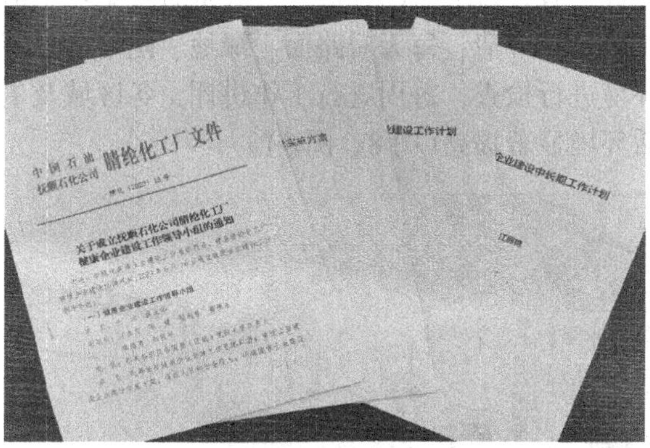

图 1　腈纶部编制的指导性文件

4.3 多角度实施宣传动员

通过多种传播方式，广泛开展健康知识普及，倡导员工主动践行合理膳食、适量运动、戒烟限酒等健康生活方式。腈纶部主页开设“健康腈纶”专栏，刊发各种健康管理知识相关文章；职工文化长廊设“健康腈纶专版”；征集健康管理漫画，加工制作成“健康管理 54 招”扑克，发放给全体员工；在广播站制作《健康腈纶》栏目，对员工进行健康知识普及。利用手机小程序，开展了健康企业建设员工感知度调查，全体员工参与，得分率为 88%(图 2、图 3)。

4.4 加强健康管理专业知识培训，开展应急培训系列活动

2023 年腈纶部完成健康培训合计 515 人次。举办了 2023 年健康职场专题宣教活动，邀请辽宁省健康安全教育中心讲师授课，对主要负责人

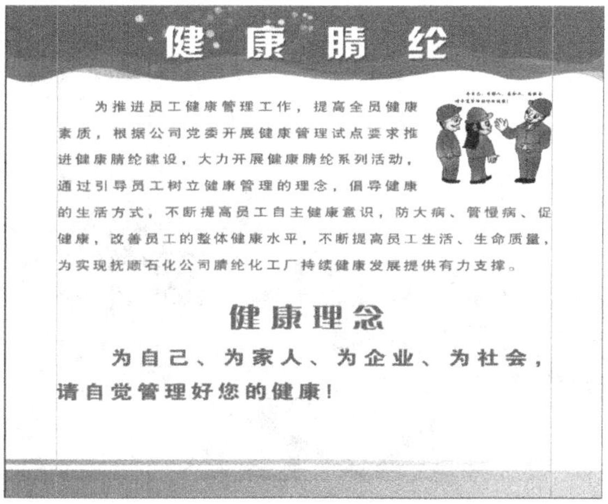

图 2　健康文化长廊展板

图 3　健康小册子

和安全管理人员进行专项培训。开展了职业危害与防护、新型防护设备培训班、中暑的预防和急救等 7 项专项培训及工作场所慢性病管理、营养与平衡膳食等健康知识培训(图 4、图 5)。

图 4　健康职场宣教现场

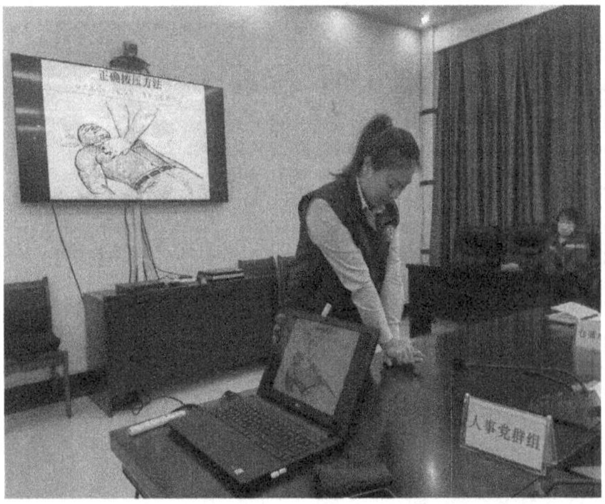

图5　健康职场宣教讲师演示

由于腈纶部主要产品为高毒类危险化学品丙烯腈，副产品是剧毒类危险化学品氢氰酸。针对这两类危险化学品，腈纶急救站配备了专职急救人员、救护车、急救药品以及喉镜、心电仪、呼吸仪等7种应急设施。此外为各单位配备急救箱，存放多种应急药品和应急救援器材。制定了《腈纶部公共卫生突发事件专项应急预案》，编写了《腈纶部2023年职业卫生应急预案》脚本，组织进行了危险化学品液氨槽车泄漏的实际演练。利用职业卫生宣传周等形式，组织开展“心肺复苏术”“窒息急救术”等员工自救互救技能培训(图6、图7)。

图6　“心肺复苏术”演示

4.5　大力开展爱国卫生运动

腈纶部结合企业实际制定了《腈纶部病媒生物预防控制管理规定》，指定专人负责预防工作，对照防病媒生物设施、病媒生物密度等要求每季度组织检查并行成记录。先后发放了鼠药、蟑螂药、洗手液、洁厕剂、小便池香薰垫、鼠药

图7　液氨槽车泄漏演练

投方盒等物品。

大力开展环境整治，先后组织机关义务植树1次，义务劳动8次，对公共区域及边缘死角进行集中整治。推行5S管理，办公区域实施定置摆放、有害垃圾密闭存放，专人定时收集；生活垃圾日产日清；每天对路面、绿地、院落等外部环境进行检查，每周进行工作讲评，各区域及生活环境显著提高(图8、图9)。

图8　机关党员义务劳动

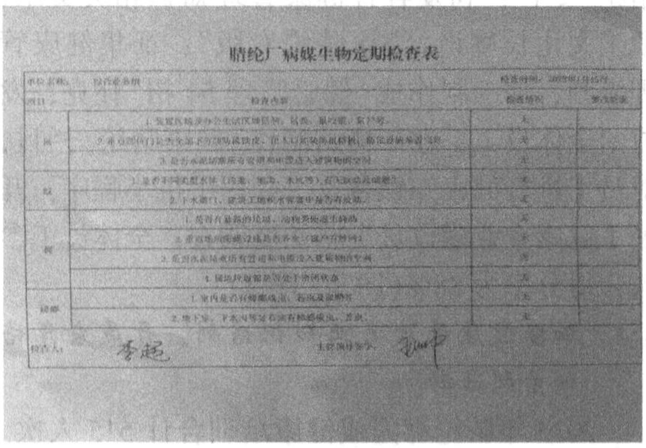
腈纶厂病媒生物定期检查表

图9　病媒生物检查记录

4.6 完善环境基础设施，创建无异味工厂

2021年腈纶部完成了厂区异味治理项目改造，对污水罐V-131、废水罐V-304的氮封系进行更新，气相进行回收、焚烧；增加V-3104丙酮罐氮封；空压机组油气放空部分增设处理设备；2022年对该项目进行完善，硫铵装置放空管直排大气的7台储槽设置氮封，气相脱凝后送至焚烧炉，此项改造总计投资234万元，内储罐直排的气体全部回收、处理后排放，满足了环保要求，保证了员工的身体健康。

2023年6月份腈纶部开展无异味工厂创建工作，安全环保组制定了《无异味工厂创建实施方案》，确定丙烯腈、化工、氰化钠等5个装置参与创建评比；组织各装置进行异味溯源排查，排查出异味产生点115个。各装置对排查出的异味点制定整改措施并积极进行整改，目前下水井井盖用塑料膜密封、或使用发泡胶将井盖孔封堵；仓储装置丙酮卸车鹤位密封圈定期检查更换；每季度对全部密封点进行LADAR检测，发现漏点及时处理。设备副部长多次带队对现场异味源进行检查，异味治理工作取得良好效果(图10、图11)。

图10 领导带队检查漏点

图11 环保人员每天检查在线运行情况

4.7 职业健康工作开展情况

2023年腈纶部完成高毒检测384点、噪声检测112点、一般毒物检测44点，职业病危害作业场所监测率达100%；作业场所职业病危害因素监测合格率达到100%。职业卫生档案室标准化，归档工程类三同时资料317份、职业健康体检1580份、健康企业管理工作资料53份、个人防护用品样品113种。强化职业病防治工作，建立、健全企业职业病防治责任制涵盖四类43项，新增归档内容5项，明确依法参加工伤社会保险内容，工作场所符合职业卫生要求6项，修订职业病防治法律法规和规章22项，公示职业卫生技术规范和标准10项。完成国家卫健委新版职业病危害项目申报录入工作和2023年全部项目三同时工作备案。腈纶部接触职业病危害415人全部完成职业健康体检备案，完成率为100%(图12、图13)。

图12 检查职业卫生档案

图13 新入厂大学生进行职业卫生培训

4.8 关注员工身体、心理健康，运动设施配置齐全

机关大楼配置3间健身室，总面积120m^2，

配置了血压仪、综合训练器、跑步机、自行车骑行器、台球球台等；基层单位会议室、倒班室等地点设立健身角，配置了乒乓球台及哑铃、跑步机等一般健身设施。区域内有一处占地 400m^2 的足球场和一处 500m^2 室内健身馆，内设有篮球、羽毛球、毽球、乒乓球、台球、健身器材等设施，可供员工在工余期间锻炼使用(图 14)。

腈纶部设立了心理咨询室，并配备了心理健康书籍、沙发、电脑、办公桌椅等，针对企业实际，制定了员工心理援助计划，以党支部为单位定期开展员工思想动态调研，对员工定期开展心理疏导工作，确保员工身心健康。同时各单位设立图书角，广大员工可以随时借阅各类修身养性、自我调整、保健养生的书籍(图 15)。

图 14　机关健身室

图 15　腈纶部心理咨询室

4.9　开展丰富多彩的娱乐、健身系列活动，创造和谐氛围

工会组织充分发挥其创造和谐氛围、助推企业发展的积极作用，开展了丰富多彩的文体活动。每年春节期间，开展“写春联送祝福”和“晒年夜饭品幸福年”活动。2021 年举办了员工随手拍、网络健步走和健康用语征集和运动明星评选等活动；2022 年针对疫情管控的新形势，开展了线上跳绳、书画摄影、平板支撑、徒步走、仰卧起坐、定点投篮、“最美腈纶厂”员工随手拍等活动；2023 年举办了员工踢毽跳绳比赛、安全技能趣味运动会等，参加了公司组织的球类比赛、摄影活动及全民健身徒步活动；开展工间操和“职业健康达人评选；近三年开展活动 18 次，参与员工 3099 人次，奖励 2050 人次，费用支出 22.5 万余元。不仅使员工强健体魄、而且增加了企业凝聚力(图 16、图 17)。

图 16　腈纶部足球队

图 17　员工跳绳比赛

4.10　探索健康工作立足点，打造金牌项目，扩大融合

（1）打造腈纶部精品品牌《职业病防治法》宣传周咨询日广场活动，2023 年宣传周活动有 90 余人参加，公司电视台及时报道宣传，在普及职业病防治和职业健康知识方面不断创新，营造全员关心关注职业健康的文化氛围(图 18)。

图 18　《职业病防治法》宣传周咨询日广场活动

（2）将“职业健康达人”评选方案融汇在三赛、三促、三提升主线活动中，在公司内赋予评选新的内涵，通过评选活动转变了公众认知的身体健康就是达人的理念，员工职业健康的理念和认知得到提升。2023 年评选出总体和分项“职业健康达人”18 人并进行了奖励(图 19)。

图 19 “职业健康达人”投票评选

（3）举办腈纶部首届安全技能趣味竞赛。寓教于乐的竞赛活动满足了员工的职业健康文化需求，员工的职业健康防护意识得到了增强，应急救援技能得到了提升，助推“百日安全无事故”竞赛深入开展(图 20~图 22)。

图 20 双人两盘水带连接比赛

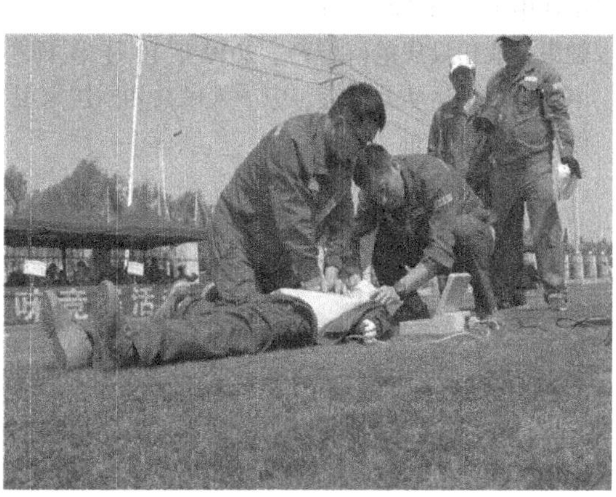

图 21 心肺复苏演示

图 22 男生女生向前冲比赛

（4）深入推广腈纶“话与画”的影响力，漫画工作室制作了多组内容，增加了承包商人员健康防护、防暑降温解读、集团公司“十大零容忍”解读卡等内容(图 23)。

图 23 健康漫画

（5）开展健康腈纶“三减三健”从我做起主题活动。2023 年 9 月份腈纶部开展减油宣传和“915”减盐周宣传等活动，宣传控制油、盐与健康的关系，制作“三减三健”公益视频，并对全厂 35 名高级管理人员进行健康知识培训，使全体员工对积极践行文明健康生活方式达成了共识(图 24)。

5 推进成效

通过推进健康企业建设工作，腈纶部建立了完善的健康管理体系和安全、环保管理队伍，健

图 24　健康腈纶“三减三健”视频

全了岗位责任制；配备了较齐全的健康、安全保护设施和水处理设施，定期对毒物、噪声进行监测，定期对有毒有害岗位员工进行身体检查；加强源头污水控制，开展无异味工厂创建工作，对废水、废气和噪声实施监测，现场有毒气体报警仪的报警率降低了 24%，杜绝了职业病的产生。腈纶部开展应急救援培训，普及 27 个班组 226 人；开展心理健康、医疗等培训，使 300 多人受益；加强重点人群管控，高血压人员实施上岗前血压监测，患病长期离岗人员进行定期回访、发放救济等，非生产亡人发生率呈下降趋势；控烟限酒行动使 13 人开始戒烟，20 余人每日减低吸烟量；各类健康系列活动，使热爱健身活动的员工不断增加，与 2022 年比较，2023 年健康体检中超重、高血压、高血糖等指标的检出率明显降低，员工对健康管理的认识普遍提高，有效提升了员工健康素养。

6　经验启示及几点体会

（1）健康企业建设的关键是体系框架的建立，只有指导性文件和相关的制度规范健全，工作标准明确，才能顺利开展各项工作。

（2）领导重视、专职人员负责是健康企业建设的另一个关键点，2023 年 6 月腈纶部健康企业建设工作由综合业务组移交到安全环保组，新配备了 1 名专职健康管理人员，每周召开一次专题会，快速理顺了工作流程，解决了 10 余项职责不清的遗留问题。

（3）落实健康企业建设专项资金是维护健康设施和开展各种活动的保障，因此年初需要明确资金预算并争取领导的支持、得到落实。

（4）健康企业建设的最终目的是减少工作场所慢性病的发生，降低非生产亡人数量，因此慢性病的管理是一项长期持续的工作，要采用各种方式引导员工树立自觉管理健康的理念。

（5）腈纶人的“画与话”、安全技能趣味运动会、职业病宣传周广场咨询日等特色活动效果良好，还可以开展健康专项合理化建议征集、采用 KEEP 小程序开展健步走竞赛、采用手指操、扔沙包等适合中老年人的方式推广工间操，达到员工积极参与、提高身体素质的目的。

（6）开展各项活动时要注意解决班组健身活动不好设计（上岗不能活动，下班难以集中）、员工参与率低的问题。

（7）健康培训方式要进行优化改进，减少课堂讲授的传统方式，多采用竞赛、岗位答题、制作小视频等员工喜闻乐见的方式，提高培训效果。

（8）应急救援要落到实处，重点是突发心脑血管疾病的急救。腈纶部每年都进行心肺复苏急救培训，只达到了“懂急救”的程度，缺少实际操作的能力，可以通过选拔部分员工参加红十字会 CPR+AED 取证培训，安全环保组聘请取证员工作为培训教师进行全员培训的方式，达到“逐个过筛子、人人会急救”的效果。

参 考 文 献

［1］党的二十大报告，北京，2022. 10
［2］“健康中国 2030”规划纲要，2016 年 10 月 25 日. 中共中央、国务院发布
［3］健康中国行动（2019—2030 年），2019 年 7 月 9 日. 中共中央、国务院发布
［4］健康企业建设规范（试行），2019 年 10 月 21 日. 全国爱国卫生运动委员会、中华人民共和国国家卫生健康委员会发布

老井复杂井筒重构工艺技术研究与应用

马　召　张应建　薛　攀　席　欢　袁绍锋　林海鹏　薛巨富　郭金波　王　皓　孙　锋

（中国石油煤层气有限责任公司临汾采气管理区）

摘　要　随着鄂尔多斯盆地东缘大宁-吉县地区浅层天然气资源开发进入中后期，下返开发接替资源越来越紧迫，深部8+9号煤层气以其分布广泛、产量稳定成为了良好的接替资源。但是，下返开发需要重构完整的井筒，以封堵射孔段为目的的井筒重构传统技术存在承压低、内通径小等一系列弊端日益凸显。为此，开展了一种老井复杂井筒重构工艺技术研究与应用，并对该技术采用的高强度膨胀管补贴技术相关的装置结构、工作原理、施工工艺及配套技术进行了详细阐述。现场应用表明：该高强度膨胀管补贴技术具有施工压力低、补贴效率高、工具性能可靠、现场操作简单等优点，能够解决射孔段补贴后内通径问题，有效满足了大规模压裂过程中井下工具的下入需求和后续完井生产管柱的下入，实现了真正意义上的复杂井筒通过高强度膨胀管补贴重构。该技术的成功应用，为煤层气井二次开发提供了新的井筒重构技术手段。

关键词　煤层气；复杂井筒；重构；补贴修复；现场应用

煤层气是一种主要由甲烷组成且储存在煤层中的烃类气体。我国煤层气地质储量丰富，经过多年的开采，部分老井出现了井筒完整性缺陷，老层需要重新封堵、重新建立压裂通道，老井层间套管渗漏、影响压裂质量等问题，制约了老井增储上产。

目前，由于老井开发层系多，下返补层压裂受层间干扰影响，难以满足大规模压裂技术要求。笔者及团队针对这些情况提出高强度膨胀管补贴为核心的复杂井筒重构技术，通过优选高性能膨胀管材，设计膨胀系统工具，开展地面模拟试验与测试，优化现场施工工艺，形成了70MPa高强度膨胀管补贴修复技术。该项技术因密封承压能力强，胀后通径大，施工工艺相对简单、安全，可用于套损修复、炮眼封堵，将在煤层气井筒重建中发挥积极作用，具有广阔的应用前景。

1　煤层气复杂井筒现状

1.1　现状

随着鄂尔多斯盆地东缘大宁-吉县地区煤层气田进入开发中后期，老井的下返二次开发及套损井延长生命周期成为稳产、上产的关键点，随之而来的复杂井筒修复工作也逐年增多。针对因腐蚀、工程事故等原因导致的套损，常用的治套技术主要有套管整形、套损井打通道、取换套管、跨隔封隔、挤水泥浆封堵、悬挂小套管、套管补贴等。

1.2　原因分析

研究区域老井开发周期长，纵向上多层系叠合发育，早期主力开发层系为山西组山2段和石盒子组盒7、盒8段。因单层系储量丰度较小，前期开发主要采用自下而上多层系立体开发，复合压裂管柱生产井占比达到57.2%，如图1所示。

自“十三五”以来，中国石油煤层气有限责任公司围绕鄂尔多斯盆地东缘大宁-吉县区块开展深部煤层气的资源勘探评价与开发试验，取得了重大突破，形成了关键开发技术。该区域整体发育深部二叠系太原组8+9号煤，直井单井产气量突破$2\times10^4m^3/d$，水平井产气量超过$10\times10^4m^3/d$，具备该区域主要增储上产接替层系。但是，从层系划分上看，太原组8+9号煤位于已开发石盒子组和山西组的下部，虽然该区域已开发的老井均钻穿本溪组，可二次开发太原组8+9号煤层气，但煤层气压裂过程中的50～60MPa压裂需要承压能力更强的完整井筒，这为井筒重构提出了新的技术挑战。

1.3　治理思路

随着以射孔段封堵为代表的老井井筒重构工作日益增多，传统挤水泥浆封堵、化学堵漏等封堵技术承压能力低，不能满足后期大规模压裂；悬挂小套管等技术会大幅度减小套管内通径，使后期射孔规模受限。而膨胀管套管补贴是最为经济和有效的手段之一，其治理后通径仅缩小两个膨胀管壁厚、可有效减小普通井筒重构加固方式造成的途径损失，同时能有效加固射孔段，是比较理想的井筒重构技术手段。

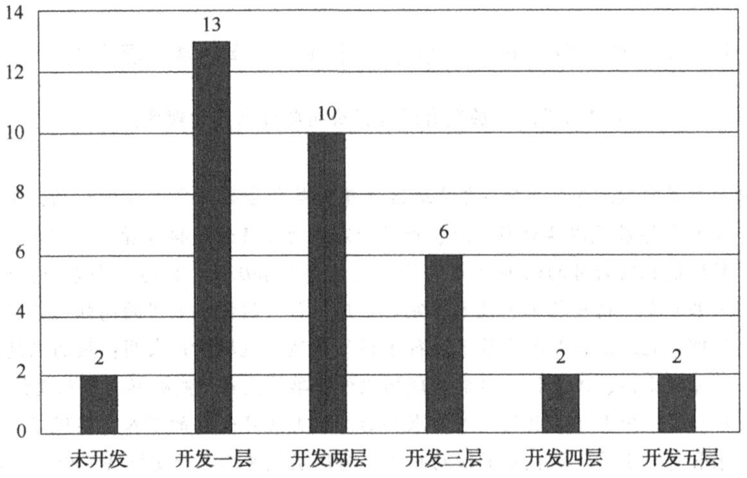

图 1　老井开发层系统计

2　高强度膨胀管补贴修复技术方案

（1）研究筛选一种满足后续压裂强度要求的高性能膨胀管材，保证管柱“下得去、胀得开、密封可靠”。

（2）研制一系列强度高、密封可靠的膨胀系统工具。通过优选膨胀工具材质与热处理方式、优化设计膨胀工具结构，提高工具强度与防卡功能，满足大井斜、大狗腿度井段膨胀施工要求；通过优化设计密封筒结构与参数，以提高密封性能，满足高温、高压密封要求；通过地面模拟试验对工具可靠性进行验证，为井下施工提供有效依据。

（3）优化设计施工流程，优选多臂井径等测井方式高效准确判断井下套损点位置，优选满足高压密封要求的作业管柱、高压泵等设备，以保障膨胀补贴施工效率与安全性。

3　技术研究

3.1　技术原理

膨胀管补贴修套技术指的是采用一种高塑性金属钢管，在液力和机械力驱动下发生径向膨胀，挤压管外的金属密封筒来实现密封，以此恢复已发生损坏的套管密封完整性。如图 2、图 3、图 4 所示可知目前所说的膨胀管补贴技术主要有三种类型，分别是实体膨胀管技术、膨胀波纹管技术和金属膨胀技术。其中实体膨胀管技术因密封压力高、工艺相对简单等优势应用范围最广泛，国内各大研究机构均采用这种方式，并根据日益提升的井下工况要求进行技术升级。

图 2　实体膨胀管技术

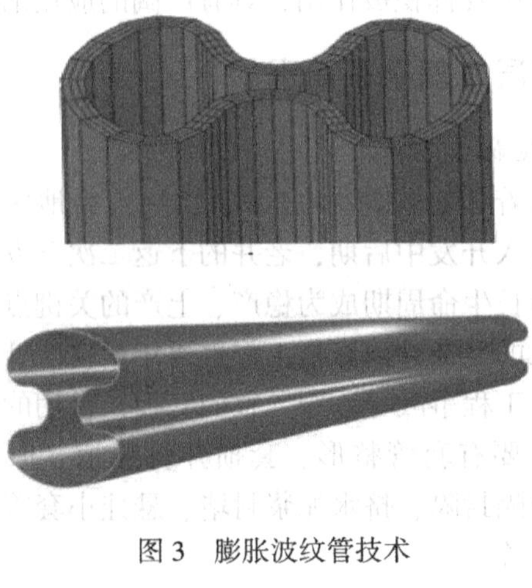

图 3　膨胀波纹管技术

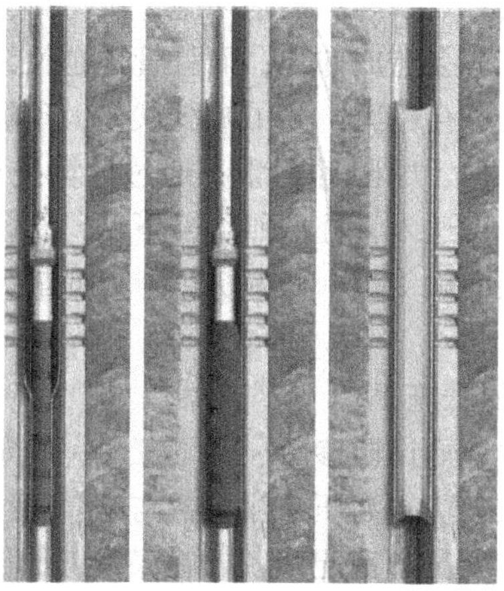

图4　金属膨胀技术

3.2　高性能膨胀管材优选

膨胀管材的优选为该项技术的核心技术之一，大量理论研究与试验表明并不是所有的管材都适合膨胀，普通管材存在胀不开、易胀裂等问题，无法满足使用要求。工程上追求的是膨胀压力尽量低，从而现场泵机条件可以满足膨胀要求；膨胀后强度尽量高，可以实现更高的密封能力。因此，为了满足井下耐高压密封工况要求，从可膨胀性、膨胀压力、膨胀后强度等几个方面进行对比分析研究，开展了管材筛选理论研究与试验验证，最终优选出表1中编号为4的膨胀管材料。

表1　几种材料膨胀力学性能试验结果

材料编号	屈服强度/MPa	抗拉强度/MPa	伸长率/%	膨胀压力/MPa	抗内压强度/MPa
1	275	500	59.0	30~35	≥60
2	300	550	55.0	35~40	≥70
3	350	600	45.0	40~45	≥80
4	400	650	40.0	40~50	≥90
5	450	700	35.0	65~70	≥95
6	500	750	30.0	75~80	≥100

3.3　工具结构组成及工作原理

膨胀管膨胀系统结构示意图如图5所示。膨胀系统采用液压膨胀原理，挤压金属密封筒，使膨胀管贴在原套管内壁上，实现密封加固。膨胀管膨胀系统包括膨胀管本体、金属密封筒、胀头短节、膨胀头、组合密封和可捞底堵等。该系统启动平稳，运行可靠，同时球体与膨胀系统一起下井，降低了投球膨胀方式的风险；密封底堵采用可捞式设计，不用下钻头或者磨鞋磨铣，提高了作业时效，规避了大斜度井段磨漏套管风险，同时也规避了因磨铣不彻底留下残渣刮伤桥塞等安全隐患。

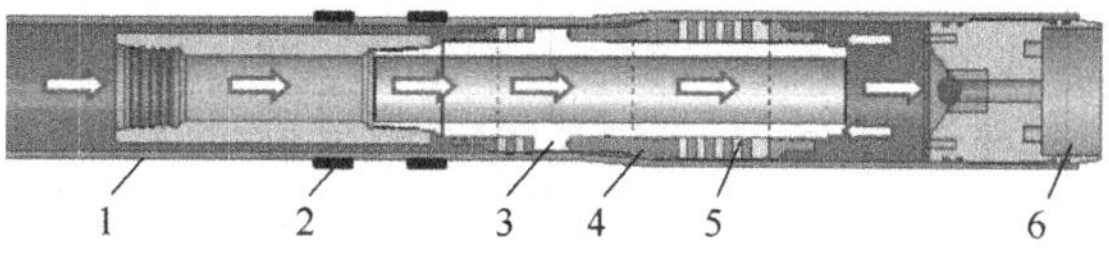

图5　膨胀管膨胀系统原理示意图

1—膨胀管本体；2—金属密封筒；3—胀头短节；4—膨胀头；5—组合密封；6—可捞式底堵

3.4　地面模拟试验

3.4.1　动力性能试验及密封测试方法

在膨胀管膨胀系统设计加工的基础上，将膨胀补贴管安放在外径139.7mm，壁厚12.7mm套管里，采用液压膨胀原理，运用高压泵加压推动膨胀头运行，膨胀管径向膨胀，挤压金属密封筒，使膨胀管贴在原套管内壁，实现补贴加固。测试膨胀过程的启动压力和运行压力等参数，检验系统能否正常启动，验证膨胀系统运行的可靠性。然后如图6所示，采用高压泵测试补贴后密封承压性能。

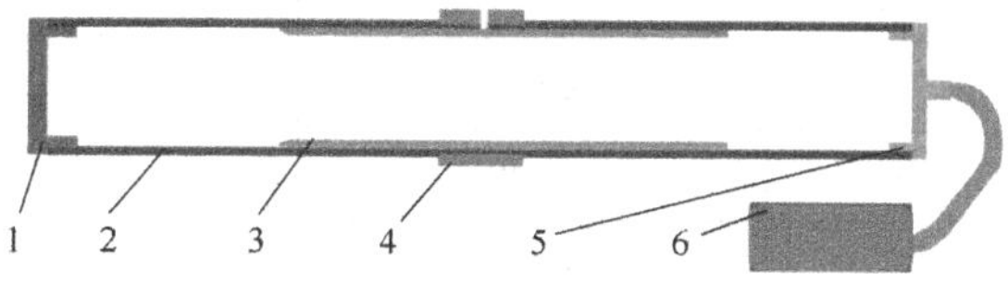

图6　密封性能测试原理图

1—密封底堵；2—基础套管；3—膨胀管；4—带孔接头；5—打压接头；6—高压泵

3.4.2　试验及测试结果分析

膨胀系统动力性能试验结果，膨胀本体运行压力25~35MPa，各项参数与设计基本一致，可以满足使用要求。

3.5　施工流程设计与施工工艺优化

3.5.1　井筒准备

首先落实井下套损位置，如果套损处无明显

缩径，则直接下入弹簧式刮削器对套损段上、下10m进行反复刮削，为补贴密封创造良好的井筒条件。如果套管有缩径形变，则需先采用液压胀管器、定径刮削器等方式进行打通道处理，恢复套管通径，再进行刮管作业。

3.5.2 确定补贴段

确定井下套损位置，为膨胀补贴施工提供精确基准。

3.5.3 模拟通井

采用模拟通井规模拟膨胀管外径、刚性下入，通过补贴段至预定深度，确保膨胀补贴管能够一次顺利下入至预定深度。

3.5.4 作业管柱试压

模拟计算多种工况下的施工参数，确定作业管柱密封、抗拉强度等要求，并在下入膨胀补贴管柱之前对作业管柱进行试压，确保满足后续膨胀施工要求。

3.5.5 膨胀补贴管下入

下入过程中，根据井斜、狗腿度大小，控制下放速度，防止下入过快对密封件造成损伤，影响密封效果。

3.5.6 深度校核

在膨胀管补贴技术现场施工中，管柱伸长问题是制约施工成败的关键因素之一，由于未充分考虑管柱的伸长将导致膨胀管的锚定位置偏离套损、套漏位置，最终导致施工失败。特别是针对深井施工，要采取针对性措施与精细化操作：一是采用磁定位对作业管柱长度进行校正，为补贴施工提供有效基准；二是因施工压力高，作业管柱在高压下会造成伸长，而且管柱越长，压力越高，伸长量会越大，为了减少误差，现场综合考虑施工压力、摩阻等因素，通过计算进行校正；三是膨胀管送入管柱按照编号下钻，有替换作业管柱，则准确丈量，做好标记，以此最大限度减少误差。

3.5.7 膨胀施工

根据地面试验参数、井下工况，确定好膨胀施工参数，优选高压泵注设备与配套管线。现场各方操作人员紧密配套，以确保施工平稳进行。

3.5.8 底堵打捞

胀管结束后，下入专用工具，将密封底堵打捞出井。

3.5.9 通井到底

根据后期压裂施工需要下入的工具尺寸，定制模拟通井规通至井底，验证补贴后通径情况。

3.5.10 井筒试压

关井口进行全井筒试压，试压达到设计要求则表明膨胀补贴施工顺利完成。

4 现场应用

创新形成以高强度膨胀管补贴为核心的复杂井筒重构技术，并通过技术改进不断缩短施工周期，降低作业成本，在研究区已开展8口井共计16段套管补贴作业，为井筒压裂条件重构提供了有力保障(表2)。

表2 套管补贴井情况统计(8口)

序号	井号	老井开发层数/层	补贴段数/段	施工周期/天
1	DJ6-2B	2	1	5
2	DJ 6-9X2	2	1	4
3	DJ 7-1A	1	1	5
4	DJ 7-1	2	2	16
5	DJ 4-6	2	2	15
6	DJ 4-5X4	2	2	18
7	DJ 20	3	2	16
8	DJ 13	3	3	22

5 结论与建议

(1) 高强度膨胀管补贴为核心的复杂井筒重构技术具有密封效果及强度高，封堵井段通径大，可实现大排量体积压裂不影响后续下泵投产，具有成熟的配套施工流程，井筒重构可操作性强等优势，为煤层气致密气老井增储利用提供了一条行之有效的途径。

（2）考虑到套损井一般都存在不同程度套变，在打通道作业过程中，套管可能发生不同程度破损、甚至错开。为确保套管断开井段补贴封固效果，需要进一步筛选膨胀管材，针对不同套管破损程度，开展膨胀管力学分析与膨胀动力参数、密封承压性能、抗内压强度等地面测试。

（3）较为严重的套损井往往存在相对较长的套损段，需要采用多根膨胀管才能实现补贴封固。因此，为了扩大技术适用范围，需要进一步开展高承压性能膨胀螺纹研究与试验。

参 考 文 献

[1] 屈青，时敬，李杰，等. 苏里格气田气井套管膨胀管补贴技术应用研究[J]. 化工管理，2020(14)：93-94.

[2] 高利军，柳占立，乔磊，等. 页岩气水力压裂中套损机理及其数值模拟研究. 石油机械，2017，45(1)：75-80.

[3] 谢刚，张黎黎，等. 套管窜漏封固用化学复合树脂. 石油科技论坛，2016：106-108.

[4] 王建利，郭启军，朱英杰，等. 高钢级膨胀管封堵技术的应用[J]. 中国石油和化工标准与质量，2020，40(11)：197-198.

[5] 韩中轩，练章华，杨斌，等. 膨胀管中膨胀锥角与液压力关系研究. 石油机械，2009，38(9)：9-11.

[6] 张建兵，韩勇，林元华，等. 膨胀套管润滑措施分析. 石油机械，2007，35(7)：7-10.

[7] 杨斌，练章华，叶顶鹏，等. 两种典型膨胀管膨胀工艺技术研究. 钻采工艺，2008，31(4)：88-93.

[8] 赵新学，等. 抗硫膨胀管力学性能及膨胀动力性能研究. 油气田开发工程，2014. 12.

[9] 万利. 水平井修井难点及常用修井工艺要点[J]. 石化技术，2017(12)：117.

[10] 唐明. 等井径膨胀套管螺纹接头的应力分析[J]. 石油机械，2015，43(6)：11-15.

煤层气防漏失冲砂工艺技术研究与实践

张盖霞　郝晟烨　马　召　郝　立　祁　炜　石元宝　施瑞鑫　杨　林　马飞龙　张海峰

（中国石油煤层气有限责任公司）

摘　要　煤层气水平井在排采过程中，排采后期，地层压力系数普遍小于1，地层亏空严重。地层特性导致修井冲砂作业时发生漏失严重，无法建立有效冲砂通道，同时，洗井液漏失导致地层污染，产量恢复率低和恢复周期长的生产难题。本文通过对防漏失冲砂工艺原理进行分析研究，对该工艺在煤层气井进行适用性分析，并通过现场实践，形成了形成了一套适合煤层气井低压地层防漏失洗井冲砂工艺技术。结果表明，该工艺提高了井筒冲砂效率，减少了洗井液的漏失导致的地层污染，在同类煤层气地层中具有较好的借鉴推广价值。

关键词　煤层气井；低压地层；防漏失；同心油管；冲砂

1　研究背景

我国陆地深层煤层气资源储量丰富，据估算，埋深在1000m以深的煤层气资源量达到 $22.45\times10^{12}m^3$，约占煤层气总资源量的61%，具有丰富的发展前景。今年来，随着大宁-吉县区块煤层气井的增多，临汾区块回宫-桃园试采区老井182口，近三年平均检泵作业量在78井次，其中因沉积物卡泵、供液能力变差等原因占检泵作业井数的31%，冲砂作业频次增长叙迅速。

煤层气井冲砂主要采用清水冲砂技术，冲砂液从油管注入冲散井筒积砂与煤粉，由油套环空返出将砂粒带到地面，以清除井筒积砂的工艺措施，冲砂成本低，工艺操作简单。但是，随着持续排采以及地层部分煤粉排出，地层压力下降严重，且受煤层解吸生产特征影响，近井地层渗透率增大，这导致煤层气井冲砂作业洗井液漏失严重，冲砂返排效果差，对储层污染严重，甚至井筒中煤粉泥沙等沉积物再次进入地层，产生产层段堵塞，或在生产时返出井筒造成二次故障。

国外进行冲砂洗井技术服务的公司有Halliburton公司、BakerHughes公司、日本越南石油公司、Weatherford国际公司、Schlumberger公司以及GRIFCO国际公司等，国内也研制了负压射流冲砂洗井工具、一体式多级封隔冲砂装置和新型水平井抽砂泵等多种冲砂洗井工具，并形成了配套技术。但是，对煤层气井沉积物易胶结，低压工况等施工条件仍没有适用的工具。

本文基于国内负压冲砂技术的基础，通过优化工具，形成了针对煤层气井的防漏失冲砂工艺技术。该工艺主要由井下管柱和地面部分组成，井下管柱由负压发生器、同心管组成。地面部分由进出液管线、供液泵车、循环罐等组成。防漏失射流排液清污工艺技术主要用于煤层气井抽吸煤粉解堵作业。可用于冲砂液漏失量大的低压井；油砂胶结强或原油粘度高，砂堵不易冲开的井；不能建立循环的井，如稠油井、水平井、低压井。

2　工艺介绍

利用少量洗井液经过井底工具激动搅拌井底沉积的泥砂和煤粉，然后通过主体洗井液在井底工具出产生负压抽吸激活的泥砂和煤粉混合液通过油管环控返排至地面，从而实现煤层气作业井洗井冲砂作业。

2.1　施工流程介绍

现场应用工艺主要由井下管柱和地面部分组成，井下管柱由负压发生器、同心管组成。地面部分由进出液管线、供液泵车、循环罐等组成（图1）。作业时动力液经同心管外环空进入负压发生器高速向内管喷射，产生举升力与抽吸力，固态颗粒、煤粉、砂等被进液孔吸入内管举升到地面（图2）。

高压冲砂液由动力液管下行，越过桥式筒，进入高压腔，分为两路。一部分高压冲砂液由搅砂喷嘴喷出，冲击井底，搅动沉砂后上返到桥式筒的入口；另一部分的高压冲砂液由喷射嘴高速喷出，通过液流速度变化，在桥式筒的入口形成负压区。在井底压力与负压区之间的压差作用下，将搅砂喷嘴搅起的沉砂与洗井冲砂液一起吸入扩压器喉管，在高速射流的携带下进入扩压器，速度降低，压力升高到喷射泵应有的排出压力混合后的携砂液沿冲砂管返回地面，随着负压发生器的逐渐下放，完成整个油井的冲砂工作。

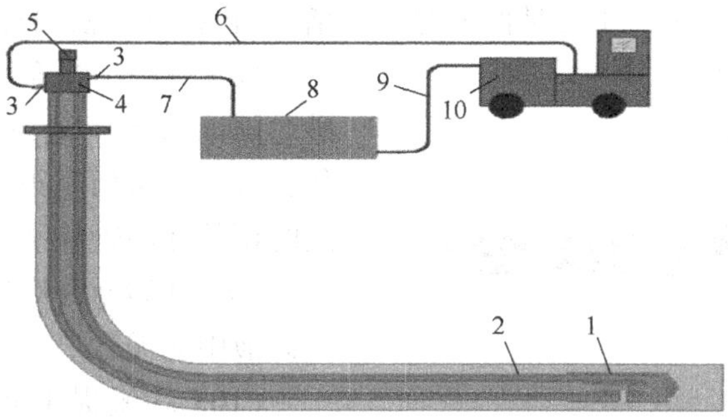

图 1　防漏失同心管冲砂工艺施工示意图

1—防漏失负压发生器；2—同心管；3—高压油任；4—进出液分流器；5—提升短接；6—进液管线；7—出液管线；8—循环罐；9—上水管线；10—泵车

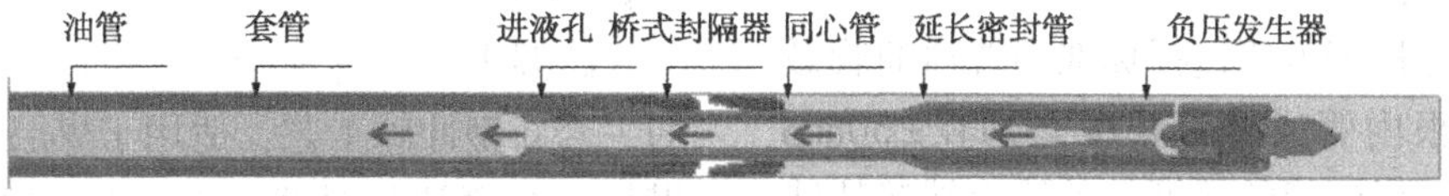

图 2　井下工具管串组合

2.2　工具设计

2.2.1　负压发生器

防漏失负压发生器主要由一个特制的射流泵和举升喷嘴、高强度低密度密封球组成。负压发生器主要包含三个腔室(图 3)，通过密封机构将三个腔室分割开，其中高压腔室内安装有喷嘴，让高压洗井液通过喷嘴时产生更高的液流速度；低压腔室内安装有喉管，通过过流面积的变化产生流速差异，从而形成负压区域；混合腔室主要是将激活的井底泥砂和煤灰与洗井液混合，并发生能量交换，从而使混合液返排至地面。

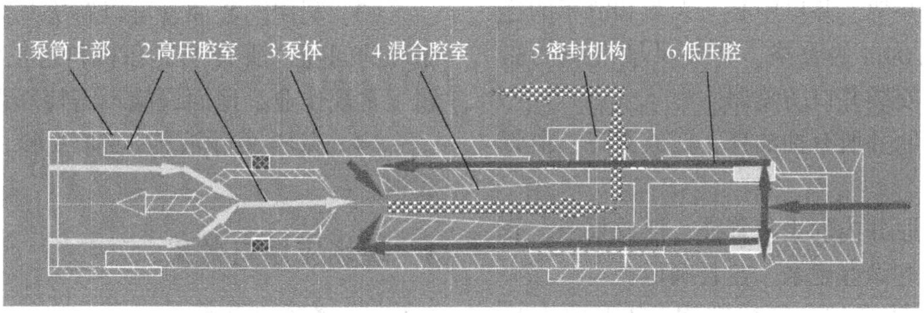

(a) 内部结构图

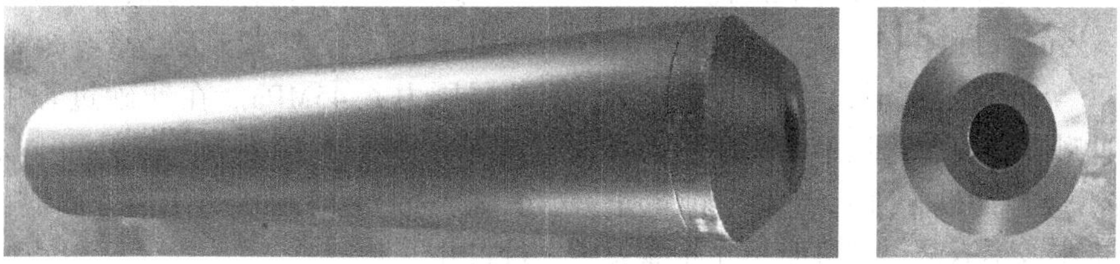

(b) 外观示意图

图 3　负压发生器结构示意图

2.2.2　进出液分流器

进出液分流器(图4)主要包含两个高压液流通道，其中通道1为高压洗井液过流通道，让高压洗井液单流道驱动井底负压发生器工作抽吸地层液；通道2为混合液过流通道，主要是保障井底抽吸的混合液顺畅返排至地面。

图4　负压发生器结构示意图

1—洗井液过流通道；2—混合液返排通道

2.2.3　同心油管

同心油管可根据需要选择标准的普通油管做内、外管，每根内管或外管长度差别在±50mm范围内，卸掉每根油管的接箍，外管上端接特殊接箍，特殊接箍内接密封筒，内管上端与密封筒连接，下端接插管。同心油管柱连接时，首先是内管下端的插管插入另一根同心油管的密封筒，接着外管公扣与另一根同心油的特殊接箍通过油管螺纹连接。同心管的设计改变了以油套环空建立循环通道的传统冲砂方式，实现了以油油环空作为循环通道的新型冲砂方式。

2.3　施工步骤

(1) 校对井架，井口中心与天车和滑车的连线偏差小于0.04m为合格，并装灵敏准确的指重表，按要求安装井口防喷器。

(2) 起出原井所有抽油杆，摆放整齐，监督确认。

(3) 起出原井内的生产管柱，摆放整齐，找出检泵原因，并做好记录，监督确认。

(4) 下冲砂管柱：管柱结构(自下向上)：Φ100负压发生器+3½in×1.900in同心管。

(5) 安装3½in自封封井器。

(6) 管柱下至煤层上部时，接进出液分流器，开泵循环冲砂作业，若管柱不能正常下入或正常提出，则不进行冲砂作业；若泵车排量正常，出口返液量小或不返液，则可能是井筒漏失严重或喷嘴设计不合理，应停止下放管柱，停泵，提出冲砂管柱。若管柱负荷正常，泵排量、压力稳定，可继续冲砂；注：泵排量与压力根据现场实际工况确定。

(7) 冲砂时，管柱下放速度不超过3m/min，冲砂油管下完后继续循环冲砂至返出液无泥砂后(避免接单根时被冲起的砂再次沉降，内管砂堵)，再接下一根油管冲砂。

(8) 井口、泵车、地面各岗位密切配合，冲砂时随时观察、记录油管悬重和泵压、排量变化，观测记录何时返出泥砂及泥砂量变化情况，及时调整冲砂管柱下入速度和排量。

(9) 冲砂至井底后，继续循环，直到返出的携砂液中无泥砂。

(10) 缓慢提出冲砂管柱，若上提管柱时被卡，可上下活动管柱解卡。

(11) 冲砂管柱必须在6h内全部提出，以防砂卡。

2.4　工艺特点

防漏失同心管冲砂工艺是针对欠压地层研究的一套新型冲砂工艺，适用于煤层气井积砂、吐煤粉等井筒清洁处理。与常规油管冲砂作业相比，具有漏失量小、操作方便、效率高、安全可靠、可连续作业等优点。

(1) 通过负压把残液、固态颗粒等抽汲至油管内并举升到地面，能够有效防止工具管柱内冲砂液漏失到地层，漏失率低，能够有效防止冲砂液污染储层。

(2) 负压发生器体积小，井下抽砂工具高度集成，适合小井眼井施工作业。

(3) 利用同心油管可以解决井筒内不易建立循环的问题，所有工具和材料与正常施工相似，属于常规作业，地面设施不需特殊设备。

(4) 高压冲砂液为脱油污水，无污染，低成本。

3　现场应用与效果

3.1　J1井应用效果

J1井完钻井深1570m，目的层为二叠统山西组5#煤，投产725天，累产8.2万m^3，折算地层压力6.45MPa。在冲砂过程中，管柱采用Φ89mm防漏失抽砂泵+Φ89mm同心管(内管为Φ48.3mm)+Φ89mm进出液分离器，井口使用自封封井。

采用负压冲砂工艺，整个冲砂洗井进尺84.96m，停泵后冲砂液基本不漏失，平均漏失率为3.4%。洗井用时总计2h，洗井占用1.5h，下 9 根油管占用 0.5h，施工效率高。详见表 1。

表 1　J1 井冲砂(洗井)情况统计

洗井用时/min	冲砂位置/m	进尺/m	泵压/MPa	排量 m^3/min	入井液量/m^3	漏失量/m^3	漏失率/%
20	1428.9	—	11	0.49	15	0.35	2.3
15	1447.78	18.88	10	0.64	10	0.28	2.8
15	1485.64	37.86	10	0.58	12	0.42	3.5
25	1513.86	28.22	14	0.38	10	0.51	5.1

3.2 J2 井应用效果

J2 井完钻井深 1334m，目的层为二叠统山西组 5#煤，折算地层压力 0.14MPa。实探砂厚 1.4m，冲砂管柱结构采用 Φ100 防漏失负压发生器+3½in×1.900in 同心管。

J2 井从 1180m 开始射流排液清污施工至 1312.5m 结束，清污进尺 133m，返出液不但含有大量煤粉及固体颗粒，而且返出液的颜色有乳白(可能是钻井液)、褐色、黑色等(图 5)，说明射流排液清污工艺不但可以抽吸清除井筒内的固体颗粒，而且对近井地带起到了清污作用。

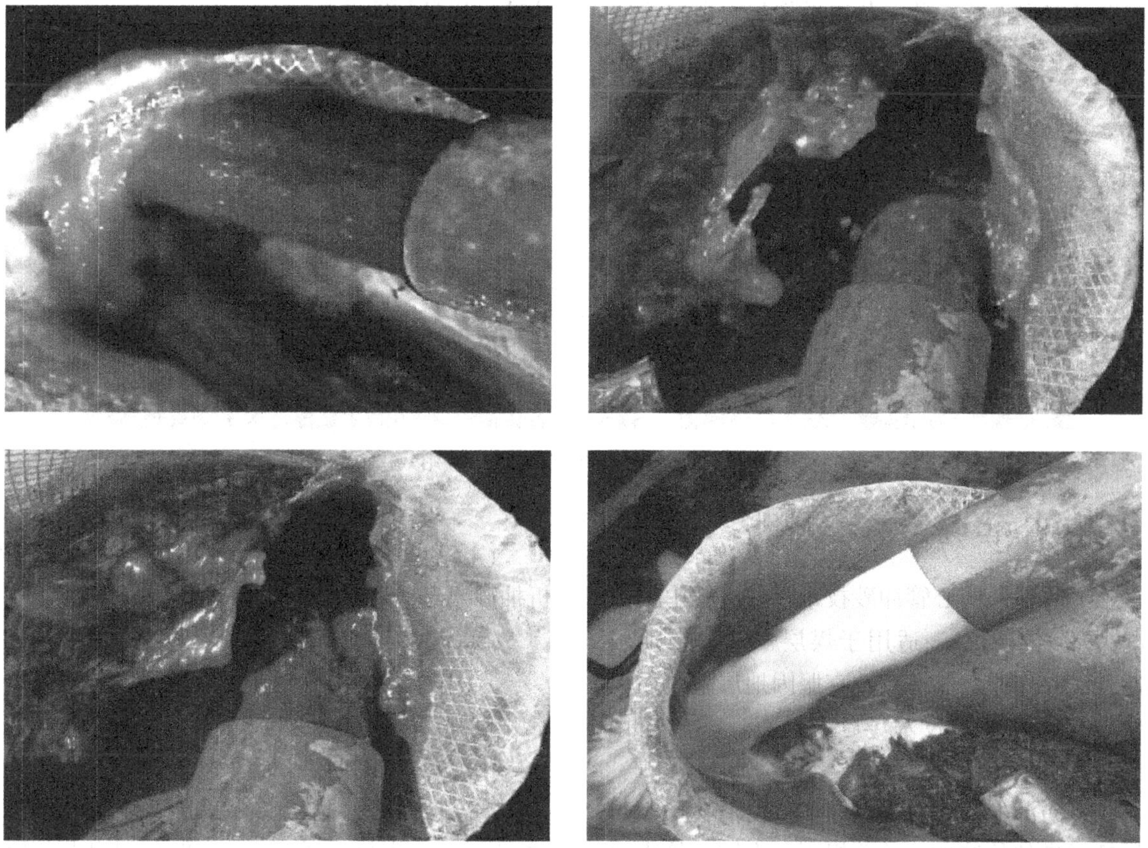

图 5　J2 井返出液颜色

3.3 J3 井应用效果

J2 井完钻井深 1302m，目的层为二叠统山西组 5#煤，折算地层压力 1.23MPa。实探砂厚 1.4m。J3 井从 1150m 开始射流排液清污施工至 1288m 结束，清污进尺 138m，返出液不但含有大量煤粉及固体颗粒，而且返出液的颜色基本和吉 1-03 向 3 井基本相同，有乳白、褐色、黑色等，冲出的固体颗粒有压裂砂、地层砂、煤块、煤粉等(图 6)。进一步说明射流排液清污工艺不但可以抽吸清除井筒内的固体颗粒，而且对近井地带起到了清污作用。

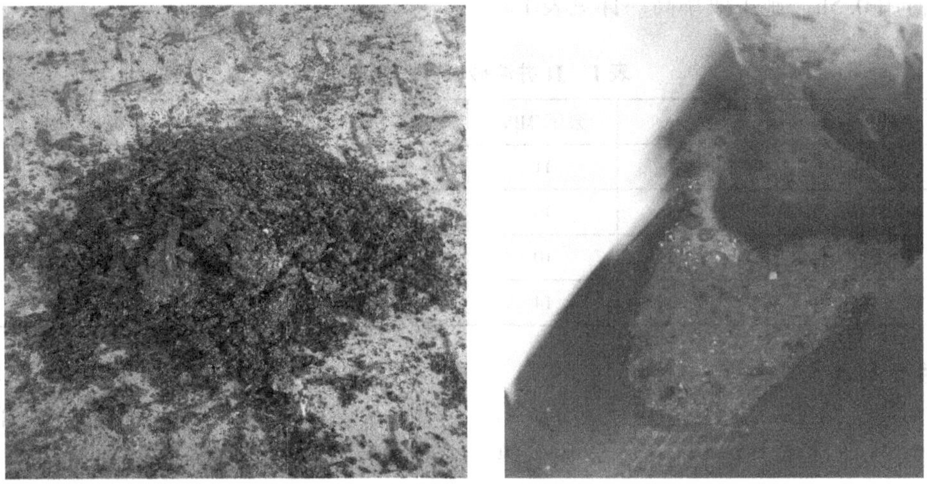

图 6　J3 井冲出的部分固体颗粒

3.4　施工效果总结

防漏失同心管冲砂洗井过程中，通过井口连接单根可实现连续冲砂，井口操作与常规起下油管一样，操作方便，能够将煤粉、砂砾及其他杂质有效携带至地面，冲砂洗井效果优于常规油管冲砂。详见如图 7 所示。

图 7　防漏失同心管冲砂工艺现场应用效果图

4　结论与认识

(1) 防漏失同心管冲砂技术作业过程中返出液漏失量小于 10%，适用于煤层气等欠压地层的冲砂洗井作业，能够有效克服因地层漏失而无法建立有效循环的技术难题，具有广阔的应用前景。

(2) 防漏失同心管冲砂在改变以油套环空建立循环通道的传统方式的前提下，在同心管内建立油油循环通道，实现冲砂(洗井)液不与井筒直接接触，在冲砂液滤失率低的情况下，可以有效避免冲砂液漏失地层，造成储层污染，影响气井产量恢复。

(3) 防漏失同心管冲砂工序简单、施工周期短，冲砂过程中管柱不易形成砂埋或砂卡，可以有效的降低作业成本、减轻作业强度、避免复杂事故。

(4) 针对大斜度井和水平井施工，应充分分析抽砂泵和管柱的通过性，防止引发卡钻。

参 考 文 献

[1] 徐凤银，肖芝华，陈东，等. 我国煤层气开发技术现状与发展方向[J]. 煤炭科学技术，2019，47(10)：205-15.

[2] 孙钦平，赵群，姜馨淳，等. 新形势下中国煤层气勘探开发前景与对策思考[J]. 煤炭学报，2021，46(01)：65-76.

[3] 徐凤银，闫霞，林振盘，等. 我国煤层气高效开发关键技术研究进展与发展方向[J]. 煤田地质与勘探，2022，50(03)：1-14.

[4] 黄中伟，李国富，杨睿月，等. 我国煤层气开发技术现状与发展趋势[J]. 煤炭学报，2022，47(09)：3212-38.

[5] 聂志宏，时小松，孙伟，等. 大宁-吉县区块深层煤层气生产特征与开发技术对策[J]. 煤田地质与勘探，2022，50(3)：193-200.

[6] Thawatthukool P，Toempromra J W，Sompopsart S，et al. The first CT fiber-optic digital implementation in Asia Pacific to support real-time perforation depth correlations and enhance wellbore cleanout efficiency in horizontal well，Thailand[R]. SPE 191102，2018.

[7] Rahimov K，Smith S. Cleaned out a mile of formation sands in a highly deviated wellbore with a new coiled tubing real time downhole measurement system[R]. OTC 25008，2014.

[8] Giang H T，Trung C D，Nayak J R. A new approach to wellbore sand cleanout using electric-line technology[R]. SPE 170470，2014.

[9] Samvelova M，Priatna O，Kristanto T，et al. First remedial sand control treatment case study from Sumandak field in Malaysia[R]. OTC 26657，2016.

[10] Keong A，Hansen A，Hansen B，et al. Overcoming challenges and increasing efficiency for coiled tubing wellbore cleanout and perforation in a subhydrostatic gas injector well with real-time downhole measurement[R]. SPE 202451，2020.

[11] 陈建国，王占珂. 水眼冲砂工艺技术[J]. 石油钻采工艺，1993，(4)：27-31.

[12] Chen Jianguo，Wang Zhanke. Water-hole sand washing technology[J]. Oil Drilling & Production Technology，1993，15(4)：27-31.

[13] 高健，曲昌学，刘伟，等. 下冲防砂工具的研制及现场试验[J]. 石油机械，2002，30(8)：37-38.

[14] Gao Jian，Qu Changxue，Liu Wei，et al. Development and field test of downflushing sand control tool[J]. China Petroleum Machinery，2002，30(8)：37-38.

[15] 宋明春. 大庆油田吐砂井连续冲砂工艺技术研究[D]. 哈尔滨：哈尔滨理工大学，2007.

[16] Song Mingchun. Research on consecutive sand washing technology for vomit wells of Daqing Oilfield[D]. Harbin：Harbin University of Science and Technology，2007.

[17] 李松岩，李兆敏，孙茂盛，等. 水平井泡沫流体冲砂洗井技术研究[J]. 天然气工业，2007，27(6)：71-74.

[18] Li Songyan，Li Zhaomin，Sun Maosheng，et al. Horizontal well sand-cleanout with foam fluid[J]. Natural Gas Industry，2007，27(6)：71-74.

[19] 顾文萍，陈碧波，苏德胜，等. 水平井普通油管旋流连续冲砂工艺技术[J]. 石油机械，2007，35(9)：104-106.

[20] Gu Wenping，Chen Bibo，Su Desheng，et al. The cyclone continuous sand-washing technology for common tubing in horizontal hole[J]. China Petroleum Machinery，2007，35(9)：104-106.

[21] 刘扬，郑刚，朱国亮，等. 漏失井冲砂工艺管柱研究与现场试验[J]. 石油机械，2008，36(10)：67-68.

[22] Liu Yang，Zheng Gang，Zhu Guoliang，et al. Study of sandwashing string in absorption well and its field test[J]. China Petroleum Machinery，2008，36(10)：67-68.

[23] 张勇. 反循环平行管水力喷射冲砂泵[J]. 石油机械，2009，37(11)：66-67.

[24] Zhang Yong. Development of the reversing parallel hydraulic jet sand-washing pump[J]. China Petroleum Machinery，2009，37(11)：66-67.

[25] 甘泉泉，刘少胡，管锋，等. 水平井段工具内脉冲射流冲砂技术[J]. 石油钻采工艺，2019，41(4)：549-554.

[26] An Quanquan，Liu Shaohu，Guan Feng，et al. In-tool pulsed jet sand washing technology used in horizontal sections[J]. Oil Drilling & Production Technology，2019，41(4)：549-554.

[27] 谭宏兵，李长忠，郑莉，等. 气井水力旋转射流清砂技术及其应用[J]. 天然气工业，2011，31(10)：61-63.

[28] Tan Hongbing，Li Changzhong，Zheng Li，et al. A hydraulic swirling jet for sand-washing in borehole cleaning of gas wells[J]. Natural Gas Industry，2011，31(10)：61-63.

[29] 付刚旦，王晓荣，赵粉霞，等. 低压低产气井连续油管冲砂试验及分析[J]. 断块油气田，2007，14(1)：77-79.

[30] Fu Gangdan，Wang Xiaorong，Zhao Fenxia，et al. Test and analsis of coiied tubing sand washing for gas well[J]. Fault-Block Oil & Gasfield，2007，14(1)：77-79.

[31] 叶光辉，鲁明春，朱涛，等. 连续管氮气泡沫冲砂技术在涩北气田的应用[J]. 石油机械，2012，40(11)：70-72.

“12·23”重庆开县特大井喷事故分析
——教训、经验与井控技术未来前瞻

张雪松　金子涵　唐家诰　陈德飞　王高玺　石元龙　杨绍辉

（中国石油塔里木油田公司）

摘　要　本文旨在通过对2003年发生在重庆开县的“12·23”特大井喷事故进行深入剖析，总结事故教训，对当前井控安全领域存在的问题和未来发展趋势进行研究，提出一套系统的井控安全管理策略。通过事故树分析和根本原因分析，系统梳理了事故的时间线和直接原因，识别出井控安全管理中的问题点，如风险评估体系不足和监测预警机制不完善。总结了事故教训，提出了改进措施，如建立全面风险评估体系和加强安全文化建设。同时，诊断了当前井控领域在技术和管理方面的主要挑战。从技术、管理、安全环境和研发创新四个层面，提出了一套系统的井控安全策略体系，包括多尺度模拟技术、风险基础决策等。预测了井控各个领域未来的发展趋势，并强调通过国际合作提高全球井控标准。为井控安全管理提供了系统性的理论指导，旨在通过技术和管理创新，最大限度降低风险，实现油气行业的安全可持续发展。

关键词　井喷事故；井控安全；事故分析；风险管理；安全管理；管理改进

石油和天然气作为重要的能源资源，其勘探开采对全球经济发展具有重要意义。随着能源需求的增长，油气田的开采也进入更深层次和更复杂的地质条件。在这一背景下，井控安全问题日益凸显，成为影响油气行业可持续发展的重要障碍之一。

2003年12月23日，发生在重庆开县的“12·23”特大井喷事故，直接造成逾200人死亡，经济损失和环境污染也极为严重。这起事故再一次暴露出我国油气行业在井控安全管理中的重大短板，也提出了改进井控工作的迫切需求。

井控安全事故不仅会给企业和社会带来沉重损失，也会影响公众对能源行业的信心。随着环境保护要求的不断提高，如何通过技术和管理创新提升井控安全水平，已成为油气企业的重中之重。

本研究旨在通过对“12·23”事故的深入剖析，总结井控安全管理中的经验教训，对当前井控领域面临的主要问题和未来发展趋势进行系统研究。以期提出一套可持续和可靠的井控安全管理体系，为我国和全球油气行业的安全可持续发展奠定理论基础。

1　事故概况与案例分析

事故回顾与时间线排序对于理解事故发生的因果链至关重要。2003年12月23日的事故发生在一个位于重庆市开县的天然气井，这是一次因失误和疏忽引发的灾难。在事故发生前三天，地面监测设备已无法获取井下测斜仪的信号。这一技术问题导致该井失控，引发了后续连锁反应。随着井下作业的继续，安全装置的移除（如回压阀），以及对井控程序（如起钻柱数和灌入钻井液的量）的忽视，都直接加剧了事故的发生。

起钻作业中，违规每提六根钻杆才灌入一次钻井液，这一行为显著降低了井下的液柱压力。在灾难发生时，溢流并未能及时被控制，导致天然气和井液的大规模喷出。作为记录员，未能及时发现起钻杆数异常，也未能使溢流得到即时处理。此外，管理层的行动缺乏及时性，例如，钻井队队长在知悉回压阀被卸的问题后，未能采取必要的纠正措施。紧急应对措施的不当处理，如火场的监视及时机评估的缺失，进一步导致了事故的恶化。

采用事故树分析法（FTA）和根本原因分析（RCA）来详细勾画出事故发生的全过程及相关的决策失误。通过这种定性和定量的分析方法，不仅能够识别直接因素，还能揭示潜在的管理和监督缺陷。

1.1　FTA分析

顶层事件：特大井喷事故发生。

直接原因：①地面监测仪接收不到信号，技术服务组在没有彻底排查问题的情况下继续作业。②回压阀作为关键的防井喷装置被违章卸下。③钻井队在起钻作业时未遵守标准作业规程，导致井下液柱压力下降。④录井员未能监测到起钻柱数和钻井液灌入量，失去了预防井喷的机会。⑤井队领导未能即时发现和整改危险操作，对安全生产的监督失职。

中间事件：①监测设备失效，导致无法实时探测到井下异常情况。②安全管理措施不完善，缺乏有效的应急响应计划。③安全文化建设不足，工作人员对安全规范的执行不够重视。

基本原因：①安全培训和教育不足，使员工对风险意识和紧急情况下的反应能力不足。②安全监管体制存在漏洞，对违章行为的监督和处罚不到位。③技术方案设计不当，未能设置足够的冗余和备用系统以应对潜在的风险。

根本原因：①高级管理层的安全决策失败，缺乏对危险条件的正确识别和风险管理。②企业文化未能将安全作为首要考虑，导致生产压力超过安全考虑。③风险评估程序不充分，未能及时发现和解决潜在的风险点。

1.2 RCA 深度分析决策失误

通过连续地提问“为什么”，我们可以深挖决策失误的根本原因。

为什么地面监测仪接收不到信号？技术故障或操作错误导致监测设备停止工作。为什么没有对技术故障进行彻底排查？缺少清晰的程序来处理监测系统的失效。为什么缺少这样的程序？管理层没有实现充分的安全管理和应急计划。为什么管理层没有实施？企业文化未将安全视为核心价值。

为什么队长和工程师在关键时候做出了错误的决策？他们可能没有意识到操作风险和决策的后果。为什么他们没有意识到风险？可能是因为安全培训不足且风险评估机制不健全。为什么安全培训和风险评估不足？可能是公司资源分配不当，更多的资源投向产量和效率而非安全措施。为什么会有这样的资源分配？高级管理层的战略决策导向是以生产效益为主。

2 深刻汲取事故教训

为了提升井控安全标准并防止类似重大事故的再次发生，我们从“12·23”重庆开县特大井喷事故中汲取以下关键教训，并且对其进行科学归纳和系统化总结。

（1）井控风险评估体系的缺失。开展全面系统的井控风险评估研究，包括井筒完整性失效概率、地层流体压力预测的准确性，以及人为操作错误的影响评估。研发风险定量评估模型，利用先进的统计和机器学习方法，提高井控风险预测的精度和可靠性。

（2）安全管理与文化建设的不足。通过跨学科研究，开发综合安全管理体系，包含技术、人员、管理层的相互作用与反馈机制。引进系统安全文化理论，推动安全价值观在组织内部的深化，并通过定量研究评估其在安全绩效上的影响。

（3）技术监测与预警机制的不完善。集成地质学、工程学和数据科学最新研究，提升监测技术，降低井喷发生的概率。研发高精度的实时监控系统和智能预警模型，用以及时捕捉并处理井下异常情况。

3 充分总结典型经验

基于对“12·23”事故彻底调查和分析，本研究提出以下经验论点，这些理论和实践成果都可作为提高井控技术与管理水平的基石。

（1）井控技术的创新与应用。综合运用地质学、流体力学以及工程技术研究，推动新一代井控技术的发展。开展以案例为基础的研究，探索技术创新在实际作业中的应用效果及其经济性评估。

（2）井控管理体系优化。采用定量模型评估安全管理体系的效能，及其在预防和控制突发井控事件中的作用。对比国际井控管理及防喷技术的发展趋势，提炼适用于不同工程和地质条件下的最优管理策略。

（3）安全文化与教育模式创新。对安全教育和培训进行系统评估，确定提升安全意识和技能的最有效方法。开展多学科交叉研究，构建以人为核心的安全文化体系，并评价其在改善行为安全方面的效果。

4 精准诊断当前井控领域面临的挑战

随着油气田勘探和开发逐渐进入更高难度的地质环境，井控领域面临的技术和管理挑战也在不断变化和升级。本研究旨在准确地诊断当前井控领域中存在的主要问题，并提出具有针对性的解决方案。这一步骤对于避免未来的井控灾难、提升行业安全标准、以及促进井控技术和管理方法的全面进步具有重要意义。

4.1 技术层面挑战

（1）先进井控模型的开发需求。研发基于复杂地质条件的井控模型，利用高精度的数值模拟来预测井内流体的非稳态行为。融合地质学、流体力学和物理化学，针对超深水、高气侵情况下的井控模型进行优化，以适应极端作业条件。

（2）智能监测技术的创新。实现井场数据实时收集与远程智能分析，研发自学习的数据处理算法，以精确识别潜在的井控问题。利用物联网技术集成井场监测设备，建立一个高度自动化的井控监测网络。

4.2 管理层面挑战

（1）安全管理标准的全球同步。对现行井控管理标准进行国际比较研究，提出一套全球化的井控安全管理指南，并评估其在跨国油气操作中的应用。研究不同国家和地区的井控事故案例，总结出可推广的管理经验和教训。

（2）跨学科人才培养机制。构建一个跨学科的井控安全人才培养体系，包括教育课程的国际化和现场实操与虚拟仿真的结合。开发在线交互式井控教育平台，通过高级仿真技术提升井控人员的实操经验和决策能力。

4.3 综合挑战

（1）井控安全与环境保护的共同进步。研究生态友好型井控技术，减少井控事故对环境的影响。针对油田开发中井控失效可能造成的环境污染问题，实施全面的生态风险评估和管理方案。

（2）深化风险评估和事故预防机制。开发更精细化的概率风险评估（PRA）模型，同时将人为因素、设备可靠性和操作复杂性纳入计算范畴，为井控风险评估提供更全面的视角。利用敏感性分析和模拟演练来识别和缓解潜在的操作风险，从而优化事故预防措施。

（3）提升事故处置能力与紧急反应速度。结合最新的认知科学研究，制定井控紧急情况下的快速反应和决策制定指南。通过虚拟现实（VR）模拟训练，提高现场操作人员处理高压井控紧急情况的能力。

4.4 未来工作的方向

（1）推动开发新型井控装备。鼓励跨界合作，结合先进制造技术如3D打印，以及新材料科学研究，创造出能够承受极端条件的井控装备。评估新型井控装备的性能，确保其在实际操作中的可靠性和经济性。

（2）智能化和自动化在井控方面的应用。开展井控操作的智能化改造，研究如何有效整合人工智能、大数据分析和机器人技术，以提高井控操作的智能决策和执行能力。探索自动化在油气井钻采过程中的应用，以降低人为误操作和提升作业效率。

（3）强化国际合作与标准统一。促进国际合作项目，共享井控安全方面的实践经验和技术进步。在全球范围内推广统一的井控操作标准和安全规范，提倡创建国际井控安全协调机制。

通过这些系统性的策略和深入的研究工作，可逐步构建一个全面、高效、自适应并且可持续的井控管理框架。这样的框架将为油气行业带来革命性的变化，显著提升全行业的井控安全水平，并为各类利益相关者提供了持续不断优化的动力。

5 井控未来发展趋势和创新前沿

井控工作作为油气钻采过程中的重要组成部分，其安全性、效率和环境影响是油气行业发展的关键问题。在全球范围内，能源开发活动面临社会、环境以及技术多层面的挑战。本研究的目标是识别未来井控工作的发展趋势，探究潜在的创新技术，并为油气田开发提供前瞻性的指导和决策支持。

5.1 技术发展趋势

（1）钻井自动化与机器人技术。鉴于人工钻井作业的风险性与复杂性，未来钻井工作有望实现完全自动化，减少人员在高风险环境下的直接参与。机器人技术的发展和应用将进一步改变传统的井控作业方式，提高作业效率和精度。

（2）智能化井控决策系统。利用大数据分析和人工智能算法，为井控决策提供全面的数据支持和模型预测，辅助实现快速准确的决策。借助先进的传感器技术和云计算平台，实现井场数据的实时监控与分析，及时预警潜在的风险。

（3）超临界流体钻探技术。随着油气资源的深入开发与非常规油气田的探索，超临界流体钻探技术将可能被广泛应用。研究超临界二氧化碳钻井的应用前景，评估该技术在增加目的层渗透率和提高钻井效率方面的潜力。

5.2 管理创新趋势

（1）预防导向的井控管理战略。发展基于风险预测的井控管理战略，实现从事后应对向事前预防的转变。通过系统工程方法和预防性维护程序，持续评估和优化井控作业中的各项关键风险因素。

（2）全面质量管理与持续改进。在井控活动中引入全面质量管理理念，以数据驱动的方式持续提高井控操作的质量与标准。利用反馈回路和改进循环，将质量控制与风险管理整合，形成闭环的管理体系。

5.3 环境与社会责任趋势

（1）环境友好型井控技术。于环境保护的大背景下，开发和应用低环境影响的井控技术将成为一项持续的趋势。研究生物降解液体在井控中的应用、高效的污染处理技术及废物利用策略，减少环境污染。

（2）绿色能源与井控技术的融合。探讨在油气开采中融入可再生能源技术，如使用太阳能和风能进行井场设备的供电，减少化石能源的使用。评估油气资源与其他能源资源如地热能的共同开采潜力，提出整合能源开采的井控解决方案。

5.4 人力资源与教育发展趋势

（1）多元化井控人才培养战略。重视井控专业人才的多样性背景，引进跨学科知识，如地质学、数据科学、环境科学等，以适应井控技术日益增长的复杂性。与高等院校和研究机构合作，加强针对井控专业的学术研究和人才培养，提升整体行业的知识水平和创新能力。

（2）终身学习与在线教育平台。发展终身学习体系，支持井控工作人员进行持续的职业技能提升和知识更新。利用在线教育平台和虚拟仿真技术，提供便捷的远程学习和实操训练环境，帮助井控专业人员适应快速变化的技术需求。

5.5 跨界协作与国际合作发展趋势

（1）行业间的技术和知识转移。鼓励行业间的技术和知识转移，例如航空、海洋工程到油气井控领域，以获得新的技术灵感和创新解决方案。促进行业协作，形成油气田开发、环境保护和社会效益之间的协同效应。

（2）建立全球井控知识共享网络。利用现代通信技术建立全球性的井控知识共享平台，提高各国之间油气井控安全知识和技术的传播效率。组织国际井控论坛和技术研讨会，促进国际范围内的专业对话和经验交流，共同提升全球井控安全水平。

综上，井控领域的未来发展趋势表现为技术自动化、智能化水平的持续提升，安全与环境保护标准的全球统一，以及井控专业人才培养方式的改革和创新。通过对这些趋势的深入研究和综合分析，本研究为油气行业的持续改进和井控安全工作提供了战略性的思考和行动指南。

6 系统化井控策略与方针

在尝试将井控安全实践提升至行业最佳水平的过程中，本研究提出了一套综合的、系统化的井控策略和方针。这些建议与措施是基于对广泛数据的集成分析、前沿的技术研究、以及复杂工况下井控最佳实践的深入考察。

6.1 井控技术策略

（1）多尺度井控模拟技术。引入多尺度模拟技术来预测和管理井下的多相流动，提高对井控事件动态响应的理解。进行模拟与现场试验数据的校准，以确保各种模拟工具的可靠性和准确性。

（2）井下监测与实时反馈技术。发展先进的井下传感和监测技术，以提供更高分辨率和更准确的实时数据。结合机器学习和数据分析技术，实施实时数据处理和异常检测，用于早期警报系统。

6.2 井控管理策略

（1）风险基础决策支持系统。采用基于风险的决策支持系统，将定性分析与定量分析相结合，以形成全面的井控风险评估。实现全生命周期的井控管理，包括设计、施工、运营和关闭各阶段。

（2）跨学科团队合作与沟通。建立一个包含地球科学家、工程师、数据科学家和安全专家的跨学科团队，以确保在井控策略制定中有多方面的考量。强化跨部门与多层次的沟通流程，确保信息在必要的接口间高效流动。

6.3 安全与环境策略

（1）整合式环境风险管理。开发包括事故风险评估、环境影响分析和紧急响应计划在内的综合性环境风险管理方案。通过实施环境管理系统，推动环境保护的管理实践成为企业文化的一部分。

（2）系统性事故预防和响应计划。制定全面的井控事故预防计划，并与全体员工进行分享和培训，确保每一位员工都了解其在事故预防中的角色和职责。在井控紧急响应中整合事故模拟、实时决策支持系统以及应急演练，以提高响应效率和有效性。

6.4 技术创新与研究策略

（1）前瞻性技术研究与开发。制定长期的研究和开发计划，集中精力于解决井控技术的未来挑战，如极端环境下的钻井作业和非常规资源的开发。支持基础研究和应用研究之间的合作，尤其关注新材料、先进传感器和人工智能等领域的技术突破。

（2）创新技术的快速验证和实施。建立快速原型开发和测试流程，加快从理论到实践的转化速度。通过现场试验和案例研究，评估新技术在商业环境中的性能和可靠性。

综合上述策略与方针的实施，将为井控工作提供一个结构化的管理框架，并帮助油气行业实现井控工作的持续改进，减少环境与安全风险，此外，还能促进与公众的沟通与理解，以及通过教育和培训提高井控专业人员的技术和管理水平。通过不断的学习与适应，井控系统将持续进步，最终实现对油气资源的安全、高效和环境友好型的开发。

7 结论

在石油天然气勘探开采过程中，井控工作一直是一个重大挑战，因为它对安全性的重要性。2003 年发生在重庆的“12.23”事故是一起由于操作失误和管理疏忽导致的重大井喷事故，为我们提供了宝贵的教训，以改进井控技术和应急响应机制。

过事故树分析和根本原因分析方法，本研究系统地研究了事故的时间线和关键成因。识别出问题如风险评估体系不足、安全文化建设不足、监测技术不完善等。

为防止类似事故再次发生，本研究总结出关键教训，如开发全面风险评估体系、加强安全管理、提升监测预警能力。

本文基于事故调查，提出有效实践如井控技术创新和管理体系优化。同时诊断当前行业面临的技术和管理挑战，并提出针对性解决方案。

本文提出一个整体框架，包括技术、管理、安全环境以及研发创新等多个方面的策略。旨在革新井控实践，提升行业安全水平。

本文预测各领域如自动化、智能决策、环境保护、人才培养的未来趋势。提出国际合作提高全球井控标准的建议。

通过深入案例研究及数据分析，本研究为井控持续改进提供战略指导，旨在最大限度降低风险，提高效率，实现安全可持续发展，为行业和学术提供重要启示。

参 考 文 献

[1] 陈国明，朱高庚，朱渊. 深水油气开采安全风险评估与管控研究进展[J]. 中国石油大学学报(自然科学版)，2019，43(05)：136-145.

[2] 孙昕迪，白宝君. 国内外水平井控水技术研究现状[J]. 石油勘探与开发，2017，44(06)：967-973.

[3] 田晓蔚. 由一起井喷事故谈企业安全管理[J]. 现代职业安全，2017，(02)：76.

[4] 倪廉钦. 淮南矿业集团企业安全文化建设研究[D]. 安徽理工大学，2016.

[5] 李成，吴谦，胡满. 风险综合评价中指标权重确定方法对比研究[J]. 石油工业技术监督，2016，32(01)：50-53+57.

[6] 邓海发. 深水钻井作业重大事故风险评估与控制[D]. 中国石油大学(华东)，2012.

[7] 褚道余. 深水井控工艺技术探讨[J]. 石油钻探技术，2012，40(01)：52-57.

[8] 刘刚，金业权，李峰等. 层次分析法在井控风险可控诱因分析中的应用[J]. 西南石油大学学报(自然科学版)，2011，33(02)：137-141+17.

[9] 吴志均，陈刚，郎淑敏，等. 天然气钻井井控技术的发展[J]. 石油钻采工艺，2010，32(05)：56-60. DOI：10. 13639/j. odpt. 2010. 05. 012.

[10] 李彦江. 人的不安全行为预防与控制管理研究[D]. 华北电力大学(北京)，2009.

[11] 杨进，曹式敬. 深水石油钻井技术现状及发展趋势[J]. 石油钻采工艺，2008，(02)：10-13. DOI：10. 13639/j. odpt. 2008. 02. 002.

[12] 高永海，孙宝江，曹式敬，等. 应用事故树法对深水井控进行风险评估[J]. 石油钻采工艺，2008，(02)：23-27. DOI：10. 13639/j. odpt. 2008. 02. 004.

[13] 高永海. 深水油气钻探井筒多相流动与井控的研究[D]. 中国石油大学，2007.

[14] SY/T6426—2005，钻井井控技术规程[S].

[15] 马宗金. 总结经验教训提高天然气井钻井井控能力[J]. 钻采工艺，2004，(04)：7-11+1.

地面输水用柔性复合管爆破失效原因分析

马 超 朱 兵 何宇颉 张新庆 吴长涛 李 金

（中国石油塔里木油田公司克拉采油气管理区）

摘 要 塔里木油田某区块地面输水用柔性复合管在服役8个月后发生泄漏。采用宏观观察、几何尺寸测量、红外光谱分析等方法，分析引起其失效的原因。结果表明：该柔性复合管内衬管在生产过程中受到外伤产生开裂，运行过程中高温输送介质泄漏污染增强层纤维，导致纤维性能下降、断裂，管体鼓包后，在外保护层外伤严重处发生了爆破失效。

关键词 柔性复合管；爆破失效；内衬层；鼓包

随着开发年限的增长，单井产水越来越高，为了抑制水淹速度，排水采气成为了常态化工作。而塔里木油田地层水腐蚀性较强，常见侵蚀性 CO_2 超过100mg/L或低于−30mg/L、Cl^- 最高超过180000mg/L。使地面管道不断遭受严重积水、强腐蚀性介质的环境考验。相较于碳钢管道，柔性复合管具有施工方便、成本低、寿命长、耐腐蚀性强等优点，因此被广泛应用在输水管道。柔性复合管在服役过程中，由于原始制造质量、施工不规范、介质腐蚀性强、温度和压力等物理场的作用以及人为破坏等因素，使得管道的抗压强度降低，同样会造成管道失效，导致生产中断、污染环境。本文对塔里木油田某区块地面输水用柔性复合管爆破失效进行了分析，查找失效原因并提出了合理化建议。

1 现场情况

2023年6月，塔里木油田某区块输水用柔性复合管发生爆管，失效位置位于距离克深X井上游约160m的涵洞内，发现管线外保护层开裂长40cm，内衬层存在长约10mm，宽约2mm胀裂缺陷。截至失效发生时，该条管线服役时间不足8个月。该柔性复合管规格为*DN*150，生产标准执行SY/T 6662.2—2020《石油天然气工业用非金属复合管 第2部分：柔性复合高压输送管》，其中增强层为涤纶纤维，内衬层为PEX-II型交联聚乙烯。该管线埋地敷设，输送介质为气田水，设计温度为75℃，运行温度最高达到60℃，设计压力为6.4MPa，运行压力最高达到3.9MP。

图1 失效现场

2 送样情况与测试方法

2.1 送样情况

为了确定同批次未失效和未服役管段是否存在质量问题，本次共送样8根，其中失效管样1段；失效管段附近管样3段（紧邻失效管段的管样1段，失效管段的上下游管样各1段）；同批次未使用管样3段（图2）。为完成高温（65℃）静水压及高温(65℃)水压爆破试验，其中失效管段上游管样、失效管段下游管样和2根未使用管样，共4个管样制作扣压接头，见(图3)。

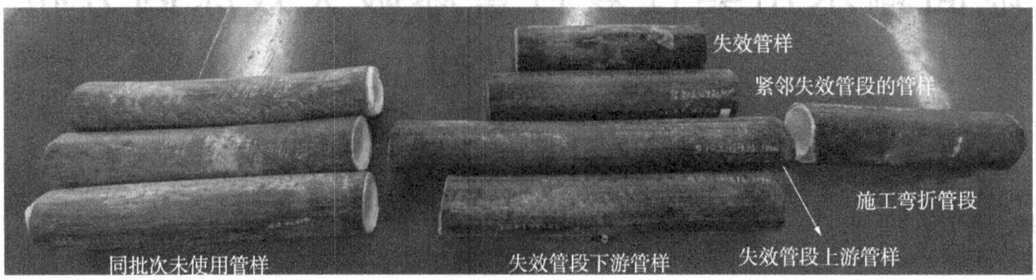

图2　输水干线柔性复合管失效分析管样

图3　制作扣压接头的4根管样

2.2　测试方法

通过开展失效试样宏观形貌分析、尺寸测量、内衬层材料密度检测、交联度检测、红外光谱检测、维卡软化温度检测、氧化诱导温度检测、拉伸性能检测、热稳定性检测和增强层纤维红外光谱分析、老化性能、高温(65℃)静水压及高温(65℃)水压爆破试验等，综合分析了管材爆管失效原因。

3　结果与分析

3.1　宏观形貌分析

如图4所示，失效管段外保护层有长约40cm沿轴向方向的开裂，增强层纤维暴露，纤维发生了黄变。增强层开裂位置周向偏转80°的位置，外保护层有鼓包现象，鼓包区域对应的内衬管有沿轴向方向的裂纹，长约14cm。失效管段及上下游邻近管段的外保护层有严重的沿轴向的划伤，严重的已穿透外保护层。

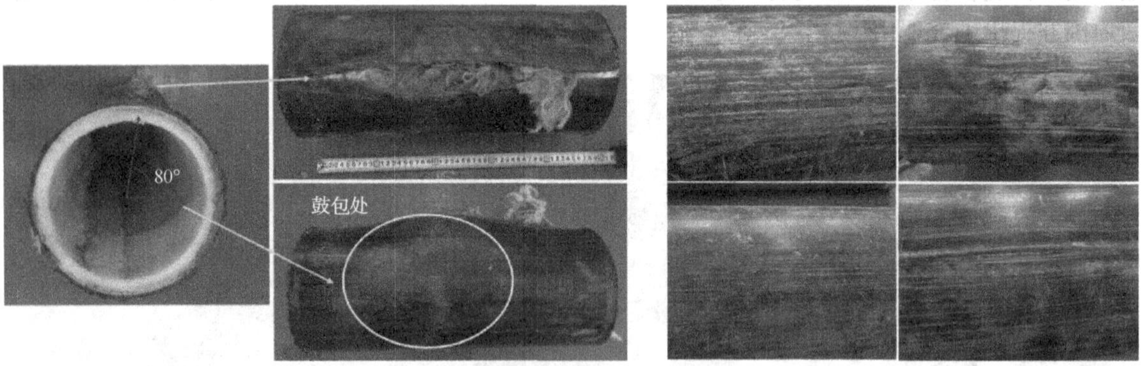

图4　柔性复合管失效宏观形貌

图5显示，柔性复合管增强层由四层纤维缠绕而成，由外向内，第1层和第3层缠绕方向相同，第2层和第4次缠绕方向相同，相邻两层纤维缠绕方向夹角约为55°。内衬管开裂位置对应的四层增强层均发生了断裂，断口整齐，与水压爆破的参差不齐断口有明显区别；逐层剥离增强层，从外向内，纤维断口尺寸逐渐变大，断口轴向长度由最外层的3cm增加至最内层的7cm；纤维断裂区域及附近区域的增强层纤维呈现出明显的黄变，增强层中残留大量泥沙，由外向内，泥沙残留量明显增多。依据上述失效形貌初步判断，增强层纤维是由内向外逐层破坏，携带泥沙的泄漏介质由内向外逐层扩散，泥沙逐层沉积，因增强层纤维对泥沙有过滤作用，所以呈现出内

层泥沙多，外层泥沙少的现象。

图6显示，内衬管清洗前的外观形貌显示，外表面残留大量泥沙。经过清洗后，可以看到内衬管外表面有一处明显的沿轴向方向的划痕，总长度约为32cm，图中由左向右划痕逐渐加深，至末端最为严重，管体有明显的凹陷，且管壁沿轴向开裂就发生在划痕最严重的区域，外表面的裂纹边缘断口整齐；管体内表面的裂纹长14cm，裂纹靠近内表面的边缘发白，有屈服变形的塑性形变形貌。基于上述形貌，结合图4中内衬管裂纹对应的外保护层鼓包处无明显外伤的形貌，初步判断，内衬管为生产过程中受外伤碰撞，由外向内开裂。

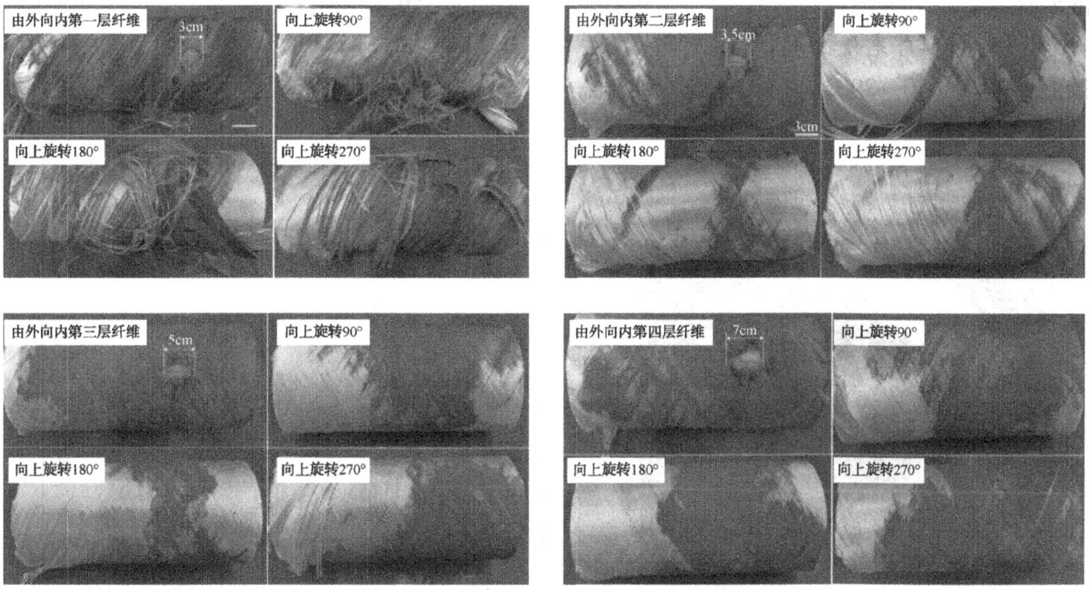

图5 柔性复合管增强层纤维及断口形貌

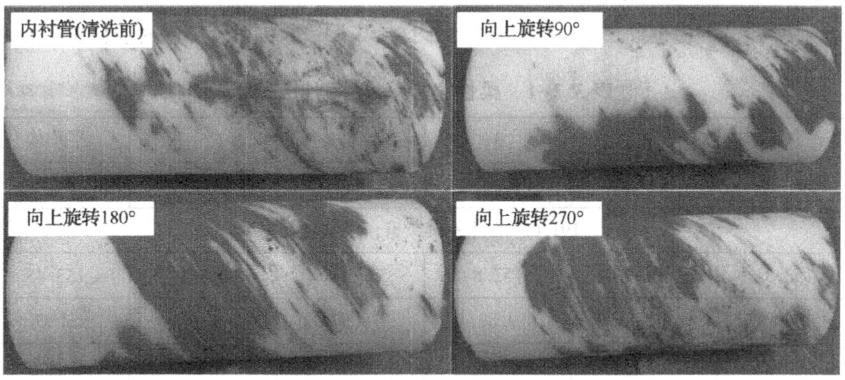

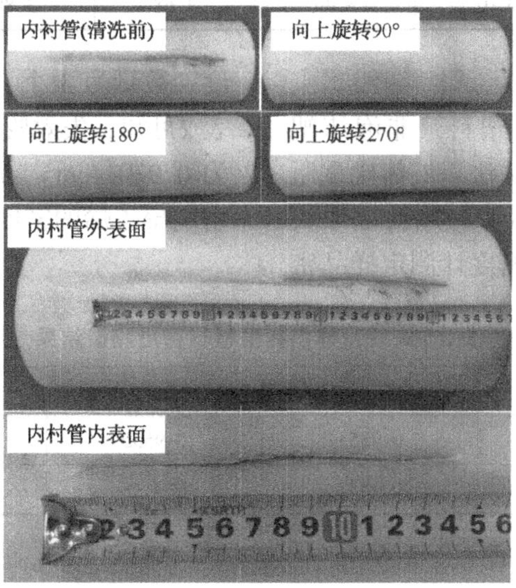

图4 柔性复合管内衬层失效区域照片

3.2 尺寸测量

按照 GB/T 8806—2008《塑料管道系统　塑料部件尺寸的测定》要求，利用游标卡尺对柔性复合管进行尺寸测量，测量位置见图 7，结果见表 1，与 SY/T 6662.2—2020 附录 B 进行对照，总壁厚、内径、内衬层厚度和外保护层厚度均满足标准要求。

3.3 内衬层材料红外光谱检测

按照 GB/T 6040—2002《红外光谱分析方法通则》要求，利用 Thermo Scientific Nicole iS50 型红外光谱仪测得未服役与失效管样内衬层材料的红外图谱，结果如图 8 所示。红外光谱图显示，2912cm^{-1} 和 2845cm^{-1}、1470cm^{-1}、715cm^{-1} 处具有明显的聚乙烯特征峰，证明内衬层材质为聚乙烯。对比服役前后，可以发现，聚乙烯结构未发生明显变化。

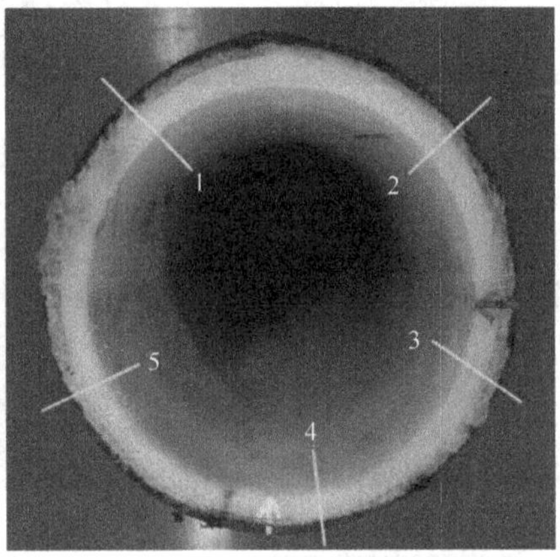

图 7　尺寸测量位置

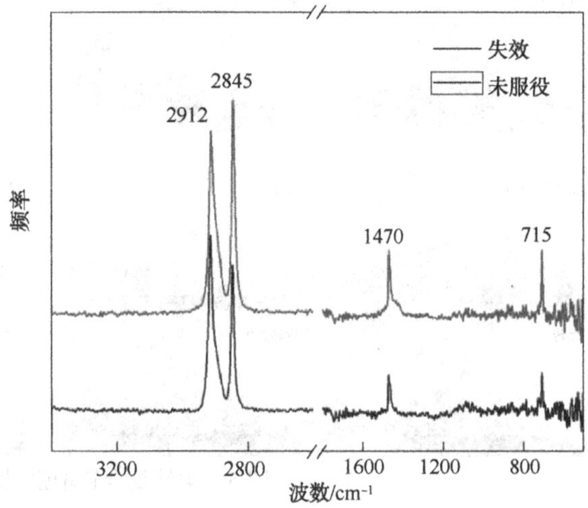

图 8　未服役与失效管样内衬层材料红外光谱图

表 3.2-1　柔性复合管尺寸测量结果　　mm

项目	1	2	3	4	5	平均值	标准值
总壁厚	17.14	18.06	17.11	18.47	17.78	17.71	≥16.5
外径	191.06(管体外伤严重，仅供参考)						—
内径	152.3	155.8	152.8	153.4	153.1	153.48	≥150
内衬层厚度	9.88	10.06	9.89	9.97	9.87	9.93	≥9.5
外保护层厚度	3.81	3.99	3.78	3.82	4.03	3.89	≥3.5
增强层厚度	3.45	4.01	3.44	4.68	3.88	3.89	—

3.4 内衬层材料密度检测

参考 GB/T 1033.1—2008《塑料　非泡沫塑料密度的测定　第 1 部分：浸渍法、液体比重瓶法和滴定法》，从未服役和失效管样内衬层取块状试样，采用 ET-120SL 电子密度计测定样品密度。数量为 3 个，取平均值作为检测结果。由表 2可知，失效管材内衬层材料的平均密度分别为 0.930g/cm^3，满足 SY/T 6662.2—2020 中高密度聚乙烯的密度要求。

表 2　失效管样内衬层材料密度测量结果

项目	1	2	3	平均值	标准值
未服役	0.9560	0.9553	0.9555	0.9556	≥0.930
失效	0.9539	0.9532	0.9528	0.9528	≥0.930

3.5 内衬层材料交联度检测

参考 GB/T 18474—2001《交联聚乙烯(PE-X)管材与管件　交联度的试验方法》，从未服役与失效管样内衬层分别取细丝状样品 2 个进行交联度测试。由表 3 可知，未服役与失效管材内衬层材料交联度分别为 62.2%和 62.1%，可以判断，未服役与失效管样内衬层材料交联聚乙烯，服役前后交联度无明显变化。

表 3　失效管样内衬层材料交联度测量结果

	项目	1	2
未服役	试验前质量/g	0.5026	0.4964
	试验后质量/g	0.3090	0.3089
	交联度/%	61.5	62.2
失效	试验前质量/g	0.5009	0.5027
	试验后质量/g	0.3085	0.3124
	交联度/%	61.6	62.1

3.6 内衬层材料维卡软化温度检测

依据 GB/T 1633—2000《热塑性塑料维卡软化温度(VST)的测定》中的 B_{50}法(50N，50℃/h)，从未服役和失效内衬管取块状样，采用 RV-300FW 维卡软化点温度检测仪测定样品的维卡软化温度。数量分别为 6 个，分别取平均值作为检测结果。由表 4 和表 5 可知，未服役和失效管样的内衬管的维卡软化温度分别为 83.67℃和 83.43℃，服役前后维卡软化温度无明显变化。

3.7 内衬层材料耐老化性检测

按照 GB/T 19466.6—2009《塑料　差示扫描量热法(DSC)第 6 部分：氧化诱导时间(等温 OIT)和氧化诱导温度(动态 OIT)的测定》规定的试验方法，采用 AQ200 型差示扫描量热仪对未服役和失效的柔性复合管内衬层材料进行氧化诱导时间测试，结果如图 9 和图 10 所示。未服役管样内衬层材料进行氧化诱导时间大于 20min，服役后管样内衬层的氧化诱导时间为 11min，说明服役过程中失效管样的内衬层长期与高温输送介质接触，稳定剂有流失，导致管材的耐老化性能下降。

表 4　未服役内衬管维卡软化温度检测结果(B_{50}法)

试样编号	起始试验温度	维卡软化温度/℃	维卡软化温度平均值/℃
1#	室温	83.21	83.67
2#	室温	83.30	
3#	室温	84.73	
4#	室温	83.85	
5#	室温	83.05	
6#	室温	83.90	

表 5　失效管样内衬管外表面维卡软化温度检测结果(B_{50}法)

试样编号	起始试验温度	维卡软化温度/℃	维卡软化温度平均值/℃
1#	室温	86.61	83.43
2#	室温	83.61	
3#	室温	84.75	
4#	室温	82.74	
5#	室温	83.01	
6#	室温	79.88	

3.8 内衬层材料拉伸性能检测

按照 GB/T 8804.3—2003《热塑性塑料管材　拉伸性能测定　第 3 部分聚烯烃管材》规定的试验方法，采用 AGS-X10kN 型超大行程拉伸试验机测定未服役与失效管样内衬层哑铃型样条的拉伸性能，结果见表 6 和表 7。拉伸性能结果显示，内衬层材料的屈服强度、模量和断裂伸长率均有明显下降，这是由于管材在服役过程中长期与介质接触，发生了溶胀，力学性能发生了下降。

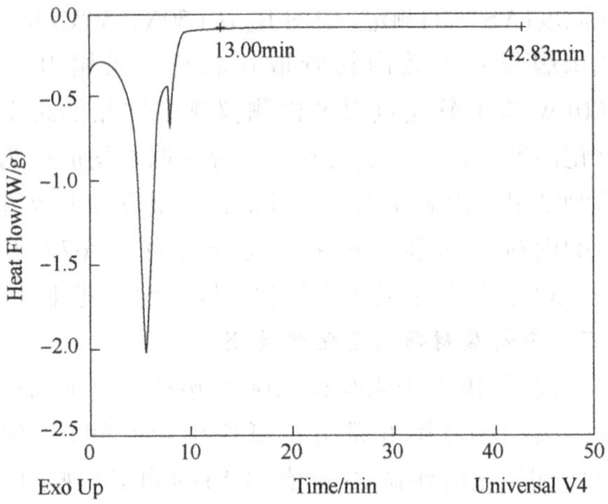

图 9　未服役管样内衬层材料 DSC 曲线

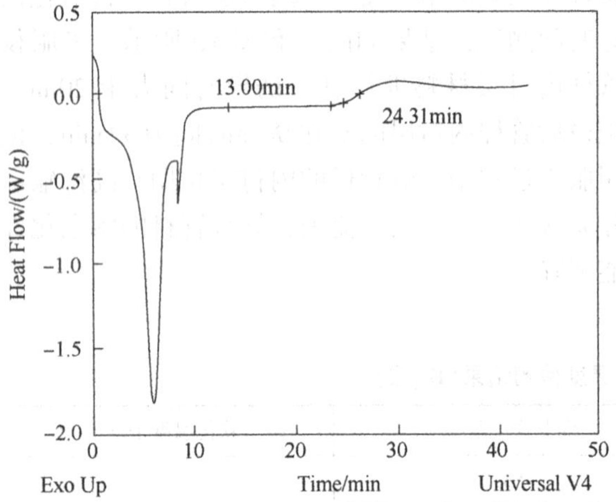

图 10　失效管样内衬层材料 DSC 曲线

表 6　未服役内衬层材料拉伸测试结果

试样编号	断裂伸长率/%	屈服强度/MPa	弹性模量/MPa
1	454.7	24.6	861.1
2	534.3	24.4	816.1
3	437.8	25.4	844.1
4	507.5	24.6	785.7
5	513.7	24.9	788.4
平均值	489.6	24.8	819.08

表 7　失效管样内衬层材料拉伸测试结果

试样编号	断裂伸长率/%	屈服强度/MPa	弹性模量MPa
1	552.4	24.7	688.9
2	81.9	24.1	650.3
3	229.5	24.6	527.1
4	491.9	23.5	627.9
5	552.9	24.4	593.8
平均值	381.7	24.3	617.6

3.9　增强层纤维红外光谱检测

如图 11 所示，增强层纤维的红外光谱图中 $1710cm^{-1}$ 为碳基伸缩振动，$1238cm^{-1}$ 和 $1081cm^{-1}$ 为羧基中的碳基伸缩振动，$723cm^{-1}$ 为面外弯曲振动吸收，证明增强层纤维为涤纶纤维。对比服役前后纤维红外光谱，可以发现，$3000 \sim 3700cm^{-1}$，$2850 \sim 2950cm^{-1}$，$1641cm^{-1}$ 出现了三个新的吸收峰。结合管材失效信息，可以判断 $3000 \sim 3700cm^{-1}$ 的处为内衬管破裂后，输送介质进入增强层，增强层纤维吸水后的羟基吸收峰；$2850 \sim 2950cm^{-1}$ 是输送介质有少量轻质油，污染增强层纤维后，产生的甲基和亚甲基的吸收峰；$1641cm^{-1}$ 处吸收峰可能为涤纶纤维在高温水环境中发生了水解，水解产物含羰基的芳香化合物的特征吸收峰，证明高温输送介质泄漏后，污染增强层纤维后会对纤维的结构造成损害，进而影响力学性能。

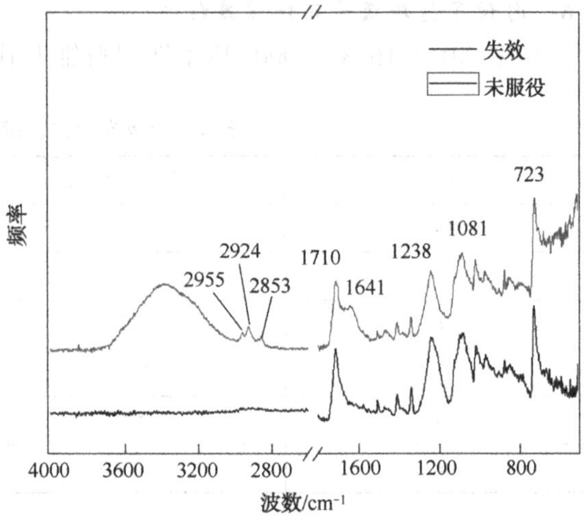

图 11　未服役和失效管样增强层纤维红外光谱图

3.10　增强层纤维热稳定性及成分分析

通过热重分析法，表征增强层纤维的热稳定性和成分，由图 12 可知，未服役增强层纤维的热失重曲线只要一个明显的失重台阶，可以确定是涤纶纤维热分解的失重，失重率为 83.54%，因该曲线测试气氛为 N_2，涤纶纤维分解不完全有 16.46%的残炭。而失效管段中的增强层纤维的热失重曲线有三个的失重台阶，失重率分别是 5.5%、70%、3.5%和 3.65%。第一个失重台阶为增强层纤维吸收的水分，挥发后导致失重；后三个失重为涤纶纤维化学结构被高温水解破坏后的热分解失重，再次证明了高温输送介质对增强层纤维结构的影响。

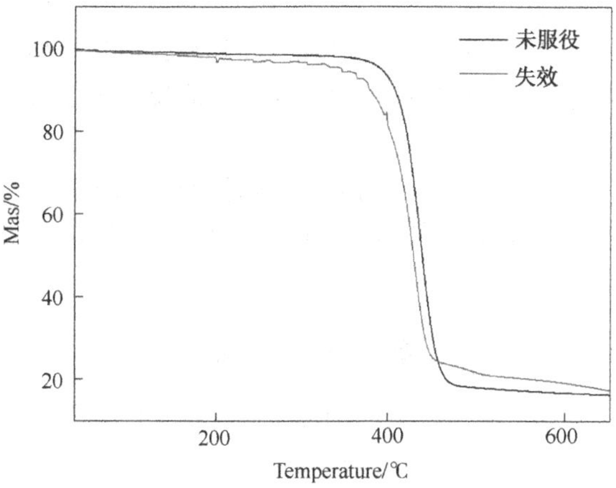

图 12　失效管样增强层纤维热失重曲线

3.11　高温水压爆破试验

按照 GB/T 15560《流体输送用塑料管材液压瞬时爆破和耐压试验方法》的规定进行爆破强度测试。SY/T 6662.2—2020 要求管材的爆破压力应为公称压力的 3 倍，该柔性复合管的公称压力为 6.4MPa，合格的爆破压力为三倍公称压力，即 19.2MPa，因该管线的服役工况温度为 65℃，根据 SY/T 6662.2—2020 附录 C 进行温度折减（60<t≤70℃ Ⅱ型复合管温度折减系数为 0.82）后为 15.7MPa。未服役和失效下游段的管样的高温水压爆破强度分别为 18.6MPa 和 18.4MPa，满足标准要求(图 13、图 14)。

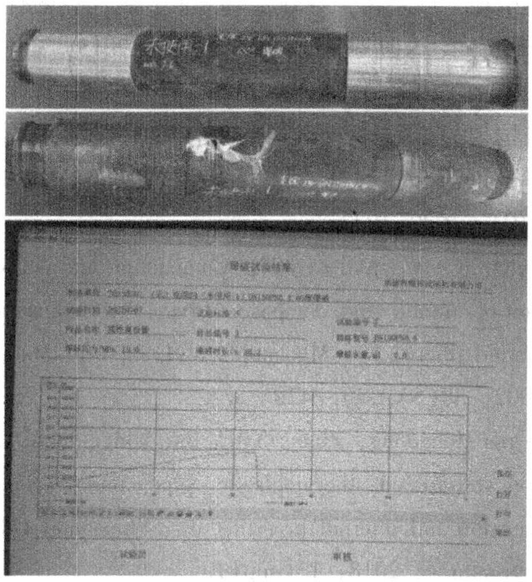

图 13　未服役管样高温水压爆破形貌和试验曲线

3.12　高温静水压试验

按照 GB/T 6111—2018《流体输送用热塑性塑料管道系统耐内压性能的测定》的方法进行高温(65℃)短期静水压强度测试。SY/T 6662.2—2020 要求温度为 65℃时，保压压力为 1.5 倍公

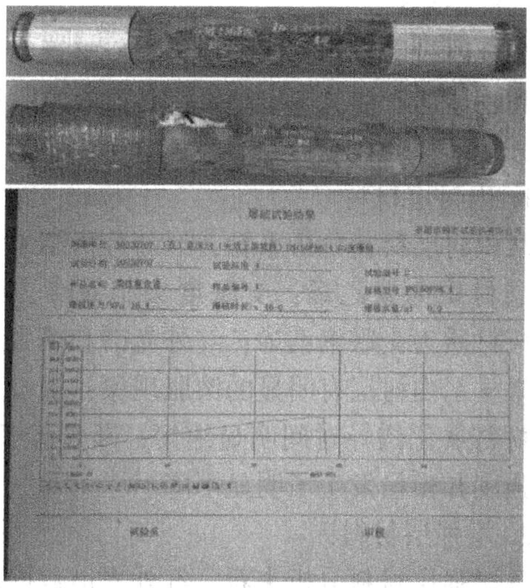

图 14　失效上游管样高温水压爆破形貌和试验曲线

称压力，保压时间为 1h，试验过程中管体应无渗漏、破裂。该柔性复合管的公称压力为 6.4MPa，则保压压力为 9.6MPa。试验过程中两个管样均无渗漏、破裂，满足标准要求。静水压试验后的爆破试验显示，两个管材的爆破压力分别为 18.4MPa 和 16.9MPa，大于标准要求的 15.7MPa(图 15、图 16)。

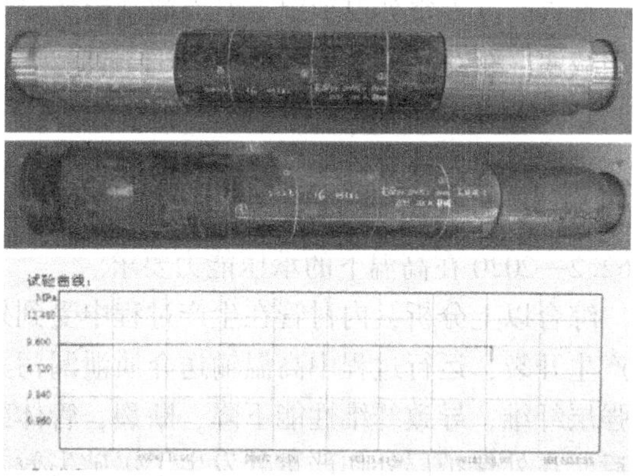

图 15　未服役管样静水压试验前后形貌和试验曲线

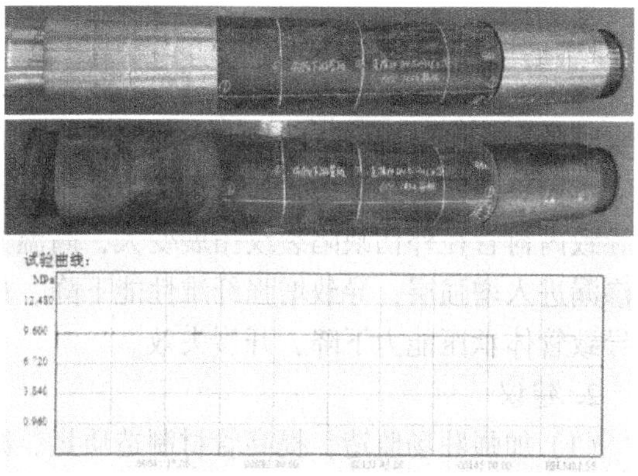

图 16　失效下游段管样静水压试验前后形貌和试验曲线

3.13 综合分析

综合内衬层材料、增强层材料、整管的评价结果和管道运行情况调研结果，对失效原因进行综合分析：

1. 内衬层材料

从内衬层材料分析来看，红外分析结果显示内衬层材质为聚乙烯；交联度大于60%，确定内衬层材质为交联聚乙烯；红外光谱和热失重分析结果显示内衬层有明显的溶胀现象；服役后内衬层材料氧化诱导时间明显缩短，断裂伸长率、屈服强度和模量发生了明显下降。

2. 增强层材料

从增强层材料分析来看，红外光谱数据显示增强层纤维为涤纶纤维，增强层纤维的颜色发生了变化，由白色变为浅黄色，结合热失重分析结果，可以确定增强层纤维也存在溶胀。同时红外光谱、热失重分析和拉伸性能表征结果证明高温输送介质泄漏后对增强层纤维结构和性能均造成了不利影响，进而影响了管材的承压性能。

3. 外保护层

外保护层多处受到严重的沿轴向方向的划伤，严重的已贯穿外保护层，对内部结构的保护作用减弱。

4. 整管承压能力

未服役和失效管段上下游整管的静水压和爆破试验结果显示管体承压能力满足SY/T 6662.2—2020在高温下的承压能力要求。

综合以上分析，内衬管在生产过程中受到外伤产生开裂，运行过程中高温输送介质泄漏污染增强层纤维，导致纤维性能下降、断裂，管体鼓包后，在外保护层外伤严重处发生了爆破失效。

4 结论与建议

1. 结论

该柔性复合管内衬管在制造过程中收到外力冲击开裂，运行过程中该区域对应的管段为没有无支撑固定装置的穿越段，运行过程中的压力波动导致内衬管在外伤缺陷裂纹拓展变大，高温介质渗漏进入增强层，导致增强纤维性能下降，最终导致管体承压能力下降，开裂失效。

2. 建议

（1）加强驻场监造，提高管材制造质量，减少缺陷。

（2）该管线温度呈现升高趋势，达到该型柔性复合管服役温度上限，输送介质温度需要有降温措施。

（3）该段管线穿越涵洞时应设置固定支撑方案，减少管体在涵洞内的摆动，降低失效风险。

参考文献

[1] 尹承禹，丁夷飞. 柔性复合管在油田中的应用[J]. 云南化工，2020(11).

[2] 陈庆国，齐国权，等. 地面集输用柔性复合管爆管失效原因分析[J]. 石油管材与仪器，2021(04).

[3] 齐国权，崔小虎，祁小兵，等. 地面集输用柔性复合管开裂失效原因分析[J]. 石油管材与仪器，2020(02)

[4] LI Houbu, YAN Milin, QI Dongtao, et al. Failure analysis of steel wire reinforced thermoplastics composite pipe[J]. Engineering Failure Analysis, 2012, 20(8): 88-96.

[5] 齐国权，戚东涛，魏斌，等. 高温高压条件下柔性复合管评价方法研究[J]. 石油管材与仪器，2015, 1(5): 31-33.

[6] 张冠军，齐国权，戚东涛. 非金属及复合材料在石油管领域应用现状及前景[J]. 石油科技论坛，2017, 36(2): 26-31

[7] 齐国权，戚东涛，魏斌，等. 非金属管在酸性环境应用存在的问题[J]. 油气储运，2015, 34(12): 1272-1275.

[8] 齐国权，李鹤林，李循迹，等. 油田非金属管国内标准的发展与应用[J]. 油气储运，2014, 33(10): 1029-1033

[9] Kotomin S V, Avdeev N N. Compaction and consolidation of aramid and composite fibers. 1. compaction of aramid fibers[J]. Mechanics of Composite Materials, 2002, 38(5): 461-470

[10] Qiao Hongdong, Zhang Yin, Bai Yong, et al. Study on reinforced thermoplastic pipe under combined tension and internal pressure[J]. Ships and Offshore Structures, 2018, 13(supl).

[11] Wei X F, Kallio K J, Bruder S, et al. Hedenqvist. Diffusion-limited oxidation of polyamide: Three stages of fracture behavior[J]. Polymer Degradation and Stability, 2018, 154: 73-83.

塔里木油田台盆区井下作业压井工艺技术及典型案例

刘 伟 张雪松 陈德飞 杨晓东 王高玺 李 强 孙玉国

(中国石油塔里木油田公司)

摘 要 塔里木油田台盆区具有油气藏分布广泛、流体性质多样、碳酸盐岩井高含硫，地层压力系统变化大，局部异常高压的特点。该区块地层压力系数从0.8~1.3不等，其中塔中满深等南部井存在异常高压，部分区块老区碳酸盐岩哈拉哈塘油田，随着高压注水注气开发方式的转变，地层压力增加明显。由于近年来台盆区的采油井完井方式多样化，管柱结构功能多，井下作业频繁，作业工艺复杂，存在着极大的井控风险，一旦油气井刺漏或作业井溢流，就必须实施压井作业。本文针对台盆区的碎屑岩和碳酸盐岩油井井下作业工序和开发方式多样性，对区域内的所有碎屑岩和碳酸盐岩作业井的完井方式、管柱结构、压井通道建立、压井效果等进行统计分析评价，对压井液密度、压井程序进行规范，制定出适用自喷、机采、稠油掺稀等不同开发方式的作业井的压井工序及技术要求，形成台盆区井下作业配套压井工艺技术。该技术可以根据完井方式和管柱结构，快速选择最适合该井的压井方式和工序，提高压井效率，减少井控风险，保障塔里木油田台盆区采油气井井下作业井控安全。

关键词 塔里木油田；台盆区；碎屑岩；碳酸盐岩；井下作业；压井

油气井井喷失控是石油勘探开发过程中恶性安全事故，溢流和井涌是井喷的前兆，当地层气体或液体侵入井筒，导致液柱压力降低，地层压力大于液柱压力时，就会发生溢流，若不能及时控制溢流，就会造成极恶劣严重的井喷事故。塔里木油田台盆区地质存在油气藏分布广泛，层系较多，地层流体性质多样化，碳酸盐岩油井普遍高含硫，地层压力系统变化大的特点，对井下作业的压井工作造成极大难题。而台盆区油井井下作业频繁，作业工艺复杂，采油井完井管柱结构复杂，目前还没有形成一套具有针对性强能够快速适应各种完井方式的井下作业压井技术，因此面对台盆区油井复杂多样的开发方式和作业工艺，对台盆区井下作业配套压井工艺技术研究和梳理迫在眉睫。

1 台盆区区域特点及井控风险

1.1 台盆区区域特点

油气藏分布广、流体性质多样、碳酸盐岩井高含硫。油气藏主要分布在奥陶系、石炭系、志留系、三叠系、侏罗系等。哈15、塔中10、轮古15等区块为稠油区块，碳酸盐岩油藏由北(东河)到南(哈得、塔中1号气田)气液比逐渐变大。碳酸盐岩井高含硫，最高含硫井HA15-3C井检测最高750000mg/m^3。

地层压力系统变化大，局部异常高压。在碎屑岩油藏压力系统中，塔中4油田、哈得4油田、轮南油田等主力砂岩油田均为正常压力系统油藏，但是轮古东石炭系高压气井，塔中、东河储气库井注气压力回升，为碎屑岩异常压力系统。在碳酸盐岩油藏压力系统，地层压力系数从0.8~1.3不等，塔中满深等南部井存在异常高压，同时伴随着碳酸盐岩开发方式变化导致地层压力增大，老区碳酸盐岩哈拉哈塘油田采用高压注水注气开发方式，地层压力增加明显。

完井方式多样，管柱结构功能多。碎屑岩井完井管柱主要以自喷管柱、抽油机管柱、电泵管柱、气举管柱为主。碳酸盐岩井完井管柱主要是自喷管柱、抽油机管柱、机采-自喷一体化管柱为主。机采自喷一体化管柱结构为油管+抽油泵+注水注气阀+封隔器+防砂筛管。

井下作业频繁，作业工艺复杂。台盆区2021年总计作业452井次，作业涉及检泵、检抽、检管等维护工艺，补孔、酸化改造、找堵漏、修套、回接套管、测井、钻磨、打捞等大修工艺。

1.2 井控风险

台盆区采油气井的井控风险主要为八大井控风险。采油气井主要是井完整性失效的风险、井口泄漏的风险、绳缆作业风险、人员操作风险等。井下作业井主要是工艺设计风险、工序转换风险、换装井口风险、易喷易漏高含硫等风险。

2 压井原理及常规压井方法

2.1 压井原理

压井是以U形管原理为依据，在压井施工过程中，保持井底压力恒定并且略大于地层压力。U形管原理是将井内管柱或钻具与环空视为一个连通的U形管，井底是U形的底部，是压力的平衡点。

关井时井筒压力平衡关系：

$$P_d+P_{md}=P_p=P_a+P_{ma}+P_y$$

其中，P_d 为关井立压；P_{md}为钻具内液柱压力；P_p 为地层压力；P_a 为关井套压；P_{ma}为环空液柱压力；P_y 为溢流物的重力产生的压力。

压井循环时井筒压力平衡关系：

$$P_T-P_{cd}+P_{md}=P_b=P_a+P_{ma}+P_{bp}+P_y$$

其中，P_T 为压井循环时立管总压力；P_{cd}为钻柱内压耗；P_{md}为钻柱内液柱压力；P_b 为井底压力；P_a 为井口套压；P_{ma}为环空液柱压力；P_{bp}为环空流动阻力；P_y 为溢流物重力产生的压力。

压井循环时，随着压井钻井液的逐渐泵入，钻柱内静液压力 P_{md}逐渐增大，要维持井底压力略大于地层压力并保持不变，就可以通过控制循环立管总压力 P_T 逐渐降低实现，而循环立管总压力又是通过调节节流阀的开启程度控制的。可见，压井循环时的总立管压力可作为判断井底压力的压力计使用。井底压力的计压井是要保持压井排量不变，钻柱内压力降 P_{cd}才不变，才能实现作用于井底的压力不变。另外，环空流动阻力 P_{bp}数值比较小，又是增加井底压力，压井时有利于平衡地层压力。在溢流量小的情况下，溢流物重力产生的压力 P_y，通常可以忽略不计(图1、图2)。

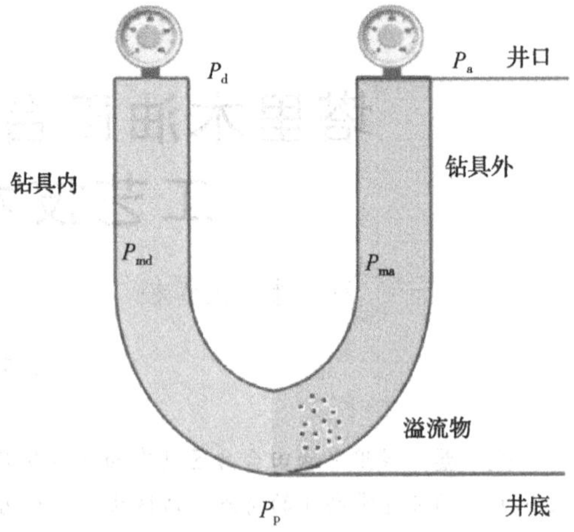

图1　关井时井筒压力平衡关系图

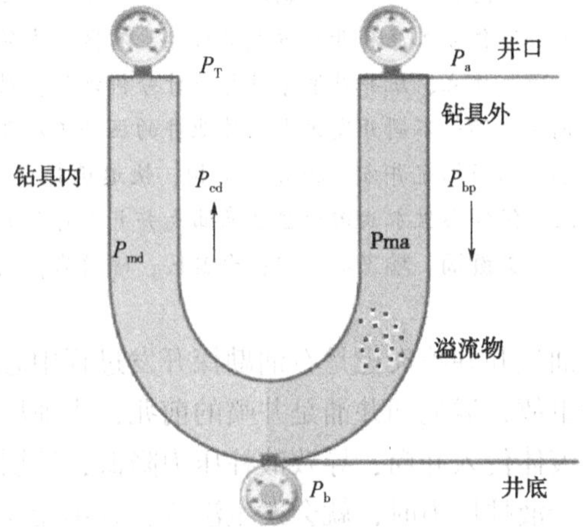

图2　压井循环时井筒压力平衡关系图

2.2 常规压井方法

塔里木油田台盆区井下作业常规压井方法主要有循环法、挤注法、灌注法，这三种方法适用于不同情况下的压井作业。

循环法，采用正循环或反循环的方式进行压井，达到进出口密度小于0.02g/cm^3 为合格，该方法常用于现场。

(1) 反循环法压井：多用于压力高、产量大的油气井中，在排量一定的条件下压井液从环形空间泵入时，压井液的下行流速低，沿程摩阻损失小，压降也小，对井底产生的回压相对较大，采用反循环法压井法相对容易成功，压井后，即使油层有轻微损害，也可借助本身的高压来解除污染。但针对特殊的机采井无正注通道，如抽油机井、装有单流阀的电泵井，在作业前压井方式只能采用反循环压井法。

(2) 正循环法压井：将压井液从油管管柱泵入井内顶替井内流体，由油管、套管环形空间上升到井口的循环过程。正循环压井适用于低压、产量较大的油井。在排量一定的条件下，当压井液从油管泵入时，压井液的下行流速快，沿程摩阻损失较大，压降也大，对井底产生的回压相对较小。所以，对于低压井，采用正循环压井法不仅能达到压井目的，还可以避免压漏地层。

（3）司钻压井法：司钻压井法分两个循环周进行，第一步用原密度压井液循环，排除进入井内污染的流体，第二部用压井所需的压井液置换原压井液达到压井的目的。

挤注法，也叫平推法压井，压井时，井口只有压井液进口而没有返出口，在地面用高压将压井液挤入井内，把井筒内的油、气、水挤回地层，以达到压井的目的。在塔里木油田台盆区，该方法常用于稠油井、高含硫化氢井以及没有循环通道的采油井的压井方式。

灌注法，就是往井筒内灌注一段压井液，用井筒液柱压力平衡地层压力的压井方法。此方法多用在井底压力不高、作业施工简单、作业时间短的井。如修井作业过程中压井后进行定时定量滴灌压井液，保持水眼和环空液面的稳定，保障作业期间井控安全。

3 台盆区井下作业压井工艺技术

2023 年以来，针对塔里木油田台盆区油气井开发方式和压力系统的复杂，油田对区域内的所有碎屑岩和碳酸盐岩作业井的完井方式、管柱结构、压井通道建立、压井效果等进行分析评价，对压井液密度、压井程序、异常处置进行规范，最终形成台盆区井下作业配套压井工艺技术。台盆区作业井可以根据完井方式和管柱结构，快速选择最适合该井的压井方式和工序，提高压井效率，减少井控风险。

3.1 压井液密度确定

压井的原则是压而不死，活而不喷，首先就要选择合适密度的压井液。压井液密度的确定，应根据井筒完整性评价、工艺特点，参照钻井、测试及前期作业时的地层压力系数、温度梯度等资料，考虑目前地层测试压力、流体性质、井漏情况、井控装置配套、套管强度、井内管柱结构及本次作业特点和要求等因素，综合确定。

（1）平衡压力作业时，作业液密度应根据地质设计提供的最高地层孔隙压力或实测地层压力的当量密度值为基准，再增加一个安全附加值，安全附加值为：

① 密度附加值：油水井为 0.05～0.10g/cm^3，气井为 0.07～0.15g/cm^3；

② 压力附加值：油水井为 1.5～3.5MPa，气井为 3.0～5.0MPa。

另：对于机采井，压井液密度按下列公式确定：

$$\rho=P_H/H\times10.1972\times10+\text{密度附加值}$$

其中 $P_H=P_i-(H_m-H)\times\rho_f/(10\times10.1972)$

式中，P_H 为压井循环深度的压力(即：油层静压值与压井循环深度到油层深度的液柱压力差)；ρ_f 为地层流体密度，g/cm^3；H 为压井循环深度，m；P_i 为油层静压值，MPa；H_m 为油层中部深度，m。

（2）带压等特殊工艺作业时，以能够和井控装备一起建立有效屏障为原则，合理确定作业液密度。

（3）若同区块地层水密度大于地层压力当量密度的，可采用地层水为作业液，并开展风险辨识、制定削减控制措施。

（4）对不能建立循环的油气井，应使液柱压力平衡地层压力。

（5）含 H_2S 等有毒有害气体地层，安全附加值宜取最大值。

3.2 不同完井方式的压井技术

机采井，压井作业时，先通过节流管汇放油、套压，压力落零后观察 3～5h 无溢流，可采用不压井作业；若出液不止，则采用反循环压井，压井结束观察 3～5h 确认无溢流后，反循环洗井一周后进行下步作业。

注水井，上修前本井停止注水，确保压力扩散。压井前通过节流管汇放油、套压，压力落零后观察 3～5h 无溢流，可采用不压井作业；若需要压井的，则根据设计要求采用循环压井，压井结束后观察 3～5h 无溢流，进入下步作业。

自喷油井，优先采用节流循环压井，压井结束后观察 3～5h 无溢流，循环一周，下油管堵塞阀(或背压阀)试压合格后进行下步作业。

高含硫化氢井，优先采用压回法压井，分别正、反挤 1～1.5 倍油、套管内容积作业液，压井结束后观察 3～5h 无溢流，下油管堵塞阀或背压阀并试压合格，根据作业井漏失情况进行液面监测，做到及时吊灌，保持井内处于微漏状态，确保作业安全。

井下带封隔器的井，应先验证油套连通情况，若具备循环压井条件，采用节流循环压井；若不具备循环压井条件，采取相应措施连通油套后节流循环压井。压井结束后观察 3～5h 无溢流，下内堵工具并试压合格后进行下步作业。根据作业井漏失情况进行液面监测，做到及时吊灌，保持井内处于微漏状态，确保作业安全。

高压气井，优先采用压回法压井，根据井况挤1~1.5倍内容积作业液，压井结束后观察3~5h或下步工序安全作业时间内无溢流，再挤1~1.5倍内容积作业液，确保井压稳后下内堵工具，进行下步作业。

稠油井，宜采用压回法压井，正反挤1~1.5倍油、套管内容积压井液后观察3~5h无溢流；下油管堵塞阀；根据作业井漏失情况进行液面监测，做到及时吊灌，保持井内处于微漏状态，确保作业安全。

气井、含硫井及自喷井因生产管柱被堵塞无法实施压井作业的，应先试用连续油管疏通管柱，确保管柱畅通后再压井起管柱，严禁管柱不通状态下直接起管柱。

需要使用带压钻孔装置的，施工前须编制单项施工设计。内容包含但不限于：基础数据、现场勘查情况、作业目的、作业方案、设计依据、风险分析及可行性评估、带压钻孔施工技术措施、带压钻孔主要设备、工具及器材、安全与环保。

3.3 不同油藏类型的压井技术

碎屑岩井压井方式主要根据开发方式、管柱工艺来确定，压井通道可以采用穿孔方式解决，大多数碎屑岩井作业以循环压井为主，除了稠油井采用正反挤压井。不同开发方式、管柱工艺的压井方式见表1。

表1 碎屑岩井压井方式

油藏类型	开发方式	管柱工艺情况	压井通道建立	压井方式选择
碎屑岩	自喷(带封隔器)	失封	—	循环节流压井
		未失封	电缆穿孔	循环节流压井
	气举井	半闭式气举管柱	—	正挤+反循环+解封后正循环
		开式气举管柱	—	正循环节流压井
	电泵	带卸油阀—无单流阀	砸卸油阀	循环节流压井
		单流阀	—	反循环节流压井
	抽油泵	杆式泵	—	解封杆式泵、循环压井/反循环节流压井
		管式泵	—	反循环节流压井
	光管柱	—	—	循环节流压井
	注水井	—	—	提前3~5天流程泄压、循环节流压井
	稠油井	自喷井	—	正反挤压井
		机采井	—	反挤压井

碎屑岩循环节流压井程序：

(1) 求压：根据油藏提供静压、或关井求压值。

(2) 计算压井液比重：机采井使用半压井方式，比重=静压(+立压)-(目的层深度-完井管柱筛管深度)×地层流体密度×0.00981/0.00981×完井管柱筛管深度+附加比重；自喷井管柱，比重=静压(+立压)/循环位置深度×0.00981+附加比重。

(3) 压井液准备：按照井筒容积至少1.5倍容积储备；调配压井液；比重1.30以上使用泥浆，1.30以下用无固相压井液。

(4) 压井通道建立：带压电缆穿孔、砸卸油阀。

(5) 地面准备：泥浆泵管线检查、水泥车管线试压；井口管线连接试压；压井、节流管汇检查，压井液供液管线准备。

(6) 技术交底：编制压井方案、组织现场岗位分工；井控专家现场指导，技术交底后开展施工。

(7) 压井施工：起泵后，调节节流阀控制回压，工程师法压井施工。

(8) 排后效：循环排后效，观察3~5h，无气无液，转下步工序。

硫碳酸盐岩井基本含硫化氢，因硫化氢可能外溢、管柱氢脆等风险，以挤压井方式为主，不含硫碳酸盐岩井压井方式参照碎屑岩井。碳酸盐岩压井方式见表2。

表2　硫碳酸盐岩井压井方式

油藏类型	开发方式	管柱工艺情况	压井通道建立	压井方式选择
碳酸盐岩	自喷(带封隔器)	失封	/	正反挤压井
		未失封	使用比重1.15以上压井液，射孔建立压井通道	
			使用低比重压井液	正挤压井，解封封隔器后，反挤压井
	气举井	半闭式气举管柱	/	正挤+反挤；解封后正反挤
		开式气举管柱	/	正挤+反挤
	电泵	带卸油阀/无单流阀	砸卸油阀	正反挤压井
	抽油机	杆式泵	/	反挤，解封杆式泵、正挤
		管式泵	/	反挤
	光管柱	—	/	正反挤压井
	稠油井	自喷井	/	
		机采井	/	反挤压井
	注气注水机采一体化		/	正反挤压井

碳酸盐岩挤压井压井程序：

(1) 求压：根据油藏提供静压、或关井求压值。

(2) 计算压井液比重：比重=静压(+立压)/油层位置深度×0.00981+附加比重。

(3) 压井液准备：按照井筒容积至少1.5倍容积储备；调配压井液；比重1.30以上使用泥浆，1.30以下用无固相压井液。

(4) 压井通道建立：带压电缆穿孔、砸卸油阀，连续油管疏通等。

(5) 地面准备：泥浆泵管线检查、水泥车管线试压；井口管线连接试压；压井、节流管汇检查，压井液供液管线准备。

(6) 技术交底：编制压井方案、组织现场岗位分工；井控专家现场指导，技术交底后开展施工。

(7) 压井施工：根据井口装备额定压力情况、泵车情况，控制压力，大排量挤入压井。

(8) 液面观察：测油套液面，观察3~5h，液面稳定，寻找合适吊灌量，转下步工序。

4　典型案例

4.1　碎屑岩井压井案例

LG100-9井射孔后压力高，井口装置压力低，采用反循环节流压井成功解除险情。2014年10月5日对石炭系砂岩进行射孔作业(井段5245~5248.5m、5253~5256mm)，光钻具无封隔器，压井液比重1.0，射孔后，油压14↑36MPa，套压13↑26MPa(图3)。

井口装置：油管头28-70+FH18-70/105+2FZ18-105防喷器(采油四通闸门21MPa)

高套压原因：射孔层位为高压气井，设计中对可能存在的井控风险识别不到位，油套压迅速升高后继续放喷；射孔管柱未带封隔器。

处置过程：因井口装置压力低，先利用现场清水和ρ1.13g/cm³的污水节流反循环降套压，再调配1.22g/cm³压井液后反循环压井，解除险情。

第一步：降低井口风险，立即用现场清水和ρ1.13g/cm³的污水节流反循环，泵入压井液230m³，降压明显，油压36↓6MPa，套压26↓6MPa，焰高1~2m。

第二步：组织化工料，调配1.22g/cm³比重压井液。

第三步：工程师法，反循环压井，油压6↓0MPa，套压6↓0MPa，出口点火焰高1.5m至自熄，压井结束。

第四步：正循环排气，出口火焰高1.5m至熄，出口无气无液。

4.2 碳酸盐岩井压井案例

HA601-7PT2JS平台井复杂打捞作业，高含硫井泄压+挤压井。2021年9月25~27日，原井机采管柱井口断脱，抽油杆、油管腐蚀落井；复杂打捞，打捞原井断脱抽油杆，起抽油杆期间，发现液面上涨，连接油管挂+油管+旋塞，关井，油套压3.1MPa(图4)。

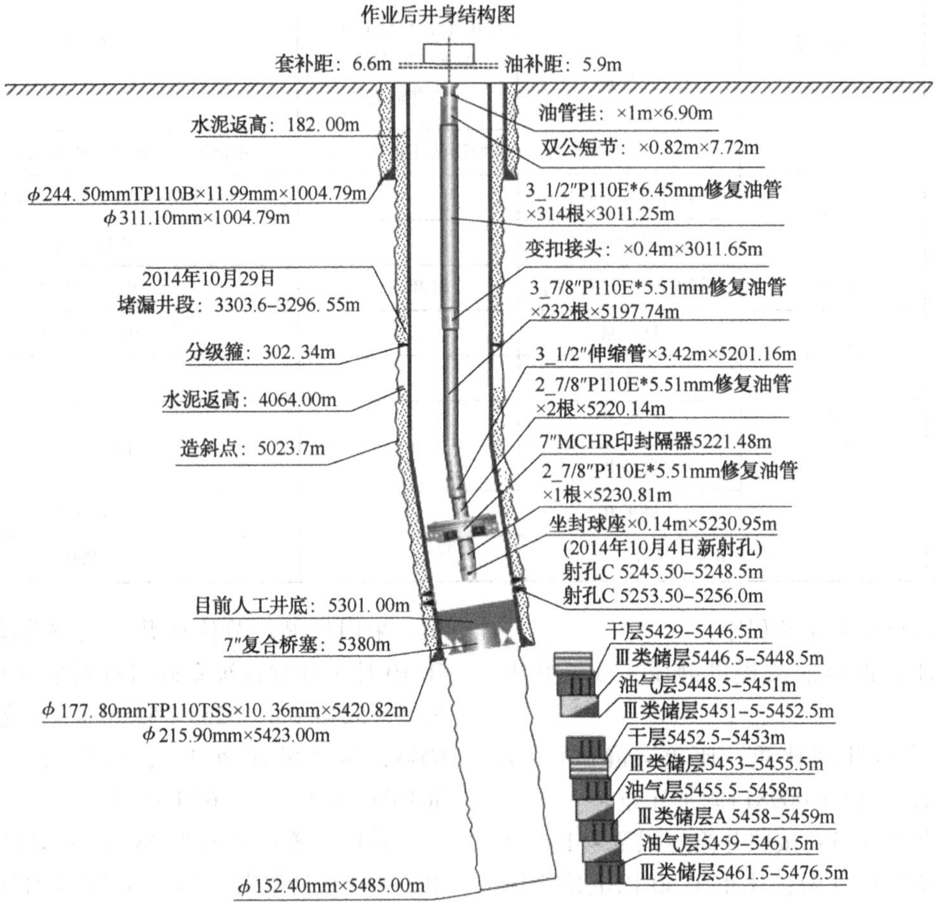

图3 LG100-9井身结构示意图

溢流原因：本井为定容油藏，多次挤压井后(960m^3)，地层压力上升(压井液比重1.30)。

处置过程：①紧顶丝，因井内管柱少，紧油管挂顶丝；②放压，连作业区流程，采用作业区流程进行泄压(硫化氢256ppm)(1ppm = 10^{-6})，放压至零；③压井，使用比重1.30压井液，挤压井；④液面监测，监测液面稳定，恢复生产。

5 总结

(1) 压井液密度的确认应根据目前地层测试压力、流体性质、井漏情况、井控装置配套、套管强度、井内管柱结构及本次作业特点等因素合理计算及增加密度安全附加值，确保作业时地层处于平衡或微漏状态，并及时向井内吊灌补充压井液。

(2) 针对台盆区采油气井不同的井控风险，尤其是碳酸盐岩油藏出现的特殊井控异常情况，采用单一的压井方式往往不能快速有效解除井控风险，应根据现场实际情况，采用节流放压、适用的压井方式及变更压井液体系等组合方法。

(3) 随着东河塘油田注气开发，原油井逐渐向高压气井转变，井下作业风险、难度越来越大，常规的压井方式不能满足特殊情况的要求，必须认真分析压井过程存在的风险性、困难点及工艺复杂性，对压井液和压井方式进行详细要求和严格控制。

(4) 台盆区井下作业配套压井工艺技术可根据油藏类型、完井方式、管柱结构、压井通道建立、快速选择最适合该井的压井方式和工序，提高压井效率，减少井控风险。

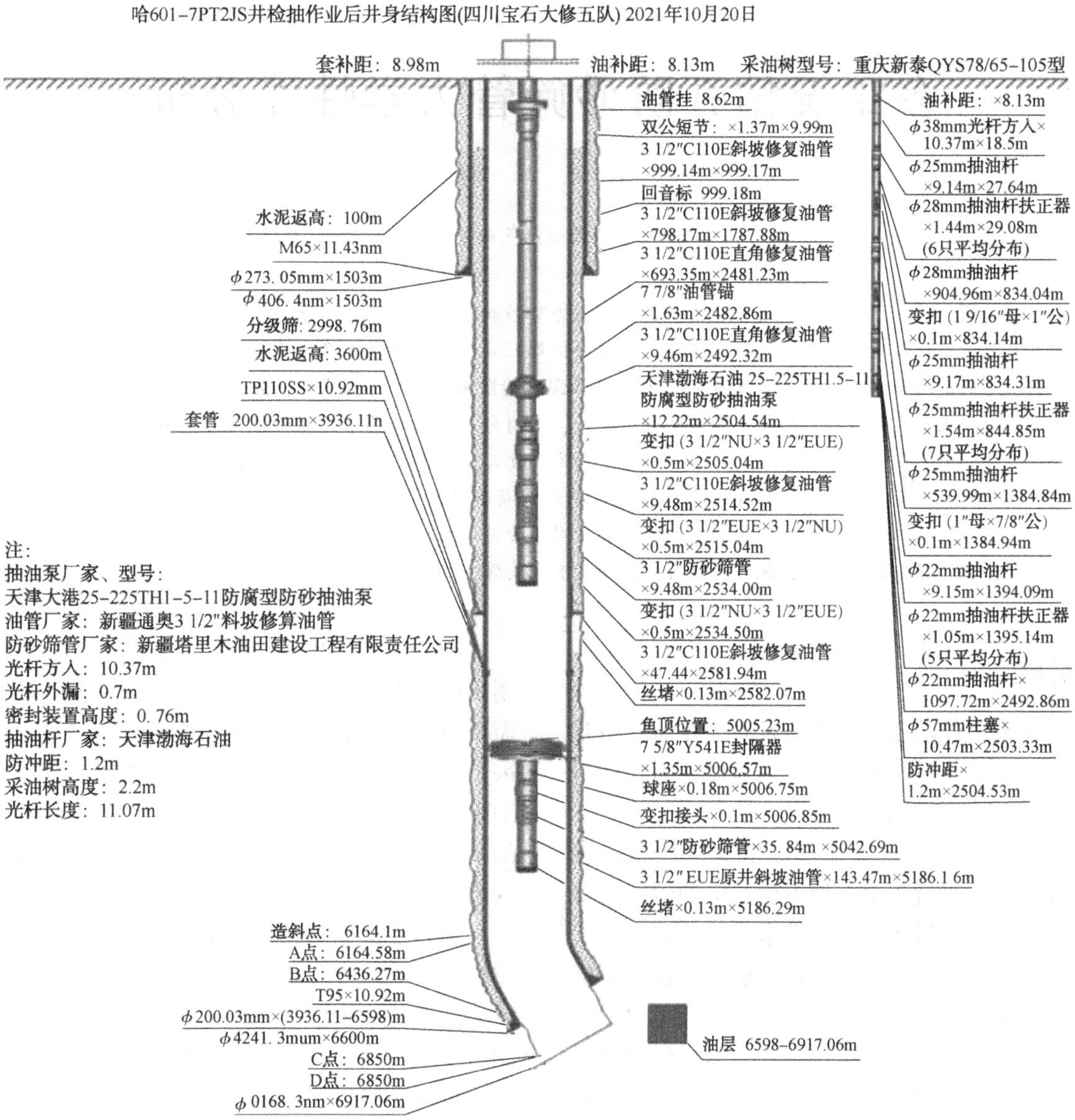

图 4　HA601-7PT2JS 井身结构示意图

参 考 文 献

[1] 邱有鑫，谭辉，张吉波. 塔河油田井下作业压井技术浅谈[J]. 化工管理. 2014.

[2] 朱金丹. 不同复杂井况条件下压井方式探讨[J]. 化学工程与装备. 2020(08)

[3] 范伟东. 塔河油田高压气井压井技术探讨[J]. 化学工程与装备. 2014(11)

[4] 柯于敦. 定容性稠油油藏压井工艺技术应用[J]. 油气藏评价与开发. 2016(03)

[5] 郑如森，高文祥，王磊，张宏强，张梁，陈兵. 塔里木油田高压气井压井技术[J]. 油气井测试. 2021(02)

[6] 吴会胜，晏琰，晏凌. 气井钻井液喷空后的压井方法研究[J]. 天然气技术与经济，2023，17(05)：21-25+68.

[7] 王贵松，史春涛，赵军，等. 高密度清洁盐水压井液的研究与应用[J]. 精细与专用化学品，2023，31(09)：29 - 32. DOI：10. 19482/j. cn11 - 3237. 2023. 09. 07.

[8] 田磊，付小坤，李江. 可循环压井带封注采管柱的配套优化[J]. 油气井测试，2023，32(04)：28-33. DOI：10. 19680/j. cnki. 1004-4388. 2023. 04. 005.

[9] 徐鹏海，马群，张莎，等. 库车山前超深高温高压气井修井配套工艺技术[J]. 天然气技术与经济，2023，17(02)：47-52+74.

多工况钻孔防砂筛管力学性能分析

文　欣　陈　曦

（中国石油西南油气田分公司）

摘　要　钻孔防砂筛管在完井过程中主要作用为防砂和防止井壁坍塌堵塞井筒，筛管抗挤压性能关系到井壁的稳定性以及油气井开采的连续性，因而分析钻孔筛管抗挤压性能具有重要的工程应用价值。本文即在上述问题的前提下，结合油气田完井防砂中最常用的防砂工具-钻孔筛管，分析在不同工况即均布外挤压载荷、上覆岩层外挤压载荷、交变外挤压载荷、非均匀外挤压载荷下的筛管抗挤压性能，通过钻孔筛管载荷-位移情况，推导出钻孔筛管抗挤压能力降低系数 K，并对比相关文献验证 K 值的可靠性。结论得到：在相同数值外挤压载荷条件下，上覆岩层外挤压载荷和非均匀外挤压载荷对钻孔筛管造成较大的应力、形变量，而均布外挤压载荷和交变外挤压载荷对筛管造成相对较小的应力、形变量。

关键词　钻孔防砂筛管；抗挤压能力降低系数K；载荷-位移；可靠性

1　引言

近年来，伴随着科技不断发展，在油气田开采领域，配套开采技术、工艺以及设备不断创新改良的同时，据现场勘验发现，油气田开采量不断上升，原油携沙量也在不断增加。其原因在于：在原油开采过程中，地下油层中的砂粒随着原油输送至地面设备，尽管在水平井筛管完井工艺过程中，已经采取了相应的防砂、堵砂等措施，但由于原油黏度较大，所以不可避免地原油携带砂粒进入到地面储运设备中，即出砂会对油气田设备、管道运转过程产生危害。例如，出砂导致管道堵塞，砂石伴随流体流动从而造成冲击腐蚀，并对井下开采设备、容器、管道、水泵等设备造成腐蚀，同时出砂致使输油泵的过流部件磨损磨穿、计量仪表损坏、加热装置及油、气、水分离装置因积砂过多而影响处理能力等一系列问题，严重地将影响油气田正常生产(图1)。

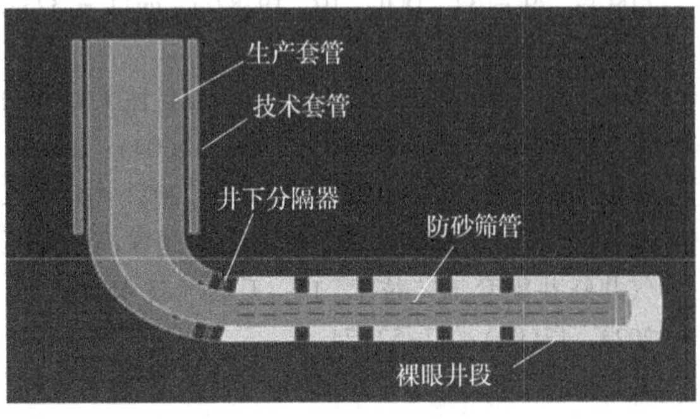

图1　水平井筛管完井技术

故在油气井开采过程，尤其在完井工艺中控制出砂显得尤为重要。但是严格控制出砂量不但需要复杂昂贵的防砂设备和技术，还会对石油开采量造成影响，同时不符合油气田相关设备寿命期限内的低成本、高效率开采模式，因此在现有的基础上，国内外对采取的防砂措施要求也在逐渐增高。

国内外常见防砂技术可分为机械防砂、化学防砂以及油管复合防砂三类。本文所研究的防砂技术主要针对水平井完井工艺，经国内外油气田调研发现，其中被广泛运用在水平井完井工艺中的为机械防砂技术，而钻孔防砂筛管作为机械防砂技术的重要设备之一，在水平井完井防砂工艺中占据着重要地位。图2为水平完井工艺中的钻孔筛管。

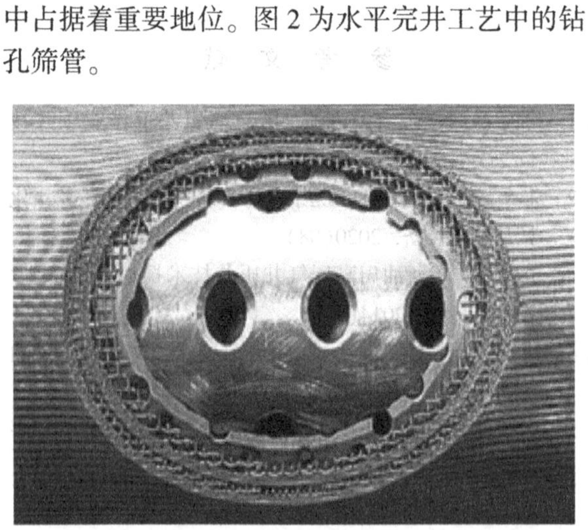

图2　水平井完井筛管

伴随着我国石油勘探开发领域的不断创新发

展，不论是机械防砂、化学防砂还是油管复合防砂技术，都会用到防砂筛管，因此钻孔筛管在油气田开采中得到广泛的应用。在完井防砂过程中，钻孔筛管会受到内、外载荷作用，其中外挤压载荷对钻孔筛管的影响尤为严重，原油携砂粒流经钻孔筛管时，如果钻孔筛管孔眼处、内部或周围存在堵塞现象，井眼压力迅速上升，外挤压载荷增大，从而有可能导致钻孔筛管被挤毁损坏。在不同开采阶段即不同工况下，钻孔筛管所受外挤压载荷存在差异，根据文献调研，钻孔筛管所受外挤压载荷可分为均布、上覆岩层(上下对称)、交变以及非均匀外挤压载荷四类，因此需要通过实验或仿真模拟来验证钻孔筛管抗挤压性能，以此避免筛管损坏而造成的油气井效益、安全等受到影响。

2 钻孔防砂筛管抗挤压能力降低系数 *K*

讨论一下钻孔防砂筛管上沿螺旋方向布孔的情况。取一个螺距相对适中的油层套管管段作为研究对象；为了便于计算，这里本文将做出假设与简化：将直径为 d 的圆孔简化成边长为 d 的正方形方孔，如图 3(a)所示，根据已有文献调研并分析相关实验数据可知，由该简化模型所引起的平均误差小于等于 3%，并假设在外挤压载荷作用下钻孔筛管发生椭圆变形，如图 3(b)所示。

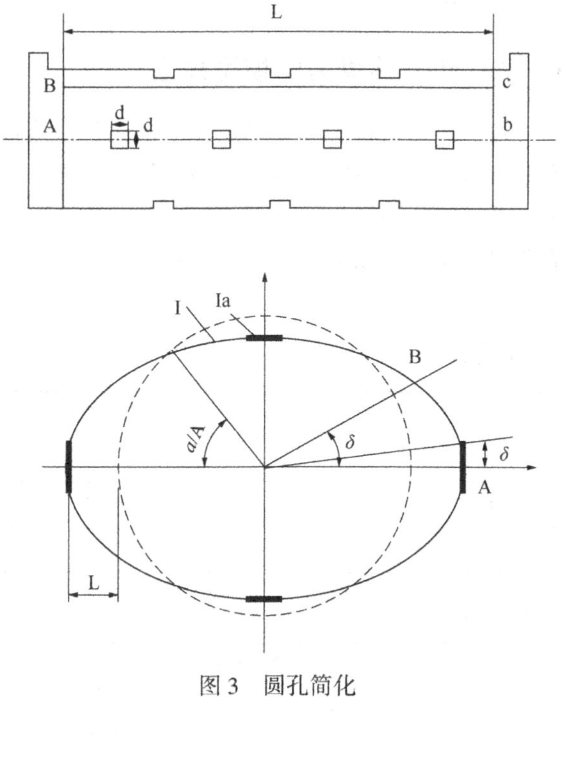

图 3　圆孔简化

因为油层套管管体挠曲具有对称性，本文可以仅仅选取 $\overset{\frown}{AB}$ 圆弧段作为研究讨论对象，如图 3 所示，通过调研文献[12]发现，中等壁厚情况下的油层套管力学特性与曲梁力学特性有着相似之处，其平衡方程公式都为：

$$\frac{d^2\omega}{d\theta^2}+\omega=-\frac{MR^2}{EI}$$

式中，R 为钻孔防砂筛管半径值，$R=\frac{D-t}{2}$；(D 为管外径，t 为管壁厚)；ω 为管壁径向挠度；M 为对应的弯矩；I 为钻孔防砂筛管单元长度上管壁断面的转动惯量。在圆弧 $\overset{\frown}{AB}$ 段上，当钻孔防砂筛管管体发生挠曲情况时，各个筛管截面上的弯矩 $M=\frac{pD}{2}\omega$(p 为外挤压载荷)，且考虑到钻孔会对整个筛管截面转动惯量起到削弱作用，因此通过计算推导得出 $\overset{\frown}{AB}$ 圆弧段挠曲平衡微分方程式为：

$$\begin{cases}\theta\in\left[0,\ \frac{d}{2R}\right],\ \frac{d^2\omega_0}{d\theta^2}+\left(1+\frac{PDR^2}{2EI_0}\right)\omega_0=0\\ \theta\in\left[\frac{d}{2R},\ \frac{\pi}{4}\right],\ \frac{d^2\omega}{d\theta^2}+\left(1+\frac{PDR^2}{2EI}\right)\omega=0\end{cases}$$

式中，ω_0，I_0 和 ω，I 分别表示钻孔防砂筛管有孔段和无孔段的径向挠度以及断面处的转动惯量，令：

$$\alpha_0^2=1+\frac{PDR^2}{2EI_0};\ \alpha^2=1+\frac{PDR}{2EI}$$

则从上式可得通解为：

$$\begin{cases}\theta\in\left[0,\ \frac{d}{2R}\right],\ \omega_0=A\sin\alpha_0\theta+B\cos\beta_0\theta\\ \theta\in\left[\frac{d}{2R},\ \frac{\pi}{4}\right],\ \omega=C\sin\alpha\theta+G\cos\alpha\theta\end{cases}$$

依照筛管管体 $\overset{\frown}{AB}$ 圆弧段的边界条件可确定上式中的待定系数：

由 $\left.\frac{d\omega_0}{d\theta}\right|_{\theta=0}=0$ 得到 $A=0$；同时由 $\omega|_{\theta=\frac{\pi}{4}}=0$ 可得到 $G=-\mathrm{ctg}\alpha\ \frac{\pi}{4}$ 再根据连续条件 $\omega_0|_{\theta=\frac{d}{2R}}=\omega|_{\theta=\frac{d}{2R}}$ 和 $\left.\frac{d\omega_0}{d\theta}\right|_{\theta=\frac{d}{2R}}=\left.\frac{d\omega}{d\theta}\right|_{\theta=\frac{d}{2R}}$ 可以得到齐次线性方程组：

$$\begin{cases}\cos(\alpha_0\dfrac{d}{2R})\cdot B-\left[\sin(\alpha\dfrac{d}{2R})-\mathrm{tg}(\alpha\dfrac{\pi}{4})\cdot\cos(\alpha\dfrac{d}{2R})\right]\cdot C=0\\ \alpha_0\sin(\dfrac{\alpha_0 d}{2R})\cdot B+\left[\alpha\cos(\dfrac{\alpha d}{2R})+\alpha\mathrm{tg}(\dfrac{\alpha\pi}{4})\sin(\dfrac{\alpha d}{2R})\right]\cdot C=0\end{cases}$$

已知 B、C 的非零解充要条件为：

$$\cos\left(\frac{\alpha_0 d}{2R}\right)\left[\alpha\cos\left(\frac{\alpha d}{2R}\right)+\alpha tg\left(\frac{\alpha\pi}{4}\right)\sin\left(\frac{\alpha d}{2R}\right)\right]+\alpha_0\sin\left(\frac{\alpha_0 d}{2R}\right)$$
$$\left[\sin\left(\frac{\alpha d}{2R}\right)-tg\left(\frac{\alpha\pi}{4}\right)\cos\left(\frac{\alpha d}{2R}\right)\right]=0$$

即表示钻孔防砂筛管要在挠曲条件下保持平衡状态，就必须满足上式，因此下式即为钻孔筛管发生失稳情况下的临界外挤压载荷条件，利用三角函数关系可以简化为：

$$\frac{\alpha}{\alpha_0}=\mathrm{tg}\left(\alpha_0\frac{d}{2R}\right)\mathrm{tg}\alpha\left(\frac{\pi}{4}-\frac{R}{2d}\right)$$

同时令 $P=P_{cro}$，则有：

$$\sqrt{\frac{1+\dfrac{P_{cro}DR^2}{2EI}}{1+\dfrac{P_{cro}DR^2}{2EI_0}}}=\mathrm{tg}\left(\frac{d}{2R}\sqrt{1+\frac{P_{cro}DR^2}{2EI_0}}\right)\cdot\mathrm{tg}\left[\left(\frac{\pi}{4}-\frac{d}{2R}\right)\sqrt{1+\frac{P_{cro}DR^2}{2EI}}\right]$$

因为 $P_{cro}=KP_{cr}$ 下标字母看不清楚，且无钻孔套管的弹性失稳临界外挤压载荷可表示为 $P_{cr}=\dfrac{6EI}{DR^2}$，且参照图(圆孔简化)可知：

$$I=\frac{t^3}{12}l$$

$$I_0=\frac{t^3}{12}l(1-d/l)$$

式中，t 为钻孔防砂筛管壁厚，l 为同一母线上的孔间距。

将以上关系带入到上式中，可得到求解钻孔防砂筛管抗挤压能力降低系数 K 值的方程式：

$$\sqrt{1-\frac{d}{l}}=\sqrt{1-\frac{d/l}{1+3K}}\cdot\mathrm{tg}\left(\frac{d}{2R}\sqrt{1+\frac{3K}{1-d/l}}\right)\cdot\mathrm{tg}\left[\left(\frac{\pi}{4}-\frac{d}{2R}\right)\cdot\sqrt{1+3K}\right]$$

上式为超越方程，求解 K 值不方便，因此，本文利用变断面刚度的管体与变断面刚度的压杆有相似的挠曲微分方程，以及相同的边界，连续条件，利用杆管相似理论，推导出 K 值简化计算公式，如下所示：

$$K=\left[1+\frac{1}{\pi}\left(\frac{1}{l/d-1}\right)\left(\frac{2d}{R}+\sin\left(\frac{2d}{R}\right)\right)\right]^{-1}$$

由文献可证明，上述推导出的两式子计算结果之间的相对误差小于 3%。

3　钻孔防砂筛管力学模型建立

为了真实反映实际工况条件下钻孔防砂筛管的工作情况，同时尽可能减小钻孔筛管端部效应，需对钻孔筛管力学模型的尺寸、参数、边界条件约束及外部载荷进行设置(表 1、表 2)。

表 1　筛管孔型设计计算参数

方案号	外径/mm	内径/mm	孔间隔/mm	孔数/个	布孔形式
1	177.8	159.42	60	36	平齐
2	177.8	159.42	60	36	交错
3	177.8	159.42	60	36	螺旋

表 2　套管几何参数和材料性能

钢级或型号	弹性模量/MPa	泊松比	密度/kg/m^3	屈服强度/MPa	最低抗拉强度极限/MPa	抗挤压强度/MPa
N80	2.10 * 10^5	0.30	7850	552~758	862	76.53

（1）钻孔筛管尺寸参照 N80 套管钢材。取钻孔筛管模型长 500mm，钻孔筛管外径为 177.8mm，壁厚为 9.19mm，材料密度为 $7850kg/m^3$，钻孔筛管剪切模量 $G=78.5GPa$，泊松比为 0.3，最小防砂粒径为 0.2mm，弹性模量 $E=210GPa$，钻孔筛管材料最小屈服强度为 552MPa。

（2）在调研国内外文献并结合实际油气田开采情况后，设置钻孔筛管孔径尺寸分别为 14mm、16mm、18mm、20mm、22mm 和 24mm，且钻孔筛管通流面积基本保持不变。

（3）在考虑到钻孔筛管在井下实际工作情况的同时，有效对钻孔筛管约束情况进行简化以减少分析计算工作量，需要将钻孔筛管力学模型两端部添加全约束边界条件。

（4）对钻孔筛管力学模型施加外挤压载荷，根据文献调研和现场实际工况可知外挤压载荷在相应简化后可分为：均布外挤压载荷、上下对称外挤压载荷、非均匀外挤压载荷以及交变外挤压载荷，其中均布和交变外挤压载荷方向均垂直于防砂筛管轴中心线并指向中心线，上下对称和交变外挤压载荷方向垂直于钻孔筛管及油层套管轴中心线所在平面；重力加速度 $g=9.8m/s^2$，无轴向载荷作用且暂不考虑流体冲蚀、腐蚀情况，钻孔筛管所处外界环境温度设为 22℃（图 4）。

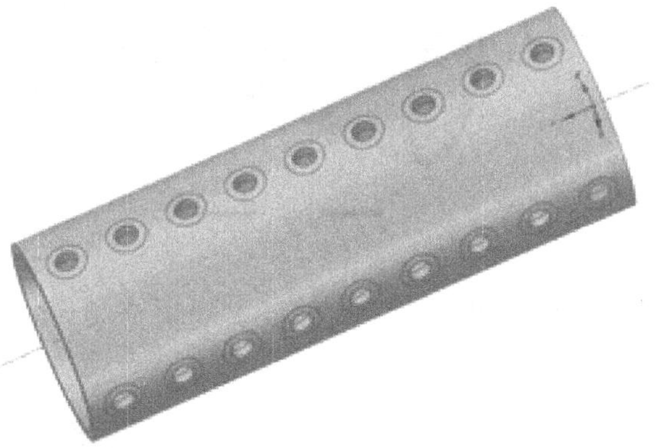

图 4 钻孔筛管力学模型

本文主要研究的是钻孔筛管在不同工况下即均布、上下对称、交变以及非均匀外挤压载荷作用下的抗挤压性能情况，应该严格控制其他因素变化，避免分析过程中多变量造成的仿真模拟结果与实际情况偏差过大，从而没有参照价值。

采用 workbench 对钻孔防砂筛管力学模型进行相应的网格划分和网格优化，为有效减少仿真计算时间，钻孔筛管力学模型采用对称布孔方式，本文力学模型大多数时候采用 Hex Dominant 即六面体单元网格。

在对钻孔防砂筛管力学模型进行网格划分时，为了增加分析结果的精确性、真实性和可靠性，使得分析结果较于实际试验有着一定的匹配性与参考价值，需注意钻孔筛管孔眼处的网格密度较钻孔筛管其他部位网格应更密，取 5 倍细化网格处理钻孔筛管孔眼处网格，之后进行网格无关性验证，发现在网格数量超过 18 万时，网格平均质量逐渐趋近于 1，此时模拟结果与真实结果更相符，且网格数量的减少或增加不再对计算结果产生较大影响，因此网格数量取计算时间稍短的数值即可。已知在钻孔筛管孔眼附近的网格密度较其他部位网格密度相差较大，为了避免因相差幅度过大造成两者连接处网格发生畸变或断裂现象，在交界处设置重合拓补条件，得到较为准确的计算结果，图为钻孔筛管离散化模型，网格数为 357056，节点数为 813601（图 5）。

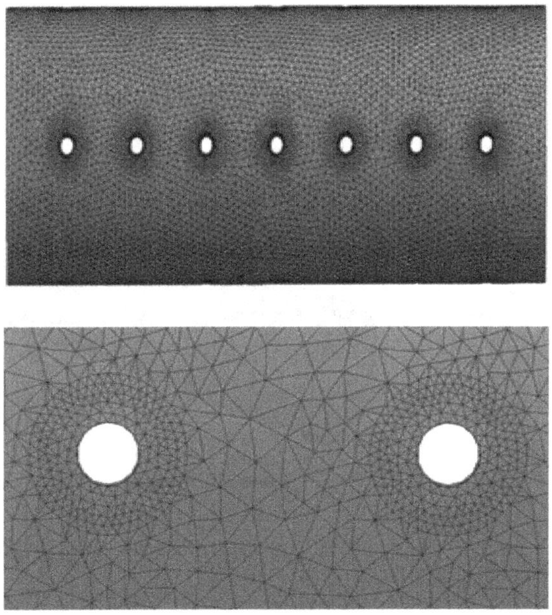

图 5 网格划分效果图

4 不同工况下筛管抗挤压性能分析

钻孔筛管主要用于井下作业，因受到地应力和其他外界因素影响，在井下作业时其所受外挤压载荷形式不再是单一不变的，而是随着时间不断发生变化，本文即在此条件下，分析对比在以下四种外挤压载荷条件下，钻孔筛管所受应力、总形变情况，并总结相关数据和规律。

图 6～图 8 为钻孔防砂筛管在不同工况下

(即均布、上覆岩层、非均匀以及交变情况下)的载荷作用情况，外挤压载荷值为10MPa(其中非均匀外挤压载荷 P_x、P_y 值分别为8.75MPa和5MPa；交变外挤压载荷为10+5sin$x$MPa和10+5cos$x$MPa)。为有效避免端部效应和其他因素对分析结果造成影响，经过相应地计算简化，对钻孔筛管和油层套管两端部进行全约束设置，选取钻孔筛管和油层套管各参数尺寸为：外径177.8mm，内径159.42mm，长500mm，孔径为18mm，钻孔筛管孔数为36个且平齐排列，孔间距为60mm。

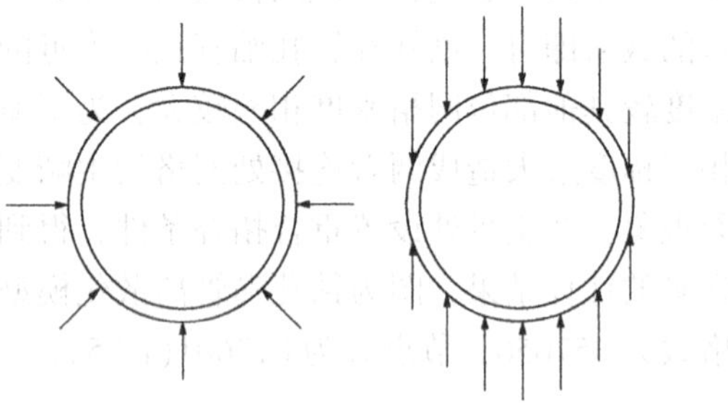

图6　均布和上下对称外挤压载荷情况

图9~图13所示分别为在均布外挤压载荷、上下对称外挤压载荷、非均匀外挤压载荷和交变外挤压载荷10MPa条件下，钻孔防砂筛管所受的应力和总形变的模拟数值。

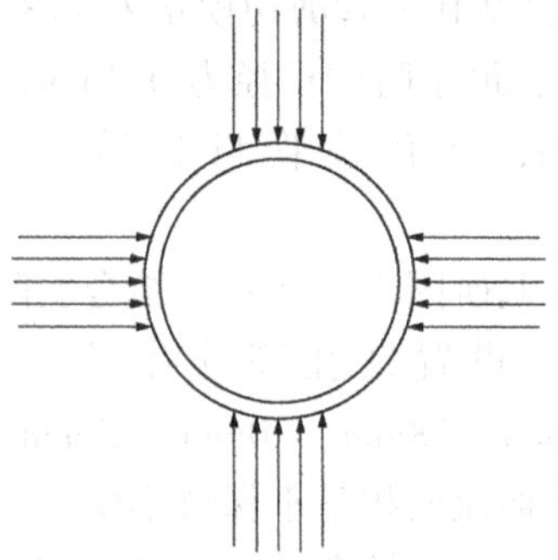

图7　非均匀外挤压载荷情况

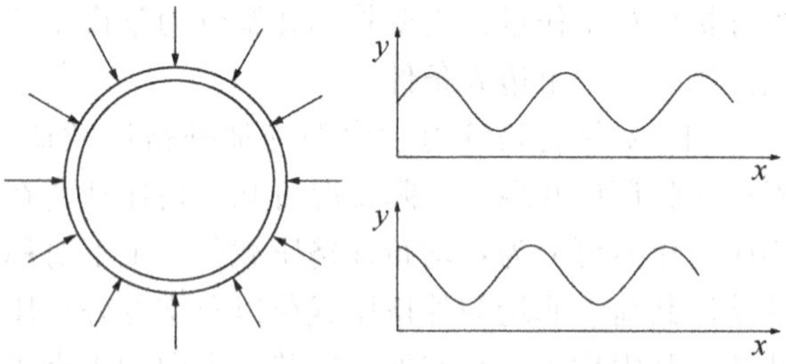

图8　交变外挤压载荷情况

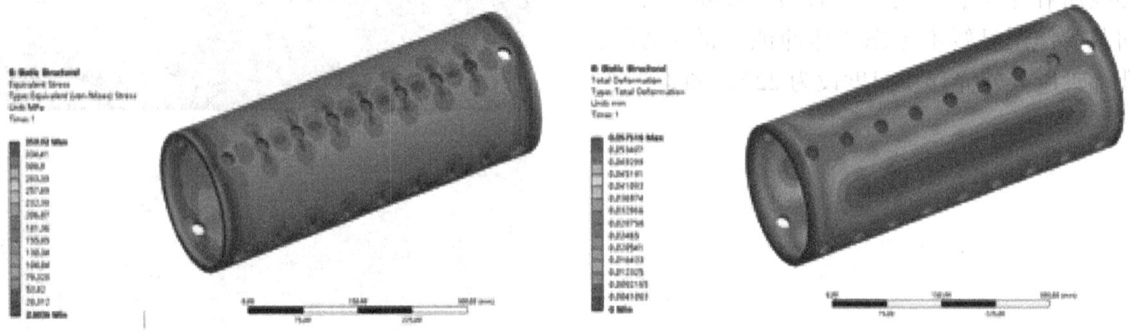

图9　均布载荷下筛管应力和形变云图

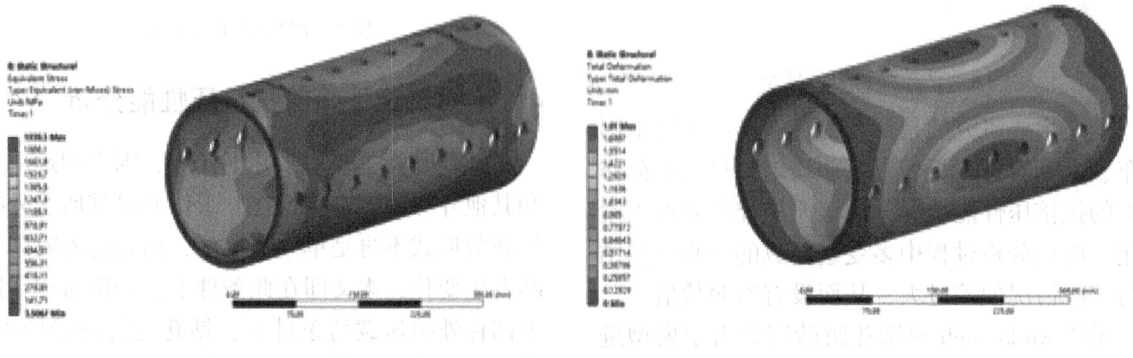

图10　上覆岩层载荷下筛管应力和形变云图

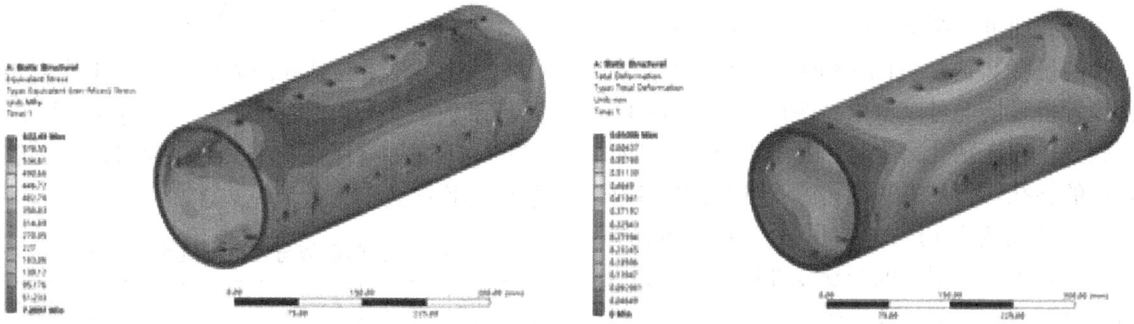

图 11　非均匀载荷下筛管应力和形变云图

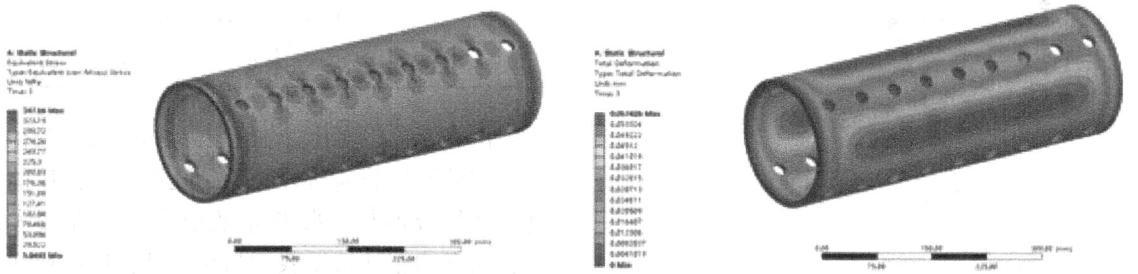

图 12　交变载荷下筛管应力和形变云图

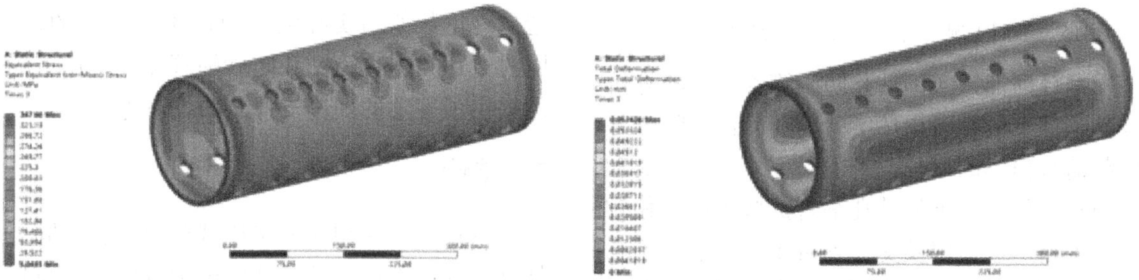

图 13　交变载荷下筛管应力和形变云图

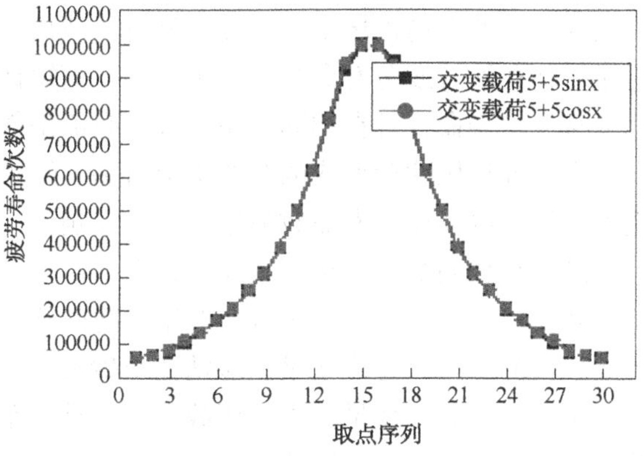

图 14　相同点位疲劳寿命数值图

总结上述四种不同工况下钻孔防砂筛管的应力、总形变以及疲劳寿命变化规律，得到在上下对称外挤压载荷即上覆岩层垮塌压力下的钻孔筛管抗挤压性能降低极为显著，其次则为非均匀外挤压载荷工况下的钻孔筛管，而交变外挤压载荷和均布外挤压载荷抗挤压性能相较前两者下降不明显，但在交变外挤压载荷作用下因存在疲劳寿命损坏使得交变外挤压载荷下的钻孔筛管使用寿命较均布外挤压载荷有着明显变短。

采用非线性屈曲计算方法对钻孔防砂筛管的抗挤压性能进行分析，并将钻孔筛管发生失稳或压扁的临界压力定义为钻孔筛管抗挤压强度；随着外挤压载荷逐渐增大，不同形式外挤压载荷作用下的钻孔筛管挤毁压力数值存在差异。图 15 为四种外挤压载荷情况下即均布外挤压载荷、非均匀外挤压载荷、上下对称外挤压载荷和交变外挤压载荷在外挤压载荷数值不断递增的情况下的径向位移数值变化情况。

根据钻孔防砂筛管挤毁判据可知，随着外挤压载荷不断地增加，在某一时刻，对钻孔筛管施加一微小外挤压载荷增量后，钻孔筛管径向形变发生突变，即可判断出当前外挤压载荷数值为钻孔筛管的挤毁数值。由图15所示不同工况下的钻孔筛管挤毁情况可以看出，四种不同形式的外挤压载荷作用在钻孔筛管时，其中上下对称外挤压载荷的钻孔筛管最先达到挤毁条件从而发生失稳损坏，其次为非均匀外挤压载荷下的钻孔筛管，最后发生失稳损坏的为交变外挤压载荷以及均布外挤压载荷下的钻孔筛管。

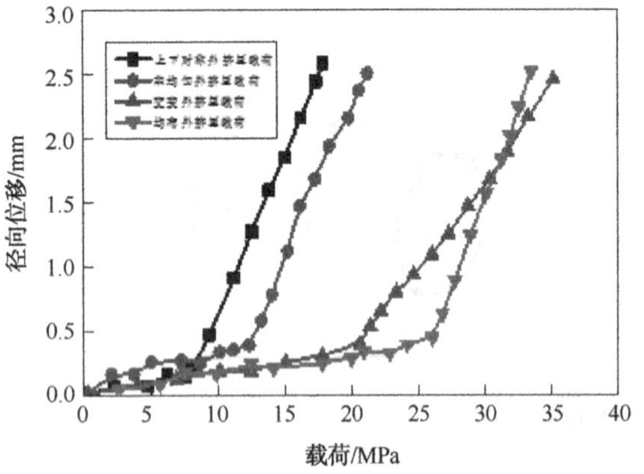

图15　不同工况下的钻孔防砂筛管挤毁情况

根据辽河油田实例钻孔防砂筛管在不同外挤压载荷条件下的挤毁损坏实验验证，证明随着外挤压载荷数值不断增长，上下对称外挤压载荷和非均匀外挤压载荷下的钻孔筛管抗挤压性能相较于均布外挤压载荷以及交变外挤压载荷下的钻孔筛管抗挤压性能更差，下图即为上下对称以及非均匀外挤压载荷下的钻孔筛管挤毁情况。因此在油气田开采领域，考虑在不同工况下受到外挤压作用的钻孔防砂筛管抗挤压性能是有必要的，它能有效提高钻孔筛管利用率，从而保障油气井高效益开采(图16)。

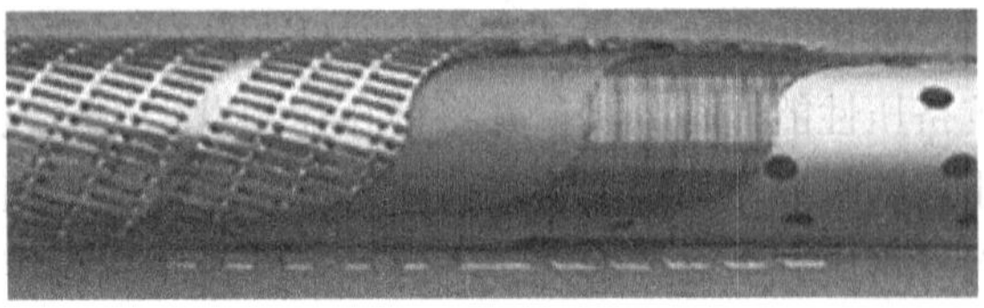

图16　钻孔防砂筛管试样图

对比国内外所做抗挤压试验数据，可以得到无钻孔套管即油层套管在不同工况下的挤毁压力数值，将上述试验中不同工况下的钻孔筛管挤毁压力数值与油层套管挤毁压力数值相比，即可得到如下式子：

$$\frac{P_{cro实际}}{P_{cr实际}}=K_{实际}$$

式中，$K_{实际}$为钻孔防砂筛管抗挤压能力实际降低系数值；$P_{cro实际}$以及$P_{cr实际}$分别为实际试验过程中不同外挤压载荷形式下的钻孔防砂筛管和油层套管挤毁压力数值见表3。

表3　实际数值与理论数值的平均误差

载荷类型	$K_{1实际}$	$K_{2实际}$	$K_{3实际}$	$K_{理论}$	平均误差/%
上覆岩层	0.359	0.374	0.361	0.638	43.3
非均匀	0.423	0.398	0.406	0.638	35.8
交变	0.534	0.539	0.532	0.638	15.6
均布	0.545	0.551	0.537	0.638	14.7

由表3可以看出，在上下对称外挤压载荷与非均匀外挤压载荷所计算的钻孔筛管抗挤压能力理论降低数值与实际测量数值之间存在较大误差，而在均布外挤压载荷与交变外挤压载荷所计算的抗挤压能力理论降低数值与实际测量数值之间的误差较小，即得到不同工况下的载荷条件会造成理论数值与实际测量数值不同程度的偏差，同时上述数据也为钻孔防砂筛管在油气田上的使用提供了一定的理论支撑与数据参考。

5　结论

本章节对在相同外挤压载荷数值，不同工况外挤压载荷条件下的钻孔防砂筛管应力、总形变和疲劳寿命做出了详细的分析计算，结果表明：

(1) 相比于定值外挤压载荷会对钻孔筛管造成较为严重的失稳损坏现象，交变外挤压载荷会明显对钻孔筛管疲劳寿命数值产生影响，缩短钻孔筛管使用寿命，且在相同外挤压载荷数值条件下，交变外挤压载荷形式的改变不会对钻孔筛管应力、形变以及疲劳寿命数值造成明显影响。

(2) 在相同数值外挤压载荷下，上下对称外挤压载荷以及非均匀外挤压载荷对钻孔防砂筛管形成较大的应力、总形变量，对钻孔防砂筛管产生较小应力、总形变量的外挤压载荷形式是均布外挤压载荷和交变外挤压载荷。

(3) 且在不同工况下对受到外挤压载荷的钻孔筛管进行仿真分析所得到的应力数值与其对应的在相同外挤压载荷作用下的油层套管应力数值之间的比值$K_{实际}$与本文所推导的钻孔防砂筛管抗挤压能力降低系数K相对误差保持在25%以

内，对油气井开采具有一定的参考价值和指导意义。

参 考 文 献

[1] 刘永红，张建乔，马建民，等. 石油防砂割缝筛管的冲蚀磨损性能研究[J]. 摩擦学学报，2009，29(3)：283-287.

[2] 胡连印，沈秀通，胡国元. 出砂油井携砂生产技术[J]. 石油钻采工艺，1999，21(1)：098-99101.

[3] Rui Zhang，Sizhen Hao，Chong Zhang，et al. Analysis and simulation of erosion of sand control screens in deep water gas well and its practical application[J]. Journal of Petroleum Science and Engineering，2020，189.

[4] 崔荣军，汪洋，王新华，等. 油井出砂的危害与防砂技术研究[J]. 石化技术，2017，24(05)：267.

[5] Matanović D. Benefits of the thru-tubing sand control[J]. 2011，48(6)：615-35.

[6] 韩志远. 水平井筛管外挤压应力计算与强度评价[D]. 东北石油大学，2010.

[7] 郑亚红. 油水井防砂筛管破损电磁检测技术研究[D]. 西安石油大学，2019.

[8] 王利华，楼一珊，邓金根，等. 深水浅层气田防砂方式优选及防砂参数优化[J]. 石油钻探技术，2013，41(1)：98-102.

[9] 邵彦峰，陈琳，高春丽，等. 侧钻井管内高压充填防砂工艺技术研究[J]. 化工管理，2016(30)：117.

[10] 李帅. 红岗中浅层油气井防砂工艺研究与应用[D]. 东北石油大学，2016.

[11] Si L，Li Z，Zhang J. Influence of Gravel Packing Sand Control on the Productivity of Heavy Oil Well[J]. Journal of Southwest Petroleum University，2013，35(5)：135-140.

[12] Deng F，Shen X F，Liang Q，et al. The jamming mechanism of sand control screen for the montmorillonite inflation with the water[J]. Journal of Petroleum Exploration & Production Technology，2017，8(1)：1-6.

燃气锅炉低氮排放应用与研究

王仕城　罗圣洁　华　佳　徐　飞　石俊兵　秦　超　蔡译锋　王　伟

（中国石油西南油气田分公司）

摘　要　本文以某天然气净化厂燃气锅炉 NO_x 达标改造为例，介绍了燃料气流量、过量空气系数、燃料气分级燃烧器与FGR技术对烟气中 NO_x 浓度影响。研究表明，适当调整燃料气流量和过量空气系数可分别使 NO_x 最低降至154mg/m³与104mg/m³，但这两个操作上的优化无法满足 NO_x 达标排放要求。采用燃料气分级燃烧器与利用FGR技术后，烟气出口温度与烟气氧含量均有较大程度降低，NO_x 均值降至27.9mg/m³。改造后，不仅烟气 NO_x 年减排率高达79.3%，而且锅炉能源利用率提高14.6%，同时实现锅炉的节能减排。

关键词　锅炉；氮氧化物；节能减排；操作优化；设备改造

1　引言

天然气净化厂锅炉烟气中的 NO_x 是由空气中的 N_2 与 O_2 燃烧产生，锅炉 NO_x 主要有NO和 NO_2，并以 NO_2 为主。NO_x 会导致酸雨、光化学雾、PM2.5等环境危害，因此不同地区对 NO_x 的排放有严格的规定，DB50/658—2016《锅炉大气污染物排放标准》重庆市地方标准第1号修改单中规定燃气锅炉 NO_x 不得超过50mg/m³。某天然气净化厂燃气锅炉的 NO_x 排放超过50mg/m³限值，因此急需对锅炉进行优化与改造以使 NO_x 达标排放。

锅炉 NO_x 的减排具有显著的环境效应，因此研究者对降低锅炉 NO_x 做出了深入的研究。燃烧理论将锅炉 NO_x 分成热力型 NO_x、快速型 NO_x、燃料型 NO_x、N_2O 中间型 NO_x、NNH型 NO_x 五种。彭良辉等指出由于天然气锅炉（CH_4 ≥98%）燃料成分比较单一，其 NO_x 主要来源为热力型 NO_x 和快速型 NO_x。杨禹坤提出燃气锅炉的 NO_x 生成与燃烧温度、燃烧氧含量有关。宋少鹏介绍了锅炉低氮燃烧技术有分级燃烧、贫燃预混燃烧、烟气再循环（FGR）、无焰燃烧、旋流燃烧等。Shalaj V. V. 等利用数值模拟技术研究了烟气再循环倍率与 NO_x 生成量的关系。Jarquin-López G等研究了过量空气系数（α）与二次燃料量对 NO_x 生成的影响。

本文从某天然气净化厂锅炉低氮改造的实际案例出发，介绍了操作优化和设备改造对锅炉 NO_x 的影响，其结论可为锅炉的节能减排提供参考。

2　优化与改造

改造前锅炉的 NO_x 检测结果见表1，可以看出烟气 NO_x 均超过排放标准。

表1　锅炉烟气 NO_x 检测情况

检测时间	检测位置	烟气流量（标干）/（m³/h）	NO_x 排放浓度（标干）/（mg/m³）	NO_x 排放速率（标干）/（kg/h）
2022.02.24	1	3980.1	153	0.275
	2	4794.7	159	0.316
	3	4380.0	157	0.267
	均值	4384.9	156.3	0.286
2022.05.15	1	3228	165	0.523
	2	3039	162	0.48
	3	3399	171	0.585
	均值	3222	168.7	0.529

NO_x 生成与燃烧温度、燃烧氧含量有关，由于锅炉的燃烧温度与燃烧氧含量难以测出，而烟气温度与烟气氧含量由锅炉的燃烧温度与燃烧氧含量决定，故可用较易测得的烟气温度与烟气氧含量表征锅炉中的燃烧温度、燃烧氧含量。由图1、图 2 可以看出：原锅炉的烟气温度在183～189℃之间变化，烟气氧含量在 5.2%～5.8%之间变化。

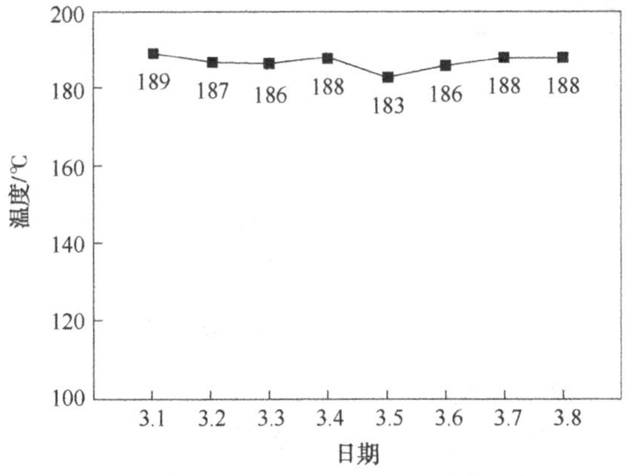

图 1　锅炉烟气排放温度

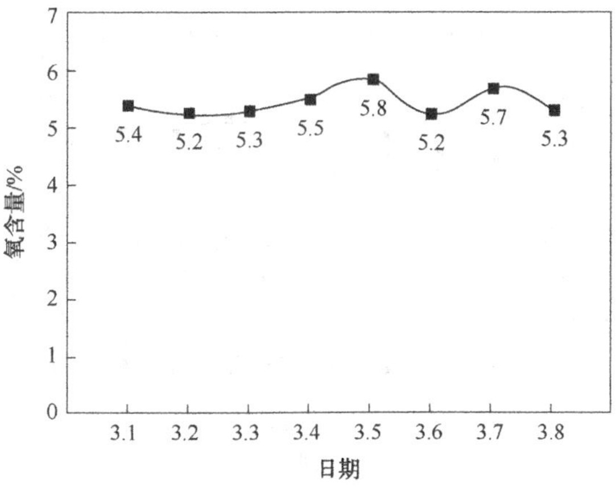

图 2　锅炉烟气氧含量

因此在保证锅炉正常生产负荷下，可以分别从操作优化与设备改造两方面入手调整燃烧温度与燃烧氧含量，从而降低烟气中 NO_x 排放。

2.1　操作优化——调整燃料气量

燃烧温度的高低跟燃料气量有关，在一定范围内，燃料气量越大燃烧温度越高，NO_x 产量越多。因此在保证锅炉蒸汽负荷的条件下，本文探究了燃料气量对 NO_x 排放的影响。

2.2　操作优化——调整过量空气系数

过量空气系数 a 为实际空气量与理论空气量的比值，其定义如下

$$a=\frac{V_y^0\times X_{o_2}}{V_k^0\times 0.21-V_k^0\times X_{o_2}}+1$$

其中，a 为过量空气系数；V_y^0 为理论烟气量；V_k^0 为理论空气量；X_{o_2} 为烟气中氧含量。

为了保证燃料气的充分燃烧，通常过量空气系数大于 1。过量空气系数对 NO_x 的生成影响较大，故可调整过量空气系数来优化 NO_x 排放。

2.3　设备改造——更换燃烧器

原燃烧器为空气与燃料气混合直接燃烧，燃烧时炉膛温度较高，NO_x 生成较多。原燃烧器实物图如 3 所示。

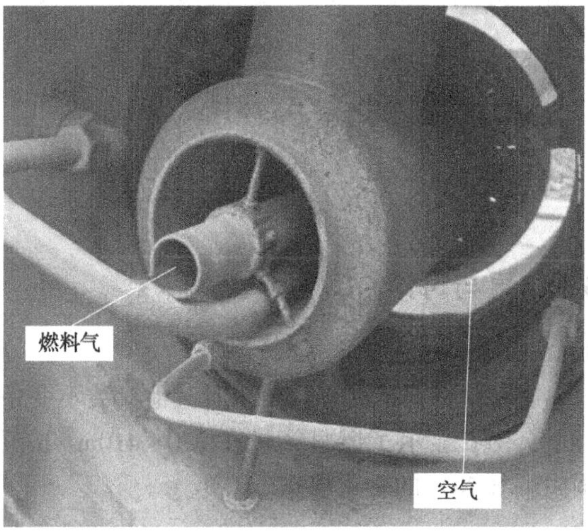

图 3　原锅炉燃烧器图

改造后采用燃料气分级燃烧器，如图 4 所示。由于独特的燃烧头设计，一部分燃料被直接喷射至火焰中心，火焰逐级平稳的燃烧可防止其内部的高氧化反应。空气离开燃烧头时流动速度高，产生卷吸烟气的效应，使少量烟气再次参与燃烧，降低火焰温度，可进一步降低 NO_x 生成。

图 4　燃料气分级低氮燃烧器

2.4 设备改造——采用 FGR 技术

烟气再循环技术(FGR)将一定比例的烟气引回至炉膛内，返回的烟气降低了氧气浓度和火焰温度，可减少 NO_x 生成。改造后锅炉 FGR 设备如图 5 所示。

图 5　改造后锅炉 FGR 回烟管图

3 结果与讨论

3.1 调整燃料气量

在保证锅炉满足生产要求且其他参数不变条件下，图 6 显示了燃料气量在 370～410m³/h 范围内烟气 NO_x 的变化规律。

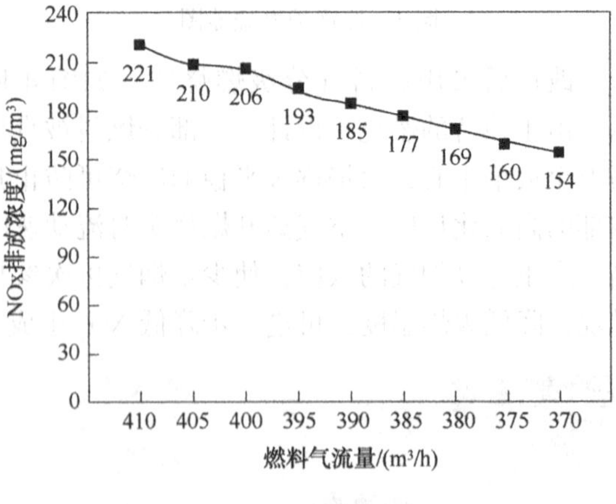

图 6　燃料气流量对 NO_x 影响

从图 6 可以看出，随着燃料气流量的下降，NO_x 浓度呈现下降趋势，最低降至 154mg/m³，但是依然远高于 50mg/m³排放要求，因此仅通过调整燃料气量无法满足 NO_x 达标排放要求。

3.2 调整过量空气系数

在保证锅炉正常燃烧条件下，探究了过量空气系数在 1.05～1.4 范围内烟气 NO_x 的变化规律，研究结果如图 7 所示。

从图 7 可以看出，随着过量空气系数的下降，NO_x 排放浓度呈现下降趋势，最低降至 104mg/m³，但是依然高于 50mg/m³，因此仅调整过量空气系数无法满足 NO_x 达标排放。

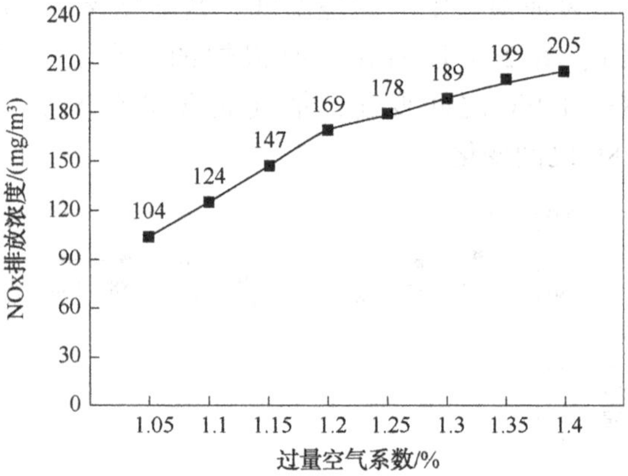

图 7　过量空气系数对 NO_x 影响

3.3 设备改造

在更换燃料气分级燃烧器与采用 FGR 技术后，分别取样分析烟气中 NO_x，改造前后的 NO_x 变化趋势如图 8 所示。

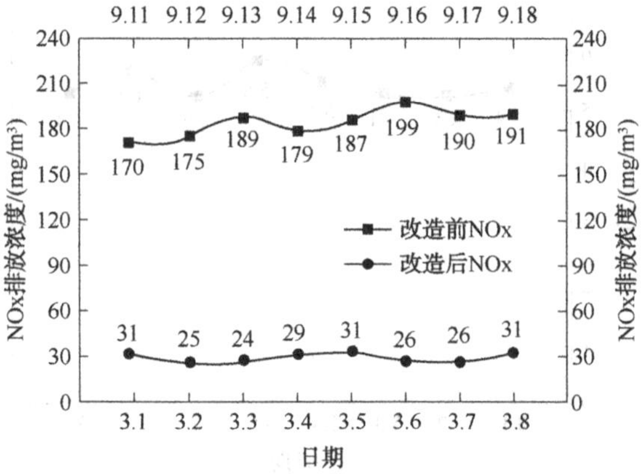

图 8　造前后 NO_x 排放趋势

从图 8 可以看出，通过两种方式的设备改造，NO_x 排放均值由 185.3mg/m³ 大幅降低至 27.9 mg/m³，最低可降至 24 mg/m³，满足低于 50mg/m³排放要求。

图 9、图 10 显示出设备该造前后烟气温度与氧含量变化趋势，可以看出改造后的烟气平均温度降幅约 30℃，氧含量降低了 1.8%。

3.4 设备改造效益

改造前烟气 NO_x 浓度均值为 185.3mg/m³，改造后烟气氮氧化物浓度均值为 27.9mg/m³。改造前单台锅炉 NO_x 排放量约为 8.8t/a，改造后

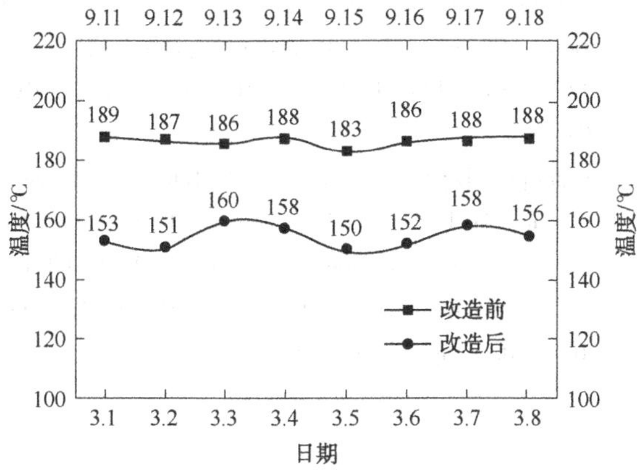

图 9 造前后烟气温度趋势

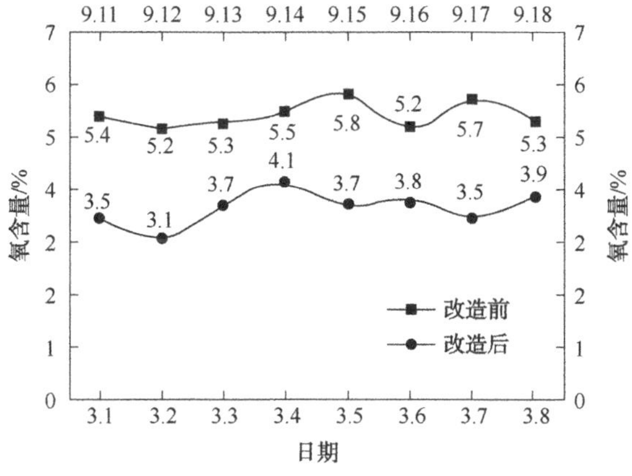

图 10 造前后烟气氧含量趋势

排放量约为 1.8t/a，年 NO_x 减排 79.3%。

设备该造前后的低压蒸汽压力、低压蒸汽产量与燃料气消耗量见表 2。改造前，1m³ 燃料气可产生(13.62～15.55)kg 低压蒸汽。改造后，1m³ 燃料气可产生(16.04～17.49)kg 低压蒸汽，能源利用率平均提高了 14.6%。能源利用率可能是由于引回的烟气对空气与燃料气发挥了预热的作用。

表 2 锅炉改造前后运行情况表

	燃料气量/(m^3/h)	蒸汽量/(t/h)	蒸汽压力/MPa	能源利用率(蒸汽量/燃料气量)/(kg/m^3)
改造前	223.18	3.47	0.42	15.55
	329.70	4.49	0.43	13.62
	422.24	5.88	0.42	13.91
	489.80	7.11	0.43	14.52
	512.91	7.55	0.42	14.72
	566.10	8.47	0.39	14.96

续表

	燃料气量/(m^3/h)	蒸汽量/(t/h)	蒸汽压力/MPa	能源利用率(蒸汽量/燃料气量)/(kg/m^3)
改造后	421.44	6.76	0.42	16.04
	447.84	7.30	0.42	16.30
	469.90	8.22	0.40	17.49
	557.07	9.34	0.41	16.77
	582.78	9.93	0.39	17.04
	656.47	10.86	0.41	16.54

4 结论

本文以某天然气净化厂燃气锅炉 NO_x 达标改造为例，先后探究了操作层面上的调整燃料气量、调整过量空气系数和设备改造上的采用燃料气分级燃烧器与采用 FGR 技术对锅炉 NO_x 影响规律。得到了如下几点结论：

(1) 在一定的操作范围内，降低燃料气量和减小过量空气系数均可适当降低 NO_x 浓度。

(2) 燃料气分级燃烧器与 FGR 技术可使过锅炉烟气中的 NO_x 浓度大幅降至 27.9mg/m³，NO_x 减排 79.3%，能源利用率平均提高 14.6%。

(3) 可用烟气温度与氧含量表征锅炉内的燃烧温度与燃烧氧含量。

参 考 文 献

[1] 王杰. 天然气低氮燃烧技术研究现状与进展[J]. 现代化工，2022，42(S02)：4.

[2] 戴鸿霖. 278t/h 燃气锅炉烟气超低排放改造与运行成果分析[J]. 清洗世界，2023，39(3)：4-6.

[3] Haryanto A，Hong K S. Modeling and simulation of an oxy-fuel combustion boiler system with flue gas recirculation[J]. Computers & Chemical Engineering，2011，35(1)：25-40. DOI：10.1016/j.compchemeng.2010.05.001.

[4] 甫江，郭志辉，曾宇晖. 贫燃预混旋流火焰热声特性研究[J]. 航空动力学报，2014，29(12)：8. DOI：10.13224/j.cnki.jasp.2014.12.010.

[5] 王春波，秦洪飞. 富氧燃煤锅炉再循环方式对烟气酸露点的影响[J]. 动力工程学报，2013，33(10)：6. DOI：10.3969/j.issn.1674-7607.2013.10.004.

[6] StephenR. Turns. 燃烧学导论：概念与应用[M]. 清华大学出版社，2015.

[7] 彭良辉，张贺强，陈红龙. 低氮燃烧器+烟气再循环技术在炼厂中压蒸汽锅炉上的应用[J]. 化工管理，2020(8)：2. DOI：CNKI：SUN：FGGL. 0. 2020-08-071.

[8] 杨禹坤. 燃气锅炉烟气再循环低氮技术研究[D]. 郑州：郑州大学，2018：40-47.

[9] 宋少鹏. 基于烟气再循环的工业锅炉天然气低氮燃烧研究[D]. 北京：清华大学，2016：7-15.

[10] A VV S，A A G M，A E E N，et al. Gas Recirculation Impact on the Nitrogen Oxides Formation in the Boiler Furnace [J]. Procedia Engineering，2016，152：434 - 438. DOI：10. 1016/j. proeng. 2016. 07. 614.

[11] G.Jarquin-López，Polupan G，M. Toledo-Velázquez，et al. Analytical and experimental research for decreasing nitrogen oxides emissions[J]. Applied Thermal Engineering，2009，29(8-9)：1614-1621. DOI：10. 1016/j. applthermaleng. 2008. 07. 022.

钻孔防砂筛管抗挤压性能分析与结构补强研究

陈　曦　华　佳

（中国石油西南油气田分公司）

摘　要　油气井出砂是影响疏松砂岩油气藏开采效益的一个主要因素，现有的防砂工艺和工具，都难以适应开采中、后期严重出砂现象以及粉细砂油气井的防砂作业要求，并存在防砂费用过高、使用寿命较短、采收率较低等问题。如何有效地防止并控制油气井出砂是当今各石油开采国竞相研究的课题。钻孔防砂筛管在完井过程中主要作用为防砂和防止井壁坍塌堵塞井筒，筛管抗挤压性能关系到井壁的稳定性以及油气井开采的连续性，因而，分析钻孔筛管抗挤压性能和研究结构补强具有重要的工程应用价值。本文即在上述问题的前提下，结合油气田完井防砂中最常用的防砂工具–钻孔筛管及其抗挤压性能，建立的钻孔筛管非线性屈曲模型下，分析了考虑到金属固态相变和涂覆 CFRP 材料表面强化技术对钻孔筛管抗挤压性能的影响。对比结果表明：相较于金属固态相变补强工艺，涂覆 CFRP 材料的钻孔筛管抗挤压性能有显著提升，且随涂覆层数、涂覆面积以及内、外涂覆形式的变化会造成钻孔筛管抗挤压性能的明显变化。

关键词　钻孔防砂筛管；非线性屈曲；抗挤压性能；CFRP 材料；表面强化技术

1　前言

目前，现有研究已对钻孔筛管在不同工况类型（均布外挤压载荷、上下对称外挤压载荷、非均匀外挤压载荷和交变外挤压载荷）以及钻孔工艺参数（孔径、孔密度、孔间距和布孔形式）下的钻孔筛管抗挤压性能和疲劳寿命做了较为详细研究并得出一系列指导结论和相关公式。那么如何有效削弱钻孔过程所带来的应力集中现象并有效增强钻孔筛管整体抗挤压性能成为本章节的探究焦点，根据国内外研究调研，可知。

金属固态相变：在冲击载荷作用下，金属材料发生固态相变。金属固态相变过程中，内部相结构发生相互转变，各相的力学参数不同，因此固态相变过程中材料的力学性能参数也会发生变化，尤其是屈服强度发生较为明显改变，因此推断到，金属固态相变也会对钻孔筛管抗挤压性能造成明显影响。

涂覆补强：碳纤维增强复合材料（CFRP）由有机纤维经过一系列热处理转化而成，具有良好的力学性能和热物理性能，具有碳材料的固有本性特征，又兼备纺织纤维的柔软可加工性。其优点在于：①高强度，是钢铁的 5 倍；②出色的耐热性，可耐受 2000℃ 以上的高温；③高抗热冲击性；④低热膨胀系数；⑤热容量小；⑥比重小；⑦较强的抗腐蚀与辐射性能。因此，对钻孔筛管表面涂覆 CFRP 材料，在一定程度上也会对筛管抗挤压性能产生影响。由上述可知，金属固态相变和涂覆 CFRP 材料两种形式都能够有效改变钻孔筛管抗挤压性能，因此本文将从金属固态相变和涂覆 CFRP 材料两种工艺对钻孔筛管抗挤压性能经行研究并判定两种工艺是否对钻孔筛管抗挤压性能起到增强作用。

2　金属固态相变对钻孔筛管抗挤压性能影响

目前为止，国内外针对钻孔筛管抗挤压性能补强形式的相关研究较少，已知在射孔和钻孔加工过程中，受到外力冲击并伴随做功产生的高温高压作用，极有可能诱发孔眼附近的材料发生金属相变，钻孔筛管结构完整性遭到严重损坏，钻孔筛管材质强度不再均匀，钻孔孔眼附近形成了相变区域。即表明金属固态相变可对钻孔筛管抗挤压性能产生一定程度的影响，因此有必要对金属固态相变下的钻孔筛管进行抗挤压性能研究来判断该工艺是否能对钻孔筛管抗挤压性能起到增强作用。

在仿真分析之前对相关参数进行合理简化。假设金属材料相变区域密度为 $\rho = 7850\text{kg/m}^3$，弹性模量 $E = 210\text{GPa}$，材料最小屈服强度为

552MPa，为避免仿真计算量过大，对钻孔筛管材料发生相变的区域仅改变屈服强度一个变量，其他参数保持不变，材料相变区域为以机加工孔中心为圆心、半径为 15mm 的圆形区域。

在分析金属固态相变对钻孔筛管抗挤压性能影响研究时，假设外挤压载荷为均布外挤压载荷且数值为 10MPa 以简化计算，且作用方向垂直于钻孔筛管表面切线并指向轴中心线，对钻孔筛管两端面添加为全约束，并打开大变形按钮。选取钻孔筛管各参数尺寸为：外径为 177.8mm，内径为 159.42mm，孔径为 18mm，孔间距为 60mm，孔密度为 28 孔/500mm。

将金属相变区域单元网格与钻孔筛管其余部分网格进行单独划分并做网格共享处理，避免两者在网格连接处因网格畸形突变、断裂而导致仿真计算结果出现较大误差。再进行网格共享拓补处理后进行网格无关性验证，发现网格数量超过 28 万时，网格平均质量逐渐趋近于 1，仿真模拟结果与真实值更相符，且网格数减少或增加不再对计算结果有较大影响，因此钻孔筛管网格数取计算时间稍短的数值既可(图 1)。

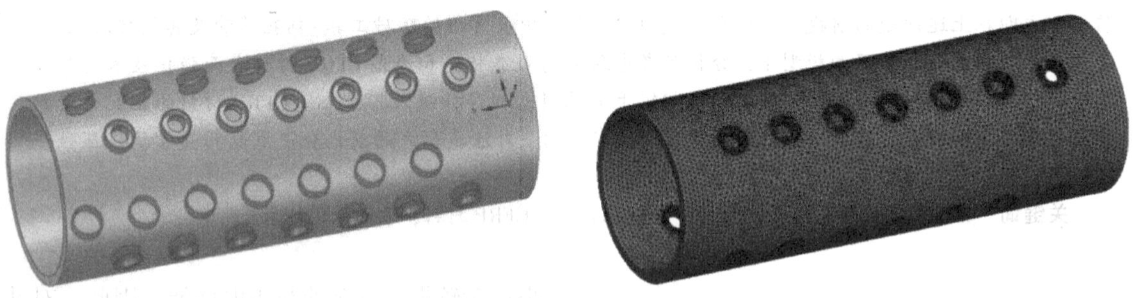

图 1　网格共享拓补处理和网格细化

根据相关文献的试验结果分析发现，金属材料相变会导致材料硬化，即材料强度增加，韧性降低。金属强度表示金属材料在外力作用下，有效抵抗破坏的最大能力，强度越好，则金属所能承受破坏的载荷越大。本文根据相关金属固态相变文献试验结果，主要讨论了由金属固态相变引起的筛管局部材料屈服强度等相关参数变化对钻孔筛管抗挤压性能的影响。所选用的钻孔筛管在冲击条件下局部材料发生金属固态相变，与其材料基本成分、热处理工艺以及冲击能量的加载、卸载路径有关，并不能排除受其他因素影响的钻孔筛管在冲击条件下，局部材料发生金属固态相变的可能性。根据相关试验研究发现，试验尚不足以精确量化冲击诱发相变范围，因此将相变区域半径即金属固态相变钻孔孔眼周围环形相变区域半径作为仿真研究的另一个变量。

共设置八组钻孔筛管实验分析组，每组相变区域屈服强度各不相同，而相变区域面积相同。分析组 1 和 2 分别为油层套管和不考虑金属相变情况的钻孔筛管，金属材料自身屈服强度为 552MPa，两者为对照组。参考实际金属材料相变可能的金属材料屈服强度的实验数据，设分析组 3~5 相变区域材料屈服强度分别为 400MPa，450MPa，500MPa，考察相变区域屈服强度相对降低对钻孔筛管整体抗挤压性能的影响；设分析组 6~8 相变区域材料屈服强度分别为 600MPa，650MPa，700MPa，考察相变区域屈服强度相对增大对钻孔筛管整体抗挤压性能的影响。

采用非线性屈曲计算方法对金属固态相变后的钻孔筛管抗挤压性能进行分析，这八组分析组所受外挤压载荷、边界条件以及约束条件均一致，差别仅体现在几何模型和材料模型上，用以研究局部材料屈服强度改变和相变区域面积改变对钻孔筛管的抗挤压性能影响，并将钻孔筛管发生失稳或压扁的临界压力定义为钻孔筛管抗挤压强度。分析组 1 中，对钻孔筛管施加外挤压载荷且以稳定速率增长，一直持续到钻孔筛管发生屈曲失效并完全被损坏为止，此时载荷与径向位移之比不再变化。由图 2 可知，随着筛管所受外挤压载荷的增加，钻孔筛管径向位移不断增大，当达到临界点时，筛管发生失稳破坏，此时的外挤压载荷即为钻孔筛管临界挤毁载荷数值。

对分析组 2~8 的钻孔筛管施加等量外挤压载荷，得到不同相变区域屈服强度下，钻孔筛管达到临界屈曲失效条件时钻孔筛管径向位移与外挤压载荷的关系，如图 3 所示。由图可知，对比分析组 2(不考虑金属相变)，分析得到 3~8 组的钻孔筛管相变区域屈服强度越小，临界挤毁载荷越小，表明该相变区域屈服强度下钻孔筛管抗挤压能力较差；相反的，相变区域屈服强度越大，临界挤毁载荷亦越大，表明该相变区域屈服强度下钻孔筛管抗挤压能力较好。由此可得出，相变区域材料屈服强度越小，在外挤压载荷作用下，筛管径向位移越大，达到相同位移量时所需外挤压载荷越小，而相变区域材料屈服强度越大，情况则与之相反。冲击载荷作用过程中诱发的金属固态相变对钻孔筛管抗挤压性能影响较大，当金属相变区域屈服强度减小时，钻孔筛管抗挤压性能逐渐减弱；当金属相变区域屈服强度增大时，钻孔筛管抗挤压性能逐渐增强。

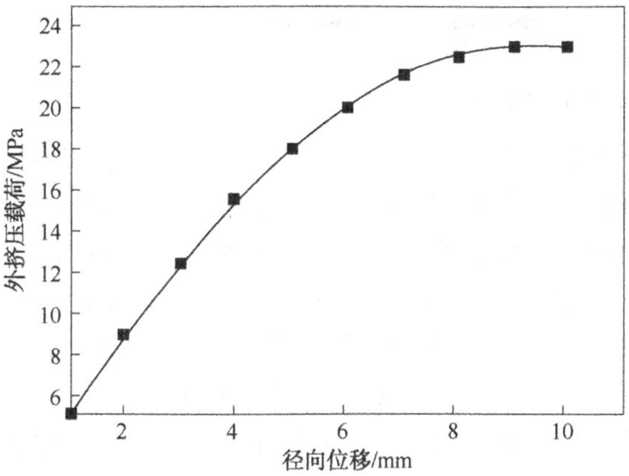

图 2　钻孔筛管形变

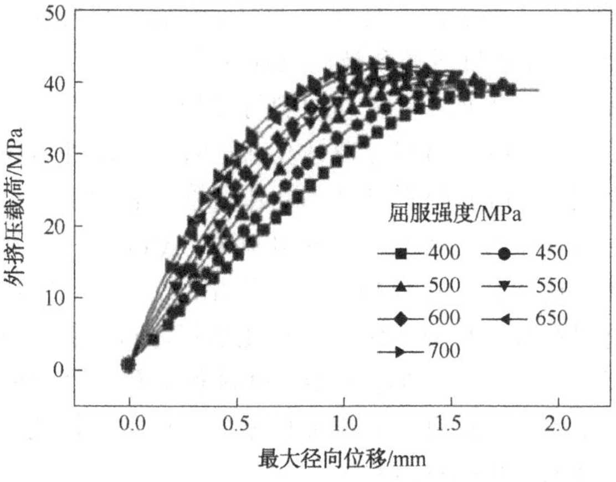

图 3　钻孔筛管最大径向位移与外挤压载荷的关系

由上述分析，得到金属固态相变能够对钻孔筛管抗挤压性能造成明显影响，且金属相变区域屈服强度变化与钻孔筛管抗挤压性能呈正相关曲线。已知所选用钻孔筛管在金属固态相变作用下，钻孔筛管孔眼附近材料发生金属相变，即发生材料硬化，该现象与钻孔筛管材质、热处理加工工艺、冲击能量的加载方式及卸载路径有关。但由于并不能排除其他可能的影响因素，仿真模拟中不能精确量化金属固态相变形式所诱发的相变区域范围，为简化仿真计算，因此将钻孔筛管相变区域半径作为变量。钻孔筛管离散模型如图 4所示。为考察相变区域面积对钻孔筛管抗挤压性能的影响，其他钻孔筛管工艺参数、所受外挤压载荷和约束条件不变，钻孔筛管孔径 18mm、相变区域屈服强度 σ_s = 400MPa，450MPa，500MPa，550MPa，600MPa，650MPa，700MPa，750MPa 条件下，钻孔筛管相变区域半径分别为 20mm，30mm，40mm 和 50mm。且在分析过程中设置抗挤压强度百分比，由于工程结构在制造或服役过程中，经常会伴有裂纹或近似裂纹的缺陷、划痕的产生，因此工程结构的实际最大承载能力往往取决于剩余强度，而非设计强度，所以采用抗挤压强度百分比作为钻孔筛管抗挤压性能衡量标准，从而避免其他因素干扰所带来的误差影响。

不同相变区域半径下钻孔筛管抗挤压强度百分比模拟结果如图 5 所示。由图 5 可知，当金属相变区域屈服强度小于钻孔筛管自身材料屈服强度时，相变区域半径越大，钻孔筛管抗挤压性能越差；当金属相变区域屈服强度大于钻孔筛管自身材料屈服强度时，相变区域半径越大，钻孔筛管抗挤压性能越好。由图中 4 条曲线走势可以看出，不同金属相变区域半径随着金属相变区域屈服强度增大而逐渐趋于重合，表明了钻孔筛管金属相变区域面积对钻孔筛管抗挤压强度的影响随金属相变区域屈服强度的增加而逐渐削弱。

综上所述，在对金属固态相变下的钻孔筛管抗挤压性能做了详细分析研究后，得到金属固态相变对钻孔筛管抗挤压性能造成明显的影响，但由于金属固态相变存在一定的不可控性，相变区域屈服强度相较于母体屈服强度是上升还是下降无法精确控制，当相变区域屈服强度大于管体屈服强度时，钻孔筛管抗挤压性能有所提升；当相变区域屈服强度小于管体屈服强度时，钻孔筛管抗挤压性能有所削弱。故在研究完金属固态相变对钻孔筛管抗挤压性能影响后，有必要对涂覆补强工艺下的钻孔筛管进行相关抗挤压性能探究。

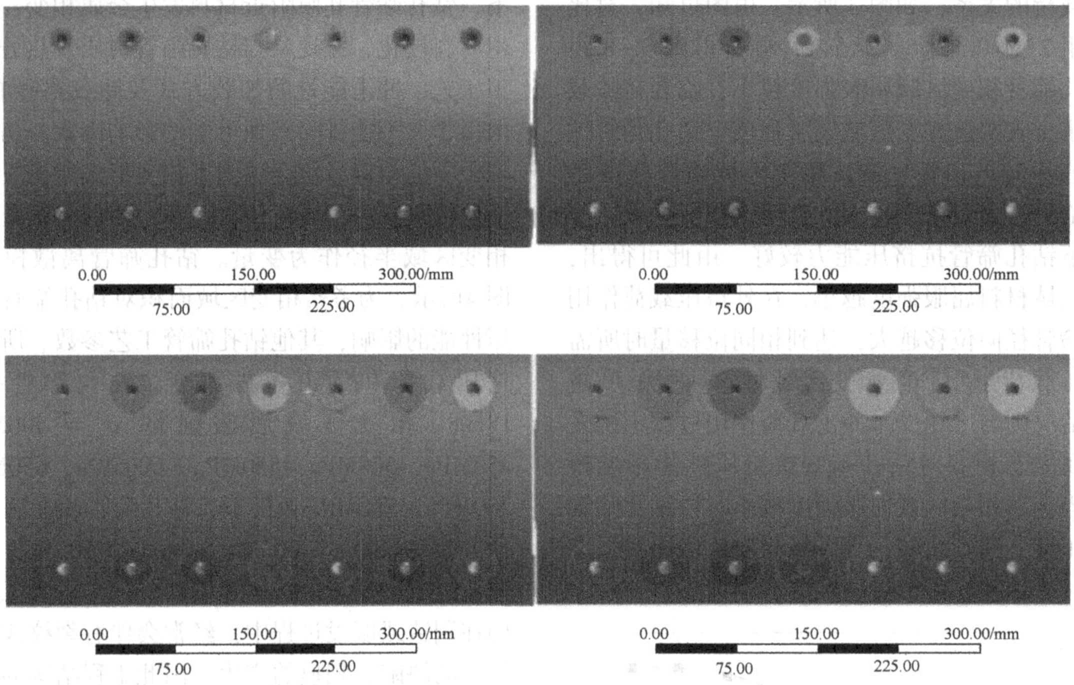

图 4　不同相变区域半径钻孔筛管有限元模型

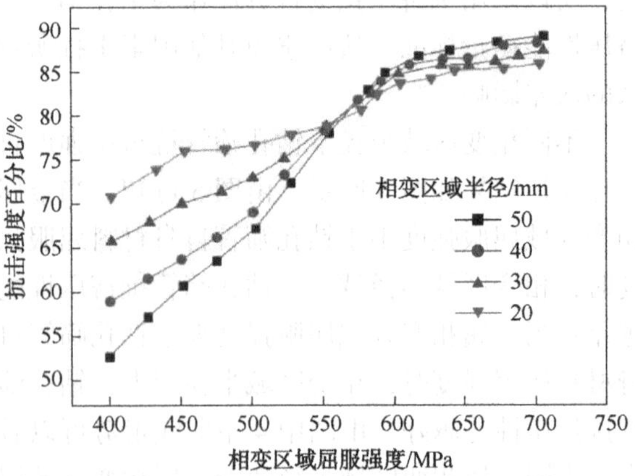

图 5　不同相变区域半径下屈服强度对
钻孔筛管抗挤压强度百分比

3　涂覆补强对钻孔筛管抗挤压性能影响

表面工程是在传统的表面硬化技术以及腐蚀防护的基础上，采用新的科技技术，拓宽了表面工程的应用范围，是表面硬化、机械修复、新材料形成、表面腐蚀、复合材料、功能材料中必不可少的工艺手段。表面强化技术是表面经过预处理后，通过表面涂覆、表面改性或多种表面技术复合处理，改变固体金属表面或非金属表面的形态、化学成分、组织结构和应力状况，以获得表面所需性能的一种工艺手段，它包括机械的、物理的、化学的以及物理化学的一系列表面强化处理方法。目前为止，现有表面强化技术可分为以下九类，即：液-固转变、气-固转变、水溶液沉积、固态相变、固态扩渗、表面粉末冶金、表面形变强化、离子注入与冲击硬化和涂料涂塑。

本文在结合现场实际工况后决定采用涂料与涂塑补强形式开展对钻孔筛管抗挤压性能的研究。而碳纤维增强复合材料（CFRP）是目前最先进的复合材料之一，它可以兼顾碳纤维和基体的性能而成为综合性能更为优异的工程结构材料和具有特殊性能的功能材料。因其优秀的耐高温、耐腐蚀、高强度、高硬度等力学性能和热物理性能，CFRP 材料如今被广泛应用在航天航空、油气田、军工加工、建筑材料等领域。

当 CFRP 材料涂覆钻孔筛管时，使用环氧树脂胶将 CFRP 材料粘贴到钻孔筛管外表面上，这个过程包含三种材料：钻孔筛管、CFRP 材料和环氧树脂胶。在外挤压载荷作用时，假定 CFRP 材料和胶、环氧树脂胶和钻孔筛管之间没有相对滑动、无剪切变形，CFRP 材料和钻孔筛管之间粘结良好，因此，有限元模型中仅仅定义钻孔筛管和 CFRP 两种材料。

CFRP 材料选用 Workbench 中专为复合材料设定的正交弹性平面应力模型 Lamina 模型。由于 Hashin 失效准则可以准确预测弹性-脆性材料的各向异性破坏，因此采用二维 Hashin 失效准则来定义 CFRP 在加载过程中的渐进失效。材料失效参数见表 2。

表 1　CFRP 材料属性

E_1/MPa	E_2/MPa	N_u	G_{12}/MPa	G_{13}/MPa	G_{23}/MPa
230000	1900	0.3	3387	3387	3387

表 2　材料失效参数

X 方向拉伸强度 X_T/MPa	1830
X 方向压缩强度 X_C/MPa	895
Y 方向压缩强度 Y_T/MPa	31.3
Y 方向压缩强度 Y_C/MPa	124.5
X 方向压缩强度 S_L/MPa	72
Y 方向压缩强度 S_T/MPa	62.3

在对涂覆 CFRP 材料的钻孔筛管的抗挤压性能进行仿真分析时，适当简化数学模型，避免过大的计算量导致仿真失败。因此取钻孔筛管各参数尺寸为：外径 177.8mm，内径 159.42mm，孔径 18mm，孔间距 60mm，孔密度 28 孔/500mm。涂覆材料 CFRP 各参数尺寸为：长 36mm，宽 36mm，共计 28 个，CFRP 材料厚度为 0.17mm，涂覆三层则补强厚度 $t=0.51$mm 且 CFRP 材料上开孔，孔径为 18mm，CFRP 材料涂覆在钻孔筛管外侧，如图 6 所示。

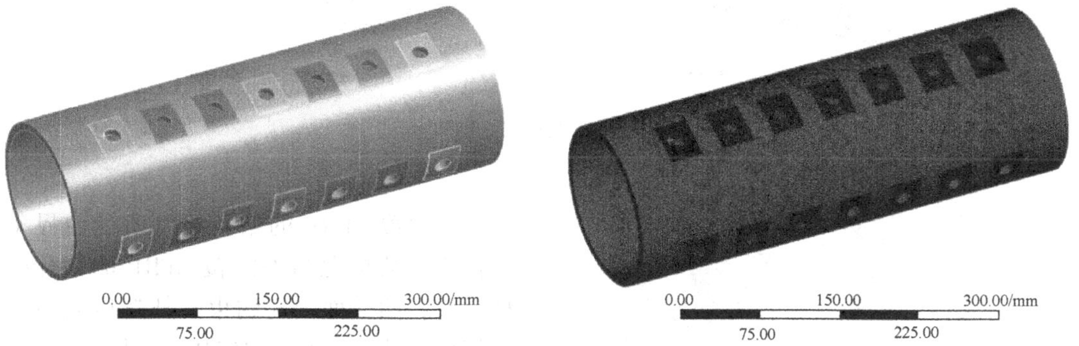

图 6　CFRP 涂覆形式和网格细化

建好涂覆 CFRP 材料的钻孔筛管有限元模型后，对钻孔筛管和 CFRP 材料进行网格划分，保证 CFRP 材料网格密度在钻孔筛管网格密度的五倍以上，并在 CFRP 材料网格和钻孔筛管网格连接处设置网格优化拓补，以保证网格连续性从而避免网格畸变、突变导致仿真计算结果没有参考价值。

为方便得出规律性结论，本章节采用的外挤压载荷为均布外挤压载荷，载荷数值为 10MPa，且载荷作用方向垂直于钻孔筛管和 CFRP 材料表面切线并指向轴中心线，并在分析计算过程中打开大变形开关。

图 7、图 8 为未涂覆 CFRP 材料的钻孔筛管和涂覆有 CFRP 材料的钻孔筛管所受应力、形变情况。由图 7 可知，未涂覆 CFRP 材料的钻孔筛管所受应力区间和涂覆 CFRP 材料的钻孔筛管所受应力区间基本保持一致，但涂覆了 CFRP 材料的钻孔筛管整体应力分布情况较未涂覆 CFRP 的钻孔筛管更加均匀，且涂覆了 CFRP 材料的钻孔筛管较大应力数值集中分布在 CFRP 材料上，使得钻孔筛管所受应力有所降低。图 8 显示了涂覆材料 CFRP 对钻孔筛管总形变的影响，由图可知，涂覆了 CFRP 材料的钻孔筛管所受总形变小于未涂覆的钻孔筛管，因此可以推断到，涂覆 CFRP 材料的钻孔筛管抗挤压性能更强，能够抵抗更大的外挤压载荷作用。

如图 9 所示为涂覆 CFRP 材料的钻孔筛管孔眼附近应力云图。由图可知，未涂覆 CFRP 材料的钻孔筛管应力集中现象发生在孔眼内壁侧，而涂覆了 CFRP 材料的钻孔筛管所受应力集中现象由钻孔筛管孔眼处移动到 CFRP 材料孔眼处，避免因钻孔筛管孔眼出现应力集中现象而产生较大的应力、形变值，从而有效地延长了钻孔筛管使用寿命。

在上述分析中，分析了当 CFRP 材料涂覆在钻孔筛管外侧时对抗挤压性能的影响，那么当 CFRP 材料涂覆在钻孔筛管内侧时对抗挤压性能与前者是否有所差别，因此有必要对该情况下的钻孔筛管抗挤压性能进行分析，图 10 即为 CFRP 内涂覆形式和网格细化图。

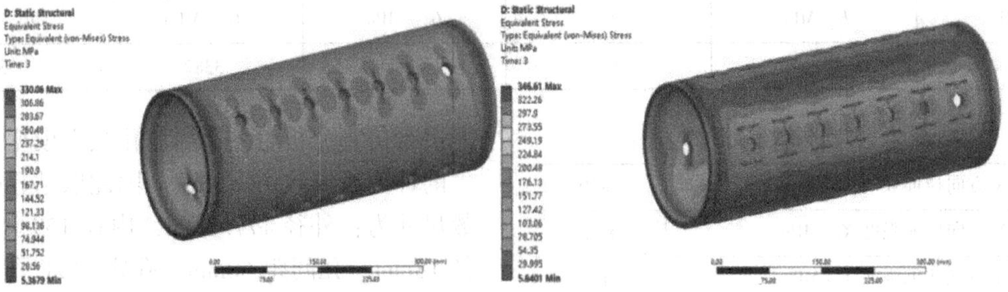

图 7　应力云图

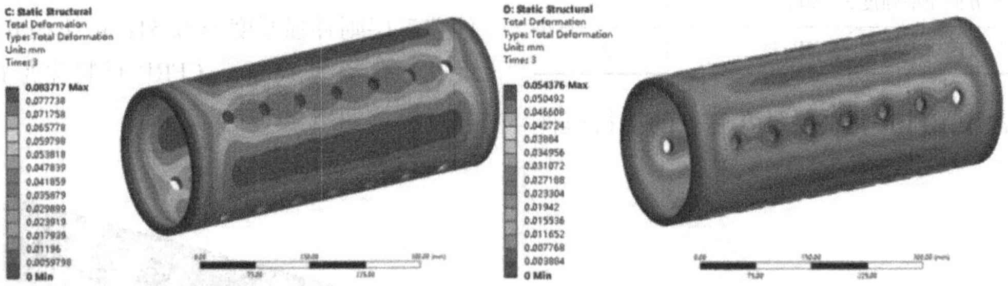

图 8　总形变云图

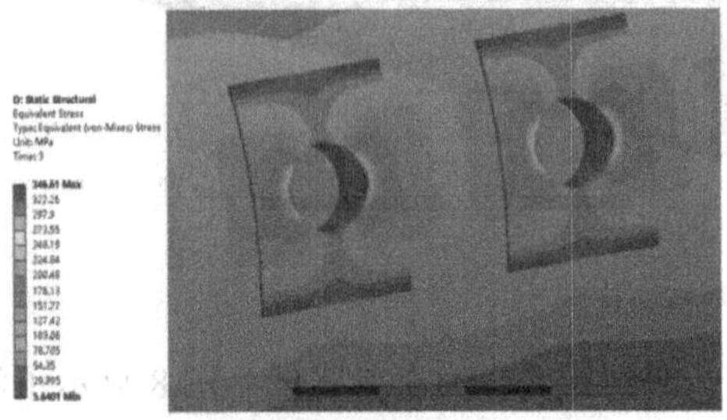

图 9　孔眼附近应力云图

内涂覆 CFRP 的钻孔筛管所受边界条件和外挤压载荷情况与外涂覆 CFRP 的钻孔筛管保持一致，两端面固定约束，外挤压载荷为均布外挤压载荷，数值为 10MPa，且载荷作用方向垂直于钻孔筛管和 CFRP 材料表面切线并指向轴中心线，并在分析计算过程中打开大变形开关。

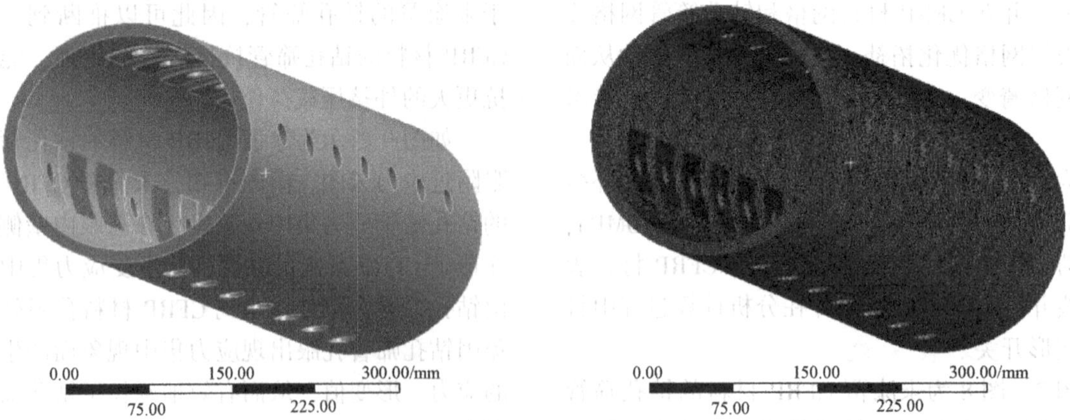

图 10　CFRP 涂覆形式和网格细化

图 11 为内涂覆 CFRP 材料的钻孔筛管所受应力和总形变云图，由图可知，与外涂覆 CFRP 材料结论类似，在相同外挤压载荷情况下，未涂覆 CFRP 材料的钻孔筛管应力集中现象出现在孔眼内侧壁面上，而内涂覆 CFRP 材料的钻孔筛管所受应力集中现象从钻孔筛管孔眼处转移到 CFRP 涂覆材料孔眼处，再结合形变云图数据可得到，内涂覆材料同样提高了钻孔筛管抗挤压性能并有效延长的钻孔筛管使用寿命。图 12 为内、外涂覆 CFRP 材料的钻孔筛管所能够承受的最大

外挤压载荷数值，由图可以看出内涂覆 CFRP 材料的钻孔筛管单位外挤压载荷下的变形量小于外涂覆 CFRP 材料的钻孔筛管单位外挤压载荷下的变形量，从而得到内涂覆比外涂覆的钻孔筛管承载力更强，总结出内涂覆 CFRP 材料的钻孔筛管比外涂覆 CFRP 材料钻孔筛管有着更强的抗挤压性能。

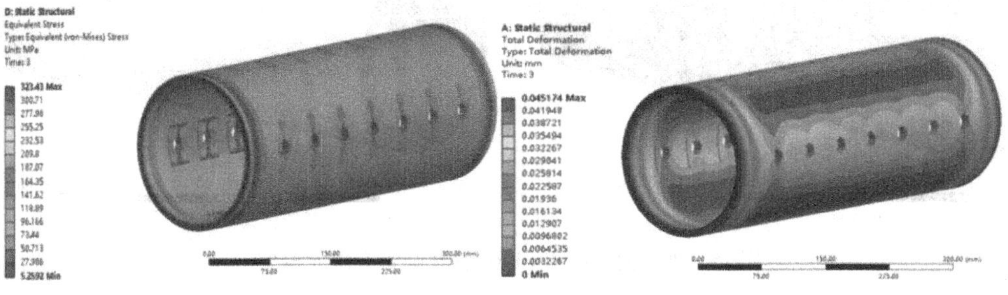

图 11　CFRP 涂覆形式和网格细化

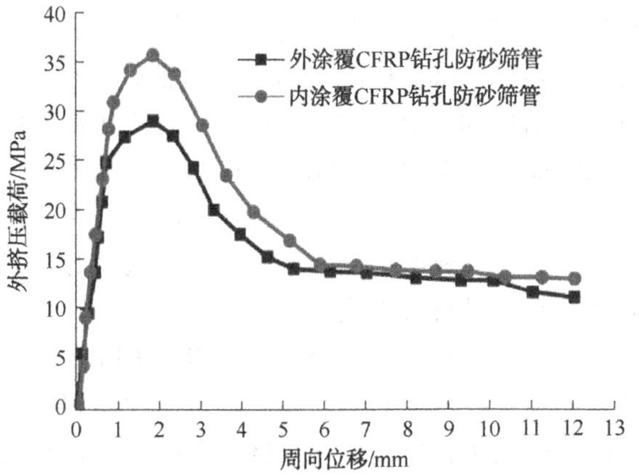

图 12　内、外涂覆 CFRP 材料的载荷-位移对比图

在研究了三层 CFRP 材料的涂覆层对钻孔筛管抗挤压性能后，考虑不同涂覆层数、不同涂覆面积等多因素对钻孔筛管抗挤压性能的影响。以外涂覆 CFRP 材料形式为研究对象，只改变涂覆层数和涂覆面积，研究钻孔筛管抗挤压性能，图 13、图 14 为不同涂覆层数、不同涂覆面积下的钻孔筛管载荷-位移对比图。

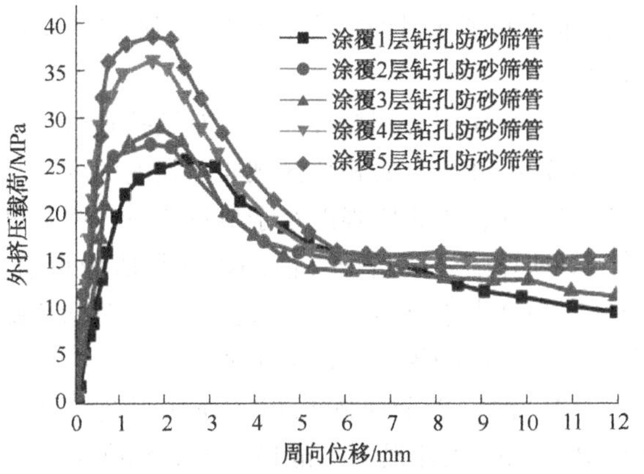

图 13　涂覆层数载荷-位移对比图

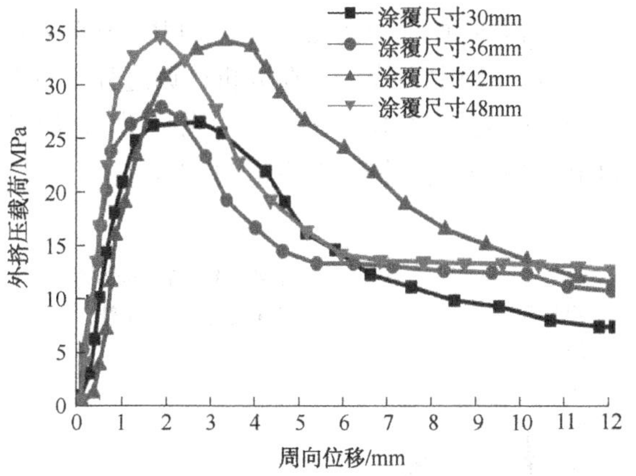

图 14　涂覆尺寸载荷-位移对比图

由图可知，针对外涂覆 CFRP 材料的钻孔筛管，在受到外挤压载荷作用下，钻孔筛管承载外挤压载荷数值随着涂覆层数和涂覆面积的增大而有所提高但提高程度各不相同。因此可以推出，涂覆 CFRP 材料的钻孔筛管抗挤压性能随着涂覆层数、涂覆面积的增大而逐渐增大。在实际井下作业时，可根据实际情况对涂覆层数、涂覆面积、涂覆位置进行相应优化。

已知涂覆 CFRP 材料能够有效提高钻孔筛管抗挤压性能，与仅仅涂覆孔眼应力集中处相比，如果采用全涂覆工艺，那么钻孔筛管抗挤压性能又会如何变化，钻孔筛管抗挤压性能增幅是否发生较为明显变化。基于此有必要对全涂覆 CFRP 材料的钻孔筛管抗挤压性能进行相关研究，涂覆 CFRP 材料的钻孔筛管参数为：CFRP 材料厚度为 0.17mm，涂覆三层，钻孔筛管外径为 177.8mm，内径为 159.42mm，孔径为 18mm，孔间距为 60mm，孔密度为 28 孔/500mm。图 15

为外全涂覆和内全涂覆 CFRP 材料的钻孔筛管有限元模型。

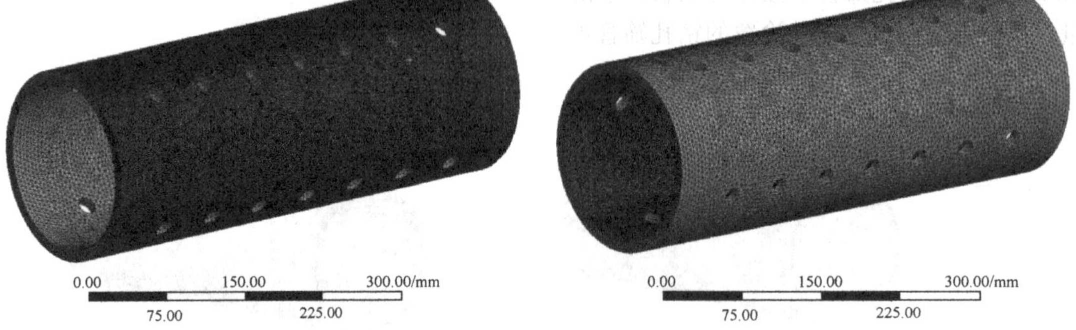

图 15　外、内全涂覆 CFRP 钻孔筛管有限元模型

在均布外挤压载荷作用下，为避免端部效应，钻孔筛管、CFRP 涂覆材料两端部全约束，载荷作用方向垂直于钻孔筛管和 CFRP 材料表面切线并指向轴中心线，并在分析计算过程中打开大变形开关。图 16、图 17 为外、内全涂覆 CFRP 材料的钻孔筛管载荷-位移对比图。

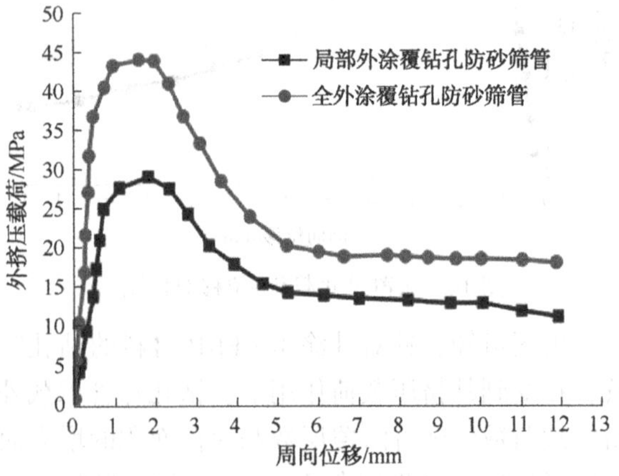

图 16　局部和全外涂覆钻孔筛管载荷-位移对比图

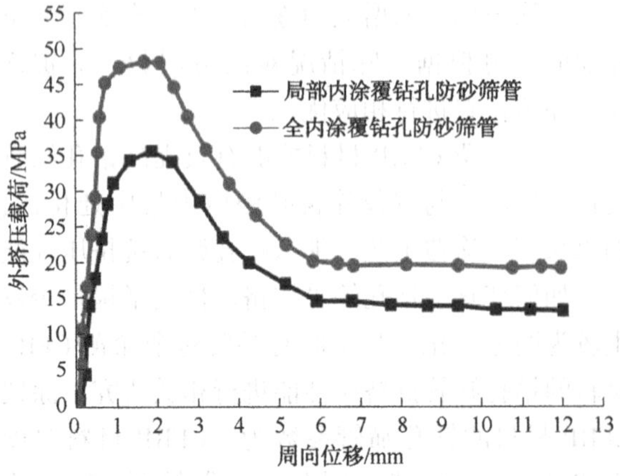

图 17　局部和全内涂覆钻孔筛管载荷-位移对比图

由上图可以看出，不管是 CFRP 材料内涂覆还是外涂覆，钻孔筛管抗挤压性能都得到了显著的提升。其中在内涂覆 CFRP 材料中，全涂覆相较于局部涂覆的钻孔筛管抗挤压性能增幅数值与在外涂覆 CFRP 材料中，全涂覆相较于局部涂覆的钻孔筛管抗挤压性能增幅数值截然不同。由此可以总结得到，全涂覆 CFRP 材料的钻孔筛管抗挤压性能较局部涂覆 CFRP 材料的钻孔筛管抗挤压性能有较为明显的提升，但在实际井下作业中时，应考虑到成本、实际环境、开采效益等因素对钻孔筛管进行合理涂覆。

经上述分析研究，由此总结得到 CFRP 材料的表面强化技术能对钻孔筛管抗挤压性能起到稳定的增强效果，并且 CFRP 材料涂覆的存在有效地限制了钻孔筛管在孔眼附近向内屈曲变形，大大提高了钻孔筛管在井下作业使用寿命周期，且在涂覆 CFRP 材料过程中，不同涂覆面积、不同涂覆层数、内、外涂覆形式都会对钻孔筛管抗挤压性能造成一定程度的影响。

4　结论

本文针对钻孔筛管相关补强工艺进行分析，分别从金属固态相变和表面涂覆技术两种工艺对钻孔筛管抗挤压性能做出相应的研究，总结得到：

（1）金属固态相变补强形式对钻孔筛管抗挤压性能影响随着金属相变区域屈服强度的变化呈现出多样性，当屈服强度小于材料自身屈服强度时，对钻孔筛管抗挤压性能的提升数值为负值；当屈服强度大于材料自身屈服强度时，对钻孔筛管抗挤压性能的提升数值为正值。

（2）相较于金属固态相变补强工艺，涂覆 CFRP 表面强化补强工艺能稳定提高钻孔筛管抗挤压性能，而 CFRP 材料是一种补强性能优越的复合材料，将两者有效联合起来对钻孔筛管抗挤压性能进行探究，发现涂覆 CFRP 材料的钻孔筛管抗挤压性能有明显提升，且随涂覆层数、涂覆面积、内、外涂覆形式变化会造成钻孔筛管抗挤压性能变化。

参考文献

[1] Bouneder M, Ganaoui M E, Pateyron B, et al. Relevance of a thermal contact resistance depending on the solid/liquid phase change transition for sprayed composite metal/ceramic powder by direct current plasma jets[J]. Comptes Rendus Mecanique, 2008, 336(7): 592-599.

[2] 匡韶华，王宝权. 筛管抗挤毁强度测试装置研制及试验研究[J]. 石油工业技术监督，2016，32(5)：56-58.

[3] 孟祥海，朱立国，张云宝，等. 筛管完井水平井梯度智能控堵水试验研究[J]. 天然气与石油，2019，37(4)：62-66.

[4] 王掌洪，王伯军，张士诚. 非均匀载荷对高密射孔管抗挤强度的影响[J]. 天然气工业，2006(10)：83-85+179.

[5] 罗敏，张强，刘巨保. 外挤压作用下水平井筛管弹塑性有限元分析[J]. 哈尔滨工业大学学报，2011，43(S1)：202-205.

[6] 宗幼芄，赵怀文，部鹏. 油层射孔段套管抗挤能力的实验研究[J]. 石油学报，1988(04)：84-97.

[7] 王伯军，张士诚，张劲，等. 均匀载荷作用下高密射孔参数对套管应力分布的影响[J]. 钻采工艺，2007(02)：96-99+157.

[8] 程华旸，赵艳丽，邓话，等. 热处理和冷作硬化对不锈钢力学性能的影响[J]. 科技视界，2019(22)：5-7.

[9] R. -B. Song, J. -Y. Xiang, D. -P. Hou. Microstructure characteristics and work-hardening mechanism of 316L austenitic stainless steel during cold deformation[J]. Journal of University of Science & Technology Beijing, 2013, 35(1): 55-60.

[10] 陈宽，邹炳燕，杨中力，等. 新型台阶缝筛管制造工艺及设备研制[J]. 液压气动与密封，2015(10)：54-56.

[11] 贾曦雨，王树山，马峰，等. 射孔冲击相变对射孔套管抗挤性能的影响. 石油学报，2017，38(3)：348-355.

[12] 李勇，张瀚誉，周洁，等. 纤维增强复合材料布加固简支板桥的受力性能研究[J]. 合成纤维，2021，50(09)：48-53.

[13] 程涛. 玻璃纤维增强塑料筋材耐久性试验研究[J]. 安徽建筑，2021，28(09)：230-233.

[14] 居诗源. 新型 CFRP 筋弧锥式锚具性能研究及损伤监测[D]. 大连理工大学，2021.

[15] 邵永波，朱红梅，杨冬平. 轴压作用下 CFRP 加固圆钢管短柱的静力承载力分析[J]. 西南交通大学学报，2020，55(01)：167-174.

低渗储层平推压井法排量优化新模型及压井曲线分析

党文辉　吴德胜　张　楠　尹添石　孙晓瑞

（中国石油新疆油田公司）

摘　要　目前平推法压井井筒压力的计算按照单相流计算，井筒压力计算不准确，给现场压井施工带来一定盲目性。文章考虑气体黏度、井底压力差、温度、渗透率等因素，建立了压井液排量优化新模型，新模型计算结果与现场实测泵注最大峰值压力误差为7.119%。通过对模型计算分析，得到了排量、渗透率、压井液密度对平推法压井井筒压力的影响，绘制了平推法压井因素关联图。结果表明：①随压井液密度及排量的增大，泵注压力呈现先增大后减小趋势；平推法压井排量增大，则压井时间缩短，存在高套压反弹风险；②压井前期，泵注压力受摩阻影响较大，压井后期受压井液密度影响较大；③随地层渗透率增大，井口泵注压力呈现减小趋势；压井施工排量对井底压差影响较大，压井排量800L/min同1000L/min比较，井底压差从2.06MPa升至8.22MPa；④高渗透储层宜选用大排量平推，低渗储层宜选择小排量平推；该模型对压井施工单制定和压井作业具有指导作用。

关键词　平推法压井；排量设计；多相流；渗透率；泵注压力

平推压井法（也称压回地层法、硬顶法、或顶回法）是指从井口泵入压井液将侵入井筒的流体压回地层的压井方法，该方法适用于空井溢流、套管下得较深、裸眼段短，渗透性好的产层或具备一定渗透性的非产层、特别适用于含硫化氢油气井溢流处置。

前人在气体侵入井底、井筒流动、排出井口等方面均做了大量研究，例如考虑压井液与侵入井筒的气体发生置换、泥饼、储层污染带等因素，分析了压井液在压回储层后的流动规律以及压回过程井筒的压力变化规律，同时也开展了压回法压井技术适应性分析、五步压回法压井的基本原理和挤压转向原理；在压井优化设计方面，根据临界压井排量，建立了某排量下井筒内粒径最大气泡压回井底数学关系，分析了压回法井筒流动规律，优选了压回法压井的必要条件和所需装备。

综上所述，针对平推法建立适用数学模型、系统分析平推法压井泵压等方面的研究较少，针对该问题，通过实时采集平推压井泵压及回压实测数据，综合考虑了气体滑脱、不发生溢流、不压漏地层、地层吸收能力、井口设备、套管鞋薄弱压力及管柱强度7种因素，提出了平推法压井排量优化模型，经现场验证了该模型的准确性。

1　平推法压井排量模型建立

1.1　平推法适用条件数学模型

根据达西定律，将井筒流体压入地层需要满足一定压差 Δp_w，此阶段井底压力需达到气体推回地层临界压力差，气体推回地层临界压差表示为：

$$\Delta p_w = p_w - p_p \tag{1}$$

式中，Δp_w 为达到气体推回地层的临界压差，MPa；p_w 为井底压力，MPa；p_p 为地层压力，MPa。

不压漏地层需满足：

$$\Delta p_w \leqslant p_f - p_p \tag{2}$$

式中，p_f 为破裂压力，MPa。

气体压回地层临界压差可以表示为：

$$\Delta p_w = \frac{Q \cdot \mu \cdot \ln(R_e/R_w)}{2 \cdot \pi \cdot K \cdot h} \tag{3}$$

式中，Q 为压井流量，m^3/s；μ 为流体黏度，MPa·s；R_e 为井底压力波及半径，m；R_w 为井筒半径，m；K 为地层渗透率，μm^2；h 为地层深度，m。

考虑地层渗透率，可得到平推法适用模型为：

$$K \geqslant \frac{Q \cdot \mu \cdot \ln(R_e/R_w)}{2 \cdot \pi \cdot h \cdot (p_f - p_p)} \tag{4}$$

1.2 压井液排量优化设计数学模型

根据气体滑脱速度，设计压井最小排量为：

$$Q_{1\min}=A\times 1.593\left[\frac{g\times\sigma\times(\rho_L-\rho_G)}{\rho_L^2}\right]^{0.25} \quad (5)$$

式中，A 为环空横截面积，m^2；σ 为气液表面张力，N/m；ρ_L 为液相密度，kg/m^3；ρ_G 为气相密度，kg/m^3。

为保证不发生溢流，平推压井方程必须满足：

$$p_d+p_g-p_{ci}\geqslant p_p \quad (6)$$

式中，p_d为井口注入压力，MPa；p_g为静液柱压力，MPa；p_{ci}为循环摩擦阻力，MPa。

压井液摩擦阻力为：

$$p_{ci}=\lambda\cdot\frac{L}{D_e}\cdot\frac{(Q/A)^2}{2\cdot g} \quad (7)$$

式中，λ 为摩擦阻力系数，无因次；Q 为压井排量，m^3/s；D_e为环空有效直径，m。

在不发生溢流的情况下设计压井最小排量为：

$$Q_{2\min}\geqslant A\cdot\sqrt{(p_p-p_g-p_d)\frac{2\cdot g\cdot D_e}{\lambda\cdot L}} \quad (8)$$

关井过程中井筒压力表示为：

$$p_{close}=p_d-p_g \quad (9)$$

式中，p_{close}为关井压力，MPa。

整理式(8)及式(9)得到：

$$Q_{2\min}\geqslant A\cdot\sqrt{(p_p-p_{clase})\frac{2\cdot g\cdot D_e}{\lambda\cdot L}} \quad (10)$$

考虑渗透率，设计压井最小排量模型为：

$$Q\geqslant Max\{Q_{1Min},\ Q_{2Min}\} \quad (11)$$

考虑不压漏地层，设计平推法压井最大排量为：

$$Q_{1\max}=A\cdot\sqrt{(p_f-p_{close})\frac{2\cdot g\cdot D_e}{\lambda\cdot L}} \quad (12)$$

考虑渗透率，平推法压井最大排量设计公式为：

$$Q_{2\max}\leqslant\frac{2\cdot K\cdot\pi\cdot h\cdot(p_f-p_p)}{\mu\cdot\ln(R_e/R_w)} \quad (13)$$

假设$Q_{3\max}$为井口压力允许的最大压井液排量，$Q_{4\max}$为套管鞋处允许的最大压井液排量，$Q_{5\max}$为套管抗内压强度允许的最大压井液排量。

设计平推法压井最大排量模型为：

$$Q\leqslant Min\{Q_{1\max},\ Q_{2\max},\ Q_{3\max},\ Q_{4\max},\ Q_{5\max}\} \quad (14)$$

式中，Q 为设计排量，m^3/s。

1.3 井筒多相流压力数学模型

平推法压井过程中井筒流体为多相流，平推过程中气体处于压缩状态，因此井筒多相流压力计算数学模型是求解平推法压井时间的基础。

气相微元控制体连续方程为：

$$\frac{\partial}{\partial t}\iiint_{\Omega_g}\rho_g\mathrm{d}\Omega+\iint_{\Omega_g}\rho_g v_g n_g\mathrm{d}A=0 \quad (15)$$

式中，Ω_g为气相控制体；ρ_g为气相密度，kg/m^3；v_g为气相速度，m/s；n_g为沿井筒气相方向；A_g为气相占控制体的有效横截面积，m^2。

液相微元控制体连续方程为：

$$\frac{\partial}{\partial t}\iiint_{\Omega_l}\rho_l\mathrm{d}\Omega+\iint_{A_l}\rho_l v_l n_l\mathrm{d}A=0 \quad (16)$$

式中，Ω_l为液相控制体；ρ_l为液相密度，kg/m^3；v_l为液相速度，m/s；n_l为沿井筒钻井液方向；A_l为液相占控制体的有效横截面积，m^2。

气相微元控制体运动方程为：

$$\frac{\partial}{\partial t}\iiint_{\Omega_g}\rho_g v_g\mathrm{d}\Omega+\iint_{A_g}\rho_g v_g^2 n_g\mathrm{d}A=\iint_{A_g}pn_g\mathrm{d}A-\iiint_{\Omega_g}\rho_g g\mathrm{d}\Omega-\tau_{g0}S_{g0}-\tau_{g1}S_{g1} \quad (17)$$

式中，τ_{g0}为气相与井壁的摩擦力，N/m^2；S_{g0}为气相与井壁的接触面积，m^2；τ_{g1}为气相与套管的摩擦应力，N/m^2；S_{g1}为气相与套管壁的接触面积，m^2。

液相微元控制体运动方程为：

$$\frac{\partial}{\partial t}\iiint_{\Omega_l}\rho_l\mathrm{d}\Omega+\iint_{A_l}\rho_l v_l^2 n_l\mathrm{d}A=\iint_{A_l}pn_l\mathrm{d}A-\iiint_{\Omega_l}\rho_l g\mathrm{d}\Omega-\tau_{l0}S_{l0}-\tau_{l1}S_{l1} \quad (18)$$

式中，τ_{l0}为液相与井壁的摩擦力，N/m^2；S_{l0}为液相与井壁的接触面积，m^2；τ_{l1}为液相与套管的摩擦应力，N/m^2；S_{l1}为液相与套管壁的接触面积，m^2。

对式(15)中气相连续方程差分，如下：

$$\frac{[A\rho_g v_{sg}]_{i+1}^{n+1}-[A\rho_g v_{sg}]_i^{n+1}}{\Delta s}=\frac{[A\rho_g\phi_g]_i^n}{2\Delta t}+\frac{[A\rho_g\phi_g]_{i+1}^n}{2\Delta t}-\frac{[A\rho_g\phi_g]_i^{n+1}-[A\rho_g\phi_g]_{i+1}^{n+1}}{2\Delta t} \quad (19)$$

对式(16)液相连续方程差分，如下：

$$\frac{(Av_{sl})_{i+1}^{n+1}-(Av_{sl})_i^{n+1}}{\Delta s}=\frac{(A\phi_l)_i^n+(A\phi_l)_{i+1}^n-(A\phi_l)_i^{n+1}-(A\phi_l)_{i+1}^{n+1}}{2\Delta t} \quad (20)$$

对式(17)及式(18)中的液相、气相动量守恒方程采用如下半显示差分格式：

$$(Ap)_{i+1}^{n+1}-(Ap)_{i}^{n+1}=K_1+K_2+K_3+K_4 \tag{21}$$

参数 K_1，K_2，K_3，K_4 可以表示为：

$$K_1=\frac{\Delta s}{2\Delta t}\begin{bmatrix}(A(\rho_1 v_s+\rho_g v_{sg}))_i^n+(A(\rho_1 v_s+\rho_g v_{sg}))_{i+1}^n\\ -(A(\rho_1 v_s+\rho_g v_{sg}))_i^{n+1}-(A(\rho_1 v_{sl}+\rho_g v_{sg}))_{i+1}^{n+1}\end{bmatrix} \tag{22}$$

$$K_2=\left[A\left(\frac{\rho_1 v_{sl}^2}{\varphi_1}+\frac{\rho_g v_{sg}^2}{\varphi_g}\right)\right]_i^{n+1}-\left[A\left(\frac{\rho_1 v_{sl}^2}{\varphi_1}+\frac{\rho_g v_{sg}^2}{\varphi_g}\right)\right]_{i+1}^{n+1} \tag{23}$$

$$K_3=-\frac{g\Delta s}{2}[(A\rho_1)_i^{n+1}+(A\rho_1)_{i+1}^{n+1}] \tag{24}$$

$$K_4=-\frac{\Delta s}{2}\left[\left(A\left(\frac{\partial p}{\partial s}\right)\right)_{\mathrm{fri}}^{n+1}+\left(A\left(\frac{\partial p}{\partial s}\right)\right)_{fri+1}^{n+1}\right] \tag{25}$$

2 模型验证

在 YB7C-1 井二叠系茅口组三段开展了平推法数学模型验证，验证参数为：地层压力 145.4MPa，产气量达到 $24.66\times10^4\ m^3/d$，渗透率为 $8.94\times10^{-3}\ \mu m^2$，孔隙度为 6.89%，井口初始压力为 49.21MPa，实测关井井口压力 121.96MPa，经过放喷点火压力降至 49.25MPa，采用油管正注清水压井，启动两台 2500 型泵车及 1300 型泵车，井口采用 $0.6m^3/min$ 排量平推清水，平推时间为 42min。

图 1 为现场泵注压力与计算压力对比数据，实际压井井口压力最大峰值为 61.79MPa，模拟压井井口压力最大峰值为 62.38MPa，最大误差为 0.954%，实际压井平推后稳定压力 35.68MPa，模拟压井平推后稳定压力 38.22MPa，最大误差为 7.119%。

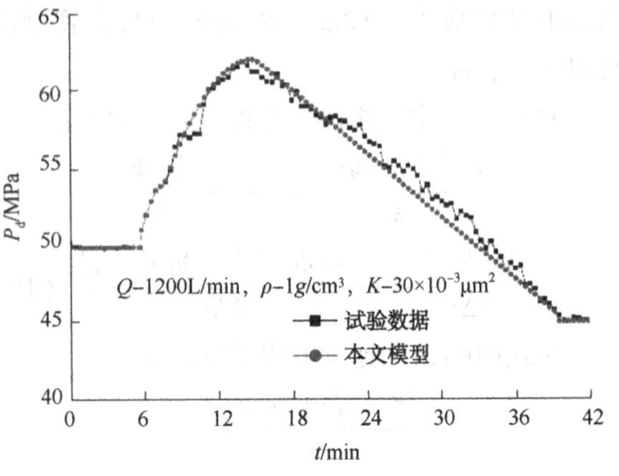

图 1　现场油泵压数据与计算数据对比分析

3 实例分析

图 2 为泥浆泵入量与承压值关系图，YB7C-1 井压井排量为 1200L/min，储层渗透率为 $30.31\times10^{-3}\ \mu m^2$，硫化氢含量为 0.276ppm(1ppm $=10^{-6}$)。压井流体通道为复合油管：第 1 段油管长度 2483m(内径为 68.86mm)，第 2 段油管长度 2493m(内径为 76mm)，第 3 段油管长度 1976m(内径为 61.98mm)，压井液表面张力 0.083N/m，压井液粘度 15mPa·s，地破承压能力为 $1.95g/cm^3$，储层承压当量为 $2.21g/cm^3$。

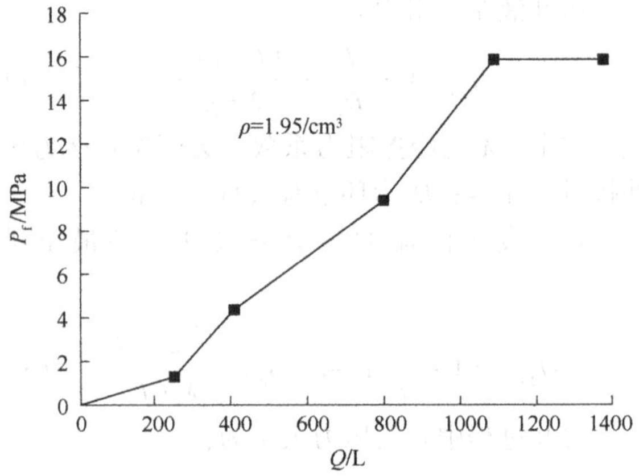

图 2　泥浆泵入量与承压值关系图

3.1 平推法压井适用性分析

图 3 为地层渗透率对井底和地层之间压差的影响，地层渗透率为 $3\times10^{-3}\ \mu m^2$ 时，压井排量 800L/min 同 1000L/min 比较，井底压差从 2.06MPa 升至 8.22MPa。对于低渗地层，如果采取大排量压井可能造成井下复杂。当地层渗透率为 $30\times10^{-3}\ \mu m^2$ 时，压井排量 800L/min 同 1000L/min 比较，井底压差从 0.21MPa 升至 0.82MPa，地层渗透率越大对平推法越有利，储层渗透率大于 $30\times10^{-3}\ \mu m^2$ 更适合平推法。

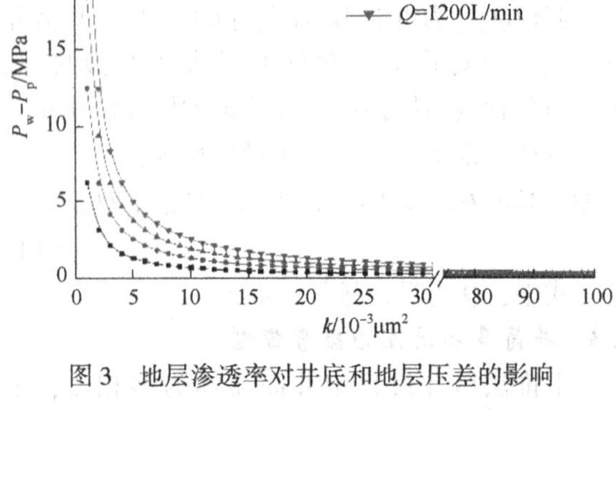

图 3　地层渗透率对井底和地层压差的影响

3.2 排量对泵注压力影响分析

图4为压井液排量对泵注压力影响，随压井排量增大，所需平衡地层压力的压井时间缩小。在压井初期，排量增大，不仅增大了压井液运行的流动阻力，还会使压井液推进地层阻力增大，从而地面泵注压力呈现增大趋势，在压井后期，泵注压力呈现下降趋势。当排量为1200L/min，压井液38.5min到达井底，同排量为600L/min比较，压井液到达井底的时间减小了16min，这是由于排量增大，增大了钻井液运行速度所致。

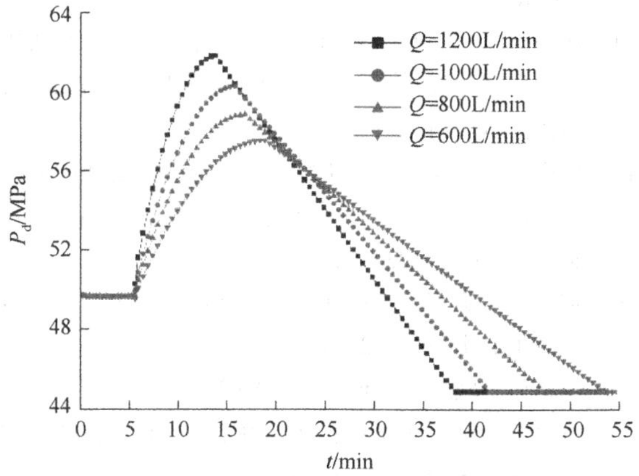

图4　压井液排量对泵注压力影响

3.3 压井液密度对泵压影响分析

图5为压井液密度对泵压影响，压井第一阶段井底有效压力主要受摩擦阻力的影响，随压井液密度增大，泵压呈增大趋势；压井第二阶段，井底有效压力主要是受静液柱压力影响，随压井液密度增大，泵注压力呈现减小趋势。平推法压井液密度设计应考虑地层压力与破裂压力的钻井液密度窗口下限、泵注压力、摩擦阻力、地层渗透率等因素，压井作业之前要进行井底有效压力模拟反演，确保平推法压井不压漏地层。

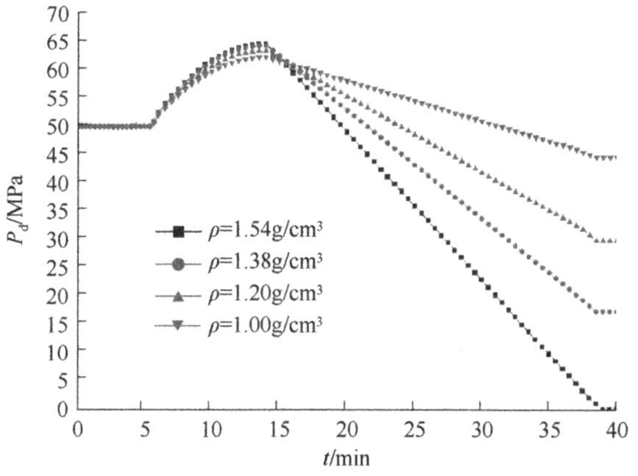

图5　压井液密度对泵注压力影响

3.4 渗透率对泵注压力影响分析

图6为平推法压井渗透率对泵注压力影响，随渗透率增大，泵注压力呈现减小趋势，泵注初期阶段，环空中气体处于压缩状态，随泵注压力增大，当施工时间为14.3min时（储层渗透率30 $\times10^{-3}\mu m^2$），注入压力达到最大61.79MPa，此时达到气体推回地层临界压力，气体开始推进地层，当到达38.5min时，压井液到达井底。

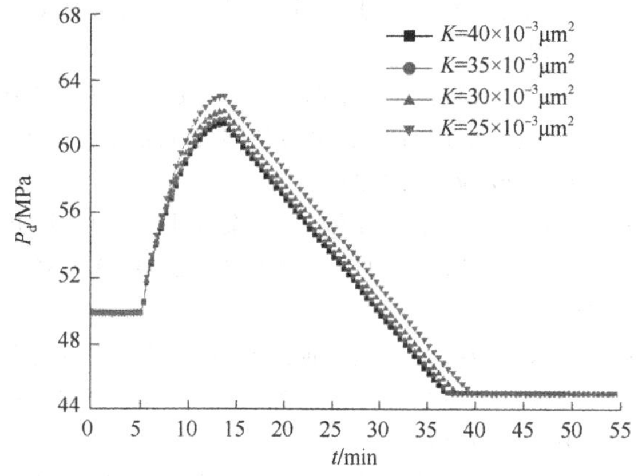

图6　平推法压井渗透率对泵注压力影响影响

4　结论

（1）针对平推法压井工况，建立了压井液排量优化设计数学模型，有助于提高现场操作精度。平推法压井应着重考虑地层渗透率，渗透率越大对平推法越有利，超低渗透率地层平推容易引起高套压。

（2）影响泵注压力的主要因素有地层渗透率、地层压力、压井液密度、排量等因素。随压井密度及排量的增大，泵注压力呈现先增大后减小的趋势。压井前期，泵注压力受摩阻影响较大，压井后期受压井液密度影响较大。

（3）从现场试验发现，采用清水压井可以减小储层污染，但压井后不宜长时间关井，清水压井后，气体容易置换和滑脱，井口压力会迅速上升，如果投产等后续工作不及时，应实施二次，甚至多次压井。

参考文献

[1] Forouzanfar F, Reynolds A C, Li G. Optimization of the well locations and completions for vertical and horizontal well using a derivative－free optimization Algorithm[J]. Journal of Petroleum Science and Engineering, 2012, 86/87: 272-288.

[2] Richter H J. Flooding in tubes and annuli[J]. Interna-

tional Journal of Multiphase Flow, 1981, 7(6): 647-658.

[3] 周云健，李清平，刘书杰. 考虑气液置换的压回法气井压井过程对井底压力的影响[J]. 中国安全生产科学技术，2021，17(03)：103-109.

[4] 娄文强，王志远，李鹏飞，等. 适用于全流型域全倾角范围的井筒漂移流关系[J]. 石油勘探与开发，2022，49(03)：605-615.

[5] 肖磊，杨博仲，李永杰. HT区块超深含硫井压回法压井技术应用研究[J]. 钻采工艺，2018，41(06)：16-18.

[6] 滕学清，孙宝江，张耀明，等. 无安全压力窗口裂缝性地层五步压回法压井方法[J]. 石油钻探技术，2018，46(06)：20-25.

[7] 孙晓峰，闫铁，王克林，等. 栾石柱. 压回法压井技术适用性研究[J]. 科技导报，2013，31(36)：36-40.

[8] 公培斌，孙宝江，王志远，等. 向长生. 井内喷空工况压井方法研究[J]. 石油天然气学报，2012，34(01)：100-103.

[9] 孔祥伟，刘祚才，靳彦欣. 川渝裂缝性地层自动压井环空多相压力波速特性研究[J]. 应用数学和力学，2022，43(12)：1370-1379.

[10] Guanghua Chen, Kunting Zhang, Hongyuan Qi, et al. A novel prediction method for back pressure based on fuzzy inference theory[P]. International Conference on Electronics and Information Engineering, 2017.

[11] 孙玉学，李城里，赵景原，等. 隔水管钻井液控压技术及其在深水钻井中的应用前景[J]. 钻采工艺，2022，45(1)：21-28.

[12] 张婷，林生茂，于洋，等. 川东地区大斜度水平井排水采气技术优化[J]. 钻采工艺，2020，43(增1)：53-56.

[13] 刘永伟，姚延许，成检林，等. 玛湖1井区控压钻井技术探讨[J]. 新疆石油天然气，2020，16(2)：24-28.

[14] 刘书杰，任美鹏，李相方，等. 海上油田压回法压井参数变化规律及设计方法[J]. 中国海上油气，2016，28(05)：71-77.

[15] 孔祥伟，林元华，邱伊婕. 微流量控压钻井中节流阀动作对环空压力的影响[J]. 石油钻探技术，2014，42(3)：22-26.

[16] 陈家琅，陈涛平. 石油气液两相管流[M]. 北京：石油工业出版社，2009.

[17] 廖新伟，戴勇，安俊，等. 准噶尔盆地南缘霍尔果斯背斜精细控压钻井技术应用探讨[J]. 新疆石油天然气，2019，15(4)：37-42.

新疆呼图壁储气库井完整性技术及实践

刘海龙　苏怀宇　王　波　赵　楠　王　佳　郭　玲　关子越

（中国石油新疆油田公司）

摘　要　储气库注采井单井产能高、注采转换频繁，注采运行中温度、压力变化较大，对井完整性要求极高。呼图壁储气库注采井采用永久式封隔器+井下安全阀+气密封油管作为完井管柱，形成两道井屏障；通过室内腐蚀评价试验优选了管柱材质，满足长期注采运行工况下防腐要求；根据环空最大允许带压值结合实际运行工况，形成了3类5级环空带压风险分级管理方法并制定了对应管理技术措施；集成了井口装置在线检测、多臂+电磁探伤、井下视像、环空测液面检测等多种井完整性检测技术，为井筒完整性分析提供支持。目前呼图壁储气库井口装置及井筒质量均满足现场注采工况需求，井完整性表现良好，形成的井完整性管理、技术及经验可为其他储气库安全管理和技术研究提供借鉴。

关键词　储气库；注采作业；井完整性；管理技术；风险分级

地下储气库是国家天然气“产-供-储-销”产业链中的重要组成部分，是关系国计民生的重点工程。地下储气库具有储量大、稳定性能好、调峰能力强的优点，能够有效调节天然气产销环节中的不平衡、不均匀。同时，作为目前最大的储气“容器”，能有效弥补天然气管网系统的应急能力较差的缺陷。储气库系统“强注强采”的功能是区别于常规气田的显著特点，储气库注采井单井产能高、注采转换频繁，注采运行中温度、压力变化较大，可致使其承受交变地应力和交变载荷的作用，同时可能在腐蚀、冲蚀、岩层蠕变等潜在危害因素的共同作用下，影响储气库稳定性和安全可靠性，对井完整性要求极高。2015年10月，美国加州 Aliso Canyou 储气库 SS-25井因套管破损引发2亿 m^3 天然气泄漏，事故总损失超10亿美元，是美国历史上最严重的天然气泄漏事故。随着我国大批储气库陆续投入运行，在注采运行中出现环空异常带压、套管密封塞的破损、地面设施缺陷、超压，盐岩蠕变、浸出等引起的运行失效、井口压力缺失、管柱腐蚀等完整性问题，如何开展储气库安全管理已成为运营管理者面对的重大课题。

目前，全生命周期的储气库完整性管理已成为储气库安全管理的发展方向。呼图壁储气库作为国内首个单体100亿 m^3 级地下储气库，经过十余年注采运行，目前井完整性表现良好。笔者分别从呼图壁储气库建设阶段井完整性设计和运行阶段井完整性管理两个领域介绍注采井管柱设计、安全选材、环空带压分级管理及井完整性检测等方面的主要研究进展，可为储气库安全管理和完整性技术研究提供技术支持与借鉴。

1　井屏障设计

1.1　注采管柱结构设计

如图1所示，呼图壁储气库注采井完井管柱由油管挂、井下安全阀、气密封油管、永久式封隔器、堵塞器工作筒、喇叭口等组成，与井筒、井口共同形成两道独立的井屏障。第一道井屏障为油层尾管及水泥环+气密封油管柱+永久式封隔器+井下安全阀，第二道井屏障为套管柱+尾管悬挂器+套管头+大四通+采气树；油层尾管采用防腐材质，尾管悬挂器及回接套管采用常规碳钢，永久式封隔器坐封于尾管悬挂器下部20m左右，并在封隔器上部环空采用工业白油保护液以保护上部套管。特别指出，注采管柱中不使用循环滑套，因为经过长期注采运行后循环滑套存在无法开启风险，并不能实现循环压井功能，同时存在泄漏及以降低长期注采运行过程中管柱泄漏风险。

1.2　管柱材质试验优选

腐蚀影响因素主要包括 CO_2 分压、地层水矿化度及 Cl^- 含量、温度、压力、流速等。呼图壁储气库注入气来源于西气东输二线，根据西部管道设计要求 $CO_2 \leq 2\%$，储气库最高运行压力为34MPa，即 CO_2 分压上限为0.68MPa；根据呼图壁气田水样分析数据，矿化度60~27677mg/L，

Cl^-含量14~15812mg/L，pH值6~6.5，水型为Na_2SO_4型；地层温度93℃，生产过程中预计井筒温度50~93℃；按注采气量、井筒压力和管柱尺寸计算，井底最高流速3.8m/s。根据腐蚀工况制定了管柱腐蚀试验参数见表1。

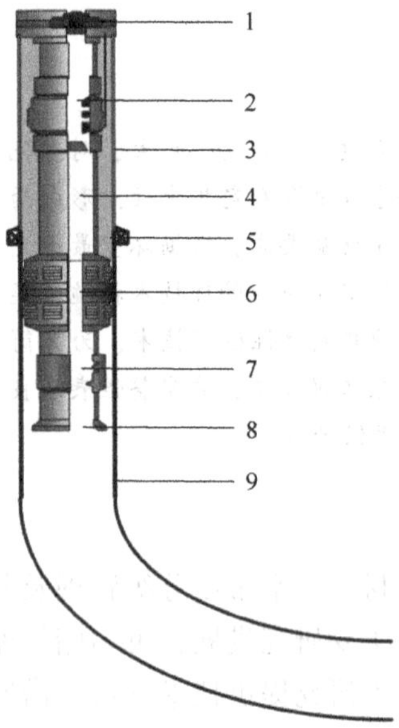

图1 呼图壁储气库注采水平井完井管柱结构示意图

1—油管挂；2—井下安全阀；3—回接套管；4—气密封油管；5—尾管悬挂器；6—永久式封隔器(含插入密封、磨铣延伸筒)；7—堵塞器工作筒；8—喇叭口；9—油层尾管

表1 呼图壁储气库管材腐蚀试验参数

实验条件	温度/℃	CO_2分压/MPa	流速/(m/s)	Cl^-浓度/(mg/L)
条件1	95	0.7	1	16000
条件2	95	0.7	2	16000
条件3	95	0.7	3	16000
条件4	95	0.2	3	16000
条件5	95	0.5	3	16000
条件6	30	0.7	3	16000
条件7	95	0.7	3	1000

选取P110、BG3Cr110、BG13Cr110、HP1-13Cr110四种材质分别开展腐蚀试验，试验结果从表2、表3中可以看出，随着温度、CO_2分压、流速及Cl^-浓度的升高，管材均匀腐蚀及点腐蚀速率均呈上升趋势，且局部点腐蚀速度远大于同等条件下的均匀腐蚀速度。呼图壁储气库建设时期(2009—2012年)国内外暂无针对储气库管材腐蚀速率要求的相关标准，参考《碎屑岩油藏注水水质推荐指标及分析方法(SY/T 5329—2012)》中均匀腐蚀速率≤0.076mm/a的要求，优选BG13Cr110和HP1-13Cr110作为呼图壁储气库注采管柱材质。

表2 不同材料不同工况均匀腐蚀速率 mm/a

材料	条件1	条件2	条件3	条件4	条件5	条件6	条件7
P110	1.0713	1.3776	2.4939	1.2446	1.7284	1.4505	1.4625
BG3Cr110	0.8855	1.0539	1.3337	0.4654	0.8251	0.6102	0.657
BG13Cr110	0.0362	0.0416	0.064	0.0223	0.0468	0.0277	0.0258
HP1-13Cr110	0.0224	0.0292	0.0396	0.0064	0.0171	0.0154	0.0182

表3 不同材料不同工况点腐蚀速率 mm/a

材料	条件1	条件2	条件3	条件4	条件5	条件6	条件7
P110	3.65	5.0579	14.235	3.0764	4.4842	0.782	1.7207
BG3Cr110	1.9293	3.1286	7.8214	0.5214	1.1993	0.6256	0.365
BG13Cr110	0	0	0.2086	0	0	0	0
HP1-13Cr110	0	0	0	0	0	0	0

2 环空带压管理

2.1 环空压力监测

井屏障的失效，最直观的反映就是现场各级环空的异常带压。环空压力数据采集传输的方式分为有线和无线采集传输两种，优缺点如表4所示。

表 4 有线仪表与无线仪表优缺点对比

名称	优点	缺点
有线仪表	1. 信号稳定可靠 2. 大规模使用，技术成熟 3. 可实现数据的实时传输(传输频率达到秒级)	1. 必须外部电源供电 2. 施工量大，必须铺设电缆 3. 井口必须配套 RTU 或 PLC 4. 投资较大
无线仪表	1. 施工安装方便，安装费用低 2. 不需配套 RTU 或 PLC，总体费用较低 3. 自带电池，不需外部电源	1. 信号传输距离短，传输稳定性受地形、距离限制，长距传输时需加中继 2. 抗干扰能力不如有线仪表

呼图壁储气库注采井和监测井的井口数据采用稳定可靠的有线光缆进行传输，环路光缆与储气库主体工程同时建成投用。采气树环空压力选用智能压力变送器对各级环空压力进行实时采集，并上传至井口 RTU 进行数据处理，通过自愈式光纤环网上传至集注站 SCADA 实时服务器，如图 2 所示。监控人员可在 SCADA 操作站对气井环空压力进行实时监控，同时可对压力参数进行四级报警设置，随时对环空压力异常进行报警提示。除 1 口井外，封堵井距生产井均小于 400m，满足无线仪表信号稳定传输的距离要求，且井站所处地形平坦，封堵井可以直视就近的生产井，可充分利用储气库以建有线通讯资源进行信号传输。综合考虑项目投资、施工难度、信号稳定性等因素，采用无线+有线的通讯方式对储气库封堵井的压力数据进行在线采集。

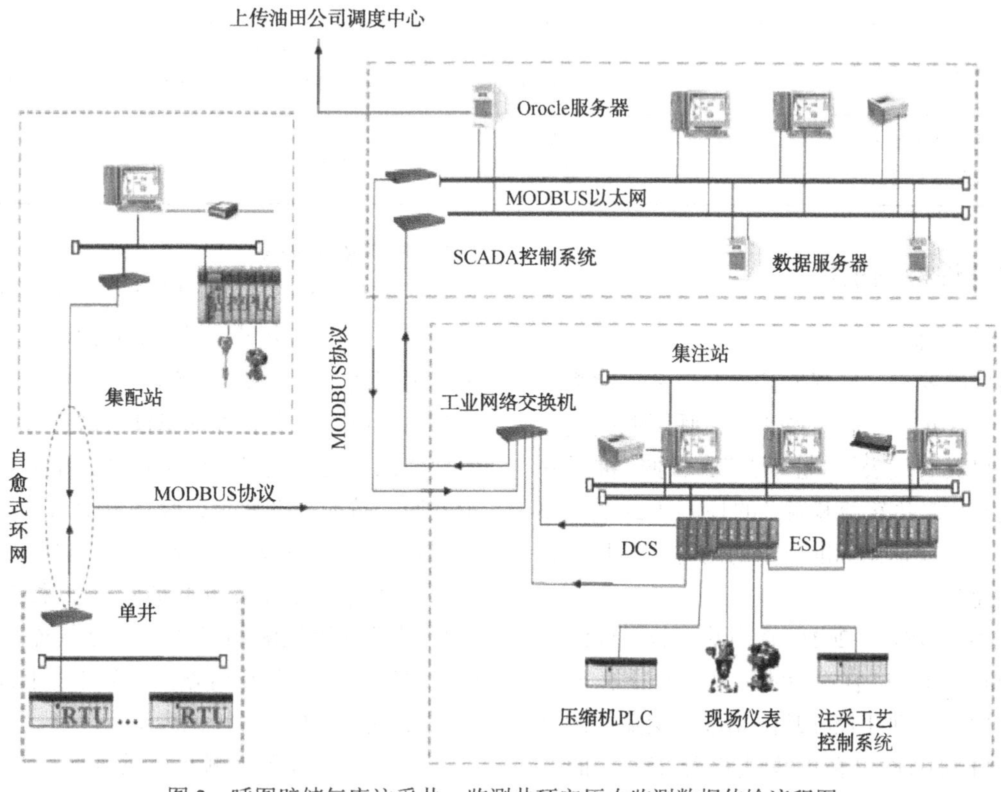

图 2 呼图壁储气库注采井、监测井环空压力监测数据传输流程图

2.2 风险分级管理

依据 API RP90《海上油气井环空带压管理推荐作法(Annular Casing Pressure Management for Offshore Wells)》，计算各级环空最大允许带压值。针对呼图壁储气库实际情况，结合最大允许值评估方法、泄压/恢复压力评估方法，将注采井分为 3 类 5 级，如表 5 所示。按照上述分类，呼图壁储气库目前绿色等级井 41 口、黄色等级

井4口、橙色等级井4口，无红色等级井，整体处于安全可控状态。

根据风险分级结果，对环空带压井不同类型，制定对应管理及技术措施见表6。

表5　呼图壁储气库“三类5级”划分标准

分级	特征	
Ⅰ	环空带压值注气期小于等于5MPa，采气期小于等于14MPa，且定期环空取样为工业白油保护液	
Ⅱ-1	注气期5MPa，采气期14MPa到允许最大值之间	环空泄压，降至0MPa，环空关闭后，压力缓慢增长
Ⅱ-2		环空泄压，可降为0；环空关闭后，压力迅速增加
Ⅱ-3		环空泄压，压力无法降为0
Ⅲ	环空带压值大于允许最大带压值	

表6　呼图壁储气库井屏障失效井分类对策

类型	管理措施	技术措施			其他措施
		泄压/压恢测试频次	外排		
			类型	标准	
Ⅰ	远程数据实时监测	—	—	—	—
Ⅱ-1	远程数据实时监测	环空压力值≥0.7最大允许带压值，年测一次	编制专项方案手动泄压	环空压力达到0.7最大允许带压值	3年1次井筒完整性评估
Ⅱ-2	远程数据实时监测	环空压力值≥0.5最大允许带压值，半年一次	编制专项方案手动泄压	环空压力达到05最大允许带压值	2年1次井筒完整性评估
Ⅱ-3	远程数据实时监测		编制专项方案建议自动泄压	环空压力达到0.7最大允许带压值	1年1次井筒完整性评估，漏点检测，必要时采取修井作业
Ⅲ	油田公司备案远程数据实时监测	0	编制专项方案建议自动泄压	保持定压	制定应急预案，立即治理

3　井完整性检测技术

3.1　井口装置检测

按照标准要求，储气库注采井口装置检测周期应不大于3年。结合生产工况，呼图壁储气库优选了5口具有代表性“桩子井”，按照“桩子井例行检测+正常井轮流检测”的检测模式制定3年检测计划，在达到标准要求的同时掌握井口装置整体变化趋势。

在Q/SY 01873—2021《在用井口装置检测技术规范》推荐的井口装置检测方法基础上，腐蚀缺陷检测使用柔性相控阵缺陷精准全覆盖检测方法，较腐蚀缺陷检测精度模式提升25%，曲率半径提升1.5倍；使用内窥镜工艺观察内壁腐蚀，对缺陷进行定性判断。结合超声测厚检测和金属磁记忆检测，为井口装置完整性管理提供技术支持。通过分析检测结果表明目前投用注采井井口装置整体保持可控趋势。

3.2　井筒质量检测

1. 多臂+电磁探伤工程测井定量检测

多臂井径成像测井用于检测油套管的形变测量，确定油套管的变形、错断、弯曲、孔眼、裂缝与沾污以及油套管外部腐蚀或缺损等状况。电磁探伤测井通过测量环向平均金损率分析管柱剩余壁厚。按照标准要求，呼图壁储气库每年对5口“桩子井”、新投产井及生产异常井利用平衡期采用多臂+电磁探伤不动管柱工程测井。从“桩子井”近年检测结果来看，储气库注采井投产后腐蚀速度呈上升趋势，且单井中下部管柱损失程度要高于上部管柱见表7。

2. 井下视像工程测井直观判断

井下视像(鹰眼DHV)是利用数字图像处理、图像分割和边缘跟踪技术，测井时井下摄像镜头分别在侧置和后置光源的照明下，对套管内管壁和井筒进行摄像，井下仪器的电子线路对图像信号进行放大处理，产生频率脉冲信号，通过单芯电缆将频率脉冲信号送至地面接收器，地面接收器对其进行放大解码，形成图像。对于储气库问题井，采用 DHV 测井形成图像对井下设备的运行状况形成直观的认识，如图 3 所示。

表 7　不同材料不同工况点腐蚀速率　　　　mm/a

井号	测井日期	油管(MTD)				套管(MTD)				多臂井径(MFC)	
		标准壁厚/mm	最小壁厚/mm	最大金损/%	最大金损深度/m	标准壁厚/mm	最小壁厚/mm	最大金损/%	最大金损深度/m	最大内径/mm	最大内径深度/m
	2023.7	7.37	6.70	9.70	1495.4	12.65	11.4	9.60	1471.2	101.7	2097.5
	2021.8	7.37	6.66	9.70	1495.4	12.65	11.43	9.60	1471.2	101.7	2605.0
HUKXX	2020.10	7.37	6.71	8.90	1495.4	12.65	11.50	9.10	1471.2	101.6	3124.0
	2019.10	7.37	6.79	7.80	1495.4	12.65	12.14	4.02	1471.2	101.8	2592.2
	2016.10	7.37	7.20	2.33	1495.4	12.65	12.37	2.22	1471.2	101.2	2347.6

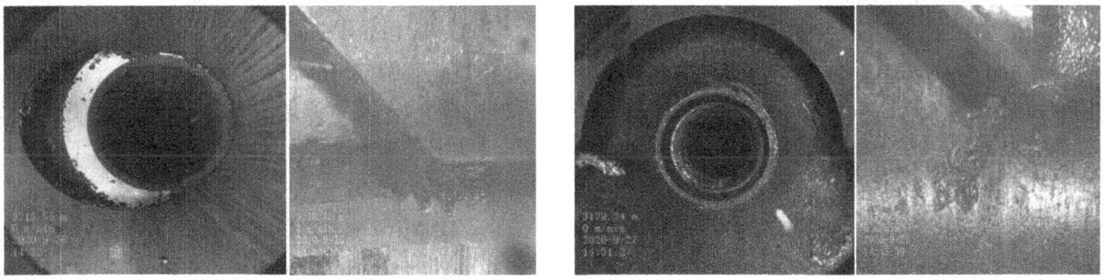

HUHWKX井(完好)　　　　HUHX井(脱出)

图 3　封隔器插入密封下端面 DHV 检测图像

3. 环空测液面检测辅助判断

井筒积液诊断装置通过放气击发发声方式远程监测高压气井环空液面深度，并能按固定或可变时间间隔自动击发、自动采集声音信号、分辨节箍波和液面波，自动计算声速和液面深度，如图 4 所示。呼图壁储气库每年在平衡期采用环空液面检测仪对所有注采井及封堵井开展环空液面检测，根据环空液面高度及变化趋势辅助判断管柱密封情况。特别是环空带压井，密切关注环空液面下降情况。

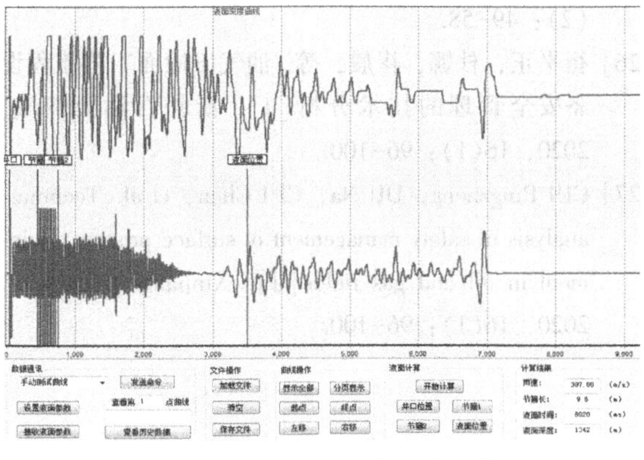

图 4　HUKXX 井环空液面检测曲线

4　结论及建议

（1）根据井屏障分类及失效机理，形成了适应于呼图壁储气库井完整性监测及评价技术体系，实现实时监控、工程测井技术全方位评价并相互验证，确保储气库井完整性管理真实、可靠。

（2）通过对中国石油高温高压及高含硫井完整性管理规范的细化，制定了呼图壁储气库作业区井屏障失效井分类管理表，便于管理及现场实施。

（3）在储气库生产运行环节中井完整性管理内容多，在运行管理环节特别需要运用和发挥井完整性理念，特别要全程对每个工作部件及屏障组件进行监管监测，按标准安全、有效地进行检查测试，及时及早发现风险、处理风险、建立应急处理和预警处理程序等，同时重视资料、信息、档案的建立与管理。

参 考 文 献

［1］魏东吼，董绍华，梁伟. 地下储气库完整性管理体

系及相关技术应用研究[J]. 油气储运, 2015, 34(2): 115-121.

[2] WEI Donghou, DONG Shaohua, LIANG Wei. Applied research of integrity management system and related technologies of underground gas storage[J]. Oiland Gas Storage and Transportation, 2015, 34(2): 115-121.

[3] 马增辉, 徐长峰, 王明锋, 等. 气藏型地下储气库完整性管理体系及风险识别[J]. 中国安全生产科学技术, 2022, 18(3): 76-81.

[4] MA Zenghui, XU Changfeng, WANG Mingfeng, et al. Integrity management system and risk identification of gas reservoir type

[5] underground gas storage[J]. Journal of Safety Science and Technology, 2022, 18(3): 76-81.

[6] 刘建勋, 刘岩,. 中国地下储气库建设的发展现状及展望[J]. 应用化工, 2022, 51(4): 1136-1145.

[7] LIU Kaixin, ZHENG Weijie, DAI Liya, et al. Exploration into and Practices of Low-Cost Volume Fracturing in Well Block X[J]. Xingjiang Oil and Gas, 2022, 18(1): 80-85.

[8] 罗金恒, 李丽锋, 王建军, 等. 气藏型储气库完整性技术研究进展[J]. 石油管材与仪器, 2019, 5(2): 1-7.

[9] LUO Jinheng, LI Lifeng, WANG Jianjun, et al. The Research Progress on Integrity Technology of Underground Storage with Gas Reservoirs [J]. Petroleum Tubular Goods & Instruments, 2019, 5(2): 1-7.

[10] 王鹏, 腰世哲. 文96储气库注采井井筒完整性研究[J]. 石油化工腐蚀与防护, 2020, 37(6): 11-14.

[11] WANG Peng, YAO Shizhe. Study on Wellbore Integrity of Injection-production Wells in Wen96 Underground Gas Storage[J]. Corrosion & Protection in Petrochemical Industry, 2020, 37(6): 11-14.

[12] 孙海芳. 相国寺地下储气库钻井难点及技术对策[J]. 钻采工艺, 2011, 34(5): 1-6.

[13] SUN Haifang. Drilling Challenges and Technical Solutions for Xiangguosi Underground Gas Storeroom[J], Drilling and Production Technology, 2011, 34(5): 1-5.

[14] 练章华, 牟易升, 张强. 极端条件下气井油管柱振动力学行为的有限元分析[J]. 新疆石油天然气, 2021, 17(3): 59-66.

[15] LIAN Zhanghua, MOU Yisheng, ZHANG Qiang. Finite Element Analysis for Vibration Mechanical Behavior of Tubing String in Gas Wells under Extreme Conditions[J]. Xinjiang Oil & Gas, 2021, 17(3): 59-66.

[16] 曹力元, 钱卫明, 宫平, 等. 苏北油田二氧化碳驱油注气工艺应用实践及评价[J]. 新疆石油天然气, 2022, 18(2): 46-50.

[17] CAO Liyuan, QIAN Weiming, GONG Ping, et al. Application practices and evaluation of gas injection technology for CO_2 flooding in subei oilfield[J]. Xinjiang Oil & Gas, 2022, 18(2): 46-50.

[18] 唐晨飞, 张广文, 王延平, 等. 美国 Aliso Canyon 地下储气库泄漏事故概况及反思[J]. 事故分析与预防, 2016, 16(7): 5-8.

[19] TANG Chenfei, ZHANG Guangwen, WANG Yanping, et al. The general situation and reflection of leak accident of the Aliso Canyon underground gas storage in United States[J]. Accident Analysis & Prevention, 2016, 16(7): 5-8.

[20] 张哲, 赵勇, 谭猛, 等. 油气藏型地下储气库注采井环空带压初步 研究[J]. 当代化工研究, 2016(7): 96-97.

[21] ZHENG Zhe, ZHAO Yong, TAN Meng, et al. A preliminary study on the ring pressure of gas injection and production wellsin oil and gas reservoirs[J]. Modern Chemical Research, 2016(7): 96-97.

[22] 李海伟. 储气库老腔改造井环空带压现象探讨[J]. 石化技术, 2015, 22(8): 160.

[23] LI Haiwei. Annulus under pressure during old cavern revampin gas storage reservoir[J]. Petrochemical Industry Technology, 2015, 22(8): 160.

[24] 王者超, 李崴, 刘杰, 等. 地下储气库发展现状与安全事故原因综述[J]. 隧道与地下工程灾害防治, 2019, 1(2): 49-58.

[25] WANG Zhechao, LI Wei, LIU Jie, et al. Overview of the development status of underground gas storage and the causes of safety accidents[J]. Tunnel and Underground Engineering Disaster Prevention, 2019, 1(2): 49-58.

[26] 崔平正, 杜娜, 崔晨, 等. 油气田地面工艺流程设备安全管理的技术分析[J]. 新疆石油天然气, 2020, 16(1): 96-100.

[27] CUI Pingzheng, DU Na, CUI Chen, et al. Technical analysis of safety management of surface process equipment in oil and gas fields[J]. Xinjiang Oil & Gas, 2020, 16(1): 96-100.

深水海管管卡设计研究

齐兵兵　丁东华　张忠扬

（中海油深圳海洋工程技术服务有限公司）

摘　要　随着国内深水油气田的快速发展，深水海底管道数量不断增加。由于种种原因，海管泄露事故越来越多，研究深水海管堵漏设备解决深水海管泄漏问题迫在眉睫。详细研究了国内外海管堵漏管卡的现状，重点介绍了国外深水海管堵漏管卡结构，水下安装步骤，并分析其优缺点。提出一种新型深水海管堵漏管卡的结构设计，尤其是锁紧结构、单独的安装框架等创新性结构设计，大幅提升深水海管堵漏设备安装效率，显著降低管卡安装过程中的密封失效的风险，同时解决了现有深水海管堵漏管卡水下安装效率低的难题。该管卡水下安装全程由ROV实现操作，自动化程度较高，可快速实现深水海底管道的泄露修复，减少相关损失，对保障海上能源安全具有重要意义。

关键词　深水；海管；堵漏管卡；ROV；水下安装

目前国内已投产的荔湾3-1气田管道水深达1500m，正在开发的陵水17-2气田管道水深达1700m，深水油气田开发趋势越演越烈，国内海洋正在向深水领域稳步迈进。近年来，随着深水海管数量不断增加，由于海管设计、建造年限已久，海洋环境、管道腐蚀、介质的多变、渔船拖拽等原因导致深水海管受损的事故突发情况越来越频繁。

为减少海洋环境污染及原油停产等巨额的经济损失，安全、快速、可靠的维修受损管道显得尤为重要。针对深水海管的泄漏问题，研究相应的应急维修方案及配套维修设备对保障深水油气田的安全生产具有重要意义。

目前世界上针对穿孔小漏或者外表无明显变形的局部破损的深水海管泄漏事故，主流的维修方式是采用安装堵漏管卡的方式进行堵漏，即通过在泄漏点快速安装管卡，实现对损坏管道的维修目的。国外已经有许多厂家能够设计和生产深水海管堵漏管卡，国内深水堵漏管卡研究工作尚处于起步阶段。

文章通过对现有国内外海管管卡的研究，总结水下安装过程优缺点，设计一种新型的海管管卡，自动化程度较高，全程由ROV操作，大幅提高水下安装效率和成功性，大幅降低安装过程中的风险，可快速实现深水海底管道的堵漏修复，减少相关损失。

1　国内海管管卡

1.1　管卡结构

自2000年以来，国内已逐渐开展海管管卡的研究开发工作，已有多个厂家具备生产300m以内潜水员操作的浅水海管堵漏管卡，且在工程项目上有比较成功的应用，其结构如图1所示。这些管卡结构相对比较简单，包括两个半瓦、内部密封、螺栓法兰等结构，通过螺栓将两个半瓦结构进行固定和锁紧，实现封堵泄漏海管的目的。

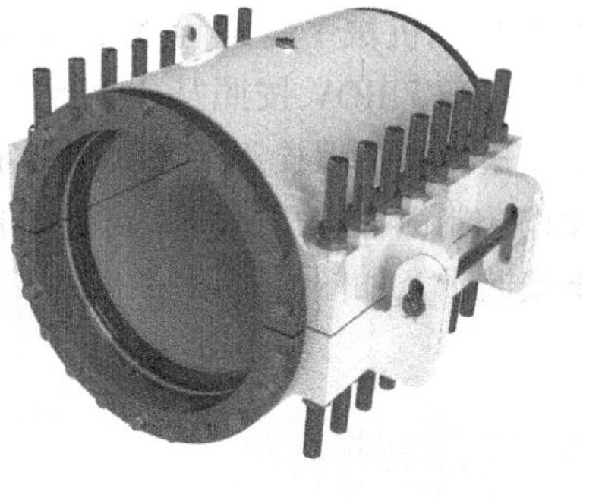

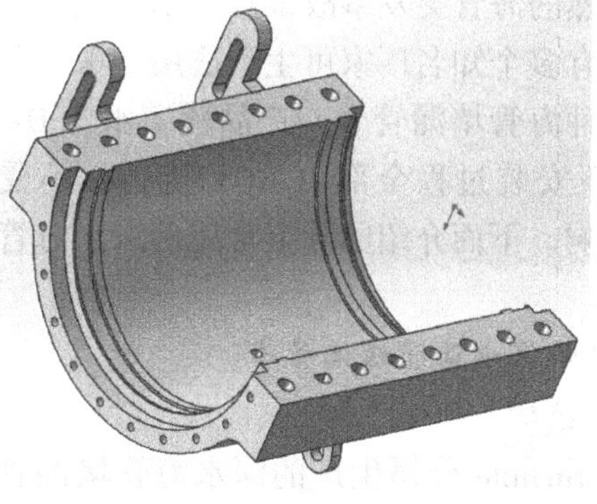

图1　国内生产的浅水海管堵漏管卡

1.2 管卡水下安装

该类型管卡水下安装步骤如下：①管卡处于打开状态，船舶吊机下放管卡至海管泄漏位置附近，潜水员监控下放过程；②潜水员引导吊机进行安装至海管上；③潜水员进行螺栓安装；④潜水员操作螺栓拉伸器将螺栓张紧至指定扭矩，使管卡固定在海管上并实现锁紧及密封。安装示意如图2所示。

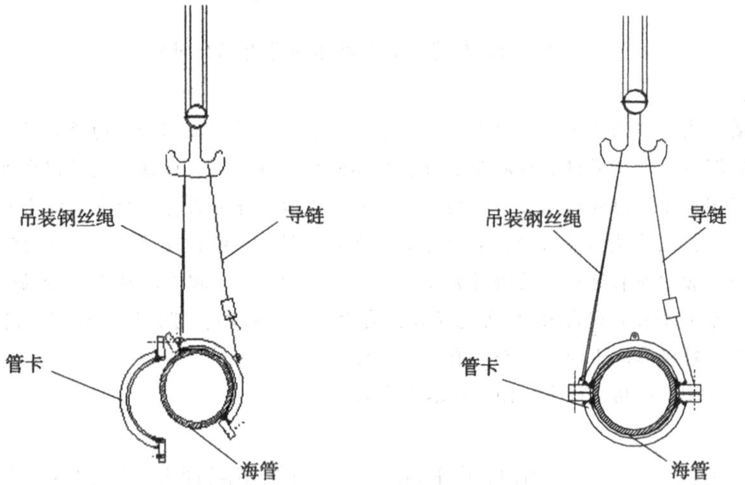

图2 浅水堵漏管卡水下安装示意图

1.3 管卡特点

该类型管卡只能由潜水员进行水下安装，仅适用于0~300m浅水海管的堵漏作业。若安装过程中出现螺栓无法穿入或者密封失效等问题，由潜水员水下拆除，更换密封后再次安装予以解决。因受限于潜水员作业水深限制，无法用于300m以上深水海管的堵漏作业。由于其结构相对简单，建造成本低，水下操作简便，且能够实现封堵海管泄漏的目的，故在浅水海管堵漏维修作业中应用较为广泛。目前国内尚未有适用于300m以上由ROV全程操作的深水海管堵漏管卡。

2 国际海管管卡

国际上关于海管突发事故的技术和装备研制始于20世纪70年代，经过半个多世纪的发展，已经具备成熟的海管突发事故维修技术和装备体系。目前已有多个知名厂家可生产适用于深水和超深水的各种海管堵漏管卡，产品覆盖水深0~3000m，水下安装过程全部由ROV进行，不受作业水深影响。下面介绍国际上常用的深水海管堵漏管卡。

2.1 上下结构深水海管堵漏管卡

2.1.1 管卡结构

美国Furmanite公司生产的深水海管堵漏管卡是上下两瓣式结构堵漏管卡，其最大作业水深达1000m，主要结构包括上部吊装结构、液压控制系统、上下两个半瓦及内部密封、螺栓法兰、辅助安装装置等。该管卡内部采用双密封结构，安装后可实现ROV操作进行试压，确认管卡是否安装成功。水下安装时全程由ROV操作进行管卡闭合，螺栓安装及锁紧等作业。管卡结构如图3所示。

2.1.2 管卡水下安装

该类型管卡水下安装步骤如下：①管卡处于打开状态，由船舶吊机下放管卡至海管泄漏位置附近，ROV监控下放过程；②ROV引导吊机将管卡逐步下放至海管上；③海管通过导向板缓慢进入管卡内部；④吊机继续下放使管卡上半瓦结构贴紧海管；⑤ROV从控制面板插入HOT STAB输入液压动力，ROV打开液压开关，使管卡的液压缸工作，将管卡上下两半瓦进行闭合；⑥ROV使用机械手将螺栓逐个插入管卡两侧法兰螺栓孔；⑦ROV按照从中间至两边的顺序，使用扭矩扳手将螺栓逐个张紧至指定扭矩。⑧ROV操作控制面板进行试压，确认管卡安装成功。水下安装示意如图4所示。

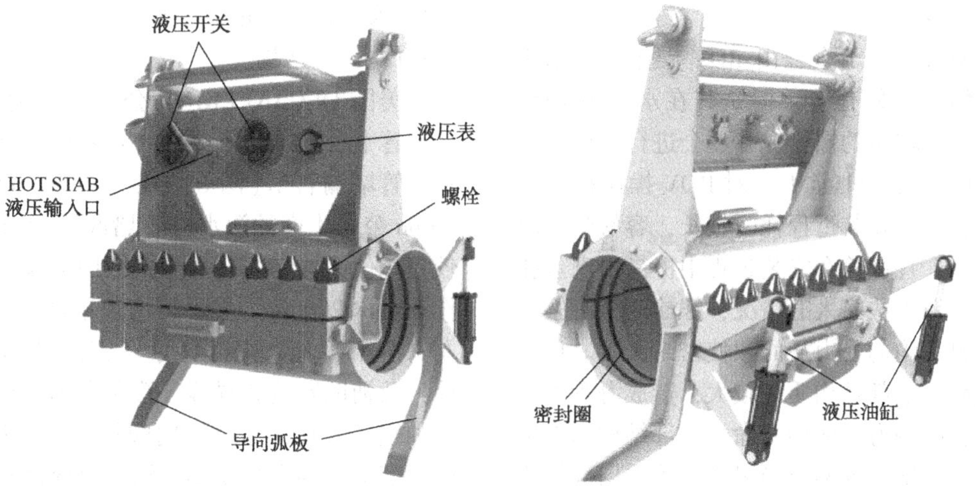

图 3 美国 Furmanite 公司生产的深水海管堵漏管卡

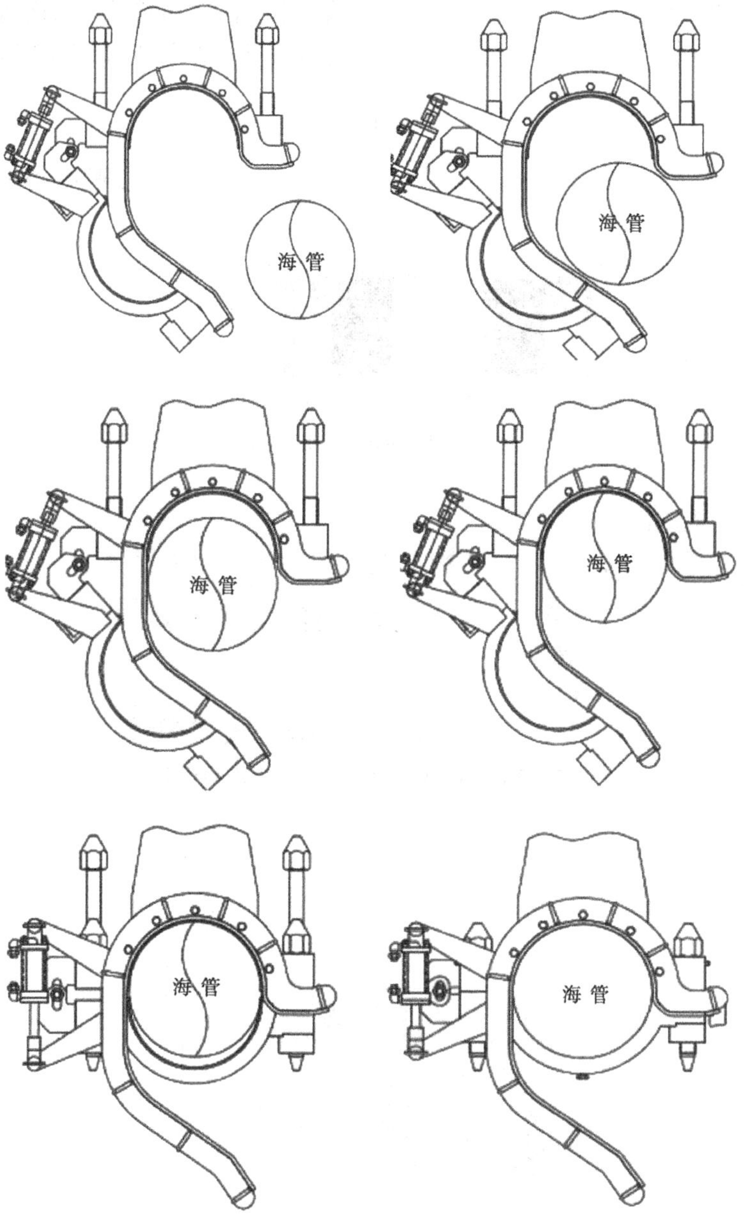

图 4 美国 Furmanite 公司深水管卡安装示意图

2.1.3 管卡特点

该类型管卡水下全程由 ROV 操作，可用于深水海管堵漏维修作业。但是其在水下由 ROV 逐个插入数量较多的螺栓，并逐个进行加压受力上紧，ROV 工作量非常大，对 ROV 操作精度要求非常高，整个安装过程耗时较长，容易受海况天气等影响，且螺栓在安装过程中极易出现丝扣配合不严密而无法穿入的情况，螺栓逐个上紧极易导致密封不均匀受力从而致使密封失效。该类管卡安装后，上部结构质量较大，造成海管额外受力承重，影响海管使用寿命，上部结构高度突出海管较多，增加渔网拖拽风险，管卡内部结构未考虑受轴向力的作用。工程实践中该类型管卡使用越来越少，已逐渐被淘汰。

2.2 左右结构深水海管堵漏管卡

2.2.1 管卡结构

美国 OECANEERING 公司生产的深水海管堵漏管卡(图 5)与挪威 IK GROUP 公司生产的深水海管堵漏管卡(图 6)，以及英国 Subsea Innovation 公司生产的深水海管堵漏管卡(图 7)结构较为相似，均是左右两瓣式结构堵漏管卡，最大作业水深 2000m，主要结构包括液压控制系统、左右两个半瓦、内部锁紧及密封结构、法兰螺栓，及辅助安装装置等。管卡内部含有双密封结构和锁紧卡瓦，通过轴向螺栓的轴向运动挤压，使内部卡瓦的内径变小，轴向力变径向力卡紧海管，卡瓦内部成有倒刺形状且左右两边对称，导致管卡无法轴向移动，从而避免轴向作用力破坏密封效果。管卡结构如图 5 所示。

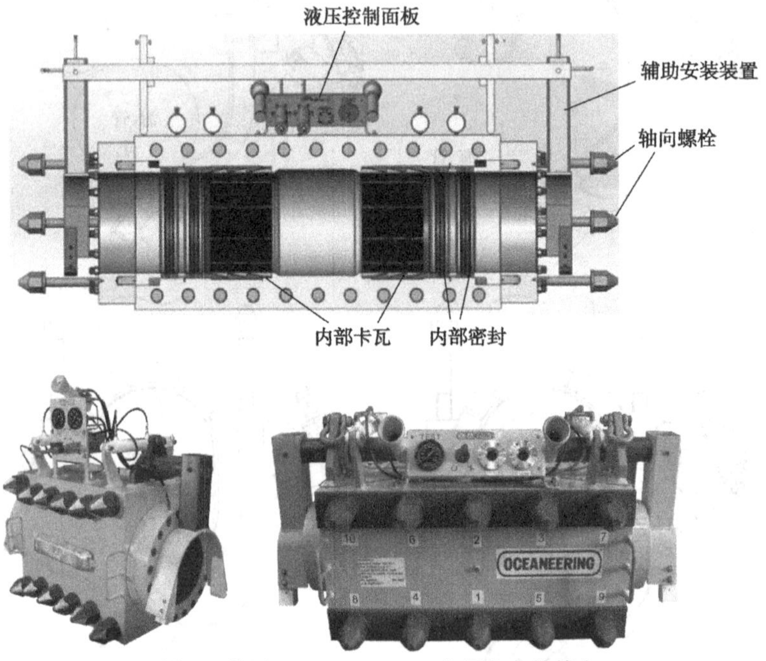

图 5 美国 OCEANEERING 公司生产的管卡

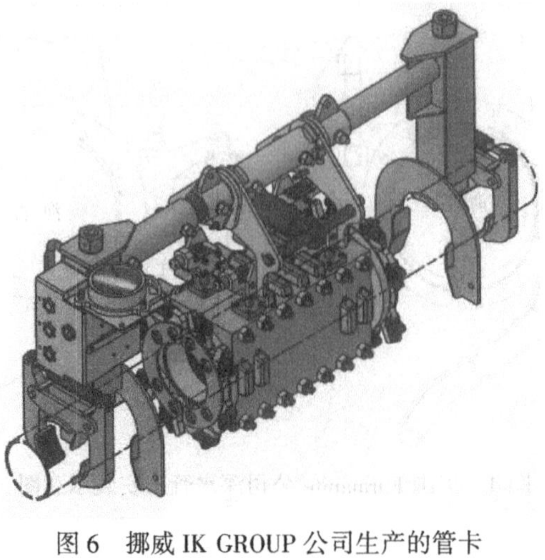

图 6 挪威 IK GROUP 公司生产的管卡

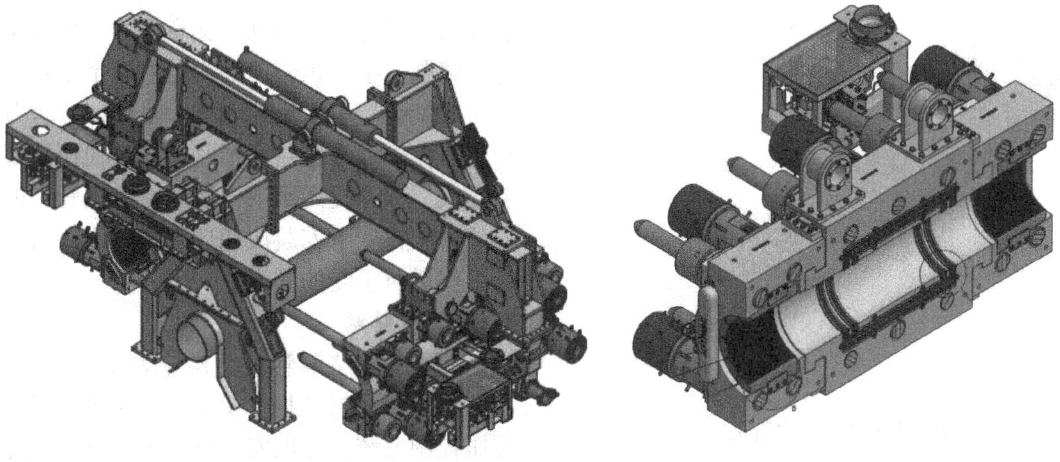

图 7 英国 Subsea Innovation 公司生产的管卡

2.2.2 管卡安装步骤

管卡水下安装步骤：①管卡处于打开状态，由船舶吊机下放管卡至海管泄漏位置附近，ROV监控下放过程；②ROV引导吊机将管卡逐步下放至海管上，直至管卡两侧的导向板贴紧海管；③ROV从控制面板插入HOT STAB输入液压动力；④ROV打开液压开关，使管卡的液压缸工作，将管卡左右两半瓦进行闭合，螺栓同步穿入螺栓孔；⑤ROV按照从中间至两边的顺序，使用扭矩扳手将螺栓逐个张紧至指定扭矩。⑥ROV安装管卡两侧轴向螺栓，锁紧管卡至海管上；⑦ROV操作进行试压。如图8、图9、图10所示。

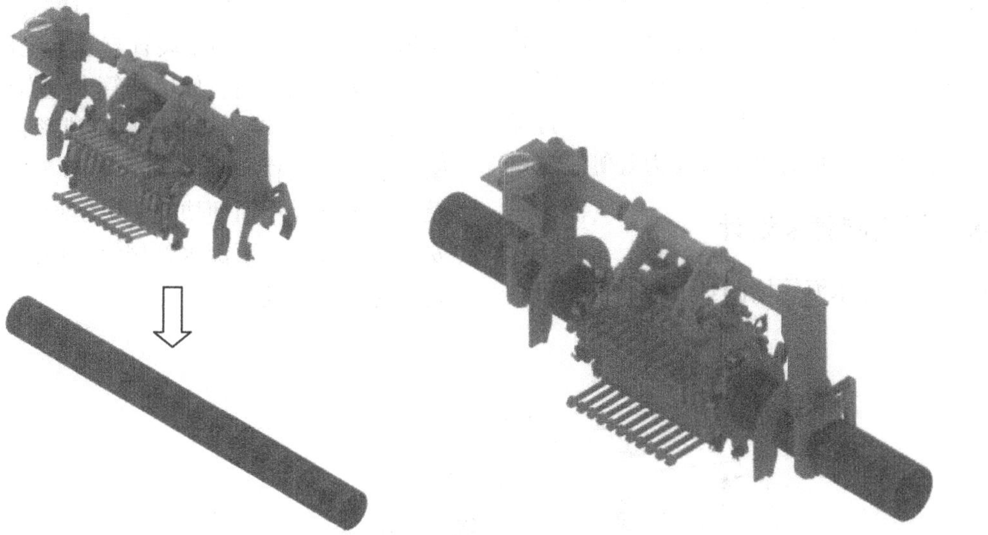

图 8 管卡下放安装至海管

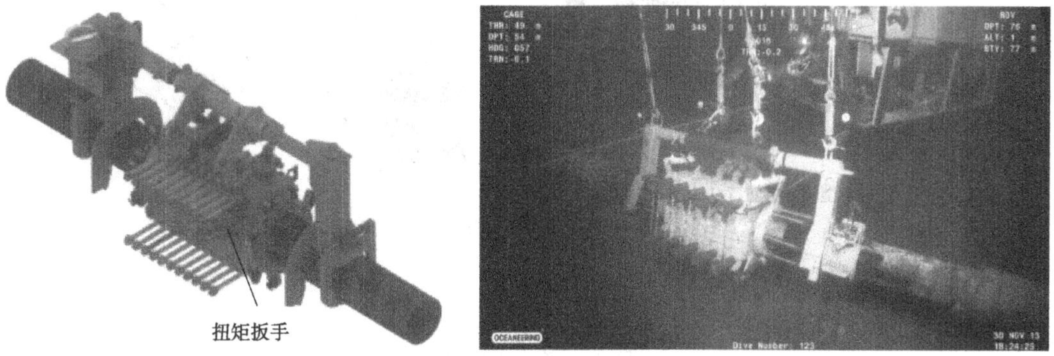

图 9 ROV 携带扭矩扳手安装螺栓

图 10　管卡锁紧至海管上

2.2.3　管卡特点

该类型管卡水下全程由 ROV 操作，可用于深水海管堵漏维修作业。其相比于美国 Furmanite 公司生产的深水海管堵漏管卡有较大进步，一是管卡安装至海管上的效率有较大提升，节省水下安装时间；二是所有螺栓同步穿入螺孔，大幅节约安装时间；三是增加管卡在海管上轴向固定受力，减少管卡沿轴向移动；四是上部结构进一步优化，减少后续被渔网拖拉风险。但是依然存在一些问题，比如其螺栓在穿入螺孔时仍然存在无法穿入的风险，且在加压至指定扭矩时，仍然需要 ROV 手持扭矩扳手逐个进行操作，以及上部结构造成海管额外受力等等。

3　深水海管堵漏管卡设计

为填补国内深水海管堵漏管卡的装备空白，解决深水海管堵漏管卡水下安装耗时长，螺栓安装插入困难等诸多难题，文章设计一种新型深水海管堵漏管卡，该管卡分为左右两个半瓦，上下两个锁紧装置，水下由 ROV 输入液压动力后自动化操作，设计全新的锁紧装置替代传统螺栓锁紧模式，大幅提高水下安装效率，且管卡的辅助安装框架在管卡安装成功后进行回收，可减轻海管维修后所承受的外力。

3.1　管卡结构

深水海管堵漏管卡结构分为左右两个半瓦、内部锁紧及密封结构、上下两个 C 形锁紧装置、液压控制系统、辅助安装框架等。管卡整体结构如图 11 所示。锁紧装置分为上下对称结构，处于堵漏管卡上部和下部；该锁紧装置每一部分外观为 C 形，呈双瓣式对称结构，内部一侧是直边，一侧是楔形边，内部有定位销孔；通过与管卡锁紧部分的楔形配合作用，将轴向力转化为径向力，实现管卡锁紧；锁紧装置如图 12 所示。管卡本体上设计有配套安装结构，包括楔形和直边凸台，上部设计有定位销；通过液压系统驱动双瓣式对称结构与管卡法兰凸台配合后，再沿轴向相向运动，C 形锁紧装置与管卡上的配套法兰凸台结构相互作用，使堵漏管卡左右两部分牢固贴合固定在一起，达到与螺栓锁紧相同的效果。该管卡所有动作装置全部由 ROV 输入液压动力操作，水下操作简便快捷，可实现快速、可靠的安装，有效解决了深水领域海管堵漏管卡水下安装耗时长的难题。

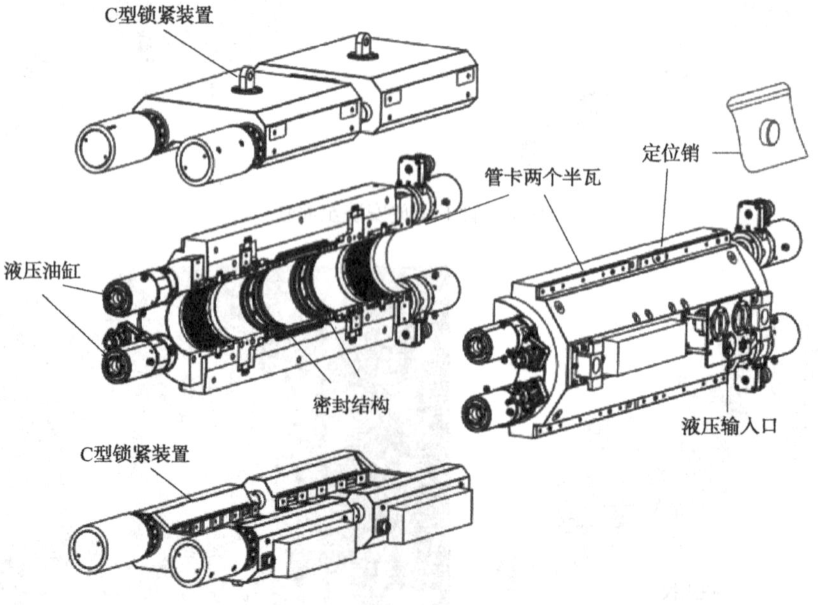

图 11　管卡整体结构

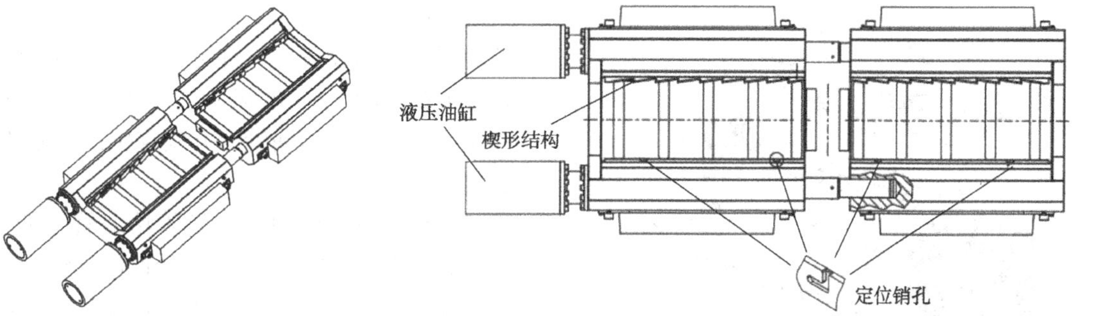

图 12　管卡锁紧结构

3.2　管卡安装框架

管卡辅助安装框架可在水下由 ROV 操作实现对管卡的所有动作，通过 ROV 在控制面板插入 Hot Stab 液压输入动力后，控制整个框架的液压系统运动，实现管卡的左右闭合、锁紧装置上下及轴向运动、轴向螺栓运动等功能。框架 4 个支撑腿可以单独或组合伸长或缩短，可适应不同平整度情况下的海床。

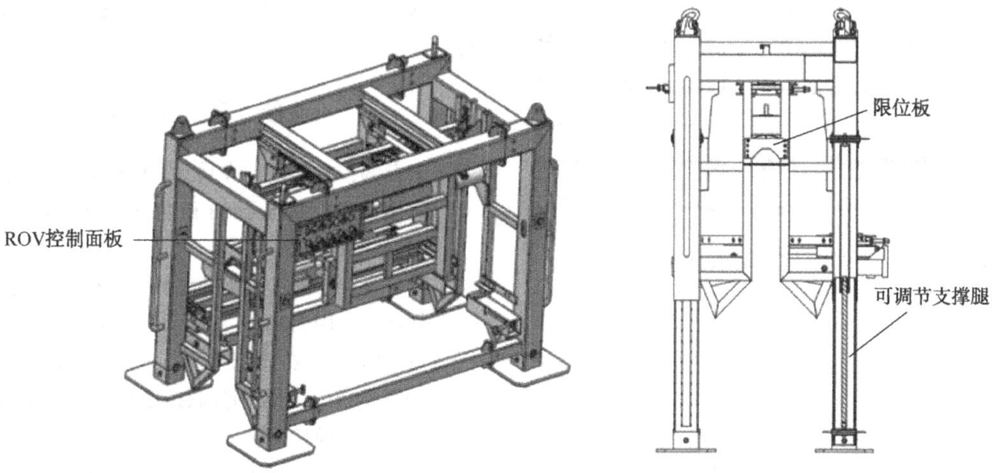

图 13　管卡辅助安装框架

3.3　管卡水下安装

管卡水下安装步骤如下：①管卡处于打开状态，安装至框架内部；如图 15 所示。②由船舶吊机下放框架及管卡至海管泄露位置附近，ROV 监控下放过程；③ROV 引导吊机将管卡及框架逐步下放至海管上，框架 4 个支撑腿伸出并调整长度；④ROV 从控制面板插入 HOT STAB 输入液压动力，控制框架缓慢下降，直至框架中间的限位板贴紧海管；⑤ROV 控制安装框架上的液压缸工作，将管卡左右两半瓦进行闭合；⑥ROV 操作安装框架上的液压缸工作，使上下两个 C 形装置移动，安装至管卡上，实现管卡的锁紧；⑦ROV 从控制面板输入液压动力，使管卡轴向油缸旋转，轴向挤压内部锁紧卡瓦，促使管卡锁紧至海管上，避免轴向移动，同步实现密封；⑧ROV操作进行密封试压；⑨ROV 操作回收安装框架至船舶甲板，单独留下管卡至海管上(图 14~图 17)。

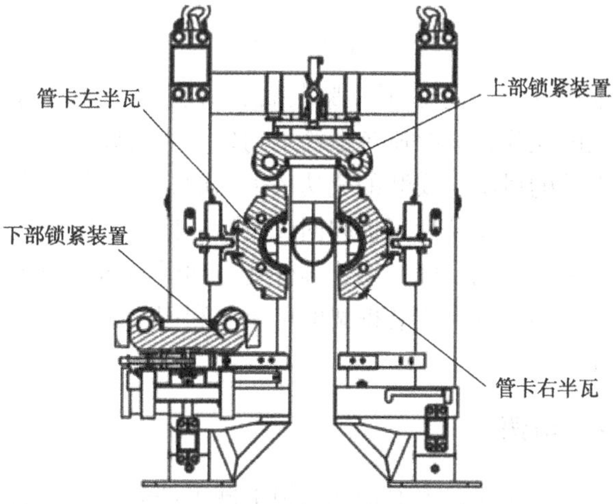

图 14　管卡安装至框架内部

3.4　管卡特点

该类型管卡相比于目前国际市场主流的深水海管堵漏管卡在多方面有明显进步：一是管卡安装效率有大幅提升，C 形锁紧装置代替螺栓锁紧，使水下安装过程从 6 天缩短至 1 天，效率大

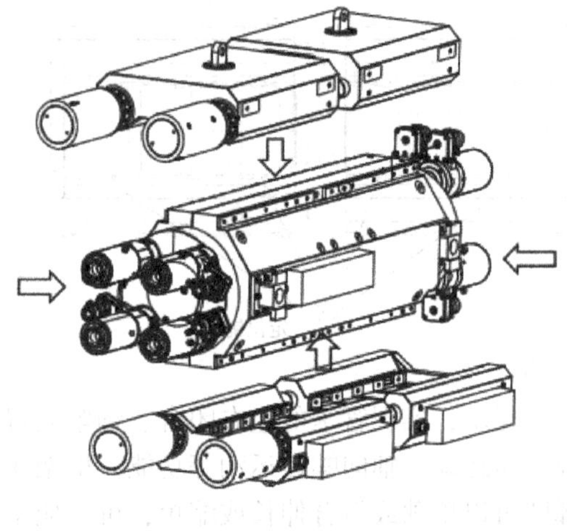

图 15 管卡闭合安装示意

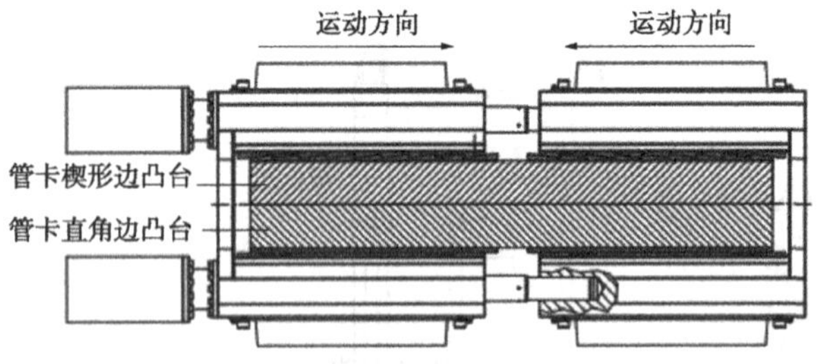

图 16 锁紧装置运动示意

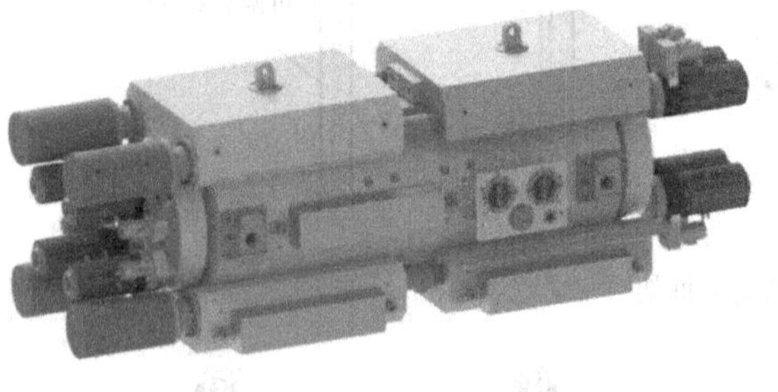

图 17 管卡安装后示意

幅提升；二是 C 形锁紧装置，避免螺栓无法穿入的风险，同时避免螺栓不均匀受力而导致密封失效的风险，安装的成功率大幅增高；三是管卡安装工具安装后可拆卸回收设计，使管卡安装后无额外结构，降低海管额外受力和受渔网拖拽风险；四是管卡安装框架的可重复利用，节约经济成本。

4 结语

近年来，海底油气管道泄漏事件频发，每次发生都会对当地的海域和环境产生相当大的影响，而且短时间内无法恢复，造成的经济损失无法估量。北溪管道爆炸意味着大国博弈的手段愈发丰富和野蛮，中国也有许多海底光缆和海底或陆地油气管道，其中有相当一部分是与他国合作项目，管道通过多国境内。在当前国际环境十分严峻的情况下，国际上许多生产深水海管维修设备的国家限制设备出口许可，国内面临着深水海管管卡被“卡脖子”的风险。自主设计研究能够快速堵漏的海管堵漏管卡并实现国产化制造迫在眉睫。

文章通过分析国内外海管堵漏管卡的现状，研究深水海管堵漏管卡的结构细节、水下安装步骤及优缺点，提出一种新型管卡的设计结构，自动化程度较高、水下全程由 ROV 操作，有效解决水下安装效率低的难题，降低安装过程中的风险，大幅提高水下安装效率和成功性，可快速实现深水海底管道的堵漏修复，减少相关损失，对促进国内海洋工程装备和技术的发展有重要意义，对保障国家海上油气管道能源安全具有积极作用。

参 考 文 献

[1] 宋春娜，林守强，齐兵兵. TSS440 在海管检测中的应用[J]. 中国石油和化工标准与质量，2014，(11)：15-17.

[2] 王宏安. 海底油气管道水下维修技术综述[J]. 科技创新与应用，2016，(8)：143-144.

[3] 董志伟，王敏. 海管检测、维修技术和新设备的研究[A]. 第五届中国国际救捞论坛论文集[C]，2008.

[4] 张仕民，谭桂斌，朱霄霄等. 油气管道维抢修技术进展[J]. 石油机械，2011，39(10)：174-178.

[5] 蒲明，马建国. 2010 年我国油气管道新进展[J]. 国际石油经济，2010，(3)：26-34.

[6] 董绍华，杨祖佩. 全球油气管道完整性技术与管理的最新进展：中国管道完整性管理的发展对策[J]. 油气储运，2007，26(2)：1-17.

[7] Det Norske Veritas. Joint industry projects covering subsea pipeline integrity management[M/OL]. http://www.dnv.com/press_area/press_releases/2007/recommendedpracticeforoffshorepipelineintegritymanagement.asp，2007

[8] David Jones. Risk Assessment Approach to Pipeline Life Management[J]. Pipes & Pipelines International，1998，43(1)：5-18.

[9] 张秀林，谢丽婉，陈国明. 海底管道完整性管理技术[J]. 石油矿场机械，2011，12：10-15.

[10] 齐兵兵，曲有杰，林守强，等.（2021）堵漏管卡装置及用于堵漏管卡的锁紧装置. 中国专利 CN 110541994 B，March 30，2021.

[11] 齐兵兵，曲有杰，林守强，等.（2020）海管堵漏管卡安装装置. 中国专利 CN 210968733 U，July 10，2020.

江汉盆地裸眼井测井遇阻遇卡原因分析及应对措施

陈 振 朱 江 姜诚琳 黄明忠 马 腾

（中国石化经纬有限公司）

摘 要 根据江汉盆地的地质构造特点，通过对2016年至2020年间的遇阻、遇卡情况及解决方案进行调查、汇总，对各类遇阻、遇卡原因及处理措施进行了分析和研究。按工程表现将遇阻情况分为六类，将遇卡分为八类。其原因可以综合为地质、钻井液、工程及测井因素等方面，并对常见的解决措施进行了分析研究，为进一步研究针对江汉地区遇阻、遇卡特点的解决方案及预防措施，建立对应快速识别系统奠定了基础。

关键词 江汉盆地；裸眼井；测井遇阻；测井遇卡；应对措施

近几年来，江汉工区为了提高勘探效率，钻井提速，大斜度井、定向井、水平井等特殊井身结构技术的频繁应用，增加了井下情况复杂程度，测井施工难度逐步加大，遇阻遇卡概率上升。本文统计了2016年至2020年间在江汉盆地施工作业的裸眼井遇阻、遇卡情况，五年间遇阻319次，遇卡113次。各类遇阻遇卡情况的增多，不仅严重影响测井资料质量，还给测井仪器、钻井周期及井眼安全带来较大风险，加大了后续勘探开发成本。为了更好地服务勘探开发，降低各类未知施工风险，提高测井时效，本文重点对2020年遇阻、遇卡情况进行了调查、汇总，并针对江汉盆地裸眼测井施工中常见的导致遇阻遇卡的原因和处理措施进行了细致分析和研究。

1 测井遇阻类型汇总

1.1 井壁异形导致的遇阻

考虑地质因素及成本限制，钻井方为了节约成本，降低钻井液的性能，钻井液选型不当、性能稳定性差，至使钻井过程中遇到松软及盐岩地层，易造成垮塌和盐岩溶解形成大肚子井眼，大肚子井段如果长于测井仪器，则在仪器下放时，极有可能偏向井壁一侧，大肚子上部或下部极不规则的井眼会形成下放遇阻的情况；地层层序特性和各项异性，钻头会沿某一方向钻进比沿另一方向容易，加上地层倾角走向及钻头各向切削异性相互影响，钻进过程中易形成“糖葫芦”、“锯齿型”等井眼，造成遇阻情况；定向钻进循环时，会使井眼易形成“台阶”或“大肚子”状，井队起下钻未及时灌注钻井液或是起钻过快过猛产生的抽吸激动压力会造成井塌、井漏等复杂情况，使井眼不规则；定向井井眼轨迹造斜时，在造斜点施工也会对井壁的光滑性产生影响，产生各种异形。如图1所示。

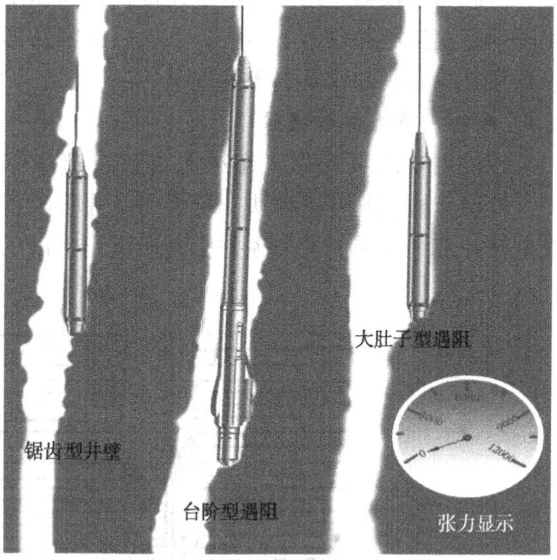

图1 锯齿形、台阶形、大肚子形井眼遇阻示意图

1.2 井眼不稳定导致仪器遇阻

地层压力大于井眼中钻井液压力时，井壁周围岩体会向井眼方向压缩推进，造成井眼缩径；地层中的黏土矿物在钻井液中长期浸泡，水分子在矿物颗粒表面的吸着力作用下被挤入矿物颗粒，使井周岩石颗粒间膨胀变大，使井眼缩小；由于渗透易产生压差，在正压作用下，泥饼结集较厚，使井眼缩小；在井眼直径比测井仪器直径略大的情况下，一旦在渗透性的地层膨胀较快时，会造成渗透层遇阻。这种情况多发生在小井眼的钻井井筒中。如图2所示：右侧井径曲线，

实测井径值小于名义井径值。

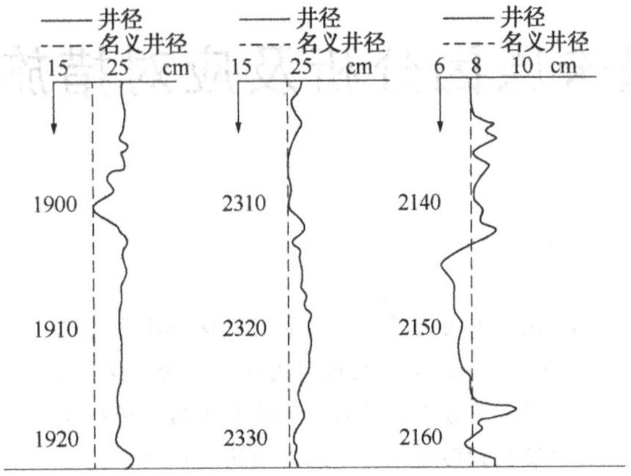

图 2　井眼缩径曲线示意图

1.3　井斜全角变化较大的狗腿子井眼遇阻

测井作业中常说的狗腿子井眼，指的是钻井过程中，井眼轨迹的井斜方位全角变化率较大的井段，这种井多发生在定向钻井中。钻井时由于钻杆又长又重，本身能起到扶正作用，故能自由上下，但测井仪器是用测井电缆连接，在狗腿子井段中易发生测井仪器下不去，下去后又容易形成测井电缆和测井仪器遇卡的现象。

1.4　砂桥、井底沉沙遇阻

砂桥主要由页岩膨胀超压泥饼过厚造成缩径，地层疏松引起井壁掉块、垮塌引发井眼阻塞或是钻井液中悬浮的岩屑在井中慢慢沉积，最后形成沙桥状造成仪器遇阻。

井底沉沙是由于井况差，导致不同程度的井眼塌，井眼不规则，钻屑不能及时带出，沉于井底，使测井仪距井底 20~30m 遇阻。

1.5　井下落物遇阻

钻台上有棕垫及麻袋等异物落入井下，测井时，仪器上带有橡胶或扶正器，这些落物就在扶正器的抖动下随测井仪器向上运动，有可能夹在测井仪器中部，如堵积较多时，就会形成卡住测井仪器的情况，形成测井仪器下放遇阻情况。

2　测井遇卡原因分析

2.1　地层垮塌造成的遇卡

钻进过程中泥浆密度过大会压裂地层，产生钻井液漏失；密度过小会造成液柱压力低于岩石破裂强度和井眼周围应力强度，使地层压缩破坏，形成井眼垮塌，如果地层胶结差，循环泥浆不停冲刷井眼，可使井眼周围掉块、扩径。

合力作用会加剧定向井和大斜度井斜井段上脆性岩石的垮塌作用，加上电缆和井下仪碰撞造成井壁垮塌和掉块，可使井下仪在井眼中被垮塌掉块掩埋，导致遇阻；如果跨塌量掩埋仪器上部的井眼或仪器和井眼之间的环空时，上测时电缆的上提拉力不足克服掩埋阻力时，可导致遇卡(图 3)。

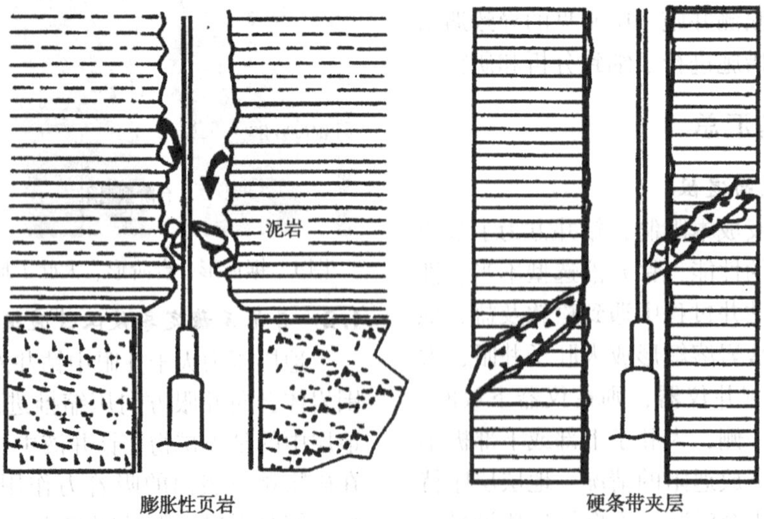

图 3　地层垮塌造成的遇卡示意图

2.2　井径缩径引发遇卡

钻井液密度较小引发地层产生压缩破坏可导致井眼井径缩小；此外，矿物颗粒在钻井液的长期浸泡下使得颗粒间距离加大，矿物岩石膨胀，使井眼缩小，都会造成井下仪遇卡。

2.3　电缆键槽造成嵌入遇卡

电缆沿某一方向井壁摩擦达到一定程度就可磨成深槽，由于仪器直径大于深槽内径，因而造成测井仪器遇卡。例如 2019 年周斜 15 井，完井电测在 1700m 处遇卡，仪器能下不能上，解卡时间为 1h20min。定向斜井中由于电缆更易贴井壁，更易形成键槽遇卡，如图 4 所示。

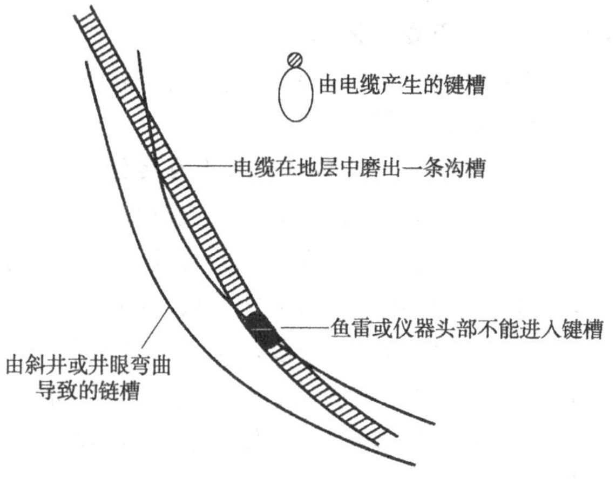

图 4 电缆沿井壁运行摩成槽造成嵌入遇卡

2.4 电缆的吸附遇卡

由于各种工程原因导致电缆在井内静止时间过长，大量泥饼吸附电缆或是钻井液原因产生的吸附压差，使得电缆紧贴压向井壁，造成吸附卡，如图 5 所示。

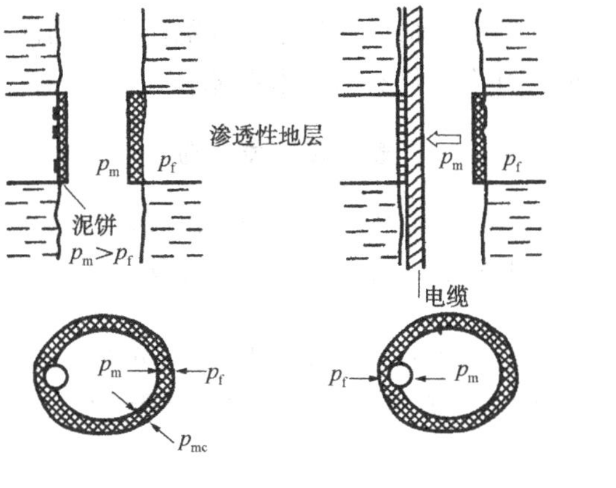

图 5 压差粘附示意图

2.5 井眼不规则导致遇卡

仪器沿井壁侧躺进入易塌、易垮地层和砂泥岩互层形成的不规则犬牙井段后易造成遇卡，在通常说的狗腿子井段因扭方位变化较大较快，仪器由于刚度和长度影响，也易遇卡。

2.6 套管损坏造成遇卡

套管由于钻井工程作业中的碰撞、震动、摩擦易造成套管鞋脱落、破损和变形。测井过程中仪器和电缆在经过破损处时，会因嵌入和阻挡而遇卡，大深度斜井套变卡尤为突出。

2.7 电缆打扭或电缆外层钢丝断裂卡

测井施工中，由于钻井液相对密度、井眼、直径、粘度等原因，仪器在井中的下放速度有一上限值，如绞车工在操作时，电缆下井速度超过仪器下放上限值，电缆就会因比仪器下速快而堆集在测井仪器头上，甚至下过仪器底部，再往上提电缆较快时，就会造成测井电缆打扭，如扭结大于井眼时，电缆就被卡在井中。另外，电缆的钢丝磨断，在有键槽的地方松散开来，形成扭结。电缆继续下放或上提时，扭结越来越大，最后卡住测井电缆，如图 6 所示。

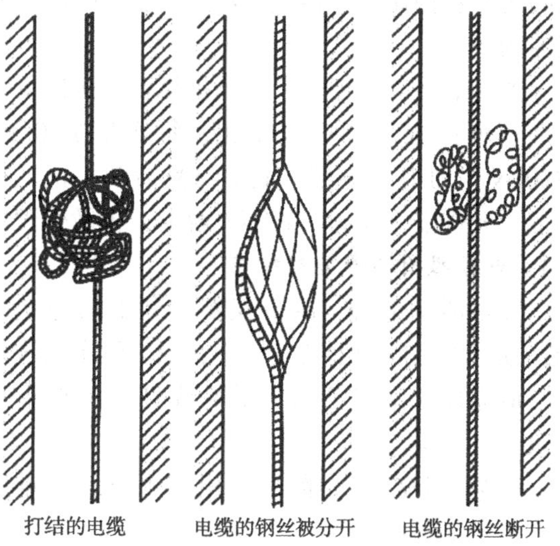

图 6 电缆打扭或电缆外层钢丝断裂卡示意图

3 遇阻遇卡对策措施

3.1 遇阻对策

测井施工前应与井队和录井方结合，详细了解相关井况，掌握井身结构和井眼情况，施工保持正常速度下放。操作员和绞车工应密切关注曲线和井口井下张力变化。

发现遇阻应立即停车，上提电缆。再次下放应减慢保持匀速，避免快速下冲，防止仪器冲进聚集的岩屑或砂桥中。相同深度遇阻三次后，应通知井队下钻通井、循环、调整泥浆改善井眼条件。

根据了解的井身结构，如果判断为大肚子井眼或剧齿状井眼可换长组合仪器再下放一次，同样要避免快速下冲，防止仪器冲进聚集的岩屑或砂桥中发生遇卡。

测井仪在盐层或垮塌过的井段遇阻，遇阻基本为死点，通井无明显遇阻显示，说明形成砂桥或台阶所致；应采取划眼，调整钻井液性能，提高其携砂悬浮能力。

测井仪距井底几十米遇阻，遇阻点固定不变或越测越浅，下钻通井不到底，划眼通钻屑多，说明钻井液携砂能力差。应采取改变钻井液流变性、携砂能力等措施。

3.2 地层垮塌遇卡应对措施

预防措施：到底前降低下放速度，记录好正常上测时缆头和井口张力值，仪器到底立刻上提电缆；仪器尽量居中；禁止下冲遇阻处。

3.3 电缆键槽嵌入遇卡应对措施

采取组合仪器，减少测井次数，降低形成键槽的机会；使用扶正器或仪器头加装间隙器，使仪器居中。

遇卡后，立即停车，收回推靠臂，缓慢下放电缆，观察张力和曲线变化，每次增加 0.5×9800kN 张力上提电缆，上下反复活动，直至拉到最大允许安全张力。若不能解卡，再做处理。

3.4 电缆吸附遇卡应对措施

经常活动电缆，减少仪器在井下的静止时间；顶部安装间隙器使其居中；如果绞车出现故障，应立即用钻机活动天滑轮或打上 T 形卡用钻机上下活动。

电缆一旦产生粘附卡，用常规方法很难解决，可考虑穿心打捞。

3.5 井眼不规则造成遇卡应对措施

预防的有效措施是：合理配置扶正器使仪器居中。

遇卡处理方法：

（1）在拉力棒允许范围内用绞车低速挡、小油门上提电缆。

（2）上提绷电缆不超过 3min。

（3）下放电缆 8~15m 至完全放松。

（4）再上提绷紧不超过 3min。

（5）重复上提下放。

（6）最后在拉力棒允许范围内强行上提电缆。

（7）最终未解卡，进行穿心打捞。

3.6 套管遇卡应对措施

预防措施是：安装间隙器，使仪器居中，进入套管鞋前降速缓慢上提。

3.7 电缆打扭或外层钢丝断裂卡应对措施

预防由于遇阻或其他原因造成电缆打结或外层钢丝断裂扭结分开造成遇卡的有效方法是：防止运行太快，禁止上提后突然下放，必须保证电缆和井下仪器以同样的速度运动；一旦遇阻立即停车，缓慢上提；利用旋转短节释放电缆扭力；禁止用仪器下冲遇阻处；操作员通过地面监测及时提醒绞车司机。

4 结束语

江汉盆地由于其多样和特殊的地质构造，使得作业中的阻卡工程异常不尽相同且是多重不利因素叠加的结果，现场如何精准判断原因，果断拿出对应处置方案，需要测井队从上至下不断积累经验，多观察、多分析、多研究，通过不断的学习实践，锻造应对复杂工况的能力，为江汉工区勘探开发提供有力技术保障。

参 考 文 献

[1] 曹家卫. 延川南煤层气测井遇阻遇卡原因分析及解决对策[J]. 油气藏评价与开发，2014，4(5)：76-80.

[2] 罗荣. 超深井测井遇阻遇卡原因分析及解决对策[J]. 测井技术，2012，36(5)：543-546.

漂浮接箍水平井牵引器作业难点分析及解决方案

张志华　田海涛　郭瑞生　张　祥　石元会

（中石化经纬有限公司）

摘　要　长庆油田致密油区块水平井普遍存在使用垂深浅、水平段长的钻井工艺，下套管时磨阻高，难以安全顺利下入到目的层位。为了保证套管串的顺利下放，目前主要采用下入漂浮接箍技术解决大位移水平井套管难以下入的问题。因漂浮接箍独有的构造，给后续牵引器工具串通过带来了较大的困难。结合对漂浮接箍结构、井下工具串通过漂浮接箍的运动状态、牵引轮爬行的越障阻力及实际应用情况进行分析，通过改进扶正器结构、优化牵引器入井工具串和提升操作技巧等方法，增强了牵引器在复杂井筒环境下的适应能力，在长庆油田漂浮接箍井中取得了较好的应用效果。

关键词　漂浮；接箍；牵引器；作业；措施

目前国内油气井的水平段长度基本在2500m以上，特别是长庆致密油田被称为“磨刀石”，因埋藏浅下套管磨阻较高，难以保证套管串安全顺利下入。为了保证套管顺利下放到指定位置，普遍采用在A靶点附近下入漂浮接箍套管，使漂浮接箍与套管鞋浮箍形成内存空气、两端封闭的圆柱体结构，在浮力的作用下，从而解决大位移水平井套管难以下入的问题。因套管下入目的井深后，注入水泥浆前需要压碎漂浮接箍的内部隔板，隔板压碎后的周向凹槽，给后续牵引器作业的通过性带来了较大的影响。容易导致牵引器六臂扶正器遇阻、牵引轮组故障频发，牵引器输出功率下降，最终导致牵引器无法通过漂浮接箍，据统计，过漂浮接箍牵引器作业一次成功率不到50%。

为解决这一问题，2021年江汉牵引器开始研究漂浮接箍水平井牵引器作业工艺，通过对长庆油田近20口下入漂浮接箍水平井应用情况分析，进行牵引器辅助工具的改进、优化了牵引器入井工具串组合、改进仪器操作和维修方法等措施，形成了漂浮接箍水平井牵引器作业工艺。

1　漂浮接箍水平井作业难点分析及措施

长庆油田致密油区块普遍采用国产漂浮接箍，其结构如图1所示，漂浮接箍由本体、上接头和下接头组成，上接头和下接头与套管连接，上接头与本体之间安装一个玻璃制的盲板。套管成功下放至目的深度后，开始水泥浆注入前，通过对套管内部施加一定压力，使玻璃盲板破碎，经套管内泥浆冲刷脱落本体，这样在本体上出现一个周向凹槽。

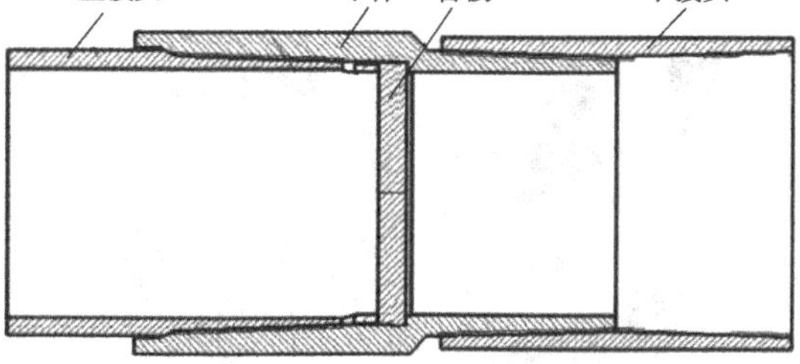

图1　漂浮接箍

长庆油田采用5.5in套管完井，内径为124mm，盲板内径154mm，在本体内部形成空间长55~76mm、高度15mm的周向凹槽，因此井筒处理无法彻底，达不到要求，给牵引器输送带来了较大影响，主要表现在两个方面。

（1）牵引器井下工具串通过漂浮接箍时，扶正器、牵引轮等机械部件容易陷在周向凹槽内形成硬阻，若强行通过，牵引轮受到较大作用力，造成牵引轮组内齿轮损坏。

（2）漂浮接箍对井筒处理刮管、通井和冲砂洗等作业影响较大，造成井筒无法处理干净，井筒内大量杂质沉积在套管内，给牵引器在水平段输送带来较大困难。

2　作业难点分析

井下工具串在输送过程中，工具串在扶正器和牵引轮的支撑作用下处于居中状态，容易通过漂浮接箍的凹槽，然而扶正器和牵引轮组机械部分与套管壁连续接触，容易在凹槽处形成硬遇阻。即使井下工具串通过漂浮接箍，由于井筒未能处理干净，杂物在水平套管中堆积造成牵引器牵引打滑，牵引器供电电流偏大仪器损坏，未能输送到作业目的层。

在2021年10月前长庆油田共进行带漂浮接箍水平井牵引器施工11井次，其中一次下井成功完成作业仅3口井。因通过性造成返工占45.5%，主要表现为六臂扶正器收臂、牵引轮组出现异常故障未通过漂浮接箍未完成作业共4口井，两次下井完成作业2次，四次下井完成作业2口井。

2.1 扶正器通过性困难分析

由于牵引器入井工具串整体偏长，通常在牵引器工具串加装上、中、下三个弹性六臂扶正器，这样可以确保井下工具串居中，减少牵引器输送的磨阻。

扶正器采用机械式压缩弹簧六臂对称式，其结构如图2所示，通过弹簧压缩推动推靠臂，将扶正臂张开，扶正臂末端的滚轮轴承与套管内壁贴紧。套管内径发生变化时，受弹性势能影响，扶正臂随之张开或压缩，从而使扶正器滚轮始终保持与套管内壁紧密贴合。

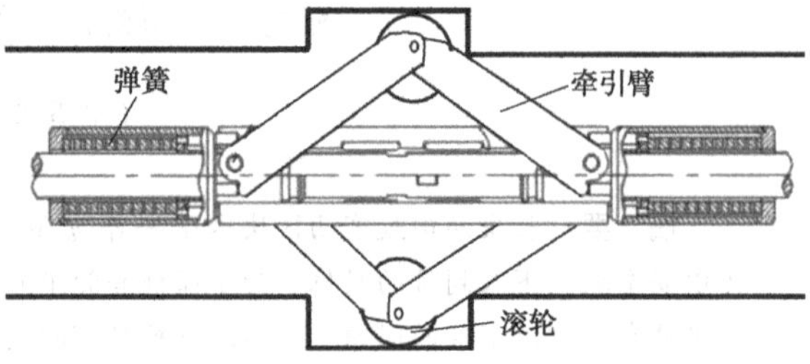

图2 扶正器结构图

由于漂浮接箍凹槽长度较长、高度较高，而扶正器滚轮直径30mm，当滚轮经过凹槽内时，扶正器的扶正臂碰到凹槽台阶上，若相要扶正器通过，扶正臂在台阶上需要硬滑行2cm距离(图3)，才能到达滚轮。由于硬阻，造成阻力较大，导致牵引器无法推动扶正器遇阻。

图3 扶正臂在台阶硬阻

从以上可以分析，造成扶正器硬阻，主要是滚轮直径较小，造成扶正臂与凹槽台阶碰幢。若增大扶正器滚轮轴承外径、调整推靠臂长来或增加两组支轴，承轴心间距大于凹槽长度，确保有一组轴承始终贴合在套管内壁，这样可以顺利通过漂浮接箍内槽。

现使用牵引器六臂扶正器的六个臂在同一个周面上，为了消除扶正臂与凹槽碰幢，将三个支撑臂组成一组，分两相互交错(图4)。扶正器轴心间距调至，使两组滚轮之间距离大于漂浮接箍槽宽；这样扶正器滚轮不会掉入凹槽内，确保扶正器顺利通过凹槽。还可以采用采用飞轮方法，可以达到同样效果。

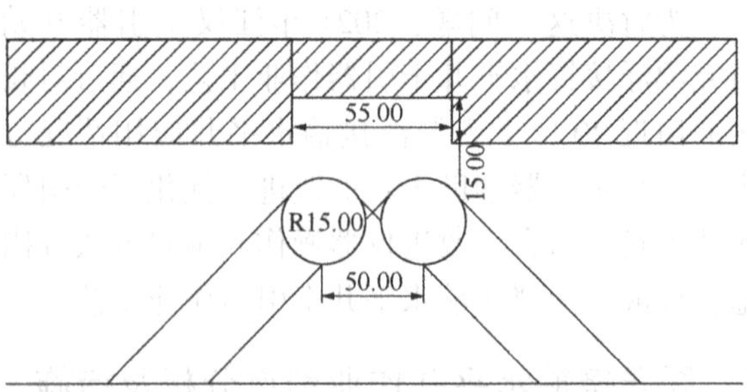

图4 设计交错六臂过凹槽

2.2 牵引轮通过性困难分析

牵引器由3组或4组独立的驱动短节组成，每个驱动短节都由独立的电机形成驱动装置，牵引轮之间无差速，扭矩相同。牵引轮跨越漂浮接箍时，因牵引轮直径大于凹槽长度，整个牵引轮被卡在周向凹槽之间，造成硬阻，牵引轮跨越台阶其受力图如图5所示。

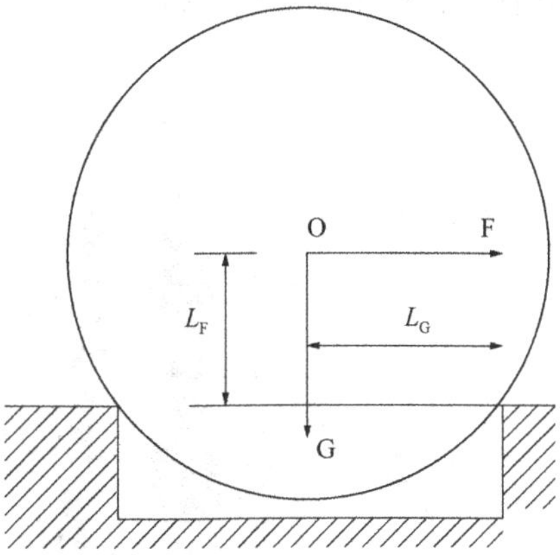

图5 牵引轮跨越台阶受力图

根据轮与套管表面连续接触，牵引轮要想跨越周向凹槽的台阶，必须以牵引轮为固定点圆心旋转越过台阶，从杠杠平衡条件分析，牵引轮的力矩应达到平衡。

$$F(t)\times L_F(t)=G(t)\times L_G(t)$$

式中，$F(t)$为驱动力；L_F为驱动力臂；$G(t)$为轮臂张力；$L_G(t)$为张力臂；t为时间。

牵引轮经过漂浮接箍凹槽，陷进凹槽内时，牵引轮短暂处于相对静止状态，牵引轮受到越障阻力如下公式：

$$F_S=\max_{t=0}^{t}\left(\frac{G(t)\times L_G(t)}{L_F(t)}\right)$$

式中，F_S为越障阻力

越障阻力F_S大小取决于牵引轮张力G和牵引轮半径和台阶高度。若想每个牵引段的牵引轮均顺利通过凹槽，其他牵引段必须提供足够大的推力。第一个牵引轮通过凹槽之前，牵引器具有较大的动能，在其他牵引轮作用下，较容易跨越凹槽，动能将会消耗一部分，当其他牵引轮通过时，牵引器提供的功率需要逐步增大，才能跨越。

在合H60-4井首段牵引器射孔作业中，三个牵引轮通过凹槽，牵引器供电电流分别为第一个轮子过电流1A涨到1.59A，第二轮子从1.59A涨到1.79A，第三个轮子从1.79A涨到2.02A，牵引器通过漂浮接箍电流变化(图6)。全部通过后电流恢复到正常输送电流1A。

可以看出，整个牵引器通过凹槽，牵引器输出的功率需要逐步增大。牵引器牵引力由直流无刷电机提供，经减速器及多级齿轮变向后传递至

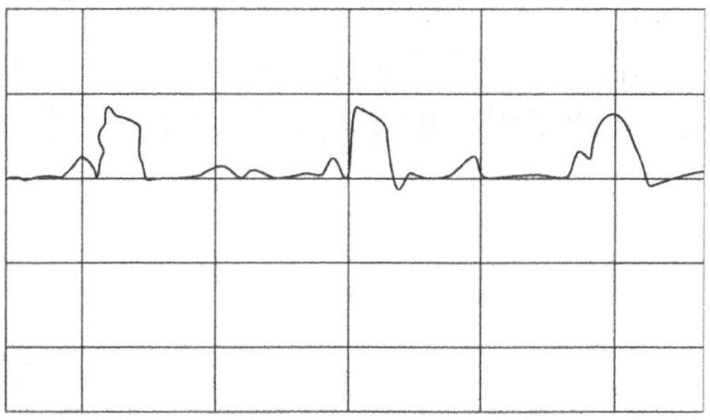

图6 牵引器牵引轮通过凹槽电流变化图

牵引轮，牵引轮旋转带动牵引器前行。牵引器输出的牵引力F与电机转矩之间的关系如下公式：

$$F=\frac{T}{R}$$

式中，F为牵引力；T为电机转矩；R为牵引轮半径

从以上分析，提高牵引器的电机转矩，可以增大牵引器输出牵引力。而牵引器的电机转矩与其减速器的减速比成正比。为此我们将原减速比从75：1全部改为160：1，从而增大电机的扭矩输出。同时牵引轮与凹槽台阶接触的正压力尽可能减小，在通过凹槽前，将牵引器液压压力降低一个档，减小牵引轮对套管的正压力，尽可能减小越障阻力。若以上效果不理想，可增大牵引轮半径，以提高凹槽跨越能力。

2.3 井筒环境对牵引器通过性分析

井筒环境的好坏直接影响牵引器能否顺利输送到目的位置。水平井完井前，为了消除固井留下的水泥、油泥等杂物，一般采用通井、刮管和洗井等手段进行处理，消除套管内壁上的杂物或套管毛刺，使套管内畅通无阻，为后期泵送射孔、压裂试气等其他作业的工具起下创造有利条件。牵引器作业对井筒要求较高，一旦井内杂质较多，对牵引器输送成功率影响极大。

下入漂浮接箍套管的水平井，也给通井、刮管和洗井作业带来了许多困难，井内杂质不能较好循环输出，部分金属碎屑和油泥残留在井内。井筒处理效果往往不理想，从牵引器作业情况看，仪器起出，仪器上有大量油泥，磁定位吸附大量金属残片(图7)，容易导致牵引器无法输送工具至目的层位。

针对漂浮接箍的水平井井内杂物较多的现象，引进强磁打捞器，同时优化井下工具结构，强磁打捞器安装在下井工具串最末端，且外径小于入井工具串。在部分大块对牵引器有影响的金

属杂物和残片被吸附在强磁打捞器上后，牵引器正常工作时，遇阻遇卡的概率大大减小。在合H9-24井的牵引器射孔施工中，两次入井，强磁打捞器上均存在大量的金属碎块、落物和油泥（图8），为牵引器射孔作业畅通无阻，顺利完成后续射孔任务提供了可靠的保障。

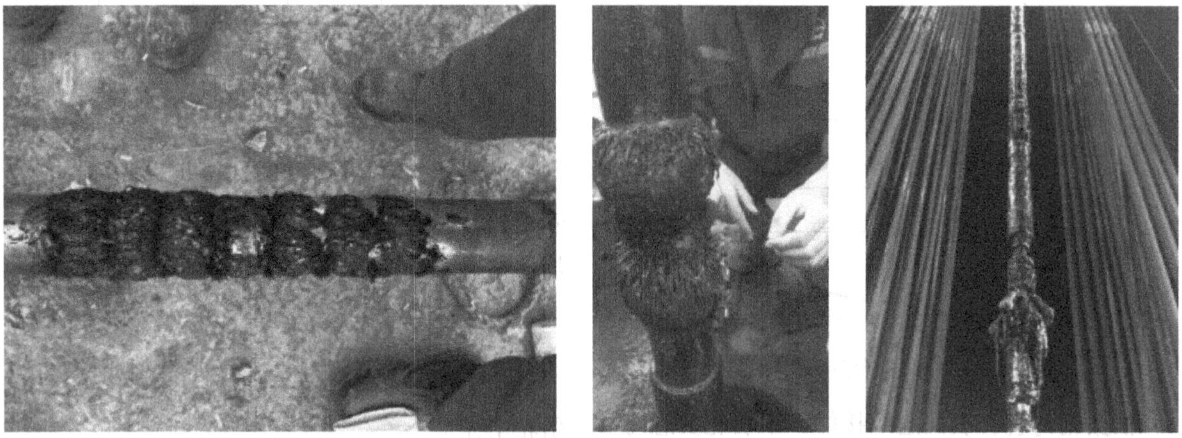

图7　牵引器作业携带杂质情况

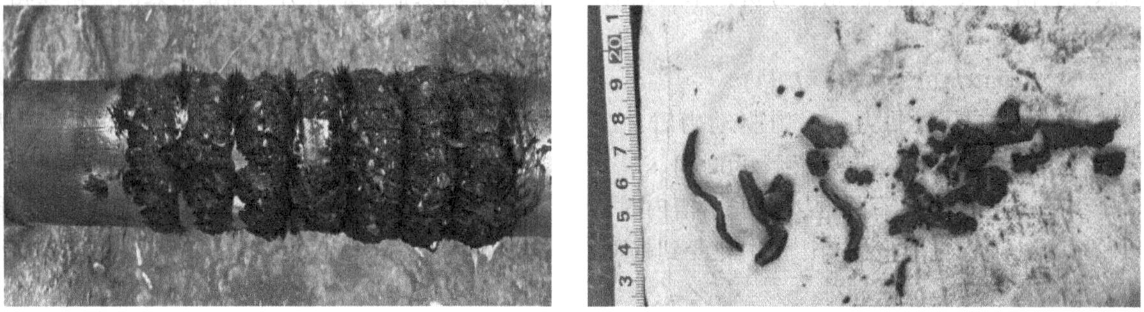

图8　合H9-24井强磁打捞出异物

3　结论

（1）漂浮接箍环槽较深、且槽宽较大，六臂扶正器通过受阻，对现使用的六臂扶正器需改进，增大扶正器轴承外径和两组扶正臂轴承轴心间距能有效提高通过性。

（2）如六臂扶正器暂时无法改进，可临时使用滚轮/飞轮扶正器代替，滚轮扶正器通过环槽效果良好，但扶正效果欠佳，容易造成牵引轮组损坏；飞轮扶正器则扶正及通过性均效果良好。

（3）针对下入漂浮接箍水平井施工，采用减速比为160：1的牵引器，可提供更大的牵引力，提高通过能力。

（4）采用强磁打捞器，可以吸附井内各种金属杂质和油污，能改善牵引器的工作环境，进一步提高其通过性。

（5）改进现有的牵引器射孔工艺和配套工具，克服了漂浮接箍水平井凹槽、井内杂质对牵引器输送的影响，能大大提高成功率。

华庆油田元284区水平井前置超临界CO_2压裂造缝技术研究与应用

王　策　宋方新　顾九骊　林　丽　吕娜娜

（中国石油长庆油田公司）

摘　要　水平井大规模体积压裂会因其与储层发生水敏效应从而导致降低超低渗油藏开发效果。以鄂尔多斯盆地华庆油田Y284区转变注水开发方式试验区为例，在分析前置超临界CO_2具备有效降低原油黏度、补充地层能量、提高压裂液返排效率特征的基础上，通过油藏数值模拟、示踪剂监测、井下微地震和生产动态等资料，采用地质-工程-生产一体化体积压裂理念，厘清了水平井前置超临界CO_2压裂、极限多段多簇压裂、多级暂堵压裂技术。试验结果在现场应用后表明，水平井前置超临界CO_2+体积压裂能够大幅度增加水平井单井产量和采收率，单井日产油达到15t/a，华庆油田在采用EM30S压裂液体系，优化明确了单段CO_2加量在200t，施工排量$2m^3/min$以上，簇间距为10m时，试验井的闷井压力较邻井高1~3MPa，返排率能提高3倍以上，且CO_2压裂事件产生效率约是水力压裂的4.6倍，能够实现高效储层造缝改造目标。该研究为后续其他超低渗油藏水平井前置超临界CO_2+极限多段多簇体积压裂奠定了基础。

关键词　超低渗油藏；水平井；前置超临界CO_2补能；立体缝网；裂缝监测；提高采收率

1　前言

超低渗油藏是一种渗透率极低（小于或等于$0.3\times10^{-3}\mu m^2$）、单井一般无自然产能或自然产能低于工业油流的非常规能源，超低渗油藏只有通过大规模体积改造才能实现三维立体改造，水平井体积压裂技术一直是华庆油田增产的重要手段之一。华庆油田长6砂岩储层为典型的超低渗油藏，油层厚度大24.5m、地质储量大、储层致密，整体表现出储层物性差、天然裂缝发育、非达西渗流特征明显、低产低效井比例大的开发矛盾，导致油水井有效驱替难建立，常规直井开发单井产量低，严重制约油田开发。因此，自从2016年以来华庆油田Y284区开展了转变开发方式重大开发试验专项，按照四个转变理念，提高单井产量，然而，随着试验区的扩大，对Y284区储层开发特征认识逐年加深，与之对应的水平井体积压裂技术也在逐年优化更新，在近年的转方式水平井大规模体积压裂过程中有时表现出三维裂缝网络不够复杂、压裂液伤害储层等相关问题，亟需探索研究新方向，，实现高效开发。

在我国双碳目标大背景的前提条件下，开展二氧化碳驱油是贯彻落实总书记关于“碳达峰、碳中和”国家战略布局，通过研究水平井前置超临界CO_2+极限多段多簇体积压裂，得出超临界态CO_2具有抑制黏土膨胀、降低破压等特点，同时由于超临界态CO_2具备不伤害储层的优势，因此已在各个油田适用，取得了较好的效果。鉴于目前前置超临界CO_2水平井体积压裂仍处于探索研究阶段，赵续荣等通过数值模拟明确影响页岩油CO_2吞吐与埋存效果的主控因素，邹雨时等通过压裂模拟实验明晰前置注入的超临界CO_2的化学溶蚀效应对于后续页岩气储层压裂裂缝扩展及岩石物性的潜在影响，但仍相对缺少矿场试验、选井依据、施工参数和试验依据，因此笔者以华庆油田Y284区转方式试验井为研究对象，采用地质-工程-生产一体化体积压裂理念，通过油藏数值模拟、示踪剂监测、井下微地震和生产动态等资料，研究分析了华庆油田长6油藏水平井前置超临界CO_2+极限多段多簇体积压裂，以期为超低渗油藏水平井前置超临界CO_2+极限多段多簇压裂技术的进一步研究打下基础。

2　华庆油田Y284区长6研究区储层岩石力学特征

鄂尔多斯盆地晚三叠世发育内陆坳陷湖盆，华庆油田地理位置位于陕西省吴旗县和甘肃省华池、庆阳县境内，为典型的黄土塬地貌。区域构造单元属鄂尔多斯沉积盆地陕北斜坡南部，该区块的开发层系为三叠系延长组长6层，主要开发层系为长6_3^1、长6_3^2，属于岩性油藏，该区长6期构造比较简单，总体为一平缓的西倾单斜，在单斜背景上由于差异压实作用，在局部形成起伏较小轴向近东西或北东向(隆起幅度10~30m)的鼻状隆起。主力层长6基本上分布在海拔-535m左右。沉积体系表现出三角洲-浊积扇组合特征，其中长6层属湖底滑塌浊积扇，分为内扇、中扇、外扇三个亚相，主要为中扇亚相，长6储层岩性主要为粉细~细粒长石砂岩，碎屑成份以长石为主，含量高达50.4%，其次为石英21.1%，岩屑11.5%；研究区长6油层平均孔隙度为11.7%，孔隙类型有粒间孔、溶孔(长石、岩屑溶孔)、晶间孔，其中粒间孔、长石溶孔是本区最主要的储集空间；平均渗透率为$0.34\times10^{-3}\mu m^2$，属于低孔、超低渗储层，为弱水敏、弱~中等酸敏、弱盐敏、弱速敏、弱碱敏储层。

研究区Y284区2008年采用菱形反九点注采井网超前注水投入开发，其中定向井区井排方向为NE75°，井距为480m，排距为130m，井网密度16.0口/km^2，水平井水平段长度在500~700m以五点井网为主，水平段长度在700m以上以七点井网为主，结合地形情况采用600~800m不等井距，排距采用120~150m布井，井网密度2.0口/km^2。2022年底全区动用含油面积133.61km^2，动用地质储量10174.50万t，动用可采储量1933.15万t。

3　Y284区水平井前置超临界CO_2体积压裂技术

3.1　水平井前置超临界CO_2体积压裂技术原理

通过图1能够发现，小于100nm未启动剩余油动用程度提高至20%~30%，对采收率的贡献约30%，100nm~1μm中水锁剩余油动用程度提高至70%~80%，对采收率的贡献约70%，而超低渗油藏中CO_2驱机理就是克服尺度效应进入水驱后无法启动的微小孔喉的剩余油，克服贾敏效应启动小孔喉中的剩余油。水平井前置超临界CO_2体积压裂技术是利用前置超临界CO_2自身易破岩、高造缝的能力先进行前置压裂，通过渗吸作用，有效开启微裂缝，增加人工裂缝的扩展方位和复杂程度，而后配合水平井"体积开发、流场重构、压裂驱油、综合补能"为核心体积压裂，大幅度提高单井产量，最终提高采收率(图2)。

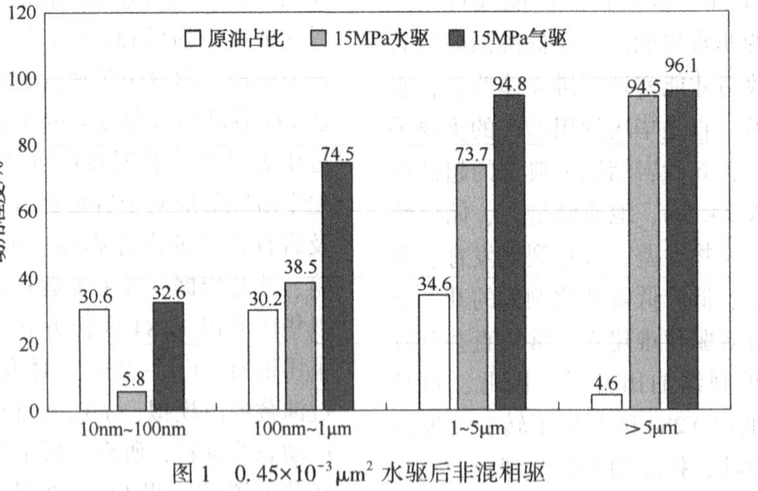

图1　$0.45\times10^{-3}\mu m^2$水驱后非混相驱

3.2　水平井前置超临界CO_2体积压裂技术增产机理

前置超临界CO_2体积压裂技术综合了液态CO_2相态特性和水力体积压裂的优势(图3、图4)，通过水力压裂制造主缝、延伸主缝长度，通过注入液态二氧化碳利用其摩阻高的特性，促使复杂裂缝的形成，从而增加地层裂缝复杂程度，提高采油井产能，充分利用二氧化碳的物理化学特性，具有水基压裂无法达到的技术优势，宏观上前置超临界CO_2+体积压裂集合了前置CO_2造复杂缝网和水力压裂造长宽主缝的优势，改造体积是常规水平井压裂的8倍。微观上前置超临界CO_2实现纳米孔吼驱替，大幅度提高波及范围，降低原油黏附功，改善流动性，驱替剩余油，驱油效率比水驱提高40%。

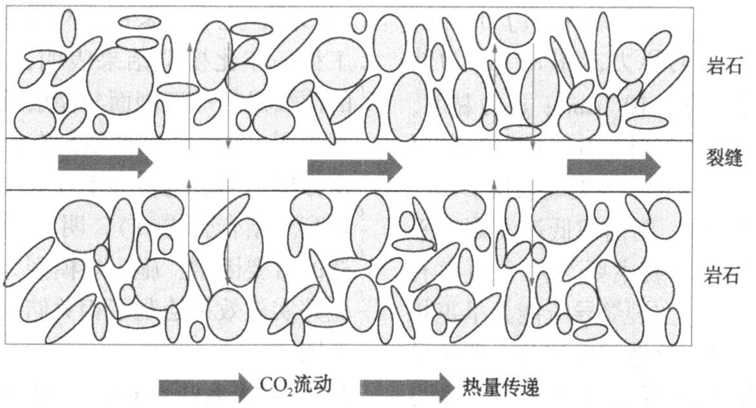

图 2　超临界二氧化碳缝内温压模型 3D 模型

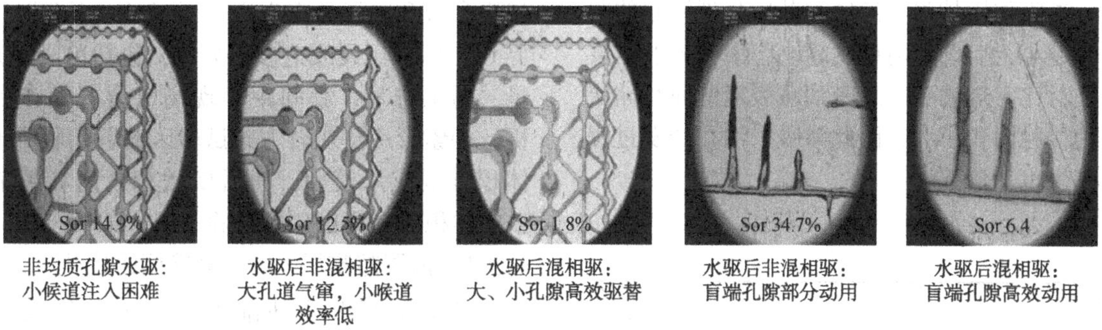

图 3　元 284 区非均质孔隙模型

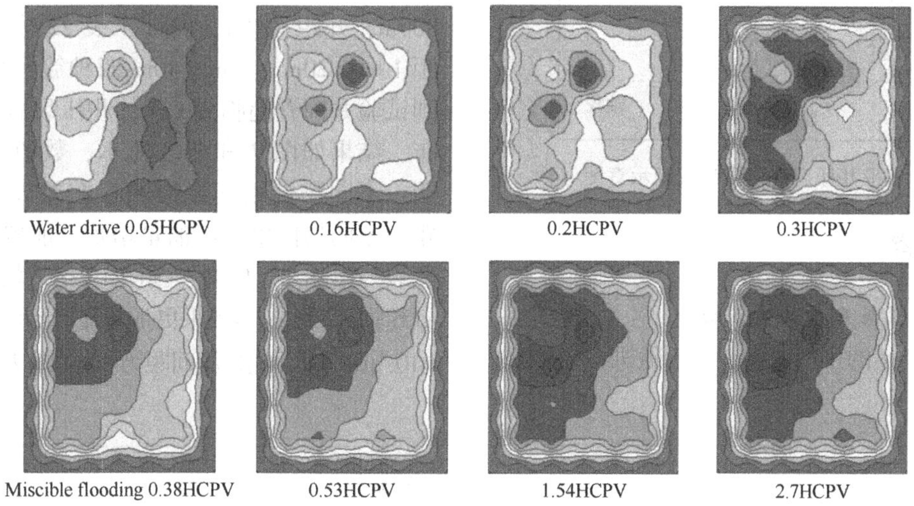

图 4　二维大模型不同驱替介质驱替状态

3.3　水平井前置超临界 CO_2 体积压裂技术增产机理

致密油藏经过大规模体积压裂后，能够有效“打碎”储层，形成复杂的三维网络裂缝，形成“人造”渗透率。流体从储层基质流向裂缝，再沿着裂缝流向井底。当裂缝的面积较小时，裂缝内的液体流速较大。

超低渗油藏液体的流动规律不符合达西定律，采用二维渗流数学模型描述油藏中流体渗流过程，利用一维渗流模型描述人工裂缝中流体向井筒的渗流过程，用交换系数描述油藏与裂缝之间的窜流关系，推导出前置超临界 CO_2 体积压裂渗流理论公式表示如下：

$$Q = \sum_{i=1}^{N}\sum_{j=1}^{N_1} 2\frac{P_{l,ij} - P_{f,ij}}{\left(\dfrac{\mu L}{K_x h W} + s\right)} + \sum_{i=1}^{N}\sum_{j=1}^{N_1} 2\frac{P_{r,ij} - P_{f,ij}}{\left(\dfrac{\mu L}{K_x h W} + s\right)} \tag{1}$$

式中，Q 为水平井前置超临界 CO_2 体积压裂产量，m^3；$p_{l,ij}$、$p_{r,ij}$为第 i 条裂缝的第 j 个网格左、右侧相邻储层网格的压力，MPa；K_x 为储层水平方向的等效渗透率，$10^{-3}\mu m^2$；μ 为黏度，mPa·s；L 为网格长度的一半，m；h 为油层厚度，m；w 为网格宽度，m；S 为裂缝表皮。

根据图 5 和公式(1)，明确超低渗油藏水平井前置超临界 CO_2 体积压裂主要与两个因素有关：其一，转采井产量与主裂缝导流能力呈正相关；其二，转采井产量与改造规模相关。即转采井通过换相渗驱体积压裂后储层近井地带三维裂缝网络越发育，裂缝带宽越大，被切割的基质则越小，渗吸作用越强，流体在基质与裂缝间的驱动距离越小，启动压力梯度越小，渗吸采油速度越快。对比常规油藏，致密油藏裂缝壁面与储层基质的接触面积扩大，因此渗吸采油在开发过程中的作用也呈倍数增长。

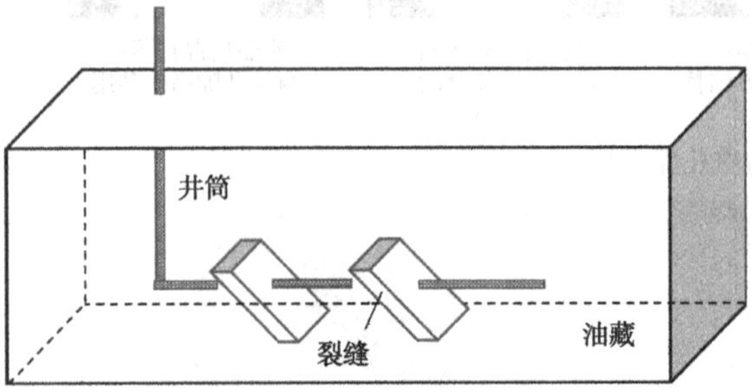

图 5　水平井压后简化模型流动示意图

4　研究内容

4.1　储层物性与日增油成正比

为分析产量的主控因素，基于随机森林(RF)回归法，究利用采神经网络算法，对试验井地质工程一体化模拟结果表明，有前置超临界 CO_2 的压裂段的产液剖面与储层及压裂缝网参数的关系表明(图 6)，高产段具有较高渗透性，较好的支撑能力，裂缝传导率较大，且可动孔隙度相对较高。结合公式(1)，明确了储层物性是储层改造的首要因素，施工规模则为重要因素，结合试验井实施效果绘制了相关储层参数与产油量的关系图。

4.2　前置超临界 CO_2 压裂改造规模参数优化

结合华庆油田长 6 油藏储层特征，压裂改造规模参数和矿场动态生产，开展了一下前置超临界 CO_2 体积压裂改造参数分析，包括单段 CO_2 加量、施工排量、簇间距等现场压裂规模参数分析，探索形成华庆转方式试验区前置超临界 CO_2 体积压裂技术模型，为后期试验区前置超临界 CO_2 体积压裂提供矿场试验依据。

4.2.1　前置超临界 CO_2 压裂簇间距优化

基于 CO_2 组分基础模型，建立华庆油田 Y284 区水平井油藏数值模型，水平段长度 900m，井距 600m，设计压裂 22 段，模拟簇间距 10m、20m、30m、40m 四种簇间距，模拟得到试验井前置超临界 CO_2 体积压裂后裂缝形态分布，结果如图 7 和图 8 所示，数值模拟结果表明：不同物性簇间距影响存在差异，减小簇间距，不同物性累计产油量增加，前置超临界 CO_2 压裂与不加 CO_2 压裂，预测 15 年平均单段增油前置超临界 CO_2 压裂效果更加明显，当渗透率为 0.34 $\times10^{-3}\mu m^2$ 时，优化簇间距为 10m(图 7、图 8)。

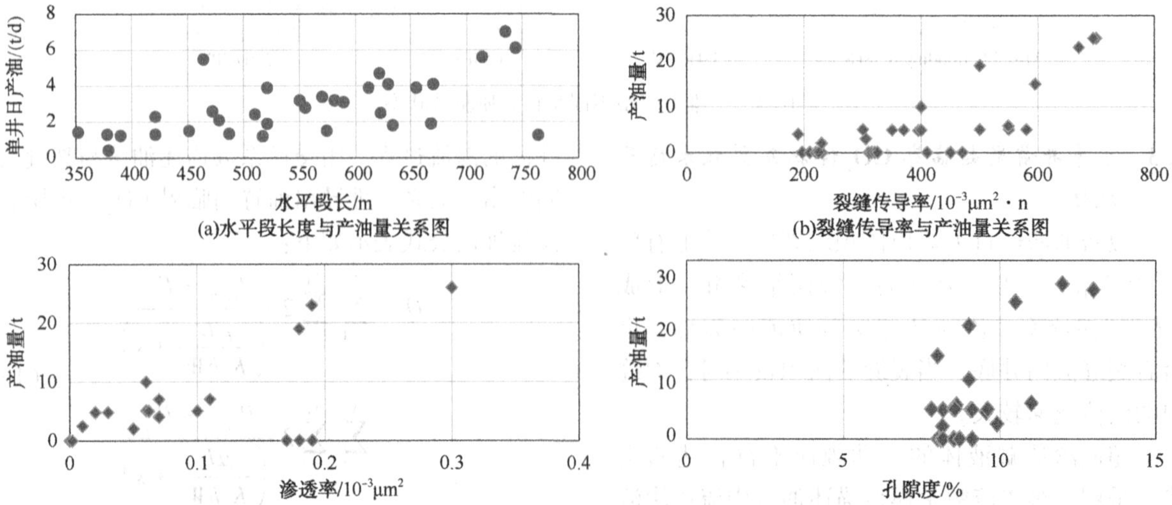

(a)水平段长度与产油量关系图　(b)裂缝传导率与产油量关系图

(c)渗透率与产油量关系图　(d)孔隙度与产油量关系图

图 6　水平井前置超临界 CO_2 体积压裂试验井储层参数与产油量交汇图

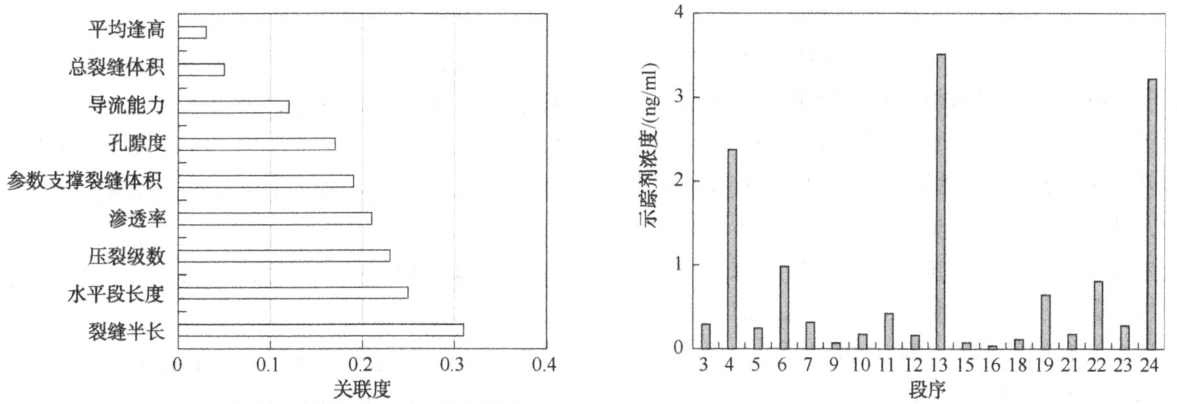

(e)各参数随机森林回归法(RF)排序结果图 (f)试验井CP50-15井各段示踪剂平均浓度

图 6 水平井前置超临界 CO_2 体积压裂试验井储层参数与产油量交汇图(续)

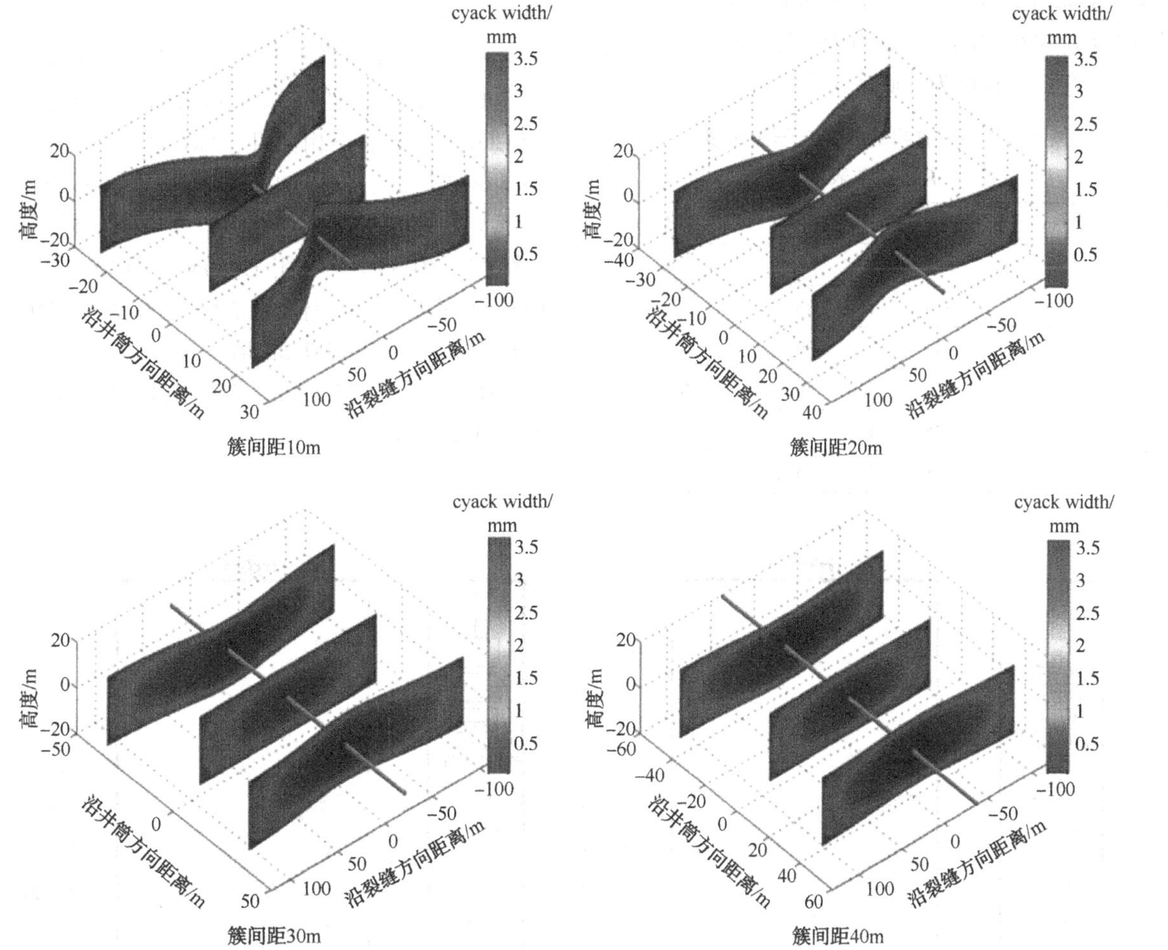

图 7 数值模拟簇间距对裂缝形态的影响

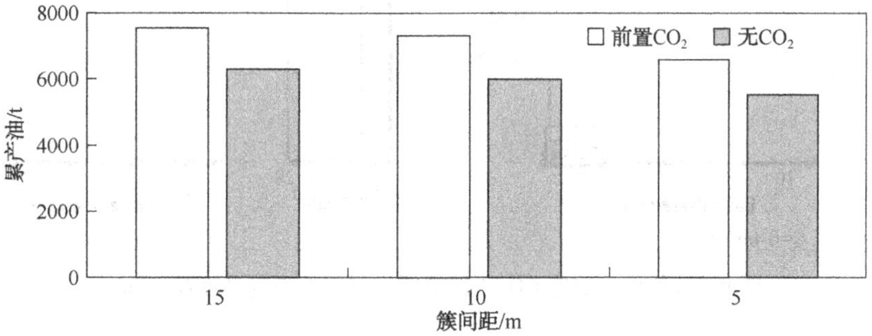

图 8 数值模拟前置 CO_2 压裂与无 CO_2 压裂累产油对比图

4.2.2 前置超临界 CO_2 压裂不同单段注入量优化

数值模型设置前置超临界 CO_2 压裂采用压裂液量 35000m^3，簇间距 10m，分别设置单段注入量 50m^3、70m^3、150m^3、200m^3、250m^3，模拟结果表面(表 1)，能量波及范围与注入量正相关，随着 CO_2 注入量增加，能量波及面积和地层压力逐渐增加，并且能量波及对相邻段有一定增能与驱替作用，由于研究区是超低渗油藏，多尺度微纳米孔隙扩散流动能力相对较弱，段间相邻段未得到有效波及，当渗透率大于 0.05mD 时，每增加 50t 的 CO_2 换油率均大于 2.0，当注入 200~300m^3 CO_2 时，提升幅度显著增加，考虑产量和效益的双重因素，优化华庆油田 Y284 区前置超临界 CO_2 液量为 200m^3，改善开发效果。

表 1　不同前置超临界 CO_2 压裂液量裂缝参数表

CO_2 液量/m^3	缝长/m	缝宽/m	缝高/m
0	321	75	60
50	328	78	62.4
70	333	79	65.8
150	337	80	69.8
200	345	82	70
250	348	83	72

4.2.3 前置超临界 CO_2 压裂不同排量优化

在以上分析优化前置超临界 CO_2 注入量的基础上，数值模型分析前置超临界 CO_2 的注入排量，优化注入液量在 200m^3，模拟不同注入排量(0.4m^3/min 和 2m^3/min)下的裂缝高度，由于能量波及范围与注入排量正相关，通过图 9 可知，CO_2 注入排量越高，在相同时间内注入量越大，压力上升幅度越快，有利于 CO_2 快速向储层小孔隙扩散，提高波及范围；增能效果主要体现在注入前期，注入后期压力逐渐趋于平稳，压力上升幅度减小，华庆油田 Y284 区 CO_2 的最优注入排量为 2m^3/min。

4.2.4 前置超临界 CO_2 压裂增能体积变化规律

根据图 10，地层原油体系的体积膨胀系数与 CO_2 注入量呈正相关性；CO_2 进入原油可促使原油体积增大，使原油膨胀，从而连通死孔隙内的孤立油滴，提高微观波及效率。数值模拟表明(图 10、图 11)，采用 CO_2 前置压裂比不采用 CO_2(等量 CO_2 的液体)增能效果明显，CP50-15 孔隙体积增加达到 0.32 倍，预计最终累产油量(EUR)将达到 3.5 万 t，较前期提高 1 倍以上，有利于提高驱油效率。

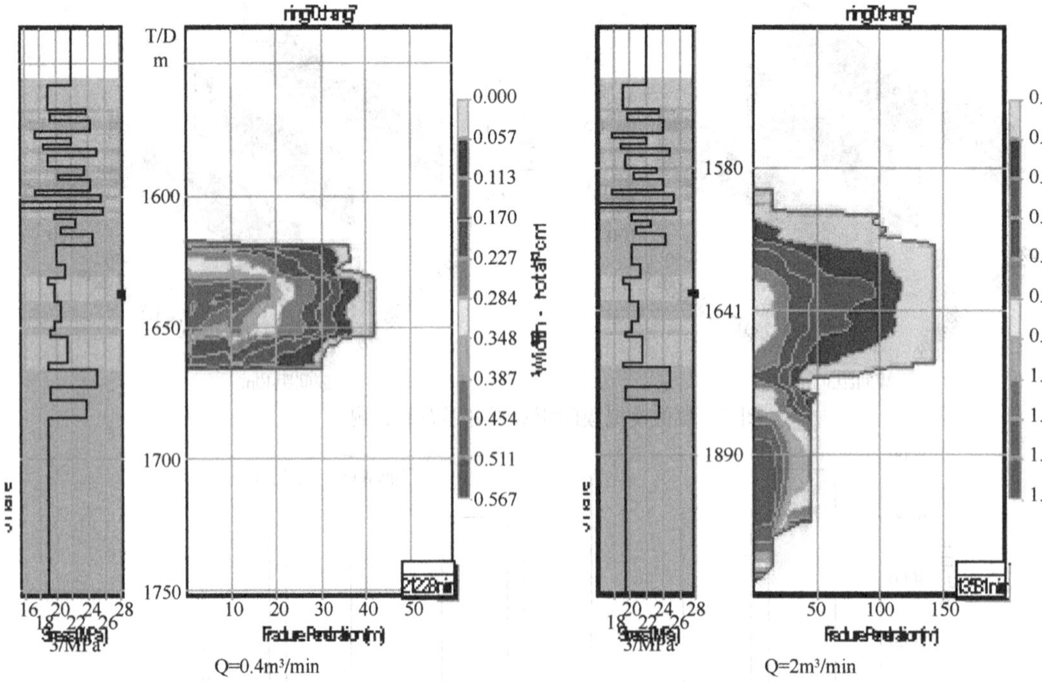

图 9　数值模拟前置 CO_2 压裂不同排量影响裂缝高度模拟图

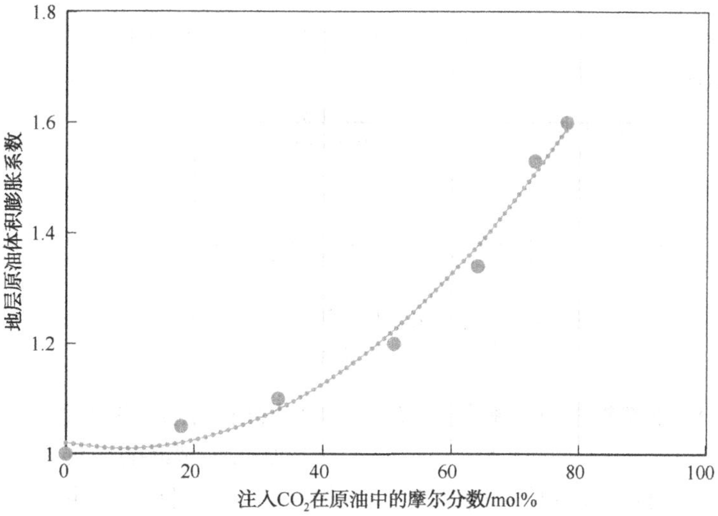

图 10 元 284 区体积膨胀系数与 CO_2 注入量关系散点图

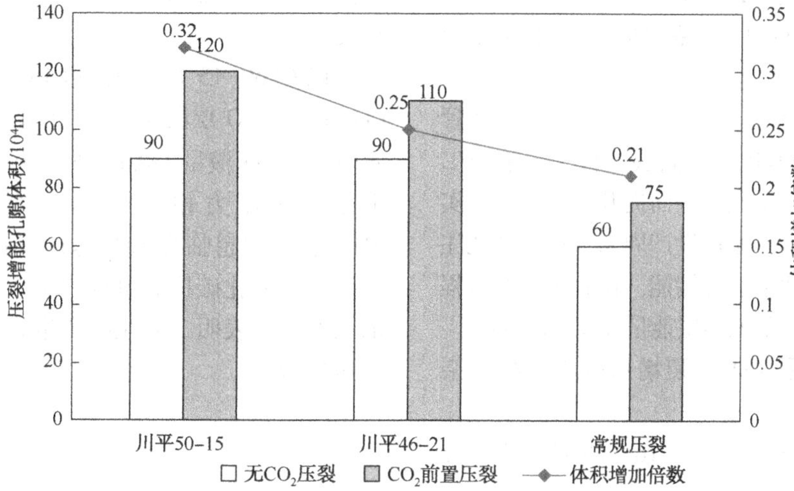

图 11 前置 CO_2 压裂与常规压裂增能孔隙体积对比图

利用渗吸模型计算华庆转方式试验 51 口井，闷井 40-60 天时，矿场尺度缝网渗吸体积介于 2940～3951m³，平均值为 3013m³，渗吸强度 13.9%(图 12)，缝网渗吸体积主要用于补充地层能量，注入前置超临界 CO_2 压裂后明显大幅提高地层能量，平均地层压力提高了 2.2 倍(图 13)，波及范围可实现缝控区域全覆盖，实现井间、段间协同一体化增能转变。

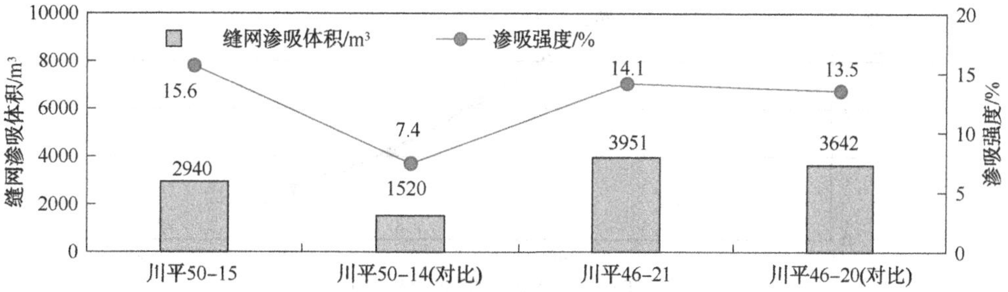

图 12 前置 CO_2 压裂缝网渗吸体积与渗吸强度对比图

(闷井时间 40 天)

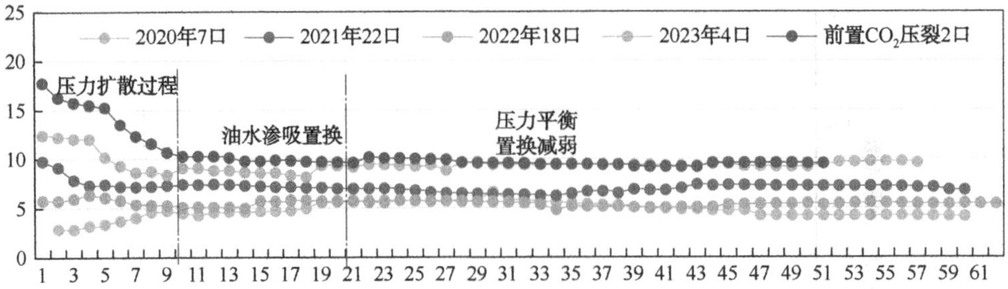

图 13　华庆转方式水平井闷井压力随时间变化规律
(元 284 区块 51 口)

4.2.5　前置超临界 CO_2 压裂抑制黏土膨胀，降低储层伤害

前置超临界 CO_2 压裂具备原油降黏的特性，一旦注入 CO_2 后，地层原油的黏度就大幅度下降(图 14)，体系黏度随着加入原油中的 CO_2 量增多而降低，但减黏幅度也随 CO_2 量的增加逐渐趋小。原油饱和 CO_2 后，黏度最高可降低几十倍，提高原油流动性。

储层中 CO_2 过饱和时，可以有效改变毛细管参数，有利于压后返排。在储层条件下，液态二氧化碳在地层中汽化膨胀，从而提升地层能量，实现压裂液的快速返排，缩短投产周期。对与其他注入介质 CO_2 可在原油中溶解储能，在后续开发过程中膨胀稳能，具有良好的地层能量补能(图 15)。

4.2.6　前置超临界 CO_2 压裂增加裂缝系统复杂程度

井下微地震结果显示(图 16、图 17、表 2)，压裂阶段微地震事件增多，说明前置 CO_2 有利于增加人工裂缝的扩展方位和复杂缝网的形成，提高储量动用程度。超临界 CO_2 超强的流动性在一定程度上降低应力、物性的非均质性对于流动方向的导向作用，超临界 CO_2 分子更易于进入微孔隙、天然裂缝，可进一步增加裂缝复杂程度。

以 CP50-15 井为例(图 18、图 19)，对注入 CO_2 和注入 CO_2 层段参数进行对比，第 21、第 23 段每段注入 CO_2 液量 110m^3，施工排量均为 2m^3/min，但是施工压力相差 3MPa，停泵压力相差近 2MPa，证明超临界 CO_2 具有较好的破岩造缝的作用。二氧化碳压裂事件产生效率约是水力压裂的 4.6 倍，表明二氧化碳产生裂缝的能力远远大于压裂液。

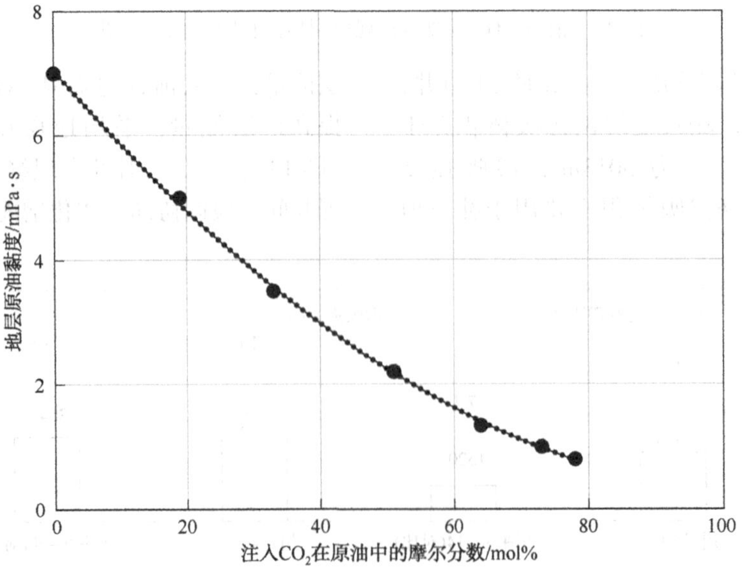

图 14　Y284 区地层原油黏度与 CO_2 注入量关系散点图

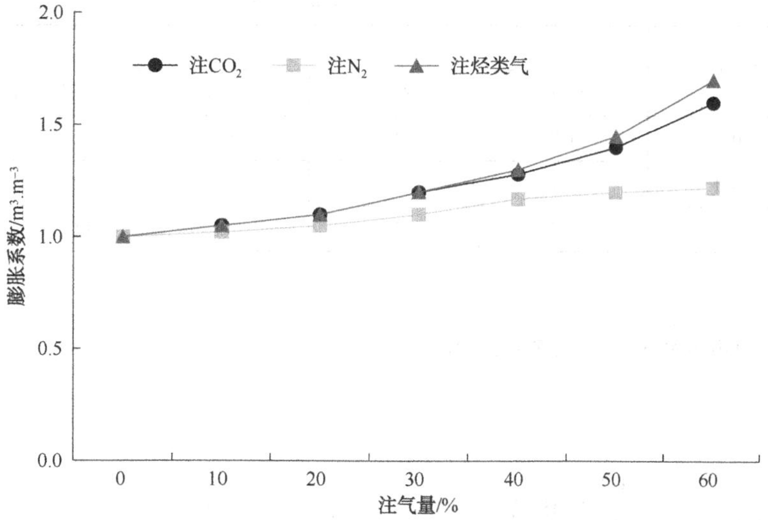

图 15 Y284 区不同注入气体的膨胀效果对比图

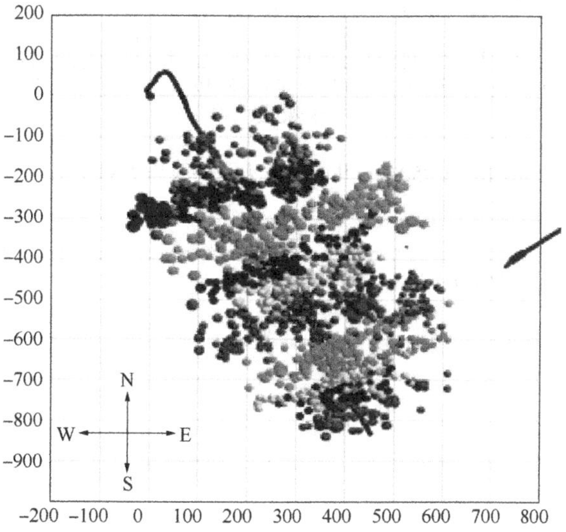

图 16 CP46-21 井井下微地震监测图

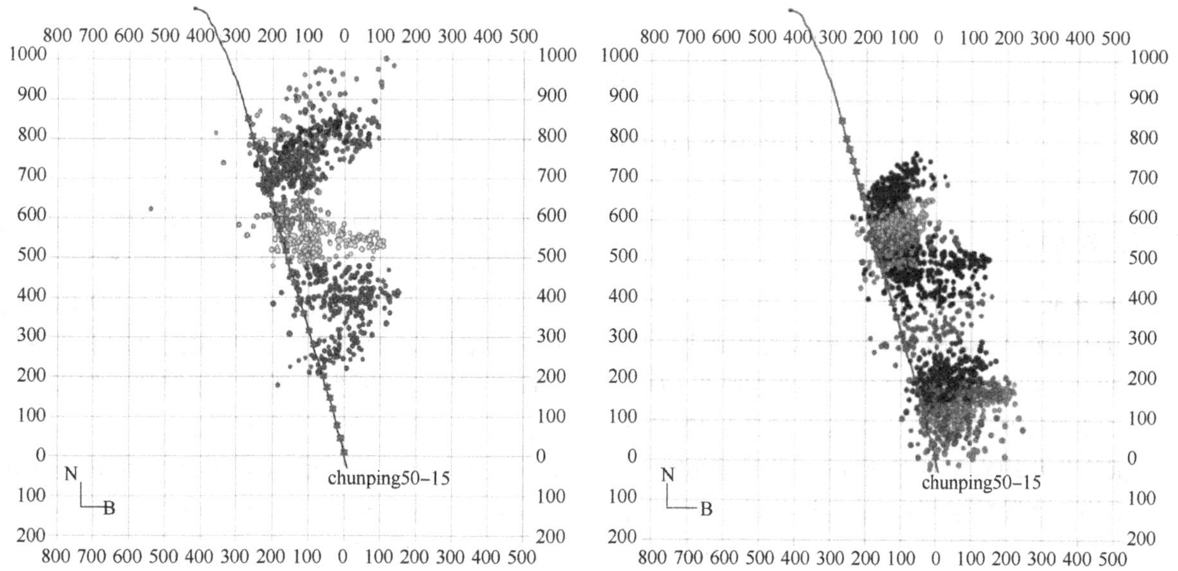

图 17 CP50-15 井井下微地震监测图

表 2　井下微地震监测裂缝结果

井号	实施年份	井下微地震测试结果				
		长/m	宽/m	高/m	方位/(°)	SRV/万 m^3
CP46-21	2022	378	79	60	NE59°~79°	2940
CP50-15	2021	311	84	80	NE56°~78°	3951
无 CO_2	2021	415	76	79	NE65°~70°	362

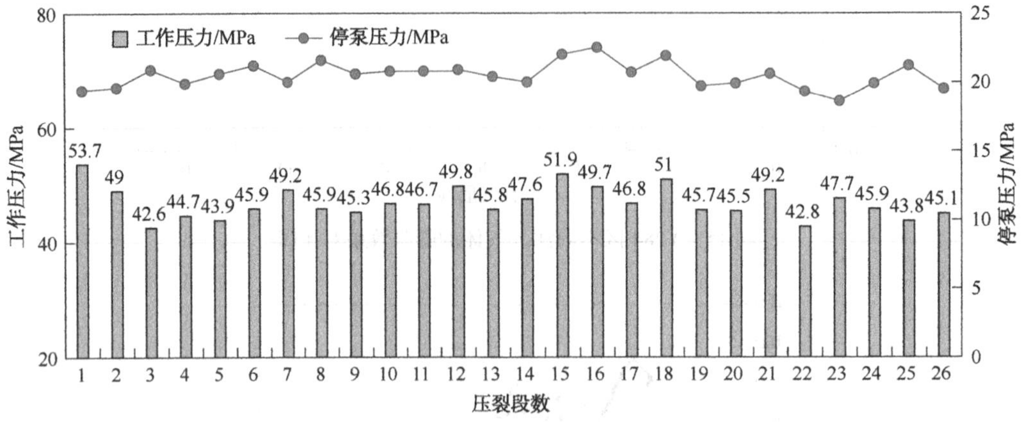

图 18　CP50-15 井施工压力与停泵压力对比图

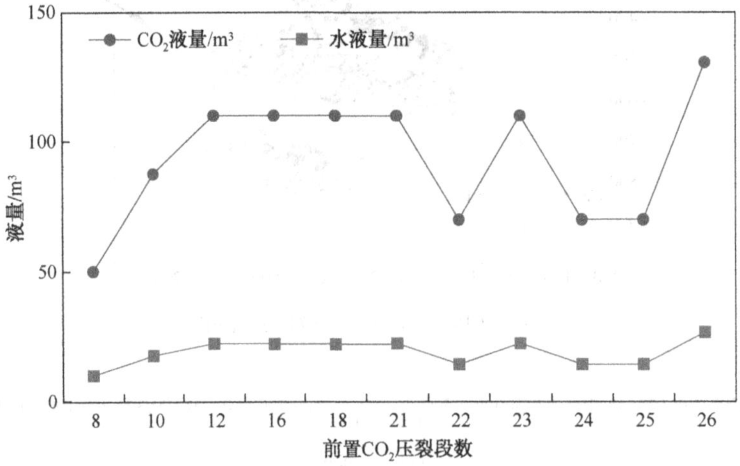

图 19　CP50-15 井 CO_2 和水力压裂单个事件所需液量对比

4　应用实例

4.1　取得效果

2021 年在 Y284 转方式试验区的基础上，选取 CP50-15 和 CP46-21 井实施前置超临界 CO_2+极限多段多簇体积压裂，探索新的改造增产技术。试验井井均水平段长 831m，共计实施 2 井次，平均压裂段数 22 段，单段加砂量 161.0m^3，单井砂量 3551m^3，砂比 23%，排量 10L/min，百米入地液量 45m^3，入地液量 37762m^3，CO_2 施工排量 2m^3/min 以上，CO_2 累计注入 3828m^3。日增油 13.4t，累计增油 1.2 万 t；注入 CO_2 的试验井返排率较高(11.1%)，CO_2 增能以后返排率能提高 3 倍以上，减少压裂液对于储层的伤害。其中，CP50-15 井控压自喷生产 260 天，日产油量保持在 15t 以上，累增油量 9724t，是转变注水开发方式工业化试验以来 Y284 区产量最高、稳产时间最长的标杆井(表 2、表 3)。

表 2 前置超临界 CO_2 压裂试验井压裂施工参数统计表

序号	井号	水平段长度/m	压裂施工参数						
			段数	单段砂量/m^3	单井砂量/m^3	砂比/%	排量/(m^3/min)	入地液量/m^3	百米入地液量/m^3
1	CP50-15	932	26	162.5	4226	21.7	10	43452	47
2	CP46-21	730	18	159.8	2877	23.5	10	32073	44
平均		831	22	161.0	3551	22.6	10	37762	45

表 3 前置超临界 CO_2 压裂试验井试验效果统计表

序号	井号	投产日期	目前生产情况				日增油/t	累增油/t	有效天数/d	返排率/%	单井 EUR
			日产液/m^3	日产油/t	含水/%	动液面/m					
1	CP50-15	2021/10/26	27.1	17.4	23.3	539	15.4	9724	608	11.7	3.4
2	CP46-21	2023/2/3	25.7	14.0	35.1	井口	11.4	1893	208	10.4	1.7
平均		26.4	15.7	29.0	270	13.4	11617	448	11.1	2.6	

4.2 效果分析

试验井试验前日产油 2.3t，目前日产油 15.7t，水平井前置超临界 CO_2 压裂能够增加地层能量，提高油井产能，川平 46-21 井闷井压力较邻井高 1~3MPa，在控液生产同等产量下，井底流压较高(图 20、图 21)。

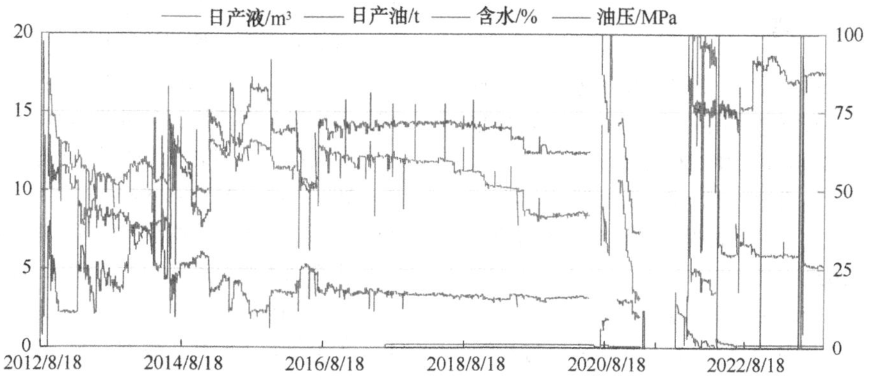

图 20 水平井前置超临界 CO_2 体积压裂试验井 CP50-15 井生产曲线

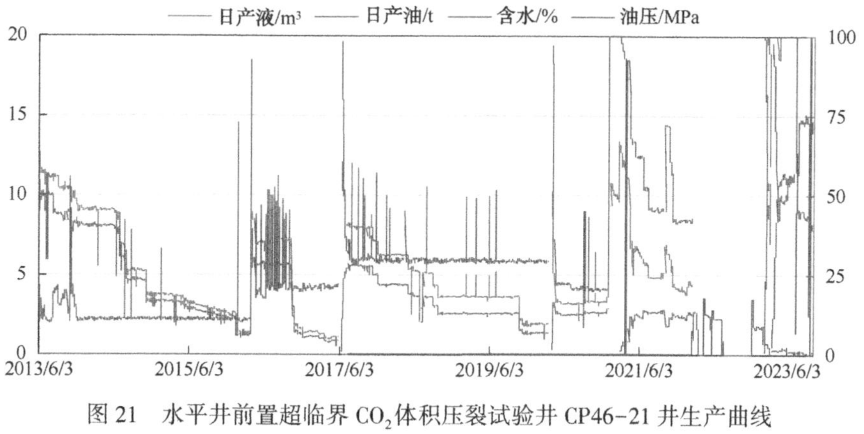

图 21 水平井前置超临界 CO_2 体积压裂试验井 CP46-21 井生产曲线

5 结论与认识

(1) 注水不见效、递减大、裂缝性含水上升、非均质性矛盾突出等问题是制约超低渗油藏高效开发的瓶颈，采用前置超临界 CO_2+水平井体积压裂改造能够增加裂缝复杂程度，大幅度提高波及范围。

(2) CO_2 以有效降低原油黏度、增加地层流体流动性，能够提高压裂液返排效率，前置超临界 CO_2 增能以后返排率能提高 3 倍以上，具有较好的压裂效果，取得较好的经济效益。

(3) 运用信息量分析法、神经网络法，对元 284 油藏水平井前置超临界 CO_2 压裂产能影响因素进行排序。结果表明，裂缝半长、水平段长度、压裂级数和渗透率是主要影响因素。

(4) 利用 Fracpro 软件二氧化碳压裂模型，同时模拟优化建立不同排量下缝高优化图版，华庆油田在采用 EM30S 压裂液体系，单段 CO_2 加量在 200t，施工排量 $2m^3/min$ 以上，优化簇间距为 10m，能够实现高效储层造缝改造目标。

(5) 通过裂缝监测情况可知，同等用量情况下 CO_2 比水基压裂液形成裂缝的能力更强，约是水力压裂的 4.6 倍，因此采用前置 CO_2 相比水力压裂液更有利于提高裂缝的复杂程度。

参考文献

[1] 王策，王明瑜，陈军，等. 超低渗油藏水平井大规模体积压裂技术研究与应用——以鄂尔多斯盆地华庆油田 Y284 区为例[J]. IFEDC. 2021.

[2] 王策，朱西柱，王明瑜，等. 华庆油田致密油藏转采井换相驱渗结合体积压裂提高采收率技术与研究[J]. IFEDC. 2023.

[3] 雷群，翁定为，管保山，等. 基于缝控压裂优化设计的致密油储集层改造方法[J]. 石油勘探与开发. 2020, 47(3): 592-599.

[4] 刘浪，张子尧，杨澜，等. 华庆油田长 6 油藏开发方式优选[J]. 石油化工应用. 2023, 42(07): 67-70.

[5] 赵小光，林志波，黄燕，等. 超低渗油藏多级喷砂射孔压裂技术研究与应用[J]. 科技与创新. 2021, 21(07): 165-167.

[6] 郑亚军，刘宝成，张旭泽，等. 数据驱动与地质规律融合的超低渗油藏产能预测方法——以元 284 超低渗油藏为例[J]. 石油地质与工程. 2022, 36(04): 75-81.

[7] 达引朋，薛小佳，刘明，等. 超低渗油田蓄能重复压裂增能机理[J]. 科学技术与工程. 2021, 21(33): 14139-14146.

[8] 吴俊峰，刘宝忠，刘道杰，等. 二氧化碳混相压裂吞吐实验[J]. 特种油气藏. 2022, 29(5): 126-131.

[9] 张怿赫，盛家平，李倩霞，等. CO_2 吞吐技术应用进展[J]. 特种油气藏. 2021, 28(6): 1-10.

[10] 张道伟，戴城，陈硕思，等. 考虑多尺度裂缝表征的致密油藏 CO_2 吞吐智能历史拟合[J]. 油气地质与采收率. 2022, 29(1): 160-167.

[11] 赵续荣，陈志明，李得轩，等. 页岩油井缝网改造后 CO_2 吞吐与埋存特征及其主控因素[J]. 大庆石油地质与开发. 2023, 42(06): 140-150.

[12] 邹雨时，李彦超，李四海. CO_2 前置注入对页岩压裂裂缝形态和岩石物性的影响[J]. 天然气工业. 2021, 41(10): 83-94.

[13] 郑焰，白小丹，罗于建，等. 非常规油气二氧化碳压裂技术研究进展[J]. 中国石油和化工标准与质量. 2019, 39(17): 221-226.

[14] 朱书仪，王丽峰，廖泽，等. 二氧化碳前置压裂技术在特低渗油藏中的应用[J]. 中国石油和化工标准与质量. Energy China Forum. 2022.

西部原油管道鲁尔 ZLM IP 530/06 输油主泵适应性改进及应用

张　明[1]　谢信军[2]　王　辉[1]　王朝璋[1]　邱姝娟[2]

(1. 国家石油天然气管网集团有限公司甘肃分公司；2. 国家管网集团西部管道有限责任公司)

摘　要　为解决西部原油管道鲁尔泵叶轮锁紧套失效、扩流器焊缝开裂叶片断裂和机械密封运行状态监控缺失设计缺陷，以及区域化管理对输油泵长周期稳定可靠运行的要求，开展了技术攻关；不合理设计是叶轮锁紧套失效的主要原因，建模分析将防松键抗剪切面积由 100mm² 增加到 189mm² 和抗挤压面积由 40mm² 变大到 80mm² 后，较好地解决了防松键被切断和键槽的挤压变形；选用力学性能优异的双相不锈钢 EN10088-2 为基体选材，导流器叶片工作面和背面优化为全 V 形焊缝，部分单边焊改进为两侧全焊接，叶片厚度由 5mm 增至 6mm，焊角由 3mm 增高至 5mm，导流器失效问题得到有效解决；设计并经工厂及工业性现场试验验证，在不增设辅助系统下，双端面机械密封 8648VRS+SBXP 实现了内密封失效后，外密封承担主密封作用，事故工况下无可见泄漏，提升了轴端密封可靠性；在机械密封端盖预留通道处增设温度检测，实现了机械密封运行状态的实时监测，保证了运行可靠性。

关键词　鲁尔泵；叶轮锁紧套；导流器；双端面机械密封；温度监控

1　引言

西部原油管道是国家西部陆上能源战略通道的重要组成部分，起自乌鲁木齐首(泵)站止于兰州末站，包括乌鲁木齐—鄯善支干线(乌鄯支干线)和鄯善—兰州干线(鄯兰干线)，以及吐哈进油和玉门分输支线；输送北疆原油、哈油、塔里木原油及吐哈原油，管道全长 1838km，全线设置 11 座工艺站场；乌鄯支干线和鄯兰干线设计输量分别为 1000×10^4 t/a 和 2000×10^4 t/a。沿线站场输油主泵主要采用鲁尔 ZLM IP 530/06 泵，扬程为 250m，排量大小叶轮分别为 1600 和 2800m³/h，转速 2988rpm，单级双吸式结构；配套切塔 Typ 201A-096/097 机封，采用 Plan11 自冲洗系统及 Plan61 泄漏收集报警。设计之初机封运行状态未监测；自 2007 年西部原油管道投产以来，鲁尔泵在运行及检修中先后出现叶轮锁紧套防松键切断、扩流器焊缝开裂叶片断裂等缺陷，严重影响输油泵的安全平稳运行。随着区域化管理的纵深实施，西部管道公司建立了“以调度运行为核心的生产指挥体系”，无人站、少人站为输油站场常态化管理，由于沿线站场多处于荒漠戈壁社会依托条件极差，输送易燃易爆原油介质的密封性和设备的可靠性提出了更严苛要求，因此，提升西部原油管道输油泵稳定可靠运行，保障西部能源通道畅通极其重要。

2　锁紧套改进

运行时间达到 25000 小时或三年打开泵壳开展检修，发现 ZLM IP 530/06 鲁尔泵叶轮锁紧套防松键均有不同程度损伤，表现为键槽挤压变形或防松键切断，甚至部分锁紧套松动，锁紧套与泵轴连接螺纹相互磨损，无法定位锁紧叶轮，详见图 1。叶轮锁紧套防松键是防止叶轮锁紧套在泵轴高速旋转下出现松动，从而保证叶轮在定位位置内固定旋转做功。

图 1　防松键切断键槽变形

ZLM IP 530/06 泵叶轮通过泵轴两端锁紧套

的进退来调整定位叶轮轴向位置，在锁紧套轴端均匀设置了10个键槽口，轴上每120°分别开设键槽，见图2。当叶轮轴向通过锁紧套定位后，泵轴键槽与锁紧套键槽口最大偏差角度为12°；安装防松键时锁紧套在定位叶轮后需再回转0°至12°之间某个角度，此种结构设计不能保证锁紧套锁紧叶轮时，锁紧套键槽口与泵轴键槽刚好对正。此外，西部原油鲁尔泵设计为恒速泵，起泵瞬间转速达到2980rpm，锁紧套不能完全锁死会导致高速下与泵轴之间产生相对位移，防松键冲击挤压键槽使之产生变形或防松键被剪切。

图2　键槽(口)设置

根据以上分析，解决ZLM IP 530/06泵叶轮锁紧套松动的方法是在锁紧套达到紧固力矩时进行防松限位。理论上要求锁紧套键槽口和泵轴键槽足够多，这会导致锁紧套两键槽口间金属剪切应力不足，泵轴键槽增多后影响泵轴强度。提出利用现有键槽长度改进防松键，增加防松键和键槽剪切受力面积，提高防松键及键槽能承受的剪切应力。利用SolidWorks三维建模软件开展防松键及键槽受力分析和优化模拟，防松键改进前后对比如图3所示。

防松键优化后抗剪切面积由100mm²增加到189mm²，抗挤压面积由40mm²变大到80mm²；在等效应力分布上，原键槽主要集中在键槽侧工作面的直角处，优化后应力主要分布在键下侧非工作面的形状突变处；同时放松键最大应力从1080MPa减小到163MPa；防松键改进后经25000小时运行检验再未出现键槽变形和防松键剪切情况，键槽及防松键受力见图4。经过改进后，对泵轴没有任何影响，锁紧套增加切削后需转子做动平衡重新配重。

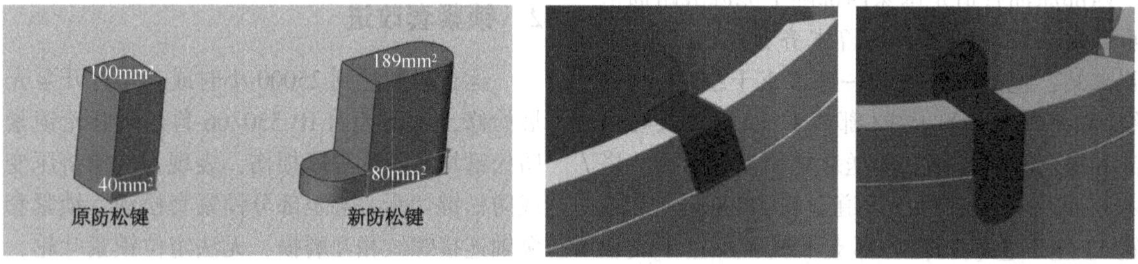

图3　防松键改进前后对比

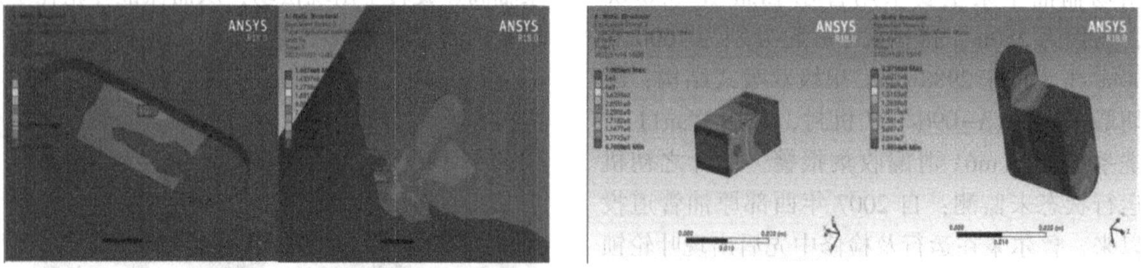

(a)键槽等效应力分布对比　　(b)放松键等效应力分布对比

图4　防松键优化后应力分析

3　导流器改进

ZLM IP 530/06鲁尔泵在叶轮出口与蜗壳间设置导流器，输送介质经叶轮加速后进入导流器被诱导至泵壳，在泵壳处将速度能转化为压力能，实现介质输送；导流器作为蜗壳延伸部分，能优化流场分布和消除水力产生的径向力。通过更换叶轮和导流器，就能改变流量满足不同的工程输量。自2007年投产以来多台泵导流器焊缝开裂、叶片断裂而失效，输油泵出现异响、振动值跳变变大、无法平稳运行，典型导流器失效形貌见图 5。

研究表明，疲劳是导致导流器叶片焊缝出现开裂的主要原因；叶片与导流器基体单侧焊未满焊焊接结构不合理，叶片角焊缝靠内圈一端焊趾处应力集中成为疲劳源；基体金属为结构钢 S355J2 其铁素体珠光体金相组织抗开裂性差。提出选用力学性能优异的双相不锈钢 EN10088-2 为基体选材，增大叶片厚度，改进导流器焊接结构，提高叶片焊缝耐受压力。

优化改进前后导流器叶片结构如图 6 所示，导流器叶片焊缝由工作面和背面部分单边 V 形焊优化为工作面和背面两侧双面全 V 形焊，叶片焊接方式由部分单边焊优化为两侧全焊接，叶片工作面有效焊缝长度由 320mm 延长到 390mm，背面有效焊缝从 239mm 扩大到 380mm，同时叶片厚度由原 5mm 增至 6mm，焊角由 3mm 增高至 5mm。

(a)叶片断裂　(b)焊缝开裂

图 5　导流器失效图

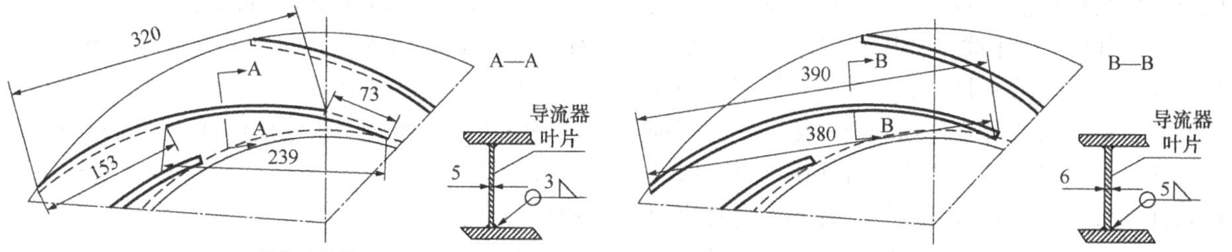

(a)优化改进前　(b)优化改进后

图 6　优化改进前后导流器叶片结构对比

为了验证优化改进后的导流器是否对水力性能产生影响，利用三维建模软件 UG 10.0 和有限元分析软件 ANSYS19.0 R3 建立有限元模型，使用 ANSYS 有限元软件中的 ICEM 与 CFX 模块开展流场数值模拟分析；以额定工况点流量 $Q=2800m^3/h$、扬程 $H=240m$、转速 $n=2980r/min$、介质清水密度 $\rho=997kg/m^3$ 进行边界条件设置，进口边界条件为流量进口 $Q=795kg/s$，出口边界条件为压力出口，其他为壁面边界条件；其中叶轮旋转速度 2980r/min，旋转轴为 Z 轴，Analysis type 设置为 steady state，monitor 监测进、出口总压与扬程；优化改进导流器后输油泵泵腔压力及绝对速度分布，见图 7。

从图 7 可知，在叶轮流道内，叶片对流体做功，静压值从叶轮进口到出口逐渐增大，在同一半径处叶片工作面上的静压值明显高于背面的静压值，在叶片出口明显可见由于叶片厚度而产生的尾迹。导流器最先接触流体的内圈叶片承受最大静压 3.168MPa 远低于 EN10088-2 材质许用强度内，输送介质经叶轮加速后在导流器内绝对速度分布较均匀合理，速度值在 3m/s 左右。

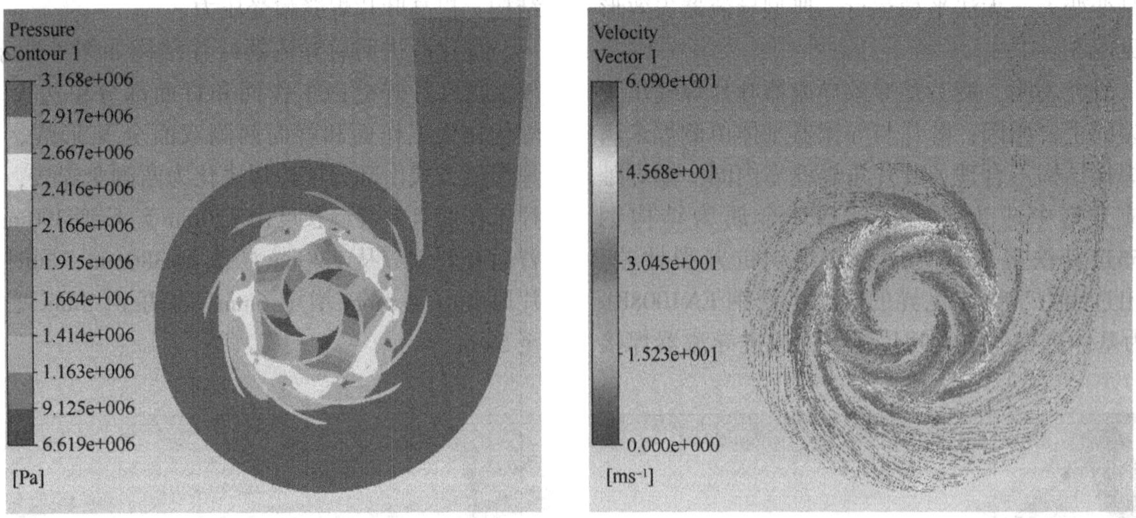

图 7　导流器改进后输油泵泵腔压力及绝对速度分布

4　机械密封适应性提升

针对无人少人输油站管理，为提升输油泵运行可靠性，消减油品泄漏风险，提出机械密封适应性改进提升；要求在保持原有冲洗和泄漏收集报警系统不变下，提出双端面机械密封8648VRS+SBXP(串联式双密封)结构，实现内密封失效时，外密封承担主密封作用，事故工况下无可见泄漏，给无人站/少人站输油泵运行维护检修提供足够应急时间。双端面机械密封结构见图8，采用双密封串联不加压布置结构，内密封为接触式高压封液密封，非推进式，用于密封泵送原油；应用蝶式耳式传动套消除传动中的磨损和卡滞，补偿环设置在静环座上轴向移动补偿，机封冲洗液呈一定角度冲洗补偿环和配合环密封端面减少密封端面冲击，补偿环配合环材质为SiC/SiC；外密封为辅助密封采用接触式气体润滑(干运转密封)，多弹簧平衡型设计，补偿环配合环材料分别为 SiC 和 CARBON + DUPLEX S. S+ALLOY K-500(镶嵌自润滑石墨)，正常运行工况通过内侧密封发挥主密封作用，外侧密封通过接触干运转密封方式进行密封介质流体的挥发性控制，事故工况下内侧主密封失效后外侧密封转变为主密封发挥密封作用，变为常规湿密封。

为验证双端面机械密封的适用性和可靠性，设计了工厂试验和工业性现场试验；因内侧主密封已成熟早已实现工业性应用，开展验证试验意义不大；对此，设计了针对外侧干运转密封的工厂和工业性现场试验，以检验无润滑冲洗下SBXP密封(外侧密封)功能。针对SBXP密封设计了干运转、液体工况动运转和耐静压密封能力试验。常压干运转试验：常压，试验介质空气，连续运行9h，每小时记录密封端盖温度；(阶梯)液压动运转试验：压力10~100bar以10bar为梯度，每个梯度运转30min，记录端盖温度和机封泄漏量；耐静压及液压动运转试验：压力100bar，先静压60min每10min记录泄漏量，后连续运行12h，每小时记录密封温度和泄漏量：所有动运转试验转速2980rpm，液体试验介质为Mobil Velocite oil NO. 15，试验结果见图9。工厂试验数据表明机封泄漏量及机封运行温度均达到了预期功能。低摩擦和导热良好的密封材料、合适的密封端面比压及合理的密封环宽度保证了SBXP密封性能。

工厂试验验证后，在西部原油管道某输油站原油6#泵(ZLM IP 530/06)开展了工业性试点应用试验，通过实际工况进一步检验验证密封运行可靠性，工业性应用考核时间12000小时。在工业性考核期间双端面机械密封汽柴油泄漏量未超过10滴/min，运行温度最高48℃；工业性试验结束后，模拟了事故工况下内侧主密封失效后SBXP密封性能检验；泵腔压力99Bar，因内密封不具备反压工况能力，机械密封泄漏收集腔液压静压试验压力设定为95Bar，时间60min每15min记录压降和密封泄漏量，未见压力下降和大气端可见泄漏。工业性试验结束后，计算补偿环和配合环磨损量仅为0.08mm，该密封寿命完全满足API682标准规定的三年25000小时；该机封已在少人无人区输油站场进行推广应用。

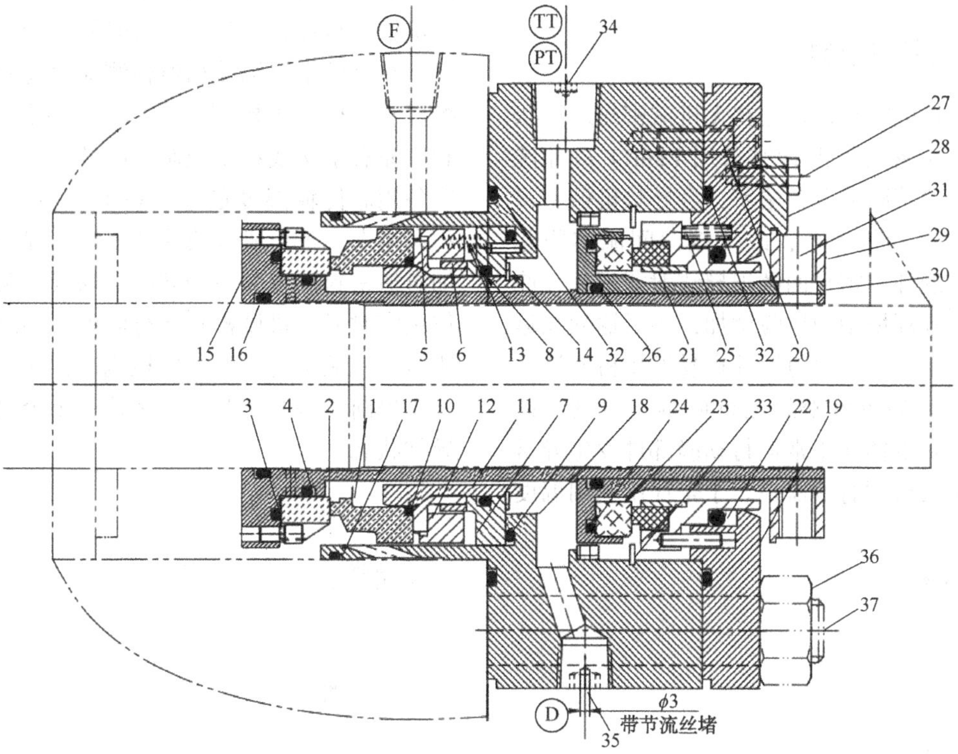

图 8　双端面机械密封结构

1—补偿环；2—配合环；3—O 型圈；4—O 型圈；5—波纹管；6—箍；7—弹簧座；8—O 型圈；9—O 型圈；10—防挤出环；11—小轴套；12—传动套；13—弹簧；14—卡环；15—轴套组合；16—O 型圈；17—O 型圈；18—内端盖组合；19—外端盖；20—内六角螺钉；21—补偿环；22—O 型圈；23—配合环；24—O 型圈；25—弹簧；26—O 型圈；27—内六角螺钉；28—定位片；29—驱动环；30—外轴套；31—顶丝；32—O 型圈；33—卡环；34—堵头；35—带节流丝堵；36—螺母；37—螺柱

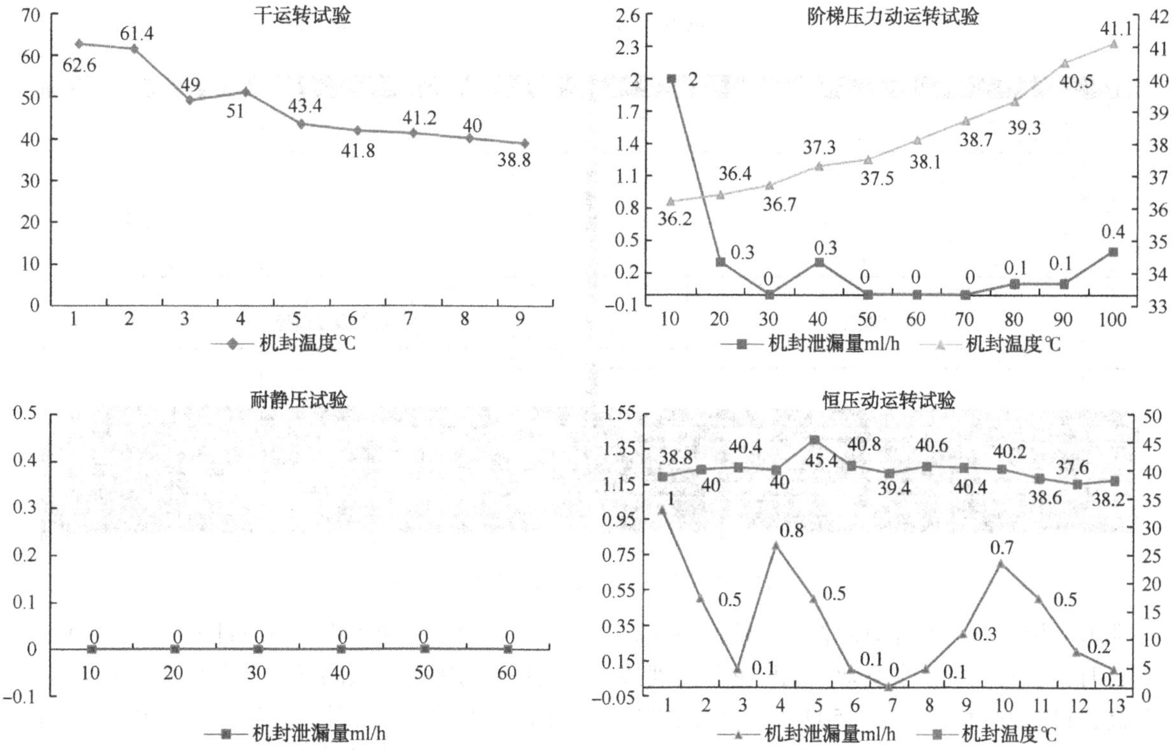

图 9　SBXP 密封试验测试

5 机械密封温度监控

泵送用机械密封设计之初无机械密封运行状态监测，机械密封辅助管路采用 Plan11 自冲洗系统；当冲洗管路或孔板堵塞，会导致机械密封动静环润滑冷却效果差，改变端面间流体膜相态，加剧动静环主密封面磨损导致泄漏超标，原油介质泄漏到环境中的风险增加；冬天输油泵运行时，机械密封排污通道原油也易发生析蜡堵塞排污通道，影响机械密封运行而难于发现；此外，机械密封本体非正常运行动静部件发生异常磨损，也无法得到有效监控。于是提出利用温度监控机械密封异常状态，及时采取管控措施，避免机械密封在异常状态下长时间运行。

在机械密封端盖预留检测通道处安装温度监控探头以检测机械密封内部动静部件运行状态，利用原有泵接线箱至控制室间的温度仪表信号电缆备用芯传输温度信号；在 PLC 系统中进行编程和组态，下位机修改输油泵联锁保护逻辑，增加机械密封温度高报警和高高联锁停泵逻辑，上位机实时显示机械密封运行温度，如图 10、图 11 所示。机械密封增设温度检测后，西部原油管道每年提前发现并及时处理多达二十余次机械密封异常状态。

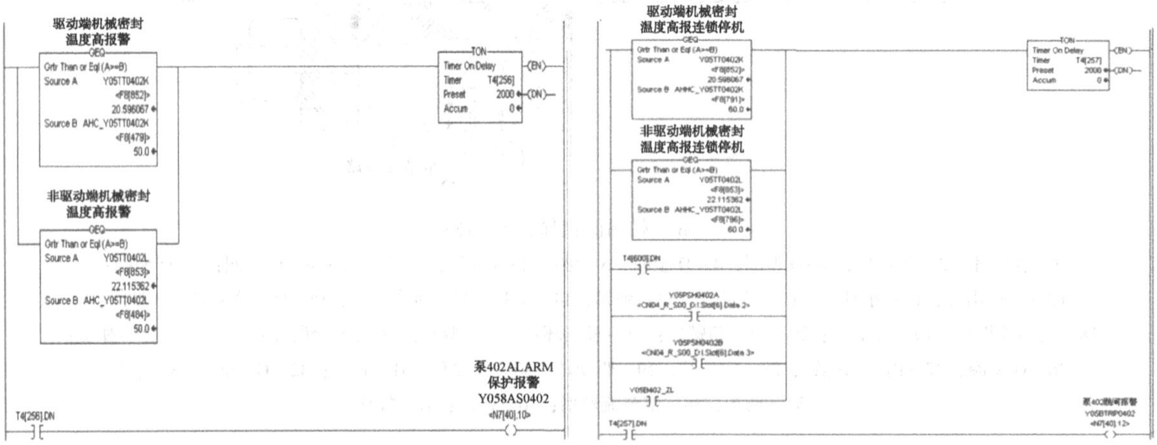

图 10　下位机写入机械密封温度高报警和高高联锁停泵逻辑

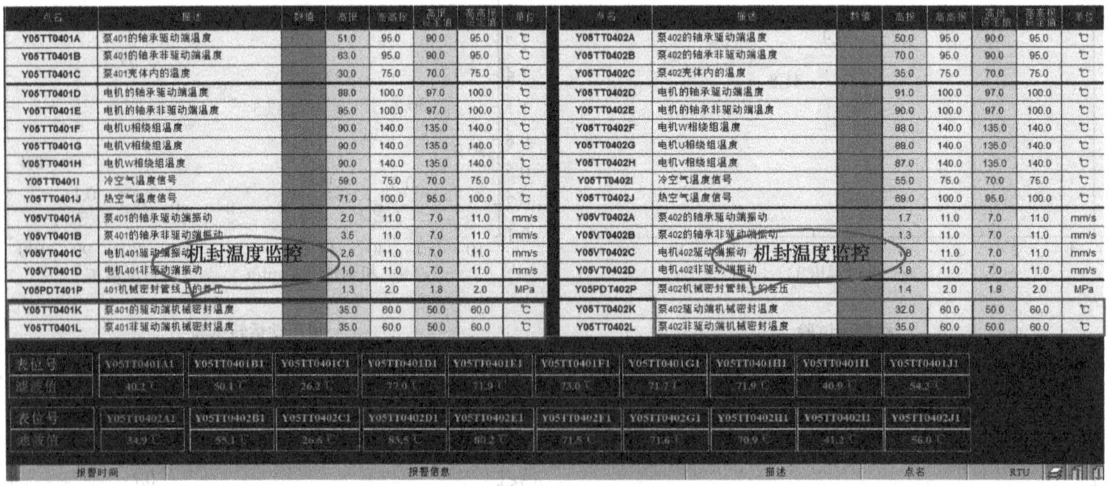

点名	描述		高报	高高报			单位
Y05TT0401A	泵401的轴承驱动端温度		51.0	95.0	90.0	95.0	℃
Y05TT0401B	泵401的轴承非驱动端温度		63.0	95.0	90.0	95.0	℃
Y05TT0401C	泵401壳体内的温度		30.0	75.0	70.0	75.0	℃
Y05TT0401D	电机的轴承驱动端温度		88.0	100.0	97.0	100.0	℃
Y05TT0401E	电机的轴承非驱动端温度		85.0	100.0	97.0	100.0	℃
Y05TT0401F	电机U相绕组温度		90.0	140.0	135.0	140.0	℃
Y05TT0401G	电机V相绕组温度		90.0	140.0	135.0	140.0	℃
Y05TT0401H	电机W相绕组温度		90.0	140.0	135.0	140.0	℃
Y05TT0401I	冷空气温度信号		59.0	75.0	70.0	75.0	℃
Y05TT0401J	热空气温度信号		71.0	100.0	95.0	100.0	℃
Y05VT0401A	泵401的轴承驱动端振动		2.0	11.0	7.0	11.0	mm/s
Y05VT0401B	泵401的轴承非驱动端振动		3.5	11.0	7.0	11.0	mm/s
Y05VT0401C	电机401驱动端振动		2.6	11.0	7.0	11.0	mm/s
Y05VT0401D	电机401非驱动端振动		1.0	11.0	7.0	11.0	mm/s
Y05PDT401P	401机械密封管线上的差压		1.3	2.0	1.8	2.0	MPa
Y05TT0401K	泵401的驱动端机械密封温度		35.0	60.0	50.0	60.0	℃
Y05TT0401L	泵401非驱动端机械密封温度		35.0	60.0	50.0	60.0	℃

点名	描述		高报	高高报			单位
Y05TT0402A	泵402的轴承驱动端温度		50.0	95.0	90.0	95.0	℃
Y05TT0402B	泵402的轴承非驱动端温度		70.0	95.0	90.0	95.0	℃
Y05TT0402C	泵402壳体内的温度		35.0	75.0	70.0	75.0	℃
Y05TT0402D	电机的轴承驱动端温度		91.0	100.0	97.0	100.0	℃
Y05TT0402E	电机的轴承非驱动端温度		90.0	100.0	97.0	100.0	℃
Y05TT0402F	电机W相绕组温度		88.0	140.0	135.0	140.0	℃
Y05TT0402G	电机U相绕组温度		88.0	140.0	135.0	140.0	℃
Y05TT0402H	电机V相绕组温度		87.0	140.0	135.0	140.0	℃
Y05TT0402I	冷空气温度信号		55.0	75.0	70.0	75.0	℃
Y05TT0402J	热空气温度信号		69.0	100.0	95.0	100.0	℃
Y05VT0402A	泵402的轴承驱动端振动		1.7	11.0	7.0	11.0	mm/s
Y05VT0402B	泵402的轴承非驱动端振动		1.3	11.0	7.0	11.0	mm/s
Y05VT0402C	电机402驱动端振动		[illegible]	11.0	7.0	11.0	mm/s
Y05VT0402D	电机402非驱动端振动		1.8	11.0	7.0	11.0	mm/s
Y05PDT402P	泵402机械密封管线上的差压		1.4	2.0	1.8	2.0	MPa
Y05TT0402K	泵402驱动端机械密封温度		32.0	60.0	50.0	60.0	℃
Y05TT0402L	泵402非驱动端机械密封温度		35.0	60.0	50.0	60.0	℃

表位号	Y05TT0401A1	Y05TT0401B1	Y05TT0401C1	Y05TT0401D1	Y05TT0401E1	Y05TT0401F1	Y05TT0401G1	Y05TT0401H1	Y05TT0401I1	Y05TT0401J1
滤波值	40.2℃	50.1℃	26.2℃	77.0℃	71.9℃	73.0℃	71.7℃	71.9℃	40.9℃	54.3℃
表位号	Y05TT0402A1	Y05TT0402B1	Y05TT0402C1	Y05TT0402D1	Y05TT0402E1	Y05TT0402F1	Y05TT0402G1	Y05TT0402H1	Y05TT0402I1	Y05TT0402J1
滤波值	34.9℃	55.1℃	26.6℃	85.5℃	80.2℃	71.5℃	71.6℃	70.9℃	41.2℃	56.0℃

图 11　上位机实时显示机械密封运行温度

典型应用实例：西部原油管道某输油站在起泵运行时，监测发现该泵驱动端机械密封温度持续升高，机械密封温度达到 50℃ 后上位机出现高报警，机械密封温度继续上升至 60℃ 输油泵保护跳闸，避免了更严重事件发生。经拆解，该机械密封因加工缺陷导致了密封环与轴套间产生了严重摩擦，摩擦使机械密封温度升高，上位机监控页面及故障机封见图 12。

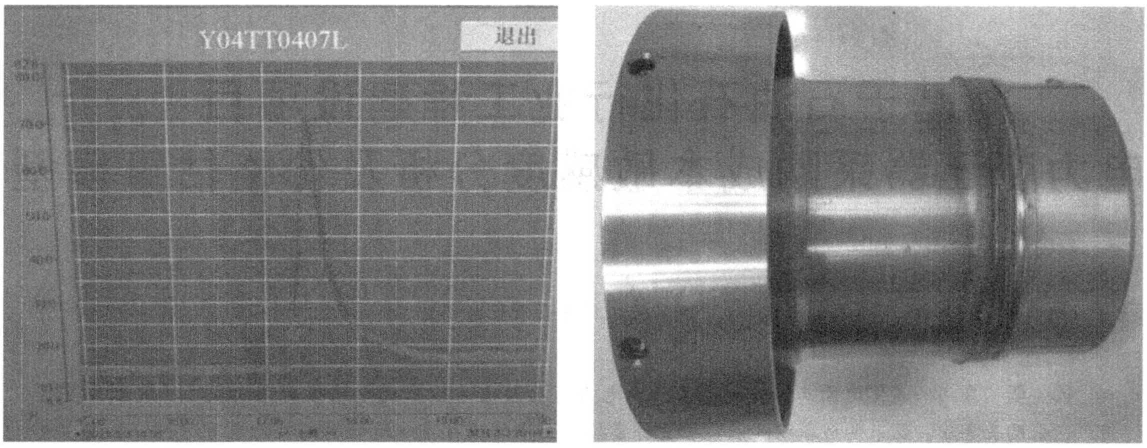

图 12 机封运行温度监控及故障机封

6 结论

西部原油管道多年运行后，鲁尔 ZLM IP 530/06 泵逐渐暴露出锁紧套和扩流器设计缺陷，针对这些缺陷进行了技术攻关优化改进，并结合西部原油管道管理现状及依托社会条件差，优化改进了机械密封，增加了机械密封运行状态监控，保障了原油管道关键设备输油泵的长周期稳定运行，支撑了西部陆上能源通道的畅通。锁紧套防松键和扩流器的优化改进，值得其他同类型输油泵借鉴；环境敏感地区、依托条件差的输油站场，建议使用双端面机械密封，同时增设温度监测以加强对机械密封运行状态的监控。

参 考 文 献

[1] 郭凯，刘建锋，王晓波，等. 西部原油及成品油管道站内工艺优化[J]. 油气田地面工程，2021，40(5)：19-23.

[2] 张丙辰. 西部原油管道满输量测试研究[J]. 天然气与石油，2015，33(3)：15-17.

[3] 李浩宇. 西部原油管道输量与能耗分析[J]. 管道技术与设备，2017，3：52-54.

[4] 蒲斌，严文东. 鲁尔泵大修内容与技术要求[J]. 油气储运，2020，39(7)：834-840.

[5] 孙法峰，吴海辰，王中良. 西部原油管道大排量适应性改造[J]. 油气储运，2015，36(6)：667-671.

[6] 杨军元，代兴，赵福来，等. 探讨我国管道区域化运行维护的实现路径[J]. 国际石油经济，2015，1：88-94.

[7] 黄维和，郑洪龙，李明菲. 中国油气储运行业发展历程及展望[J]. 油气储运，2019，38(1)：1-11.

[8] 史兴志，邱淑娟等. 长输管道 2100kw 单级输油主泵的研制及应用[J]. 石油工程建设，2016，42(1)：81-87.

[9] 刘国豪，姜勇等. 国产输油泵现场试应用性功能测试与分析[J]. 油气储运，2014，33(7)：762-764.

[10] 杨喜良，张栋，蔡永军. 油气管道关键设备国产化探索与实践[J]. 油气储运，2021，40(1)：7-14.

[11] 李晓平，林棋，林金贤，等. CFD 在油气储运工程领域的应用[J]. 油气储运，2014，33(3)：233-237.

[12] 成科，陈启明，崔宝玲，等. 多级离心泵扬程预测及内部流场数值模拟[J]. 流体机械，2021，49(3)：60-67.

[13] 傅俐. 串联式双端窄面密封在液态烃泵上的应用[J]. 流体机械，2004，32(9)：41-44.

[14] 王胜军，张书贵. 液膜润滑非接触式机械密封温度场分析[J]. 润滑与密封，2009，34(1)：73-76.

[15] 张新杰，王岳. 碳化硅密封材料的性能及应用[J]. 材料开发与应用，2014，4：95-98.

[16] OJILE J O., TEIXEIRA J A., CAR-MODY C. Mechanical seal failure analysis[J]. Tribology Transactions，2010(53)：630 -635.

[17] 刘杰，杨博峰，李香，等. 干摩擦工况下机械密封端面温度数值模拟[J]. 液压气动与密封，2018，5：8-11.

[18] 胡添琪. 高温下石墨密封材料摩擦磨损性能研究及预测[D]. 沈阳：东北大学，2012.

[19] 胡亚非. 石墨浸锑新材料孔隙逾渗结构与材质性能研究[J]. 润滑与密封，2006，31(8)：81-83.

[20] 肖云鹏，李双喜，李庆展，等. 干摩擦机械密封端面材料配对性能的台架试验研究[J]. 润滑与密封，2020，45(2)：99-104.

[21] OJILE J O., TEIXEIRA J A., CAR-MODY C. Mechanical seal failure analysis[J]. Tribology Transactions，2010(53)：630 -635.

[22] 刘辉. 双兰线输油主泵机械密封增加温度变送器改造[J]. 仪器仪表用户，2016，23(12)：59-61.

基于石油石化行业工程建设项目电力变压器采购成本敏感度分析及价格估算模型

张　帆　陈　宇

（中国石油工程建设有限公司）

摘　要　在石油石化地面工程建设项目上，电力变压器作为项目变电站中的主要设备，起到重要作用。在采购业务中，其采购成本以及采购质量将直接影响整体项目系统运行稳定性以及可靠性。本文重点以公司广东项目实际采购为背景，探讨采购变压器的经济性，以220kV变压器为主要研究对象，对国内主流成产厂家进行调研，确定了变压器成本构成要素，以多种典型配置的部件占总成本百分比的算数平均值做为电力变压器成本敏感度，并分析国内与国外厂家电力变压器成本的差异性，为今后采购工作提供支持，降本的同时提质增效。

关键词　石油石化项目；电力变压器；价格估算模型

电力变压器是一种静止的电气设备，是用来将某一数值的交流电压（电流）变成频率相同的另一种或几种数值不同的电压（电流）的设备，承担着变电站电压变换的重要工作，是油气田地面工程项目变电站中投资的重要部分，对于投标前期以及项目实施中，其成本都直接影响项目整体收益。

近年来，随着项目整体规模的不断扩大，对电力变压器采购数量也逐渐增多，故对于电力变压器采购成本以及成本敏感度构成显得十分重要。目前国内较多的研究方向是基于电气设备的全生命周期成本，从寿命周期、成本类型以及业务活动多方面考虑，建立了变压器、断路器等成本估算模型，相关科研单位也在全寿命周期成本理论上，对变压器容量选择和设计类型上进行分析。对于从采购方的角度针对变压器采购成本分析较少，因此本文结合2021年广东石化一体化项目，结合框架协议实际采购数据，以变压器作为研究对象，分析其各部件成本敏感度。继而根据影响变压器价格的各敏感度因素，找出主要变量，分析变压器价格组成结构并组建价格模型，最后通过对实际采购数据进行验证，并对验证结果进项相应的偏离分析。

1　变压器成本构成

通过国内厂家多家调研，对于变压器制造厂家成本要素，分为原材料成本、组部件成本、直接人工成本、制造费用和期间费用：

变压器采购成本=原材料成本+组部件成本+直接人工成本+制造费用+期间费用

其中，原材料成本与组部件成本统称为直接成本。直接人工成本、制造费用和期间费用统称为间接成本。整合对变压器厂商的调研结果，本文对各成本的具体构成要素说明如下：

（1）原材料成本：包括变压器制造所需硅钢片、铜线、绝缘油、钢材、绝缘材料等五大主材的成本，部分厂家包含辅助材料，分别为：铜排、角环、引线电缆、密封件、包装费等。

（2）组部件成本：本文将变压器中成本占比较大同时质量问题较多的组部件计入组部件成本中，如分接开关、套管、互感器、阀门和表计、储油柜、冷却系统、继电器、吸湿器等的成本。

（3）直接人工成本：指直接从事生产制造的技术人员成本，包括生产车间工人工资、福利物资费用。此成本不包括工厂管理人员的人工成本。

（4）制造费用：指企业为生产产品和提供劳务而发生的各项间接成本。包含生产管理人员工资、生产人员及生产管理人员社会保险费用、生产系统人员差费、车间加班餐、生产设备及生产厂房折旧费、车间用水、电、蒸汽费、劳保费、检验设备检测费、设备修理费和外协加工费。

(5) 期间费用：指企业本期发生的、不能直接或间接归入营业成本，而是直接计入当期损益的各项费用，它是随着时间推移而发生的与当期产品的管理和产品销售直接相关，而与产品的产量、产品的制造过程无直接关系，即容易确定其发生的期间，而难以判别其所应归属的产品，因而是不能列入产品制造成本。包含销售人员工资、福利物资费用、社会保险费用、业务费、宣传费、会务费、运输费、咨询费、标书费、中标服务费、押运安装费、办公费、车辆费、保险费、税金、人才招聘费、包装费等。

2　变压器各部件灵敏度分析

部件灵敏度针对变压器本身物料进行分析，故而人工成本、制造费用、间接费用不在本环节进行分析。

变压器中各部件 i 的成本敏感度可定义为该部件成本占比总成本百分比，表示为：

$$d_i = \frac{r_i}{\sum r_i} \tag{1}$$

式中，r_i 为变压器中需测算敏感度的部件原材料成本；$\sum r_i$ 为变压器的原材料总成本，包含材料成本以及组部件成本。

通过对广东石化项目变压器框架协议供应商以及集团集采价格，选取 5 个变压器厂家，额定电压为 220kV，容量为 180MVA 和 240MVA，共 10 种常用配置变压器分项报价作为本次数据支持。通过上述公式，分别就相关配置中影响各原材料成本以及组部件价格所占原材料总成本的百分比进行算数平均，得到各关键成本敏感度，如见下表 1 和表 2：

从表 1 和表 2 中不难看出，硅钢片、铜线、绝缘油、钢材以及绝缘材料作为变压器五大主材，其成本占据原材料总成本的 80% 以上，其中铜线作为绕组的主要关键材料，占成本的 33%，影响成本最大，其次是作为铁芯材料的硅钢片，占总材料成本 24%。绝缘油、钢材、绝缘材料占比次之。对于组部件敏感度，其中开关和冷却系统作为重要组成部分，分别占 5.3% 和 5.42%，其余的套管、互感器、储油柜、阀门、吸湿器由于其各成本占总成比比率较低，成本敏感度也因而较小。

表 1　原材料成本敏感度

原材料	敏感度/%
硅钢片	24.12
铜线	32.65
绝缘油	10.63
钢材	9.41
绝缘材料	6.45

表 2　组部件成本敏感度

部件	敏感度/%
开关	5.3
套管	2.91
冷却系统	5.42
互感器	0.67
储油柜	0.9
继电器	0.23
阀门、表头	1.2
吸湿器	0.04

由于国产品牌和合资品牌变压器其组成构造基本项目，本文对上述两种类型各敏感度进行了横向对比，由于 240MKA 和 180MKA 存在输入差异性，故采用同型号变压器进行敏感度分析，结果如图 2 所示。

结合上图归纳可以看出，在国产品牌和进口品牌上，变压器的组成部分大致相同，但针对各组成部分的敏感度程度是有不同程度的差异。主要体现在五大材料成本和组部件成本上，合资品牌的组部件成本在开关和继电器部分大幅度高于国产品牌相应价格，且组部件的差异幅度也大于五大材料成本敏感度。而国产品牌主要体现在五大材料成本上，要高于合资品牌，原因可能是，合资品牌相比国内品牌，在相同规格型号下，制造工艺上要略优于国产品牌，从而实现在不失去性能的前提下，适量减少了主材料的用料。

3　变压器成本估算模型建立

由于上文对变压器成本进行了阐述，变压器采购成本 = 原材料成本 + 组部件成本 + 直接人工成本 + 制造费用 + 期间费用，并且对变压器成本敏感度进行了分析，其中硅钢片和铜线影响以及占比最大，故本章节着重对上述 2 点进行建模。

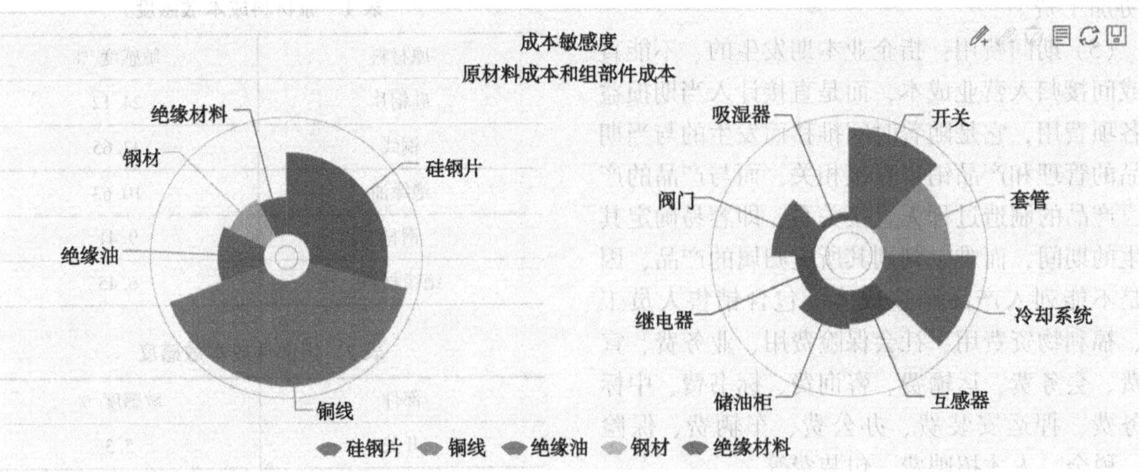

图1　变压器各组件成本敏感度比重图

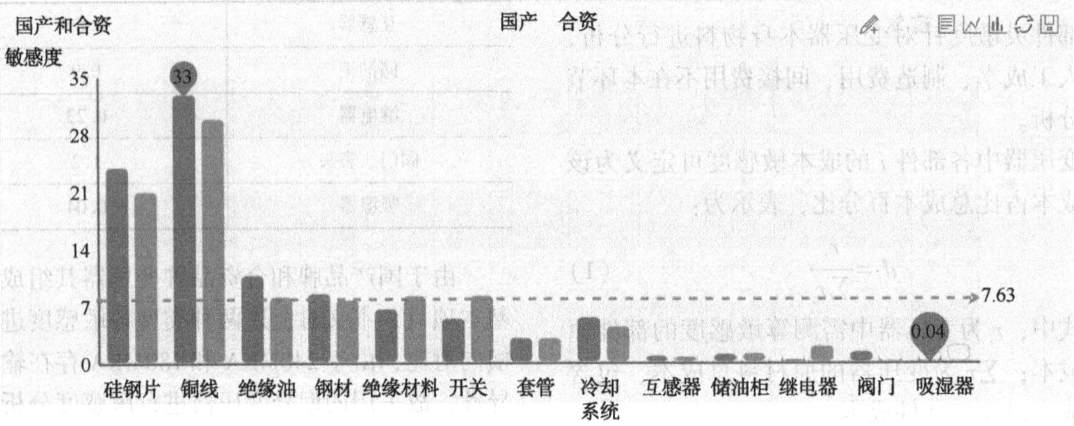

图2　国产品牌和合资品牌各敏感度对比图

3.1　变压器主材质量估算

3.1.1　容量增长定律

根据《电力变压器计算》书中对变压器以及容量增长定律的描述和介绍，在电压等级、结构形式相同的情况下，互成数系存产品存在于变压器容量等级之间。那么容量增长定律指，在这些互成数系的产品中，若几何尺寸比例关系不变，变压器产品结果相似，那么变压器的几何尺寸随变压器容量的增大而相应增大。并且在此书中，推导出了变压器铁芯（硅钢片）、铜线圈（铜线）的质量公式：

$$G_T=\frac{G_{1F_1}}{S_{N_1}\tan a}S_{N_1}\tan a=\frac{G_{1F_1}}{S_{N_1}^{\frac{3}{4}}}S_N^{\frac{3}{4}} \tag{2}$$

上述式中，G_T为任意容量的变压器铁芯（硅钢片）质量，kg；G_{1F_1}为已知带入的某容量变压器铁芯（硅钢片）质量，kg；S_N为未知铁芯质量的任意变压器容量，kVA；S_{N_1}为已知变压器容量，kVA。

线圈（铜线）质量计算公式：

$$G_X=\frac{G_{1M}}{S_{N_1}\tan a}S_{N_1}\tan a=\frac{G_{1M}}{S_{N_1}^{\frac{3}{4}}}S_N \tag{3}$$

上述式中，G_X为任意容量的变压器线圈导线（铜线）质量，kg；G_{1M}为已知某容量变压器线圈导线（铜线）质量，kg。

3.1.2　主材原材料成本估算模型

1. 铁芯（硅钢片）质量模型

从公式（2）中可以看出，若已知变压器容量和铁芯质量，那么所求得已知容量的变压器铁芯质量即可得到。本次以大容量的变压器数据作为已知量输入，220kV/180MVA，其铁芯质量在80至85吨，取其平均值82吨，将上述已知量分别带入公式（2）中，可得如下：

$$G_T=\frac{82}{180^{0.75}}\times S^{0.75}=1.669S^{0.75} \tag{4}$$

根据广东石化项目110kV变压器铁芯质量，可得如下对比结果（表3）：

表 3 铁芯(硅钢片)质量计算与实际值对比

变压器规格型号	实际质量/t	计算质量/t
220kV/180MVA	80	82
110kV/40MVA	27	26.55
110kV/31.5MVA	24	22.19

从表 3 中可以看出，220kV 变压器铁芯质量经过质量模型计算，偏离度为 2.5%，110kV 变压器偏离度为-1.67%~-7.54%，从数值角度分析，变压器计算结果和实际偏差不大，但整偏离和负偏离是由于 220kV 和 110kV 变压器设计不属于同一产品系列导致。

2. 变压器线圈(铜线)质量模型

从公式(3)中可以看出，若已知变压器容量和变压器线圈(铜线)质量，那么所求得已知容量的变压器线圈(铜线)质量即可得到。本次以大容量的变压器数据作为已知量输入，220kV/180MVA，其线圈质量在 23~38t，取其平均值 31 吨，将上述已知量分别带入公式(3)中，可得如下：

$$G_X=\frac{31}{180^{0.75}}\times S^{0.75}=0.631S^{0.75} \tag{5}$$

根据广东石化项目 110kV 变压器线圈质量，可得如下对比结果(表 4)：

表 4 线圈(铜线)质量计算与实际值对比

变压器规格型号	实际质量/t	计算质量/t
220kV/180MVA	38	31.01
110kV/40MVA	12	10.04
110kV/31.5MVA	10	8.39

3.1.3 曲线拟合法

上述环节是根据变压器容量作为输入，得到变压器硅钢片以及铜线质量，但基于广东石化项目变压器技术协议部分中，提供了额定容量规格损耗数据，即额定电压和频率下，空载损耗和负载损耗可作为输入量以及其他主材的用量，在假定上述数据之间具备线性的函数关系前提下，建立质量估算模型。

根据表 5 上述数据，假定空载损耗、负载损耗、铁芯质量或铜线质量成线性函数关系，可得到下述公式：

$$\begin{cases}Y_1=1.1+0.925B-0.025C,\\ Y_2=51.33-5.9525B+0.9625C\end{cases} \tag{6}$$

式中，Y_1 为硅钢片用量；Y_2 为铜线用量；B 为变压器空载损耗；C 为负载损耗。分别带入广东石化项目 31.5MVA 和 40MVA 对应的空载损耗以及负载损耗，可得到对应的硅钢片和线圈质量，详见表 6、表 7。

表 5 广东石化项目变压器框架协议损耗数据

变压器额定容量/MVA	空载损耗/kW	负载损耗/kW
20	19	88
25	22	104
31.5	27	123
40	32	156
50	38	194
63	41	232

表 6 铁芯(硅钢片)质量两种方式计算与实际值对比

变压器规格型号	实际质量/t	增容计算质量/t	拟合计算质量/t
110kV/40MVA	27	26.55	26.8
110kV/31.5MVA	24	22.19	23

表 7 线圈(铜线)质量两种方式计算与实际值对比

变压器规格型号	实际质量/t	增容计算质量/t	拟合计算质量/t
110kV/40MVA	12	10.04	11
110kV/31.5MVA	10	8.39	9.1

从表 6 以及表 7 中可以计算出，增容法计算出的铁芯质量与实际偏差为 1.67%、7.5%；铜线质量与实际偏差为 16.3%，16.1%。拟合法计算出的铁芯质量与实际偏差为 0.7%，4.1%；铜线质量与实际偏差为 8.3%，9%。

根据对比不难看出，拟合法计算的偏差结果要小于增容发计算的偏差，更接近实际铁芯和铜线质量，其原因可以分析为由于增容法计算原则，是在变压器同设计方式，相同的设计结构下作为前提条件，以变压器容量作为输入，不能全面的反应变压器用量，进而造成计算结果偏差较大。而拟合法计算，是基于变压器电压等级，容量，阻抗，通过空载损耗和负载损耗作为输入，计算对应的主材用料量，更加科学和准确。

3.2 变压器间接成本

由于目前市场上，大部分厂家是以间接成本

占直接成本百分比来对间接成本进行估算，故本文通过直接成本的百分比来估算间接成本，这种方式对于数据获取较为容易，并且简单易行。根据询问各家间接成本占比情况，汇总见表8。

表8　间接成本比例表

厂家	直接人工成本/%	制造费用/%	期间费用/%
A	5.9	16.7	17.8
B	5	15.8	18
C	6.2	16.2	18.5

根据上述数据可知，间接成本中各项比重趋势大体相似，故采用三家的算数平均值作为数据可得到(表9)。

表9　成本模型间接成本比例表

直接人工成本/%	制造费用/%	期间费用/%
5.7	16.2	18.1

故在计算间接成本时，可根据直接成本乘以相应比例系数得到间接成本。所以变压器成本模型基本已经构建完成，计算步骤汇总如下：

(1) 根据提供的现有数据，变压器容量或数据表中空载、负载损耗，选择对应的变压器主材质量模型，计算其质量。

(2) 得到变压器主材质量，结果其原材料单价，得到主材成本价格。

(3) 根据价格敏感度，以主材成本价格除以敏感度，得到主材总成本价格，即直接成本。

(4) 根据计算得到的直接人工成本、制造费用、期间费用的比例，得到相应的间接成本。

(5) 直接成本和间接成本之和即为变压器总成本。

变压器采购成本=原材料成本+组部件成本+直接人工成本+制造费用+期间费用=主材成本+主材成本/敏感度+(主材成本+主材成本/敏感度)×(5.7%+16.2%+18.1%)

4　估算结果与分析

根据上述变压器成本估算模型结果(表10)看，存在不同数据偏差，分别偏差为2.1%和5.7%，其原因分析如下：

(1) 本次主材单价根据广东石化项目厂家报价表进行计算，而实际厂家采购是在报价之前的，对于材料价格存在波动，故存在相对偏差。

(2) 由于本次价格估算模型基于简易的函数关系，且组件部分根据价格敏感度进行折算，故在主材质量以及组件价格上存在偏差。

(3) 间接成本采用百分比计算方式，对于各供应商可能存在差异化，故在间接成本方面存在偏差。

(4) 由于供应商投标策略以及盈利空间，在总价上可能存在相对偏差。

表10　110kV　31.5MVA和40MVA价格估算模型计算结果

成本类别	金额/万元	
	31.5MVA	40MVA
硅钢片	35.51	42.47
铜线	57.05	68.25
组件部分	61.83	73.95
直接人工成本	8.8	10.53
制造费用	25.01	29.92
期间费用	27.94	33.98
估算总金额	215.34	259.1
实际总金额	220	275
偏差	2.1%	5.7%

5　结束语

本文以公司广东石化项目变压器为研究对象，通过其价格拆分，确定了变压器各组成部分成本分布以及价格敏感度，并对比了国产品牌和合资品牌在价格敏感度的差异化及其形成原因。通过对容量增长定律以及曲线拟合法研究，确定了在已知变压器容量或空载、负载损耗的条件下，变压器主材硅钢片和铜线的用料。进而以当前的材料单价和成本比重建立了变压器成本估算模型，并对其进行验证和偏差分析。验证结果虽存在偏差，但基本符合实际情况，具备了一定普遍性，可在今后询价工作和采购预算方面提供价格方向性的参考意见，对采购工作起到一定的降本增效作用。

参考文献

[1] 江修波，吴文宣，陈祥伟. 变压器全寿命周期成本的建模研究[J]. 福州大学学报：自然科学版，2012，40(3)：356-360.

[2] 路长柏. 电力变压器计算[M]. 哈尔滨：黑龙江科

学技术出版社，1986：1-28.

[3] 史学飞，赵彪，郑燕，等. 基于参数可测的交流变压器制造成本估算模型[J]. 电力建设，2013，34(5)：11-16.

[4] 钟声，余晓峰，吴海泉等. 220kV 变压器成本敏感度及成本估算模型[J]. 广东电力，2015，28(6)：87-92.

[5] MalikH, Jarial R K. Fuzzy-Logic Applications in Cost Analysis of Transformer's Main Material Weight[C]// Computational Intelligence and Communication Networks (CICN), 2011 International Conference on. IEEE, 2011：386-389.

[6] 亢海伟，杨庆芳，王硕禾. 基于 MATLAB 模糊逻辑工具箱的模糊控制系统仿真[J]. 电子技术应用，2000，15(2)：43-44.

油井井口嘴子套试压工具的研制与应用

覃　勇　孙志勇　白　龙　王　军　陈海涛

（中国石油新疆油田公司）

摘　要　井口嘴子套试压工具，是一套采用手柄、扶正对中、套筒、丝扣连接等组合式试压工具，其研制过程借鉴压差、扶正、杠杆原理组合创新思路，具有便捷性、快速性、承压性、通配性等优点，可以在60分钟内完成单井油管应急试压工作。

该试压工具在陆梁油田作业区255口抽油机实施后，试压时间较前节省96.4分钟，降低了人员伤害风险，达到了试压不渗、不漏目标，减少停机时间，提高了生产时率；具有前瞻性，可在同行业中推广应用。

关键词　稀油井；嘴子套；试压工具；研制

1　研制背景

井口嘴子套是采油树重要组成部分，是原油从井底流向地面管线输送原油的“咽喉”通路。在嘴子套内部安装油嘴可以改变油井的工作制度；嘴子套外部安装取样器可以取样化验原油含水。油井试压是测试油井工况和异常的重要手段，试压作业需卸掉取样堵头，安装热洗接头和管线，另一端连接泵车，通过泵车打压和观察压降来判断油井工况和异常情况。

在油井持续生产中，能够及时判断油井油管、抽油泵漏失情况，准确进行油水井生产分析，是保证作业区百万吨原油生产目标顺利完成的重要条件。

表1　需求分析表

社会的需求（国家）	一层（集团公司）	二层（油田公司）	三层（陆梁作业区）	四层（星语创新团队）	选定理由
安全稳定，消除隐患	提升油井管理水平、安全生产、清洁环保	杜绝油田生产事故事件的发生，解决影响生产危害因素，落实油价低迷特殊时期的提质增效	408口KH62/30－8环空井口原设计没有试压通道，无法试压 592口KY65-25B普通井口有试压通道，但试压时间长	本次活动需要解决环空井口原设计没有试压通道，无法试压的问题，及普通井口试压时间长的问题	陆梁油田作业区3个基层站队408口环空井口无法满足试压需求，及592口普通井口用时长的需求。需要进行有效解决
	完成试压任务；安全生产作业；降本增效；提高作业效率				

根据传统试压方法进行测试工作，由于环空井井口装置不具备试压条件，有半数以上的油井无法进行试压操作，不能及时发现油管、抽油泵漏失和热洗井筒，普通井口有预留通道，可进行试压验泵，但单井试压时间为122.8min左右，工作时间长。因此，实现环空井口试压及缩短普通井口试压时间，急需有效解决。

2　技术特点

研发团队借鉴自喷井更换油嘴通针套筒扳手的控制压差原理、T型扶正手摇把装置的扶正功能原理、双盘根盒的多级密封原理，增加试压工具，省去拆、装保温箱时间；可扶正中管和保护丝扣；丁字手柄平稳旋进，不伤丝扣；增加一个密封垫片，泵车打压，升压，稳压不渗不漏。

嘴子套试压工具分为泵车、嘴子套一体化承压管，扶正对中管和360°加力把手三部分。制作通孔一体化承压管，流体可直接从中心孔通过，利用压差控制流体流量和流速；制作高压扶正对中管和高压360°加力把手，可承压16MPa，达到扶正功能，能同时满足普通井口和环空井口试压要求。

3 主要做法

3.1 整体思路

1. 借鉴原理

控制压差原理来源：自喷井更换油嘴专用工具。可以控制嘴子套中的油嘴压力变化，改变油井的工作制度。

扶正功能原理来源：盘根盒压盖扶正的T型扳手省力，具有方便快捷功能。

多级密封原理来源：多级密封，双重保证密封条件(网红视频中河南现乡村阮族“摩天轮”，将杠杆和滚筒结合，实现360°省力“跷跷板”)。

对本课题借鉴如下(表2)。

2. 解题思路

借鉴项目特点，反复研究借鉴项目原理，从中找出不同点(见表3)。

表2 课题借鉴表

	借鉴内容
借鉴项目	 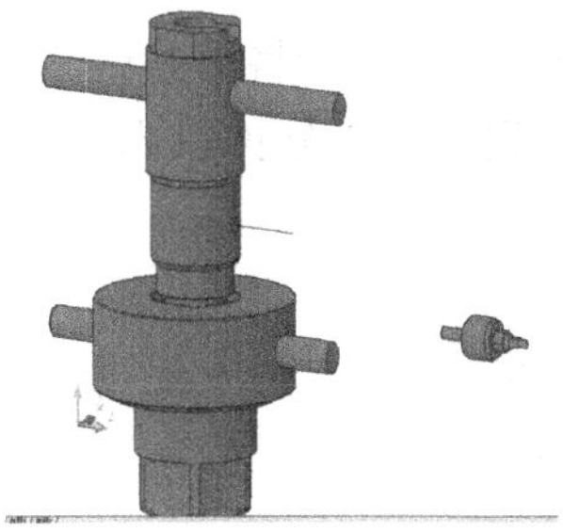 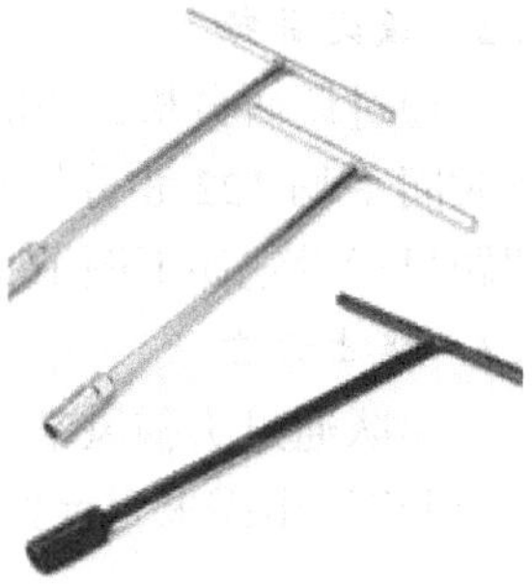
	1. 泵车快速接头：泵车试压接头，借鉴Q/SY J 0859—2017《油嘴套》标准，通过标准螺母能与油井试压接口实现快速连接
	2. T型扳手：扭矩杠杆作用，省时省力
	3. 盘根盒压盖：借鉴SY/T 5127—2002《井口装置和采油树规范》，使用标准丝扣件，实现盘根压盖紧固。
借鉴原理	借鉴控制压差、扶正功能、杠杆原理，同时具备如下特性： 1. 便携性：手柄、扶正对中、套筒、丝扣连接等组合式试压工具，实现从低压升至高压的过程可控制
	2. 快速性：不用拆卸保温箱即可操作。油嘴合理控制嘴子套管线前后压差。高压管连接通道，两端设计通配不同尺寸扣型的工件，在主生产闸门嘴子套水平端端口，从中穿入，连接在原设计自带安装油嘴功能丝扣处(前端可以承受高压流体)，在水平端端口丝扣处设计安装扶正组合部件及把手，另一端通过螺纹及管线连接泵车、罐车进行试压作业，避开公司禁止低压管部件超压运行项目要求；避免了拆除井口保温箱工序，简单、方便实用
	3. 承压性，设计承压高，方便快捷，安全可靠，承压性好
	4. 通配性，该工具通配KY65-25B、KH62/30-8、KR14-337抽油井口
借鉴特性	1. 组合式转换试压接头工具，可以在60分钟内完成单井油管试压工作
	2. T型手柄、360°加力把手、丝扣连接灵活便携，通过泵车、嘴子套一体化承压管连接嘴子套内部前端，外部尾端连接泵车高压端进行试压，实现T型手柄省力的目的
	3. 卸装灵活、快速便捷，承压16MPa，有效杜绝操作过程中存在的安全隐患，减少员工劳动强度，提高工作效率
借鉴结论	通过借鉴的相关资料，借鉴压差、扶正、杠杆原理组合创新思路，能够进行承压快速测试，提高作业效率，实现了泵车试压快速安全连接。

表3　借鉴点工作原理

借鉴点	工作原理
压差原理	油嘴控制压差，可以保证地面流体进入井下液体的流量，控制流量液量的流速，确保嘴子套管线前后压差平稳；控制压差±0.1MPa
扶正功能原理	360°加力把手可以稳定整个试压过程在打压、升压、稳压的过程中保持平衡性，保证平衡度100%。
多级密封原理	多级密封确保不泄压、无渗漏，渗漏量为0。
研制的不同点	360°旋转手柄试压工具依据杠杆力保证试压工具在连接油嘴丝扣平稳旋进，360°加力把手平衡试压工具的稳定性；市场上无相同的设备，必须自主研发。

总结：根据借鉴点工作原理，可以看出课题难点在于360°加力套筒的研制，小组准确选定解题思路和确定研发方向。

3.2　设定目标

通过调研分析，团队设定课题目标将单井试压时间平均122.8分钟减少到65.25分钟以内，课题目标设定如下图1所示。

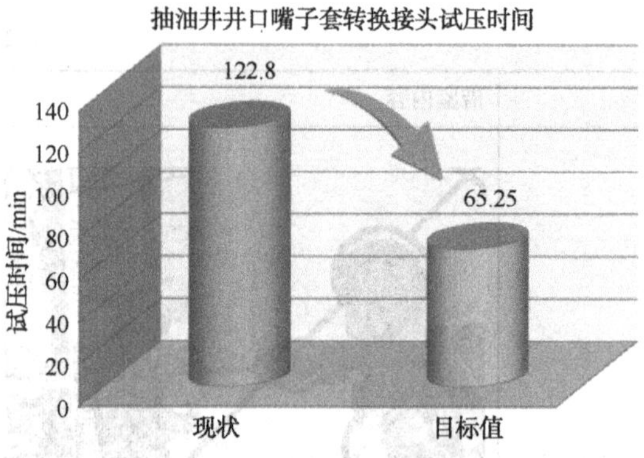

图1　单井试压操作时间柱状图

3.3　提出方案

团队通过头脑风暴法针对“嘴子套试压工具的研制”提出需求目标见表4。

表4　需求目标分析表

需求(目标)	需求分析	实现方法	实现组件
每口单井试压时间60min	明示需求：缩短试压时间	借鉴增加试压工具减少操作工序：省去拆、装保温箱时间，缩短试压时间	泵车、嘴子套一体化承压管
		借鉴扶正对中套筒原理，保护丝扣稳定连接	扶正对中管
	隐含需求1：安全性	借鉴油嘴控制压差原理：扶正对中管前端油嘴控制嘴子套管线内前、后端压差，实现高压与低压转换，确保管安全承受变化压力	泵车、嘴子套一体化承压管
	隐含需求2：便捷性	借鉴杠杆扭力原理：丁字手柄平稳旋进，保证丝扣连接处，平稳不损伤。快速安装试压工具，保证平稳打压	360°加力把手
	隐含需求3：承压性	借鉴承受压力0~8MPa	泵车、嘴子套一体化承压管
	隐含需求4：密封性	借鉴密封垫片，增加一个密封垫片泵车打压、升压、稳压过程保证不渗、不漏，连接处密封	密封垫片

根据以上需求分析，团队提出具体分解方案，将嘴子套试压工具分为泵车、嘴子套一体化承压管、扶正对中管和360°加力把手三部分（图2）。

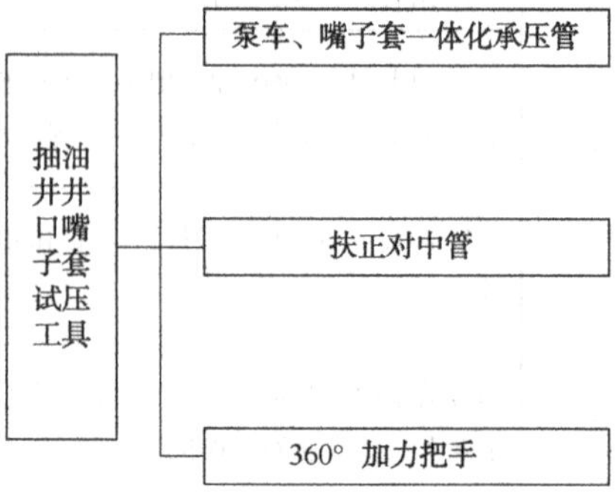

图2　总体结构分解方案

3.4　确定方案

1. 方案分解与确定

团队成员调查研究并借鉴相关技术规范，最后优选了各组件，通过对相关参数及优缺点对比（表5）分析确定最佳方案（见图3）。

表 5　技术规范需要分析表

序号	所属组件	技术规范及技术规范需求	关键质量要素
1	泵车、嘴子套一体化承压管	油嘴 ϕ16mm±0.1，表面光滑无毛刺	孔径≤ϕ16mm
2	扶正对中管	承受压力≤16MPa	承压≤16MPa
3	360°加力把手	表面电镀处理，扶正牢固可靠	扶正牢固平稳 100%

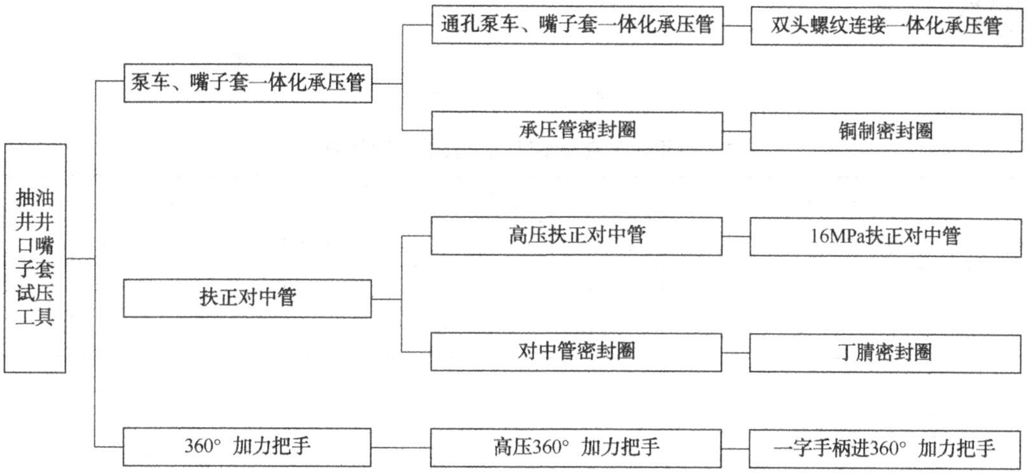

图 3　方案树图

2. 加工制作方案确定

小组成员根据所设计零件结构、尺寸和功能，从钢材强度、硬度等方面考虑，选择合适的加工工艺(图 4)。通过方案分析，确定选择专业技术安全有保证的制造加工点依照设计完成加工制作(表 6、图 5)。

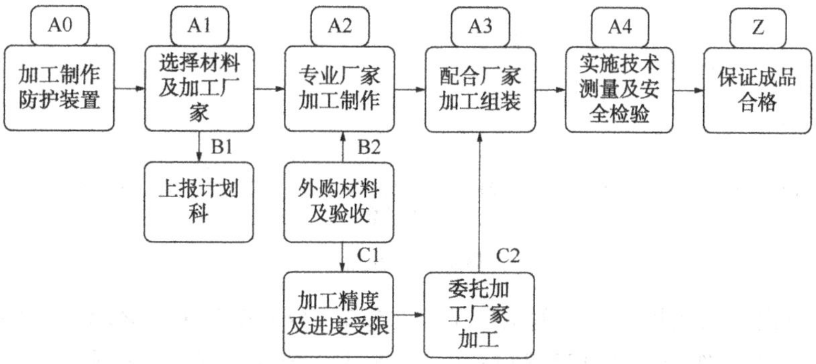

图 4　试压工具加工方案图

表 6　材料及加工方式选择表

部件	材质	加工方法	加工精度要求	尺寸公差
管材	35#钢	热锻、热压、冷压、冷拉	表面粗糙度 *Ra*25	IT8-IT6
手柄	30#钢	冷镦、车削、除氢不进行热处理	GB30 高强度 8 级普通粗牙螺纹螺距 2mm	H4

4　现场应用效果

4.1　目标检查

团队对嘴子套油嘴试压工具在陆梁油田作业区 255 口抽油井；166 口普通井口和 89 口环空井口进行试压统计情况见表 7 和与实施前对比效果如图 6 所示。

图 5　试压工具示意图

表 7　采用嘴子套油嘴试压工具试压时间统计表

单位	石南采油站		玛东采油站		陆梁采油站		合计
采油树	普通井/口	环空井/口	普通井/口	环空井/口	普通井/口	环空井/口	
抽油井井数	101	39	35	30	30	20	255
平均用时/min	26.6	27	27	29	23.5	25.5	26.4

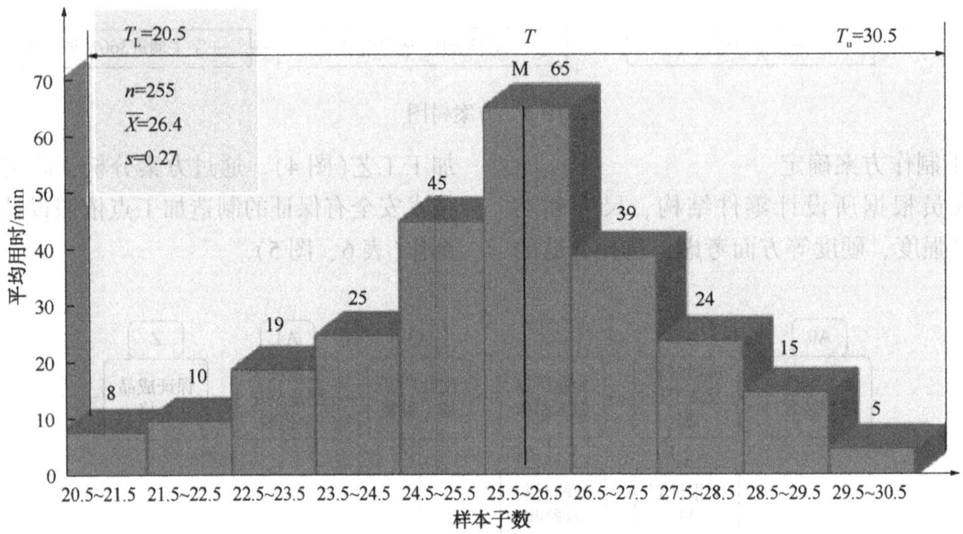

图 6　直方图

从直方图可以看出，采用嘴子套油嘴试压工具后，大大缩短了试压操作时间由 122.8min 缩短至 26.4min，较使用前节省 96.4min，有效提高工作时率，达到提质增效的效果；减少抽油机停机占产时间，提高了产油量。通过以上分析，小组的目标超额实现。

4.2　效益检查

综合效果检查见表 8。

5　佐证材料说明

5.1　加工制作双头螺纹连接一体化承压管（表 9）

5.2　加工制作 16MPa 扶正对中管（表 10）

5.3　加工制作一字手柄旋进 360° 加力把手（表 11）

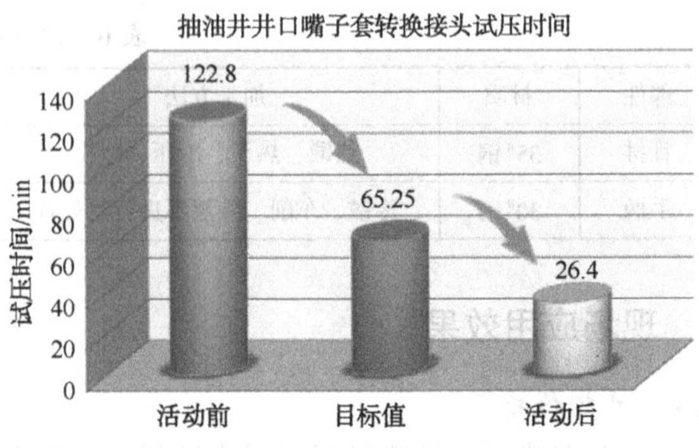

图 7　活动实施前后目标对比柱状图

表 8 综合效果检查

<table>
<tr><td rowspan="4">创新点</td><td>1. 抽油井嘴子套油嘴试压工具的研制，对普通井口和环空井口进行试压验泵、验油管无渗漏</td></tr>
<tr><td>2. 减少了操作员工的劳动强度，增加抽油井使用设备的安全性</td></tr>
<tr><td>3. 提高的油井运行时率，提高了产油量</td></tr>
<tr><td>4. 单井试压完成率 100%</td></tr>
<tr><td>经济效益</td><td>2022 年 8 月—2023 年 12 月，活动期间现场实际应用 30 套，在安装使用后，操作项目的操作时间平均每一项节约 96.4min，减少了员工操作时人员伤害的风险，达到抽油井井口试压不渗不漏的目标，减少了停机时间，提高了生产时率。
净效益=活动效益-活动成本
<table>
<tr><td>项目</td><td colspan="4">活动前后用时</td><td colspan="3">节约费用</td><td rowspan="3">经济效益/万元</td></tr>
<tr><td>操作用时</td><td>活动前用时/min</td><td>活动后用时/min</td><td>节约用时/min</td><td>节约时间</td><td rowspan="3">日产油量/(t/h)</td><td rowspan="3">产油量/t</td><td rowspan="3">单价成本/元</td></tr>
<tr><td>min</td><td>122.8</td><td>26.4</td><td>96.4</td><td rowspan="2">h</td></tr>
<tr><td>井数/口</td><td colspan="3">255</td></tr>
<tr><td colspan="3" rowspan="3">节约用时/min</td><td rowspan="3">24582</td><td rowspan="3">409.7</td><td>0.1</td><td>40.97</td><td>2113</td><td>8.6</td></tr>
<tr><td colspan="2">泵车</td><td>80</td><td>3.3</td></tr>
<tr><td colspan="2">罐车</td><td>120</td><td>4.9</td></tr>
<tr><td colspan="8">经济效益</td><td>16.8</td></tr>
<tr><td colspan="5">活动成本</td><td colspan="3" rowspan="3">净效益</td><td rowspan="3">15.2</td></tr>
<tr><td>数量</td><td>单价</td><td colspan="3">成本费用/万元</td></tr>
<tr><td>30</td><td>400</td><td colspan="3">1.2</td></tr>
</table>
</td></tr>
<tr><td rowspan="4">社会效益</td><td>1. 抽油井嘴子套油嘴试压工具的研制可以有效提高了劳动效率</td></tr>
<tr><td>2. 减少了操作工序，减少了员工劳动强度，节约时间、成本费用、可复制可推广
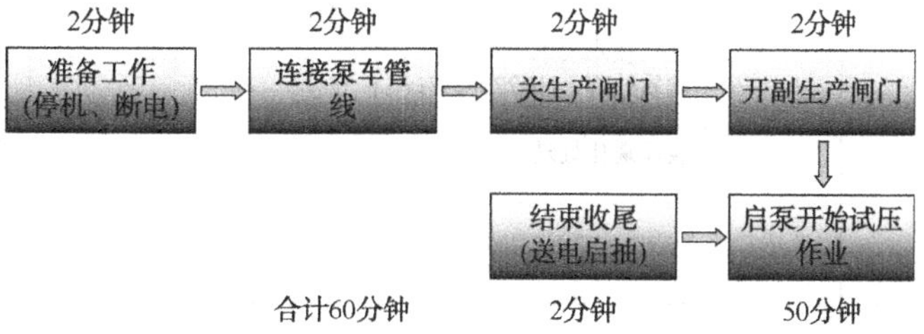
</td></tr>
<tr><td>3. 实现了安全生产，避免了人身伤害、机械伤害的风险，减轻了员工劳动强度，消除了安全环保风险，增加了原油产量为创建绿色油田做出了贡献</td></tr>
<tr><td>4. 同时，申报了国家发明专利，在国内同行业中具有领先水平，可进一步现场推广应用</td></tr>
<tr><td>成果推广</td><td>1. 陆梁油田作业区全面推广应用 2022 年使用 255 口抽油井。
2. 2023 年作业区在 1199 台抽油井上应用。
3. 可推广到油田公司稀油井区。
4. 全国稀油油井可复制应用</td></tr>
</table>

续表

形成自主知识产权	抽油井井口嘴子套油嘴试压工具正在申报国家新型实用专利 

表 9　加工制作双头螺纹连接一体化承压管

步骤	措施	实施结果
1. 设计双头螺纹一体化承压管	设计双头螺纹连接一体化承压管图纸，交技术科审批	通过 CAD 设计泵车、嘴子套一体化承压管 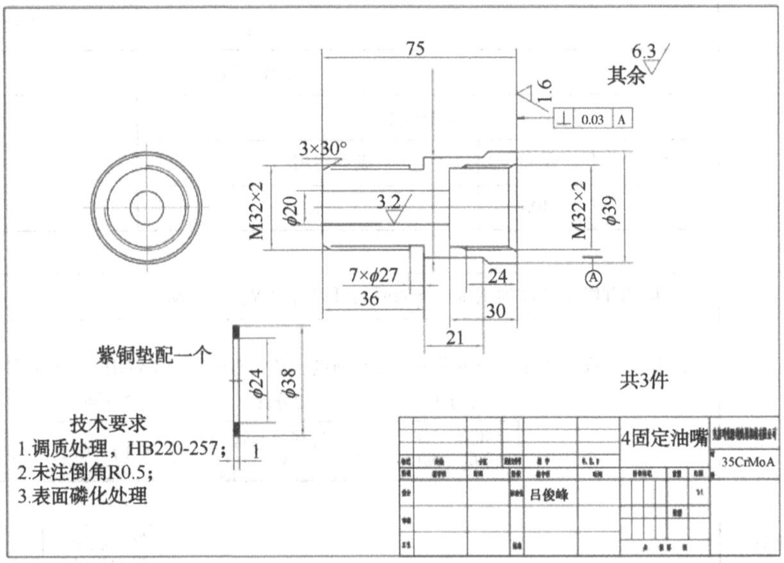
2. 加工和质量验证	根据设计图纸和确定最佳油嘴三级密封，送至加工点进行加工制作生产实物	根据实验方法测量要求及各元器件选配要求，设计图如下：   

续表

<table>
<tr><th>步骤</th><th>措施</th><th>实施结果</th></tr>
<tr><td>3. 组装测试和效果检查</td><td>对一体化承压管进行试验，并进行检查，确定是否符合目标值</td><td>
团队成员于 2022 年 9 月 25 日在采油工具性能检测站现场试压量况如下表：
<table>
<tr><td>试压时间/min</td><td>1</td><td>5</td><td>10</td><td>15</td></tr>
<tr><td>升压/MPa</td><td>4</td><td>10</td><td>16</td><td>16. 3</td></tr>
<tr><td>试压结果</td><td>无渗漏</td><td>无渗漏</td><td>无渗漏</td><td>无渗漏</td></tr>
</table>
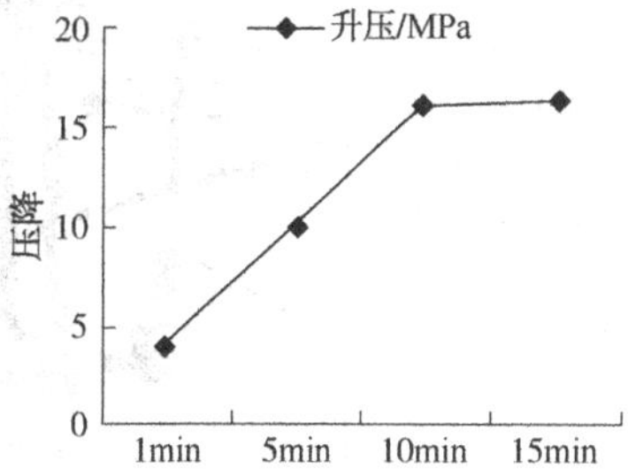

升压过程无渗漏
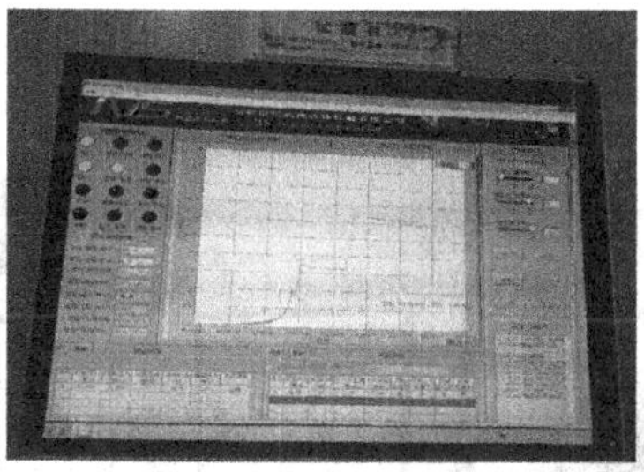

对策目标实现
</td></tr>
<tr><td>对策目标一</td><td colspan="2">通过使用选定材料进行加工，表面光滑无毛刺、孔圆同心、孔眼正中尺寸误差；渗漏值为 0，满足三级密封、不渗不漏。对策目标实现！</td></tr>
</table>

表 10　16MPa 扶正对中管措施实施表

<table>
<tr><th>步骤</th><th>措施</th><th>实施结果</th></tr>
<tr><td>1. 设计扶正对中管加工制作</td><td>1. 根据总体方案要求制作 16. 0MPa 扶正对中管</td><td>
通过 CAD 设计扶正对中管
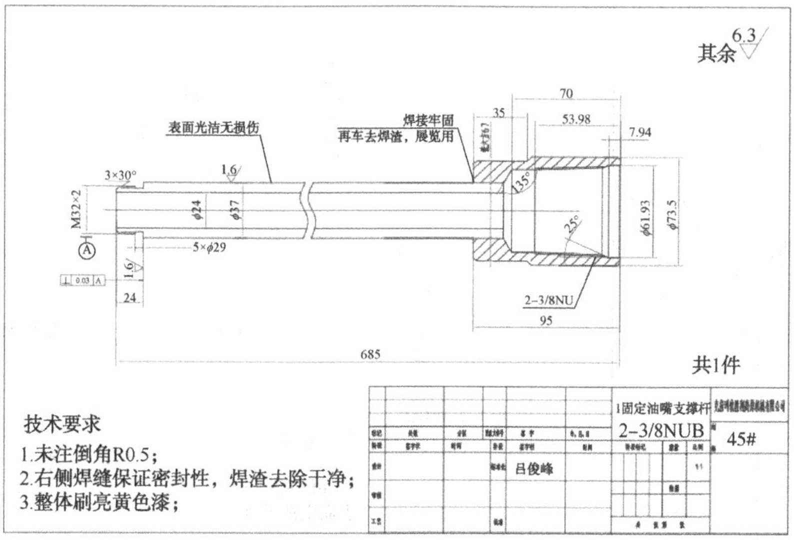

</td></tr>
</table>

续表

步骤	措施	实施结果
2. 加工和制作验证	根据设计图纸和确定高压管心管至加工点进行加工制作生产实物	根据实验方法测量要求及各元器件选配要求，设计图如下：  
3. 试压实验	对扶正对中管进行试验，并进行检查，确定是否符合目标值	采油工具性能检测站现场试压量况如图：   目标实现
对策目标二	通过使用选定材料进行加工，表面无毛刺，尺寸误差：≤0.1mm，渗漏量为0。对策目标实现！	

表 11　一字手柄旋进 360°加力把手措施实施表

步骤	措施	实施结果
1. 设计一字手柄旋进 360°加力把手	1. 根据总体方案要求制作一字手柄旋进 360° 加力把手	通过 CAD 设计 360°加力把手，根据手柄旋紧 360°加力把手要求及组件装配要求，设计图如下： 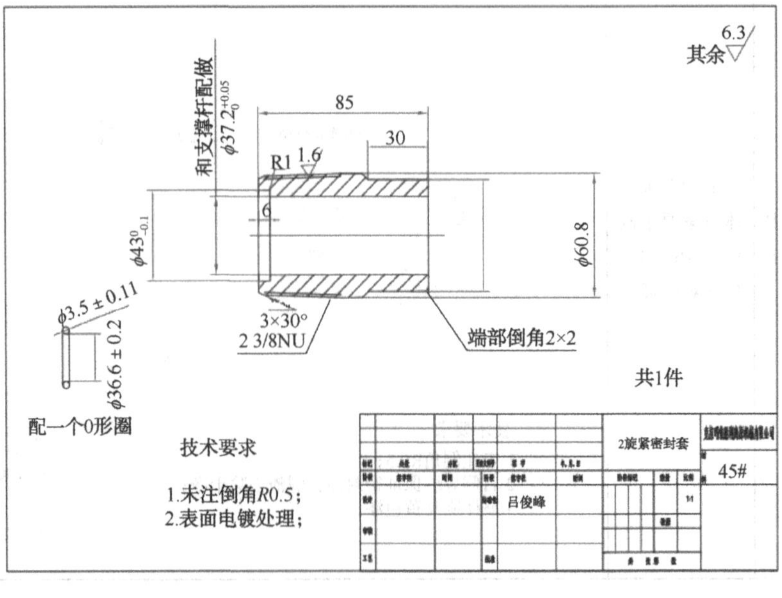

续表

步骤	措施	实施结果
2. 加工和制作验证	根据设计图纸和确定一字手柄旋进360°加力把手送至加工点进行加工制作生产实物	小组成员现场验收一字手柄旋进360°加力把手加工制作   
3. 组装和试压实验	对电路各项电气量进行试验，并进行检查，确定是否符合目标值	采油工具性能检测站现场试压量况如图：  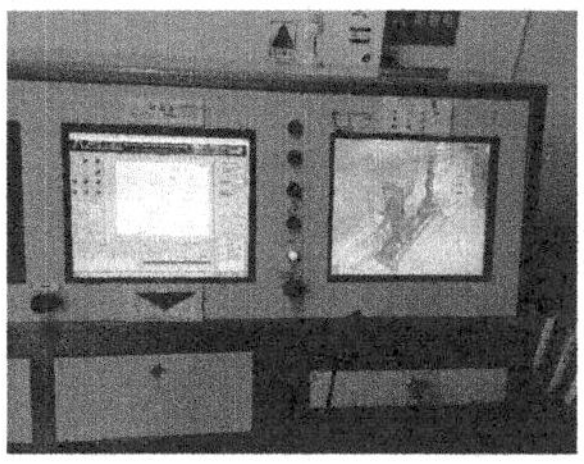 对策目标实现
对策目标三	通过使用选定材料进行加工，支腿表面无毛刺、尺寸误差≤±0.1mm，渗漏量为0。对策目标实现！	

5.4 现场安装和实验验证

为了保证成果安全、可靠投入使用，小组将试压工具送往第三方专业检测机构认证。通过采油工具性能检测站出具试压检测的各项数据进行检测，检测结果如下表所示，各项数据合格100%（表12）。

表12 安全评价表

安全评价报告				
1. 克拉玛依胜利高源有限公司质量安全环保部检测报告				
检测报告	产品名称	测验压力	标准及技术要求	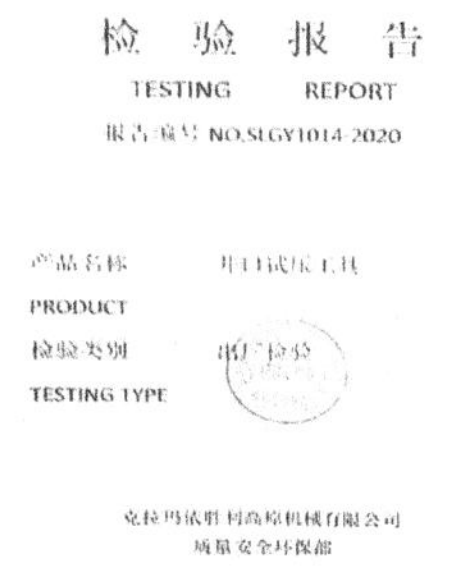 检 验 报 告 TESTING REPORT 报告编号 NO.SLGY1014-2020 产品名称 井口试压工具 PRODUCT 检验类别 TESTING TYPE 克拉玛依胜利高原机械有限公司 质量安全环保部
编号：NO. SLGY1014—2022	井口试压工具	16Mpa	100%	
强度试验	密封试验	检测日期	检验人：刘延兵	
合格	合格	2022年10月10日		

续表

安全评价报告				
2. 新疆石油管理局有限公司设备设施检验检测中心检测报告				
检测报告	产品名称	送验日期	标准及技术要求	 检测报告
编号：【2022】第0441W号	试压转接接头	2022. 9. 25	100%	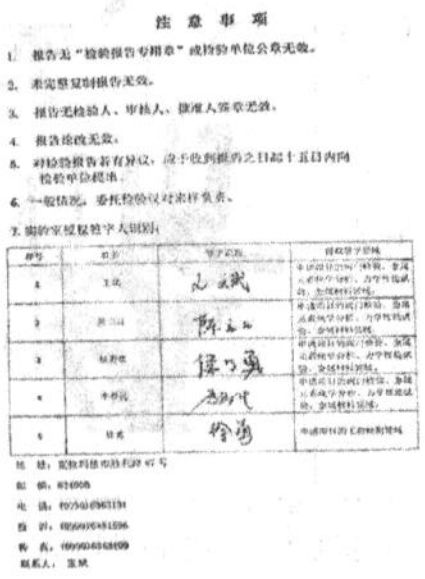 注意事项
耐压试验	检测结果	检测日期	检验人：	 检测报告
耐压16MPa稳压15分钟	整个试压过程无渗漏	2022. 10. 1	王斌	 检测结果

3. 对嘴子套油嘴试压工具并进行安装验证，在LU2423井现场安装，实施试压操作，用时26min之内完成。

4. 检测结果	合格

5.5 系统安全评估

对装置潜在的失效模式及效应安全评价(表 13)：

FMEA表

系统：基于抽油井井口嘴子套转换接头的研制							FMEA编号：2022-12-A					
子系统：快速接头、扶正、杠杆												
零组件：一体化承压管、扶正对中管、旋转加力扳手							设计责任：覃勇、顾卫星		准备者：张翔			
地点/年份：陆梁油田石南采油站/2022年							FMEA日期（制定）：2022.12.5					
生效日期：2022.12.15												
核心团队：星语创新小组												
项目名称	潜在失效模式	潜在失效	发生等级	风险RPN	建议措施	负责人	日期	执行结果				
								改进措施	S	O	D	RPN
基于抽油井井口嘴子套转换接头的研制	承压管密封不严	油气泄漏	2	270	更换密封件	覃勇	2022.12.10	试压前检查、试压中检测	1	1	1	1
			2	270	紧固快速接头	顾卫星		每周定期检查	1	1	1	1
	对中管密封不严	油气泄漏	2	270	更换密封件	张翔	2022.12.11	试压前检查、试压中检测	1	1	1	1
			2	270	紧固快速接头	覃勇		每周定期检查	1	1	1	1
	对中管未安装到位	油气泄漏	5	160	检查螺纹	顾卫星	2022.12.13	试压前检查、试压中检测	1	1	1	1
			5	240	擦拭螺纹重新紧固	张翔		每周定期检查	1	1	1	1
	人员使用加力把手时滑脱	机械伤害	1	240	人员受伤	覃勇	2022.12.15	试压前检查、试压中检测	1	1	1	1
		螺纹损坏	1	100	平稳操作	张翔		每周定期检查	1	1	1	1

对策目标实现

结论：确保试压工具安全使用合格率100%；本成果在现场实践应用的过程中，体现本质安全、效果良好，在安全、质量、管理、成本等方面均无负面影响。通过255口井试压操作项目计时完成，时间均控制在26min以内，超过活动目标55min，达到设计要求。

参 考 文 献

[1] 石油天然气工业钻井和采油设备　井口装置和采油树. GB/T 22513—2008[S]. 北京：中国标准出版计，2008.

[2] 井口装置和采油树规范. SY/T 5127—2002[S]. 北京：中国标准出版社，2002.

[3] 油嘴套. Q/SYJ0859—2017[S]. 北京：中国标准出版社，2019.

[4] KY65-25 采油井口装置. Q/SY 0154—2013[S]. 北京：中国标准出版社，2013.

浅谈自然灾害预警机制建设与防灾减灾对策

王相革　杨红利　张　磊　许佳伟

（新疆油田分公司克拉玛依红山油田有限责任公司）

摘　要　随着自然环境的不断恶化，自然灾害发生的频率也越来越引起企业重视，地震、洪汛、暴风雪、酷热、严寒、大风、雾霾等大型灾害，对人类的生命、企业的财产安全和周边生态环境造成了严重影响。自然灾害预警机制的建立，能够让政府和企业在第一时间接收和发布自然灾害预警信息，提前做好自然灾害预防措施，减少企业的人员伤亡、财产损失。本文将深入分析自然灾害预警机制与防灾减灾对策的应用，以及在运用预警机制、开展防灾减灾对策实践中存在的问题，探讨在新时期企业自然灾害预警机制建设和相对应的防灾减灾对策运用方法和思考，提升企业应急管理质量和能力。

关键词　自然灾害；地震；洪汛；酷热；严寒；雾霾；预警机制；防灾减灾对策

1　引言

自然灾害预警机制建设与防灾减灾对策在应急管理领域是非常有效的管理手段，它涉及到对自然灾害的监测、预警、应急响应和救援等多个环节，是企业应急管理的重要环节之一。

2　自然灾害预警机制建设的必要性

我国自然灾害预警机制建设与防灾减灾对策的主要目标是建立科学、有效、及时的自然灾害预警系统，提高防灾减灾能力和水平，减少自然灾害对人民生命财产安全的威胁，因此自然灾害预警机制的建设尤为重要。

2.1　自然灾害的特性

自然灾害具有突发性、高后果性、群发性、连锁性等特性，及时预测难度较大，例如：地震、洪汛、雾霾以及暴风雪等，这些自然灾害即便能够预测到，但基本上都是距离发生时间不长，受做出防范对策时间短、通知信息发布和应急协调等因素的制约，需要建立相对完善的自然灾害预警机制，从而实现提高防灾减灾应急方面的预见性。近几年，自然灾害发生频繁，如2022年的甘肃10月22日甘肃酒泉市肃北县、甘肃省临夏回族自治州积石山保安族东乡族撒拉族自治县的两地突发地震，2022年河南省发生了严重的洪涝灾害，2021年第6号台风“烟花”等，受灾省份多达10多个，受灾人数143万，房屋一般损坏5万间，部分道路、桥梁等基础设施损毁，直接经济损失41亿元。

2.2　自然灾害发生率呈现上升趋势

自然灾害形势严峻，极端天气气候事件多发，引发的损失程度进一步扩大，仅2021年全国自然灾害共造成1.07亿人次受灾，因灾死亡失踪867人，倒塌房屋16.2万间，直接经济损失3340.2亿元。2022年的地震、低温雨雪冰冻、暴雨洪涝灾害、重庆山火、长江流域夏秋冬连旱等等，受灾人数众多，经济损失严重。面临如此的困境，都需要建立自然灾害预警机制，从而解决灾害前期预防、中期协调及后期处置等问题，达到控制受灾范围，减少自然灾害损失的目标。

3　自然灾害预警机制建设与防灾减灾对策

构建完善的自然灾害预警机制，需要强化相关理论研究，以及对应急响应、应急物资管理、应急处置措施、灾害善后处理等方面的研究。根据分析研究的结果作为理论基础，强化实践，探索自然灾害预警机制与防灾救灾的有机结合，可以从以下几个方面做好管理机制建设。

3.1　加强自然灾害监测和预警基础设施建设

这包括气象、水文、地震、地质灾害等监测设备的更新和升级，以及通信、信息处理等技术的应用。与地方政府气象部门积极开展合作，并通过网络查询属地的天气气象信息，及时获取异常气象信息。同时加大应急基础建设投资，建立网络信息发布和油气生产运行群，及时发布异常天气预警信息。建立多处大型应急物资储备库，覆盖整个企业辖区。同时配备无人机、卫星电话等设备设施，这样就能实现灾害发生时有预警，能够提前准备预防对策；灾情发生时能就近提供应急物资，能及时掌握第一手现场资料；灾后重建有保障，不仅能够为企业服务，还能够帮助政府分忧解难。

3.2 建立和完善自然灾害预警信息发布制度

这包括预警等级划分、预警信号发布、预警信息传播等环节。按照国家规定和要求，将预警等级进行了蓝色、黄色、橙色、红色分类，不同的异常天气也做不同的类别区分，如暴雨、大风等就分为蓝色、黄色、橙色和红色四种级别。高温、大雾、道路结冰等分为黄色、橙色和红色三种级别，霾分为黄色和橙色两种级别。并要求纳入应急预案管理，及时发布各类的预警信息，企业及时传达到基层单位，及时采取相应的对策和措施应对，有了自然灾害预警信息制度，可以有效针对不同等级的预警开展性预防工作；

3.3 加强自然灾害应急预案和救援体系建设

3.3.1 完善应急预案

各级政府及相关部门应根据本地区的自然灾害特点和风险，制定详细的应急预案，明确灾害应对的组织领导、预警机制、应急响应等级、救援措施等，确保在灾害发生时能够迅速启动应急预案，有序开展救援工作。

3.3.2 强化应急救援队伍

建立专业化、规范化、多元化的应急救援队伍，加强队伍培训和演练，提高应急救援能力。同时，发挥志愿者和社区力量，壮大救援力量，形成全民参与的应急救援体系。

3.3.3 储备救援物资

根据灾害风险评估，合理配置救援物资，包括食物、水、帐篷、衣物、药品等生活必需品和救援设备，确保在灾害发生时能够迅速调配物资，满足受灾群众的基本生活需求。

3.3.4 加强基础设施建设

提高基础设施的抗灾能力，如加强防洪堤坝、加固住房、优化交通布局等，降低自然灾害对基础设施的影响，减少灾害损失。

3.3.5 强化跨部门协作

建立健全跨部门、跨区域的信息共享和协作机制，确保在灾害发生时能够迅速、高效地开展救援工作。

3.3.6 完善法律法规

制定和完善自然灾害应对相关法律法规，明确各级政府、相关部门和企业在灾害应对中的职责和义务，确保灾害应对工作依法进行。

3.3.7 加强科研创新

加大对自然灾害预警、监测、评估等方面的科研投入，推广应用先进技术，提高灾害预警和应对能力。

3.4 加强防灾减灾宣传教育

加大对防灾减灾知识的宣传力度，这包括提高全民的防灾减灾意识、普及防灾减灾知识、培训应急救援人员等，使广大群众具备基本的灾害自救能力，降低灾害发生时的伤亡。

3.5 推动科技创新和应用

3.5.1 新型防灾减灾技术和设备的研发可以提高我们应对自然灾害和突发事件的能力

通过不断优化和改进现有技术，我们可以更准确地预测灾害发生的可能性，以及在不同灾害场景下采取何种措施能最大程度地减少损失。

3.5.2 推广应用成熟的防灾减灾技术有助于提高社会整体的安全水平

例如，地震预警系统、防洪堤坝、地质灾害监测预警等技术在很大程度上可以降低灾害风险。同时，广泛宣传和普及防灾减灾知识，提高民众的自救互救能力，也是降低灾害损失的关键。

3.5.3 推动科技创新和应用还需要政府、企业和科研机构之间的紧密合作

政府应制定相应的政策和支持措施，为企业提供研发资金和市场准入；企业则需要将科研成果转化为实际产品，以满足市场需求；科研机构则要不断探索新的防灾减灾技术，为企业和政府提供技术支持。

3.5.4 国际间的交流合作也至关重要

各国可以共享灾害防治经验和技术，共同应对全球性的灾害挑战。例如，在我国举办的防灾减灾国际会议上，各国专家可以共同探讨和研究灾害防治领域的热点问题，推动全球防灾减灾技术的进步。

4 结论

综上所述，自然灾害预警机制建设与防灾减灾对策是一个系统工程，加强自然灾害监测和预警基础设施建设，合理储备应急资源，制定和完善自然灾害预警信息运行机制，加强自然灾害应急预案和救援体系建设，提高组织指挥能力，重

视风险管理，加大对防灾减灾知识的宣传力度，积极推动科技创新和应用等等，需要政府、企业、社会各方共同努力，形成合力，更好地应对自然灾害，保障人民生命财产安全。

参考文献

[1] 贾汀，罗伟儿，李苓苓，王薇. 无人机应急云平台助力应急防灾减灾[2022]中国减灾期刊 ISSN：1002-4549

[2] 曹庆锋. 预警"叫应"，让行动"跑"在灾害之前——各地预警"叫应"机制实践与案例[2022 年]中国减灾期刊总第 434 期

[3] 田琳. 自然灾害管理体系建设的时间与思考[2023]第三届石油石化安全与应急技术交流会论文集.

第二篇　安全应急管理篇

安全应急管理是国家治理体系和治理能力的重要组成部分，承担防范化解重大安全风险、及时应对处置各类灾害事故的重要职责。我国石油石化安全应急管理形势虽总体保持稳定，但也存在一些突出问题和短板弱项，油气泄漏和火灾爆炸等重大风险始终伴随，各种高风险作业数量持续增长，安全风险防控能力仍需持续提升、应急处置保障水平仍需不断强化。本篇针对勘探开发、炼油化工、成品油销售等石油石化主营业务，介绍了安全生产、应急管理和消防处置等领域的最新理论研究、技术应用、实施途径、典型做法和先进经验等。

浅谈靖边气田灭火救援现场供水

马　杰　吴学勇

（中国石油长庆油田公司）

摘　要　及时有效的火场供水，是确保灭火战斗取胜的重要保障。本文结合靖边气田水源和消防装备情况，重点阐述了靖边气田的净化厂、集气站、单井等生产单元发生大面积火灾爆炸情况下，如何取水、运水、供水，确保灭火救援有充足的水源，怎样做到充分利用就近水源，合理优化火场用水等问题。

关键词　火场供水；水源；消防装备；火灾爆炸

1　靖边气田基本情况

截至2024年1月1日，已建成净化厂×座、集气站×座、增压站×座、集注站×座、配气站×座、清管站×座、不含醇采出水处理站×座；各类管线×条，总计长度达到×km。分布在陕、蒙二省区10个市、县、旗境内，具备天然气年生产能力×亿 m^3、年净化能力×亿 m^3。其井站分布具有点多、线长、面广的特点。南面多以山区地形为主，北面以平坦的沙漠化地形为主，由于南北植被、地形的差异，使之在水源分布、井站道路、蓄水状况等方面存在较大差异。但总体呈现出，井站偏僻，道路狭窄、崎岖，水源短缺的共性特点。

2　靖边气田发生火灾可能应急救援的情况有哪些

根据天然气生产的方式、产品的特点、生产工艺的特殊性，天然气生产过程中的危险性有以下三方面，①刺漏、泄漏；②中毒；③发生火灾、爆炸。而发生火灾、爆炸的危险性存在于采气钻井时的井喷；输气过程中干线、支线的泄漏起火爆炸；净化厂的脱硫、再生、集配气区、甲醇、硫磺回收等装置区域以及集气站的加热、分离、脱水、外输、泵房等装置区域。因此靖边气田火灾基本归纳为3类即井喷火灾、净化装置火灾、集气站火灾。

3　消防水源

可供灭火救援使用的水源设施和天然水源。

3.1　人工消防水源

为了保障灭火需要而专门设计建造的消防给水系统和设施。主要包括消防水池、消火栓及消防水鹤等。

3.2　天然消防水源

由地理条件自然形成的，可供消防用水的水源，如：江、河、湖、海、池塘、溪沟等。

4　靖边气田可利用消防水源情况

靖边消防大队坚持每年两次对气田生产区域内的人工、天然消防水源普查，对消防供水系统的运行、变更情况以及天然水源的变化编制修订水源手册并及时更新，第一时间掌握水源基本情况，制定合理的取水方案，为灭火救援提供可靠的信息资料。

4.1　可利用人工消防水源情况（表1）

表1　可利用人工消防水源及消防设施情况

净化厂	水泵			管网			消火栓	储水量/m^3	水源井/口
	数量/台	排量/(L/H)	扬程/m	形状	供水能力/(L/s)	尺寸/mm	数量/个		
某净化一厂	2	792	90	环状	130	250	54	6000	5
某净化二厂	2	268	87	环状	74	250	35	2000	7

续表

净化厂	水泵			管网			消火栓	储水量/m^3	水源井/口
	数量/台	排量/(L/H)	扬程/m	形状	供水能力/(L/s)	尺寸/mm	数量/个		
某净化三厂	3	91	114	环状	53	200	20	2000	5
		152	108						
		192	97						
某净化四厂	2	60	98	环状	60	200	48	1400	4
某净化五厂	2	100	98	环状	100	273	54	2000	3

4.2 天然水源分布情况

靖边气田以靖边为中心，集气站分布呈南北方向延伸，北边主要地处毛乌苏沙漠，植被矮小，沙漠化严重，年降水量400mm，蒸发量1800mm以上，水资源的贫乏与短缺十分突出。虽有丰富的地下水资源，但并不是太理想的火场用水。其生产区域内虽有巴图湾水库、黑河、无定河、王疙瘩水库(目前在建)、酒坊沟水坝等水源，但由于集气站分布零散，天然水源距离大部分集气站较远。

南边地形主要以黄土梁涧、黄土峁状丘陵、沟谷阶地为主，集气站多数分布在山大沟深、支离破碎、水土流失严重的山区。年降水量505.3mm，年内降水主要集中自7月、8月、9月，其境内延河支流较多、分布有大岔、河口庙、张峁、土桥、大湾畔、龙舟、乔沟湾等水库，水源分布较多，同样存在集气站分布零散，天然水源距离大部分站较远的特点。

4.3 可利用的消防天然水源情况(表2)

表2　可利用的天然消防水源情况

水源点	道路情况	是否具备取水条件	取水措施	附近的集气站
巴图弯水库	柏油	无取水条件	—	—
乔沟弯水坝	柏油	直接取水	取水车辆可直接停于浅滩，利用挖掘机挖建一水池，水坝内水流入水池，直接吸水	距南4集气站约2km 距南5集气站约15km 距南6集气站约9km 距南7集气站约20km
酒坊沟水坝	柏油	直接取水	柏油路横穿水坝，路面距水面 高度大约5m，路宽6m，车辆停靠路面直接取水	距北4集气站约800m 距北3集气站约13km 距北17集气站约15km
河口庙水库	柏油	可取水源	排洪下游有一处砖混结构的桥梁，距离水面大约5m高度，需要潜水泵、机动泵等小型取水装备取水	距中6集气站约8km 距中7集气站约5km 距中8集气站约18km
龙舟乡水库	柏油	直接取水	车辆可直接停靠到水源点取水	距南17集气站约6km 距南19集气站约5km 距南28集气站约20km 距南3集气站约9km
张家峁水库	柏油	无取水条件	—	—
旧城水库	柏油	可取水源	无法直接取水，需要潜水泵、机动泵等小型取水装备取水	距南18集气站约4km
王疙瘩水库	柏油	直接取水	车辆可直接停靠到水源点取水	距北5集气站约1km
大岔水库	柏油	无取水条件	—	—
土桥水库	柏油	无取水条件	—	—

靖边乌审气田天然水源现状图

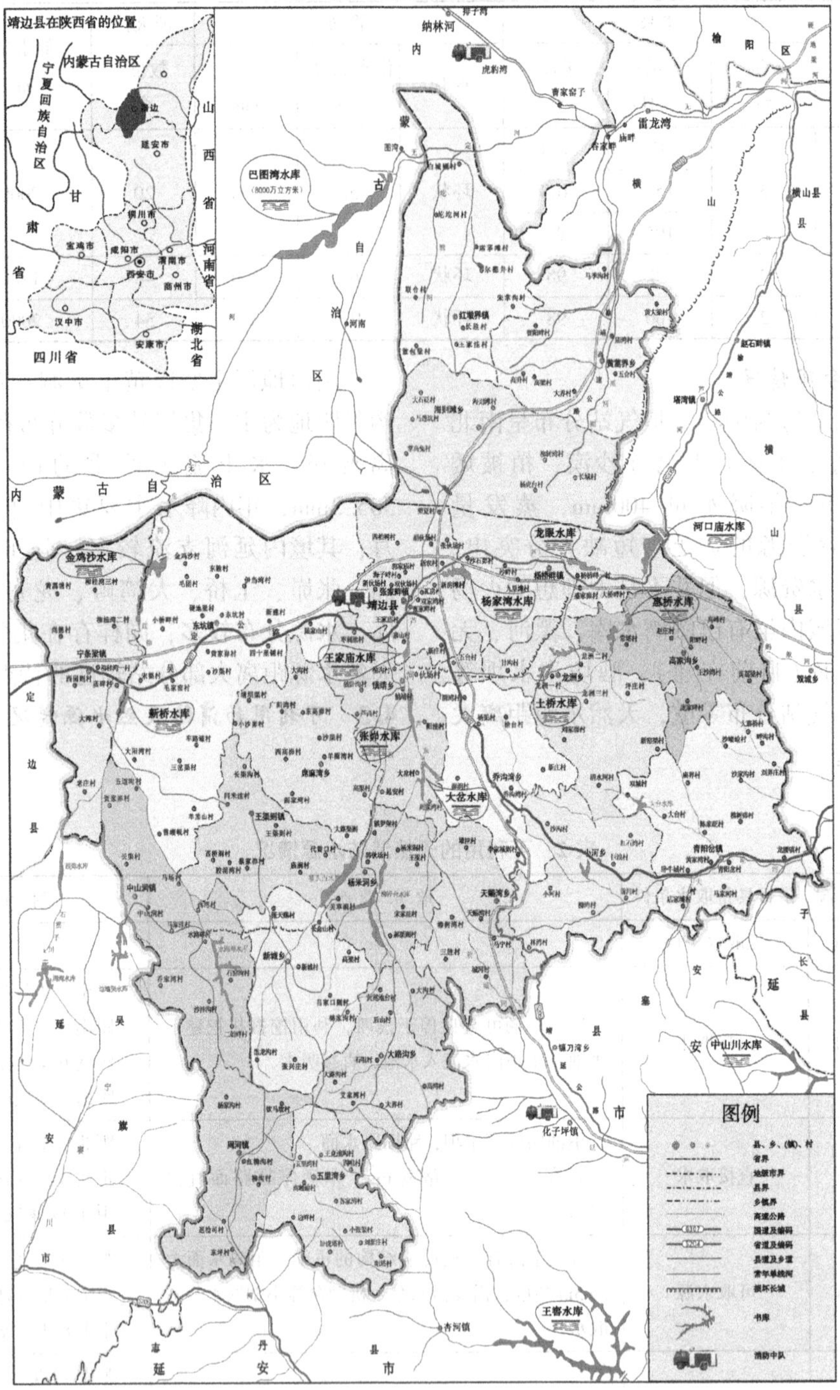

图 1　辖区天然水源道路及水源情况

5　责任区专职消防队装备情况(表 3)

表 3　责任区中队供水装备

中队	车辆				器　材
	车型	载水量/L	水泵流量/(L/s)	引水深度/m	各车按照要求配备足够数量的水枪、水带等随车器材，配有布利斯自摆水炮两架，博克自摆水炮三架
一中队	水罐消防车	16000	80	≥7	
	泡沫消防车	6000	100	≥8	
	水罐消防车	12000	80	≥7	

续表

二中队	联用消防车	7000	80	≥7	各车按照要求配备足够数量的水枪、水带等随车器材，配有布利斯自摆水炮两架，克鲁斯炮、飓风遥控水炮三架
	联用消防车	8000	100	≥7	
	泡沫消防车	6000	70	≥7	
	水罐消防车	16000	100	≥7	
三中队	泡沫消防车	2000	70	≥7	各车按照要求配备足够数量的水枪、水带等随车器材，配有布利斯自摆水炮三架，克鲁斯炮一架。海米斯空间炮一架，飓风60A电控水炮一架。
	水罐消防车	16000	100	≥7	
	联用消防车	8000	100	≥7	各车按照要求配备足够数量的水枪、水带等随车器材，配有布利斯自摆水炮一架，克鲁斯炮一架，便携式移式水炮一架
	高喷消防车	12000	100	≥7	
四中队	水罐消防车	16000	100	≥7	各车按照要求配备足够数量的水枪、水带等随车器材，配有布利斯自摆水炮两架，克鲁斯炮两架，飓风60无线遥控水炮一架，海米斯多空间移动水炮一架
	泡沫消防车	6000	70	≥7	
特勤分队	豪沃泡沫消防车	9000	100	≥7	各车按照要求配备足够数量的水枪、水带等随车器材，配有飓风遥控炮1架。发电机2台，布利斯自摆水炮2架，克鲁斯炮2架，海米斯水炮1架
	豪沃泡沫消防车	6000	80	≥7	

除以上表中器材装备以外，针对气田生产区域的地理特点，先后引进了，油气井灭火供水泵组(以下简称泵组)、路虎雪炮车及多功能清障车等装备。

6　灭火救援现场供水

6.1　各种生产单元火灾情况下的具体供水实施

6.1.1　净化厂发生火灾情况下灭火救援现场供水

(1) 首先，掌握两个方面的信息，一是净化厂消防供水管网的供水能力，二是火场用水量的大小。掌握五个净化厂供水能力，火场消防用水量可根据公式计算。

$$Q=A\cdot q$$

式中，Q 为消防水实际用量，L/s；A 为火场燃烧面积，由现场指挥员通过计算或估算确定，m^2；q 为灭火用水供给强度 $L/(s\cdot m^2)$ 取 $0.27L/(s\cdot m^2)$ 大连设计院提供数据。

以某净化厂为例，假设该净化厂脱硫单元发生火灾，按照公式 $Q=A\cdot q$ 计算出火场消防水实际用量。A 燃烧面积可由平面燃烧面积+塔器立体面积得出，及 $200m^2+102m^2=302m^2$（约 $200m^2$，$102m^2$ 工艺数据通过计算得出）消防实际用水量 $Q=302m^2\cdot 0.27L/(s\cdot m^2)=81.54L/s$，从计算看出供水管网的供水能力能够满足火场用水需求。

(2) 一般火灾下的现场供水。某净化厂有充足的人工消防水源，因此可采用直接供水的方法。选用就近消火栓，直接向战斗车辆供水或者向火场的灭火装备供水。选用喷雾开花水枪、水炮对毗邻塔器、装置以及燃烧设备进行冷却，既可减少水渍损失、节约用水，又可达到很好的冷却效果。这里说明：由于天然气火灾特点，扑救时需要工艺灭火法配合灭火，选用干粉灭火剂最为理想，因此，以上火场供水只是考虑冷却用水，并不考虑灭火用水。

(3) 天然气火灾一旦发生，最直接有效地灭火法就是关阀断气，如若脱硫生产单元发生火灾，可启动装置区截断阀与其他装置隔离，切断气源，打开紧急放空装置，放空装置内的天然气，只要保证在放空时间段对着火部位的冷却用水不间断即可。由上文得知脱硫单元火灾消防用水量为 81.54L/s。一套装置完成放空大约需要 2h 左右，计算 2h 的用水量为 81.54L/s · 7200s = 587.088L，各净化厂储水两均可满足用水需求。在给火场供水的同时，各水源井可向水罐补给水源，形成连续性供水确保水罐水量充足。

（4）发生大面积火灾或爆炸，引起停电、消防管网受到破坏情况下的供水。①净化厂电力系统设有两路，及地方电网和长庆自己供电。假设发生火灾或爆炸，引起停电，我们可转换备用电路供电，若两路来电全部出现故障，可利用厂区内的备用发电机为消防泵提供动力源，实现火场供水。②假设脱硫单元附近消防管网受到损毁，可利用其他区域的消火栓供水。消防管网在设计时每隔三个消火栓之间安装有一个控制阀，可控制水流方向，所以对受损不能正常供水的管网段关闭控制阀截断受损管网段的水流，保障其他管网段供水正常，因此可以从其他管段取水在供水上只要延长供水线路即可，仍继续采用直接供水的方法。

（5）火场优化用水。厂区内沿着每套装置区筑有排污沟，火场冷却用水的地面流淌水通过排污沟，汇集到排污井。可以利用这个方便的系统收集火场流淌水，消防车就地从排污井吸水取水，实现水循环利用，节约火场用水。

6.2 集气站单元发生火灾情况下灭火救援现场供水

集气站地处偏僻的沙漠或山区，站场没有人工水源，拉运供水是最有效的火场供水方法。因此就近的可用天然水源成为灭火用水的最佳选择。(但是由于天然水源存在极大的不稳定性，因此当就近天然水源取水困难时，可优先考虑人工水源取水。)

6.2.1 取水

如何取到就近的天然水源，首先要了解天然水源的分布，及时掌握水源地最新情况，就储水、水质、水温以及取水码头都熟知，制定可行的取水方案，为使用天然水源打好基础。根据以往水源普查的情况，可供利用的天然消防水源有河口庙、龙舟、乔沟湾、王疙瘩、旧城、酒坊沟等水库。在取水时为了节省取水时间可同时使用泵组、机动泵、潜水泵增大取水量。比如龙舟、乔沟湾、王疙瘩、酒坊沟水库虽然消防车辆能够直接取水，但是在取水时间上比较长。一台配有 80L/s 载水量 12t 的消防车自吸满载需要 2.5min，如果利用 120L/s 流量的泵组给其补水，只需要 1.6min，在取水时间上节省了将近 1min，如果泵组与消防车同时补水，则只需要 1min，时间更短、效率更高。因此在取水时可根据取水点具体情况选择合理的取水装备。如果地形宽阔、场地大、坡度小尽量利用泵组取水，它具有流量大、效率高、性能好、供水快的特点。对于河口庙、旧城这种坝堤高度在 15m 以下，坡度 30°的天然水源点由于地形限制，需要利用潜水泵、机动泵等小型轻便装备取水。目前配备的手抬机动泵为 10L/s、潜水泵 20L/s、10L/s 等其扬程都在 15m 以上可利用以上装备取水。潜水泵、机动泵虽然供水能力不大，但是可利用数量上的优势来弥补流量上的短板(同时取水时可达到 210L/s 的供水量)。在水源点的堤坝上建造一蓄水池收集潜水泵、机动泵所取的水源，将泵组放置在蓄水池边为运水车注水或者车辆直接吸水装运。以上天然水源虽然能够作为火场应急水源有些甚至可以直接取水，但是受水温、水质、蓄水量等诸多因素影响，无法保证取水能够顺利，因此建议能在这些可用的天然水源处建造消防应急取水码头，为应急用水进一步做好保障措施。

6.2.2 运水

根据火场实际选用战斗车辆、供水装备。假设某集气站脱水撬发生火灾，利用上文公式算出火场用水量：A 取 $60m^2$。计算消防实际用水量 $Q = 60m^2 \cdot 0.27L/(s \cdot m^2) = 16.2L/s$。根据用水量选用供水装备，靖边消防大队目前配备水灭火消防车的性能，都能满足火场用水需求。一辆载水 12t 的斯太尔王消防水罐车，配有 80L/s 的水泵，按照现场用水量可估算出该水罐车水持续冷却时间为：$12000L \div 80L/s = 150s = 2.5(min)$ 由计算得知斯太尔王水罐消防车可持续冷却 2.5min。我们可采用与工艺灭火相结合的方法，启动紧急截断装置，截断站外来气和外输气，全站实施放空，较大的集气站最多用 30min，即可完成放空。那么按照以上的计算结论，剩余的 $30 - 2.5 = 27.5min$ 时间，如何保障用水不间断是我们所要解决的问题。首先要估算出 27.5min 时间火场的用水量：$27.5 \times 60 = 1650s$，$1650 \times 80L/s = 132000L$ 即 132t。因此在集气站脱水撬火灾现场可一次性调集一辆载水量 12t 的斯太尔王水罐消防车和七辆载水量20t的运水车，即可保障火场充足用水。

上述情况是站内紧急截断系统能够启用的情况下，我们采取的运水措施，如果集气站紧急截断装置失去截断效果，造成持续性燃烧火灾时，我们将采取连续拉运供水的方法，为火场提供充足水源。首先，关井，对支线实施放空。利用如下公式计算出该管段的放空时间。

$V=(\pi D2/4\times L\times P\times 10)$/流速=放空时间

式中，V为管线内部容积，m^3；D为管线内径，m；L为管线里程，km；P为当前管线压力，MPa。

其中流速由管径的大小决定，可根据现场实际取值。只要保证放空时间段冷却用水的供给即可，供水方法仍旧采用持续拉运供水。

可利用如下公式算出火场需要运水供水车数量。

$$N=(t_1+t_2+t_3/T)+1$$

式中，N为运水供水车数量，辆；t_1为运水车在水源地引水时间，min；t_2为运水车向灭火消防车转送水时间，min；t_3为运水车往返时间，min；T为灭火消防车打完的时间，min。

＊注t_1该时间由上水时间、消防车启停时间和接卸吸水管或水带时间组成，t_2该时间由消防车启停时间和接卸吸水管或水带时间组成。

表4 各时间段所需运水车数量

车辆数	50~60/min	70~80/min	90~100/min	110~120/min	≥120/min
$N=(t_1+t_2+t_3/T)+1$/辆	16~19	21~24	26~29	31~34	≥34

（表中t_1=5min，t_2=5min，为实际调查，t_3假设不同时间段。T为20000L÷80L/s≈4min 载水量20t，消防泵为80L/s。）

通过计算我们可以得出远近不同集气站发生持续性火灾时所需要调配的运水车数量。

其次在运水时，利用多功能清障车、挖掘机、铲土机等机械工具拓宽道路，解决集气站地处偏远，山大沟深，道路狭窄，山路崎岖、路况差，甚至于大型车辆无法到达，这些客观存在的自然因素造成运水难题。组织人员扩展战斗场地，为灭火战斗开展提供开阔空间，同时在集气站火场附近挖建一蓄水池，作为战斗水源取水点，缓解人员多、车辆多而造成的现场拥挤混乱现象。

在解决了取水和运水之后，剩下的就是如何合理优化的利用水源了。首先要选择流量小、冷却效果好、雾状喷射器具，不但能起到很好的冷却效果，同时减少水渍损失，节约用水。其次是根据现场地势情况，采用挖渠、堆土、围堰、防渗等措施，收集冷却装置时流淌的地面水到蓄水池可供消防车就地取水，做到水循环利用。

7 井喷火灾情况下灭火救援现场供水

7.1 井喷火灾现场供水存在的困难

单井比较偏远，道路少而狭窄，井场面积小，车辆进出和战斗展开都比较困难。条件差、水源少或远离水源、水枪阵地多用水量大、扑救时间长等因素常常导致供水中断，贻误灭火时间。

7.2 采取供水的方法

鉴于单井地处位置的特殊性，附近可利用的水源极少，且救援时间长、用水量大，所以火场供水以拉运蓄水供水为主。

发生井喷时，井口压力可达25MPa左右，由于地层压力的不同，井喷燃烧火柱可高达50~100m，火焰温度可达1800~2100℃左右。其辐射热强度与火焰高度有关，气流方向的改变形成上喷或斜喷，在法兰、阀门受损后，局部还会成扇形喷射状燃烧，形成多种燃烧形状。当地层压力不稳定时，在井底压力作用下，火势还会出现忽大忽小，火焰忽高忽低情况，因此无法准确界定井喷火灾的灭火、冷却的用水量。所以扑救井喷火灾时火场供水就要做好以下几个方面。①拓宽战斗场地，利用多功能清障车、挖掘机、铲土机等机械工具拓宽井场和运水道路。②在现场根据风向等实际情况，选择合适的地点挖建蓄水池囤积用水，利用泵组向前方冷却灭火的枪炮供水。③在井场距离天然水源6km以内时，可利用增压泵车(最远供水长度6300m)供水，④拉运供水时选取最近的天然水源最为供水点，利用上文$N=(t_1+t_2+t_3/T)+1$公式估算出运水车数量，合理调派车辆。⑤对现场流淌水采用挖渠、筑坝、围堰、防渗等措施，收集冷却装置时流淌的地面水，集中到水池循环利用。

8 其他

在火场供水中，我们解决了取水、运水、供水的问题，但是在实际供水中我们不仅只考虑这些，还要做好打持久战的思想准备，就要充分的考虑到后勤保障、油料供给、车辆维修、交通管制等环节。

9 结论

经过对靖边气田净化厂、集气站的地理位置分布情况，以及人工水源和天然水源的布局、分布的分析、调研，结合火场供水的相关理论计算得出以下结论：

（1）消防部门要掌握责任区消防供水系统具体情况，熟知辖区内消防管网的供水能力，在发生火灾时，能根据火势大小选用合理的供水装备和灭火器具，采用正确的供水方法。

（2）净化厂火场供水首选直接供水方法，集气站、单井火场供水可选用运水蓄积供水的方法。

（3）充分利用和发挥机动泵、潜水泵等的作用。它们的体积小，移动方便，不受地理条件限制，在天然水源取水中有不可低估的作用。

（4）加强第一出动。特别是水源相对稀少的沙漠、运水较远的山区以及水罐容量有限的地区，如果不加强第一出动，就难以持续不断地向火场供水，并有效地控制火势蔓延和扑灭初起火灾。

（5）在灭火战斗中选择合理的喷射器具，节约用水，利用多种措施，实现水循环利用，是最切实可行优化用水的办法。

参 考 文 献

[1] 中国消防协会队伍建设和专业委员会．灭火手册．
[2] 中华人民共和国公安部消防局．中国消防手册．第九卷，第十卷．

风险分级管控与隐患排查治理双重预防机制的探究与建立

罗孟然　刘加龙　王明锐

[海洋石油工程(青岛)有限公司]

摘　要　双重预防机制是在现代安全管理不断发展过程中提出的。风险分级管控和隐患排查治理双重预防机制是企业安全管理的重要组成部分，这一机制的核心在于通过对风险进行科学识别、分析、评价，制定不同层级的管控措施，并结合隐患排查和治理，确保制定的管控措施得到贯彻执行，最终实现对生产安全风险的全面预防和控制。这一机制的建立可以有效提高企业对风险的识别和评估能力，有利于及早发现和消除潜在的安全隐患，从而降低生产事故的发生概率，保障员工的生命安全和健康，并最终提高企业的经济效益。针对在实际操作中很多企业在建立这一机制时遇到的诸多问题，比如底层逻辑不清、流程不畅、缺少模板等，本文首先从机制的原理、意义、必要的组成要素等方面展开讨论，之后阐述了建立风险分级管控和隐患排查治理双重预防机制的步骤，即首先需要进行风险识别和评估，然后进行风险分级和制定管控措施，最后结合隐患排查治理，形成完整的双重预防机制。同时借鉴和总结国内外的良好做法，分析了建立过程中的难点，包括诸如风险评估方法选择、管控措施制定、隐患排查方法等方面。目的是确保机制的完整和流畅，提高企业的安全管理效率，降低机制运行成本，有效预防生产事故的发生。

关键词　安全管理；双重预防机制；安全风险；危险源；隐患排查

1　概述

风险分级管控与隐患排查治理双重预防机制(俗称“双体系”)，字面意义上分为风险分级管控和隐患排查治理两部分。前者根据事故发生的概率和影响程度的大小，将安全风险进行分类、评估，并采取不同的风险控制层级和措施进行管控，实际上是通过科学合理地配置资源，提高安全管理的精准性和效率。后者通过对各种安全隐患进行检查、排查、整改和验收，并建立相应的档案，保证安全管理也即风险管控措施落实到位，故后者也是落实管控措施的一部分，如石化行业的基于风险的检查(RBI)便是通过检查设备实现风险管理，整个机制的理论基础与广义的风险管理理论是一致的，可以说前者是后者在安全生产领域的具体应用。

1.1　双重预防机制概念的提出

2016年1月6日，习近平就安全生产工作提出五点要求，其中一点是：对易发重特大事故的行业领域采取风险分级管控、隐患排查治理双重预防性工作机制，推动安全生产关口前移。这是国家层面第一次提出“风险分级管控、隐患排查治理”双重预防性工作机制的概念。

2021年9月1日，新《安全生产法》修订施行，其中第四条明确规定：生产经营单位必须构建安全风险分级管控和隐患排查治理双重预防机制，第一次从法律层面对双重预防机制的建立提出了要求。

1.2　双重预防机制与传统安全管理工具的关系

双重预防机制的思想内核或者说方法论，是内含在传统的安全管理工具中的。比如作业前检查表，本质上是将作业存在的风险、容易导致事故发生的因素、已发生事故的原因分析和经验教训等转化成“风险管控表”，再通过作业前实施检查完成隐患排查过程，最终避免事故的发生。再比如作业许可，是由于某项作业风险较大，而设计出一套管理程序，通过层层核实批准，确保包括作业前隐患排查在内的各类管控措施得到执行，实现作业安全。可以说，一切设计出的安全管理工具均是为了管控住某种风险，风险得到管控便不会出现层层穿透的漏洞，而隐患排查则是为了确保工具本身以及其所包含的管控措施得到执行。

1.3　双重预防机制、职业健康安全管理体系、安全生产标准化的关系

从国际标准化组织的职业健康安全管理体系

标准的核心部分“6.1.2 危险源辨识”“8.1.2 消除危险源和降低风险”可以看出，职业健康安全管理体系是能涵盖双重预防机制要求的。就贯穿职业健康安全管理体系的PDCA循环来说，双重预防机制契合PDCA循环的理念，是PDCA循环中各个环节的具体应用。具体来说，识别并评估可能存在的风险，然后制定相应的控制措施，属于“P”的过程；管控措施的落实属于“D”的过程；隐患排查属于“C”的过程；分析隐患排查结果，进而优化管控措施，是“A”的过程。因此，双重预防机制的实施需要不断地运用PDCA循环，完善和优化管理过程，逐步提高风险管理和隐患治理的能力。

安全生产标准化的建立基础是安全风险管理和隐患排查治理，内含的实施方法也是PDCA循环。

安全生产标准化与职业健康安全管理体系在很多方面是重合的，在实施方法和实施基础上是一致的，如图1所示。从安全的冗余性来说，也是相互关联、相互促进的。前者规定安全生产的基本要求和指导原则，为后者提供基础和参考。后者通过体系的方式提供相应的策略、流程和措施，从公司运行上为落实前者要求提供支持。

图1　双重预防机制、职业健康安全管理体系、安全生产标准化的关系

2　概念辨析

2.1　风险

广义的风险指的是不确定性对目标的影响，在安全管理领域，安全风险指不确定性对“生产安全”这个目标产生负面偏离的影响。风险的内核是不确定性，管理安全风险就是通过采取一系列管控措施来管理不确定性，从而使不确定性对安全生产这个目标的影响在可接受范围内。风险的高与低通常以事件后果(严重程度)与事件发生的“可能性”的组合(乘积)来表示。

2.2　危险源

在广义的风险管理中，称为风险源(risk source)。在职业健康安全管理领域，指有可能导致伤害或健康损害的根源，对应“Hazard”，危险源也被称为危害因素(危险有害因素)或危害来源。国际劳工组织(ILO)的定义为“有可能造成伤害的东西”(things that have the potential to cause harm)。从定义可以看出，危险源离不开人，在国际劳工组织的风险评估流程中也是将“识别哪类人可能和如何受到伤害”作为识别危险源的后一步，如没有人，则不能称之为危险源，即没有人有危险。

按山东省的要求，对排查出的风险点，应当根据其生产工艺、作业活动等情况选择适用的分析辨识方法辨识风险因素，明确可能存在的不安全行为、不安全状态、管理缺陷和环境影响因素，以上四类即危险源。

危险源的辨识可采取工作危险分析(JSA)、安全检查表(SCL)等辨识方法(图2)。

2.3　风险点

指可能导致事故发生的“点”，包括设备设施、作业活动、施工场所等方面，可类比HAZOP方法中的分析基本单元和安全评价时划分的评价单元，可称为“风险分析单元”，合理的划分风险点便于后续按照风险点分配管控责任。一个风险点，可有多个危险源；两个不同的风险点，可有类似的危险源。如对于危险源“未穿戴安全带”，风险点高处检维修作业和脚手架搭设作业都涉及。

除了以上通过划分风险点对危险源进行分类的方式外，可从伤害发生过程等方面划分“危险源类别”，即“Hazard category”。如对于高处工作，“人员坠落受伤”或“物品坠落击伤下方人员”这两个危险源，可划分到“高处作业”这个类别，以更系统的管控高处作业衍生的一系列危险源。

3 风险评估

风险评估(risk assessment)包括风险识别、风险分析和风险评价三部分，关系如图3所示。

3.1　风险识别

风险识别实际指的是对风险点(风险分析单元)和危险源的识别。实际工作中，一般通过编制设备设施清单和作业活动清单划分风险点，避免后续的分析漏项。通过定位和描述风险点，可以全面地了解在生产经营过程中存在的安全风险，并针对性地采取风险控制措施。

3.2 风险分析及分级

风险分析是在风险识别基础上，估计风险大小以确定风险等级，采用的方法有 LEC 法、风险矩阵法（LS 法，L 为 Likelihood 即可能性，S 为 Severity 即后果的严重程度）等。LS 法是根据事件发生的可能性和影响程度，确定风险等级，判定准则示例见表 1。

从小到大分为低、一般、较大、重大 4 个等级，其等级划分、颜色标识、最低管控策略示例见表 2。

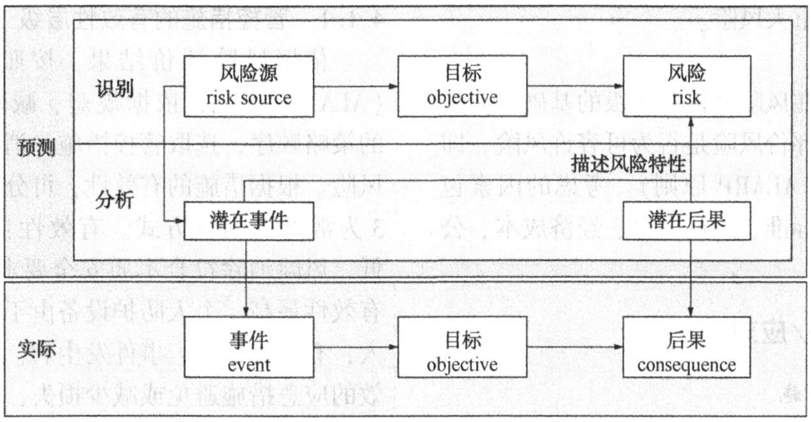

图 2　危险源/风险源、风险等的关系

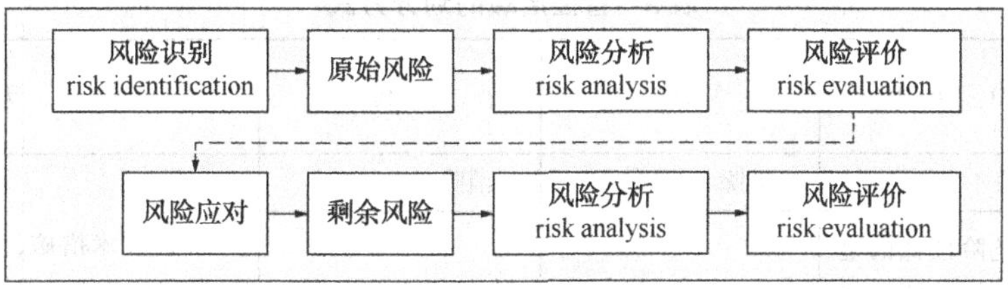

图 3　风险评估过程

表 1　风险矩阵法风险判定准则

后果/S		不太可能发生/在行业内未听说过	极少、偶然发生/在行业内发生过	可能发生/在公司内发生过	很可能发生/在公司内多次发生	经常发生/在周边经常发生
		1	2	3	4	5
伤害可以忽略，不用离岗	1	1	2	3	4	5
轻伤，需急救处理	2	2	4	6	8	10
受伤，损失工时	3	3	6	9	12	15
单人重伤或死亡	4	4	8	12	16	20
多人死亡	5	5	10	15	20	25

表 2　风险等级划分

风险等级	颜色标识	等级描述	最低管控策略
重大风险	红	极其危险	在采取措施降低风险前，不能继续作业；需制定管理方案，降低其风险等级
较大风险	橙	高度危险	采取紧急措施降低风险；建立运行控制程序，过程监控，定期检查、测量及评估
一般风险	黄	显著危险	建立操作规程/作业指导书，开展培训，加强定期检查
低风险	蓝	稍有或轻度危险	采取控制措施，定期检查

此外，山东省、天津市等地对风险等级的划分、重大和较大风险对应的管控措施等进行了明确，如等级划分考虑了历史伤亡情况、危险因素严重性、同一时间作业人数、是否含重大危险源等，重大风险从专项管控方案、实时监控、值班制度、限制作业人员数量提出要求。河北省对重大危险源、极易造成重大及以上生产安全事故的风险应当确定为重大风险。

3.3　风险评价

风险评价是在风险分析和分级的基础上，综合考虑多种因素评价风险是否为可容许风险，即达到可接受水平(ALARP原则)。考虑的因素包括：法律法规、标准、人员安全、经济成本、公众意愿等。

4　风险的管控/应对

4.1　风险管控措施

如图3所示，对于如新投产工厂等的初次分析，一般先分析和评价原始风险，如非可容许风险，再采取进一步的管控/应对措施，之后分析和评价剩余/残余风险，经过该循环过程，风险最终变为可容许风险。对于已持续运行的项目，在进行更新性工作时，可分析和评价直接剩余/残余风险。在对原始风险或者剩余风险进行管控时，管控措施的有效性直接关系到风险是否得到管控。

4.1.1　管控措施的有效性层级

依据风险评价结果，按照最低合理可行(ALARP)原则，依据规避、减轻、转移、接受的策略顺序，选取管控措施，消除危险源和降低风险。根据措施的有效性，可分为不同层级，表3为常见的划分方式。有效性自上而下依次降低，风险消除符合本质安全要求，覆盖面最广，有效性最高。个人防护设备由于覆盖面只涉及个人，有效性最低。事件发生后，可能通过及时有效的应急措施避免或减少损失，因此应急措施也很有必要。

表3　管控层级的划分方式

<table>
<tr><th>标准
层级</th><th>ISO、NIOSH</th><th>ILO</th><th>澳大利亚</th><th>天津市</th></tr>
<tr><td>1</td><td>消除</td><td>消除</td><td>消除</td><td rowspan="2">工程技术措施，如消除、替代、封闭、隔离、移开或改变方向等</td></tr>
<tr><td>2</td><td>用危险性低的过程、操作、材料或设备替代</td><td>—</td><td rowspan="2">降低风险：低风险替代、隔离人员、工程设计</td></tr>
<tr><td>3</td><td>工程控制和重新组织工作</td><td>工程控制或组织措施，从源头上控制危险源/风险</td><td>管理措施，如作业程序、安全许可、安全操作规程、减少暴露时间、监测监控、警报和警示信号等</td></tr>
<tr><td>4</td><td>管理控制，包括培训</td><td>设计安全工作制度，包括行政控制措施</td><td>管理控制</td><td>教育措施，如三级培训、复培、安管人员及特种作业人员培训等</td></tr>
<tr><td>5</td><td>个体防护装备</td><td>个人防护设备</td><td>个体防护装备</td><td>个体防护装备</td></tr>
<tr><td>6</td><td>—</td><td>—</td><td>—</td><td>应急措施</td></tr>
</table>

4.1.2　管控措施的实施层级

管控措施的实施层级即风险的最高管控层级，应与组织层级(如公司、车间、班组、岗位等)对应，以实现公司资源的合理分配和风险的有效管控，即风险分级管控。确定层级时应考虑风险等级、所需资源、管控能力、管控措施复杂及难易程度等因素，并遵循如下原则：风险越高，管控层级越高；上一级负责管控的风险，下一级必须同时负责管控；超出本级别管控能力范围的风险，责任人应及时向上一级报告，由上一级组织评审确定管控层级是否需要调整；上一级判断有必要时，可对下一层级的风险进行提级管控。风险管控级别与风险等级对照关系示例见表4。

表4　风险管控层级与风险等级对照表

风险等级	公司级	车间级	班组级	岗位级
重大风险	★	★	★	★
较大风险		★	★	★
一般风险			★	★
低风险				★

4.1.3 制定与评审

制定的控制措施应在实施前进行评审，以确认最终的风险可接受、未产生新的危险有害因素，且具备可行性。风险控制措施应与管理体系要求、岗位职责、操作规程/作业指导书、应急预案或应急计划等有机结合，通过体系化管理实现对风险的持续有效管控。

在化工领域，利用 LOPA 分析可定量地评估管控措施即保护措施的可靠性，确定其消除或降低风险的能力。

4.1.4 评估与改进

应根据实际管控效果和具体情况的变化，如法规变化、“四新”变化、发生事故等，动态调整管控措施，按照全过程的管理要求开展新一轮风险管控，对风险进行再识别、分析、评价、管控，实现 PDCA 循环。

4.2 风险清单的形式

每一轮风险评估后，应编制含有风险点名称、风险描述、可能导致后果、风险等级、风险管控措施、管控层级、排查频次、责任部门和责任人等内容的风险分级管控清单。国际劳工组织(ILO)和英国的健康安全局将更为简洁的“五步法”中的前 4 项内容作为核心清单要素，包括识别危险源、识别可能受到伤害的人群和伤害方式、列出已采取的管控措施并进行风险评价(包括已采取的措施、需要的额外措施)、实施额外的管控措施的责任人和时间节点，第五步为记录前四步成果、监控管控措施的执行(如通过检查)、风险评估清单的复审和升版。

4.3 风险告知

在每次制定或更新风险管控措施后，应通过培训、安全交底等形式，将存在的风险及应采取的措施告知相关人员，使其充分了解风险内容并掌握风险控制措施。部分地区对培训、公示和其他告知形式提出要求，如山东省要求单位应当将较大以上风险点名称、可能导致事故类型、风险等级、管控措施等内容予以公示；河南省要求制定安全风险告知栏、岗位安全风险告知卡；天津市要求企业每年度至少组织一次全员安全风险告知培训，对进入作业场所前的新入职员工开展专项安全风险告知培训，将作业单元网格化并绘制安全风险四色分布图。

5 隐患的排查治理

5.1 隐患的定义

隐患是对安全风险所采取的管控措施存在缺陷或缺失时出现的，包括物的安全状态的管控的失效、防止出现人的不安全行为的措施失效和管理缺陷等，其中管控人员行为的方式有培训、按要求取得资质等，“特种作业人员未按规定经培训并取得资格，上岗作业”，管理缺陷如未统一协调、管理和定期检查承包单位安全生产工作，以上两项已被列为重大事故隐患。

5.2 隐患排查的实施

隐患排查治理既是风险管控的措施之一，也是通过监控和检查全部风险管控措施情况确保措施落地的方式，可以基于风险控制措施编制隐患排查清单，指导开展隐患排查治理。对于发现的隐患，应填入隐患治理信息台账，以便进行跟踪治理和告知，台账内容包括治理措施、完成时限、责任部门/责任人、复查等。

6 结语

安全风险分级管控和隐患排查治理双重预防机制是国家层面结合中国实际、最新的安全管理理论、风险理论等提出的防范事故发生的方法。本文总结企业在实施机制过程的实际经验，结合政府法规、标准、国内外各类风险管理文件等，通过辨析相关概念、梳理机制实施的底层逻辑，便于各方人员理解双重预防机制，从而结合企业实际定制实施策略并有效实施，将企业安全生产风险控制在可接受范围内，遏制生产安全事故的发生。

参考文献

[1] 基于风险的检查(RBI)推荐作法 . SY/T 6653—2006[S]. 北京：中国标准出版社，2006.

[2] 风险管理　指南 . GB/T 24353—2022[S]. 北京：中国标准出版社，2022.

[3] 职业健康安全管理体系　要求及使用指南 . GB/T 45001—2020[S]. 北京：中国标准出版社，2020.

[4] 企业安全生产标准化基本规范 . GB/T 33000—2016[S]. 北京：中国标准出版社，2016.

[5] 风险管理　术语 . GB/T 23694—2013[S]. 北京：中国标准出版社，2013.

[6] Training Package on Workplace Risk Assessments and Management for Small and Medium-Sized Enterprises,

International Labour Office. 2013. P18.
[7] A 5 step guide for employers, workers and their representatives on conducting workplace risk assessments, International Labour Office. 2014.
[8] 佚名．山东省安全生产风险管控办法[J]．山东省人民政府公报，2020(4)：5.
[9] 山东省人民政府办公厅关于建立完善风险管控和隐患排查治理双重预防机制的通知[J]．山东省人民政府公报，2016(09)：34-38.
[10] 天津市《工贸企业安全生产风险分级管控与隐患排查治理机制建设工作指南(暂行)》．天津市应急管理局．津应急〔2021〕13 号．2021.
[11] 佚名．河北省安全生产风险管控与隐患治理规定[J]．河北省人民政府公报，2018(5)：7.
[12] 电工术语 风险评估．GB/T 2900. 101—2017[S]．北京：中国标准出版社，2017.
[13] Guidelines on occupational safety and health management systems, ILO - OSH 2001., International Labour Office. 2001.
[14] 河北省特种设备安全风险分级管控和隐患排查治理指导手册(修订版)[J]．河北省市场监督管理局．2018.
[15] 江苏省工业企业安全生产风险报告规定[J]．江苏省人民政府公报，2020(19)：5-11.
[16] 河南省安全生产风险管控与隐患治理办法[J]．河南省人民政府公报，2020(02)：3-7.
[17] The health and safety toolbox: How to control risks at work．Health and Safety Executive of UK. 2014.
[18] 佚名．危险化学品企业安全风险隐患排查治理导则[J]．化工安全与环境，2019，032(035)：P. 2-3.
[19] 李毅中．国家安全生产监督管理总局令(第 16 号)--安全生产事故隐患排查治理暂行规定，[J]．中华人民共和国国务院公报，2008(26)：4.
[20] 工贸企业重大事故隐患判定标准[J]．中华人民共和国国务院公报，2023(19)：19-23.
[21] 朱宝岩．安全基本概念和术语探析[J]．安全，2021，42(07)：18-25.
[22] 许铭，王毓武，周彩贵，等．关于危险源与隐患的新见解[J]．安全，2021，42(07)：26-34.

物联网技术在放射源管理中的应用

王圣春　戚会雨　陈红雷　张礼云　马晶晶

（中国石化经纬有限公司）

摘　要　在当今数字化时代，物联网正在以惊人的速度改变着我们的世界，给各行各业带来了前所未有的便利和智慧。在测井放射源管理领域，利用物联传感技术、无线通信技术、云计算和大数据分析技术，针对性解决了放射源身份识别困难、剂量监测不及时、类型覆盖不到位、全过程管理盲区、丢失预警不及时与生产现场安全检测手段匮乏等难题，实现恶劣环境下的测井移动放射源安全生产“在库－借源－出库－运输－作业－运输－还源－入库”的全流程重要节点的闭环可追溯管理，全面增强了放射源安全生产监管水平与事故预防、应急处置能力，本文将详细介绍物联网技术在放射源管理中的应用。

关键词　放射源；物联网技术；全流程；传感技术；安全监测

1　引言

近年来，党中央、国务院高度重视放射源安全和安保工作，多次就核与辐射安全工作作出重要指示批示，2021年3月13日，国务院批准实施《中华人民共和国国民经济和社会发展第十四个五年规划和2035年远景目标纲要》，明确提出“严格核与辐射安全监管，推进放射性污染防治”要求，对做好核与辐射安全工作指明了方向。尽管政府部门对放射源的监管得到了加强，制定了一系列法律法规和标准，规范了放射源的使用、运输和存储等，然而实际作业过程中，由于人为疏忽造成监管不当，放射源泄漏、遗失等事故仍时有发生。随着物联网技术的迅猛发展，借助物联传感技术、射频识别技术与通讯技术的融合手段，可有效增强终端感知能力，提升信息互联互通效率，聚焦放射源感知、传输、处理、存储、安全等重点环节，建立起“终端物联感知设备+前端GIS可视应用+后端云计算大平台”的智能化应用，实现了对放射源的全生命周期和全过程实时监控，有效增加了企业生产安全，提升辐射环境监测能力和管理决策智能化水平。

1　放射源在线监测系统的构成和功能

1.1　放射源在线监测系统架构

放射源在线监测系统是一种基于物联网技术的智能化监测系统，通过以下各层的协同工作，实现全方位的放射源管理和安全监控。

第一层：采集层。负责实时采集各类物联感知终端，如放射源监控终端、弱源监控终端、全功能弱源一体化测控箱、源库环境辐射剂量监测终端、源坑信号监测终端与手持式物联网剂量监测终端等，实现放射源管理节点的基础数据收集，为数据治理与应用提供支撑。

第二层：传输层。负责为数据汇聚提供支撑，通过多种链路（如Zigbee网络、运营商专网等）实现“高效、及时”的数据传输、数据加密和安全防护机制，保障数据传输安全。

第三层：应用层。负责收集传输层传输来的数据，进行数据清洗和入库保存。根据实际业务流程，将数据进行分类、整理和存储，使得这些数据能够被有效地用于放射源的全过程可追溯安全监管。同时，应用层提供操作界面和各种服务，使得用户可以方便地查看和管理数据，从而做出相应的决策和处理。

总的来说，放射源在线监测系统通过三层结构的协同工作，实现了全方位的放射源管理和安全监控。系统结合物联网技术，不仅提高了对放射源的监控能力，同时也增强了放射源使用的安全性和可靠性，为企业提供了更加高效、安全和可靠的放射源管理方式。

1.2　放射源在线监测系统的功能

放射源在线监测系统，以安全生产业务为核心，优化安全生产场景，开展“四化”（源库智能化－作业流程化－现场安全化－监管全面化）建设，全面实现放射源生产作业全过程重要节点的闭环可追溯管理，打造安全管理体系（图1）。

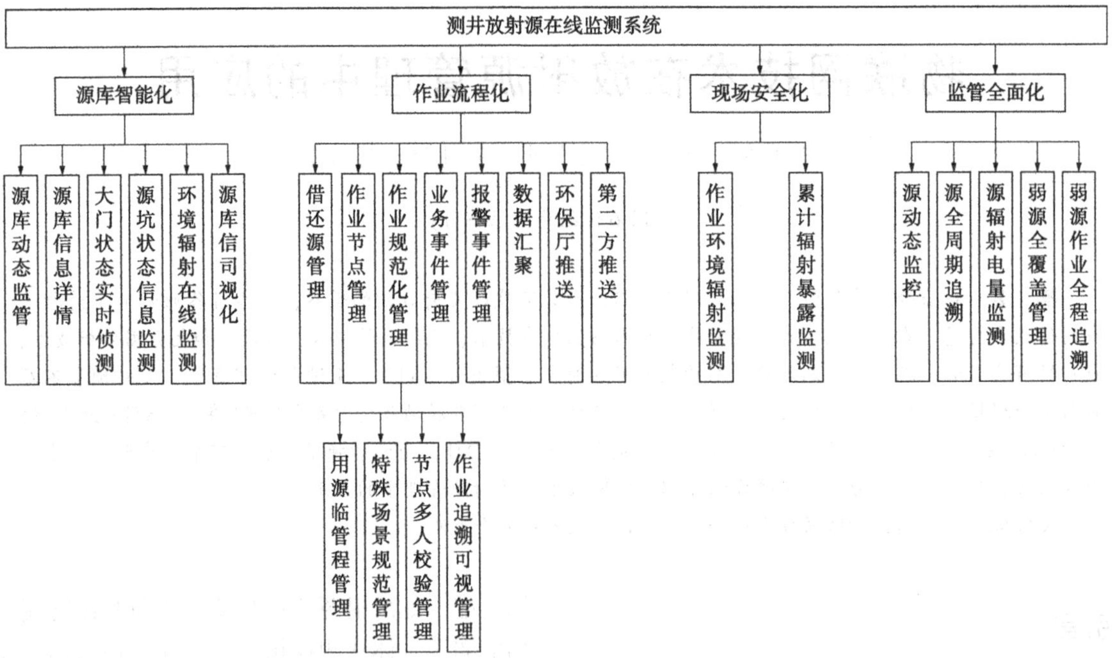

图1　放射源在线监测系统构功能

源库智能化。主要实现源库大门监测、源坑状态监测、源库环境辐射监测与源库数据多维赋能应用。其中，在源库领还作业阶段，安装门禁感应装置识别源库有人作业阶段，生成作业事件、留档；在放射源坑位安装传感器，实时监测源坑的状态，确保放射源的全流程监测；通过布置在放射源库周围的辐射传感器，实时监测环境中的辐射水平，确保工作人员的人身安全；利用统一规范的数据接口，实现数据采集、清洗与治理，数据赋能全面提升源库智能化水平。

作业流程化。主要实现用源监管流程、特殊场景作业、节点流程校验与作业追溯可视管理。其中，梳理实际用源流程，定制 Web 和 App 应用，实现无纸化线上（Web/App）借源申请、多级审批、领用、归还等信息存档；细化特殊场景（通井、转井、用途变更等），流程与业务数据，丰富 App 应用覆盖特殊作业场景流程，实现规范化管理；采用手持式物联网计量监测终端（智能触摸屏版本），定制作业流程模块对放射源作业过程中的关键节点辐射剂量检查与多人工校验；规范作业全过程，依据放射源“出库前-运输（作业前）、作业（作业前、作业中、作业后）、运输（作业后）与返回库房”确定关键节点，采集节点重要事件，实现作业全过程追溯可视化。

现场安全化。主要实现作业现场辐射超阈值预警与辐射暴露累计预警。其中，利用个人辐射监测终端，实时监测作业人员周边辐射剂量变化，辐射超阈值时及时预警提醒（声光、震动）；实时采集个人辐射监测终端数据，科学分析辐射暴露累计及时长统计、作业高辐射次数统计，并进行辐射暴露累计预警提示。

监管全面化。主要实现中子源与密度源、长期不使用源、刻度校验源与仪器内置源监管。其中，通过定制智能监控终端，支持 ZigBee、4G 与北斗短报文通信模式，可依据场景智能切换通信模式，实现放射源辐射强度、计数探测、实时位置与运动状态监测与不间断上报；配备放射源电子标签来实现长期不使用弱源身份属性电子化管理、源位置监测与盘点等功能；利用全功能弱源一体化测控箱进行全流程监测管理，实现刻度校验源身份属性电子化管理、放射源位置监测、实时采集传输放射源计量（定性）、节点信息、弱源专用箱开闭状态的主动上报，实现弱源在全流程中出库-运输-作业-运输-入库的作业全流程监测监测；对仪器护帽进行信息化改造，实现仪器内置源的身份属性电子化管理、位置监测、脱帽自动上报、源节点信息的主动上报，实现全流程监测管理。

总体而言，放射源在线监测系统的功能构成涵盖了源库智能化管理、作业流程化管理、现场安全化管理和监管全面化管理等方面，旨在确保放射源使用的安全性和规范性，提高放射性工作的效率和安全性。

2 放射源在线监测系统在放射源管理过程中的具体功能应用

2.1 放射源库智能化

2.1.1 放射源库辐射环境在线监测

通过在源库内安装辐射计量监测报警仪，来实时侦测源库环境中的 X 和 γ 辐射信息，并进行超阈值分级告警。通过连接监测报警仪和后台管理系统，当辐射剂量超过阈值时，不仅监测报警仪会在现场触发报警，同时也会在后台系统中触发警报，以便于管理人员及时发现并处理问题。同时环境辐射计量监测报警仪能够记录源库环境辐射的历史数据，并生成相应的辐射曲线。这些数据可以用于分析辐射变化趋势，帮助管理人员更好地了解源库环境辐射情况。除了安装环境辐射计量监测报警仪之外，同时使用物联手持 γ-n 监测仪与标签来加强源库内部与周围环境的辐射巡检侦测。通过这种方式确保了源库辐射环境是安全的，对工作人员的健康不会产生影响(图 2)。

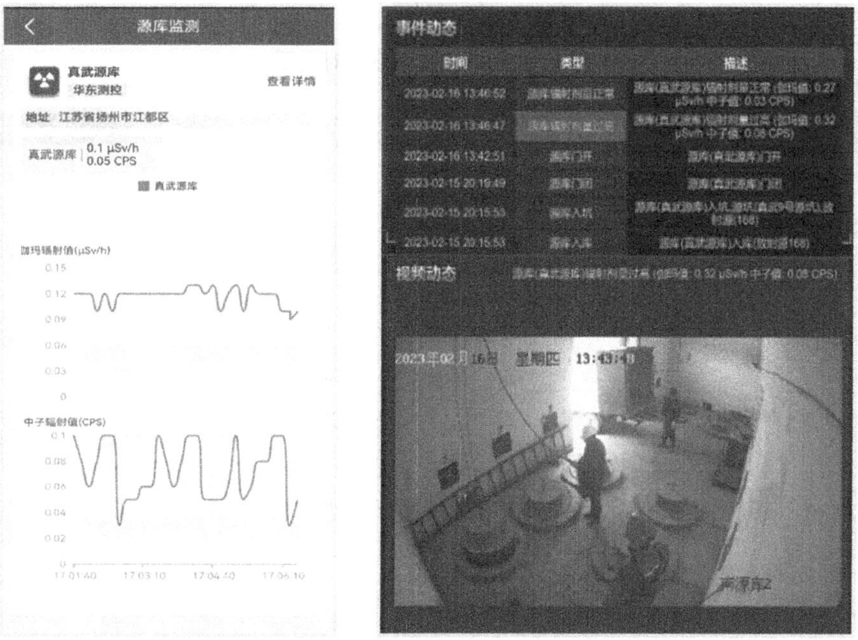

图 2 放射源源库辐射剂量监测和事件动态

2.1.2 源坑信息监测可视化

目前，信息化技术虽然可以监测放射源进出源库，但无法监测放射源的坑位状态，并且源罐在进入坑位后往往处于失联的黑盒状态。因此，通过对源坑进行改进，加装物联模组，为每个源坑建立电子身份，这样就可以实现对源罐的 24h 不间断监控，并实时获取放射源的状态数据。通过这种方式，我们可以解决现有技术无法准确识别源出入坑状态和源罐入坑后状态数据的问题，从而实现更精细的放射源管理(图 3)。

2.1.3 源库数据可视化

通过梳理源库业务流程与各类数据，构建了统一规范的数据接口，实现了数据采集、清洗与治理。同时，基于交互式富媒体可视化渲染方法，构建了应用系统，以实现源库放射源统计、源动态分布、辐射动态、作业动态等多种交互应用。通过这种方式，融合源库放射源动态、源库环境辐射、源坑动态与作业动态等各类数据，为源库管理提供智能可视化的应用支持，从而更好地保障源库的安全与高效运行(图 4、图 5)。

2.2 作业流程化

2.2.1 用源监管流程管理

传统的放射源作业用源的申请、审批和出入库核实仍然依赖纸质作业票，这不仅效率低下，而且信息存档不规范，给放射源管理带来诸多不便。因此，借助信息化手段，实现无纸化线上(Web/App)借源申请、多级审批与信息存档。首先，梳理实际用源流程，包括申请、审批、出入库等各个环节，明确流程中的关键节点和涉及的人员角色。其次，根据实际需求，定制 Web 和

App 应用，使其能够实现用源流程的电子化、信息化管理。通过这些应用，作业人员可以方便地在网上提交借源申请，各级审批人员也可以在网上进行审批，大大提高了申请和审批的效率。同时，所有的申请、审批和出入库信息都会被系统自动存档，方便后续查询和管理。通过这种方式，实现了放射源作业用源的无纸化管理，提高申请和审批的效率，并确保信息的准确性和完整性(图 6)。

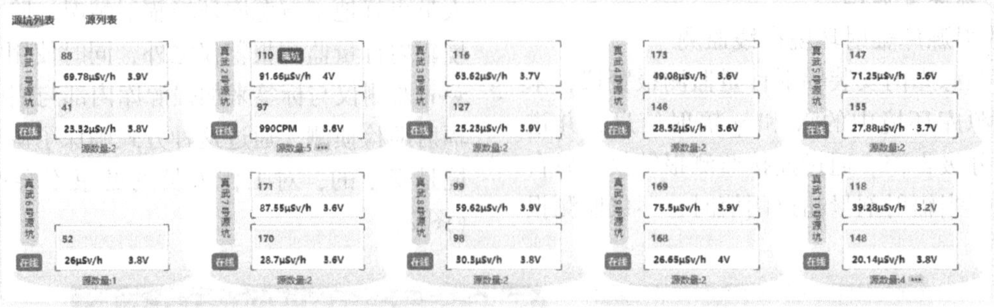

图 3　放射源入坑信息时时监测

图 4　放射源在线监测系统数据显示模块

图 5　放射源在线监测系统大屏

图 6 放射源使用、审批、出入库等过程流程图

2.2.2 任务节点校验流程管理

在放射源作业全流程中缺乏多重人工校验确认、无法实时校准放射源全流程跟踪记录的问题，并且事件联动与处置也面临着困难。为了解决这些问题，将手持式物联网计量监测终端升级为智能触摸屏版本。这种智能触摸屏版本的终端可以提供更好的人机交互体验，使得库管人员和作业人员更加方便快捷地进行操作，确保放射源作业全流程的安全性。通过定制作业流程模块，以便更好地满足放射源作业的实际需求。其次，利用该终端自动采集和上传放射源作业过程中的关键校验事件，形成多人工校验事件，确保了放射源作业全流程节点切换过程中的安全性。同时，该终端具备4G传输和GPS定位功能，能够实时传输数据并准确定位，从而确保了放射源全流程跟踪记录的实时性和准确性(图7、图8)。

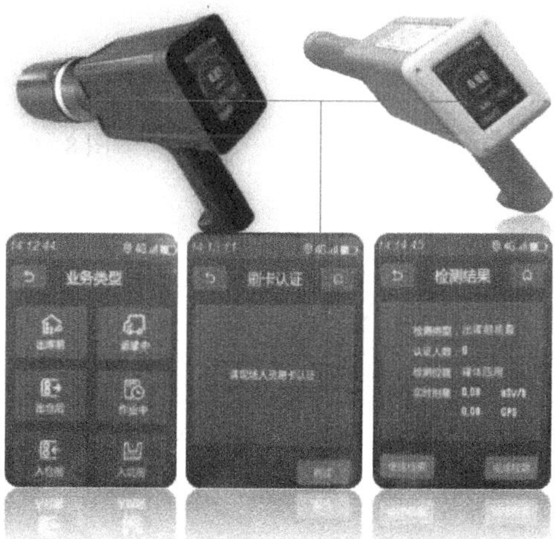

图 7 手持式物联网剂量监测终端

2.2.3 作业追溯可视管理

放射源作业全流程重要环节众多，导致传统的事件追溯不够直观，无法形成“节点+时间轴”的全过程追溯。通过对整个放射源作业流程进行细分，明确出库前、运输(作业前)、作业(作业前、作业中、作业后)、运输(作业后)与返回库房等关键节点。然后，针对这些节点的重要事件进行采集和记录，确保每个节点的时间和事件都有明确的记录，从而实现整个作业全过程的追溯可视化。这样，可以直观地展示放射源作业全过程的追溯信息，方便对放射源进行全方位、全过程的管理和监控。同时我们根据不同施工场景，细化特殊场景，梳理每个场景流程与业务数据，丰富App应用，实现放射源“通井、转井与用途变更”等特殊场景作业监管，实现特殊场景规范化(图9、图10)。

2.3 现场安全化

在井场作业期间，部分区域会因测井放射源的影响而成为高辐射危险区域，这是作业过程中面临的一个难题。如果作业人员无意间进入这些区域，可能会遭受严重的辐射伤害。为了解决这个问题，利用个人辐射监测终端实时监测作业人员周边辐射剂量变化。当辐射剂量超过设定的阈值时，设备会及时发出预警提醒，以声光和震动的方式提醒作业人员注意辐射危险。这种方法能够有效地预防作业人员无意识进入高辐射区域，从而保护他们的安全。除此之外，还实现了人体辐射暴露累计及时长统计、作业高辐射次数统计等功能。这些功能可以帮助管理人员更好地了解和掌握作业过程中人体暴露于辐射的情况。通过科学手段监测人体累计辐射暴露，可以更好地管理和控制辐射对作业人员的影响，这将为作业人员的健康和安全提供有力保障(图 11、图 12)。

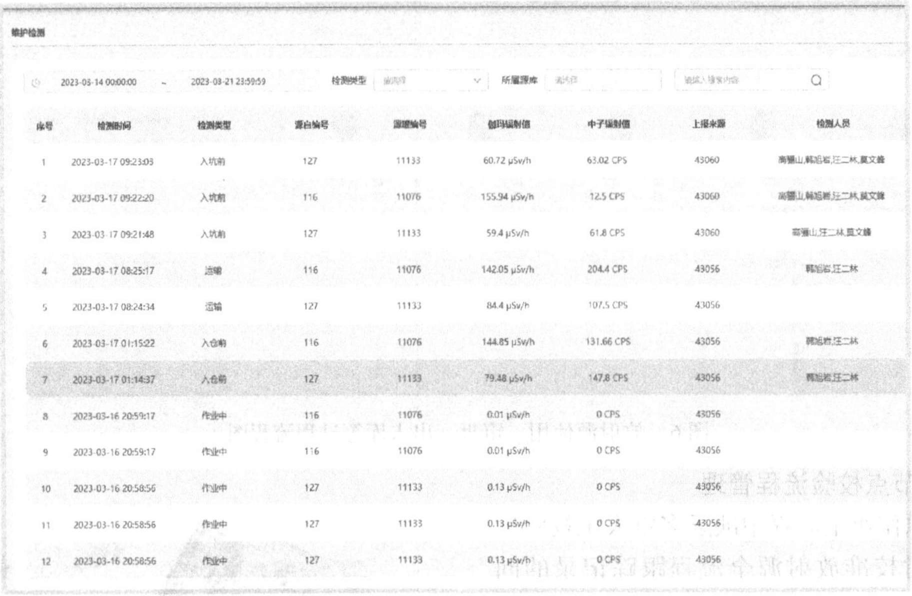

维护检测

2023-03-14 00:00:00 ~ 2023-03-21 23:59:59　检测类型　所属源库

序号	检测时间	检测类型	源自编号	源罐编号	伽玛辐射值	中子辐射值	上报来源	检测人员
1	2023-03-17 09:23:03	入坑前	127	11133	60.72 μSv/h	63.02 CPS	43060	高疆山,韩旭岩,汪二林,莫文峰
2	2023-03-17 09:22:20	入坑前	116	11076	155.94 μSv/h	12.5 CPS	43060	高疆山,韩旭岩,汪二林,莫文峰
3	2023-03-17 09:21:48	入坑前	127	11133	59.4 μSv/h	61.8 CPS	43060	高疆山,汪二林,莫文峰
4	2023-03-17 08:25:17	运输	116	11076	142.05 μSv/h	204.4 CPS	43056	韩旭岩,汪二林
5	2023-03-17 08:24:34	运输	127	11133	84.4 μSv/h	107.5 CPS	43056	
6	2023-03-17 01:15:22	入仓前	116	11076	144.85 μSv/h	131.66 CPS	43056	韩旭岩,汪二林
7	2023-03-17 01:14:37	入仓前	127	11133	79.48 μSv/h	147.8 CPS	43056	韩旭岩,汪二林
8	2023-03-16 20:59:17	作业中	116	11076	0.01 μSv/h	0 CPS	43056	
9	2023-03-16 20:59:17	作业中	116	11076	0.01 μSv/h	0 CPS	43056	
10	2023-03-16 20:58:56	作业中	127	11133	0.13 μSv/h	0 CPS	43056	
11	2023-03-16 20:58:56	作业中	127	11133	0.13 μSv/h	0 CPS	43056	
12	2023-03-16 20:58:56	作业中	127	11133	0.13 μSv/h	0 CPS	43056	

图 8　放射源在线监测系统构功能

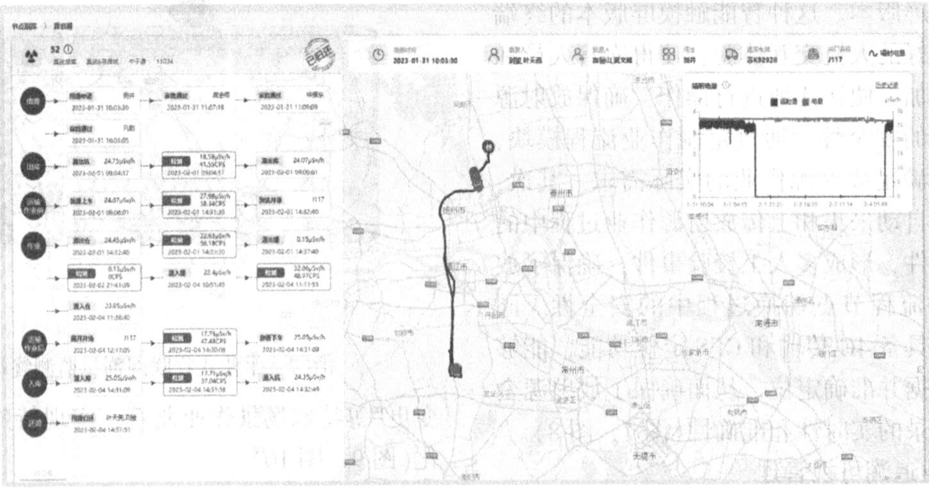

图 9　放射源“节点+时间轴”的全过程追溯

图 10　放射源特殊场景作业监管规范化

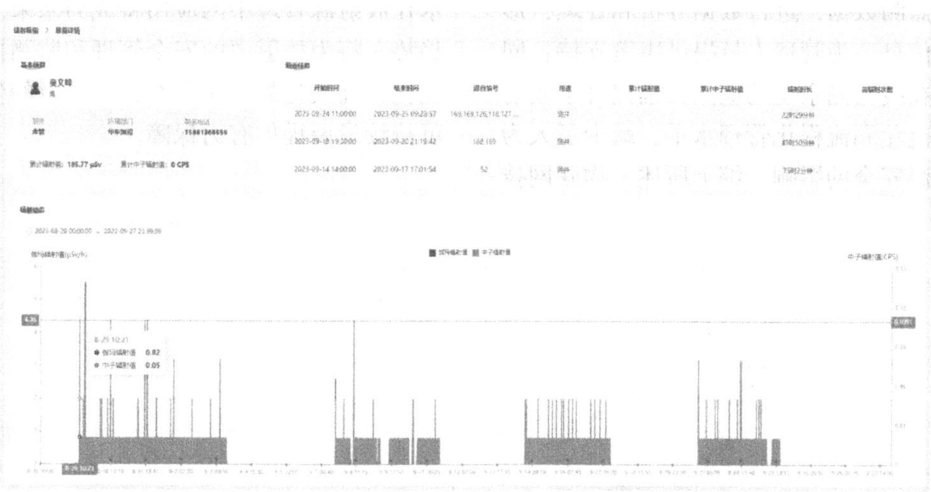

图 11　放射源作业现场辐射监测与超阈值预警

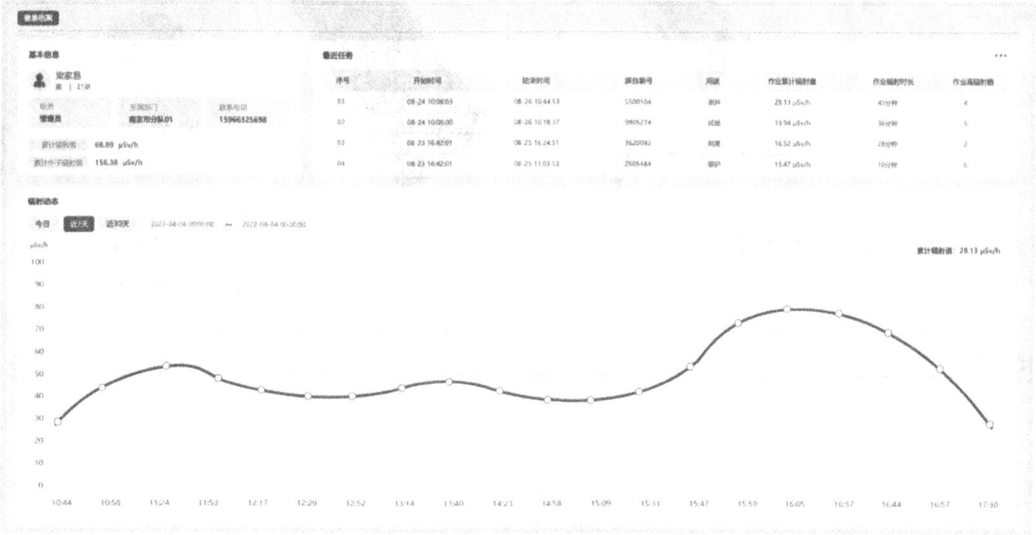

图 12　放射源作业人员作业辐射统计与历史追溯

2.4　监管全面化

在放射源的管理过程中，由于仪器内置源护帽的特殊结构，无法使用现有的管理手段对其进行全流程的监测管理。为了解决这个问题，对仪器护帽进行信息化改造，通过在仪器护帽内部安装仪器源监测终端，来实现仪器内置源的身份属性电子化管理。这个终端能够有效地监测并记录源的位置信息，一旦源的位置发生改变，护帽被脱下，终端就会自动上报这个信息，同时，源节点信息也会主动上报，这样我们就能实时掌握源的状态和位置。通过这种改造，我们可以实现对仪器内置源的全流程监测管理。通过配备放射源电子标签来实现低活度刻度校验源身份属性电子化管理、放射源位置监测、放射源出入库状态管理等功能。针对高活度刻度校验源监测，采用配备全功能弱源一体化测控箱进行全流程监测管理，实现刻度校验源身份属性电子化管理、放射源位置监测、实时采集传输放射源计量(定性)、节点信息、弱源专用箱开闭状态的主动上报，实现弱源在全流程中出库–运输–作业–运输–入库的作业全流程监测监测，无论是在源的身份确认，位置追踪，还是在使用过程中的安全控制，都可以进行全方位的管理和监控(图 13~图 15)。

3　结束语

通过物联网技术在放射源管理中的应用分析，不难得出：利用物联网技术建立放射源在线监测系统，可以有效解决当前放射源管理存在的问题，提高放射源使用的安全性和可靠性，为企业提供更加高效、安全和可靠的放射源管理方式。在实际应用中，该系统不仅能够实时监控放射源的状态和环境参数，还能够及时响应并处理各种设备的监测数据，进行数据分析和处理，形成有价值的信息，为管理人员提供决策支持；同时，放射源在线监测系统的应用大幅提升了放射源使用的规范化和流程化管理水平，减少了人为因素对放射源安全的影响。综上所述，物联网技术在放射源管理中的应用将成为未来发展的重要趋势，将为放射源的安全管理和监测提供更加智能化、高效化的解决方案，为企业的生产安全和可持续发展提供有力保障。

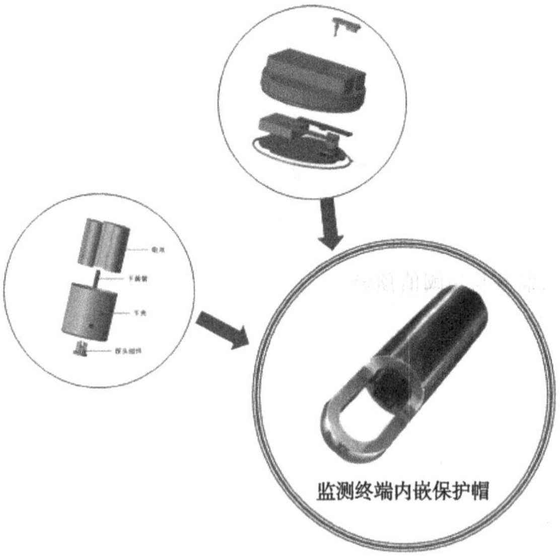

图 13　仪器内置源监测

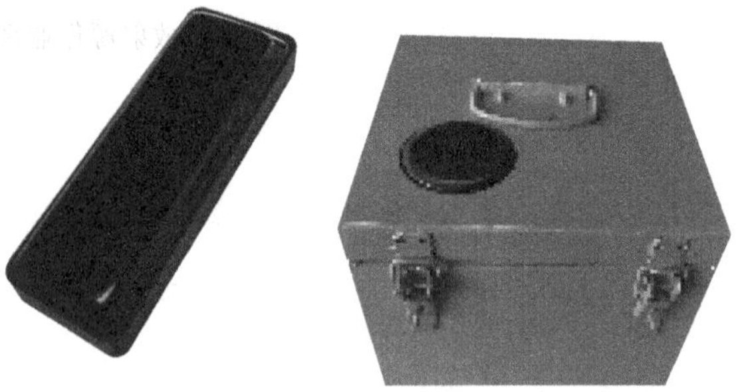

图 14　低活度刻度校验源监测标签和高活度刻度校验源监测箱

图 15　放射源在线监测系统全业务动态信息

石油射孔用民爆物品安全销毁管理的实践研究

李 昂[1] 陈 刚[1] 胡晓明[1] 陈宏伟[1] 李胜楠[2]

（1. 中国石化经纬有限公司；2. 湖北紫东页岩气科技有限公司）

摘 要 为了深化石油射孔用民爆物品安全高效销毁工作认识，通过近年来的不断实践探索与研究，形成一整套涵盖出库过程、安全运输、安全销毁作业、验证与清理销毁现场、销毁过程安全评价等全过程的石油射孔用民爆用品安全销毁管理方法，支持以一种安全可靠、彻底实现销毁目的的方法，解决目前采用人工签字的方式对民爆物品安全销毁进行管理的方式，以及日益严重的民爆物品流失流转问题。

关键词 石油射孔；民爆物品；安全销毁；管理方法

随着石油开发效益的提高，石油射孔用民爆物品的使用在逐渐增多，物品的种类有很多，应用也非常广泛，所以石油射孔用民用爆炸物品的安全管理成为了人们关注的重点问题。如何安全高效销毁报废的射孔用民爆器材，笔者通过多年来的研究和实践，建立了一整套涵盖出库过程、安全运输、安全销毁作业、验证与清理销毁现场、销毁过程安全评价的管理方法，具有较高的推广价值。

1 民爆物品安全销毁管理的意义及重要性

民爆物品的特点是易燃易爆炸，并且在瞬间巨变的过程中能够产生巨大的能量，产生强烈的破坏性。民爆物品在销毁过程中一旦出现纰漏，很可能对人民生命财产安全以及社会稳定产生严重的危害，因此国家出台了《民爆物品安全销毁管理条例》等相关法规管理条例，大力倡导科学销毁民爆物品，对民爆物品安全销毁中出现的不规范行为制定了强制措施，对可能存在的风险因素展开了详细、深入的分析，有效避免由于民爆物品发生安全事故导致的人员伤亡与经济损失。因此，石油行业要将目光放在安全销毁管理的控制上面，并在此基础上使用科学合理的管理方式，从预防视角入手制定出科学合理的管理方法，将前期防控工作落实到实际工作中，旨在从源头上降低安全事故发生的次数。

2 民爆物品安全销毁管理方法

民爆物品的安全销毁管理是关系到广大人民人身安全的大事，因此必须要采取有效措施强化安全销毁管理。基于我国民爆物品安全销毁管理中所存在的问题，这里重点探讨涵盖出库过程、安全运输、安全销毁作业、验证与清理销毁现场、销毁过程安全评价管理方法。

2.1 出库过程

民爆物品是特殊商品，销毁必须制定销毁方案，经相关领导批准签字，方可执行销毁。首先要验证销毁项目审批编号，查验要销毁的民爆物品的品种、型号和数量，验证通过后建立带有项目审批编号的电子清单，并上传至控制系统。该控制系统随时进行全方位数据采集及数据核对，若出现核对异常，则发出报警提示，并且保存报警记录。

在民爆物品存放处，对民爆物品出库的参与人员进行身份识别，并将参与人员与负责的民爆物品一一对应，参与人包括合法持证上岗的库管员、押运员、爆破员及安全员。将出库的民爆物品在民爆物品存放处进行封闭处理。

2.2 安全运输过程

民爆物品运输车辆应符合相关要求证照齐全，执行任务的车辆需进行全面安全检查为合格，随车携带齐全的应急器材、安全防护设施和通讯设备。民爆物品道路运输的驾驶人员和押运人员，应当经所在地设区的市级人民政府交通运输主管部门考试合格，取得注明为“爆炸品运输”类别的从业资格证。

运输需采用分类原则，炸药不与雷管及起爆器材类同车运输。按照核发的民用爆炸物品运输许可证所指定的时间、路线等行驶，将民爆物品运输至作业点，运输过程由控制系统对运输民爆物品的车辆、驾驶人员、押运人员实行全程实时动态定位监控。在一般道路上最高车速为40km/h，在高速公路上最高车速为80km/h，车距保持在50m以上。运输过程中，严禁在禁停地点停车，应每隔2h对民爆物品和运输车辆情况全面检查一次。

2.3 安全销毁过程

将民爆物品运送至作业点，车辆到达，进入现场前，再次确认车辆防火罩已关闭、静电释放带与地面接触良好，进入销毁现场应按设计摆放爆炸品运输车和其他作业车辆，检查井场的滑轮等装置。选择装配区域和防爆车停放位置，布置警戒带、静电释放器。

使用井下销毁法或者地面爆炸法销毁民爆物品，销毁地点选择：井下销毁需选择适宜进行爆破作业的井场，场地摆放绞车、吊车、井口装地滑轮，井筒通径大于120mm，井筒液面高度离井口不少于200m；地面爆炸法销毁，销毁场宜设在有天然屏障的山沟、盆地、河滩、丘陵地带，地面应为不带石块的土质地，平坦、无裂缝，无树木杂草，且为单独场地。

2.4 验证与清理销毁现场过程

安全销毁工作结束后，对爆炸销毁场进行清理，检查是否还有未销毁的爆炸物品，并对销毁现场所用的爆破器材及其他材料进行清理，多余器材及时清点入库，上传至控制系统。

销毁作业完成后，承担销毁的单位应提交销毁总结，销毁总结应保存2年备查。销毁总结应包括：销毁设计和组织实施方案，销毁作业人员安全教育、培训、考核记录，销毁应急救援预案，销毁统计记录和检测结果，销毁影像资料。

2.5 安全评价过程

通过整个民爆物品安全销毁流程，现场收集资料，建立评价指标体系，建立指标打分标准，对指标进行评分，计算结果，提出针对性改进措施。其中，评价标准是与评价指标一一对应的，评价指标标准是按照安全销毁管理方法确定的。评价指标体系，涉及到出库、运输、安全销毁全过程以及其中的诸多因素，结合现场调研，建立评价指标体系，并确定各指标的权重比例。

采用五级等分来表示安全各级指标对上级指标的影响程度，5、4、3、2、1分别代表强、较强、中等、较弱、弱，通过对民爆物品安全销毁方面进行打分。对上述各级指标数据进行处理，将标准化处理数据代入式 $H_j=\sum_{i=1}^{n}H_i\times a_i$，$M_j=\sum_{i=1}^{n}M_i\times b_i$，$D_j=\sum_{i=1}^{n}D_i\times c_i$，求出各安全指数的值。式中，$H_j$ 为库房安全管理指数；M_j 为运输安全指数；D_j 为安全销毁指数；H_i、M_i、D_i 为评价指标体系中各级指标所打的分数；a_i、b_i、c_i 为各级指标所对应的权重比例。

表1　评价指标体系及各指标的权重比例表

民爆物品安全销毁	出库	安全交底及质量	0.20
		劳动保护及防护	0.15
		出库前的验证与查验情况	0.45
		装卸作业监管指挥程度	0.20
	运输	运输车辆的安全检查	0.40
		驾驶人员技术水平	0.15
		行驶路线规划合理性	0.25
		运输作业应急管理能力	0.20
	安全销毁	爆破销毁地点选择情况	0.10
		运输车辆停放地点选择情况	0.10
		爆破前设备安全检查	0.30
		爆破危害控制	0.20
		爆破人员技术水平	0.10
		爆破人员安全防护	0.10
		爆破作业安全距离	0.10

最终，采用均方根植计算并得出结果，最终评价结果 S_j 为

$$S_j=\sqrt{\frac{H_j^2+M_j^2+D_j^2}{3}}$$

其中，评价结果是有等级的标准的，分为“安全、较安全、隐患”3个等级，并有分数与其相对应，评价结果要进行分析，确定优化方向。当评价结果 $S_j\geqslant12$，综合评价的定性评价结论为安全；评价结果 $12\geqslant S_j\geqslant9$，综合评价的定性评价结论为较安全；评价结果 $S_j\leqslant9$，综合评价的定性评价结论为隐患。根据评价结果的结论，提出针对性改进措施。

3 实践效果

依据上述安全销毁管理方法，对淘汰的石油射孔用民爆品进行销毁，历时3天，先后销毁12批次，圆满完成折算药量220kg(10个品种)的射孔器材销毁作业。

民爆物品安全销毁管理方法涵盖从出库到销

毁的整个过程，过程中实时上传，实时监控，形成全方位数据采集及数据核对。同时通过整个民爆物品安全销毁流程，建立评价指标体系和指标打分标准，计算评价结果，提出针对性改进措施，进一步完善安全销毁的流程，提升民爆物品销毁的安全性，将安全风险降至最低。

4 结论

（1）民爆物品随着社会经济的发展对其的需求量也不断攀升，由于民爆物品性质特殊，对于已经淘汰报废了的民爆物品，其安全销毁管理的紧迫性日益严峻。

（2）本文提出的石油射孔用民爆用品安全销毁管理方法，将以往的以签字进行民爆物品安全销毁管理方式变更为将对参与人身份识别与民爆物品安全销毁过程中的无缝比对和记录存储，整个过程实时上传，实时监控，形成全方位数据采集及数据核对，能有效地保证民爆物品的严格管理和控制，保证社会和民众的安全。

（3）石油射孔用民爆物品的销毁处理是一项技术复杂、过程危险的工程，安全意识淡薄、专业知识缺乏，操作不甚规范，都会酿成重大安全环保事故，需要牢固树立安全销毁的思想责任意识，强化监督管理力度，切实提升其安全销毁管理水平，有效防范民爆物品爆炸事故的发生。

参考文献

[1] 邱雪莹．民用爆炸物品安全管理的思考及对策[J]. 露天采矿技术．2020，35(01)：125-128.

[2] 蔡宝虎．民用爆炸物品安全管理中存在的问题及对策[J]. 化工设计通讯．2020，46(05)：182-183.

[3] 刘健修．我国爆破行业安全管理标准体系构建[J]. 工程爆破．2019，(5)：79-82.

[4] 王龙海．关于废弃民用爆炸物品销毁方法的探讨[J]. 科技创新与应用．2013(19)：292.

[5] 中华人民共和国国务院令第466号．民爆物品安全管理条例．

[6] 危险货物道路运输规则．JT/T 617.6—2018[S]. 北京：中国标准出版社，2018.

[7] 民用爆破器材企业安全管理规程．WJ 9049—2005[S]. 北京：中国标准出版社，2005.

[8] 周安法，王沛玉．一种民爆物品实时管理方法[P]. 广州：CN109388089A，2019-02-26.

[9] 刘桂勇，李昂，冯亦江，等．民爆物品安全销毁管理方法及系统[P]. 湖北：CN202311148260.9，2023-09-07.

常压储罐闪爆事故分析及预防措施

高　严

（大连西太平洋石油化工有限公司）

摘　要　常压储罐闪爆事故往往造成较大的人员伤亡及财产损失，本文通过梳理历史上典型的储罐闪爆事故，通过事故发生时燃烧三要素可燃物、助燃物、点火源的寻找与消除，系统分析事故发生的原因，并根据分析结果提出了预防措施。对运行阶段因静电引发的闪爆事故提出储罐正常运行严禁浮盘落底，落底再投用储罐要进行氮气置换并严格控制收油速度。对硫化亚铁自然造成的闪爆事故，提出强化脱硫工艺降低介质硫含量，储罐全防腐并设置氮气密封，定期检测浮盘上部油气浓度，储罐检修打开储罐前对储罐内部进行钝化处理。对检修阶段发生的闪爆事故提出储罐未退料清罐、浮盘密封及浮力元件未拆除，严禁罐壁、罐顶、罐内进行动火作业；储罐清罐、密封及浮力元件拆除、防腐作业所有相关流程要进行有效隔离，作业过程中强制通风、连续气体检测并使用防爆工器具及照明设施；作业人员必须穿着防静电工作服与工作鞋，尽量减少作业人数，并保持罐内湿度，特别是密封带拆除过程要保证密封带及其周边始终处于湿润状态，拆除浮力元件时罐底板留存一定水量；密封带拆除优先推荐浮盘上部拆除方式；探索使用新的密封与浮力元件，研究新技术使用，采用工业机器人代替人进行作业等十项预防建议措施。希望通过血的事故教训凝结而成的预防措施，遏制储罐闪爆事故的发生。

关键词　储罐闪爆；浮盘落底；静电；硫化亚铁；密封带；浮力元件；储罐防腐

2023年12月20日经过充分酝酿国家应急管理部发布《内浮顶储罐检修安全规范》AQ 3058—2023，并将于7月1日正式实施。这一规范的实施旨在吸取事故教训，规范和指导内浮顶储罐检修工作，降低内浮顶储罐检修风险，从源头上预防和减少生产安全事故发生。这是国家层面第一次针对一个类型的储罐检维修过程制定安全规范，可以看出近年来频发的储罐事故已经引起国家层面的高度重视。本文将梳理国内历史上发生的造成人员伤亡及财产损失比较大的典型储罐闪爆事故，充分的利用事故资源，从储罐运行、浮盘附件拆除、防腐等不同阶段，借助可燃物、助燃物、点火源燃烧三要素的寻找与消除，对事故发生的原因进行系统分析，并根据分析结果提出预防常压储罐闪爆的建议措施，希望通过血的事故教训凝结而成的预防措施，遏制储罐闪爆事故的发生。

1　国内典型常压储罐闪爆事故案例

历史上影响较大的常压储罐闪爆事故很多，造成事故的原因也不尽相同。笔者搜集选取了国内公开报道的典型常压储罐闪爆事故进行了汇总，见表1。由于本文所列举的事故案例资料均来源于公开报道，所以可能有很多更为典型的事故由于未公开报道，所以未能列入。

表1　国内历史上典型常压储罐闪爆事故汇总表

序号	事件简述	事件发生本质原因	类　型
1	1984年8月9日14时40分，哈尔滨炼油厂油品车间226#汽油罐（2000m^3）动火作业过程中发生闪爆事故，直接经济损失3.9万元	动火前油罐的进出口管线没加盲板，而罐入口气缸阀内漏，遇明火发生闪爆	未进行有效隔离
2	1988年6月3日15时20分，天津石化公司炼油厂石脑油罐701#（5000m^3）检修过程中发生闪爆，罐内作业的6名施工人员因缺氧、窒息死亡	罐内渗入石脑油的囊式密封未拆除，动火作业明火造成闪爆	浮盘含油附件（囊式密封）未拆除

续表

序号	事件简述	事件发生本质原因	类　型
3	2006年10月28日19时16分，独山子石化公司在建原油储罐刷漆作业，发生闪爆，造成13人死亡、6人轻伤	变更防腐稀料，防腐未强制通风，使用非防爆的行灯及手持照明设备引燃油气，造成闪爆	未强制通风，使用非防爆照明设备
4	2010年5月9日11时20分，上海高桥石化公司石脑油储罐收油过程中发生闪爆事故，此次事故济损失为62.55万元	石脑油油气在浮盘与罐顶之间积聚，罐壁腐蚀产物硫化亚铁发生自燃，引起浮盘与罐顶之间的油气与空气混合物发生闪爆	硫化亚铁自燃
5	2010年6月29日16时40分，辽阳石化公司炼油厂原油罐在清罐过程中发生闪爆事故，造成承包商5人死亡，5人受伤	储罐进出口管线未进行盲板隔离，作业过程中使用非防爆灯具和铁制工具产生火花引燃油气造成闪爆	未进行有效隔离，使用非防爆照明及清罐设备
6	2011年8月29日9时56分，大连石化公司875#罐在收油过程中发生闪爆。事故直接经济损失：789万元	上游装置操作波动，进入事故储轻组分含量增加，在浮盘下方形成爆炸性混合气体，浮盘未浮起收油速度大于1m/s，产生大量静电无法及时导出产生放电，引发闪爆	浮盘落底，未控制收油速度
7	2013年6月2日14时27分，大连石化公司三苯罐区在动火作业过程中发生闪爆，造成4人死亡，直接经济损失697万元	动火时储罐存储物料，切割火焰引燃泄漏的油气，引起储罐闪爆	带物料进行储罐动火作业
8	2018年5月12日15时25分，上海赛科石油化工有限责任公司在苯罐内浮盘拆除作业过程发生闪爆，造成6名作业人员当场死亡，直接经济损失约1166万元	浮盘箱体苯液流出形成爆炸气，未有效通风，拆除过程中使用非防爆机具产生火花造成闪爆	浮盘含油附件(箱体)带液，通风不到位，使用非防爆机具
9	2020年6月9日10时04分，齐鲁石化公司烯烃厂石脑油储罐除锈作业过程中发生闪爆事故，造成2人死亡、4人受伤，直接经济损失264万元	储罐带物料，作业人员使用非防爆工具(铁铲、磨光机)，作业过程中产生的火花引燃通气孔溢出的爆炸性混合气体，回火造成储罐内油气闪爆	带物料进行储罐打磨作业
10	2022年1月5日14时08分，河南宇天化工有限公司煤焦油加氢精制装置原料罐区动火期间发生闪爆事故，造成3人死亡，直接经济损失547.9万元	储罐动火前未进行清洗、置换，残存蒽油挥发出的低闪点物质与罐内空气达到爆炸极限。施工人员擅自对储罐人孔处进行焊接作业。焊接高温引起罐内爆炸性气体闪爆	带物料进行动火作业

2　常压储罐闪爆事故案例分析及防范措施

下面我们将分储罐运行与施工期间两个阶段，对以上10个典型常压储罐闪爆事故进行归类分析，并根据分析结果制定可行的防范措施。

2.1　常压储罐运行阶段发生的闪爆事故

引发这类事故的原因主要有两个方面静电与硫化亚铁自燃。

1. 静电引发的储罐闪爆事故

此类事故的典型代表为大连石化“8.29”事故，事故直接原因是静电放电，不过根据燃烧发生的三个基本条件：可燃物、助燃物、点火源，静电只是点火源，我们还需要寻找助燃物与可燃物。储罐内可燃物显然为高浓度油气，助燃物为氧气。接下来我们探究静电如何产生、高浓度油气与氧气的来源。对于储罐而言超过爆炸下限的高浓度油气来自于储罐内油品的挥发，但如果浮盘正常未损坏的情况下，浮盘不落底高浓度油气不会在浮盘上部产生，那只有一种可能即浮盘落底导致了浮盘下部油气挥发聚集形成高浓度油气空间。储罐中氧气来源于空气，只要未进行氮气置换，储罐中将充满空气。最后静电来源于过快的收油速度。通过分析我们可以还原“8.29”储罐闪爆事故的场景：浮盘落地的储罐，罐中充满空气，且浮盘下聚集了轻组分的高浓度油气，在过快的收油速度下静电荷积累无法导出放电造成储罐闪爆。其实在2004年中国石油天然气集团有限公司和中国石油化工集团有限公司就联合修订了《常压立式圆筒形钢制焊接储罐检维修规程》SHS 01012—2004，第5.1.4条规定：“储罐在操作过程中应注意：浮顶罐和内浮顶罐正常操作时，其最低液面不应低于浮顶、内浮顶(或内浮盘)的支撑高度。"2015年8月4日当时的国家安全监管总局印发了《油气罐区防火防爆十条规定》其中第六条：严禁内浮顶储罐运行中浮盘落底，并解释为：正常运行时浮盘落底后会在浮盘和油面之间形成气相空间，在物料流速过快时物料管线管口静电易聚集，极易引发着火爆炸事故。防火防爆十条规定的出台执行遏制了储罐运行过程中随意落浮盘，从源头避免了高浓度油气在浮盘下部空间的聚集。对于因储罐检修或者更换油品等必须落浮盘之后再投用的储罐，石油行业推荐标准《防止静电、闪电和杂散电流引燃的措施》SY/T 6319—2008第4.5.2条款规定："限制填充线和入射液流的填充速度1m/s直到填充管浸没油中2倍管径或是61mm(取二者较小值)。当使用内浮顶储罐，要遵守1m/s的极限速度直到顶浮起来"，浮盘升起前严格执行收油速度不大于1m/s，将有效控制静电产生，消除点火源。最后建议浮盘落底再收油时对储罐进行氮气置换，置换至氧含量体积浓度8%以下有效阻断助燃物，降低闪爆风险。对于氧气和可燃物混合的爆炸下限，国际油轮与油码头安全指南(第5版)中可燃性构成图示-烃气、空气、惰性混合气体图指出，随着在烃气/空气的混合气体中增加惰气，可燃范围逐渐缩小，直到氧气含量降至体积比约11%时，就没有混合气体能够燃烧。指南为了使惰化的混合气体留有安全余地而在此数值之外将氧气含量的数字限定为8%的体积比，因此建议氮气置换至体积浓度8%以下。

综上分析储罐运行中应严禁落浮盘落底从源头杜绝高油气空间产生；储罐检修或更换油品等必须落浮盘时，在浮盘浮起前严格控制收油速度不大于1m/s，控制静电产生；落浮盘再投用的储罐建议对储罐进行氮气置换至氧体积浓度不大于8%，阻断助燃物。三管齐下，可有效防控静电引起的常压储罐闪爆事故。

2. 硫化亚铁自燃引发的储罐闪爆事故

此类事故的典型代表是高桥石化"5.9"石脑油罐闪爆事故。同样的我们依据可燃物、助燃物、点火源，这三个燃烧发生的基本条件来分析。针对此类事故可燃物是高浓度油气，助燃物仍然是氧气，点火源来自于硫化亚铁自燃，闪爆场景可以还原为：硫化亚铁自燃引燃高浓度的空气与油气混合物引发闪爆。防控措施也将从控制硫化亚铁产生、控制高浓度油气、阻断空气进入储罐这三个方面来着手。硫化亚铁是油品中硫或硫化物与铁及其氧化物相互作用的产物，储罐中的硫化亚铁并非以纯净的化合物形式存在，而是与储罐中的油垢、低聚物和油品互相胶着，形成组成和结构复杂的胶质混合物，极易在罐底浮盘、呼吸孔罐壁等部位累积，根据对金属的作用，硫化物可分为活性硫和非活性硫两类，活性硫具有较高的腐蚀活性，能直接与金属反应而使金属腐蚀如单质硫、硫化氢(H_2S)和硫醇(R-SH)等。从硫化亚铁生成机理我们发现降低油品中活性硫，减少金属直接暴露，可以有效降低硫化亚铁的产生。对此一方面需要加强工艺管理，严格按照工艺指标操作，开好脱硫设施及装置，尽可能降低储罐中存储油品的硫含量；另一方面需加强储罐防腐管理，对易产生硫化亚铁的常压储罐采取全防腐，降低活性硫与金属直接接触，通过以上两个方面的措施可有效降低硫化亚铁的生成。高浓度油气来源于两个方面，一是浮盘及密封损坏，导致油气大量泄漏至浮盘上方；二是储罐浮盘落底，在浮盘下方形成高浓度油气。对于浮盘上方油气，建议采用《中国石油天然气股份有限公司轻质油品储罐技术导则(试行)》7.6.2的规定进行定期检测，发现浮盘上部气相空间可燃气体浓度大于储存油品爆炸下限的50%时，要进行安全评审，确因设备原因的要及时安排停运检修。对于必须进行的落浮盘操作，高浓度油气空间无法避免，只能通过遏制燃烧三要素其他方面来避免事故的发生。在可燃物必然存在的场景中，我们可以通过阻断助燃物氧气进入储罐来避免事故的发生，储罐内部如何避免空气进入，目前普遍采用的是增加氮气密封，即：当储罐付油液面下降或者受气温日照变化，罐内压力降低，氮封阀开启，向储罐内补充氮气，充至罐内压力达氮封阀设定压力值时，氮封阀自动关闭停止充氮。当储罐收油罐内油品液面上升或者受气温日照变化情况下，罐内压力升高，高于呼吸阀设定压力值时，呼吸阀打开向罐外排放。储罐氮气密封的设置将实现储罐内部持续为氮气环境，从而消除助燃物。此外在储罐检修储罐打开作业前存在硫铁化合物自燃风险的储罐，应采用钝化法、隔离法、清洗法进行防控，首选钝化法。

综上分析降低存储油品硫含量，对存在硫化亚铁自燃风险的储罐进行全防腐，储罐设置氮气密封，定期检测浮盘上部油气浓度，对储罐检修打开前进行钝化处理，多措并举，可有效防控硫化亚铁自燃引起的储罐闪爆事故。

2.2 常压储罐施工期间发生的闪爆事故

此阶段笔者将再次拆分为储罐未退料动火作业造成的闪爆事故、储罐退料未有效隔离造成的闪爆事故、密封带原因造成的闪爆事故、浮盘浮力元件（浮筒、浮箱等）原因造成的闪爆事故、防腐作业造成的闪爆事故进行分析。

1. 储罐未退料动火作业造成的闪爆事故

此类事故的典型比较多，近些年比较有代表性的为大连石化“6.2”事故，齐鲁石化“6.9”罐事故，河南宇天化工“1.5”事故。此类事故发生的原因非常简单，储罐未退物料或者退物料未清罐，动火作业引燃储罐内的油气造成闪爆。正是因为储罐内带物料，所以此类事故的后果都非常严重，一般会涉及多人伤亡及较大的财产损失。严禁在内有可燃介质储罐的罐顶、罐壁动火作业是一个理念逐渐形成的过程，最开始大家认为在做好防控措施的情况下可以进行动火作业，随着事故不断的发生，理念变成了严禁在内有可燃介质储罐的罐顶、罐壁进行动火明火作业，最后防腐打磨等各类非明火作业也纳入禁止行列。在中国石油天然气集团有限公司和中国石油化工集团有限公司的动火作业安全管理规定中可以查到类似规定。2022年修订的《危险化学品企业特殊作业安全规范》（GB 30871）4.2.a）款规定：“对设备、管线内介质有安全要求的特殊作业，应采取倒空、隔绝、清洗、置换等方式进行处理”，第一次从国家规范层面进行了明确。

综上所述，储罐未退料动火作业造成的闪爆事故的预防，关键在于执行，拥有各类储罐的企业要严格执行“严禁在内有可燃介质的罐顶、罐壁动火作业”的规定，对于需要动火作业的储罐进行倒空、隔绝、清洗、置换操作后方可进行。

2. 储罐退料未有效隔离造成的闪爆事故

此类事故的典型代表为哈尔滨炼油厂的“8.9”事故与辽阳石化“6.29”事故，两个事故均仅使用了阀门隔离，物料泄漏进入储罐内部，进而在储罐动火作业与清罐作业中造成了闪爆事故。能量隔离的方式有很多，包括加装隔离盲板、拆除连接管线或者阀门、双阀一导淋、双阀隔离、单阀隔离等，那些是有效隔离呢，笔者认为能够实现介质物料完全隔离（不内漏），且可排除人为因素无法人为快速恢复的才可以称为有效隔离。对于以上列举的隔离方式，前三种均可以实现物料完全隔离，但对于双阀一导淋的隔离方式，可以人为快速变为非隔离状态，所以笔者认为有效隔离方式为盲板隔离与拆除连接管线或者阀门。此类事故除了能量隔离还伴随着一个大家容易忽略的关键点：罐内气体检测。储罐清罐作业过程中需要进行罐内连续检测，储罐管壁及罐顶动火作业，除了动火区域检测外，储罐内部也要进行气体检测。可靠的气体检测是预防事故的有效手段，当储罐内有油品残留或者万一隔离不位情况下，可靠的气体检测将筑起阻挡事故发生的重要屏障。

综上，储罐清罐、动火作业隔离不到位造成的闪爆事故的预防，关键在于有效隔离措施的执行，同时严格进行罐内气体检测。

3. 密封带原因造成的闪爆事故

此类公开报道的典型为天津石化公司6.3事故，事故原因为罐内渗入石脑油的囊式密封未拆除，动明火作业造成储罐闪爆。囊式密封由导电橡胶包裹着聚氨酯海绵构成，具有一定的弹性，密封效果较好，被广泛作为储罐浮盘密封使用。长期运行，随着浮盘不断升降，囊式密封不断摩擦罐壁，橡胶老化再加上施工质量原因，密封囊袋会出现变形甚至破裂，密封海绵内部渗入油品的可能性非常大。密封带未拆除情况下在罐内动火作业即便可燃气检测合格，一旦火星溅落到密封带上，密封带被引燃几乎是必然的，所以储罐内部动火作业必须拆除密封带，而带油的密封带拆除作业也是一项高危作业。囊式密封是一整根橡胶包裹着很多条聚氨酯海绵，无法整体将密封移出罐外再处理，而必须在储罐内处理拆解后再移出罐体，这个过程囊式密封中的油品必然洒落，通风不到就可能形成爆炸油气聚集空间，遇到点火源产生闪爆事故，虽然没有公开报道的此类事故，但此类事故却切切实实发生过。目前一般采用的囊式密封拆除方式有三种：保护性拆除、上部刺穿、下部破划。从风险角度来说，前两种拆除方式在浮盘上部操作，最后一种下部破划需要在浮盘下部操作，而且破划的过程中油品必然散落，在浮盘下部相对浮盘上部空间更小高浓度油气聚集引发闪爆造成处于浮盘下部人员受到伤害的可能性更大，所以建议优先采用前两种拆除方式。不过无论拆除密封带采用何种方式，可燃物油气都无法完全避免产生、助燃物空气环境也难以改变，所以预防点火源及防止油气集聚成为重中之重。造成油气闪爆的点火源来自两个方面，一是非防爆工作，另一个是静电。对于防爆工具，建议采用陶瓷或者铜制工具；对于静电预防作业人员要穿着防静电工作服工作鞋，实验表明穿着防静电工作与工作鞋可以有效防控静电，同时密封带周边及罐内做好充分的湿润，一般认为当环境湿度保持在60%~70%时能有效防止静电蓄积，要避免拆除作业在0℃以下进行，温度较高可以更容易保持罐内湿度。降低油气集聚的方式可采用"上抽下进"进行强制通风，作业过程中连续气体检测，发现报警及时终止作业。最后建议探索密封带的新的处置方案，某炼化企业采用铜管插入密封海绵通蒸汽蒸煮轻质油密封带的尝试，取得了良好的效果。

综上所述，对于密封带原因造成的闪爆事故，储罐动火作业前要拆除密封带，未拆密封带等同于储罐未清理；针对密封带拆除过程风险的管控，作业过程中作业人员要穿着防静电工作服工作鞋，保持密封带及罐内充分湿润，并使用防爆工具，强制通风，连续气体检测下，控制作业人数不大于3人完成拆除作业。建议探索采用机器人处置密封带的方式，减少人员伤亡的可能；研究采用新型大补尝密封加二次密封的双封模式，双封式密封也属于高效密封，减少囊式密封的使用，从源头消除拆除囊式密封的风险。

4. 浮盘浮力元件(浮筒、浮箱等)原因造成的闪爆事故

此类公开报道最著名的事故莫过于2018年发生的上海赛科"5.12"事故，事故直接原因在于浮盘箱体拆除时苯液流出形成爆炸气，未有效通风，拆除过程中使用非防爆机具产生火花造成储罐闪爆。事故发生后的第13天2018年5月25日中国石油化股份公司紧急发布《炼化企业内浮顶储罐清罐和内部检修作业指导意见(试行)》，成为第一部企业层面的规范内浮顶储罐作业的指导意见，随后几年中国石油天然气集团有限公司发布了《内浮顶储罐检修安全管理细则》，直到2023年底国家应急管理部发布《内浮顶储罐检修安全规范》AQ 3058—2023，从而对内浮顶储罐检修进行了更为系统的规范。对于上海赛科事故很多文章进行了专门的分析，比这不再赘述。AQ 3058—2023也针对上海赛科类似浮箱拆除制定了附录A对拆除方式进行了详细说明，而针对于浮筒类的浮力元件规范明确应采用将浮筒整体拆除移至罐外处理的方式。笔者想说的是无论采用何种拆除方式，风险无法完全避免，需要严格执行各项防控措施，作业前储罐内要进行垫水，作业过程要进行强制通风，连续气体检测，作业人员穿着防静电工作服工作鞋，使用防爆工具，控制作业人数不大于3人完成拆除作业。

综上所述，浮盘浮力元件(浮筒、浮箱等)原因造成的闪爆事故与密封带原因造成的闪爆事故类似。储罐动火作业前要拆除浮力元件，针对浮力元件拆除过程风险的管控，要做好着防静电工作服工作鞋，保持密封带及罐内充分湿润，并使用防爆工具，强制通风，连续气体检测，控制作业人数不大于3人完成拆除作业。同样建议在破拆浮箱类浮力元件时探索采用机器人的方式，减少人员伤亡的可能；在浮盘形式选择上研究更为可靠的浮盘形式，减少浮力元件进油的可能性，从源头控制风险。

5. 储罐防腐刷漆作业引发的闪爆事故

此类事故的典型代表为独山子石化"12.28"事故，事故原因为变更使用高挥发的防腐稀料，未强制通风，使用非防爆的行灯及手持照明设备引燃挥发的油气。下面我仍然按照燃烧的三要素来分析预防措施。人工刷漆作业助燃物氧气是无法避免的；可燃物为防腐稀料挥发的高浓度油气，点火源来源于静电与非防爆工器具的使用。如何避免高浓度油气形成呢，可以从两个方面采取措施，一是采用挥发性小或无溶剂材料，优先采用水性涂料，从而减少甚至消除油气产生；二是按规定进行强制通风，降低油气浓度。1995年颁布的GB6514《涂装作业安全规程涂漆工艺安全及其通风净化》15.3中已经规定："涂漆作业开始时应先开风机，后启动喷涂设备。作业结束时，应先关闭喷涂设备，后关风机。当通风系统停止运转或失灵时，自动控制装置应立即切断电源，并向操作人员发出信号。"而独山子石化事故一个重要原因就是未进行强制通风。最后对于点火源的预防，一方面防腐作业应采用防爆工器具、照明与通信设备，进入储罐的防爆照明电压不应超过12V；另一方面要防止静电的产生，施工人员穿着防静电工作服与工作鞋，使用的防腐喷枪应进行等电位连接。

综上所述，储罐防腐刷漆作业引发的闪爆事

故的防控措施，一是防腐材料要优先选取水性漆，其次选择低挥发或无溶剂材料；二是防腐施工过程要做好着防静电工作服工作鞋，并使用防爆工器具及照明设施，强制通风，连续气体检测，并严格控制作业人数。建议推广使用防腐机器人进行喷涂作业。

3 结论与展望

从以上事故分析我们可以看出很多事故在重复发生，同行业发生的类似事故事件，并没有引起足够的重视，依然我行我素，依据习惯进行日常操作与作业，直到事故来临追悔莫及。愚者用血的教训增长经验，自己付出血的代价是最触目惊心，难以忘却的，但也是成本最高的；智者用他人的教训增加自己的经验，采取措施避免发生同样的事故，这也就是笔者梳理历史上储罐闪爆事故进行分析并提出预防措施的原因。希望通过分析总结，形成合理的预防措施从大家借鉴，从而遏制同类事故再次发生。针对不同阶段常压储罐闪爆事故的预防措施，总结提出如下建议：

（1）储罐运行过程中严格执行严禁浮盘落底规定；如必须浮盘落底，氮气置换至氧含量体积浓度不大于8%再收油，且严格控制收油速度不大于1m/s。

（2）强化脱硫工艺尽量降低储罐内介质硫含量，对有硫化亚铁自燃风险的储罐进行全防腐，并设置氮气密封，定期检测浮盘上部油气浓度不大于油品爆炸下限的50%，储罐检修打开储罐前对储罐内部进行钝化处理。

（3）储罐未退料清罐、浮盘密封及浮力元件未拆除，严禁罐壁、罐顶、罐内进行动火作业。

（4）储罐清罐、密封及浮力元件拆除、防腐作业前，储罐所有相关流程要加装盲板或者拆除阀门管件进行有效隔离，作业过程中强制通风，连续气体检测，并使用防爆工器具及照明设施，进入储罐防爆照明设施不大于12V，尽量减少作业人数。

（5）储罐清罐、密封及浮力元件拆除、防腐作业要严格控制静电，作业人员必须穿着防静电工作服与工作鞋，并保持罐内湿润，特别是密封带拆除过程要保证密封带及其周边始终处于湿润状态，维持储罐内湿度，拆除浮力元件时罐底板留存一定水量。

（6）密封带拆除优先推荐浮盘上部拆除方式，尽量避免下部破划的方式。

（7）浮盘浮力元件拆除优先选择通过拆除螺栓移出储罐的方式，必须在罐内进行破拆的严格执行以上第（4）与第（5）条的防控措施。

（8）储罐防腐材料优先选用水性漆，其次选择低挥发或无溶剂材料，但使用非水性漆时严格执行以上第（4）与第（5）条的防控措施。

（9）探索使用新的密封与浮力元件，采用大补偿密封配合二次密封的双封，既满足规范要求，也消除了存油组件，采用焊接浮力元件减少浮力元件进油的风险，从源头消除油气的产生，降低拆除密封与浮力元件的风险。

（10）研究新技术使用，采用工业机器人代替人进行作业，例如防腐喷涂作业、切割密封带作业、破拆浮力元件作业、清罐作业等。

各类规范都是血的事故汇集的结晶，是成本最低、最有效避免事故发生的预防措施，建议企业层面组织专业人员将各类安全规范转化为自己企业的管理标准执行。相信只要我们以智者思维吸取同类企业教训，严格执行新的规范标准，牢牢筑起防范之墙，将有效遏制储罐闪爆事故的发生。

参 考 文 献

[1] 内浮顶储罐检修安全规范 . AQ 3058—2023[S]. 北京：中国标准出版社，2023.

[2] 国家安全生产监督管理总局令第 84 号[EB/OL]. [2015. 8. 4]. https://www.gov.cn/gongbao/content/2015/content_2973160.htm.

[3] 谢传欣，王慧欣，石宁 . 轻质油储罐硫化亚铁自燃机理研究[J]. 安全、健康和环境，2010，10(11). 34-37.

[4] 姚建军 . 轻质油品储罐氮封系统的分析与研究[J]. 广州化工 . 2013，(041)020. 136-139.

[5] 冯建民 . 静电防护研究与对策[J]. 科技创新导报，2020，17(4)：2.

[6] 李金梅，朱鸣，李强，等 . 环境温湿度对人体静电电位影响的实验研究[J]. 消防科学与技术，2014，33(12)：3.

[7] 石油炼制工业污染物排放标准 . GB 31570—2015[S]. 北京：中国标准出版社，2015.

[8] 闫长岭 . 上海赛科“5 · 12”储罐闪爆事故带来的反思[J]. 化工安全与环境，2022，35(4)：9-12.

异常报警与应急处置技术在石油炼化装置的应用

宋文凯　于明欣　孙传亮　董克林

（大连西太平洋石油化工有限公司）

摘　要　某炼化装置为提高异常报警与应急处置效率，减少无效报警的产生和响应，搭建合理化报警平台，对报警进行整合优化，对报警的优先级进行划分，确定了不同报警的紧急程度，同时增加开停车、负荷调整时动态报警参数自动匹配功能，提高了报警质量，降低了报警数量，大大消除了无效报警，降低了操作人员的负荷。具备自动生成KPI报表功能，管理人员可以简单有效的进行报警管理和分析。异常报警与应急处置技术（报警合理化）在炼化装置的应用，为炼化企业的报警优化管理路线指引了方向。

关键词　报警管理；合理化平台；动态报警；KPI报表；参数自动匹配

炼化装置的异常报警数量繁多，其中大部分为无效报警，对操作人员造成极大的干扰。停车时无效报警多且长期占用报警列表，生产负荷调整时无效报警也骤增。管理人员分析报警，方法单一且缺乏科学的评估指标，报警无法作为生产管理和工艺优化的参考。报警管理过程分散，无法帮助报警系统持续改进。为解决以上难点，某炼厂煤油加氢、聚丙烯、渣油加氢、常减压等四套装置开展报警合理化试点工作，主要以《过程工业报警管理》系统国际标准IEC62682为蓝本，以《炼油与化工分公司加强报警管理指导意见》为指导，对异常报警进行整合优化，提高报警质量，提高异常报警与应急处置效率，减少无效报警的产生和响应，完善DCS系统监屏与操作本质安全建设，通过逐条报警增加报警帮助强化应急处置保障能力建设。

本文重点介绍煤油加氢装置和聚丙烯装置的报警合理化情况，以及报警合理化平台上线后，对于异常报警的优化效果，同时对报警管理KPI报表功能性进行介绍。

1　报警管理和合理化平台介绍

1.1　报警管理

报警管理是参考过程报警标准结合炼化装置实际情况，建立一套规范的管理过程报警的工作流程和方法，使得控制系统的过程报警设置与现场实际相符，为整个生产系统提供清晰易懂的报警指示，帮助操作员快速评估报警的根源和有效性，消除无效或与工艺过程不相符的错误报警，从而减少操作员报警的负荷，保证操作员能有效处理生产操作信息，同时通过分析工艺过程报警，识别缺失的必要报警，消除现场的安全隐患，最终实现“该报必报，不该报不报，报必响应”的报警体系。

报警是炼化装置LOPA（Layer of ProtectionAnalysis，保护层分析）保护层模型中基本过程控制正常生产外的第一层，也就是炼化装置异常状态处理的第一步，也是炼化装置安全的重要缓冲区，所以好的报警管理是保障生产安全和稳定的重要前提。同时优秀的报警管理不仅会大大减少操作员异常处理的负荷，提高操作员生产处理的有效性，也是提高生产操作效率和炼化装置生产收益的重要手段。报警管理目前已经成为炼化装置数字化转型的典型方案，是实现炼化装置生产操作优化的重要前提。

1.2　合理化平台开展过程

为了确保报警管理平台的推进，参考报警管理标准，根据煤油加氢装置、聚丙烯装置的实际情况，划分为报警管理生命周期模型所建议的10个阶段进行工作开展，如图1所示。报警合理化是报警管理生命周期10阶段中最重要，也是最复杂、耗时最长、技术难度最大的阶段，所以这里重点介绍报警合理化部分。

1.2.1　报警合理化

报警合理化就是对系统识别的潜在的报警与前面制定的报警原则进行比较，按照ISA 18.2报警标准规范要求进行完整评估，对符合标准的报警进行保留，并文档化报警的原因、后果和相应的响应动作关键属性，然后对报警的设置值、死区、延时属性进行合理化评估、修改，同时对报警进行优先级评定及分类：在报警合理化阶段所产生的详细信息，保存于报警主数据库，用于后续报警的详细设计阶段；对于不符合标准的报警，则禁用或以其他形式体现(如降格为警示、提醒等)。

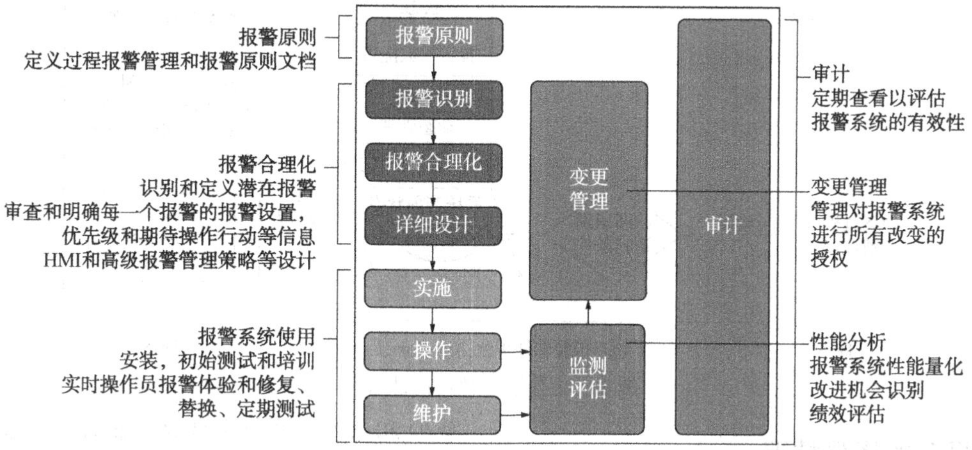

图1　报警管理平台搭建步骤

报警合理化主要有报警理由(定义)合理化、报警设置值合理化、报警优先级合理化、报警分类合理化、审计合理化等阶段。其中，报警合理化需要参考的资料有P&ID(Piping and Instrument Diagram，工艺管道及仪表流程)、历史参数、SOP/HAZOP、初始报警设置、报警统计分析、合理化工具(如报警主数据库)等。合理化展开的工作方式主要为收集需要的数据，汇集合理化团队的讨论成果，管理用于合理化的报警数据和信息以及后续的动态合理化等、合理化的效果直接决定着后续报警性能的优劣。

报警是指通过听觉和视觉的方式向操作员指示需要及时响应的异常情况，报警应该有明确的原因、报警应该是唯一的、报警应有响应时间、报警必须有响应动作和后果。如果不能满足这些条件，则可以以通知的形式将信息提供给操作人员，但不应发出报警。明确上述概念和以下的基本原则，方可开展好报警合理化工作。

1.2.2　动态报警合理化

先进报警管理技术是指通过报警的动态行为来确保报警的相关性的技术统称为先进报警管理技术，在ISA 18.2标准第12章有详细介绍。目前常用的先进报警技术种类有首出报警识别、报警搁置、报警泛滥抑制、条件报警、基于状态的静态报警抑制和基于状态的动态报警属性和抑制(简称动态报警管理)等，其中动态报警管理是使用最广泛也是最有效的先进报警管理技术之一。目前炼化装置大多数的报警系统是基于单一过程状态(运行)而配置的，其他一些关键的工艺过程状态往往被忽略(如开/停车、转产等)。但报警泛滥通常发生在工艺过程状态变化时，不仅大大增加了操作员的操作负荷，同时也增加了过程状态变化时的安全隐患。为解决此现象，动态报警管理技术应运而生。

动态报警管理又称SBA(Spring Boot Admin，基于状态的报警管理)，其主要技术方式是根据预定义的装置或工艺过程的运行状态来动态修改过程报警的属性(设置值、优先级或抑制状态)。其报警系统配置基于每一个工艺过程状态，利用关键参数自动识别工艺过程状态，当工艺过程状态发生改变时，自动切换到对应状态，而报警系统根据切换的运行状态自动配置或调整报警属性参数，实时满足最新的过程状态要求，可以大大减少无效报警，增强整个报警系统的鲁棒性。图2是一个典型的动态报警逻辑设计过程。

煤油加氢装置报警合理化工作按生产运行实际情况将装置划分为14个系统(C101A、C101B、C101C、F101、F102、R101、T101、T102、T103、T105、V110A、V113、氢压机共用部分、燃烧空气系统)，以关键机泵运行状态、仪表参数特征值划分为停车/运行/初始等状态，为报警值制定个性化的动态管理。

聚丙烯装置以生产单元、生产工况、同一设备等特征报警主数据库的所有参数划分为R200、R201/202、D301等19个系统，以关键机泵运行状态、仪表参数特征值等参数“三取二”，实时识别将各系统判定为停工/运行/循环等状态，从而实现对报警值启用/停用的个性化动态管理。

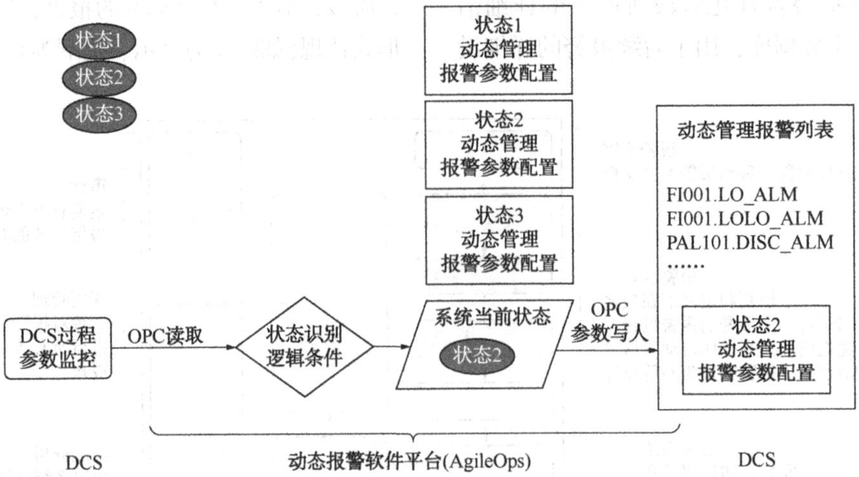

图2　动态报警逻辑设计过程

2　报警平台的搭建情况

2.1　报警设置情况

煤油加氢装置合理化前共有控制模块470个，合理化后新增102点，控制模块为572个。合理化前报警1864条，禁用占比46.3%。合理化后报警2512条，禁用占比67.1%。报警使能减少20.8%，报警瘦身效果显著，如表1、图3。

表1　报警合理化前后的使能/禁用对比

合理化前		合理化后	
使能	禁用	使能	禁用
1001，53.7%	863，46.3%	741，32.9%	1771，67.1%

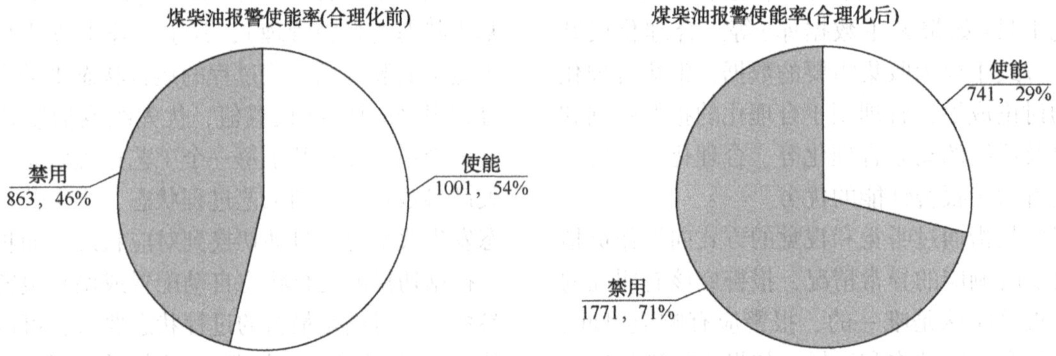

图3　煤柴油装置报警合理化前后的使能/禁用对比

聚丙烯装置共有点位849个，报警合理化工作开展期间新增41个，共有报警条目2665条。按照“报警具有唯一性”、“报警后必须响应”等原则对报警条目逐条判定，优化禁用报警条目603条，占报警条目总数22.6%。合理化前后报警使能/禁用情况如表2、图4。

表2　报警合理化前后的使能/禁用对比

合理化前		合理化后	
使能	禁用	使能	禁用
1617，60.7%	1048，39.3%	1014，38.0%	1561，62.0%

2.2　报警优先级划分

当多个报警同时出现时，操作员根据优先级确定报警处理顺序。一般情况下，大多数报警应为最低优先级，小部分为最高优先级，报警优先级才能真正发挥作用。

通过合理化之后，煤油加氢装置危急报警比重由39.6%降至22%，提示报警由19.7%提高至52.3%；聚丙烯装置危急报警比重由45.5%降至2.3%，提示报警及信息提示由7.5%提高至81.6%；更符合《炼油与化工分公司加强报警管理指导意见》中三级报警占比5%、15%、80%的建议。经过报警合理化之后，报警紧急度的区分更加合理，更有利于操作人员在报警泛滥时，优先处理重要报警，如表3、图5。

表 3　煤柴油装置报警优先级划分情况

煤柴油报警优先级		危急	警告	提示
合理化前（报警数 1001）	数量	396	407	198
	比重	39.6%	40.7%	19.7%
合理化后（报警数 741）	数量	52	185	504
	比重	22.0%	25.7%	52.3%

同样，聚丙烯装置按照报警等级将三级报警划分为危急/警告/提示三级，对报警条目逐条研判等级，开展报警合理化工作前后报警等级分布如下，符合管理标准中三级报警占比 5%、15%、80%的建议。

2.3　报警帮助功能

报警合理化过程中装置派出具有丰富经验的老员工参与，对报警产生的原因、后果、措施进行分析总结形成报警帮助，借助 AgileOps 的报警帮助功能，操作员可随时查看，实现了知识经验的固化和对报警处理的标准化，煤油加氢装置累计梳理总结报警帮助 741 条，聚丙烯装置累计梳理总结报警帮助 824 条，作为装置的宝贵资源永久保存，如图 6、图 7 所示。

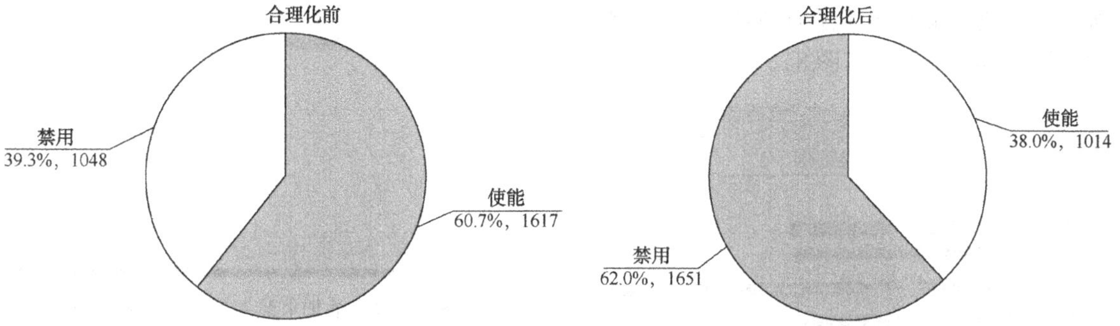

图 4　聚丙烯装置报警合理化前后的使能/禁用对比

	危急	警告	提示	信息
合理化前	1212，45.5%	1256，47.0%	200，7.5%	0，0.0%
合理化后	60，2.3%	428，16.1%	524，19.6%	1653，62.0%

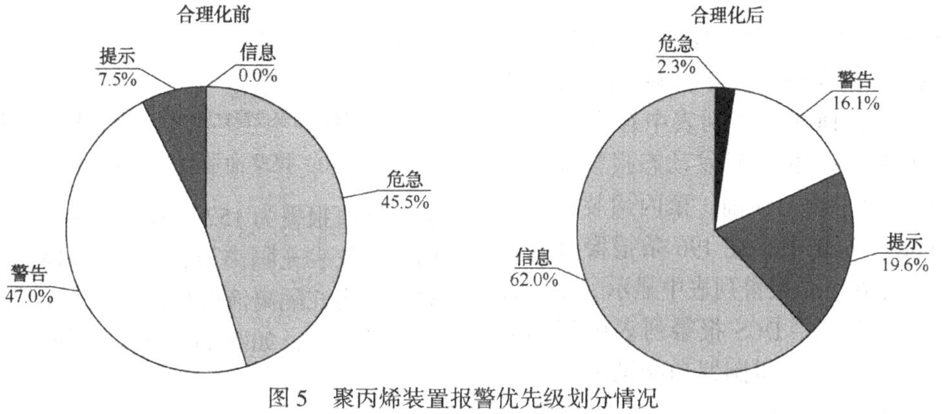

图 5　聚丙烯装置报警优先级划分情况

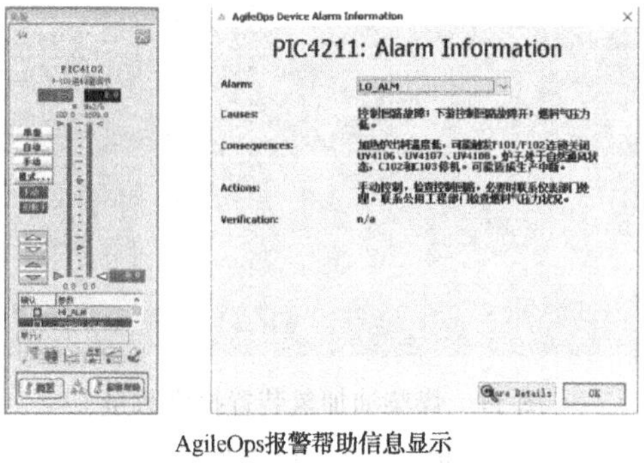

AgileOps报警帮助信息显示

图 6　煤油加氢装置报警帮助功能

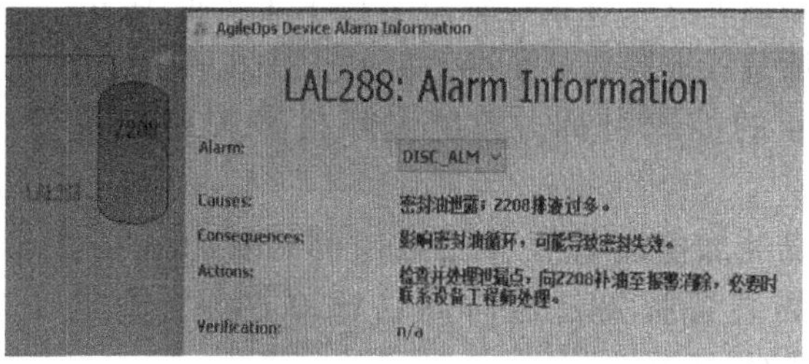

图 7　聚丙烯装置报警帮助功能

2.4 报警搁置功能

出现报警后1h内未脱离报警值，将被判定为暂不需响应的报警，进入报警搁置列表，避免产生报警泛滥；可针对装置实际情况将报警进行短时间(不超过8h，班组级)、长时间(不超过24h，工程师级)、维修维护(不超过6个月，生产主任级)三级搁置，满足不同工况需求。如白班发生的因仪表指示异常产生的报警，在仪表人员处理期间可告知当班班长搁置至报警处理完成；夜间突发的仪表指示异常可待白天处理的报警，可由班组长告知值班人员后搁置至白班处理；季节性搁置，如聚丙烯热水泵P001仅在防冻凝期运行，将YAL002除防冻凝期外搁置(图8)。

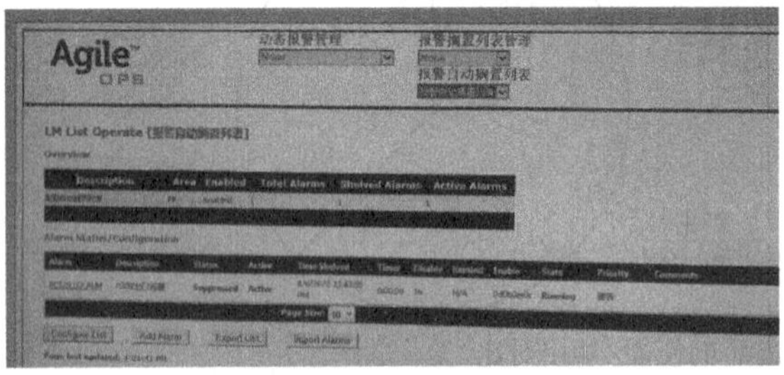

图8　聚丙烯装置报警搁置功能

3 报警合理化平台上线后的运行效果

3.1 整体运行情况

合理化报警平台上线前，煤油加氢装置DCS报警列表中存在68条报警，抑制11条。合理化报警平台上线后，DCS报警列表中存在9条报警，抑制124条(备用机泵触发动态报警抑制导致)；合理化报警平台上线前，聚丙烯装置停开工期间DCS报警列表中存在196条报警且频繁声光闪烁，不能在1张报警列表中显示完全。合理化报警平台上线后，DCS报警列表中仅剩为12个，且可以使用长时间搁置功能消除至3个以下。让真正的报警能够被操作员“看得见”，提高了报警的质量，如图9、图10所示。

合理化报警平台上线后，以近半年的数据为例，煤油加氢装置报警数量平均1.4次报警/h，聚丙烯装置报警数量平均1.4次报警/h，均低于6次/h的控制目标，满足国际报警频率规范要求。

煤油加氢装置报警泛滥时间占比0.65%，聚丙烯装置报警泛滥时间占比0.63%，满足≤1%的指标要求。

煤油加氢装置峰值报警为105个/h，聚丙烯装置峰值报警为152个/h，主要原因是防冻防凝期，对仪表充隔离液，导致小时峰值报警增多。对于仪表充隔离液的情况下，不能实现动态管理系统的介入，如图11、图12所示。

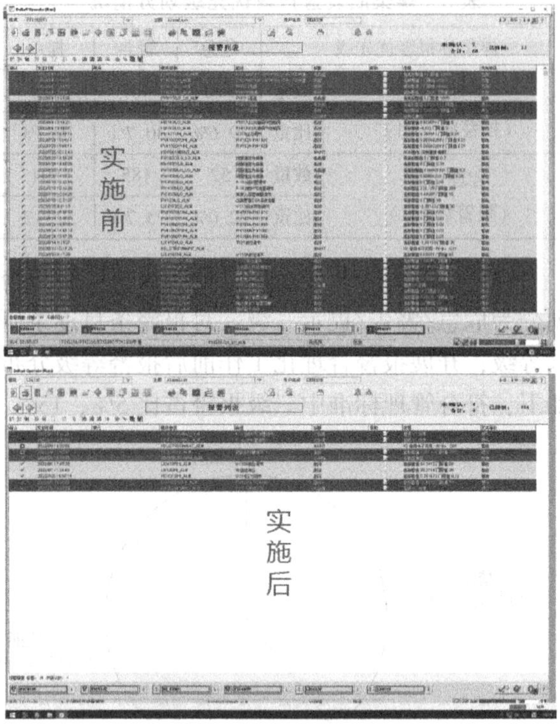

图9　煤柴油加氢装置实施前后报警列表

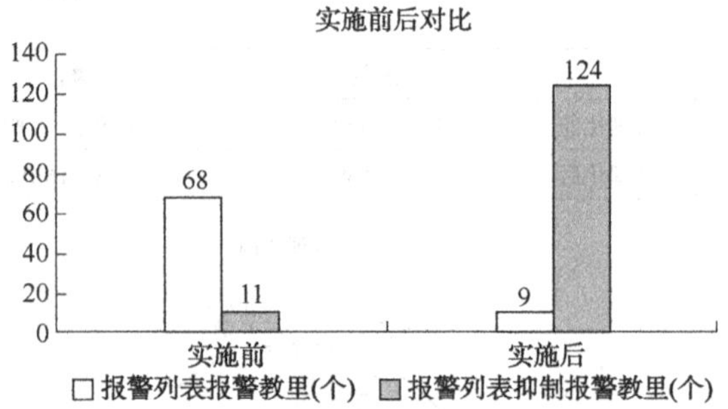

图10　煤柴油加氢装置实施前后报警对比

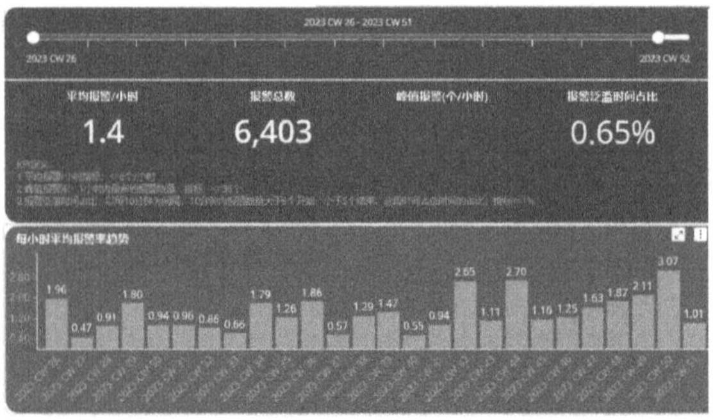

图11　煤柴油加氢装置报警数量、报警泛滥、峰值报警

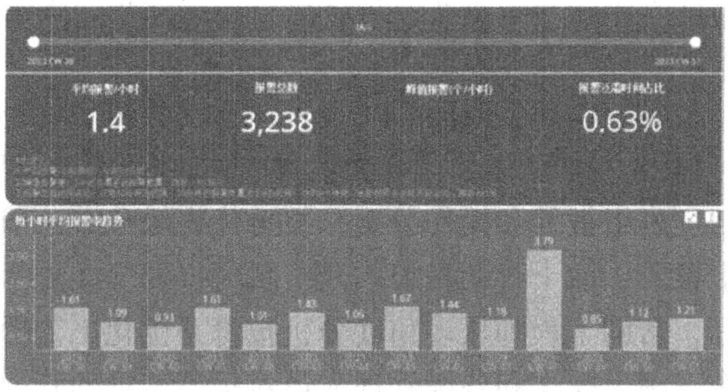

图 12 聚丙烯装置报警数量、报警泛滥、峰值报警

3.2 装置停车过程报警情况

煤油加氢装置经历 2023 年 1 月份的停车验证，设置的 14 个动态报警系统均能够正常工作，当局部系统进入停车状态后，能够及时屏蔽报警，有效减少了开停车过程产生的报警。停车过程 48h 共产生报警 172 项，小时均值 2.3 个。停车过程各动态管理系统运行正常，报警泛滥时间占比 1.76%，稍超 1%的指标要求，还有进一步优化的余地，如图 13 所示。

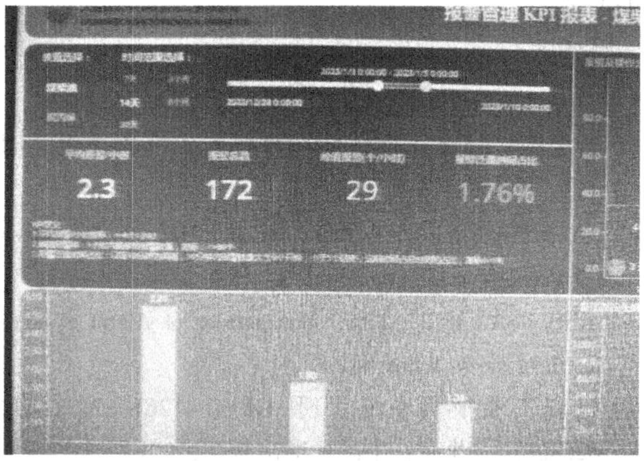

图 13 煤油加氢装置停车过程报警情况

1 月 3 日煤油加氢装置停车后遗留报警仅 9 项，也验证各动态管理系统运行正常，如图 14 所示。

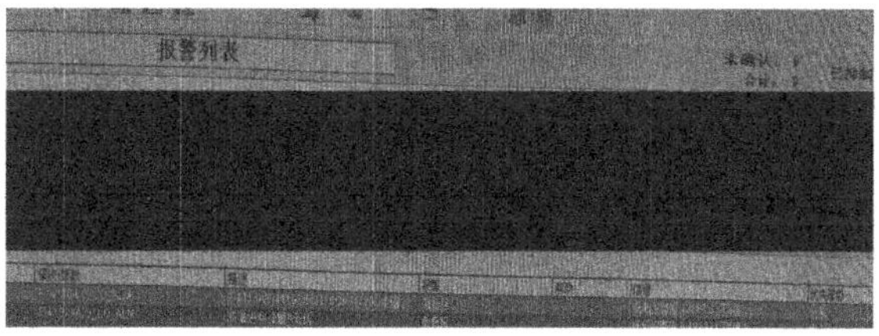

图 14 煤油加氢装置停车后遗留报警

如图 15 中突起的曲线代表 1 月 3 日煤油加氢装置停车过程的报警抑制，自动抑制数量达到了 90 多个，说明了设置的抑制有效，有效减少了停车过程的报警。

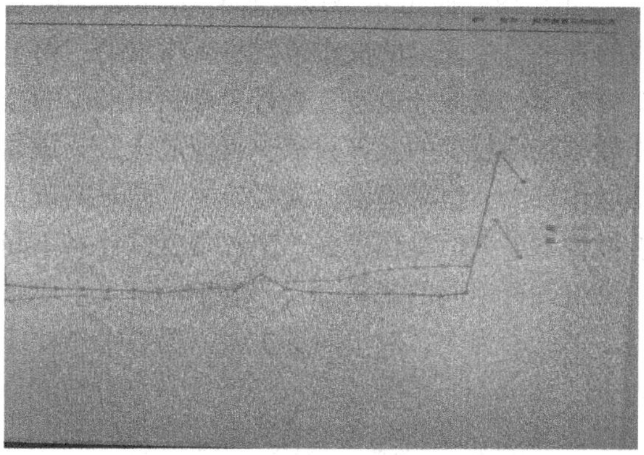

图 15 煤油加氢装置停车过程的报警抑制

4 报警管理的 KPI 功能

4.1 主要功能

新建的报警合理化平台具备生成 KPI 报表功能，可以统计指定时间段的平均报警/h，可以通过 KPI 报表直观的获取前 10 报警、前 10 抖动报警、前 10 瞬时报警、报警搁置、报警抑制等报警信息，如图 16、图 17 所示。KPI 报表中，工程师可以随时直观的获取对于装置的频繁报警、频繁操作点、频繁抖动报警、频繁瞬时报警，管理人员通过不同性质的报警，可更加深刻的掌握装置的运行情况，了解装置运行的不稳定点，并对波动点位进行优化整改。KPI 功能大大提高了管理人员对于报警管理的效率，同时也提高了管理人员对于装置现状的把控。同时，周报警和月报警的轻松获取，对于周运行分析和技术月报的报警分析提供了极大的便捷。

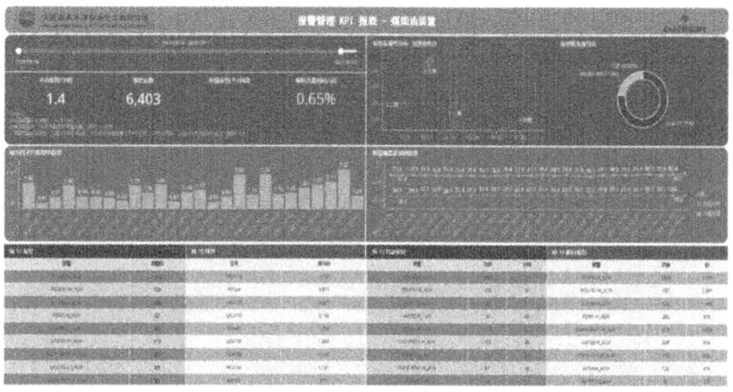

图 16 煤油加氢装置 KPI 报表总体界面

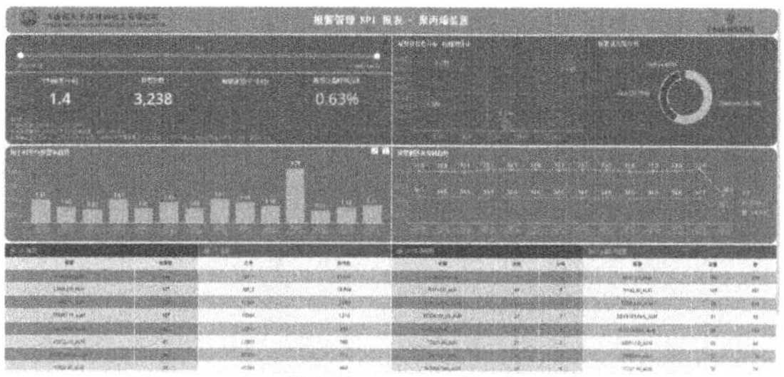

图 17 聚丙烯装置 KPI 报表总体界面

如图18，通过报警以及操作分布表，可直观的看出每个班组的操作习惯与操作水平，由上图可看出，煤油加氢装置运行二班利用最少的操作频率获得较少的报警数量，表现最优。三班调整操作较少，报警最多，表现较差，同时四班虽然报警不多，但操作较多。工程师可以针对不同的班组进行不同的培训方式，对于三班，主要以提高责任心为主，对于四班主要以提高操作技能为主。

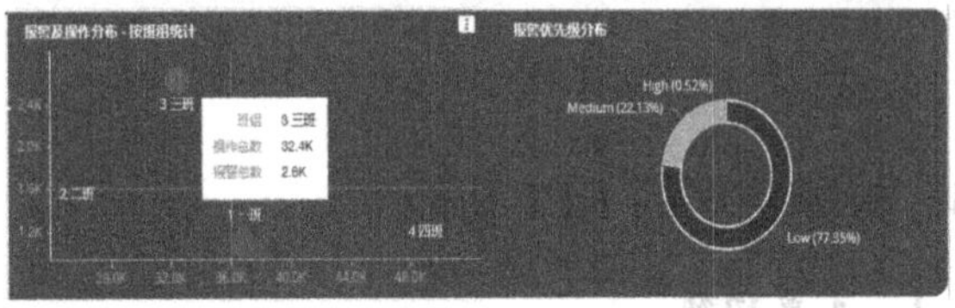

图18　报警以及操作分布表

5　结论

（1）搭建合理化报警平台，对报警的优先级重新划分，对报警重新整合优化，大大提高了报警的质量，减少了报警数量，有效消除了无效报警的干扰，形成了“报警后第一时间响应”的良好操作氛围。

（2）增加的开停车、负荷调整时动态报警参数自动匹配功能，大大消除了无效报警，降低了操作人员的负荷，可以让DCS操作员把有限的时间和精力集中到关键操作上。

（3）在参数控制面板中针对每条报警设置了“报警帮助”功能，操作员可按照报警帮助内容的优先级联系装置实际情况进行报警处理，辅助提升应急处置保障能力。

（4）自动生成的KPI报表，自动分析平均小时报警、报警总数、峰值报警、报警泛滥时间比、班组报警和操作分布、报警优先级分布、前十报警、前十抖动报警、前十瞬时报警等性能指标，帮助工程师从多角度分析报警并优化工艺操作，满足操作和各级管理人员对报警信息的管控需求。

（5）实现对故障报警、仪表故障或陈旧报警的有效管理，减少滋扰报警，最大限度地缩短报警列表的长度并能自动重新启用报警，同时让真正的报警能够被操作员“看得见”。

（6）异常报警与应急处置技术（报警合理化）在装置的应用，为炼化企业的报警优化管理路线指引了方向。对于炼化企业，生产工艺的改进和生产方案的调整是必不可少的，报警系统的需求可能随时发生变化，报警合理化是一个持续的过程。

参考文献

[1] 董克林．报警管理软件平台在炼化厂的优化应用[J]．设备管理与维修 2023No6(下)．

[2] ANSI/ISA-101.01—2015, Human Machine Interfaces for Process Automation Systems[S].

[3] ANSI/ISA-18.2—2016, Management of Alarm Systems for the Process Industries[S].

[4] 过程工业报警系统管理．GB/T 41261—2022/IEC 62682[S]．北京：中国标准出版社，2014.

大型低温乙烯球罐预冷操作过程安全风险防控

张建臣　武文韬　秦大伟

（中国石油兰州石化榆林化工有限公司）

摘　要　本文对长庆乙烷制乙烯项目乙烯罐区 $3000m^3$ 低温乙烯球罐预冷过程的工艺操作进行了简要介绍，针对乙烯球罐需要预冷至-30℃以下才能接料投用的苛刻工艺条件及其预冷操作的技术难题和工艺安全风险，技术人员在理论分析可行的基础上，提出将预冷方式由“插底管进液”改为“顶部喷洒液滴”。实践证明，顶部喷洒液滴的预冷方式将球罐预冷时间由56h缩短至12h，减少了气相乙烯向火炬排放约30t，实现了清洁生产。同时，彻底消除了大型乙烯球罐预冷过程中罐体温度波动大、罐顶与罐底温差大，易导致球罐材质发生脆裂泄漏的安全风险。

关键词　低温乙烯球罐；预冷；降温速度；温差；脆裂泄漏

在全厂罐区的各个罐区中，乙烯球罐主要储存低温乙烯，与其他常温压力储罐有着较大的区别。在储罐的检测过程中，其中在乙烯球罐的投用过程中需要预冷操作，预冷的主要作用是防止储罐降温过快而发生脆裂；同时，罐顶罐底温差过大也会导致这一现象的发生。而在预冷的过程中会有大量的物料被损耗，其中的一部分损耗是无法避免的，只能通过放火炬进行排放，而其中的一部分损可以避免，这部分就需要我们进行分析和优化过程，达到节约的目的。在乙烯球罐的整个开车及检测过程中，经过了相关技术人员的分析，最终在球罐预冷过程中提出了一个优化方案，是“添加临时管线辅助预冷”，即利用倒淋阀在球罐罐顶部液相乙烯进料线与乙烯气相平衡线之间连接一根临时管线。这个方案从理论上来看，增加了罐顶的液相预冷，不再是靠罐底的乙烯蒸发来达到罐顶降温的目的，即可平衡罐顶罐底的温差，不再需要通过向火炬系统泄放气相乙烯降温，经过了实践的检验，取得了一定的经济效益和环境效益。

1　乙烯罐区概述

由中国石油兰州石化榆林化工有限公司负责建设和运营的长庆80万t乙烷制乙烯项目包括：80万t/年乙烷裂解制乙烯装置、40万t/a高密度聚乙烯装置、40万t/a全密度聚乙烯装置、3万t/a丁烯-1/己烯-1灵活切换装置，配套建设了全厂罐区、全厂火炬、公用工程和辅助设施。

其中乙烯罐区紧邻乙烯装置，位于其东侧，包括8具 $3000m^3$ 的乙烯球罐，配套4台桶袋泵、1台冰机及换热器、1台乙烯汽化器及加热器、1套乙烯卸车鹤管、雨淋阀室及消防喷淋系统及蒸汽凝液回收设施等，整个罐区采用DCS和SIS系统控制，并设置GDS报警系统和火焰探测系统。

正常生产期间乙烯装置通过管道直接向两套聚乙烯装置和丁烯-1/己烯-1装置输送气相乙烯，乙烯球罐的作用是平衡上下游乙烯，保证物料平衡。为了防止乙烯装置生产异常、工艺波动、乙烯质量不合格等异常情况下，上下游生产装置原料供应中断进而导致非计划停工，乙烯罐区3台外送泵有1台处于常开状态，外送量为10~13t/h（额定流量131.7m^3/h），异常情况下，可快速提高外送量，保证上下游4套装置生产运行。乙烯外送泵出口的液相乙烯经高压乙烯汽化器后变成气相乙烯，气相乙烯进入乙烯装置界区后，并入乙烯装置合格气相乙烯外送管道，送至下游装置。乙烯储罐缓冲周期为4天，平衡上下游乙烯物料的能力较强。

乙烯球罐主材选用07MnNiMoDR，在满足强度的要求下，要有良好的低温性能和较好的成型及焊接性，但由于使用时操作压力高、温度低、存储量大，一旦低于冲击温度，罐体可能脆裂泄漏，导致危险化学品大量泄漏，进而引发安全生产事故。

表1　乙烯储罐参数

位号	名称	型式	材质	等级	保冷材料
41-V-2001A~H	乙烯罐	球罐	LTCS	B31QA1	阻燃性聚氨酯
ID/mm	V/m^3	DT/℃	DP/MPa	OT/℃	OP/MPa
18000	3000	-45/50	FV/2.16	-38~-28	1.65~1.75

2　乙烯罐区预冷过程存在的操作难点及其安全风险

乙烯球罐正常运行的压力控制在1.65~1.75MPa、温度控制在-38~-28℃、液位控制在1500~13500mm。因此，在乙烯球罐倒空、置换、检测、氮气置换合格后，再次投用前需要先用气相乙烯充压，待球罐压力达到1.65MPa后，通入液相乙烯，将罐体温度由常温缓慢降至-30℃以下。为了保证罐体安全，要求预冷过程中罐体降温速度不超过5℃/h，罐顶、罐底温差不超过40℃，避免球罐脆裂泄漏。

乙烯球罐预冷方式如下：乙烯球罐设计有液相乙烯进料线，一直插到了球罐底部(图1)，通过控制球罐顶部乙烯进料线最后一道闸阀的开度通入液相乙烯，液相乙烯汽化过程中吸收罐内的热量，进而实现罐体降温。

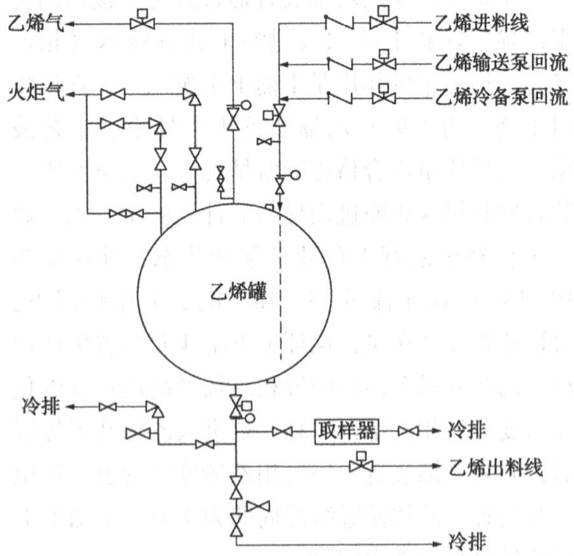

图1　乙烯储罐预冷工艺流程示意图

在2021年8具乙烯球罐首次投用前预冷和2022年5月乙烯H罐预冷时，发现原有的预冷方式有着明显的缺陷和安全风险，具体如下：

(1) 由于液相乙烯进料线直接插入到了乙烯球罐底部，导致液相乙烯的气化过程也都发生在乙烯球罐底部，虽然乙烯球罐底部的温度可以一直下降，但是乙烯球罐顶部的温度下降很慢甚至不会下降，导致乙烯球罐罐顶、罐底的温差接近乙烯球罐设计的最大温差40℃，这时就必须减少液相乙烯的进料量甚至停止液相乙烯进料来保证罐顶、罐底温差符合要求，很大程度上制约了乙烯球罐的预冷时间，若罐顶、罐底部温差控制不好、超过40℃，乙烯球罐还有脆裂泄漏的风险。

(2) 二是预冷时需要通过控制乙烯球罐顶部乙烯进料线最后一道闸阀的开度来控制液相乙烯进料流量进而控制乙烯球罐预冷速度，但是进料线闸阀尺寸为8in，由于阀门通道过大，并且每个球罐顶部进料线的闸阀灵敏度不同，导致液相乙烯的进料流量很难控制，一个球罐的阀门预冷时的开度不适用于其他乙烯球罐，若控制不好液相乙烯进料流量，预冷过程中罐体降温速度很可能超过5℃/h。

(3) 三是随着液相乙烯气化量的增加，球罐压力持续上升，通过调取DCS乙烯球罐温度趋势，球罐压力升至1.7MPa时，预冷速率越来越慢，球罐压力升至1.75MPa时，球罐温度不再下降。因此，只能通过向火炬系统泄放气相乙烯降压的方式来继续预冷，气相乙烯物料泄放量较大，经济损失大，且制约全公司乙烯物料总体平衡。

因此，有必要对乙烯球罐预冷方式进行优化，稳定预冷速度，降低预冷过程中罐顶、罐底温差，缩短预冷时间，减少物料损失。

3　乙烯罐区预冷过程操作方式优化与安全风险防控

乙烯罐区依据《压力容器定期检验规程》和《固定式压力容器安全技术监察规程》，2022年4月开始8具乙烯球罐首检。球罐检定结束、再次投用时，通过分析乙烯球罐开工时的预冷方案，提出以下方案来解决乙烯球罐初次开工过程中遇到的问题。

乙烯球罐倒空、检测、氮气置换合格后，在乙烯球罐罐顶部液相乙烯进料线与乙烯气相平衡线的倒淋阀之间配制临时管线(图 2)。预冷时，关闭液相乙烯进料线闸阀、全开两道乙烯气相平衡线导淋阀，通过控制液相乙烯进料线导淋阀开度来控制液相乙烯进料流量来实现预冷的效果。

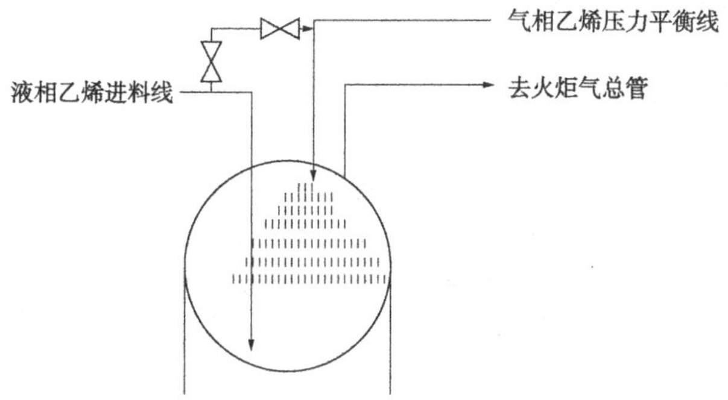

图 2 乙烯罐区开工工艺优化示意图

由于乙烯气相平衡线在球罐顶部开孔，液相乙烯进料线时，可以很均匀的从罐顶喷洒进球罐，液相乙烯在重力的作用下在下降过程中气化，使得乙烯球罐预冷时球罐罐顶、罐底温度可以同时下降，罐顶与罐底的温差可以控制在10℃内。彻底解决球罐预冷过程中的工艺操作难题，实现了工艺过程安全受控，消除了球罐脆裂泄漏的安全风险。

如图 2 所示，液相乙烯进料线导淋阀尺寸为 1 英寸，阀门通道小，便于控制液相乙烯进料流量，球罐预冷时阀门的开度也适用于其他乙烯球罐，预冷过程中罐体降温速度在 4~5℃/h，稳定了球罐预冷速度，球罐预冷时间从 56h 降低至 12h(图 3)。

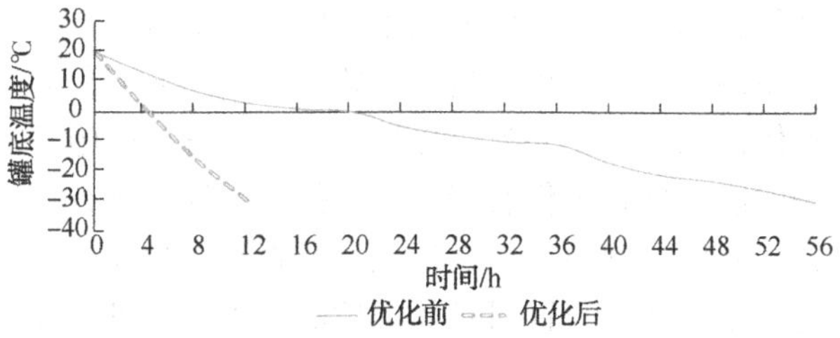

图 3 预冷工艺优化前后罐底温度变化趋势图

(1) 随着罐顶、罐底可以同时降温预冷，液相乙烯进料流量也容易控制，乙烯球罐预冷时不再需要气相充压时充到乙烯饱和蒸气压 1.65MPa，可以充压至 1.0MPa 时便开始进液相乙烯，12h 便可以完成低温乙烯球罐的预冷操作，此时乙烯球罐压力刚好上涨至运行压力 1.7MPa，同时做到了不向火炬排放乙烯物料。按照设计的预冷方式，球罐压力升至 1.75MPa 时，向火炬系统泄压至 1.50MPa，至少需要三次。根据理想气体状态方程 $PV=nRT$ 简单计算，设定温度为-20℃，每具储罐可以减少向火炬排放乙烯气 $m=nM=PVM/RT=30t$，8 具储罐可减少乙烯气 240t。

(2) 若乙烯罐区进行 A 罐切入预冷与 B 罐切出倒空操作时，还可以将切出的 B 罐气相乙烯平衡至 A 罐的方式，进一步减少 B 罐气相乙烯向火炬气排放。具体操作如下：将 B 罐气相乙烯向乙烯装置输送，待压力由 1.65MPa 降至 1.0MPa 后(乙烯压缩机入口最低压力)，改为通过气相平衡管线向 A 罐泄放，最终 A 罐与 B 罐压力实现平衡，即 B 罐压力降至 0.5MPa，避免了 B 罐 1.0 至 0.5MPa 区间的气相乙烯向火炬系统排放，实现提质增效。根据理想气体状态方程 $PV=nRT$ 简单计算，设定温度为 0℃，每具储罐可以减少向火炬排放乙烯气 $m=nM=PVM/RT=18.5t$，8 具储罐可减少乙烯气 148t。

综上所述，新的预冷操作方式在 8 具乙烯球罐全部实施后，可减少乙烯排放量 388t，产生直接经济效益 388t×6000 元/t=232.8 万元。同时，减少火炬燃烧过程中二氧化碳排放，真正实现了减排减碳、提质增效。

4 结论

乙烯罐区预冷过程操作方式优化后，预冷过程中降温速度可以控制在 4~5℃/h，罐顶与罐底温差可控制在 10℃内，缩短了预冷时间，减少了气相乙烯长时间排放火炬，实现了清洁生产，解决球罐预冷过程中的工艺操作难题，实现了工艺过程安全受控，彻底消除了乙烯球罐投用过程中脆裂泄漏的安全风险。

参考文献

[1] 李春燕 .07MnNiMoDR 钢制乙烯球罐泄漏事故后果研究[J]. 山西大同大学学报，2017(33)：1.

[2] 张园园 . 乙烯球罐及罐区设计要点分析[J]. 化工设计，2011(1)：1-4.

炼化企业基层单位隐患排查现状分析及改进对策

王祥祥[1]　李欣欣[2]　刘志刚[3]

（中国石油兰州石化公司）

摘　要　炼油化工生产过程由于涉及易燃易爆等危险化学品、生产过程复杂、设备繁多，随着炼化行业的快速发展，因技术措施失效、管理原因、人员误操作、长周期运行等一些主观或者客观的原因，生产过程中的风险因素增加，隐患的存在与产生也更加隐蔽，一旦不能及时发现和整改隐患，就会导致事故的发生。通过对炼化企业基层单位的隐患排查工作开展现状分析，提出优化改进当前隐患排查治理工作的对策，确保双重预防机制建设的顺利推进，切实降低炼化企业生产安全风险。

关键词　基层单位；隐患排查；模块化机制；动态管理；隐患评估；激励机制；

由于炼化企业生产普遍具有易燃易爆、有毒有害等特点，生产过程中一旦风险失控、隐患升级，会导致人员伤亡、财产损失、环境污染等事故事件的发生，为了防范重大安全风险为重点，层层压实安全生产责任，国务院安委办2016年就发布《关于实施遏制重特大事故工作指南构建双重预防机制的意见》，要求各地区和各企业构建安全风险分级管控和隐患排查治理双重预防机制，但是在隐患排查治理的实行过程中，还存在一些具体问题，影响隐患排查治理机制的运行效果及作用发挥。

1　炼化企业基层单位隐患排查现状分析

目前部分炼化企业虽然也根据国家双重预防机制建设要求，制定了相关的风险分级管控和隐患排查治理相关规章制度，但落实到基层单位层面，实际运行过程中由于工作经验、知识积累、主观能动性等人员因素以及隐患排查工作组织随意性大，没有科学的制定排查计划等原因，导致在隐患排查过程中人员不能真正去排查隐患、发现隐患，具体问题表现在以下几个方面：

1.1　排查隐患内容流于表面，工艺、设备方面的深层隐患问题少

在隐患排查过程中，部分人员主要针对常规的安全措施进行检查，排查的隐患内容主要集中在安全设施不完好，警示标志不齐全等表面问题，而忽略了风险的管控措施的失控或失效是隐患形成的原因，没有从装置特有的工艺、设备和流程入手，对生产过程中设备和工艺运行的潜在风险和风险管控措施进行排查。也间接反映出双重预防机制运行过程中风险分级防控与隐患排查治理的衔接与促进方面存在不足：一方面是针对风险防控措施的检查与风险因素运行过程中的隐患排查工作不深入、不细致，另一方面是隐患排查治理过程中没有对工艺变更、设备更新、流程优化等变量重新进行风险辨识。

1.2　隐患层出不穷，排查治理取得成效不理想

基层单位虽然把大量的精力放在隐患排查和整改上，也一定程度上遏制了事故发生的可能性，但隐患排查治理过程中，经常会遇到这个隐患刚整改完毕，另外一个隐患又排查出来，感觉隐患问题层出不穷，消耗了大量的人力、财力、精力，但隐患排查治理的效果却不理想。这主要是有两个原因：一是风险分级防控中风险辨识不到位，部分风险主要依赖于经验，风险辨识方法的使用及风险辨识人员对装置运行、工艺流程的整体认知水平不一致，导致针对风险管控措施开展的隐患排查工作有漏洞；二是举一反三排查执行不到位，基层单位操作人员和管理人员在巡检过程中，往往只针对具体部位的隐患问题进行反馈和整改，而没有根据隐患性质和内容举一反三进行排查。

1.3　员工隐患排查的积极性不高，自主性不强

对于隐患排查治理工作来说，基层员工的直接参与是消除隐患、遏制事故发生的关键，但实际生产过程中，员工参与隐患排查的积极性不高，自主性不强，这主要有以下几个原因：一是隐患排查治理过程中激励机制不完善；二是员工缺少有效、快速排查发现隐患的手段和技能；三是管理人员的领导力对员工的指导和带头作用不足。

1.4　隐患排查以经验性排查为主，缺乏科学指导

大多数基层员工隐患排查的技能掌握和学习途径都来自于师傅的“传帮带”，也就导致对基层员工来说，隐患排查的质量完全取决于师傅传授的多少和自身学习的质量。因此在巡检过程中员工的隐患排查都较为随意，以经验性排查为主，没有形成系统、科学、完善的隐患排查体系。

2　基层单位隐患排查治理工作的改进对策

2.1　建立隐患排查区域化、模块化运行机制

结合风险分级防控中风险分析对象和风险分析单元的划分，建立隐患排查区域化、模块化机制。区域化是指以风险分析对象为主体，划分为若干个区域(即风险分析单元)，根据区域的风险事件和管控等级，对风险因素和风险管控措施清单进行划分，明确各层级隐患排查的范围、频次和内容，分区域、分层级开展隐患排查工作。

模块化是指将隐患排查分为两个维度，即专业横向与内容纵向，专业横向是指对各专业管理内容的横向分解细化，如：生产专业横向分解为：工艺操作、工艺流程、工艺指标管理、产品质量管理等；设备专业横向分解为静设备管理、动设备管理、特种设备管理、电气仪表管理等。内容纵向是对设备设施、工艺流程、人员的管理等从小到大，从简到繁，从少到多、从始至终进行纵向分解，如：设备设施纵向分解为：设备的选型，设计，安装，运行，切换，检修，备件更新等内容；人员的管理纵向分解为：人的安全教育、实习上岗、巡检、操作、培训、危险作业、应急处置等内容；工艺流程纵向分解为：工艺流程的设备管线安装、阀门联动实验、投料、反应、分馏、精制等内容。专业横向与内容纵向两者形成模块区域，基层单位人员按照模块开展隐患排查工作，职责更加清晰，排查更为精准，能够更好的提升基层人员风险识别能力和隐患排查水平。

2.2　抓实隐患动态管理，做好隐患的告知、评估

隐患的动态管理与隐患告知，隐患的动态管理是指在隐患没有整改完成前，隐患所在单位要定期组织对隐患的现状和隐患的管控措施进行评估和检查，同时要将隐患治理的进度和隐患的现状告知属地人员，主要是为了保证隐患在没有得到治理之前，隐患对装置的影响没有突变，隐患的管控措施安全有效。员工可以熟知隐患的现状以及管理措施和防范措施，明确在隐患未得到治理前自己的职责，知悉隐患导致的事故的应急处置措施与应急响应流程，并在生产过程中需要对隐患的管控进行检查和确认。

隐患治理工作的评估，包括可行性评估和后评估。在隐患制定整改方案的时候，组织专家对隐患治理方案进行评估，一是评估整改措施是否行之有效，隐患治理施工过程是否合规，是否能彻底完成隐患的治理，二是评估隐患治理过程中是否会会对现场工艺流程、人员操作造成其他影响，从而避免隐患治理过程中产生其他危险因素。后评估主要是针对隐患治理工作完成后，组织相关人员对包括隐患治理的成效、安全隐患的减少情况、事故发生率的变化等进行的评估。通过评估，可以有效提高隐患排查治理的效率，及时发现和解决潜在的安全隐患，避免次生风险及隐患的出现。

2.3　建立隐患排查激励机制

在隐患排查过程中，部分单位只是单纯的要求全员参与和全面开展，但在实际运行过程中，如果只有责任共担，而没有相应的考评机制，可能会导致在隐患排查过程中人员不能真正去排查隐患、发现隐患，苛希纳定律告诉我们，当责任共担的时候，如果没有责任分担，就会导致工作时间和工作成本远远增加，工作效率反而达不到理想。因此在隐患排查过程中，如何更好的调动管理人员、专业技术人员、操作人员的积极性和主观能动性，是决定隐患排查质量的保证。各基层单位应该结合生产运行情况和隐患排查工作开展情况，设立常态长效的激励机制，同时定期兑现并公示，以激励员工积极主动地完成隐患排查工作。

2.4　编制隐患排查计划，制定隐患排查清单

编制隐患排查计划的是为了更加科学的开展隐患排查治理工作，避免隐患排查过程中因为检查内容和检查方式的随意性，发现的全是类同隐患，缺少针对性，还容易造成部分隐患不容易被发现。基层单位应该结合生产负荷调整、装置运行周期、季节的变化、事故教训等编制相应的隐患排查计划，明确隐患排查的范围、隐患排查方

式、隐患排查的频次、隐患排查项目等相关内容，做到隐患排查内容全而专，细且实。

制定隐患排查清单的目的是为了更好的帮助员工发现生产过程中存在的危险因素、设备缺陷、不安全行为等，避免因经验不足无法准确发现危险因素、设备缺陷及不安全行为等，导致因隐患问题得不到整改造成事故的发生。基层单位应根据职能和岗位的不同，用系统安全的分析方法对隐患排查内容进行清单化，制定相应的二级单位级、车间级、班组级等各层级安全隐患排查清单，各级人员结合岗位职责和安全隐患排查清单，可以更高效、更便捷的开展隐患排查工作。

3 结语

炼化企业基层单位是企业生产经营的根基，是企业各项工作的落脚点，要想扎实推进开展隐患排查治理工作，提升基层单位隐患排查水平和效能是关键，只有从装置的工艺和流程入手，制定隐患排查计划和清单，厘清隐患排查职责，建立并实施激励约束机制，才能更好的推进基层单位隐患排查治理工作，同时结合风险分级防控管理和安全检查工作，发现隐患后不仅对隐患进行治理，同时还要追溯导致隐患存在的风险或未被发现的深层原因，确保隐患排查治理常态化、精细化，建立长效的隐患排查治理机制。

参 考 文 献

[1] 龚江安. 化工企业安全风险管理和隐患排查管理措施探究[J]. 化工管理，2021 年 3 月：89~90.

数智技术对消防应急救援的影响

张清波

（中国石油消防应急救援吐哈油田支队）

摘　要　数智技术的高速发展为消防应急救援高质量发展带来了前所未有的机遇，在传统消防救援的基础上，构建基于“大数据”“物联网”的数智消防实战指挥平台，建立数字化预案和消防应用数据库，打造应急救援“智慧大脑”，为应急救援提供可靠的数据支持是未来消防应急救援发展的重要方向。本文就应急救援数智化的需求及推进过程中产生的问题，如：救援目标数据采集困难、应急救援装备智能化程度不高等，进行原因分析，并提出了从体制、机制、技术方面加快推进应急救援数智化的几条途径，认为通过需求刺激和技术革新，以需求端的发力为主导，以传感器的研发突破为核心，以智能传输网络为依托，以数字化、数智化预案为指导，推进消防数智化发展进程，以期对应急救援数智化的发展与应用有所裨益。

关键词　数智技术；消防；应急救援；影响

1　前言

应急救援工作是消防队伍的神圣职责，推进应急救援数智化是世界消防发展的大趋势，加快应急救援数智化，提升应急救援过程中科学决策的能力，把高科技和应急救援工作有效融合，提升应急救援科学决策、高效施救、安全处置的能力，用现代化的手段让应急救援获得“智慧”，确保救援过程安全高效、科学准确，避免在应急救援过程中因信息不准确、不全面而造成应急救援失败，甚至造成重大次生灾害或事故的发生，加大对应急救援数智化的研究力度，加快应急救援数智化的进程势在必行。

数智技术，即数字技术和智能技术，既包括了云计算、大数据技术、物联网、区块链、5G通信等数字技术，也包括以智能机器人、图像和语言识别、自然语言处理、机器学习、神经网络为代表的智能技术。近年来，随着数字技术、大数据、云计算的高速发展，对消防应急救援产生了强烈的助推作用，尤其是在数字语音通信、地理综合信息显示、视频信息联动、移动 App 应用等方面得到了广泛的应用，取得了可喜成果。但是，数智技术在应急抢险和应急救援方面的应用发展较慢，在实际的应急救援行动中，在相当程度上还没有采用数智化应用，应急救援的模式没有跟上国家提出的由“传统消防”向“现代消防”转变的步伐。

2　应急救援数智化的内容

2.1　应急救援数智化是智慧消防的重要方面

智慧消防由美国标准技术研究院（NIST）提出，将信息物理系统（CPS）应用在消防装备和灭火器材领域。2013 年美国 Math Works 公司创建开发了智能响应系统（SERS），旨在发生灾难时为幸存者和救援人员提供周边地理环境等信息，以实现快速定位和救助。国内智慧消防发展较晚，但发展速度很快，2017 年公安部消防局发布《关于全面推进“智慧消防”建设的指导意见》对我国智慧消防建设起到了重要的作用。

国内智慧消防的研究主要分为火灾防控精细化、应急救援数智化和后勤管理高效化等方面。如：消防设施联网监控，火灾预警和风险评估，火灾自动报警远程监控、电气火灾远程监测、消防水源监测、消防监督管理系统、重点部位可视化系统，大数据应急救援指挥平台的建设，单兵作战监测，数字化预案建设和应急物资、装备、器材、灭火剂、车辆、营房等的数字化管理等，其实质是消防管理和设备设施数智化的一个过程，包括了大量的消防应急救援数字化、智能化的实际实践。

2.2　应急救援数智化及主要内容

应急救援泛指消防队伍参与的应急抢险和火灾扑救工作，根据现行《中华人民共和国消防法》的条文解释，消防部门的职能要向传统的单一模式向多功能化立体方向发展，承担灭火、救护、防化、跨塌、爆炸、交通事故以及空难救援等抢险救援任务。

我国消防队伍应急救援指挥体系为总队、支队、大队、中队四级，应急救援基本单位为战斗班，应急救援处置流程为：接警出动、赶赴火场、火情侦察、火场警戒、战斗展开、火场供水、火灾扑救、疏散与保护物资、火场破拆、火场摄像和战斗结束等环节。

应急救援数智化就是要在应急救援的整个过程中用科技方法，为应急救援提供准确、高效信息，支持应急救援行动顺利完成。根据功能不同，研究范围可概括为三个方面：一是指挥决策科学有据；二是力量调集灵活高效；三是设备装备智能控制。

3　应急救援数智化的要求

3.1　总体要求

我国消防信息化“十三五”总体规划文件要求，要综合运用物联网、云计算、大数据、移动互联网等新兴信息技术，全面促进信息化与消防业务工作的深度融合，为构建立体化、全覆盖的社会火灾防控体系，实现“传统消防”向“现代消防”的转变。

3.2　主要建设任务

3.2.1　建设基于“大数据”“一张图”的实战指挥平台

实现一张图指挥、一张图调度、一张图分析、一张图决策的总目标，达到灾情信息实时化，作战对象精准化，力量信息精确化，作战指挥可视化。依托消防信息网及指挥调度网边界接入平台和公安 PGIS 地图，通过城市重大事故及地质灾害事故救援两大应急通信系统，组建统一数据标准、统一关键技术、属地组织建设、体现层级差异的实战指挥平台。

3.2.2　建设数字化预案编制和管理应用平台

数字化预案是在多年来运行的消防档案和灭火预案的基础上，通过数据的形式显示作战对象的相关参数，通过物联网、移动互联网和各类传感技术和参战队伍的基础信息进行分析和计算，为应急救援提供较为可靠的决策依据。如：在大型油罐火灾扑救中，通过数字预案提供油罐的周长、高度、储油量，消防车道与储罐的距离，通过现场监测仪器信息确认环境温度、风力等信息，将以上信息与参战消防力量装备设备、人员信息进行综合分析，在力量调度中优选合适的队伍和设备，在指挥决策中推测灭火持续时间和增援力量的联络等。

4　应急救援数智化现状及原因分析

4.1　应急救援数智化的现状

近年来，国内消防设施器材的科发和更新换代突飞猛进，从多年前的小型东风水罐车到现在的“雪豹”巨无霸，从直流水枪到消防机器人、无人机，从两米拉梯到 100m 的云梯消防车的出现，可说是发生巨大的变化。但从智慧消防的角度和数智化的要求来看，仍处于初期阶段，队伍应急救援的模式仍停留在较为传统的形式下，应急救援战斗力的来源主要靠人和设备的结合，科技灭火的成分较少。

4.2　数智化发展缓慢的原因分析

4.2.1　作战对象数据采集困难

知已知彼百战不殆，在灾害处置过程中，把应急救援对象的地理位置、水源道路、建筑结构、消防设施、重大危险源等信息以数据的形式传递到现场指挥员的手中，指挥员才能对灾情进行初步判断和发展趋势预判，做出正确的决断和发出准确的指令。现实情况中，仅消防安全重点单位在常态下的建筑结构数据、消防设施器材数据、安全出口通道、重大危险源等信息的采集就是一项艰巨的工作量，以现有消防力量在短期内很难完成，如果考虑动态变化必将采用更科学的方法，才能获得较准确的数据。不能获得灾害对象的重要数据，对灾害的处置将非常危险，最典型的例子就是 2015 年发生在天津市滨海新区天津港的“8·12”危化品仓库大爆炸。

4.2.2　应急救援装备设备数智化程度不高，研发不足

国外数智化消防的研究更多的放在应急救援应用方面，如：日本在消防车里安装平板电脑，联网多家救援医院，实现快速救援，消防直升机配置灾情图传系统，为救援提供实时图传信息；美国谷歌公司研发的谷歌眼镜，可以内置加载建筑物地图，帮助消防员快速穿过浓烟火场；瑞典皇家理工学院研制了数字定位消防鞋，其设计系统安装了先进传感器、无线模块和处理器，数据能反映消防员和被困人员的准确信息，对消防员进行远程操控。

国内在消防数智化的研究，更侧重于消防监

督管理方面，如：杨成钢在消防管理系统加入压力传感器、水位传感器等监测室内消防给水系统，李园园就火灾精确探测方面，提出根据样本数据训练传感器，结合模糊算法进行火灾预测等。在应用中，全国基本实现了消防设施联网监测系统，投用了建筑消防设备维护保养在线监测系统，优秀的智慧消防管理系统，如电丁丁、小蜜蜂等软件在应用中取得了很好的效果等。但在应急救援数智化方面的研究和应用与尚有不足。如大型消防车辆没有灭火剂储量、流量监测和远传功能，需要消防员到车顶进行观察，指挥员对应急救援现场力量的布置、装备器材的使用不能直观掌握，火场通信联络尚在使用简单的无线对讲技术，没能解决占频盲网的问题等。

5 应急救援数智化的实现途径

5.1 应急救援数智化体制实现

5.1.1 搭框架建平台，建立统一标准的数据共享主链

我国应急救援主体力量是国家综合性消防应急救援队伍，应急救援数智化体系的建设和使用应以队伍的实际应急救援实际需求为依据，以应急救援指挥作战从上到下组织指挥体系为层级，建立标准统一、数据共享、分级管理的主链，在链路上留足数据接口，以备其他应急救援力量，如企业专职消防队、政府专职消防队、志愿消防队等力量后期接入使用。

5.1.2 以数字化预案为主体，建立数字化消防信息库

在数字化预案的基础上，优化数据平台，将火警调试、责任区“六熟悉”和实战指挥平台融合，做到数据信息共享共用。要应急救援信息采集工作和“六熟悉”工作结合，由基层队伍在“六熟悉”过程中核实录入，在数据采集过程中聘请技术人员对重点要害部位进行3D建模，VR情景实现等功能。

5.1.3 在实战指挥平台中分组分级预设本责任区数字预案信息

在不同指挥层级在现行无线语音通信基础上，研发更先进和信息传递技术，尤其在灾害一线指挥和灾情侦察、进行内攻、强攻作战时战斗员信息推送和反馈方面，确保信息的及时准确，在意外险情情况下向一线战斗员发送避险信息等。

5.2 应急救援数智化应用范围

应急救援数智化的应用范围应贯穿应急救援的整个过程，从接警出动到灭火行动结束通盘考虑，无缝对接。

5.2.1 接警出动

建立数字化接警平台，实现统一接警、统一调度，根据灾害信息优选派最合理战斗力量，自动调派最佳车辆装备组合，对车辆运行进行GPS跟踪定位，和公用交通网络边界接入，为消防车辆选择最佳路线，及时解决和避开车辆拥堵路段，重大灾害和公共交通指挥联动，为救援车辆开辟绿色通道。

5.2.2 火情侦察

数字化预案介入，通过预案信息初步了解灾害目标信息，结合参战队伍设备装备信息优选侦察力量，通过单兵作战监测设备和无线通信装备，对火灾侦察情况进行在线观察和远端协助。

5.2.3 应急救援

通过现场无线图传设备和在线视频观察及时调整力量部署，通过无人机高空观测和灾害发展趋势预判为参战人员传递灾害现场信息，各参战部队的车辆、装备运行情况，灭火剂、燃料、空气呼吸器使用余量，周边环境有毒有害物质实时监测情况等信息在指挥平台的警示和发布。

5.2.4 应急救援行动结束

应急救援行动结束应以科学的论证和数据做支持，不仅要通过观察表面情况，还要使用探测手段取得切实可靠的数据，严防次生灾害和火灾复燃等情况出现，如：对应急救援结束后要检查是否有隐藏明火，用仪器检测是否有高温物质，可燃气体、有毒有害物质含量等，数据及时传递到指挥员手中进行汇总分析，确认无险情时应急救援行动才能结束。

5.3 应急救援数智化应用突破方向”

5.3.1 硬件设施方面

加强传感器，联络器等硬件设施的应用研发，不仅要应用蓝牙技术、无线网络传输技术、(RFID)、红外感应器、全球定位系统、激光扫描器等，更要研究开发灾害特殊情况下，如高温、大深度、黑暗等环境中信息技术的高速准确传输，还要注重研制如何在现用消防车辆设备情况下实现数智化的办法，提高消防装备设备数智化的进度。

5.3.2　软件平台方面

主要依托无线互联网络、大数据、云计算、物联网等技术支持，在智能数据实现中使用到了GIS 地图信息系统、人工智能技术、虚拟现实技术等高科技手段。研发以实战指挥平台为基础的综合应用平台，统一数据标准，优化数据结构，设计易于操作，容易上手，反应灵敏的数据平台。

6　结束语

推进应急救援数智化是世界各国消防工作发展的大趋势，也是提升应急救援队伍应急救援战斗力的的重要途径，大数据、云计算、物联网高速信息通信技术的大发展已为应急救援数智化奠定了良好的基础，应用先进的科学技术，结合应急救援实战需求，研究和开发适合需求，贴近实战的消防产品，加快应急救援数智化的进程，是消防科研工作者、消防指战员和消防产品制造厂商等消防人员共同的目标。

参　考　文　献

[1] 刘筱璐，王文青．美国智慧消防发展现状概述[J]．科技通报第 5 期，第 33 卷．

[2] 尤琦，沈阳．城市消防设施联网监测系统的建设与应用[J]．消防技术与产品信息，2017(4)，58-61.

[3] 杨成钢．基于物联网的消防管理系统的设计与实现[D]．硕士学位论文，长春：吉林大学，2015.

炼化企业装置检修作业安全管理

高松林

（中国石油四川石化有限责任公司）

摘　要　在炼油化工企业，装置运行到一定周期后存在特种设备定期容器检定、反应器床层压降增大、催化剂失活、换热器换热效果变差、管线腐蚀、带病运行设备需检修消除缺陷或者隐患。有备用的机泵或设备可以通过切换设备的方式在正常生产期间进行能量隔离后检修作业。对没有备用的设备检修以及催化剂更换剂等只能通过装置部分停工或者全停的方式才能进行检修或更换剂。检修作业过程中存在各种不同的风险，需对危险有害因素进行全面辨识，并采取有效的措施进行风险管控，以保障作业过程中的安全。

关键词　炼油化工；检修；风险；安全

通过对2010年至2021年5月，全国共发生的化工和危险化学品较大及以上150件典型事故案例进行统计。检维修环节发生事故54起，占比36%；生产运行环节发生事故45起，占比30%；试车环节发生事故15起，占比10%；开停车环节和项目（技改）建设环节各发生事故13起，占比8.7%；仓储环节发生事故7起，占比4.7%；运输环节发生事故2起，占比1.3%；其他环节发生事故1起，占比0.7%。统计如图1所示较大及以上事故发生分布图。检维修时间在整个生产周期中时间占比小，由此可知事故数量与时间的比值会大很多。检维修特点是时间紧、检修任务重、参与作业人员多、各类交叉作业多、动火、高处、管线打开、吊装等等危险作业多。因此降低检维修作业事故意义重大。

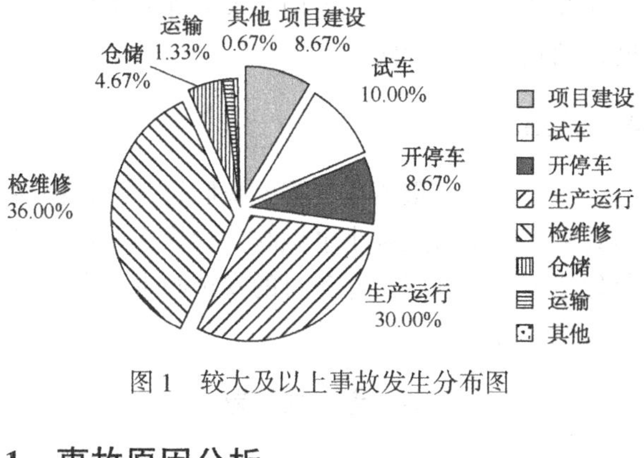

图1　较大及以上事故发生分布图

1　事故原因分析

各类事故的发生离不开人为不安全行为和物的不安全因素。其中物的不安全因素又是由于人的疏忽导致的。

2　降低人的不安全因素

2.1　加强检修作业危险有害因素辨识

炼化企业生产装置的检修作业风险识别主要是指在检修作业实施前，对检修作业过程中可能出现的危险有害因素进行识别，并针对识别出的危险有害因素制定消除措施。

（1）装置中的各类设备、管道、阀门等设施在运行时内部介质为易燃、易爆、有毒等物质，检修前若处理不干净，在实施检修维修过程中就可能出现有毒气体泄漏、火灾爆炸等事故发生。

（2）检修作业如果不进行安全交底或交底不彻底、全面；风险告知遗漏或不到位；风险削减措施不彻底、盲目施工作业。如涉及动火的将可能会导致火灾爆炸等事故的发生。

（3）检修作业往往伴随着多项危险作业，如动火作业同时可能伴随着高处作业、管线打开、临时动火或用电作业中的一项或多项。作业前危险有害因素识别都得识别出来，才能有针对性的制定各项风险削减措施。

（4）检修作业涉及的气体分析，作业前半小时气体分析是否已出。作业前环境是否发生变化，有无有效检测手段。检修部位的能量隔离措施是否可靠，有无有效的验证措施，如果无法验证能量隔离的有效性，就需要重新制定能量隔离措施直到能验证。

2.2　加强检修作业各单位、人员责任心

2.2.1　检维修作业从参与单位

属地单位和检维修作业单位。

1. 属地单位职责

(1) 组织作业单位、相关方开展风险评估，制定相应的安全措施或者作业方案。

(2) 提供现场作业安全条件，向作业单位进行安全技术交底。

(3) 审核并监督安全措施或者检修作业方案的落实。

(4) 负责作业相关单位的协调工作。

(5) 监督现场作业，发现违章或者异常情况应当立即停止作业，必要时迅速组织撤离。

2. 作业单位职责

(1) 参加作业区域所在单位组织的作业风险评估。

(2) 制定并落实检修作业安全措施或者作业方案。

(3) 组织开展作业前安全培训和工作前安全分析。

(4) 检查作业现场安全状况，及时纠正违章行为。

(5) 当现场不具备安全作业条件时，立即停止作业，并及时报告作业区域所在单位。

2.2.2 参与检维修作业人员

检维修作业参与人员有：作业申请人、作业及属地监护人、作业人员、上级安全监督人员、作业批准人、作业项目负责人、班组长、属地单位负责人等。

在不同系统或不同单位、参与检修作业的以上人员叫法可能不同，但是人员的结构相差不会很大，各人员的安全职责也都有具体详细的要求。在检修作业中不同人员应尽职尽责，共同协同才能更好的完成各类检修作业。

2.3 作业过程人的不安全因素控制

著名的杜邦公司有十个安全理念，其中就有我们熟知的：所有的安全事故是可以避免的；员工必须接受严格的安全培训；对发现的安全隐患必须及时更正。

既然事故是可以避免的，那么事故为什么还是在发生呢？事故往往是由于作业过程中因某个环节疏忽没有引起重视从而导致事故最终发生。事故从源头开始预防，一直到整个过程始终都预防事故的发生，如果每个环节都能做到，那么事故就可以避免。正是由于在某个环节发生疏忽，没做到位，事故就自然发生了。

杜邦公司认为，96%以上的事故是由人的因素造成。在现实中由于人员接受教育程度偏差，作业单位检修作业人员学历偏低、甚至对炼油化工基础知识知之甚少，作业人员流动频繁，很多情况下培训不能全面、系统化。作业时安全意识薄弱，作业中违章、违规现象频发。在很大程度上就埋下安全事故隐患。

作业安全程度重视不够。经常出现降低或忽视安全的检维修作业。比如：认为简单作业没必要开具作业票，无票证偷偷作业。作业票开具手续繁琐，没票证作业。还有在作业过程中没有对作业环境安全确认而盲目作业。

3 检修安全措施

(1) 强化施工单位现场作业计划的编制与审核，加强施工单位对安全技术交底执行情况的检查和验收，加强施工作业过程控制，严格执行“两票三制”。

(2) 加强施工单位检修现场作业人员安全培训，确保其具备上岗资质，避免盲目作业、违章作业。

(3) 加强检修现场监督检查，强化现场监督检查和整改验收，确保每项检修工作都有明确的风险点、危险源，每一个施工作业都有具体的风险控制措施，杜绝“三违”行为。

(4) 强化检修现场安全检查，严格执行检修方案，加强检修过程监督检查和整改验收，确保每一项检修工作都有明确的风险点、危险源。

(5) 参与检修项目的每一个人都是安全责任的主题，时刻紧绷安全就是一切，不做牺牲安全为前提的任何施工，由备用要求准守安全规章制度，到我要安全的转变。

4 总结

安全任务任重道远，需要我们每一个人都参与其中。安全从点滴小事做起，检修作业过程规范化施工，认真履行好各自的安全职责，有力于保证检修的安全。

参 考 文 献

[1] 傅贵，吴琼，李亚，等．不安全动作与不安全物态的判定方法探讨[J]．安全与环境学报，2017，17(03)：994-998.

[2] 蔡科涛，李子睿．石油化工生产装置检修作业安全管理对策[J]．石油化工安全环保技术，2021，37

(01)：6-8.
[3] 朱勃．某炼化企业检维修作业职业病危害辨识及风险控制[J]．安全、健康和环境，2019，19(09)：42-45.
[4] 焦态成．企业推进杜邦安全管理与安全标准化工作的融合研究[J]．化工管理，2021，No.604(25)：113-114.
[5] 王德阳．承包商及直接作业环节安全管理存在的问题及对策[J]．石油库与加油站，2022，31(02)：30-33.

CO_2 注采、集输过程主要安全风险及防控对策

李亚楠　徐　军　殷　超　阿雅拉

（中国石油新疆油田公司）

摘　要　CCUS/CCS 技术既能提高采收率又能实现碳封存，兼顾提效和减排效应，应用前景广阔。但二氧化碳不同相态下的特殊理化性质，导致其注采、集输过程存在物理爆炸、采出系统冻堵及腐蚀泄漏、装卸储存系统干冰堵塞等风险，给现场安全生产带来不利影响。本文通过现场分析、实验研究、理论计算相结合的方式，明确了二氧化碳运输、装卸、注入、采出、处理等各环节主要风险及其影响因素，揭示了典型事故机理及后果危害程度，系统形成了的注采、集输过程的作业安全控制技术，为油田生产现场二氧化碳注采、集输作业的安全实施提供科学依据。

关键词　二氧化碳注采；二氧化碳集输；风险防控；泄漏爆炸

1　前言

在“双碳”背景下，CCS/CCUS 既能提高采收率又能实现碳封存，兼顾提效和减排效应，应用潜力巨大。但二氧化碳不同相态下的特殊理化性质，导致其注采、集输过程存在诸多风险类型，相关文献显示二氧化碳注入、集输过程已不同程度出现注入系统物理爆炸、采出系统冻堵及腐蚀泄漏、装卸储存系统干冰堵塞、采出介质含硫化氢等异常工况，给现场安全生产带来不利影响。目前国内油田针对二氧化碳注采、集输工艺在提高采收率方面已开展了大量研究工作，但在风险辨识及防控方面研究较少。

2　二氧化碳注采、集输过程主要安全风险

二氧化碳作为典型的重气，在输送过程或地质贮存过程中发生大规模泄漏，易造成人员窒息和冻伤，资料显示人体暴露在二氧化碳体积浓度高于5%的环境中，很短时间便会窒息致死。另外，腐蚀也是二氧化碳采出、集输过程中不容忽视的问题，在油气井井下和地面设备中，受温度、二氧化碳分压、流速、pH 值、硫化物及氧含量等各种因素的影响，各种金属材料都承受着不同程度的二氧化碳电化学腐蚀，使材料完整性和承压性能受到严重破坏。除此之外，在二氧化碳高压注入过程中，若液相储罐、增压设备、注入管道、注入井口等设备设施存在局部缺陷、造成设备设施密封失效，二氧化碳发生快速相变，压力发生急剧变化，存在物理爆炸的风险，造成高浓度窒息性气体泄漏扩散或高压介质伤人，都将危及现场操作人员的人身安全。结合前期调研情况，二氧化碳注采、集输过程主要有泄漏窒息、低温冻伤、物理爆炸、腐蚀泄漏等 9 类风险，主要分布环节见表 1。

表 1　二氧化碳注采、集输过程主要风险类型及表现形式

环节	风险类型	风险表现形式
运输、装卸环节	物理爆炸	罐体破损、密封装置失效或在发生交通事故情况下，液态二氧化碳在有限空间内发生快速相变，压力急剧变化，存在物理爆炸的风险
	干冰冻堵	若在卸车前，二氧化碳罐车未建立气相平衡，卸车时管道易发生干冰堵塞，存在憋压、泄漏与高压伤人风险；若在卸车时，储罐内压力小于 0.8MPa，易在储罐内发生干冰堆积
	人员窒息、冻伤	罐体本体、卸车装置若存在局部失效或连接部位密封失效等，易发生二氧化碳泄漏，存在人员窒息、人员冻伤及高压伤人等风险
	法律风险	若运输单位存在无资质运输危险货物、普货车辆运输危险货物等情况，押运、作业等相关人员无相关资质，则存在违法风险
	车辆伤害	运输过程因路况差、天气恶劣、违章驾驶等情况易发生车辆伤害事故；卸车作业及启动停驶等过程存在车辆伤害风险

续表

环节	风险类型	风险表现形式
注入、采出环节	物理爆炸	储罐、增压设备、注入管道、注入井口等设备设施存在局部缺陷、造成设备设施密封失效，二氧化碳发生快速相变，压力急剧变化，存在物理爆炸风险
		超临界二氧化碳循环注入过程存在冻堵风险，低温造成设备设施性能降低，产生脆性断裂，存在物理爆炸风险
	干冰堵塞、管线冻堵	注入管线注入前未作预冷，易造成管线冻堵和干冰堵塞
	人员窒息、冻伤	液相二氧化碳泄漏后迅速发生相变，大量吸热，造成周围局部低温（可达-40℃），可造成人员低温冻伤，同时泄漏位置容易产生干冰
	泄漏窒息、火灾爆炸	水气段塞的注气井、受效生产井及周边气窜井的井口装置、油套管、管线易发生腐蚀，造成油气泄漏，存在火灾爆炸、人员窒息风险
	介质刺漏、管线冻堵	液相二氧化碳注入压力比较高，地层气窜时导致生产井井底压力升高，存在介质刺漏、部件飞出、地表窜漏风险，同时由于泄漏导致压力急剧变化，存在生产井井口装置、集输管线冻堵风险
	管外窜	开发区域部分注气井、生产井属于老井利用，长期开发期间存在复杂高渗流通道，存在套外窜风险
	泄漏窒息	二氧化碳属于典型重气，集输管道、注采井口等设备设施发生泄漏后易在低洼处积聚，存在人员窒息风险
	硫化氢	注二氧化碳油藏采出过程中可能产生硫化氢，存在硫化氢腐蚀与人员中毒风险
	腐蚀泄漏	泡沫油消泡不充分，存在离心泵气蚀风险，造成泵体损坏，同时也存在集输处理系统二氧化碳腐蚀风险

根据前期现场调研开展风险对标分析，明确了二氧化碳注采、集输过程的重点关注风险、影响因素及薄弱环节。综合工艺环节生产信息、二氧化碳不同相态特征及相关生产安全事故案例，分析并凝练9类风险在运输、装卸、储存、注入、采出、集输6个环节的分布情况、关注度等级，具体情况如见表2。

表2 二氧化碳注采、集输过程新疆油田重点关注风险及影响因素

风险类型		总体关注度	工艺环节关注度						主要影响因素
			运输	装卸	储存	注入	采出	集输	
1	物理爆炸	★★★	★	×	★	★★★	×	×	因腐蚀裂纹等突发压力泄放，密闭空间液态二氧化碳急剧气化膨胀
2	化学爆炸	★★★	×	×	×	×	★★★	★★★	采出气体发生泄漏后遇点火源发生火灾爆炸
3	材质腐蚀	★★★★	×	×	×	×	★★★★	★★★★	二氧化碳溶于水后形成碳酸，导致设备设施腐蚀穿孔
4	泄漏窒息	★★★★	★	★★★★	★	★★★★	★★★★	★★★★	二氧化碳在低尘地或受限空间积聚，超过1%有害健康；超过10%人员短时间死亡
5	低温冻伤	★★	★	★★	★	★★	×	×	温度、压力变化后液相二氧化碳气化并从环境吸热，造成局部低温
6	射流冲击	★★	★	★	★	★★	×	×	二氧化碳注入压力高，设备设施发生刺漏后，产生高压射流
7	设备冻堵	★★★	×	★★★	×	★	★★★	×	高压二氧化碳在采出井区域发生泄漏，因节流效应导致温度降低

续表

风险类型		总体关注度	工艺环节关注度						主要影响因素
			运输	装卸	储存	注入	采出	集输	
8	H_2S中毒	★	×	×	×	×	★	★	二氧化碳注采过程可能产生H_2S，浓度超过0.1%时人员瞬间死亡
9	管外窜漏	★	×	×	×	★	★	×	二氧化碳连续高压注入，油套管腐蚀老化，可能出现压力失控

3 典型事故危害后果实验研究

3.1 物理爆炸

基于小尺寸液态二氧化碳物理爆炸实验结果，明确储存及注入系统物理爆炸事故条件(图1)；依据冲击波理论构建事故后果计算模型，确定了不同工况条件下物理爆炸危害范围(死亡半径、重伤半径及轻伤半径)，为确定不同注入压力下，二氧化碳安全防护距离提供理论依据(表3)。

图1　二氧化碳注入管物理爆炸失效图

表3　不同注入压力二氧化碳发生物理爆炸危害范围

注气压力/MPa	爆炸能量/kJ	死亡半径/m	重伤半径/m	轻伤半径/m
1	73943.28	4.1	5.5	14.3
5	235383.28	6.0	8.1	20.8
10	1475012.98	11.2	14.8	38.5
20	1643542.70	11.6	15.4	40.0

液态二氧化碳注入过程中发生物理爆炸的条件：

(1) 注入系统处于稳态(液态或者超临界)。

(2) 注入的过程中，系统压力由于腐蚀裂纹、密封损坏、阀门突然打开等原因导致突然波动。

3.2 泄漏窒息

依据全尺寸储罐水平泄漏及管道垂直泄漏实验数据，基于网格划分与流体计算构建泄漏区域气体扩散模型，预测生产工况条件下不同风速、不同泄漏方位人员缺氧(5%)及影响健康(1%)的临界距离，为明确不同注入压力情况下，二氧化碳窒息影响范围提供了理论依据(图2、图3)。

图2　储罐水平泄漏

图3　管道竖直泄漏

3.3 采出气燃爆特性

基于燃爆实验数据，明确了不同压力(0.1~2MPa)、不同温度(20~40℃)条件下二氧化碳含量变化对采出气燃爆特性的影响规律，CO_2含量<30%时具备爆炸条件，含量30%~40%之间时具备稳定燃烧条件，含量>40%时不具备燃爆条件(图4)。

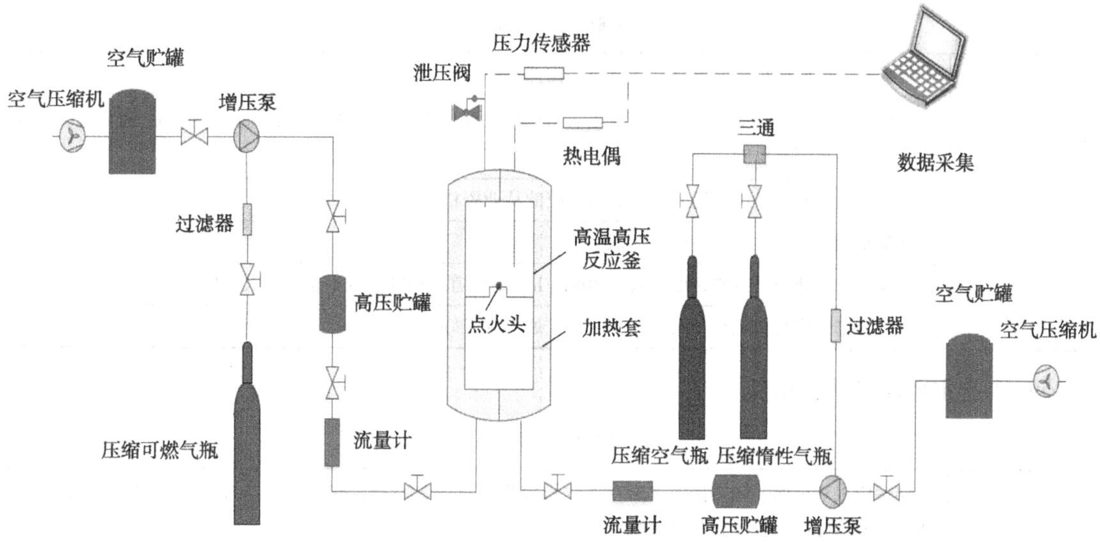

图 4　可燃气体爆炸特性试验系统示意图

4　主要风险防控措施

新疆油田依托项目研究和现场调研相结合的方式，目前已经形成了系统的风险防控方案，结合运输、装卸、储存、注入、采出、集输 6 个环节涉及风险，从资质能力、现场操作、设备设施、应急处置、通用要求 5 个方面，明确事前防控、事后应急 2 个阶段的风险防控要求(表 4)。

表 4　新疆油田二氧化碳注采、集输风险防控方案总体情况

序号	工艺环节	资质能力	现场操作	设备设施	应急处置	通用要求
1	运输	运输单位 驾驶人员 押运人员	行驶路线 行驶速度	泄压装置 压力液位 车辆本体	异常工况 安全距离	危害辨识 资质审查 个体防护 人员作业 气体检测 应急演练
2	装卸	作业人员 责任界面	操作规程 气相平衡 装卸液量	防碰撞措施 气体检测 装卸软管	异常工况 安全距离	
3	储存	管理人员 作业人员	定期检验 维护保养	泄压装置 压力液位 联动装置	异常工况 安全距离	
4	注入	作业人员	系统预冷 参数控制 管线试压	井筒评价 装置选型 腐蚀防控	异常工况 安全距离	
5	采出	作业人员	参数控制 井口保温	装置选型 腐蚀防控	异常工况 安全距离 硫化氢	
6	集输	作业人员	介质分离	装置选型 腐蚀防控	异常工况 安全距离 硫化氢	

1. 运输作业主要风险防控措施

风险防控措施

资质要求	运输单位应取得相应的危险货物道路运输许可
	运输单位应建立健全液化气体运输车辆的日常检查和维护保养制度，每天重点检查运输车辆安全泄压装置、压力测量装置等安全附件以及随车人员防护设施
	运输车辆驾驶人员、押运人员应取得相应的从业资格证书
运输安全	运输车辆应当悬挂或喷涂警示标识
	运输过程高速公路行驶速度不超过 80Km/h，其他道路行驶速度不超过 60Km/h
	异常外排时应将车辆移到人烟稀少的空旷处，并做好安全警戒

2. 装卸作业主要风险防控措施

风险防控措施

设备设施	储罐应采取防腐、隔热措施，附有液位与容积的对应关系表，安全泄压装置宜采用双安全阀并联结构，压力、液位超限报警参数与系统联动
	压力容器储罐本体、安全保护装置以及压力、液位测量装置等应定期检验，本体及附件异常状态下不得进行装卸作业
	装卸金属软管每半年进行承压试验并有试验记录；装卸接口与软管连接处应设置放空阀，接口采用快速接头并设置压力表，有防止装卸用管拉脱的安全保护措施
	卸车区域至少配置两套二氧化碳检测仪器(至少有一套为固定式)以及空气呼吸器、轴流风机等装置；液态二氧化碳储罐在作业场所全年最小频率的上风侧，且与办公场所的距离≥20m
	卸车区域应设置罐车防撞装置，防止罐车倒车时碰撞站区二氧化碳管线
作业安全	明确卸车作业中双方责任界面，应以罐车软管与站场进液管线连接口为操作界面
	压力容器管理人员和作业人员应当取得相应的特种设备作业许可证。液相二氧化碳卸车作业应当编制操作规程，卸车作业应由两名操作人员进行
	卸车前应有效固定车辆；卸车作业过程操作人员佩戴防护手套、护目镜等防护装备，相关人员应在卸车区域 10 米外，并且可以快速处置
	卸车前，储罐内压力应≥0.8MPa；在未与罐车建立气相平衡前，不得开始卸车作业
	液相二氧化碳储罐充装量不得超过允许的最大充装量，泄液作业时不得把容器内介质完全排放干净，须留一定余量
	卸车管线发生干冰堵塞时，可采用人工或热空气吹扫进行清理；储罐中产生干冰堆积时，应将储罐与工艺流程断开，可采用热风吹扫方式进行清理

3. 注入作业主要风险防控措施

风险防控措施

设备设施	老井转注二氧化碳前，做好套管检测评价和固井质量评价；新钻注入二氧化碳井，套管应选用气密封套管且水泥返高至地面或接近地面
	液相注入前，应对注入管线系统进行充分预冷，防止发生冻堵
	注入井的井口装置、注入管柱满足耐压、耐低温、耐二氧化碳腐蚀和气密性要求；井口装置、套管以及注入管线腐蚀速率应≤0.076mm/a
	井口阀门至单流阀之间应加装与注入泵额定工作压力相匹配的泄压阀
	注入井应采用高压井口，并应设置放空管线，放空管道宜为向上放空；水平放空安全距离应为放空管末端+30m；向上放空安全距离应≥20m，并做好安全警示

续表

作业安全	注入井油套、技套、表套应安装压力监测装置，宜具备远传功能，每日做好油压及环空压力监测
	注入井注入速度、压力等参数严格执行设计要求
	液态二氧化碳注入工艺管道使用前应按照设计方案进行强度试验及严密性试验
	液态二氧化碳注入期间未经许可，高压管道、井口装置 20m 范围内不得进入作业
	注入时应首先建立储罐及注入泵之间的气相平衡，防止形成干冰堵塞管道及注入泵
	注气管道及注气井出现二氧化碳冻堵、异常泄漏现象时应立即停止注气

4. 采出作业主要风险防控措施

	风险防控措施
设备设施	受效井的井口装置、注入管柱应该满足耐压、耐低温、耐二氧化碳腐蚀要求；井筒内加注缓蚀剂，油管、套管腐蚀速率应≤0.076mm/a；气窜井应进行环空压力监测
	原油缓冲罐或分离器应兼顾原油存储和二氧化碳泡沫油的消泡要求
	压缩机厂房合理设置二氧化碳、丙烷与天然气检测报警仪，并按要求定期检验
作业安全	做好周边受效井、非受效井的产液量、油压、套压、气油比、气体组分等监测，若发生异常变化及时分析原因，并采取措施

5. 其他安全防控措施

	风险防控措施
安全技术	易发生二氧化碳泄漏、聚集的场所设置警示标识并设置固定式二氧化碳检测报警装置，安装高度高出地面 0.3~0.6m；室内场所能够自动通风、机械通风，检测报警装置应与机械通风系统联动并运行正常
	进入易发生二氧化碳泄漏、聚集场所的人员应携带便携式二氧化碳报警仪器，至少 2 人同行，1 人作业、1 人监护，并处于上风向位置
	当作业场所二氧化碳体积分数在 0.25%~0.5%时，应加强通风，连续作业时间不得超过 8h；二氧化碳体积分数大于 0.5%时，应加强通风并佩戴防护用品，连续作业时间不得超过 15min，并立即上报；当二氧化碳体积分数≥1%时，应立即撤离现场
	作业过程中不得对带压管线、设备设施、仪器仪表等进行拆卸、检维修
	在二氧化碳放空外排、管道设备刺漏情形下，泄漏点 20m 范围内做好人员疏散并进行警戒；在注入系统物理爆炸、井喷事故情形下，泄漏点 150m 范围内做好人员疏散并进行警戒，500m 范围内应做好二氧化碳、硫化氢等毒害气体的检测
安全管理	建设单位应建立健全作业活动风险防控清单
	相关部门、单位应针对各环节风险应建立完善相关制度、操作规程并监督执行落实
	压力容器管理应严格执行移动式、固定式压力容器安全技术规程
	建设单位应严格审查作业单位资质、人员资质及培训取证情况，严格作业前检查、现场“五交底”，强化交叉作业风险防控及过程监督
	建设单位应对进入现场人员应进行安全教育，按规定穿戴防护用品。岗位操作人员应经过相关工艺、操作规程等技术培训，熟悉应急处置措施并定期开展应急演练
	建设单位应编制人员窒息、人员冻伤、设备冻堵、爆炸、车辆伤害等专项应急预案或现场处置方案并定期进行演练；保证应急物资种类、数量应与应急预案或处置方案内容相匹配，并有效管理维护

5 结语

随着生产现场 CCUS/CCS 的大面积推广应用，二氧化碳注采、集输过程潜在的隐患逐步显现，如何的做好现场的安全管理，有效遏制、防范各类事故的发生，是安全工作的一个重要课题，相关企业应持续完善 CCUS/CCS 安全管理机制，加大监管力度，明确各级主体责任，提升各级人员安全意识，做到以风险防控为核心，不断提升 CCUS/CCS 安全管理水平。

参考文献

[1] 钱新明，刘彧，刘振翼．管道输送二氧化碳泄漏模型研究进展及展望[J]．安全与环境学报，2013，13(2)：201-206.

[2] 黄琴，蒋军成．重气扩散研究综述[J]．安全与环境工程，2007，14(4)：36-39.

[3] 潘旭海．事故性泄漏动力学过程的理论与实验研究[D]．南京：南京工业大学，2004.

[4] 郑远攀．工业危险物质(重气)扩散数学模型研究综述[J]．安全与环境学报，2008，8(3)：106-110.

[5] 张斌才，赵军．大气污染扩散的高斯烟羽模型及其GIS集成研究[J]．环境监测管理与技术，2008，20(5)：17-19.

[6] 冯长根，郑远攀，钱新明，等．重气瞬时扩散数值模拟的实验验证及应用研究[J]．北京理工大学学报，2009，29(12)：1052-1057.

[7] 郑远攀，姚浩伟，杨融，等．瞬时泄漏高含 CO_2 天然气燃爆危险性研究[J]．消防科学与技术，2018，(1).

[8] 郭晓璐．CO_2 管道泄漏中介质压力响应、相态变化和扩散特性研究[D]．辽宁大连：大连理工大学，2017.

[9] 刘振翼，周轶，黄平，等．CO_2 管线泄漏扩散小尺度实验研究[J]．化工学报，2012，63(05)：1651-1659.

联合站硫化氢泄漏场景最优疏散路径规划

李亚楠　殷　超　阿雅拉

（中国石油新疆油田公司）

摘　要　在我国已探明的天然气藏中，平均硫化氢含量大于1%的气藏储量约占总储量的1/4。硫化氢气体具有剧烈的毒性，一旦泄漏会严重威胁作业人员的生命安全。近年来国内外已发生多起硫化氢泄漏事故，造成了严重的人员伤亡和恶劣的社会影响。2022年国务院安委会印发的《"十四五"国家安全生产规划》明确提出要加强油气等重大工程和设施安全风险防控，提升油气开发等事故应急处置能力。为降低硫化氢泄漏事故后果，及时启动应急处置措施，快速确定疏散路径并保障人员安全撤离具有重要意义。

疏散路径规划主要包括两部分：环境建模和路径寻优。环境建模通过客观呈现环境参数为路径寻优提供基础。环境建模完成后需引入优化算法对疏散路径进行规划。持续发展的传统算法、智能优化算法以及混合算法为解决大规模复杂约束条件下的优化问题提供了新思路。Sameer Alam等开展了多目标蚁群算法的改航路径规划研究。Tan Guanzheng等综合运用Dijkstra算法与蚁群算法规划机器人疏散路径，通过与遗传算法路径规划结果对比，论证了所提方法在收敛速度等方面的优势。曹祥红等综合运用Dijkstra算法与蚁群算法开展建筑火灾应急疏散路径规划研究。王钾等基于建筑信息建模（Building Information Modeling，BIM）构建三维建筑模型，借助火灾消防软件Pyrosim预测和采集温度、烟气浓度等危险载荷，进而结合改进的蚁群算法搜索建筑火灾疏散路径。相关研究为事故场景下的人员疏散提供了合理的参考。然而，相关研究多以最短路径为优化目标，未充分考虑人员密度等限制因素对人员疏散行为的影响。此外，相较于最短疏散路径，在最短时间完成人员的全部疏散意义更加重大。基于此，综合考虑毒气浓度和人员密度，提出一种从泄漏模拟、场景建模到路径规划的研究方法。将所提方法应用于某联合站，开展硫化氢泄漏扩散场景下疏散路径规划研究，其结果对联合站应急资源配置与应急预案编制具有重要指导意义。

关键词　联合站；硫化氢泄漏；疏散路径规划；链接图（Maklink）

1　疏散路径规划理论基础

对于联合站硫化氢泄漏人员最优疏散路径规划研究，推荐步骤为：①确定联合站硫化氢泄漏场景，通过模拟计算获取浓度分布；②根据联合站平面示意图及硫化氢浓度分布图，应用Maklink法构造自由空间，形成无向网络图；③基于该图进行路径规划，借助Dijkstra算法和蚁群算法寻求最优疏散路径，具体的模型介绍如下所示。

1.1　毒气空间分布快速获取

有毒气体泄漏后，快速完成环境建模对疏散路径规划极为重要。ALOHA可以根据化学品类型、泄漏位置、大气环境（风速、风向）等参数模拟危险化学品泄漏后的毒气扩散过程，快速预测毒气浓度范围，有力支撑环境建模高效开展。对于比空气重的硫化氢气体，ALOHA采用重气模型对泄漏气体扩散过程进行预测，确定毒气浓度的空间分布情况。

1.2　链接图（Maklink）法建模

Maklink法是一种自由空间建模方法，该方法将人员疏散空间划分为自由空间和障碍空间。障碍空间需要预定义凸多边形，自由空间在障碍空间的基础上进一步构造形成。

自由空间具体构造方法为：①连接任意两个障碍物顶点及障碍物顶点与边界的相交线，删除与障碍物相交的连接线，形成Maklink线；②将疏散起始点、Maklink线中点及疏散终点相连，构建的无向网络图即为人员疏散可自由移动的路径。

对于联合站硫化氢泄漏场景建模，将联合站内的作业区域及硫化氢浓度范围视为障碍物，利用预定义的障碍物基本形状构造自由空间，形成全局连通图，基于此图开展最优疏散路径规划。

1.3　疏散路径寻优

应用Dijkstra算法计算无向网络图中疏散起始点到疏散终点的最短路径，进一步利用蚁群算法优化该初始路径，形成联合站硫化氢泄漏事故场景下的最短路径。

1.3.1　Dijkstra 算法

Dijkstra 算法是一种单源最短路径算法，用于求解一个节点到其他节点的最短路径。主要特征是以一个节点为起始点不断向外扩展，直到终点为止。

该算法需要预定义一个带权有向图 $G=(V,E)$，V 为顶点集，E 为边集。其中顶点集合 V 包括已求出最短路径的顶点集合 S 和未确定最短路径的顶点集合 U 两组。按照最短路径的递增次序将 U 中的顶点依次加入到 S 中，直至 U 中所有顶点加入到 S 中为止。此外，如若任意的 V_i，$V_j \in V$ 且存在 $e_{ij} \in E$，则正常有权值，否则权值为∞，具体的流程如图 1 所示。

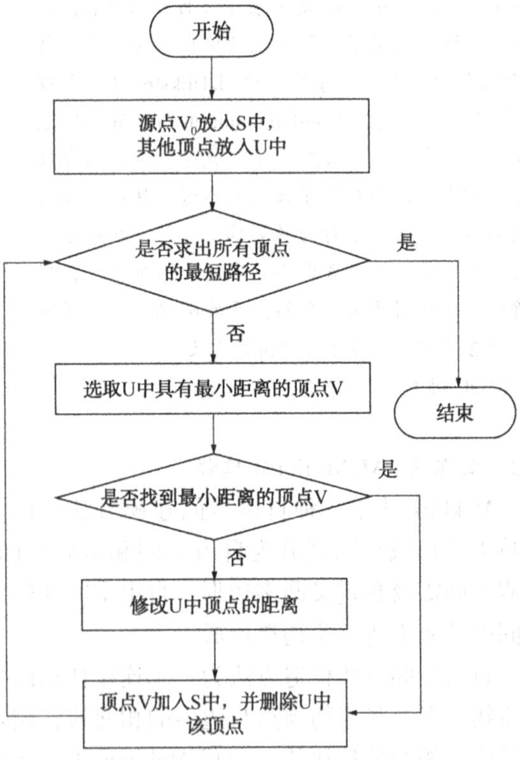

图 1　Dijkstra 算法流程

1.3.2　蚁群算法

蚁群算法作为一种群智能仿生优化算法，主要原理是蚂蚁觅食时能够在所经路径留下信息素并感知该物质的强弱。

具体建模过程为：建立有向函数 $G=(N,A,\tau)$，N 是相互连通所有节点的数量，$N=(1,2,\cdots,n)$；A 是所有路径的集合，$A=\{(i,j)\mid i,j\in N\}$；$\tau ij(t)$ 表示 t 时刻节点 i 与节点 j 之间路径的信息素浓度。

迭代的蚂蚁总数为 m，禁忌表 tabuk$(k=1,2,\cdots,m)$ 用来记录当前蚂蚁已走过的节点。在总共 NC_{max} 次迭代过程中，需将当前已走过的节点更新至禁忌表中。$p_{ij}^k(t)$ 用来表示第 k 只蚂蚁在 t 时刻从节点 i 转移到节点 j 的概率，计算公式如下所示。

$$p_{ij}^{k}(t)=\begin{cases}\dfrac{[\tau_{ij}(t)]^{\alpha}\times[\eta_{ij}(t)]^{\beta}}{\sum\limits_{k\in allowed_k}[\tau_{ik}(t)]^{\alpha}\times[\eta_{ik}(t)]^{\beta}}\\0\end{cases}\quad(1)$$

式中，α 为信息素启发因子，表示信息素的重要程度，能够反映蚂蚁之间的协作能力；β 为期望启发因子，表示期望值对蚂蚁选择概率的重要程度；$\eta ij(t)$ 为启发函数，是节点 i 与节点 j 之间距离的倒数，表示为 $\eta ij(t)=1/dij$；allowed$k$ 表示蚂蚁 k 尚未访问过的节点集合。

每次迭代后，信息素浓度会发生变化。所有路径上的信息素都会按照一定速率蒸发，蚂蚁们会在本轮所经路径上释放信息素，具体过程如下所示。

$$\tau_{ij}(t+1)=(1-\rho)\tau_{ij}+\sum_{k=1}^{m}\Delta\tau_{ij}^{k}(t)\quad(2)$$

式中，m 为蚂蚁数；ρ 为信息素的蒸发速率 $(0\leqslant\rho<1)$；$\Delta\tau_{ij}^k$ 为第 k 只蚂蚁从节点 i 到 j 所释放的信息素。

$\Delta\tau_{ij}^k$ 的计算模型用来表示信息素更新策略，具体模型如下所示。

$$\Delta\tau_{ij}^{k}(t,t+n)=\begin{cases}\dfrac{Q}{L_k},\text{若第 }k\text{ 只蚂蚁经过节点路径}(i,j)\\0,\text{若第 }k\text{ 只蚂蚁未经过节点路径}(i,j)\end{cases}\quad(3)$$

式中，Q 为常量，表示信息素增加强度；L_k 表示第 k 只蚂蚁完成本次循环的路径总长度。当路径总长度越短时，路径上的信息素就越多。

2　实例应用

以某联合站酸性气分液罐腐蚀泄漏为例，考虑硫化氢气体浓度及人员密度的影响，规划该联合站应急响应过程中的人员最优疏散路径。

2.1　硫化氢泄漏扩散浓度分布

影响硫化氢泄漏扩散的因素包括：泄漏方向、泄漏高度、泄漏孔径、风速和大气稳定度等。由装置技术规程知该分液罐罐高 5m，直径 2.4m，罐内压力 0.6MPa，设置泄漏孔径为 5cm。据当地气象资料统计，风向以正东居多，大气稳定度 C，风速 2m/s。设置该分液罐泄漏方向为正东，应用 ALOHA 软件分析硫化氢泄漏扩散。

根据硫化氢泄漏对人体的危害(表 1)，当硫化氢浓度达到 100ppm 时逐渐损伤人体器官，增大至 500ppm 时严重威胁人员生命安全，因此有必要分析 100~500ppm 的硫化氢扩散浓度分布范围。依据表 1 将硫化氢扩散仿真结果划分为 3 个等级的临界浓度，分别以 500ppm、200ppm、100ppm 扩散区域作为事故疏散场景，如图 2 所示。图中，实线表示硫化氢临界浓度，实线内浓度高于临界浓度，随着临界浓度的降低，相应区域面积不断增大。

表 1 硫化氢泄漏对人体的危害

硫化氢浓度/ppm*	对人体的危害
0.13~4.6	能够嗅到臭鸡蛋味，可以忍受
10~20	允许暴露浓度为 8h
50	强烈的臭味，不能忍受
100	轻度损伤人眼和嗅觉神经，20min 后轻微头痛
200	明显破坏人眼和嗅觉神经，失去嗅觉，咽喉有灼烧感
500	短期暴露就会失去知觉，如不及时抢救可能导致死亡
700	很快失去知觉，停止呼吸，如未立即抢救将导致死亡
1000~2000	立即失去知觉，抢救困难

* $1ppm = 10^{-6}$。

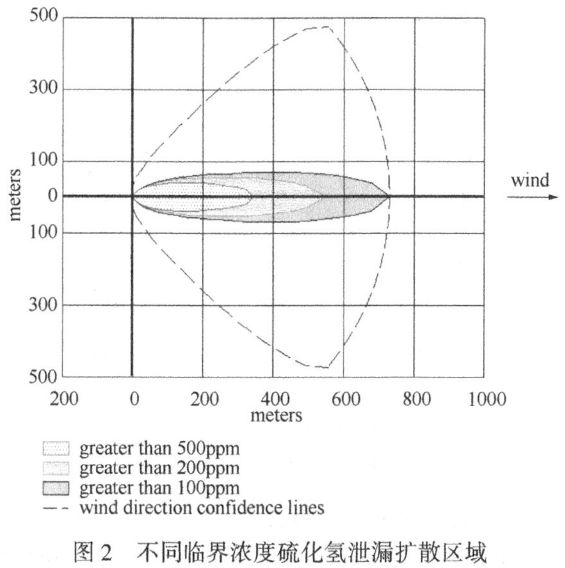

图 2 不同临界浓度硫化氢泄漏扩散区域

2.2 疏散路径集构建

某联合站简化平面示意图如图 3 所示，图中共有五个作业区域(A、B、C、D、E)，两个出口(E1、E2)，泄漏分液罐位于 D 区内部，疏散起始点 S1 和 S2 分别位于 D 区东西两侧。为降低人员伤害，疏散终点的选择需考虑大气环境(风向)的影响，人员应尽可能沿垂直风向撤离，故将疏散终点设为北门 E1，而非位于泄漏点下风向的东门 E2。

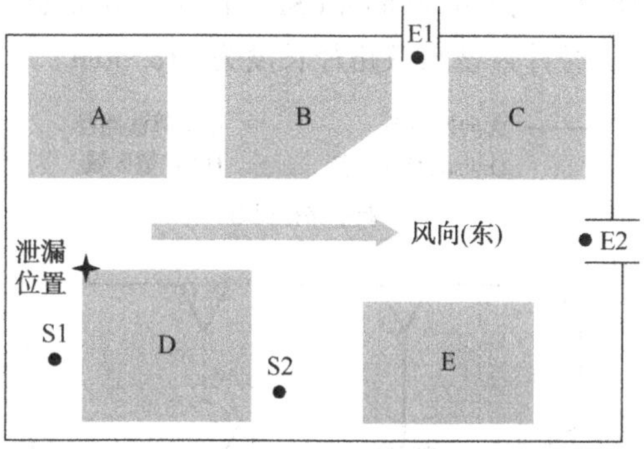

图 3 联合站简化平面示意图

基于联合站平面示意图进行环境建模，构建疏散路径。以 500ppm 硫化氢扩散区域为例，将联合站作业区域及硫化氢扩散区域视为障碍物，利用 Matlab 软件预定义凸多边形，设置疏散起始点及疏散终点，应用 Maklink 法构造无向网络图，如图 4 所示，图中虚线为 Maklink 线，实线为无向网络图。

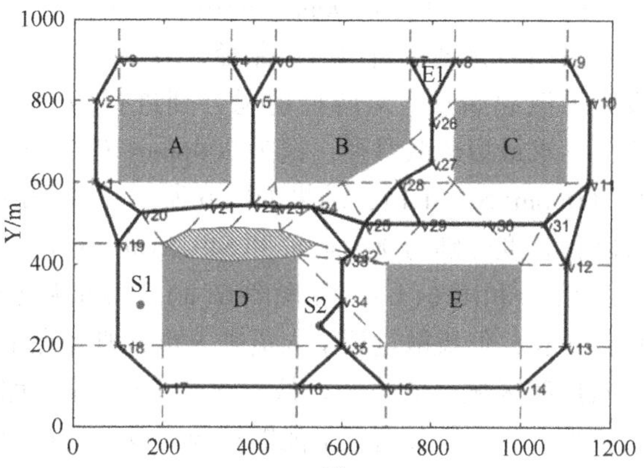

图 4 疏散路径构建

2.3 疏散路径规划

2.3.1 疏散路径初步规划

开展硫化氢泄漏扩散人员疏散路径规划前，需基于不同浓度硫化氢扩散区域对起始点 S1 和 S2 进行合理抉择。根据图 2 数据拟合联合站不同临界浓度硫化氢泄漏扩散图形，分析发现临界浓度为500ppm的硫化氢扩散区域面积相对较小，并未阻断工作区D与E之间的自由疏散路径，显然人员从S2点撤离时疏散路径较短，故设S2为疏散起始点。基于Maklink法构建该事故场景无向网络图后，以疏散路径最短为目标进行路径规划。首先应用Dijkstra算法生成初始路径，由于该算法计算得到的疏散路径只能经过无向网络图，未必是最短路径，因此应用蚁群算法迭代计算，对初始路径进行二次优化，找寻最短疏散路径，记为500ppm(S2→E1)，结果如图5所示，经计算该疏散路径长度为618.50m。

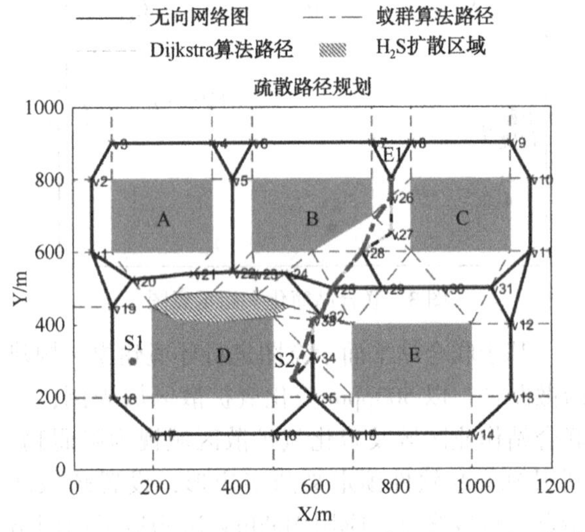

图5　500ppm临界浓度硫化氢扩散区域人员疏散路径规划

由于临界浓度为200ppm的硫化氢扩散区域并未阻挡D区两侧自由疏散路径，S1和S2均可设为疏散起始点，对两种情况分别进行仿真计算，寻求最短疏散路径，记为200ppm(S1→E1)和200ppm(S2→E1)，结果如图6所示，两条疏散路径长度分别为906.47m和649.51m。对比分析图6(a)和图6(b)，发现图6(a)中疏散路径相对较长，但疏散过程中人员并未跨越泄漏点下风向扩散区域，危险性较低。图6(b)中疏散路径较短，相同人员密度下能够较快完成人员撤离工作。

事故场景下风向处，随着硫化氢临界浓度的降低，相应的硫化氢分布范围逐渐增大。当划分临界浓度为100ppm时，工作区D与E之间的自由疏散路径将被泄漏的硫化氢覆盖。若将S2设为起始点，人员疏散时需跨越该区域，为安全起见，设置S1为疏散起始点，规划最短疏散路径，记为100ppm(S1→E1)，如图7所示，该疏散路径长度为909.83m。

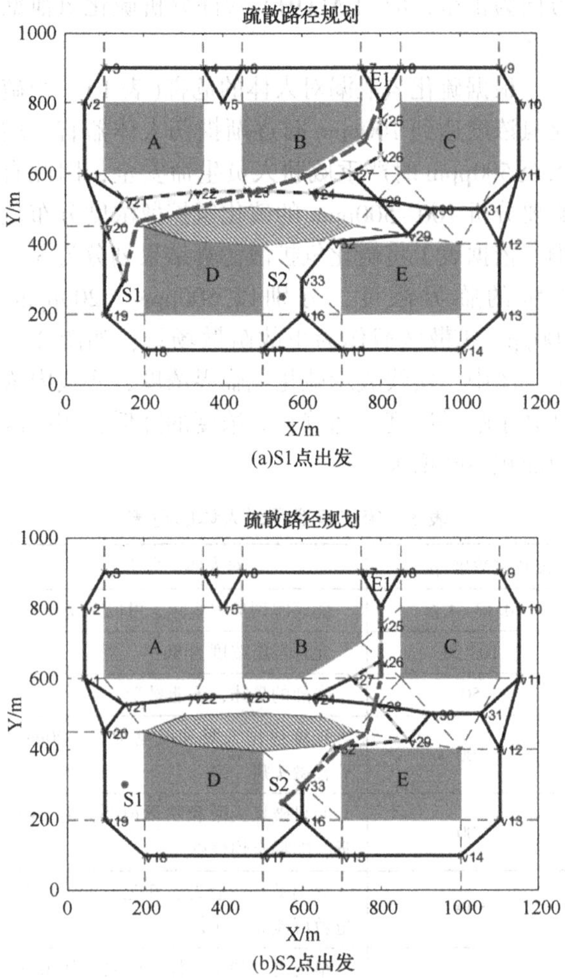

图6　200ppm临界浓度硫化氢扩散区域人员疏散路径规划

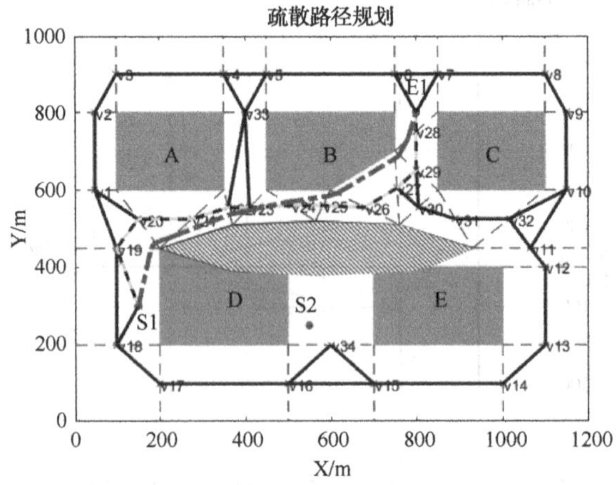

图7　100ppm临界浓度硫化氢扩散区域人员疏散路径规划

2.3.2　最优疏散路径规划

确定疏散路径后，需进一步考虑人员密度对疏散时间的影响。根据Roytman的研究，疏散速度的数学模型如下式所示。

$$v=\begin{cases}1.27m/s; \ \rho<1.18 \\ v_m[\varepsilon(1.32-0.82\ln\rho)+\theta(3.0-0.76\rho)+\gamma]; \ 1.18<\rho<5.38 \\ 0m/s; \ \rho>5.38\end{cases} \tag{4}$$

式中，v 为疏散速度，m/s；ρ 为人员密度，人/m^2；v_m 为最大疏散速度，m/s；ε 为前后人员间距系数，区间为[0.25，0.42]；θ 为左右人员间距系数，区间为[0.014，0.088]；γ 为其他影响系数，区间为[0.15，0.26]。

当 $\rho<1.18$ 人/m^2 时，人员处于自由逃生状态，疏散速度不受人员密度影响；当 1.18 人/$m^2<\rho<5.38$ 人/m^2 时，疏散速度与人员密度密切相关；当 $\rho>5.38$ 人/m^2 时，人员过度拥挤，疏散基本滞止。

本文选用 HMSO 中的参数，即 ε 为 0.32、θ 为 0.021、γ 为 0.25，计算 4 条最短路径在不同人员密度影响下的疏散时间（表 2）。

表 2　不同人员密度的人员疏散时间

疏散路径	人员密度（人/m^2）				
	1	1.5	2	2.5	3
500ppm（S2→E1）	8.15min	13.48min	15.63min	17.92min	20.42min
200ppm（S1→E1）	11.90min	19.66min	22.8min	26.14min	29.80min
200ppm（S2→E1）	8.52min	14.09min	16.34min	18.73min	21.35min
100ppm（S1→E1）	11.94min	19.74min	22.43min	26.24min	29.90min

为降低人员疏散过程中硫化氢气体吸入量，应优先考虑疏散时间较短的路径。由表 2 分析可得，不同人员密度条件下，500ppm（S2→E1）和 200ppm（S2→E1）路径疏散时间均较短，但由于 500ppm（S2→E1）路径经由硫化氢浓度高于 200ppm 区域，可能会对人体造成较大伤害，严重破坏人体器官，故确定 200ppm（S2→E1）为全局最优疏散路径，并基于此路径开展人员应急撤离工作。

当人员密度为 1 人/m^2 时，作业人员处于自由逃生状态，总体疏散时间最短。随着人员密度逐渐增加，各路径疏散时间不断延长，当人员密度达到 3 人/m^2 时，最短疏散时间均超过 20min，给作业人员生命安全造成严重威胁。为降低联合站有毒气体泄漏事故后果，应合理安排各作业区域内的人员数量，制定完善的应急预案，最大程度提高人员逃生率。

3　结论

对于因大气环境影响导致的人员疏散问题，综合考虑毒气浓度和人员密度，提出一种从泄漏模拟、场景建模到路径规划的研究方法，可有效解决硫化氢泄漏后人员不当疏散导致严重事故后果的问题。

研究结果表明，200ppm（S2→E1）为人员最优疏散路径，分析对比发现疏散时间随人员密度的增加而不断延长，当人员密度增大到 3 人/m^2 时，疏散时间超过 20min。为提高人员疏散效率，需合理规划联合站人员分布。

该模型给出了硫化氢泄漏扩散至最大范围的静态路径规划，可为人员疏散提供保守建议。

参 考 文 献

[1] Shen Y，Wang Q，Yan W，et al. An evacuation model coupling with toxic effect for chemical industrial park[J]. Journal of Loss Prevention in the Process Industries，2015，33：258-265.

[2] Ping P，Wang K，Kong D. Analysis of emergency evacuation in an offshore platform using evacuation simulation modeling[J]. Physica A：Statistical Mechanics and its Applications，2018，505：601-612.

[3] 张广林，胡小梅，柴剑飞，等．路径规划算法及其应用综述[J]. 现代机械，2011（5）：85-90.

[4] 何梦男，付瑜玲，陈诚，等．基于元胞自动机的应急疏散最短路径优化算法[J]. 中国安全科学学报，2019，29（4）：51-57.

[5] 王起全，张心远，祝乾坤．基于粒子群算法的燃气管线泄漏疏散能力分析[J]. 中国安全生产科学技术，2015，11（7）：116-122.

[6] 余文曌，余航宇，欧阳子路．基于弹性网格的改进遗传算法在无人艇路径规划中的研究[J]. 中国航海，2018，41（4）：101-105.

[7] 江奎东，毛占利，陈浩楠，等．基于蚁群算法的烟气中人员疏散路径选择优化[J]. 中国安全生产科学技术，2018，14（11）：133-137.

[8] Sameer A，Hussein A，Michael B. Multi-objective ant

colony optimization for weather avoidance in a free flight environment[R]. The ALAR Technical Report Series, TR-ALAR-2006-0300.

[9] Tan G, He H, Sloman A. Ant colony system algorithm for real-time globally optimal path planning of mobile robots[J]. Acta Automatica Sinica, 2007, 33(3): 279-285.

[10] 曹祥红，李欣妍，魏晓鸽，等. 基于 Dijkstra-ACO 混合算法的应急疏散路径动态规划[J]. 电子与信息学报，2020，42(06)：1502-1509.

[11] 王钾. 基于 BIM 和优化蚁群算法的建筑消防疏散路径规划[D]. 西安：西安建筑科技大学，2020.

[12] 焦姣，张静，姬亚芹，等. ALOHA 在突发性大气污染事故中的应用[J]. 安全与环境学报，2015，15(3)：151-155.

[13] Dijkstra E W. A note on two problems in connexion with graphs[M]. Springer-Verlag New York, Inc. 1959.

[14] DORIGO M, MANIEZZO V, COLORNI A. The ant system: An autocatalytic optimizing process[J]. Italy: Dipartimento di Elettronica, politecnico di Milano, 1991: 96-106.

[15] 罗伊特曼. 建筑施工消防安全标准的原则[M]. 新德里：Amerind 出版公司，1975.

[16] 陆君安，方正，卢兆明，等. 建筑物人员疏散逃生速度的数学模型[J]. 武汉大学学报(工学版)，2002，35(002)：66-70.

基于风险分类的井下作业井喷事故处置应急装备配备模式研究

程　建[1]　张明腾[2]　田正春[1]　王　虎[1]

（1. 中国石油新疆油田公司应急抢险救援中心；2. 新疆油田公司质量健康安全环保部）

摘　要　新疆油田目前拥有井下作业队伍300多支，分布在33个区块，作业面分散跨度大，且作业队伍人员素质参差不齐，在管理、监督不到位的情况下，很有可能造成井喷事故。新疆油田公司各区块都有应急消防机构，但只针对灭火，无法进行更专业的井喷事故应急处置。为了全面提升新疆油田井下作业井喷事故处置的安全性，本次研究从应急装备配备的角度出发，提出了一种基于风险类型的装备配备模式，首先对井喷事故的危险性及特点进行全面分析，根据常见的应急装备类型以及应急装备配备领域的相关影响因素，在对风险分类方法进行阐述的基础上，提出基于风险分类的应急装备配备模式，并根据目前新疆油田公司自有应急装备的配备现状，以及各区块风险等级划分，提出应急装备配备的相关建议。

关键词　井下作业；井喷事故；应急装备

研究表明：井喷所引发的风险事故可以分为四种类型，分别是井喷着火、井喷爆炸、井喷中毒以及环境污染风险，需要根据风险类型的不同，配备合理的应急装备，进而在井喷事故出现以后可以第一时间解决风险问题，全面提升应急救援处置过程的安全性。2022年，新疆油田完成油气产量当量达到1748万t，随着油田公司稳产、增产及新建产能的快速发展、建设，各类井下作业业务也在急剧攀升，在井下作业过程中，特别是在带压钻塞、连管水平井拖动压裂、二氧化碳注入、排气采液等作业过程中，出现井喷风险事故的概率也在逐渐提升。在另一方面，为了完成年度产量计划，井下作业措施类型也在增加，作业的种类相对较多，且不同类型的井下作业业务具有不同的风险，一旦出现井喷事故问题，所造成的人员伤亡以及环境污染都十分严重，在出现井喷事故以后第一时间使用应急装备处理风险十分重要。本次研究主要是井喷应急处置安全影响因素以及应急设备配备数量影响因素等两个角度出发，基于风险分类的基本思想，提出井下作业井喷事故应急装备配备的模式，为推动新疆油田应急装备管理领域的进一步发展奠定基础。

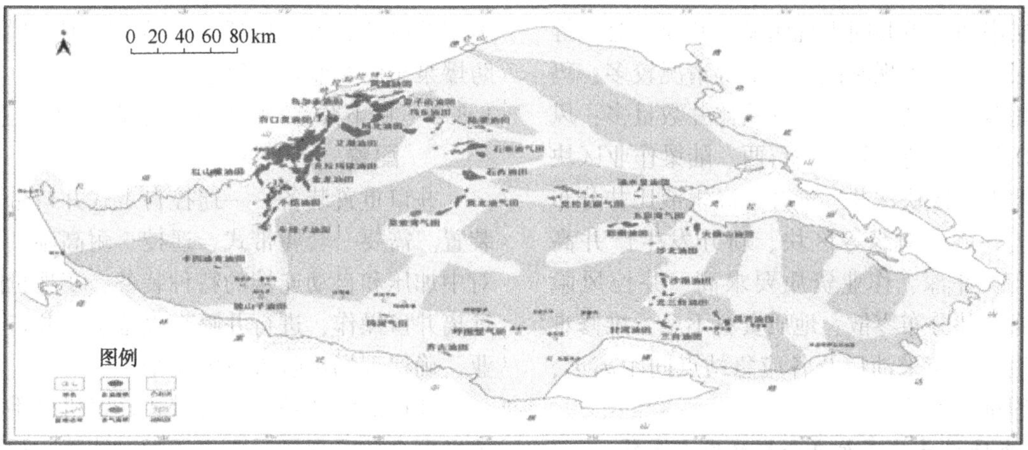

图1

1　确定应急设备配备种类

1.1　井下作业井喷风险事故的特点

井喷引发的风险事故主要具有三大特点，首先，井喷事故一旦出现，对事态进行控制的难度相对较高，特别是按照《新疆油田公司井下作业井控实施细则》中井控风险分级为一级、二级油气水井发生的井喷。不同风险分级的油气水井危险程度不同，因此，井喷后的不同风险分级的油气水井井喷危害程度也将会存在较大的区别，但是无论是一级井控风险井或者二级井控风险井，对事态发展的控制难度都相对较高，主要是因为地层压力过高，造成井口井控设备失效；其次，喷出大量油气水，特别是喷出的有毒有害气体，会导致风险涉及区域面积增大，所引发的事故后果也将会存在区别，提高了风险事故处置的难度；最后，应急处置装备专一性，大多数类型的应急装备只能处置某一种风险事故，但是井喷事故都相对较为复杂，在出现井喷问题以后可能引发的风险事故类型也相对较多，例如除了会造成环境污染以外，还将可能出现火灾、爆炸事故，通过单一的设备，无法对所有的风险事故进行同时处理，这对应急管理工作提出了很高的要求。

新疆油田开发建设了克拉玛依、石西、陆梁、风城、盆5、玛河、克拉美丽、吉庆等33个油气田。面对油田勘探开发的不断深入，新区高温、高压、高产、井深，老区地层压力异常，井筒情况复杂，都暴露出不同的井控风险。如：红浅稠油注汽、火驱，底层有气腔、伴生硫化氢；车排子区块距生产办公区远，水平井出砂、漏失严重、伴生硫化氢；二厂、新港老产区长期注采底层串通，单井间干扰明显，井筒、套管等使用年限较长，出现腐蚀、变形等情况较多；玛湖片区超深井、高压井、高气液比井数量多；风城SAGD井地层情况复杂；石西、陆梁作业区块增产难度大，区块深井、气井、高气液比井分布广；采气一厂、南缘等区块、新开发生产井高压、高产、井深、作业资质要求高、井控风险大，边缘老井分布零散、地质资料不全，维修难度大，生产井与采油厂及各应急站点间距离远，日常管理难度大等。

1.2　井下作业井喷事故安全影响因素分析

在进行井下作业井喷事故应急处置时，一般存在物体打击、车辆伤害、机械伤害、火灾、爆炸及环境污染。一是油田井下作业井喷事故处理过程中，现在有大量的消防救援车辆，装备，再加上应急处置流程又复杂繁琐，工作强度大，人员紧张状态一直持续，也未执行常规的安全操作规程，有时再加之天气状况不佳，对应急处置人员造成伤害。二是因为石油的易燃易爆属性，在应急处置作业施工中如果防护措施不到位，井喷造成大量的油气聚集，极易导致火灾和爆炸事故的发生。大量的油气水喷出，也会对环境造成环境污染。三是井喷事故处理过程中，同时伴随有硫化氢、二氧化硫等有毒气体。井下作业井喷应急处置过程中，如遇到有毒气体，极易造成应急处置人员中毒，加之井下作业应急处置多在野外，一旦救治不及时，中毒严重的就会危及工作人员的生命。

1.3　基于事故分类的应急设备配备

根据中国石油集团公司井喷事故应急处置的相关标准及《新疆油田井下作业井控实施细则》相关规定，并结合井喷事故后引发的风险类型，可以将风险事故分为四种，分别是井喷火灾事故、井喷爆炸事故、井喷有毒有害气体中毒事故以及环境污染事故。

1.3.1　井下作业井喷事故应急处置一般装备配置

对于火灾、爆炸事故而言，需要在现场配备防火防爆类型的应急设备，包括可燃气体检测设备、灭火及喷射设备、消防灭火设备实施等。对于中毒事故而言，需要在现场配备个人防护类型的应急设备，包括有毒气体探测设备、正压式空气呼吸器、防静电设备、隔热服以及隔热手套、头盔等。对于污染事故而言，需要配备污染处置类型的应急装备，包括防火类型的围油栏、收液防爆泵车以及监视报警装置等。

1.3.2　井下作业井喷事故应急处置大型装备配置

井口重置装备——遥控自走式井口带火抢喷装置。需要一套履带式、遥控、耐高温、具备能对中加压和自动连接的特种装备，实现抢险人员远离井口操作，进行井喷带火抢险的井口重置作业，确保现场抢险人员的安全。

井口清障装备——履带式长臂机械手。该装置可配合井喷现场远距离清污、清障；远距离输送引火装置，把井口火焰引向高空，方便井口清障作业，为下一步井口破拆做准备；辅助配以挖斗、液压剪、切割头、夹持装置可实现多种功能转换。

井口切割装备——水力喷砂切割装置。远程切割是目前抢险的必备装备，可在一定的距离外操作，实现井口、套管、法兰、螺栓等损坏结构切割，为控制井筒创造条件。手持式火焰切割工具能够在一定的安全距离下实施障碍物分离，有切割速度快、切割点准的特点。

井控安装装备——移动式应急橇。基于油田险情现场抢险救援处置实际需要，将用于实施油田生产常见险情处置救援设备设施及各种救援物资分类集中于专业撬上进行规范化、模块化管理。根据现场需要，快速选择最优应急撬组合，以便于现场应急处置工作快速、高效、有序的开展。形成高效的救援能力及时开展应急处置。企业按照动力照明、抢险工具、井控装置、修井管汇、个人防护设施、冷(热)加工设备、常用配件等分类组合，制作成橇式集装箱，做到快速装车、功能齐备。

智能监测装备——智能无人机。挂载多样、操作简单等独特优势，可以充分发挥无人机在井下作业井喷事故应急处置中的现场查勘、环境监测以及灭火救助等，有效提升井下作业井喷事故应急处置水平。

2　确定应急设备配备数量

2.1　新疆油田各区块应急装备配备数量的影响因素

新疆油田开发建设了克拉玛依、石西、陆梁、风城、盆 5、玛河、克拉美丽、吉庆等 33 个油气田区块。面对油田勘探开发的不断深入，新区块高温、高压、高产、井深，老区块地层压力异常，井筒情况复杂，都暴露出不同的井喷事故风险。如：红浅区块稠油注汽、火驱，底层有气腔、伴生硫化氢；车排子区块距生产办公区远，水平井出砂、漏失严重、伴生硫化氢；二厂、新港老产区块长期注采底层串通，单井间干扰明显，井筒、套管等使用年限较长，出现腐蚀、变形等情况较多；玛湖区块超深井、高压井、高气液比井数量多；风城区块 SAGD 井地层情况复杂；石西、陆梁作业区块增产难度大，区块深井、气井、高气液比井分布广；采气一厂、南缘等区块、新开发生产井高压、高产、井深、作业资质要求高、井控风险大。通过对各区块的目前井控安全现状进行分析，对于井下作业井喷事故应急装备配置数量的影响因素而言，可以分为四种类型：①区块地层压力：不同区块的地层压力差距很大，整体区块地层压力越大，说明井下作业施工过程中面临的井喷风险越大；②区块所含有毒有害气体情况：作业区块地层流体中整体含硫化氢、一氧化碳等有毒有害气体时，井喷事故应急处置难度加大；③安全意识：由于大多数井喷事故都具较强的危险性，因此，需要全面提高各区块井下作业队伍人员的安全意识，各油气区块以及井下作业单位相关工作人员的安全意识越强，则配备的应急设备的数量以及类型越多，对于油气区块、井下作业单位而言，其需要对可能出现的安全风险事故进行全面分析，以此提高应急设备配备的合理性；④应急装备的布局：新疆油田 33 个区块，应以区块风险划分为前提，统筹兼顾，合并统一相近区块、风险一致区块，合理配备大型应急处置装备。

新疆油田井口种类繁多、亟须配备专用井喷事故应急处置装备。20 世纪五十年代引进使用苏联井口至今，新疆油田井口装置应用的时间跨度大、数量众多、种类繁杂、制造单位覆盖范围广、执行标准经历了多次更新和变化，产品型号、结构形式多有差距，特别是 20 世纪九十年代以前的井口装置，结构尺寸标准化程度低，绝大多数井口无法追溯产品资料，给井控和应急处置带来巨大难度。需结合新疆油田地质、工艺特点，研发适合于新疆油田井口特点的远距离抢险装置，解决高压井、高含气井、高温井、SAGD 井等井喷应急处置远距离抢险的需求。

综合分析可以发现，井下作业井喷事故应急处置应急装备的配置受到了不同因素的影响，这使得应急装备的配备数量以及配备合理性都全面提升，根据风险等级对应急装备进行合理配备属于一种较为科学的方案。

2.2　井下作业井喷事故风险等级划分程序

根据上文的分析结果，本次研究对井下作业井喷风险事故进行了合理划分，将风险事故划分为四种类型，分别是火灾风险、爆炸风险、中毒风险以及环境污染风险，在进行风险等级划分的过程中，需要充分考虑不同类型风险问题事故出现的可能性以及事故后果，配备相应的应急装备。

在进行井下作业井喷事故风险等级划分的过

程中，首先需要对主体的风险进行全面识别，主体风险由区块风险和单井风险所决定，通过进行主体风险识别，可以确定井喷可能造成的事故等级；其次，对客观的风险进行识别，客观风险主要由地层压力以及作业队伍资质、井口井控设备状况所决定，并对井下作业井喷事故的客观风险问题进行赋值，为风险评价工作做好理论准备；最后，对出现井喷风险四种类型风险问题的概率进行计算，对于不同的评价指标而言，可以根据风险指标对风险事故影响程度的区别，将其划分为低、中、高、极高风险区块四种等级，一般情况下，某一风险指标的评分越高，证明该风险指标对风险事故的影响越大。根据该流程，可以对新疆油田不同区块处的风险等级进行合理划分，配备能够满足需求的井下作业井喷事故应急处置时应急装备的数量。

2.3 基于风险分级的应急装备配备

根据上文中对新疆油田不同区块处风险等级的划分情况，如果某一区块处出现井喷事故风险的概率相对较大，则需要着重配备相关的井喷应急处置装备。

2.4 应急设备配备建议

目前，新疆油田在井喷事故应急处置方面已经投入了大量的人力和物力，充分考虑井下作业过程井喷事故应急管理领域相关措施的相通性以及应急装备的共同性，为了防止应急装备出现浪费问题，进而提高应急装备利用率，本次研究在井下作业井喷事故应急设备已有类型的基础上，提出了应急设备装备的相关建议。首先，对于井下作业井喷风险事故而言，一般情况下，一旦出现一二级井喷风险事故则规模相对较大，依靠单一队伍或者单一企业对井喷风险事故进行处置的难度相对较大，因此，需要提高新疆油田各个作业区块采油厂应急风险事故处置的协同性，进而使得大型应急处置装备的利用率可以得到提升，在进行新区建设的过程中，需要充分参考目前新疆油田、集团公司及国内外井喷风险事故处置的相关流程以及技术措施，从应急处置响应的类型出发，在新区建设的过程中就对应急装备进行合理的配置；其次，在对应急装备进行选择的过程中，需要根据井控风险事故的规模，对所需要的应急设备性能指进行合理量化，性能指标量化的过程中需要充分参考国内外的相关标准，由于大多数井喷事故的危险性相对较强，因此，在对应急事故进行处置的过程中，需要建立以人为本的基本原则，在日常工作开展的过程中，也需要对各区块内的井喷风险事故处置装备备进行合理的监测，保障应急处置装备的有效性，参与应急事故处置的相关工作人员也必须佩戴相关的人体防护装备，以此保障应急处置人员的健康安全；最后，在应急风险事故处置的现场需要配备监控系统，相关应急处置作业人员需要实时对风险事故的扩散性进行合理的预测，实际上，井喷应急处置装备属于战备性资源，日常使用的概率相对较低，但是各采油厂、井下作业单位为了防止出现安全风险问题必须配备，由此可见，应急装备处于投资费用相对较高且使用频次相对较低的装备设施，因此，各采油厂、井下作业单位之间可以通过合作的方式实现资源共享，以此使得应急设备应用的经济性得到提升。

3 结束语

综上所述，井下作业施工过程中一旦出现井喷事故失控，都将会造成非常严重的后果，因此，提高新疆油田各采油厂作业区块、井下作业单位井喷事故应急处置能力十分关键，因此，新疆油田需要对井喷事故的类型进行全面分析，按照区块风险等级划分，以此配备合理的应急处置装备、数量，全面提高新疆油田井下作业的安全性。

参考文献

[1] 黄东方．我国应急救援装备管理现状与对策[J]．广东化工，2018(14)：185-186.

[2] 王清．油田企业设备设施风险管理体系的构建[D]．青岛：青岛理工大学，2011：17-35.

[3]《新疆油田公司井下作业井控实施细则》.

[4] 井下作业井控技术规程．SY/T 6609—2016[S]．北京：中国标准出版社，2016.

[5] 井下作业井控技术规范．Q/SY 02553—2022[S]．北京：中国标准出版社，2022.

石油储罐腐蚀行为及腐蚀监测研究进展

赵 泽[1] 胡世杰[2] 林 睿[1] 万 捷[1] 杨昊焜[1] 张明震[1] 王文彬[1] 祝传秋[1] 杜翠翠[2] 张小华[2]

(1. 中国石油新疆油田；2. 湖南大学化学化工学院)

摘 要 结合储罐运营环境对诱发储罐腐蚀的主要因素进行分析，重点介绍了各种现有的腐蚀监测方法的工作原理，对比了不同方法在储罐腐蚀监测中存在的优势与不足，并对相关研究与实际应用进行了总结。

关键词 储油罐腐蚀；影响因素；腐蚀行为；监测技术；综述

新疆油田王家沟油气储运中心地处乌鲁木齐市经济技术开发区(头屯河区)，占地面积约141万 m^2，始建于1961年，业务范围涵盖原油及成品油石油的储存、管道运输、铁路外运等。王家沟储运中心属于大型油库，是“中国石油乌鲁木齐储运中心”，也是中亚国际大通道的枢纽，具有占地面积大、库区内的各种设施众多、结构复杂等特点。其中各类储油罐是重要设施，在石油的储运过程中起着至关重要的作用。

在储油罐常年运营的过程中，储罐外部接触到复杂的大气环境，储罐内部储存着腐蚀性石油介质，以及储罐底部含有无机盐、有机酸、硫化物、微生物及各种杂质沉淀的沉积水腐蚀环境，因此石油储罐的腐蚀是一种常见的自然现象。另外，储罐底板与储罐底部圈板的T形焊缝由于焊接处理问题而形成局部热应力区域，更是成为腐蚀的敏感部位。以上包括外部、内壁及T形焊缝等储罐不同部位特别是储罐底板存在的各种腐蚀问题会缩短储罐的使用寿命，严重时将引发罐底穿孔、崩罐甚至报废，造成严重的安全风险及巨大的经济损失，还可能引发恶性泄漏及环境污染事故。2015年中国腐蚀报告显示，仅2014年我国因腐蚀造成的经济损失和解决腐蚀付出的经济代价远超所有自然灾害损失的总和，约占当年国民生产总值的3.34%，成为了困扰着我国石油化工行业的难题。

针对石油储罐复杂多样的环境条件及储罐复杂的腐蚀行为，对储运中心石油储罐不同部位、不同防护措施下的腐蚀行为进行系统的实验研究，确定储运中心储罐腐蚀的重点环节和关键影响因素，对其腐蚀过程进行监测，建立有效的腐蚀失效监测系统，实时监测并评价腐蚀的发生和腐蚀程度，评估储油装置的剩余寿命，最大限度地将腐蚀泄漏危险纳入可预测、可预防的范围内，是储运中心亟需面对与解决的课题。

本文主要结合石油储罐腐蚀影响因素、腐蚀行为及储罐腐蚀监测方法的研究发展现状，对诱发储罐腐蚀的主要因素进行了分析，对照各种储罐腐蚀监测方法的优缺点，讨论不同的腐蚀监测方法在储罐腐蚀监测中应用的可行性，以此为石油储罐腐蚀高效监测技术的发展提供有价值的参考。

1 储罐腐蚀行为及其影响因素

储油罐运营过程环境条件复杂多样，不同部位所处环境介质有很大差异，各部位的腐蚀影响因素及腐蚀行为、腐蚀机理各不相同(图1)。针对储油罐内外壁、罐顶、底板、焊缝等不同部位所处腐蚀环境和腐蚀影响因素的差异，目前国内外研究者开展了大量研究，并提出了相应的防护措施，以下对储油罐外壁、储油罐罐顶内部、储油罐内壁、储罐底板外侧、储罐底板内壁及储罐T形焊缝等不同部位的腐蚀影响因素及腐蚀行为等的研究现状进行综述。

1.1 储油罐外壁

储油罐主要处于大气环境中。大气中的水蒸气使罐体外壁表面形成连续的薄层水膜，水膜溶解大气中的 O_2、CO_2 及石油化工企业所处的工业大气中通常存在的 SO_2、H_2S、NO_2 等有害气体，导致罐体外壁发生电化学腐蚀。在这种情况下，均匀腐蚀是主要的腐蚀形式。但是，当储油罐表面存在局部凹陷、焊缝或是沉积杂物等不均匀状态时，参与电化学腐蚀阴极过程的氧气浓度的不均匀分布将导致罐体表面不均匀的局部腐蚀，甚至造成严重的腐蚀穿孔。

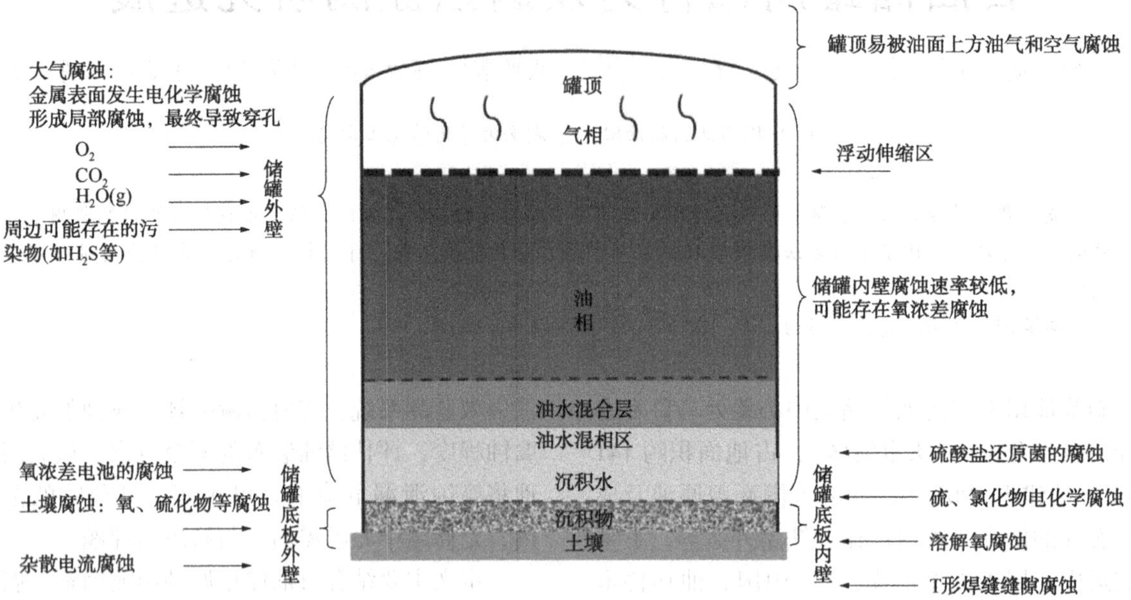

图 1　腐蚀关键影响因素及腐蚀类型示意图

1.2　储油罐顶内部

储油罐顶内部一般不与油品直接接触，通常处于油气相环境。油气相环境中 O_2、H_2S、CO_2 等酸性气体溶解在水蒸气中，发生电化学腐蚀，这是导致储油罐顶内部腐蚀的主要原因。一方面，CO_2 的存在使得储罐材料发生腐蚀时腐蚀产物中形成 $FeCO_3$，可能造成局部的坑点、片状等腐蚀形式。另一方面，油气相 H_2S 的存在使得电化学腐蚀的阳极过程及阴极过程更为复杂。阳极过程形成表面活性中间物($FeHS^-$)，促进阳极腐蚀产物的迁移，使得阳极过程活化加速；阴极过程中 H_2S 与水蒸气的相互作用则令阴极去极化过程明显加速。由此，储罐顶内部往往存在严重的腐蚀。

1.3　储油罐内壁

与油品直接接触的储油罐内壁中部的腐蚀主要是油品的化学腐蚀。油品直接接触区储罐内壁通常仅仅发生比较轻微的腐蚀。但是，油品中的水、氧及硫化物、硫醇金属衍生物等对该部位腐蚀过程影响较大。而且，在储油罐内壁油/气界面、水/油界面处存在氧气浓度差异，使得油/气界面、水/油界面的氧浓差腐蚀及由此产生的点蚀成为必须重点关注的腐蚀原因和腐蚀形式。

1.4　储罐底板外侧

承受复杂载荷的大型储油罐在长期服役的过程中，罐基础沉降、沥青砂防水层开裂等造成罐底部分受到潮湿的土壤环境的影响，土壤中大量的积水、无机盐、不均匀氧分布、杂散电流、微生物等因素容易诱发储罐底板外侧发生积水腐蚀、土壤腐蚀、杂散电流腐蚀等严重的腐蚀现象。

底板外侧积水在罐底局部形成氧浓差电池，毛细作用使得罐底各部位积水含盐量不同，加大氧浓差电池的电位差，从而造成储罐底板的不均匀腐蚀。

储罐底板土壤腐蚀更为复杂，土壤的电阻率、盐分、含水量、含气量及微生物、杂散电流都对底板土壤腐蚀过程产生较大的影响。而且，这些因素相互影响，使得储罐底板腐蚀更难以控制。

杂散电流干扰也是储罐底板腐蚀的重要影响因素，杂散电流引起的腐蚀不仅速度快而且剧烈，能在较短时间内发生多次腐蚀穿孔，广大研究者对直流与交流杂散电流促进金属腐蚀发生的情形展开了大量的研究。Fu 等指出交流电会使钢的腐蚀电位负移，从而增强钢的电化学活性，促进其腐蚀。实际上，交流引起的杂散电流腐蚀仅仅是等效阳极直流干扰时腐蚀的很小一部分。Qian 等认为直流杂散电流可使阳极/阴极极化，从而加速钢腐蚀和溶解氧的阴极还原。X52 管线钢在土壤溶液中的腐蚀实验表明，存在 $10A/m^2$ 的直流杂散电流时腐蚀速率相比自由腐蚀速率高了十几倍。当无直流干扰时，钢材表面清晰、光亮，几乎无腐蚀。杂散电流密度增加，钢材表面快速变暗，有明显的腐蚀产物。

杂散电流还通过影响阴极保护(cathodic protection，CP)而间接影响储油罐底板的腐蚀速率。XU 等研究发现在不同的 CP 电位下钢腐蚀速率随交流电流密度呈现不同幅度的变化。保护电位较正时，交流和直流杂散电流对钢的腐蚀影响都比较大。当交流电流干扰存在时需控制阴极保护电位低于-0.85V(相对于饱和甘汞电极)。若 CP 值控制为-0.85V 时，即使是 $1A/m^2$ 的直流杂散电流都极大地促进钢的腐蚀，其腐蚀速率可能超过 1mm/a。针对杂散电流的存在，对储罐底板如何制定合适的阴极保护标准成为目前行业里的一个重要问题。

1.5 储罐底板内壁

油罐储存油品中夹杂的少量水分及气相水蒸气的凝结水经过长时间沉积和下沉，在罐底逐渐形成了沉积水。通常储运中心储油罐排水管的中心线比罐底约高 300mm，由于排水管高度的限制，罐底常年存在沉积水无法排尽的问题，总有 200~300mm 的沉积水存在。沉积水引起储罐底板腐蚀的因素相当复杂，沉积水中大量的氯化物、硫化物、溶解氧、酸性物质及硫酸盐还原菌(SRB)引起的电化学腐蚀和微生物腐蚀成为储罐底板内侧腐蚀的主要原因。据不完全统计，美国油田生产环节中油井及其管线腐蚀中有 70%为 SRB 导致。其中，最具代表性的是 SRB 代谢反应引起的储罐底板内壁的微生物腐蚀。SRB 在厌氧条件下不断消耗罐底水溶液中氢原子产生的氢，一方面将硫酸盐还原成硫化物，另一方面使得罐底防腐层部分脱落，钢板表面电化学腐蚀过程中的阴极反应不断进行，由此促进罐底钢板表面的阳极反应，使罐底板的腐蚀过程加速进行。

1.6 储油罐 T 形焊缝

储罐在生产过程中会因为焊接工艺或者焊接技术等原因造成焊接点存在一定的问题，比如在底板同储罐底部圈板的连接位置，即 T 形焊缝处易产生局部热应力。发生局部热应力所造成的直接后果就是会在焊缝热应力区与基材处形成缺陷、外应力、残余应力、以及电化学性质等方面存在很大差别的腐蚀敏感部位。同时，储罐底部会有雨水和污水的集聚，形成腐蚀的环境并加剧储罐的腐蚀。因此，局部热应力及积水成为储罐 T 形焊缝处腐蚀的重要因素。

综上所述，由于储罐存储介质成分的复杂性及自身长时间与土壤和大气直接接触的工作方式，在内部腐蚀性介质与复杂外部环境的共同作用下，储罐时刻受到腐蚀作用的威胁。为了保障安全生产，必须周期性地对设备进行检修。目前油田公司范围内储罐腐蚀检测多以固定周期进行，需要进行清罐并开罐检测，导致储罐停产周期长，各单位生产运营成本非常高。为了避免因储罐腐蚀而产生相应的安全事故，保障储运中心的安全生产和管理，同时为了减少检修次数、延长维护周期，必须对储罐各部位的腐蚀情况进行实时监测，建立有效的腐蚀失效监测系统。对此，国内外开展了大量的研究，以下是储罐腐蚀监测方法的主要研究发展现状。

2 监测方法

迄今为止，腐蚀监测技术大致可以分为两大类，一类是以挂片失重法、超声波测厚法为代表的非电化学方法；另一类是以极化阻力法及电化学阻抗谱技术为代表的电化学方法。

2.1 非电化学方法

2.1.1 挂片失重法

挂片失重法作为腐蚀科学研究中最为传统的一种检测方法，它模拟了金属挂片于环境中自然腐蚀过程，以金属挂片发生腐蚀现象前后的质量变化为依据评估腐蚀的严重程度。失重法不仅可以用于获取金属平均腐蚀速率，也可联合一系列材料表征手段(如扫描电镜、X 射线衍射等)来推测腐蚀机理。

挂片失重法作为一种经典的腐蚀监测方法，具有自身独特的优势：

1) 结构简单，挂片期间无需操作，监测成本低廉。

2) 监测结果稳定可靠，与其他腐蚀监测方法联用时常作为验证其可靠性的依据。如王一品等人在武汉的大气环境下以挂片失重法为参照，验证了电阻探针技术监测结果的可靠性。

模拟挂片的工作模式也使得这种监测方法存在一定弊端：

1) 实验周期长。金属挂片需要长时间处在腐蚀环境(如土壤)中，无法实现实时测量。

2）重现性较差。通常需要多组平行实验。由于金属挂片处在腐蚀环境中不受人为干扰，监测过程中无法得知表面状态，无法保证每个腐蚀挂片的监测结果都是真实有效的，尤其是金属挂片在腐蚀过程中不能发生断裂。

3）获得的腐蚀信息有限。金属挂片的质量变化是腐蚀的结果，仅能获取平均腐蚀速率，无法判断挂片过程中金属试片腐蚀行为发生变化的时间。

4）影响因素多。流体、腐蚀产物、挂片方位等都是影响实验结果的因素。

挂片法作为一种传统的腐蚀检测方法，凭借着自身成本低廉的优势作为长距离管道腐蚀监测技术的选择之一，在实际生产中也有一定应用。但挂片法仅能获取金属材料处于某腐蚀环境中的平均腐蚀速率，仅能作为管道及储罐腐蚀行为的参照，常需要与其他检测技术并用。如伊拉克东南部哈法亚油田及国内特大型海相整装气田均选择挂片法与其他监测方法并用，获取金属设备的腐蚀行为，为油田/气田的腐蚀监测与防护提供参考。除此之外，炼化行业中水煤浆气化装置的腐蚀也可通过挂片法及其他监测方法的联用来进行评价。

2.1.2　超声波测厚技术

超声波测厚技术的工作原理是利用了声波信号在传播过程中遇到不同界面(如缺陷、底面等)会发生反射、折射的物理特性，导致声波信号的传播过程发生一定程度的衰减，通过比较声波返回信号之间的差异来估计壁厚，其工作原理如图 2 所示。

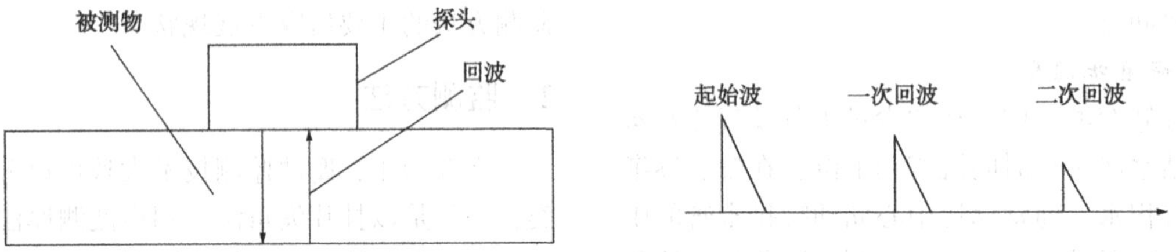

图 2　超声波检测技术原理示意图

超声波测厚是一种常见的检测方法，具有成本低、快速灵活、无损的特点，相较于挂片失重法，超声波测厚技术的优势在于：

1）可以直接测量实际管道的壁厚。

2）可以通过声波信号之间的差异来确定腐蚀缺陷的形态特征。

3）检测快，测试结果准确可靠。

基于以上特点，超声波测厚技术目前在腐蚀监测领域的实际应用十分广泛。例如，我国目前规模最大、丰度最高的特大型整装海相气田—普光气田于 2016 年将超声波测厚技术应用于现场检测以获取集气站和井管线处腐蚀速率。检测结果表明实际腐蚀速率介于 0.017~0.055mm/a 之间，通过设计壁厚、原始壁厚、人工检测与超声波检测数据进行对比后发现，超声波检测技术的测量数据准确可靠，与人工测量数据对比的偏差率在 0.16%~0.33%之间。该技术的应用可以替代传统费时费力的人工检测，降低人工成本及员工劳动强度，有助于掌握管线腐蚀状态，对保证普光气田安全平稳生产具有重要意义。

但是，超声波测厚技术在腐蚀监测中仍存在如下不足：

1）检测效率低、易漏检，不善于监测和确定短或窄的腐蚀特征，如点蚀。

2）需要使用耦合剂将探头与被测元件进行连接。

3）无法对埋地管道或其他处于危险环境的管道进行监测。

4）一般只用于离线检测，无法实现长期的在线监测，而且是通过定期检测来评价金属材料的腐蚀状况，无法实时体现环境变化对腐蚀状态的影响。

5）声速变化影响着测试精度。除此之外，材料性质、镀层、锈蚀、耦合剂厚度等也会给测量带来误差。这是由于该方法是建立在假定声速恒定的基础上的，实际声速易受环境温度及应力的影响，折射角也会因声速变化而产生改变。因此，在测试前通常需要进行声速校正，降低或消除声速变化对腐蚀监测精度的影响。

2.1.3　漏磁检测技术

漏磁检测技术是目前使用最为广泛的无损腐蚀检测技术之一。通过磁化产生磁场，若材料表面状态的改变和缺陷的形成会引起磁导率的改变，磁力线的畸变形成漏磁场，通过特定的磁传感器（如磁敏二极管、霍尔传感器等）收集并分析漏磁信号即可获得金属表面状态和缺陷特征，工作原理如图3所示。

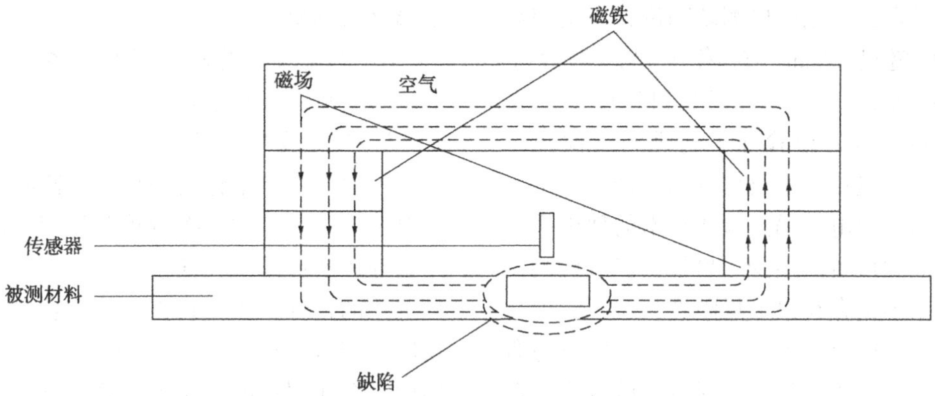

图3　漏磁检测技术工作原理示意图

漏磁监测技术具有挂片失重法和超声波测厚法这两种方法不具备的优势：

1）可以检测变形，且能对缺陷量化。

2）易实现自动化监测，监测效率高。

3）灵敏度高，对磁性金属工件表面裂纹、孔洞等缺陷的检测效果显著，即便对无明显特征的缺陷也能做到有效排查，适用于大面积监测。

漏磁监测技术在检测过程中也存在一定的局限性：

1）对材料磁化要求高。漏磁检测技术的工作基础是漏磁信号的获取与分析，因此被检材料必须为磁性金属材料。

2）不适用于形状复杂的工件以及表面有涂层和覆盖层的工件。

3）轴向特性较差。太窄的缺陷会因磁通量泄漏调小而无法准确测量，长而粗糙的缺陷可能会被误以为是一系列凹坑。

自应用于腐蚀科学领域后，便凭借着自身优势受到科研工作者的广泛关注，相关研究大量开展，并在输气管道的腐蚀监测中应用广泛。徐冠中等将设计的漏磁检测系统应用在天然气长输管道缺陷检测工程项目中，基于10处不同的内外部缺陷的漏磁检测报告与实际开挖结果对比后发现，漏磁检测系统具有较高检测精度，可以将误差控制在10%以内。凌沛文等在另外一处天然气长输管道的漏磁检测过程中发现2处金属损失深度大于20%质量分数的管道缺陷，并基于内检测报告进行开挖检测，也验证了漏磁检测系统的测量精度可以高达90%以上。该技术的实际应用可以准确可靠地对天然气管道、储罐及相关化工设备中存在的问题进行分析，及时解决问题，为安全生产提供有力帮助。

2.1.4　涡流检测技术

涡流检测也是无损检测技术中常用的方法之一，应用于金属材料腐蚀或缺陷监测时具有极高的实用性。这种检测方法的工作原理是在被检工件的上方平行放置一个载有交变电流的激励线圈，受电磁感应作用，金属工件内部产生涡流，涡流信号的大小、振幅、相位、流动形式等均受到工件电磁特性、几何尺寸及表面缺陷的影响，且反作用于激励线圈令阻抗发生变化，以此来判断工件的表面状态是否改变，工作原理如图4所示。

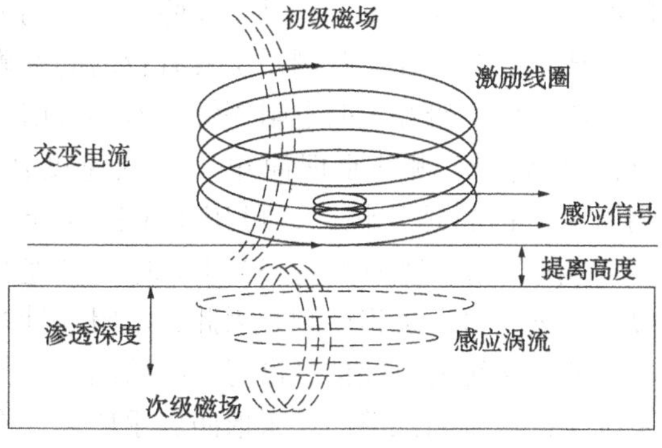

图4　涡流监测技术的工作原理示意图

使用涡流检测技术获取腐蚀信息时具有以下优势：

1）对工件表面缺陷的检测具有很高的灵敏度，响应快，分辨率高。

2）适用范围广，适合大部分条件苛刻的检

测环境，可以在高温、狭窄区域进行检测。

在某气田全长18.036km的含硫集输管道的内腐蚀检测中使用Pioneer检测器检测管道金属损失缺陷时，涡流检测数据与开挖实测数据进行对比分析后发现，涡流内检测缺陷位置与实测数据的误差不超过60cm，缺陷深度误差介于-0.32%~18.7%之间，缺陷宽度和长度误差在±45mm范围内，很好地验证了电磁涡流检测技术对内腐蚀缺陷量化大小及深度的准确度。

目前国内外对电磁涡流检测技术的理论研究成果较多，成型设备却很少。另外，涡流检测技术在实际应用中仍存在以下局限性：

1）无法检测工件的内部缺陷。这是因为激励线圈通入交变激励信号时，涡流趋肤效应的存在使得试件不同深度处的涡流密度分布不均，涡流场集中在试件表面。因此，在实际应用时常规的涡流检测技术仅适用于金属表面及近表面的缺陷。

2）仅适用于铁磁性材料或能感生涡流的非金属材料的检测。

3）涡流效应的影响因素众多，难以对工件的缺陷进行定性与定量。

2.1.5　电阻探针技术

电阻探针技术作为一种实时监测技术，一直在腐蚀监测领域中发挥着重要作用。这种方法利用了导体的截面积在任意时刻均与自身电阻成线性关系的特性，当材料表面状态发生改变时，材料厚度与截面积的缩小会引起自身电阻的改变，据此与金属损耗的关系可计算出腐蚀量与腐蚀速率。探针的结构如图5所示。

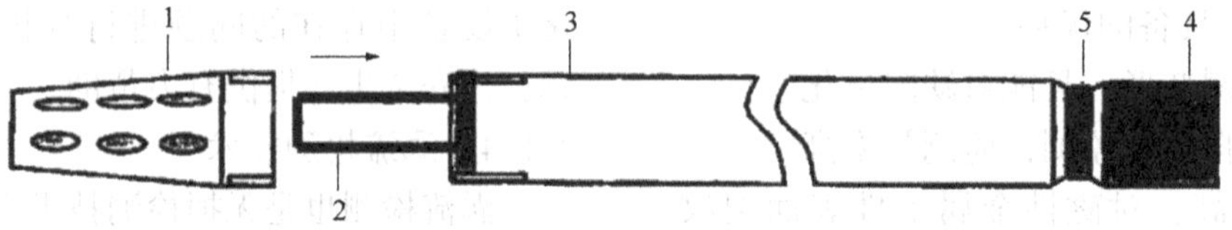

图5　电阻探针结构示意图

1—保护帽；2—测量元件；3—探头杆；4—信号接口；5—卡槽

华北油田第五采油厂于2019年在榆一站、赵一站安装了高测试精度的电阻探针式注水系统腐蚀率在线监测系统。同年5月至12月在榆一站同时进行了挂片实验与腐蚀速率的在线测量，8个月的测量数据验证了电阻探针技术的可靠性，两组数据基本吻合，平均误差控制在10%以内；赵一站的测量在某段时间内出现波动，这与厂区施工时间高度重合，进一步验证了应用电阻探针技术的腐蚀在线监测系统具有较高的准确性。广泛的应用研究表明电阻探针技术具有诸多特点，包括：1)测量原理简单、测试速度快、监测周期短；2)适用性广，可用于不同介质的测量环境(气相、液相等)；3)可实时提供连续的腐蚀数据，可以远程监测。因此，电阻探针技术能对油田系统的腐蚀信息进行实时监测，为油田系统掌握设备腐蚀动向、采取防腐手段提供有力的技术支持，满足了油田系统生产过程中的防腐需要。

但电阻探针法也存在一些缺点：

1）灵敏度不高，金属损耗到达一定量后才会反应。为了保证灵敏度，电阻探针通常很薄，加工要求很高，使用寿命也较短。

2）误差较大，腐蚀产物的导电性会对检测结果产生影响，即不适用于腐蚀速率较高的体系。

3）测量精度易受环境温度影响，需要温度补偿单元来尽可能消除温度对电阻的影响。

4）无法定量监测腐蚀状态。

2.1.6　电感探针技术

电感探针是一种内含线圈与金属薄片的探针。探针会在激励电流的作用下基于电磁感应原理产生磁场，当金属薄片表面状态及厚度发生改变时，磁场强度的变化引起线圈电感的变化，根据电感的变化与金属损耗的关系可推算出金属的腐蚀速率与腐蚀量。探针的结构如图6所示。

电感探针技术在结构形式上与电阻探针技术相似，但原理不同，各有各的优势。电感探针技术的优势在于：

1）使用范围广，测量结果稳定可靠。研究发现，以电感探针监测技术为基础的在线监测系统在高温高压条件下测得的腐蚀速率与挂片实验的误差均不超过10%。

2）灵敏度高，线圈电感对金属薄片的厚度变化十分敏感，响应时间较常规电阻探针快2~3

个数量级，电阻探针的响应时间为 1h 左右，电感探针的反应时间只需 10min 左右。

3）解决了挂片失重法测试周期长、重现性差、以及电阻探针法不适用于现场监测的问题之余，也很好地集成了二者的优势，可以监测到腐蚀速率的短期变化，实现自动监测，工作效率更高。

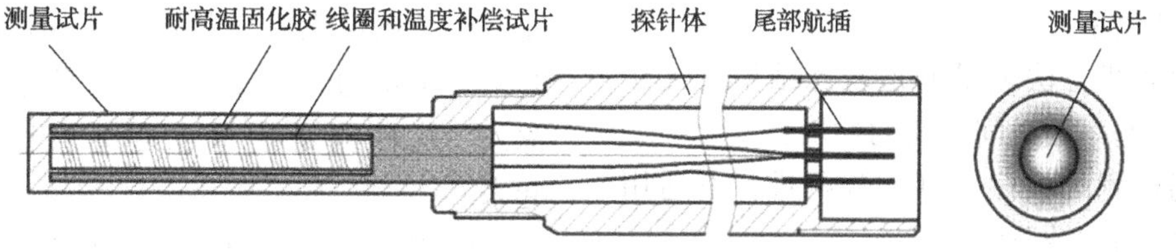

图 6　电感探针的结构示意图

但电感探针技术也有一定的局限性：

1）测量精度易受环境温度的影响。材料的导磁性容易受到周围环境（如温度等）的干扰，在测量过程中需要进行温度补偿。

2）成本相对较高。

目前电感探针技术已经实现了工业化应用，尤其是油气行业中重点部位的腐蚀监测。例如燕化公司炼油厂在蒸馏设备中分布了 134 个高低温电感探针监测点，通过获取管道和设备的腐蚀变化趋势与结果来评价“一脱三注”（即原油脱盐，塔顶注入有机胺、低温缓蚀剂和水）等防腐蚀工艺的效果。中石化某天然气净化厂也在 2009 年投用使用了一套含有 156 个监测点的电感探针腐蚀监测系统，运行状态良好。

2.2　电化学方法

2.2.1　电化学噪声技术

电化学噪声技术是指电化学动力系统演化过程中，其电化学状态参数、状态参量的一种随机非平衡波动现象。电化学噪声的产生与电化学系统本身有关，不受仪器的噪声或其他外来因素干扰，能够原位、连续、无损地监测局部腐蚀的萌生与发展，通过对电化学噪声的分析可以进行测量腐蚀速率的测量、判断腐蚀类型及监测材料腐蚀情况等，该技术在局部腐蚀的监测领域研究较多。

目前，市场上基于电化学噪声法的商品化腐蚀监测系统。主要是美国 Honey－well 公司的 Smart CET500 系统和英国 CAPCIS 公司的 Concerto MKⅡ系统，但国内石油化工行业针对该技术的实际应用较少。朱培可等人认为常规检测方法无法准确监测局部腐蚀，而电化学噪声技术具有较好的检测效果。他们以 304 不锈钢为实验材料，对比了多种电化学测试方法对人为制造的局部腐蚀的检测效果，结果表明电化学噪声技术与线性极化、交流阻抗谱等方法的测试结果吻合，采用电化学噪声技术能够有效监测局部腐蚀。该技术有望在未来应用于石油化工行业局部腐蚀的监测中。

2.2.2　极化曲线技术

极化曲线是一种电化学测量技术。利用极化方法研究金属腐蚀信息的主要方式有三种：强极化区的 Tafel 外推法、线性极化法和弱极化法。

（1）强极化区的 Tafel 外推法。当极化电位偏离自然腐蚀电位足够远时被称为强极化区（通常 $\Delta E>\pm 100mV$）。强极化区的过电位与电流呈现一条直线，沿阴阳极极化曲线外推至相交处即可确定腐蚀电流 i_{corr}，以评价腐蚀程度，如图 7 所示。

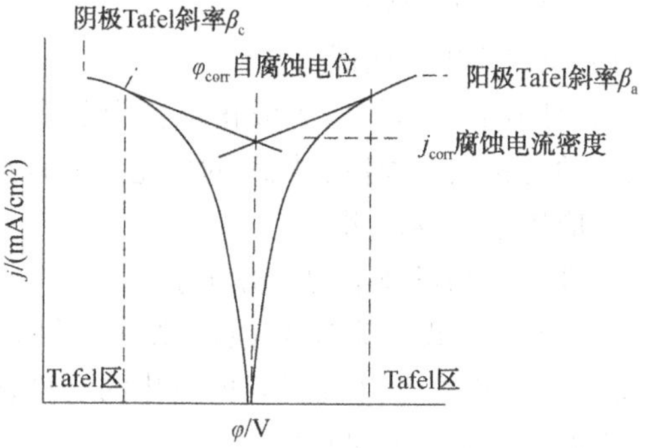

图 7　Tafel 外推过程示意图

利用强极化区的 Tafel 直线外推法具有以下优势：

1）方法简便、快速。

2）可以提供反应的动力学信息，如通过 Tafel 斜率 β_a 和 β_c 判断决速步骤等。

3）可用于判断缓蚀剂的作用机理，筛选缓蚀剂。

强极化区的 Tafel 直线外推法的劣势在于：

1）测量过程对体系的扰动非常大，具有破坏性，精度较差。强极化过程中所施加的极化电流密度的绝对值比腐蚀电流密度高2~3个数量级，可能导致电极表面状态改变而发生钝化，获取的腐蚀信息有一定的偏差，测量结果无法反映最真实的腐蚀速率。

2）极化曲线方法测量的是暂态结果，无法直接反映腐蚀速率随时间变化的性质；

3）现场检测的极化控制十分困难，不适用于实际环境中的腐蚀监测。

（2）线性极化测量技术。当极化电位与自然腐蚀电位的偏移值ΔE较为微小时被称为线性极化区（通常 $\Delta E<\pm 10mV$）。在线性极化范围内可以用Stern-Geary方程式来描述腐蚀电流 i_{corr} 与极化电阻 R_p 之间的关系，呈公式(2)所示的反比例关系。其中，B为Stern常数，取决于Tafel斜率 β_a 与 β_b。对于大多数系统而言，B 介于13~52mV之间。

$$j_{corr}=\frac{B}{R_P} \tag{2}$$

$$B=\frac{\beta_a\beta_c}{2.303(\beta_a+\beta_c)} \tag{3}$$

式中，j_{corr} 为腐蚀电流，A；R_p 为极化电阻，$\Omega \cdot cm^2$；B 为Stern系数，取值与阳极Tafel斜率 β_a 与阴极Tafel斜率 β_c 有关，如式(3)所示。

线性极化测量技术在弥补了强极化的劣势的同时，也具有以下优势：

1）原理简单，测试速度快。

2）对体系施加的微弱极化不会引起金属表面状态的变化及腐蚀控制机理的变化，适宜连续检测或应用于现场检测。

线性极化测量技术的劣势在于：

1）精度较低。部分腐蚀体系在腐蚀电位 φ_{corr} 附近的线性度不高或阴阳极极化的线性区域不完全对称，影响测量精度。

2）需要预先获取阴阳极Tafel斜率才能利用Stern-Geary方程式计算金属的瞬时腐蚀速率，无法直接反映腐蚀速率随时间的变化情况。

3）不适合电导率较低的体系。

线性极化探针在国内石油化工行业具有一定的应用基础。普光气田作为国内目前已知最大规模的海相整装高含硫气田，高 H_2S、CO_2 等酸性气体的存在使得气田集输管道受到腐蚀问题的困扰。集输管道系统采用了腐蚀挂片与线性极化探针等多种监测手段并用的方式，设置了300个监测点用以评估管道的腐蚀状态，清楚地了解了管道的腐蚀状态，有效降低了腐蚀泄漏风险。

（3）弱极化测量技术。极化电位与腐蚀电位之间的偏移值相差±10mV~±70mV时属于弱极化。由于弱极化法测定金属腐蚀速度的理论比较复杂，早年的研究较少。但随着腐蚀科学研究的深入，这种测量技术也逐渐被科学家们重视起来。

张银等采用中科院金属所研制的CMB-4510A腐蚀速率测量仪针对胜利采油厂坨三站污水处理流程中的实际腐蚀情况，利用线性极化、弱极化及交流阻抗相结合的方法进行了腐蚀速率的测量，监测结果与现场挂片的结果吻合，误差小于6%。这表明电化学测量方法能够反映油田生产系统各环节的腐蚀状况，可以用于监测腐蚀速率及缓蚀剂的缓蚀效果，具有较高的应用价值。

2.2.3　电化学阻抗谱

电化学阻抗谱（EIS）也称为交流阻抗技术，是在平衡电位的条件下，对电化学测试体系施加十分微小的扰动，通过分析机理信号与响应信号之间的频率与相位之间的变化来获取金属的腐蚀信息，属于一种非破坏性和非侵入性的技术，能够较真实地反映测试体系的腐蚀状况，适合混凝土等高电阻体系，应用范围极其广泛。等效电路拟合是阻抗谱分析的常用方法，它利用了电路的阻抗特性与电化学系统阻抗特性相似的特点，通过电器元件（电容、电感等）的串并联来模拟电化学反应，能够提供金属腐蚀更多的动力学信息，同时有助于更好地研究金属腐蚀机理，因此EIS常作为研究金属腐蚀机理的重要方法。

电化学阻抗谱的劣势在于：

1）对于快速腐蚀的样品，低频测量可能存在困难。

2）电化学阻抗谱技术与线性极化测量技术存在相同的缺陷，仍需要事先得知Tafel斜率与Stern-Geary系数以将极化电阻Rp转化为腐蚀速率。

3）数据解析过程复杂，专业性强。测试结果的准确性取决于等效电路是否合适。但由于腐蚀体系的多样性，不存在统一的电路模型，针对具体的腐蚀体系需要具体分析。

2.2.4　恒电量监测技术

恒电量监测技术凭借着快速、无损、灵敏度高、重现性好的特点受到科研工作者们的关注。这种技术将恒定电荷作为激励信号用于扰动电化学测量体系，随后记录并分析被测电极双电层电容自放电过程中的电位衰减曲线来获取与腐蚀相关的电化学信息。由于腐蚀过程中同时存在物质变化与电量传递，通过计算腐蚀反应的电量可以准确测量金属腐蚀速率。恒电量技术的本质是一种暂态断电松弛技术，测试过程是在没有任何静电流通过的开路条件下进行的，不受溶液介质电阻的影响，适用于高阻体系。而且激励信号扰动小且瞬时，更能反映材料的真实腐蚀状态。

恒电量技术的发展较晚，Kanno 与 Suzuki 等人于 20 世纪 70 年代末成功运用恒电量技术评估了溶液中金属的腐蚀速率，这标志着其作为一种监测技术正式进入腐蚀科学领域。国内湖南大学在恒电量监测领域的研究起步较早，在理论研究与实际应用方面都开展了大量工作，成功将恒电量技术应用于缓蚀剂的筛选、不锈钢及铝合金上的小孔腐蚀研究、涂层防护性能的评价、混凝土中钢筋腐蚀的测定等领域。这些重要的研究工作使得恒电量测试技术迅速发展成为一种灵敏、快速的智能型腐蚀监测方法。表 1 总结了不同监测技术的优劣势，预示着恒电量腐蚀监测技术在油气田、石化、能源电力等诸多领域有很好的应用前景。

表 1　不同监测技术的优劣势对比

分类	监测方法	优　势	劣　势
非电化学方法	挂片失重法	成本低廉、结构稳定、结果可靠	周期长、获取的信息较少
	超声波测厚技术	可确定腐蚀形态特征及管道壁厚	无法在线监测，易漏检，需要温度补偿
	漏磁检测技术	灵敏度高、可检测形变、量化缺陷并自动监测	材料磁化要求高、轴向特性差
	电阻探针技术	原理简单，适用范围广	误差较大、探针加工要求高、需要温度补偿
	电感探针技术	灵敏度高、结果准确、自动监测	成本较高、需要温度补偿
电化学方法	极化曲线技术	原理简单、测量速度极快	扰动大、测量准确度较差
	交流阻抗技术	应用范围广、不具有破坏性、适合高阻体系、能够提供腐蚀机理信息	数据处理过程复杂，专业性较强
	恒电量技术	扰动小、灵敏度高、测量快速、适合高阻体系、可自动实时监测	现场应用评估推广不足

3　总结

石油工业系统相关设备特别是储罐的腐蚀一直是困扰石油化工行业发展的全球性难题，腐蚀现象的发生不仅造成经济损失，还容易引发安全事故。大量的研究工作推动了腐蚀监测技术的发展，目前已经派生出多种监测方法，但并非所有监测方法都能应用于实际生产，如何实现真实储罐的监测，用于评估储罐腐蚀状况及剩余使用寿命，依旧是当前腐蚀科学领域的重点研究方向。恒电量技术相对于现有的非电化学和电化学技术具有扰动小、灵敏度高、测量快速、适合高阻体系的特点，同时可实现自动实时监测，可预期恒电量腐蚀实时监测技术在油气田、石化、能源电力等诸多领域的实际应用现场的安全管理和预警中有着广阔的应用前景。

参 考 文 献

[1] Hou B, Li X, Ma X, et al. The cost of corrosion in China[J]. npj Materials Degradation, 2017, 1.

[2] 何娟霞，周琪勇，马野，等．油罐腐蚀泄漏液体影响范围建模及应用[J]．消防科学与技术，2020，39(06)：845-849.

[3] 张攀峰，於孝春．受直流杂散电流影响埋地管线的 ANSYS 模拟[J]．腐蚀与防护，2011，32(2)：146-149.

[4] Fu A Q, Cheng Y F. Effect of alternating current on corrosion and effectiveness of cathodic protection of pipelines[J]. Canadian Metallurgical Quarterly, 2012, 51(1): 81-90.

[5] McIntosh D H. Grounding where corrosion protection is required [J]. IEEE Transactions on Industry Applications, 1982, IA-18(6): 600-607.

[6] Qian S, Cheng Y F. Accelerated corrosion of pipeline steel and reduced cathodic protection effectiveness under direct current interference [J]. Construction and Building Materials, 2017, 148: 675-685.

[7] Xu L Y, Su X, Cheng Y F. Effect of alternating current on cathodic protection on pipelines [J]. Corrosion Science, 2013, 66: 263-268.

[8] 杨志. 大型原油储罐内壁底板腐蚀机理及防护分析 [J]. 全面腐蚀控制, 2022, 36(1): 105-107.

[9] 孙海洋, 王岚, 刘建升. 硫酸盐还原菌对 X70 管线钢腐蚀行为研究 [J]. 油气田地面工程, 2020, 39(1): 62-66.

[10] 王一品, 安江峰. 电阻探针技术和挂片失重法腐蚀监测结果的对比分析 [J]. 材料保护, 2021, 54(6): 72-78.

[11] 谷建, 薛军, 陈广. 普光气田集输系统腐蚀挂片脱落原因解析 [J]. 内蒙古石油化工, 2012, 38(9): 53.

[12] 郑民君, 张靖, 韩国强, 等. 某油气田腐蚀监测系统优化研究 [J]. 全面腐蚀控制, 2023, 37(2): 86-90, 125.

[13] 程明. 哈法亚油田 CPF3 的腐蚀监测技术应用 [J]. 腐蚀与防护, 2020, 41(6): 53-56, 61.

[14] 李东昕. 长距离集输管道腐蚀监测技术研究 [J]. 石油和化工设备, 2022, 25(12): 190-193.

[15] 唐应彪. 水煤浆气化装置的腐蚀与防护 [J]. 河南化工, 2022, 39(2): 34-37.

[16] 汤捷. 基于超声波无损技术的管道安全精准测量研究 [J]. 中国检验检测, 2023, 31(1): 8-12.

[17] 张荣海, 廖俊必, 徐涛. 具有校正功能的超声波管道腐蚀监测系统 [J]. 电子设计工程, 2016, 24(17): 119-121, 124.

[18] 白雪皎, 祝海江. 高温管道超声波测厚方法影响因素仿真研究 [J]. 计量科学与技术, 2022, 66(2): 55-60.

[19] 谢兆军. 超声波在线监测技术在普光气田的应用探究 [J]. 材料保护, 2020, 53(1): 170-174, 178.

[20] 潘翔, 张永康, 常国强. 超声波测厚仪校准结果超差问题的分析 [J]. 计量与测试技术, 2020, 47(10): 89-91.

[21] Berradja A. Electrochemical Techniques for Corrosion and Tribocorrosion Monitoring: Methods for the Assessment of Corrosion Rates [M]. Singh, A., Ed.; Intech: Rijeka, Croatia, 2019.

[22] Wu Z, Deng Y, Liu J, et al. A Reinforcement learning-based reconstruction method for complex defect profiles in MFL inspection [J]. IEEE Transactions on Instrumentation and Measurement, 2021, 70: 1-10.

[23] Barbian A, Beller M. In-line inspection of high pressure transmission pipelines: state-of-the-art and future trends [C]//Proceedings of the 18th world conference on nondestructive testing, durban, South Africa, 2012.

[24] 徐冠中, 杨帆. 漏磁检测系统在长输天然气管道缺陷检测中的应用研究 [J]. 能源与环保, 2022, 44(11): 6-11.

[25] 凌沛文, 杨树斌, 陈玉宝, 等. 某输气管道漏磁内检测金属损失缺陷验证检测及评价 [J]. 中国特种设备安全, 2023, 39(4): 72-75.

[26] 钱政平, 章文显, 李广立, 等. 涡流检测技术在螺栓检测中的应用 [J]. 轨道交通装备与技术, 2023, (1): 33-34, 37.

[27] 季舒安, 金卫良, 金英, 等. 基于电涡流效应的钢质体应变实时检测技术研究 [J]. 中国安全生产科学技术, 2023, 19(2): 224-230.

[28] 李睿, 王长新, 富宽, 等. 油气管道裂纹涡流检测探头的研制 [J]. 无损检测, 2023, 45(2): 60-65.

[29] 谢崇文, 罗欢, 李潮浪. 电磁涡流检测技术在气田集输管道内检测中的应用与分析 [J]. 管道技术与设备, 2020, (6): 27-30.

[30] 倪雅, 陈焕勇, 康壮苏, 等. 腐蚀监测在悬索桥主缆中的应用设计 [J]. 流体测量与控制, 2022, 3(6): 83-86.

[31] 王选择, 郑烨, 张瑜灿, 等. 应用于腐蚀监测的金属探针阻值测量方法 [J]. 仪表技术与传感器, 2022, (11): 34-39.

[32] 郑立群, 张蔚, 台闯, 等. 高温腐蚀监测电阻探针和测试仪的研制及应用 [J]. 石油化工腐蚀与防护, 2002, (5): 50-53.

[33] 吴泽美, 马伟娜, 刘万斗, 等. 油田注水系统腐蚀率在线监测技术的应用 [J]. 石油石化节能, 2021, 11(12): 16-19.

[34] 贾松波. 腐蚀监控技术在炼油装置中的应用 [J]. 全面腐蚀控制, 2021, 35(2): 124-127.

[35] 宋积文, 张亮, 金曦. 油气管道在线腐蚀监测技术的研究现状及发展趋势 [J]. 当代化工研究, 2022, (20): 152-154.

[36] 陈怡, 刘溪. 腐蚀监测系统在某大型炼油项目中的应用 [J]. 石油化工自动化, 2020, 56(02): 11-15, 82.

[37] 王伟杰. 海底管道内腐蚀监测技术研究现状与发展 [J]. 涂层与防护, 2021, 42(12): 37-42.

[38] 孔祥军，马玲，李磊等．石化行业腐蚀及腐蚀监测技术现状[C]//中国石油石化工程研究会．石油和化工设备管道防腐技术与对策专题研讨会论文集．2010：44-50.
[39] 王科林，高淑红，杨阳，等．油气田投捞式井筒探针腐蚀监测技术的开发及应用[J]．腐蚀与防护，2022，43(2)：58-61.
[40] 陈捷．电感在线监测油田水腐蚀速率标准的研究与应用[J]．石油工业技术监督，2013，29(6)：24-26.
[41] 顾晨阳．石油炼化企业的腐蚀检测基础技术[J]．化工管理，2020，(18)：36-37.
[42] 宋诗哲，万小山，郭英，等．磁阻探针腐蚀检测技术的应用[J]．化工学报，2001，(7)：622-625.
[43] 龙媛媛，刘晶姝，孙振华等．CO_2 驱采出井井下腐蚀监测技术与缓蚀剂优化加注技术在胜利油田的应用[C]//中国腐蚀与防护学会缓蚀剂专业委员会．第二十届全国缓蚀剂学术讨论会论文集．《腐蚀与防护》编辑部，中国湖北武汉，2018：280-283.
[44] 刘忠友，唐汇云，杨富淋，等．燕化公司炼油厂全厂腐蚀在线监测系统[J]．石油化工腐蚀与防护，2011，28(2)：15-19.
[45] 朱国利．腐蚀监检测技术在石油石化工业中的应用[J]．涂层与防护，2022，43(2)：29-35.
[46] 邓俊豪，王贵，胡杰珍，等．基于电化学噪声研究模拟海洋大气环境下 304 不锈钢的点蚀行为[J]．电化学，2020，26(2)：298-307.
[47] 周玉波，邵丽艳，李言涛，等．腐蚀监测技术现状及发展趋势[J]．海洋科学，2005，(7)：77-80.
[48] 张震，吴欣强，谭季波．电化学噪声原位监测应力腐蚀开裂的研究现状与进展[J]．中国腐蚀与防护学报，2020，40(3)：223-229.
[49] 张中正．金属腐蚀电化学噪声测量法的研究与进展[J]．中国金属通报，2021，(5)：182-183.
[50] 韩磊，张艳玲，刘小辉，等．电化学噪声技术在炼油厂腐蚀监测中的应用[J]．安全、健康和环境，2015，15(5)：50-53.
[51] 朱培珂，桂晶，路辉，等．电化学噪声技术对不锈钢表面局部腐蚀监测的应用进展[J]．电镀与精饰，2021，43(1)：11-17.
[52] Jamali S S, Moulton S E, Tallman D E, et al. Evaluating the corrosion behaviour of magnesium alloy in simulated biological fluid by using SECM to detect hydrogen evolution [J]. Electrochimica Acta, 2015, 152: 294-301.
[53] Kirkland N T, Birbilis N, Staiger M P. Assessing the corrosion of biodegradable magnesium implants: A critical review of current methodologies and their limitations[J]. Acta Biomaterialia, 2012, 8(3): 925-936.
[54] Andrade C. Electrochemical methods for on-site corrosion detection [J]. Structural Concrete, 2020, 21(4): 1385-1395.
[55] Stern M, Geary A L. Electrochemical polarization: I. A theoretical analysis of the shape of polarization curves [J]. Journal of The Electrochemical Society, 1957, 104(1): 56.
[56] Jr S, Galvan J C, Pardo A, et al. "Estimation of the corrosion rate in circumstances of difficult implementation of the common methods for electrochemical measurements"[M]. Nova Science Publishers, Inc. 2009: 387-403.
[57] 龚金海，刘德绪，王晓霖．普光气田集输系统的腐蚀控制技术[J]．腐蚀与防护，2012，33(4)：317-319.
[58] 张银，任韶然，张亮，等．胜利油田集输系统腐蚀在线监测的试验与应用[J]．腐蚀与防护，2009，30(3)：200-202.
[59] Ribeiro D V, Abrantes J C C. Application of electrochemical impedance spectroscopy (EIS) to monitor the corrosion of reinforced concrete: a new approach[J]. Construction and Building Materials, 2016, 111: 98-104.
[60] 刘钧泉，简初．交流阻抗法测量金属腐蚀速度——交流阻抗技术在腐蚀研究中的应用(一)[J]．广东化工，1987，(2)：35-39.
[61] Lorenz W J, Mansfeld F. Determination of corrosion rates by electrochemical DC and AC methods[J]. Corrosion Science, 1981, 21(9): 647-672.
[62] 周梦鑫，吴军，樊志彬，等．大气腐蚀在线监测技术研究现状与展望[J]．中国腐蚀与防护学报，2023，43(1)：38-46.
[63] 张德平，孙苗苗，曹祥康，等．油气工业缓蚀剂评价与腐蚀监测技术进展[J]．表面技术，2020，49(11)：1-12.
[64] 蔡双雨．电化学暂态测试技术对比研究、优化及应用[D]．北京：北京科技大学，2021.
[65] 荣福凤，迟洁茹，赵永韬．恒电量智能腐蚀监测系统的研究[J]．现代仪器，2008，(2)：43-45，65.
[66] 赵永韬，郭兴蓬，董泽华．基于恒电量的便携式腐蚀监测系统的研究[J]．计算机测量与控制，2004，(10)：905-907.

[67] Kanno K i, Suzuki M, Sato Y. An application of coulostatic method for rapid evaluation of metal corrosion rate in solution[J]. Journal of The Electrochemical Society, 1978, 125(9): 1389.

[68] Kanno K i, Suzuki M, Sato Y. Tafel slope determination of corrosion reaction by the coulostatic method[J]. Corrosion Science, 1980, 20(8): 1059-1066.

[69] 陈训娥, 赵常就. 涂装金属体系耐蚀性的快速测定[J]. 表面技术, 1992, (4): 191-194.

[70] 张小华, 陈范才, 赵常就. 恒电量仪在钢筋混凝土腐蚀监测中的应用[J]. 湖南大学学报(自然科学版), 2001, (5): 61-66.

[71] 赵常就, 陈范才, 陈训娥, 等. 用恒电量瞬态技术快速研究了大气加速腐蚀试验箱中气相缓蚀的缓蚀作用(详细摘要)[C]//中国腐蚀与防护学会缓蚀剂专业委员会论文集. 第十届全国缓蚀剂学术讨论会论文集. 1997: 425-427.

新疆油田危险化学品管理典型做法与应急管理实践

孙鹏超　王　坚　张正伟　宫兆波　冯金城　王　熠

（中国石油新疆油田公司）

摘　要　油气田行业在开发过程中如何有效管控危险化学品对油气田企业安全管理与应急管理起着至关重要的作用。在不断总结危险化学品管理实践经验的基础上，新疆油田综合运用“风险思维”+“过程安全管控”+“党建深度融合 QHSE”+“PDCA 持续改进”等工具方法，构建危险化学品的“十大典型做法+两大应急管理实践”，实现危险化学品管理由碎片向系统、由业务部门管理向全员主动管理的转变。

关键词　危险化学品；典型做法，应急管理

我国“十四五”发展规划中明确提出安全与发展这两大时代主题，强调“安全是发展的前提，发展是安全的保障”。中国石油提出“以人为本、质量至上、安全第一、环保优先”的 HSE 理念，油气田企业在危险化学品的存储、使用和废弃物处理等环节存在一定的管理短板，特别是新疆油田采油现场、实验室涉及的危险化学品具有种类繁多、危害性大、管制性强、使用频繁等一系列特点，如果安全监管不当，将对人身健康和财产安全造成极大危害。近年来，危险化学品的采购、运输、使用以及废弃物的处置过程造成了多起危险化学品事故的发生。当前，危险化学品全流程监管与科学应急管理已然成为油气田企业高质量发展的必要条件，与“平安企业”的建设和生产科研安全的保障密切相关。然而，由于危险化学品制度的操作性欠缺、执行性不强以及油田员工主观积极性缺乏等不足，一定程度上限制了油气田企业危险化学品的有效监管。

1　新疆油田危险化学品库简况

新疆油田危险化学品库是克拉玛依市唯一一个标准化危险化学品暂存示范点，建于 2000 年 6 月，现有 6 个库房，占地面积 600m^2，目前库内存有各种化学试剂 480 余种，其中易制毒化学品 5 种，易制爆化学品 10 种。每年危险化学品使用量约 2t，主要用于油田环境监测、VOCs、产能建设、油田化学剂质量检验等科研和检验检测业务。

2　危险化学品库安全管理典型做法

2.1　构筑危险化学品库全流程安全防控管理机制

基于风险思维方法和 PDCA 循环改进特性，形成“8”（安全总监有感领导、危险化学品教育培训、风险因素辨识、24 小时视频动态监控、多级隐患排查、党建+QHSE 有机融合、安全文化建设、优化风险防控措施）+“4”（风险管理、过程管理、隐患管理和应急管理）的多元化危险化学品暂存点闭环风险管控模式，大幅提升本质安全管理水平（图 1）。

2.2　建立危险化学品全周期安全风险管理制度

运用多种风险评价方法，将过程安全管理融入制度中，不断完善安全管理程序，建立四无一保“无被盗、无事故、无丢失、无违章、保安全”、四全“全员、全过程、全天候、全方位”、四查“查思想、查纪律、查管理、查技术”、六双“双人保管、双人领取、双人使用、双把锁、双本账、双人远程监控”、六改进“思想改进、循环改进、绩效改进、责任改进、培训改进、落实改进”等特色管理制度，促进安全思维有效转变，持续推进危化品管理制度精准化和清晰化，筑牢安全风险责任管控网。

2.3　培育“化危为安、有我安全、全员安全”的安全文化，激发履责内在动力

提出以“化危为安、有我安全、全员安全”文化为思想堡垒，各级领导积极发挥领导感知作用和感染力，形成特色的“建设-践行-优化-提

升”危化品文化品牌，将责任文化量化为责任素质分值

（精神 50 分-以责任意识等级为评判标准）、责任成果分（物质 30 分-以责任能力等级、责任行为等级确定 QHSE 挣奖金系数和危化品责任奖金）、责任隐患清单（20 分），提升危化品安全管理文化力。同时，以文化建设和安全领导力提升为切入点，通过奖励主动落实、全面责任落实和全员危化品 MSDS 辨识，将危险化学品管理心情温度进行精细量化，记录相关人员“心情温度计”数值和心情工作指数，不断激发全员参与危化品库安全管理的积极性和主动性，形成良好的安全文化氛围（图 2）。

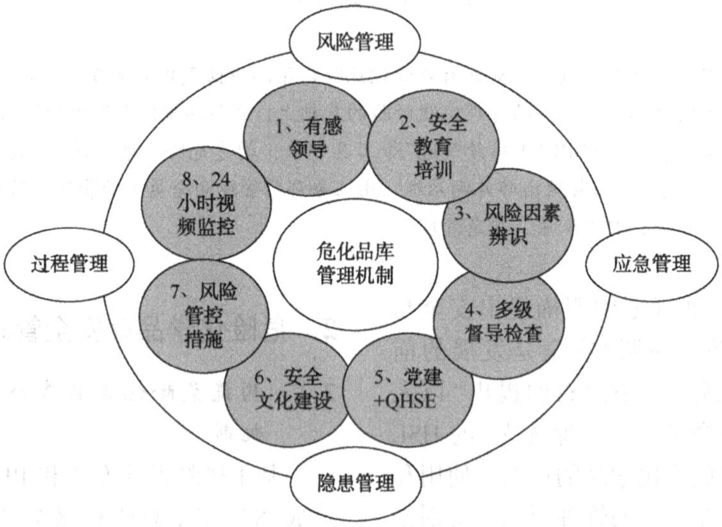

图 1　危险化学品“8+4”管理模式

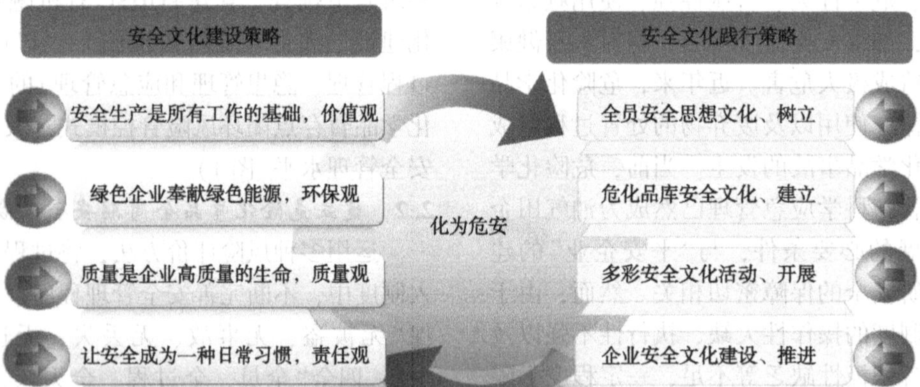

图 2　危化品安全文化建设流程

2.4　推行全员危险化学品岗位安全责任制

结合全员“安全能动性”和“生产责任制”要求，将“以人为本”思想融入危化品库安全运行中，强调以人为核心的健康安全理念，重点突出“五懂五会五能”（五懂-懂工艺技术、懂危险特性、懂设备原理、懂法规标准、懂制度要求（素质要求）、五会-会规范操作、会异常分析、懂危化品库巡检、会风险辨识、会应急处置（能力要求）、五能-能遵守工艺规律、能遵守安全纪律、能遵守劳动纪律、能制止他人违章、能抵制违章指挥

（行为要求）的四级安全岗位责任制，采用正向激励为主、负向激励为辅的安全风险绩效激励措施，提升全员参与自我安全管理和风险防范意识。

2.5　形成危险化学品库的核心安全管理链

根据危化品库的风险变化作为核心管理的重点，通过梳理和厘清管理链条中 9 大关键流程，以动态监控结果的过程绩效为量化指标，充分掌握风险隐患关注点并及时做好原因追溯、风险分

级防控和整改反馈，达到全链条风险受控目标（图3）。

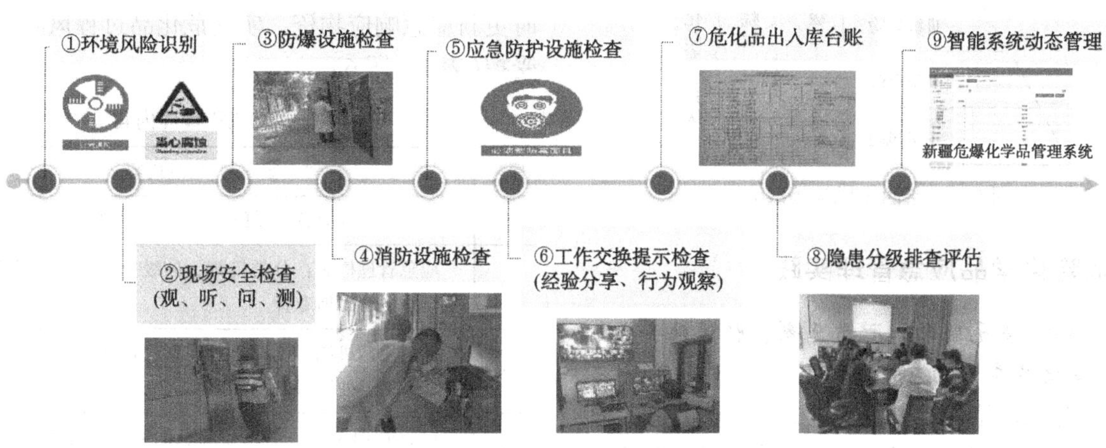

图3　危化品库核心管理流程图

2.6　建立多元化危化品检查新模式

将“风险思维”和“过程安全”融入多元化检查中，建立安全总监现场确认机制，形成“自治区公安厅示范参观+辖区公安局专业指导+公司督导+工程院观摩学习+院级专项检查+QHSE委员会四不两直检查+库每日自检自查”的管理新模式，有效提升安全过程管理能力和隐患排查处置能力。

2.7　构建危化品-危废环保合规处置无缝对接程序

基于生产科研技术领域分支多，基础研究涉及的危险化学品种类多，建立了“危化品(入库-出库)-实验室科研(危化品使用-危废产生)-危废(收集-贮存-处置)”的双重预防无缝对接流程，达到零污染目标。

2.8　“党建+QHSE”深度融合，提高危化品库安全建设水平

通过多次安全风险研讨与现场交流，首次提出“党建+QHSE”深度融合，成立危化品库临时党支部和安全生产承包点，将部分党员纳入统一动态管理，落实“一岗多责”，进行风险辨识与隐患评估，并每月开展危化品应急模拟演练，提高全员风险意识水平。

2.9　形成危险化学品库安全风险标准化管理流程

利用“风险管理”三角形、危险化学品禁忌配存矩阵表和风险矩阵，建立了三层四级风险等级表和风险矩阵定量化图版，并根据风险等级描述，制定可操作性强的整改措施，进一步将危险化学品库安全风险标准化和规范化(图4、图5)。

2.10　创建一支“专精特”危险化学品专业管理尖兵

通过开展多种安全技能比武大赛和模拟危化品应急场景(中毒、灼伤、火灾)，以“动态风险分级管理”和“动态隐患排查治理”为基点，配备专职注册安全工程师8名，安全生产管理人员45名，以专业的管理机制、精良的装备器材、特定的管理人员，打造一支危化品管理尖兵，从根本上杜绝风险隐患。

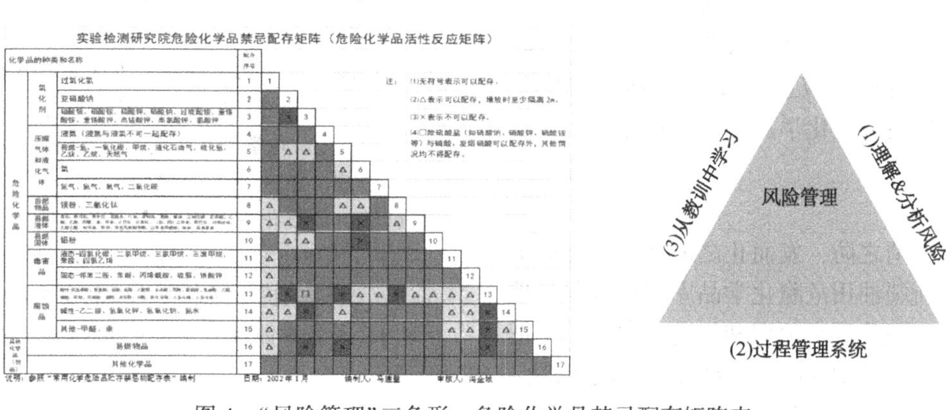

图4　“风险管理”三角形、危险化学品禁忌配存矩阵表

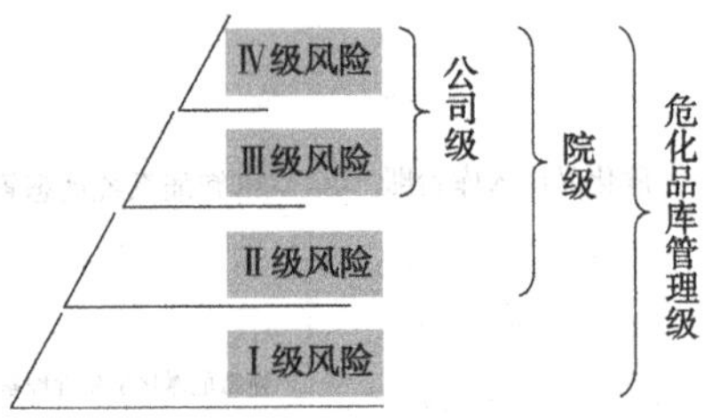

图5　三层四级风险等级表

3　危险化学品应急管理实践

3.1　形成“多元联动、一案三制、快速处置”的危化品应急响应管理机制

结合危化品种类多和数量少的特点，建立了“各级多元联动”+“一案三制”+“快速管控”+“实战演练”+“持续完善”等综合应急响应管理机制，每月开展一次危险化学品泄漏应急演练，优化“汇报-急救-控制-恢复”多级联动响应流程，及时更新应急响应物资，实现危化品过程风险安全受控(表1、图6)。

表1　“一案三制”管理内容

序号	“一案三制”管理内容
1	一案：事故应急救援预案与专项应急案
2	应急管理机制：分类管理、分级负责、上下结合、安全承包、属地专管
3	快速协调机制：统一指挥、反应迅速、协调有效、运转高效、处置得当
4	应急管理制度：危化品应急制度化、规范化、科学化

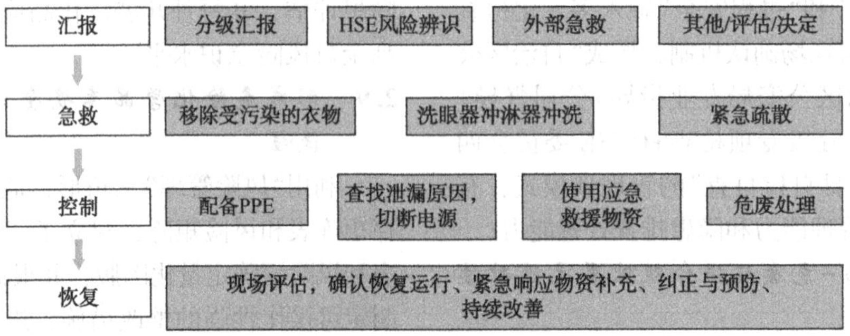

图6　危化品多级联动响应流程

3.2　建设“1+2+4”危险化学品暂存点应急平台

将“风险过程管理”、“风险思维”和“风险精准化识别”在安全管理活动中一体化融合推进，提出以“一个中心(以危险化学品安全管理为中心)+两个主线(管控主线+责任主线)+五个平台(“警示教育、安全培训、全员责任制、智能系统”的多轮驱动平台、“技能大赛、经验分享、岗位讲述、应急演练”的能力提升平台、“零事故、零隐患、零污染、零伤害”的管理平台、“化危为安、有我安全、全员安全”的安全文化平台、“激光对射响应+远程全时段在线监控+风险预警+环境监测”的应急平台)、为核心的应急响应特色，提高危险化学品应急处置能力。

4　结论

先其未然谓之防，发而止之谓之救，行而责之谓之戒。新疆油田危险化学品库坚持过程管理和风险思维，强化源头治理和问题导向，牢牢把握全员安全生产责任制，形成“十大典型做法+两大应急管理实践”，做到“关口前移、重心下移、全员履职”，坚持全过程“问题导向、目标导向和结果导向”，着力提升危险化学品本质安全水平。

参　考　文　献

[1] 徐文标，任坤，金刚．压风险数量　提监管质量——危化品安全生产治理的“绍兴经验”[J]．中国应急管理，2020(06)：74-76.

[2] 田国彬．浅析危险化学品生产企业安全管理中存在的问题与建议对策[J]．化工管理，2020(05)：78-79.

[3] 张化强．危险化学品生产安全评价中的问题研究[J]．产品可靠性报告，，2023(09)：115-116.

[4] 林鑫．危险化学品安全生产管理现状及对策[J]．化工管理，2023(26)：113-115.

[5] 韩健．危险化学品事故特点及消防安全管理探析[J]．当代化工研究，2023(17)：185-187.

[6] 杨小辉．试析加强危险化学品安全应急管理策略[J]．全面腐蚀控制，2023，37(07)：71-76.

油气长输管道高后果区风险安全管理技术

许佳伟　杨红利　张　磊　王相革

（中国石油新疆油田公司）

摘　要　油气长输管道在现代社会中扮演着至关重要的角色，它们是能源供应链的关键组成部分，负责将原油、天然气等能源从生产地输送到消费地。然而，这些长输管道穿越的地理区域多种多样，其中一部分被划定为高后果区，即在此区域发生事故导致严重后果的地区。高后果区域包括人口密集地区、环境敏感区域以及其他重要基础设施的交汇点。因此，在高后果区域的油气长输管道安全管理至关紧要。本文深入研究了油气长输管道高后果区风险安全管理技术，包括研究背景、相关概念与理论基础、高后果区识别与评估方法、风险因素分析以及风险防范措施。文章强调了这些技术在确保管道安全运营方面的关键性，特别是在高后果区域。文章介绍了研究背景，提供了关于油气长输管道、高后果区和风险安全管理的基本知识。然后，详细讨论了高后果区的识别与评估方法，包括识别方法、风险评估方法和安全管理技术，以帮助读者了解如何准确评估高后果区的风险并采取适当的防范措施。在风险因素分析部分，文章分析了自然灾害因素、人为因素和管道本身因素的重要性。最后，在风险防范措施部分，文章讨论了设计与施工阶段的防范措施、运营与维护阶段的防范措施以及应急预案与应急响应的关键性。总的来说，本文总结了高后果区风险安全管理技术的关键要点，强调了风险管理是一个持续改进的过程，通过有效的风险管理，可以降低事故的风险，确保管道的安全运营，同时保护环境和公众的安全。

关键词　油气长输管道；高后果区；风险安全管理

1　引言

油气长输管道高后果区风险安全管理技术是一项关键的工程技术领域，其重要性不可忽视。随着能源需求的不断增长，油气长输管道的建设和运营也呈现出持续增加的趋势。然而，这些管道的故障或事故会导致严重的后果，包括环境污染、人员伤亡以及经济损失。因此，对于这些高后果区域的管道必须采取有效的风险安全管理措施，以确保其可靠性和安全性。

本文将探讨油气长输管道高后果区风险安全管理技术的重要性和挑战，以及采取的关键措施和方法。将讨论风险评估、监测和预防控制等方面的关键概念，以及如何建立有效的应急响应计划。最后，将强调合规性和监管的重要性，以确保油气长输管道在高后果区域的运营是安全可持续的。通过深入研究和采取适当的措施，可以降低油气长输管道事故发生的风险，保护环境和公众的安全。

2　相关概念与理论基础

2.1　油气长输管道概述

油气长输管道是一种重要的基础设施，用于将石油和天然气等能源从生产地点运输到消费地点。这些管道构成了能源供应链的重要组成部分，对国家和地区的能源供应具有关键性影响。油气长输管道通常跨越长距离，连接产油、产气地区与消费市场，因此具有战略性和经济性的重要性。这些管道系统通常由管道、泵站、压缩机站、阀门和相关设备组成。管道本身通常由钢材或其他高强度材料制成，以承受高压和高温的运输条件。管道的直径和壁厚可以根据需要而变化，以适应不同类型的流体和运输要求。油气长输管道的建设和运营需要高度的专业知识和技术，以确保其安全可靠性和高效性。

2.2　高后果区的概念与特点

高后果区是指那些在发生油气长输管道事故或故障时会导致严重后果的地区。高后果区位于人口密集区域附近，这意味着如果事故发生，会对大量人员造成威胁，需要特别关注人员的安全和健康。高后果区位于水资源的敏感区域附近，如河流、湖泊或地下水源。管道事故导致污染水源，对环境造成长期影响。高后果区与其他重要基础设施接近，如电力线路、道路、铁路和通信设施。管道事故影响这些基础设施的正常运行，对社会造成重大影响。高后果区的地质条件和气象条件复杂多变，增加了管道事故的风险。例如，地震、洪水、高温和低温等极端情况对管道造成损害。因此，高后果区需要特别的关注和管理，以减少事故带来的影响，并确保管道运营是安全可控的。

2.3 风险安全管理的基本理论

风险安全管理是确保油气长输管道在高后果区域运营的关键。它基于一些基本理论和原则，以确保管道运营是安全可靠的。风险评估是关键的步骤。它涉及识别潜在的危险和风险因素，评估它们的性和严重性。这有助于确定哪些方面需要特别关注和管理。监测管道的健康状态和性能是至关重要的。这包括定期检查管道、使用传感器和监测设备来检测任何潜在问题，以及确保管道在运行中保持良好状态。预防控制措施是减少事故性的关键。这包括定期维护、使用最佳实践和采取措施来减少潜在的危险。建立应急响应计划以及合规性和监管的遵守也是风险安全管理的重要组成部分。应急响应计划可以在事故发生时采取迅速的措施，减少后果。合规性和监管的遵守确保管道运营符合法律法规和行业标准。综合而言，风险安全管理的基本理论提供了一套方法和框架，以确保油气长输管道在高后果区域运营是安全可控的。这些理论和原则是保护环境和公众安全的关键。

3 油气长输管道高后果区识别与评估方法

3.1 高后果区识别方法

（1）地理信息系统（GIS）分析：使用GIS技术，将管道的地理数据与相关地理信息（如人口密度、水资源、基础设施等）叠加分析。这能够帮助确定哪些区域位于潜在的高后果区域。

（2）人口分布分析：通过分析管道周围的人口分布数据，可以确定那些受到管道事故威胁的人口密集区域。这包括城市、城镇以及存在的工业区和居住区。

（3）水资源分析：确定管道是否经过水资源敏感区域，如河流、湖泊或地下水源。管道事故导致水源污染，因此这些区域需要特别关注。

（4）地质和气象条件分析：考虑地质条件，如地震活动、土壤类型，以及气象条件，如洪水、高温和低温等，以评估管道在不同环境条件下的风险。

（5）基础设施分析：考虑与管道相邻的其他关键基础设施，如电力线路、道路、铁路和通信设施。管道事故对这些基础设施造成影响，需要评估其后果。

（6）风险评估模型：使用风险评估模型，结合各种因素的权重，来定量评估高后果区域的风险。这些模型可以考虑潜在的事故发生概率、后果严重性和风险等级。

（7）专家意见和经验：吸取专业领域的专家意见和经验也是高后果区识别的重要方法。专家可以提供有关哪些区域具有高风险的宝贵见解。

（8）法规和标准遵守：参考相关的法规和行业标准，以确保高后果区的定义符合法律要求，并采取必要的措施来符合合规性。

3.2 高后果区风险评估方法

高后果区风险评估方法是用来定量评估那些在发生事故或故障时导致严重后果的区域的风险级别。以下是高后果区风险评估的详细方法：

（1）数据收集和整理：开始风险评估的第一步是收集和整理相关数据。这包括管道的运行记录、地理信息、环境数据、地质和气象数据，以及受到影响的基础设施和人口数据。

（2）风险因素识别：首先要识别潜在的风险因素。这包括管道的年龄、材料、运行压力、流量、维护记录，以及周围环境的特点。

（3）风险概率评估：根据已知的数据和历史记录，评估潜在事故发生的概率。这可以使用统计方法、模型和专业领域的经验来完成。

（4）后果评估：评估事故发生时导致的后果，包括环境污染、人员伤亡、经济损失等。这需要考虑事故的类型和严重性。

（5）风险计算：将概率和后果结合起来，计算高后果区的风险级别。这通常通过使用风险矩阵或风险模型来完成，以确定风险等级，如低、中、高。

（6）风险排名：将不同区域的风险级别进行排名，以确定哪些区域具有更高的优先级，需要特别关注和管理。

（7）修复和改进计划：基于风险评估的结果，制定修复和改进计划。这包括增加管道的监测频率、加强维护、改进应急响应计划等。

（8）监测和追踪：实施评估后，需要建立监测和追踪机制，以确保采取的措施有效，并且在时间上进行调整以反映新的数据和情况。

(9) 合规性和监管遵守：需要确保评估和采取的措施符合相关的法规和标准，以保证合规性和监管遵守。

高后果区风险评估方法的目标是明确高风险区域，并提供基于数据和分析的依据，以采取适当的措施来降低风险，确保油气长输管道在这些关键区域的安全运营。这些方法的综合使用有助于最大程度地减少事故潜在的影响。

3.3 高后果区安全管理技术

高后果区安全管理技术是用来确保油气长输管道在发生事故或故障时保持安全的关键方法。以下是高后果区安全管理技术的详细内容：

(1) 监测和检测系统：在高后果区域，需要安装先进的监测和检测系统，以实时监测管道的运行状态和性能。这包括使用传感器来检测温度、压力、流量、振动等参数，并及时报警以识别潜在问题。

(2) 应急响应计划：开发和实施有效的应急响应计划至关重要。这些计划应包括详细的行动步骤，以应对各种事故情况，包括泄漏、火灾、爆炸等。培训和演练也是确保应急响应计划有效性的关键。

(3) 维护和修复：高后果区域的管道需要定期维护和检修，以确保其处于良好的工作状态。这包括防腐蚀措施、管道清洗、阀门和设备检查等。

(4) 定期检查和评估：进行定期的管道检查和评估，以发现潜在的问题和磨损。这可以包括内部和外部检查，以及使用无损检测技术。

(5) 风险控制措施：实施各种风险控制措施，以降低高后果区域的风险。这包括增加管道的壁厚、加强防护措施、改进阀门和控制系统等。

(6) 培训和教育：培训员工和运营人员，使其了解高后果区域的风险和安全措施，并能够有效地应对紧急情况。

(7) 合规性和监管遵守：确保所有安全管理技术符合相关法规和标准，以确保合规性和监管遵守。

(8) 持续改进：不断改进高后果区域的安全管理技术，根据新的技术和最佳实践，以确保管道在高风险环境中的安全可持续运营。

高后果区安全管理技术的综合应用有助于最大程度地降低管道事故带来的影响，保护环境、公众和相关基础设施的安全。这些技术的有效实施是确保油气长输管道在高风险区域运营的关键。

4 油气长输管道高后果区风险因素分析

4.1 自然灾害因素

地震是一个重要的自然灾害因素。地震导致管道的损坏和破裂，尤其是在地震活跃区域。地震引发的地质变化也导致管道移位或断裂，造成泄漏和火灾。因此，在高后果区域，必须进行地质和地震风险评估，以确定管道的抗震能力和采取适当的地震防护措施。洪水是另一个重要的自然灾害因素。河流、湖泊或海洋的洪水淹没管道，导致浸水和泄漏。洪水还带走支撑管道的土壤，导致管道移位或断裂。因此，在高后果区域，需要进行洪水风险评估，并采取洪水防护措施，如提高管道的高度或加固支撑结构。高温和低温也是自然灾害因素的考虑因素。在高温条件下，管道的材料受到应力和腐蚀的影响，导致裂纹和泄漏。在低温条件下，管道遭受冻结和膨胀的影响，导致管道破裂。因此，需要对气象条件进行监测，并在需要时采取措施来保护管道。火灾也是高后果区域的重要自然灾害因素。野火或其他火灾引发管道事故，导致泄漏和爆炸。在高后果区域，需要考虑火灾风险，并采取火灾防护措施，如使用防火涂层或隔热层。最后，气象条件如暴风雨、龙卷风和飓风等也对管道造成威胁。这些极端气象条件导致管道损坏和破裂，造成泄漏和其他事故。在高后果区域，需要考虑气象条件的影响，并采取适当的措施来保护管道。总之，自然灾害因素在高后果区域的油气长输管道风险分析中必须得到充分的重视。对地震、洪水、高温、低温、火灾和气象条件的风险评估是确保管道安全运营的关键步骤，需要采取适当的防护和应对措施以降低风险。

4.2 人为因素

操作和维护错误是人为因素的一部分。管道的操作人员和维护人员在执行任务时犯错，如错误地操作阀门、忽略报警信号或未按照标准程序执行任务。这些错误导致管道操作不当，增加了事故的风险。因此，培训和教育操作和维护人员是关键，以确保他们了解标准操作程序和安全措施。设备和材料故障也属于人为因素的一部分。

如果管道的设备或材料质量不合格，导致泄漏、破裂或故障。因此，对于材料的选择、质量控制和设备的定期检查和维护至关重要，以减少设备和材料故障的风险。管道的设计和建设也受到人为因素的影响。不合格的设计、施工错误或监管不善导致管道的结构问题，增加了事故的风险。因此，需要确保在管道的设计和建设阶段采取适当的质量控制和监督措施。人为破坏和恶意行为也是高后果区域的风险因素之一。破坏或恶意活动导致故意破坏管道、盗窃燃料或其他安全问题。因此，需要采取安全措施，如安装防破坏设备、监控管道的安全和进行安全审查。最后，不当的管道维护和监测也是人为因素的一部分。如果管道的维护不足或监测不当，导致未能及时发现问题，增加了事故的风险。因此，确保管道维护和监测程序得到适当实施和管理至关重要。综上所述，人为因素在高后果区域的油气长输管道风险分析中具有重要作用。通过培训和教育、设备和材料质量控制、适当的设计和建设、防破坏措施以及管道维护和监测的合规性，可以降低人为因素引发事故的风险，确保管道的安全运营。

4.3 管道本身因素

管道的设计是关键因素之一。设计应考虑管道的运输要求、工作压力、流量和管径等因素，以确保其满足预期的运行条件。不恰当的设计导致管道过载、压力不足或其他问题，增加事故的风险。因此，在高后果区域的管道设计中，需要进行详尽的工程分析和模拟，以确保其安全性和稳定性。管道材料是另一个重要的因素。材料的质量和耐腐蚀性对管道的寿命和安全性至关重要。选择高质量的管道材料，如合金钢，可以降低腐蚀和材料疲劳的风险。防腐蚀涂层和内部涂层也是保护管道材料的关键措施。管道的年龄也是一个重要的考虑因素。随着时间的推移，管道会受到自然腐蚀、磨损和疲劳的影响，增加了事故的风险。因此，需要定期检查老化管道的状态，进行必要的维修和替换。管道的维护和监测状态也是关键因素。定期的维护和监测可以帮助及时发现潜在问题，如腐蚀、裂纹、泄漏等，并采取适当的措施来修复它们。没有适当的维护和监测导致问题被忽略，增加了事故的风险。综上所述，管道本身的因素包括设计、材料、年龄和状态等方面的考虑，对管道的安全性和可靠性至关重要。通过合适的设计、选择高质量的材料、定期的维护和监测，以及老化管道的适时替换，可以降低管道本身因素引发事故的风险，确保高后果区域的油气长输管道安全运营。

5 油气长输管道高后果区风险防范措施

5.1 设计与施工阶段的防范措施

设计阶段的防范措施至关重要。在设计管道时，应考虑高后果区的环境条件，包括地震、洪水和气象条件等。设计工程师应采用先进的工程分析和模拟工具，以确保管道具有足够的抗震和抗洪能力，能够承受高温和低温条件，以及其他自然灾害导致的影响。在施工阶段，应严格遵守设计规范和标准，确保管道的质量和完整性。管道的焊接、材料选择和施工过程都应受到严格的监督和质量控制。特别是在高后果区域，管道的连接和焊接点需要经过仔细检查，以确保其完全符合要求。防腐蚀是设计与施工阶段的重要措施之一。在高后果区域，存在更高的腐蚀风险，因此需要采取适当的腐蚀防护措施，如使用高耐腐蚀性的材料、涂层和阴极保护系统。设计与施工阶段应充分考虑管道的访问性和可维护性。这有助于在运营期间进行定期的检查、维护和监测。设备的放置和管道的支撑结构应便于维修和监测，以确保问题可以及时发现和解决。最后，在高后果区域，安全审查和监管也是防范措施的一部分。管道的设计和施工应符合相关法规和标准，同时需要经过独立的安全审查和监管机构的审批和监督。综合而言，设计与施工阶段的防范措施包括高质量的设计、严格的施工质量控制、防腐蚀措施、访问性和可维护性的考虑，以及合规性审查和监管。这些措施有助于确保管道在高后果区域的安全运营，降低事故发生的风险。

5.2 运营与维护阶段的防范措施

定期的管道监测和检查是关键的防范措施之一。运营人员应定期使用先进的检测技术，如无损检测、超声波检测和磁粒子检测，对管道进行内部和外部的检查，以发现潜在的腐蚀、裂纹、泄漏等问题。这些检查应按照预定的计划进行，并且必须有记录以进行跟踪和分析。预防性维护是确保管道安全运营的关键。运营人员应定期进行维护工作，包括防腐蚀措施、设备维修和管道清洗等。这些维护活动有助于延长管道的寿命，减少潜在的故障风险。紧急响应计划也是运营与维护阶段的重要防范措施。运营人员必须制定详细的紧急响应计划，以应对各种事故情况，包括泄漏、火灾、爆炸等。这些计划应包括清晰的行动步骤、紧急联系人和设备，以确保在紧急情况下能够迅速采取适当的措施。安全培训和教育也是防范措施的一部分。运营人员和维护人员必须接受定期的培训，以确保他们了解安全操作程序、紧急响应计划和风险识别。培训还包括处理危险物质和危险情况的技能。最后，监测和报警系统是运营与维护阶段的重要工具。运营人员应使用现代监测和报警系统，以实时监测管道的运行状态和性能。这些系统可以检测到异常情况，并及时发出警报，使运营人员可以采取适当的措施来应对问题。综合而言，运营与维护阶段的防范措施包括定期的管道监测和检查、预防性维护、紧急响应计划、安全培训和监测报警系统。这些措施有助于确保油气长输管道在高后果区域的安全运营，最大程度地降低事故的风险。

5.3 应急预案与应急响应

应急预案是在事故或紧急情况发生之前制定的计划，旨在准备和规划应对各种情况的措施。这些预案应包括详细的行动步骤、紧急联系人、资源调配和沟通计划等。在高后果区域，应急预案必须针对发生的情况，如泄漏、火灾、爆炸或自然灾害等进行制定。预案的制定应基于风险评估和潜在的后果，以确保快速、协调和有效的应对措施。应急响应是在事故或紧急情况发生时采取的具体行动。这包括迅速启动应急预案，调动紧急响应团队，采取适当的措施来控制和减轻事故影响。应急响应应根据预案中的指导原则和程序进行，确保紧急情况得到妥善处理。运营人员和应急响应团队必须接受培训，以确保他们能够有效地执行应急响应计划。应急响应还包括与相关当局和机构的紧密合作和沟通。运营者必须与消防部门、环保部门、当地政府以及其他关键利益相关者建立有效的合作关系，并在事故发生时协调行动。信息共享和协调合作对于有效的应急响应至关重要。最后，事后的评估和改进是应急预案与应急响应的重要环节。一旦紧急情况得到控制，必须对应急响应过程进行评估，以确定成功的因素和改进的空间。这包括识别教训和最佳实践，以及对应急预案的修订和改进，以提高未来应对紧急情况的能力。综上所述，应急预案与应急响应是确保油气长输管道在高后果区域安全运营的关键组成部分。它们包括制定详细的预案、实施紧急响应、合作与沟通，以及持续改进的过程，以应对各种的紧急情况，降低事故的风险，并保护环境和公众的安全。

6 结论

在油气长输管道高后果区风险安全管理技术的研究中，得出以下结论：本研究深入探讨了油气长输管道高后果区的风险管理和安全管理技术，强调了其在确保管道安全运营方面的关键性。在相关概念与理论基础部分介绍了油气长输管道的基本概念、高后果区的特点以及风险安全管理的基本理论，为后续的讨论提供了基础。在高后果区的识别与评估方法部分，详细探讨了高后果区的识别方法、风险评估方法和安全管理技术。这些方法为准确识别和评估高后果区的风险提供了重要的工具和指导，有助于制定相应的安全措施。风险因素分析部分重点关注了自然灾害因素、人为因素和管道本身因素。这些因素在高后果区域的管道安全性和稳定性方面具有重要影响，必须得到认真考虑和管理。在风险防范措施方面，讨论了设计与施工阶段的防范措施、运营与维护阶段的防范措施以及应急预案与应急响应。这些措施是确保管道在高后果区域安全运营的重要组成部分，需要综合考虑和实施。最后，强调了风险管理是一个持续改进的过程，需要不断审查和改进。通过有效的风险管理，可以降低事故的概率，确保管道的安全运营，同时保护环境和公众的安全。总的来说，油气长输管道高后果区的风险安全管理技术是一项复杂而关键的任务。通过综合的方法、科学的评估和持续的改进，可以最大程度地减少事故的风险，确保管道在高后果区域的安全运营。这对于能源供应链的可靠性和环境保护具有重要意义。

参考文献

[1] 魏沁汝. 天然气长输管道高后果区识别与风险评价研究[D]. 西南石油大学[2024-01-25].

[2] 田伟力，张泽群，傅庭志，等. 浅谈输气管道高后果区的焊道损坏定量风险评估方法[J]. 焊接技术，2022.

[3] 姚伟. 长输油气管道完整性管理技术[C]//中国油气论坛——天然气专题研讨会. 中国石油学会；世界石油大会中国国家委员会，2008.

[4] 辛俊武，马玥，曹生玉. 油田集输管道高后果识别及风险评价应用研究[C]//第六届中国油气管道完

整性管理技术交流大会 . 中国石油学会石油工业标准化技术委员会，2018.
[5] 耿作孝，林渊，李晓宁 . GIS 在油气长输管道完整性管理中的应用[C]//2011 全国工程设计技术创新大会 . 2011.
[6] 施昊彤 . 长输管道高后果区法规标准及管理现状探讨[J]. 石油和化工设备，2023，26(7)：9-11.
[7] 何佷彧 . 天然气长输管道高后果区识别与风险评价研究[J]. 中国石油和化工标准与质量，2019，39(8)：2.
[8] 王帅 . 成品油管线高后果区风险评价与对策研究[D]. 西安石油大学，2016.
[9] 张勇，陈美宝，王臣 . 天然气长输管道高后果区风险评价体系研究[J]. 价值工程，2019，38(11)：38-42.
[10] 董旭，马过，王鑫 . 长输管道高后果区管理探析[J]. 数字化用户，2019.

危险化学品存储的安全管理与事故处理对策

窦金金　陈学平　张小伟

（中国石油宁夏石化公司）

摘　要　安全问题一直以来都是备受关注的重大课题，它关系到企业和个人的生命和财产，对整个社会产生了深刻的影响。本文首先对危险化学品存储在化工企业中的重要性进行了阐述。其次，分析了我国存储安全管理工作中存在的一些问题，包括：法制建设不到位，管理人员安全意识不强，安全管理制度不健全等。在此基础上，从加强仓储法规建设，提高从业人员的安全意识，健全仓储安全管理体系等方面提出了相应的对策。因此，必须对危险化学品进行有效的贮存和管理，以保障我国炼化的健康发展。

关键词　化工企业；危险化学品；紧急事件处理

随着社会和经济的迅速发展，国家对于安全生产的需求也越来越高，尤其是在化工产品的生产、运输和储存方面，这也是企业各部门必须重视的问题。近几年来，由于我国的生产环境呈现出了多样化的特征，因此，在化工企业中，危险化学品的储存安全管理方面还存在着许多的问题，必须要对其进行具体的分析，才能从根本上确保危险化学品的总体安全，为实现社会的平稳发展打下坚实的基础。

1　危险化学品存储安全管理在化工企业中的重要性

近几年，随着国石化行业的飞速发展，无论是生产规模、储存还是设备，都在逐步向全面、大型的方向发展，这也导致了重大危险事故频发，危险化学品是最常见的类型之一。危险化学品具有易燃、易爆炸、毒性强的特性，对周围的环境和人员都会产生直接的伤害，同时也具有很强的放射性。

对化工企业来说，危险化学品的安全管理是一件比较繁琐的工作，这项工作对技术指标的要求非常高，如果在贮存过程中发现了问题，就会造成非常严重的后果，造成很大的损失。在现实生活中，大部分的化工企业在储存和管理危险化学品时，都没有严格遵守有关的规定和规定，一般是随便存放的地方，严重忽略了对环境的控制，在装卸和运输阶段从来没有考虑过环保问题。在这种情况下，企业要主动实施安全生产责任制，持续强化员工的安全意识，保证公司的设备尽快完善，加强各项工作的监督，使危险化学品安全储存管理的综合水平得到全面提高。

2　化工企业危险化学品存储安全管理方面的问题

2.1　相关的法律、法规未得到有效执行

危险化学品的安全事故危害极大，引起了全社会的高度重视。但是，从法律和规章的角度来看，它与现实发展的需要还存在着很大的差距。尽管在当前化学工业的发展进程中，整个城市的规划和环保已经进入了一个比较和谐的时期，但是整个的法制问题还没有得到很好的贯彻。举个例子，在选择化工厂的时候，通常都是市政规划部门来处理，他们的注意力都放在了处理废弃的问题上，而忽略了安全管理，这就导致了各个部门的监督工作无法正常进行。

同时，现行颁布的相关法律、法规缺乏合理性，侧重于事后管理，对前、中、后工作的各种战略需求不甚明晰。对于危险化学品的储存，《条例》中对相关的地点和地点进行了详细的说明，并且与八大类场所之间保持一定的距离，但是实际上，大部分的厂家并没有按照这个要求去做，这就导致了许多不必要的安全事故的发生。针对这种情况，实际生活中应该对间距进行严格的控制，避免产生不符合标准的情况，给企业、居民和住户带来严重的后果。

2.2　管理者缺乏安全意识

通过调研发现，目前我国化工企业危险化学品贮存管理人员普遍存在业务素质较低的问题。危险化学品的贮存是一件十分繁琐的工作，如果没有深厚的安全管理知识和技术，那么在工作中

就会存在着安全隐患，会在某种程度上造成安全事故，对公司的经济命脉和人员的生命安全都会造成很大的影响。

在安全设施方面，近几年来，化工企业对消防设备的使用十分重视，确保在事故发生的初期就能得到及时的处理。但是，由于管理者没有足够的安全意识和相应的知识和经验，导致在出现意外的情况下，无法在最短的时间内得到有效的解决，导致了事故的不断扩大，给企业带来了巨大的损失。因此，企业要注重员工的安全意识和消防理论知识，加强他们的专业能力，同时也要让管理者学习应急救援设备的有关操作方法。

2.3 安全管理体系不健全

只有健全的安全管理体系，才能有效预防危险化学品的发生。当前，我国的化工企业仍然存在着一定的缺陷。

2.3.1 仓储体系尚不健全

从实践中不难看出，在工作的具体层次上，存在着一些不规范的地方。在应对突发事件的过程中，很多化工企业没有按照相关的制度来解决问题。

2.3.2 没有建立健全的安全管理体系

在面临事故时，没有对其成因进行深层次的剖析，无法从中汲取更多的经验。有些人在运营的过程中，还会有人私自离队，造成了一片混乱。

3 化工企业危险化学品存储的安全管理与突发事件处理策略

3.1 加强存储法规

当前，《危险化学品目录》已经由有关部门和单位制定，对其进行了一定的规范，但是，随着社会的进步和经济的快速发展，化学品的类型越来越多，《危险化学品目录》中已经没有了危险化学品的种类，企业和工作人员对危险化学品的特性和防范措施都不熟悉，导致在实际的生产过程中，缺乏相应的管理原理和方法，存在着一些安全隐患。

因此，有关部门要根据化工产业的实际情况，综合优化和补充各项法律、法规，确保化工产业的工作在法律、法规中得到遵守，让企业始终遵循“有法可依，有据可循”的原则。同时，相关监管部门要明确自己的职责，确保各监管部门都能尽到自己的职责，加强各部门之间的沟通，使其各司其职，避免在发生安全事故的时候，员工们互相推诿责任，从而可以有效地防止安全隐患问题的产生，最大限度地保障公司内部人员的生命安全和公司的总体经济效益，使社会发展的安全稳定得到切实的体现。

3.2 增强管理者的安全意识

危险化学品的特性是腐蚀性强、易燃易爆易爆炸，如果在事故发生的时候得不到很好的处理，那么将会造成非常严重的后果。就算有些安全问题并不能直接导致安全事故的发生，但是，如果没有得到有效的防范，放任不管，最终将会从一件微不足道的事情演变成一件严重的安全事故。因此，化工企业应该持续地强化管理人员的安全教育，保证他们在储存管理方面的经验，可以从危险特征、安全设施、出入库管理等多个方面进行。确保经过专门训练后方可上岗。对未通过考核的企业员工，要经过多次的加强学习，要通过考试才能上岗。另外，要对危险化学品存储的管理者进行专门的安全知识培训，从根本上增强员工的自我保护意识，避免在安全事故阶段再产生更多的危险。危险化学品安全事故的频繁发生与人的问题有关，应该注重加强企业的内部安全教育，并对危险化学品储存过程中容易出现的事故进行分析，找出存在的问题并提出相应的解决措施，将安全隐患问题降到最低。

3.3 健全安保管理体系

在化工企业制订安全生产管理体系的过程中，可以借鉴国外的先进技术和经验，同时也要持续提升他们的综合专业能力，保证安全监督体系的有效实施，增强整个化工企业的安全绩效。化工企业应该根据自己的发展现状，保证在危险化学品的生产过程中，可以对其进行全面的监控和管理，有效地检查危险化学品的贮存条件，规范运输过程，切实增强安全监管体系的真实性和合理性。在化工企业中，要对工作人员进行定期的特殊培训，保证每个人都能得到很好的训练和学习，这种方式可以有效地减少危险事故的发生，提升企业的经济效益。

4 提议

4.1 加入新技术

物联网作为一项新兴的科技，已经被广泛地应用于物流业和其他产业，并且收到了很好的效果。因此，在危险化学品的仓储过程中，必须将物联网技术引入到危险化学品的仓储环节，提高仓储管理的能力。物联网技术可以对危险化学品的压力值和温度变化进行检测，从而实现对危险化学品的检测，从而可以在发生危险事故时，将报警等方式传递给管理者，确保他们可以及时采取应对措施。

比如，危险化学品的储存罐在地下，一旦与火源接触，就会发生爆炸，而利用物联网技术，可以防止这种情况的发生，并能精确地发现危险物质，帮助工作人员进行安全防范。目前，人们对通信技术如智能手机的高效使用，对整个化工产业的发展也产生了一定的影响，危险化学品的安全管理方式正在逐步向现代化发展和创新，这不仅可以直接提升安全管理的质量，提高工作效率，还可以减轻员工的工作负担。同时，随着物联网和大数据的不断出现，使得化工企业在实际的经营活动中，能够更好地利用各种不同的方式，更好地展示出整个化工企业的安全状况。

4.2　注意运输和贮存的安全

为了保证危险化学品的整体安全，运输和贮存的安全是一个重要问题。对于交通工具来说，应该做好存储标记，确保交通工具的顺畅性。同时，如果使用的交通工具不满足运输储存条件和需求，就应该立即将交通工具报废，对于危险性比较大的交通工具，要做好监测工作，在交通工具上安装定位系统和行车记录仪等，以保证能及时了解到车辆的实时情况，避免出现交通事故。对于危险化学品的外部包装，要控制在一个合理的限度内，质量上要去专业的部门进行检验，在无问题时才能使用，若危化品不符合其特性，则要选用多种交通工具来进行运输。

4.3　应用信息技术

（1）利用多种传感器和装置，对危险化学品的实际运行情况进行实时监控和管理。根据预先设定的警报阈值，将相应的警报功能显示出来。另外，平台还必须建立自己的数据库，以保证对各种信息的状况有一个全面的了解，可以实时地查询和分析历史信息，防止数据信息问题。

（2）通过远程动态监测，确保其与通信网络的结合，并据此建立监测中心、消防机构、危险化学品企业等部门之间的联系，将所搜集到的相关资料进行共享，在这一阶段，对监测管理和紧急救助的职能进行持续改进。同时，还可以建立一个移动客户端平台，让公司的员工能够通过移动电话来监督真实的状况。

（3）采用按下按钮的紧急处理方式。仓库管理员大部分都不是电脑专业的，对危险化学品的理论知识也不是很了解，所以他们可以在检查的时候发出警报，但却不能及时通知。针对该特点，危险化学品监控平台必须具备一次按下操作按钮的功能，以满足实际情况。当警报响起时，可以立即通知被困人员的具体位置，并启动应急预案，进行相应的行动。

4.4　危险评价

根据国家颁布的有关法律、法规，针对化工企业的实际情况，要对其进行合理的风险评价，并对其进行实际的风险分级。根据不同的风险水平，进行相应的风险控制。建立有效的风险管理数据库，绘制相应的风险地图，使公司员工能更好地认识体系，掌握风险的具体部位，并制定有效的监管战略，使每个员工都能按照相关的制度规范操作，定期更新数据库的信息，确保数据库的目标明确。

4.5　以存储环境为重点

一般来说，危险化学品对于存储环境的要求是很高的，如果存储环境得不到保证，就很有可能会发生安全事故和安全隐患。例如，在夏天，气温普遍上升，如果存放危险化学品的仓库没有做好防热措施，危险化学品就会被温度直接影响，从而导致危险化学品在某种程度上被迅速地氧化和分解，产生不可逆的安全问题。因此，化工企业主管部门要加强对危险化学品的贮存环境的控制，确保其在高标准和高标准的体系下贮存。随着我国化工企业的快速发展，特别是在智能化技术方面，必须把危险化学品的贮存管理工作做好，把危险化学品的贮存管理水平发挥到极致。

（1）要在危险化学品上贴上警告标记，全面地分析和解释危险化学品的特性，避免在实际操作中出错，造成安全事故。

（2）要加强仓储设施的安全管理，尤其要注意防雷、防电，并要定期检修。危险化学品的库房必须采用非热传导性绝缘材料，避免存放危险化学品的库房温度太高，同时要做好垃圾分类，避免和危险化学品堆放在一起。

（3）建立一个信息化的监控体系，对危险化学品进行实时监控，在存储上提高标准，将温度、湿度等指标信息充分融入到监控系统中，一旦有安全问题，就会立即报警，从而降低工作人员的流动性，防止人员发生安全事故。

5 结语

危险化学品是一种高度危险的化学品，其在具体存储过程中的工作比较繁琐，很可能会产生各种问题，从而产生安全隐患。因此，化工企业和员工必须对危险化学品的储存和管理给予足够的关注，提高自己的安全意识，确保人们的生命和财产的安全得到最大限度的保障，从而推动国家化工企业的平稳发展。

参 考 文 献

[1] 朱琳．危险化学品贮存的安全管理与事故处理方法[J]．中华卫生学报．2022，38(2)：162-164.

[2] 张意，何小荣，董凌平，等．危险化学品生产企业安全标准化管理、化工机械装备安全操作规范化研究[J]．中国标准化，2020(11)：105-107.

[3] 刘伟．危险化学品生产过程中的安全管理问题[J]．山东化学工业，2021，5-6.

[4] 刘煜．危险化学品贮存的安全管理[J]．中国化学工程学报，2020(11)：85-86.

油田企业安全监管系统研究

章　玲　兰明菊　宁晓波

（中国石油新疆油田公司）

摘　要　石油企业生产业务的迅速发展，伴随着生产范围广、生产规模大、设备设施多、作业活动多等突出特点，越来越多的工程项目都涉及到高危作业环节，存在纸质票证留存不便、作业许可代签、不到现场签发、监督无法掌握风险作业分布、承包商人员更迭快流动性大、承包商作业“人票不符、无证上岗”等问题，安全监管力度不足，安全培训效果不明显，安全管理工作难度逐年增大。本文以信息化技术为依托，开展油田企业安全监管方式研究，建立“PC+APP”实时同步的安全监管系统，实现“互联网+”安全管理模式，将安全工作管理由“纸质管理、电话传递”向“移动管理、信息共享”转变，形成用信息赋能安全、数据指导安全的HSE新方法，以“预约-派工-签票-分析”业务流程为主线，形成风险识别、作业许可、承包商管理、统计分析等一站式管理工具，实现作业环节全流程精准管控、统计分析智能高效；通过风险分类分项，精准识别风险隐患，促进事后治理向事前控制转变，为安全监管工作赋予“管理追根溯源、流程闭环可控”数字化能力；为员工随时随地查阅操作规程、现场检查表、风险辨识清单、管理制度等提供有力保障，打通了安全监管落地的最后一公里；通过作业定时间、定位置、定人员、定内容“四定”监管，强化作业现场监督力度，提升安全监管质量和效率。

关键词　油田企业；安全系统；信息技术；互联网+安全；四定监管

随着油田企业生产业务规模逐步扩大，面临着野外流动作业频繁、作业点多、线长、面广、危险性大等特点，这些特点决定了油田安全生产管理的复杂性和困难性，安全生产形势愈加复杂，对企业的安全管理工作提出了严峻的挑战，保证油田现场安全问题已成为油田快速发展的先决条件，重视现场作业安全管理是保证安全生产的重要途径。然而目前油田企业普遍存在着安全监管信息化程度不高、信息采集不规范、共享性差、应用效果不尽人意等问题，这使得安全监管信息化的作用大打折扣。

企业面临的安全生产形势愈加复杂，因此对企业安全生产管理和安全监管的信息化实现形成了挑战。随着信息技术的飞速发展，融入到了企业安全管理工作的各个环节，如何降低油田企业安全生产风险、保证员工的安全与健康、提高安全管理水平，已成为石油企业的当务之急，本文以信息化技术为依托，开展油田企业安全监管信息系统的研究建设。

1　研究目标

针对油田企业安全生产管理面临的突出难点，统筹考虑当前安全监管工作需要，结合现有业务工作模式，提出系统性的油田企业安全监管信息化方法，规范化和标准化油田企业安全监管信息化程序和步骤，探索“互联网+”安全管理新模式，通过数字化手段，实现对油田各种风险、隐患、许可作业的充分管理和有效控制。构建“PC+APP”的安全监管系统，为安全监管业务移动处理创造条件，打通信息壁垒，实现24h随时、随地、全天候、全方位、全过程的查询及管控，解决油田企业安全监管信息化过程中出现的各种问题，提升监管效能，提升企业员工和承包商人员风险防控能力，推进安全管理水平的提高，利用信息技术驱动安全管理业务模式及流程重塑，保证安全监管信息化工作的质量和效益(图1)。

2　研究内容

2.1　高危作业环节作业许可信息化监管

石油企业高危作业主要包括动火作业、动土作业、高处作业、受限空间作业、吊装作业、管线打开作业、断路作业、临时用电作业，在“申请作业”“批准作业”“实施作业”“关闭作业”四个环节中都是由人直接参与和实施的，其不确定性、突发性及危险性决定了其很容易发生涉及人身安全的伤害事故。

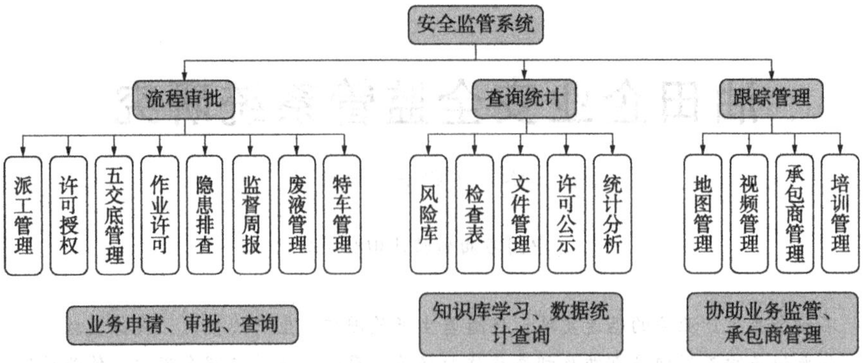

图 1　安全监管系统架构图

针对目前安全监管人员分布不均、监管执行力不到位、自身安全意识薄弱，作业许可出现了纸质作业票管理混乱、留存不便、信息获取不及时、数据统计分析不准确、作业过程信息缺乏动态管理等问题。结合作业全过程管控内容，建立作业许可信息化管理方式，根据不同作业的风险等级，分级制定申请、审批流程，实现作业过程信息的动态管理，通过内置标准化电子作业模板，建立 9 类 18 项高危作业 38 个线上流程“派工-申请-审批-签发-关闭-查询”功能，实时查看相关作业审批流程及进展，落实各级人员相关职责，辅助作业许可工作的开展，形成高危作业环节全过程在线闭环管理，为安全管理“来源可查、过程可追、责任可究”提供手段工具，保障现场高风险作业各环节的可控性。

按照作业许可制度的要求，每一个作业都需要全过程视频监控，视频监督人员可通过视频管理功能，实时在线监督现场高危风险作业过程及作业环境，对现场作业人员的操作情况进行观察、判断，及时发现作业环境问题和人的不安全行为。同时，系统建立人的不安全行为、物的不安全状态、环境不良事件三大类 14 个异常分析预警模型，包括“三穿一戴、接打电话、井口抽烟、吊臂下站人”等，通过对视频数据进行智能识别分析，利用可及时发现设备运行潜在风险以及人员违章违法行为，提高安全环保管控力度（图 2）。

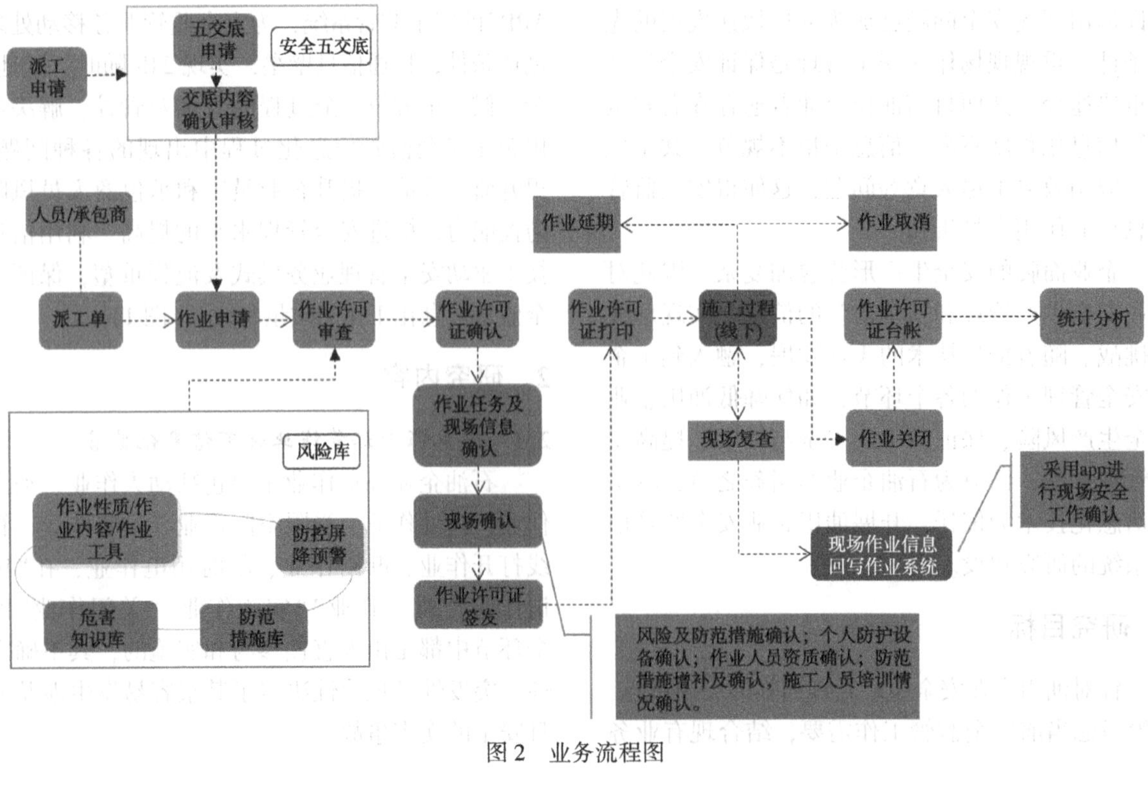

图 2　业务流程图

2.2 承包商人员信息化监管

系统建立了承包商信息备案与管理在线认证机制，将承包商施工人员身份证、所属承包商单位、工种、特殊作业资质及考核等信息生成二维码，集成在人员入场证上，油田企业安全监督人员在承包商施工作业人员及监护人员入场前，通过系统APP端对承包商人员进行“刷脸”或“扫二维码证件”，快速核查承包商人员身份信息、作业资质及安全学习情况，确保施工作业人员“持证上岗、人证相符”，把好施工现场“入门关”，基于数据的后台检索印证，有效管控98家单位3212名承包商人员，实现承包商信息透明化管理，面对1：30的监督与承包商人力配比，通过作业定时间、定位置、定人员、定内容“四定”监管，提高了承包商人员信息核实的时效性，强化作业现场监督力度，提升监管效率。

同时，通过系统APP端绑定人员信息，在申请作业时快速获取申请人手机定位信息，误差小于15m，监督人员审批作业时与该信息进行距离判定，超过100m将无法签票，确保各项作业票证在现场签发，杜绝了监督审批人员不在现场就签发作业票证的现象，实现对每天100余项高危作业定时间、定位置、定人员和定内容的“四定”监管。并且，在地图上实时显示正在施工的作业项目，高风险作业时间、地点、施工内容等信息一键获取、一目了然，辅助安全监督管理人员快速到达施工现场，便于安全人员高效开展全域监管。

2.3 风险隐患信息化管理

根据油田企业风险防控分级分类管理方式，建立制度、风险、隐患等安全知识库6311项，包括风险辨识-风险评估-防控措施的风险防控内容，实现全员、全天候查阅，形成“事前风险识别控制，事中隐患排查整改，事后评价总结分析”线上+线下协同监管。员工通过电脑端和APP端在风险库中检索指定作业区域，及时获得风险分级防控结果，改变了传统的课堂式集中培训模式，形成风险防控“时时学，处处学”的良好氛围，辅助员工在线学习5000余次/月。系统通过承包商信息自动关联主管科室及施工项目，进行入场前安全教育培训，自动提取学习资料，随机生成试卷并推送至APP客户端，实现“出题-阅卷-统计”过程在线管理，由2h缩短为5min，效率提升96%(图3)。

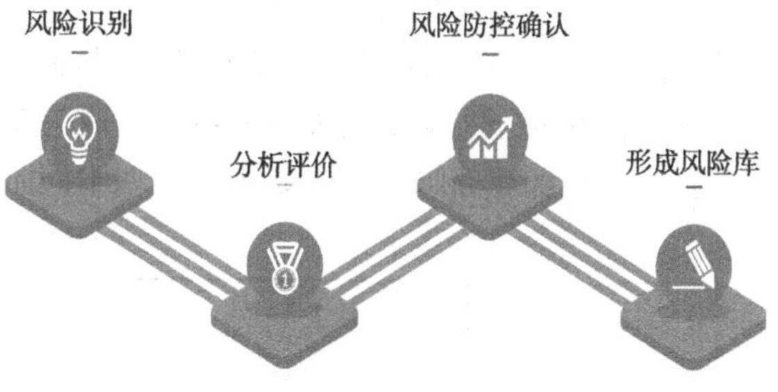

图3 防控知识库建立流程

将隐患排查“人人有任务，人人有指标”的任务机制，融入隐患排查任务模块，每名员工对所涉及的工作场所、设备设施、业务范畴、操作环节开展隐患排查，通过系统APP端实时填报，在线跟踪现场隐患整改情况，直至关闭验证。实现隐患排查与整治并重，要求立查立改，查出的问题必须整改、验证，形成闭环机制，无法立即整改的，制定风险控制措施及限期整改计划，隐患检查人暨隐患验证关闭人，督促该隐患的整改销项工作。

3 应用效果

系统建成投用以来，在油田企业、承包商单位中得到广泛应用，规范了现场作业行为，强化了作业全过程监管力度，取得了如下效果：

(1) 构建了“互联网+”安全监管系统，涵盖风险识别、作业许可、承包商管理等17项安全业务，通过“PC+APP”数据实时同步的垂直监管网络，实现派工管理、许可授权、五交底、作业许可的线上申请、审批、查询，风险库、许可公示、数据统计等信息的二次分析、利用，实现“数字化监管”全过程闭环管理，形成用信息赋能安全、数据指导安全的HSE新方法，安全管理工作向数字化、移动化、可视化转变。

(2) 通过系统应用，减少纸质单据的使用，实现对承包商资质审查、过程监督等信息化动态管理，承包商现场作业管理全面受控，确保现场作业人员“人证相符”，利用信息技术手段，建立安全作业全过程在线监管模式，根据地图显示的现场作业位置，动态调配安全监管人员，数据的统计分析全面反映当前安全综合态势，指标全面、重点突出，为感知安全趋势提供决策依据，提高工作效率。

(3) 形成“数据—信息—知识—决策”的安全管理模式，解决员工风险辨识与评价方法运用的能力不足、承包商现场作业风险管控能力不足等问题，以多种图表方式汇总统计许可作业预约、派工、审批、实施全流程业务数据，成为安全监管人员和管理部门定位、分析、规划不同阶段安全监管重点工作的可视化看板，促进油田安全管理模式、方式流程、手段工具数字化重塑（图4）。

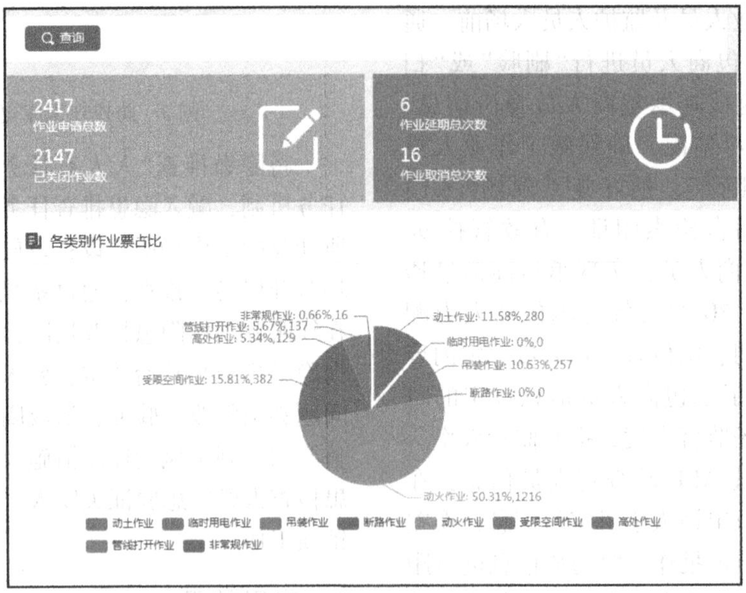

图4 许可作业统计图

4 结束语

油田安全监管系统的建设，为加强安全生产监管提供了新手段，通过线上+线下协同监管，加强对安全管理人员和相关承包商的教育培训，通过“点穴式”监督、层次化管理，使安全工作“看得见、分得清、管得住”，强化油田员工安全责任意识，提高员工安全环保能力和承包商安全作业能力，推进了油田工业互联网在安全生产的融合应用，实现安全业务资源共享、数据互联、业务协同，构建安全管理共建、共享的信息化新生态，为实现“四全”管理提供了有力支撑，提升安全管理水平。

参考文献

［1］成琳琳．油田企业安全监管信息系统开发及运行模式研究［D］．北京：中国石油大学，2018：1.

［2］邹牛洋．油田企业安全监管信息化方法研究［D］．北京：中国石油大学，2016：7.

［3］于秀彦．油田企业高危作业安全监管信息系统研究［D］．北京：中国石油大学，2017：1.

［4］钟颖．油田企业直接作业环节信息化安全管理实践［J］．江汉石油职工大学学报，2021(34)：65-67.

安全"十要十更要"管理模式探讨

王　勇

(中国石油集团川庆钻探工程有限公司)

摘　要　安全管理以问题为导向，经过多年的运行，安全管理围绕解决问题，消除风险形成了很多有效的方式方法和具体的举措，但有结果无效果、有排查无治理、有治理无防范、有安排不接地和琐碎管理不系统等问题依然突出，不仅增加员工负担，还使得安全管理见不到成效。安全管理的现实问题如果没有一个从实效出发，具备系统性和整体性的管理模式或思维模式，安全管理将事倍功半，本文从管理实践出发，提出了"十要十更要"安全管理模式，以期望达到更有效的安全管理。

关键词　实效；模式；系统性

1　前言

安全管理应该以问题为工作导向，发现现场安全问题，提出治理方案，解决发现问题，实现生产安全运行。所以发现问题越多，对应的解决措施也会越多，经过多年的生产运行，安全管理措施、要求不断增加，如果没有一整套系统性管理模式，多且繁杂的措施极易导致管理人员顾此失彼，不知所措，甚至发生管理效能相互冲突，事倍功半，最终管理失效。所以本文从安全管理系统性，有效性着手，总结归纳提出"要结果更要效果、要排查更要治理、要执行更要融合、要梳理更要规范、要理论更要实操、要检查更要访谈、要考核更要激励、要点上更要面上、要分析更要部署、要分享更要自查"的"十要十更要"安全管理模式，希望以此推动安全管理更加合理高效，实现为生产保驾护航的目的。

2　"十要"安全管理模式

2.1　要结果更要效果

安全管理首先要解决发现的安全隐患、问题，所以我们所有的安全制度、规范、标准、措施、要求都要谋求某一个结果，但是有了工作结果，这个结果是好是坏，是否能真正解决出现的安全问题，这才是我们作为管理人员真正应该考虑的，举例说明，我们发现的一项重大事故隐患，安排开展整个单位开展同类隐患的自查自改，然后收到了隐患已经整改的反馈，这表示这项安排已经落实，有了一个结果，但是我们更应该验证的是，这项隐患是否真的已经全部被发现

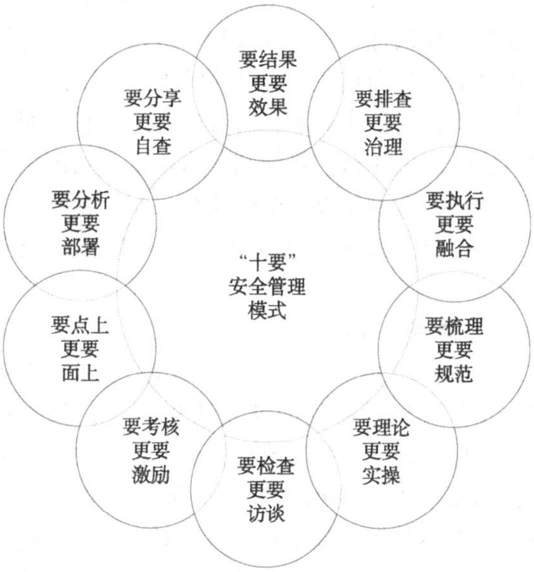

图 1

并被整改，是否制定了相应的措施能有效的防范这个隐患的再次出现，这就是我们安排这项工作应该追求的效果，可以说效果是对结果更高的要求，是对结果正向效能的追求，要保证结果符合我们工作安排的预期，就必须要做到要结果更要效果。

2.2　要排查更要治理

排查目前是安全管理最常见的工作方法，我们经常性的会对发现的某个隐患、风险、问题在所有施工现场开展排查，为的是发现是否在其他的作业现场也存在同样的隐患、风险、问题。但是排查不是最终目的，排查出的问题是需要我们进行治理的，什么是治理，归纳来说就是要刨析问题的根源，制定有效的整改措施，保证措施在

现场得到严格的执行，并验证问题是否得到了有效地解决，此外通过将典型、重大隐患问题作为岗位责任书否决性指标，开展定期、专项隐患治理等方式保证同类问题不在出现。可以说排查是基础，有效治理才是最终追求，就是要有效地解决现场出现的问题，并防范同类问题的再次出现，所以要排查更要治理。

2.3　要执行更要融合

安全问题总是屡禁不止，老的问题还在解决，新的问题已经可能出现，为了防范问题演化为事故，所以新的安全制度、措施，要求总会不断的制定下发，但是不断下发的措施、要求如果只是简单的叠加，那么操作层将会疲于奔命，今天要这么做，明天要那么做，甚至同样的措施要做几次，有时候还可能出现前后矛盾的情况，势必也会导致执行效果大打折扣。所以对于下达的工作要求，我们首先应该做到理解要求的本意，争取先将各项工作要求、内容融合到一起，明确先做什么后做什么，要做到什么程度，制定更合理的实施方案再加以严格的执行，安全管理才能有效、高效，甚至事倍功半，所以要执行更要融合。

2.4　要梳理更要规范

安全管理的难点在于安全问题总是层出不穷，安全管理最忌讳的就是头疼医头，脚疼医脚，如果发现一个问题就想办法仅仅解决这个问题，那安全管理将始终处于一种疲于奔命的状态，出力不少效果却不好。所以对于安全问题我们要有一种归纳总结的处理思维，具体就是应该定期或动态的对某一种类型的现场，某一种类型的作业行为开展集中的问题排查，对发现的问题归纳总结，合并同类项，可以按诸如设备类、作业行为类等不同类型进行汇总，集中分析各类问题原因，有针对性的集中出台规范要求，并将这些规范要求清单化，具体到岗位，便于执行，便于追责，只有这样才能做到高效管理，避免管理无序和资源浪费。所以必须要梳理更要规范。

2.5　要理论更要实操

一切的安全制度、措施都需要人来执行，安全管理水平的高低，最终的制约因素是人的能力。所以对于人员的培训是安全管理的基础，是重中之重的筑基工程，但是如何有效培训，如何让人员能尽快达到我们希望他们达到的水平，理论培训是第一步，不懂理论，所有的安全管理要求、标准员工只能全靠死记硬背，效果往往不好，同时理论培训还要有针对性，管理岗应该侧重制度规范，而操作岗就应该是操作规程，作业程序，岗位最常用什么，最需要什么，就应该培训什么，但是培训不能仅仅懂理论，不结合现场，不拿理论与实际操作结合，不让员工将理论与实际一一对照结合，理论就只能是员工脑海中抽象的概念，可以说实操是理论的具象化过程，否则将无法实现我们希望管理岗有思路懂方法会管理，操作岗员工能操作能规范操作能标准化操作的培训目的，所以培训必须要理论更要实操。

2.6　要检查更要访谈

安全检查发现和消除事故隐患、落实安全措施、预防事故发生的重要手段，也是发动员工共同搞好安全生产的一种有效形式，尤其是在石油钻探企业这种高风险单位中，有着岗位巡检、交接班检查、周检查、上级检查、体系审核等多种检查类型，目的就是要对各种作业中影响正常生产的所有物与人的因素如机械、设备、流程等，进行深入细致地调查和研究，发现不安全因素，消除事故隐患，把可能发生的各种事故瓦解在萌芽状态，做到防患于未然。安全检查要切忌成为一种形式，就是检查人员进入现场，走马观花的转一圈，提出几个问题，就结束本次安全检查，这种检查可以说是一种无效检查，安全检查更应该将与员工访谈相结合，要与各岗位操作人员进行交谈，真实了解他们在岗位操作中发现的风险和隐患，感受到的最危险，最难干的工作，相比于检查人员发现的问题，这些才是制约安全生产，引发事故的最真实，也是最容易被忽视的问题，所以为真正消除事故隐患，必须要检查更要访谈。

2.7　要考核更要激励

安全考核是安全管理中一项重要的内容，是保证安全制度、措施、要求执行到位的有利手段，有他的存在，才能对员工保持一种足够的震慑力，督促员工严格遵守各项规则制度，操作规程和作业程序，防范出现超越、简化作业流程，降低安全作业标准，甚至瞒报、谎报等违规情况。但是从人性化管理角度出发，严厉的考核也可能会引发员工的逆反心里，增加管理矛盾，所以提出了奖励激励机制，多奖少罚，甚至以奖代罚，目的是产生一种正向推动力，让员工在落实工作中见到效益，从而促使员工自觉自愿主动、高标准的执行各项规则制度和下达的安全指令，总公司创建的 QHSE 业绩奖就是出于这种考虑，让员工在执行中看见收入差距，自发的争优选先，从运行的情况来看，效果良好，有利支撑了总公司取得安全事故发生率大幅降低的安全工作业绩。考核和激励是一件事情的两个方面，不可分割，该罚必罚，该奖必奖，同时考核激励标准不应该一成不变，要随着变化动态调整，做到符合当前作业现状，能做到什么最危险就罚什么，什么最提倡就奖什么，才能为阶段性的工作要求，保证威慑力的同时，提供足够的正向推动力，所以必须要考核更要奖励。

2.8 要点上更要面上

安全管理的落脚点在具体问题，要解决具体问题，消除具体部位的隐患，管控具体区域的风险，所以我们常说安全工作要从细节抓起，从每个操作动作抓起，从每个设备隐患抓起，从每个作业区域抓起，这是安全工作的基础，但不是全部，因为一个点上的安全不能代表整个单位，整个作业都是安全的。所以我们提出要以点带面，将整个安全管理效能辐射到所有作业，所有区域，所有岗位，我们在某个区域发现了某个问题，除了要解决这个问题，更要考虑在整个单位内部，整个作业面上，有没有同类问题，有没有得到有效治理，要有窥一斑而知全豹的思维，只有这样才能由点及面，实现单位整体安全管理水平的提升，所以安全管理要点上更要面上。

2.9 要分析更要部署

安全问题与单位的作业规模成正比，尤其是那些点多面杂，参与作业人员众多的单位，可能发生安全问题的概率和频次自然而然也随之增多，需要做的工作更是千头万绪，这就对我们安全管理提出了更高的要求，切忌陷入被问题牵着鼻子走的被动局面，要有在繁杂中一击必中找到问题根源的意识和能力，这就是要我们面对问题首先要先仔细分析问题，刨析成因，找寻根源，找到问题根源，更要以此为基础，有的放矢的合理开展我们的工作部署，只有这样安全管理才具有针对性，有系统性，有整体性，才能保证我们安排的工作能起到实效，从而避免出现问题一波未平一波又起，让我们顾此失彼，疲于奔命，也不能无序扩大化，一人得病全员吃药，浪费人力物力和财力。所以安全管理要分析更要部署。

2.10 要分享更要自查

经验教训是安全管理最重要的资源，用别人的经验教会我们自己也是成本最低的学习，所以安全管理十分看重对经验教训的分享，分享事故的成因，分享管理的短板，分享应该采取的措施，以此希望所有员工所有单位都能对照自己是否也存在同样的问题。分享切忌仅仅停留在纸面，在口头，将事故当故事，那将失去分享的意义，所以分享后我们更应该对照分享的经验和教训开展自查，目的是查找我们在经验教训中认识到的事故隐患、管理短板是否存在于我们自己的作业现场，采取的补救措施是否已经在我们自己的作业中得到执行，从而避免我们复蹈前辙，犯同样的措施，出同样的事故。所以必须要分享更要自查。

3 结语

“十要”安全管理模式本质上是一种思维模式，一种工作方法，他告诉我们安全管理工作任何一项举措、要求都不应该是孤立的，安全管理应该有从细处入手，从整体考虑的系统性思维，仅仅着眼于当前的某个问题如何解决，仅仅着眼于某一项措施执行的效果，往往会使我们翻翻覆覆禁锢于某个点上的问题处置，无法实现问题的根治，管理低效。与之相反，如果我们以小见大，从整体考虑，走一步想三步，充分认识到合适的措施配合在一起往往能发挥出 1+1>2 的效果，对待问题都能开出复配药方，打出组合拳，我们对于问题解决必然能事倍功半，从而带动我们安全管理水平的大力提升。

风险管理是HSE管理的核心

汪耀平

（中国石油川庆钻探工程有限公司）

摘　要　本文对风险管理在HSE管理中的核心作用进行了描述，并结合实际，将目前在作业现场运行的杜邦公司四种风险控制工具进行了介绍，并将其在HSE管理体系中的具体体现进行了详细描述；同时对HSE风险控制工具的特点进行了认真分析，对风险控制工具对传统现场HSE管理的促进作用进行了论述，说明了风险管理在目前作业现场对事故事件的有效控制，也充分体现了风险管理在HSE管理中的核心作用。

关键词　HSE体系；风险管理；过程控制

近年来，石油企业重点对杜邦公司的HSE风险控制工具进行了宣贯，此举有力地促进了作业现场的HSE管理，对于转变人员的思想观念、改进工作方式方法、预防事故事件等方面起到了积极的作用。通过对几年来HSE风险控制工具在作业现场的综合运行“磨合”的研究与综合分析，笔者对它们在HSE管理体系中的作用及相互关系形成以下几点认识以供探讨。

根据事故致因理论：造成事故的原因是人的不安全行为和物的不安全状态。人的不安全行为即通常说的人员违章，物的不安全状态即设备设施的事故隐患。因此根据事故致因理论来看，HSE风险控制工具的着力点（主要目的）都应是消除“人的不安全行为”和“物的不安全状态”，以最终达到预防事故事件的目的。

HSE管理体系的核心内容是风险管理。风险管理的简易定义为：作业前组织人员对作业可能带来的危害进行识别、评价、制定控制措施，并在作业中落实控制措施，期望以最小的成本达到最大的安全保障的管理过程。HSE管理体系运行的主要目的是预防事故事件，因此HSE风险控制工具在具体运行中应充分体现风险管理这一HSE管理体系的核心内容，且该过程应符合管理学的基本过程管理模式——PDCA循环。

1　风险管理是现代HSE管理与传统安全管理对接的有效切入点

风险管理是HSE体系管理的核心内容，也是贯彻执行我国安全生产方针“安全第一、预防为主”的一项重要内容。在认识上传统管理与HSE管理是相同的，传统管理只出台一些事后处理办法，对发生事故的当事人如何处理，以起到警示作用，从而达到减少事故的目的。而HSE管理把事先预防定为核心，在工程或项目未进行之前，对系统存在的危险作宏观概略的分析，称之为预先危险性分析。又进一步对项目的每一个环节进行调查研究，做出详细的、科学的、有预见性的风险评估，把有可能发生的事故事先传达给每一位员工，并在具体施工过程中加以控制和削减。当然事故发生后“三不放过”的原则必不可少，对事故更要做出严肃处理，接受教训防止同类事故重复发生。综上述观点以此为对接的切入点是符合国情和我们民族传统观念的。

2　做好传统安全管理向现代HSE体系管理的过渡

实施HSE体系管理不等于对传统管理的否定，而是继承和发扬。传统的安全管理注重人的思想素质教育，如“三老四严、安全生产，人人有责、岗位责任承包、三不伤害、四不放过、六个负责”等都是我们企业的精髓所在，是老一辈石油人留下的宝贵精神财富。若能做到这些我们可以自豪地说：HSE体系管理是传统管理的延续。可惜的是传统管理没有形成体系，在具体实施过程中可操作性差、标准和要求不够明确和具体，常常凭经验办事、伸缩性大，时松时紧、缺乏计划性、连续性、系统性，缺乏超前管理，注重事后管理、没有事先预防和风险评估，而HSE体系管理则反之。要实施HSE体系管理，必须处理好HSE体系管理与传统安全管理的对接。

3 风险控制工具介绍及在HSE管理体系中的体现

目前各单位大力推行的杜邦公司的行为安全HSE风险控制工具主要有：工作安全分析、安全观察与沟通、作业许可、行为安全审核等。

杜邦公司统计认为96%的事故是由于人的不安全行为造成的，而只有4%的事故是由于物的不安全状态造成的。因此其推行的HSE风险控制工具主要控制人的不安全行为，但也不排除对物的不安全状态的控制，也符合传统的事故致因理论。

3.1 工作安全分析

针对某项具体工作任务，组织相关人员通过发挥团队作用对各流程的人的不安全行为和物的不安全状态进行分析，确定可能造成的潜在危害，进行评价并制订相应控制措施、落实控制人等，以达到在作业中消除或最大限度控制危害的目的。该工具适用于对某项具体工作作业风险的控制，是进行作业许可的前提条件。

3.2 安全观察与沟通

通过发挥团队作用对现场操作人员的具体作业行为进行现场观察，肯定其正确部分，对不安全行为通过交流、沟通、启发等非惩罚形式进行培训和纠正，以防止由于人的不安全行为而导致伤害事故事件的发生。

3.3 作业许可

针对具体高危作业，提前对人的不安全行为和物的不安全状态进行分析，确定可能存在的潜在危害，进行评价并制订相应控制措施、落实控制人等，并通过现场验证、过程监控和作业审批等方式，以达到在作业中消除或最大限度控制危害的目的。

3.4 行为安全审核

通过对现场操作人员的作业行为进行审核，对其符合操作规程、程序的程度进行评价，以实现对不安全行为进行进一步控制以防止由于人的不安全行为而导致事故事件的发生。

通过上述对四种HSE风险控制工具的描述可以看出，HSE风险控制工具的对象主要是现场操作人员，主要通过控制人的操作行为以预防事故事件的发生，但并不排除对物的不安全状态的控制，因此四种HSE风险控制工具也体现了事故致因理论中的对人的不安全行为和物的不安全状态的控制；HSE风险控制工具在HSE管理体系中主要体现了“风险管理”“作业许可”“变更管理”等几个HSE标准条款内容，目的也是通过各种方式提前进行风险辨识、风险评价和制定控制措施，以预防作业中可能发生的各类事故事件，也充分体现了HSE管理体系的风险管理这一核心内容。

4 HSE风险控制工具的特点

（1）均充分体现了对事故致因理论中的对人的不安全行为和物的不安全状态的控制，通过有效控制人员违章和设备设施的事故隐患以达到有效控制事故事件的目的。

（2）充分体现了HSE管理体系中的“风险管理”这一核心内容，都是在作业前识别、评价作业风险并制定相应控制措施。

（3）充分体现了HSE管理标准中的各相应条款。HSE管理体系运行的主要目的是预防事故事件，该思想充分体现在标准各条款中，因此HSE风险控制工具都符合HSE管理标准，也是HSE管理标准相关条款在工作中的具体体现。

（4）在具体执行上遵循了管理学的“PDCA”基本过程管理方法。对于风险的管理都采用了计划、实施、检查和总结四个环节，都符合管理学的基本过程控制要求。

（5）因为生产安全事故事件主要发生在基层操作人员身上，因此将工作重点放在基层，以通过控制现场作业人员的不安全行为和物的不安全状态使一线员工得到最大的安全保障。

（6）风险控制工具控制的是新的工作任务、改变现有操作规程的作业（如工艺与设备的变更管理）、非常规性的单项具体作业风险，包括高危作业风险（临时用电、临时登高、进入有限空间等）、没有程序控制的作业等高风险作业，控制的是单项具体作业的风险。

5 风险控制工具对传统现场HSE管理的促进作用

作业现场的HSE“两书一表”有许多成功的做法与经验，在引入了杜邦公司的HSE风险控制工具后，将会进一步促进作业现场HSE“两书一表”的运行工作。

5.1 可以有效补充HSE作业计划书的不足

在《HSE作业计划书》中，将项目主要和重要风险进行了识别、评价，并制定了相应的控制措施，应该说在风险管理方面已经是比较齐全的。但在实际中，由于现场施工的特殊性与不可预见性，有些作业风险未能及时编制在《HSE作业计划书》中，尽管该作业从风险造成后果的严重性、可能性以及发生的频率等来说均属于重要风险。职工在工作前运行HSE风险控制工具的工作安全分析时，可将《HSE作业计划书》中未编入的重要风险进行识别、评价并制定措施，这样有效补充了HSE作业计划书对重要风险控制的不足。

作业许可突出了对高危风险的重点控制，如临时用电、临时登高、动火作业、进入有限空间等高危作业的风险，也有效补充了HSE作业计划书中对高危风险进行管理的不足。

5.2 可促进HSE作业指导书的有效落实

职工在运行HSE风险控制工具的工作安全分析时，在识别风险时大多要参考HSE作业指导书中的相应内容，参考的过程也就是其学习的过程；在进行安全观察与沟通、行为安全审核时，都是以HSE作业指导书的规定为人员操作标准，对职工的操作行为符合HSE作业指导书的程度进行评价，并通过对不安全行为进行分析、纠正，可以有效进一步督促职工学习和落实HSE作业指导书。

5.3 可有效促进HSE检查表的运行效果

在运行工作安全分析、作业许可等HSE风险控制工具时，除对人的不安全行为进行控制外，同时对重点设备设施的事故隐患和管理缺陷等进行了进一步的检查和消除，提高了现场HSE管理水平，此举有效补充了HSE检查表对设备设施事故隐患和管理缺陷控制的不足。

根据以上对目前在作业现场运行的杜邦公司四种风险控制工具进行的介绍，及其在HSE管理体系中的具体体现，对HSE风险控制工具的特点及对风险控制工具对传统现场HSE管理的促进作用进行论述，充分说明了目前在作业现场运行的HSE风险控制工具符合HSE管理标准要求及基层组织对事故事件控制的需要，以最终达到预防事故事件的目的。HSE风险控制工具在具体运行中充分体现了风险管理这一HSE管理体系的核心内容。

参 考 文 献

[1] 川庆钻探工程有限公司企业标准．工作安全分析管理规范，作业许可管理规范，行为安全审核管理规范，安全观察与沟通管理规范．

[2] 中国石油集团公司企业标准．Q/SY 08002.1—2022[S]．健康、安全与环境管理体系　第1部分：规范，2022.

[3] 钻井HSE“两书一表”编制指南[M]．北京：石油工业出版社，2009.7.

加强安全生产标准化管理的重要性

靳　宇

（中国石油川庆钻探工程有限公司）

摘　要　随着2021版《安全生产法》的发布实施，对企业安全生产标准化管理的要求也进行了明确：《安法》第四条就明确规定：生产经营单位必须遵守本法和其他有关安全生产的法律、法规，加强安全生产管理，建立健全全员安全生产责任制和安全生产规章制度，加大对安全生产资金、物资、技术、人员的投入保障力度，改善安全生产条件，加强安全生产标准化、信息化建设，构建安全风险分级管控和隐患排查治理双重预防机制，健全风险防范化解机制，提高安全生产水平，确保安全生产。同时，在企业主要负责人的七项职责中也进行了明确，七项职责的第一条就是：建立健全并落实本单位全员安全生产责任制，加强安全生产标准化建设。因此，安全生产标准化管理的重要性日益突显。本文将通过长庆钻井总公司在安全生产标准化管理中的一些好的做法和创新成果来展现企业加强安全生产标准化管理的重要性。

关键词　安全生产；标准化管理；全员参与

加强企业安全生产标准化管理是落实企业主体责任的要求，是企业安全管理合规性和持续改进的重要体现。企业通过制定统一的标准、流程，完善和健全各项规章制度，切实做到安全管理的系统化、岗位操作的规范化、设备设施的本质安全化，以及作业环境器具的定置化并持续改进。

下面就以钻井现场为例，阐述一下长庆钻井总公司是如何强化安全生产标准化管理的。

1　打造标准化的管理现场

（1）编制标准化现场管理规范。通过编制《钻井队HSE标准化现场管理指南》《钻井现场泥浆不落地标准化管理图册》等标准化现场的管理规范及指南，把钻井现场划分为13个区域，明确了各个区域的管理标准及要求，为标准化现场的创建提供了有力的支点（图1）。

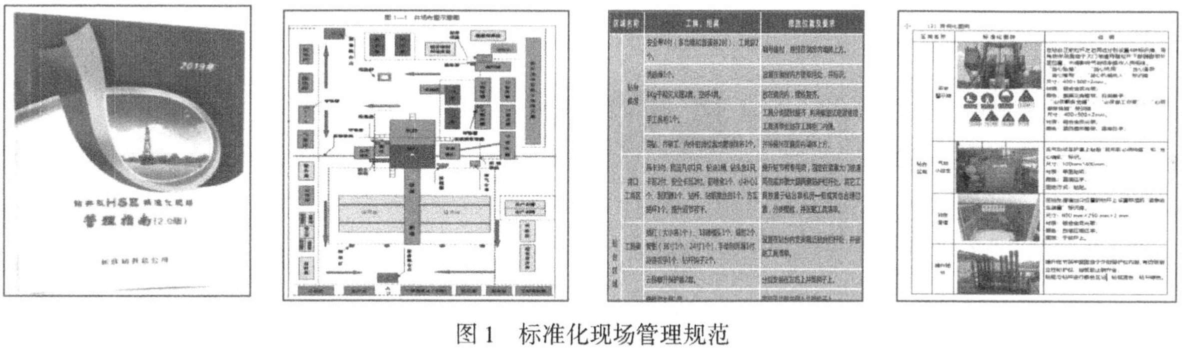

图1　标准化现场管理规范

（2）建立标准化现场推进会制度。通过定期组织召开安全生产标准化现场观摩推进会，分享安全管控的成果及形成的管控模式，有效树立了标杆示范和引领带动的作用，促使安全生产标准化落地生根，显著提升了总公司安全生产标准化的整体水平。

（3）持续开展安技五小成果研究。发动全员参与，集思广议，发动全员的智慧与能力，参与到安全管控中来。同时通过劳动竞赛活动建立了季度、年度评选推广活动，有力地激励了广大员工参与安技五小成果研究的热情。通过安全技术措施成果的研究与推广，有效地降低了钻井作业现场的风险隐患。

（4）对安全标识标牌进行了统一标准。明确了生命线、吊点标识、安全锁具等的运用标准，突出了安全防护、标识标牌的实用实效。

2　运行标准化的操作规范

（1）梳理编制操作规程、作业流程。针对常规作业，梳理编写了《设备操作规程》《工艺技术规程》及《HSE作业程序》，让规范、流程统一标准(图2)。

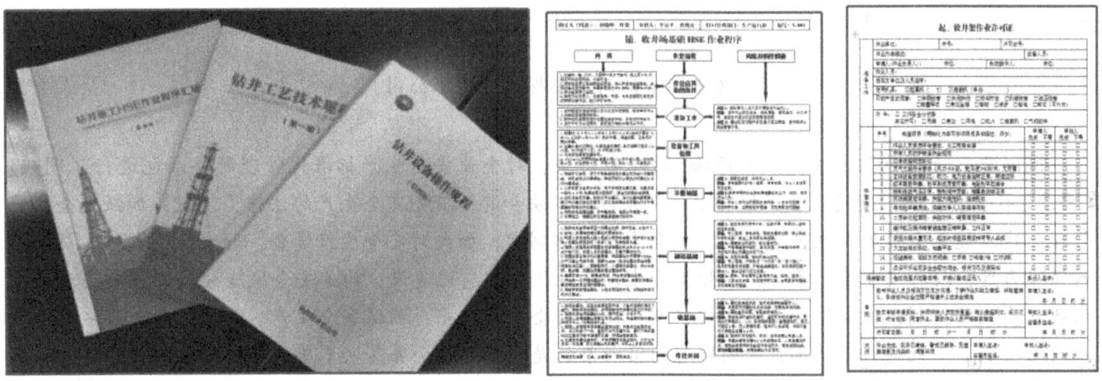

图2　编制操作规程、作业流程

（2）建立高危作业项目清单及台账，梳理了14类作业许可。强化风险控制工具的应用，钻井现场风险控制工具有效利用率达到了93%，有效地管控了现场的风险。

（3）结合钻井现场10种应急预案，编制各岗位应急处置卡，定期开展应急演练，提升应急处置能力。

（4）优化作业方式，降低作业风险。

（5）建立三级远程视频监控系统，规范员工作业行为。依托远程视频监控、监管合力，加强作业过程监管和行为审核，强化规定动作，杜绝自选动作。

（6）推动科技兴安，提升本质安全水平。在设备设施方面，加强本质化安全管控，研发了钻井现场、车载违章隐患自动识别系统、吊装红外线预警系统、移动终端HSE信息自动录入系统，实现了源头安全管控。

3　实施标准化的现场管理

（1）编制安全生产责任清单。以明晰责任、规范管理、简明扼要、防控风险为原则，完成3+N类787个安全生产责任清单编制。以推动全员安全责任落实为抓手，以完善安全生产责任体系为目标，建立运行“四维”责任管理机制(图3)。

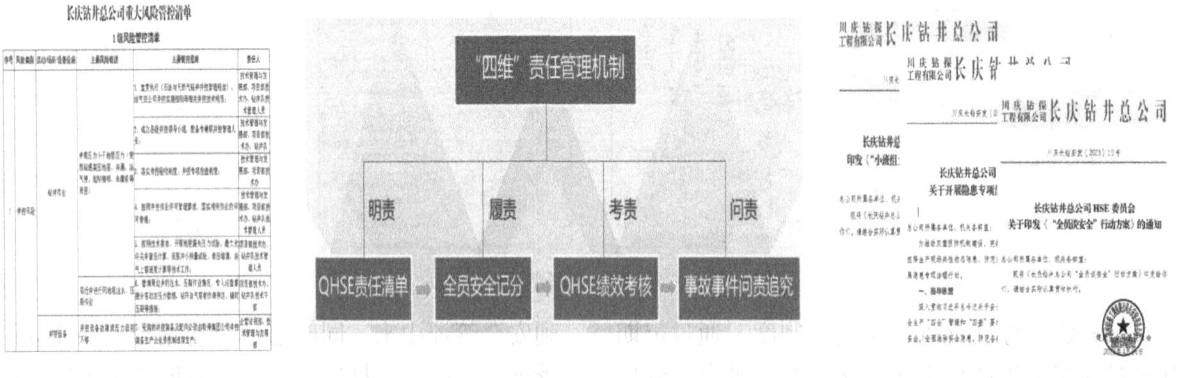

图3　建立运行“四维”责任机制

（2）建立运行以“三个关键环节、4+3专项整治”为核心的重点风险管理模式，实现风险受控。

（3）明确HSE培训是提升员工综合能力的必要举措，强化队长、司钻和新员工的针对性培训，达到安全理念入脑入心，标准规程熟练掌握，事故教训警钟长鸣。

（4）规范岗位巡回检查、交接班检查、日常检查，有效落实“三查”制度。

（5）扎实开展安全“三个专项行动”。

① 通过全员谈职责、谈风险、谈操作、谈理念，形成人人讲安全、人人抓安全的良好安全文化氛围。

② 通过规范各级领导班子、各级机关部室、基层队站三级班组安全管理活动，强化班组的管理、策划和部署能力，提升基本单元的安全管理水平。

③ 通过系统性排查，集中性治理，固化作业现场隐患治理机制，消除安全隐患。

通过以上各项举措，长庆钻井总公司在安全标准化管理与建设方面取得了一定的成效，目前各基层队站“三标一规范”创建达标率100%，近三年未发生重伤及以上安全生产事故。今年5月总公司成功承办了中国石油集团公司中油技服HSE标准化队站建设新成果现场观摩交流会，高标准的现场环境、安全实用的技改成果、以及总结形成的各项管理模式受到工程技术行业各单位的广泛好评。

综上所述，可以看到安全生产标准化管理对企业安全发展的重要作用。它是安全系统化管理的重要组成部分，是企业落实安全生产主体责任的重要体现，是安全管理不断优化，不断创新的动力，只有规范的管理才能提高效率，只有标准化的管控才能减少风险，增强企业的凝聚力的竞争力。

浅谈川渝地区钻井液场站共享模式对井控安全的优化及提升

冉启华　彭碧强　邬欣妤

（中国石油集团川庆钻探工程有限公司）

摘　要　在油气开采领域，井控指的是油田作业现场的井涌控制和压力控制。近年来，井口安全事故频发，发生井喷事故会对井场、石油公司造成极大的影响。在井控安全管理中，常遵循的法则有：安全为主、以人为本、预防当先、综合管控。川渝地区油气勘探开发受地质、环境等因素影响，多口井在钻井过程中发生溢流、井喷等复杂情况，尤其是彭州、川东北海相超深井以及川南页岩气高压气井，其井控风险极高，处理难度极大。12.23 事件虽然已经过去了十年，如今回顾这段历史也让钻井人充分认识钻井施工过程中井控安全的重要性，体现钻井液及储备应急压井液在井控管理过程中的重大责任。本文以川渝地区钻井液场站共享模式在井控管理过程中的作用发挥为研究对象，从场站建设、运行模式、共享应急等方面分析并与井控管理紧密结合，成为井控管理中关键环节，从而实现对井控管理的优化及提升。研究结果表明：井控安全是钻井工程的重中之重，钻井液场站作为现场井控管理工作的关键环节意义重大，井控管理必须高度重视钻井液场站共享模式工作。结论认为：①川渝地区钻井液场站的存在很有必要；②场站共享模式结合远程 EISC 智能调控，全面优化井控管理模式，更能有效防止井控失控事故的发生；③在今后井控管理过程中更要提高钻井液场站井控应急保障能力，杜绝井喷事故，保障安全生产。

关键词　川渝地区；钻井液；场站；共享模式；井控安全

为落实集团公司“12. 23”警示日视频会议精神，深刻汲取事故教训，充分总结典型经验，研究当前井控问题，展望井控工作未来发展，在“12. 23”十周年之际，结合川渝地区近年来建设成形的钻井液场站“两小时”共享圈，浅谈在新模式下对井控管理的优化及提升。

在油气开采领域，井控指的是油田作业现场的井涌控制和压力控制。近年来，井口安全事故频发，发生井喷事故会对井场、石油公司造成极大的影响。在井控安全管理中，常遵循的法则有：安全为主、以人为本、预防当先、综合管控。川渝地区油气勘探开发受地质、环境等因素影响，多口井在钻井过程中发生溢流、井喷等复杂情况，尤其是彭州、川东北海相超深井以及川南页岩气高压气井，其井控风险极高，处理难度极大。12. 23 事件虽然已经过去了十年，如今回顾这段历史也让钻井人充分认识钻井施工过程中井控安全的重要性，体现钻井液及储备应急压井液在井控管理过程中的重大责任。川渝地区钻井液场站从场站建设、运行模式、共享应急等方面分析并与井控管理紧密结合，成为井控管理中关键环节，从而实现对井控管理的优化及提升。

1　钻井液场站建设初期

1.1　对标国外专业化公司集中配送模式

通过调研 Schlumberger，Baker hughes，Halliburton，Macbeth 等国际专业化钻井液公司的钻井液现场服务配送模式，国外公司大部分采取在钻井液场站集中配浆，性能调配好后，统一配送至现场的方式。

集中配浆的流程：钻井液场站内统一按照标准配方配浆，然后配送至钻井作业现场，钻井作业完成后回收现场富余钻井液，转运到钻井液场站内调整处理达到技术要求，再根据现场作业需求配送到现场。钻井液配制站需要综合考虑布井区域的位置和数量，统筹计算最佳运输成本半径，在半径区域内建造集中配浆站，达到集中配浆的综合成本优于现场配浆。集中配浆站的设计具备满足作业区域的钻井液需求的服务能力，同时具备车辆的运输保障能力，可以满足现场作业队各井次、各开的作业需求。作业区域地层岩性相对简单，已形成规模化、工厂化作业的钻井液体系，区块的钻井液体系较为单一，且重复利用率相对较高。针对配制工艺要求较高的油基钻井液或特殊水基钻井液，从技术保密、回收再利用等方面的考虑，采取钻井液集中配制、统一维护。

1.2　国内配浆的工艺现状

国内钻井现场，基本以单井现场配浆为主。北方主要以长庆地区为例，地域广阔，单井之间运输距离远，钻探平均深度约2000m，钻井液体系简单，成本较低，重复利用价值不高，集中场站配浆性价比较低。南方主要以川渝地区为例，区域井数较为集中，单井之间运输距离近，钻探深度超5000m，钻井液体系复杂，成本较高，特别是油基钻井液，大量油类有极高的重复利用价值，同时，含油废弃物属于危险废弃物，需要严格管控，也需要集中处置。因此，川渝地区建立钻井液集中配送站，显得尤为重要。由此，开展了川渝地区钻井液场站的建设。

2　钻井液场站建设发展期

2.1　场站优势及配套要求

在场站内可实现钻井液体系标准化，高效配制钻井液。在泥浆站内可以使用叉车、行车等机械设备减少劳动强度，提高配制效率；严格加药量及顺序可以确保每种体系钻井液性能的统一。

减少现场技术人员数量，可组建更多技术队伍。将现有技术负责人调整到泥浆站和靠前支撑组，正常情况下，现场钻井液维护由技术员/组长使用对应体系的“胶液包”或“胶液浓缩液”，只需按比例加水、按进尺/时间定量循环维护即可。

统一材料使用类型和数量，减少现场材料管理风险。现场只储备井控必须物资、胶液包和少量特殊材料(应对紧急调整性能所需)，可减少跑冒滴漏现象并实现精细化管理。

工厂化作业减少体力劳动，降低废弃物处置难度。集中配制加上机械化程度高，原材料可以使用吨袋、吨桶等方式包装，包装可重复利用或集中处置，液体材料还可使用槽车运输，大罐存放，大幅度减少包装费用以及废弃物分散处置的难题。

场站机械化程度要求高、运输保障能力要求强。该模式表现出“技术集中管理、物流支撑为重”的思想。为了提高钻井液配制及装卸速度，会配置特种车辆，特种设备等满足工厂化配浆的作业需要；另外，在泥浆站泵出口、运输车辆装卸口、现场接收口等部位都需要使用统一的大口径快速接头，运输车辆最好统一设计(可分舱、自带泵)，统一管理(水基钻井液、水基胶液、油基钻井液、油基胶液相对固定车辆)。

场站存放的钻井液体系需要更加精简，水基与油基需要分类存放和维护。若同一泥浆站内配制、仓储钻井液种类过多(体系、密度段)，将极大增加管理难度。泥浆站覆盖范围内使用的钻井液体系减少至3种左右(油基1种，水基2种)，特别是对水基钻井液的普适性、重复利用性要求将大大提高。

2.2　场站功能优化，形成井控管理的“两小时”保障圈

川渝地区自2016年建立起遂宁、长宁两个钻井液场站，经过几年的试点和建设，公司至2021年已经初步建成有钻井液场站5个(仓储总容量1.8万方，年吞吐量超过5万方)。2021年，某井发生井控险情，现场急需要大量钻井液完成现场压井需求，川庆钻探工程处及时调用建成的钻井液场站，紧急调运场站储存的钻井液，很好的完成现场压井抢险任务。从此以后，钻井液场站多了一项功能，即：井控应急保障的钻井液储备场站。

截至2023年底，川渝在用钻井液场站8个，仓储总容量2.3万m^3，年吞吐量10万m^3左右，常备高密度压井液5千m^3以上。实现了主要作业区域100km支撑服务井覆盖率达94%。配套建设了重晶石中心库8个，实现了集中仓储、批量质检、快速装车和及时响应，确保井控相关物资充足。与此同时，推进数字赋能战略，逐步形成了以生产运行管理、钻井液智能调度为基础的综合信息平台，构建起规范管理、快速反应、经济高效的生产保障体系，形成了井控保障的“两小时”共享圈(表1、图1)。

表1　川渝地区已建成钻井液集中配送场站表（截至2023年底）

序号	场站名	容积/m^3	支撑区域
1	高磨储配站	9000	高磨、川中
2	威远储配站	4080	威远、泸州、自贡
3	双鱼储配站	2040	双鱼石、川西北
4	洛表转运站	420	长宁区块
5	坡西1井储存站	1020	下川东
6	渡2井储存站	1540	下川东

续表

序号	场站名	容积/m^3	支撑区域
7	金华7井储存站	2200	高磨、川中、川西北
8	渝西储存站	2700	威远、长宁、下川东
	合计	23000	

2.3 信息化及EISC建设，完成了井控管理的共享模式

2020年钻井液公司召开四化建设启动会议，同时深刻解读了2020年川庆公司四化建设文件精神，拟定工作计划和安排，细化实施节点。

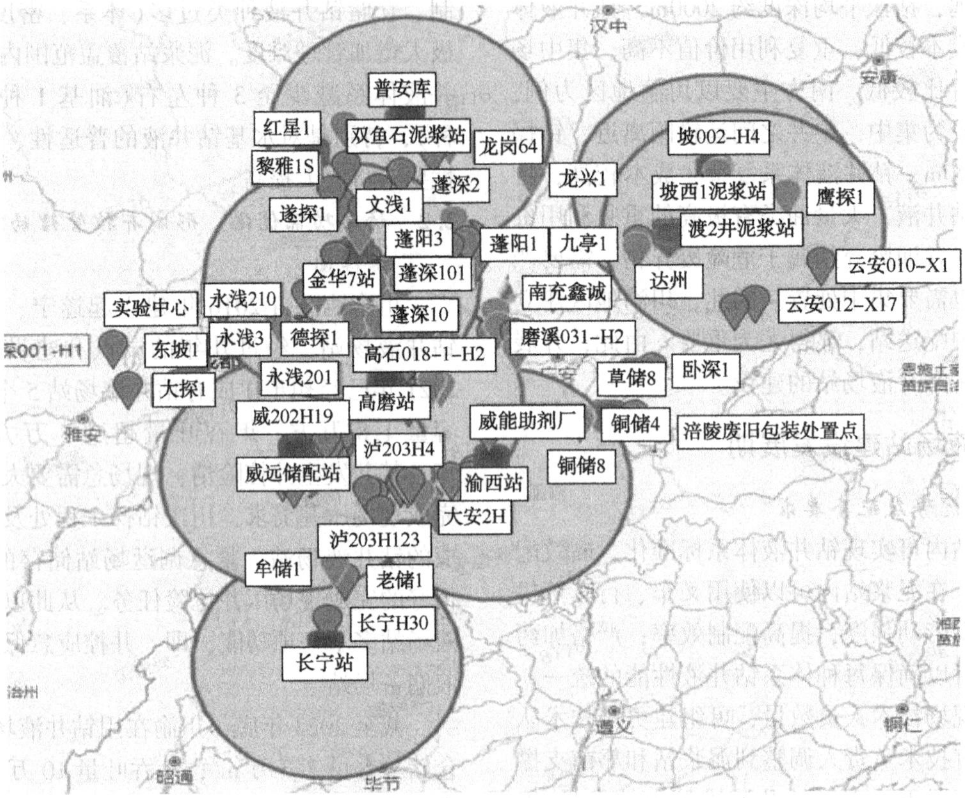

图1　川渝地区钻井液集中配送场站100km保障范围

信息化专项主要工作内容是根据公司管理制度及流程梳理的结果，结构化公司管理系统，制定项目总体计划；实现管理数据对川庆一体化系统交付渠道的建立；完成系统测试，进行软件试运行；完善系统统计分析功能。

作为公司的信息化建设，实现作业队层面的全覆盖，通过解决“现场减负问题、提高机关管理效率、强化过程监管”为抓手，逐步建立了“基层数据及时录入和自动采集，生产运行报表自动生成，管理数据使用互联互通”三大版块的钻井液运行管理系统，通过纸质台账电子化、电子资料信息化的方式，绘制钻井液脑图，分析单井全要素。

目前，钻井液公司运行管理系统通过前期的基础性建设，已在川渝地区作业队全面上线，推广作业队113支，应用井次900余口。使用运行系统后明显提高了工作效率，钻井液转运调派时间由原来的30min缩短到10min；收集现场物资由原来纸质手工变为实时监管，统计分析单井、区块、公司等物资消耗情况由人工统计2天缩短到20min筛选统计导出即可。整套系统运行下来作业队平均提升时效59%，后辅单位平均提升时效43%，综合平均提升时效51%，解放了劳动力，同时加快了生产信息的集成，便于专家和工程师快速反应，同时及时针对现场井控压井时，可以优先提高运行效率，及时解决压井需要调派钻井液的问题，实现了川渝地区钻井液场站的共享模式。

同期，开展了EISC远程指挥中心建设，打通信息孤岛，完成与一体化平台的交互，打通录井曲线、录井视频、生产运行平台等功能，丰富完善RTOC作业模式，通过大屏实时监管，异常实时提醒，钻井液转运进度实时追踪等功能，改变传统作业模式，实现办公效率、办公思路的大

转变，实现智能化远程管控，发现异常主动上报管理人员和管理部门，有效减轻工作量的同时，对于井控管理起到了大大的提升和优化的目的，进一步完成了井控管理的共享模式。

3 钻井液场站对井控管理的提升及优化

依托“川渝地区钻井防漏堵漏数据挖掘技术研究与应用”“生产运行管理系统设计与开发”“钻井液智能调度及可视化系统”“钻井液性能自动化检测技术研究与应用”等科研项目，推进数字赋能战略，逐步形成了以生产运行管理、工程技术、钻井液智能调度为基础的综合信息平台，逐步提升数字化管理水平和能力，支撑公司工程技术和惊恐应急保障的长远发展。钻井液场站不仅仅是一个简单储存站，目前对井控管理的提升及优化有着极其重要的作用，未来还会对更多层面起着更重要的作用。

预计未来钻井液场站还将实现自动配药与供应系统：实现钻井液自动配比与补充，通过精准控制药剂投入量，保障钻井液性能稳定。设计自适应供应链管理系统，确保钻井液及其添加剂的及时供应和最佳存储条件。远程操作技术：采用远程监控与操控技术，实现钻井现场与后勤支持之间的无缝对接。预测与风险评估模型：构建先进的预测模型，用于评估钻井液系统可能遇到的风险，并提出应对措施。集成地质信息与历史数据，改善钻井液在特殊环境下(如超深水、高温高压环境)的性能表现预测。由此看来，钻井液场站还将对井控管理带来更多的优化提升，随着科技进步，必将发挥更加重要的作用。

4 结论及建议

目前川渝地区钻井液场站共享模式已初具规模，对井控管理的提升和优化发挥着重要的作用。

(1) 井控安全是钻井工程的重中之重，钻井液场站作为现场井控管理工作的关键环节意义重大，井控管理必须高度重视钻井液场站共享模式工作。

(2) 川渝地区井控风险极高，钻井液场站的存在很有必要。

(3) 场站共享模式结合远程EISC智能调控，全面优化井控管理模式，更能有效防止井控失控事故的发生。

(4) 在今后井控管理过程中更要提高钻井液场站井控应急保障能力，杜绝井喷事故，保障安全生产。

(5) 钻井液场站目前对井控管理的提升及优化有着极其重要的作用，未来还会对更多层面起着更重要的作用。

(6) 持续深化改革，继续提升钻井液专业化发展水平，优化运行方式，充分发挥一体化、集约化、规模化效应，提高油气勘探保障能力；不断优化钻井液场站的核心作用，在实现钻井液的集中配制和集中配送的同时，提高现场钻井液品质，以推动现场技术标准化；加快钻井液配制的机械化建设步伐，推进智能化管理，提高配制速度，减少劳动强度，克服人员不足矛盾；加快建立钻井液大数据库，通过钻井液技术服务的信息化建设提高管理水平和服务效率。

石油天然气钻探企业事故数据分析及安全管理启示

高赛男　黄　英　湛　兵　李怡凡　秦等社　星学平

（中国石油川庆钻探工程有限公司）

摘　要　随着我国石油化工领域的不断发展和进步，石油天然气钻探工程项目日益增多，但由于其本身所具有的高危性特征，使得企业安全生产管理压力逐渐增大。本文根据“中国石油 HSE 信息系统”中某石油天然气钻探技服企业 2012—2021 年的所有事故记录，对 10 年来发生的 340 起事故进行汇总分析，分析油田技术服务企业事故管理现状及其不足，从安全经验分享形式、安全事故学习、安全事故调查分析、安全生产事故管理思路等方面进一步提出优化建议。

关键词　钻探企业；事故；安全管理

近年来，各行各业对安全生产管理的要求逐渐增高。石油天然气钻探企业在石油行业中扮演者重要角色，但由于其工作环境极端恶劣，施工过程风险较大，极易发生安全生产事故，对人员和企业造成严重影响。因此，通过对钻探作业现场高风险作业进行有效的安全监管，对作业过程中存在的风险制定相应的预防措施，对企业安全成产规章制度进行严格落实，对员工进行合理有效的安全培训，对已经发生的事故进行深入系统地分析，从而保证钻探企业安全生产，对国家经济发展、企业自身发展、社会安定、员工家庭幸福美满具有重大意义。钻探企业是中国石油能源勘探开发的先行掘拓者，为确保勘探经营效益，面对波谲云诡的施工环境和国际形势，安全文化建设为培养员工“我会安全才有效益”的理念，让这个理念成为钻探企业走向国际市场，是保障国家经济建设安全的必备基石。

1　事故数据分析

根据某石油天然气钻探技服公司 2012—2021 年所有的事故记录进行分析，通过分析 10 年来发生的 340 起事故，发现了以下规律。

1.1　近年来事故呈现下降趋势

对 2012—2021 年以来逐年发生的事故数量，从图 1 可以发现，2012 年到 2015 年，事故数量逐年攀升，2016 年出现小幅度下降，2017—2018 年事故数量最多，两年均为 46 起，从 2019 年开始，事故数量逐步下降。

1.2　季节转换时段事故高发

分析事故发生的月份，从图 2、图 3 可以非常清楚的发现，7 月、3 月、9-10 月发生事故最多，说明季节转换时容易发生事故。

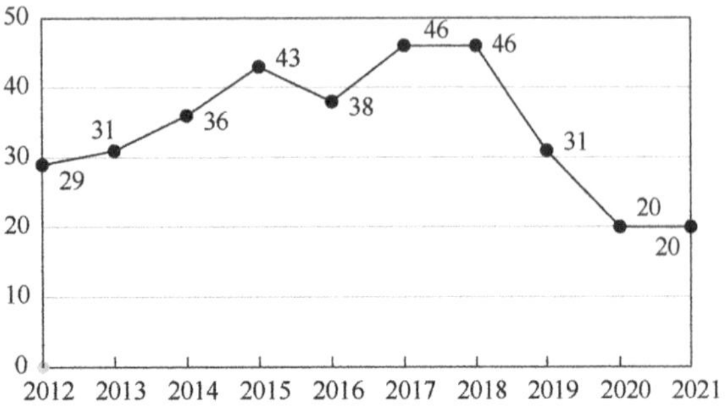

图 1　2012—2021 年事故数量量统计(起)

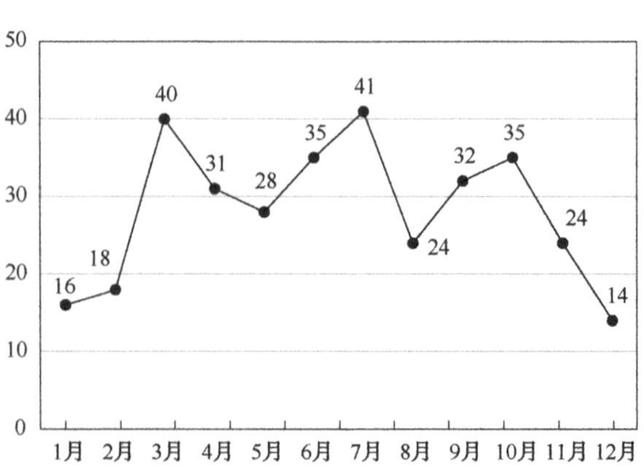

图 2　2012 年—2021 年事故发生月份统计(起)

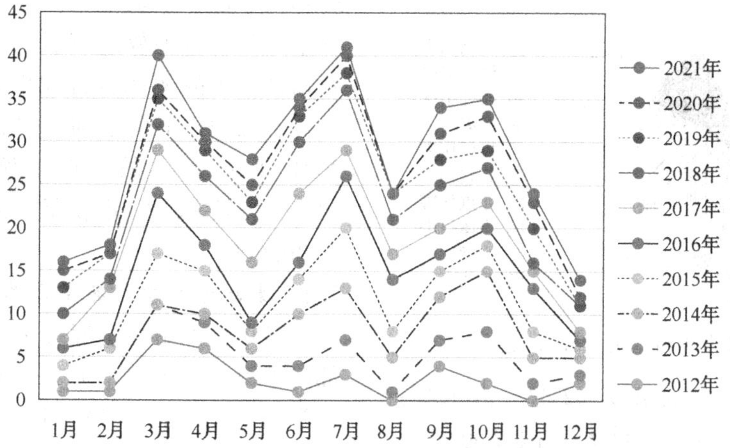

图 3　2012 年—2021 年每月发生事故统计(起)

1.3　物体打击事故发生频率高

分析事故发生的类型，从图 4 可以发现，物体打击、其他伤害、道路交通分别为事故类别的前三名，分别占事故总数的 27%、21%、11%。

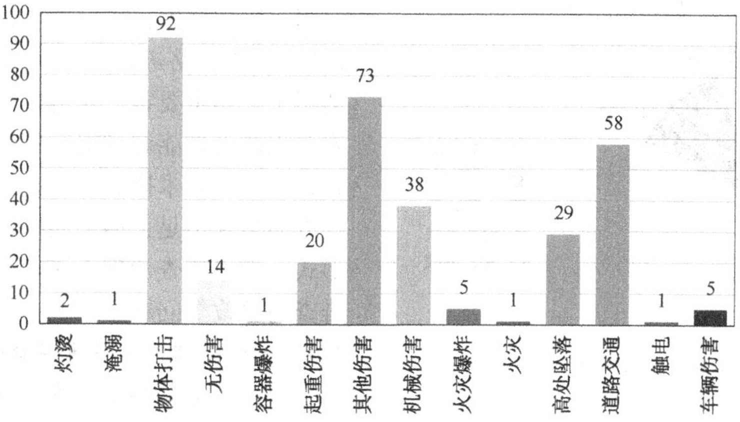

图 4　2012 年—2021 年事故类别统计(起)

1.4　钻井专业发生事故最多

分析事故发生的专业，从图 5 可以看出，钻井专业发生事故最多，其次是测井和物探，分别占到事故总数的 55%、13%、8%。

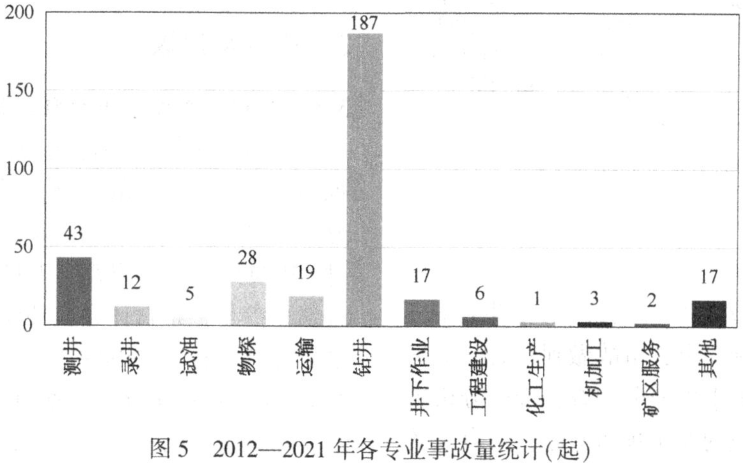

图 5　2012—2021 年各专业事故量统计(起)

分析钻井专业发生事故的类型，从图 6 可以发现，物体打击事故最多，占事故总数的 41%，其次是其他伤害和机械伤害，分别为 14%、12%。

1.5　一般 A 类以上事故道路交通事故占比高

分析事故等级，从图 7 可以看到，一般 C

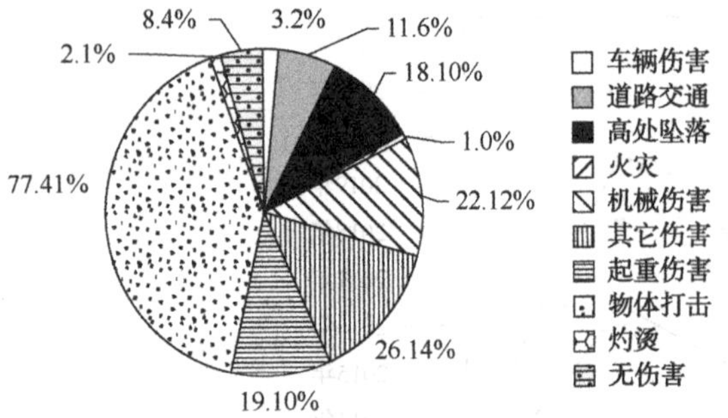

图 6　钻井专业发生事故类型分布(起)

类 276 起，占 81%；一般 B 类 42 起，占 12%；一般 A 类 19 起，占 6%；重大事故 2 起，占 1%；较大事故 1 起，占 0.3%。从图 8 可以发现，一般 A 类及以上事故，共 25 起，其中道路交通事故占比最大，达到 56%。说明道路交通安全管理工作面临的形势持续严峻。

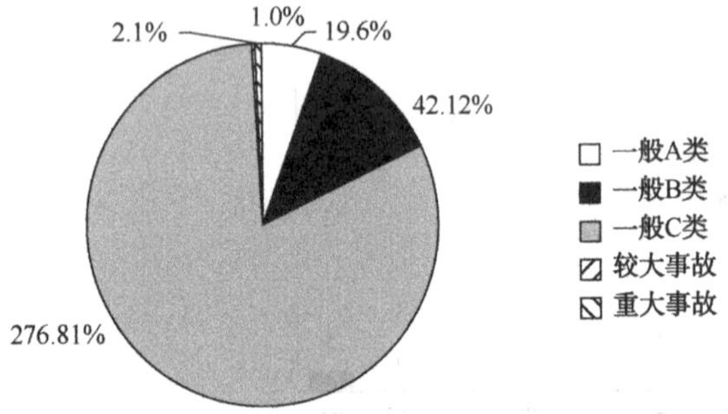

图 7　事故等级分布图

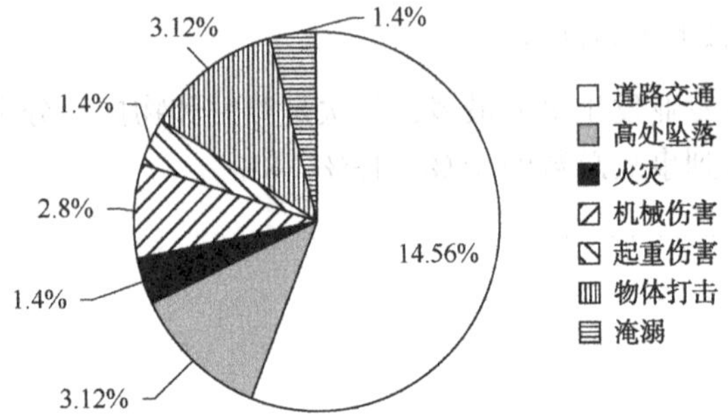

图 8　一般 A 类及以上事故分类

2　不足

钻探企业各单位能严格执行《安全生产法》对安全生产事故管理要求，事故做到及时、准确的报告，按级别开展事件充分调查，准确分析事故原因，并采取有效的纠正预防措施，对事故的经验教训进行分享。但是，还存在以下不足：

2.1　事故分享途径及形式单一

目前，各单位分享事故信息的途径主要靠文件层层传达，导致文件传达效力逐级减弱，事故的知晓率低。个别基层单位未按照“责任人和群众未受到教育不放过”的原则对岗位员工进行教育培训，事故案例教育和事故教训分享走形式。如：在 2021 年的企业感知度调查中，“了解 2021 年亡人事故”的比例，海洋公司最高 63.2%，长城钻探最低 33.48%，平均也只有 46.62%。

2.2　事故分享学习的平台不足

各单位的事故资源大多掌握在各自安全管理部门手里，要了解学习其他单位的事故，主要靠平常的积累。即使是集团公司的 HSE 信息系统，也对权限进行了限制，按级别只能查到相应级别的事故信息。

2.3　事故资源作用挖掘不充分

事故调查报告都按照“事故直接原因、间接原因、管理原因，事故性质，责任认定及处理建议”等主干套路进行撰写。这种事故调查报告简洁明了，切中要害，对落实各级管理责任和强化安全生产管理能起到很好的作用。但是，事故调查报告在对技术措施、工艺流程、设备设施改进等方面指导不足，通常还存在隐患排查治理流于形式、隐患排查治理不深入、忽视重大危险源的排查与整改等问题。

2.4　事故管理思路没有关口前移

目前大部分的事故管理存在就事故论事故的问题，举一反三不足，对关口前移认识不足，主要表现在关注事故调查而非事故事件调查，关注人的不安全行为而非不安全行为产生的原因，关注事故调查处理而非预警响应与应急处理。

3　意见及建议

3.1　多种方式分享事故经验教训

除通过文件层层传达外，还可通过多媒体、视频等形式分享事故案例，通过培训、安全经验分享、班前班后会等场景学习事故案例，也可通过 VR 模拟，让使用者产生身临其境的感受，通过亲身参与，亲自体会，让学习更生动形象，让事故起到教育、警醒的作用。

3.2　建立统一事故共享学习平台

建立统一的信息化平台，不设权限，让员工可以接触到所有事故资源进行学习、培训或研究。同时，结合不同职工岗位需求、技术操作需求等进行专项技能培训，完善资格证制度，避免职工在日常操作中出现错误操作或安全意识薄弱引发事故的情况。

3.3 事故资源发挥警示指导作用

事故调查的目的不应只是对人员追责及警示，更重要的是查明事故原因特别是深层次的原因，有针对性地提出并落实整改措施，实现预防和杜绝类似事故再次发生，因此，通过科研项目、信息化系统等，利用流程分析法、因果分析法、解析分析法（5W1H）、模拟分析法、事故树、工艺流程分析、事故情景模拟等科学的分析方法，对事故事件链条进行全要素、全过程分析深度挖掘事故资源，通过分析，提出技术措施、管理措施，改进设备、材料、工具等，让事故成为提高安全生产能力的资源。

3.4 改进安全生产事故管理思路

施工单位必须制定科学、合理的安全管理目标，以安全生产管理政策作为基础，积极优化自身内部的管理结构体系，以此制定出恰当的安全管理制度，行使高效、合理的安全生产计划，以便为提高工程整体安全效果，打造良好基础。

一是从关注事故调查到关注事故事件调查，对没有造成人员伤亡和没有达到一定财产损失级别的事故进行调查进而管理，推进了安全管理由事故事后问责向源头防范，对全面加强基础工作，实现本质安全，构建安全生产长效机制等，发挥了很好的作用。

二是由关注人的不安全行为到关注产生不安全行为的原因。在严格监管的形势下，主观故意的不安全行为必将越来越少，无意识或是缺乏知识、技能等因素导致的不安全行为占到了绝大多数。因此，对员工进行必要的培训教育，提高员工操作及处置技能，通过不断强化工艺纪律、操作规程，开展有针对性的应急处置演练等活动，赋予其岗位必要的责任、权利和技能，让其知道应该干什么，该怎样干，以及使用正确的工具纠正其工作中的失误或错误。

三是由关注事故调查处理到关注预警响应与应急处理。通过对“预防、处置、救援”一体化管理，有效解决了把事故预防和应急救援人为割裂开来的狭义生产安全认知，顺应大安全、大应急的安全生产管理工作格局。

4 结语

通过分析总结石油天然气钻探企业 10 年来发生的 340 安全生产事故，从季节、环境、管理等方面入手深入分析事故发生情况及形成原因，总结经验教训，指出安全管理的不足及待改进方面，根据管理的不足有针对性地提出解决方案，夯实基础，牢固树立防范胜于救灾的安全理念，为后续工作作出指导性建议。

参 考 文 献

[1] 郭华，徐弘，朱国才，等．我国石油钻探企业安全文化建设的探索[J]．中国安全生产，2021，16(09)：56-57.

[2] 李文杰．油田生产安全事故统计、原因分析及控制措施探讨[J]．化工安全与环境，2023，36(09)：14-18.

[3] 王辉光，王建国，李国瑞．浅谈油田企业安全生产标准化建设[J]．现代职业安全，2023，(10)：88-90.

[4] 苟治铭，蔡鹏．石油化工企业生产安全事故应急管理体系建立[J]．中国石油和化工标准与质量，2023，43(09)：70-72.

[5] 曹捷．建筑工程安全生产管理及事故预防[J]．城市建设理论研究(电子版)，2023，(33)：47-49.

苏里格区域加砂压裂风险识别与HSE管控

杨智东

（中国石油川庆钻探工程有限公司）

摘　要　加砂压裂施工是一项综合性的，高风险的作业。安全风险管控具有至关重要的作用，人员的生命和财产安全直接和安全问题挂钩，安全问题还对加砂压裂的作业质量有直接影响。苏里格气田地处鄂尔多斯盆地中部，地表大部为沙漠覆盖，冬季气温低、冻土层较厚，气候恶劣也给安全生产造成了较大的影响。本文通过分析苏里格区域加砂压裂过程中潜在的安全风险，对安全管理的关键要素进行介绍，制定了解决安全管理问题的HSE管控举措。

关键词　苏里格区域加砂压裂，风险识别，HSE管控

引言

因为加砂压裂作业期间存在较多的风险环节和设备使用，加之苏里格区域施工作业环境较为恶劣，各种风险交织造成安全管理难度加大，一旦发生事故，往往产生严重的后果，造成财产损失和人员伤亡，因此有效强化苏里格区域加砂压裂施工作业风险识别与HSE管控工作尤为重要。

1　加砂压裂可能出现的风险

1.1　苏里格井场离牧区较近，环保风险

由于苏里格施工区域（井场）大部分位于牧区，井场道路沙化严重，队车行使过程中会产生大量的沙尘，给周边环境和牧民的生产生活造成不同程度的影响；在井场配液过程中，环保制度落实不到位，将造成液体渗漏，也给周边牧区环境造一定的危害。

1.2　道路交通风险

苏里格地区井场公路沙化严重，路基松软不牢，夏季行车易侧滑和车陷；冬季道路结冰，车辆行驶易打滑刹不住车，易造成交通事故。

1.3　冬季低温风险

苏里格冬季气温平均在-18℃左右，冬季施工井口、高压阀件因液体结冰造成堵塞，加砂压裂施工过程中易造成高压设备憋压、高压管汇失效风险。

1.4　井控安全风险

由于长时间高压力施工以及各种物理因素对高压管件的影响，往往导致施工过程中高压管件失效甚至高压管件爆裂，从而引起井控突发事件的发生。

1.5　承包商管理风险

苏里格区域压裂施工，往往是多家单位联合作业（包括承包商），由于对承包商资质准入审核不严、队伍安全素质培训不到位、现场监督管理不到位引发各类安全事故的发生。

1.6　高危作业风险

加砂压裂过程中实施的非常规特殊作业等如临时用电、吊装作业、高处作业、进入受限空间作业、化学品使用、火灾爆炸、职业健康风险等。

1.7　其他动态风险

人员、设备、环境、工艺、管理等风险

2　加砂包含压裂的安全管理

苏里格地区加砂压裂涉及的特殊作业和非常规作业较多，只有做好每一个环节的风险识别、程序化采取对应安全管理措施，充分运用双重预防机制管理，才能有效地减少和杜绝施工中各类事故的发生。

2.1　交通安全管理

苏里格地区加砂压裂作业设备主要以车载设备为主，交通安全风险管控为安全管理工作的重心，重点落实好公司制定的各项交通安全规章制度如：出车前道路探查制度和道路分段限速规定，坚持领导带队，召开出发前“四交会”，常态化做好GPS和360预警监控；另外，出发前应积极与当地牧民沟通，提前告之行车路线，作业内容和防尘、防环境污染措施也尤为重要。

2.2 设备的检测与保养

压裂设备维护保养应在非工作状态下进行，严禁带压操作。苏里格地区设备检查保养严格执行施工“一段一检查、三段一紧固、六段一注脂”的保养模式。因苏里格气侯特点，每次施工作业完成或检测后应维护保养高压管汇。长期存放的高压管汇应每六个月维护保养一次，启用前也应维护保养。维护保养时发现存在安全隐患或缺陷，应立即停止使用并送检。所有高压阀件的检测应由具备无损检测资质和能力的第三方单位进行检测并出具检测报告。检测周期：高压管汇出厂后首次使用前应进行第三方检测；高压管汇使用区域稳定工作压力长期≤60MPa，每年进行一次第三方检测；高压管汇使用区域稳定工作压力长期>60MPa，每半年进行一次第三方检测；工厂化压裂高压管汇最多作业400h应进行一次第三方检测；安全阀一年内应进行一次第三方校验。特别注意的是因苏里格气侯夏季干燥沙尘较多，每次高压阀件保养完成后丝扣应用护丝防护，并存放于专用库房中，避免露天存放造成阀件沙蚀受损。

2.3 员工的培训与管理

建立健全以单位主要负责人为HSE培训第一责任人的培训机制，组织本单位培训计划的编制与实施、培训效果的评价与审核，确保HSE培训有效实施。员工(包括承包商员工)必须接受与所从事业务相关的HSE培训，熟悉有关安全生产规章制度和安全操作规程，具备必要的安全生产知识，掌握本岗位的安全操作技能，了解本岗位职业病危害因素、作业场所风险消减措施和应急处理措施，经考核合格后方准上岗。国家法律法规要求必须持证上岗的员工，必须按有关规定培训取证。HSE培训应当包括下列内容：国家安全生产方针、政策和有关安全生产的法律、法规、规章及标准；安全生产管理基本知识、安全生产技术、安全生产专业知识；重大危险源管理、事故防范、应急管理和救援组织以及事故调查处理的有关规定职业危害及其预防措施；国内外先进的安全生产管理经验；典型事故和应急救援案例分析以及其他需要培训的内容。

2.4 施工场地现场布置与属地管理

作业过程中项目长在交叉作业、高危作业、特殊工艺作业等重点作业前要组织相关单位召开专项交底会，明确作业主体方、配合方等各方职责和注意事项。井场施工作业布置严格执行公司基层队站“三标一规范”为核心的标准化现场模式，总平面布置应结合气象条件和地域特点、安全距离满足防火防爆等要求、按照有害作业与无害作业分开、工作场所与生活场所分开、高毒作业场所与其他作业场所隔离的原则，依据作业顺序布置工地或摆放设备，特殊情况应采取安全措施。同一作业现场应尽量避免交叉作业，特殊情况应采取隔离、错峰等安全措施，并签订HSE协议，明确各自的职责，制定应急联动措施。现场所有设备应有保障本身安全和稳定运行的性能，具有良好连锁保护功能。易燃易爆作业场所应配备本安型或隔爆型设备。严格属地分区，对施工现场作业高压区、低压区、井口、液罐区、砂罐区等实施网格化管理，明确各区属地负责人，按照四色等级分级管理。因井场周边即为牧区，对环保要求较高，整个作业区域要求铺设防渗膜，包括罐群区和压裂施工区域，作业现场应设置污水或返排液罐备用。

2.5 作业前的准备工作和施工过程管理

作业前，事先要对施工设备、车辆、高压阀件进行维护保养，确保良好工况。同时做好施工设计、井控方案及作业计划书的审核审批工作；施工前做好员工入场安全教育培训、提示施工过程中可能存在的风险及管控措施，交待应急处置程序；整个施工过程中严格执行公司班组四环节风险防控管理机制，严格执行公司关键作业管控计划，实施分级防控；强化过程管控，有条件的地区实行专职安全监督全程风险管控，确保施工顺利进行。

3 加砂压裂施工中的安全措施

加砂压裂施工过程强化以“违章管理、隐患管理和风险控制工具运用”为核心的风险管理模式，将HSE管理显性化，便于基层理解和执行，夯实了基层HSE管理工作。

3.1 施工操作人员的保障

加砂压裂施工是危险性较高的工作，因此，人的生命安全是重中之重。在进行施工前，要让每一位参与压裂施工的人员清楚自己的岗位职责及任务，岗位有哪些风险、如何识别这些风险以及风险的管控措施和如何应急处置；另外要加大员工岗位操作规程的培训，让员工熟练掌握设备操作规程和岗位操作规程，避免作业过程中的误操作带来安全隐患和事故的发生。从加砂压裂的准备到压裂作业结束，作业人员将面临高处、高压、起重以及职业危害等风险，劳动防护必须要求作业人员正确佩戴，如防噪声耳塞、高处防坠落器等。苏里格地区夏季气温高，日照强且早晚温差较大，冬季夜间气温极低，合理安排人员作业和倒班，尽量避开异常高温(低温)等恶劣天气作业，减少环境因素给作业人员带来的作业风险。

3.2　机器设备的运行保障

加砂压裂过程中，参加压裂的设备大部分是大型的机器设备，设备的良好工况是决定加砂压裂成败的关键。首先要根据设计要求配备足量的压裂车，才能保障按设计排量进行施工。其次，在整个压裂施工过程中，我们设备管理干部要随时巡视压裂设备工作情况，发现有压裂车走空泵、摆动过大或压裂车散热端温度过高要及时分析原因，提出整改措施，防止长时间设备运转造成设备异常情况引起设备故障和火灾的发生。苏里格区域施工，水平井施工作业2~3段后应进行检泵作业，并对压裂车台上(下)的油、电瓶、水等进行常规检查，确保下一段施工顺利进行。

3.3　紧急情况的应急管理

加砂压裂酸化过程中可能出现井口刺漏、井涌、井喷等井控突发事件及火灾爆炸造成人员伤害、设备毁损以及环境污染等突发事件，发生后若发现不及时、关井不正确或现场处置不恰当，可能引发严重事故及次生事件，给公司带来重大经济损失和不良社影响。因此，做好应急管理工作尤为重要。首先，应针对加砂压裂施工全过程的作业风险开展辨识和评估，基层单位应依据评估结果制定应急预案，基层队则针对现场可能出现的突发情况制定现场处置程序，如现场设备着火应急处置程序、井口、高压管线刺漏应急处置程序、以及人员伤害、环境污染应急处置程序等。针对苏里格压裂风险等级分公司级一般每半年组织一次应急演练，基层队则依据生产情况至少每半年组织一次火灾、管线刺漏和环境污染实战应急演练。通过应急演练，不断验证我们应急预案和现场应急处置程序的实用性和可行性，从演练中不断总结，改进应急预案，达到提升单位的组织能力和员工应急能力和应急反应。

3.4　生产组织管理

及时跟踪了解试气队进度，按照区域运行，统筹安排施工设备、人员和物资，统筹安排压裂施工任务，采取同井场工厂化压裂和同区块就近转井方式，提高压裂生产时效降低作业成本和行车安全风险。

3.5　新工艺、新技术的运用与管理

施工区域全景目视化监控设备的运用，变黏滑溜水新工艺运用，压裂车自动灭火系统的运用等可较大程度减少人为巡视和操作风险，提升安全效能。

4　结论

苏里格区域加砂压裂施工是一个复杂的工程，涉及较多的高危高风险作业且气候恶劣，在作业的组织实施到施工结束，我们必须思想上高度重视HSE的管理，牢固树立“一切事故都是可以避免的、防范胜于救灾”的安全理念，强化四全管理，运用多种风险控制工具强化过程风险识别与风险管控，强化过程监督把关，从而有效地预防和杜绝各类事故的发生，保障公司生产经营平稳运行。

参考文献

[1]《川庆钻探工程有限公司HSE培训管理办法》川庆制发〔2015〕45号.
[2]《高压作业风险防控方案》Q/SY 02553.
[3]《井下作业井控技术规范》.
[4] 川庆钻探工程公司基层队站HSE“三标一规范”2.0建设方案.
[5] 井下作业公司道路交通安全管理实施细则川庆井制发〔2022〕7号.
[6] 井下作业公司一级和二级设备安全操作规程川庆井装备发〔2021〕8号.

探索 664 审核模式，持续深化 QHSE 体系建设

陈胜伟

（中国石油集团川庆钻探工程有限公司）

摘　要　为认真贯彻落实川庆公司 QHSE 管理体系审核工作总体部署，以 QHSE 管理体系建设为主线，以体系审核为抓手，围绕“六个突出”精心策划体系审核，优化“六结合”审核方式提升体系审核质量，采取“四项治理”措施强化审核成果应用，持续深化 QHSE 管理体系建设，夯实质量健康安全环保基础。

关键词　“664”审核模式；QHSE 管理体系建设；深化

1　围绕“六个突出”精心策划体系审核

为深入落实“一体化、差异化、精准化”QHSE 体系审核要求，直线业务部门高度重视，精心策划，统筹安排，周密组织，QHSE 体系审核前准备工作充分、扎实、可操作性强。

1.1　突出领导挂帅

总公司领导班子全员参与并担任审核组组长，助理级领导及技术专家担任专家组长，主要领导亲自审定审核方案，领导班子主动参加审核首末次会议，带头深入审核单位开展审核。

1.2　突出审核人员专业性

按照“四个优先”原则选拔审核组成员，优先选拔安全环保、工程技术、装备等专业性强的一二级工程师及高级工程师；优先选用参加过川庆公司、中油技服审核的专业审核员；优先选用取得国家注册安全工程师的管理人员，优先选用总公司机关部门负责人。

1.3　突出全覆盖审核

对总公司及各单位两级机关部门和所有基层队站开展全覆盖审核，总公司审核组对两级机关部门、专业公司所有后勤场点和井控重点井施工队、新配套钻井队、新提拔队长钻井队及新引进外包钻井队在内的不少于 30% 的钻井队开展审核，其余钻井队由项目部（组）成立审核组同标审核。

1.4　突出审核重点

对总公司及上级单位的重点工作及审核问题整治情况进行现场验证；结合高崖坍塌、防洪防汛、防暑降温、冬季施工等季节特性开展重点审核；对危险化学品、消防安全、用电安全、道路交通等专业领域开展审核；对井控、拆搬安、吊装等 12 类关键作业开展审核。

1.5　突出驻队审核

对井控重点井施工队、新配套钻井队及新提拔队长钻井队等高风险基层队站由总公司审核组采取不少于一天的驻队审核。

1.6　突出审核前培训

组织审核人员对审核方法、审核重点、审核标准等内容进行培训，统一审核思路、审核标准和审核方法，要求审核组敢于动真碰硬，做到真查实查问题，坚决杜绝走马观花、弄虚作假等形式主义。

2　优化“六结合”审核方式提升体系审核质量

深入落实“四查”举措，查思想提升实干能力，查技术提升创新能力，查管理提升管控能力，查纪律提升执行能力，持续优化 QHSE 体系审核方式方法，提升体系审核质量。

2.1　线上线下相结合

在施工区域疫情严峻形势下，总公司审核组充分运用视频监控室、防爆终端及腾讯会议等方式开展线上审核，项目部（组）尽可能采用线下审核方式。

2.2　访谈评估与安全培训相结合

审核人员对钻井队队长开展查患纠违、风险辨控、事故事件分析“三种能力”评估并排名公示，通过访谈干部骨干及关键岗位人员充分了解基层队站安全管理现状，结合访谈评估结果在现场开展针对性培训。

2.3　隐患查纠与行为安全审核相结合

为持续深化双重预防机制建设，审核员在基

层队站查找隐患的同时，重点对吊装、起下钻、拆装封井器等关键作业的作业人员开展行为安全审核，对发现的不安全行为落实安全观察与沟通并填写卡片。

2.4 风险控制工具应用与“四环节”风险管控相结合

通过审核作业许可、上锁挂签、安全观察与沟通等风险控制工具有形化应用，验证基层队站岗位人员“班前识别风险、交班提示风险、班中防控风险、班后总结风险”落实情况并进行现场指导培训，提升岗位员工管控风险能力。

2.5 总结讲评与“一队一策”相结合

审核人员在基层队站审核结束后，根据审核情况组织干部骨干召开总结讲评会，梳理管理短板，针对性制定“一队一策”方案。

2.6 协调问题与亮点做法相结合

梳理基层队站需要协调解决的问题及 QHSE 亮点做法，由总公司机关业务部门解决协调问题，质量安全环保部负责限期督办，成立专家组对亮点做法进行评估论证并推广应用。

3 采取“四项治理”措施强化审核成果应用

针对体系审核发现的问题采取以点带面、直线分类、立项、纪委监督等手段进行系统治理，积极探索针对性管控措施，夯实安全管理基础。

3.1 以点带面治理

每审核一个基层队站将问题清单下发所有基层队站对照开展自查自改，避免同类问题重复出现，否则进行考核追责。

3.2 直线分类治理

审核工作结束后由质量安全环保部负责将审核问题根据直线管理划分到总公司机关业务管理部门，由业务部门负责审核问题跟踪销项，并开展专项排查治理。

3.3 设备本质隐患立项治理

对今年审核发现的井架底座 BOP 支撑横拉筋安全隐患、液压猫头隐患、大庆Ⅱ型联动机隐患、推移滑轨隐患等 11 项设备本质隐患，总公司划拨专项治理经费 700 余万元开展立项治理，提升基层队站设备本质安全。

3.4 纪委监督治理

总公司主要领导安排纪委办公室对审核问题治理情况进行抽查验证，对治理不彻底、弄虚作假的相关责任单位及责任人员严肃追究责任。

今后，我们将深入学习贯彻党的二十大对安全生产和生态保护等工作作出的重大战略部署，强化红线底线思维，牢固树立“一切事故都是可以避免的”和“防范胜于救灾”的理念，坚定“杜绝生产亡人事故”的必胜信念，落实“四全”要求和“四查”举措，以“时时放心不下”的责任感和“如履薄冰”的危机意识，抓细抓实十五条硬性措施落实，持续深化 QHSE 体系建设，强化关键作业风险管控，坚决筑牢安全环保“防护墙”，全面提升 QHSE 管理水平。

新《安全生产法》背景下油气管道企业安全管理探究

卞 睿 刘 洋

（国家管网集团山东省分公司）

摘 要 管道运输被称为“第五大运输方式”，是当前世界油气资源的主要运输方式，在当今社会生产和生活中有着举足轻重的作用和意义。油气管道企业输送介质具有可燃、易爆、有毒有害等特性，存在一定的危险性，为此油气管道企业在其输送、贮存、服务的环节中安全方面应引起高度重视。最新出台的2021版《安全生产法》修改力度大、涉及面宽，本文从树牢新安全发展理念、完善安全生产责任机制、细化安全风险分级管控机制、强化违法行为的惩处力度以及注重从业人员的“人文关怀”这五个方面进行分析，探究新《安全生产法》会给油气管道企业安全生产和安全管理工作带来的影响。同时，本文从本质化安全管理策略上出发，探究油气管道企业在严格遵守新《安全生产法》的背景下，可以从消除人的不安全行为、严防“物”的不安全状态、减少环境的不安全因素以及杜绝安全管理缺陷这四方面出制定安全管理策略，使得潜在的风险和危害因素处于可控状态，以有效预防安全生产事故的发生。最后，本文以国家管网某D输油站对新《安全生产法》进行实践验证，经过两年的实践探索，D输油站从“人、机、环、管”方面加强了监督和管理，完善企业安全管理工作，有效提升安全管理水平，形成良好的安全文化氛围。因此，新《安全生产法》背景下油气管道企业安全管理探究具有一定研究意义。

关键词 新《安全生产法》；油气管道企业；安全管理；安全管理策略；风险隐患

引言

我国油气资源分布分散，与资源需求方相隔距离较远，管道输送具有运输成本低、输送量大、能耗低等优点，通常采用长输管道方式进行油气资源运输。但由于油气资源具有危险化学品特殊的化学物理性质，存在一定的可燃性、易爆性、有毒有害性等，易发生安全生产事故，因此在运营油气管道过程中，油气管道企业做好安全管理工作有着十分重大的意义。第一，安全管理是确保企业能正常开展生产运行的前提和条件，如果企业违反了新《安全生产法》，安全管理工作不到位，那就可能造成事故隐患，严重时易发生安全生产事故；第二，安全管理工作到位可有效避免管道泄漏问题的出现，从而保障管道输送的安全性，以免因管道泄漏出现爆炸、火灾和污染环境等方面的事故；第三，落实安全管理工作可为长输油气管道的运营、管理和维护提供可靠的保障，确保油气资源的合理利用。

1 新《安全生产法》对安全管理的影响

为完善安全生产法律法规制度，提升国家安全生产总体管理水平，完善生产经营单位安全生产预防措施，解决屡见不鲜的安全风险和事故隐患，降低安全生产事件的发生率，在源头上和根本上突破当前安全生产瓶颈期，《安全生产法》已经经历了4次修改（图1），其中2021年版《安全生产法》对生产经营单位安全管理有着更为具体明确的规定。

1.1 树牢新安全发展理念

新《安全生产法》第三条中强调了安全生产的根本准则和首要使命是“坚持人民至上、生命至上，把保护人民生命安全摆在首位”。我们党和国家历来都将人的安全放在首位，因为有了人、有了安全就有了1，后面的数字才有意义。我们党和国家重视发展，但更重视安全，在新《安全生产法》提出安全生产红线，不能牺牲人的生命，不能重发展、淡安全、轻生命，要时刻牢记新安全发展理念，守住安全底线、红线（表1）。

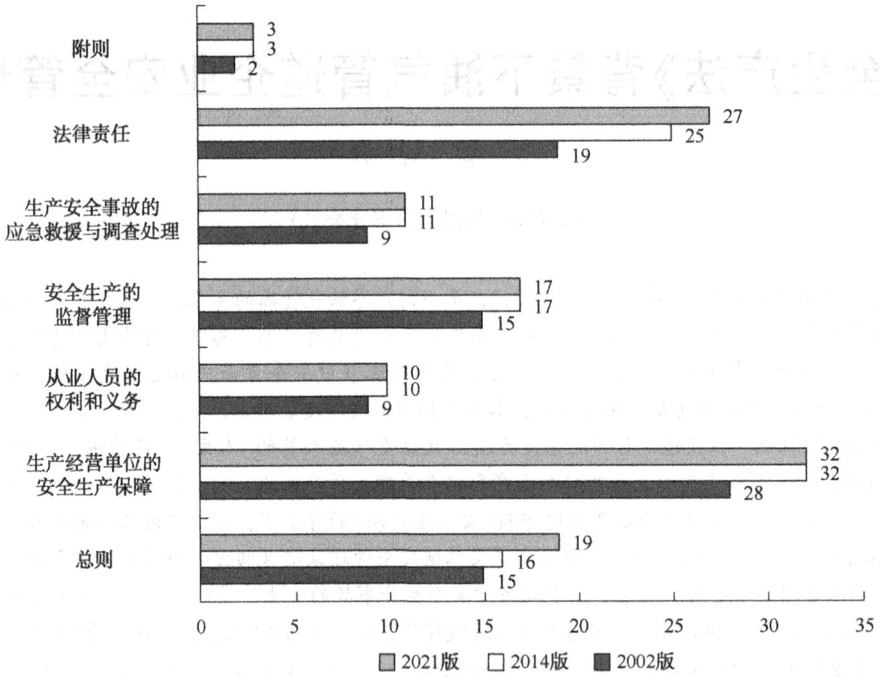

图 1　新旧《安全生产法》章节对比图

表 1　新旧《安全生产法》安全发展理念对照表

2002 版	2014 版	2021 版(最新版)
第三条安全生产管理，坚持安全第一、预防为主的方针。	第三条安全生产工作应当以人为本，坚持安全发展，坚持安全第一、预防为主、综合治理的方针，强化和落实生产经营单位的主体负责，建立生产经营单位负责、职工参与、政府监管、行业自律和社会监督的机制。	第三条修改为：“安全生产工作坚持中国共产党的领导。”安全生产工作应当以人为本，坚持人民至上、生命至上，把保护人民生命安全摆在首位，树牢安全发展理念，坚持安全第一、预防为主、综合治理的方针，从源头上防范化解重大安全风险。 “安全生产工作实行管行业必须管安全、管业务必须管安全、管生产经营必须管安全，强化和落实生产经营单位主体责任与政府监管责任，建立生产经营单位负责、职工参与、政府监管、行业自律和社会监督的机制。”

1.2　完善安全生产责任机制

新《安全生产法》中重点强调了党的领导地位，在安全生产工作中，中国共产党具有领导作用，党中央对于安全形势向好起到决定性作用，安全生产水平的提高不仅是企业的生存发展需要，更是人民对安全环境的需求。同时新《安全生产法》更加明晰了各方的安全工作责任，构建起了一套比较完善的责任机制，做到“三管三必须”，明确了安管和主管各部门、以及企业内部各职能部门的安全生产职责，要求依法齐抓共管，共同合力履职尽责。

1.3　细化安全风险分级管控机制

新《安全生产法》第四十一条明确，生产经营单位应建立安全风险分级管控机制，定期组织开展风险辨识评估，严格落实分级管控措施，防止风险演变为安全事故。习近平总书记一直强调建设双重预防性工作机制的重要性，要不断完善改进该机制，新《安全生产法》中补充了重大事故隐患的报告规定要求，这样不仅监管部门监督隐患整治，单位人员也发挥监管作用了，在双重监管下更加有效确保了隐患排查的整治消除(表 2)。

表 2　新旧《安全生产法》双重预防机制对照表

2002 版	2014 版	2021 版(最新版)
无要求	第三十八条生产经营单位应当建立健全生产安全事故隐患排查治理制度，采取技术、管理措施，及时发现并消除事故隐患。事故隐患排查治理情况应当如实记录，并向从业人员通报。 县级以上地方各级人民政府负有安全生产监督管理职责的部门应当建立健全重大事故隐患治理督办制度，督促生产经营单位消除重大事故隐患。	将第三十八条改为第四十一条，修改为："生产经营单位应当建立安全风险分级管控制度，按照安全风险分级采取相应的管控措施。"生产经营单位应当建立健全并落实生产安全事故隐患排查治理制度，采取技术、管理措施，及时发现并消除事故隐患。事故隐患排查治理情况应当如实记录，并通过职工大地或者职工代表大会、信息公示栏等方式向从来人员通报。其中，重大事故隐患排查治理情况应当及时向负有安全生产监督管理职责的部门和职工大会或者职工代表大会报告。 "县级以上地方各级人民政府负有安全生产监督管理职责的部门应当将重大事故隐患纳入相关信息系统，建立健全重大事故隐患治理督办制度，督促生产经营单位消除重大事故隐患。"

1.4　强化违法行为的惩处力度

新《安全生产法》从三方面强化违法行为的惩处力度，一是增加了按日计罚制度，如违反新《安全生产法》，未限期内改正的，需按日连续计罚；二是提高了罚款额度，对生产经营单位罚款额度最高可达 1 亿元，对单位主要负责人罚款额度也由年收入 80%提升至 100%；三是加大了惩戒力度，不单是有罚款，也可对从事工作的行业和职业进行限制禁业；四是完善了处罚内容，新增对未按要求安全投保安责险和配备注安师进行处罚。

1.5　注重从业人员的"人文关怀"

新《安全生产法》第四十四条增加了要求企业加强对从业人员的心理引导和精神抚慰。具有社会责任心的企业，一定是以人类关爱为高度，将企业的"安全之道"与员工的"人文关怀"有机统一起来，给予员工最大的关怀，唯有从业人员身心健康，才能以饱满的精神投身事业，给企业乃至社会带来更高的价值。

2　新《安全生产法》下的安全管理策略

为有效预防安全生产事故的发生，从本质化安全管理策略上出发，就是要找到事故的致因，妥善处理人、机、环、管的问题，杜绝在任一环节的缺失或失误，这样才能使潜在的风险和危害因素处于有效管控状态。其中，油气管道历史上发生了多起事故主要是由于蓄意破坏、腐蚀、第三方、管理失误、设计缺陷和部件损坏等原因造成。因此，油气管道企业在严格遵守新《安全生产法》的背景下，应从以下四方面制定安全管理策略(图 2)。

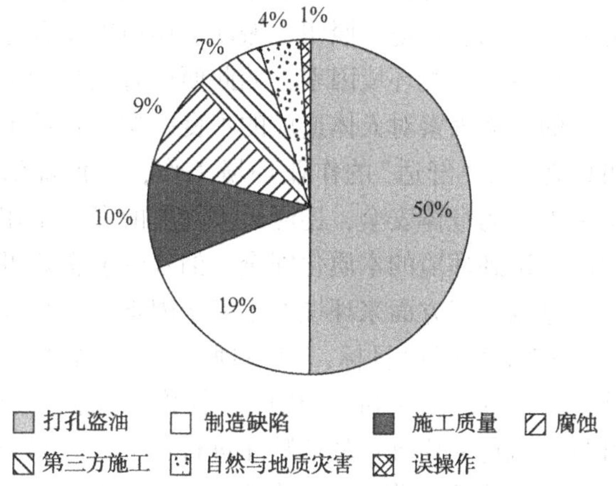

图 2　2006—2015 年期间发生油气管道事故因素占比

2.1　消除人的不安全行为

人的不安全行为受个人生理、心理、安全文化、技术方面素质因素所影响，对造成事故起着决定性作业，想要做到最大程度地消除人的不安全行为，油气管道企业应从 3 个方向入手：一是扎实开展全员安全教育培训，熟练掌握安全知识，树立正确的安全意识，将安全教育培训作为提高企业全体从业人员素质、防止"三违"行为、防范事故发生的源头性、根本性举措；二是营造浓厚的安全学习氛围，打造安全管理团队优势，用激励手段鼓励员工考取注册安全工程师，掌握安全管理和安全技能知识，提升安全管理水平；三是时刻关注员工心理行为变化，及时做好谈心谈话、心理疏导，防范异常行为的发生，从而消除不安全行为。

2.2　严防"物"的不安全状态

在油气管道企业运营过程中，物的不安全状态会导致安全事故。如"6・13"十堰重大燃气爆炸事故暴露出燃气公司忽视"物"的不安全状态，未严格按照要求对管道及其附属设备进行巡检巡查使之处于正常运行状态。所以，油气管道企业要严防"物"的不安全状态，一是使用符合国家标准规范的生产设备设施和安装合格的安全设施，定期做好维护保养，按要求定期检测、检验，使设备设施处于可正常运行状态；二是做好安全风险管控和隐患排查工作，建立双重预防机制，定期组织全员逐区域、逐专业、逐设备、逐操作、逐维修和施工作业开展识别和排查工作，建立安全风险和隐患“两清单”，有效管控识别出的风险，及时消除排查的事故隐患，消灭机器的危险性。

2.3　减少环境的不安全因素

对环境的不安全因素的管理，最佳时间是在管道系统设计阶段和施工准备期间，在早期尽可能的消除如热环境、照明、振动、噪声以及有毒有害物质等各类环境因素，如此便可有效减少不安全的环境因素对人体造成的不良影响。若员工可以在一个“舒适”的作业环境工作，不但能够保障他们的身体安全，还能最大程度的发挥工作效能，达到环境的本质化安全。油气管道企业可以通过以下三方面来环境的不安全因素：一是设定“5S”安全管理目标，即整理—整顿—清扫—清洁—素养；二是执行“PDCA”操作程序，按照计划—执行—检查—处理顺序进行；三是做到安全目视化管理，警示出环境的不安全因素，强化现场安全管理。

2.4　杜绝安全管理缺陷

安全管理到位是控制事故发生的主导性关键措施。通过可靠的安全管理措施，可以克服人、机、环要素上的不足，实现对生产的组织、指导和协调，对人、财、物的全面调度，保障人、机、环境系统安全可靠的运行。油气管道企业为了杜绝安全管理缺陷，可以通过以下三方面改善：一是增强安全意识，树牢树牢新安全发展理念，正确处理安全和生产、安全和发展、安全和效益三者的相互关系，始终把安全放在第一位；二是要严格履行企业安全生产主体责任，包括物质、资金、人员、教育、应急等方面责任；三是要进行安全生产标准化管理，建立规章制度和操作规程，定期组织开展安全检查。

3　安全管理策略的实际应用

某D输油站按新《安全生产法》要求严格执行，一直秉持“以人为本”的安全管理理念，全面做到依法合规，注重职工安全教育，强化职工安全意识，引进先进的安全管理经验，并开展多种形式的安全文化活动，使整个站队形成了良好的安全文化氛围。

3.1　营造安全学习氛围

D输油站场从站领导到技术员，再到岗位员工，把安全知识和安全技能的学习作为他们的必修课。充分利用召开各类会议的时机，会前组织开展安全管理经验分享，并对同行业安全生产事故进行集中学习和反思，增强优患意识，从事故中吸取教训。结合疫情防控要求和员工上班模式不同，每月定期开展至少一次安全教育线上钉直播课，每周开展一次班组安全活动，不定期组织开展新《安全生产法》等法律法规的专题培训。除专职安全管理人员外，鼓励员工学安全、考安全，目前取得国家注册安全工程师证书2人，另有2人正在考取。

3.2　强化企业内部安全生产体系建设

D输油站狠抓安全环保不放松，筑牢安全发展、绿色发展根基，以各级法律法规为准绳，确保安全、环保、职业卫生以及消防业务范围做到依法合规。坚持安全生产先于一切、高于一切、重于一切，持续夯基础、补短板、除隐患，严防事故发生。以国家管网集团安全标准化为根本点，推进各项工作对标规范管理，强力推进“学体系、用体系”，确保体系建设“一贯到底”。

3.3　抓实风险隐患管控治理

D输油站定期组织全员进行安全风险识别，建立“两级风险清单”，实现风险管理“横向到边、纵向到底”的网格化、专业化管理。组织全员参与隐患排查，建立班组巡检、站队周检、安全部门月检、不定期抽检的常态机制，实行隐患问题的闭环管理，确保安全风险始终受控，建站以来一直保持安全生产无事故。

4　结语

随着安全生产法律体系的逐渐完善，近年油气管道企业发生安全生产事故的数据呈下降趋势，但仍有安全生产事故的发生。根据大数据研究发现，每起事故的发生，都和这四个因素相关联。所以，唯有严格加强安全管理，做到“思想不懈怠、管理制度无漏洞、工艺技术无缺陷、装备设施无隐患、操作行为无差错”的状态，减少人、机、环、管的不安全因素，才能有效的降低油气管道企业安全生产事故的出现。新《安全生产法》的修改实施，从“人、机、环、管”方面加强了对油气管道企业的监督和管理，可有效预防和减少油气管道生产安全事故的发生人、机、环、管”等全方面多角度综合制定安全管理策略，完善企业安全管理工作，有效提升安全管理水平。

参　考　文　献

[1] 郭杰．新《安全生产法》的修订及对企业影响[J]．工业安全与环保，2022，48(6)：4.
[2] 方正．隐患排查治理，企业要做好四件事！——《安全生产法》部分新修改条款解读[J]．广东安全生产，2022(3)：2.
[3] 方正．2021 年新修改《安全生产法》专题(十二)违法行为处罚更严，力度更大--《安全生产法》部分新修改条款解读[J]．广东安全生产，2022(7)：2.
[4] 李睿．贯彻新修《安全生产法》推进危险化学品行业安全管理[J]．化工管理，2022(1)：3.

交叉站库三重预防机制的探索与实践

刘　洋　卞　睿

(国家石油与天然气集团山东省分公司)

摘　要　近年来，随着中央企业和国有企业的深化改革，各级企业面临交叉站库管理问题突出。交叉站库指的是我方资产和外方资产处在同一围墙内站场、油库，可能涉及资产交叉、界面交叉、管理交叉等问题。交叉站库安全管控风险情况复杂、关系错乱、管理困难，并且涉及企业单位众多，不仅仅是个别单位所要面临的安全风险，而且目前现有研究关于交叉站库的管理经验和研究较少。因此充分认识"厂中厂、库中库、库中站"等交叉站库安全生产形势的复杂严峻性，牢固树立安全发展理念，强化红线意识和底线思维，深入贯彻落实国务院安委会安全生产"十五条硬措施"，坚持安全生产"先于一切、高于一切、重于一切"，把防控重大安全风险摆在更加突出的位置，为确保交叉站库安全生产风险可控、在控，探索建立交叉站库"风险防控、隐患治理、联合应急"三重预防机制具有一定研究意义和管理经验推广意义。本文将国家管网山东省分公司日照作业区日照管理站(简称国家管网日照管理站，下同)作为一个典型的交叉站库站队进行实例，探索交叉站库"风险防控、隐患治理、联合应急"三重预防机制在基层站队的运行情况和管控情况。日照管理站在实践中不断探索，经过前期实践验证，交叉站库三重预防工作机制得以落地见效。

关键词　交叉站库；风险管控；三重预防机制；联合防控；联合应急

背景概括

近年来，随着中央企业和国有企业的深化改革，各级企业面临交叉站库管理问题突出。为了促进管网的互联互通，构建"全国一张网"，国家管网集团由此而生。原本由中国石油、中国石化和中海油等三家垄断管辖的油气管道、站场划转由国家管网集团管辖，这样许多公司都不得不面对交叉站库这一管理难题问题。根据《国家管网集团交叉站库三重预防机制工作方案》和《国家管网山东省公司交叉站库三重预防机制工作方案》，交叉站库指的是我方资产和外方资产处在同一围墙内站场、油库，可能涉及资产交叉、界面交叉、管理交叉等问题。就目前国家管网团山东省分公司而言，涉及交叉站库安全风险的单位分别为青岛作业区、日照作业区山、济宁作业区、济南作业区、聊城作业区、榆济作业区、德州作业区以及潍坊作业区共8家作业区，涉及交叉站库安全风险的作业单元有日照管理站、黄岛原油库、泊里输气站以及鲁皖一期临沂站等56个管理站。因交叉站库安全管控风险情况复杂、关系错乱、管理困难，且涉及企业单位众多，不仅仅是个别单位所要面临的安全风险(图1)。

图1　交叉站库共用站控室照片

1　交叉站库风险分析

国家管网团山东省分公司将交叉站库安全风险识别为较大安全风险，属于组织变更风险评估类。由于国家管网改革，涉及变化的有制度体系、人员调整、生产区管理范围、运行岗位操作等，存在以下风险，如图2所示。

1.1　典型交叉站库管控风险分析

本文选取国家管网日照管理站作为典型的交叉站库站队进行实例分析。自2020年9月30日国家管网集团成立后，国家管网日照管理站就与中国石化青岛石化日照油库(简称中国石化日照油库，下同)开始了资产交叉、界面交叉、操作交叉的情况，同在一个生产厂界区域，属于典型的交叉站库站队。经过交叉站库双方前期的工作交涉，发现存在以下问题：

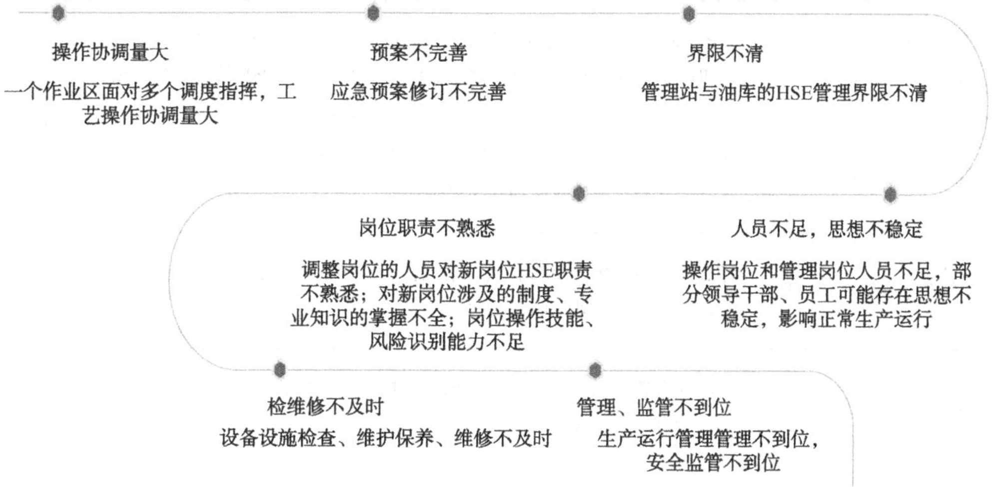

图 2　交叉站库安全风险描述图

（1）中国石化人员进入国家管网生产区域较为频繁，特别是中国石化外来施工人员在生产区域随意穿行现象突出，存在误触误动生产设备设施的风险。

（2）外来人员对国家管网、中国石化的各自资产及管辖范围不清楚，存在部分区域管理职责未完全明确，容易导致管理盲区。

（3）施工管理各自为战，对方未进行双监护，风险辨识不充分，作业时易忽略相关方的风险，对地下电缆等隐蔽工程极易造成破坏。

（4）双方共同开展隐患治理不及时，日仪线给油泵由国家管网负责操作，中国石化负责维修保养，设备维修周期长，影响日仪线正常输油。

1.2　交叉站库风险管控失控要因

从现场调查、专家分析、职工头脑风暴探讨深入分析、详细论证，得出可能引起交叉站库安全风险失控的影响要素关联（见图 3 影响要素关联图），然后根据要素的影响程度判断要因和非要因（见表 1 要因分析表）

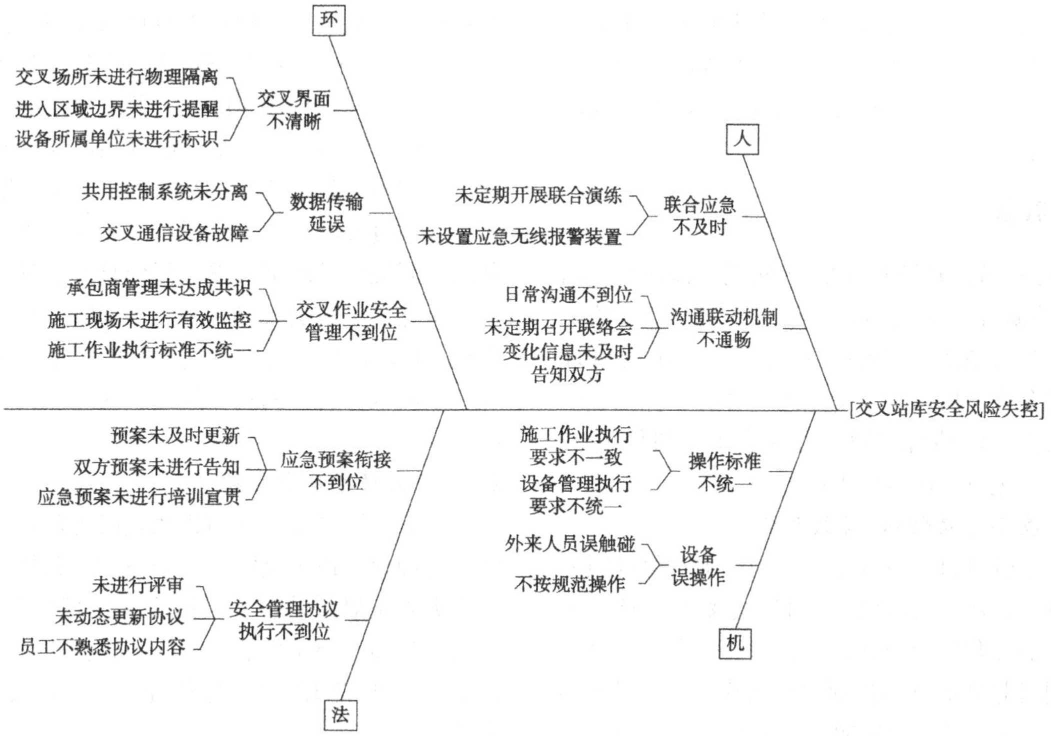

图 3　交叉站库安全风险失控影响要素关联图

表1　交叉站库安全风险失控要因分析表

序号	要素名称	现状调查及影响	是否要因
1	《安全管理协议》管理界限不清	《安全管理协议》应明确划分界面不清晰，缺少在安全管理、消防管理、应急管理、事故事件管理和不可抗力中的责任与要求，导致HSE管理界限不清。	要因
2	风险隐患防控不到位	未第一时间将风险和隐患清单以及可能影响对方的风险管控措施进行专项交底，未动态开展安全风险识别和隐患排查。	要因
3	联合应急不及时	未结合与青岛石化“库中站”实际情况，将现场处置方案和应急处置卡进行完善，青岛石化的应急处置职责不明了。	要因
4	沟通联动机制不畅通	未及时与青岛石化将生产运行、风险管控、隐患排查治理、应急处置等存在的问题进行有效沟通解决。	要因
5	工艺运行误操作	码头来油进储油罐部分流程归属中石化管理，如对方设备失效或操作失误可能造成原油管道非计划停输风险。	非要因
6	操作标准不统一	日仪线给油泵由国家管网操作，维护修理由中国石化负责，存在维检修标准不一，存在我方在操作时出现故障，从而影响输油生产风险。	非要因
7	交叉界面不清晰	日濮洛现输油设备与中国石化商储日照分公司在同厂区内，存在对方人员误操作我方设备设施，影响输油生产的风险。	非要因
8	通信数据不通畅	目前双方的工业视频监控系统的终端和路由交换设备仍是双方共用，存在对方误操作导致我方生产数据中断风险。	非要因

通过分析，本文从8个要素中确定了4个要因，分别为《安全管理协议》管理界限不清、风险隐患防控不到位、联合应急不及时以及沟通联动机制不畅通。

2　实践探索

以国家管网日照管理站为实例，探索交叉站库“风险防控、隐患治理、联合应急”三重预防机制在基层站队的有效运行。国家管网日照管理站从安全管理协议、风险隐患联合防控、联合应急以及沟通联动机制四个方面入手，细化了22项具体措施进行防控(图4)。

2.1　《安全管理协议》有效实施

国家管网日照管理站通过与中国石化日照油库签订《安全管理协议》，明确交叉作业时对安全生产的互相配合方式，以便厘清各自的安全职责，同时起到提醒和强制执行的作用。具体有3个措施：①《安全管理协议》每年至少进行一次共同审查评估，并根据审查意见修改完善，确保《安全管理协议》可用、管用、实用；②结合双方安全生产管理现场实际、工艺变更情况、公司名称变更等，按照“一站一策”原则，对《安全管理协议》进行动态管理，适时补充、完善协议内容；③通过开展班组安全活动、专项培训会等多种形式开展全员培训宣贯，促使日照管理站全体员工全方位了解交叉站库资产界面、《安全管理协议》中确定的安全管理、消防管理、应急管理、事故事件管理的责任界面及应急联动等相关内容。

2.2　风险隐患联合防控

国家管网日照管理站将风险隐患联合防控措施进行细化，以风险隐患排查整治、共用控制系统重大安全风险管控、关键交叉区域风险管控、强化承包商和施工作业现场风险管控4个方向为抓手，细化成12项具体措施加以防控，详见表2。

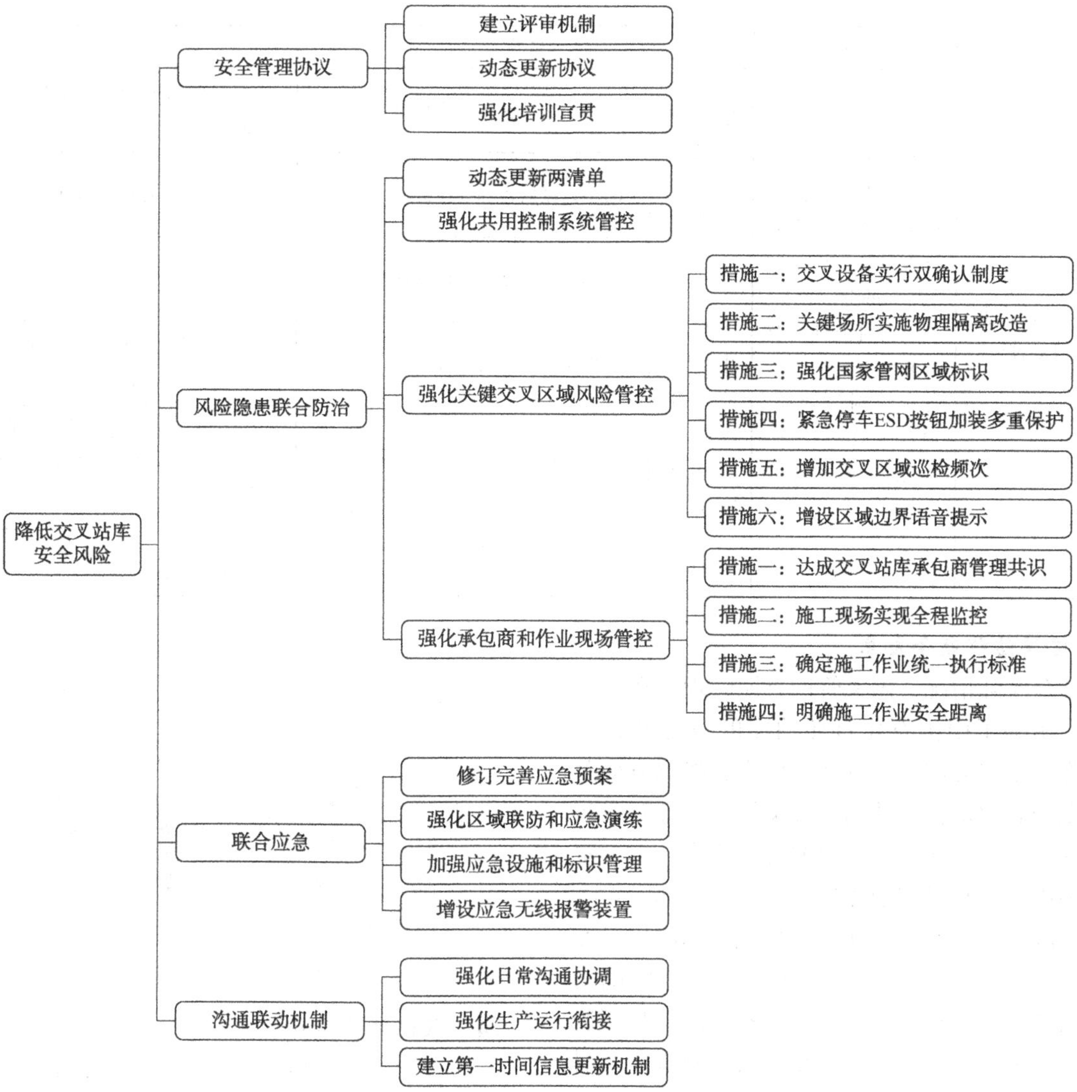

图4　交叉站库管控措施实施思维导图

表2　风险隐患联合防控措施实施情况表

序号	对策	目标	措施		完成情况
1	风险隐患联合防控	对交叉管理界面内的所有安全隐患进行系统性的全面排查，结合相关安全隐患的危险程度、发生的可能性以及带来的严重后果进行分级别的管控，加以有效的控制，杜绝安全事故的发生。	1. 动态开展风险隐患排查整治工作		动态更新风险隐患两清单
2			2. 强化共用控制系统重大安全风险管控		2022年10月25日已完成日照管理站站控工作站、通信、火气和火灾报警系统的改造搬迁
3			3. 强化关键交叉区域风险管控：	(1)交叉设备实行双确认制度	共用机房设备严格落实双确认制度
4				(2)关键场所实施物理隔离改造	关键场所区域设置了围栏进行硬隔离
5				(3)强化国家管网区域标识	地上管线段、压缩空气管线、工艺管道法兰处、电缆路等区域增加“国家管网”区域标识
6				(4)紧急停车ESD按钮加装多重保护	增加了不锈钢保护盒、自动语音提示功能

续表

序号	对策	目标	措施		完成情况
7	风险隐患联合防控	对交叉管理界面内的所有安全隐患进行系统性的全面排查，结合相关安全隐患的危险程度、发生的可能性以及带来的严重后果进行分级别的管控，加以有效的控制，杜绝安全事故的发生。	3. 强化关键交叉区域风险管控：	(5)增加交叉区域巡检频次	交叉区域的巡检周期从 4h 升级为 2h
8				(6)增设区域边界语音提示	增设区域边界提示防爆装置
9			4. 强化承包商和施工作业现场风险管控：	(1)达成交叉站库承包商管理共识	共同培训，联合安全技术交底、施工现场双确认、双监护
10				(2)施工现场实现全程监控	固定式摄像机和 2 台移动式防爆摄像设备共同使用
11				(3)确定施工作业统一执行标准	以《危险化学品企业特殊作业安全规范》(GB 30871—2022)为执行标准
12				(4)明确施工作业安全距离。	固定动火区的设置在距离双方生产区域不应小于 30m

2.3 保障防线联合应急

结合实际情况，国家管网日照管理站在应急预案中明确了中国石化日照油库的应急处置职责，确定了双方应急信息通报内容，将双方应急预案做到有效衔接，并约定交叉站库管理双方每季度开展一次区域联防应急演练。联合应急职责中明确中国石化日照油库应急联动职责如下：①暂停事故附近所有施工作业，杜绝一切明火；②疏散告知站库区无关人员；③通知消防协助力量，清理消防通道，引导消防车辆，配合日照管理站应急处置；④发生突发事件时，双方应及时相互通报和采取应对措施，并接照事故所属区域，事故方自行负责事故调查和上报，调查结果及事故处理情况通报给对方(图 5)。

图 5　交叉站库双方开展区域联防应急演练

2.4 强化沟通联动机制

目前，日照管理站已与中石化日照油库建立了长效沟通机制，推行问题联络单制度，涉及到对方相关生产数据时，第一时间互相通报生产运行动态和生产安排(表 3)。

表 3　强化沟通联动机制实施情况表

序号	对策	目标	措施	完成情况
1	建立长效沟通机制	发挥各种管理功能，提高机构的效能，实现安全生产平稳运行的共同目标。	强化日常沟通协调	每季度至少开展一次沟通联络会议。
2			强化生产运行衔接	双方计划性检修设备，互相确认并予以配合。
3			建立第一时间信息更新机制	存在变化是，第一时间进行信息更新。

3 实践成效

日照管理站面临站中库、库中站的管理权限分割，有效将交叉站库三重预防机制工作运行起来，有效降低交叉站库安全风险，与青岛石化一直保持安全平稳和谐状态。

3.1 交叉设备维保到位

日仪线给油泵由日照管理站操作，维护保养及修理由中国石化日照油库负责，经过将交叉站库三重预防机制工作开展，交叉设备维保频次从 5000h/次增加至 4000h/次，设备维修次数从 8 次/a 减少到 4 次/a，日仪线给油泵区设备本质安全有着明显提升，有效降低交叉站库安全风险。

3.2 减少外来人员误闯误入

经过将交叉站库三重预防机制工作开展，中

国石化外来施工人员可以清楚的通过区域目视化标识和语音提示来获知国家管网的设备资产及管辖范围。以前，中国石化外来施工人员随意穿行国家管网生产区域的现象每月至少能发现5次，QC小组采取措施后到目前，外来人员随意穿行国家管网生产区域的现象得到了遏制，至多每半年发生1次，外来人员误闯日照管理站生产区域的概率从30%降到了1%，外来人员在生产区域随意穿行的现象得到遏制，杜绝了外来人员在误触误动生产设备设施的风险。

3.3 交叉站库安全风险等级降低

经过将交叉站库三重预防机制工作开展，自控仪表管理风险、检维修管理风险和施工作业安全风险的发生概率减少，工艺运行管理风险、电气管理风险和检维修管理风险严重性减少，工艺运行管理风险、自控仪表管理风险、电气管理风险、检维修管理风险以及施工作业安全风险等级降低，详见表4。

表4　交叉站库三重预防机制开展前后交叉站库安全风险等级对比表

风险点	存在风险	开展前			开展后		
		发生概率	严重性	风险等级	发生概率	严重性	风险等级
工艺运行管理风险	对方人员误操作我方设备设施	2	3	Ⅱ	2	1	Ⅰ
	对方设备失效或操作失误	2	2	Ⅰ	2	1	Ⅰ
自控仪表管理风险	仪表和自控系统维检修作业界面交叉，站库人员使用或维护SCADA系统时误操作。	3	4	Ⅲ	2	4	Ⅱ
电气管理风险	电气设备交叉布置、未有效物理隔离，人员误操作	2	3	Ⅱ	2	1	Ⅰ
检维修管理风险	1. 未实行双监护，存在人员误操作风险 2. 未开展JSA分析或安全措施不到位导致火灾、触电等风险	3	3	Ⅱ	2	2	Ⅰ
	未进行作业交底、未有效监护、未严格按照作业票内容执行、检修后未恢复投用或投用错误	2	3	Ⅱ	2	1	Ⅰ
施工作业安全风险	交叉区域施工作业风险	2	4	Ⅱ	2	4	Ⅱ
	对方区域旁设置固定动火点或者设置预制场动火作业风险	3	4	Ⅲ	2	4	Ⅱ

4　结语

交叉站库安全管控风险情况复杂、关系错乱、管理困难，并且涉及企业单位众多，不仅仅是个别单位所要面临的安全风险。国家管网日照管理站在实际中探索，先后进行了站控工作站的改造搬迁、生产区格栅围栏的隔离安装，解决了与中国石化日照油库系统共用及工作交叉干扰等问题，也通过多重措施进一步明晰了国家管网管理权限边界，最终将交叉站库"风险防控、隐患治理、联合应急"三重预防机制落地见效。

参　考　文　献

[1] 赵志敏．谈交叉管理[J]．经营与管理，1990(11)：16-17.

[2] 樊哲银．"厂中厂"：新型的承包经营方式[J]．企业管理，2012(10)：2.

[3] 严小娟．立规矩，严整治，促长效——我省疏堵结合破解"厂中厂"安全管理难题[J]．江苏应急管理，2023(10)：6-8.

[4] 冯霄，钱汉成，蒋科鸣，等．"厂中厂"标准化管理探索与实践[J]．江苏应急管理，2023(2)：36-37.

[5] 罗仁忠．探讨土建装修工程中的施工交叉管理策略[J]．低碳世界，2020，10(5)：2.

[6] 国家安全生产监督管理局．交叉作业的管理和现场安全检查[J]．政策法规司[2024-02-25].

[7] 罗朝晖．大型工程中多工种交叉施工管理协调的应用[J]．广东科技，2005(7)：2.

[8] 张强，陈龙，毕桂平，等．市政工程交叉施工风险管理研究[J]．市政设施管理，2009(1)：4.

电力公司安全应急管理与应急机制建设

彭 博 白 松 王进杰

（中国石油华北油田公司）

摘 要 电力事故的影响可谓无所不包，因此，我们需要重视和加强对安全生产的措施，制定完善的、科学的应急措施，及早采取行动，避免灾难扩大，降低损失，确保社会的可持续发展。随着社会的不断进步，电力公司的安全应对能力和应对机制的完善程度越来越受到认识，这对于公司的长远发展至关重要。因此，各级领导和专家都必须认真负责地履行自己的职责，努力改善公司的安全状态，从而推动公司的持续稳定增长。

关键词 电力公司；安全管理；应急管理；大面积失电

随着社会的发展和科技的进步，电力成为现代社会不可或缺的能源之一。由于各种原因，大面积失电事故偶有发生，给我们的生产和生活带来极大的不便。为此，电力公司应该重视并加强其安全应急管理，建立一套高质量的应急机制。这需要电力公司认真检查当前的应急管理工作，并找出潜在的问题，例如：监督不足、预案欠佳、处置能力差、演习过程浅薄。对于避免类似的情况再次发生，电力公司应当采取有效的方法来解决这个问题，并持续改进和完善我们的应急预案，构建一个坚实的应急管理体系，最大限度地减少可能导致的灾难性后果。保障电网运行安全可靠，推动企业的健康成长。

1 电力事故的危害

由于各个部分的缺陷，如果某个部分的问题不能及早得到有效处理，就可能对整个电力网络的安全性、可靠性、可持续性以及可操作性构成威胁。如果某个部分的问题不能及早得到有效处理，就可能引起电力网络的瘫痪，从而对工农业的生产、人们的日常生活以及国家的财富带来巨大的破坏，并且危害到国家的安宁。

2 电力安全与应急管理的关系

虽然大部分的意外情况能够得到缓解，但当发生不可抗拒的突发状况时，构筑一个完善的应对体系就显得极其必要。因此，我们需要加强对电网的监督，确保安全，确保能源的稳定，从而最大限度地减少不必要的经济和社会损害。对电力行业而言，安全必不可少，它不仅有助于降低人员伤亡率，也有助于保障公众的财务安全，同时，正确的用电安全应急管理也有助于增强行动的灵活性，有效地解决突发情况，保障公众的权益。

3 电力公司的安全应急管理问题分析

3.1 安全监管的不到位

尽管当前一些电力公司仍然坚持传统的思维方式，过度追求经济效益，但是他们对安全生产的认知仍然有待提升，导致安全责任没有得到合理的分配，安全监管也没有做到位，从而给电力生产带来了潜在的风险。由于检修人员未能及时准确检查设备的运行状况，以及未采取合理的维护措施，导致电力生产设备存在的安全隐患无法得到有效解决，从而大大提高了电力生产的安全风险。

3.2 应急预案的不完善

尽管有的已经建立了应急机制和预案，但它们通常都存在着许多改进的空缺。这些公司缺乏对事故的及早识别，也缺乏对事故的快速反应，这使得它们的应对方式变得非常困难。此外，由于缺乏实际的监督，这些公司的应对方式往往无法得到充分的落实。因此，这类电力公司需要加强对应急机制和预案的监督完善，确保它们的安全生产，避免因为电力事故造成人员和经济上的损失。

3.3 还需提高应急能力

电力公司的应急管理需要一支高素质的团队，他们不仅要具备系统的、专业的知识，还要具备外伤急救、消防、疏散等技能，并具备良好的应急处置能力。然而，由于培训活动相对较少，而且大多数培训都停留在理论知识的层面，缺乏对员工实际操作技能的培养。由于员工对培训的热情不够高涨，他们对相关知识的掌握也不够牢固，导致他们的实践能力无法得到充分提高。这就导致了他们无法将所学的技能灵活运用于应急管理中，从而无法有效地救治受伤者，并且增加了事故扩散的成本，使电力公司处于危险之中。

3.4 应急演练与实际情况存在着很大差异

若想实现对电力公司的全员应急能力，主要方法是开展应急预案演练活动，这和电力生产有着很大联系，使得员工可以知道在电力事故安全事故到来的时候如何开展事故，挽救企业的财产，保护人身安全，降低电力公司的损失。

4 电力公司安全应急管理和应急机制建设的措施

对于电力行业来说，应对突发事件的能力至关重要，因此，构建一套完善的应对机制显得尤其必要。这套机制的构成，必须根据各个行业的特点，如管理模式、组织结构、生产能力等，量身定制，并制定出相应的应对措施，从而有效地防范突发事件的发展。

4.1 建立健全的应急管理体系

为了保障电力行业的安全，我们必须认真负责地进行应急处置。我们需要改变我们的思路，并且根据我们的具体情况，认真规划我们的应急措施和方案。通过完善我们的应急管理体系，我们可以有效地减少危害，并最终避免发生危及人员伤亡的电力事件。为了保证应急管理的顺畅运行，我们必须清楚地阐述每个职责，让每个职能者都能够意识到其承担的责任，克服任何不安全的想法，加强相互信任，建立良好的合作关系，尽可能减少潜在的风险，以期望能够彻底阻止类似的后果。

4.2 编制完善的应急预案

毋庸置疑，电力生产活动具有极高的危险性，现场存在诸多安全隐患，任何一点疏忽都可能导致灾难性的后果。因此，必须建立完善的应急预案，以确保应急管理的有效实施和安全运行。在制定应急预案之前，必须全面收集数据信息，仔细分析各项文件资料，并根据风险等级和危害程度，确立合理的应对策略，以便为电力公司提供可靠的参考依据，从而使其能够得到有效的改进。为了保证应急预案的有效执行，我们必须严格监督并鼓励所有相关人员参与编制工作。这样，他们才能清楚地知道在事故发生时应该采取哪些行动，并且能够有效地执行应急预案。

4.3 强化电力公司应急能力

为了更好地保障公众的安全，电力公司需要给员工进行系统的培训与教育。这些课程包括了有关中央政府的法律、电力生产的常用危机、紧急情况的处理方式以及紧急医疗技术。通过这些课程的学习，可以帮助员工增强应变意识，并且更好地处理紧急情况。为了更好地发挥电力公司的作用，我们应该增强对资本、技术和人才的支持，并通过建立一个完善的电力生产管理信息系统来进行全面的监控，以便更有效地控制公司的经济效益，并尽可能地降低风险。通过采用不依赖任何文件的方法，我们可以在没有任何准备的情况下，让员工参与实际的演习，来评估他们的应急处置知识，培养他们的反应敏捷和判断能力。这样，我们就可以更快地找出问题所在，并采取有针对性的措施来改善和完善我们的应急处置方法。

4.4 建立应急联动机制

为了确保电力公司的安全运行，我们需要改进其应急处置体系。我们建议使用信息化技术来提高沟通和协调能力。这样，当突发情况出现时，上级领导才能够快速传递指示给基层人员，使得整体的应对措施能够得到妥善执行。为了在紧急情况下能够及时响应，我们必须构建起一套完善的协调机制，以便让电网公司能够及早地获取外界的信息，并能够及时地向当地的社会提供支持，以便在发生灾害后能够迅速获取最大的社会支持。除了积极准备必要的应急物资，以及合理安排的物流运输，还必须加强信息系统的建立，以便更加完善地处理突发情况，定期检查、维修各种紧急设备及其相关设施，以便在紧急情况下及时采取措施，使其在灾害面前得到及时的响应，从而给予电力公司更加可靠的应急管控支持。

5 结束语

经过深入研究，可以清楚地看到，当前的情况下，电力公司必须重视应急处置工作，并且努力实现这一目标。因此，公司必须认真落实相关政策，并积极推动应急预案的改革，推广和应用保障应急安全的新技术和新设备，构建一个完整的应急管理体系，从而最大限度地减少可能导致的灾难性后果，保障公司的长远利润，实现可持续的发展。

参考文献

[1] 陈彩娜，张敏，周海昌，等．构建基于增强现实技术的低压线路中断驳接电力应急实训[C]/第十五届全国信号和智能信息处理与应用学术会议论文集．[出版者不详]，2022：455-461+467.

[2] 俞虹，唐诚旋，蒋群群，等．基于强化学习的电力系统应急物资调度算法[J]．电子设计工程，2021，29(23)：181-184+189.

[3] 刘秉军，胡诗秒，李红发，等．电力应急管理培训机制建立的研究[J]．电力设备管理，2021(09)：154-155+158.

精细化工企业动火作业管控措施探讨

闫俊杰　陈　震　高　科

（中国石化催化剂有限公司）

摘　要　本文介绍了精细化工企业的生产特点及动火作业的特点，介绍了动火作业相关法律法规，结合某精细化工企业动火作业管控实践，对精细化工行业动火作业管控措施进行了探讨，提出了建议。

关键词　精细化工；动火作业；法律法规；实践；管控措施

在化学工业的当代发展中，精细化化工领域以其多样化的产品、高附加值、广泛的应用以及产业间的紧密关联，成为了新材料的核心部分。精细化化工对我国国民经济的多个行业以及高新技术产业的各个领域提供了直接服务。因此，推进精细化化工的发展已逐渐成为全球各国优化化学工业结构、提升化学工业整体水平和扩大经济效益的关键战略。衡量一个国家或地区化学工业的发展水平和化工科技实力的重要依据，便是精细化化工率(即精细化化工产值在化工总产值中所占的比例)。

《精细化工企业工程设计防火标准》(GB51283—2020)第2章术语第2.0.1条定义精细化工企业是指，以基础化学工业生产的初级或次级化学品、生物质材料等为起始原料，进行深加工而制取的特定功能、特定用途、小批量、多品种、附加值高和技术密集的精细化工产品的工厂。精细化工产品包括催化剂和各种助剂、化工系统生产的化学药品(原料药)和日用化学品、农药、黏合剂、高分子聚合物中的功能高分子材料等产品。精细化工领域以其生产过程的复杂性、多领域涉及以及高度的技术密集性而著称。

在我国精细化工行业迅猛发展的背景下，事故发生频率呈现出上升趋势。动火作业是精细化工企业中常见的高风险作业活动，若管理不善，极易引发生产安全事故，导致环境污染、财产损失，甚至人员伤亡。根据统计数据，特殊作业，尤其是动火作业，在化工生产安全事故中占据近半数比例，因而被视为我国化工行业安全事故的主要源头。因此对动火作业进行精细化、科学化管控，降低事故风险，成为了企业安全管理的重要任务。本文结合某精细化工企业动火作业管控实践，对精细化工行业动火作业管控措施进行了探讨，提出了建议。

1　精细化工行业动火作业简介

1.1　动火作业定义

许多国家已针对动火作业制定相应法规标准，以规范管理流程和操作要求，降低事故风险。在美国，重要法规标准包括OSHA发布的《高危险化学品过程安全管理标准》(29C. F. R1910. 119)，ANSI/AWS推荐的《焊接、切割及相关过程的安全做法》(ANSI/AWS F4. 1—2017)和《焊接、切割和相关过程的安全》(ANSI/AWS Z49. 1—2012)等，以及NFPA和API制定的《焊接、切割和其他动火作业期间的防火标准》(NFPA 51B—2019)、《进入、清洁或维修储罐和容器的安全防护标准》(NFPA 326—2020)和《石油和石化行业的安全焊接、切割和其他动火作业》(API RP 2009)。在我国，相关法规标准主要为《危险化学品企业特殊作业安全规范》(GB 30871—2022)、《消防法》、GB 50720—2011《建设工程施工现场消防安全技术规范》。

当前，我国各类法规体系对“动火作业”的定义存在较大差异，例如，电焊、气焊及气割作为三种截然不同的作业形式，但其内涵在多数法规中并未得到清晰阐述。从现有情况来看，危险化学品行业对动火作业的管理法规显得尤为严格和完善。GB 30871—2022《危险化学品企业特殊作业安全规范》将动火作业定义为：在禁火区内进行可能产生火焰、火花或炽热表面的非常规作业，包括电焊、气焊(割)、喷灯、电钻、砂轮、喷砂机等。GB 50720—2011《建设工程施工现场消防安全技术规范》中的条文则认为：动火作业包括焊接、切割、烘烤或加热。然而，《消防法》中的“使用明火作业”与“动火作业”并非等同概念。从安全管理视角出发，针对精细化工行业特点，GB 30871—2022 对动火作业的定义相对完备，具备行业适用性。

1.2　精细化工行业动火作业特点

(1) 动火作业量大：由于精细化工产品快速更新及生产工艺的适时调整，设备管道在使用过程中受到内部介质压力、温度、腐蚀等影响，或存在结构、材料、焊接工艺等先天性缺陷，导致生产过程中经常需要紧急抢修。电焊、气割、塑焊等动火作业在抢修过程中频繁出现，每日动火点数目众多，任务艰巨，极易发生火灾、爆炸等事故。

(2) 部分企业对动火作业的安全意识薄弱，违规操作现象时有发生。

(3) 动火作业环境多样，风险评估难度大，给管控工作带来挑战。

(4) 应急救援设施不完善，救援能力有待提高。

2　某精细化工企业某车间动火作业管控分析

某精细化工企业某生产车间有生产装置三套，装置生产涉及一氧化碳、有机酸、溶剂油、醇、氢气等，都属于易燃易爆介质，现场检修施工安全风险高。同时，这三套装置都属于国内首套装置，装置运行过程中经常需要进行改造完善，属于典型的精细化工企业。

2.1　该车间 2022 年动火作业分析

2022 年，该车间共开具动火作业票 215 张，动火作业主要集中在科研零星检修上，科研检修动火作业数量占比 40%(表 1、图 1)。

表 1　该车间 2022 年动火作业分布

作业类型	生产性检修	工艺优化及能源提升	零星科研	标准化	安全隐患治理	合计
作业数量	62	42	85	6	20	215

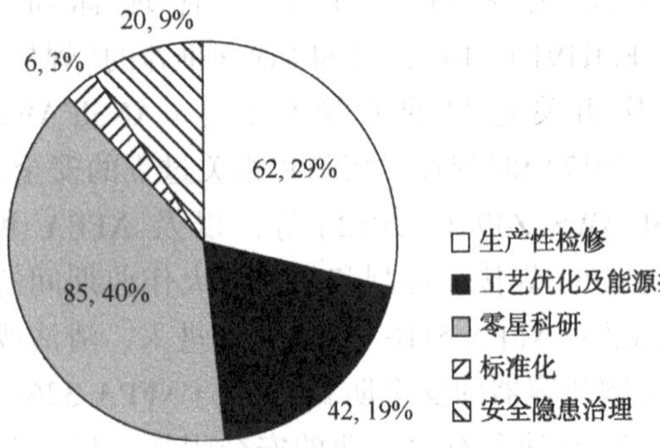

图 1　该车间 2022 年动火作业分布饼图

2.2　动火作业管控措施

通过分析 2022 年车间动火作业特点，2023 年该车间为降低动火作业数量，降低动火作业风险，采取了以下措施：

1. 加强作业全过程管理，确保“双边作业”安全可控

一是严格执行动火作业法律法规和公司各项检维修规章制度要求，确保检修过程安全可靠。二是动火作业必须安全员、工艺员、设备员现场确认作业安全性后方可施工，特殊介质动火作业设备管理人员必须全程现场监督。三是装置特殊介质管线焊接作业必须使用氩弧焊进行焊接(氩弧焊无火花飞溅)。

2. 加强科研动改动火作业论证及管理

结合企业实际，对科研动改项目进行充分论证，确保科研动改项目不出现反复施工的情况，避免今天干了明天接着干的现象，降低动火作业频次，降低安全风险。

3. 提升动火作业效率

一是特殊作业提前交底，做足做实准备工作，减少第二天作业准备时间。二是提前准备作业票，提前告知相关人员现场确认，提前告知审批人员审批内容，确保第二天开票效率，提升有效作业时间。三是对焊接工作量大的作业，要求施工单位采取加强施工力量、中午加班等措施，缩短作业时间，确保当天能完成的作业决不拖到第二天。尤其在“两特两重”期间，更要确保作业效率。

4. 加强施工过程焊接质量管理

一是重要管线尽可能采用氩弧焊进行焊接(质量好，无火花)。二是加强焊接过程和质量的检查监督，焊接坡口、清根等是否落实到位。三是对因焊接质量引起的重复性检修不予结算，同时对施工单位进行考核。通过以上措施，保证施工质量，避免因施工质量导致的重复性检修和

抢修。

5. 采取集中动火作业管理

对非生产必须的项目，如安全检查问题整改、隐患治理项目、系统优化项目等，在采取有效措施(隔离、挂牌等)后做好记录，在装置停工期间进行施工，减少双边作业的同时减少动火作业数量。

6. 尽可能减少现场动火

对能拆卸下来动火检修的作业坚决不在现场进行动火作业，由操作工或施工单位拆卸后送往施工单位固定动火点进行维修后回装。

现场配管施工能采用法兰连接的尽可能采用法兰连接，由施工单位在固定动火点全部预制完成后现场进行安装(图 2)。

图 2　配管采用法兰连接现场图

7. 采用新技术替代动火作业

采用新材料替代动火作业，包括对低压管线漏点要求施工单位采购金属铸工胶进行补焊；采用新型保温涂料替代传统保温，减少保温钉焊接作业，减少动火作业。新型保温涂料较常规保温，现场施工无动火作业，作业风险低，施工费用低，同时减少了固废的产生，环境友好(图 3、图 4)。

图 3　采用铸工胶进行管线渗漏维修

图 4　采用新型防腐保温涂料进行醇储罐保温

8. 加强管理，降低设备故障率，降低检修频次

严格落实设备润滑管理、设备操作管理、备用设备管理等制度，对因设备使用维护不到位的现象，严格按照车间经济责任制进行考核。通过降低设备设施在正常生产状态下的维护频率，减少特殊作业的项目数量。

2.3　效果

(1) 该车间 2023 实现了检维修施工零事故，为装置的安全平稳运行奠定了基础。

(2) 作业数量大幅降低。2023 年，该车间共开具动火作业票 81 张，同比 2022 年减少动火作业 134 张，降低率 65.3%。通过动火作业数量的大幅降低，从源头上降低了动火作业的风险，保障了装置的安全平稳运行(表 2、图 5、图 6)。

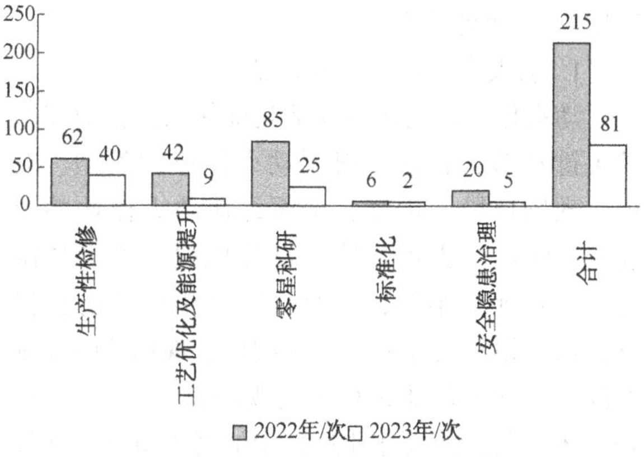

图 5　该车间 2023 年和 2022 年动火作业对比图

表 2　该车间 2023 年和 2022 年动火作业分布表

作业数量	生产性检修	工艺优化及能源提升	零星科研	标准化	安全隐患治理	合计
2022 年/次	62	42	85	6	20	215
2023 年/次	40	9	25	2	5	81
同比降低	22	33	60	4	15	134

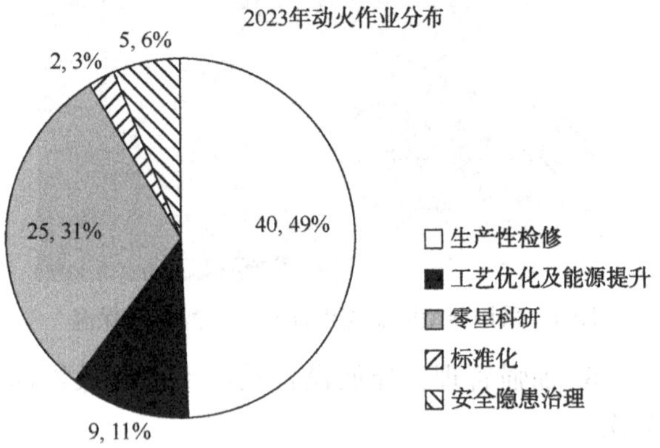

图 6　该车间 2023 年动火作业分布饼图

3　精细化工企业动火作业管控措施探讨

3.1　动火作业过程管控措施

精细化工企业动火作业主要包括设备检修、设备改造、工艺流程调整等过程中的动火作业。在进行动火作业时，企业必须遵循“安全第一、预防为主、综合治理”的管理原则，确保动火作业的顺利进行。这些原则体现在动火作业的各个环节，如动火作业的申报、审批、现场监护等。同时，企业还需加强对动火作业人员的培训，提高他们的安全意识和操作技能，降低人为因素引发的事故风险等措施来降低动火作业风险。以下是动火作业过程管控措施。

3.1.1　动火作业前

1. 动火作业前的风险评估

动火作业前的风险评估是确保动火作业安全的关键环节，企业应根据动火作业的类型、规模、现场环境等因素，全面评估动火作业的风险。具体包括火灾风险、爆炸风险、中毒风险等。针对评估结果，企业应制定相应的防控措施，如严格动火作业许可证制度、现场消防设施的配备、动火作业过程中的现场监护等。此外，企业还需关注动火作业过程中的气象条件，如风力、风向等，以确保动火作业的安全进行。

2. 动火区域的安全检查

动火作业前，企业需对动火区域进行详细的安全检查，确保动火区域内的易燃、易爆物品已妥善处理。同时，动火作业人员应穿戴符合国家标准的安全防护用品，如防火服、绝缘鞋、防护面罩等。此外，企业要确保动火作业现场配备足够的消防器材和应急逃生设备，以应对突发情况。

3.1.2　动火作业中

1. 严格执行安全作业程序

在动火作业过程中，企业应严格执行安全作业程序，包括动火作业许可证的办理、现场安全交底、动火作业过程中的监护等。同时，企业要加强对动火作业现场的巡查，确保动火作业安全措施的落实。动火作业结束后，企业要对现场进行检查验收，确保无火灾、爆炸等安全隐患。在此基础上，企业应对动火作业进行全面总结，积累经验，不断优化管理措施，提高动火作业的安全水平。

2. 动火作业过程中的监测与控制措施

动火作业过程中，现场监护人应密切关注作业情况，确保动火设备、工具和动火区域的完好状态。监护人需具备一定的专业知识和经验，能够及时发现并处理安全隐患。在动火作业过程中，严禁无关人员进入动火区域，确保现场安全。

企业还需加强对动火作业过程中的监测与控制措施，确保各项安全措施得到有效执行。监测内容包括现场气象条件、动火设备状态、动火作业人员操作规范等。企业应根据监测数据，对动火作业过程中可能出现的安全隐患进行预测和预警。一旦发现安全隐患，应立即采取措施予以整改，确保动火作业安全。同时，加强现场巡查，确保动火作业人员遵守安全操作规程，杜绝违章作业。

企业还需关注动火作业过程中的火灾风险。火灾风险主要包括火源失控、火花飞溅、可燃物质泄漏等。为降低火灾风险，应采取以下措施：一是确保动火设备完好无损；二是动火区域内严禁存放易燃、易爆物品；三是动火作业过程中，现场监护人应密切关注作业情况，发现异常立即处理；四是配备足够的消防器材和应急逃生设备，提高现场人员应对火灾的能力。

3.1.3 动火作业后

动火作业后的验收与总结是确保动火作业安全效果的重要环节。企业应当对动火作业现场进行全面检查，确认无火灾、爆炸等安全隐患后，方可进行验收。验收过程中，应重点关注以下几个方面：

（1）检查现场设备及设施。确认动火设备、工具的完好状态，确保动火过程中未对设备造成损害。同时，核实动火区域内的易燃、易爆物品是否清理干净，避免遗留潜在安全隐患。

（2）评估动火作业现场环境。验收现场环境是否达到安全生产要求，包括现场清洁、通风状况、相关安全设施等。此外，还需关注动火作业过程中对周边环境的影响，如噪声、粉尘、异味等，确保周边环境安全。

（3）核实动火作业人员的安全状况。检查动火作业人员的安全防护用品是否完好，身体状况是否良好。如有人员受伤，应立即进行救治，并做好相关善后工作。

（4）收集动火作业过程中的监测数据。分析监测数据，评估动火作业的安全性能，总结动火作业过程中的优点和不足。通过对监测数据的分析，为企业改进动火作业管理提供依据。

（5）动火作业总结。总结动火作业过程中的经验教训，对动火作业的安全管理、风险防控、现场操作等方面进行评价。总结内容包括事故防范措施、应急预案的执行情况、安全培训的效果等。同时，鼓励员工提出改进动火作业管理的建议，为今后动火作业的安全顺利进行积累经验。

3.2 建立完善的动火作业管理制度

在法规层面，我国政府制定了一系列与化工企业安全生产相关的法律法规，如《安全生产法》、《危险化学品安全管理条例》、《危险化学品企业特殊作业安全规范》（GB 30871—2022）、《消防法》等。这些法规明确规定了化工企业的安全生产责任，强调了动火作业安全管理的重要性，为企业实施替代措施提供了法律依据。

企业应根据国家法律法规和相关标准，结合自身生产实际，制定动火作业管理规定。这些规定应涵盖动火作业的申请、审批、实施、验收等各个环节，确保各个环节的安全合规。同时，明确各级管理人员和员工的职责，加强现场监督，确保动火作业的安全管理得到有效执行。

3.3 完善应急预案与救援措施

企业应针对动火作业的特点和风险，制定应急预案，明确应急处置流程和救援物资配备。在应急预案中，要重点关注火灾、爆炸等突发事件的应对措施，确保在事故发生时能迅速启动救援机制。此外，定期检查应急救援设备，确保设备处于良好状态，提高应急救援能力。

应急预案还应定期进行演练，以提高现场人员应对突发状况的能力。通过实际演练，作业人员可以熟悉应急流程，提高协同配合默契度，确保在火灾事故发生时能够迅速、有序地开展救援工作。

动火作业涉及多个部门和岗位，企业应加强各部门之间的沟通与协作，确保动火作业所需的各项资源得到有效配置。同时，加强与政府监管部门、周边企业、消防部门等的联系，建立健全应急联动机制，提高整体应急处置能力。

3.4 加强作业人员培训

动火作业人员的安全培训与素质要求是保障动火作业安全的重要环节。企业应定期对动火作业人员进行专业技能和安全知识的培训，提高他们的安全意识和操作技能。培训内容应包括动火作业的基本原理、安全操作规程、事故应急预案等。从知识传授到实操演练，从安全意识培养到责任心落实，每一个环节都需要严谨对待，细化落实。培训过程中，应重点关注以下几个方面：

（1）安全培训应涵盖动火作业的基本知识、法规要求、操作规程、消防安全意识等方面。通过培训，使动火作业人员掌握动火作业的危险性、预防措施和应急处理方法，从而提高其安全意识和自我保护能力。此外，针对不同岗位的作业人员，应制定专门的培训计划，确保每位作业人员都能够明确职责，规范操作。

（2）动火作业人员的素质要求包括严谨的工作态度、良好的团队协作能力和较强的责任心。动火作业人员应具备一定的消防安全意识，能够在紧急情况下保持冷静，迅速采取有效措施。同时，动火作业人员应具备较强的责任心，对作业现场的安全负有直接责任。通过严格的素质要求，确保动火作业现场的安全隐患得到有效防控。

(3) 动火作业人员的安全培训和素质要求还应注重实际操作能力的培养。培训过程中，理论知识与实际操作相结合，使动火作业人员能够在实际工作中将学到的知识和技能运用到位。通过定期开展实操演练，提高动火作业人员应对突发状况的熟练程度，确保在火灾事故发生时能够迅速、准确地操作消防设备和实施应急措施。

3.5 建立设备完整性管理系统，实施生产设备的预防性维护

企业应优先构建完善的设备完整性管理系统，实施生产设备的预防性维护，提升生产设备设施的品质标准，严格把控设备维护质量，实现从"应急处理"向"预防为主"的转变，降低设备设施在正常生产状态下的维护频率，减少特殊作业的项目数量。同时，全面负责设备维护管理工作，采用安全区域预先装配的方式，以取代生产设备现场维修的方式，从而尽量减少生产设备区的特殊作业次数。

3.6 采取动火作业替代措施

通过动火作业替代措施和技术，降低动火作业数量，从源头降低动火作业风险，可以有效降低火灾、爆炸等事故的风险，提高安全生产水平。

企业应根据自身生产特点和需求，明确替代技术的应用领域和优先级。对于火灾风险较高的动火作业环节，如焊接、切割、加热等，应优先考虑采用替代技术。此外，企业还需制定详细的替代技术实施计划，确保替代措施的可执行性。

3.7 信息化与智能化技术的应用，确保作业安全

在当今信息技术飞速发展的背景下，动火作业管控的信息化与智能化成为了提升企业安全管理水平的重要途径。通过应用先进的信息技术与智能化设备，企业可以实现动火作业过程的实时监控、风险预警与快速响应，进一步提高动火作业的安全性和效率。

(1) 利用物联网技术，企业可以对动火作业现场的各种设备、环境因素等进行实时监测。通过将监测数据上传至云端，企业可以对动火作业风险进行远程监控和分析，为决策者提供科学的依据。此外，通过数据分析，企业还可以不断优化动火作业流程，提高安全管理水平。

(2) 借助人工智能技术，企业可以开发智能识别与预警系统。这些系统可以对动火作业过程中的异常情况进行自动识别，并及时发出预警信号，提醒相关人员采取措施。此外，人工智能技术还可以辅助企业制定应急预案，实现对突发事件的智能处置。

(3) 利用大数据技术，企业可以对历史动火作业数据进行挖掘和分析。这有助于企业发现潜在的安全隐患和规律性风险，为制定针对性防控措施提供依据。同时，大数据技术还可以为企业提供行业内的最佳实践和案例，促进企业安全管理水平的提升。

(4) 企业应积极推广智能化动火作业设备。如无人驾驶消防车、智能灭火机器人等，这些设备可以在危险环境下替代人工进行作业，降低安全风险。同时，智能化设备还具备远程操控、自动巡航等功能，进一步提高动火作业的智能化水平。

4 结语

(1) 精细化工企业的生产运行过程中，动火作业已成为不可或缺的一部分。然而，动火作业潜在的危险性不容忽视，如何有效地进行动火作业管理，降低安全风险，是企业必须面对和解决的问题。

(2) 精细化工企业动火作业管理需要在多个层面进行持续改进。企业应加强人员培训、优化许可证制度、提高现场监测与控制能力、强化验收与总结以及建立健全管理制度等。通过这些措施，企业可以降低动火作业安全风险，确保动火作业的顺利进行，为我国精细化工产业的可持续发展提供有力保障。

(3) 精细化工企业应结合自身实际，通过降低动火作业数量和频次来降低动火作业风险。通过采用动火作业替代措施和技术，降低动火作业数量，从源头降低动火作业风险，可以有效降低火灾、爆炸等事故的风险，提高企业安全生产水平。

(4) 信息化与智能化技术的应用。通过应用物联网技术、人工智能技术、大数据技术等先进

的信息技术与智能化设备，企业可以实现动火作业过程的实时监控、风险预警与快速响应，进一步提高动火作业的安全性和效率。

参考文献

[1] 王正林，王昌芸．安全设计在精细化工企业工艺设计中的重要性[J]．天津化工．2023，37(06)；126-128.

[2] 杨茵．精细化工过程控制技术的发展分析[J]．中国石油和化工标准与质量，2023，43(21)；196-198.

[3] 孙占栋．精细化工企业危险化学品的管理策略[J]．化工管理．2023(29)；110-112.

[4] 梅东瑞．“新星牌”铸工胶在铸造工业中的应用[J]．铸造技术．2006(05)；534-535.

[5] 张佳；李赞明；李宁，等．保温隔热涂料的现状与发展[J]．中国涂料．2023，38(11)；8-14.

[6] 潘璘玲．化工企业动火作业风险及安全管控措施[J]．化学工程与装备．2021(04)；226-227.

[7] 孙伟锋．强化动火作业风险管控[J]．现代职业安全．2023(12)；14-17.

[8] 陈静云．化工企业动火作业风险及安全管控措施[J]．化工管理．2022(36)；105-108.

化工承压管线带压堵漏的工艺安全性设计

王保华　黄建军

(中国石油乌鲁木齐石化公司)

摘　要　本文主要论述了化工承压管线带温带压堵漏时的特殊性，以及我们的相应安全措施：①通过现场具体实时数据来计算带压堵漏时手动液压注胶泵的实际操作压力，以避免我们在实际堵漏过程中注胶压力过大造成管线失稳、断裂；②采取加强圈的措施来提高承压管线的抗外压强度。采取上述措施来保证承压管线带温带压堵漏操作的安全；同时还论述了承压管线带温带压堵漏卡具结构的安全设计。

关键词　承压管线；外压强；内压强；临界长度；强度理论

引言

在石油化工、电力、煤气供应、冶金、煤炭化工、自来水、医药、供热、印染纺织、造纸、码头、罐区储运、食品等行业和部门装置中的设备、管道、伐门、仪表上的法兰、器壁、焊缝、螺纹连接、填料函、膨胀节等部位，或是因为本身存在的缺陷(例如：沙眼、微裂纹等)，或是因为设备在长期的运行中受到介质不断的冲刷腐蚀而造成设备器壁减薄，从而造成其局部出现外漏，针对这些缺陷如果不及时处理，轻则给我们造成能源浪费，提高我们的产品成本，重则使我们的装置停产，甚至造成人身伤亡事故。

针对运行设备较大漏点的消漏，过去我们只能在装置停车后对其进行消除，而对于工厂来说，停车会造成很大的损失。例如一个52万t的大化肥，停车1h的直接利润损失是将近3万元，所以从20世纪70年代开始，国外已经开始使用不停车带温带压堵漏技术。而国内自20世纪80年代中期开始也有了带温带压堵漏技术，到目前为止该技术已经在我国的工业生产中应用很广泛了。但是随着带温带压堵漏技术的不断推广，同时也遇到了很多问题，如果我们不认真对待这些问题，必将影响我们对带温带压堵漏技术的更好应用，也使带温带压堵漏技术不能更好的服务于我们的生产。

1　问题的提出

在对承压管线的带温带压堵漏中，相对于法兰、阀门(阀盖、填料函、阀体)、螺纹接头、管道与设备连接部、管道与法兰连接部来说，承压管线器壁的强度较为薄弱，受力情况也较为特殊(图1)，所受压力为外压，所以在对其实施带温带压堵漏时，操作工艺也相对特殊。很多工友在对在对承压管线的带温带压堵漏中没有注意到这一点，常因为堵漏泵注胶压力过高，或管线没有补强而致使被堵漏管线断裂，造成严重事故。2000年，我厂二化肥一冷凝液管线二次注胶带压堵漏，在堵漏的过程中有关人员没有进行外压强度核算，也未采取任何增加被堵漏管线设备强度的措施，使得堵漏泵注胶压力过高，管线被高压的堵漏胶压断，造成一名工人烫伤。近两年我厂出现多起管线在堵漏中被打断的事故。

2　解决方案

2.1　对于承压管线带温带压堵漏时，应先确定注胶液压油泵工作压力

带温带压堵漏前期的主要准备工作是制作卡具，我们首先要根据卡具受到的最大内压强设计卡具的厚度。那么，卡具受到的最大内压强是不是就是带温带压堵漏打压油泵的的最高设计额定工作压力呐？这时候我们应该注意到承压管线的堵漏过程中受到的是外压，承压管线的壁厚是固定不变的，所以我们必须先以承压管线的壁厚为依据，核算出被带温带压堵漏的承压管线所能够承受的最大外压 $P_{桶体外MAX}$，也就是算出带温带压堵漏打压油泵的的最高实际工作压力为(图1)。

$$P_{油泵工作max}=P_{介质max}+P_{桶体外max} \tag{1}$$

而卡具所受到的最大内压强为：

$$P_{卡具内压max}=P_{油泵工作max} \quad (2)$$

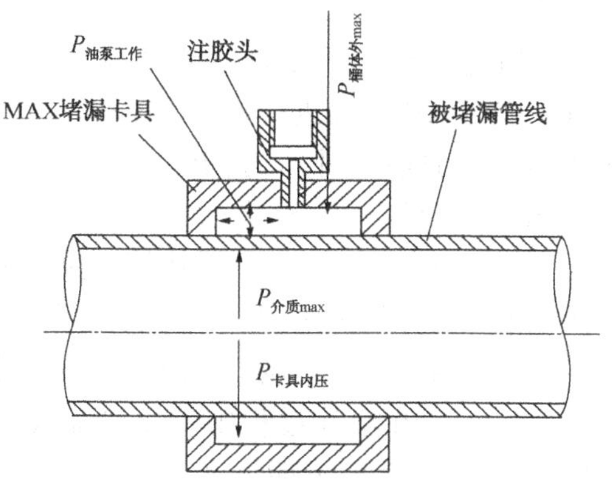

图 1

所以卡具的的厚度计算应根据注胶泵的最大实际工作压力 $P_{油泵工作max}$，而不是其最大设计额定工作压力。

2.2 如何计算承压管线所能够承受的最大外压强

在外压管线的设计计算中，首先要计算临界长度 L_{cr} 以决定我们设计的对象是短圆桶还是长圆桶。

$$L_{cr}=1.17D \quad (3)$$

式中，D 为被带温带压堵漏的管线或桶体的外径；S 为被带温带压堵漏的管线或桶体的壁厚。

当被带温带压堵漏的圆桶体长度 $L_{圆桶}>L_{cr}$ 时，在化工容器的设计计算中把这种情况叫长圆桶的设计计算。被卡具包住承压管线所能够承受的最大外压强为：

$$[P]_{长圆桶外压max}=\frac{2.2E}{m}(S_0/D_0)^3 \quad [kg/cm^2] \quad (4)$$

当被带温带压堵漏的圆桶体 $L_{圆桶}<L_{cr}$ 时，在化工容器的设计计算中把这种情况叫短圆桶的设计计算。被卡具包住承压管线所能够承受的最大外压强为：

$$[P]_{短圆桶外压max}=\frac{2.59ES_0^2}{mL\ D_0(S_0/D_0)^{0.5}} \quad [kg/cm^2]^{[1]} \quad (5)$$

既然我们算出了承压管线所能够承受的最大外压力 $[P]_{短圆桶外压MAX}$，也就计算出了带压堵漏油泵的最高实际工作压力：

$$P_{油泵工作max}=[P]_{圆桶外压max}+P_{介质max}$$

2.3 带温带压堵漏卡具厚度的设计计算

卡具的厚度决定于其所承受的最大的内压强 $P_{卡具内压max}=P_{油泵工作max}$，现在我们来进行卡具厚度的计算。对于用于低压容器的带温带压堵漏卡具，卡具在机加工时就要求有一定的厚度以保证卡具在机加工中不会变形，机加工要求的厚度足以满足所以其耐压强度要求，所以不需要再进行卡具强度核算。所以在这里，我们只进行高压容器的带温带压堵漏卡具的厚度核算。

根据单层式高压桶体的强度计算公式：

第一强度理论：

$$K=\sqrt{\frac{[\sigma]+P}{[\sigma]-P}} \quad (6)$$

第二强度理论：

$$K=\sqrt{\frac{[\sigma]+0.4P}{[\sigma]-1.3P}} \quad (7)$$

第三强度理论：

$$K=\sqrt{\frac{[\sigma]}{[\sigma]-2P}} \quad (8)$$

第四强度理论：

$$K=\sqrt{\frac{[\alpha]}{[\alpha]-\sqrt{3}P}} \quad (9)$$

中径公式

$$K=\frac{2[\alpha]+P}{2[\alpha]-P} \quad (10)$$

以上五种强度理论都可以用于带温带压堵漏技术卡具的强度校核，根据我们在带温带压堵漏工作中的具体应用经验，我们发现中径公式用于带温带压堵漏工作较为合适，用此公式算出的带温带压堵漏的卡具壁厚最薄，既节约材料，又能满足强度要求，而且计算简单。以下是应用中径理论计算带温带压堵漏卡具壁厚的表达式。

$$S_0=\frac{PD_i}{2[\sigma]\psi-P_{设计}} \quad (cm) \quad (11)$$

2.4 设计加强圈

2.4.1 在被带温带压堵漏的承压管线上加加强圈

在对管线带温带压堵漏卡具的设计计算中，我们发现我们必须使用长圆桶的强度校核公式，如此计算下来被带温带压堵漏管线所能够忍受的外压相对较低，这就使得带温带压堵漏液压泵的工作压力相对较低，我们知道如果带温带压堵漏泵的压力低，会使得我们在现场带温带压堵漏时注胶的速度较慢，甚至完不成注胶工作。为了提高管线忍受外压的能力，在现场允许动火可以使用电焊情况下，我们可以在如图的位置给管线加加强圈(对开环形式的)，加强圈与管线的连接可用连续焊或间断焊，如图2所示：

给管线加加强圈后，其忍受外压的能力大大提高，加强圈忍受外压的临界数值计算如下：

$$P_{cr}=\frac{24EJ_S}{D_S^3} \tag{12}$$

在如图的地方加了加强圈后，被带温带压堵漏的管线就被缩短为短圆桶，其忍受外压的能力也大大提高，我们在计算其忍受的最大外

压为 $[P]_{短圆桶外压max}=\frac{2.59ES_0^2}{mL\ D_0(S_0/D_0)^{0.5}}$ (13)

2.4.4 当被带温带压堵漏管线的条件不允许安装加强圈时，应注意的问题

当被带温带压堵漏管线的现场由于不能动火施焊，或由于其他条件而不允许安装加强圈时，要特别注意：首先对管线进行测厚，确定管线的真实厚度。然后核算其临界长度 L_{cr}，判断其是长圆桶还是短圆桶，然后计算其所能够承受的最大外压 $[P]_{圆桶外压max}$。那么，带温带压堵漏油泵的最大工作压力 $P_{油泵工作max}=P_{介质max}+P_{桶体外max}$

务必注意的是在现场带温带压堵漏作业时，带温带压堵漏液压油泵的压力绝对不能超过 $P_{油泵工作max}$，否则会造成管线失稳、变形，甚至断裂，以至于喷出的介质会对人造成伤害。

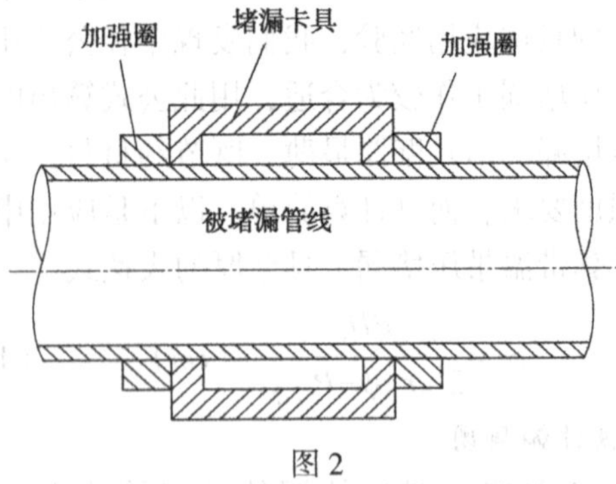

图2

3 结论

综上所述，在对承压管线的带温带压堵漏时，首先应对承压管线进行外压强度核算，确定其所能够承受的最大外压力 $[P]_{圆桶外压max}$，从而确定带压堵漏液压泵的最大实际操作压力 $P_{油泵工作max}$，这就是说，并不是带压堵漏液压泵的设计额定最大操作压力是多少，我们就可以使用多大压力，而应该根据现场的实时数据进行计算 $P_{实际计算油泵工作max}$，在堵漏过程中带压堵漏液压泵的实际操作压力绝对不能大于 $P_{实际计算油泵工作max}$，否则会使承压管线不堪带压堵漏液压泵的注胶压力，而失稳断裂发生事故。还应根据 $P_{实际计算油泵工作max}$ 进行卡具结构设计。在堵漏过程中还应注意视具体情况在管线或桶体上加加强圈，增加被堵漏设备的强度……从而最终保证对承压管线堵漏工作的安全完成。

参考文献

[1] 吴泽伟. 化工容器设计[M]. 湖北：湖北科技出版社.

浅谈 PX 泄漏事故应急处置

左建国

（中国石油乌鲁木齐石化公司）

摘　要　介绍了 PX 泄漏特点、泄漏处置程序和原则，提出了泄漏事故现场人员个体防护建议。

关键词　PX；泄漏处置；个体防护

PX 是英文 p-xylene 的简写，中文名是 1,4-二甲苯，别名对二甲苯。分子式 C_8H_{10}，相对分子质量 106.17，熔点 13.2℃，沸点 138.5℃，蒸汽压 1.16kPa/25℃闪点：25℃（闭式），常温下是具有芳香味的无色透明液体；相对密度（20℃/4℃）0.861。不溶于水，可混溶于乙醇、乙醚、氯仿等多数有机溶剂。PX 在合成纤维工业中十分重要，是化纤工业最主要的原料之一。并且聚酯还是重要的包装材料，此种用途现已超过纤维。随着世界聚酯消费量的不断增长，PX 的消耗也随之稳步增长。作为基础化工产品，PX 在生产、经营、储存、运输和使用过程中发生的泄漏事故会严重威胁人民群众生命财产安全和生态环境，影响社会稳定。为降低事故影响，快速处置事故及最大程度保障应急人员的人身安全，本文主要就 PX 泄漏特点、应急处置程序和原则，以及个体防护建议等方面进行论述。

1　PX 泄漏的特点

（1）泄漏后易四处流散、渗漏，并逐渐向地势低洼处聚集，流入下水道或限制性空间或直接进入水体，污染环境。扩散范围广，且难以控制。出现泄漏后，若不及时处理，迅速挥发的 PX 蒸汽能与空气形成爆炸性混合物，遇到火源则发生燃烧或爆炸。

（2）易造成人员中毒和环境污染。PX 可以通过吸入、食入、经皮吸收等三种方式引起中毒，短期内吸入较高浓度核武器中可出现眼及上呼吸道明显的刺激症状、眼结膜及咽充血、头晕、恶心、呕吐、胸闷、四肢无力、意识模糊、步态蹒跚。重者可有躁动、抽搐或昏迷，有的有癔病样发作。

（3）PX 泄漏扩散后，会引起环境危害。PX 可空气和物质表面，有些会渗透到地表造成深度环境污染。一旦形成污染，要想彻底对污染区域进行洗消非常困难。可能会造成局部地区或居民的生活失衡，甚至社会秩序的混乱。

2　PX 泄漏处置的一般程序

2.1　报警与接警

在生产与储运过程中，一旦发生 PX 泄漏，首先要防止扩散，紧接着要疏散无关人员，隔离泄漏污染区，第一时间报火警 119 和通知应急指挥人员。接警时要询问报告人姓名、泄漏事故发生的地点、时间、事故原因和主要泄漏介质等，根据这些信息派出抢险救援队伍，并报告相关部门。要做到接警速度快、到达现场快、准备工作快，正确采取救援措施。

2.2　人员疏散

人员疏散分为就地保护和撤离 2 种。一般在有充足时间和准备的情况下，采取撤离措施，有组织，有秩序，有方向地尽快转移人员至安全地带。当无法撤离或者撤离比就地保护更危险的时候，可采取就地保护措施，在建筑物或密闭空间内躲避危害。就地保护应当关闭门窗，通风设备，塞住缝隙。

2.3　隔离现场，设立警戒区

其管制范围为上风向指挥区和下风向防护距离，在划定区域设立隔离带和警戒线，严格控制管制区域进出人员和车辆，并逐一登记。人员实施三级以上个体防护，无一级防护不可直接穿越警戒区。同时设置警示标志。由穿戴一级个体防护装备的专业救援人员和专业操作人员确定泄漏量、浓度及波及范围，侦查泄漏现场，疏散现场无关人员并汇报抢险指挥部。并根据防护区域等级按标准配备相应的防护器具。

2.4 现场控制

根据事故情况确定现场控制和处置方案。若有可能，可通过控制PX的溢出或泄漏来消除进一步扩散。通常，泄漏源和泄漏物控制，可通过以下方法实现(图1)。

图1　现场控制

(1) 工艺控制。通过关闭相关阀门、停止作业或通过采取改变工艺流程、物料走副线、局部停车、打循环、降低负荷运行等方法。

(2) 堵漏控制。对于罐体等较大体积的容器发生泄漏后，应采取措施修补和堵塞裂口，防止进一步泄漏，对整个应急处理是非常关键的。

(3) 倒罐。通过人工、泵或者加压的方法将损坏容器中的PX物料转移到备用罐体当中。PX物料要使用防爆设备、管线和器具。

(4) 转移。当无法采取堵漏或倒罐措施时，可根据现场情况，将车辆或者容器转移至安全的地点进行处置。安全区域要事先做好防护措施，如构筑围堰隔油池或中和池，然后将事故PX物料倒入围堤或池内进行中和或者无害化处理。

(5) 打开储罐喷淋系统。打开储罐喷淋系统进行冷却降温、稀释、隔离，避免火势蔓延。

在对受火势或爆炸威胁的设备、管道实施开关阀门时，消防队应出水枪，以直流或开花或喷雾射流掩护。泄漏被控制后，要及时将现场泄漏物进行覆盖、收容、稀释和处理，使泄漏物得到安全可靠的处置，防止环境污染和二次事故的发生。

2.5 洗消和撤离

现场处理完毕后，还应不间断地对泄漏区域进行监测，经确认无污染后，方可清理现场。对受污染的设备进行彻底的清洗、置换，按程序和安全管理规定进行检修或废弃，回收废水和废弃物。清点人员、车辆及器材；撤出警戒，做好现场移交，安全撤离。

3 PX泄漏的处置原则

PX泄漏的处置要遵循科学的应急规律，尽量避免二次伤害和引发次生事故。

3.1 PX事故应急处置一般原则

(1) 坚持以人为本原则。把抢救受伤人员放在首位，最大限度地减少人员伤亡。现场救援人员要牢记自我保护原则，穿戴好合适的防护设备，保障自己的人身安全。另外，在不明现场危险状况时，应采取有限参与原则，避免不必要的人员伤亡(图2)。

图2　现场救援

(2) 坚持保护环境的原则。在处置PX事故时，要防止次生灾害和衍生的污染事故。事故处置完毕，要现场对人员和装备进行洗消处理，产生的废水、废弃物要回收处理。

(3) 坚持统一指挥的原则。事故处置往往需要公安、消防、安监、环保、卫生等多部门同时参与。因此，要设立统一的指挥部，协调各部门的人员和资源，有效部署，分工协作。

(4) 坚持先控制，再处置的原则。对于事故现场的处置应遵循“先控制”(控制泄漏区域和控制泄漏源)，“再处置”(处置泄漏源和泄漏物)，尽量将事故控制在较小的范围内。

3.2 泄漏事故现场应急处置原则

（1）先了解，再行动原则。应急人员应当在采取措施之前，首先了解事故基本情况，包括化学品详情、现场情况、周边环境、天气状况等。根据这些基本情况做出判断应当如何防护，确定需要采用的应急处置技术，以及相关资源和人员的配置和派遣等(图 3)。

图 3　现场应急处置

（2）火源控制原则。当发生 PX 泄漏时，应当绝对禁止使用明火，并停止隔离区域内的任何可产生明火或者火花的作业。现场要使用防爆工具和设备。工作人员随身衣物和用品也必须防爆无静电。

（3）安全第一原则。事故应急处置过程中要周密计划、科学指挥、有效实施，确保参与救援的人员的人身安全，如：要从上风向进入现场，指挥部和救援物资要放在上风向位置；根据危害程度，选择正确的个体防护装备；实施应急处置时要结伴行动，相互监护和掩护。

4　泄漏事故现场人员的个体防护

PX 物料事故应急处置过程中，应急人员要在第一时间深入现场作业，因此个体防护设备的配备和选择显得尤为重要。选定合适的个体防护装备：①穿戴防护衣服(包含防溶剂手套)以免接触污染物；②戴化学护目镜。

参 考 文 献

[1] 张海峰，曹永友，赵永华，等．危险化学品事故应急处置技术[M]．北京：煤炭工业出版社，2010.

[2] 郑国锋．危险化学品泄漏事故的风险识别和现场控制[J]．中国化工贸易，2013(8)：319-319.

火灾、爆炸或毒害作用的危险化学品火灾事故应急处置技术

史智宇

（中国石油乌鲁木齐石化公司）

摘　要　火灾的分类、特点与规律，爆炸的时间、颜色与声音，毒害的泄露与危化品种类，在实际环境中，必须根据天气、风向、人员、道路、水源、时间、介质等必要的因素，有针对性的事故应急处置。如何针对性的处置与决策，本人提出自己的一些想法和建议，来提升消防指战员在灭火救援与抢险应急能力的提高。

关键词　应急救援现状；体制保障机制；事故处置协调；应急能力提升。

1　引言

基于对危险化学品火灾、爆炸与毒害事故处置技术的研究，首先分析火源、静电、泄漏等是危险化学品发生爆炸着火事故的主要原因之一，其次根据实际情况，针对这一类火事故的发生，给出自己进一步有效并快速的技术措施。

2　危险化学品应急救援现状

2.1　危化品生产装置的特点

（1）装置建造的材料，属钢材质为主的金属材料居多，钢材质的强度是随着温度的变化而变化。简单说就是强度随着温度的不断升高，先增加后降低。从装置物质看，原材料大多是易燃、易爆、有毒、腐蚀四点特性，遇火源极易发生燃烧或爆炸，且火势猛、传播速度快，有导致严重伤亡、中毒的危险。从装置的生产方式看，具有高度连续化、密封化、自动化。使生产速度快、效率高、收益大。但如有一处阀门开错、参数失控、部件失灵、通路受阻或运行中断，就会引起连锁事故，造成毁灭性灾害（图1）。

图1　危险化学品生产装置

（2）装置生产的工艺高温、高压或负压、深冷。高温：能够增加可燃物料活性，扩大爆炸浓度范围；加速物料的分解或膨胀，导致压力升高，造成冲料；还会引起设备蠕变，使接点松弛，导致无聊泄漏。高压：增加物料活性，扩大爆炸浓度范围；引起设备脱碳、变形、渗漏，以致破裂和爆炸。负压：操作虽较安全，但有可能因设备气密性不高而吸入空气，与容器内可燃物料形成爆炸性混合物。深冷：使某些含水物料冻结，造成管路堵塞或破裂。

（3）从设备装置状况看。大型化、立体化。为实现生产连续化、自动化，炉、塔、罐、泵、器往往高大林立、布局集中，管道纵横贯通。一旦发生火灾，不仅引起连锁反应，而且涉及面大，易形成立体火灾，增加扑救难度，导致严重伤亡、损失。

（4）从动力能源概况看。火源、电源、热源交织使用。这些动力能源如果因设备缺陷或设置不当、管理不善，便可直接成为火灾爆炸事故的引发源。工厂发展与布局看，有旧装置与新装置并存，消防通道与消防车发展不协调

2.2　危化品生产装置的火灾特点

（1）发生火灾的机率高，燃烧速度快，极易蔓延造成大面积火灾，燃烧猛烈，辐射热值高，装置发生坍塌和爆炸的可能性大。火灾的类型大致为：稳定燃烧型、爆炸型、先爆炸后燃烧型、

燃烧爆炸、再燃烧爆炸连锁型(图2)。

图2 危险化学品生产装置的火灾特点

(2)地下管线泄漏后,扩散范围大,易次生事故,难找到漏点。管线多为带压、流动性大,难快速断料。管廊物料介质多、难判断。处置不当易波及周边设施安全,难预防。流淌火易伤人,难撤离。管线材质不一,难区别。管架坍塌风险高,难保护(图3)。

图3 地下管线泄漏

3 危险化学品事故应急救援处置原则

3.1 应急事故救援处置要素

(1)看事故现场情况。包括天气、风向、道路、水源、火势面积等。

(2)听(报警人)现场人员的介绍;听火势燃烧的声音。

(3)一问是否有被困人员;二问燃烧部位的基本情况;三问工艺处置情况

(4)指挥员要科学决策(侦察、判断、决策均要有依据)。要抓住技术人员不放。消防队员选用合适的个人防护装备,清楚险情和行动任务。想法设法解救被困人员。以快制快。以快速行动来制止住火灾的迅速燃烧,争取主动,做到出动快、展开快、扑救快;以多制大。加强第一出动,集中力量一次扑灭,要以多数的车辆、枪炮,对火点实施包围;以大制大。以大量的灭火剂,大的水流制止住火灾的迅速燃烧,力求全歼,第一触动力量要用到大功率的消防车、车载炮及移动炮。

(5)快速反应与科学决策并举,消防设施灭与工艺灭火并举,灭火与冷却并举,灭火与自身防护并举,传统装备与新装置并举。

(6)保证人的生命的安全,保持消防水的不间断供给,保证灭火剂的供给,保证灭火救援装备的完好,保证与装置技术人员的有效沟通,保证科学指挥贯穿全过程。

3.2 应急事故救援处置要点

消防指战员要做到8个必须:必须了解清楚介质、先控制后消灭。必须在上风方向和高地势地方设置阵地。必须记住根据介质情况没法切断物料源之前不能轻易灭火。必须减少人员进入现场,多采取车载炮移动炮灭火。必须全过程要采用科技手段监控火灾的发展,必须严防坍塌伤人,必须与工艺灭火处置紧密结合,必须正确使用灭火剂。

3 应急事故救援处置技术

(1)火情侦察。固定式、半固定式灭火设施是否还完好,是否可以登罐设移动炮和泡沫枪阵地,是否需要架设泡沫钩管。着火油罐的破坏状况,邻罐、尤其是下风方向油罐受火势威胁情况。着火油罐和邻罐的直径、间距、储存油品的种类、数量和液位高度(着火罐液位以上变色,液位以下不变色)。重质油品的含水量，水垫层高度，有否沸溢、喷溅的可能，预测沸溢、喷溅发生的时间及可能造成的危害范围。有无必要提高(注油)和降低液位(导油)，防火堤是否需要加固，雨水沟切断阀是否已关闭。

图4　火情侦察

(2) 启动固定灭火及喷淋设施。凡是设有固定灭火及喷淋冷却设施的，应迅速启动投用，在实施灭火的同时对着火油罐和邻近进行冷却保护。

(3) 冷却降温、预防爆炸。在灭火力量充足的情况下，对着火罐和邻近罐采用移动力进行冷却保护(有保温层或有喷淋设施的邻罐可以不考虑)。

(4) 登罐强攻、枪炮结合。用手提式干粉灭火器、覆盖物(浸湿的毛毡、石棉布、麻袋、棉被等)，从上风方向接近火点，严密盖住火焰，喷射干粉窒息灭火，对初起火灾效果最佳。抓住时机，以快制快，充分利用外浮顶油罐的特点，抓住火灾初起阶段燃烧面积小，温度不高、火势较弱的有利时机，在条件允许的情况下，登罐强攻。利用半固定消防竖管在平台或浮盘上出泡沫枪进行灭火，也可以同时采用垂直铺设水带的方法，在罐顶增加泡沫枪或移动炮。采用远炮近枪战术，以最快的灭火行动，迅速控制火势，取得火灾扑救的战术性胜利。

(5) 有风条件下，上风位置罐壁处为负压，氧气由此被吸入；自中心偏下风向位置处于正压，气体向上排出。若泡沫由燃烧储罐的正压处入射，其扬升作用会使泡沫被吹飞飘散，不易于凝聚成柱，损耗极大。因此，泡沫液应由燃烧储罐的上风向处，瞄准火焰吸入窗口，即沿罐壁上表面处由负压吸氧位置切入火场，使损耗达到最小(图6)。

(6) 现代生产装置大都配套有喷淋、水幕、汽幕、水炮、泡沫等固定灭火设施，一旦发生火灾第一时间可以使用固定灭火设施扑救。

图5　登罐强攻、枪炮结合

图6　泡沫液在有风条件下的喷射方法

（7）投入力量要快、要多、要大。个人防护要摆首位。要依靠固定灭火设施为主，做到固移结合。高温部位绝对不能随意打水，会导致遇水爆炸的风险。生命至上。

我从事消防专业已有 11 年时间，在一线工作中学习了很多专业化知识与实际经验。体会有很多，现如今的火灾次数少了许多，而消防指战员多为独生子女，切身实际遇到的大型火灾现场屈指可数，对于危险化学品企业灭火来说，灭火救援的经验少之又少。所以，基础理论是必不可少的，只有强大基础理论的铺垫，才能结合实际演练提升应急灭火救援的能力。自我总结战术、技术、科学的实践方法，保证企业的安全生产，更确保消防员的人身安全。有了过硬的本领和强大的心理素质，方能做好打大仗、打恶仗、打持久战的准备。

参考文献

[1] 钟浪锋．危险化学品事故应急救援处置技术，2016. 10.（20）：7-16.

[2] 廖宇凡，陈娟娟，方正．油罐火灾中消防员安全施救距离，消防科学与技术．2017，36（01）：107-110.

[3] 石芳．危险化学品全国应急培训班．2016. 10.（17）：20-34.

[4] 谢观鑫．消防员在灭火救援过程中的安全问题探讨，思想战线．2015，41（S1）：212-213.

[5] 陈震．国家安全生产应急救援指挥决策部署．2018. 5.（7）：70-84.

长庆区域测井监督检查与效果分析

张玉勇　刘　晓　冯　飞　郭　军　刘　鑫

（中国石油集团测井有限公司）

摘　要　本文通过对测井公司长庆分公司2022年和2023年监督发现问题进行对比分析，旨在全面了解长庆区域安全管理的现状，找出长庆分公司安全管理工作中存在的短板；通过长庆区域大范围的监督数据采集，并对长庆区域各项目部之间的数据进行分析，在各单位监督数据对比分析、问题隐患分析、问题类型分析、重点领域问题分析、审核要素分析五个方面的分析对比，发现问题数量较多的岗位人员和作业队，以及表现较好的作业班组。通过研究分析监督数据，向分公司提出管理建议。

关键词　监督检查；问题隐患

1　前言

测井是油气勘探开发的核心技术，肩负着测量地层、流体参数，发现、评价油气产层的重要使命。测井的质量和安全直接影响了后续油气井的评价和开发。长庆区域作为测井公司最重要的市场，一直对公司的发展有着重要作用。在这一背景下，对长庆区域施工队伍监督检查发现的问题进行分析，能够为公司提高长庆区域QHSE管理水平、有效降低作业违章提供依据支持。

2　监督工作开展情况

2023年，质量安全监督中心在长庆分公司开展现场监督检查2534井次(环比去年提高32.08%)，视频检查2994井次(环比提高55.6%)，其它重点要害部位1649次(环比提高40.7%)，检查放射性物品库207次，民爆物品库183次，放射性物品装卸实时现场监督74井次(环比提高34.5%)，放射性物品装卸视频回放监督190井次(环比提高3.8%)、抽查测井原始资料2166井次(环比提高228%)，扣减安全生产记分491分，发现问题5940项(环比提高30.3%)，其中，质量问题886项、HSE问题5054项(图1、图2、表1)。

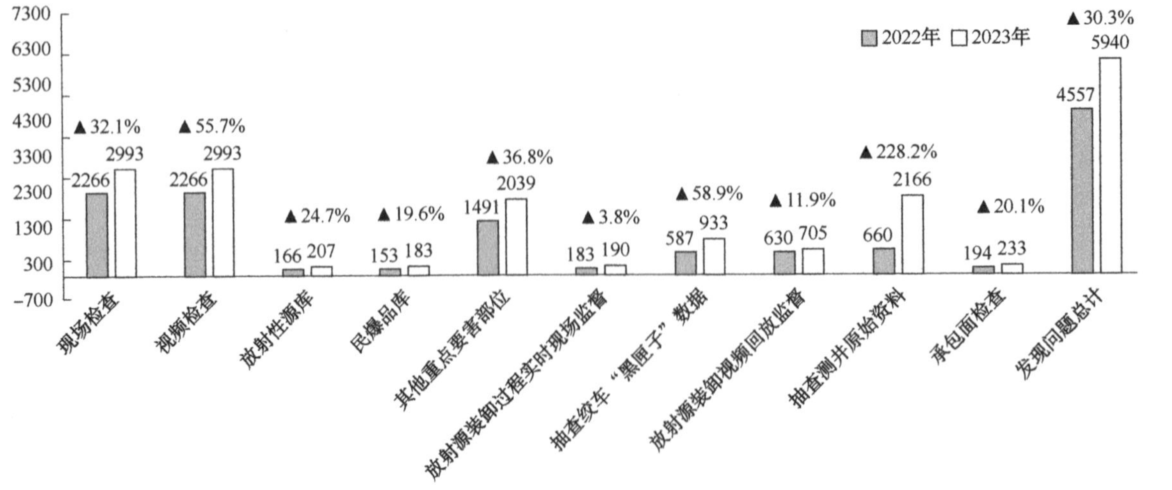

图1　长庆分公司监督工作开展情况对比图

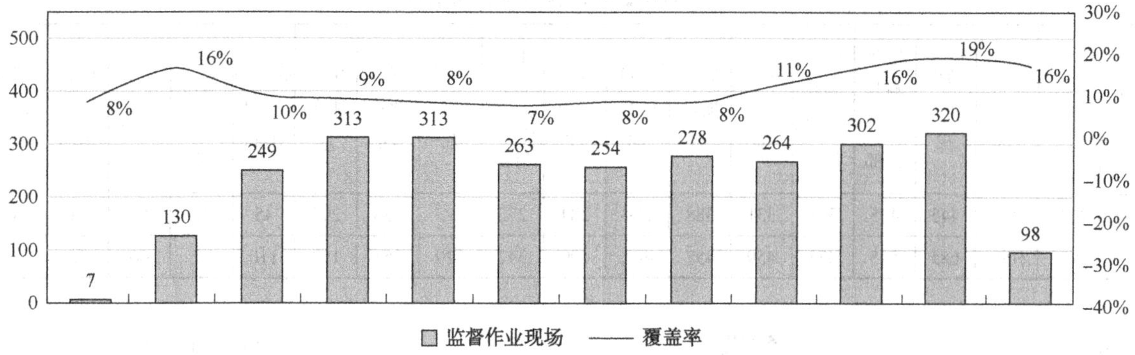

图 2　工作量及监督现场覆盖率

表 1　监督覆盖情况统计

单位	监督/月份	监督作业队			监督放射源库			监督民爆品库			问题总数	安全生产记分
		投产作业队	检查作业队	覆盖率(含视频覆盖)/%	实际放射源库	监督放射源库	覆盖率/%	实际民爆品库	监督民爆品库	覆盖率/%		
长庆分公司	1 月	7	7	100.00	6	6	100.00	7	10	143.00	10	4
	2 月	130	130	100.00	6	8	133.00	7	9	128.00	352	41
	3 月	216	250	116.00	6	12	200.00	7	14	200.00	537	85
	4 月	190	246	129.00	6	12	200.00	7	14	200.00	513	27
	5 月	203	263	129.00	6	12	200.00	7	14	200.00	677	54
	6 月	208	263	126.00	6	12	200.00	7	14	200.00	746	57
	7 月	209	266	127.00	6	12	200.00	7	14	200.00	698	49
	8 月	206	266	129.00	6	12	200.00	7	14	200.00	658	59
	9 月	193	263	136.00	6	12	200.00	7	14	200.00	584	56
	10 月	175	242	138.00	6	12	200.00	7	14	200.00	609	31
	11 月	180	237	131.00	6	12	200.00	7	14	200.00	394	26
	12 月	98	98	100.00	6	12	200.00	7	14	200.00	162	2
	合计	168	211	126.00	6	134	3900.00	7	159	2270.00	5940	491

与去年同期对比现场检查提高 32%，检查作业队同比提高 20.6%，检查作业队(不含重复)同比提高 6.57%，检查后勤辅助班组同比提高 19.31%，放射性物品库检查同比提高 24.7%，民爆物品库检查同比提高 19.6%，其他重点要害场所检查同比提高 37.6%，原始资料检查同比提高 228%，发现 HSE 问题同比提高 23.2%，发现质量问题同比提高 95.15%。截至目前，监督检查覆盖作业队 11 轮(图 3)。

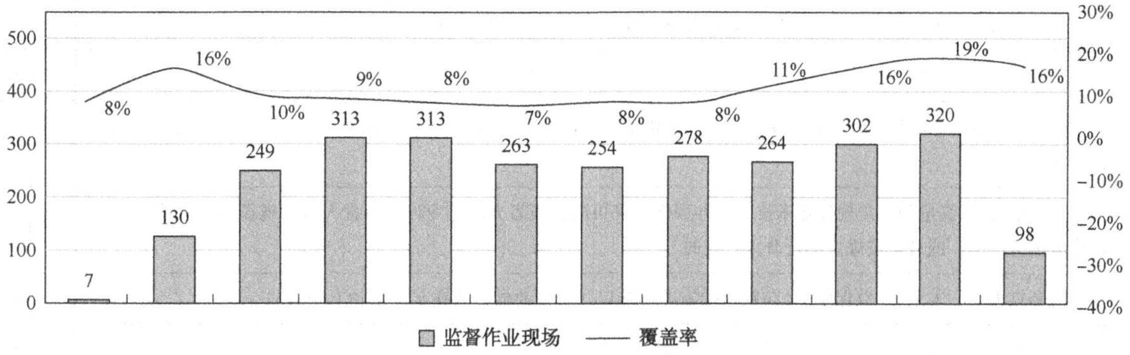

图 3　工作量及监督现场覆盖率

3　监督数据分析

3.1　各单位监督数据对比分析

1. 问题数量在各单位分布情况(表 2、图 4)

表 2　问题数量在各单位分布情况

监督分中心	部门	陇东项目部	靖边项目部	生产测井第二项目部	生产测井第三项目部	定边项目部	榆林项目部	苏里格项目部	环江项目部	生产测井第四项目部	靖吴项目部	安塞项目部	生产服务站	危险品管理中心	随钻测控项目部	工艺中心	信息档案中心	解释评价中心
长庆分公司	2022	806	445	445	308	331	388	280	284	272	293	238	292	45	32	53	11	6
	2023	1096	685	545	473	459	457	442	400	342	329	251	152	110	71	66	13	2

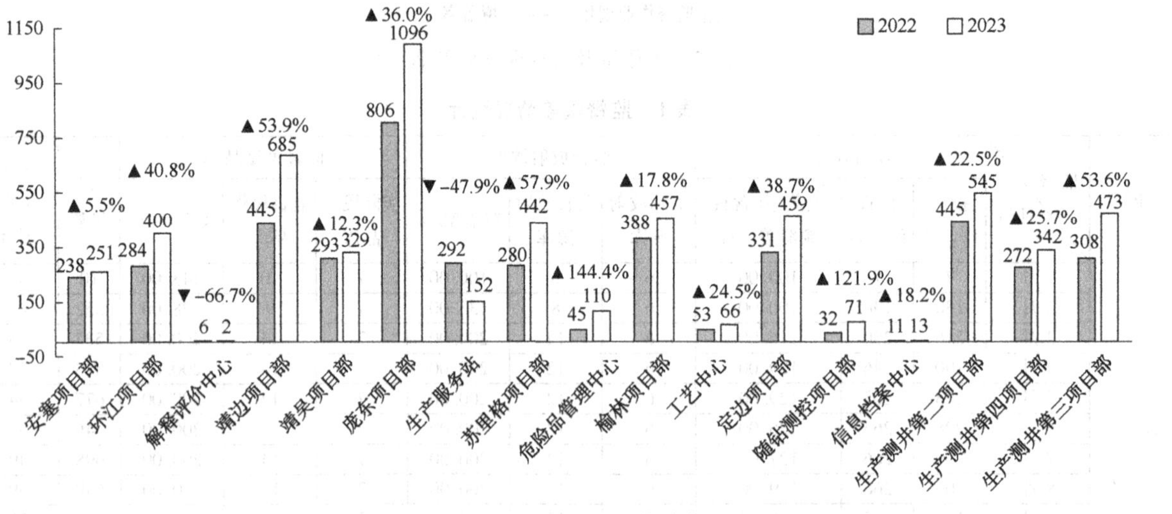

图 4　监督发现问题数分布

2. 较大及以上隐患在各单位分布情况

按照《中国石油集团测井有限公司安全环保事故隐患判定标准》，中心组织对监督发现问题进行安全环保事故隐患判标，排查安全环保事故隐患 5054 项，其中较大隐患 165 项、一般隐患 4889 项，较大隐患主要集中在未按规定进行应急培训演练、违反规定运输、储存、使用危险物品、配电箱、开关箱金属外壳未进行有效连接、高危和非常规作业办理作业许可审批人未到现场确认风险防范措施落实等方面(表 3)。

表 3　较大以上安全环保事故隐患分布

序号	安全环保隐患判定标准	隐患数量
1	安全较大 12. 未按规定制定现场应急处置方案，或者未按规定进行应急培训演练的	20
2	安全较大 9. 违反规定运输、储存、使用危险物品(危险化学品)的	19
3	安全较大 33. 配电箱、开关箱金属外壳、框架接地线未进行有效连接的，或箱体与箱门的编织软铜线有断裂或破损的	14
4	安全较大 5. 高危和非常规作业未按规定办理作业许可的，或者办理作业许可审批人未到现场确认风险防范措施落实情况的，或者未按规定实行升级管控的	13
5	安全较大 31. 未采取“双保险”和防跌落措施进行井口安装作业的；或在起吊重物下停留的	10
6	安全较大 32. 现场使用的压力表超出检定有效期限或损坏的	10
7	安全较大 11. 易燃易爆危险场所防爆泄压、防静电和防爆电气设备监测过期或者失效的。或者重点防火部位消防系统缺失或者失效的	10
8	安全较大 6. 未按规定对可能造成能量意外释放的作业进行能量隔离的；如机器运转时加油、维修、焊接、清扫等	10

续表

序号	安全环保隐患判定标准	隐患数量
9	安全较大39. 未按规定开展事故隐患排查治理工作，或事故隐患治理不彻底等；	8
10	安全较大7. 未明确并控制高危作业施工现场、易燃易爆危险场所人员数量的，或者作业场所安全通道不畅通的	8
11	安全较大4. 未按规定编制设计、施工方案或者未按方案施工的	8
12	安全较大8. 脱岗、睡岗和酒后上岗的	6

3. 质量监督问题分析

质量安全监督中心对采集质量过程控制、资料验收质量过程控制、生产制造环节质量过程控制进行监督检查，共发现质量问题886项，占问题总数的14.9%，其中，较大质量隐患问题27项，主要为测井超速问题；一般质量隐患问题859项；对问题分布进行统计，陇东项目部发现质量问题202项，靖边项目部发现质量问题113项，环江项目部发现质量问题90项，三个项目部合计发现质量问题405项，占发现质量问题的45.7%（图5、表4）。

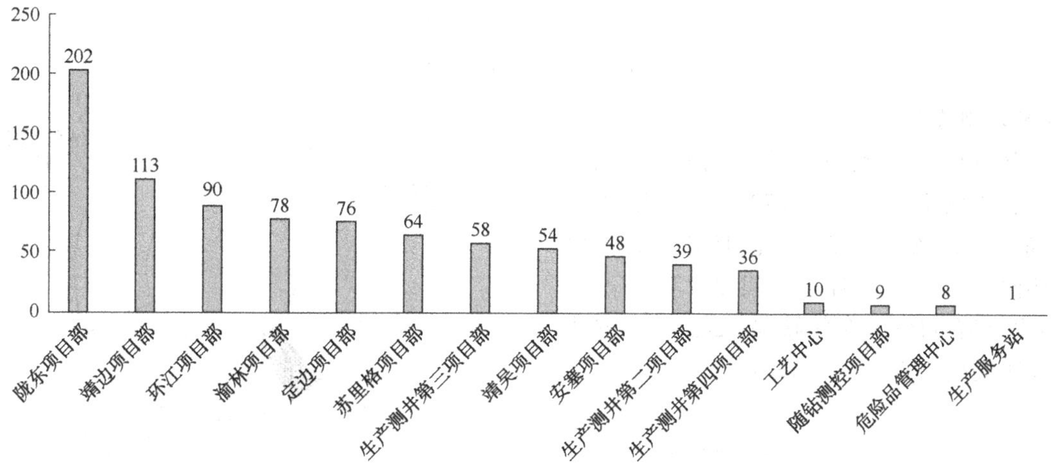

图5　质量问题分布

表4　井筒质量监督检查问题分布

序号	井筒质量监督检查项	问题数
1	井筒质量较大4. 测井速度是否符合测井要求	20
2	井径测井仪是否按要求完成主刻度、主校验、测前校验和测后校验	2
3	室内检验若发现问题，经确认为不合格曲线后，是否第一时间通知野外小队重新上井补测，并上报相关主管领导进行处理	1
4	测井小队是否按照《SY/T 5132 石油测井原始资料质量规范》进行验收。验收的内容包括：刻度速度、深度、幅度、张力、磁记号、泥浆电阻率、曲线相关性、图头等。对每一项是否都做出定性评价，填写验收记录	282
5	作业队出图格式是否符合规定要求	107
6	操作工程师是否对现场基础数据进行收集并确认，填写《测井资料收集卡》	90
7	作业队领取的井筒检测仪器是否具有仪器合格证	62
8	作业队是否进行现场资料验收	46
9	作业队长是否按照行业标准现场验收资料。发现曲线异常应重复测量验证；让步资料应经甲方签字认可；处置不合格测井资料，应分析原因，组织重新测量	27
10	仪修部门是否确保校验设备精度符合要求	24
11	仪修人员是否依据相应的维修标准，对井筒检测仪器进行检查、维修和刻度	22
12	作业队井径刻度环是否具有检验合格证并且在有效期内	22

4. 安全生产记分在各单位分布情况

认真落实安全生产记分制度，按照领导人员、典型管理失职行为、典型违章违规行为开展安全生产记分，共扣减安全生产记分 491 分，其中典型违章违规行为安全生产记 449 分、典型管理失职行为安全生产记 42 分(图 6)。

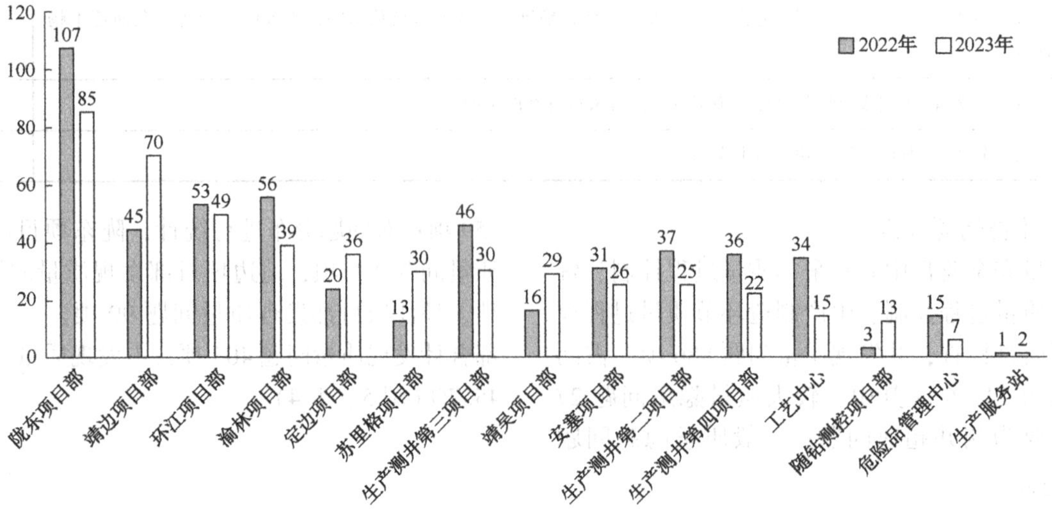

图 6　安全生产记分对比

3.2　问题类型分析

按人物管环来分析，长庆分公司截至目前发现问题中，人的不安全行为 1872 项，占比 32%，环比提高 29%；物的不安全状态 1561 项，占比 26%，环比提高 27%，环境不良 262 项，占比 4%，环比下降 11%；管理缺陷 2245 项，占比 38%，环比提高 42%(图 7、图 8)。

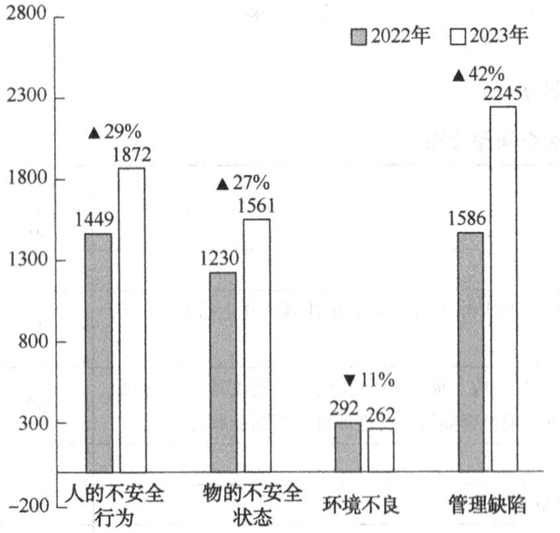

图 7　问题类型分类同比表

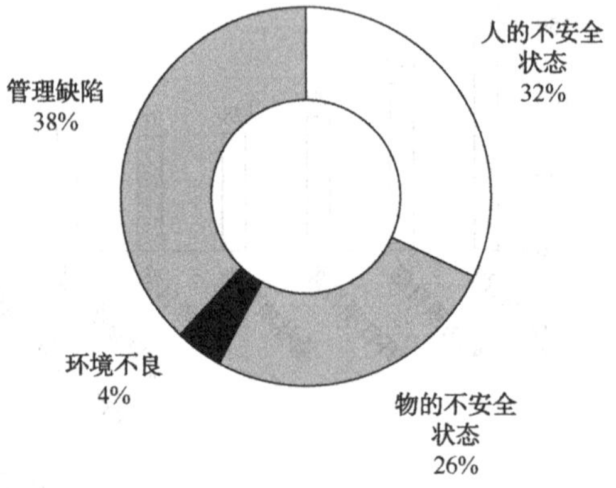

图 8　本月问题类型分类占比表

1. 管理缺陷

对属于管理缺陷的问题按照检查与考核缺陷、组织实施缺陷、制度与规程缺陷等进行分类，主要问题包括组织实施缺陷、检查与考核缺陷、制度与规程缺陷、培训管理缺陷、承包商管理缺陷(图 9)。

2. 人的不安全行为

人的不安全行为按照违章操作、违章指挥或违反劳动纪律进行分类，主要问题包括违反制度规程操作、违反规定使用设备工具、违反规定进行危险作业、未正确使用劳动防护用品、违反岗位纪律、冒险进入作业场所、不具备资质或能力进行作业(图 10)。

3. 物的不安全状态

物的不安全状态的监督问题包括一般设备缺陷、电气设备缺陷、防护设施缺陷、工器具缺陷、消防设施缺陷、井控设备缺陷、特种设备缺陷(图 11)。

4. 环境不良

环境不良的问题主要包括场所不符合要求、作业环境不良(图 12)。

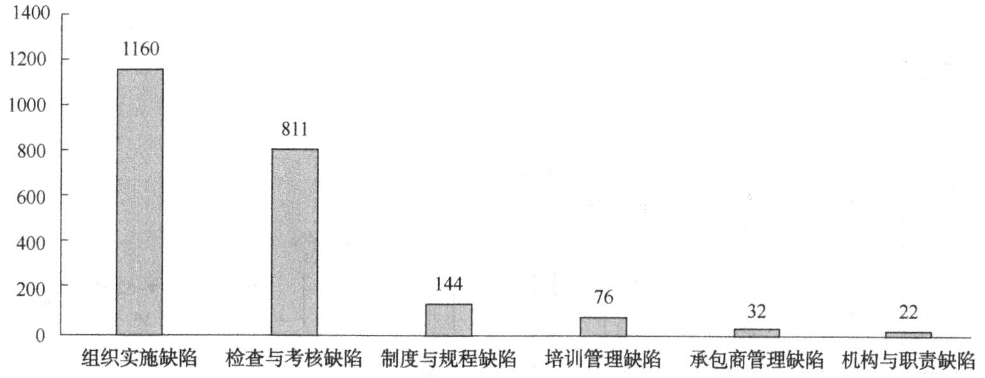

图 9　管理缺陷

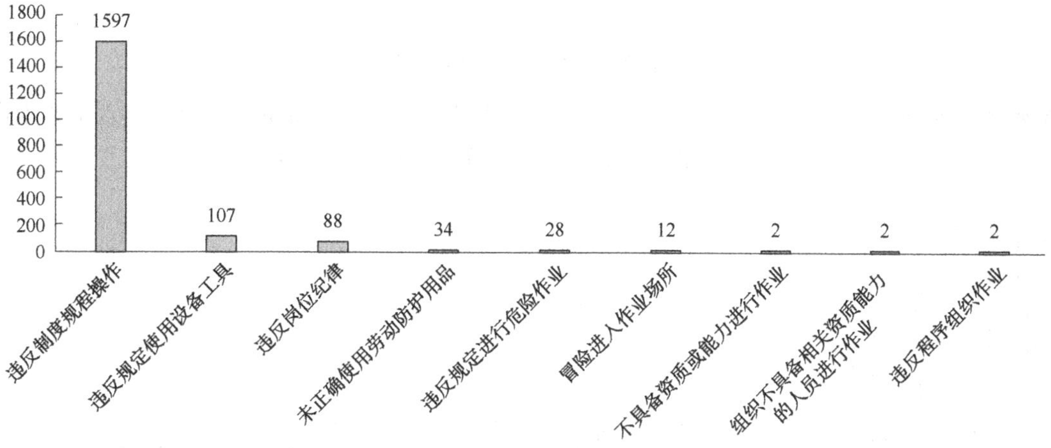

图 10　人的不安全行为

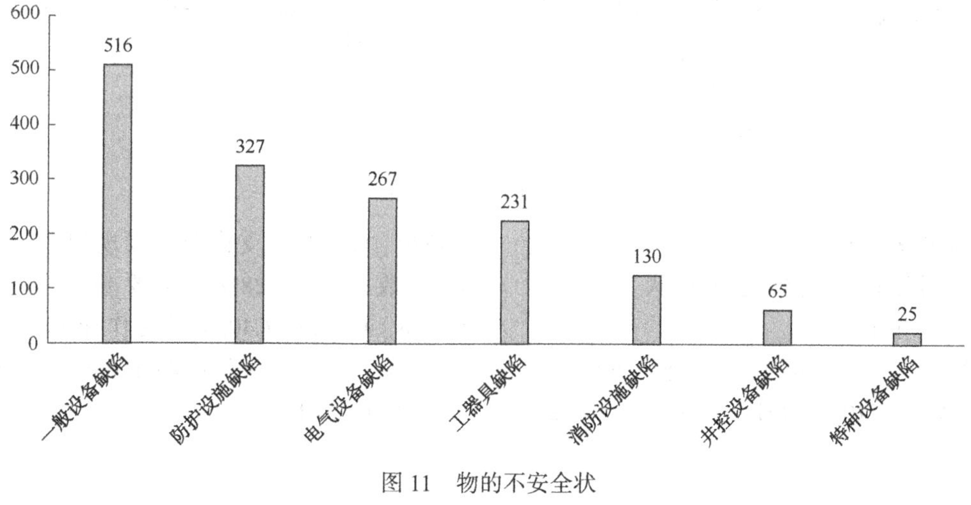

图 11　物的不安全状

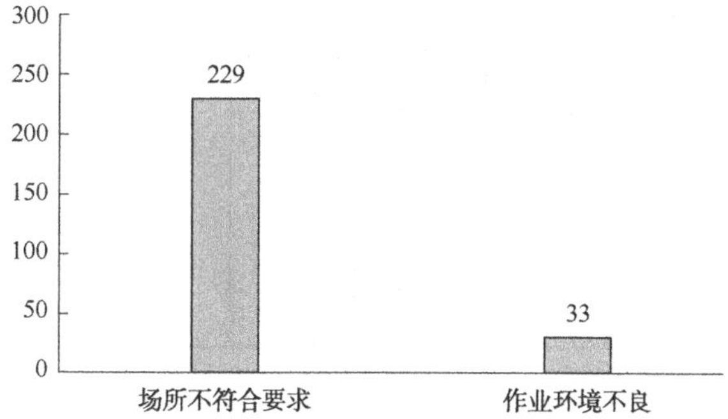

图 12　环境因素

3.3　重点领域问题分析

全年在长庆分公司共发现 HSE 问题 5054 项，其中，涉及吊装作业问题 107 项，放射性物品管理问题 72 项，高处作业问题 22 项，机械运动问题 89 项，交通安全问题 166 项，井控管理问题 139 项，硫化氢伤害 6 项，民爆物品管理 115 项，用电安全问题 302 项，天然气使用问题 6 项(图 13)。

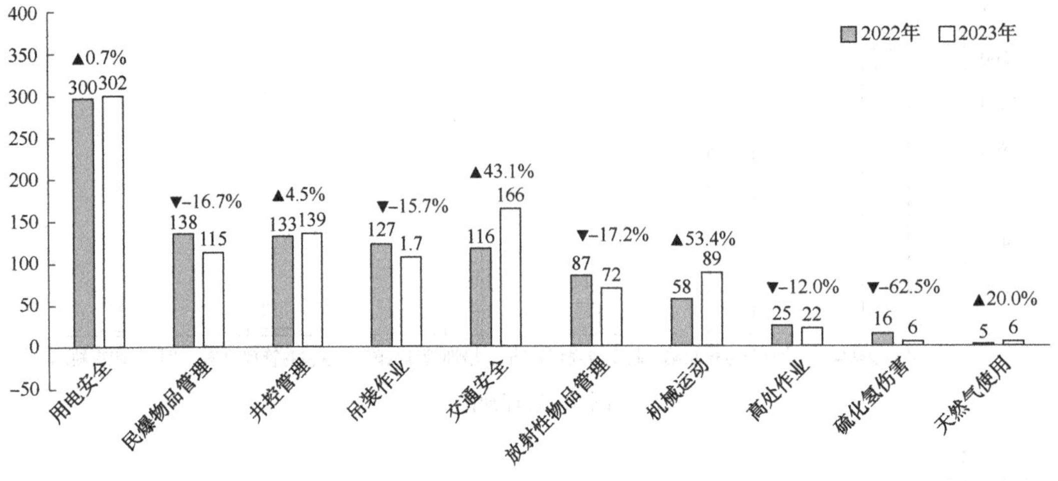

图 13　颠覆性问题数据对比

3.4 审核要素分析

生产运行、设备设施、制度和规程、标准化建设、井筒工程质量、应急管理六个要素占问题总数的 76.6%(图 14)。

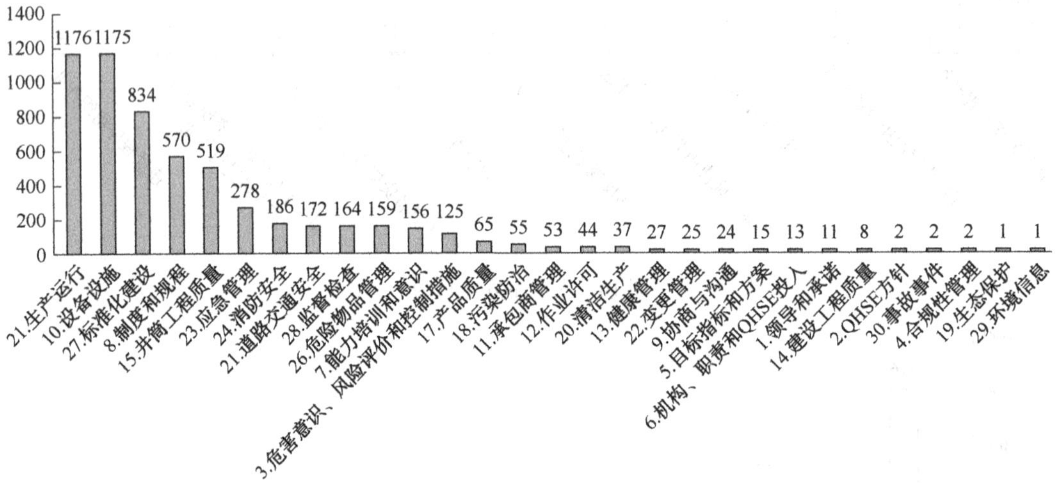

图 14　审核问题分布

3.5 反违章情况分析

3.5.1　问题数量较多的岗位及作业队

1. 违章队伍分布

对 2023 年违章数量前 15 名作业队进行对比分析，发现 C4710、C4618、C4620、C4024、C4589、C4782 六支作业队发现问题较多，占问题总数超过 3.28%，需要重点关注；其中 C4618、C4620、C4024 三支作业队连续两年问题较多，超过问题总数的 1.68%，需要分公司重点关注(图 15、表 5)。

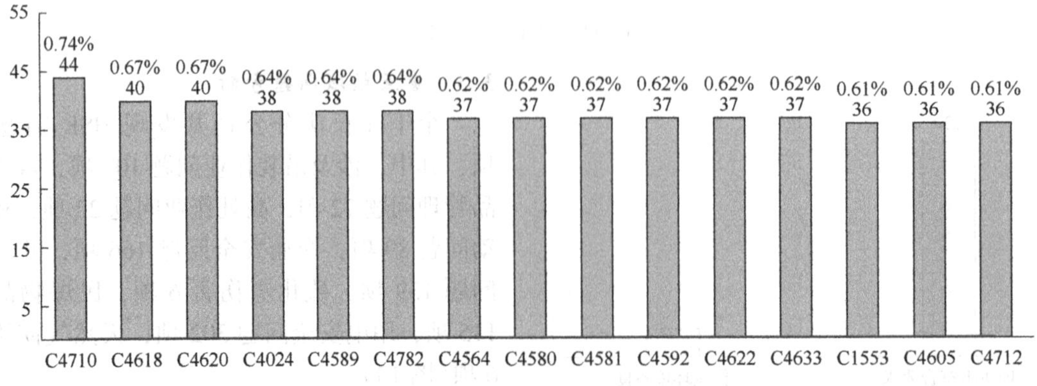

图 15　2023 年违章队伍数量对比

表 5 违章队伍对比

年份	2022 年			2023 年		
序号	作业队	问题数量	问题占比/%	作业队	问题数量	问题占比/%
1	C4024	35	0.77	C4710	44	0.74
2	C1553	34	0.75	C4618	40	0.67
3	C4575	33	0.72	C4620	40	0.67
4	C4581	33	0.72	C4024	38	0.64
5	C4569	30	0.66	C4589	38	0.64
6	C4573	30	0.66	C4782	38	0.64
7	C4624	30	0.66	C4564	37	0.62
8	C4113	29	0.64	C4580	37	0.62
9	C4122	29	0.64	C4581	37	0.62
10	C4164	29	0.64	C4592	37	0.62
11	C4551	29	0.64	C4622	37	0.62
12	C4792	29	0.64	C4633	37	0.62
13	C4775	28	0.61	C1553	36	0.61
14	C4590	27	0.59	C4605	36	0.61
15	C4789	27	0.59	C4712	36	0.61
总计		452			568	

2. 违章人员岗位分析

对违章人员岗位进行对比分析，发现违章岗位主要为作业队长、井口岗、操作员岗、驾驶员岗(图 16)。

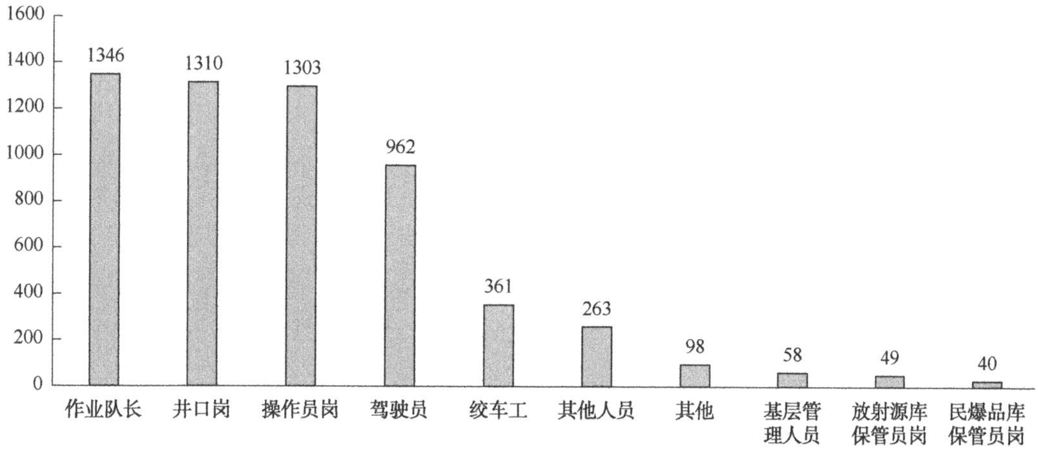

图 16 违章人员岗位类型

2. 表现的比较好的作业队(表 6)

表 6 表现的比较好的作业队

项目部	班组	项目部	班组
陇东项目部	C4590 队	环江项目部	C4749 队
靖边项目部	C4600 队	榆林项目部	C4058 队
定边项目部	C4060 队	随钻测控项目部	70101 队
靖吴项目部	C4562 队	生产测井第二项目部	C4798 队
安塞项目部	C4586 队	生产测井第三项目部	C4006 队
苏里格项目部	C4626 队	生产测井第四项目部	C4180 队

4 工作建议

4.1 长庆区域作业队需重点关注的风险领域

长庆分区域各作业队在检查中发现放射性物品管理、民爆物品管理和交通安全、井控管理等方面问题数量较多，问题隐患较大，应高度重视。

4.2 长庆分公司需重点关注的要素

检查中发现长庆分公司问题要素分布中生产

运行、设备设施、制度和规程、标准化建设、井筒工程质量、应急管理六个要素发现问题4552项，占问题总数的76.6%，需重点关注。

4.3 风险提示

(1) 建议长庆分公司持续强化作业队安全管理。加强培训学习，提升员工安全意识，强化安全责任落实，强化设备设施完好性，有效斩断事故隐患根源。

(2) 建议长庆分公司做好“一井一策”，强化重点井、高风险井安全管控；强化井控安全管理，落实施工现场井控责任，量化安全作业时间，落实坐岗制度，强化带压作业安全管控，强化电缆防喷装置规范使用；严防工程事故复杂，落实下井仪器、地面设备三级维保，全覆盖检查张力校验、电缆拉断力、称重设备探伤，杜绝因赶工期超期超限使用，严格执行施工设计，杜绝私自变更作业程序。

5 总结

通过长庆区域大范围的监督数据进行分析，在监督数据对比分析、问题隐患分析、问题类型分析、重点领域问题分析、审核要素分析等五个方面的分析对比，找到了问题数量较多的岗位和作业队，以及表现较好的作业班组。经过对长庆区域安全监督检查问题的深入分析，指出了长庆区域作业队存在的安全隐患及其重点防范领域，并据此提出了整改建议。我们相信，通过各类建议的落实和执行，将有效促进长庆区域作业队安全管理的持续优化和提升。

基层员工安全培训存在问题及对策的思考

崔永旺　方荣权

（大庆油田有限责任公司）

摘　要　人的因素是影响生产安全的主要因素，90%的生产安全事故与工作时的违章有关，大量的事实说明，安全培训是安全生产的一项重要基础性工作，是减少生产安全事故和伤亡人数的源头性、根本举措性。围绕安全意识、知识和能力，抓好抓实安全培训，是提高从业人员安全素质和标准化操作能力，防止和减少“三违”行为，避免和预防生产安全事故的重要途径。本文结合 QHSE 体系审核和日常检查发现的基层员工安全培训问题，从按需施教，精准识别岗位安全培训需求、加大投入，为安全培训提供资源保障、加强验证考核，确保安全培训质量和效果、强化能力考评，确保岗位员工能岗匹配四个方面，对如何抓实抓好基层员工安全培训进行了思考。

关键词　安全培训；存在问题；改进对策

引言

国务院事故调查组公布了宁夏银川富洋烧烤店“6. 21”特别重大燃气爆炸事故调查报告，事故造成 31 人死亡、7 人受伤，直接经济损失 5114. 5 万元。事故的直接原因是：液化石油气配送企业违规向烧烤店配送有气相阀和液相阀的“双嘴瓶”，店员误将气相阀调压器接到液相阀上，使用发现异常后擅自拆卸安装调压器造成液化石油气泄漏，处置时又误将阀门反向开大，导致大量泄漏喷出，与空气混合达到爆炸极限，遇厨房内明火发生爆炸进而起火。富洋烧烤店安全培训流于形式，员工不掌握燃气安全相关知识，不清楚“双嘴瓶”安全风险，违规操作处置。未制定燃气应急处置预案，未定期组织应急演练，在燃气大量泄漏时，应急处置不当，用血淋淋的事实，诠释了安全培训不到位是最大的安全隐患。人的不安全行为是导致生产安全事故的主要因素，90%的生产安全事故与工作时的违章有关，大量事实说明，安全培训是安全生产的一项重要基础性工作，是减少生产安全事故和伤亡人数的源头性、根本性举措，加强安全培训，提升从业人员安全意识和整体安全素质，防止和减少“三违”行为，是降低生产安全事故的重要途径。笔者在近几年 QHSE 体系审核和日常监督检查中发现，基层员工的安全培训不同程度存在不规范、流于形式、走过场现象，培训的质量和实效未达预期效果，笔者对提高基层员工安全培训的质量和实效的对策有一些思考，在此共享。

1　基层员工安全培训存在的主要问题

1.1　安全培训需求调查需进一步做实

（1）个别基层单位未按需施教，仅开展交通、消防等通用安全培训，无基层员工履行岗位职责应具备的安全技能相关培训内容，存在培训“大帮哄”现象。

（2）个别基层单位培训需求调查遗漏，个别岗位缺少岗位说明书，不同岗位存在职责雷同现象，使得这部分基层员工上岗应具备的安全技能不明确，安全培训内容随机，不按需设置，针对性不强，安全培训流于形式。

（3）个别基层单位未建立岗位 HSE 培训矩阵或 HSE 培训矩阵内容与岗位应掌握的安全技能不符，必备的安全知识、相关安全生产法律法规、程序、操作规程以及应急处置知识和自救知识等岗位安全培训需求识别不全。

1.2　安全培训组织实施需进一步做实

（1）部分基层单位未严格按计划开展安全培训，计划变更无相关管理流程，安全培训计划执行不严，使得安全培训学时不满足相关要求。

（2）部分基层单位存在转岗员工未参加转岗前培训现象，员工上岗条件未得到有效确认。

（3）基层部分岗位安全培训长期使用一个教材，内容陈旧，缺乏规范性，且培训师资不足，直接影响培训质量和效果。

（4）部分基层单位安全培训记录和台账记录

不规范、有缺项，实际操作培训和现场安全培训记录缺失，培训档案资料不完善。

（5）部分基层单位安全培训效果验证标准和验证方式不明确，培训结束后未进行实际操作考试或闭卷考试，且试卷批阅不认真，很少出现培训考核不合格人员，培训验证结果不真实。

1.3 安全培训结果应用需要进一步做实

（1）部分单位未对培训考核不合格人员进行再培训和补考，无相关记录。

（2）部分单位培训考核发现的能力改进项无具体改进措施，未对改进情况督导检查。

（3）部分单位缺少对各级安全培训进行综合统计和汇总的工作机制和载体，安全培训学时没有被完整的记录。

2 原因分析

（1）基层主要负责人对“安全培训不到位是重大安全隐患”认识不足，没有把安全培训作为重要的安全职责亲自抓落实，存在口头重视，一考了之、一评了之、应付了之，没有落实具体的培训和考核措施。

（2）部分单位岗位职责不清晰，基层岗位设置不明确，尤其是有些单位操作岗位还是沿用工种来代替岗位管理，编制的岗位工作任务与岗位实际设定不符，对精准识别岗位安全培训需求造成影响，导致安全培训需求调查不符合岗位实际。

（3）部分单位未按照《基层岗位HSE培训矩阵编写指南》（Q/SY 08519—2018）和《HSE培训管理规范》（Q/SY 08234—2018）梳理岗位安全培训内容，形成岗位HSE培训矩阵，制定的培训计划不能涵盖岗位应掌握的全部安全技能。

（4）部分单位专业部门指导监督检查不到位，没有通过统计监督、现场指导、专项审核等多种方式对基层HSE培训工作进行督导，对存在的问题没有举一反三闭环整改，导致基层培训实施过程出现问题较多。

3 提高基层员工安全培训质量和效果的意见建议

基层员工的安全培训应遵循“管业务必须管培训”的原则，实行直线责任制管理模式，坚持立足岗位、满足需求、全员覆盖、形式多样，实行统一规划、分级实施、分类指导的管理运行机制。

3.1 按需施教，精准识别岗位安全培训需求

3.1.1 做实岗位安全培训需求调查

依据《基层岗位HSE培训矩阵编写指南》（Q/SY 08519—2018），按岗位编制HSE培训矩阵，实现一个岗位一个矩阵。编制培训矩阵应依据岗位职责和能力评估清单，按非操作技能培训需求和操作技能培训需求，从通用安全知识，岗位基本操作技能，生产受控管理，HSE知识方法与工具四方面调查分析岗位能够履行岗位职责，完成工作任务而必须具备的技能，明确培训内容、培训课时、培训周期、培训方式、培训效果、培训师资，作为员工上岗应进行培训并达到相关效果的最基本要求（图1）。

表B.1　××采油队（采油工）HSE培训矩阵

单位名称：　　　　编号：

编号	培训内容	培训课时	培训周期	培训方式	培训效果	培训师资	备注
1	通用安全知识						
1.1	安全用电常识	0.5	3年	课堂＋现场	掌握	班长或安全员	
1.2	石油安全常识	0.5	3年	课堂＋现场	掌握	班长或安全员	
1.3	天然气安全常识	0.5	1年	课堂＋现场	掌握	班长或安全员	
1.4	应急逃生知识	0.5	1年	课堂＋现场	掌握	班长或安全员	
…							
2	岗位基本操作技能						
2.1	抽油机运行、调整、维护						
2.1.1	抽油机检查	0.5	3年	课堂＋现场	掌握	班长或其他培训师	
2.1.2	抽油机启停	0.5	3年	课堂＋现场	掌握	班长或其他培训师	
2.1.3	抽油机换皮带	0.5	1年	课堂＋现场	掌握	班长或其他培训师	
2.1.4	抽油机保养	0.5	1年	课堂＋现场	掌握	班长或其他培训师	
2.2	油井运行、监测、维护						
2.2.1	油井检查	0.25	3年	课堂＋现场	掌握	班长或其他培训师	
2.2.2	油井开、停井（关井）	0.25	3年	课堂＋现场	掌握	班长或其他培训师	
…							
3	生产受控管理						
3.1	作业许可	0.5	3年	课堂＋现场	了解	班长或安全员	
3.2	工艺、设备设施安全管理	0.5	3年	课堂＋现场	了解	班长或安全员	
3.3	变更管理	0.5	3年	课堂＋现场	了解	班长或安全员	
3.4	上锁挂牌	0.5	3年	课堂＋现场	了解	班长或安全员	
3.5	承包商监管	0.5	3年	课堂＋现场	掌握	班长或安全员	
…							
4	HSE知识、方法与工具						
4.1	反违章禁令	0.25	3年	课堂或会议	了解	班长或安全员	
4.2	安全经验分享	0.25	3年	课堂或会议	掌握	班长或安全员	
4.3	属地管理	0.25	3年	课堂或会议	掌握	班长或安全员	
…							

编写人：　　　　审查人：　　　　批准人：

图1　岗位HSE培训矩阵示例

3.1.2 做细安全培训计划

编制培训计划应顾及两方面因素，一是培训项目选择要考虑岗位需培训的内容和培训周期，满足培训学时和岗位能力需求。二是以持续提升员工安全技能为目的，针对不同岗位员工安全技能的弱项，有针对性地制定差异化、个性化的培训计划。

3.1.3 实施差异化的安全培训方式

充分发挥内外部培训机构作用，以满足岗位培训需求为目标，以在岗培训、辅导为主，脱产培训、讲授为辅，把HSE培训与宣传教育、竞赛演练等活动有效结合，采用讲授式、研究式、案例式、模拟式、体验式、演练式等方式进行互

动交流式培训，充分利用师带徒、岗位练兵等培训模式，强化现场培训和实际操作培训，推广“手指口算”等安全确认法，帮助员工通过心想、眼看、手指、口述，确保按规程操作。

3.2 加大投入，为安全培训提供资源保障

（1）加强仿真实验室、实训基地、安全教育室等安全培训基础建设，通过模拟操作、现场实训，切实提高员工标准化操作能力。

（2）分类别、分专业开发安全培训标准化课件，把基层“两册”作为岗位标准化培训教材，做到安全培训专业化、标准化、规范化。

（3）制定实施 HSE 培训师培养计划，培养以安全管理人员为核心、业务领域专家和高技能人才为骨干的安全培训师队伍，按规定给予培训师待遇进行激励，为全员安全培训工作提供支撑。

（4）建立各级安全培训综合统计和汇总工作机制，各级主要负责人、安全环保部门、组织人事部门以及基层单位要全面记录、统计和分析 HSE 培训工作开展情况，建立健全记录台账，做到随时查询、实时监控。

3.3 加强验证考核，确保安全培训质量和效果

培训班主办单位（部门）要对 HSE 培训实施情况进行跟踪，加强培训效果评估和考核，笔试和技能演示需要保留相应的考试内容、过程实施和培训考核记录，确保依法合规、有据可查。

3.4 强化能力考评，确保岗位员工能岗匹配

（1）依据上岗任职条件和岗位安全环保基本能力要求，并把工作中关键风险防控点项及岗位存在的问题、隐患、违章、风险、事故事件等作为考评的重要内容，编制履职能力评估清单，细化岗位员工履职能力评估标准。

（2）按照“谁主管、谁考评、谁负责；一级考评一级”的原则，通过实际或模拟操作、笔试或口试等方式对新入厂、转岗和重新上岗的员工进行上岗前安全环保履职能力评估，评估不合格的不得上岗，重新培训并评估合格方可上岗。对屡禁不止的低、老、坏现象，属于执行类违章，对岗位员工进行考核，属资源配备不到位、安全生产条件不具备导致的违章，对相关领导和管理人员进行考核，属于相关制度缺失、培训不到位导致的违章，对相关领导干部和管理人员进行考核。

（3）由于安全培训不到位导致安全环保事故或者有影响事件发生的，按履职情况，对相应的岗位员工、管理人员、领导干部追责考核。

4 结束语

安全培训是安全生产的“三件大事”之一，对于岗位员工而言，安全知识的学习，是浅学，掌握安全操作技能才是实学，必须从不同层次深入学习，抓好抓实安全培训是重要的一个环节，落实效果的好坏直接影响到企业的安全绩效，需要我们不断探索新的方式方法，把安全培训工作扎实有效地落实，使员工按规范执行岗位标准，成为安全行为至上的放心型员工。

基于双防平台的隐患数据标准化规范化研究

高忠华

（大庆油田有限责任公司）

摘　要　通过对双防平台的隐患数据标准化规范化的研究，填补了油田隐患录入无规可依的空白，从人、物、资料和环境四个方面明确隐患描述标准化原则，从管理因素、专业化管理和问题分类三个维度明确隐患分类原则，并制定了隐患优先级模型，建立隐患标准化数据库，实现数据互联共享，为油田安全监督大数据分析提供可靠的数据来源，为宏观掌握监督信息、制定安全监督管理决策及方针政策提供可靠的数据支持。

关键词　标准化；规范化；优先级；数据库；一键录入

某油田安全风险分级管控和隐患排查治理信息管理平台(以下简称双防平台)投入使用至今已累积采集数据20余万条，但是隐患数据的采集和录入无统一的标准要求，隐患数据标准化规范化在石油行业内处于空白状态，难以据其精准实现油田HSE监督信息大数据分析。为解决这一问题，针对隐患数据开展标准化规范化研究，建立相应原则和HSE标准化数据库，用于指导大数据分析和安全监督管理决策及方针政策。

1　双防平台的隐患数据标准化规范化研究的重要意义

双防平台的隐患数据标准化规范化研究，其意义主要体现在以下4个方面：

1.1　填补了油田隐患录入无规可依的空白

随着双方平台应用宽度和广度逐渐加大，系统内录入隐患数量多达20万条，但系统内数据的采集和录入没有统一的要求，导致隐患录入不合规情况较多，难于用于大数据分析。隐患录入标准化规范化研究，规范了隐患数据采集和录入的标尺，填补隐患录入无规可依的技术空白。

1.2　规范了监督数据采集和录入的标尺

标准化数据库建立后，可以提高数据的专业性、一致性、准确性和完整性。通过定义统一的数据模型和结构，减少了数据的冗余和错误。此外，标准化可以帮助发现和纠正数据质量问题，保证数据的可信度和可靠性。

1.3　实现数据互联共享

油田HSE监督数据来源于多个单位，包含油气生产单位、井下作业单位、生产辅助单位以及相关承包商单位等。标准化可以帮助消除数据共享的障碍。通过建立标准化数据库，定义统一的数据格式和要求，实现不同的数据源之间能够无障碍共享。

1.4　有效指导大数据分析、安全监督管理决策和方针政策

HSE监督数据标准化的研究及应用，提高数据分析效率，通过定义统一的数据模型和语义，减少数据的预处理过程，提高数据分析速度和精度。为整体HSE监督安全分析过程提供了抓手，为HSE监督工作开展方向、安全管理决策及方针政策的制定提供了可靠依据。

2　隐患录入标准化规范化研究

针对现有油田隐患录入无规可依的情况，为达到录入隐患数据的专业性、一致性和准确性，能够指导大数据分析，本次从隐患描述、隐患分类和隐患分级三方面入手，建立一套适用于油田双防平台的原则，规范数据采集和录入，为大数据分析提供基础数据。

2.1　研判精选代表性隐患问题

对双防平台内20万条数据进行分析研判，逐条梳理。经同类和相似问题合并，精选出不同场所、出现频率较高的代表性隐患问题3050条，形成《油田常见隐患数据库》，为下步构建标准描述、分类和分级提供数据来源支持。

2.2　明确隐患描述标准化原则

依据"5W1H"工具和汉语句子基本机构(主谓宾定状补)，将《油田常见隐患数据库》中所列各隐患进行研究分析，定义隐患描述模型，约束描述结构、要素和语义，以便数据可以被正确地解释和使用。依据学术语言描述要求，将隐患描述用语客观、真实、学术性的表达完整。从人、物、资料和环境开展研究分析，形成相应的原则。

2.2.1　人物及其行为的描写

主要包括日常生产及其辅助活动过程中，人的行为及由之产生的后果，包括三违行为、人员未履职等。描述的主线首先要确定人员、其所做的事情及产生的后果，同时附加人员的单位及性质、所做事情的时间地点和数量频次、产生结果违反的条款或者未达到的标准，基于以上论述，构建成人物及其行为的描写模型，确定描写的要素，构建的模型如图1所示。

图1　人物及其行为隐患描述模型

2.2.2　物及其状态的描写

主要包括在生产及其辅助活动过程中，一切存在隐患的物的状态、未达到的标准及存在的风险等。包括设备设施运行及管理、固体废物的产生及处理、建(构)筑物存在缺陷等。描述的主线需确定所描述的物及其所处的状态，补充说明物存在的位置及数量、所处状态、未达到的标注和存在的风险等。基于以上论述，构建成物及其状态的描写模型，确定描写的要素，构建的模型如图2所示。

图2　物及其状态隐患描述模型

2.2.3　资料隐患的描写

主要包括资料的完整性、时效性和有效性，包括管理制度、操作规程、台账及记录等。描述的主线需确认资料的名称和目前的状态，补充描述资料下发(所属)的单位，未正确执行制度和规程产生隐患的时间和时长等要素。基于以上论述，构建成资料隐患的描写模型，确定描写的要素，构建的模型如图3所示。

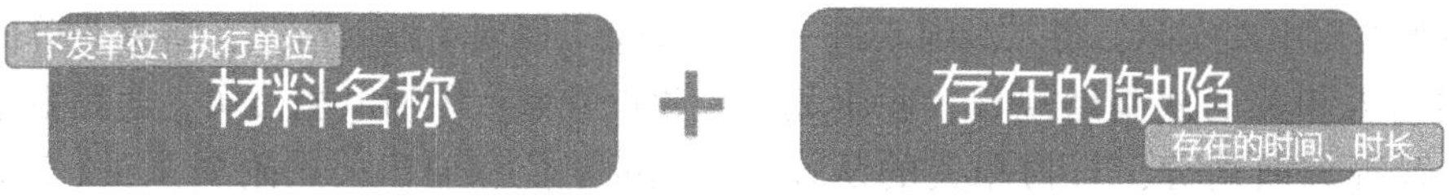

图3　资料及其状态隐患描述模型

2.2.4　环境隐患的描写

主要包括生产、施工作业现场的环境以及相关方影响造成的环境变化，及对生产和施工作业现场带来的隐患。描述的主线说明生产、施工现场，所处的环境，补充说明环境的危险程度、隐患的类型、可能产生的后果等。基于以上论述，构建成环境隐患的描写模型，确定描写的要素，构建的模型如图4所示。

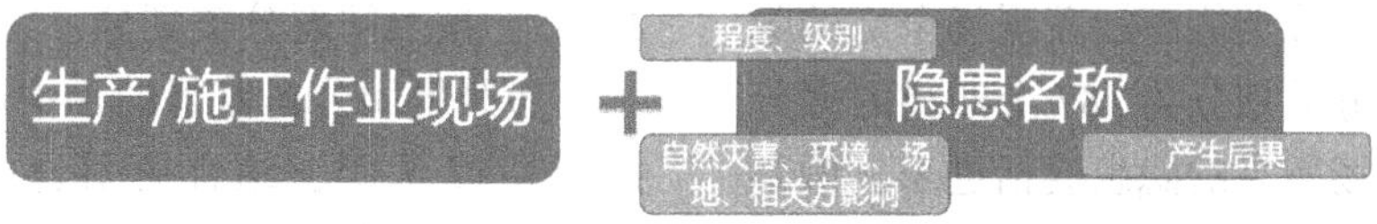

图4　环境隐患的描述模型

2.3 明确隐患分类标准化原则

为保证隐患数据分类准确合理，按照油田生产实际，将隐患问题从管理因素、专业化管理和问题分类三个维度进行划分，方便不同方向进行责任追溯，保证安全生产顺利进行。

2.3.1 按照管理因素划分

综合经典安全管理不安全因素4种分类方法和新《安全生产法》中对安全管理因素4种分类的解读，结合油田生产实际，将安全与环保结合起来进行类别的划分，共分为人的不安全行为、物的不安全状态、管理缺陷、环境不良和环境保护5个一级因素分类。

按照人员种类的不同，作业人员、承担管理职能人员和承担安全管理、监督职责的人员在安全生产活动中的角色各不相同。依据不同的角色，将人的不安全行为分为违章操作、违章指挥和违反劳动纪律3个二级因素分类。按照物的形态和使用方式，将物的不安全状态分为设备设施、工器具和建(构)筑物3个二级因素分类。依据不良环境产生的原因，将环境不良分为自然灾害和工作环境不良2个二级因素分类。依据管理的不同阶段，将管理缺陷分为组织管理缺陷、控制管理缺陷和文件管理缺陷3个二级因素分类。依据影响环境的不同因素，将环境保护分为废水、废气、噪声、固废、放射性物品、环境应急、培训、政策执行和节能降耗11个二级因素分类。综上，5个一级因素分类依据不同的分类原则，细分为20个二级因素分类。

为了更详细的划分问题类别，依据集团公司监督助手分类和油田生产实际，将二级因素进一步划分，其中与人相关的从制度规程、职责划分、培训、处置等方面划分，与物相关的从设计、配备、维护使用、报废等方面划分，与环境相关的从灾害种类、作业现场因素等方面进行划分，与管理相关的从现场情况、制度的修订和传达、管理的领域等方面进行三级因素分类，共将20类二级因素分类划分为74个三级因素分类。

在三级因素分类划分的基础上，与现场实际问题相结合，为达到分类能够涵盖现场全部的隐患，共将三级因素分类划分为187个四级因素分类，更详细的将现场所有的隐患囊括进来，做到准确合理，分类清晰。

2.3.2 按照专业化管理划分

按照专业化管理理念，从专业化委员会和专业化领域两方面入手，即在某一专业领域中以具体的专业方向作为管理主业，通过专业方向的管理使企业形成一体化发展。

1. 按照专业化委员会划分

为保证用最专业的角度和深度、最专业的经验和知识去管理和监督油田生产事物，有利于在对有关问题或提案作深入而准确的分析和判断后提出结果和报告，与专业管理部门沟通，从而协助油田有效的监督现场工作。依据油田公司对业务领域的划分类别，参照油田安全生产过程，用于油田安全生产过程专业委员会分为油气开发、生产保障、工程建设、HSE文化、物资装备、HSE技术、培训教育、治安稳定、执纪问责、财务预算、油气勘探、钻探工程、多种经营矿区管理共13个专业委员会，保障安全生产过程顺利进行。

2. 按照专业化领域划分

依据油田中各二级单位业务角色、业务实体和业务用例，采油单位生产现场负责油气的生产、集输等业务，将这些单位以及进行相同业务的承包商单位划分为油气生产领域；天然气生产和销售单位负责天然气的生产、集输、储运和销售等业务，将这些单位以及进行相同业务的承包商单位划分为天然气与化工领域；井下作业分公司、钻探工程公司、试油试采分公司等单位、从事相关业务的承包商和在作业现场的暂设负责地震、试油试采、钻井、作业等业务，统一划分为工程技术领域；工程建设公司、项目管理公司、从事相关业务的承包商和在基建现场的暂设负责基建工程现场施工情况，将这些单位划分为工程建设领域；中油电能公司、通勤服务公司等生产辅助单位和油田公司附属采油(气)单位、井下作业单位、工程建设单位的机关楼、队部、食堂等负责生产保障和辅助业务，划分为生产辅助领域。

将油田各单位划分为以上5大领域，便于从专业角度进行大数据分析，有助于更专业的决策和方案的制定。

2.3.3 按照问题分类划分

参照集团公司监督助手中风险和隐患、运行控制等12大类，结合集团公司、油田公司相关制度标准，完成与集团公司监督助手有效对接的需求，依据稳定性，系统性，可扩充性，兼容性，明确性，规范性、综合实用性等基本原则，进行分析和研判。集团公司监督助手中风险和隐患大类涵盖了其他 11 大类问题的所有隐患，分类不明确，将此类删掉并将原条款划分入其他 11 种类别中，剩余环境保护、运行控制、文件与记录、设备设施、三违、作业许可、消防、应急、培训、职业健康、交通共 11 大类 42 小类。

2.4　制定隐患优先级模型

在安全生产活动中，各类隐患需要依据不同的严重程度将各隐患分优先级以指导管理决策的制定。依据艾森豪威尔原则和保护层分析（LOPA）方法，将不同隐患依据重要和紧急程度分在不同的网格内，量化隐患优先级。

参照以上两种理论，通过油田生产中对各个隐患类别在生产过程中发展的先后顺序、带来风险的大小及隐患发展的重要和紧急程度，构建隐患优先级划分模型，以此为参照来确定隐患的优先级，构建的模型如图 5 所示。

紧急性 →

重要性 ↓	1	2	3	4	5	6	7
1	违章指挥	违反劳动纪律	安全措施	交底	交通管理	生态影响及破坏	职业卫生
2	违章操作	人员职责	特种设备	风险分析	放射性物品管理	环境应急管理	职业危害
3	方案预案	许可证	安全防护装置	电气设备设施	落地油污染	消防设施	建筑防火
4	车辆	生产设备设施	噪声管理	物料、粉尘、灰渣扬散	能力与评估	记录	报告
5	施工作业污染	废水管理	废气管理	消防管理	生产运行控制	应急培训和演练	应急预案
6	固废管理	培训计划	证件	文件	应急组织机构	应急设施和物资	应急处置

图 5　隐患优先级划分模型

2.5　建立数据库，为实现一键录入提供数据支撑

依据隐患录入标准化规范化研究，对《HSE 监督隐患描述初表》内所有问题进行规范处理，梳理更新描述、对标等信息，建立有效基础数据库，为实现双防平台“一键录入，自动对标”功能提供可靠的数据支撑，为实现油田 HSE 大数据分析奠定基础。

2.6　使用效果分析

在某监督单位及 3 家下属单位进行测试应用，利用 2023 年 8 月以后监督发现的 19839 条隐患问题按照建立的标准化原则进行描述及分类，验证研究的可行性及可靠性，其中工程技术领域监督隐患问题 3856 个、工程建设领域监督隐患问题 3115 个、油气生产领域监督隐患问题 4897 个、生产辅助领域监督隐患问题 2986 个、天然气化工领域监督隐患问题 2926 个、环境保护领域监督隐患问题 2059 个。

2.6.1　一次录入隐患成功率上升 18.5%

经验证，所录入的 19839 条隐患，其中的 19581 条隐患达到要求，应用成功率 98.7%，与原 HSE 监督系统相比，提高 18.5%。258 条不符合要求的问题经修改完善后，均达到要求。

2.6.2　一次录入隐患描述及分类准确率上升 14.3%

成果测试应用后，在质量审核中，HSE 监督系统描述及分类准确率呈逐渐上升趋势，由原系统中的 85.2%，上升至 99.5%。

2.6.3　为大数据从分析提供有效的数据支持

各级 HSE 监督检查发现的隐患问题均可以转化为有效数据，且通过关键词搜索即可快速找出同类隐患问题，从而进行大数据分析。研究成果为整体的 HSE 监督安全分析提供了抓手，为下步监督工作开展方向、安全管理决策及方针制定提供了可靠依据。

2.6.4　提高双防平台隐患问题信息录入速度

基于隐患标准化数据库的建立，在双防平台中录入隐患问题时，输入关键词，系统直接弹出可选内容，问题描述填空补充完整即可，其他一键生成不符合条款、规范、隐患级别等录入因素 12 项，有效提高了隐患问题的录入效率，经测算，录入效率可提高 80%以上。

3　尚待进一步探讨的问题

HSE 监督隐患问题描述及分类标准化研究，建立了隐患问题描述、分类标准化原则，提高了

隐患问题录入效率及准确率。但隐患问题的对标等其他监督信息尚无统一标准原则，亟待研究完善。下步建议开展以下研究工作。

研究建立隐患问题的对标标准化原则。在前期研究成果基础上，继续对隐患级别判定、问题对标开展标准化研究，建立统一的标准化原则。

4 总结

双防平台的隐患数据标准化规范化研究，建立了隐患问题描述及分类统一的原则，形成了有效基础数据库，隐患问题描述及分类有据可循，推动其实现了规范统一，隐患问题录入效率得到明显提升，监督人员劳动强度及出错率显著降低。采用标准规范的隐患问题描述及分类原则，监督隐患更加具有可追溯性，为大数据分析提供可靠的数据来源，为宏观掌握监督信息、制定安全监督管理决策及方针政策提供可靠的数据支持。

该项目成果有效填补了国内外 HSE 监督领域在隐患问题描述及分类原则方面的空白，为监督信息规范化、标准化、专业化、权威化发展开辟了道路，为 HSE 监督其他相关课题的深入研究提供了重要参考依据。

参 考 文 献

[1] 保护层分析(LOPA)方法应用导则 . AQ/T 3054—2015[S]. 北京：中国标准出版社，2015

海外油气田电站扩建项目安全风险管理

未小会[1]　王　梦[2]　张映斌[1]

(1. 中国石油技术开发有限公司；2. 中国石油工程建设有限公司)

摘　要　海外油气田电站扩建项目是一个复杂而具有挑战性的项目，面临着多种风险因素。本文旨在探讨海外油气田电站扩建项目的风险来源，并提出相应的防范措施。通过对政治风险、经济风险、技术风险和环境风险的分析，可以帮助项目管理者更好地应对风险，确保项目的顺利进行。

关键词　海外油气田电站扩建项目；风险；防范措施；政治风险；经济风险；技术风险；环境风险

1　引言

1.1　研究背景

海外油气田电站扩建项目是非常重要的能源项目，旨在满足不断增长的能源需求和促进当地经济发展。然而，由于涉及多个国家和地区的政治、经济、技术和环境因素，海外油气田电站扩建项目面临着许多风险和挑战。因此，对其风险来源进行深入研究，并提出相应的防范措施，对于项目管理者和相关利益相关者来说具有重要意义。

1.2　研究意义

本文将重点分析政治风险、经济风险、技术风险和环境风险，并提出相应的防范措施。通过对这些风险因素的深入分析，可以为项目管理者提供有价值的参考，帮助他们制定有效的风险管理策略，降低项目风险，提高项目成功的可能性。

本研究的意义在于：增加对海外油气田电站扩建项目风险的认识和理解；提供针对不同风险因素的防范措施，帮助项目管理者更好地应对风险；为相关利益相关者提供参考，促进项目的顺利进行；为未来类似项目的风险管理提供经验和借鉴。

2　文献综述

2.1　海外油气田电站扩建项目的相关研究

海外电站扩建项目是一个复杂而具有挑战性的领域，但是依然有些行业中的佼佼者在此做出不错的榜样。

中国石油在乍得的电站扩建项目：该项目由中国石油技术开发有限公司承建，旨在将Ronier电站的装机容量从22MW扩大到38.5MW。该项目涉及到天然气处理、柴油处理、土建、电气和机械等多个领域，具有非常高的技术难度和风险。项目的成功实施将为乍得提供更多的清洁能源，并促进当地经济的发展。

日本东京电力公司在越南的电站扩建项目：该项目由日本东京电力公司承建，旨在将越南的一座火电厂的装机容量从600MW扩大到1200MW。该项目涉及到火电、燃煤、环保等多个领域，面临着技术、环境和政治等多方面的风险。项目的成功实施将为越南提供更多的电力供应，并推动两国的经济合作。

挪威在肯尼亚的风电场扩建项目：该项目由挪威企业承建，旨在将肯尼亚的一座风电场的装机容量从100MW扩大到200MW。该项目涉及风能、电气、土建等多个领域，面临着技术、经济和环境等多方面的挑战。项目的成功实施将为肯尼亚提供更多的清洁能源，并推动可再生能源的发展。

这些实例展示了海外电站扩建项目的多样性和复杂性，需要项目管理者和相关利益相关者充分考虑各种风险，并采取相应的管理措施。同时，这些实例也为其他类似项目的实施提供了有价值的经验和教训。

3　海外油气田电站扩建项目的风险因素

3.1　政治风险

海外油气田电站扩建项目可能受到政治不稳定、政策变化、政府干预等因素的影响。政治风险可能导致项目延迟、成本增加或项目终止。例如非洲部分国家政治局势不稳定，政权更迭频繁，这给电站扩建项目带来了极大的不确定性。政府可能会调整能源政策、环境法规或经济政策，从而对项目的可行性和盈利能力产生影响。政治环境的不稳定性可能对项目产生负面影响。政权更迭、政治冲突、社会动荡等因素可能导致项目的延迟、中止或取消。地方政府的政策、行政效率、对外资的态度等因素都可能对项目的推进和运营产生影响。扩建项目所在国与其他国家的关系也可能对项目产生影响。例如，两国之间的贸易争端、外交紧张局势等因素可能导致项目的延迟或中止。在海外扩建项目中，涉及的法律和合规要求可能与本国存在差异，这可能增加了项目的风险。例如，土地使用权、环境保护、劳工法规等方面的合规要求可能需要额外的时间和资源来满足。项目还可能面临来自当地社区、环保组织或民众的反对。这些反对意见可能基于环境保护、土地权益、文化保护等方面的考虑，也可能导致项目的延迟、中止或取消。

3.2　经济风险

海外油气田电站扩建项目的经济风险主要包括法律和合规风险、财务风险、投资汇报风险、财务风险、运营风险、汇率风险等。

1. 法律和合规风险

需要遵守当地的法律和合规要求。不熟悉当地法律和合规要求可能导致项目面临法律诉讼、罚款或项目终止的风险。

2. 财务风险

海外油气田电站扩建项目需要大量的资金投入。汇率波动、融资困难、资金流动性问题等可能导致项目面临财务风险。

5. 市场风险

扩建项目的市场风险包括市场需求波动、电力价格波动和竞争压力等。如果市场需求不稳定、电力价格波动大或竞争激烈，项目的盈利能力可能受到影响。因海外油气田的电站主要是为油气田服务，所以这方面的风险很小。

6. 运营风险

扩建项目的运营风险包括设备故障、供应链中断、人力资源管理等。这些风险可能导致项目的运营成本增加、生产能力下降或运营效率低下。

7. 汇率风险

如果项目所在国与投资方国家的货币存在汇率波动，可能导致项目的成本和收益之间的不匹配。汇率波动可能对项目的盈利能力和现金流产生影响。

3.3　技术风险

海外油气田电站扩建项目面临的技术风险主要包括设备供应风险、技术可行性风险、工程施工风险、运维风险、项目环境风险等。

1. 设备供应风险

扩建项目需要大量的设备和技术支持，如果设备供应商无法按时交付设备或设备质量不达标，可能会延误项目进度或导致项目质量问题。例如疫情期间，海上运输供应链冻结，大量设备及建设材料无法按时运达现场，导致多个项目进度严重滞后，无法按期交付。

2. 技术可行性风险

扩建项目的技术可行性需要进行充分的研究和评估。如果项目所采用的技术方案存在技术难题或不成熟，可能会导致项目无法顺利实施或实施过程中出现问题。尤其是扩建项目的复杂性，有些业主会要求承包商在不停产的情况下进行扩建项目和原有项目的连接，导致技术难度剧增。电力行业的技术发展迅速，新技术和设备不断涌现。如果扩建项目选择的技术方案过时或无法适应未来的技术发展趋势，可能会导致项目的技术竞争力下降。

3. 工程施工风险

扩建项目的工程施工过程中可能会面临各种技术挑战和困难，如地质条件复杂、环境限制、施工安全等。这些因素可能导致工程进度延误、成本增加或质量问题。例如非洲有些地区雨季时间过长，给工程施工带来极大不便，严重影响项目的工程进度，成本急剧增加。

4. 运维风险

扩建项目完成后，需要进行长期的运维和维护。如果运维团队技术水平不足或设备运行频繁出现故障，可能会影响电站的正常运行和发电能力。

5. 环境风险

扩建项目可能面临环境保护和可持续发展的要求。如果项目的环境影响评估不充分或环境管理措施不到位，可能会面临环境污染、资源浪费等问题，从而影响项目的可持续性和社会形象。例如有些国家或地区去环保要求极为苛刻，小的环保事件可能会形成大的社会热点，给国家和企业带来不可估量的损失。

技术风险需要在项目策划和实施过程中进行充分的评估和管理，采取相应的措施来降低风险，确保项目的顺利实施和运营。

3.4 环境风险

海外油气田电站扩建项目面临的环境风险包括土地使用和生态破坏、大气污染、噪声和振动、废弃物处理、社会影响等方面。

1. 土地使用和生态破坏

电站扩建需要占用大片土地，可能导致原有的生态系统被破坏，包括森林砍伐、湿地消失、物种灭绝等。这取决于项目选址和业主的征地要求。

2. 大气污染

电站扩建可能会增加大气污染物的排放，包括二氧化碳、氮氧化物、硫氧化物等，对空气质量和气候变化产生负面影响。

3. 噪声和振动

电站扩建可能会产生噪声和振动，对周边居民和野生动物造成干扰和不适。

4. 废弃物处理

电站扩建可能会产生大量的废弃物，包括固体废弃物、废水和废气等，如不妥善处理可能会对环境造成污染。

5. 社会影响

电站扩建可能会引起社会不稳定和冲突，包括土地征用、居民迁移、文化遗产破坏等问题。

环境风险需要在项目规划和实施过程中进行全面评估和管理，以减少对环境的不良影响，并采取相应的环境保护措施和监测措施。

4 风险防范措施

4.1 风险评估与管理

风险评估与管理是指对潜在风险进行识别、分析和评估，并采取相应措施来降低或控制风险的过程。以下是风险评估与管理的一般步骤。

1. 风险识别

识别可能对项目、组织或业务产生负面影响的潜在风险。这可以通过专家意见、历史数据、文献研究、市场调研等方法来进行。

2. 风险评估

根据风险的概率和影响程度，对风险进行评估，确定其优先级。可以使用定性和定量方法来评估风险的严重性和优先级，可以采用安全检查表法(SCA)，危险指数方法(RR)，预先危险分析方法(PHA)，故障假设分析方法(WI)，危险和可操作性研究方法(HAZOP)，故障类型的影响分析方法(FMEA)，故障树分析方法(FTA)等。

3. 风险应对策略

根据风险评估的结果，制定相应的风险应对策略。这可能包括避免风险、减轻风险、转移风险或接受风险。

4. 风险监控与控制

实施风险应对策略，并监控风险的变化和效果。需要建立有效的监控机制，及时采取措施来控制风险。

5. 风险沟通与报告

及时向相关利益相关方沟通风险信息，并定期报告风险管理的进展和效果。这有助于增强风险意识和共识。

风险评估与管理是一个持续的过程，需要不断更新和改进。通过有效的风险评估与管理，可以帮助组织更好地应对潜在风险，保护利益并提高绩效。

4.2 合同管理

在风险防范措施中，合同管理是非常重要的一环。以下是一些合同管理的措施，可以帮助项目团队降低合同风险：

1. 合同审查

在签订合同之前，仔细审查合同条款和条件，确保合同内容清晰明确，并与项目目标和需求相符。特别要注意风险相关的条款，如责任分担、违约责任、保险要求等。

合同谈判：在与供应商或合作伙伴进行合同谈判时，要确保合同条款和条件能够满足项目的需求，并能够最大程度地降低风险。在谈判过程中，要与对方充分沟通，确保双方的权益得到保护。

2. 合同管理计划

制定合同管理计划，明确合同的管理责任和流程。包括合同的签署、履行、变更、终止等各个环节的管理措施和流程，以确保合同的有效执行和风险的控制。

3. 合同履行监控

定期监控合同的履行情况，确保供应商或合作伙伴按照合同约定提供服务或交付产品。如果发现合同履行存在问题，及时采取措施进行纠正，并与对方进行沟通和协商解决。

4. 合同变更管理

对于合同的变更请求，要进行仔细评估和管理。确保变更请求符合合同的规定，并对变更的影响进行评估和控制。在变更管理过程中，要与供应商或合作伙伴进行充分的沟通和协商，以达成共识。

5. 合同风险管理

在合同管理过程中，要密切关注风险的变化和演变。及时识别和评估合同风险，并采取相应的措施进行风险控制和应对。可以制定风险应对计划，明确风险的责任分担和控制措施。

6. 合同终止管理

对于需要终止合同的情况，要按照合同的规定进行处理。确保终止合同的程序合法合规，并与对方进行协商和解决纠纷。在合同终止后，要进行合同结算和评估，确保双方的权益得到保护。

合同管理措施可以帮助项目团队降低合同风险。具体的实施方法可以根据项目的特点和需求进行调整和补充。

4.3 项目管理

1. 风险识别和评估

在项目启动阶段，要进行全面的风险识别和评估。通过分析项目的内外部环境，确定可能存在的风险，并对其进行评估，确定其潜在影响和可能性。

2. 风险规划

在项目计划阶段，要制定详细的风险规划。包括确定风险的优先级和重要性，制定相应的应对策略和措施，并分配相应的资源和责任。

3. 风险监控

在项目执行阶段，要进行持续的风险监控。通过定期的风险评估和跟踪，及时发现和识别新的风险，并对已有的风险进行监控和控制。

4. 风险应对

在项目执行过程中，要根据风险的优先级和重要性，采取相应的应对措施。可以采取风险避免、减轻、转移或接受等策略，以降低风险的影响。

5. 沟通和协调

在项目管理过程中，要加强沟通和协调。与项目团队、利益相关者和合作伙伴保持密切的沟通，及时共享风险信息和应对措施，以确保各方的理解和支持。

6. 监督和控制

在项目执行过程中，要进行持续的监督和控制。通过制定和执行相应的监控措施，及时发现和纠正项目中的问题和风险，确保项目按计划进行。

7. 经验总结和学习

在项目结束后，要进行经验总结和学习。通过对项目的回顾和评估，总结项目中的成功经验和教训，以提高项目管理的能力和水平。

4.4 风险转移

风险转移是一种常见的风险防范措施，它通过将风险责任和损失转移给其他方来降低项目团队的风险承担。以下是一些常见的风险转移方式：

1. 保险

购买适当的保险是一种常见的风险转移方式。项目团队可以购买适当的保险政策，以转移潜在的损失责任。例如，项目团队可以购买财产保险、责任保险、人身伤害保险等，以应对可能发生的损失。

2. 合同约定

通过合同约定，将风险责任转移给其他合同方也是一种常见的风险转移方式。在与供应商、承包商或合作伙伴签订合同时，可以明确约定各方的责任和风险承担。例如，可以在合同中约定供应商对产品质量和交付时间承担责任，以减轻项目团队的风险。

3. 外包

将某些风险较高或专业性较强的工作外包给专业机构或供应商，也是一种常见的风险转移方式。通过外包，项目团队可以将特定的风险转移给专业机构，减少自身的风险承担。例如，项目团队可以将IT系统的开发和维护外包给专业的IT服务提供商，以减少自身在技术方面的风险。

4. 分包

将项目的一部分工作分包给其他承包商或供应商，也是一种常见的风险转移方式。通过分包，项目团队可以将一部分风险和责任转移给其他承包商或供应商。例如，项目团队可以将建筑工程的土建工作分包给专业的建筑公司，以减少自身在施工方面的风险。

需要注意的是，风险转移并不意味着完全摆脱风险，而是将风险责任和损失转移给其他方。

项目团队仍然需要对风险进行监控和控制，以确保风险得到适当的管理和应对。此外，选择适当的风险转移方式需要综合考虑项目的特点、风险的性质和合同法律的规定等因素。

4.5 具体风险防范措施

1. 政治风险防范措施包括

与当地政府建立良好的沟通机制，及时了解政治动态；在项目协议中加入相关政治风险的免责条款；投保政治风险保险。

2. 经济风险防范措施包括

对当地经济进行深入调研，合理评估投资价值；采用稳定的国际通用货币进行结算；与当地金融机构合作，获取低成本融资支持。

3. 技术风险防范措施包括

进行充分的技术评估和规划，确保项目的技术可行性。选择可靠的供应商和合作伙伴，确保技术设备的质量和供应的稳定性。进行技术验证和原型开发，及时发现和解决技术问题。

4. 环境风险防范措施包括

进行环境评估和规划，确保项目符合当地环境法规和标准。采取环境保护措施，减少对环境的影响。制定应急预案，应对可能发生的自然灾害。

5 结论

海外油气田电站扩建项目虽然具有广阔的市场前景和发展机遇，但也面临着诸多风险。投资者和项目管理者应充分认识到这些风险，并采取有效的防范措施。通过深入研究当地政治、经济、技术和社会环境，制定合理的投资策略和风险防范措施，将有助于降低项目风险，实现可持续发展目标。

参 考 文 献

[1] 郑毓 . EPC 总承包项目的进度管理[J]. 山东工业技术 2016 年 04 期 .
[2] 庄宇 . 海外电站运行维护备品备件管理[J]. 经营与管理 2020 年 02 期 .
[3] 李莉芳 . EPC 项目中的给排水设计分析[J]. 低碳世界，2022 年 09 期 .
[4] 海外 EPC 电站项目风险管理研究[J]. 哈尔滨工业大学，2021 年 .
[5] 贺其 . 海外电站 EPC 项目的风险分析和防范[J]. 中国高新技术企业，2016 年 14 期 .
[6] 彭雪海 . 海外 EPC 电站项目设备采购工作方案实施研究[J]. 中小企业管理与科技(中旬刊)，2018 年 01 期 .

危险化学品企业双重预防机制建设现状问题剖析及优化建议

孙　心

（国能榆林化工有限公司）

摘　要　自国家开始在各省、市危险化学品企业推行双重预防机制（以下简称“双预防”）建设以来，各化工和危险化学品生产、经营和储存企业（以下简称“危化企业”）纷纷行动起来，积极组织建立“双预防”体系，编制管理制度、工作方案，明确安全风险分级管控原则，建立风险管控措施清单和责任清单，绘制安全风险“四色图”，自主开发双重预防机制数字化系统（平台），并与政府端实现数据互联互通。但地方各企业、单位开展“双预防”体系建设的程度、水平和质量良莠不齐，仍存在将静、动态风险因素掺杂在一起分析评价情况，多数企业未建立自己的分级标准体系，导致企业风险分级不客观、不准确；分级管控层级设置与企业管理架构实际不相符；“四色图”未实现实时动态更新，“双预防”数字化系统功能待完善升级……各企业、基层单位“两层皮”现象较为普遍，没有真正领会开展“双预防”体系建设的核心要义和深刻内涵。本文将重点针对各危化品生产经营企业在开展“双预防”体系建设过程中出现的典型问题进行剖析，并提出改进、优化和提升建议。

关键词　双重预防；静态风险点；动态风险点；分级标准制定；分级管控误区；四色图动态更新；数字化应用提升

1　前言

2021年6月，构建双重预防机制被正式写入了修改后的《中华人民共和国安全生产法》，并将“组织建立并落实安全风险分级管控和隐患排查治理双重预防工作机制”纳入生产经营单位主要负责人的七项职责当中。这表明，风险分级管控与隐患排查治理双重预防机制将长期开展下去，而且必须是认真、规范、科学地开展下去，这将成为各类生产企业管控风险、消除隐患、保证安全生产的重要途径和手段。然而，近年在对部分危化企业实地走访、调研发现，各地方企业、单位开展“双预防”体系建设的程度、水平和质量良莠不齐。存在的典型问题表现在：风险点划分不科学、不合理；风险分析不系统、不全面；风险分级不严谨、不规范；分级管控责任界定不清晰、分工不明确；数字化建设功能不完善、技术应用不充分等。以致各危化企业“双预防”体系建设“有其形而无其神”的情况不在少数，“两层皮”现象依然存在。

2　“双预防”体系建设现状及存在问题剖析

2.1　风险点划分不科学、不合理

各地方政府虽然以《通则》《细则》《规范》《工作指南》《指导手册》等不同名目出台了“双预防”体系建设指导性文件，用于指导地方企业开展“双预防”体系建设工作，但各类文件林林总总、不尽相同，部分文件内容不详实、逻辑不严谨、细化程度不够、指导性不强，对企业“双预防”体系建设的要求不一致、不统一，地方各企业在运用时不假思索、生搬硬套，将静态风险点（设施、部位、场所、区域等）和动态风险点（作业活动等）作为一个整体开展风险分析，导致风险评价的结果南辕北辙。

2.2　风险分析不系统、不全面

部分企业危害辨识、风险评价内容单一，未开展专门的区域环境风险评价，仅通过对作业活动、设备设施、工艺装置开展JHA、SCL、HAZOP等风险评价，然后按照“风险点各危险源评价出的最高风险级别作为该风险点级别”原则，确定了各风险点（设施、部位、场所、区域等）的风险级别，最后导致出现用动态风险指标

分析、评价得出结论，然后再到静态的厂区平面布置图上绘制本企业风险等级“四色图”的情况，这种做法显然是不科学的。

2.3　风险分级不严谨、不规范

各危化企业不论规模大小、工艺路线特点、危化品种类、危险源数量多少，都在使用当地政府发布的同一部《通则》《细则》或《指南》开展企业“双预防”体系建设工作，鲜有企业能够结合自身实际认真研究政府指导性文件，制定符合本企业实际、自身适用的安全风险分类、分级标准。最终导致企业虽然开展了多年的“双体系”建设工作，但建设水平参差不齐、差距明显，工作开展不深入、不细致、浮于表面，甚至存在走过场、流于形式、应付检查等情况，“双预防”体系的作用发挥未实现最大化。

2.4　责任界定不清晰、分工不明确

在各企业走访、调研期间发现，部分企业管理人员对安全风险分级管控在理解上存在一定误区，认为在企业层面未识别出重大风险，则可以将企业风险分为“三级”进行管控；在装置（车间）层面未识别出重大、较大风险，就可以对装置（车间）按照“两级”管控……然而，一般来说，一个企业不论规模大小、危险源多少、风险高低，从管理架构上至少包括：企业领导层、职能部门管理层、装置（车间、工段）管理层、基层班组层、操作岗位层等4~5个层级，即便是一个装置（车间）也至少包括3~4个层级。所以，如果企业、装置（车间）确定的风险分级数量少于相应的管理架构层级数量，就会出现“有的风险多人管、有的风险没人管”局面，导致风险分级管控的责任界定不清、分工不明

2.5　数字化建设功能待完善，技术应用不充分

2022年初，国家应急管理部门发布了《危险化学品企业双重预防机制数字化建设工作指南》，要求各企业按照“政府引导、企业负责”推进模式，构建“五有”常态化运行机制，有效推动企业双重预防机制与日常风险管理体系深度融合。截至2022年底，全国32个省级单位6600余家重大危险源企业率先完成双重预防机制数字化建设。然而，在企业走访、调研、检查中发现，不少化工企业“双预防”系统多为静态管理、未充分实现数字化技术应用，缺少运行效果计算统计、预警提醒等数字化系统功能，未真正意义上实现安全风险动态管控，距离《工作指南》提出的“五有”常态化运行目标仍有较大差距。

3　建议措施及解决方案

要较好地解决上述问题，各企业应重新梳理本企业风险分析评价程序，结合自身实际，厘清思路、优化流程，将静态风险点和动态风险点分成两步依次实施，方能从根本上解决风险分级不准确、分级管控不合理、风险四色图“动”不起来等问题。下面，结合国能榆林化工的实际情况举例阐述如下：

3.1　开展风险点排查，列出《风险点清单》

3.1.1　风险点，即危险源

指风险伴随的设施、部位、场所和区域，以及在设施、部位、场所和区域实施的伴随风险的作业活动，或以上两者的组合。

3.1.2　风险点排查

按生产（工作）流程的阶段、场所、装置、设施、作业活动或上述几种方法的结合，组织对生产经营全过程进行风险点排查，建立企业《风险点清单》。内容一般包括：风险点名称、类别、类型、可能导致的主要事故类型、区域位置、所属单位等，为下一步开展风险分析做好准备。

3.1.3　风险点分类

静态风险点和动态风险点。

3.1.4　静态风险点

即第一类危险源，包括但不限于：生产过程中存在的可能发生意外释放的能量（能源或能量载体）或危险物质的设施、部位、场所、区域等，如：涉及重大危险源的场所、涉及重点监管化工工艺的装置、涉及重点监管化学品的装置、装置爆炸危险区域（0区、1区、2区）、涉及有毒化学品的装置（或设施、部位、场所、区域）等。

3.1.5　动态风险点

即第二类危险源，包括但不限于作业活动、人的因素、物的因素、环境因素、管理因素等方面，如：开停工操作、异常工况、带病运行、设备缺陷、作业活动、重要变更、作业人数超限、作业环境发生重大变化、频繁发生较大及以上“三违”行为、法定假日及特殊时期等。

事故的发生往往是两类风险点共同作用的结果，两类风险点相互关联、相互依存。静态风险点是伤亡事故发生的能量主体，它的存在是动态

风险点出现的前提，决定事故后果的严重程度；动态风险点的出现是静态风险点导致事故的必要条件，决定事故发生的可能性。开展风险点排查，首要任务是排查静态风险点，然后在此基础上再排查动态风险点。

企业《风险点清单》见表1和表2。

表1　＊＊企业静态风险点清单

序号	风险点名称	类别	类型(级别)	可能导致的主要事故类型	区域位置	所属单位	备注
1	烯烃球罐	静态风险点	重大危险源（一级）	爆炸、火灾、高处坠落、窒息等	储运装置	烯烃事业部	
2	聚合框架	静态风险点	重点监管化工工艺（聚合工艺）	爆炸、火灾、高处坠落、窒息等	双聚装置	烯烃事业部	
3	氨气制备间	静态风险点	有毒化学品	爆炸、火灾、中毒、窒息等	动力装置	公用工程事业部	

表2　＊＊企业动态风险点清单

序号	风险点名称	类别	类型(级别)	可能导致的主要事故类型	区域位置	所属单位	备注
1	气化炉检修	动态风险点	作业活动	火灾、高处坠落、中毒、窒息等	气化变换装置	甲醇事业部	
2	除尘器作业人数超限	动态风险点	人的因素	高处坠落、坍塌、窒息	动力装置	公用工程事业部	
3	甲醇洗涤塔带病运行	动态风险点	物的因素	高处坠落、中毒和窒息	甲醇装置	甲醇事业部	

类　别：按照静态风险点/动态风险点填写。

类　型："静态风险点"按照重点监管化工工艺、重点监管化学品、重大危险源、爆炸危险区域、剧毒化学品、高毒物品等填写；"动态风险点"按照作业活动(如：重大操作、开停工操作、异常工况操作、高风险特殊作业等)、人的因素(如：三违行为、人数超限、误操作、监护失误等)、物的因素(如：设备缺陷、带病运行等)、环境因素(如：作业环境发生重大变化)、管理因素(如：重要变更等)、其他因素(如：法定假日及特殊时期等)等填写。

3.2　制定"两个标准"

各企业应结合自身实际，制定本企业《静态风险点安全风险分级标准》和《动态风险点升级管控标准》。

3.2.1　编号本企业《静态风险点安全风险分级标准及管控责任划分明细表》

编写本企业《静态风险点安全风险分级标准及管控责任划分明细表》，具体步骤如下：

(1) 结合本单位机构设置情况，合理确定企业风险分级数量。

(2) 结合企业实际，明确应纳入各级风险，尤其重大风险、较大风险管控的具体情形。

(3) 确定每一级风险的管控层级。管控层级可结合本单位机构设置情况，增加或合并，合理确定各级风险的管控层级。

需要强调的是，静态风险点安全风险《分级标准》有别于企业建立的风险矩阵标准，前者是针对企业的固有风险，旨在将具有能量或危险物质的设施、部位、场所、区域等静态风险点识别出来，然后根据风险大小，由高到低对其风险等级进行排序，再运用定性或定量方法为辨识出的静态风险点情形明确其风险等级。在进行风险排序时，应重点参考可能带来后果的严重度，因为静态风险点决定事故后果的严重程度，而动态风险点(作业活动、人机环管因素等)决定事故发生的可能性。具体见表2。

表 2　化工企业静态风险点安全风险分级标准及管控责任划分明细表

风险点类别	序号	风险分级	颜色标示	管控层级 管控责任人 静态风险点安全风险分级判定情形	企业领导	职能管理部门	装置（车间）	班组
				管控责任人	主要负责人、分管领导、安全总监	部门中层（含副）、专业主管	车间主任（含副）、专业技术人员	班组长（含副）、内（外）操
静态风险点（第一类危险源，固有风险）	1	重大风险	标示红色	1. 构成危险化学品一级、二级重大危险源的场所和设施； 2. 依据 GB50058 划定为 0 区的爆炸危险区域； 3. 涉及剧毒化学品的装置（单位）； 4. 经风险评价确定为最高级别风险的第一类危险源。	√	√	√	√
	2	较大风险	标示橙色	1. 构成危险化学品三级、四级重大危险源的场所和设施； 2. 依据 GB50058 划定为 1 区的爆炸危险区域； 3. 涉及重点监管化工工艺的装置（单元）； 4. 涉及重点监管化学品的装置（单元）； 5. 涉及高毒物品的装置（单元）； 6. 厂区外公共区域的危险化学品输送管道； 7. 经风险评价确定为较大级别风险的第一类危险源。				
	3	一般风险	标示黄色	企业经风险评价确定为一般级别风险的。	○	√	√	√
	4	低风险	标示蓝色	企业经风险评价确定为低风险的。	○	○	○	√

3.2.2　编写本企业《动态风险点升级管控标准》

1. 明确“直升重大风险”管控的情形，包括但不限于

（1）违反法律、法规及国家标准中强制性条款的。

（2）发生过死亡、重伤、职业病、重大财产损失事故，或三次及以上轻伤、一般财产损失事故，且可能发生事故的条件依然存在的。

（3）运行装置界区内，在高温、高压、有毒、易燃、易爆，或异常工况、带病运行等场所，同时参与操作、检修、监护、技术服务、检查监督等人员达 10 人以上（含 10 人）的。

（4）特级动火作业、Ⅳ级高处作业、一级吊装作业（$m>100$t），或企业经风险评估确定的高风险作业。

（5）实施符合 T/CCSAS 007—2020 重要变更的。

（6）一个月时间内发生 2 起及以上人员违反《禁令》或“零容忍”行为，或者 3 起较大人员安全行为的装置或区域。

（7）重大隐患尚未消除的。

（8）其他企业经风险评估确定的重大风险情形。

2. 明确“升至较大风险”管控的情形，包括但不限于

（1）运行装置界区内，在高温、高压、有毒、易燃、易爆，或异常工况、带病运行等场所，同时参与操作、检修、监护、技术服务、检查监督等人员达 3 人以上（含 3 人）10 人以下的。

（2）一级动火作业、三级高处作业、二级吊装作业（40t≤m≤100t）、有火灾爆炸中毒窒息风险的受限空间作业，或企业经风险评估确定的较大风险作业。

（3）装置开停车作业、非正常工况的操作（作业）。

（4）实施符合 T/CCSAS 007—2020 一般变

更的。

(5) 一个月时间内发生 1 起人员违反《禁令》或“零容忍”行为，或者 2 起较大人员不安全行为的装置或区域。

(6) 其他企业经风险评估确定的较大风险情形。

3. 明确“提升一级”管控的情形

(1) 其他特殊作业，或缺乏对应作业规程(作业指导书)、无规律、无固定频次的非常规作业。

(2) 国家法定假日、特殊时期要求升级管理的。

(3)其他企业经风险评估确定的升级管控情形。

3.3 开展静态风险点区域环境风险评价

(1) 运用作业条件危险性评价法(LEC)对各静态风险点(设施、部位、场所、区域等)存在的危险源开展危害因素辨识与风险评价，评估各风险点各危险源的事故可能性(L)、暴露率(E)、严重度(C)，计算出风险值 R。

(2) 结合企业《静态风险点安全风险分级标准》，评价和判别各风险点各危险源的风险级别；确定各风险点的风险级别，将风险点各危险源评价出的最高风险级别作为该风险点级别；

(3) 确定各风险点管控层级和管控责任人，各危险源的风险管控措施和措施负责人。形成企业《区域环境静态风险分级管控清单》(表 3)。

表 3　＊＊企业区域环境静态风险分级管控清单

区域	地点	系统	所属设计	(能量/危险物质)	不安全因素(物、环)	危害后果	可能性(L)	暴露率(E)	严重度(C)	风险值(R)	危险源风险级别	风险点风险级别	管控层级	管控责任人	风险管控措施					措施负责人
															工程技术措施	管理制度措施	教育培训措施	个体防护措施	应急处置措施	
风险点 1				危险源 1																
				危险源 2																
				危险源 3																

(4) 绘制企业《区域环境静态风险四色图》，同时，利用企业或政府端“双预防”数字化系统(平台)完成静态电子“四色图”绘制。

3.4 开展动态风险点安全风险评价

在静态风险点(设施、部位、场所、区域等)区域环境风险评价的基础上，各危化企业还应采用适用的辨识方法，对区域环境内的动态风险点开展危险源辨识，辨识应覆盖全部的作业活动和设备设施，并充分考虑不同状态和不同环境带来的影响。辨识评价方法方面，作业活动危险源辨识可采用作业危害分析法(JHA)，设备设施危险源辨识可采用安全检查表分析法(SCL)，对于复杂的工艺可采用危险与可操作性分析法(HAZOP)或类比法、事故树分析法等，在辨识评价过程中应充分考虑人的因素、物的因素、管理因素和环境因素等动态影响因素，最终形成企业的《作业活动清单》《工作危害分析评价记录》《作业活动风险分级管控清单》《设备设施清单》《安全检查表分析评价记录》《设备设施风险分级管控清单》等过程记录文件，从而为后期的企业静态风险点风险“升级”管控提供重要依据。

3.5 优化完善“双预防”数字化系统(平台)功能

2023 年 2 月，应急管理部办公厅发布了《2023 年度危险化学品重大危险源企业双重预防机制数字化应用提升工作方案》(应急厅〔2023〕5 号)，专门强调推进危险化学品重大危险源企业双重预防机制数字化应用持续提升的重要性和必然性。各危化企业应当将静态风险点区域环境风险评价和动态风险点安全风险评价有机融合，积极开发、完善企业“双预防”数字化系统(平台)功能，将企业《区域环境静态风险四色图》和《动态风险点升级管控标准》导入系统，自动生成(部分升级指标需要手动输入)本企业《区域环境动态风险分级管控清单》《区域环境动态风险四色图》和《区域环境风险升级管控信息统计表》，进而实现企业“双预防”系统电子四色图实时动态更新，充分发挥“双预防”数字化系统（平台）的优越性，达到化工企业风险动态分级管控、预警的目的，推动化工企业“双预防”体系数字化建设工作持续优化、提升。

表4为企业《区域环境风险升级管控统计信息表》。

表4　＊＊企业区域环境风险升级管控信息统计表

升级分类	序号	升级管控情形	是否发生	发生区域编号	备注
直升重大风险级别管控	1	特级动火作业	1	1.1/3.3	作业预约系统自动关联
	2	Ⅳ级高处作业	1	2.2/4.1/5.2	作业预约系统自动关联
	3	一级员吊装作业（m>100t）	0	/	作业预约系统自动关联
	4	高风险作来场所同时参与作业人数达到10人及以上	1	1.2	作业预约系统自动关联
	5	发生重要变更	0	/	发生时手动填报
	6	违反禁令或零容忍行为次数超限	0	/	发生时手动填报
	7	存在未消除的重大隐患	1	3.5	发生时手动填报
	8	其他高风险作业，或经风险评估确定的重大风险情形	0	/	发生时手动填报
升至较大风险级别管控	9	一级动火作业	1	2.1/4.5/5.1/6.3	作业预约系统自动关联
	10	三级高处作业	1	2.6	作业预约系统自动关联
	11	二级吊装作业（40t≤m≤100t）	0	/	作业预约系统自动关联
	12	有火灾爆炸中毒窒息风险的受限空间作业	1	2.5/4.2	作业预约系统自动关联
	13	高风险作业场所同时参与作业人数达到3人以上（含3人）10以下	1	2.1/4.3/6.2	作业预约系统自动关联
	14	装置开停车作业	0	1	发生时手动填报
	15	装置非正常工况的操作或作业	0	/	发生时手动填报
	16	发生一般变更	0	/	发生时手动填报
	17	较大不安全行为次数超限	0	/	发生时手动填报
	18	其他较大风险作业，或经风险评估确定的较大风险情形	0	/	发生时手动填报
提升一级管控	19	其他特殊作业，或缺乏对应作来规程（作业指导书）、无规律、无固定频次的非常规作业；	1	2.3/5.1/5.2/6.3	作业预约系统自动关联
	20	装置非正常工况的操作或作业	0	/	发生时手动填报
	21	国家法定假日或特殊时期	0	/	系统自动设定
	22	其他经风险评估确定的升级管控情形	0	/	发生时手动填报

注：“1”表示存在此情形；“0”表示不存在此情形；发生区域编号；与电子“四色图”各区块编号一一对应，由系统自动导出。

4　结束语

各危化企业在开展“双预防”体系建设过程中，应当紧紧围绕“风险管理”开展工作，结合企业自身实际制定切实可行的风险分级标准，科学确定风险点分级，明确各级风险的管控措施，并压实各层级人员的管控责任；同时，充分利用企业“双预防”数字化系统（平台）的提示、预警功能，实现企业各区域风险动态更新、管控措施与管理层级随之升级功能，方能让企业“双预防”机制发挥出应有的作用，真正地将企业安全生产主体责任落实到位，最终达到有效管控重大风险，防范遏制重特大事故发生的目的。

参考文献

[1] 应急管理部．危险化学品生产储存企业安全风险评估诊断分级指南（试行）．

[2] 应急管理部化学品登记中心．危险化学品双重预防机制建设指导手册．

[3] 应急管理部危化监管一司．危险化学品企业双重预防机制数字化建设工作指南．（试行）．

[4] 应急厅〔2021〕27号．“工业互联网+危化安全生产”试点建设方案，2021．

[5] 安监总管三〔2017〕121号．化工和危险化学品生产经营单位重大生产安全事故隐患判定标准，2017.
[6] 安全生产风险分级管控体系通则．DB37/T 2882[S]．北京：中国标准出版社．
[7] 安全生产风险分级管控体系通则．DB51/T 2767[S]．北京：中国标准出版社．
[8] 化工企业安全生产风险分级管控体系细则．DB37/T 2971[S]．北京：中国标准出版社．
[9] 企业安全生产风险隐患双重预防体系建设规范．DB41/T 1852[S]．北京：中国标准出版社．
[10] 陕西省原安全生产监督管理局．关于开展危险化学品生产经营企业安全风险分级管控工作的通知．
[11] 陕西省．危险化学品企业安全风险分级管控实施指南．(试用版)．
[12] 应急管理部办公厅．2023年度危险化学品重大危险源企业双重预防机制数字化应用提升工作方案．(应急厅〔2023〕5号)，2023.
[13] 国家能源集团．化工产业高风险作业安全管理指导意见．

企业风险预警能力体系建设研究

段 军 狄多林 刘婷婷

（中国石油玉门油田公司）

摘 要 本文在分析目前我国企业风险预警能力体系建设现状及存在问题的基础上，阐明了企业建设风险预警能力体系的必要性，提出了构建企业风险预警能力体系的建议，以期为企业加强风险预警能力体系建设，增强风险预警能力提供借鉴。

关键词 企业风险；预警能力；体系建设

风险预警是一种利用先进的技术手段和信息传递渠道，提前发现和预警各类自然和事故灾难风险等突发事件的系统。它通过收集、分析和处理各种相关数据，及时向公众发布预警信息，以便人们在风险发生之前采取有效的预防和应对措施。当前，我国已经进入突发事件“突发期”，社会、企业突发事件频频发生，给社会和企业造成了巨大的损失，而我国各级政府和企业长期以来固有“重应急、轻预警”的片面观念，造成社会、企业风险预警体系建设相对滞后，风险预警能力不强，甚至部分企业未建立风险预警体系，不能有效地预防突发事件发生或减少突发事件造成的各种损失，所以如何进一步加强企业风险预警能力建设有待于深化研究。本文分析我国企业风险预警能力体系建设现状，分析建设风险预警体系的必要性，探讨构建企业风险预警能力体系，以期进一步提升企业风险预警能力，确保高效应对各种突发事件。

1 我国企业风险预警能力体系建设现状

近年来，我国各类企业加强风险预警能力体系建设，取得了一定的成果，企业风险应急管理能力体系建设初步完善，企业风险预警能力体系基本形成，监测能力、研判能力、信息处理能力、决策能力和执行能力均有不同程度的加强，一定程度上有效地预防了企业风险事件发生或减少了风险事件造成的各种损失。虽然我国企业在风险预警能力体系建设中取得了较大的进步，但是仍然存在着一些问题。缺乏完善的安全监测与控制体系，监测能力子系统落后；由于缺乏高端科技支撑，研判能力子系统的研判能力不强，信息处理能力不准确；决策能力子系统建设缺乏应急理论知识指导，造成应急决策能力系统低效化；执行能力子系统由于缺乏专业应急执行人员操作而变得执行力差。

2 企业建设风险预警系统的必要性

2.1 提前预警，避免人员伤亡

风险预警系统可以通过科学准确的预测和提前预警避免人员伤亡。比如，在井喷发生前，预警系统可以通过监测地层压力、液柱压力、泥浆液量、进出口流量等数据，提前预警，让作业人员有足够的时间采取有效措施控制井口，从而最大限度地减少人员伤亡。

2.2 保护财产安全，减少经济损失

风险预警系统可以及时提醒人们采取必要的措施来保护财产安全，减少经济损失。比如，在各种极端天气来临之前，预警系统可以提前通知企业做好防冻、防风等预防措施，避免财产受损。

2.3 协助灾后救援工作

风险预警系统不仅能在风险来临之前预警，还可以在灾后的救援工作中提供重要的支持。通过对风险数据的分析和整理，预警系统可以为救援人员提供准确的信息和指导，提高救援效率，最大限度地挽救生命。

3 企业风险预警能力体系构建框架

3.1 构建高效的监测能力子系统

运用高端预警监测分析技术，构建完善的安全监测与控制系统，对各种潜在的风险源进行时刻监控，第一时间掌握风险源演化的最新动态，

及时将风险源的动态信息传递给预测系统；依托先进的预警预测技术，构建科学精确的预警预测系统，运用系统化分析法，对安全监测与控制系统第一时间传递的风险源的动态信息进行科学预测，将预测信息第一时间准确无误地传递给研判能力子系统。通过加强安全监测与控制系统和预警预测系统建设，建立高效的监测能力子系统，提升应急预警监测能力。

3.2 构建精确的研判能力子系统

依托高端研判技术支撑和企业应急专家的指导，构建由研究子能力系统、分析子能力系统、判断子能力系统组成的精确的研判能力子系统。研究子能力系统要重点对灾情预测信息进行筛选，去伪存真，并进行科学分类，提出研究方案供分析子能力系统开展分析活动；分析子能力系统要重点对研究方案进行科学分析，评价灾情概率，分析实施方案经济效果，形成科学分析情况供判断活动之需；判断子能力系统要对分析情况做出科学判断，并将判断传递给决策能力子系统。

3.3 构建准确的信息处理能力子系统

构建由收集子能力系统、处理子能力系统、传递子能力系统所组成的准确的信息处理能力子系统。要通过应用拥有高新科技支撑的信息管理系统，对监测、研判、决策、执行活动的各类信息进行高效的收集、处理、传递。构建综合性的应急信息传送、交流、报告和发布平台，增强应急信息传输效率和质量，确保各职能部门第一时间掌握最新的应急信息，并第一时间做出相应的处置，从而实现应急信息处理能力高效化。

3.4 构建快速的决策能力子系统

重视应急管理人才培养，依托应急管理人才的决策辅助作用，构建快速的风险预警决策能力的组织体系，提升企业整体风险预警决策能力；要依据突发事件可能造成的危害程度、紧急程度和发展势态，明确预警级别及相应预警决策职权；要明确职能部门责任，加强职能部门间的协同合作，增强城市风险预警决策响应综合协调能力。

3.5 构建迅速的执行能力子系统

要建立科学的应急决策信息发布制度，完善应急决策信息发布机制的主体、渠道、传送、发布方式，增强预警信息发布能力；要依托专业应急抢险人员的专业技能与作用，建立科学的预警决策实施系统，提升预警决策实施能力。通过构建由科学的应急决策信息发布制度和预警决策实施系统组成迅速的执行能力子系统，增强预警决策执行力。

4 结束语

随着我国经济社会不断加快发展，我国的社会结构进入了转型期，各种社会矛盾、自然灾害交织在一起并不断激化，造成了企业风险事件频频发生，对企业风险应急管理能力建设，特别是企业风险预警能力建设提出了新的要求。为此，加强企业风险预警能力体系建设，进一步提升系统性的企业风险预警能力，有效地预防风险事件发生或减少风险事件造成的各种损失已经成为企业的当务之急。

参 考 文 献

[1] 魏宏森．系统论：系统科学哲学[M]．北京：清华大学出版社，1995-6.

[2] 黄宏纯．基于系统论的城市灾害预警能力体系建设研究[M]．北京：北京理工大学出版社，2018-10.

[3] 宋英华．突发公共事件应急管理导论[M]．北京：中国经济出版社，2009-5.

[4] 庄越．安全事故应急管理[M]．北京：中国经济出版社，2009-2.

[5] 刘莉．社会转型期群体性突发事件成因及对策研究[M]．北京：中国人民大学学报，2008-5.

[6] 宋英华，王容天．基于危机周期的突发事件全面应急管理机制研究[M]．华中农业大学学报，2009-10.

工程建设项目突发事件应急协调管理系统构建

王绍祥　朱德鹏　李孜虎

（中国石油集团测井有限公司）

摘　要　本文笔者结合企业一线工程建设项目施工应急协调管理存在的一些问题，主要从风险预警、应急预案、管理机制、技能培训等方面系统总结了工程建设项目应急协调管理的一些问题，并据此建立了工程建设项目突发事件应急协调管理系统，对于提高应急协调管理人员对突发事件的处置能力和降低突发事件对企业、社会造成的损失和影响有着重要意义。

关键词　工程建设；突发事件；应急协调管理；系统构建

引言

工程建设项目是国民经济发展的重要组成部分，但由于建设规模庞大、施工周期长、工序复杂等因素，导致其存在着各种突发事件的风险。这些突发事件不仅对工程建设项目本身造成了巨大损失，还会对周边环境和人员的生命安全带来严重威胁。因此，建立一套完善的工程建设项目应急协调管理系统，有效促进社会和谐稳定发展，作为安全管理中不可或缺的一部分—工程建设项目应急协调管理，在我国高质量发展阶段显得尤为重要。

1　突发事件概述

1.1　工程项目突发事件

工程建设项目突发事件是指在工程建设项目实施过程中，由于各种原因导致的突发情况，突发事件发生的因素有很多，如人为因素、自然因素、技术因素等，通常表现为预测难度大、变化快、风险系数高。与普通突发事件不同的是，工程建设项目突发事件通常会对项目进度、质量、安全和环保等方面产生重大影响，其危害程度更大。因此，建立健全工程建设项目应急协调管理系统，提高应对突发事件的能力至关重要。

1.2　工程建设项目突发事件的内在机理

工程建设项目突发事件的内在机理包括多种因素，这些因素可能相互作用、相互影响，从而导致突发事件的发生。①人为因素：包括管理不善、技术水平低、安全意识淡薄、违规操作、非法行为等。例如，工人在施工中没有严格遵守操作规程和劳动纪律，使用不合格材料等。②自然因素：包括气象、地质、地形等自然条件。例如，地震、洪水、台风等极端恶劣天气事件，地质灾害、地质变形等问题。③技术因素：包括工程设计、施工、监理等环节的技术问题。例如，工程设计不合理、施工过程中的技术失误、质量问题、监督不力等。④其他因素：包括管理体系不健全、应急预案缺乏、应急资源不充足、应急演练不到位等问题，这些都可能增加突发事件发生的概率和加剧突发事件的危害程度。

2　工程建设项目应急协调管理现状

在许多工程建设项目中，应急协调管理往往没有得到足够的重视，大家认为发生事故的概率很小，甚至不会发生，由于思想上的麻痹大意而将该项工作浮于表面，流于形式，未真正做到“事前预防、事发应对、事中处置”。

2.1　安全隐患排查不到位

许多企业主业生产需要基建项目等硬件设施做支撑，两项业务有着不同的技术标准和规范要求，不同业务潜在的风险和可能发生事故的概率也不一样。因此，从某种程度上讲，企业安全管理制度在工程建设项目实施过程中缺乏相关性和指导性，导致出现责任部门以偏概全，风险辨识不彻底或管理模板复制套用、职责落实不到位的现象。另外，建设单位、施工单位、监理单位未严格履行监督检查机制，定期对施工现场进行监督检查，并对检查出的问题列出清单，及时跟踪整改。

2.2　预警系统功能不完善

基建行业已初步形成基本工程建设项目预警理论系统。但企业工程建设领域的风险预警大多停留在战略层次和职能层次，未完全纵向贯通，没有针对性的深入企业面临的各种具体风险中进行预警研究。在多项风险指标反应出工程建设项目状态发生变化时，没有一套科学完善的系统及时向项目决策者发出预警信号，帮助决策者对突发情况做出迅速、准确、高效的反应。

2.3 应急预案可操作性不强

应急预案是工程建设项目应急管理的重要组成部分，甚至是应急管理的“指南针”，其可操作性的程度直接关系到应急响应的效果。目前，许多工程建设项目预案内容不完整，应急预案的制定忽视了实际情况和现场环境，没有充分考虑到突发事件的种类、可能性、危害程度，以及地方应急管理部门的专业应急救援能力。同时预案缺乏必要的细节支撑和操作手册指导，没有充分考虑具体的操作要点、环节衔接、人员技能水平、应急资源的调度等因素。其次，现实中往往对应急预案的演练和评估重形式而轻实效，缺乏现场突发事件对应急预案匹配性和有效性的客观检验，应急管理人员未及时解决应急演练过程中存在的问题，提升人员实战能力，并举一反三，对预案及时进行修改完善。

2.4 应急协调管理机制不健全

主要表现在按照工程建设项目突发事件等级程度的不同，各层级应急管理部门职责权限和工作界面划分不清，响应程序存在脱节或冗余情况，特别是横向管理部门资源应急协调方面未明确相关人员职责，联动效果不佳，以及存在我方应急程序与地方应急管理部门应急救援程序衔接不紧密等情况。

2.5 应急技能培训不到位

如果对应急协调管理人员的应急技能培训不到位，即使有了完备的应急预案，也不能保证企业对突发事件做出有效分析和响应。企业在现实发展过程中，未严格制定与应急预案、应急演练衔接紧密的年度应急培训计划，未结合现场基建项目施工情况和基建管理人员普遍专业技能素质编制具有基建特色的培训教材，未建设应急培训基地并配套应急救援设备，对培训效果的考核、评估体系的完善还需加强。

3 工程建设项目应急协调管理系统构建

工程建设项目应急协调管理系统的构建对于整个工程建设项目的质量、安全、环保管控都非常重要，只有建立一套科学、完备、实用的应急协调管理系统，才能为工程建设项目安全、质量、经济、高效实施保驾护航。

主要应急协调管理程序：①风险识别并预警；②应急准备；③应急处理；④应急恢复（图1）。

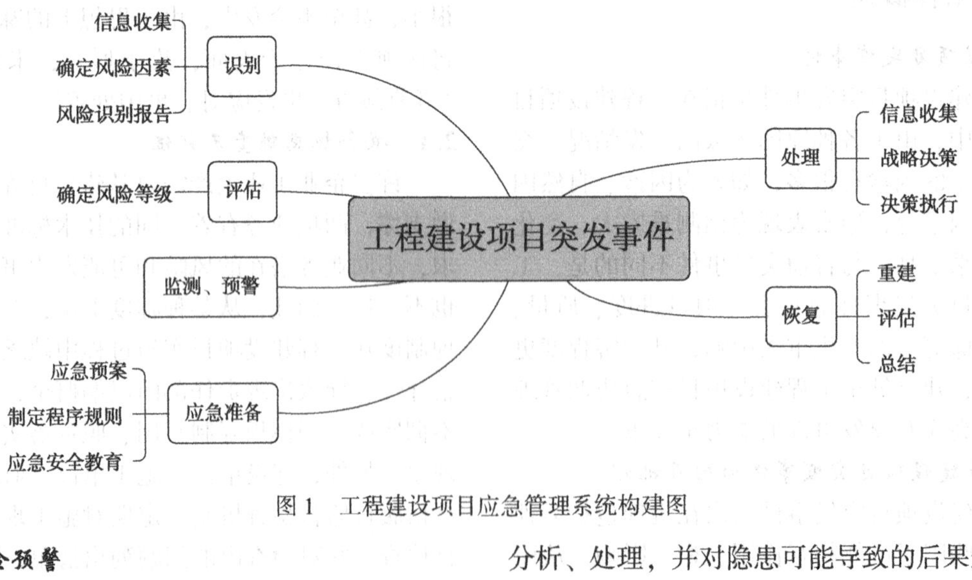

图1　工程建设项目应急管理系统构建图

3.1 风险预警

风险预警就是要把风险遏止在萌芽状态中，即预防和消除危险源。通过关联企业EISC系统，对项目定期排查出的安全隐患进行统计、SWOT分析、处理，并对隐患可能导致的后果进行定性分级评估。结合安全投入、隐患治理、指标体系、技能培训、安全制度等要素，应用预测预警技术，建立预测模型，用数值定量表示基建项目安全建设状态，拟合出项目未来安全建设趋势的预警指数图。

3.1.1 预警临界状态和安全阈值

从人、机、料、法、环等方面对工程建设项目在不同工序、不同安全状态下进行预警指标分解，研究设置临界状态和安全阈值，利用预警模型对事故发生的概率、造成的损失、可接受的程度进行定性或定量规定。在预警规则研究和建设项目实际情况的基础上，得出安全预警级别划分级数、划分标准等。

3.1.2 预警等级划分

高风险等级-预警等级Ⅰ级-预警信号红色；风险等级中级-预警等级Ⅱ级-预警信号橙色；风险等级较低-预警等级Ⅲ级-预警信号黄色；风险等级低-预警等级Ⅳ级-预警信号蓝色。

3.1.3 预警报警

根据预警程序，参照预警标准，验证预警指标是否超出安全临界状态或安全阈值，针对不同的预警级别，发出对应的预警信号，提出相应的应急措施，及时降低或消除安全隐患。

3.2 应急预案

建立针对不同类型突发事件的应急预案，明确各部门的应急响应职责、流程和措施，编制应急响应指南和操作手册，强化应急演练，确保在突发事件发生时能够快速有效地响应和处置。

3.2.1 编制预案

应急组织机构设置、岗位职责分配、规章制度制定，是编制一套完整应急预案的根本保证。在应急指挥领导小组的统一组织下，工程技术部门作为应急组织中的技术保障小组，与项目的生产部门、安全部门、物资管理部门、设备管理部门建立起紧密的联系，共同组成工程建设项目突发事件应急管理小组。同时与项目所在地业内专家建立合作关系，邀请行业专家对应急管理小组工作进行指导，包括对应急技术操作标准、同行业典型事故案例、本单位安全生产资料、危险源、设备技术等内容进行系统全面分析，并编制应急响应指南，评估事故危害不同等级应对措施和应急响应程序的完整性，确保应急预案的科学性和可操作性。

3.2.2 应急培训和演练

基于应急预案响应程序，对各级应急管理人员组成结构和专业技能素质进行调研分析，结合各单位上报的应急培训计划，公司应急管理部门进行统一审核、平衡、汇总，有针对性编制下发本单位年度应急协调管理培训计划，包括培训范围、课程内容、提升目标等，着重开展应急管理理论培训和实战演练，使应急管理人员能够熟练操作应急设备，具备利用地方应急救援机构开展应急救援的能力。其次做好信息收集和共享，善于应用 EISC 系统数据，科学进行预警和应急响应。培训结束后根据考核指标，对应急协调管理人员的综合能力进行考核评估，将其作为职称评审、绩效发放、提拔重用的参考依据，倒逼应急协调管理人员不断提升风险辨识和应急实战的能力。

3.2.3 应急资源准备

在项目施工前要做好应急保障准备工作，对应急设备和应急物资定期检查其配置情况和性能状况，重点应急设备由专人管理，并与技术人员建立联系，保证应急物资和设备随时处于“待命”状态。同时发挥好横向部门间资源共享协调机制作用，确保在突发事件发生时物资和设备能够快速有效地调配到位。

3.3 应急机制与响应程序

针对企业在工程建设项目实施过程中存在的问题，围绕企业战略目标和远景规划，确定总体思路，建立一套以矩阵组织为核心的涵盖项目建设组织管理、过程管理、要素管理的项目管理运作模式有着非常重要的意义。

3.3.1 完善机制

按照工程建设项目突发事件等级程度的不同，构建应急管理三级组织架构，厘清部门职责界面，划清职责权限，通过进度控制、质量控制、信息管理，完善工程项目施工环节上的综合管理，消除各环节脱节，衔接不紧凑的弊端。打破传统用人机制，降低企业内部转岗人员比例，实时引进社会专业技能型人才，探索与地方应急管理部门人才交流机制等。建立工程建设项目应急协调管理激励约束机制，严考核硬兑现。强化应急联动机制建设，确保应急预案与地方应急管理部门应急救援程序紧密衔接，打通横向管理部门间资源应急协调机制，发挥联动效能作用。

3.3.2 优化处置流程

以项目管理体系为基础，明确项目范围、进度、质量、HSE 要求等要素管理，通过编制操作手册，固化流程标准、下发指导性文件、修订考核制度等，实现项目控制的连续性、时效性、可追溯性。在突发事件发生后，按照应急预案要求，启动应急响应程序，组织相关部门和人员迅速进入应急状态，根据突发事件的性质和和严重程度，采取相应的应急处置措施，包括现场安全防护、事故隔离、人员疏散、救援抢险、应急修复等，最大可能的抢救伤员和降低财产损失程度。专人记录应急处置过程、措施和效果，编制应急处置报告，向应急领导小组组长汇报，并向其他有关部门通报，为后续事故调查和应急处置提供重要参考依据。

3.3.3　恢复工作

在应急处理完成后，对工程建设项目的恢复工作就显得尤为重要。及时修复维护受损设备，恢复物资、设备、能源等供应链。清除现场垃圾和污染物，减少对周边环境的影响。对突发事件造成的损失和影响进行评估并制定恢复方案，包括对项目进度重新规划，调整工期和进度计划等，确定恢复的优先等级和时间表。

4　总结

为解决工程建设项目突发事件应急协调管理中存在的问题，需要进一步提高应急协调管理者的思想认识，不断完善应急管理体系，强化应急预案的可操作性。主要从风险预警、应急预案、机制程序三个方面构建完整的应急协调管理系统，确保突发事件发生时应急协调管理小组能够迅速、准确、有效地响应，保障人民群众生命财产安全。

参考文献

[1] 王海涛，吴国玉．工程建设项目突发事件应急管理体系研究[J]．建设科技与管理，2018，35(6)：129-131.

[2] 王宏杰，刘宇超．工程建设项目突发事件应急管理系统构建[J]．建筑科技与设计，2020(1)：64-65.

[3] 王宏杰，王俊，刘宇超．工程建设项目突发事件应急管理体系研究[J]．建筑经济，2019，40(8)：56-60.

[4] 李锋，李京娜．基于AHP的工程建设项目突发事件应急管理模型研究[J]．价值工程，2019(3)：105-108.

基于石油企业如何建设职业健康管理体系探究

邵淞艺　贺　剑

（中国石油集团测井有限公司）

摘　要　近年来随着我国石油工业的快速发展，大型石油企业职工健康管理工作越来越受到行业的关注和重视。而科学的职业健康管理体系是企业做好职业健康管理工作的核心，对石油企业职业健康管理体系进行研究是提高企业员工健康管理实施效能的关键。本文主要根据石油企业的生产特点，阐述了国内石油企业建立职业健康管理体系的程序和步骤。根据《职业病防治法》等相关法律、法规和 OHSAS18001 的标准要求，并结合当前国家对职业健康提出"预防为主、防治结合"的方针，提出了石油企业建设职业健康管理体系的步骤和运行要求。

关键词　石油企业；职业健康；管理现状；体系建设

七十年代初期，一些发达国家就已经开始重视企业的职业健康管理工作，并于 1996 年起草了"职业安全卫生管理体系规范 OHSAS18001"，简称 OHSAS18001。我国 2001 年颁布实施的《职业病防治法》和 2002 年颁布实施的《安全生产法》都提出了以人为本，重视安全、重视职工健康的企业管理要求。目的是通过危险源辨识、风险评价、风险控制来达到控制事故的发生，实行全员、全过程、全方位的安全管理，使企业及职工达到最佳安全状态。

1　国内石油企业职业健康管理现状

石油工业作为职业健康危害较高的行业，具有体力劳动强度大、露天作业人员数量多以及作业场所条件恶劣等特点，因此石油企业员工健康风险比较高。目前，石油工业作为我国国民经济的支柱行业之一，从业人员超三百万，职业健康关系人数众多。近年来，石油工业较为粗放的作业方式愈来愈不适应相关从业人员不断提升的改善工作和发展环境的需求，进而影响到行业从业队伍的稳定和行业持续健康的发展需要。

为了增强行业的职业健康意识，推动行业健康保护工作的法制化和规范化，国家和相关部门相继制定和颁布了一系列职业健康法律法规和标准文件。目前国内大型石油企业已经纷纷引入认证 OHSAS(Occupational Health and Safety Assessment Series)标准和 HSE(Health, Safety and Environment)管理体系。可以说当前我国的石油工业职业健康管理才开始进入真正的起步阶段。

2　研究方法及意义

1.1　研究方法

本文通过调查法及文献研究法，对于石油工业职业健康知识体系进行梳理。通过过程分析和因素分析，构建职业健康管理体系框架。

1.2　研究意义

（1）职业健康管理体系是实现企业的安全生产、法律法规规定的必要条件。

（2）职业健康管理体系可以促进企业职工健康工作的科学化、标准化。

（3）职业健康管理体系的运行可减少事故和职业病的发生率和意外损失，降低生产成本，提高企业经济效益。

3　研究概念界定

本研究包括两个维度的范围界定。其一是职业健康，职业健康不等同于人体健康，也不等同于职业病。其二是石油工业，石油工业本身的行业特点决定了职业健康问题的必然性。本研究从行业大角度入手，不局限于特定工种，考量整个石油工业从业人员的职业健康状况。石油工业的概念界定较为容易，本章节重点介绍职业健康的概念界定。

3.1　人体健康与职业健康

人体健康影响因素多而复杂，既有个人先天的遗传，也有后天的生活习惯和环境条件等。通过文献索引和归纳，人体健康影响因素大致可以分为以下几个方面：

（1）遗传因素：生物遗传因素是指人类的长期生物进化过程中所形成的遗传、成熟、老化及机体内部的复合因素。生物遗传因素直接影响人类健康，它对人类诸多疾病的发生、发展及分布具有决定性影响。这其中包括遗传病、其他先天性疾病以及体质的相对稳定性。

（2）生活方式因素：生活方式对健康的影响主要体现在运动、营养、生活习惯等方面。生活中常说的养生之道，其实就是基于生活方式因素的健康促进。

（3）环境因素：按照是否与工作职业相关，环境因素可以分为生活环境以及劳动环境。现阶段颇受重视的雾霾、PM2.5、水质、食品安全等问题，可以归结为生活环境。劳动环境指的是劳动者所在的劳动场所的外部环境条件，主要是指对劳动者身心健康产生影响的各种因素。

（4）医疗条件因素：随着现代医疗技术的不断进步，医疗服务对于人体健康的改善和帮助也日趋明显。

以上四类人体健康的影响因素之间，是相互关联作用的。比如生活方式一定程度上会影响环境因素，而生活方式和环境因素又能协同作用于遗传因素。

职业健康与健康的关系如图1所示，可以看出，职业健康是通过环境条件作用于健康的，并且属于特定的劳动环境，针对专门的职业人群。图中也能反映出，遗传因素、生活方式、医疗卫生服务及生活环境等因素通过直接影响人体健康，也必然会对职业健康产生间接的作用。本次研究均是基于职业健康本身，不考虑遗传因素、生活方式、医疗卫生服务和生活环境等因素的间接影响。

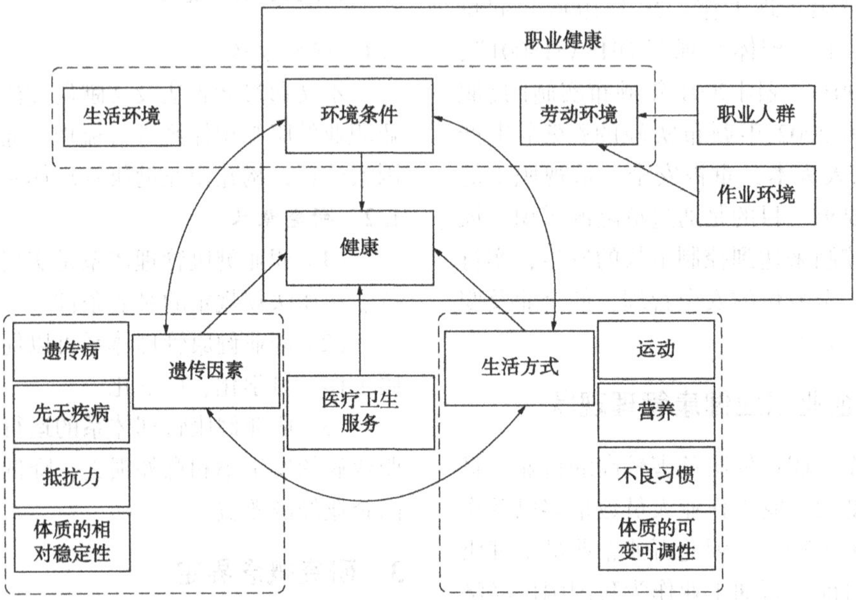

图1　人体健康影响因素

3.2　职业健康概念界定

“职业健康”“工业卫生”“劳动卫生”，这几个概念意思相近，不同的表述方式非常容易引起使用的不便。目前国际上通用的术语是“occupational health”，中文译作“职业健康”或者是“职业卫生”。新中国成立以来，“occupational health”这门科学曾被称作“劳动卫生”“职业卫生”。1994年颁布的国家标准：《职业安全卫生术语》（GB/T15236-1994）中明确指出，劳动卫生与职业卫生是同义词。2001年12月，《职业安全卫生管理体系试行标准》将“职业卫生”一词修订为“职业健康”。至此，可以发现“劳动卫生”“职业卫生”“职业健康”三种并存的叫法，其内涵是相同的。国家安监总局统一采用职业安全健康一词，简称职业健康。

现阶段从定义上讲，职业健康是指以促进并维持各行业职工的生理、心理及社交处在最好状态为目的，并防止职工的健康受到工作环境影响，保护职工不受健康危害因素伤害，并将职工安排在适合他们的生理和心理的工作环境中。职业卫生是以职业人群和作业环境为对象，研究劳动条件对劳动者健康的影响和如何改善劳动条件的一门科学。职业卫生在医学卫生专业领域仍在沿用。针对国外引进的以上两项知识术语，经与国内使用习惯长期磨合，现在在医学卫生专业领域惯用职业卫生的说法，安全专业领域惯用职业健康的说法。

本文将采用"职业健康"的概念展开论述。石油企业职业健康的研究，就是把职业人群特定为施工人员，作业环境特定为施工环境。需要说明的是，石油工人多数是直接接触危险源的人群，受到的职业健康损害较为明显，石油工人的职业健康水平能够反映石油行业的健康水平。相对而言，石油企业的管理人员由于其工作环境和工作性质不同，受到作业环境健康影响的程度不够显著。管理人员职业健康风险更多的受到潜在的工作压力等影响，其职业健康影响因素来源更为复杂，本文暂且不作讨论。

4 石油企业职业健康管理现状

4.1 员工层面

石油工人是石油企业建设活动的直接参与者，也是最主要的职业健康风险受众。人的意识对其行为有着指导作用；因此基于员工层面探究职业健康管理体系非常重要。

1. 职业健康相关知识体系的了解程度

员工应该掌握的职业健康相关知识具有三个层面：法律法规、企业目标方针、项目风险。

职业健康相关的法律法规不仅明确了企业的责任，也保障了劳动者的健康权益。与石油工业职业健康相关的行业标准和规范，已经将绝大部分的危险源予以识别，并阐明了应对措施。因此作为石油企业的相关作业人员，了解相关法律法规和行业标准，既是从业者的一项义务，也是维护自身权益的基础。而企业的健康目标及管理方针，与实际项目结合更加密切，内容也往往更加具体。针对指定项目的实际风险则更加细致深入的描述相关作业的风险隐患，概念较之前两项也更为具体化。

然而根据某石油企业大数据调查，石油工人对于法律法规和企业方针的了解程度还远远不够，在中国石油集团公司每年发起的相关问卷调查中，勾选非常了解的从业人员人数仅占总人数的四分之一左右。而对于自己所在工种的风险，相较于法律法规和企业目标方针，选择非常了解的人数占比近六成。

综上可以看出，随着法律法规、企业目标方针、项目风险三个层面的知识体系由高到低地展开，作业人员的了解程度也逐步升高。一方面，作业人员对于具体化的概念更加重视，对于身边实际存在的风险了解程度也更加深刻。另一方面，员工对于法律法规及目标方针等知识体系缺乏足够的理解，知识的掌握程度不够全面。

4.2 企业层面

本文研究所涉及石油企业均为国内大型石油企业，通过 OHSAS18001 体系认证。体系要求最高管理者应确定和批准本组织的职业健康安全方针，并确保职业健康安全方针在界定的职业健康安全管理体系范围内，实现建立、实施、保持和持续改进的过程，并形成文件。

根据现阶段中国石油集团公司管理要求，国内大部分石油企业能够在现有的职业健康安全方针基础上，将方针予以实施，并且不断完善和改进。石油企业的职业健康管理体系正在逐步完善中。

5 建设职业健康管理体系的步骤

5.1 领导决策

组织建立体系需要领导者的决策，特别是最高管理者的决策。只有在最高管理者认识到建立体系必要性的基础上，组织才有可能在其决策下开展这方面的工作。

目前企业对职业健康管理模式进行归纳可概括出三种：外包模式、内设模式、共建模式，其中外包模式是企业将员工职业健康管理项目外包给专业的健康管理机构，由外部具有医疗或健康管理等专业背景的机构提供员工职业健康管理；内设模式是指企业自行设置员工健康管理的专职部门，聘请专职健康管理师或进行过健康管理培训的医务背景人员来策划实施员工职业健康管理；共建模式可称作外包、内设并举模式。现阶段共建模式在国内石油企业的使用度相对较高。

5.2 成立专业化职业健康管理工作组

当组织的最高管理者作出建设体系的决策后，首先要从组织上落实和保证决策的贯彻实施。为此，组织通常需要成立一个工作组负责建立体系。由于企业需从管理策略、支持性环境、健康教育、保健服务等多方面采取措施，对内部员工的职业健康进行检测、评估和干预。因此该工作组针对区域分布范围较广的石油企业，工作组成员应分别负责不同区域员工职业健康监测。工作组成员一般来自组织内部的各个部门，他们将成为组织今后体系运行的骨干力量。工作组组长最好是将来的管理者代表，或者是管理者代表之一。

5.3 开展工作组成员专业化培训

在工作组开展工作之前，工作组成员应接受有关体系的标准及相关知识的培训。同时，未来拟承担组织内部的体系审核工作职责的内部审核人员，也要进行相应的培训。

5.4 职业健康管理体系初始状态评审

初始状态评审是建立体系的基础。组织可建立一个评审组承担初始状态评审工作。评审组可由企业内部的员工组成，也可聘请企业外部的咨询人员，或者两者兼而有之。

5.5 职业健康管理体系策划与设计

体系策划阶段主要是依据初始状态评审的结论制定职业健康安全方针、目标和职业健康安全管理方案，确定组织的机构和职责，筹划各种运行程序等。基于石油企业作业环境较差、职业健康风险较高的特点，企业可运用刘耀华(2011)提出的十大服务项目作为管理架构策划设计适应石油企业的职业健康管理体系。分别从教育管理、档案管理、预防管理、体检管理、风险评估、疾病管理、健康促进方案管理、健康动态跟踪管理、保险管理、隐私管理入手完成整体管理体系的构建。

5.6 职业健康管理体系文件编制

由于体系具有文件化管理的特征，编制体系文件是组织实施 GB/T 28001、建立并保持体系的重要基础工作，也是组织实现预定的职业健康安全目标、评价和改进体系、实现持续改进和风险控制必不可少的依据和见证。体系文件还需要在体系运行过程中定期、不定期的评审和修改，以确保其完善和持续有效。

5.7 职业健康管理体系试运行

体系试运行与正式运行并无本质区别，两者都是按所建立的体系手册、程序文件和作业规程等的要求，整体协调运行。体系在试运行过程中可通过组织支持、领导支持、经济支持三点支持指标分析测算企业人员对该体系满意度。并设定体系试运行周期分近期、中期、远期阶段，根据近期效果(如员工健康知识的知晓率)、中期效果(如员工健康生活方式的形成率、员工健康监测合格率、作业场所环境监测合格率、生活性环境卫生达标率)、远期效果(如职业病发病率、慢性病发病率、员工年均医疗费、员工因病缺勤率、劳动生产率)判断该体系综合可实施性。

5.8 职业健康管理体系内部审核

内部审核是体系运行必不可少的环节。企业的职业健康管理体系经过一段时间的试运行，组织应当具备了检验体系是否符合 GB/T 28001 要求的条件，开展内部审核。

5.9 职业健康管理体系管理评审

管理评审是体系整体运行的重要组成部分。管理者代表应收集各方面的信息供最高管理者评审。最高管理者应对试行阶段的体系整体状态做出全面的评判，对体系的适用性、充分性和有效性作出评价。依据管理评审的结论，可以对是否需要调整、修改体系做出决定，也可以作出是否实施第三方认证的决定。

6 职业健康管理体系运行要求

6.1 强调决策者的作用

由于职业健康在企业中处于重要的特殊地位，其影响范围涉及公司所有人员和全部财产安全，企业决策者是作为企业安全生产的第一责任人，对安全生产负有直接责任，因而要亲自监督体系的运行。

6.2 切实保障职业健康管理体系的实践运用

职业健康管理体系必须具备较高的实操性，企业的职业健康工作能否实现持续改进，安全健康绩效能否不断改善，绝不单单是建立一套体系就能够彻底解决，而需要将其运用于实践，从实践中不断总结，不断吸取教训，不断的修改完善。

6.3 提升职业健康管理体系稳定性

职业健康管理体系的创建应贯穿石油企业生产过程的始终。作为一套强调事故预防整体效应的现代安全生产管理体系，它强调实行全员、全过程、全方位的安全管理。企业在运行职业健康管理体系的过程中，为确保其具备连续性、稳定性，需在不断追踪体系在运行过程中保持完整性的同时，利用 8R 模式对企业实施的各项基于体系的员工职业健康项目进行评价，并及时得到数据反馈。分别从健康福利增长率、理赔率、员工缺勤率、两周患病率、严重伤害发生率、员工健康比率、员工满意率、投资回报率八项数据及时跟进职业健康管理体系运行情况，以便在统筹过程中及时作出合理调整和改进。

7 结论

通过对于国内石油企业职工健康管理现状进行分析，得出如下结论。

（1）员工层面：在企业员工意识层面上，具体化概念能够引起重视。员工对于身边实际存在的风险了解程度较为深刻，但对于法律法规以及目标方针等知识体系缺乏足够的理解。

（2）企业层面：在企业战略层面，对于职业健康管理工作的重视程度较高。在相关的各类法律规范中，建设行政主管部门制定的法律标准对石油企业具有更高的约束力。

通过基于国内石油企业建设职业健康管理体系方法探究，得出如下结论。

（1）建设职业健康管理体系可以分为九个步骤，分别为领导决策、成立专业化职业健康管理工作组、开展工作组成员专业化培训、体系初始状态评审、体系策划与设计、体系文件编制、体系试运行、体系内部审核及体系管理评审。

（2）职业健康管理体系如在国内石油企业开始运行，需满足强调决策者的作用、切实保障职业健康管理体系的实践运用和提升职业健康管理体系稳定性三项要求

参考文献

[1] 李小冬，沈诚，王剑，等．大型施工建筑施工企业职业健康管理状况调研[J]．中国安全科学学报，2013(23)：155-160.

[2] 郑翔，毛孝明．职业健康安全管理标准的使用与认证指南[M]．中国标准出版社．1-4.

[3] 吕俊明．基于_NET的中国石油HSE信息系统职业健康模块的设计与实现[D]．北京交通大学，2008.

[4] 胡广春，贾珂君，某钢铁企业职工工伤多因素回归分析[J]．工业卫生与职业病，2004，30(2)：101-102.

[5] 朱佳佩，某合资矿业公司职业健康危害评估及干预[D]．上海：复旦大学，2011.

[6] 高美伶，易井萍，刘洁楠，等．船舶修造业不同工种作业工人健康状况调查[J]．中国公共卫生管理，2012.(28)：382-384.

[7] 柯娜．政府职业健康建管成本及收益研究[D]．华北电力大学，2011.

[8] 郭术田．企业职工对职业健康安全管理体系的知识、态度和行为调查[D]．四川大学华西公共卫生学院劳动卫生学教研室，2006.

[9] 雷壮吉．浅谈戴明环循环的管理模式[J]．石油库与加油站，2004(13)：14-15.

[10] GB/T28001—2001/OHSAS18001，职业健康安全管理体系规范[S].

[11] 王梵．对健康管理如何标准化的探讨[J]．中外健康文摘，2012(1)413-414.

[12] 吴小明，李安明．我国健康管理的现状与思考口[J]．卫生经济研究，2009(5)38-39.

[13] 王烨源，陈建勋．从源头上阻断“慢病”自然进程的健康管理模式[J]．中国公共卫生管理，2007(2)：123-127.

[14] 熊娇．家庭健康管理系统的设计和实现[D]．北京：北京交通大学，2008.

[15] 徐沛遨，丁玎，赵宇，李卿云．中国石油海外项目职业健康管理探析[J]化工安全与环境，2022(06).

[16] 刘莉峰，王钊．海上石油平台职业健康管理工作探讨[J]．中国石油和化工标准与质量，2020(09).

探究国学中的安全管理智慧对企业安全管理的应用

景　阳[1]　全晓斌[2]

（1. 中国石油集团测井有限公司天津分公司；2. 中国石油集团测井有限公司）

摘　要　国学智慧是对中华民族数千年以来所形成的总的思维模式、行为模式以及生存模式的高度总结概括，是中华民族的核心价值追求和理念。国学智慧中的治人思想、天人合一四思想以及国学典籍中的安全思想对企业安全管理有着很积极的指导作用。本文围绕国学中的治人思想、天人合一思想以及国学典籍中的安全思想进行系统梳理和概括，并结合目前企业安全管理的问题，提出了国学智慧对企业安全管理的价值和现实意义。

关键词　国学智慧；治人思想；天人合一；安全思想

国学智慧中蕴含的天下为公、为政以德、任人唯贤、天人合一、讲信修睦、亲仁善邻等思想，对国家现代化治理具有很强的促进作用。安全管理作为企业现代化治理体系的重要组成部分，更需要中华优秀传统文化的滋养。目前企业安全管理中存在领导人员有感领导引领力还不够、人员责任意识不强、安全制度规程落实不到位等问题。国学中的治人思想、天人合一思想以及国学典籍中的安全思想可以为解决企业安全管理中的现实问题提供具有中国文化传统的解决思路。

1　国学中的治人思想分析

从先秦经典及诸子百家，到两汉经学、魏晋玄学、隋唐道学、宋明理学、明清实学和同时期的诗词歌赋、琴棋书画、戏曲小说等一系列中国国学文化，无不以"习礼育人、修己治人"为核心，当前更有学者提出，国学就是人学，是关于做人、治人的学问。而安全管理的核心正是"管人"，国学中做人、治人的思想对安全管理大有裨益。

1.1　人的自我修养对安全管理的正向作用

中国传统文化本身是围绕"人与修身立德"而展开的。换句话说，修身正己立德就是中国人做人处世、为官理政的根本。中国传统士大夫讲"修身、齐家、治国、平天下"，以修身为本。以现代视角理解，加强自我修养，树立正确的人生观、价值观、事业观，是提高干部员工素质的首要任务。

《礼记·大学》中有云：古之欲明明德于天下者，先治其国。欲治其国者，先齐其家。欲齐其家者，先修其身。欲修其身者，先正其心。欲正其心者，先诚其意。欲诚其意者，先致其知。致知在格物，物格而后知至，知至而后意诚，意诚而后心正，心正而后身修，身修而后家齐，家齐而后国治，国治而后天下平。自天子以至于庶人，壹是皆以修身为本。

干部员工只要有了"修身、正己、立德"这样的自觉和修养，就会身有正气、心怀静气、保持锐气，在工作中身正行端；就会把爱己及人、履职尽责、遵章守纪视作为自己的操守、修养和人格，爱岗敬业，一介不苟；就能正气不息，邪气不侵，淤泥不染，心正、身正、言正、行正，恪守正道就变得自然而然，无需刻意追求，自重、自省、自警、自励就有了内在保障，安全自主管理也就成功在望了。

与此同时，"家文化"是我国传统文化的重要内容之一，修齐治平也正是"家文化"的核心。《论语》里讲，"四海之内皆兄弟"，《礼记》说"以天下为一家"。"家文化"是一个国家的文化，是一个家族、家庭的文化，同样也是一个企业的文化。外延上，员工像爱自己的家一样爱自己的企业；像爱自己的兄弟姐们一样爱自己的同事；像爱自己作为儿子、作为丈夫(妻子)、作为父亲(母亲)这样的角色一样爱自己的岗位；像自己家的锅碗瓢盆一样爱岗位上的设备工具。内涵上，积极的工作态度、较强的执行能力、自觉地遵章守制、为企业创造价值正是企业"家文化"的内核所在。

1.2　儒家“五常”与安全理念的高度契合

仁义礼智信为儒家“五常”。孔子提出“仁、义、礼”，《中庸·治国》篇中，子曰：“为政在人，取人以身，修身以道，修道以仁。”“仁者，人也，亲亲为大；义者，宜也，尊贤为大。亲亲之杀，尊贤之等，礼所生也。”孟子在“仁、义、礼”之外又加入了“智”，构成四德或四端，孟子曰：“仁之实，事亲是也；义之实，从兄是也；智之实，知斯二者弗去是也；礼之实，节文斯二者是也。”董仲舒又加入了“信”，曰：“夫仁、义、礼、知、信，五常之道”，将仁义礼智信描绘成与天地长久的经常法则(即“常道”)，号曰“五常”。儒家“五常”贯穿于中华伦理的发展当中，是中国价值体系中最核心的因素。习总书记所强调的讲道德、遵道德、守道德，也正是强调要落实在个人身心实践上的道德。

(1) 所谓仁，《说文》中解释说，“仁，亲也。从人，从二。”就是人与人之间互相亲爱，尤其要亲爱自己的亲人。如果企业员工人人都深刻体悟了“仁”的思想，理解了《孝敬》中“身体发肤，受之父母，不敢毁伤，孝之始也”的精义，同时把同事当自己亲人对待，进而用内心深处本有的仁爱之心去遵守规程、防范事故，这正体现在安全管理中“四不伤害”的理念当中，不伤害自己、不伤害他人、不被他人伤害、保护他人不受伤害。

(2) 所谓义，宜也，人要尊贤、尊长，有正义感，有合宜的道德行为。《论语·里仁》篇中，子曰：“君子喻于义，小人喻于利。”意思是说，君子能够领悟的是道义，而小人能够领悟的只是利益。中国人的伦理观念，特别强调义务感，而不是伸张个人的权利。在安全管理甚至是企业管理当中，正是要教育员工要心怀大义，不计小我，在安全管理中体现为听从组织安排，服从工作需要，顾全大局，甘于奉献，以“人人担责、处处负责、事事尽责”的作风防控安全风险。

(3) 所谓礼，孔颖达《礼记正义》中说，“礼者，理也。其用以治，则与天地俱兴。”这里的礼，是指永恒、普世的天道，即西方所谓的自然法。《白虎通·情性》说：“礼者，履也，履道成文也。”这里的礼包括了礼法和礼俗，是体现自然法的规则体系。上升到道德层面，就是遵礼守礼，我国自古被世人称为“礼仪之邦”，正源于此。在安全管理中的现实意义就是，员工从内心尊重上级、尊重同事、尊重岗位、尊重自己所使用的设备工具，用心去维护保养，尊重岗位中的风险，让风险不至于失控而导致事故。

(4) 所谓智，是比知识更高一级的认识层面，作为一个道德的德目，是对道德知识的一种辨识、一种掌握能力，也就是明智明辨。将“智德”应用用到安全管理中，一方面要让员工明白道理而不背离，有正确的是非观，孰是孰非，了然于胸，能够第一时间把事情做对，第一时间发现隐患，第一时间采取正确的应急措施；另一方面，要发挥个人的聪明才智，改进工艺，消除风险，治理隐患，保护自己，保护他人。

(5) 所谓信，“信”既是儒家实现“仁”这个道德原则的重要条件之一，又是其道德修养的内容之一。孔子及其弟子提出“信”，是要求人们按照礼的规定互守信用。儒家把“信”作为立国、治国的根本。“信”作为儒家的伦理范畴，意为诚实，讲信用，不虚伪。孟子《尽心下》中说：“可欲之谓善，有诸已之谓信，充实之谓美，充实而有光辉之谓大，大而化之之谓圣，圣而不可知之之谓神。”这里的意思是指人自己内心有“善”就叫“信”。在安全管理中，一方面要倡导“善心善行”，《易经》中有云，“积善之家必有余庆，积不善之家必有余殃”，员工只要心有善念，就能做到诚心正意，信守制度规程；另一方面，要树立信念，坚定杜绝岗位伤害事故的信念。

2　“天人合一”对企业安全管理的启示意义

“天人合一”思想作为中国传统文化的总特征，是中国哲学的核心观念和基本概念，也是中国传统文化的基本精神和主导思想。汲取中国传统文化的精髓和营养，将“天人合一”思想与中国企业的管理实际相结，有助于增强企业的核心竞争力，实现人、企业和社会的整体和谐共荣。

《淮南子·精神训》曰：“天地运而相通，万物总而为一”。“运而相通”指运行过程中的相通关系，而不是静态空间里的结构联系。“总而为一”指运行方式的同气相求，而不是物质结构的等量齐观。“天人合一”思想是人与天地的不二原则，人们通过不断的修行和感悟，将自我感受和对宇宙的认识加以发展，使得情感与人性得以交流，“天人合一”思想追求的是人与自然、人与自我、人性与天性的和谐统一。“天人合一”

思想就是人们意识和潜意识的统一，是人们所能意识到的一切物质世界和精神世界的总和，“天人合一”的境界就是把整个宇宙看成一个大系统，天就是人，人就是天，即是天又是人。所谓“天人合一”，就是顾全大局利他利己，用奉献精神和大爱放大人生格局，顾全他人和全社会的利益，做到责任先于自由、义务先于权利、群体高于个人、和谐高于冲突，实现各方利益的统一和最大化，最终实现共赢。

“天人合一”思想指导下的认知模式，即全局思维，大公无私，可以构建起高水平的行为模式，即“发现、研究、决策、执行”这四项行为模式，并由全局思维的认知模式所决定。国学智慧中的“天人合一”思想对企业安全管理的有着重要的启示意义。

2.1　对安全管理中“发现”环节的启示

发现问题是安全管理的重点。通过提升管理者的修养和品德，使之具备“天人合一”思想的理念，激发其善性思维，塑造健全的性格，进而影响其行为。管理者心胸开阔，用“天地人”全方位的思维，去发现问题、审视问题，以开放的心态容纳别人尤其基层员工的意见和想法。能够站在全局的角度，自然会发现企业对社会、对甲方、对员工的利益是否负责任，会重视对社会的回馈，重视产品的质量和服务，关切员工的安全、健康利益。

2.2　对安全管理中“研究”环节的启示

发现问题之后，就要研究和分析问题，探究问题产生的原因、结果以及解决方法。研究或分析依赖于研究者的知识面、经验以及思维，具有很大的主观性。如何使研究分析的结果更优化，除了提高研究者的理论知识水平，那就是通过“天人合一”的思想的引入，令他看到自身眼界和能力的不足，站在全局的角度，运用自我修炼的方式提升自己。这种情况下，研究、分析问题的结果将会更加全面、准确，对做出整改问题的决策具有更好的指导意义。

2.3　对安全管理中“决策”环节的启示

决策者做出决策依靠的是其认知水平、洞察力和直觉，既有理性的科学决策，也有感性的直觉决策。决策最终是人做出的，是人的意志的贯彻。“天人合一”思想的精髓就在于给人们认知层面、意识层面、思维层面全方位的指引，以人文的关怀，带给人们一个崭新的视角来审视安全问题。在“天人合一”思想的指引下，通过大量的实践和学习、培训，影响人的认知水平和思维方式，超越自我，磨炼和提升自己的心性，引导干部员工树立正确的价值观、安全观，贯彻以人为本、生命至上的安全理念，这种情形下做出的安全决策一定是正确的。

2.4　对安全管理中“执行”行为的启示

执行就是贯彻落实制度规程，将“写我所做”变成“做我所写”，将行动变成结果，从而安全高效地完成工作任务。执行是决定、决策实现程度的关键因素。执行力说到底就是人的问题，就是执行者的态度和能力问题，执行者的学识水平、忠信度以及创造性工作的能力，是决定执行结果的基本因素。通过道德培育使执行者具备“天人合一”的理念之后，执行者会在工作中自觉把自我利益与集体利益统一起来，执行力更强了，制度规程则会在现场得到最大化的落实，安全风险则会实现最大程度的管控和化解。

作为中国传统文化和中国精神的核心内涵之一，中国国学“天人合一”思想能够为当前的安全管理所面对的困境开辟一条崭新的道路，将这种思想应用到安全管理中去，有利于和谐企业安全文化，协调企业和员工、员工和员工以及企业和社会的关系，实现全面共赢。以不断创新的精神继承和发展“天人合一”的思想精髓，将国学智慧融入到安全文化中去，发挥国学智慧中的积极作用，通过全社会以及全人类的共同努力，实现自我和谐(即身心健康)、家庭和谐、企业和谐、社会和谐。

3　国学典籍中的安全思想对企业安全管理的指导意义

在古汉语中，安全有两方面意思，一是表示平安、无危险。《晋书·慕容垂载记》中提到，“孤受主上不世之恩，故欲安全长乐公，使尽众赴京师，然后脩复国家之业，与秦永为邻好。”《南史·陈纪下·后主》中说，“隋文帝以陈氏子弟既多，恐京下为过，皆分置诸州县，每岁赐以衣服以安全之。”二是表示保护、保全。汉代焦赣《易林·小畜之无妄》中有云，“道里夷易，安全无恙。”《百喻经·愿为王剃须喻》中记载，“昔者有王，有一亲信，于军阵中，殁命救王，使得安全。”宋范仲淹《答赵元昊书》中说，“有在大王之国者，朝廷不戮其家，安全如故。”

上述是“安全”二字在古代文献中的记载。另外，在浩如烟海的国学经典中，也闪耀着古代先贤对安全的认知，其内容博大精深，往往寥寥数语，却胜过长篇大论，不失为“警世良言”，古往今来被有识之士奉为圭臬，而铭刻于心，实践于行。习近平总书记曾在中央政治局一次集体学习时强调：在漫长的历史进程中，中华民族创造了独树一帜的灿烂文化，积累了丰富的治国理政经验。因此，作为安全管理人员，应该从国学中汲取管理养分，用国学智慧来提高自我修养、管理水平和领导艺术。

3.1 国学典籍中闪耀着“预防为主”的安全管理思想

《左传》有言：“居安思危，思则有备，备则无患。”意思是说，虽然处在平安的环境里，但也要想到有出现危险的可能，指随时要有应付意外事件的思想准备。《诗经·豳风·鸱鸮》中云：“迨天之未阴雨，彻彼桑土，绸缪牖户”。尽管天未下雨，也需修补好房屋门窗，以防雨患。这正是治理隐患预防事故的有效应对之策。《庄子·则阳》有云：“安危相易，祸福相生，缓急相摩，聚散以成。”意思就是说，安全与危险相互转变，灾祸与福气相互催生，缓慢与急促相互交接，聚合与分散相互形成。《道德经·五十八章》中说：“祸兮，福之所倚；福兮，祸之所伏”。都是告诫人们，安全的态势之下，危险始终存在。《礼记·中庸》中提出，“凡事预则立，不预则废”。这正是安全行动的原则和方针。汉代司马相如著《谏猎书》中云：“明者远见于未萌，而智者避危于未形”。意思是说，在事情还没有发生之前就预见到事情会发生，可以在危险出现之前就安排好防控措施，而不是等到事情发生了再去寻求补救之策。要着眼长远，居安思危。这正是辨识风险、治理隐患的安全管理方略。

3.2 国学典籍中蕴含着“汲取教训”的安全管理方法

宋代《五代汉史平话》中有云：“遭一蹶者得一便，经一事者长一智。”故曰：“吃一堑，长一智。”《荀子·成相》曰：“前车已覆，后未知更，何觉时。”谓之：“前车之鉴。”这正是安全事故之后必须总结并汲取教训的良策。《战国策·楚策四》中载有“亡羊而补牢，未为迟也。”意思是说，尽管已受损失，也需想办法进行补救，以免再受更大的损失。汉代刘向《说苑》中说：“患生于所忽，祸起于细微。”祸患的发生大多是因为事情初期的怠惰和松懈。这句话运用到日常安全管理上，就是怠惰松懈、马虎随意，忽视细微问题，或是不能发现隐患的存在，或是有所发现而认为无所谓，没有及时治理隐患，最终因一念之疏忽而导致事故发生，甚至于发展到不可收拾的地步。

3.3 佛教中的因果论对“事故原因分析”的启示

《佛经》中有云：“万法皆空，因果不空”。意思是说，万物缘起缘灭，在无尽的因果中循环，万事万物皆有因果，因果是万物的客观规律，凡事有果必有因。在安全管理中，任何事故的发生，都是有原因的，或是人的不安全行为，或是物的不安全状态，或是两者的组合。只有从源头上，杜绝了人员的违章行为和设备设施存在的安全隐患，事故一定能够避免。《印光法师》中有云，“信因果者，其心常畏，畏则不敢作恶；不信因果者，其心常肆，肆则无所忌惮。经所谓：菩萨畏因，众生畏果，正是如此。”管理者害怕事故隐患，害怕的原因正是因为他知道隐患会导致事故；而作业人员则害怕自己受到伤害、害怕出现事故后果，但是不会对不安全行为在意或感到害怕，因为他们不考虑受到伤害的后果正是由于不安全行为这个“因”导致的。因此，我们要让员工深入地理解海因里希安全法则与墨菲定律，懂得安全上的因果，把事故消灭在萌芽阶段，当出现违章或发现隐患时，能意识到这是事故的因，为了不发生事故，必须改变不安全的行为，治理已经存在的隐患。

4 结语

在古老的中华民族悠久历史进程中，流传于民族文明长河中的安全思想和方略，对我们现代社会的生产活动有着极其深远的借鉴意义，值得每一名安全管理人认真学习、细心研究。国学智慧中尤其是儒家思想主围绕做人治人来展开，有助于提升员工的安全意识与安全责任感。“天人合一”思想作为中国哲学的核心观念，更是中国人的宇宙观，将其核心思想与企业安全管理深度结合，可以磨练并提升管理者以及操作者的全局思维。国学典籍中有大量的安全思想，可以为企业安全文化建设提供具有中国特色的传统思维。从这些闪烁着古人智慧的安全思想中汲取精华，做到古为今用，更好地做好安全管理工作，建设有中国特色的安全文化。

参 考 文 献

[1] 陈来. 中华传统文化与核心价值观[N]. 光明日报，2014-08-11(1).

[2] 景超伟. 浅析国学中“天人合一”思想在现代企业管理中的应用[J]. 太原城市职业技术学院学报，2018，204(7)：34-35.

[3] 无名氏. 内证观察笔记[M]. 广西：广西师范大学出版社，2021：37-38.

[4] 王芳. 国学中的安全思想[OL]. 百度文库.

HSE 情景式培训在基层单位的创新与实践

王志峰　马永钊　刘春斌　刘　平　谢海波　胡荣维

（中国石油集团测井有限公司）

摘　要　根据基层 HSE 培训的现状及培训后效果评价的调研，项目部创新培训方式，通过安全文化长廊、沙盘讲解推演及实操基地三部分进行情景式、体验式培训，以达到提升员工安全意识、增强员工安全技能的目的，并将理论与员工岗位应急实践相结合，逐步实现将岗位员工培养成为有安全意识、会风险辨识、能应急处置的业务骨干，最终有效推进集团公司安全环保工作实现高质量发展。

关键词　HSE 培训；安全意识；安全技能

引言

当前，国家安全环保形势依然严峻，集团公司重点防控安全八大风险，测井公司围绕放射性物品、民爆物品、车辆交通、井场作业（井控）、吊装作业、海上作业、海外社会安全七项重点进行风险管控。长庆分公司以风险防控为核心狠抓落实并积极开展安全生产双预防体系建设工作。集团公司、公司、分公司分别制定了各自业务范围内的“安全生产红线”，对待安全环保工作也都空前重视。

然而，基层部分员工安全意识不足、安全技能欠缺、应急实战经验不足等问题依然凸显，给基层安全生产工作带来了较多风险。对此，项目部以问题为导向，创新培训方法，通过安全文化墙、培训沙盘进行情景教学，再结合测井场景开展实战演练，将传统式的培训方法变为情景式、体验式的培训，大大增加了员工的参与度和感受度，逐步实现将岗位员工培养成为有安全意识、会风险辨识、能应急处置的业务骨干，最终有效推进集团公司、公司安全环保工作实现高质量发展。

1　安全培训管理现状分析

目前，员工安全培训已经成为基层单位 HSE 管理中不可或缺的一部分。然而结合现有的员工培训方式，在实际应用中还存在着一些问题：

1.1　培训方式方法单一

员工培训方式单一，目前培训大多数采取的培训方式是“我说你听”的课堂培训方式，与员工互动少，培训过程枯燥，培训效果不理想。

1.2　培训缺乏针对性

对于不同岗位的员工采取的是统一培训授课，未针对不同岗位进行培训设计和考核，对员工安全意识层次未进行区分，培训设计针对性不强。

1.3　实训类项目较少

员工培训方式以面授或者利用网络对员工进行理论知识的培训，实际操作、应急技能专项训练较少，与实际场景需求结合不紧密，从而导致员工培训后掌握的知识及技能并不能较好地应用在现场。

2　情景式培训创新应用具体措施

2.1　构建安全意识文化墙提升员工安全理念认知度

安全意识培训是为了提高员工的安全知识和技能，促进员工安全行为的培养和提高，以保障员工的人身安全和企业的生产安全。将习近平总书记关于安全生产的重要论述、安全生产法、HSE 应知应会、事故案例分析等系列安全理论内容上墙构建成安全文化长廊，通过专人讲解、现身说法、员工跟随式的培训方式让员工更具有体验感，更能增强员工对“一切事故都是可以预防和避免的”及“防范胜于救灾”等安全理念的认知度。

同时，以作业队为单位，以队伍或者个人轮休为周期，作业队人员轮流当讲解员（图 1）进行安全意识培训讲解，不但增强了整队的安全意识能力，更有利于个人安全意识和 HSE 知识的提升。在整个讲解培训后员工进行现场扫码答题

(图 2)，以此来检验此次培训效果，每周期根据月度安全注意事项进行试题更新。

通过创新形式的安全意识培训，让员工更加深入地了解工作中的危险因素，提高了员工的安全意识，树立了正确的安全理念，可以起到减少和预防安全事故的发生的作用，保障员工的生命安全。

图 1　员工在文化长廊讲解培训

图 2　员工培训后进行扫码答题

2.2　设计测井情景沙盘提升风险辨识感知度

为了增强员工安全意识，减少人员伤害，避免事故发生。项目部从制定可行性方案到绘画图纸再到材料准备制作，精心制作了防喷管、防喷器、采油树等培训道具，结合风险分级管控表、施工区域道路交通图集成制作了情景教学沙盘(图 3)。该沙盘模拟还原了生产测井、射孔等作业现场，让员工在课堂上就可以完整识别测井、射孔等作业现场的主要风险。结合历年典型违章事故案例，让员工快速进入情景状态，可触景感受带压作业能量意外释放带来的风险，并认真进行风险辨识和作业前安全分析，最后由教师引导进行查缺补漏，提升学员风险识别能力。

图 3　利用“情景沙盘”进行现场教学

在仿真沙盘情景教学的基础上，结合违章作业风险辨识图进一步进行安全意识教育培训(图 4)，风险辨识图包括常规风险的漫画及测井作业典型违章图片，图片内容涵盖贴近职工日常作业接触的交通、放射性、民爆物品、现场施工、吊装等重要风险点，巩固加深员工风险点记忆，提升自身安全意识和风险识别防控能力。

图 4　作业风险辨识图

利用“情景教学沙盘”开展教学在风险辨识与风险防控上取得了实效，大大增强了员工对测井全流程重点风险防控的能力，作业队员工违章率显著降低，为基层高质量培训奠定了坚实基础。

2.3 情景式岗位练兵，应用“一对一”培训模式强化个人必会技能

针对员工安全技能欠缺、应急实战经验不足的短板。项目部进行讨论研究并制定可行性方案，由业务骨干任培训教师和考官(图 5)，在正压式呼吸器的使用、心肺复苏等 10 余项实操必会技能培训上狠下功夫，强基础补短板，必会技能练兵全部采取“一对一”的情景培训、考核模式来进行，真正的做到了“学一项、练一项、考一项”的一站式推进。该举措每年集中进行两次，每逢轮休周期进行一次，强化锻炼员工的心理素质和 HSE 必会技能。

图 5　“一对一”场景教学实操考核

2.4 应用情景构建实战演练强化团队应急处突能力

项目部利用车场标准化实训场地，定期组织开展标准化应急练兵，构建井喷失控、硫化氢中毒、交通事故等应急场景。随机抽取演练项目的方式，增强了作业队临危不乱、应急处置的能力，达到了实战应急演练的目的。

在每支作业队演练的同时(图 6)，组织其他作业队全部人员参与现场观摩。作业队之间相互观摩学习，取长补短，可以有效促进作业队整体素质提升。每支作业队实战演练完成后，现场观摩人员、裁判员进行点评，帮助每支作业队找出短板并给予提升建议，促进每支作业队后期改进和提高。情景实战演练不仅是对每名员工个人技能的检验，更是对每支作业队综合能力的考核。持续开展的岗位大练兵活动，让每一名员工都胜任自己的岗位，作业队应急实战能力也得到了显著提升。

图 6　标准化、应急实战演练现场

图 6 标准化、应急实战演练现场(续图)

3 结论及建议

综上所述，情景式培训是一个系统的培训和考核流程，提升员工的安全意识和根本，具有HSE应急处置能力和急救能力是基础，是践性“坚定杜绝生产亡人事故的必胜信念”的具体体现，对基层员工培训需求的是持之以恒的过程，一定要做好充分的培训准备，根据测井现场实际需求和新增风险要不断完善创新培训内容和培训方法，随着基层作业队员工安全意识和岗位技能的逐步增强，作业队现场标准化及施工作业能力也得到了稳步提升，有效的推进集团公司安全环保工作的高质量发展。

随着AR技术的应运而生，让培训和学习增强更多的趣味性和体验感，用沉浸式体验增强员工的代入感，从动态视觉以及交互形式上去学习，效果自然会事半功倍。在安全培训中，借助AR技术，会大大增加安全培训效果同时降低培训中的风险。建议探索和开展AR在基层作业班组的培训覆盖。

参 考 文 献

[1] 杨晓泉，刘洪亮. 石油施工企业员工培训体系的构建[J]. 产业与科技论坛. 2017(11).
[2] 王意鑫. 如何提高基层员工培训质量[J]. 人力资源. 2021(04).
[3] 肖璐，侯凡. 员工培训存在的问题及对策分析[J]. 中小企业管理与科技. 2021(03).

石油企业 HSE 管理对策探讨

翟华星

（中国石油集团测井有限公司）

摘　要　企业生产运行过程的安全管理工作是其他一切工作开展的前提，针对石油企业高危高风险的特性，分析了当前石油企业管理工作的现状，并引入 HSE 管理体系，通过 HSE 管理体系与安全生产标准化管理体系进行对比，指明当前管理体系存在的缺陷，凸显了 HSE 管理体系执行的优越性与必要性；针对当前 HSE 管理体系执行不到位以及与老旧安全生产标准化管理体系并行所产生的一系列问题，提出了两套方案融合的解决思路。

关键词　HSE 管理体系；安全生产标准化；石油；融合途径

引言

企业生产运行过程中，安全管理工作是一切工作开展的前提条件。20 世纪工业发展初期，石化行业重特大事故频发，促使石油石化行业必须采取有效措施，建立完善的安全、环境、健康管理系统。本文对 HSE 管理体系审核机制构建进行了探索并初步应用，为 HSE 管理体系审核提供新的思路和方法，以便为体系审核技术开发及应用提供帮助。

HSE 管理体系与安全生产标准化管理体系是石油行业安全勘探、开采、管理的有效手段，目前我国石油企业广泛使用的安全生产标准化管理体系仍无法解决一些环境与健康方面的问题。部分企业在生产管理方面采用了 HSE 和安全生产标准化 2 种管理体系，导致管理效率的低下。目前，我国学者对 HSE 管理体系和安全生产标准化的研究已经比较深入。如杨杰提出 HSE 与安全生产标准化要素的差异性以及合并的关键点，安全生产标准化作为建立 HSE 管理体系的基础，HSE 管理体系作为安全生产标准化的扩充。尽管国内对 HSE 管理体系与安全生产标准化体系的研究已经较为成熟，但是仍然存在实操难的问题。目前部分石油企业仅仅搭建了 HSE 管理体系的框架，内部运转仍是老旧方法。因此石油企业应该深入研究 HSE 管理体系，以求能帮助石油企业在未来生产经营中实现安全生产、高效管理、绩效达标的目标。

1　HSE 管理体系简述

HSE，即“Health”“Safety”“Environment”的简称，HSE 管理体系就是集健康、安全、环境于一体的管理体系，该管理体系致力于保障生产经营的安全，经过后续不断完善，形成当下 HSE 管理理念，即危害识别、风险评估与控制、持续改进。

HSE 管理体系是一种集健康、安全及环境等为主的管理体系，具体而言就是某一组织明确活动行为存在的危害性，采取有效预防措施，减少人员伤害的一种正规管理形式，借助一定的管理规范与程序，将管理责任落实到每一位员工的管理活动。该管理活动是将员工生命安全、环保与企业存亡紧密相连，降低事故发生的概率，通过环境保护降低企业生产成本投入。该管理体系展现了“预防为主”的理念，而领导承诺、全员参与、持续改善及程序化管理等为其主要特点，在此基础上，逐步深化并提高现行安全管理机制，推动石化企业实现现代化管理目标，提升国际化市场竞争能力。

对于从事石油开采的企业来说，健康、安全、环境都是企业生产经营过程中非常重要的部分，企业既要紧抓“健康”，培育全体员工的积极向上的心态与强健的体魄；又要紧盯“安全”，提高生产经营设施的安全程度，确保每一项工作都是在安全条件下展开；更要保障“环境”，开采过程中任何一个环节不能对当地的环境造成影响。需要企业注意的是：环境是展开生产操作的基石，保证生产环境安全的重要性不言而喻。

2 国内HSE管理体系运行存在的问题

2.1 对HSE意识不深入，推力不足

领导对HSE管理体系的运行和推动起着至关重要的作用，从标准制度的组织编制、资源需求的合理配备到安全理念的贯彻落实等无不需要领导的支持，但很多领导对HSE体系的认识还不够深入，在组织、行动和决策上的推力明显不足，HSE管理更多停留在理论层面，未能有效融入到基层生产中。另外，领导对承诺、目标的支撑还有待提高，过多地将重点放在检查和强调表象上，而忽视了系统分析原因、查找短板、制定改进措施，导致很多问题长期存在或反复出现，还有些领导对职责履行的积极主动性不够，更多地等待上级给人、物的支持，而较少地在现有资源条件下积极探索和改进管理现状，导致HSE体系在运行和推广过程中出现比预期目标相滞后的趋势。

2.2 职责落实不到位，层层衰减

部分管理人员错误地将HSE管理体系的构建和推广划分为安全部门的事，"谁主管谁负责"和"管生产管安全"还仅仅是一种口号，各要素的管理与推行并未深入到每个责任部门、岗位层级，没有形成有机的整体。此外，管理人员对现场局部的不安全行为和不安全状态的关注度不够，甚至选择漠视，使得标准制度的执行层层衰减、效果大打折扣，现场图省事、走捷径等习惯性违章不断出现，有些属地主管为应对领导检查，过多地将工作重心放在HSE文件的记录，出现了HSE管理体系与生产实际脱节、制度与执行"两张皮"现象。这种缺少全员参与的HSE管理，难以形成一股合力推动其落地。

2.3 培训过于形式化，重记录轻效果

尽管企业已经组织员工全面开展HSE培训，且耗费了一定的资源，但结果却不尽如人意，究其原因主要是：HSE培训内容偏离生产实际需求，未结合员工的岗位职责及能力评估结果进行培训需求分析，实现分层次教学，员工能力与岗位技能需求不匹配；以单一授课形式开展的理论性培训，内容空洞及缺少质量把关，难以保证培训的实效性；培训考核机制不完善，过多强调结果记录而忽视应用效果，在实际操作中占有权重较低，不能有效激发基层员工参与培训的热情，形式主义明显。

2.4 风险识别和隐患治理不力，风险管控弱化

基层员工对风险分析方法使用不熟练，识别过程往往由单人完成，较少做到全员参与，导致对风险管理单、生产操作票、作业计划书等危害识别不全面，甚至缺失作业许可安全条件确认、变更前风险分析等关键环节，现场作业过程中基本上照搬以往作业风险识别表的内容，未充分考虑周围环境或相邻工作区域、作业条件等因素进行更新调整，这种静态的风险管理对新增风险的关注度明显不足，使得风险管控相对弱化。另外，现场对隐患治理存在重整改轻管理、重应付轻实效的现象，往往就事论事，缺少系统地分析和查找管理问题，不能举一反三，致使重复问题不断出现。

2.5 承包商管理粗放，考核结果欠缺有效应用

承包商管理程序不完善，未能很好地与工程建设模式相匹配，主要表现在：建设单位对承包商作业人员关注不足，常有关键人员资质与所从事的工作性质不一致、配备人员与合同约定不相符等现象发生；建设单位、承包商、监理单位的职责界定不清，现场高风险作业疏于管理，如安全技术交底、安全联络单的HSE措施相互传达不足，落实不到位，很可能给施工作业埋下事故隐患；承包商的绩效考核实行"一考定终身"，基层管理层的日常考核结果不直接与承包商利益挂钩(用于激励和淘汰)，承包商现场违章现象屡禁不止，管控难度较大。

2.6 风险辨识能力薄弱

当前，在石油行业中仍有许多企业的生产管理理念还存在以事后事故处理为主的陈旧落后观念。随着HSE管理形势日趋严格和劳动者对自身安全的关注度不断提升，"安全第一，预防为主"早已经不是一句空话，这就要求企业需要彻底的转变观念，事前控制和风险辨识是企业做好安全管理的基本手段，通过管理方式的转变，将安全隐患和风险消灭在萌芽状态，最大限度的保障接下来的生产运行能够安全平稳的进行。

2.7 HSE培训针对性差

部分企业HSE培训走马观花，培训内容与装置、设备及岗位实际情况不相符，针对性差，培训理念上把HSE培训与本部门日常管理独立开来，各级管理者没有进行下属培训的职责。不了解培训对象需求，从而无法根据员工实际确立培训目标。在培训内容方面，针对岗位风险识别

与控制能力的提高上培训不到位。在培训方式上，没有全面分析本单位本装置实际案例，HSE理念培训对受训员工安全意识没有形成强烈的刺激性，体系培训并未使得员工安全观念发生转变，员工安全技能的提高差强人意。

2.8 重视 HSE 绩效考核结果忽略过程

HSE 绩效管理过程中，重视绩效考核结果的控制，不重视考核过程管理。HSE 管理目标只是简单的复制岗位职责，并未进行层层分解。HSE 考核以负面约束为主，没有对其安全与不安全行为进行适当地奖励与纠正。绩效管理部门主导绩效考核工作，直接主管并未全程参与绩效考核过程，从而无法准确了解考核结果，对下属缺乏相应的管理责任。

3 HSE 管理体系与安全生产标准化的差异分析

安全生产标准化是指通过建立安全生产责任制，规定操作流程、操作方法，使各项生产环节符合相关规定，并建立危险预防机制，确保生产过程安全。其主要内容包括目标、组织结构和职责、培训、作业安全、排障、监控、绩效评定等。安全生产标准化遵循“安全第一、预防为主、综合治理”的方针，以隐患排查治理为基础，提高安全生产水平，减少事故发生。HSE 管理体系与安全生产标准化两者既有区别，也有一定的联系。

3.1 企业意愿不同

HSE 管理体系建立在全员自愿参与的基础上，通过各种措施培养员工的安全意识，提升全体员工的职业素养，使“安全生产”成为每个员工的自愿行为。而安全生产标准化则以制度的形式规定生产经营的方方面面，是通过各种制度约束员工行为，员工为了避免处罚而被动接受。

3.2 发证机构不同

企业是否建立了完善的 HSE 管理体系、是否将 HSE 管理体系融入到企业的日常生产经营过程中是通过第三方认证机构评判的；而安全生产标准化是企业基于政府出台的相关法律法规而建立，企业是否达到了安全生产标准化的相关要求是由地方政府来判断。

3.3 创建依据不同

国家法律法规及行业标准规定了石油行业正常生产经营必须达到的条件，安全生产标准化的内容是根据国家法律法规和行业标准确定的，《安全生产法》第四条规定：生产经营单位必须遵守本法和其他有关安全生产的法律，加强安全生产管理，建立健全安全生产责任制和安全生产规章制度，改善生产安全，推进安全生产标准化建设。HSE 管理体系是根据《职业健康安全管理体系审核规范》和《环境管理体系规范及使用指南》建立的，而《职业健康安全管理体系审核规范》和《环境管理体系规范及使用指南》则要比相关规范更进一步，不仅达到了法律法规的要求，同时也规定了更高要求的指标。

3.4 重点落脚点不同

HSE 管理体系与安全生产标准化的重点关注内容存在差异。HSE 管理体系重点关注危险辨识和运行控制，强调从源头消除事故隐患。要求在日常生产经营过程中树立防范意识，落脚于“生产经营前”；而安全生产标准化则关注生产设备设施和作业安全，强调生产经营过程中的安全，落脚于“生产经营过程”。

3.5 风险管理认知差异

安全生产标准化更多的是对企业生产经营过程中的行为进行监督纠正，对风险进行控制防范；而 HSE 管理体系则是对整个生产经营做出评估后量化，做到风险管理全覆盖。

3.6 执行效果不同

HSE 管理体系不是国家要求强制执行的，而是由各类单位根据实际情况而制定，因此，即使同属于石油行业，不同企业之间的内容也有所差异；与之相反，安全生产标准化是基于国家法律法规建立的，同一行业遵守相同的法律规范，因此，同一行业的企业之间没有差异。

3.7 管理范围不同

HSE 管理体系不仅包括安全、健康管理，还包括环境管理，而安全生产标准化只包括安全和健康管理。

3.8 前置条件不同

HSE 管理体系没有前置条件，而安全生产标准化要求：如果企业在 1 年内发生死亡等事故，就不能申请考核评价；满足申请条件后，如考核没达到规定分值，也不能达标。

3.9 级别设置不同

HSE 管理体系不分级别，而安全生产标准化分为三级。

4 HSE管理体系与安全生产标准化的融合途径

从上述分析可以看出，HSE管理体系与传统的安全生产标准化存在着差异，较之于安全生产标准化，HSE管理体系更完整、更先进，两者的最终目的都是保障生产经营的安全。因此，HSE管理体系与安全生产标准化是可以做到融合的，且在市场竞争如此激烈的情况下，HSE管理体系与安全生产标准化也必须实现融合，这样不仅能够显示企业的担当，同样也能够促使企业提高效益。可以通过如下途径进行融合。

4.1 制度和管理标准对标融合

HSE管理体系与传统安全生产标准化虽然存在差异，但两者的核心理念是相同的，即确保石油企业安全生产。目前，HSE管理体系相对成熟，国内外对此都有严格规范与要求，同样，我国政府对于安全生产标准化也有着明确规定。所以，在建设适合于本企业的HSE管理体系时，首先要仔细的阅读当前的国标，确保后续工作的规范性；其次HES管理体系的建立原则是自愿，由于不是国家强制规定，因此企业需要上下一心，协同推进；最后企业需要明确体系的建立是一个长期的过程，要循序渐进，逐步改善，完全摒弃安全生产标准化不仅会使员工感到难以接受，同样也会不利于HSE管理体系的建设。

4.2 管理流程和监管重点融合

如上文所述，HSE管理体系与传统安全生产标准化在管理流程和监管重点上存在差异。首先，HSE管理体系是对整体情况的把控，因此监督管理覆盖到生产经营的各个过程，即在事前关注安全隐患，同时监管事中，及时发现隐患苗头，事后要进行复盘，找出管理体系中存在的不足并采取相关措施予以解决。安全生产标准化则是重点关注“事中”。因此，在促进两者融合时，要拓展安全生产标准化的关注内容，不仅在生产经营行为过程中进行监督，还应该将监控范围覆盖到全部生产活动中。在监管重点方面，HSE管理体系突出运行控制，但未明确具体的内容和项目，企业需要根据自身实际进行重点控制；安全生产标准化则不同，所监管的重点主要是生产设备设施、作业安全和职业健康3个要素，对监管重点、监管方式都做了明确规定，这是安全生产标准化的精髓，同时恰恰是HSE管理体系所不具备的。两者的融合能够使企业的安全管理体系更加完善。

4.3 加强培训，提升全员素质

HSE管理体系与传统安全生产标准化的融合离不开企业内全体工作人员的支持，但是，由于适应了传统管理方法，而HSE管理体系与传统安全生产标准化相比，又呈现出一些新特点，原有的工作理念与工作方法可能不再合乎时宜。为解决这个问题，必须加强对工作人员的培训，使工作人员意识到HSE管理体系与安全生产标准化之间存在的不同，理解HSE管理体系的管理理念。首先，HSE管理体系对审核人员的要求较高，不仅要求其具备一定的生产专业知识，还要熟悉相关的HSE法律法规。这就必须加强对审核员的培训，提高工作人员对于学习HSE管理体系的重视程度。另外石油企业在生产经营中存在高风险作业。如近海开采时的恶劣气候、开采过程中的原油泄漏及污染等安全问题，如“3.3”四川达州硫化氢中毒安全生产事故、“3.21”江苏盐城响水天嘉宜化工有限公司特别重大爆炸事件等，因此对于安全生产的管控和把握要重视。由于企业内部工种类型复杂，因此培训工作要具有针对性。在规范自身作业的同时，要培养工作人员对于危险信号的分辨和应急能力，必要的时候还需要进行安全演习，通过不断反复练习，提高工作人员安全意识。

4.4 将职责和组织机构统一融合

HSE管理体系关注计划制定、落实、复盘，为满足这些工作要求，企业组织机构需要做出相应的调整。而安全生产标准化着重强调生产经营过程，关注于“计划落实”这一内容。因此，在推进HSE管理体系与安全生产标准化融合的过程中，要促进职责和组织机构的统一融合。

5 结语

安全生产管理关系到企业员工的身心健康和企业的经济效益，石油行业的安全生产更是关系到企业的存亡和发展，安全生产是企业要走向市场争取理想的经济效益的前提，也是企业在激烈的市场竞争中取胜的前提。因此，结合企业自身的实际情况，不断提升安全管理水平，养成员工安全行为意识，创新企业安全管理工作开展中的新思路和做法，让“我要安全”的核心理念深入人心，最终促使企业更快更好的成长和发展。

HSE 管理体系作为一种先进的管理理念，与传统安全生产标准化体系存在着较多的区别，主要体现在如下几方面：企业意愿不同、发证机构不同、创建依据不同、关注内容不同、风险管理理念不同、效果不同、管理范围不同、前置条件不同、级别设置不同。尽管两者存在诸多差异，但并不是泾渭分明，具有一定的相似性。对于企业，大胆采用 HSE 管理系统，借鉴传统安全生产管理系统的经验，逐步完善 HSE 管理系统在实践中的不足，及时纠正在实践过程中的错误，进而建立起完善的 HSE 管理体系。为此，企业可以从制度和管理标准对标融合、管理流程和监管重点融合、加强培训提升全员素质、将职责和组织机构统一融合 4 个方面进行融合，使石油企业安全管理更加科学、高效。

参 考 文 献

[1] 王瑞发．石油企业安全生产管理对策探讨[J]．中国石油和化工标准与质量，2018，38(14)：28-29.

[2] 李小虎．HSE 管理体系与安全生产标准化差异分析与融合探讨[J]，安全，2020，41(11)：72-75.

[3] 杨杰．HSE 管理体系与安全生产标准化差异分析与融合探讨[J]．现代职业安全，2014，(8)：78-81.

[4] 李兆节．浅析企业安全生产标准化与 HSE 管理体系的融合[A]．第六届国内外水泥行业安全生产技术交流会论文集[C]．2019：152-153，201.

[5] 李欣欣．提升炼化企业 HSE 管理水平标准的思考[J]．化工管理，2018(16)：94-95.

[6] 魏丹，骆彦锦．石油化工行业 HSE 管理体系应用现状及改善措施[J]．化工设计通讯，2020，46(5)：33，73.

[7] 余国胜．石油化工企业 HSE 管理体系与安全标准化一体化建设分析[J]．化工管理，2020，(7)：196-197.

[8] 刘晓宇．HSE 管理体系在石油企业安全管理中的实施[J]．中小企业管理与科技(中旬刊)，2019，(12)：12-13.

[9] 赵勇，厉建祥．石油化工企业 HSE 管理体系审核机制探讨[J]．安全、健康和环境，2022，22(02)：7-10.

[10] 徐微．石化企业 HSE 管理体系运行中的问题及解决对策[J]．石油化工安全环保技术，2022，38(03)：1-3+5.

HSE培训教育对测井施工安全的作用分析

李旭飞　贾建军　朱维鹏

（中国石油集团测井有限公司）

摘　要　测井作业过程的专业要求、复杂程度较高，所以即使在有防护的条件下，其依旧会存在很多安全隐患，那么在安全隐患的影响之下，说明测井作业过程中容易出现安全事故。在安全原则之下，现代测井作业生产领域十分重视安全生产概念，那么为了落实此概念，现代测井作业企业常使用HSE培训教育来提高生产人员的安全意识，并通过安全意识来改善自身安全水平。

关键词　HSE培训教育；测井作业；安全生产

引言

HSE培训教育对于测井作业企业测井作业安全生产而言十分重要，能够使生产人员的安全意识提高，且在安全意识达到一定水平之后，激发生产人员的自我管理行为，从整体上提高测井作业测井作业生产的安全水平。本文为了了解HSE培训教育在测井作业安全生产当中的作用，将先对早期测井作业生产人员的安全表现进行分析，结合分析结果再对HSE培训教育的实际效果进行介绍。

1　HSE培训教育介绍

HSE培训教育是一种通用性较高，且多维的培训方法，主要从心理、安全、健康三个维度来实现教育目的，同时这三个维度会随着实际情况而发送融合性改变，即在测井作业过程当中，会变成心理重视度、安全意识、身体健康，此时实现了安全培训全覆盖，可整体提高测井作业企业的安全水平。此外，在HSE培训教育完成之后，还能产生一些有利的附属作用，例如形成安全文化氛围等，说明HSE培训教育的可行性较高。对于测井作业行业来说，只要思想重视，预防措施得当，绝大部分事故特别是重大事故是可以避免发生的，坚持预防为主，就要坚持培训教育为主。因此，测井作业行业.HSE培训教育中安全工作的重点是“不让事故发生”，即一个理念：坚定杜绝生产伤害事故的必胜信念！做到安全管理工作要前置，做好事故双重预防机制建设。

目前测井作业的HSE培训教育管理模式主要是管理层与监督层相对分离的管理机制。我们根据以往的安全管理数据以及理论可以得出这样的结论，人的不安全行为以及物的不安全状态是导致事故的主要原因，而其中人的不安全行为占事故总数的96%。我们再往深层次的分析，人的不安全行为终究可以归为是管理方面的原因，因此近年来我们把管理因素也归为导致事故的原因。目前管理因素是导致事故的原因已经得到了很多HSE管理工作者以及学者的认同，尤其是和管理者的重视程度、安全意识以及安全资源的投入有直接关系。我们分析事故的原因，尤其在国内大型企业中，导致事故的原因并不是缺少制度缺少规范或规程，而是缺少相应的约束机制和激励机制。国外大型测井作业公司如康菲测井作业和斯伦贝谢测井公司等，他们为了维护公司声誉和企业HSE目标，已经开始实施了第三方HSE监督的监督机制。

在这点上，测井公司成立了HSE监督中心，在国内第三方HSE监督机构还没有发展成一定规模的情况下，他们已经在头几年在内部推广了HSE监督与HSE管理相对分离的管理机制。事实上，全面的安全观包括谁主管的业务，谁负责该业务安全、谁主管的地盘，谁负责该地盘安全两个方面，分解来说，对于HSE部门，要做好宣传，培训、监督，检查、考核，评估、分析，反馈多个方面的工作，而对于生产&业务部门来说，则要做好风险管控、隐患查消、应急处置等工作。

HSE管理机制和HSE监督机制实行的是监督和管理两条线相对独立运行的保障体系。HSE管理体系侧重于管理层，执行的是逐级负责的管理责任；HSE监督体系侧重于基层，执行的主要是旁站和检查监督的责任，侧重点在于加强对基层单位或现场施工的第三方监督。HSE监督体系的运行模式为安全监督在安全总监的领导下，按照公司的监督程序，对同级或者下级管理部门以及现场施工开展监督工作。

为了保证HSE监督正确履行其监督职责，现场HSE监督人员的人事关系不在被监督的基层管理单位或者在建项目，对其工作业绩的考核由其监督站或者其上级主管负责，其相当于第三方人员，同时为了避免其走过场，HSE监督人员的考核应该与其所监督的基层单位的HSE业绩挂钩。因此，对于测井行业来说要综合运用法律、经济、行政等手段；从发展规划、行业管理、安全投入、科技进步、经济政策、教育培训、安全文化以及责任追究等方面着手，建立安全生产长效机制。综合治理，多管齐下，并充分发挥社会、职工、舆论的监督作用，形成标本兼治、齐抓共管的格局。

2　早期测井作业生产安全表现

2.1　安全意识薄弱

结合测井作业生产过程的特点，其中存在的安全隐患多种多样，在没有进行专门了解的前提下，难以得知其危险性，而大多数测井作业生产人员就对此没有太多了解，所以其安全意识相对薄弱。在安全意识薄弱的前提下，测井作业生产人员在工作当中，对于自身行为的管理相对松懈，经常为了完成工作目标，在不知情的前提下进入危险环境，甚至存在不佩带安全护具就上岗作业的现象，此时测井作业生产人员的生命与健康岌岌可危，所以有必要进行培训。

其实，安全意识薄弱这一问题出现的原因主要是由于员工对HSE管理理念的不理解。测井作业的基本安全理念是“任何事故都是可以避免的安全理念；安全是每个人的责任；未遂事故也是事故；没有任何一项工作是如此的紧迫和重要，以致于我们没有时间去安全的完成；安全的好坏是一种态度，更是一种工作方式，安全的工作环境同样也是高效的工作环境”。我们对这些理念的认识往往是背道而驰，认为只是口号标语。我们也经常倡导的“安全第一，预防为主”方针不是口号，而真真切切是一种安全工作的原则，在实际中真正做到了“一切风险都可以控制，一切违章都可以杜绝，一切隐患都可以排除，一切事故都可以避免”，四个一切的安全文化和“当利润、产量、进度、成本与安全生产、环境保护发生冲突时，前者要让位于后者”四个让位的安全理念。我们员工对这些理念的不理解，就失去了安全方面衡量对与错、好与坏的最基本的道德规范和思想，突出表现没有安全意识和技能。要树立“以“风险管理”为核心”的意识，了解清楚风险的源头是什么，考虑清楚主要风险及其后果、想清楚具体的控制措施最后确保控制措施落实并不断改进。

2.2　互助意识不足

安全隐患爆发时总是伴随着突发性、不可预则性的特点，会在任意时间，从各个角度威胁人体的安全，所以在理论上，单靠人个体防范很难完全避免安全隐患的影响，需要通过相互监督的方式来进行防护。全面的安全观需要全员参与，领导者要展现“有感领导”，各级管理人员能够将各项要求落实到位，员工要将各项要求执行到位，安全专职人员提供专业支持、监督和指导、全面的安全观基层(员工)。但实际来看，早期测井作业生产过程当中，因为安全意识薄弱，所以测井作业人员相互之间并不会监督，导致一些没有被当事人发现的安全隐患爆发，说明测井作业人员的互助意识不足。众所周知，测井作业中的沙特阿美公司HSE标准高，执行严是举世公认的，这也正是其长期保持良好的HSE业绩和记录的原因。我们在国内已经完成几个阿美项目，由于执行力差，在现场出现问题首先想到是能否沟通解决能否降低标准，而不是严格执行标准。在生产任务紧张的情况下，有意无意地放松降低了HSE管理。此外，人员素质不能满足HSE要求也是导致互助意识不足的一个重要因素。测井作业中虽然我们也积累了一定经验，但由于人员更替频繁，再加上国内上线人员出国本身安全素质和意识不高，对测井作业HSE管理又大多是第一接触，甚至有些人根本没有石化施工经验，这些状况就造成对石化施工行业危险认识不足，安全意识欠缺，操作技能缺乏。虽然尽管通过大量培训，但是其习惯性违章的重复发生，甚至工作方式和习惯在其看来根本不是违章或者没有意识到是违章，因此不能满足国内HSE管理的要求。

2.3 安全管理缺乏约束性

理论上测井作业企业为了避免出现安全事故，需要通过相应的管理制度来约束测井作业人员行为，而实际来看大多数测井作业企业都具有安全管理制度，但这些制度普遍存在约束性缺乏的现象，说明这种制度的实效性不足。具体来说，大多数测井作业企业的安全管理制度，主要缺乏的是处罚制度，或者处罚制度力度不足，所以没有给测井作业生产人员带来约束感，放纵作业人员做出不安全行为。

其实，整体管理不足，最终在 HSE 管理体系中集中体现。HSE 管理是系统的管理体系，它涉及生产安全管理过程的各个方面例如人员管理，材料管理，设备管理，施工工序排，后勤管理等，这一系列的管理贯穿于整个施工过程，人员把关不严就会造成低素质人员进入施工现场，没有工作技能没有风险意识人员就会产生巨大的风险源。人员到达现场各种管理跟不上，造成工作漏洞，加上管理人员控制力差，甚至个别管理人员出现违章指挥和野蛮施工现象，造成安全隐患和安全管理中监督管理不到位。材料管理不规范，没有合理领用，保管，使用和回收制度就会造成大量的文明施工问题和潜在的危险源。设备管理存在缺陷，购置，使用，检查和维护保养不及时，造成设备带病运行甚至在确实安全设施下使用，就会形成危险源。施工工序安排不合理，造成高空作业交叉作业增多，形成高空作业安全隐患。后勤管理不得力，造成职工对住宿，饮食不习惯或者不适应，影响工作情绪和状态。总之在测井作业生产安全管理过程中，由于各种管理不到位久而久之，管理的矛盾和问题就突出发生在 HSE 管理体系中集中暴漏。

3 HSE 培训教育在测井作业安全生产中的作用

提高安全意识，理念为基推安全以安全理念为基础推动安全生产，安全理念是一个公司最基本的安全管理思路，是推动企业公司安全文建设的核心内容。因此，我们把现场作为落脚点坚持灌输我们的安全理念。

首先，紧紧抓住“以人为本”的管理思想，开展如“保护双手”、“预防中暑”等活动把“我要安全”主题具体化、形象化，提出“保护您最好的工具就是您的双手”、“天太热，请多喝水”等活动口号，通过现场张贴宣传图片、事故照片和形象的模拟道具等方式，向员工灌输安全知识和管理理念，不断增强广大员工的自我保护意识，形成了良好的安全生产氛围。其次，积极开展未遂事故和可能出现的危险状况或者行为的上报，分析措施，对其产生的直接、间接和管理上出现的不足进行深层次的分析，坚持通过分析一个问题，完善一项制度，消除一类隐患，通过不断的管理制度完善，从而避免更大事故的发生，最终实现零事故的目标。另外，采取现场直接奖惩和班组每周考核奖励措施，规范各级人员的安全行为，减少违章，杜绝事故，激发基层员工对安全现场 HSE 管理工作的积极性和主动性，并通过考核奖惩制度促使员工变被动要求为主动去做，推动安全管理文化建设，形成人人管安全的良好氛围。我们必须让自己很懂、懂很多，对安全管理人员来说，懂，是多么重要！你必须懂法律，以便知道哪些该干，哪些必须干，哪些可以不干；你必须懂标准，以便知道，应该怎么干，干到什么程度才行。

结合上述早期测井作业生产人员的安全表现分析内容来看，安全意识对于测井作业生产过程的安全水平影响很大，所以提高安全意识是加强安全水平的重要途径。在 HSE 培训教育之下，测井作业企业应当采用一些直观的方法来使作业人员意识到工作中的危险性，同时对常见的安全事故进行介绍，例如借助 VR 技术来仿真模拟某些安全事故的场景，借助此项技术的体感传输技术，可以使员工切身经历一次安全事故，此时其安全意识就可得到提高。

构建互助氛围，方案为先保安全各种方案是施工活动开展的前提条件，是施工生产安全进行的制度保障。在测井作业生产安全管理过程中，严格按业主和总包要求编制 HSE 策划方案，并提交其审核批准。过程中也是按照方案严格实施，正真做到写我所做，做我所写。

各种施工活动开展之前，同样要开展各项专项施工方案，针对其具体作业内容，对工作进行动态风险评估，按要求采取控制措施，并做好方案交底工作，从而保证施工中的风险得到控制和防范。

生产人员的互助行为对于测井作业生产安全水平提高有明显帮助，那么在 HSE 培训教育条件下，即可构建互助氛围。具体来说，在 HSE 培训教育理念下，首先可以提高每个生产人员个体的安全意识，说明生产人员对安全事故的认知有了明显提高，其次对管理人员进行培训，使管理人员意识到互助对安全水平的帮助与重要性，最终借助企业文化以及管理制度，引导生产人员相互监督，此时就形成了互助氛围。

加强安全管理约束性，教育为本促安全安全教育是安全管理工作的基础，针对员工安全理念不理解，安全要求不清楚，安全制度不执行的突出问题，测井作业将安全教育贯穿于施工的全过程。首先，制定 HSE 培训计划，严把员工入场教育考核关，积极开展各工种的安全教育和专项教育如：动火、高空作业和受限空间作业培训等。再次是违章后的再教育，主要是在现场作业过程，针对违反安全管理规定，违章操作，违章指挥或者造成事故或者未遂事故的直接责任人，进行再教育，通过教育使其认识到知己的错误行为可能引起的严重后果，以及要求在以后的作业过程如何严格按照规定要求去做。通过大量、反复不间断的培训，不断增强了员工的安全生产意识，提高安全素质，促使标准、规范、制度等得以顺利贯彻执行。想要尽职免责，尽责减责，首先，要减责，要敢管、肯管、会管。其次，要减责，要坚持原则，做好本职工作。第三，要减责，应留下安全生产工作的痕迹。第四，要减责，落实主体责任是关键。第五，要减责，就得切实发挥好全员的作用。

结合上述安全管理缺乏约束性分析内容可见，安全管理的约束性的主要体现在处罚制度上，所以为了提高安全管理的约束性，结合 HSE 培训教育理念，测井作业企业应当建立完善的处罚制度。关于处罚制度的完善度，首先要重视处罚制度的条规是否完整，例如针对常见的不安全行为，要对应设定出发制度，其次要重视处罚制度的力度，即根据实际情况与形成的后果酌情设定处罚内容。此外，在处罚制度当中，还需要重视权责划分问题，因部分安全事故的产生责任并不在测井作业生产人员，盲目进行处罚会激起员工负面情绪，所以在 HSE 培训教育当中，应当表明需要先区分权责归属再进行处罚。

监督为重稳安全监督检查是安全管理工作重点，是保证安全管理体系有效运行的一个非常重要的环节。测井作业要求 HSE 管理人员要通过面试，过程中考核培训，不断充实其业务知识。测井作业坚持将监督检查力量放在施工生产第一线，把监管的重点放在日常，通过安全管理人员的日常巡检，每周管理层参加例行检查，将安全检查常态化，制度化。并坚持将每次检查中发现的问题记录、归类、统计、分析，使现场安全管理问题数据化。通过对问题的分析制定了针对性的防范措施，确保了施工现场安全有序。

4 结语

综上所述，HSE 管理是项复杂的系统工程，体现在生产安全管理的时时处处、方方面面。我们确实应该积极借鉴国外公司的成功管理方法，总结自身经验教训，不断加强内部管理体系建设和 HSE 监督实施力度，提高管理水平。通过 HSE 管理工作总结，今后我们将对 HSE 管理的特点和好的做法继续保持并不断的持续改进提高，对存在的问题认真思考积极应对努力提升管理水平。使其能为公司“追求零伤害，零污染，零事故，在健康安全与环境管理方面达到国际同行业先进水平”的战略目标能深入实施，提供有力保障和支持，实现良好业绩，赢得更大市场和发展空间。

本文主要对 HSE 培训教育对测井作业企业安全生产的作用进行了分析，分析分为三个部分，即 HSE 培训教育介绍、早期测井作业生产人员的安全表现、HSE 培训教育在测井作业企业安全生产中的作用，通过本文分析得到结论：早期测井作业生产人员安全意识、企业管理制度存在明显缺陷；在 HSE 培训教育的作用下，可改善早期测井作业生产的安全问题。

参考文献

[1] 李海．钻井作业 HSE 风险管理研究[J]．西南测井作业大学学报(社会科学版)，2011(06)．
[2] 彭景云，陈文光，彭冠铭，等．论“HSE 风险管理”在录井生产中的应用[J]．科技与企业，2014(18)．
[3] 张万里，雒继忠，郭世雄．长庆井下作业系统 HSE 管理存在问题及下步管理方向[J]．测井作业工业技术监督，2002(04)．
[4] 方诗媛，王桥，文恒．钻井工程 HSE 危害的风险识别[J]．石化技术，2017(03)．
[5] 曹金发．钻井工程 HSE 风险原因与预防措施分析[J]．石化技术，2017(07)．

[6] 张军，肖丰浦，董海，等．油田 HSE 风险防控现状分析及对策建议[J]．测井作业化工安全环保技术，2020(04).
[7] 张轶博，赵博华．油气储运设施 HSE 风险管控模式初探[J]．当代化工研究，2016(12).
[8] 周井波．探析钻井工程 HSE 管理的风险识别作用[J]．化工管理，2017(19).
[9] 王晶，周庆忠．浅谈有效推进测井作业石化企业 HSE 管理[J]．油气藏评价与开发，2013(02).
[10] 刘宇．加油站 HSE 管理信息系统的建设[J]．化工管理，2022(01).

输油、输气管道通球检测的必要性

霍禹璇[1]　邵春阳[2]　温笑天[1]　王　佳[3]　李　铁[1]　刘　贺[1]　刘　旭[1]　刘焕波[1]

（1. 吉林油田储运销售公司；2. 吉林油田新能源公司；3. 吉林乾安采油厂）

摘　要　随着我国重工业的发展，油气能源得到了的广泛应用和开发。为了有效的适应我国当前持续发展油气资源的多种需求，油气储运工程以及油气的集输工程都相应的发挥了重要的作用。油气属于甲类危险品，容易发生安全事故，特别是在油气的储运方面，容易发生火灾、爆炸等情况，对人们的生命财产安全产生严重威胁。所以，必须高度重视油气储运安全，加强油气储运设施安全管理，确保油气储运安全，做好输油管道防腐检测工作是整个站场完整性管理工作的重中之重。

关键词　油气储运；防腐；通球检测

1　防腐基本概述和危害

1.1　腐蚀的危害

输油管道基本上都采用碳素钢无缝钢管、直缝电阻焊钢管和螺旋焊缝钢管。输油管道的敷设一般采用地上架空或埋地两种方式。但无论采用哪种方式，当金属管道和四周介质接触时，由于发生化学作用和电化学作用引起表面腐蚀。这种现象十分普遍。金属管道遭到腐蚀后，在外形、色泽以及机械性方面都将发生变化，影响所输油品的质量，缩短输油管道的使用寿命，严重可能造成泄漏污染环境，甚至不能使用。由于金属腐蚀而引起的损失是很大的。

1.2　典型管道事故

1. 国外管道事故

2015年5月19日，美国加州圣巴巴拉县里菲吉欧海滩一地下输油管道破裂，导致2.1万加仑(约7.9万L)原油泄漏并流入大海，污染当地海岸。

2006年3月2日，美国阿拉斯加州普拉德霍湾油田一条34in管道泄漏，导致20万加仑(约75万L)原油泄漏，污染当地的冻土和湖泊，并导致油田每天减产原油10万桶。

2000年8月，美国新墨西哥州天然气管线由于腐蚀破裂爆炸，12人不幸遇难，直接经济损失998296美元(图1)。

图1　国外管道事故

2.1.2　国内管道事故

2017年7月2日，中国石油中缅管道贵州晴隆段发生爆炸，造成8死35伤。

2016年7月20日，中国石化川气东送管道湖北恩施段发生爆炸，造成2死3伤。

2013年11月22日，中国石化管道分公司潍坊输油处东黄复线原油输送管道泄露爆炸事故，腐蚀严重造成管道原油泄漏发生爆炸，造成62人遇难，直接经济损失75172万元。

2010年7月28日，南京栖霞区丙烯管道发生爆炸，造成13人以上死亡，重伤28人，轻伤100余人。

2010年7月16日，中国石油大连输油管道爆炸，1500吨油入海。

2010年5月2日，中国石化山东东营至黄岛原油管道发生破裂，共造成240t原油外泄。

2009年12月30日，中国石油兰郑长成品油管道发生泄漏，约150m³柴油发生泄漏，部分流入渭河。

2009年9月15日，中国石化鲁皖成品油管道柴油泄漏，柴油流进附近河沟，现场数百群众抢捞。

2006年8月12日，中国石化鲁皖成品油管道泄漏，管线停止输油9h以上(图2)。

图2　国内管道事故

2　油气储运系统输油、输气管道防腐检测中发现的问题

2.1　管道变形

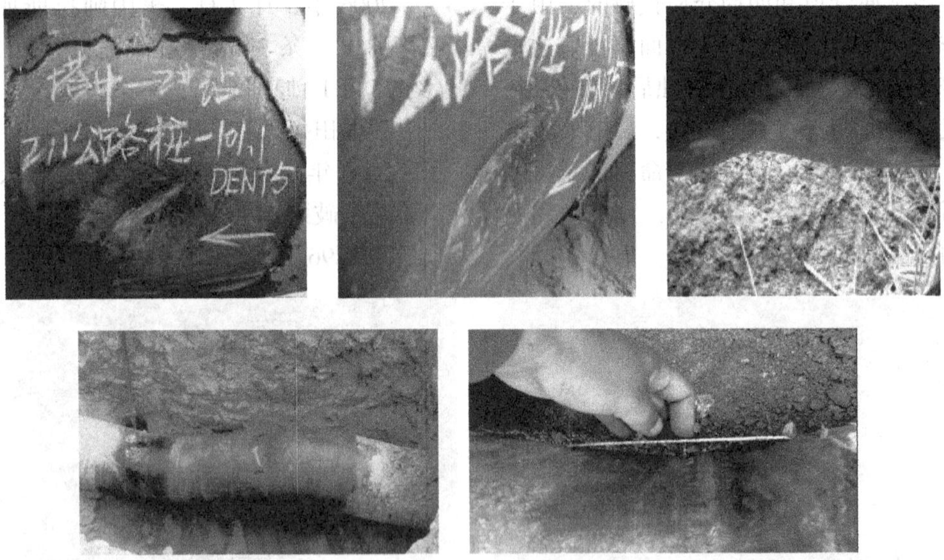

2.2　腐蚀

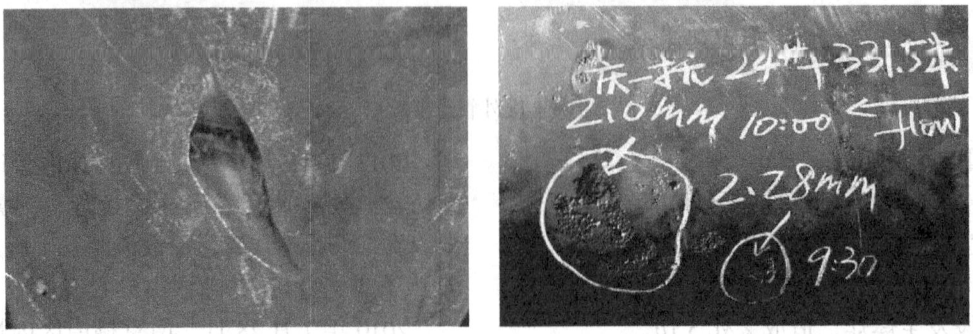

3 我公司采取的通球检测措施及取得的效果

针对以上在油气储运系统中输油输气管线腐蚀、电化学腐蚀存在问题，我公司采取以下措施来预防管道腐蚀变形和腐蚀穿孔事故的发生。

3.1 创新性利用四步法

(1) 以循序渐进、安全稳健为原则，创新性的利用“清通、清除、清扫、清洁”四步工法，有效的进行清管过程控制，确保清管安全有效。踏线设标以测试桩为依托，使用寻管仪在预定点找准管道正上方设置标记作为定点跟踪点，间距不超过1km；发球将清管器装入发球筒，前皮碗推至大小头处密封，倒发球流程发球；定点跟踪，采用四个跟踪组在预定跟踪点进行交叉式定点跟踪，监控清管器运行情况；收球确认清管器达到收球筒后，倒收球流程收球，清理收球筒内杂质，将清管器取出进行评估并完成清管报告。

通过四步工法，管线清出多种杂质，包含粉尘、铁锈、液体等(图3)。

图3　管道清出多种杂质

3.2 采用管道变形检测技术

高精度多通道变形检测器可以检测到管道凹陷、椭圆度变形、壁厚变化、造成管道内径变化的管道附件、管道长度、阀门、三通、环焊缝、弯头、弯管等信息，检测变形点的准确位置，确定其尺寸大小。

3.3 前期踏勘资料收集

①管道基本参数的收集(管道名称、长度、口径、壁厚、设计压力、运行压力范围、管道材质、收发球筒信息、弯头信息、场地情况、三桩情况、有无斜接等)。②管道内部杂质基本情况(含水量、含蜡量、含 H2S 量)。③管道的以往清管、检测情况，出现的问题及解决措施。④管道的维修记录及焊接记录。⑤管道的阀门情况(球阀、闸板阀、单向阀等)。⑥管线的穿跨越信息。⑦管线的三通及相关附件信息。⑧管线的走向图、高程图及工艺流程图。

3.4 编制方案

根据管道前期的踏勘情况，制定初步实施方案，方案内容包括管道的基本信息，特点、难点及解决措施，双方职责，施工部署，施工任务划分，具体实施的清管器及检测器类型，应急预案，QHSE 管理及危险识别与控制措施。

3.5 设备的准备

为了防止在清管过程中发生清管器一次性清除管道内杂质过多，而无法处理。清管器选择将本着循序渐进，安全稳健的总体原则。清管器的发送次序按清管器清管能力从小到大依次发送，逐步地清除管道内的杂质。

3.6 现场踏勘设标

管线进行仔细踏勘设标，原则上设标密度不超过1km；对于管道穿跨越、阀室等特殊地段加密设标，其目的在于在投运清管器、检测器时，根据设标点进行地面定位跟踪，以便密切掌握清管器及检测器的运行动态情况，同时也为检测出的缺陷点定位提供准确依据。施工方法如下：①设标点应位于“三桩”附近，并避开高压线、火车道等干扰较大的地域，设标点间距不超过1km。②发球站和收球站内必须进行设标，设标点应选在墙内(避开出入地弯头)。③阀室上、下游的设标点，距阀室不得小于50m，并进行详细测量。④选点时应借助寻管仪探测管道准确位置并选取埋深较浅(不超过3m)的位置作为设标点，填好设标记录，保证设标点位于管道正上方。⑤特殊地段必须设跟踪点，人口密集区、动火改造点、已知变形点等，水源区，河流冲沟，已知的穿越两端均须设点。跟踪人员踏线时，应对设标点的地理位置、路况作好详细记录。

3.7 清管器、检测器发送

甲乙双方检查发球流程完毕后，确认发球筒内无压，氮气置换检验合格后，打开发球筒盲板，将清管器推入发球筒内，前皮碗要顶住大小头，关闭盲板，锁紧密封。打开发球筒上的平衡阀，缓慢打开发球线上的103#阀，向发球筒内注介质，至充满发球筒为止，然后关闭泄压阀，使发球筒内的压力与干线压力平衡，关闭平衡阀。校对时间后，确认第一跟踪小组已到达指定的跟踪设标点，并准备就绪。等待一切工作就绪，接到发球指令后进行发送。首先全部打开101#阀，然后缓慢关闭102#阀，致使清管器发出，并作好时间记录。确定清管器进入干线，当清管器通过两个跟踪点(约30min)后，再完全打开102#阀门，然后缓慢完全关闭101#阀门、103#阀门，恢复正常流程。缓慢打开排污阀，排放发球筒内介质，待发球筒内压力降至正常大气压后，关闭排污阀。具体发球流程以站内发球流程为准，如果没有相关规程，则双方在现场实施前需进行模拟演练。

3.8 清管器、检测器接收

清管前，必须检查收球筒快开盲板和101#阀门的灵活性和严密性，检查通球指示器的灵活性，排污系统是否正常，关闭泄压阀。切换收球流程，按调度指令在清管器进站前至少两小时，提前切换接收流程。首先打开101#阀门，向收球筒内充满介质，并通过放空阀排出空气。充满介质后，关闭放空阀，缓慢打开103#阀至全开，然后缓慢关闭102#阀。收球指示器动作后，表示清管器已通过三通进入收球筒内，用接收机进行确认后，缓慢全部打开102#阀，然后缓慢关闭101#阀、103#阀。待101#阀、103#阀完全关闭后，待收球筒内压力降为零后，打开排污阀进行排污。氮气置换及可燃气体浓度检测。打开快开盲板，清除筒内的杂物，取出清管器。将收球筒清洗干净后，关闭排污阀，关闭快开盲板，恢复清管前的状态。具体发球流程应严格按照编订的《清管器收发工艺流程规程》进行，如果没有相关规程，则双方在现场实施前需进行模拟演练。填写详细的清管记录表。

3.9 监管检查成果

我公司自2013年开始委托有资质的管道检验机构开展监督检验，总计需要完成内检测管线19条。目前已全部完成管道内检测12条(其中输油管道完成3条，输气管道完成9条)，2019年计划完成内检测7条管线(结转上年度5条，新增2条：穿江备用线、乾新输气管线)，检测共发现5年内需要维修的管线缺陷63处。从2006年开始，我公司维修队检测班开展管线外检测工作，每年检测管线300公里左右，4年为一个周期，对所属油气管道进行检测；对高后果区管段每年进行一次检测。共计发现防腐层破损点400余处。

4 我公司输油输气管道通球检测工作未来的发展

我公司将持续推进管道完整性工作。

4.1 管道完整性概念

简单的说就是管道完好，并能保持管道安全平稳运行。具体指管道始终处于安全可靠的服役状态，包括两个属性，一个是安全性，一个是功能性，其内涵包括三个方面：一是管道在物理上和功能上是完整的；二是管道始终处于受控状态；三是管道运营商已经并仍将不断采取措施防止管道失效事故发生。

4.2 管道完整性管理实施的重要性

简单管道完整性管理技术起源于20世纪70年代，当时欧美等工业发达国家在二战以后兴建的大量油气长输管道已进入老龄期，各种事故频繁发生，造成了巨大的经济损失和人员伤亡，大大降低了各管道公司的盈利水平，同时也严重影响和制约了上游油(气)田的正常生产。从美国、西欧、前苏联等国家多年的事故统计分析中可以看出，第三方损伤、腐蚀、施工及材料损伤、误操作这几方面是引发管道事故的主要原因。并且，天然气管道事故的人员伤亡率高于输油管道。为此，美国首先开始借鉴经济学和其他工业领域中的风险分析技术来评价油气管道的风险性，以期最大限度地减少油气管道的事故发生率和尽可能地延长重要干线管道的使用寿命，合理地分配有限的管道维护费用。经过几十年的发展和应用，许多国家已经逐步建立起管道安全评价与完整性管理体系和各种有效的评价方法。

4.3 管道完整性管理的基本内容

可靠性评价主要研究缺陷可接受性问题。腐蚀管道内包括两类缺陷：①已损失管道强度为主要特征，有应力腐蚀开裂、腐蚀疲劳等过程产生的裂纹缺陷，它属于平面性缺陷；②以管道质量损失为主要特征，如管道均匀腐蚀及局部腐蚀类体积型缺陷。

风险评价主要是确定管道失效因素，并对管道失效概念及其后果严重性指标进行量化。通过风险评价可获得管道风险等级，以确定优先开展完整性评价的管段区域及重点预防的失效原因。

实施风险控制策略的主要目的是为防止事故发生以及降低系统的风险。防止事故发生措施主要有两种：①实施并完善含缺陷管道的使用原则，即适用性原则，它是指含缺陷管道允许存在缺陷情况下，继续工作一段时间，但在此时间段内应保证缺陷不能发展到造成管道失效的临界值；②推行视情维修技术，是指在风险评估基础上，根据风险优化分析，合理确定管段维修顺序，进而做出最佳维修决策，从而确保管道系统完整性。

降低管道系统风险可以采用以下措施：①建设与执行有关国际通用及国内的相关风险法规。法规的健全完善成都队降低风险有直接关系，针对管道腐蚀它不仅明确规定要精心风险评估，还指出风险降低的指定程度，并且应允许采用从环境出发因地制宜的实施措施；②加强基于风险的检测技术实施。基于风险检测技术 RBI(Risk-based Inspection)，由美国组成开发。目前以形成 API RP 580 标准。RBI 以风险评价为基础，对检测的管段及装备的程序进行优化安排和管理。目的是有话设备检测程序和监测计划，为延长装置运转周期、缩短检修工期提供科学的决策支持。③检测管段的风险时，应根据不同缺陷特点合理选择不同的检测方法与工具。BS7910—1999《金属结构内可接受缺陷的评价方法》推荐的检查和检测管道完整性的方法主要有在线检测、水压试验、直接评价三种方法。现在许多管道业主可以采用各种智能检测器来检测管道缺陷的尺寸形状及位置，智能检测器按照其工作原理主要有超声波法、漏磁法、电位法、涡流法等等。检测器的分辨率、可靠性及精度一定程度上决定着检测费用及工程量。④采用合理的检测标准，根据风险评价结果正确制定检测方案。⑤建立完善的风险管理监测体系，该体系可向上级管理部门报告风险管理计划及降低风险措施的实施执行情况。同时，可将成功的计划措施反馈到风险管理体系中，为风险优化分析提供依据，进一步制定出最佳的风险控制方案。

含缺陷管道经过风险评价后通常将管道风险划分为四个等级：A 及风险等级最高，表示必须立即维修及更换；B 级风险次高；C 级标识比较安全；D 级标识管道处于低风险安全状态，无需采用任何措施。

对于风险等级较高管段必须采用相应的遏制管道腐蚀破坏和恢复管道完整性措施，传统意义上的完整性维修措施主要有修补防腐覆盖层、套管修补及更换腐蚀管段等三种基本方法。①防腐层修补：防腐层修补使用与腐蚀破坏不大的情况，通过修补覆盖层的方法遏制腐蚀的发展，修补时需要分别将腐蚀产物、管子周围旧防腐层彻底清除干净。然后将与管体现有防腐层匹配性好的新防腐层加上去，也可采用自动涂敷设备恢复管道的完整性；②套管修补：套管修补是将制造时分成两半的管套布置在腐蚀管道全周并沿纵向焊缝焊接起来，施工前要求将腐蚀生成物彻底清除干净，并用合适的填充材料将主题管道与套管之间的孔穴处填满；③更换腐蚀管段：对于腐蚀较为严重或其不满足有关规范要求的含缺陷管道以及含有裂纹等缺陷的管道必须将其切除，替换以新的关节，并要遵守严格的焊接工艺与原有完好的管段焊接起来。

5 结束语

油气储运生产装置中的生产介质，属易燃易爆危险生产作业场所，必须重视输气、输油长输管道安全管理，重视长输管道的通球检测工作。为避免管道事故发生，降低运行风险，提高管道输送效率。

参考文献

[1] 李长俊．天然气管道输送[M]，北京：石油工业出版社，2008.

[2] 董绍华．天然气管道完整性管理探析，[M]，北京：中国石化出版社，2007.

[3] 赵志程，赵玉落，任洪奇．天燃气管道安全运行危害因素及防范措施[J]．煤气与热力，2011，41-44.

[4] 宋生奎，朱鸣，周蕾，等．输油管道完整性管理的重要性及步骤[J]．河南石油，2006，103-106.

[5] 吴超，王彦青，杜硕．对天然气管道完整性管理的思考[J]．中国新技术新产品，2012，66

[6] 朱政城．城市燃气管道的完整性管理策略．

四川盆地高温高压高产天然气井应急处置实践

姜国富　石　楠　米　明

（中国石化西南石油工程有限公司）

摘　要　双碳经济条件下，全球天然气勘探开发进一步提速，高温高压高产天然气井在社会效益、经济效益显著的同时，也孕育着巨大的安全风险。本文介绍了新851井采气过程中出现异常，经安全风险分析、压封井方案论证、科学有序的实施了应急处置，避免了重特大事故事件发生，通过应急工作实践，总结提出了应急组织、方案设计、政府协调，以及标准规范的制定与执行等有针对性的意见和建议，有关做法值得高温高压高产天然气井采气应急工作借鉴。

关键词　高压高产；气井；应急处置；实践

新851井是中国石化西南石油局60余年来，在四川盆地陆相须家河组钻获产量最高的一口天然气井，该井在井口套压61.2MPa状态下，输气$40\times10^4m^3/d$。经一年多的生产和降压输气，求得无阻流量为$314.27\times10^4m^3/d$。十分遗憾的是该井因套管破损、油管断裂，存在套管崩毁、数百万方天然气无控制的从地表喷出等严重安全隐患，2002年2月25日被迫应急封井。回顾该井的应急处置全过程，深刻的教训警示有关作业者，严格制定并执行标准，以井控安全为中心，时刻居安思危，进一步规范钻井、井下和采输作业，依靠科技，从设计源头把关，强化过程管理，才能防患于未然，实现天然气井钻采安全管理水平的提升。

1　基本情况

1.1　故障井情况

新851井于2000年1月5日开钻，2000年10月22日完钻，完钻井深4870.00m。目的层位是三叠系上统须家河组二段，区域构造位置为川西北凹陷新场构造（图1）；井位位于四川省德阳市旌阳区德新镇五星村，井位位置图（图2）。

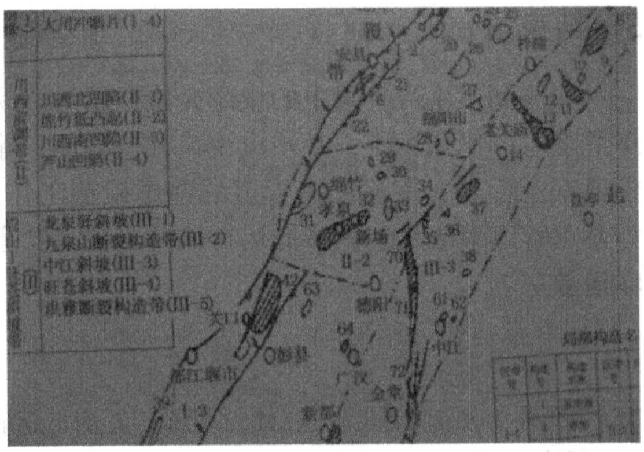

图1　新场气田区域构造图

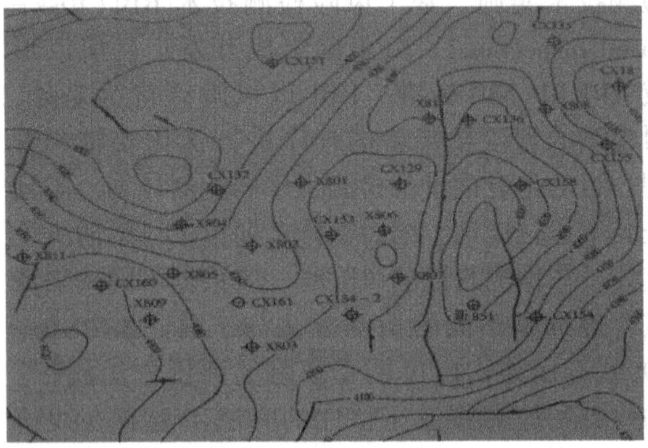

图2　新851井井位图

1.2　井身结构

1.2.1　井身结构情况（表1）

表1　井身结构表

开钻顺序	钻头直径/mm	井深/m	套管外径/mm	套管下深/m	套管顶深/m	水泥封固段/m	备注
0	660.4	94.51	508	91.48	地面	地面~94.48	导管
1	406.4	1119.00	339.7	1010.62	地面	地面~1010.62	
2	311.2	2860.00	244.5	2854.75	地面	地面~2854.75	

续表

开钻顺序	钻头直径/mm	井深/m	套管外径/mm	套管下深/m	套管顶深/m	水泥封固段/m	备注
3	215.9	4550.51	177.8	4544.75	地面	地面～4544.75	
4	149.2	4870.00	127	4506.56～4870.00	/	/	衬管完井

1.2.2 井身结构示意图(图3)

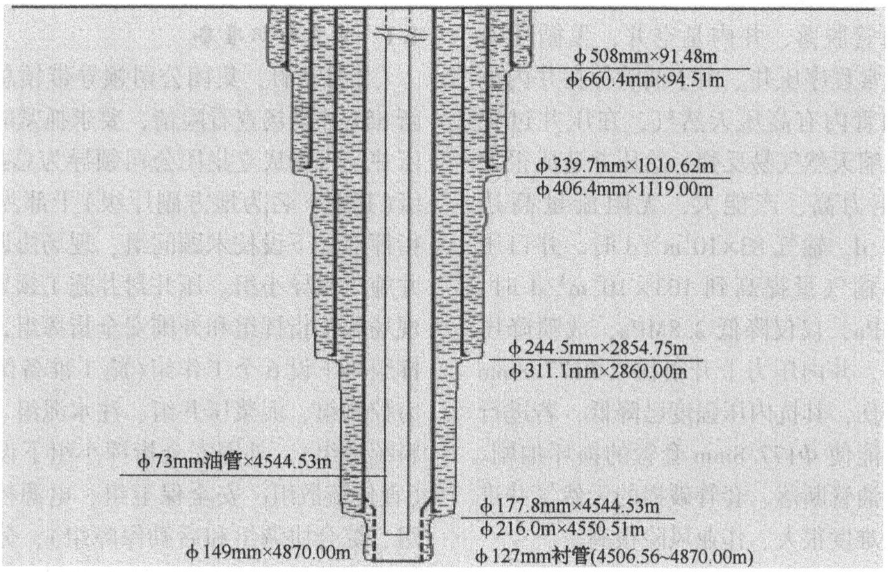

图3 新851井井身结构示意图

1.3 产量情况

2000年11月1日替喷测试，获无阻流量151.4×10⁴m³/d。经一年多的生产和封井前的降压输气，重新求得该井的实际无阻流量为314.27×10⁴m³/d。

1.4 井口隐患的发现

2001年11月1日整改采气闸阀隐患时，井内传来一声异响，油套压突然持平，初步分析井内油管在井口附近出现短路或者脱落。为保护井口和井内套管，采取降低井口压力和加大输气量的办法，输气量从每天40×10⁴m³增加到65×10⁴m³，2002年1月6日，产气量进一步加大为80×10⁴m³。2002年2月10日，为降低井口压力，给下步压井、封井创造条件，将输气量提高到103×10⁴m³/d，井口压力降至53MPa，环空压力降至4MPa。

1.5 井下异常情况分析

2000年11月1日完井替喷作业结束后，在放空管线尚未接好的情况下，Φ177.8mm×Φ244.5mm环空压力达到47MPa（超过Φ244.5mm套管抗内压强度，该套管上段钢级N80，抗内压强度为44.5MPa），听到井口“砰”的一声，Φ177.8mm×Φ244.5mm环空和Φ244.5mm×Φ339.7mm环空压力同时变为16MPa。而此前Φ244.5mm×Φ339.7mm环空压力为0，分析为Φ244.5mm套管已破裂。2001年12月15日，为准确测定环空产气量，改为计量输气。在压力1.6MPa下，环空产气0.31×10⁴m³/d，至2月25日压井施工之前，环空输气量已高达8.2×10⁴m³/d。

2 压井封井的原因及风险

2.1 压井封井的必要性

2001年11月5日(油管脱落4天后)开始，环空气产量和产水量呈上升趋势，环空及井口套管头温度逐渐升高。环空串气通道刺大，情况继续恶化，险情在日益加重，井口已处于非常危险状态。由于Φ244.5mm套管在完井时上部已发生破损，造成Φ177.8mm套管环空与Φ244.5mm套管环空压力相通，使得环空控制能力实际是受到Φ339.7mm套管抗内压强度的局限，并直接危及Φ339.7mm套管的安全。而Φ339.7mm套管下深只有1010m，抗内压强度只有21MPa，允许的抗内压强度仅为16.8MPa。一旦环空压力超过此值时，就会造成套管的崩毁，最外层的 Φ508mm 套管将不堪一击。2002 年 1 月 30 日，有关领导、专家对生产异常情况进行研究，认为该井已经存在很大的安全隐患，如井口失控发生意外，后果将不堪设想，必须尽快进行压井。

2.2 压井封井的难度

因井内油管脱落，井内是空井，无循环通道，不能按正常程序压井。由于油管掉在井内呈弯曲状态，油管内有高压天然气，在压井过程中，油管内压缩天然气易反弹，给压井造成很大危害。该井压力高、产能大，无阻流量高达 $314.27\times10^4m^3/d$。输气 $83\times10^4m^3/d$ 时，井口压力 55.8MPa，输气量提高到 $103\times10^4m^3/d$ 时，井口压力 53MPa，仅仅降低 2.8MPa，放喷降压困难。关井时，井内压力上升很快。Φ177.8mm 套管已受到损伤，其抗内压强度已降低，若进行压井，很有可能使 Φ177.8mm 套管的损坏加剧。对于这样一口油管断落、套管破损的天然气井进行压井，施工难度很大、作业风险很高。

3 压井封井方案的选择

经反复论证，考虑到新 851 井环空压力和气量在不断增加，受损套管刺漏有不断加剧的趋势，安全隐患日趋严重，打救援井已不能解决当前的燃眉之急，必须设法尽快压井，并进而封井，从根本上消除这口井的重大安全隐患。经过慎重决策，决定对新 851 井采用压井封井的排险方案。

4 压井封井准备

4.1 应急组织准备

2 月 9 日，集团公司领导带领总部专家赶赴新 851 井现场查看险情，要求抓紧时间尽快实施压井。现场成立集团公司领导为总指挥、5 名局级(其中 1 名为地方副厅级)干部为成员的抢险指挥部，下设技术顾问组、现场协调组和压井封井施工领导小组。压井封井施工领导小组又下设现场施工指挥组和外围安全指挥组，现场施工指挥组再下设 6 个工作组(施工准备组、管汇及压力控制组、泥浆压井组、注水泥组、突击组和资料统计组)。外围安全指挥小组下设 6 个工作组(宣传疏散组、安全保卫组、电源控制组、救护组、综合协调组和后勤保障组)，分别由市公安局、安监局、区政府、市电业局、市卫生局等单位负责；省消防总队、军分区、市交通局、市水利局、市气象局、市电信局等单位密切配合开展工作(图 4)。

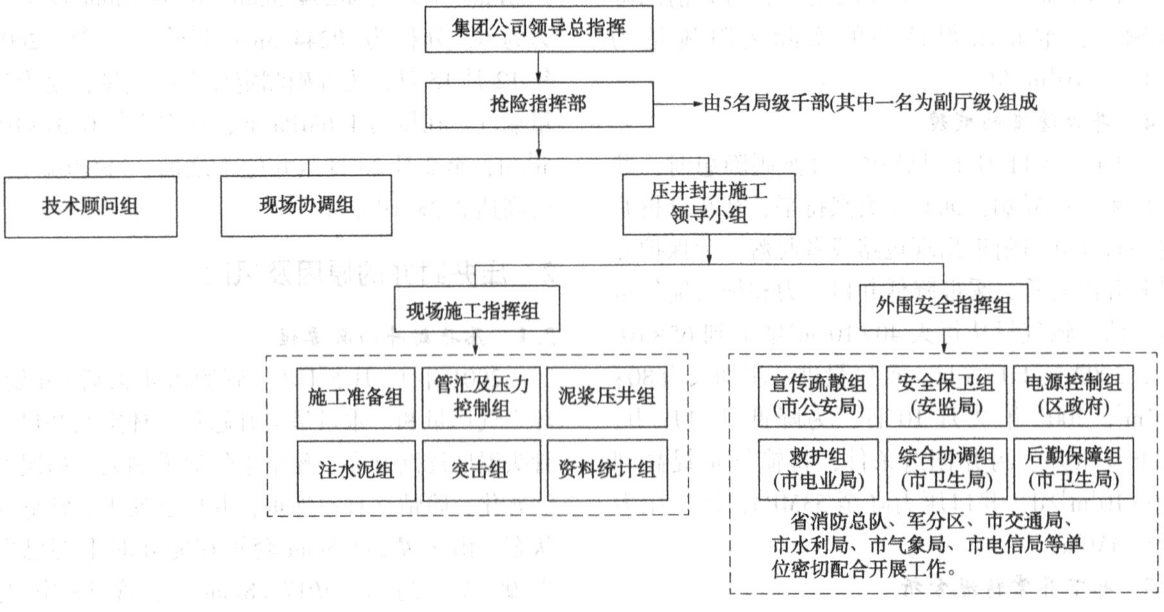

图 4　新 851 井应急抢险组织机构

4.2 技术措施准备

新 851 井抢险压井封井设计经反复修改。在总体设计的基础上作了 5 个专题设计文件，即：施工组织设计、地面管汇设计、注泥浆施工设计、注水泥施工设计、HSE 管理设计。制定了压井封井施工中可能出现的复杂情况的技术对策，制定了新 851 井抢险压井封井施工中出现险情的应急响应预案。

4.3　压井封井泥浆准备

根据须二地层压力，压井泥浆密度按 2.20g/cm³准备。考虑井筒容积、地层漏失、短路循环、重复压井等因素，密度 2.20g/cm³按 300m³准备。密度 1.80g/cm³按 200m³准备。2002 年 2 月 24 日配制完成了密度 2.20g/cm³、1.80g/cm³及 1.80g/cm³堵漏泥浆共计 539m³，泥浆配制好后对每个灌的泥浆进行了大循环过滤。

4.4　供泥浆系统准备

为满足供泥浆系统的供泥浆能力不低于 5m³/min 设计要求，安装 4 台排量均是 240m³/h 的砂泵和可靠的供泥浆系统，为保证施工中供浆万无一失，又准备了 19 个排量 37m³/h 的潜水泵，作为应急使用，一旦砂泵出问题，众多的潜水泵直接向高架过渡灌供泥浆，以确保在压井施工连续供泥浆，压井封井供泥浆流程如图 5 所示。

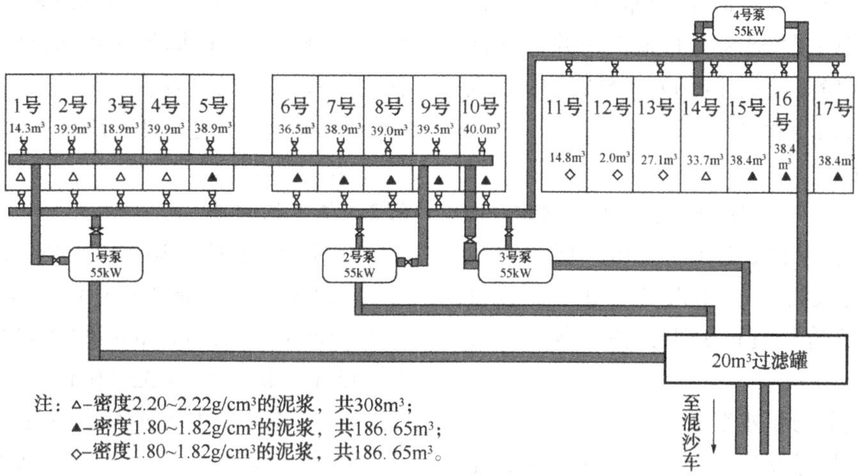

注：△–密度2.20~2.22g/cm³的泥浆，共308m³；
▲–密度1.80~1.82g/cm³的泥浆，共186.65m³；
◇–密度1.80~1.82g/cm³的泥浆，共186.65m³。

图 5　压井封井供泥浆流程图

4.5　注水泥准备

水泥量除全井筒容积外，分析将有一定量的水泥浆可能进入地层，因此准备水泥 160t。并按照 GB/T 10238 的规定作水泥浆室内实验，水泥浆按 2m³/min 注水泥浆排量计算时间，不附加。

4.6　水源准备

施工前，四川省省政府副省长亲自调度，都江堰的水经人民渠 13 支渠“调”至井场，保证 100m³/h 以上的供水能力。

4.7　特种车辆准备

施工配备 1000 型压裂车 6 台，每 3 台为 1 组，组与组之间相互连通；水泥车 986 型和 800D 型各 1 台；转浆车 2 台、管汇车 2 台；仪表车 1 台，及有关辅助车辆。消防车配备适合天然气消防灭火的药剂；救护车配相应的医务人员及药械；公安车辆配备一定警力。

4.8　电力准备

临时安装了 4 台 200kW 的发电机组，给配供泥浆设备提供双保险的动力保证。还有一台车装 50kW 发电机组专供加压水泵和仪器仪表用电。

4.9　压井管汇准备

除原井场的放喷管线外，新安装了两组为该井特制的高压压井管汇、放喷管线，共计 13 条，地面管汇试压合格，现场布置如图 6 所示。

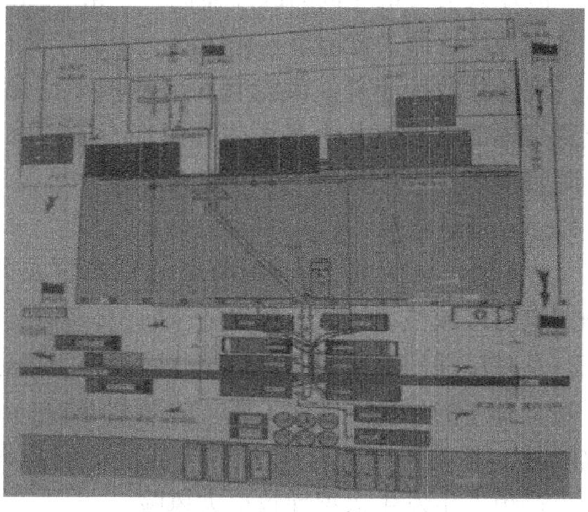

图 6　压井封井抢险现场布置图

4.10　压井封井施工模拟演习

施工前，模拟施工演习和逃生演习。

4.11　井口降压

施工准备期间，井口压力降至 40MPa 以下，保持 40MPa 以下生产一段时间，以便地层形成较大的压降漏斗，减缓压力恢复的速度。

4.12 压井抢险的外围组织

4.12.1 清场

在距井口 500m 范围内设立警戒区。2002 年 2 月 25 日凌晨疏散转移警戒区内群众 789 人，在每户门上贴上"德阳市旌阳区德新镇人民政府"的封条。同时人民警察开始在民居小院巡逻；清除警戒区内的所有火源；对孝黄公路实施交通管制；邻近井场的德新镇取消了当日集市；中小学推迟一天开学；厂矿企业临时停产；商铺关门；印发、张贴了"新 851 井施工压井警戒区注意事项"1000 份。凌晨 7：00，警戒区内以及邻近的德新镇大街小巷已空无一人。

4.12.2 人员组织

2002 年 2 月 25 日 8：00 公安干警 880 名，消防官兵 300 名，民兵 290 名，市、区、镇政府、以及企业有关部门工作人员 200 名，共计 1670 人按照应急抢险责任分工，各就各位参加应急抢险工作。

4.12.3 通信气象与供水准备

在外围安全应急指挥小组的统一指挥下，德阳市电信局切断途经排险现场的通信电缆；电力局切断了警戒区所有电源；气象局提供当天的天气预报，并随时监测着气压风向；水利局从都江堰调用水源，确保应急消防有充足的水源。

4.12.4 医疗救护

医疗人员持最先进的医疗器械、担架、药品在抢险现场待命，德阳市人民医院一个医疗队待命，现场除救护车外，市内有 6 部救护车待命，应急指挥部组织了几十名医生和烧伤专家待命，医院腾出床位待令备用。

4.12.5 消防救援

5 支消防队伍共 23 辆消防车分别布置在井场划定的区域整装待命；各自坚守岗位，各司其职，及时反馈到总指挥部，给压井封井施工创造了安全有序的环境，确保了施工的顺利进行。与此同时，有关单位对管网天然气进行了应急调度，避免发生发生火灾导致更大风险。

5 压井封井施工

5.1 注泥浆压井

2002 年 2 月 25 日 6：00 在大产量输气（此时输气量 193.7×104m^3/d）的同时，采用原井场的油管放喷管线和套管放喷管线放喷泄压，井口压力降至 33.73MPa，放喷口火焰高度在 20m 左右。6：30 井内天然气全部倒入新安装节流管汇的两条放喷管线进行放喷，然后关闭原井场的输气闸阀和放喷闸阀。新安装的节流管汇的两条放喷管线放喷气量约 220×104m^3/d，放喷口火焰高度在 35m 左右。10：38 井口压力降至 32MPa，初步达到了压井条件。压井于 2 月 25 日 10：39 开始，至 12：35 结束，共注入压井泥浆 343m^3，最高排量 3.8m^3，最高泵注压力 53.4MPa。停泵观察，井口压力由 17.3MPa 降为 10.5MPa，呈缓慢下降趋势。根据各项数据分析，地层吃入量比实际预计情况要好，地层也有一定承压能力，井下具备注水泥的条件。决定不注堵漏泥浆，直接注水泥封井。

5.2 注水泥封井

2 月 25 日 12：36～13：48，历时 1h12min，在注入 CMC 隔离液 2.0m^{3}后，两台水泥车从油压套压同时以 2.0m^3/min 的排量向井内注水泥浆 115m^3，最高泵压 32.70MPa。当注入 70m^{3}水泥浆后，水泥已开始进入地层后（此时施工压力有突然升高现象），为了能达到水泥浆到稠化时间时，刚好能够把设计的 120m^{3}水泥浆注完，实现最好的防气窜效果，现场将施工排量降为 1.80m^3/min，后又逐渐降为 1.5m^3/min。当注至 115m^{3}时，发现施工压力逐渐升高，分析水泥浆已开始稠化，13：48 注水泥施工压力升至 32.70MPa 时，停止注水泥浆。13：50～13：55 向井内顶注密度 1.80g/cm^{3}的泥浆 3m^3，顶注泥浆泵压最高 51.89MPa。注泥浆的目的是为冲洗管线和在井口附近留下一段未封固井段，为今后弄清井内情况创造条件。

6 井口窜漏检查

6.1 检查油管的脱落及采油树的腐蚀情况

2002 年 4 月 29 日，新 851 井封井候凝结束，井口压力为 0。拆下 KQ-105/65 型号采气井口的 1 号总闸，发现采油树闸阀内通径冲刷，内表面凹凸不平，腐蚀深度达 6mm（图 7）。

6.2 检查油管悬挂器受损情况

卸 1 号总闸及油管头适配器（油管帽），用油管提油管悬挂器，发现油管悬挂器上部接头（Φ89mm 加厚母扣）丝口被严重刺坏，仅有 4～5 扣保持较好。悬挂器下端公扣断裂，造成油管脱落，油管挂下部断口处，被严重冲刷、腐蚀，断口最薄处壁厚只有 2mm(图 8)。

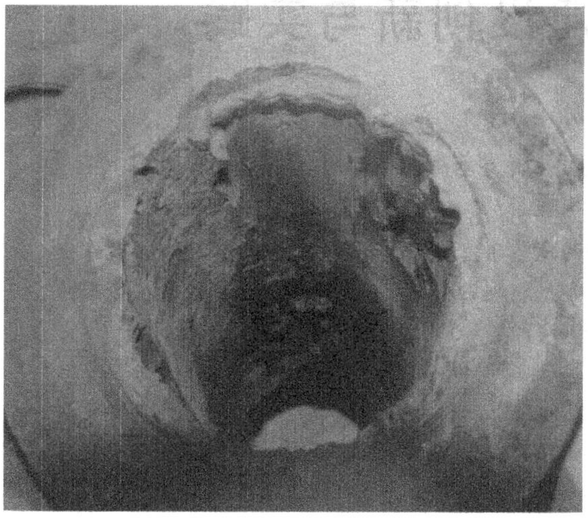

图 7　采油树闸阀内通径冲刷情况

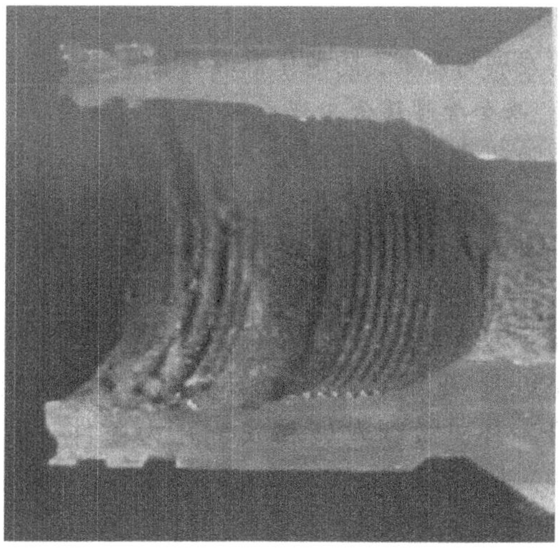

图 8　丝扣变径部位已被严重腐蚀

6.3　Φ177.8mm 套管窜漏点的检查

用试压堵塞器下至井口 Φ177.8mm 套管悬挂器中部，注气试压，证实封闭良好。继续下放试压堵塞器至井口第 1 根套管上部 0.5mm 处，注气试压，证实 Φ177.8mm 套管与悬挂器的连接丝扣漏气，这也是该井发生重大安全隐患的关键位置。

7　经验教训

7.1　果断、正确的决策

新 851 井套管破损、油管断落，处理的难度很大，花费的时间、精力和费用预测困难，风险极大。应急抢险工作能够在最短的时间内实施，彻底根除了重大安全隐患，得益于正确、果断的决策，避免了生产安全事故发生，确保了气田免遭破坏，保护了国家油气资源。

7.2　科学的方案设计

新 851 井压井封井方案由国内顶级的设计院设计，设计方案经有关专家反复研究论证，对施工存在的风险进行了讨论，制定预案并进行了演练。施工方案具有很强的操作性，确保压井封井能够圆满成功。

7.3　强有力的组织指挥系统

新 851 井压井、封井过程中，中国石化及所属有关单位主要领导亲临现场，靠前指挥。指挥部、施工指挥组以及各岗位分工明确，令行禁止，确保了应急抢险作业有条不紊的进行，为成功压井封井提供了坚实的保障。

7.4　优秀的施工队伍

本次应急抢险的施工队伍训练有素，施工作业齐心协力，忘我工作，任劳任怨，用辛勤的汗水和劳动实现了应急工作顺利进行。

7.5　政府的大力支持

在应急压井封井准备及作业过程中，四川省、德阳市、旌阳区各级政府大力支持和协调，企业与党、政、军、警密切配合，通力合作，为应急抢险工作提供了可靠的保证。

7.6　扎实的基础准备

隐患发生后，企业提供了准确、齐全、丰富的现场资料，为决策提供可靠的依据。压井封井装备、物资器材、方案预案、应急演练、企地动员、后勤保障准备很充分，为应急抢险工作打下了坚实的基础。

7.7　严格的标准是防范事故的关键

新 851 井因重大生产安全隐患被迫应急封井，催生了《天然气井工程安全技术规范》(Q/SH 0003)等中国石化一级企业标准出台，随着技术的进步，中国石化石油天然气安全专标委又组织专家对该标准进行制修订，下步，相关施工作业单位应严格执行本标准关于天然气井钻井、井下作业的规定和要求，进一步强化高温、高压天然气井完井和采输工艺研究，从源头上消除隐患，才能有效的避免类似事件再次发生，从而实现了天然气井工程安全生产的长治久安。

参　考　文　献

[1] 刘向阳．新 851 井钻井工程完井报告．
[2] 王一兵，蒲红江．新 851 井—高温高压高产气井的新探索[M]．北京：中国石化出版社，125-184.

渤海油田应急能力建设创新与实践

刘　阳

[中海石油(中国)有限公司天津分公司]

摘　要　渤海油田已进入油气增储上产七年行动计划的攻坚期，在上产4000万t中会遇到新领域作业难度加大、工程建设工作量长期保持高位、老龄化设施长期或超期服役、管理力量和人员技能存在稀释摊薄、海冰/台风/风暴潮极端天气日益增多等方面重大风险和考验，渤海油田在安全管理、应急管理、防灾减灾方面，始终坚持“安全第一、预防为主、防处并重”“第一时间响应能力建设为中心”“以防为主、防抗救相结合”理念，通过加强体系与机制建设、统筹区域资源管理、强化专兼职队伍建设、科学精准防灾预警及开展核心技术研究等手段，持续夯实和提升海上应急保障能力，筑牢增储上产最后一道防线，为打造跨区域应急“互助共进、互惠共赢、协同发展”新格局，保障国家能源安全、促进地方经济稳增长做出积极贡献。

关键词　渤海油田；增储上产；重大风险；应急管理；技术创新

1　渤海油田面临的风险与挑战

渤海油田是中国海洋石油工业发源地，经历半个多世纪的艰苦创业和40多年的改革开放，2021年原油产量超3000万t，建成我国重要原油生产基地，截至2022年底，累计产油气超5亿t，历史性跃升为全国第二大油气田。多年来，渤海油田秉持“在保护中开发，在开发中更好的保护”理念，全面落实环境保护的主体责任。

当前，渤海油田已进入油气增储上产4000万t的七年行动计划攻坚期，由于海洋石油工业具有高技术、高投入、高风险的特点，面临的风险与挑战也愈加严峻：新区、新领域、新层系勘探开发、中深层、高温、稠油生产作业难度不断加大，钻完井、工程建设工作量长期保持高位；海上船舶和直升机运输频繁，年载客超17万人次；不同于其他海域，渤海水域通航环境十分复杂，拖航遇险、船舶碰撞、海管剐蹭等风险日益加大；海冰、台风、风暴潮等极端天气日益增多，渤海海域受冬季冰期和夏季台风的双重影响，对原油外输和生产作业设施结构有一定的威胁。

2　渤海油田安全与应急工作理念

渤海油田在安全与应急管理理念方面，始终坚持安全第一、预防为主、防处并重，始终坚持统筹发展与安全，防范化解重大风险。

2.1　安全管理理念

公司建立了“安全第一、环保至上、人为根本、设备完好”管理理念和“人本、干预、执行”海油安全文化，把安全环保作为天字号工程，不断夯实“三管三必须”和全员安全岗位责任清单体系，不断完善“五想五不干”行为安全准则和安全培训、监督检查、技能竞赛等安全基础能力提升工作，做到发展和安全互为条件、彼此支撑。

2.2　应急工作理念

公司始终坚持以“第一时间响应能力建设为中心”，坚持以应急预案体系建设、资源设备管理和专兼职应急队伍能力建设为核心，按照“人、环境、财产、业务”原则顺序，实现日常生产作业、应急管理、响应处置的“平战结合、快速转换”，同时重点强化现场各生产作业单元、基层班组的属地为主，充分授权，注重现场先期处置，实现“分级管理、统一协调”。

2.3　防灾减灾理念

公司始终坚持“以防为主、防抗救相结合”，针对海冰、台风等灾害按照“四早原则”与“十防十空也要防”理念，强化渤海地区各单位的之前区域联防联控、分级联动风险灾害会商研判、风险防范和交叉联合互检机制，形成防灾止损工作合力。

3 渤海油田管理经验分享

3.1 完善应急管理体系，强化区域联动与共建

3.1.1 基于“情景构建”优化应急预案

结合渤海油田风险特点，开展重特大事故和一般事故的情景构建，梳理22类重大风险源，重点设置井喷失控、登陆海管泄漏、海底管线泄漏、FPSO失控破裂、船舶遇险、有毒气体泄漏等6大类典型应急场景，为应急预案更新提供技术指导，并基于桌面推演和实战化演练，持续完善预案。

3.1.2 区域联动构建“大应急”管理格局

在系统内部，公司与中国海油渤海地区各单位建立了区域联动机制，进一步完善了风险防控及资源共享机制，强化了在防灾减灾方面的统筹责任；在行业方面，与中国石油、中国石化签署了《应急救援联动协调方案》；与周边医疗机构，建立了直升机+救护车的“立体120”急救+海上远程诊疗模式，提升现场第一时间的诊疗和急救能力；在政企协作方面，与三省一市海事机构签署了合作协议，与河北海事局、高校等七家单位建立了“2+2+3海上溢油应急联动协作机制”，与生态环境部制定了渤海海域突发环境事件应急资源调度机制，进一步提升了海上污染应急防备和应急处置能力。通过上述联动与合作，聚力构建了上下联动、快速响应、统一指挥、运转高效的“大应急”管理格局。

3.2 统筹资源管理，提高应对急难险重能力

3.2.1 建立资源保障体系

渤海油田统筹拥有船舶170余艘、直升机8架，以及溢油、井控及海管抢维修三个国家级队伍，建成了以天津应急指挥中心为枢纽，兴城、蓬莱分中心为两翼，5个应急设备库为支撑的“三湾三基地三码头”立体应急网络，并与生态环境部、属地海事机构、中国石油及中国石化建立了“自有能力实物储备、专业能力合同储备、外部能力合作储备”应急资源保障体系，实现了跨区域、跨单位物资共享和快速紧急调运，系统提升了防灾害、控突发、抢险情的能力水平。

3.2.2 配齐配强专业装备

针对复杂工况溢油处置、三级井控抢险、大型火灾、全天候救援等突发事件，公司针对性研发和配置了两栖收油机、挖斗式机械回收设备、水冷防火围油栏、重型充气围油栏等“可两栖、能防火”的溢油装备，配置了移动消防模块、FiFi2消防船舶、侦测监控、井控抢险等“能移动、高效率”的消防装备和浅水井控抢险装备，在直升机上加载夜间救援及辅助照明等“全天候、响应快”的空中救援装备，系统提升海上立体救援能力。

3.3 强化专兼职队伍建设，锻造海上应急救援尖兵

3.3.1 专职队伍建设

溢油应急队伍主要是强化实战演练，并加大抢险领队、卫片解析、溢油漂移预测等方面人才培养；井控抢险队伍结合海上日常作业，强化实操赋能培训和技能比武；海管抢维修队伍与外部单位加强交流，拓宽工程结构物、海管抢维修资源渠道，同时加大工程设施破拆、打捞、海管抢维修等方面人才培养；消防队重点针对钻完井、浅层气、闪爆等事故进行专项消防培训，同时侧重开展灭火、降温及掩护等方面实战化消防应急演练。

3.3.2 兼职队伍建设

针对现场操作人员及兼职队员、安全生产管理人员和主要负责人，公司建立了三级培训体系，开展各层级差异化培训，同时强化溢油、消防、井控及海管抢险基本能力“有机”融合，全力培养“一专多能、一队多用”复合型人才，提升现场第一时间快速响应能力。基于6大应急场景，建立了演练“四个一”要求，推行四不两直、无脚本实战化演练，提升随时备战应战快速响应能力，同时积极与国家部委、属地政府开展联合演练，进一步提升了协同应急、合成应急能力，并得到国家有关部委、地方政府部门等多方面的肯定与认可。

3.4 做好灾害预警预防工作，提升防灾减灾救灾能力

3.4.1 制定防台应对体系

针对渤海平台密集，上下游物流介质关系复杂、海上日均超2万人、撤离地点分散等风险和困难，通过统计分析了近70年的数据并经过多年实践总结，建立以某油田为中心的按台风路径、移动速度及影响范围划分4个区域与7个阶段的防台预案，明确了撤离计划与组织实施原则及各阶段处置和人员撤离安排，做到“一台一策、一船一策、一井一策、一项目一策”。

3.4.2　搭建海冰立体监测网

在辽东湾海域年均设置14个监测点，开展冰激振动、视频、气象等实时监测、采集和报送；同时将卫星遥感、专业监测、定点观测、移动观测有机结合，形成了"海冰监测-危害评价-风险预报-应急管理"防冰止损和抗冰保产管理模式及技术体系。

4　围绕应急救援难点，开展核心技术攻关

4.1　聚焦特殊工况，突破关键技术研究

针对平台发生溢油火灾时，现场空间受限、船载溢油装备收油效率低下、全球行业防火围油栏栏体耐高温性能差等问题，研制兼备带式及堰式收油装置和大于1000℃高温下承受24h的燃烧测试防火围油栏；针对行业大风浪下海面溢油围控和回收处置难度大、效果差情况，形成了溢油围控回收策略和无人化溢油回收设备应急处置策略，研制溢油围控回收一体化装备和远程操控智能溢油回收装备。

4.2　搭建技术体系，推动井控抢险智能化

目前已形成了涵盖防火/防爆、清障、灭火、重建井口、压井、救援井等7个板块的应急救援关键技术体系，并且建立了智能化、数字化井控情景演练系统，提升了培训的智能化、情景化、实战化效果。此外，通过救援井关键技术、工艺、工具研发及实钻试验，也形成了"救援井设计—施工组织—救援井连通—动态压井—井眼处置"全流程的救援井技术和作业能力，填补了我国海洋深浅水井控技术的空白。

4.3　整合监测系统，实现区域点位精准预报

依托海上固定及移动设施，构建30km空间分辨率海洋水文气象监测网络，建立并整合气象监测、波浪监测、海流监测、海冰监测、数据采集及数据传输系统，依托内网和北斗实现双路回传，实现了渤海任何区域点位的精准预报预警，精度提升15%以上。

4.4　信息化赋能，实现应急指挥"一张图"

围绕气象、人员、船舶、设施及应急资源，建立生产调度与应急指挥"一张图"，实现应急信息动态管理、资源快速调配，达到日常生产调度与应急指挥"平战结合"、协同化运营、一体化管控的效果。

4.5　建立立体通讯网络，实现盲区动态全覆盖

利用自有微波、5G、MESH系统及移动应急通讯指挥模块，实现应急指挥船与应急船舶、直升机、无人机的自组网，通过卫星回传至陆地，建立了"陆海空天潜"全方位立体通讯体系，打通了陆地应急指挥中心与事故现场的"最后一公里"，填补了国内离岸开阔水域高效通讯技术的空白，并在中海油与生态环境部、交通运输部的部级演练中得到应用，得到部委各级领导的高度评价。

4.6　智能划分警戒区，提升海上"大交管"能力

为进一步保障海上水域通航安全，提升海上交通管理能力，公司利用雷达、VHF、AIS、CCTV、船载终端等通信手段，依托海上固定设施地理位置优势，搭建了电子围栏及VTS系统，通过大数据划定警戒区，对过往船舶进行有效管理，与辖区海事部门通过共建，实现共治、共享，进一步提升海上"大交管"能力，助力了交通强国和海洋强国建设。

5　未来发展展望

5.1　深化合作交流，促进多方信息大共享

建立区域联动机制，与各方在应急设备设施共建、应急响应联动、决策支撑、先进技术共享、机构人员交流等方面扩宽合作，推动形成部门联动、政企合作、多方协同的应急新格局，形成更加深入紧密的政企合力，共同提升海上应急响应能力。

5.2　优化资源管理，实现资源统筹数字化

依托现有资源和区域优势，持续整合各方应急资源，构筑一个区域统筹、信息共享、条块协同、应急联动的"大应急"环境，为渤海油田建设打下优质基础，同时推进数字化赋能，实现应急资源动态跟踪及管理，为应急决策提供科学依据。

5.3　着力强基固本，提升队伍应急真实力

与外部单位加强合作交流，重点开展实战化联动演练、多科目技能比武、技术交流与共享、行业论坛、人才联合培养等工作，提升救援队伍快速反应、应急机动、专业救援及协同配合能力。

5.4　聚焦典型场景，研发海上救援新技术

聚焦渤海油田应急场景处置难点，探索海上平台油气井起火救援、海上污油过驳、溢油火灾处置、生物可降解消油剂、智能化收油技术研究，提高救援科学化、专业化、智能化、精细化水平。

参　考　文　献

[1] 刘雅文，危丽琼．在加快建设世界一流企业中展现更

大作为——专访全国政协委员，中国海洋石油集团有限公司党组书记、董事长汪东进[J]. 中国石油和化工，2023(04)：54-57.
[2] 渤海油田奋力建成我国第一大原油生产基地[N]. 天津日报，2022-09-29(004). DOI：10.28789/n.cnki.ntjrb.2022.004154.
[3] 张宇伯. 习近平关于海洋生态环境治理重要论述研究[D]. 大连海事大学，2023. DOI：10.26989/d.cnki.gdlhu.2023.000123.
[4] 彭钰栋. 我国企业社会责任法律化研究[D]. 中国政法大学，2021. DOI：10.27656/d.cnki.gzgzu.2021.000088.
[5] 中国海油：勇担保供责任贡献清洁能源[N]. 解放日报，2023-12-25(004). DOI：10.28410/n.cnki.njfrb.2023.005843.
[6] 李清平. 我国海洋深水油气开发面临的挑战[J]. 中国海上油气，2006(02)：130-133.
[7] 刘静. 中国特色社会主义生态文明建设研究[D]. 中共中央党校，2011.
[8] 阎洪涛. 以习近平经济思想为指引推动国有能源企业高质量发展的探索与启示——以中国海油渤海油田为例[J]. 北京石油管理干部学院学报，2023，30(03)：25-30.
[9] 周芳检. 大数据时代城市公共危机跨部门协同治理研究[D]. 湘潭大学，2019.
[10] 钟开斌，薛澜. 以理念现代化引领体系和能力现代化：对党的十八大以来中国应急管理事业发展的一个理论阐释[J]. 管理世界，2022，38(08)：11-25+66+26. DOI：10.19744/j.cnki.11-1235/f.2022.0107.

五个“标准化”实现装置检修安全管理

张晓惠　李海涛　亢　鞠　关江涛　董　瑞　牛绍茳

（中国石油塔里木油田公司）

摘　要　油田密集复工复产，作业项目集中开工，油气生产装置检维修频繁启动，风险管控难度前所未有。本文充分认清做好当前安全环保工作的极端重要性，坚决扛起防范化解重大安全环保风险的政治责任。建立建立完善纵向到底、横向到边的全员安全生产责任体系，通过“标准化”建设研究，证明改模式可用于油气生产行业站队装置检维修的现场安全管理。

关键词　标准化建设；检修；质量；安全；高效

企业安全生产设备设施薄弱安全生产管理不力安全标准意识淡漠“三违”现象突出标准化工作的相关制度、配套政策措施不完善等上述诸多原因是企业安全生产的重要环节，为此必须全面开展安全生产标准化建设，站内坚持问题导向、结果导向，用好 PDCA 循环工作法，做好制度“立改废”、体系优化、责任制落实等审核“后半篇文章”，加强设备设施管理，强化地面系统标准化设计，为准确把握落实“四全”管理体系，抓好“检修准备、检修项目、站内与站外、上游与下游、检修与产建、质量安全环保”六个统筹，坚持“应检必检、安全平稳、高效组织、协调推进”四项原则完成装置检修各项重点工作，站内完善创建“检修项目筛选清单”实现项目确立标准化、建立检修前三个“准备”实现前期保障标准化、严把现场“三关”实现检修现场标准化、验收用好“确认卡”实现检修质量标准化、创新“检修标准化签证单”做到签证结算标准化，五个“标准化”确保安全、高质、高效地完成装置检修任务。

1　项目确立标准化

将历年检修项目按照安全阀、压力容器、压力管道、阀门、电力、自动化、隐患治理、工程项目、技术改造 9 个方面逐一分析，分析汇总站内近 10 年的检修情况编制“检修项目筛选清单”，结合装置现有运行状况，给出 2023 年检修建议，解决历年检修项目有遗漏，开罐检查不知道“看什么，怎么看”的问题。

针对压力容器部分按照 12 个装置区 121 台设备梳理近 10 年国家强检情况，“绿色部分”明确国家强检时间及周期、“蓝色部分”明确内防腐及阳极块检查情况，“黄色部分”2023 年检修建议（见图 1）。

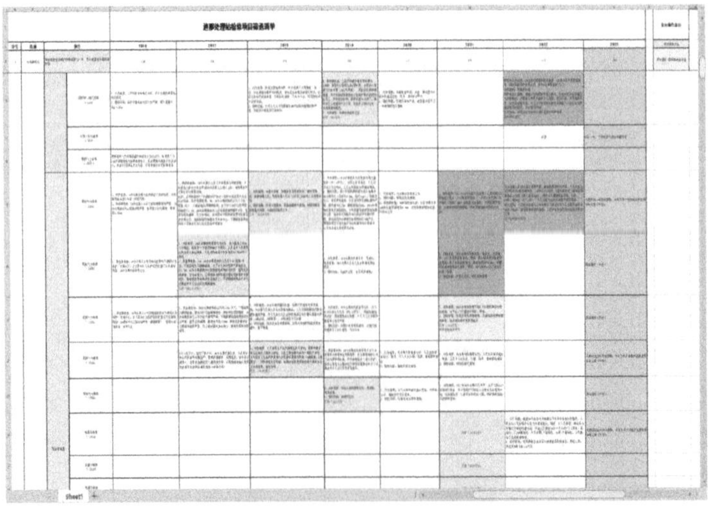

图 1　检修项目筛选清单“压力容器”部分

在清单编制时主要针对风险点重点研究，首先根据站内 8 个装置区针对腐蚀因素逐一分析，判断现有保护措施，根据压力等级、回路状态、腐蚀环境、流速、温度及保护措施对站内 194 个异种钢连接点逐一定级，根据分级标准确定检查周期，建立“建立分级清单”，为方便检修人员明确检查位置，绘制“异种钢连接点风险分布图”，站内风险点一目了然(图 2、图 3)。

迪那处理站异种钢连接台账（含容器与管线、管线与管线连接）

序号	装置名称	容器	安装位置	数量	管线材质	管线（容器）材质	管线 DN	管线 PN/MPa	管线介质	操作压力/MPa	操作温度/℃	垫片材质	垫片类型	安装方向	风险等级	增加的防腐措施/备注
1	集气装置	段塞流捕集器（S2201A/B）	入口管线与容器法兰连接处（汇管）	2	22Cr	16MnR	500	15	油气水混合物	10.8	50	316	八角垫	垂直	压力1+油水混合物3+高流速冲蚀1+有措施-1=4	不锈钢内衬套筒+绝缘垫片+容器接管内防腐　南侧：不锈钢内衬套筒 北侧：碳钢套筒
2			气相出口管线与容器法兰连接处	2	22Cr	16MnR	400	15	原料气湿气	10.8	50	316	八角垫	水平	压力1+湿气2=3	
3			液相出口管线与容器法兰连接处	2	22Cr	16MnR	150	15	油水混合物	10.8	50	316+石墨	金属缠绕垫	水平	压力1+油水混合物3=4	
4		收球筒（R2201/2202）	迪那1进站管线与收球筒清管三通管线连接处	1	22Cr	16Mn	300	15	原料气湿气	11.5	35	316	八角垫	垂直	压力1+湿气1=2	收球筒大多时间处于备用，无介质流动
5			迪那2进站管线与收球筒清管三通管线连接处	1	22Cr	16Mn	500	15	原料气湿气	11.5	50	316	八角垫	垂直	压力1+湿气1=2	收球筒大多时间处于备用，无介质流动
6			清管三通与高压放空管线埋地段连接处	1	22Cr	16Mn	200	15	原料气湿气	11.5	50	316	八角垫	垂直	压力1+湿气1=2	收球筒大多时间处于备用，无介质流动
7			DN1、DN2进站紧急放空阀后法兰	2	22Cr	16Mn	200	15	原料气湿气	11.5	50	316+石墨	金属缠绕垫	水平	压力1+湿气1=2	收球筒大多时间处于备用，无介质流动
8			收球筒建压管线截止阀后法兰	2	22Cr	16Mn	50	15	原料气湿气	11.5	50	316+石墨	金属缠绕垫	水平	压力1+湿气1=2	收球筒大多时间处于备用，无介质流动
9			收球筒出口管线球阀前法兰	2	22Cr	16Mn	150	15	原料气湿气	11.5	50	316+石墨	金属缠绕垫	水平	压力1+湿气1=2	收球筒大多时间处于备用，无介质流动
10		湿气汇管	段塞流捕集器气相与汇管连接处	2	22Cr	16MnR	400	15	原料气湿气	11	50	316	八角垫	水平	压力1+湿气2=3	
11			调压放空与湿气汇管连接处	1	22Cr	16MnR	300	15	原料气湿气	11	50	316	八角垫	水平	压力1+湿气2=3	
12			PV2205后手阀前法兰	1	22Cr	碳钢	300	15	原料气湿气	11	50	316	八角垫	水平	压力1+湿气2=3	
13			汇管排污前手阀前法兰	1	22Cr	碳钢	100	15	油水混合物	11	50	316+石墨	金属缠绕垫	水平	压力1+湿气3=4	无介质
14			汇管出口至气液分离器轨道球阀法兰	4	22Cr	16MnR	250	15	原料气湿气	10.6	50	316+石墨	金属缠绕垫	水平	压力1+湿气2=3	
15			入口管线与容器法兰连接处	5	22Cr	16MnR	250	15	原料气湿气	10.6	50	316	八角垫	垂直	压力1+湿气1+高流速冲蚀1=3	

图 2　迪那处理站异种钢连接台账示意图

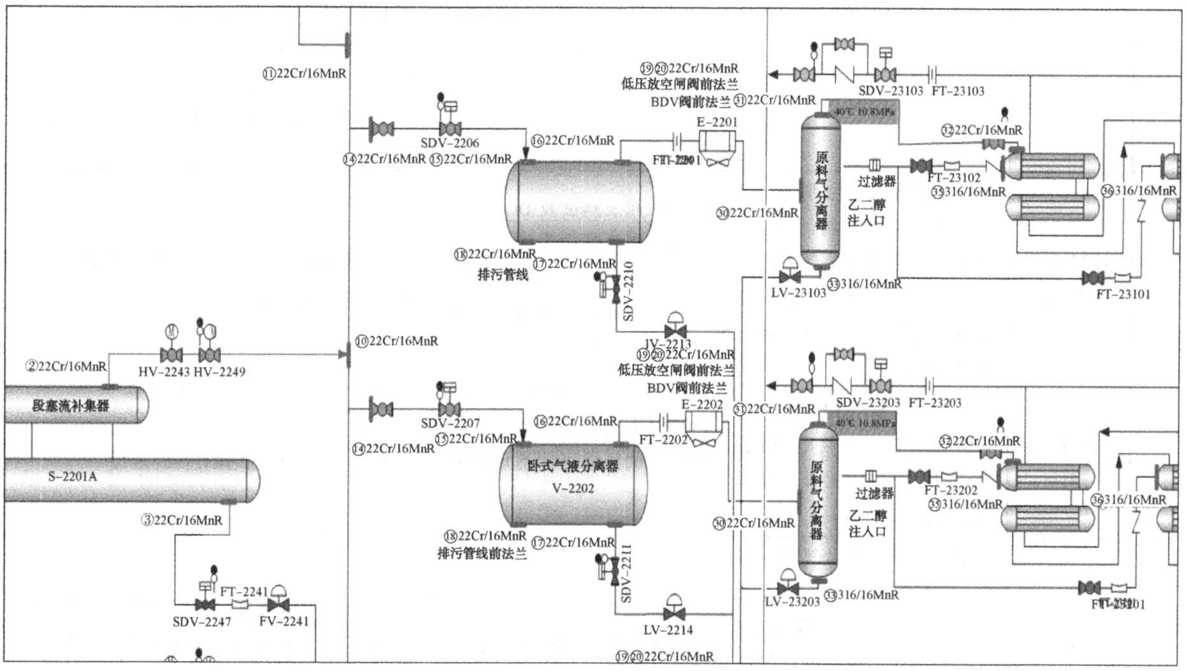

图 3　迪那处理站异种钢连接点风险分布图

针对于电力、自动化等专业，在清单编制时主要探索以提高装置运行时率来提升油气生产能力，从装置探索的角度分析装置不停产检修的制约因素及解决措施，结合现有运行状况给出 2023 年检修技改建议(图 4、表 1)。

序号	类别	项目	2013	2014	2015	2016	2017	2018	2019	2020	2021	2022	2023
6	自动化	ESD系统测试 检修原因：保证逻辑联锁正常运行	已检	已检	已检	已检	已检	已检	已检	已检	已检	已检	应检
		服务器冗余测试 检修原因：测试服务器性能	已检	已检	已检	已检	已检	已检	已检	已检	已检	已检	应检
		消防系统测试 检修原因：测试消防系统联锁逻辑正常	已检	已检	已检	已检	已检	已检	已检	已检	已检	已检	应检
		UPS检修测试 检修原因：对UPS主机、电池进行性能测试	已检	已检	已检	已检	已检	已检	已检	已检	已检	已检：存在问题：UPS系统测试过程中，发现主	应检
		控制系统备份 检修原因：备份各类系统程序，系统故障能进行恢复	已检	已检	已检	已检	已检	已检	已检	已检	已检	已检	应检
		控制系统硬件维护及联锁测试 检修原因：对系统硬件及逻辑进行测试	已检	已检	已检	已检	已检	已检	已检	已检	已检	已检	应检
		执行机构检查、调试 检修原因：测试切断阀动作情况及附件正常情况	已检	已检	已检	已检	已检	已检	已检	已检	已检	已检	应检
		自控调节阀拆检 检修原因：测试调节阀动作情况及附件正常情况	已检	已检	已检	已检	已检	已检	已检	已检	已检	已检	应检
		孔板流量计检修 检修原因：计量交接仪表进行强制检定	已检	已检	已检	已检	已检	已检	已检	已检	已检	已检存在问题：1-4#孔板中法兰密封圈老化，多处出现龟裂、膨胀、	应检
		仪表校验 检修原因：所有仪表按照计量检定周期进行检定	已检	已检	已检	已检	已检	已检	已检	已检	已检	已检	应检
		其他							中间接线箱的接线及密封情况检查		1.气动切断阀气路安全阀拆除； 2.DCS系统软件升级； 3.液位计取压阀更换、加装； 4.凝析油外输泵ESD停泵投用； 5.自远程I/O柜新增控制电缆至凝析油外输泵配电柜接触器处，完成柜内接线，进行逻辑测试； 6.双法兰液位计膜片检查。		

图4　检修项目筛选清单“自动化”部分

表1　自控系统不停产检修的制约因素及对策

序号	检修项目	项目具体内容	不停产检修影响范围	解决措施
1	ESD系统测试	对处理站全厂及单套ESD系统连锁回路进行测试	单套ESD可采用轮换方式进行。全厂ESD影响迪那1进站、迪那2进站阀门、迪那1、2片区单井、注醇泵运行（延时2min）、凝析油外输、液化气外输	1. 全厂ESD测试时断开ESD系统与站外通信防止关井 2. 暂时停止液化气、凝析油外输 3. 关闭ESD放空阀前后手阀 4. 进出站切断阀可通过收发球流程保持生产（收发球管径较小不能长时间运行）。也可对进出站切断阀加装排气堵头防止其动作（只能测试信号动作情况，无法观察阀门动作状态 5. 整个测试时间控制在2min以内防止注醇泵停运
2	控制系统冗余测试	对处理站SCADA服务器2台、DCS系统控制器3套、ESD系统控制器1套、消防系统控制器1套、主RTU控制器1套及系统冗余供电电源进行测试	ESD冗余测试及DCS系统控制器切换理论上可在线测试，但有切换失败的风险，失败后所有自动阀进入故障状态将导致全厂停产	ESD及DCS控制全厂自动阀，如需在线测试应做好应急预案
4	UPS检修测试	对处理站6台UPS主机进行清理吹扫，充放电测试；电池电压、内阻检查，连接线紧固，电池柜清扫	理论上可以在线测试，但UPS测试异常可能造成控制系统失效	制定详细方案，按操作步骤进行
7	执行机构检查、调试	对处理站162台气动调节阀，152台气动切断阀进行远程开关测试、行程校验，并对现场阀门执行机构附件（仪表风管路、压力表、过滤减压阀等）进行检查。关键阀门过滤减压阀进行更换	进站、出站阀门关闭将全厂停产	进站阀门调试时走来气短时间走收球流程，出站阀门调试时来气短时间走发球流程，可对其进行开关测试；若只需要测试信号逻辑，则在仪表风泄放口加装堵头即可
9	仪表标定	除燃料气总流量计之外，其他均可在线维修	备用气单元、设备停运	进行技术改造，为燃料气总流量计增加前后手阀和旁通阀

2 前期保障标准化

（1）物料准备标准化："专项物资清单"，明确物资到货、存放、数量及单价情况(图5)。

（2）机具准备标准化："机具检查清单"，根据"操作工具、辅助设备、用电设备、防护设备、检测设备、特种车辆"进行划分，明确规格型号、单位、数量、准备情况及注意事项(图6)。

（3）人员配备标准化：根据施工人员专业及擅长领域进行分组，检修期间流水线作业确保检修质量(图7)。

序号	按区域或其他方式分类	检修项目	需要物资	单位	数量	单价	物资到货情况
1	集气装置	2#卧式气液分离器（V2202）重做内防腐	八角垫 PN15.0 DN500 0Cr18Ni9 RTJ GB/T9128-	件	1	3667.70	14-35-00-47
			八角垫 PN15.0 DN250 0Cr18Ni9 RTJ GB/T9128-	件	3	1118.30	02-18-03-10
			八角垫 PN15.0 DN80 0Cr18Ni9 RTJ GB/T9128-2003	件	2	497.00	13#库房
			八角垫 PN15.0 DN50 0Cr18Ni9 RTJ GB/T9128-2003	件	3	344.00	13#库房
			八角垫 PN15.0 DN25 0Cr18Ni9 RTJ GB/T9128-	件	4	344.00	02-18-01-06
			内外环金属缠绕垫片DN100 PN5.0	件	2	107.08	货架14-27-02-17
			铝合金牺牲阳极 A11C-2 500*(115+135)*130	块	4	443.59	2022年检修计划
			防腐涂料JG-01（底漆/面漆）	千克	40/40	70.00	火炬库房
			盲板PN15.0 DN250	件	1	120.00	火炬库房
			盲板PN15.0 DN80	件	1	90.00	火炬库房
			盲板PN15.0 DN50	件	1	80.00	火炬库房
			石英砂	吨	4	900.00	新海2022年1月17日检修
2		3#卧式气液分离器（V2203）开罐检查	八角垫 PN15.0 DN500 0Cr18Ni9 RTJ GB/T9128-	件	1	3667.70	14-35-00-47
			八角垫 PN15.0 DN250 0Cr18Ni9 RTJ GB/T9128-	件	3	1118.30	02-18-03-10
			八角垫 PN15.0 DN80 0Cr18Ni9 RTJ GB/T9128-2003	件	2	497.00	13#库房
			八角垫 PN15.0 DN50 0Cr18Ni9 RTJ GB/T9128-2003	件	3	344.00	13#库房
			八角垫 PN15.0 DN25 0Cr18Ni9 RTJ GB/T9128-	件	4	344.00	02-18-01-06
			内外环金属缠绕垫片DN100 PN5.0	件	2	107.08	货架14-27-02-17
			铝合金牺牲阳极 A11C-2 500*(115+135)*130	块	4	443.59	2022年检修计划
			防腐涂料JG-01（底漆/面漆）	千克	40/40	70.00	火炬库房
			盲板PN15.0 DN250	件	1	120.00	火炬库房
			盲板PN15.0 DN80	件	1	90.00	火炬库房
			盲板PN15.0 DN50	件	1	80.00	火炬库房
			丝堵	件	4	30.00	待加工

图5 专项物料清单

序号	分类	工器具	规格型号	单位	数量	准备情况	注意事项
1	操作工具	梅花起子	200mm	把	1	已到位	1、做好工器具入场登记。 2、安全检查。
2		活动板手	300mm	把	1	已到位	
3	辅助设备（不涉及用电）	收油槽	1m³	个	若干	已到位	1、检查规格型号。 2、核对管径和承压等级。
4		收液装置		套	1	已到位	
5	用电设备（含充电、电池、现场接电）	防爆应急灯	海洋王	套	2	已到位	1、检修期间用电设备的充电工作及备用电池准备工作。 2、入场前做好用电设备规格检查。 3、作业前完成接电检查。
6		对讲机	motorola	台	1	已到位	
7	防护设备	长管式呼吸器	巴固	套	2	已到位	按照相关防护标准完成设备完整性及安全检查。
8		干粉灭火器	8kg	具	2	已到位	
9	检测设备	气体检测仪	四合一	台	2	已到位	入厂前一周完成设备测试，确认功能正常
10		汞检测仪	RA-915+	台	1	已到位	
11		漆膜测厚仪	HCC-24	台	1	已到位	
12	特种车辆	罐车	50m³	辆	1	未到位	1、做好车辆入场检查与登记。 2、记录车辆工作时间与进出站时间。

图6 机具检查清单

序号	分组情况	人员配备	工种情况	备注
1	容器检修1组(6人)	李洲业、阚国泰、赵小龙、李发平、贾胜林、外协1人	叉车工1人\其他为普工	颜色对应横道图中人员分配
2	容器检修2组(6人)	柳宝、李云奇、黄荣、曾基勇、李顺全、钟明	焊工1人\司索1人\其他为普工	
3	阀门1组(7人)	张志延、李志虎、王永伟、李大钊、外协3人	叉车工1人\司索1人\其他为普	
4	阀门2组(7人)	张俊、金辉、王永伟、李大钊、外协3人	叉车工1人\司索1人\焊工1人\其他为普工	
5	防腐1组(9人)	王盈刚(防腐8人)	叉车工1人\其他为普工	
6	防腐2组(12人)	张向金、王博(防腐10人)	叉车工1人\架子工3人\其他为普工	
7	保运组	张俊、张向金、赵小龙、阚国泰、王盈刚	叉车工1人\焊工1人\管工1人\其他为普工	站内紧急运维人员(各组抽调)

图7　人员分配图

3　检修现场标准化

(1) 严把方案关：检修方案采用“图示+说明+附表”的方式细化内容，确保任何参检人员清步骤、知风险、懂防护，采用“视频自证”的方式开展年度检修方案现场确认工作，力争方案写实最优(图8)。

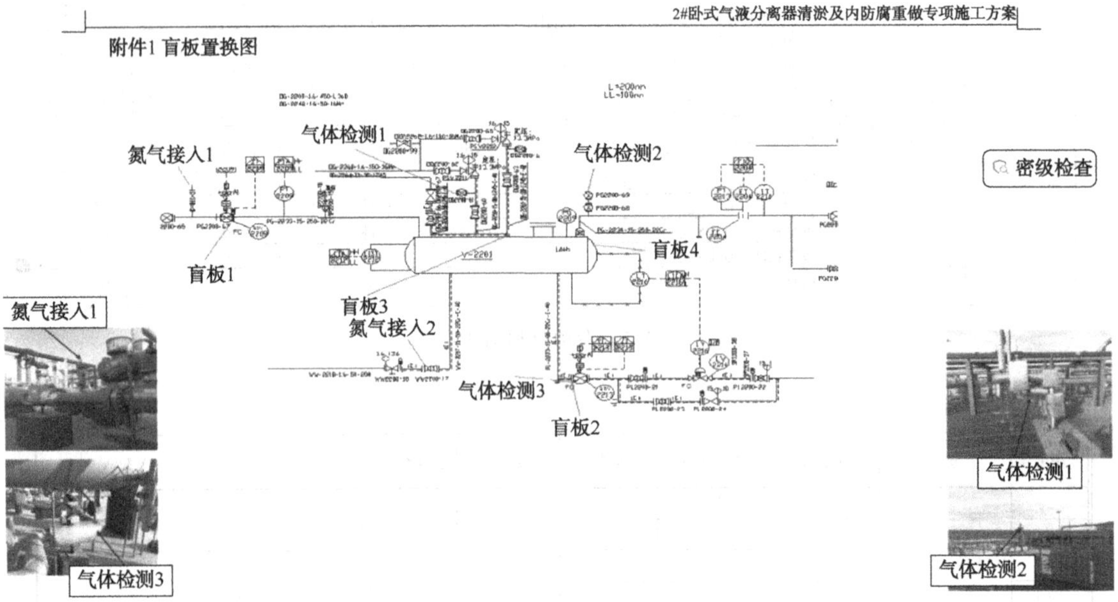

图8　检修方案示意图

(2) 严把人员关：打造承包商入场培训“样板间”，入场施工作业流程化，提高服务意识，加快承包商入场效率(图9)。

入场安全培训视频化，拍摄制作临时承包商入场须知视频，将安全提示动态化，强调落实入场安全，视频+配音模式让承包商入眼入耳入心(图10)。

高危作业管理标准图示化，图示化常规应用场景，帮助承包商员工加深高危作业标准理解，为入场施工单位提供学习新思路(图11)。

入场安全培训考试无纸化，汇编九项高危作业标准考试题库，扫码答题，减轻培训人员阅卷负担(图12)。

培训情况目视化，考试合格人员粘贴对应标识于安全帽，作业现场可查看培训情况(图13)。

(3) 严把现场关，结合禁令开展工作安全分析、关键环节开展安全经验分享、针对高危作业编制7张高危作业检查卡，现场监督执行“高危作业检查卡”、高风险作业开展视频自证，全方位、全过程的监督，确保实现安全高质量检修(图14)。

图 9　施工作业流程化提高入场效率

图 10　培训视频化落实入场安全

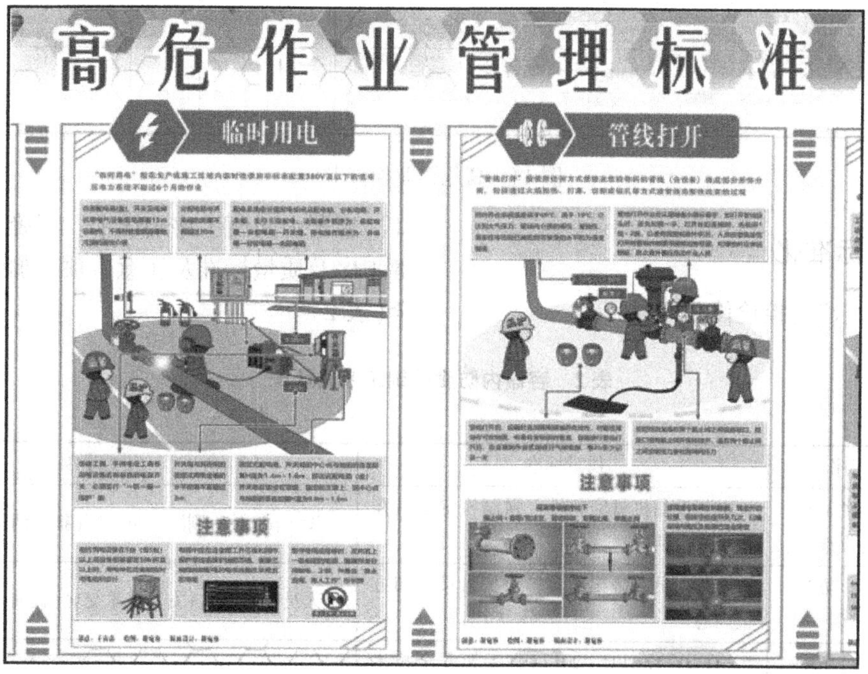

图 11　作业标准图示化加深标准理解

图 12　培训考试无纸化扫码答题减负担

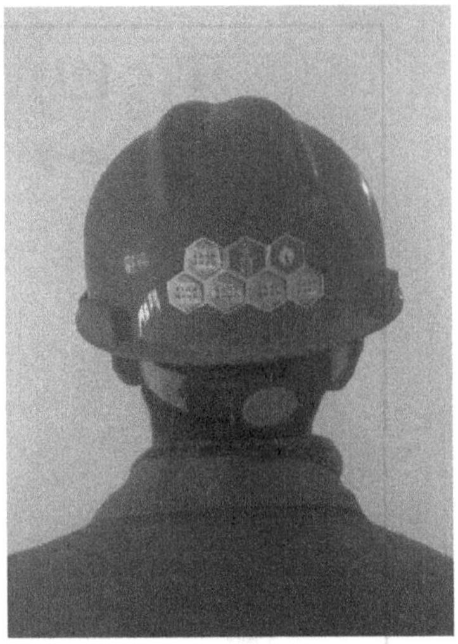

图 13　评估结果目视化一看便知

高危作业现场监督检查表—吊装作业

项目名称：　　作业地点：　　监督人：　　时间：

项目	检查内容	是（√）	否（×）	不适用	隐患清单对应项
作业票	安全工作许可证批准				较大第5条
	吊装作业许可证批准				较大第5条
	未按授权范围审批作业许可				一般第14条
	未对作业区域内危险能量、物料来源等危害进行辨识				一般第3条
	白色票必须放置在现场；黄色票放置在现场或主控室/值班室；粉色票由相关方留存；蓝色由签发方留存				一般第41条
	特殊时段的作业票审批按照《开发部特殊时段安全生产工作升级管理实施细则》执行				
人员	对进入作业范围内人员进行管控，并对外来人员进行安全提示				一般第229条
	作业监督人全程监护、监督整个作业过程				较大第137条
	现场应急处置方案应与现场实际相符				一般第74条
	作业监督人应参与JSA, 清楚作业风险及控制措施				较大第142条
	汽车起重机司机应由本单位培训评估合格并取得上岗资质				重大第1条
	起重机械指挥在指挥起重作业时应佩戴标识				一般第48条
	起重机械指挥、起重机司机特种作业人员应持有相应的资质证				一般第88条，重大第1条
	劳保穿戴整齐规范				
	身体健康，两眼视力良好，无影响起重机操作疾病和生理缺陷				
	上岗前必须保证足够的睡眠，上岗前无饮酒				
	了解作业内容和作业现场情况，任务明确				
	起吊前起吊前吊车司机与司索指挥应明确指挥信号，有专人指挥				一般第28条，第49条
起重机（司机负	起重部分必须技术监督部门检验，取得准用合格证、并在有效期内				
	汽车起重机行驶部分必须经过车管部门年检（超过使用年限的起重机半年一检）合格				
	卷筒制动器制动灵敏可靠、蓄力器压力达到规定值以上、力距检测器工作正常				
	各部声光信号、仪表显示正常，操作控制开关灵敏有效				
	吊钩无缺陷（吊钩无裂纹、变形；吊钩磨损高度不得超过原高度的10%；吊钩防脱绳保险有效）				一般第46条
	钢丝绳无缺陷（钢丝绳端头固定牢固，吊钩处于最低位置时，卷筒上的钢丝绳不得少于3圈；钢丝绳一个捻距内断丝不超10%，无腐蚀、变形等；钢丝绳润滑充分）				
	滑轮无缺陷（滑轮无裂纹、变形，滑轮槽磨损不得超过原厚度的10%；滑轮绳润滑充分）				

图 14　高危作业检查卡

4　检修质量标准化

用好“确认卡”管控检修质量

容器内防腐工序确认卡：明确内防腐施工关键工序及质量标准及注意事项，加强装置本质安全(表 2)。

表 2　容器内防腐关键工序确认卡

设备名称：　　　　监护人：

序号	关键工序	质量标准	注意事项
1	喷砂、防腐工器具入场检查	电气设备机械完整性、强制检定器具在检定有效期内	设备试运行+刷漆人员试刷(提前两周)
2	施工方案、防腐方案培训	管理人员、施工人员、监护人员熟知方案内容	人员能力评估+方案技术交底(提前一周)
3	搭设脚手架	《Q/SY TZ0494—2017》脚手架安全技术标准	

续表

序号	关键工序	质量标准	注意事项
4	容器压液	压液完成、压力落零	排液槽摆放需注意风项
5	容器置换、清洗	热洗置换	1. 热水温度控制在 50~60℃ 2. 临时用电：必须实行"一机一闸一保护"制
6	进出口管线加装盲板	置换合格加装盲板，填写盲板装拆记录	管线打开：确认能量隔离并开展气体检测仪
7	开罐清淤	开罐，填写所需作业票；对容器进行清污，用锯末、大布擦拭罐壁，露出防腐层或金属本体	1.（卧式气液分离器吊车 80T 吊带 5T 井口管线 1.8T 出口管线 4.5T）吊装作业：资质检查、试吊、风力、指挥信号及现场人员清理 2. 汞含量大于 20000ng/m^3 时，停止作业 3. 受限空间：佩戴全身式安全带，系救援绳，进入前进行气体检测，佩戴长管式呼吸器；保持罐内通风；可燃气体含量<10%LEL，氧气 19.5%~23.5%
8	容器内腐蚀情况检查	在容器结构示意图内标注腐蚀情况，并拍照存档	22kg 阳极块，阳极块腐蚀量超过原质量的 1/3 则对牺牲阳极进行更换
9	喷砂除锈/焊缝打磨	磨料选择、锚纹深度、检测部位点数、除锈等级等关键内容按照《Q/SY TZ0391—2017》压力容器内涂层施工及验收规范执行	1. 喷砂：5~6 目石英砂 2. 锚纹深度仪测量粗糙度，在 40~80 813m08合格3 8 3. 检测部位点数： 卧式气液分离器（容积：11.62m^3） 罐底 5 罐壁 10 罐顶 5 附件 5 共计 25 处 二闪（容积：67.82m^3） 罐底 10 罐壁 15 罐顶 10 附件 10 共计 45 处 4. 除锈等级：St2.5（无可见的油脂、污垢，无可见的附着不牢的氧化皮、铁锈、涂层和其他异物。）
10	容器表面除尘	表面处理后，应采用干燥、洁净、无油污的压缩空气将表面吹扫干净，压敏粘带法测试清洁度等级应达到 GB/T 18570.3 规定的 3 级	灰尘等级应达到 3 级或 3 级以下 以正常或校正视力清楚可见（微粒直径可达 0.5mm）
11	容器内表面防腐施工	涂料规格型号、涂层结构、单层厚度、涂料配比、熟化时间、涂装时间间隔、防腐作业温度、适度要求等关键内容严格按照涂料使用说明书与《Q/SY TZ0391—2017》压力容器内涂层施工及验收规范执行	检测合格后按照 JG-01 底漆、面漆的配比要求（100：16）人工涂刷底漆 2 遍面漆 3 遍，下一道涂料应在上一道涂料表干之后、实干之前，且接近实干的状态涂覆，20℃下，两道涂层施工间隔 8~10h，每遍漆膜的厚度为 60~80 813m08 5 3 8
12	内防腐层电火花检测	绝缘涂层用电火花检测：①按厚度采取电火花检测方法进行检测；②电火花检测电压为 5V/μm，以无涂层漏点合格	进行现场检测，每一道涂层表干后，不得有分层起皮、流挂、漏涂等现象，用漆膜测厚仪测量涂刷总厚度（300~400 813m0）853涂8层干膜厚度检测，应在涂层固化以后进行检测，涂层厚度检测点数，卧式气液分离器不少于 10 点，二闪不少于 35 点，焊缝部位不得少于总点数的 20%
13	不合格涂层复涂	检查出的漏点应进行修补或复涂。平均每平方米漏点数不超过 1h，应进行修补；超过 1h，应对该部分进行全面复涂	
14	复涂区域内防腐层电火花检测	绝缘涂层用电火花检测：①按厚度采取电火花检测方法进行检测；②电火花检测电压为 5V/μm，以无涂层漏点合格	

续表

序号	关键工序	质量标准	注意事项
15	牺牲阳极安装	牺牲阳极的安装应符合 SY/T 0047—2012《油气处理容器内壁牺牲阳极阴极保护技术规范》规定的"牺牲阳极安装支架与焊缝距离应不小于 100mm，牺牲阳极与容器壁的距离宜不小于 150mm，当牺牲阳极与容器壁距离小于 150mm 时，牺牲阳极靠近容器壁的表面应有绝缘防腐层	回装牺牲阳极及内构件，阳极块腐蚀量超过原质量的 1/3 则对牺牲阳极进行更换，（注意安装高度低于 15cm 的，在阳极块背部须涂刷防腐漆，高于 15cm 无需刷防腐漆）
16	通风养护	环境温度 10℃以上，通风养护 7 天；环境温度低于 10℃，考虑增加加热设施并适当延长养护时间	
17	封装人孔、拆除盲板	人孔回装、盲板拆除，填写盲板装拆作业许可证	
18	拆除脚手架	《Q/SY TZ0494—2017》脚手架安全技术标准	

关键程序确认表：锚纹深度、内涂层质量、电火花测试关键节点记录确认（图 15）。

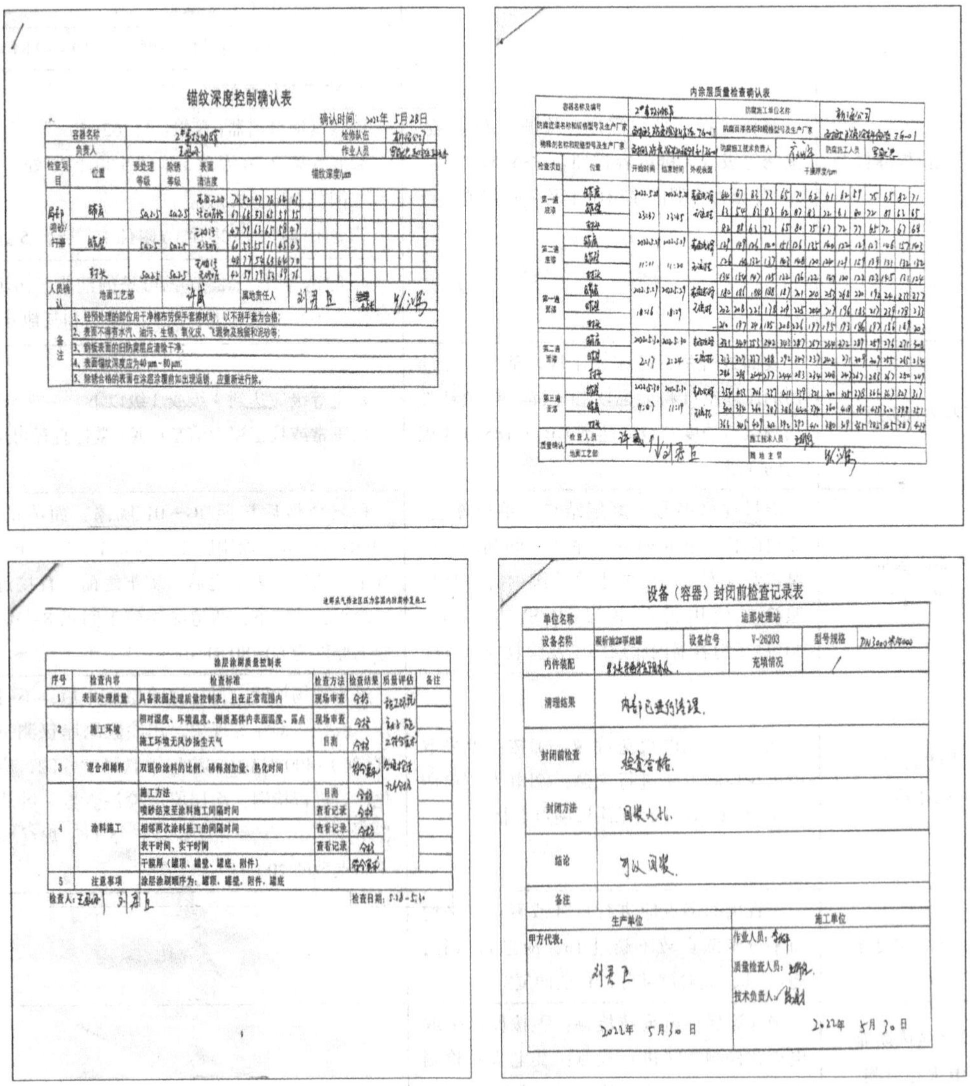

图 15　关键程序确认表

层级验收模式：由作业人员、属地部门、管理区、三级检查验收，确保本质安全(图 16)。

内涂层质量检查确认表

容器名称及编号	2#事故油罐	防腐施工单位名称	新海公司
防腐底漆名称和规格型号及生产厂家	西北油田防腐涂料底漆 JG-01	防腐面漆名称和规格型号及生产厂家	西北油田防腐涂料面漆 JG-01
稀释剂名称和规格型号及生产厂家	西北油田防腐涂料稀释剂 JG-01	防腐施工技术负责人 / 防腐施工人员	[illegible] / [illegible]

检查项目	位置	开始时间	结束时间	外观表面	干膜厚度/μm													
第一遍底漆	筒底	2022.5.28 23:37	2022.5.28 23:45	表面光滑无流挂	64	67	83	73	65	70	62	61	62	59	75	65	82	71
	筒壁				63	54	63	83	62	87	83	22	61	80	72	81	63	65
	封头				82	88	63	73	65	80	75	67	72	77	65	72	67	68
第二遍底漆	筒底	2022.5.29 11:11	2022.5.29 11:20	表面光滑无流挂	129	149	126	140	151	126	135	140	122	129	123	146	157	143
	筒壁				126	142	132	137	143	148	120	124	129	159	139	131	132	132
	封头				134	154	147	125	122	136	122	147	120	122	123	145	131	124
第一遍面漆	筒底	2022.5.29 18:16	2022.5.29 18:29	表面光滑无流挂	180	181	184	188	187	201	210	253	268	220	192	241	233	237
	筒壁				202	208	221	178	219	225	264	217	196	183	217	239	178	233
	封头				210	197	241	185	208	226	197	185	193	186	197	186	189	203
第二遍面漆	筒底	2022.5.30 2:17	2022.5.30 2:24	表面光滑无流挂	331	349	353	242	343	287	267	264	372	289	259	276	271	308
	筒壁				313	327	337	258	292	243	237	242	271	309	309	255	265	234
	封头				286	298	244	277	244	283	234	248	247	267	283	267	280	249
第三遍面漆	筒壁	2022.5.30 11:07	2022.5.30 11:19	表面光滑无流挂	356	433	346	337	411	359	321	300	325	378	364	367	327	317
	筒底				300	334	360	387	386	440	374	360	418	366	435	300	398	351
	封头				366	365	429	302	392	397	410	380	349	365	385	365	387	433
质量确认	检查人员	许威			施工技术人员	[illegible]												
	地面工艺部	刘君臣			属地主管	[illegible]												

图 16　三级验收

5　签证结算标准化

“先算后干”，做到心中有数：根据检修大表估算当年检修费用。

“干完就签”，做到签证靠实：当日工作结束后统计当天工作量，完成工作量签证，做到签证靠实。

“精准预测”，做到签证靠前：检修中存在工作量大时间不确定的情况，为保障当日工作量能够当日完成统计，切实落实签证靠实，根据历年检修工作量及检修固定工作分析，编制“检修标准化签证单”根据施工工序细分为“固定部分”与“可调部分”，检修作业后在“工程量”部分填写“有”“无”即可，避免工作量核实不清，提高结算时间(图 17、图 18)。

迪那油气开发部工作量签证单

施工单位：新疆华油新海石油工程技术有限公司 项目负责人： 2022年__月__日	基层单位：迪那处理站 负责人： 2022年__月__日	专业部门：生产办公室 负责人： 2022年__月__日	业务分管领导或授权委托人： 2022年__月__日

序号	名称		位号	规格参数			作业日期
			V-2201/2202/2203/2204/2200	型号：P13.6MPaDN1400×7924。容积：11.62 m3容器类别：Ⅲ。设计压力：13.6MPa，工作压力：12.95MPa。工作温度：45℃，设计温度：65℃。净重：26500Kg。(卧式)			2022/5/7
1	集气装置	卧式气液分离器	作业项目	一　固定部分	单位	施工内容	工程量
				1.1 保温拆装	项	拆除与恢复： 拆装液相SDV2211阀规格为DN80-PN15.0阀门保温盒1个，尺寸Φ380*600，拆装DN80PN15.0液相法兰保温盒1只，尺寸为Φ380*350，拆Φ89带法兰短接管保温2米； 拆装气相出口DN250-PN15.0流量计阀门保温盒1个，尺寸1000*1000*800； 拆装安全阀DN50-PN15.0接管保温盒1个，尺寸为：Φ300*300； 拆装卧式气液分离器罐底DN50-PN15.0法兰保温盒1个，尺寸Φ300*300； 拆装DN50-PN15.0阀门保温盒1个，尺寸350*400*700； 以上保温作法为：内包憎水型复合硅酸盐板50mm×2层，外包0.75mm铝皮。	有
				1.2 系统隔离置换与恢复	项	**系统隔离：** 拆装卧式气液分离器入口DN250-PN15.0法兰1副，倒换同规格八字盲板1片，加装同规格临时垫片2片， 拆装DN250-PN15.0法兰2副，拆除分水器入口至SDV2209入口球阀间DN250PN15.0带法兰短接管9米1根； 拆装液相SDV2211阀DN80-PN15.0法兰2副，拆除DN80PN15.0长度2米的带法兰短接管2米，加装同规格临时盲板1片，加装同规格临时垫片1片； 拆装气相出口DN250-PN15.0法兰2副，拆除气相出口DN250-PN15.0带法兰短接管11米； 拆装安全阀DN50-PN15.0接管法兰，加装同规格临时盲板1片，加装同规格临时垫片1片； 拆装分水器排污DN50-PN15.0法兰2副，拆除DN50PN15.0带法兰短接管2米； **系统恢复：** 拆装卧式气液分离器入口DN250-PN15.0法兰1副，倒换同规格八字盲板1片，加装同规格八角垫2片， 拆装DN250-PN15.0法兰2副，安装分水器入口至SDV2209入口球阀间DN250PN15.0带法兰短接管9米1根； 拆装液相SDV2211阀DN80-PN15.0法兰2副，拆除DN80PN15.0长度2米的带法兰短接管2米，拆除同规格临时盲板1片，加装同规格八角垫2片； 拆装气相出口DN250-PN15.0法兰2副，安装气相出口DN250-PN15.0带法兰短接管11米，加装同	有
				1.3 人孔拆装	项	拆装 DN500-PN15.0 人孔盖1个，清理 DN500-PN15.0 法兰密封面2个，对密封面涂抹润滑脂，更换DN500-PN15.0八角垫1片，对更换的八角垫缠绕聚四氟乙烯带2层，人孔拆除使用液压扳手(双同步扭矩为25000牛/米)1台班。	有
						1、人工铲除容器内含油淤泥0.1m3，用水桶从人孔口倒运至容器外并倒入地面污水桶盛装； 2、使用高压水冲洗容器内壁1遍，将冲洗后的废液用水桶从人孔口倒运至容器外并倒入地面污	

图 17　检修标准化签证单“固定部分”

迪那油气开发部工作量签证单

施工单位：新疆华油新海石油工程技术有限公司	基层单位：迪那处理站	专业部门：生产办公室	业务分管领导或授权委托人：
项目负责人：	负责人：	负责人：	
2022年__月__日	2022年__月__日	2022年__月__日	2022年__月__日

序号	名称	位号	V-2201/2202/2203/2204/2209	规格参数	型号：P13.6MPaDN1400×7924。容积：11.62 m3容器类别：III。设计压力：13.6MPa，工作压力：12.95MPa。工作温度：45℃，设计温度：65℃。净重：26500Kg。（卧式）	作业日期	2022/5/7
		二	可调部分		单位	施工内容	工程量
		作业项目	2.1	局部内防	m2	1、副容器内所有接管内孔采用毛毡进行封堵，脱落部位旧漆膜厚度400μm，用电动打磨机打磨，除锈等级达Sa2.5，人工清理旧漆膜残屑。 2、采用干燥、清洁、无油的压缩空气将表面吹扫干净，打磨面罐壁用大布擦拭3遍后使用面团粘罐壁1遍。 3、副容器内壁进行内壁防腐，采用滚筒人工涂刷JG-01耐酸防腐蚀涂料底漆2道，JG-01耐酸防腐蚀涂料面漆4道，防腐总厚度300微米。（JG-01耐酸防腐蚀涂料、稀释剂、固化剂，均为65元/公斤，JG-01耐酸防腐蚀涂料用量为0.5公斤/每平方·每一遍、稀释剂、固化剂用量为0.3公斤/每平方·每一遍，刷涂料工具、石英砂及耐酸防腐蚀涂料JG-01为乙方提供）。	见施工工作量
			2.2	保温层拆装	m3	拆装整台设备外部保温层	无
			2.3	保护层拆装	m2	拆装整台设备外部保护层（0.75mm工业铝皮）	无
			2.4	焊缝打磨（容器焊缝）	m	设备外部焊缝打磨，打磨环缝3.6m×6道、纵缝1.5m×5道，焊缝两边各打磨150mm宽； 焊缝检测完毕后，二次打磨焊缝处的着色剂，打磨环缝3.6m×6道、纵缝1.5m×5道，焊缝两边各打磨150mm宽，	见施工工作量
			2.5	焊缝打磨（容器接管焊缝）	m	设备容器开口接管角焊缝打磨，打磨Φ114角焊缝2道，Φ34角焊缝3道，Φ60角焊缝2道，Φ168角焊缝1道，Φ530角焊缝1道，焊缝外侧各打磨150mm宽； 焊缝检测完毕后，二次打磨焊缝处的着色剂，打磨Φ114角焊缝2道，Φ34角焊缝3道，Φ60角焊缝2道，Φ168角焊缝1道，Φ530角焊缝1道，焊缝外侧各打磨150mm宽	见施工工作量
			2.6	焊缝打磨处刷漆	m2	设备外部焊缝二次打磨后，刷环氧富锌底漆2道（打磨材料及油漆由乙方提供）	见施工工作量
			2.7	脚手架（独立双排）	m2	搭拆16*3.5___m2（周长C*高h）	有
				脚手架（满			

图 18　检修标准化签证单“可调部分”

6　结论

（1）检修项目无遗漏。解决历年“头脑风暴”式检修项目筛选，站内检修项目全覆盖，检修容器无遗漏。

（2）物资保障更精确。确保前期检修物资，明确检查到位情况，精准把控检修进度。

（3）安全更加受控。入场施工作业流程化使场手续办理时间平均缩短50%、入场安全培训视频化使得安全提示具体化，强调落实入场安全，4个月内入场安全相关隐患呈下降趋势、高危作业管理新标准图示化让高危作业相关隐患数量下降80%，违章作业数量下降21%、入场安全培训考试无纸化自设置扫码答题以来，临时承包商主动学习高危作业管理标准，互相讨论，自主答题，大大提高了培训质量，落实了入场安全考试。

（4）质量更有保障。清单管理明确检查重点，关键环节精准把控，层级验收确保装置本质安全。

（5）结算时间大幅度提升。解决检修时间长项目多，工作量写实易混不准，工作量汇总逐一确认时间长的难题。

参　考　文　献

[1] 安委[2011]4号．国务院安委会关于深入开展企业安全生产标准化建设的指导意见．

[2] 李康宁．加强设备管理工作提高设备运行效率[J]．设备管理与维修．2011(01)：37-39.

[3] 山何富刚．刘侠．杨辛．PDCA循环在工程项目进度管理中的应用[J]．水电站设计．2009.(02).

[4] 杨峰，傅俊．高新技术企业标准化管理的关键要素分析[J]．武汉理工大学学报(信息与管理工程版).2011，05：72-74+77.

煤层气井筒完整性风险评价研究

张　康

(中国石油煤层气有限责任公司)

摘　要　大宁-吉县区块自2008年开发以来，井筒完整性问题愈加严峻，已累计发现套损套变井71口，其中在排井58口，占总井数的16%，通过对大宁-吉县区块套损井数和特点进行梳理，并在此基础上对井斜、全角变化率、固井质量等各类井筒参数对套损的影响程度进行了分析，初步完成了套损程度的分类，明确了其分布特点，了解并掌握了部分套损主控影响因素。

关键词　煤层气；套损套变；井筒完整性

1　套损套变井现状

1.1　套损套变井基本状况

截至目前临汾区块中浅层煤层气井累计发现套损井71口，其中桃园试采区26口井，新两亿方开发井45口。若不统计废弃或临时停排井，则在排套损井共58口，占总井数的16%，其中桃园试采区13口井(11%)，新两亿方开发井45口(18%)。

1.1.1　套损类型

根据通井刮削、打铅印等情况初步分析，可将上述井套损类型简要区分如下：

一是套管变形，如缩颈等，共计32口井，主要特点是套管以变形为主，套管内通径改变影响管柱或工具的下入。

二是套管破损，如错断，破裂等，共计30口井，主要特点是套管以错断、破裂等。即影响套管通径，又会造成参水激增或煤块等杂质进入井筒。

三是套管井筒积砂或尚无法进一步步判断套损类型9口井，一类为套管积砂暂时治理无进展，二是套损情况尚未进行核实，无法定性。

1.1.2　套损严重程度

根据套损严重程度，也将分为如下三类：

一是轻微套损井，共计30口，占比41.4%，其中在排井27口，占比46.6%。此类井通井或刮削遇阻，但冲砂、下泵等工序无异常，即常规检泵无法发现套损，对正常生产基本无影响，造成的主要不利影响为大直径工具无法下入，可能影响射孔、封层或注入压降测试等的施工。

二是中等套损井，共计23口，占比32.9%，其中在排井21口，占比36.2%。此类井大致分为两类，一是套管缩颈或破损较严重，通井、刮削和下泵均受影响，但小直径油管可实现井筒积砂的处理，由于泵挂往往因套损上提30~50m，对井底压力进一步下降有一定影响，另外，对于所有大直径工具下入均有一定影响，存在与轻微套损井同样的不利影响，二是套管本身无缩径情况，但由于破损联通水层，导致单井产液量突增，动液面下降困难。

三是严重套损井，共计18口，占比25.7%，其中在排井11口，占比19.0%。此类井套管通径严重缩小，不仅通井、刮削和下泵均受影响，井筒积砂也无有效处置手段，若积砂严重到一定程度导致砂埋射孔段，会导致单井进一步减产。

整体上将，在排井中48口套损井(轻微和)对单井产气量影响不大，其中11口井由于套损较严重，若积砂至射孔段将对产气量产生影响。

1.2　套损套变井分布特点

1.2.1　压裂导致套损井

压裂后出现套损井30口(其中老井重复压裂套损井11口，占总压裂井数的15%)，也可简要分为两类，一是自身压裂导致套损，共计28口，二是临井压力导致本井套损，共计2口井。若从套损严重程度看，以中等套损为主(轻微、中等和严重井分别为4口，16口和10口)。从套损类型分布看，除1口井未经核实无法判断外，其他均为套管破损井。若从套损位置分布看，主要分布在射孔段附近，其中21口(72%)在射孔段附近10m以内，平均距射孔段距离为68.88m，其中桃园试采区222.25m，新两亿方开发区4.30m(图1)。

进一步的，桃园试采区少数井压裂时套管自由段受力脱扣，导致套损段距射孔段较远，新两亿方则于射孔段附近套损。

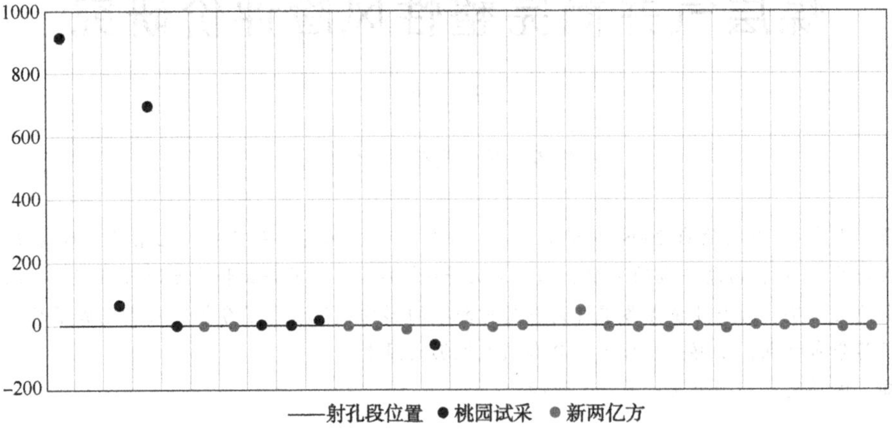

图1　套损相对射孔段位置示意图

1.2.2　生产过程中

压后生产过程中出现套损井38口，若从套损严重程度看，以轻微套损为主(轻微、中等和严重井分别为26口，6口和6口)。从套损类型分布看，以套管缩径为主(套管缩径29口，套管错断4口，套管破损2口，其他或未核实3口)，若从套损位置分布看，同样主要分布在射孔段附近，其中25口(66%)在射孔段附近10m以内，平均距射孔段距离为36.81m，其中桃园试采区76.79m，新两亿方开发区8.12m(图2)。

进一步的，桃园试采区少数井套管腐蚀漏失位置较浅，导致套损段距射孔段较远，新两亿方则于射孔段附近套损，另外，整体上生产过程中的套损也主要在射孔段附近，但如果排除压裂时井口自由段套管受力脱扣外，正常长产过程中套损平均距射孔段位置更为分散，且较压裂时套损距射孔段的平均距离更远。

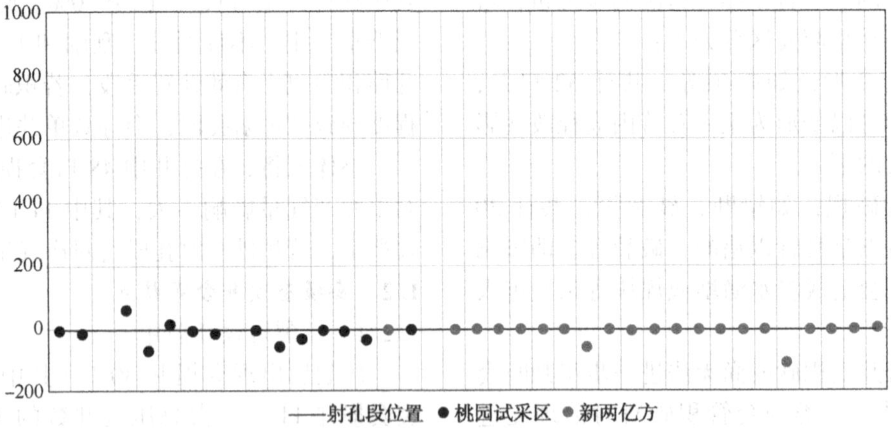

图2　套损相对射孔段位置示意图

1.2.3　生产过程中套损但重复压裂加剧套损

此类套损共计3口，若从套损严重程度看，以中等套损为主(轻微、中等和严重井分别为0口，2口和1口)。从套损类型分布看，以套管缩径为主(套管缩径2口，套管破损1口)，若从套损位置分布看，同样主要分布在射孔段附近，全部在射孔段附近10m以内，平均距射孔段距离为3.44m(均为新两亿方开发区)。

进一步的，上述3口井正常生产过程中轻微套损2口，中等套损1口，因压裂导致套损程度加剧(冲砂过程返出煤块和水泥块)，套损位置上移(平均上移1.18m)。

2　影响因素初步分析

结合钻井、测井、套损位置等资料，对井斜、全角变化率、固井质量等各类井筒参数对套损的影响程度分析如下：

2.1 井斜因素

就不同类型套损井套损处平均井斜而言，套管缩颈井平均 16.13°，套管破损井平均 16.37°，未核实井平均 18.47°，整体平均 16.42°。就套损处井斜分布而言，在最小 2°，最大 33°均有分布，基本覆盖了现有井所有井斜分布，综上数据初步判断，无论是压裂后还是生产过程中的套损与井斜角之间无明显相关性，井斜并非影响套损的主要因素(图 3)。

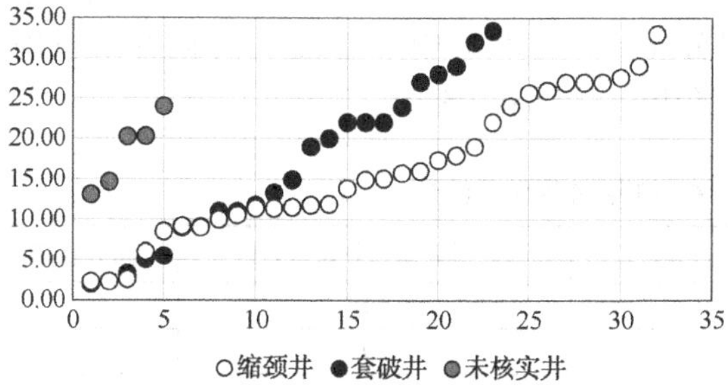

项目	井数	平均井斜/°
套管缩径	32	16.13 (2.3~33)
套管破损	30	16.37 (2.01~33.4)
未核实井	9	18.47 (13.111~24.01)

图 3 各类套损井套损处井斜分布/°

2.2 全角变化率

就不同类型套损井套损处平均全角变化率而言，套管缩颈井平均 0.55°/25m，套管破损井平均 0.54°/25m，未核实井平均 0.41°/25m，整体平均 0.54°/25m。就套损处井全角变化率分布而言，在最小 0.03°/25m，最大 2.05°/25m 均有分布，即无论是平均值还是分布情况，均处于较低水平，综上数据初步判断，无论是压裂后还是生产过程中的各类套损与全角变化率之间无明显相关性，全角变化率也并非影响套损的主要因素(图 4)。

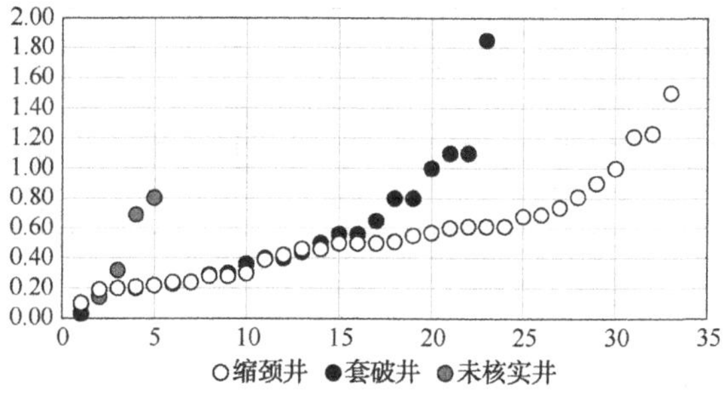

项目	井数	全角变化率/(°/25m)
套管缩径	32	0.55 (0.1~1.5)
套管破损	30	0.54 (0.03~1.85)
未核实井	9	0.41 (0.09~2.05)

图 4 各类套损井套损处全角变化率分布/(°/25m)

2.3 井径扩大率

根据初步的单井平均井径扩大率统计分析，一般单井整体平均井径扩大率在 4%~7%，而就不同类型套损井套损处平均全角变化率而言，套管缩颈井平均在 14%，套管破损井平均在 19%，未核实井平均在 14%，均远高于单井整体平均值，且对比不同套损类型中，套管错断井井径扩大率的分布范围和平均值均较套管缩颈井更广更高，基本可以判断出，井径扩大率与套损的发生有比较明显的正相关性，且对套管破损影响更大。

进一步的，煤层位置井径扩大率往往更大，且此处套管经射孔强度更低，更易造成套损，此处结论也于套损位置分布情况基本一致，即套损位置往往在射孔段附近，且套损类型中套管破损往往距射孔段平均距离更为接近(图 5)。

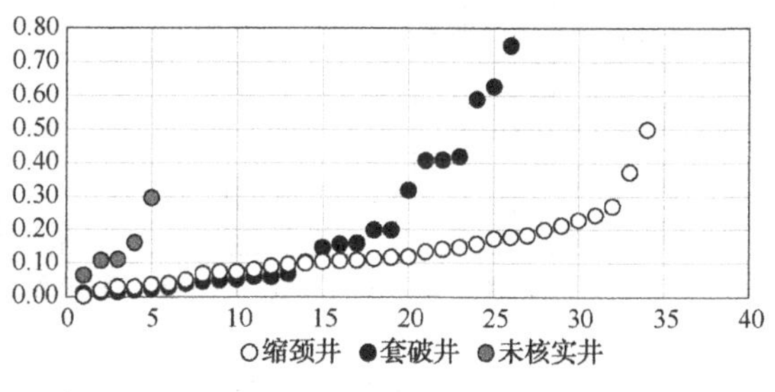

项目	井数	全角扩大率/%
套管缩径	32	14 (2%~50%)
套管破损	30	19 (1%~75%)
未核实井	9	14 (6%~30%)

图 5 各类套损井套损处全角变化率分布/%

2.4 固井质量

目前套损位置基本分布在射孔段附近，固井质量往往较好，其中固井胶结质量“好”平均占比在74%，处于较高水平，可见固井质量并非导致套损的主控因素，但结合不同套损程度中固井质量分布情况看，随着固井质量的变差，套损愈加严重，尤其是在套管缩颈和整体套损分布中，此类特征更为明显，以套管缩颈而言，套损轻微井固井质量好占比81%，套损中等井固井质量好占比71%，套损严重井固井质量好占比66%。

综上，虽然固井质量并非导致套损的主控因素，但随着固井质量的变差，套损更为严重的概率增加。进一步的，由于资料收集问题，上述71口井中采集62口井固井质量进行统计(表1、图6~图9)。

表1　62口井固井质量统计

项目	套损程度	井数	固井胶结“好”占比/%	固井胶结“好-中等”占比/%	固井胶结“好-差”占比/%
套管缩径	轻微	21	81	19	—
	中等	7	71	29	—
	严重	4	66	33	—
	合计	32	76	24	—
套管破损	轻微	5	50	25	25
	中等	13	100	—	—
	严重	12	60	20	20
	合计	30	77	11.5	11.5
未核实井	轻微	4	100	—	—
	中等	4	25	75	—
	严重	1	—	—	—
	合计	9	40	60	—
整体	轻微	30	77	19	4
	中等	23	78	22	—
	严重	18	62	23	15
	合计	71	74	21	5

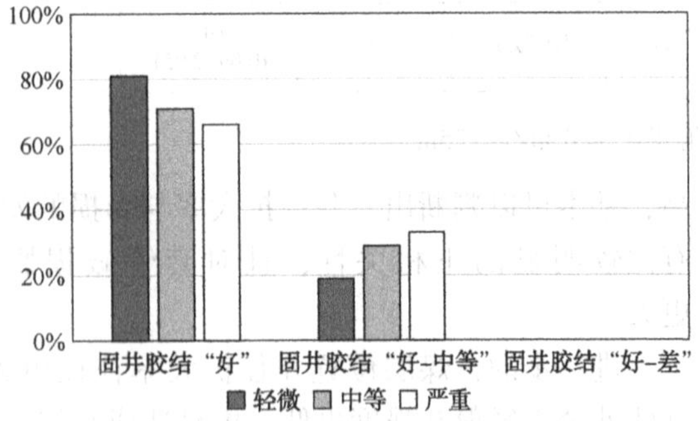

图6　套管缩颈井固井质量分布

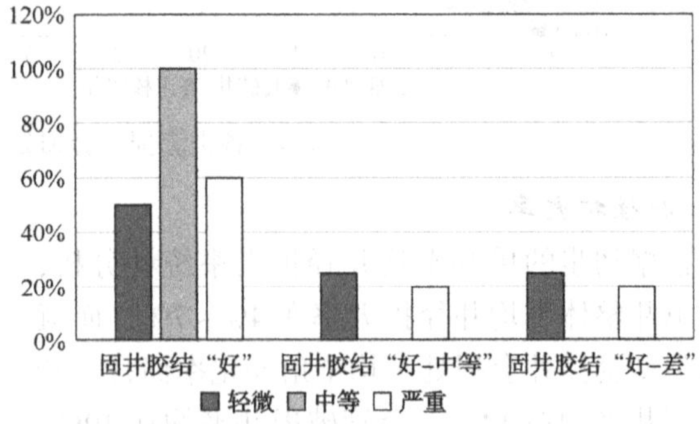

图7　套管破损井固井质量分布

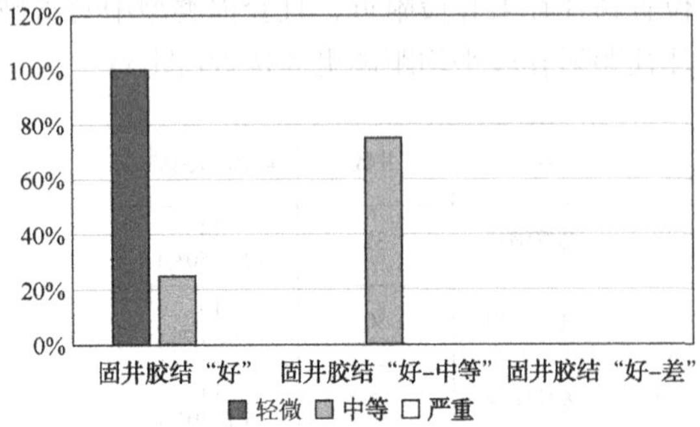

图8　未核实井固井质量分布

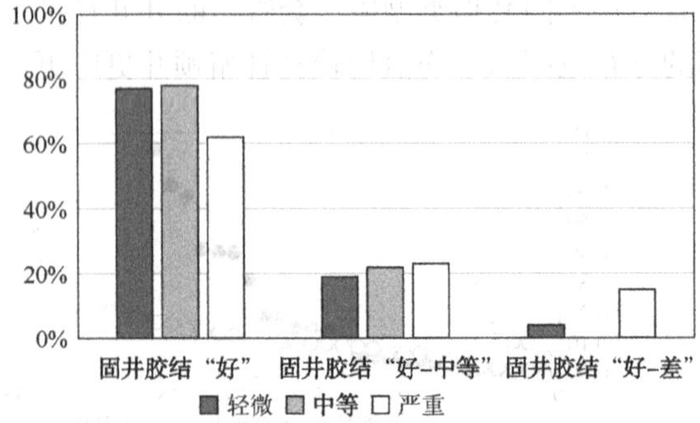

图9　整体套损井固井质量分布

2.5　与套管接箍的位置关系

套损井套损位置距最近套管接箍的平均距离2.76m(0.03~5.56m)，其中套管缩颈井平均距离2.41m(0.11~5.24m)，套管破损井3.40m(0.03~5.56m)，未核实套损井2.31m(0.86~4.03m)，从数据看，各类套损井无论是距最近套管接箍平均距离还是距离分布，均无明显相关性特点，综上，初步认为井底，特别是射孔段附近套管破损与附近套管接箍位置关系不大(图10)。

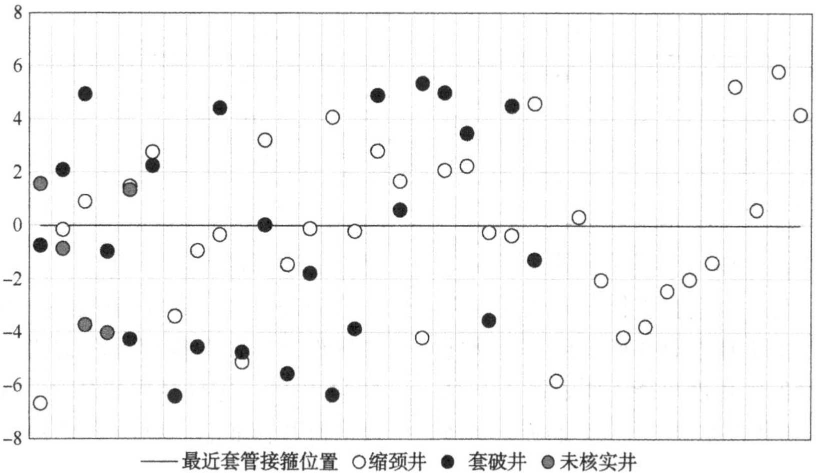

图10　套损位置与最近套管接箍相对位置关系图/m

2.6　重复压裂井套管影响分析

针对压裂导致的套损井，由于重复压裂井原井套管已经应用2.5~3.6年，在腐蚀等因素的影响下，套管强度均有一定程度的下降，分为如下几个情况简要分析如下。

2.6.1　新套管和老井套管压后套变概率分布

结合现有套损井统计分析数据，将套损占比分为三类，一类是试采区和探井新套管压后套损井与总井数的比值，二是开发区和探井新套管压后套损井与总井数的比值，三是重复压裂井压后套损井与重复压裂井的比值。

根据初步计算结果，上述三类压后套损井占比分别为4.50%，3.67%和15.25%(若考虑压后加剧本身套损程度的井，则该比值为19.44%)，且试采区和开发区压裂规模基本相同，重复压裂井采用超大规模压裂。

所属单元	套管钢级	套管情况	套损井数/总井数	压后套损井占比/%
试采区	139.7*7.72(N80)	新	10/222	4.50
开发区	139.7*9.17(N80)	新	9/245	3.67
重复压裂井	139.7*9.17(N80)	旧(2.5~3.6年)	11/72	15.28
			14/72	19.44(含3口压后套损进一步加剧井)

综合上述数据，可基本得出如下几个结论，开发区由于采用壁厚9.17mm套管，压后套损比例较试采区略低，重复压裂井由于压裂规模的增大和套管强度的降低，压后套损概率急剧增大，已经超过了15%。

2.6.2 井筒腐蚀与套损相关性分布

由于重复压裂井在井筒腐蚀等因素下套管强度会变低，本次根据2019年至2020年矿化度采集数据，以重复压裂井为统计基础(重复压裂井口口井经过井筒准备，套损情况较为完备)，分析套损情况与矿化度的分布关系，来确定井筒腐蚀情况对套损的影响。

本次收集152口开发井矿化度数据，49口重复压裂井数据，就开发区整体而言，平均矿化度11394mg/L，重复压裂井平均矿化度14659mg/L(表2)。

根据现有矿化度数据，可以看出如下几点：

(1)压后套损井矿化度与套损程度有较明显的正相关关系，整体套损也有一定程度的相关，但生产过程中套损却无明显相关性。

(2)无套损井平均矿化度较套损井平均矿化度高。

（3）本次重复压裂井矿化度高于开发区整体。

表 2　井筒套损情况

套损程度	整体套损平均值/(mg/L)	压裂后套损平均值/(mg/L)	生产过程中套损平均值/(mg/L)
轻微	15043	9782	15482
中等	13291	13573	10745
严重	18171	14658	/
平均	14325	13532	15117
无套损平均值/(mg/L)	15037		
重复压裂井整体平均值/(mg/L)	14659		
开发区整体平均值/(mg/L)	11394		

综上，可以看出除压后套损井，其余套损与矿化度无明显相关性，且套损整体与矿化度也无明显相关性，但考虑上述井整体矿化度其实彼此差别不大，对套管腐蚀程度可能无明显区别，且本次有 22 口井无矿化度数据，不能反应整体情况，上述结论仅供参考。

为进一步明确井筒腐蚀对套损的影响，选取本次重复压裂套损程度轻微的吉 2-38 井台和吉 2-44 井台，还有套损比较严重的吉 2-41 井台，根据修井作业起出腐蚀情况来对比进行验证。

表 3　套管腐蚀情况

井号	套管使用年限钢级	矿化度数据/(mg/L)	累计修井井次/腐蚀躺井井次/平均腐蚀周期/d	射孔段井径扩大率/%	射孔段固井质量	套损情况
吉 2-38 向 1	2.52/N80	12358	0/0/无	43.17	好-中等	无
吉 2-38 向 2	2.52/N80	—	0/0/无	7.09	好-好	无
吉 2-38 向 3	2.52/N80	15130	0/0/无	23.30	好-中等	无
吉 2-38 向 4	2.52/N80	16059	1/1/617	6.76	好-中等	无
吉 2-38 向 5	2.52/N80	—	0/0/无	22.60	好-好	无
吉 2-38 向 6	2.52/N80	13058	0/0/无	8.75	好-中等	无
吉 2-38 向 7	2.52/N80	12963	1/0/无	15.79	中等-差	重复压后套破(中等)
合计/平均		13914	2/1/617	18.21		
吉 2-44 向 1 井	3.22/N80	18684	1/0/无	56.37	好-好	新井压后套破(中等)
吉 2-44 向 2 井	3.22/N80	—	1/0/无	38.4	好-中等	无
吉 2-44 向 3 井	3.22/N80	—	1/1/245	12.92	中等-差	无
吉 2-44 向 4 井	3.22/N80	16798	0/0/无	61.93	好-好	无
吉 2-44 向 5 井	3.22/N80	—	0/0/无	29.5	好-好	无
吉 2-44 向 6 井	3.22/N80	17669	1/0/无	60.54	差-差	无
吉 2-44 向 7 井	3.22/N80	17167	3/2/348	44	好-好	无
合计		17580	7/3/314	43.38		
吉 2-41 向 1	2.99/N80	14180	6/2/256	21.35	好-好	重复压后套破(中等)
吉 2-41 向 2	2.99/N80	/	0/0/无	27.14	好-好	压后套损加剧(中等)
吉 2-41 向 3	2.99/N80	14433	1/1/143	10.61	好-好	无
吉 2-41 向 4	2.99/N80	/	1/1/151	10.38	好-好	重复压后套破(中等)
吉 2-41 向 5	2.99/N80	15704	1/0/无	18.81	好-好	压后套损加剧(严重)
吉 2-41 向 6	2.99/N80	12635	3/1/185	10.56	好-好	无
合计		14238	12/5/198	16.48		

根据上述表格数据，吉 2-38 井台平均矿化度 13914mg/L，井台 7 口井合计躺井 2 井次，其中腐蚀 1 井次，腐蚀周期 617 天，折算平均单井单年躺井 0.11 井次，折算平均单井单年腐蚀躺井 0.06 井次，射孔段平均井径扩大率 18.21%，固井质量一般。

吉 2-44 井台平均矿化度 17580mg/L，井台 7 口井合计躺井 7 井次，其中腐蚀 3 井次，腐蚀周期 314 天，折算平均单井单年躺井 0.31 井次，折算平均单井单年腐蚀躺井 0.13 井次，射孔段平均井径扩大率 43.38%，固井质量一般。

吉 2-41 井台平均矿化度 14238mg/L，井台 6 口井合计躺井 12 井次，其中腐蚀 5 井次，腐蚀周期 198 天，折算平均单井单年躺井 0.67 井次，折算平均单井单年腐蚀躺井 0.28 井次，射孔段平均井径扩大率 16.48%，固井质量较好。

从上述数据看，吉 2-41 井台虽然矿化度数据较低，但腐蚀情况明显较其余两个井台严重，折算平均单井单年腐蚀躺井井次为吉 2-44 井台的 2.15 倍，是吉 2-38 井台的 4.67 倍，且腐蚀周期最短，虽然井径扩大率较小，固井质量较好，但重压裂后套损问题最为突出，套损类型均为压后套损或压后加剧套损。

3 结论

综合上述情况分析，对套损井的影响因素分析如下：

（1）井斜、全角变化率和与套管接箍的相对位置等因素与套损并无明显相关性，并非导致套损的原因。

（2）固井质量并非导致套损的主控因素，但随着固井质量的变差，套损更为严重的概率增加。

（3）井径扩大率是影响套损的主控因素，煤层位置井径扩大率往往更大，且该位置套管经射孔破损，强度进一步降低，更易导致套损的发生，此处结论也于套损位置分布情况基本一致，即套损位置往往在射孔段附近。

（4）重复压裂井套损发生概率远高于新投产井，初步认为井下套管腐蚀老化，射孔段近井地带煤层亏空导致压裂后套损加剧。

（5）针对重复压裂井矿化度数据与套损无明显的相关性，但由于统计数据不完整，此结论仅供参考，从日常作业腐蚀情况看，日常修井腐蚀较明显的井台压后套损往往更为严重。

塔里木油田A区块高含H_2S、CO_2井安全风险及应对措施

韩　磊　唐家诰　李学武　刘　锁　周洪云

（中国石油塔里木油田公司）

摘　要　近年来随着塔里木油田的勘探开发向深层/超深层方向发展，油气开发和生产工况日趋复杂苛刻，油气井普遍面临高温、高压、高含腐蚀性介质等极端环境。而对于高含CO_2和H_2S生产工况，油管柱面临腐蚀及环境断裂风险显著提高，油气井井完整性风险进一步增大。塔里木油田X2井是部署在麦盖提斜坡带上的重点探井，2016年该井钻至奥陶系蓬莱坝组获工业油气流，标志着A区块新层系的油气勘探获得突破。随着A区块的勘探开发持续深入，对高含H_2S、高含CO_2气藏的开发形势也更加严峻，双高腐蚀环境下的单井井完整性也面临着极大的考验。从现有勘探成果看，A区块X1井、X2井、X3井等天然气中H_2S含量达$2.39\times10^4 \sim 3.93\times10^4 mg/cm^3$，$CO_2$含量均已超过20%，其Y1井$CO_2$含量甚至已达87.9%，双高腐蚀环境下对单井采油树及油管柱的选材极为苛刻，所带来的安全风险也不言而喻。与此同时，A区块位于新疆和田地区皮山县境内，距离最近的和田河处理厂有近130公里，生产及应急支撑条件差，当出现井控险情或安全事故时无法在第一时间进行有效处置，生产安全风险较大。作为开发生产单位，完井投产后如何保障A区块高含H_2S和CO_2单井的安全平稳运行成了目前急需解决的问题，分析偏远单井所面临的生产安全和应急风险并制定其配套的应对措施刻不容缓。

关键词　A区块；H_2S；CO_2；选材；井完整性；应对措施

塔里木油田A气田以X1井的发现而命名，2016年X1井获得高产工业气流代表着A气藏的发现，是A区块矿权范围内发现的第一个油气藏，矿保意义重大。随着A区块勘探开发的深入，气藏所面临的开发和生产工况也愈发复杂，其高含H_2S和CO_2的特性给开发生产带来了极大难题。本文主要针对A区块生产单井高含H_2S和CO_2的风险特性，提出对完井采油树、完井管柱的选材优化，依靠开发过程中井完整性管理、腐蚀检测评价及应急管理等应对措施来保障A区块安全生产，进一步推动勘探开发工作。

1　A区块安全风险

1.1　A区块单井情况

从现有生产情况来看，A区块单井普遍高含H_2S、高含CO_2。2016年X1井测试显示，其产天然气中H_2S含量为$21615 \sim 23200.1 mg/m^3$，$CO_2$含量为20.05%～20.24%；2022年1月测试产天然气中H_2S含量最高已达2.998%（井底最大分压约2.0MPa），CO_2含量最高已达22.13%（井底最大分压约14.7MPa）。X2井天然气分析数据显示该井含H_2S量为$19000 \sim 40000 mg/cm^3$，CO_2含量甚至高达37.85%。总体来说，A区块单井都呈现H_2S及CO_2含量双高的恶劣腐蚀环境下，如此高含量酸性气体给单井所带来的井完整性风险不容忽视。

1.2　井筒完整性风险

井筒的完整性研究，主要通过对井筒全寿命周期中存在的风险因素进行识别和评价、制定相应的风险控制对策，从而将油气井正常运营的风险水平控制在合理的范围内，达到减少油气井安全事故发生，经济合理地实现油气井安全运行的目的。井筒完整性的研究分

为三个方面：井下管柱及附件的完整性、井下作业的完整性、井口系统的完整性。作为油气井生产单位，主要针对井下管柱及附件的完整性以及井口系统完整性进行分析。

1.2.1　井下管柱腐蚀风险

井下管柱及附件由于长期处于地下高温高压甚至强腐蚀的状态，因此其完整性容易遭到破坏，主要体现在以下两个方面：油套管的安全性（屈曲失稳、腐蚀等）、油套管的密封性。鉴于

目前 A 区块高含 H_2S 及 CO_2 特性，特此开展了高含 H_2S 及 CO_2 环境中 C110 抗硫油管的腐蚀失重试验。

试验采用高压釜装置进行腐蚀失重试验，试样形状及尺寸如图 1 所示。将高压釜升温至试验所需温度后按照试验要求通入 H_2S 及 CO_2，具体试验参数如表 1 和表 2 所示。

试验 H_2S 和 CO_2 分压分别依据 A 区块井底最高温度（170℃）及 CO_2 腐蚀敏感温度（90℃）对应压力计算得出。高压釜转速则基于 OLGA 软件所计算壁面剪切力得出。试验完毕后取出试样采用超景深显微镜、扫描电子显微镜及能谱分析仪对试样宏微观形貌及元素分布特征进行表征，进一步处理后放置 1 小时后再测量尺寸和称重。

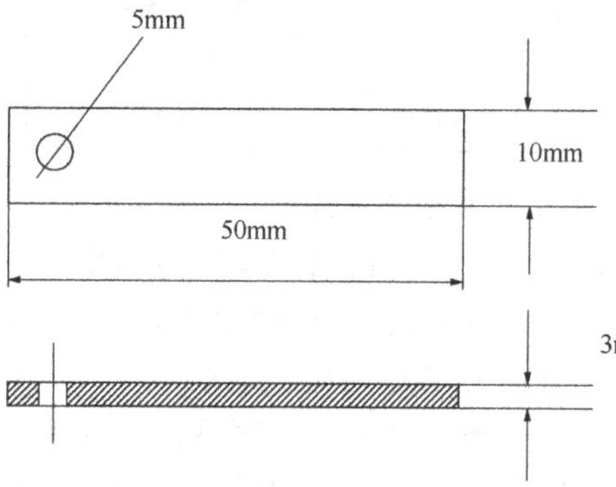

图 1　腐蚀失重试验用试样规格

表 1　A 区块环境模拟腐蚀失重试验条件

试样	C110 腐蚀挂片（50mm×10mm×3mm）	
温度/℃	90	170
时间/h	336	
CO_2 分压/MPa	58MPa×22.13%=12.8MPa	66.4MPa×22.13%=14.7MPa
H_2S 分压（MPa）	58MPa×2.998%=1.7MPa	66.4MPa×2.998%=2.0MPa
模拟地层水溶液	Cl^-：69456.3；SO_4^{-2}：784.4；HCO_3^-：540.1；Mg^{2+}：613.9；Ca^{2+}：11716.3；Na^++K^+：33183.03	
转速	111r/min	117r/min

表 2　X2 井井口 H_2S 和 CO_2 分压

序号	井口关井压力/MPa	CO_2mol%	CO_2 分压 psi	H_2Smol%	H_2S 分压 psi
1	43	20.94	1305.94	2.75	171.51
2	43	22.13	1380.16	1.84	114.75
3	43	20.89	1302.83	2.57	160.28
4	43	20.73	1292.85	2.95	183.98

试验结果表明 C110 试样在双高 H_2S/CO_2 模拟地层水环境中进行 14 天腐蚀失重试验后的腐蚀速率结果见表 5，其 90℃环境下平均腐蚀速率为 0.2043mm/a，属严重腐蚀；试样表面可见腐蚀坑分布，最大腐蚀坑深度约为 11.4μm。170℃环境下平均腐蚀速率为 0.5606mm/a，属极严重腐蚀；试样表面可见腐蚀坑分布，最大腐蚀坑深度约为 27.3μm。

通过 C110 抗硫管柱在 H_2S、CO_2 环境下的腐蚀失重试验，说明 A 区块单井存在着较大的井下管柱腐蚀风险。

1.2.2　井口装置腐蚀风险

井口完整性主要依据最大井口关井压力，H_2S 和 CO_2 腐蚀分压以及井口流温，确定井口设备的产品规范、压力、温度、材质等级及结构类型。根据 A 区块 X2 井关井压力及天然气组分分析，其井口 H_2S 及 CO_2 分压如表 3 所示。按照 APISPEC6A 等标准井口装置材质应使用 HH-NL 级，但建井投产时期考虑库存和采购周期等原因，使用的井口采气数为 FF-NL 级别。A 区块单井井口也面临着较大的井口腐蚀风险。

表 3　井口装置和采油树材质级别选择（部分）

材料级别	封存流体	H_2S 分压限制	CO_2 分压限制	腐蚀性	其他限制
DD-NL	酸性环境	无限制	低于 7psi	无腐蚀	
EE-1.5	酸性环境	低于 1.5psi	7psi～30psi	轻度腐蚀	pH≥3.5
EE-NL	酸性环境	无限制	7psi～30psi	轻度腐蚀	pH≥3.5

续表

材料级别	封存流体	H_2S 分压限制	CO_2 分压限制	腐蚀性	其他限制
FF-1.5	酸性环境	低于 1.5psi	30psi~200psi	中高度腐蚀	pH≥3.5
FF-NL	酸性环境	无限制	30psi~200psi	中高度腐蚀	pH≥3.5
HH-NL	酸性环境	无限制	无限制	高度腐蚀	

1.3 安全生产与应急风险

含硫化氢天然气在勘探开发过程中存在很高的风险，一方面由于 H_2S 的剧毒性及化学活性，另一方面受当地地质、地形地貌、人口分布、经济社会条件等多方面客观因素影响，在生产过程中容易发生泄漏风险，危及到企业职工及环境安全。A 区块单井井口装置及井下管柱因现役材质的原因均存在较为严重的腐蚀风险，一旦发生采油树及其配套的井口设施发生泄漏，不仅会影响到单井生产，更威胁到 A 区块值班人员及周边钻井队伍的生命安全，安全生产风险重大。

A 区块位于塔克拉玛干沙漠腹地，位于气田处理站 118km，距已建一集气站约 80km，距沙漠公路直线距离为 145km。交通不便，移动公共通讯尚未覆盖等地理条件及配套设施的短缺问题成为了 A 区块的又一大应急风险。若单井突发井控应急险情，例如井口着火、泄漏、溢流等事故事件发生后，气田处理站应急队伍需 4h 才能赶赴现场进行抢险，而塔里木油田专业应急压井队伍最快也需要半天以上时间才能到达现场，这将严重影响到应急处置进度。

2 A 区块风险应对措施

2.1 井筒完整性应对措施

无论是从井下管柱或者是井口系统来说，A 区块单井的选材对于“双高”腐蚀环境下保障油管柱及井口的长期服役安全至关重要。然而更高抗腐蚀级别的材质其生产成本也大大提升，如果一味的追求高级别的抗腐蚀材质也会影响到油气田的开发成本和经济效益。因此在实际生产中，要结合好安全与效益的关系，既要保障油气井安全平稳生产，又要控制生产成本，提高经济效益。

2.1.1 油管柱选材优化

根据 A 区块 H_2S 分压 1.22~1.96MPa，CO_2 分压 13.78~14.71MPa 情况，按照国际标准推荐选材图版来看，镍基合金具有更加优异的抗硫化物应力开裂和 CO_2 腐蚀性能。如果按照国际标准来选材，A 区块单井均应该使用镍基合金材质，更能满足全生命周期的安全服役。但 A 区块气藏包络较小、不具备大规模开发上产的条件，从长远开发来看，镍基合金材质经济性较差、采购周期较长。从一口单井油管费用对比来看，镍基合金材质要比 C110 管材费用高约 2000 万元，这对区块开发效益无疑是一个巨大的考验。如图 2 所示。

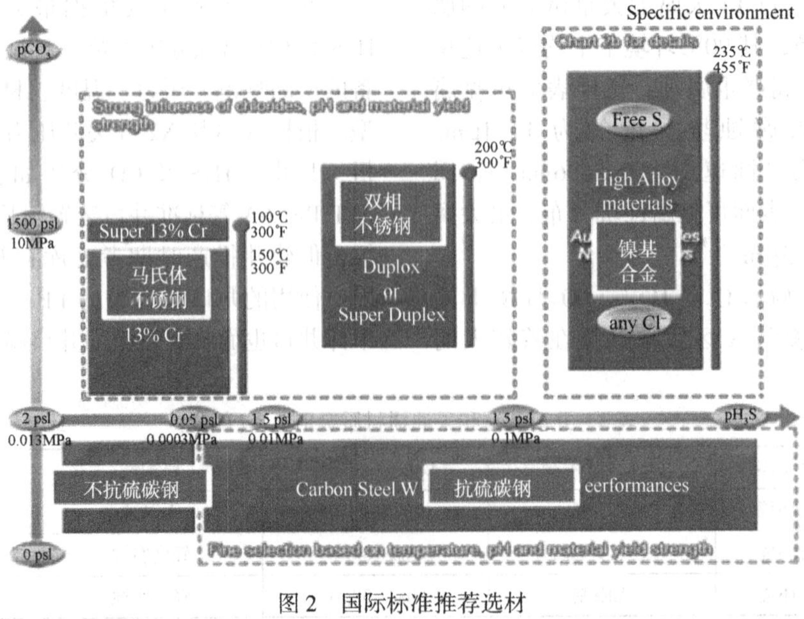

图 2　国际标准推荐选材

既然镍基合金生产成本大，那么C110管材是否能够满足当前X1井的安全生产需求？依据中国石油企业标准《塔里木油田油套管选材推荐做法》，气井工况下应按照图3进行选材。也就是按照油田标准A区块是可以选用C110管材的。

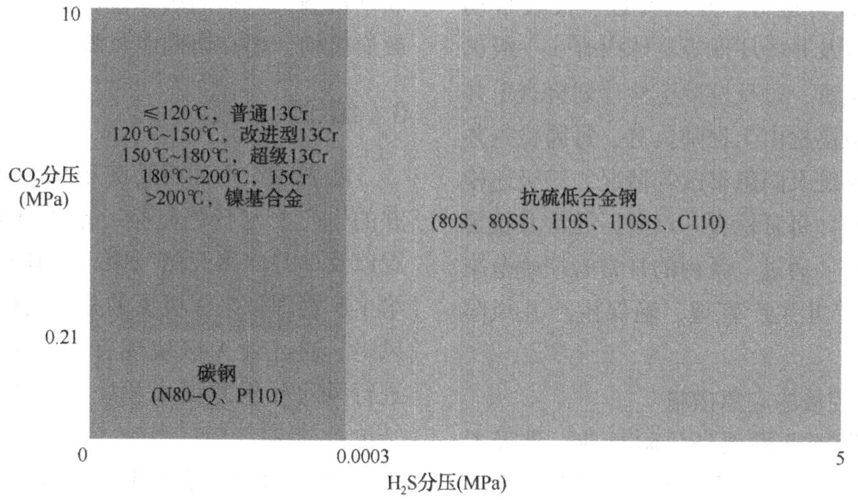

图3　油管选材图版

调研油田内同类型的高含H_2S及CO_2气藏生产情况，同样有H_2S/CO_2共存情况的塔中I号气田共有210口井，一般投产1~2年即见水，目前仅发生5井次C110油管失效情况，占总井数的2.38%，总体服役效果良好。具体服役情况见表4。因此根据各项标准推荐及生产安全、经济效益相结合，证实了C110油管从综合角度上来说更加适合于A区块气田开发生产。但是A区块腐蚀工况较塔中I号更苛刻，生产时要严格开展井筒腐蚀检测评价，当评价发现油管柱腐蚀程度高、服役效果差、管柱寿命短等问题后，要进一步进行隐患治理以更换管材。

表4　塔中I号气田抗硫油管服役现状统计

井号	失效形式	H_2S/MPa	CO_2/MPa	投产时间/见水时间	失效结论
ZG11＊	油管断裂	0.1	1.97	2009.8/投产	内涂层不适用
ZG105H＊		1.89	2.58	2012.04/投产1年半	3Cr材质，不抗硫
ZG431＊		1.03	2.16	2010.11/投产2年	关井5年，pH值降低
ZG151-2X	油套连通	3.84	7.91	2017.9/投产1年	管柱未起，结论不清
TZ125H		1.76	未查询到	2014.11/投产1年半	
塔中I区块整体服役工况：CO_2分压0-7.91MPa，H_2S分压0-4.54MPa，共计210口井					

2.1.2　井口腐蚀检测

同样的，A区块按照标准选材应选用HH-NL级别采气树，但从经济效益角度考虑，最终选择了FF-NL级别采气树。因此如何保障低级别采气树在生产运行过程中的安全运行成为了最关键性的问题。针对A区块井口装置腐蚀问题，开展了井口装置腐蚀检测。这种检测是基于金属磁记忆、超声相控阵和超声C扫描为主要手段的井口装置在线检测技术及工艺。根据检查结果，X1井、X2井经埋藏检测、内壁腐蚀检测后检测部位未发现明显的腐蚀区域，内壁腐蚀评价结果均符合相关的检验检测标准，建议检测评价周期为6年。因此A区块井口装置问题可以采取定期检验检测评价的手段来定期监测其生产状况，根据检测结果调整检测评价周期。

2.2　日常管理及应急措施

2.2.1　日常管理

油气井的现场管理关注的是生产管理部门及现场人员对油气井运行管理职责是否履行到位。对于A区块单井日常管理来说，重点需要关注井口阀门工作状态（是否内漏、开关次数）、高压气井液控系统正常与否、采气井各级环空压力变化情况等。同时制定三级巡检措施，内容包括但不限于井口设备运行、井口参数、仪表自动化、电力系统以及井场环保等具体内容。一级巡检由岗位员工负责，每日按照巡检计划检查单井运行情况；二级巡检由工程师负责，每周检查井口装置、液控系统及隐患整改等情况；三级巡检由值班领导负责，每月检查井口套压异常及报警参数等情况检查。通过一系列的日常管理规范来加强A区块的单井生产管理，确保生产井风险受控。

2.2.2 井口失控后的应急措施

含硫气田勘探开发属高风险行业，涉及易燃、易爆、有毒等物质，在气井勘探开发过程中存在多种事故风险，其中危害最为严重的是井喷失控事故。

对于井口失控状态下的含硫化氢油气井，国际上都采用点火作为应急抢险的重要手段。CO_2作为惰性气体，对井喷点火有负面作用，在CO_2含量不高时，作用不明显，但当天然气中CO_2含量占比超过34%时就可能无法燃烧，因此A区块需要特别注意高含CO_2情况下井口失控后的应急处置问题。在应急处置过程中需要关注一下几点：一是在井口失控后，要实时监测环境中H_2S含量，一旦达到标准满足点火条件，需尽快点火。二是若环境中CO_2含量过高点火不燃，需组织A区块方圆20~40km所有人员撤离，将沙漠公路封闭。尽快联系专业应急队伍处置，同时和田河处理厂做好应急预警准备。

A区块属于偏远地区，井控应急支撑能力弱，应急管理工作需进一步加强。就目前A区块应急特点，可以从以下几方面做好应急工作。一是在应急制度上，建立井控突发事件应急预案，明确井控突发事件后各应急部门的职责，确保应急响应全过程中能够快速高效的处置。二是在应急资源上，发生井控险情后所需要组织的有应急压井材料、应急管线、应急泵车及应急队伍，这些应急资源组织越快，应急处置则更加快速高效，井控险情所带来的损失及影响就越小。从现有资源来看，A区块依靠生产单位难以做到快速处置，需要依靠邻近的钻井队伍来进行先期处置。若周边没有正钻井或修井作业，建议生产单位自行组织应急压井物资储备及应急压裂车值班，以确保井控险情的有效处置。三是建立应急联动机制，包括周边其他作业队伍、企业及地方政府机构，提高协同应急能力。

3 结论

随着塔里木油田勘探开发的持续深入，油气井的生产工况日趋复杂。基于A区块的地理位置以及单井产出天然气中高含H_2S、CO_2的特性，给生产管理带来了极大的井筒完整性及应急管理风险。通过对A区块现有开发生产及管理情况进行风险分析并提出相应应对措施，得出一下结论：

（1）A区块高含H_2S、CO_2，按照标准选材图版，双高环境下的井下管柱及井口装置选材都极为苛刻，井筒完整性及井口装置都面临着严重的腐蚀风险。

（2）通过同类气藏的调研以及标准研究，对比了两种方案下的经济效益情况，论证优选了A区块C110油管以及FF-NL级采气树。

（3）针对目前A区块存在的井完整性问题，对区块内两口单井开展了井口腐蚀检测评价，评价结果显示FF-NL级别采气树服役状态良好，未见明显的腐蚀情况。同时即将准备开展井筒腐蚀检测来评价油管柱的服役情况。根据检测评价结果进一步制定检验周期及应对措施。

（4）针对A区块单井日常管理存在的生产风险及应急管理风险点，明确了A区块单井重点关注内容及三级巡检措施，加强日常生产管理。根据A区块地理位置偏远、应急支撑能力弱的问题，明确了应急管控措施，从应急制度、应急资源及应急联动机制三方面等具体措施来应对应急风险。

参 考 文 献

[1] API Recommended Practice 90. Annular casing pressure management for offshore wells [S]. First Edition, August, 2006.

[2] NORSOK Standard D-010. Well integrity in drilling and well operations [S]. Standards Norway, August, 2004.

[3] ANDERS J, ROSSBERG S, DUBE A, et al. Well integrity operation at Prudhoe Bay, Alaska [R]. SPE

102525，2006.

[4] 田晓冬．井筒完整性研究现状及进展[J]．西安文理学院学报：自然科学版，2018，21(5)：8. DOI：CNKI：SUN：XAJY. 0. 2018-05-024.

[5] 王建光，邓云峰．含硫气井应急管理模式初探[J]．中国安全生产科学技术，2009，5(5)：4. DOI：10. 3969/j. issn. 1673-193X. 2009. 05. 013.

[6] 黎洪珍，杨涛，徐春碧，等．高含硫气井存在的问题及对策探讨[J]．钻采工艺，2008，031(006)：118-121. DOI：CNKI：SUN：ZCGY. 0. 2008-06-038.

[7] 安应建．剖析"12·23"井喷事故应急处置[J]．劳动保护，2008(12)：100-102. DOI：CNKI：SUN：LDBH. 0. 2008-12-042.

炼化企业安全生产应急能力评估体系研究
——基于FAHP法

祁　放　朱　丽　崔　蕊

（中国石油抚顺石化公司）

摘　要　炼化企业属高风险行业，在生产过程中不仅具有高温高压、易燃易爆、有毒有害的特点，在整个日常的生产过程中还存在着很多的不确定危险性因素。因此，炼化企业提升安全生产应急能力日益迫切，评估企业安全生产应急能力已成为炼化企业共同面临的问题。本文采用科学方法和相关理论重建炼化企业安全生产应急能力评估模型，使其具备科学性、可行性。本文首先采用文献法、问卷调查法建立安全生产应急能力评估指标体系；其次采用专家打分法、层次分析法确定各项指标权重，而后基于模糊综合分析法将评估结果进行模糊量化处理，定性分析与定量分析相结合，从而建立炼化企业安全生产应急能力评估模型；最后，以炼化企业X为例进行实力分析评估。论文基于FAHP（层次分析–模糊综合分析法）针对炼化企业安全生产应急能力评估体系进行研究，所建立评估模型针对炼化企业具备一定科学性与可操作性，可全面反映出企业的安全生产应急方面突出问题，企业也可通过评估结果有针对性地进行整改，以提高企业安全生产管理能力。该评估体系可为其他炼化企业安全生产应急能力评估提供参考和解决思路，从提高企业安全管理角度，提高炼化企业管理，提升企业核心竞争力。

关键词　安全管理；安全生产；应急能力；层次分析；模糊综合评价

炼化行业作为国民经济的重要支柱，对我国的经济发展产生了深远影响。数据表明，2020年—2023年我国大量大型化工项目投入规划和建设。然而，这个高危行业也面临着诸多风险和挑战。炼油化工使用的油气原料、生产过程中产生的中间体和产出物大多属于危险化学品，因此其生产经营活动的风险较高。炼化企业灾害事故突发性强、破坏性大，需要安全应急具备专业能力和响应能力。为了有效应对各种突发事件，提升炼化企业的安全生产应急管理水平，完善和加强企业安全应急能力至关重要。这不仅有助于保障员工生命财产安全，也有利于维护社会稳定和经济可持续发展。

针对炼化企业安全生产应急能力评估问题，众多专家学者已经开展了一系列重要课题研究。李永强提出完善的应急能力管理方案、相关工作机制、工作模式、观念意识和技术保障等是量化管理的重要指标。甘亦凡采用层次分析与模糊分析相结合的方法建立炼化企业事故应急模型，并针对3家企业进行试点。陈英梅等采用问卷调查法分析某药化企业安全生产应急能力不足，并采用模糊分析法构建模型。赵永华等针对石化企业提出应急准备评估能力的定性评估方法并进行应用。杨振宏等针对化工园区建立全新应急能力评估指标体系，采用可拓理论有效削减评价人员主观影响，从而客观地确定评估指标权重。

根据上述研究，专家学者们已经针对不同行业企业的应急特点，构建相应的应急能力评估指标体系，并求解确定指标权重和应急能力分值。然而，部分研究确定的应急能力分值仍然依赖于专家的主观定性评价。对于复杂的炼化企业应急体系，基于主观评价的应急能力分值是一个模糊概念，相关研究尚未对这些模糊概念进行数学规律提炼，这导致了评估结果存在客观性不足、边界不清和无法定量分析等问题。在之前的研究中，一些研究主要关注于确定应急能力的理论分值，但在专家选择、评估方法和现场试点应用等关键环节上涉及较少，因此未形成完整的应急能力评估方法体系。为了解决这些问题，本文创建了炼化企业安全生产应急能力评估指标体系，并基于层次分析法（AHP）计算了各级指标的权重分布。在此基础上，我们建立了一个基于模糊综合评价的应急能力评估模型，将专家评估结果中的模糊性程度语言概念进行量化处理，从而将定性研判转换为定量分析。同时，我们提出了与评估模型相匹配的专家选择方法、问题清单化梳理，形成完善的炼化企业生产安全应急能力评估方法体系。这项研究成果可以为炼化企业的应急能力评估提供一定的理论和实践依据。

1 建立炼化企业安全生产应急能力评估指标体系

通过查找文献进行研究，发现不同学者及研究人员针对炼化企业安全生产应急能力评估中选取指标各不相同。各国政府工程、大型央企国企在实际的评价过程中关注点也存在差异，指标选取各不相同。论文将炼化行业的特点进行重点关注，尽可能保障所选取的指标能够全面、系统、科学地反映企业安全应急能力。

1.1 初步筛选评估指标

首先确定论文的研究方向、研究内容和研究内容为炼化企业应急能力进行查找和检索，共选取参考文献 47 篇，其中中文文献 35 篇，外文文献 12 篇。其中，中文文献在数据库检索词锁定为："炼化企业"、"安全应急"、"安全生产管理"、"应急管理"、"风险管理"。英文文献的关键词检索为："Refining and chemical enterprises"，"safety emergency"，"safety production management"，"emergency management"，"risk management"。按照上述关键词在中国知网、万方、Science Direct、One Petro 网站数据库中 2020-2023 研究文献进行检索，对指标进行初步选取筛选。

1.2 问卷调查确定指标

经过上一节的指标初筛，筛选指标出的指标范围较大，针对性差，较为泛泛，论文秉承为炼化企业制定客观性、可操作性的安全生产应急能力评估原则，对前文初筛的评估指标进行梳理，将初筛的指标清单使用问卷调查法进行分析，并依据问卷调查的回收问卷进行统计分析、总结归类，形成符合炼化实际情况的安全生产应急能力评估多级的指标体系。

对上文指标体系初筛结果进行调查问卷进行二次筛选，要求参与问卷调查者根据每项指标对应急能力的影响成都进行评分。按照重要程度分为 5 个等级：1 分不重要，2 分一般重要，3 分比较重要，4 分非常重要，5 分特别重要。本次问卷通过微信小程序问卷星进行发送调查，问卷累计发送 87 份，收到答复 76 份。经分析有效问卷为 66 份，占比为 86.8%。筛选出平均得分高于 4.0 的指标作为关键性因素，作为炼化企业安全生产应急能力评估的关键性指标。

1.3 评估指标整合

上述指标中，均值低于 4 的由于关注度较低，进行剔除。从问卷调查进行 SPSS 分析后，指标的变异系数全部小于 0.5，可以看出参与问卷调查的人员对评价指标的关注度基本一致。另外，依据炼化企业安全生产应急能力的实际情况，将此 17 项指标作为三级指标，对上述指标进行分析分类，整合后分为 5 大项，作为二级指标，指标体系如图 1 所示。

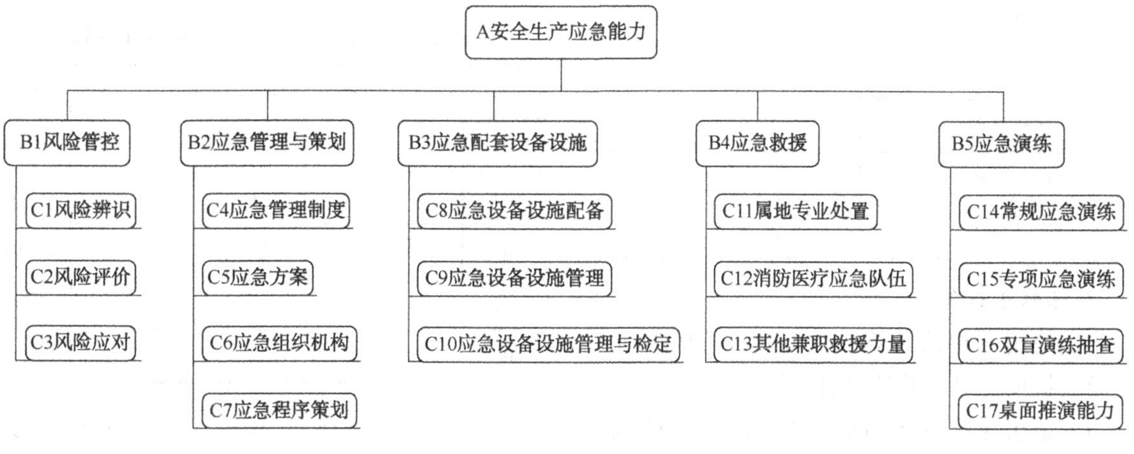

图 1　炼化企业应急能力评估指标体系

2 基于层次分析法确定应急能力评估指标权重

层次分析法(Analytic Hierarchy Process)，简称AHP，是20世纪70年代由美国统计学教授萨蒂(T. L. Saaty)所提出，该决策方法是将最终决策分为几个小层面，准则或是方案等，将主观的经验及判断融入定量模型，从而使定性和定量的分析相结合。

利用该方法分析的步骤如下：

2.1 分层次建立结构模型

根据它们之间的关系，将决策目标、因素(决策准则)和决策对象划分为一级指标、二级指标和三级指标。一级指标指的是要解决的问题，二级指标是指中间层，即决定一级指标的因素和标准，三级指标为更低的一层，是决定二级指标的因素和标准。

2.2 组建层次分析结构模型

首先，组织多名相关专家，从第二级指标开始，按照表1所示的量表值进行评价，赋值1~9；其次，将两两指标进行比较进行赋值，确定其定量值；最后，综合专家意见，逐层构建相关要素判断矩阵A：

$$A=(\alpha_{ij})_{m\times m} \tag{1}$$

表1　指标对比评定标度表

因素i与因素j比较	量化值
相同重要	1
轻微重要	3
比较重要	5
强烈重要	7
极度重要	9
两者中间值	2，4，6，8

2.3 指标权重计算

分别使用方根法计算判断矩阵A的最大特征值及其特征向量，其计算过程如下：

(1) 依次计算每个判断矩阵A中，每行要素α_{ij}的乘积M_i。则称，m为矩阵的阶数，$i=1, 2, 3, \cdots m$：

$$M_i=\prod_{j=1}^{m}\alpha_{ij} \tag{2}$$

(2) 计算M_i的m次方根$\overline{Y_i}$：

$$\overline{Y_i}=\sqrt[m]{M_i} \tag{3}$$

(3) 将$\overline{Y_i}$进行归一化处理，可得权重向量W，其中，$i=1, 2, 3, \cdots m$。其中，$W1$，$W2$，…，Wm为权重系数：

$$Wi=\overline{Y_i}/\sum_{i=1}^{m}\overline{Y_i} \tag{4}$$

$$W=(W_1, W_2\cdots W_m)^T \tag{5}$$

(4) 利用上述公式，依次求出每项指标的权重系数。

2.4 权重系数一致性检验

在计算出权重系数后，为进行验证各系数是否有效，应进行一致性检验。如果出现不一致状况将影响数据的准确性，导致判断失误。公式(6)、式(7)为指标权重的一致性检验公式，其中λ_{max}为矩阵最大特征值，m为矩阵阶数，CI为矩阵一致性的衡量指标，CR为随机性比率，RI为随机性指标。

$$CI=\frac{\lambda_{max}-m}{m-1} \tag{6}$$

$$CR=\frac{CI}{RI} \tag{7}$$

经由上述方法测得CR的值，如CR的计算结果均小于0.1，则说明计算出的权重指标通过一致性检验，这些权重指标系数是合理的。

以下将以一名专家二级指标判断打分情况为例，见表2。

表2　第一位专家二级指标矩阵(B1-B5)

A	B1	B2	B3	B4	B5	权重
B1	1	4	3	3	7	0.4618
B2	1/4	1	1/3	1/3	3	0.1007
B3	1/3	3	1	1	3	0.1912
B4	1/3	3	1	1	3	0.1912
B5	1/7	1/3	1/3	1/3	1	0.055

$CR=0.0386<0.1$，该矩阵一致性通过检验。

论文共邀请六位专家进行打分，其中一位专家结果经验证$CR=0.1346$，未通过一致性检验，故作废。剩余五位专家打分结果进行加权，结果见表3，从而形成全新评价表。

表 3　评估指标汇总表

一级指标	二级指标		三级指标	
	名称	权重	名称	权重
A	B1	0.4288	C1	0.1257
			C2	0.0554
			C3	0.2808
	B2	0.2136	C4	0.0473
			C5	0.0281
			C6	0.0105
			C7	0.015
	B3	0.1745	C8	0.1126
			C9	0.0304
			C10	0.0482
	B4	0.133	C11	0.1003
			C12	0.0638
			C13	0.0271
	B5	0.0501	C14	0.0223
			C15	0.0213
			C16	0.0074
			C17	0.004

3　基于模糊综合评价法建立炼化企业应急能力评估体系

模糊综合评价法(Fuzzy Comprehensive Evaluation，FCE)是一种以模糊数学为基础的综合评价方法。这种评价法将需评价的模糊对象和反映模糊对象某种性质的模糊概念当作一个模糊集合，根据模糊数学的隶属度函数(Degree of Membership Function)理论将定性的评价转化为定量的评价，亦即借助模糊数学的工具对某个受到多种因素影响或制约的对象或事物的优劣做出某种科学的总体的评价。

3.1　设定评估集

本文对炼化企业安全生产应急能力评估体系所包含的二级指标的评估等级划分为五个等级，其等级划分见表 4，评估等级分别划分为优、良、中、较差和差五个等级。

表 4　二级指标评估等级划分及赋值

评价等级	分数区间/分	赋值
优	80~100	90
良	60~79	70
中	40~59	50
较差	20~39	30
差	0~19	10

依据所设计的评估等级划分，建立评定集：

$$E=\{E1,\ E2,\ E3,\ E4,\ E5\}=\{优,\ 良,\ 中,\ 差,\ 差\} \tag{8}$$

随后对该评估集划分分数区间，并进行赋值，将定性评估转化为定量评估，量化后的评估集为：

$$E=\{90,\ 70,\ 50,\ 30,\ 10\}$$

3.2　模糊关系矩阵

模糊关系矩阵通过对所有评价指标进行单因素评价，建立模糊关系矩阵：

$$R=\begin{vmatrix} r_{11} & r_{12} & \cdots & r_{1k} \\ r_{21} & r_{22} & \cdots & r_{2k} \\ \cdots & \cdots & \cdots & \cdots \\ r_{i1} & r_{i2} & \cdots & r_{ik} \end{vmatrix} \tag{9}$$

上式矩阵 R 中元素 $r_{i\ k}$ 代表第 $i=(i=1,\ 2,\ ...,\ n)$ 个评价指标被评定为 Ex 的隶属度。$r_{ik}=n/N$，其中 N 为参与调查的总人数，n 为给予第 i 个评价指标的评定等级为 Ex 的人数。

3.3　模糊评价结果

模糊综合评价数学模型的标准形式写为：

$$K=W\cdot R=[W_1W_2\cdots W_n]\cdot\begin{bmatrix} r_{11} & r_{12} & \cdots & r_{1k} \\ r_{21} & r_{22} & \cdots & r_{2k} \\ \cdots & \cdots & \cdots & \cdots \\ r_{i1} & r_{i2} & \cdots & r_{ik} \end{bmatrix}=[K_1K_2\cdots K_k] \tag{10}$$

$$S=E\cdot K^T \tag{11}$$

运用前面求得的权重向量 W 与模糊关系矩阵 R 进行模糊矩阵的复合运算，可得到综合隶属度向量。将其与评定集为 E 相乘得到综合评定值从而确定炼化企业安全生产应急等级。

4　实例应用——以炼化 X 企业为例

本章应用上文建立模型对炼化企业 X 安全生产应急能力进行评估。X 企业具备 XX 万 t/a 千万吨炼油加工能力，是综合性炼化企业。为保证评估的准确性、真实性、代表性，特组建 X 企业安全生产应急能力评估小组，设置组长一名，负责日常联络统筹、汇总评估结果工作。特选定具备专业水平、安全管理经验丰富，且从事相关工作 10 年以上评估组成员 10 人。通过使用 yaahp 将前文层次分析法模型、模糊分析法模型进行输入，建立 FCE 问卷调查表，对评估组专家进行调查表发放。在此期间，各位专家针对评估内容在X企业进行检查，5个工作日后完成评估回传评估表。

将专家评估结果导入yaahp进行汇总分析加权，表5为10人评估组专家加权后成绩。

表5　应急能力评估加权汇总

项目	得分
B1 风险管控	66.724
B2 应急管理与策划	78.890
B3 应急配套设备设施	75.037
B4 应急救援	63.324
B5 应急演练	77.722
应急能力评估	70.722

根据前文明确炼化企业安全生产能力评估等级划分，X企业加权分数为70.722分，属于等级良。

5　结论

近年来，炼化企业安全形势日趋严峻，科学有效的应急能力评估可有效衡量企业安全管理能力，提升企业管理水平。本文从炼化企业角度出发，首先采用文献法和问卷调查法确定评估指标体系；其次，使用FAHP(层次分析-模糊分析法)建立评估模型；最后，使用新建评估体系对X企业安全生产应急能力进行实例应用。

本文构建评估模型具备科学性、实用性和可操作性，借助yaahp工具可实现半自动，但是，评估过程和结果汇总需要人工梳理的工作量仍过大，后续可开发相关评估程序解决该类问题。其次，由于本文存在局限性，未能针对评估结果进行分析，对评估结果应用存在欠缺，后续可使用灰色关联度分析理论等进行深层次分析，有针对性解决炼化企业存在问题。

参 考 文 献

[1] 李永强．国内企业安全生产应急能力量化及其管理对策研究[J]．中小企业管理与科技，2023(5)：118-120.

[2] 甘亦凡，储胜利，秦龙龙，等．基于AHP-模糊评价的炼化企业生产安全事故应急能力评估方法体系[J]．油气田环境保护，2022，32(4)：57-62.

[3] 陈英梅，钱思雨．企业安全生产应急能力评价研究——以某药化公司为例[J]．环渤海经济瞭望，2022(3)：31-33.

[4] 赵永华，袁纪武，朱先俊，等．石化企业应急能力评估方法与应用[J]．安全．健康和环境，2019，19(4)：5. DOI：CNKI：SUN：SAFE. 0. 2019-04-012.

[5] 杨振宏，田甜，刘鹏刚，等．基于可拓理论的化工园区应急管理能力评估[J]．中国安全生产科学技术，2016，12(8)：5. DOI：10.11731/j. issn. 1673-193x. 2016. 08. 017.

大型罐区重大火灾处理综合性应急处置体系建设

高清武

（中国石油抚顺石化公司）

摘　要　随着工业化的不断推进，大型罐区作为危险化学品的储存和处理中心，扮演着关键的角色。然而，由于其特殊的性质，一旦发生重大火灾，将可能带来巨大的人员伤害、环境污染和财产损失。本文将通过对国内外相关文献的综述，结合实际案例和经验，系统地剖析大型罐区重大火灾的复杂性和特殊性，并提出一套切实可行的、适用于各类情境的综合性应急处置体系。

在未来的工作中，我们期望通过本文对型罐区的火灾防范和应急处置提供有深度、有前瞻性的解决思路。通过不断完善和升级的应急处置体系，我们有望最大程度地降低火灾风险，确保大型罐区在面临突发事件时能够迅速、有序、高效地做出应对，保障人员和环境的安全。

关键词　智能检测；社会参与；火灾模拟；预警系统

本研究的主要目的在于深入探讨大型罐区重大火灾处理综合性应急处置体系的建设，通过对相关技术、管理和政策手段的研究，旨在提出有效的建设方案和策略，为大型罐区火灾的预防、应对和处置提供科学依据，推动综合性应急处置体系的实际建设，确保在火灾发生时能够迅速、有效地应对各种紧急情况。

1　背景介绍

1.1　大型罐区的重要性

在当代工业体系中，大型罐区作为危险化学品和石油产品的主要存储和处理场所，承载着重要的社会和经济职能。这些罐区广泛应用于石油、化工、制药等领域，不仅是生产链的关键节点，也是能源供应和化工生产的支柱。

（1）储存战略物资：大型罐区是国家和地区战略物资的主要储备地，包括石油、天然气、化学品等。其充足的存储能力对于维护国家能源安全、保障基础工业原材料的供应至关重要。

（2）支撑产业链：大型罐区作为石油化工产业链的关键环节，直接关系到整个产业链的稳定运转。其中的储油、储气、储化工原料等功能，为下游产业提供了可靠的原材料保障。

（3）应对紧急情况：大型罐区在一些紧急情况下，如自然灾害、能源危机等，可以发挥关键作用。其储备的资源可以用于紧急救灾和应对能源短缺等特殊情况。

然而，正因为大型罐区的重要性，一旦发生重大火灾事件，可能带来严重的安全隐患，对人员、环境和经济造成不可估量的损失。

1.2　火灾事件对大型罐区的潜在威胁

大型罐区作为危险化学品和石油产品的主要储存和处理场所，面临着火灾事件的潜在威胁，这不仅对罐区本身的设施和运营构成严重挑战，更对周边环境、人员安全和社会稳定带来巨大风险。

（1）爆炸和火灾蔓延：大型罐区储存的危险品，如石油、化学品等，一旦发生火灾，可能引发爆炸和火灾蔓延。这不仅危及罐区内的设施和储存的物资，还可能波及周边区域，导致更大范围的灾害。

（2）有毒气体释放：在火灾中，罐区内的危险品可能释放有毒气体，对周边居民和环境造成危害。这种情况下，及时的应急处置和疏散计划至关重要，以减少潜在的人员伤害和环境污染。

（3）设施损害和财产损失：火灾可能导致罐区内设施的严重损害，造成巨额财产损失。这包括储罐损毁、管道破裂等情况，需要迅速而有效地进行处置，以最小化经济损失

（4）环境污染：大型罐区储存的危险品在火灾中可能导致环境污染，对土壤、水源等造成污染影响。防范火灾事件对环境的潜在威胁，不仅需要及时处置火灾本身，还需要采取措施减少环境影响。

（5）社会恐慌和经济压力：重大火灾可能引发社会恐慌，对周边社区造成心理压力。

2 大型罐区火灾的特点和风险部分

2.1 大型罐区存储和处理危险物质

大型罐区所存储和处理危险物质的火灾，具有明显的特点。

（1）液体化工品：大型罐区通常储存各类液体化工品，包括石油、化学溶液、酸碱等。这些液体具有易燃、易爆、腐蚀等危险特性，火灾时可能产生大量有毒气体和火势蔓延的风险。

（2）气体储罐：罐区中常见的气体储罐储存着液化石油气（LPG）、液化天然气（LNG）等。这些气体在火灾中可能发生爆炸，同时液化气体泄漏可能导致严重的冷冻伤害和火灾蔓延。

（3）化工原料：大型罐区储存着各种化工原料，如危险化学品、有机溶剂等。在火灾中，这些原料可能发生不可控的化学反应，产生有毒气体和火灾。

（4）高温液体：某些罐区中可能存储高温液体，如熔融金属或熔融盐类。在火灾中，高温液体的泄漏和蔓延可能带来更为复杂的应急处置挑战。

（5）危险废物：罐区中可能存在危险废物的临时储存，包括有毒废弃物、放射性废物等。火灾时这些废物可能释放出有害物质，对环境和人员造成潜在威胁。

储存方式方面，大型罐区通常采用储罐、储槽、储槽区划等设施进行分类储存。而危险品的储存方式可能涵盖固体、液体和气体的不同形式，这增加了火灾应急处置的复杂性。

2.2 大型罐区火灾的风险

首先，危险品的性质决定了火灾发生后可能引发爆炸、中毒或蔓延至周边区域的严重后果。其次，罐区设备的老化、腐蚀以及操作不当可能导致泄漏和火灾的发生。另外，人为因素如设备维护管理的不善、员工培训不足等也是潜在的风险源。这些因素使得大型罐区火灾的风险更为复杂和多样化。

在设计和实施应急处置策略时，需要全面考虑罐区的特殊性，构建科学合理的综合性应急处置体系，以最大程度地减少火灾带来的损害，确保人员安全和环境保护。

2.3 火灾潜在因素分析

（1）危险品特性分析：大型罐区储存的危险品特性直接影响火灾的严重程度。对危险品的物理、化学性质以及可能的火灾反应进行详细分析，有助于预测火灾发生的可能性和后果。例如，易燃液体的泄漏可能导致火灾扩散，毒性气体的释放可能对人员和环境造成严重危害。

（2）设备状态评估：罐区内的设备包括储罐、管道、阀门等，其状态直接关系到火灾的潜在风险。老化、腐蚀、机械故障等因素可能导致设备泄漏或火灾的爆发。通过对设备的定期检查和维护，可以及早发现潜在问题，减少火灾的发生概率。

（3）操作和管理分析：人为因素是大型罐区火灾的重要潜在因素之一。员工的培训水平、操作规程的合理性以及应急响应能力都会直接影响火灾的扩散和处置效果。对操作和管理层面的薄弱环节进行综合分析，有助于制定更加科学有效的防控措施。

（4）环境因素考虑：大型罐区周围环境的特点也是火灾风险评估的一部分。例如，气象条件、地理位置、周边建筑等因素可能影响火灾的蔓延和对周边区域的影响。综合考虑这些因素，可以更准确地评估火灾的潜在影响范围。

通过对潜在因素的全面分析，可以更全面地了解大型罐区火灾的风险，并制定有针对性的综合性应急处置体系，以最大程度地降低火灾带来的损害。

3 先进监测技术应用与技术培训

3.1 先进监测技术与应用

近年来，随着科技的不断进步，先进监测技术在大型罐区火灾处理中的应用逐渐成为改进现有防范和处置策略的重要手段。

（1）智能传感器网络：引入智能传感器网络，可以实时监测罐区内的温度、压力、气体浓度等关键参数。这些传感器通过无线网络实现实时数据传输，提供更及时、准确的监测结果，为火灾预警提供科学依据。

（2）红外热成像技术：利用红外热成像技术，可实现对罐区设施和设备的高精度热像监测。这有助于及早发现潜在的设备异常和热点，减少因设备故障引发的火灾风险。

（3）气体检测技术：先进的气体检测技术可以实时监测罐区内各种气体的浓度，尤其是可燃气体和有毒气体。一旦检测到异常浓度，即可迅速采取相应的防范和处理措施，降低火灾风险。

（4）监控摄像系统：引入高清晰度监控摄像系统，可对罐区进行全方位实时监控。这有助于及时发现异常情况，提供视频资料支持事故原因分析，并为紧急疏散和救援提供实时图像数据。

（5）无人机技术：无人机可以快速、灵活地飞越罐区，实施空中监测。结合先进的摄像和传感技术，无人机可以提供高空俯瞰、三维模型等多方位数据，为火灾监测和风险评估提供更为全面的视角。

通过综合运用这些现代技术，大型罐区的应急处置体系能够更加高效、科学地应对火灾事件，提高处置的速度和精准度，最大程度地降低火灾带来的损害。技术支持与培训的结合，能够更好地应对不断变化的火灾场景和挑战，确保处置体系的实际可行性。

3.2 人员技术培训

人员技术培训是确保应急响应人员能够熟练运用现代技术、高效协同工作的重要环节。

（1）培训内容的设定：制定全面而系统的培训内容，包括但不限于监测设备的使用、火灾监测与预警系统的使用、灭火器材操作、紧急疏散程序等。培训内容需要贴近罐区实际情况，确保人员具备全面的应急处置知识。

（2）现代技术应用培训：强调现代技术的应用培训，利用火灾模拟软件，进行场景模拟和分析。这种软件可以模拟火灾蔓延、热辐射等情况，同时还可以采用虚拟现实和增强现实技术，开发火灾应急处置的虚拟训练环境。通过模拟真实场景，培训人员在虚拟环境中进行紧急疏散、火灾扑救等操作，培训人员掌握这些技术的使用方法，提高应对复杂火灾场景的能力。

（3）实地培训与实操培训：安排实地培训，让人员亲身体验火灾现场的特殊环境，加强应对复杂条件的实际操作能力。实操培训涉及灭火器材的使用、逃生绳索的应用等，提高人员的操作熟练度。

通过科学合理的人员技术培训，大型罐区的应急响应人员可以更好地掌握现代技术，高效协同工作，提高在火灾事件中的应对能力，最大限度地减少人员伤害和环境损害。

4 综合性应急处置体系建设

4.1 应急预案制定和更新

应急预案是在面对火灾等紧急情况时，组织和协调各方资源，迅速、有序地采取行动的指导性文件。

（1）多场景应对：应急预案制定时应考虑多种火灾场景，包括不同类型危险品泄漏、设备故障等各种可能发生的情况。在预案中要明确不同场景下的应急响应策略，确保对各种紧急情况都有针对性的处置方案。

（2）资源调度与协同：应急处置体系需要明确资源调度和协同机制。应急预案中应包括明确的资源清单，包括灭火设备、防护装备、应急通讯设备等。同时，应规定资源的调度和协同原则，确保各方能够协同作战，高效利用有限资源。

（3）信息共享与传递：高效的信息共享和传递是应急处置体系的核心。预案中应规定明确的信息传递渠道和流程，确保各级责任人员能够及时获取准确的情报信息，做出明智的决策。

（4）更新与改进：应急预案需要根据罐区内设备、技术、法规等因素的变化进行定期的更新与改进。随着科技的发展和罐区环境的变化，应急处置体系也需要不断适应和优化。定期的综合性评估和更新有助于提高应急预案的实际可行性和有效性。

通过科学合理的应急预案制定和更新，大型罐区可以在火灾发生时迅速响应、有序处置，最大程度减少人员伤害和环境损害，确保整体的安全性和可持续性。

4.2 应急响应组织与协调机制

应急响应组织与协调机制是确保大型罐区在火灾发生时迅速、协同、有序应对的关键。设立明确的应急响应组织结构是应对火灾的基础，以确保各个环节的有序协同工作；

在应急响应组织中，各级责任人员的责任分工应明确，以确保信息流畅、指挥有序；所有与应急响应相关的人员需要接受定期的培训和演练，提高应急响应人员的实际应对水平；定期的综合性评估，及时进行机制和流程的优化，确保处置体系的实际可行性。

通过科学建设的应急响应组织与协调机制，大型罐区能够在火灾发生时实现快速、有序的应急处置，最大限度地减少人员伤害和环境损害，确保整体的安全性和可持续性。

5 成效评估与持续改进

在大型罐区重大火灾处理的综合性应急处置

体系中，进行有效的成效评估与持续改进是确保体系可行性和不断提升的关键。

5.1 应急演练

全员参与：保障全员参与演练，全员参与有助于发现各个环节的问题和不足，促使更多人了解应急处置流程。

多部门协同演练：多部门协同演练，包括罐区内部人员、消防部门、医疗救援团队等。通过协同演练，促进各部门之间的紧密合作，确保整个应急处置体系的协同性和高效性。

多层次演练：设计多层次的演练，从基础操作到高级指挥，确保各级人员在不同层次的演练中都能得到锻炼。这有助于形成逐步升级的演练体系，提高各级人员的综合素质。

模拟真实情景：模拟真实的火灾情景，包括恶劣天气条件、设备故障、人员伤亡等。通过模拟真实情景，提高应急响应人员在复杂条件下的应对水平，确保演练的真实性和实用性。

5.2 事后评估和改进建议

通过对实际事件的评估，发现体系在真实情况下的优势和不足，为改进提供实际依据。

问题分析与原因追溯：针对演练和实际事件中发现的问题，进行深入分析和原因追溯。了解问题产生的背后原因，为制定有针对性的改进方案提供基础。

技术更新与升级：针对演练和实际事件中涉及的技术问题，考虑技术的更新与升级。确保应急处置体系始终采用最先进的技术手段，提高处置的效率和准确性。

培训方案优化：根据评估结果，优化培训方案。加强现代技术的培训内容，提高应急响应人员对复杂火灾场景的应对水平，确保培训的实际效果。

人员素质提升计划：针对评估中发现的人员素质问题，制定提升计划。包括定期培训、技能考核、实际操作演练等手段，提高应急响应人员的整体素质。

6 对未来工作的展望

（1）技术创新与更新：随着科技的不断进步，应继续关注新兴技术的应用，如人工智能、机器学习等，以不断提升监测和处置的智能化水平。

（2）全球合作与经验交流：大型罐区的火灾处理问题具有一定的共性，未来应鼓励国际间的合作与经验交流。通过吸取其他地区成功的经验，优化本地应急处置体系，形成更加全面的防灾体系。

（3）环境保护与可持续性：在应急处置中注重环境保护，采用环保的灭火手段和处置方法。同时，强调可持续性发展，确保处置体系在长期内保持有效性。

7 结论

本文系统性地探讨了大型罐区重大火灾处理综合性应急处置体系的建设，通过对各个方面的分析和讨论，得出了以下结论：

首先，综合性应急处置体系的建设对于大型罐区的安全具有至关重要的意义。通过引入现代技术、科学合理的培训计划以及有效的演练机制，可以提高应急响应人员的素质和处置水平，最大限度地减少火灾事件带来的损害。

其次，现代技术的应用使得火灾监测更加智能化，培训的科学性提高了应急响应人员的实际操作水平。这两者的结合有助于在火灾事件中迅速、有效地采取措施，最大程度地保障罐区内外的安全。并通过定期的演练和实际事件的评估，可以发现和解决体系中存在的问题，不断提升整体的处置水平。

总的来说，大型罐区火灾处理综合性应急处置体系的建设是一个不断完善和发展的过程。通过不断优化技术、改进培训、持续演练，我们可以更好地保障大型罐区的安全，实现在火灾事件中的快速、有序、有效处置。

参考文献

[1] 朱明俊，徐宗学，钱士明．大型油罐区火灾风险评估与应急处置体系构建研究[J]．石油石化与装备，2018，29(6)，14-18.

[2] 胡清，张国安，汪佳．基于信息化技术的大型油罐区火灾应急处置研究[J]．安全与环境学报，2017，17(6)，1872-1876.

[3] 刘晓彤，张勇，王勇．大型化工罐区火灾应急处置系统优化研究[J]．安全，健康与环境，2019，19(1)，128-132.

[4] 王伟，钱运生．大型油罐区火灾综合应急处置体系建设的研究[J]．消防科学与技术，2020，39(5)，694-698.

[5] 李华，孙强，赵丽．大型油罐区火灾风险评估与应

急处置体系研究［J］. 中国安全生产科学技术，2016，12(11)，132-137.
［6］张艳，郑宇. 大型罐区火灾应急处置系统的优化研究［J］. 油气储运，2018，37(11)，1297-1302.
［7］陈旭，陈刚，刘勇. 大型油罐区火灾应急处置关键技术研究［J］. 火灾科学，2019，28(3)，263-267.
［8］韩雷，肖瑞. 大型油罐区火灾应急处置体系建设研究［J］. 环境与安全学报，2017，17(3)，869-874.
［9］郑晓峰，赵文志. 大型罐区火灾综合应急处置体系建设研究［J］. 安全与环境工程，2020，27(5)，150-155.
［10］高明，闫颖，张玉. 大型油罐区火灾应急处置关键技术研究［J］. 消防技术与产品信息，2018，14(8)，81-83.

石化企业柔性电能质量问题防范应对措施的优化与研究

汪世明

（玉门油田公司应急与综治中心）

摘　要　随着国家“碳中和”“碳达峰”战略规划的稳步推进，太阳能、风力等新能源发电技术已工业化大面积广泛应用，各能源及相关行业率先涉足新能源发电布局、“绿电”消纳应用、新能源产业链布局等领域，新能源领域技术研发和应用有了日新月异的进展和突破，为新能源的广泛开发利用提供了发展替代的机遇期，同时，新能源电力系统与传统的火电、水电、核电等电力系统相比较，有着电源质量不稳定、谐波含量高、需要储能配套、电能平衡调度等新课题需要面对解决。石油化工企业因其固有的能量耗用大、工艺介质易燃易爆、环境保护治理标准严、连续生产流程化工艺、主要设备应用于高温高压环境、主要装置用电负荷等级是一级用电负荷、电子化等敏感设备应用密集等客观因素，使得对“绿电消纳”中的电能质量有与众不同的要求，不但需求“绿电”功率大还需要“绿电”质量高，以确保石油化工装置安全、长周期生产。如何把“绿电”消纳和石化企业持续高质量发展科学结合起来，是当今石油化工企业面临的重要课题之一。本文以太阳能发电为例，就石化企业在“绿电消纳”中存在的典型电能问题予以剖析和研究，通过系统性阐述石化企业应对电能质量问题的方案措施，抛砖引玉，以兹讨论研究出新能源电力在石化行业应用优化方案。

关键词　石化企业；“绿电”消纳；电能质量；谐波；无扰动切换

随着国家层面对“双碳战略”的布局和新能源电力建设的稳步推进，新能源代替传统能源已是大势所趋，“绿电”也已从曾经的热词，实实在在的走到我们面前，“绿电”替代、“绿电”消纳已从民用走向工业，从低端走向高质量发展应用。作为能耗大户的石化企业，如何将产品的转型升级和新能源应用优化结合，是企业未来能否安、稳、长、满、优生产经营所要面对的重要任务之一，石化行业用能的固有特点和新能源电力固有特性的结合和优化事关重要。

1　绿色电能概述

随着国家层面“碳达峰”“碳中和”战略的部署推进，光伏发电、风力发电等新能源的开发应用已成大势所趋，预计2040年新能源电力将达到总电能50%份额，随着新能源电力消纳在汽车、化工、制造等各行业各领域的推广使用，新型电力系统与传统用电企业接口的高质量优化融合势在必行。当前，大部分石化企业所使用的电能均由燃煤机组及化石能源提供，其主要优点是电能连续性高、质量可靠，其缺点主要是碳排放量大、消耗大量化石能源。光伏发电是未来常常采用的“绿电模式”，装机容量已初具规模，将是石化企业用能不可或缺的存在。

2　光伏电力系统的基本构成

光伏电力系统由光伏组件、直流汇流排、直流配电柜，DC-AC逆变器、交流配电柜、升压变压器、计量监测装置、继电保护及自动装置、储能电池组等组成。光伏电力系统按照构架形式可分为并网型光伏电力系统和局域型光伏电力系统。并网型光伏电力系统工作原理是太阳能通过光伏组件的光电效应产生直流电能，经过DC-AC逆变器转换，将直流电调制成50Hz的正弦波交流电后，通过变压器升压并如电网供用户使用，通常电压等级高、电容量大、传输距离远，其系统结构如图1所示。域型光伏电力系统是把逆变后的交流电直接供用户使用，电压等级相对低、电容量小、就地使用，其系统结构如图2。

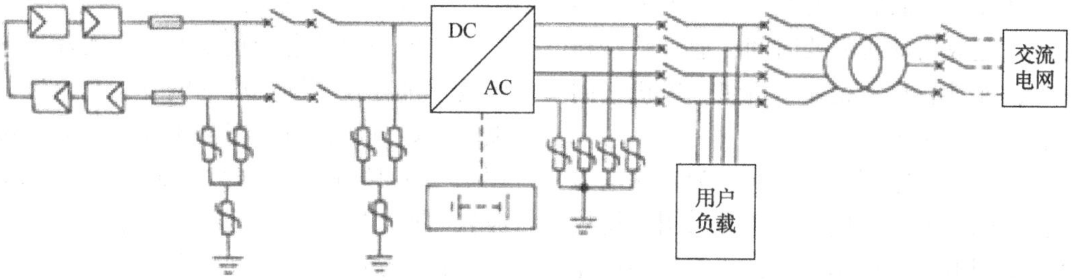

图1　光伏并网型电力系统结构简图

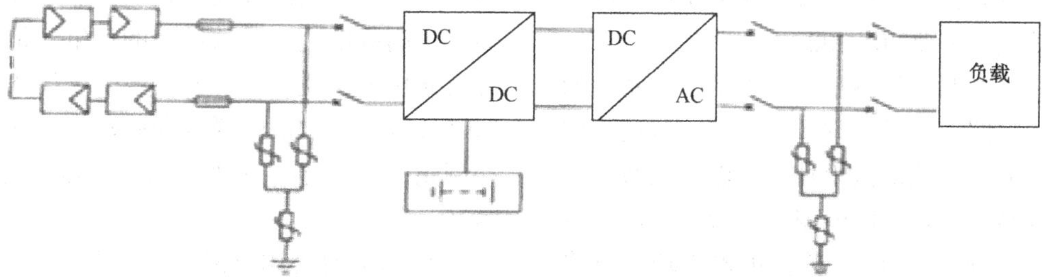

图2　光伏局域型电力系统结构简图

3　电力系统的电能质量

电能质量主要是指电压质量，即电压幅值、频率和波形的质量；其主要内容包括电、频率偏差、三相电压不平衡、电压波动与闪变、电压暂降与短时电压中断、供电中形畸变、暂时和瞬态过电压等因素，发生时间5μs到数分钟，典型电压幅值各有不同要求。供电频率由电力系统电源工作特性所决定，当电源与用电负荷间出现有功功率不平衡时，电力系统频率就会发生变动，造成频率偏差，偏差的大小及其持续时间取决于负荷特性和电源控制系统对变化的响应能力，国家标准GB/T 15945—2008《电能质量电力系统偏差》要求，电力系统正常运行条件下频率偏差限值为±0.2Hz，当系统容量较小时，偏差值可为0.5Hz。理想的电能质量是恒定频率、恒定幅值的正弦波形电压与连续供电。规制化生产的变压器、开关柜等变配电设备，电动机、照明等用电设备的额定工作条件也是以此标准设计、制造和使用，电能质量问题不仅会影响到这些设备的正常运行，还会影响到这些设备的使用寿命，偏差越大影响越加剧烈，更有甚者会给石化企业等一级以上负荷用户造成巨大财产损失，乃至危害人员生命。

3.1　*光伏电力系统的基本特点*

光伏电力系统与传统火电、水电、核电系统相比较，其可再生、无污染、无“三废”的优点给社会能源合理利用、环境保护、电能补充等方面优势显著。同时，该系统因自身固有特性也存在一些需要进一步提升的空间。

3.1.1　光伏电力系统的电压波动

电压波动是指电压均方根值的变动或连续改变。应用实际中，常常把谐波以外的电压波动、短时中断、电压瞬降、频率偏差等纳入到电压波动范畴。某企业光伏并网后电流波形如图3所示。

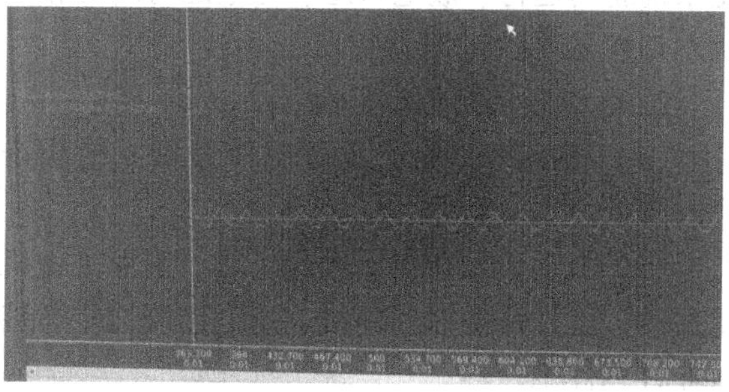

图3　某企业光伏并网后电流波形图

1. 电压波动的主要原因

(1)光伏电力系统发生短路故障。越是靠近电源，短路阻抗越小，短路容量越大，电压波动幅值越大，因继电保护及自动装置动作时限短，故而电力持续时间较短，通常在10ms以上。电力系统异常时，光伏逆变器的脱网断路器分闸时间为0.1~2.0s、连续运行为2.0~0.05s。

(2)重型负载或大型电动机启动。其影响范围和大小主要取决于负载启动容量与电源容量的比，比值越小影响越低；与启动方式也关系密切，软启动方式对电力系统冲击最小；与负载的固有启动特性有关，方波型启动特性冲击小、启动时间长，脉冲型负载启动时间短，冲击大。影响时间为负载完成启动所需要时间，通常数秒到数十秒不等，如某石化工企业三机组主风机采用电阻降压启动需要45s。

(3) 光伏电源与电网电源切换。为确保电力系统安全，不同源电源切换时，通常采用先切故障电源再投备用电源的控制逻辑，该控制切换完成时间取决于切换装置在电网中的位置和切换系统固有动作时间，例如根据直流侧电压和电网条件实现自动投运需要30~300s。

(4) 光伏电源工作不稳定。光伏发电系统的功率输出受日照、气候、季节、温度、海拔等因素影响，例如太阳能电池组件功率温度系数、开路电压温度系数、短路电流温度系数，随温度变化-0.42%~0.05%/℃间不等，年累积功率衰降2%~20%，逐年递增态势，使得输出功率不平稳，在用电侧负载不变条件下系统电压波动，波动幅值主要取决于光伏发电的容量、输出电压的稳定能力以及负载相对于电源容量的大小，当输出功率变化越大、负载需量越高时，电压波动越明显，电压幅值异常时光伏电源系统持续供电时间仅为0.5~10s。

(5) 在系统频率异常等情况下，光伏储能逆变系统脱网运行、放电状态、充电运行间的相互状态切换需要约0.2s。

2. 电压波动的主要影响

(1) 高低压变配电设备工作异常，绝缘击穿，降低使用寿命。

(2) 电动机运行偏离额定工况，引发关键机组振动、轴位移等联锁停机，造成连续性生产装置非计划停工。

(3) 照明系统工作异常，对电压敏感型光源会影响使用寿命。

(4) 无功补偿装置不能正常投用或频繁投切，用电侧功率因数不达标。

(5) 计量不准确，继电保护及自动装置误动。

(6) 石化企业"晃电"造成大面积非计划停工，甚至造成火灾爆炸等灾难性事故，后果不堪想象。

(7) 在光伏发电系统输出功率降低期间，石化企业需要降低加工量或停产，影响企业经营效益。

3.1.2　光伏电力系统的谐波

波形理想状态为正弦波形，实际工况中，电压波形都存在不同程度的畸变，对全波形进行傅里叶级数分解，就可得到不同频率波，按照分解频率与工频频率的倍数不同，分为基波(工频波)、偶次谐波、奇次谐波、间波。

1. 谐波产生的主要原因

光伏电源系统中逆变器的核心部件是可控硅，由于可控硅的导通截止电的非线性特性，就会产生高频电流，导致谐波的产生。常见的谐波源有光伏电源逆变器和非线性电气设备等，逆变器谐波输出率取决于逆变器脉动数、逆变器导通控制角、逆变器控制形式等，其总电流谐波率≤3%。

2. 谐波对公用电网和其他系统的危害

(1) 使变压器、线路、电容器等设备过电压，使变压器局部严重过热、绝缘老化、寿命缩短，乃至于损坏，3次谐波会使系统中性线点过热断路。

(2) 对电动机、照明等产生谐波损耗，降低设备效率和寿命，电动机组还会产生机械振动和噪声，影响设备正常运行或联锁停机。某企业光伏并网后机组振动波形如图4所示。

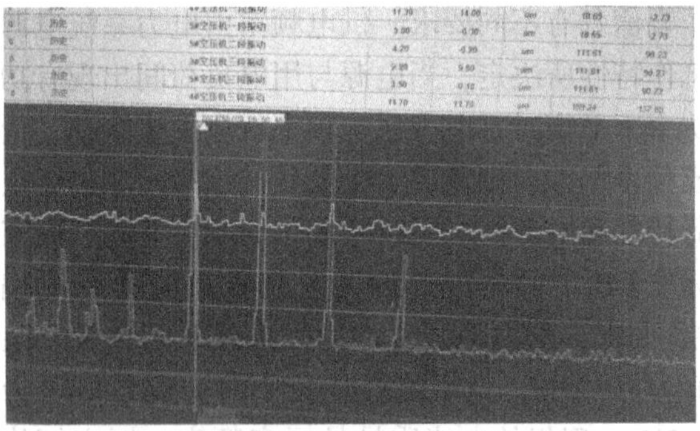

图4　某企业光伏并网后机组振动波形

(3) 电力系统局部并联或串联谐振放大，引起设备损毁等严重事故。

(4) 继电保护和自动装置误动作，电气计量、监测不准确。

(5) 对石化企业通信系统产生噪声干扰，影响通讯质量，甚至使企业DCS、SIS、GDS、环保在线监控等系统误动引发非计划停工、危险废物无序排放、政策性处罚、操作人员慌乱等。

3.1.3　无功需求大

随着光伏电力系统容量增加，逆变器的功率因数≥0.99的特性不容忽视，电力系统有功功率需求波动大时，无功功率需求量大且变化速率快，需要额外的无功来维持系统电压稳定。

3.1.4　孤岛现象

在电网失压时，光伏发电系统将进入孤岛运行模式，电压和频率不受电力系统控制，不仅会造成石化企业设备损坏，还会威胁检修人员人身安全，造成重合闸操作失败等。

4　石化企业的“绿电”消纳

石化企业既是当地经济支柱产业，也是重要电力需要大用户，在当地经济社会发展中起着重要作用。绿色能源的在这些企业的应用，是新型电力系统构建的关键任务之一。

4.1　石化企业对电能质量的要求

石化企业作为化石燃料的再加工企业，用电设备大部分属于一、二级负荷，用电设备对电力系统的可靠性、安全性有严格的要求，要求采用双回路供电模式，企业变配电系统通常采用双电源进线单母线分段运行方式，必须符合 GB/T 14549 和 IEEE519 中总电压谐波畸变率、总电流谐波率占比低于 5%等电能质量要求。电力系统电能质量问题造成石化企业大面积停电事件多发，常见的电能质量事件有系统电压突降，造成低压电动机大面积停车，造成生产中断或次生火灾爆炸事故；电网故障，保护固有动作时间内的失压，造成电动机大面积停车；谐波引起机组振动停车，造成石化企业 SIS 联锁动作停工等，由此可见，因新型电力构架下的电能质量问题，是当前造成石化企业非计划停工的重要因素之一。新能源发电存在的间歇性、随机性、波动性问题和极端气象条件下更多灵活性电力系统容量调动，是保障石化企业高质量发展需求，助力国家“双碳”目标实现的关键制约因素之一。

4.2　石化企业绿色电能优化策略

4.2.1　提高光伏电力系统可靠

（1）选用绿色整流逆变装置。使用理想化的无谐波污染的绿色变流设备，在电路中添加合适的电感和电容，使得输入、输出电流都是正弦波，输入功率因数可控；内置谐波抑制电抗器，减少谐波污染；采用多阶换流技术，限制谐波电流的流动路径，消除次谐波减少谐波含量；加入滤波器减小噪声信号。

（2）提高光伏电源转换效率。在设备选型中应优选欧洲效率高的逆变器，保证光伏发电系统的转换效率，在当前技术条件下，要求逆变器在额定负载时效率不低于 95%，极端情况下，也要保证 90%（大功率逆变器）以上。

（3）最大功率点跟踪。太阳电池输出功率随时变化，要适应光伏发电系统的实际运行状态，及时调整光伏发电系统工作在最大功率点，确保输出功率稳定。

（4）自动可恢复性。过负荷时，要限定输送功率在规定范围内；故障情况，必须自动解列；系统发生扰动，要经过 0.3s 以上延时后再重新并网。

（5）具有完善、可靠保护功能。根据电力系统要求，光伏电源系统应具有电压、电流、频率、反极性、温度等电量、非电量保护功能，在电力系统异常时，及时准确切除故障，确保系统安全可靠运行。

4.2.2　系统接口优化

电源快速无扰动切换。采用双电源自动快速无扰动切换装置、高速断路器匹配方案，最大限度减小系统切换动作时间到 100ms 以下，自动跟踪切换前电能电力系统冲击最小，解决电力系统发生电能质量差时备用电源无扰动快速投用的问题，确保了供电系统的稳定；优化光伏电源与原有电力系统间调度，最大限度保证系统安全和用户可靠供电。

4.2.3　用电设备平稳运行

（1）加装交流电抗器。有效抑制高次谐波电流，提高输入电源的功率因数，使进线电流的波形畸变大约降低 30%~50%，是不加电抗器谐波电流的 50%左右。

（2）设置有源滤波器。采用有源电力滤波器从光伏电源中检测出谐波电流，产生一个与该谐波电流大小相等、方向相反的补偿电流，无谐波放大风险，可使电网电流只含基波分量。

（3）由 L、C、R 元件构成谐波共振回路和光伏电源谐波电流频率相同时，即可阻止谐波流入电网。其优点是投资少、频率高、结构简单、运行可靠及维护方便，缺点是功能易受系统参数的影响，对某些谐波有放大作用、耗费多、体积大。

(4) 加装无功补偿装置：对于冲击性负荷，以补偿冲击型无功需求，改善系统功率因数。

(5) 单台或个别关键低压电动机的抗电压突降措施。电压突降时，磁力回路电源失电，接触器释放造成低压用电设备停机。根据工艺条件，可对这些电动机采用抗"晃电"模块来完成 0.3～1.5s、步长 0.3s 的失电后来电再启动和来电后延时 0.3～1.5s、步长 0.3s 的来电后延时再启动。

(6) 低压电动机群的抗电压突降措施。在磁力启动回路加装延时继电器法、智能分批群起动法、PLC 控制起动法等，其中智能分批群起动法应用较为科学，该种方法既含括了 PLC 控制起动法优点又包括了延时继电器法的功能，同时还具有其他方法不具备的电网电压恢复检测、电压突降前电动机运行状态记忆，依据工艺条件实施分批再起动失压电机、再起动过程中总起动电流保护、大电动机群电压瞬降后的再起动等功能，较完善的完成了电动机群在"晃电"后的快速再起动。

(7) 低压母线侧电压突降解决方案。在上下级联络开关处加装无扰动快速切换装置，其切换一般在几十毫秒左右。快速切换装置应用如图 5 所示：

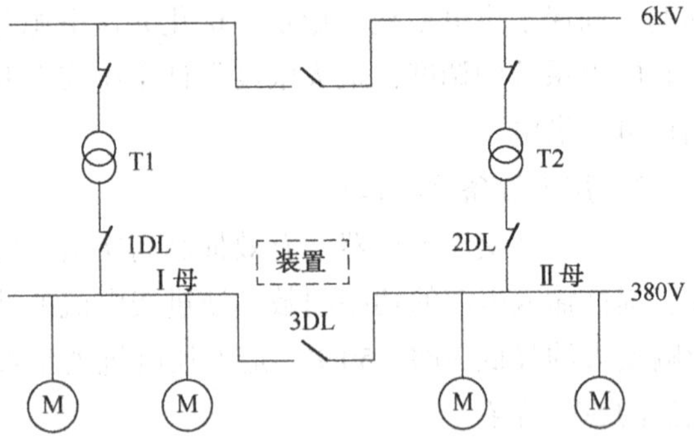

图 5　低压快速切换装置的应用

如图 5 所示，低压快速切换装置安装于 0.4kV 侧母联断路器 3DL 处。采集的交流量主要是开关 1DL、2DL 和 3DL 处的电流及低压 I 母线、II 母线和电源的电压，开入量主要是三个开关的位置及其他在切换逻辑中用到的变位信息。将两个主变的快速保护动作信号接入装置作为快速起动电源切换的判据，也可使用装置自身的电源故障检测逻辑进行起动和闭锁。当主变压器保护装置发出过流保护和轻瓦斯保护的信号时，设定无扰动快速切换装置只发信号，不动作。装置可以根据接入的开关位置触点和其他电气量，判断出工作电源和备用电源。当检测到工作电源故障时，装置跳开工作开关，确认跳开后，判断是否满足合闸逻辑，满足后合上备用开关，将备用电源投入，确保负荷不断电，生产不中断。

4.2.4　屏蔽干扰源

屏蔽干扰源是抑制干扰的有效的方法。要求通讯信号线路长度尽可能短，一般为 20m 以内，且信号线采用双芯屏蔽，接地与动力设备接地点不能共地等措施，与电力等线路远离、正交角度跨越、穿钢管等方式完全隔离；在通讯机房、中控室等处可采用屏蔽网等措施，抑制外来干扰；采用屏蔽罩、降低通讯设备本身对外界的干扰。

5　结束语

构建石化企业新能源应用电力系统，需要根据该地区新能源资源禀赋、并网消纳通道建设、负荷需求量和负荷特征有序开发新能源，针对光伏发电存在的谐波、电源切换、电能质量不稳定等，通过应用"抗晃电"模块、快速无扰动切换、有源滤波等技术，确保石化企业一级负荷供电安全可靠，为"绿电"在石化行业的广泛应用探索研究新路径。

参考文献

[1] 刘屏周. 工业与民用配电设计手册[M]. 北京：中国电力出版社，2017，ISBN 978-7-5123-9995-2/TM72-62.

[2] 刘宝林. 电气设备选择施工安装设计应用手册[M]. 北京：中国水利水电出版社，1997，ISBN 7-80124-576-8/TM62.

[3] 赵家礼. 电动机修理手册[M]. 北京：机械工业出版社，1989，ISBN 7-111-01408-1/TM. 177.

[4] 刘惠民. 电力工业标准汇编[M]. 北京：中国电力出版社，1998，ISBN 7-80125-064-8/TM37

[5] 孙忠利，金京哲，闫景雷，等. 中国石油天然气股份有限公司炼化企业电力系统继电保护和安全自动装置配置与整定原则[J]. 电力建设，2020.

[6] 赵峥，李明，田园园，等. 江苏如东海上风电柔直工程系统谐振分析与抑制[J]. 电力建设，2023，44(6)：144-152.

[7] 徐艳春，张进，汪平，等. 考虑配电网静态电压稳定性的微电网优化配置[J]. 电力建设，2022，43(8)：87-101.

[8] 张敏，祇会强，张世锋，等．考虑配电网电能质量改善的分布式光伏优化调度方法[J]．电力建设，2022，43(10)：147-157.
[9] 高娟，吴润泽，郝建红，等．基于光伏供能的孤岛微电网无线传感网能量调度优化策略[J]．电力建设，2023，44(4)：119-129.
[10] 李英量，蔡鹤鸣，王康，等．改善不平衡配电网电压质量的分布式储能序次优化配置方法[J]．电力建设，2022，43(1)：87-95.
[11] 于昊正，赵寒杰，李科，等．计及需求响应的分布式光伏集群承载能力评估[J]．电力建设，2023，44(2)：122-131.

成品油销售企业应急网格化管理应用研究

许钧瑞　吴　勤　熊　力

（中国石油天然气股份有限公司四川销售分公司）

摘　要　成品油销售企业覆盖地域较广，加之涉及易燃易爆危化品介质，一旦发生事故事件，赶赴现场开展应急救援处置需要的时间较长，可能产生的后果较为严重。本文重点从开展网格化管理的角度，对成品油销售企业提升应急管理事前预防能力进行论述，从而更好提升企业整体的应急管理能力。

关键词　应急管理；网格化管理；事前预防

成品油销售企业是地方的重要企业单位之一，事关地方经济发展、社会稳定、能源供应等方面。成品油销售企业涉及的管理层级较多，油库、加油站在地域上点多面广，加强库站现场应急能力建设、做好应急管理相关事前预防工作至关重要。本文通过对四川销售在应急能力建设过程中，采用网格化管理的方式进行研究实践，力求提升成品油销售企业各管理层级，特别是库站基层一线的应急能力，提升各类风险的应急处置防控能力。

1　应急管理现状分析

1.1　应急管理工作开展情况

1.1.1　制度建设情况

根据国际通行的HSE管理体系的运行要求，企业应建立自己的应急管理程序，对应急管理工作进行系统性的规范和明确。以四川销售为例，在本企业HSE管理体系的框架下，按照国家法律法规、上级公司的相关要求，建立有应急管理程序，下辖综合(总体)应急预案、专项应急预案、现场处置方案，适用于企业及所属单位安全生产应急管理及应急准备、监测、预警、应急处置与救援和应急评估等全过程管理。

1.1.2　管理层级设置情况

四川销售在省内设置有省区公司(省)、二级公司(地市州)、片区(区县)及油库、加油站。应急管理相关的预案编制、评审、备案、演练、响应、现场抢险救援，应急资源调查、保障等工作，按照机构层级划分和响应等级的设置协同开展。

1.2　现阶段突出问题

1.2.1　库站一线应急管理工作开展困难

四川省幅员辽阔，辖区面积达到48.4万km^2，位居中国第五位，下辖18个地级市，3个自治州，16个县级市。四川销售共21个在运营油库，2200余座全资、股权、特许加油站，分布省内各地市州。对企业而言，一旦涉及应急抢险救援，到达现场所需的时间较长。四川本身多山，水文资源丰富，遭遇灾害时，还需考虑道路、通信中断的极限情况。

1.2.2　基层人员应急能力不足

油库、加油站作为公司应急管理体系的神经末梢，是应急管理、应急处置的第一道防线。近年来，成品油销售企业控制员工总数、普遍大量使用劳务外包人员成为趋势。库站一线人员的流动性较大，整体素质参差不齐，难以确保人员在应急管理方面应知应会。

1.2.3　企地联动不够紧密

按照国家“建立大安全大应急框架”的要求，政府职能部门将在今后涉及油、气等各类专业抢险救援方面，更加倚重于相关成品油销售企业。成品油销售企业在涉及油、气等易燃易爆危化品的应急处置中具备较强的专业性，在区域性的油品资源、非油商品资源应急保供中也能发挥重要作用。四川销售在企地联动方面仍有待进一步提高。

2　应急网格化管理应用与实践

为解决上述问题，切实做好应急管理事前预防工作，四川销售通过科学的顶层设计和全面的责任落实，在应急管理工作中探索网格化管理模式的实践应用，通过牢固树立所属人员事前预防的意识，抓好部分关键环节、关键人员的监管，不断强化库站应急实战能力。

2.1 管理模式

四川销售在企业应急管理体系框架下，将各部门、各油库、各加油站分别作为网格化管理单元，设置网格管理员，按标准化要求落实应急管理相关工作具体措施，形成应急管理相关人员、资源信息，并进行共享和定期更新，确保应急指挥自上而下的有效性和各部门相互配合的协同性。根据前文论述，油库、加油站作为企业应急管理体系的神经末梢，是应急管理、应急处置的第一道防线。因此，涉及地震地灾、防汛、公共安全等应急风险较大的管理单元，还设置有备用的网格化管理员，以确保各网格单元应急管理处于随时激活的状态，增加对重大风险的抗性。

2.2 关键环节

2.2.1 体制机制及责任落实

1. 强化体系管理思维，优化应急体系建设

四川销售 QHSE 委员会是应急指挥系统的神经中枢，围绕 QHSE 委员会在应急管理方面的工作职能，建立完善了党政一把手负主责、分管领导具体负责、相关部门和专业线齐抓共管的应急管理责任体系。QHSE 办公室是省区、地市两级公司应急管理的日常办公机构，负责应急指挥、协调联动和信息的上传下达；片区、库站基层单位按照网格单元划分情况，配备应急管理网格化管理员，确保各层级网格单元、所属人员全面纳入，能对基层人员有效传递应急相关的指令和信息。

2. 构建内容全面覆盖、责任一贯到底的应急职责考评体系

省区、地市两级公司通过进一步梳理应急处置事项，明确了安全生产、数质量及环保事故事件、自然灾害、公共疫情、舆情及维稳事件等各领域工作应急处置的相关责任人及其职责。在明确管理单元职能边界的基础上，细化梳理相应责任清单、网格任务清单，照单履职推动履职规范化、标准化，并与安全生产责任体系契合贯通，实现应急管理组、应急管理网格员队伍、应急突击队(抢险队)组建率均达到 100%。

3. 加强日常监督管理，确保风险闭环

省区、地市两级公司按照依法合规管理要求，强化监督检查的针对性、适用性，加大问题整改的问责督导力度。具体采取下列措施。

(1) 建立完善应急日常管理运行监管机制，结合实际每月对相关管理部门、重点库站开展工作情况进行公布，包括但不限于体系机制运行、应急事件处置、典型案例复盘等内容，通过科学评价、动态评估，倒逼责任落实。

(2) 统筹安全生产大检查、汛期管理、隐患排查治理等专项工作，采取库站自查、片区检查、二级公司机关部门及专业线抽查、专家组周期性专项核查的“五查”联动机制，落实应急物资储备、人员能力意识、应急合规管理的常态化监管措施，对意识不到位、责任不落实、能力不满足的单位进行帮扶督导，确保应急监督科学精准、实效高效。

(3) 规范安全、应急查处问题的闭环管理。通过持续的、有针对性的、贴合实际的培训和指导，使库站基层单元具备关注问题的意识和发现问题的能力。确保基层单元在发现风险隐患的第一时间进行识别、上报和处置，发挥网格管理单元作为前哨、探头的作用。进一步规范和优化风险隐患排查治理闭环管理流程，构建完善应急管理风险辨识、问题发现、信息收集、任务流转、分级处置、结果反馈的闭环机制，践行安全第一、预防为主、综合治理的管理理念。

(4) 坚持依法合规预防风险。近年来，四川销售面临的外部监管环境和舆论监督环境愈发严峻，持续满足政府职能部门、合作单位、媒体机构等外部相关方的合规管理要求，对突发情况进行及时有效的处置，也是应急管理工作的基本要求之一。四川销售高度重视行政执法部门的监督检查，从开始制定迎检方案到反馈正式整改报告进行全流程督导监控，严防行政处罚以及次生舆情事件。通过切实落实双重预防机制，紧密结合安全生产风险分级管控和隐患排查治理相关要求，依法合规开展风险事前预防工作。

2.2.2 物资配备

四川销售梳理完善应急物资管理相关制度，明确了应急物资采购流程、技术标准、质量标准、使用及补充流程等具体内容。结合库站量级大小、防汛风险及安保反恐重点目标防范等级划分等技术要求，为各层级网格化管理单元制定了应急物资配备标准。具体包括以下内容(表 1)。

(1) 抢险救援类物资：为自然灾害、事故灾难、社会安全事件等应急处置装备设施。包括防

爆检维修、照明工器具，检测、广播、通信器材，油品污染清理器材、安全防护器材、反恐防暴工具等。

（2）能源保供类物资：为用于应对能源危机、保障能源安全的能源储备物资，主要包括成品油、天然气等。

（3）生活保障类物资：为突发事件发生后的群众基本生活救助物资及紧急情况下用于稳价保供的重要民生物资。包括方便食品、饮用水、帐篷等。

（4）公共卫生类物资：为公共卫生突发事件所需的常用药品、医疗防护、消杀用品以及其他公共卫生物资，包括防护用品、急救包、洗消用品、常用应急药品等。

表1　加油（加气）站应急物资配备标准

序号	种类	物资名称	单位	配备数量									备注
				油站级别			防汛等级			重点目标防范等级			
				一级站	二级站	三级站	一级汛期防控	二级汛期防控	三级汛期防控	一级防范	二级防范	三级防范	
1	安全防护	安全帽	顶	3	2	2	/	/	/	/	/	/	
2		过滤式防毒面具	个	每班次员工数量	每班次员工数量	每班次员工数量	/	/	/	/	/	/	
3		耐油橡胶手套	双	4	2	2	/	/	/	/	/	/	
4		反光背心	套	8	4	4	/	/	/	/	/	/	
5		防静电工作服	套	2	2	2	/	/	/	/	/	/	
6		雨衣/雨靴	套	15	10	6	/	/	/	/	/	/	
7		防爆工具	套	1	1	1	/	/	/	/	/	/	
8		铜锹/铜铲	把	4	4	4	/	/	/	/	/	/	
9	检测器材	多气体检测仪（可燃	个	2	2	2	/	/	/	/	/	/	
10	警戒器材	锥型警示柱	个	20	10	10	/	/	/	/	/	/	
11		隔离警示带	盘	4	4	2	/	/	/	/	/	/	
12	生命救助	全身式安全带	套	2	2	2	/	/	/	/	/	/	
13		救生绳	根	4	2	2	/	/	/	/	/	/	
14		救生筏	个	/	/	/	1	/	/	/	/	/	
15		救生衣	套	/	/	/	每班次员工数量	每班次员工数量	每班次员工数量	/	/	/	
16		救生圈	个	/	/	/	每班次员工数量	每班次员工数量	每班次员工数量	/	/	/	
17		消防梯	个	1	/	/	/	/	/	/	/	/	
18	医疗器材	急救包	套	1	1	1	/	/	/	/	/	/	
19	照明器材	防爆头灯	个	5	3	2	/	/	/	/	/	/	
20	通信器材	防爆对讲机	个	2			/	/	/	/	/	/	
21	广播器材	手持扩音器	个	1	/	/	/	/	/	/	/	/	
22	堵漏器材	耐油胶带	盘	2	/	/	/	/	/	/	/	/	
23		防洪沙袋	根	/	/	/	100	50	30	/	/	/	
24	污染清理	油桶	个	1	1	1	1	1	1	/	/	/	
25		两轮手推车	个	1	1	1	1	1	1	/	/	/	
26		接油盘	个	1	1	1	1	1	1	/	/	/	
27		围油栏	个	/	/	/	根据实际与江河接触区域最长米数配备，其余站点根据风险大小选配		/	/	/	/	
28		吸油毡	kg	30	15	10	/	/	/	/	/	/	
29		铜桶	个	2	2	1	/	/	/	/	/	/	
30	防暴工具	警用钢叉	个	2	2	1	/	/	/	/	/	/	
31		警用脚叉	个	2	2	1	/	/	/	/	/	/	
32		警用盾牌	个	3	2	1	/	/	/	/	/	/	
33		警棍	个	4	2	1	/	/	/	/	/	/	
34		防暴头盔	个	2	2	1	/	/	/	/	/	/	
35		防刺服	件	当班员工数量	当班员工数量	当班员工数量	/	/	/	/	/	/	
36		生物酶降解防化口罩	个	/	/	/	/	/	/	当班员工数量	当班员工数量	/	
37		OPHC2洗消喷剂	瓶	/	/	/	/	/	/	4	4	/	
38	其他	正压式空气呼吸器	套	2	2	2							仅CNG、LNG、加氢站配置

同时，结合应急演练做好物资使用的相关技术操作培训，定期开展物资清查和轮换，确保应急物资状态良好、数量真实可靠、补充渠道稳定。

2.2.3　应急抢险队建设

四川销售按照两级响应、区域联动的原则，成立省区、地市两级公司应急抢险队。指挥成员从突发事件应急处置专家组成员中择优选拔，操作成员由实践经验丰富的油库、加油站、加气站检维修人员组成。应急抢险队主要负责油品转运、人员搜救、设备维修等工作，职责包括但不限于以下内容（表2）。

（1）参与本单位、地方政府组织的突发事件现场应急处置。为突发事件现场应急处置、灾情恢复等提供技术支持。

（2）配合企业对突发事件后续情况开展调查。

（3）配合企业开展有关应急管理工作课题研究，为公司应急管理工作出谋划策。

（4）接受上级公司任务指派，协助上级公司开展区域联动。

应急抢险队按照出发集结、任务分工、应急处置、善后恢复、队伍返程等标准化流程开展工作，由相关层面的企业提供支撑保障、日常备勤、培训演练等所需资源。应急抢险队的建立，实现了对应急网格化管理单元的全面覆盖，相关管理、技术工种人员全面参与，帮助省区、地市两级公司形成更好地救援联动。

表 2　自贡公司应急抢险救援队人员信息统计表

序号	公司	部门/单位	职务或技能等级	姓名	性别	年龄	健康状况	持证情况	擅长业务（按下拉选项分类填写）	联系电话（手机）	备注
1	自贡公司	公司领导	副总经理	陶俊波	男	51	良好		应急指挥	13808156122	
2	自贡公司	质量安全环保部	主任	陈学斌	男	48	良好		应急指挥	13890066109	
3	自贡公司	质量安全环保部	副主任	刘文	男	34	良好		应急指挥	13990031391	
4	自贡公司	质量安全环保部	工程师	周子牛	男	51	良好		其他	18990017292	注册安全工程师
5	自贡公司	质量安全环保部	计量高级工	陈志奎	男	50	良好		油库设备工艺维修	13990034149	
6	自贡公司	业务运作部	主任	陈林	男	53	良好		应急指挥	13990082908	
7	自贡公司	客户服务中心	主任	蔺令川	男	45	良好		应急指挥	18708388881	
8	自贡公司	业务运作部	副主任	曹建斌	男	48	良好		其他	13990092190	
9	自贡公司	业务运作部	副主任	尹恒博	男	40	良好		其他	13909009839	
10	自贡公司	综合管理部	检维修	王勤学	男	53	良好	中级电工	电气维修	13881403919	
11	自贡公司	综合管理部	小车班长	贺升平	男	49	良好		其他	13608157013	
12	自贡公司	舒平油库	主任	陈强	男	48	良好		应急指挥	13808156161	
13	自贡公司	舒平油库	副主任	曹正华	男	43	良好		油库设备工艺维修	13990023326	
14	自贡公司	舒平油库	运行维护班副班长	商健	男	35	良好	初级电工	油库设备工艺维修	18990021231	省公司快速应急抢险队成员
15	自贡公司	舒平油库	总巡检	李小科	男	57	良好	初级电工、初级焊工	油库设备工艺维修	13088286090	
16	自贡公司	大安片区	经理	李剑	男	37	良好		应急指挥	13402306003	省公司快速应急抢险队成员
17	自贡公司	大安片区	副经理	韦刚	男	45	良好		应急指挥	13608155135	
18	自贡公司	大安片区	检维修	陈桥	男	48	良好	初级电工	加气站设备工艺维修	13388338296	
19	自贡公司	贡井片区	经理	邱强	男	49	良好		应急指挥	13990002821	
20	自贡公司	贡井片区	副经理	卢炜	男	43	良好		应急指挥	18990009556	
21	自贡公司	贡井片区	检维修	魏智涛	男	38	良好	初级电工	加气站设备工艺维修	18990060915	
22	自贡公司	荣县片区	经理	洪家伟	男	53	良好		应急指挥	13890060401	
23	自贡公司	荣县片区	副经理	赖永洪	男	49	良好		应急指挥	13990094369	注册安全工程师
24	自贡公司	荣县片区	检维修	方晓明	男	51	良好	初级电工	加油站设备工艺维修	13309007862	
25	自贡公司	富顺片区	经理	曾小山	男	50	良好		应急指挥	13890051038	
26	自贡公司	富顺片区	副经理	刘强	男	46	良好		应急指挥	13890006328	
27	自贡公司	富顺片区	检维修	申友林	男	46	良好	中级电工	加油站设备工艺维修	13118086788	

2.2.4　企地、企企联动

四川销售以紧密依靠政府、提供专业支撑为指导原则，依法配合属地政府，积极参与专业相关的抢险救援、应急演练、普法宣传等活动。将应急、气象、公安、经信等相关政府职能管理部门，以及区域内的友商、供应商、合作方等相关单位等纳入外部应急资源，建立稳定有效的联络渠道，省区、地市两级公司以签订战略合作协议的方式积极加强与各相关方在业务及应急方面的联系。督导外部应急资源对应的网格化管理员，采取加入工作群、确定具体联系人等方式，进入属地的应急、气象、消防、安保防恐等预警体系，及时获取相关信息。通过协作互动、信息交流、资源共享，系统完善区域内的应急协同作战机制，增强企业应急管理体系运行的有效性(表 3)。

3　效果、评价及展望

通过应急网格化管理的应用和实践，四川销售在应急管理事前预防阶段做到了标准清晰、流程具体，应急管理体系对相关生产经营场所、相关活动人员做到了全面覆盖。同时，由于对应急物资、联络人员等关键要素进行了细化明确，使企业现有的应急预案的实用性和适宜性更强，能有效帮助企业克服库站一线应急管理工作开展困难、基层人员应急能力不足、企地联动不够紧密等现实问题。综上所述，针对成品油销售企业管理地域广、管理层级多、协同部门多的特点，在应急管理事前预防阶段开展网格化管理，对于成品油销售企业的应急管理水平提升有一定助力。

由于网格化管理在成品油销售企业应急管理工作中应用的模板较少，加之四川销售实行应急网格化管理时间较短，因此仍有优化提升的空间。下一步，笔者将继续探究网格化管理在应急管理危机决策、应急指挥、应急处置等其他环节中的应用，持续提升其有效性，帮助企业更加有效、高效地开展应急管理相关工作。

表 3　广安公司企地、企企应急联动信息汇总表

序号	公司	外部单位		本单位			备注
		名称	联系电话	对应网格化管理员	职务	联系电话	
1	广安公司	前锋区公安局大佛寺派出所	0826-2812105	前锋油库	油库主任	13882638512	签订联防联控协议
2	广安公司	前锋区消防大队	0826-8078119	前锋油库	油库主任	13882638512	签订联防联控协议
3	广安公司	前锋区龙塘街道办事处	0826-2812209	前锋油库	油库主任	13882638512	签订联防联控协议
4	广安公司	广安市海晶石油销售有限公司	0826-6970192	前锋油库	油库主任	13882638512	签订联防联控协议
5	广安公司	广安市应急管理局	0826-2334746	质量安全环保部	主任	13198779966	已加入该部门组建的微信工作群
6	广安公司	广安市气象局	0826-2332035	质量安全环保部	副主任	13678261994	已加入该部门组建的微信工作群
7	广安公司	广安市公安局	0826-2248098	质量安全环保部	副主任	13678261994	已加入该部门组建的微信工作群
8	广安公司	广安市经济和信息化局	0826-2333446	质量安全环保部	主任	13198779966	已加入该部门组建的微信工作群
9	广安公司	广安市消防救援支队	0826-2160566	质量安全环保部	主任	13198779966	已加入该部门组建的微信工作群
10	广安公司	广安区应急管理局	0826-2222039	广安片区	片区经理	18682678601	已加入该部门组建的微信工作群
11	广安公司	华蓥市应急管理局	0826-4821136	华蓥片区	片区经理	13696183493	已加入该部门组建的微信工作群
12	广安公司	邻水县应急管理局	0826-3222135	邻水片区	片区经理	13882633098	已加入该部门组建的微信工作群
13	广安公司	岳池县应急管理局	0826-5222570	岳池片区	片区经理	13698366753	已加入该部门组建的微信工作群
14	广安公司	武胜县应急管理局	0826-6211519	武胜片区	片区经理	13980323618	已加入该部门组建的微信工作群
15	广安公司	广安区公安局	0826-2222816	广安片区	片区经理	18682678601	已加入该部门组建的微信工作群
16	广安公司	华蓥市公安局	0826-4827406	华蓥片区	片区经理	13696183493	已加入该部门组建的微信工作群
17	广安公司	邻水县公安局	0826-3222811	邻水片区	片区经理	13882633098	已加入该部门组建的微信工作群
18	广安公司	岳池县公安局	0826-5222536	岳池片区	片区经理	13698366753	已加入该部门组建的微信工作群
19	广安公司	武胜县公安局	0826-6211390	武胜片区	片区经理	13980323618	已加入该部门组建的微信工作群
20	广安公司	广安区消防救援大队	0826-2245119	广安片区	片区经理	18682678601	已加入该部门组建的微信工作群
21	广安公司	华蓥市消防救援大队	0826-4827918	华蓥片区	片区经理	13696183493	已加入该部门组建的微信工作群
22	广安公司	邻水县消防救援大队	0826-8981119	邻水片区	片区经理	13882633098	已加入该部门组建的微信工作群
23	广安公司	岳池县消防救援大队	0826-5227119	岳池片区	片区经理	13698366753	已加入该部门组建的微信工作群
24	广安公司	武胜县消防救援大队	0826-6234909	武胜片区	片区经理	13980323618	已加入该部门组建的微信工作群
25	广安公司	广安区气象局	0826-2332035	广安片区	片区经理	18682678601	已加入该部门组建的微信工作群
26	广安公司	华蓥市气象局	0826-4839411	华蓥片区	片区经理	13696183493	已加入该部门组建的微信工作群
27	广安公司	邻水县气象局	0826-3239160	邻水片区	片区经理	13882633098	已加入该部门组建的微信工作群
28	广安公司	岳池县气象局	0826-5222430	岳池片区	片区经理	13698366753	已加入该部门组建的微信工作群
29	广安公司	武胜县气象局	0826-6211264	武胜片区	片区经理	13980323618	已加入该部门组建的微信工作群

参 考 文 献

[1] 李解．成品油销售企业应急管理探索与研究[J]．建筑工程技术与设计，2021(25)：481－482. DOI：10.12159/j.issn.2095-6630.2021.25.0232..

[2] 侯新，张雅倩．石油化工企业应急管理思考[J]．合作经济与科技，2022(15)：138－139. DOI：10.3969/j.issn.1672-190X.2022.15.053.

[3] 赵可思．应急管理实践与探索[J]．石化技术，2018，25(11)：272. DOI：10.3969/j.issn.1006-0235.2018.11.215.

试论城市化背景下应急消防系统的可持续发展

刘元会

（中国石化胜利油田分公司）

摘　要　随着城市规模的扩大和人口的增长，火灾风险呈上升趋势，这对应急消防系统提出了新的挑战。为应对此挑战，可持续发展理论被引入消防系统，以寻找平衡经济、社会和环境需求的方法。应急消防系统可持续发展包括有效管理资源、采用节能设备和环保消防技术、社区参与和教育等因素。将可持续发展理论应用于应急消防系统是实现城市公共安全和可持续性的关键一步。通过资源管理、环保技术、社区教育和资源调度的优化，可以建立更加环保和高效的应急消防系统，以适应不断发展的城市化趋势，确保城市的安全和可持续发展。

关键词　城市化；应急消防；可持续发展；公共安全

1　引言

随着全球城市化进程的不断加速，城市人口不断增加，城市规模扩大，城市化背景下的城市基础设施和公共安全成为日益紧迫的议题。其中，应急消防系统作为城市安全的基石之一，扮演着至关重要的角色。城市化带来了众多挑战，如建筑物高度增加、人员密集度上升以及火灾风险的潜在增加，这些因素使得应急消防系统的设计、运作和可持续性变得更加复杂和关键。

随着可持续发展理论的兴起，社会对城市化过程中各个领域的可持续性关注不断增强。可持续发展理论强调经济、社会和环境三方面的平衡，同时着重于长期可维持性和资源的有效利用。在这个背景下，应急消防系统作为城市基础设施的一部分，也需要重新审视其可持续性，以满足不断变化的城市化需求。

本研究旨在探讨城市化背景下应急消防系统的可持续发展问题。通过分析城市化趋势、可持续发展理论和实际案例研究，将探讨如何提高应急消防系统的可持续性，以确保城市居民的安全和社会的持续稳定。同时，本文也将提供政策建议和未来研究方向，以促进城市应急消防系统的可持续发展。

2　国内外研究现状

2.1　国外研究现状

Nyimbili，PH（2020）采用层次分析法和熵值法相结合的方法对准则权重进行主观和客观评价。使用层次分析法和熵来评估专家偏好判断所确定标准的权重，并使用地理信息系统以新城市适宜性地图的形式对模型结果进行处理、分析和可视化紧急情况设施。并使用一次性（OAT）的敏感性分析（SA）方法进行空间可视化。从调查结果来看，预计项目面积的28.1%（占项目面积的三分之一）可能面临城市火灾风险，因此需要立即规划新城区紧急情况建议设施充足火服务覆盖范围和保护。Dong Y（2023）认为城市火灾发生后，不仅会造成巨大的财产损失，还可能造成大量的人员伤亡。虽然目前我国城市消防体系较为完善，但在实际工作中仍存在一些问题尚未解决，如技术装备不足、部分地区受经济制约响应速度不够等。因此，建立高效的城市火灾应急信息系统是非常有必要的，不仅能够及时有效地查询火灾信息，而且能够针对具体的实际情况制定应急保障预案。Chen，FJ（2022）采用非常客观的模糊理论对研究对象进行分析和讨论。针对模糊优化、模糊准则识别、模糊分组等过程中模糊信息量大的问题，基于广义模糊距离和模糊数，提出一种基于多目标模糊理论的专业消防规划综合评价与优化模型。研究结果显示，酒店火灾风险往往较高。火灾隐患中，批发、零售、餐饮行业是重灾区，占比66.3%，其他一些行业也是需要处理的重灾区。

2.2　国内研究现状

贾永录（2019）聚焦于我国公众聚集场所的消防安全管理改革。他认为自国家出台关于消防执法改革的工作意见后，公众聚集场所的消防监督执法发生了巨大变化，尤其是在完善消防监督执法结构方面，为企业和民众带来了实际的政策好处。毛波(2016)以丽江古城区为案例，分析了消防安全管理体制的改革。通过与商户、投资人、社区民警等不同群体的交流调研，他探讨了如何在保护丽江古城的同时改革消防安全管理体制。佘廉和王大勇(2016)分析了美国城市消防安全管理体制的经验。他们指出，美国通过长期实践形成了成熟的消防体制运行模式，并建议中国在城市消防安全管理改革中参考美国的成功经验，特别是在行政监管和消防安全管理法制化建设方面。于庆增(2020)指出，在我国港航公安体制和消防部队改革的背景下，创新港口企业消防安全管理模式成为消防安全管理改革的重点。金彦东(2020)认为，区域消防安全管理模式改革应深刻体现群众的自治力量。刘一平(2020)选择区域消防体制改革为研究焦点，详细阐述了以区域为单位的公共消防安全管理制度下，现有消防安全管理如何发挥监督作用。他特别强调了区域财务管理与消防管理单位功能之间的关系，并指出区域消防安全管理的有效实施需要在电子政务方面进行充分发展。

3　城市化背景下的应急消防系统

3.1　城市化趋势

城市化趋势在当今社会中变得愈加显著，对城市基础设施和公共安全提出了独特的挑战。其中，人口增长和城市规模扩大是城市化的两个主要方面，对应急消防系统的可持续发展产生了深远的影响。

首先，人口增长是城市化背景下的一个重要趋势。城市不断吸引着农村居民涌入，导致城市人口规模的持续扩大。这一现象带来了人口密度的上升，使城市内的人口更加密集。这对应急消防系统构成了巨大挑战，因为更多的人口通常意味着更高的火灾风险。同时，高密度人口区域也增加了火灾事件后的疏散难度，需要更高效的疏散计划和资源分配。

城市规模的扩大也是城市化的一个显著特征。城市的边界不断延伸，新的住宅区、商业区和工业区得以建设。这导致了城市应急消防系统需要扩展其覆盖范围，以确保新兴社区和区域也能够获得及时的火灾响应和救援。这可能需要增加消防站点和资源，以满足扩大的城市范围。

综合考虑，城市化背景下的应急消防系统必须不断适应人口增长和城市规模扩大等趋势带来的挑战。它们需要在保障城市居民安全的同时，不断创新和调整，以满足不断变化的需求。这也需要城市规划部门与应急消防系统部门密切合作，确保城市发展与公共安全相辅相成，为城市居民创造一个安全和宜居的环境。可持续发展理论的应用也将有助于确保城市化进程不会危及城市的整体安全和可持续性。

3.2　城市化对消防系统的挑战

城市化导致了火灾风险的显著增加，高层建筑和人员密集的区域成为火灾的高风险区域，需要更高水平的火灾防护和扑救能力。人员密集度的增加也使火灾后的疏散变得更加复杂，高楼大厦、地下停车场和交通拥堵都增加了疏散难度，可能导致伤亡增加。交通拥堵本身也是一个严重的问题，它延误了消防车辆的快速响应，从而威胁到火灾扑救的有效性。

此外，城市化规模较高的城市通常伴随着资源有限性的问题，包括有限的人力资源、消防车辆和水源。在高度城市化背景下，需求不断上升，但资源可能有限，这可能导致应急响应的困难。应对这一挑战需要更好的资源管理和投入，以确保应急消防系统的充分准备。同时，城市化也推动了新兴技术和设备的需求，高层建筑和复杂城市环境需要先进的技术和设备来进行火灾扑救和疏散。然而，这些新技术的采用和维护也需要投入大量的资源。

另一个考虑因素是城市化背景下的社会多样性和文化差异。城市吸引着不同文化和背景的人口，社会多样性增加，应急消防系统需要考虑到不同群体的需求和文化差异，以确保信息传递和疏散计划的有效性。最后，可持续性也应成为城市应急消防系统的关注重点，包括资源的有效利用、环境友好型设备的使用，以及社会的参与，以确保城市的可持续发展。

这些挑战需要政府、城市规划部门和应急消防系统部门的密切合作，以确保城市居民的安全和城市的可持续发展。不断的技术创新、培训和资源投入都是应对这些挑战的关键因素，以确保城市在城市化进程中保持高水平的应急响应能力。

4 可持续发展理论在应急消防系统中的应用

4.1 可持续发展理论的基本原则和概念

可持续发展理论的核心原则是在经济、社会和环境三个领域之间建立平衡。它着眼于长期，旨在满足当前世代的需求，同时不损害未来世代的权益。这一概念要求综合考虑各领域的需求，以确保不会在一个领域的迅速发展中牺牲另一个领域的利益。同时，可持续发展倡导社会公平和包容性，要求减少社会不平等，提高生活质量，并保障基本权利和需求。它还强调环境保护，包括生态系统健康、空气和水质量、物种多样性等，要求减少污染、保护自然资源，并采用环保措施。经济效益也是其中的一部分，要求保持经济增长和繁荣，但不以牺牲环境和社会公平为代价。最终，全球合作和可持续消费与生产是实现可持续发展的关键，需要国际社会的合作和个体行动来实现更加可持续的生活方式和生产方式。可持续发展理论提供了一个全面的框架，以应对当今社会面临的复杂挑战，并塑造一个更加公平、健康和持久的未来。

4.2 将可持续发展理论应用于应急消防系统

定期维护和更新设备，优化资源分配和调度，提供持续的培训和技能提升，实施能源效率措施以及数字化记录和报告，应急消防系统可以实现更加有效的资源管理和提高效率。此外，资源共享和社区参与也是关键因素，有助于优化资源利用并提高公众的参与度。这些举措不仅可以降低成本，提高应急响应能力，还有助于减少对环境的负面影响，从而将可持续发展理论融入到应急消防系统中，确保城市的公共安全和可持续性。

使用可再生能源、节能设备、环保消防泡沫剂以及实施废物管理和回收计划，应急消防系统可以减少对能源和资源的依赖，降低碳排放和废物产生。同时，合理管理水资源、采用环保材料和考虑绿色建筑标准有助于降低对水和材料的消耗，并减少室内空气污染。教育和宣传环保意识，并监测和报告环境影响，使消防员和社区居民参与环保行动，共同致力于减少生态系统压力和环境污染。通过这些环保实践，应急消防系统不仅能够提高自身的可持续性，还有助于保护城市的环境和资源，确保公众的安全和健康。这种综合性的方法有助于将可持续发展理论融入到应急消防系统中，实现更加环保和可持续的城市发展。

实现有效的资源调度对于应急消防系统的高效运行至关重要。采用实时监控系统、GPS 技术、优化调度算法和预测模型，消防部门可以更准确地分派资源到紧急事件现场，降低响应时间并提高效率。调度员的培训和通信系统的可靠性也是确保资源调度顺畅的重要组成部分。此外，资源共享、数据分析、灵活性和持续改进都可以提高资源调度的质量。通过综合采用这些策略，应急消防系统能够更好地适应各种紧急情况，最大程度地保障公共安全，同时将可持续发展理论引入资源管理和调度过程中，以提高城市的公共安全和可持续性。

5 案例分析

5.1 相关案例

5.1.1 新加坡的智慧消防系统

新加坡的智慧消防系统是一个集成了最新技术的先进应急响应系统，它旨在提高消防服务的效率和效果，尤其是在这个高度城市化的国家。以下是新加坡智慧消防系统的几个关键特点：

（1）远程传感技术：新加坡消防部门运用了各种传感器技术来实时监测建筑物和关键区域的安全状况。这些传感器能够探测到火灾的早期迹象，如异常的热量或烟雾，从而允许更快速的应急反应。

（2）数据分析和人工智能：智慧消防系统通过分析收集的数据(例如，火灾发生的位置、时间和原因)，帮助预测和预防潜在的火灾风险。人工智能算法被用于识别模式，优化资源分配和响应策略。

（3）集成通信系统：系统包括一个高度集成的通信网络，确保消防队员、急救人员和其他相关部门能够在紧急情况下迅速、有效地沟通。

（4）智能建筑和基础设施：新加坡推广智能建筑标准，这些建筑配备了先进的安全系统，如自动喷水灭火系统和紧急疏散指示。这些系统与智慧消防系统无缝连接，确保在火灾发生时能够迅速采取行动。

（5）无人机和机器人技术：新加坡消防局还采用了无人机和机器人技术来协助火灾现场的侦察和灭火操作。无人机能够快速到达难以接近的区域，提供实时图像和数据，而机器人可以在极端热量和有毒环境中执行任务。

（6）培训和模拟演练：为了充分利用这些先进技术，新加坡消防部门对其人员进行了全面的培训。此外，定期的模拟演练确保所有系统和程序都能在真实情况下有效运作。

这个系统的实施显著提高了新加坡应对火灾和其他紧急情况的能力，尤其是在考虑到该国独特的城市环境和挑战。新加坡的智慧消防系统不仅提高了响应速度和效率，还通过预防措施减少了火灾的风险，成为全球其他城市效仿的榜样。

5.1.2　东京的社区参与和预防教育

东京作为一个高度密集和人口众多的城市，面临着显著的火灾风险。为应对这一挑战，东京采取了一系列以社区参与和预防教育为核心的措施，旨在提高居民的安全意识并增强他们在火灾发生时的应对能力。以下是东京在社区参与和预防教育方面的一些关键做法：

（1）社区安全计划：东京的许多社区都建立了自己的安全计划，这些计划通常包括定期的会议和训练，以确保居民知道在火灾等紧急情况下该如何行动。

（2）火灾演习和培训：东京经常举办大规模的火灾演习，模拟真实火灾情况，以提高居民的应急准备能力。这些演习包括疏散训练、使用灭火器和其他消防设备的培训。

（3）火灾预防教育：东京的学校和社区中心定期举办火灾预防教育课程，教授如何预防火灾、识别火灾风险以及在火灾发生时的正确行动步骤。

（4）社区消防志愿者：许多社区拥有训练有素的消防志愿者队伍。这些志愿者不仅在紧急情况下提供援助，还参与火灾预防教育和社区培训活动。

（5）宣传和信息传播：东京市政府和消防部门利用广告、社交媒体、传单和公共讲座等多种渠道宣传火灾安全知识，确保所有市民都能够接触到重要的安全信息。

（6）火灾安全规范：东京还实施了严格的火灾安全规范，要求建筑物遵守特定的安全标准，如安装烟雾报警器和消防设施，并定期进行检查。

（7）与专业消防队的协作：社区消防志愿者与专业消防队密切合作，确保在发生大规模火灾时能够迅速有效地响应。

通过这些措施，东京不仅提高了居民的安全意识，还增强了整个社区在预防和应对火灾方面的能力。这种以社区为基础的方法在全球许多城市中都被视为一个有效的模式，特别是在人口密集的大都市中。

5.2　案例的启示和教训

从全球不同城市的应急消防系统案例研究中，我们可以吸取几个关键启示和教训。首先，技术在提高火灾侦测和响应速度方面发挥着重要作用，如新加坡智慧消防系统所示。其次，东京的例子强调了社区参与和公共教育在提高紧急情况应对能力方面的重要性。此外，欧洲城市的严格建筑标准和有效的城市规划凸显了规划与政策在降低火灾风险和确保快速响应中的关键作用。美国的案例则展示了资源管理和持续培训对于确保消防队伍准备就绪的必要性。这些案例共同指向了一个重要结论：有效的应急消防系统需要集合先进技术、社区参与、周密规划、持续培训和跨部门协作，这样才能提高城市对火灾和其他紧急情况的整体应对能力。

6　结论

城市化背景下应急消防系统的可持续发展研究强调了城市发展中面临的挑战和机遇，以及如何应对这些挑战以确保公共安全和城市可持续性。这项研究结合了可持续发展理论的核心原则，包括资源管理和效率、环保技术和实践、社区参与和教育、资源调度的优化等多个方面。通过综合应用这些原则，城市可以建立更强大、高效和环保的应急消防系统，以适应城市化的趋势，减少火灾风险，保护人们的生命和财产，同时降低对环境的不利影响，实现可持续城市发展的目标。这项研究为城市应急消防系统的发展提供了有力的指导，有助于创造一个更加安全、环保和可持续的未来城市。

参考文献

[1] Nyimbili, Penjani Hopkins, and Turan Erden. "A hybrid approach integrating entropy-AHP and GIS for suitability assessment of urban emergency facilities." ISPRS International Journal of Geo-Information 9.7 (2020): 419.

[2] Huang, Ying, et al. "Voice broadcast based on 5G sensor in urban fire emergency system application."

Journal of Computational Methods in Sciences and Engineering Preprint (2023): 1-18.

[3] Chen, Fujiang, Junying Chen, and * * gang Liu. "Comprehensive evaluation and optimization model of regional fire protection planning of major hazard sources based on multiobjective fuzzy theory." Computational intelligence and neuroscience 2022 (2022).

[4] 贾永录. 关于公众聚集场所投入使用，营业前消防安全检查改革后的思考[J]. 今日消防，2019，004(007)：44-45.

[5] 毛波. 全面推动消防工作改革着力加强丽江古城消防安全管理[J]. 化工管理，2016，409(12)：162-163.

[6] 佘廉，王大勇. 由美国城市消防体制经验谈我国消防体制变革[J]. 行政管理改革，2016，002(004)：67-72.

[7] 于庆增."双改革"后港口消防安全管理新模式探讨[J]. 水上消防，2020，146(04)：35-37.

[8] 金彦东. 居民小区消防安全高风险分析及防范措施探讨[J]. 信息周刊，2020，004(007)：1-2.

[9] 刘一平. 浅谈城市居民小区存在的消防安全隐患及防火对策[J]. 中国室内装饰装修天地，2020，16(05)：42-43.

干扰试井方法在水淹油藏建库安全性分析中的应用

胡彩云[1]　贾　倩[2]　高广亮[1]　李超锋[1]　李　聪[1]　杨智斌[1]　王　杨[1]

（1. 中国石油冀东油田公司；2. 中国石油冀东油田公司勘探开发研究）

摘　要　工程测试分析可提前评价储气库安全性、有效降低风险，国内油藏型储气库建设中工程测试实例研究较少，本文以南堡M号油藏水驱后改建储气库建库目标为例，详细介绍了干扰试井测试方法在该类储气库建设中的应用，对测试中合理注气量预测、激动周期确定展开论证，并对试井结果综合分析，提供安全性评价。研究结果表明，通过干扰试井测试，可以得出南堡M号储气库建库区纵向和侧向封堵性良好，具备改建储气库的密封条件。研究对国内后续油藏型储气库安全性评价具有参考和指导意义。

关键词　油藏型；地下储气库；封闭能力；干扰试井

世界地下储气库建设与运营已历经百年。作为目前世界上最主要的天然气储存和调峰方式，已在全球得到越来越广泛的应用。主流储气库多为气藏、含水气藏、盐穴型储气库，随着气藏建库资源枯竭，京津冀地区天然气调峰需求越来越大，冀东油田开始了油气藏型储气库建库探索，油气藏型地下储气库，油气水三相互驱，渗流复杂，建库过程中，准确预测注采气井的产能，分析注采气井动态，是最重要也是最复杂的问题，因此注采气能力影响因素分析具有特殊重要的意义。

1　引言

我国东部是储气库消费市场主体，优质建库资源日益减少，油气藏是今后建库的主要对象，建库难度大，风险高，我国不同类型储气库建库地质条件复杂，主要体现在天然气市场发育区地质构造破碎，建库的安全风险增大，国内目前油藏建库处于起步阶段，油藏改建储气库前期评价的资料少，单纯依靠静态资料评价断层的封堵能力和盖层的封闭能力存在极大的风险。在这种情况下，动态注气干扰试井结果更有说服力，并且能极大的降低评价风险。本文以南堡M号储气库为例，系统介绍干扰试井的设计原则、注气量及激动周期确定方法、激动结果分析，以期为国内后续油藏型储气库建设提供有益借鉴。

2　干扰试井原理

干扰试井在现场施工中，选择一口激动井和一口或者若干口与激动井相邻的观测井组成测试井组，在测试中改变工作制度，从开井生产改变为关井，或从关井状态以某一产量开井生产，从而对地层压力造成"激动"；观测井则测试中关井进入静止状态，并下入高精度、高分辨率的井下压力计，记录从激动井传播过来的干扰压力变化，根据记录的压力变化资料确定地层的连通情况。这种试井方法称为井间干扰试井。

3　应用实例

南堡M号储气库共发育8条断层，断距5~300m不等，其中边界断层F1距离建库区域较远，并且与建库区域之间有玄武岩遮挡，封闭性好。F3~F7均为小断层且未断穿玄武岩盖层，对建库影响较小，F2为发育在F1之上的次级断层，该断层平面延伸距离远且断穿玄武岩盖层，对库址封闭性影响较大，应重点进行监测和评价。为了保证建库过程中的安全性，针对F2断层的断层密封性及盖层密封性，开展了注气干扰试井现场试验研究。

3.1　干扰试井方案

根据SY/T 5440—2009《天然气井试井技术规范》要求，地层渗透率大于$10\times10^{-3}\mu m^2\cdot m$、井间距小于1km，激动井产量高于$20\times10^4 m^3/d$时，适用脉冲试井方式。南堡M储气库建库目的层属于高孔高渗砂岩储层，井间距在500m范围内，适合脉冲方式进行干扰试井。考虑脉冲试井结果对储气库建库的指导性，以及现场实施的可行性及安全性，建议选用高纯度的氮气作为注入流体，氮气的纯度≥99%。

从断层风险级别、井筒工艺完善、井的位置三大方面进行优选。以NP102X19作为激动井，NP12-58，NP12-198，NP12-50作为观察井，对NgⅣ②3储层进行氮气脉冲式注气，监测F2断层及盖层的压力反应，由此获得储层特性及盖层中的压力响应状况，计算储层连通参数(渗透率、流动系数、导压系数、弹性储能系数等)，评价断层垂向和侧向封闭能力。注气作业及监测层段见表1、图1。

表1　南堡M号储气库干扰试井方案

激动井(注气井)	监测井	干扰试井目的
NP102X19(NgⅣ②3)	NP12-58	监测盖层密封性
	NP12-198	监测断层纵向密封性
	NP12-50	监测断层侧向密封性

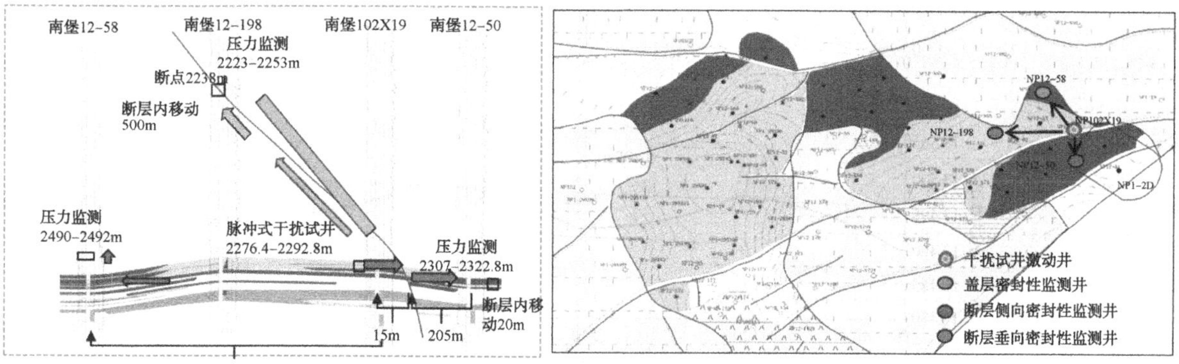

图1　NP102X19井干扰试井示意图

3.2　注气量及脉冲周期确定

脉冲试井设计中的关键参数包括激动井注入量、井距、井间渗透率、储层厚度、孔隙度、地层温度、地层压力、气体黏度、气体相对密度、气体体积系数、气体压缩系数、地层压缩系数等参数。为了确保脉冲干扰试井设计结果的可靠性，需要遵循一定的原则确定各个参数(表2)。

表2　干扰井组基础参数

激动井	井号	井距/m	厚度/m	孔隙度/%	地层温度/℃	地层压力/MPa	渗透率($10^{-3}\mu m^2$)	气体黏度/mPa·s	体积系数	压缩系数 MPa^{-1}
NP102X19	NP12-198	525	22.2	27	85.7	13.49	585.17	0.019556	0.0013	0.0786
	NP12-50	240	13.6	27	85.7	13.49	288	0.019	0.0013	0.08

1. 激动井日注气量的确定

激动井日注气量一般按照公式(1)计算，从该公式的相关计算参数可知，注气量与压力的响应幅度、脉冲比，体积系数、黏度、储层渗透率关系密切。

$$\Delta P=1.84\times10^{-3}qB\mu[\Delta P_d(t_L/\Delta t_c)^2]/Kh(t_L/\Delta t_c)^2 \quad (1)$$

式中，ΔP为压力响应幅度(压力计分辨率)，MPa；q为注气量，104m^3/d；B为气体体积系数；μ为气体黏度，mPa·s；K为储层渗透率，$10^{-3}\mu m^2$；h为储层厚度，m；$\Delta P_d(t_L/\Delta t_c)^2$为选定脉冲比对应的第一个奇脉冲或偶脉冲分析图中曲线最大值对应的纵坐标；$t_L/\Delta t_c$为选定脉冲比对应的第一个奇脉冲或偶脉冲分析图中曲线最大值对应的横坐标。

根据脉冲干扰试井设计标准，当干扰试井的脉冲比(一次开井时间/脉冲长度时间)最优取值为0.3时能够满足各类储层连通干扰压力信号的准确获取，但因南堡1~29区块砂体物性较好，干扰信号传递速度快，可以在较短的激动时间下获得干扰压力响应，同时为节约注气费用，将南堡1-29储气库干扰试井的脉冲比定为0.5，则$\Delta P_d(t_L/\Delta t_c)^2$取值为0.0034，$t_L/\Delta t_c$取值为0.092，$K=6010^{-3}\mu m^2$，黏度=0.0194mPa·s，压力计分辨率为0.001MPa（较目前使用的高精度压力计分辨率降低1个数量级），激动井日注气量为$20\times10^4m^3/d$。

2. 干扰试井时间的确定

激动井为NP102X19，监测井为NP12-198时，监测断层纵向密封性。该井组进行脉冲干扰试井所用的参数见表2，根据该基础表采用试井软件的干扰试井设计模块进行模拟，在$20\times10^4m^3/d$的注气量下，干扰压力响应情况模拟结果如图2所示，结果表明，该井组可采用2个脉冲周期，共480h(20d)，其中1个脉冲周期240h（注气120h，关井120h）。干扰压力响应幅度为0.80psi，滞后时间5h。

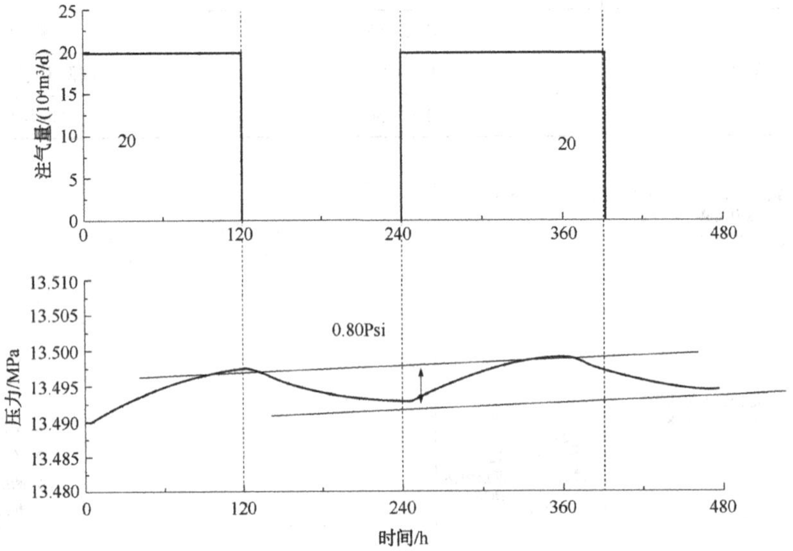

图2　监测井NP12-198井过断点干扰压力响应情况

激动井为NP102X19，监测井为NP12-50时，监测断层侧向密封性。该井组进行脉冲干扰试井所用的参数如表2-4-2，根据该基础表采用试井软件干扰试井设计模块进行模拟，在$20\times104m^3/d$的注气量下，干扰压力响应情况如图3，结果表明，该井组可采用可采用3个脉冲周期，共240h(10d)，其中1个脉冲周期为80h（注气40h，关井40h），日注气量$20\times10^4m^3/d$。干扰压力响应幅度为1.62Psi，滞后时间1.3h。

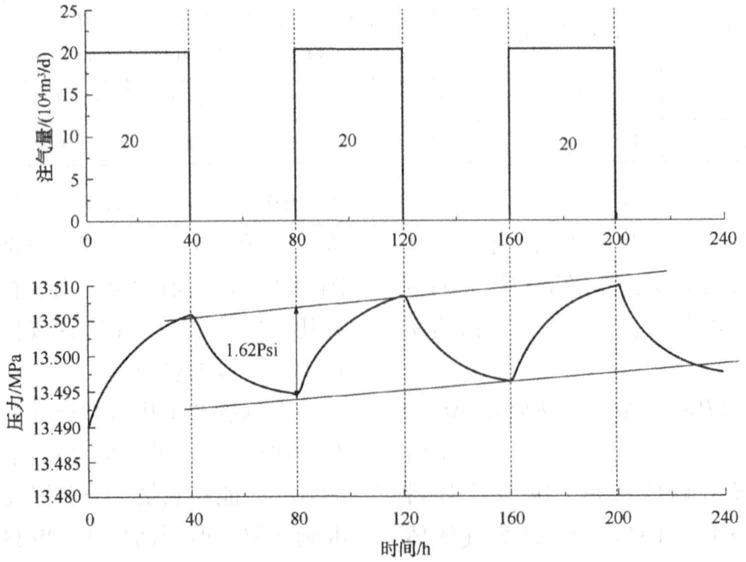

图3　监测层NP12-50井17-18#干扰压力响应情况

因两口监测井共用一口激动井，且激动井日注气量一致，为了同时兼顾两口监测井的压力干扰效果，确定将所需激动时间较长监测井的干扰时间作为整体脉冲干扰试井的实施时间。因此，整体实施方案选用激动井为NP102X19、监测井为NP12-198时确定的干扰试井参数，激动井日注气量$20\times10^4m^3/d$，2个脉冲周期，1个脉冲周期240h（注气120h，关井120h），共480h（20d），总注气量$200\times10^4m^3/d$。

3. 干扰试井方案确定

激动井为NP102X19，激动井日注气量$20\times10^4m^3/d$，采用2个脉冲周期，共480h（20d），其中1个脉冲周期240h（注气120h，关井120h）（表3）。

表3 南堡M号储气库单井组干扰试井方案要点

激动井	监测井	干扰试井目的	单周期	周期数（轮）	施工周期/d	激动井日注气量/10^4m^3
NP102X19	NP12-198	监测F2断层纵向密封性	120~120h （5~5d）	2	480h （20d）	20
	NP12-50	监测F2断层侧向密封性				

3.3 试井结果分析

在激动井注入期间（图4），储层横向监测井NP12-50压力仍然沿着背景压力下降趋势在下降，未见典型的周期性波动信号；同时监测井NP12-198上升趋势较背景压力上升趋势未见明显改变；整个干扰试井期间，两口监测井均未见典型的脉冲式干扰信号波形态出现；判定两口监测井未收到来自激动井的干扰信号。

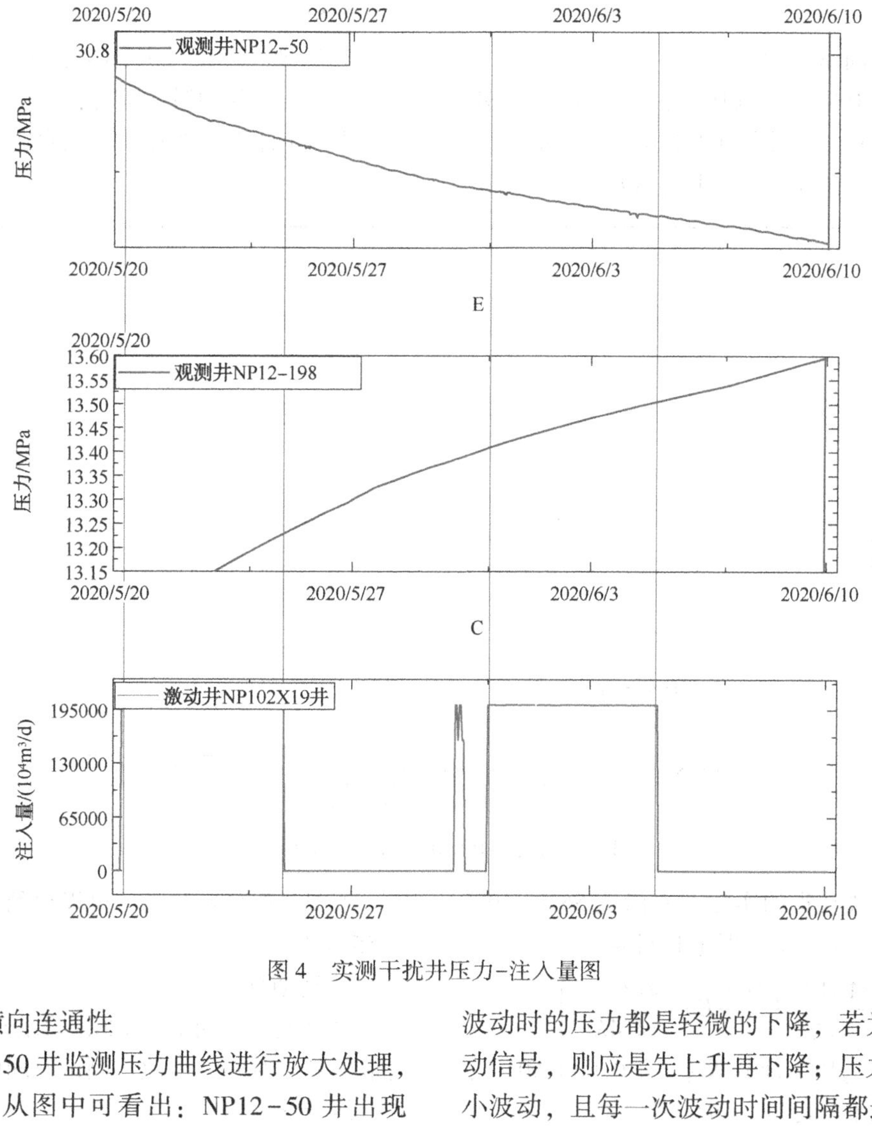

图4 实测干扰井压力-注入量图

1. 储层横向连通性

对NP12-50井监测压力曲线进行放大处理，如图5所示，从图中可看出：NP12-50井出现波动时的压力都是轻微的下降，若为激动井的激动信号，则应是先上升再下降；压力见有五次微小波动，且每一次波动时间间隔都远小于240h，而干扰信号的波动周期为 2 个，周期时间为 240h，同时证实 NP12-50 井与周边 2 口采油井存在连通关系，此种压力波动应来自采油井，故判定此微弱变化不是来自激动的干扰。

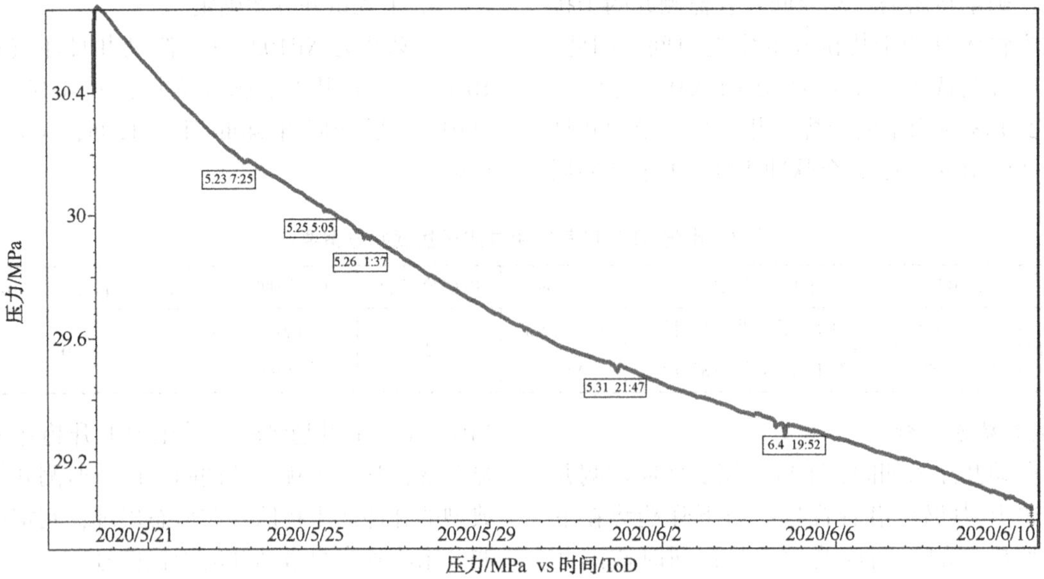

图 5　NP12-50 井压力曲线放大图

2. 盖层垂向密封性

对 NP12-198 井监测压力曲线进行放大处理，如图 6 所示，从图中可以看出：压力曲线整体呈上升趋势，在 5 月 28 日 7：14 后，恢复速率发生变缓，直至关井结束，无周期性变化特征；若为激动井的激动信号，则应是先上升再下降，故判定此微弱变化不是来自激动的干扰。

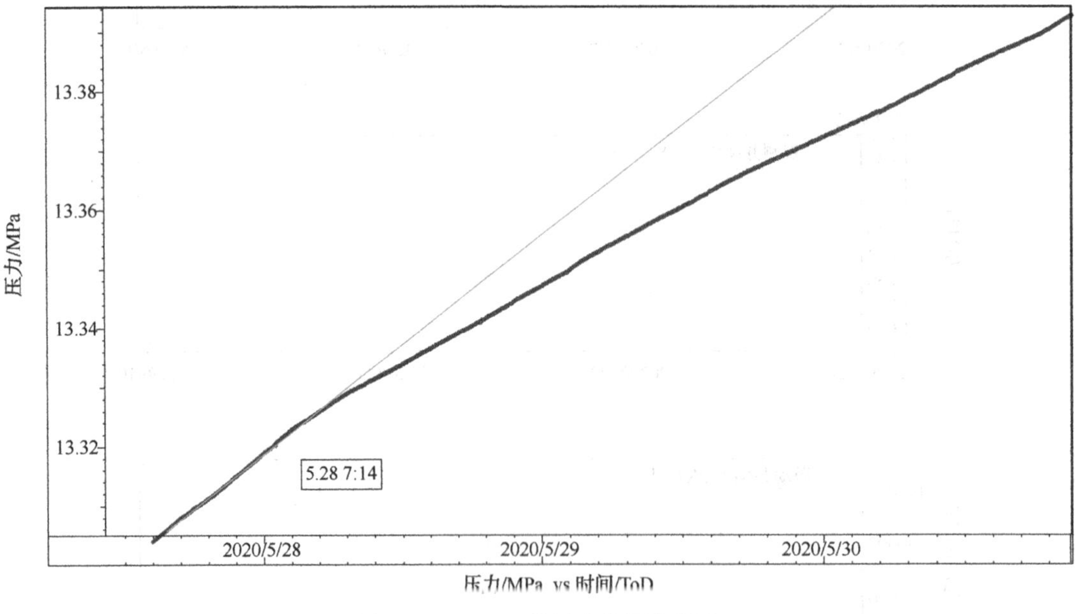

图 6　NP12-198 井压力曲线放大图

由压降曲线获得的实际有效渗透 $56.8\times10^{-3}\ \mu m^2$，重新计算干扰试井理论时间为

$$\delta_P = \frac{1.84\times10^{-3} qB}{Kh/\mu}\left\{\frac{1}{2}Ei\left(-\frac{\varphi\mu C_t l^2}{14.4Kt}\right)\right\} \qquad (2)$$

式中，Ei 为压力计分辨率(去 0.0003MPa)，MPa；t 为测试时间，h；r 为井距 240m。

查阅幂积分函数表，可以得到最少测试时间为 55.46h。

3. 连通性分析

由以上计算可知，120h 的激动已经远远超过最少测试时间，因此，测试时间已经足够满足测试信号的录取。

从NP12-198井监测的压力脉冲信号来看，压力曲线整体呈缓慢上升趋势，放大信号见压力恢复速率发生变缓，与脉冲信号不一致，故认为未接收到激动井干扰信号。

利用激动井NP102X19井关井压降数据计算的两井之间最少激动时间为55.46h，设计的激动时间120h，足够满足干扰信号的录取，通过分析证实两口监测井均未收到干扰信号。

激动井NP102X19井与监测井NP12-50井、NP12-198井之间未见明显干扰信号，证实井间不存在连通关系，F2断层起到纵向及侧向密封作用。

4. 矿场实践

南堡M号储气库2021年9月28日F2断层北侧注气井开始注气，于同年10月投入示踪剂，截至2022年10月注气期结束，断块南侧监测井NP12-50井未有见剂反应，再次证明了F2断层侧向密封作业。

4　结论

为了保证建库过程中的安全，针对冀东M号储气库的地质体薄弱点开展了注气脉冲式干扰试井现场试验研究，干扰试井结果分析表明，冀东油田M储气库建库区F2断层纵向及侧向密封作用良好。矿场试注后，示踪剂结果验证了干扰试验结果的可靠性。

参 考 文 献

[1] 丁国生，李春，王皆明，等．中国地下储气库现状及技术发展方向[J]．天然气工业，2015，35(11)：107-112.

[2] 曾大乾，胡宗全，糜利栋，等．不同类型地下储气库库址评价标准体系及筛选平台[J]．天然气工业，2022，42(S1)：117-124.

[3] 孙彦春，何海燕，仲学哲，等．注水开发油藏改建储气库微观渗流机理研究[J]．中国石油和化工标准与质量，2021，41(11)：120-121.

[4] 高树生，何书梅．天然气能源在地下储气库的存储及利用[J]．岩土力学，2003，24(s)：403-407.

[5] 庄惠农．气藏动态描述和试井(第二版)[M]．北京：石油工业出版社，2009：265-282.

海洋油藏型储气库安全风险及对策措施研究

刘建伟　刘振福　朱　冉　李海龙

（中国石油冀东油田公司）

摘　要　本文重点分析海洋油藏型储气库的建库风险，针对关键风险提出了有针对性的防控措施，同时论述了安全措施的效果，分析了海洋油藏型储气库建库的安全挑战及未来的发展方向。

关键词　海洋；油藏型；储气库；风险及挑战

全球油藏型储气库占比相对较少，自1940年开始才出现油藏改建储气库，目前全球运行41座，主要以中高渗储层、中小库容规模为主，工作气量相对占比6.1%。国内天然气的消费主要集中在东部沿海地区，随着东部沿海建库条件日益复杂，常规气藏建库无法满足新增储气能力建设的需要，中东部地区油藏建库的意义更为突显。冀东储气库是中国石油国内第一座海洋储气库，地处渤海湾，位于国家级种质资源保护区，周边环境异常敏感。本文通过对冀东储气库建库风险进行分析，总结了海洋油藏型储气库的建库风险，提出了有针对性的防控措施，论述了安全措施的效果，分析了海洋油藏型储气库建库的安全挑战及未来的发展方向。

1　冀东储气库建库基本情况

冀东储气库位于河北省东部，京津冀协同发展经济圈，地处唐山市南堡滩海，滩海部分属于渤海湾滩浅海地区，储气库建设主要依托人工岛，采用大斜度井、海管输送、陆岸集中处理的方式进行储气库项目建设。以冀东南堡1号储气库为例，南堡1号储气库地处冀东油田NP1-2D人工岛，利用冀东油田南堡1-29断块气藏、南堡109断块气顶气藏和南堡1-29气顶油藏建库，所在区块为相对简单的背斜构造，埋藏深度浅（-2200~-2310m），设计库容18.3亿m^3，工作气量10.4亿m^3。

2　海洋油藏建库存在的安全风险

2.1　合规建设风险

海洋工程建设的合规手续办理流程同陆地工程相比更为复杂，合规建设风险更高，主要体现在以下几个方面：一是审批层级高，海洋油气开发项目的合规手续审批层级大部分在国家部委，层级相对较高；二是流程复杂，以海管建设用海手续办理为例，需要办理利益相关者意见、路由勘测批复、海域使用论批复、铺设海管施工许可、水上水下施工许可等一系列批复和意见函，办理周期普遍在一年左右；三是涉及部门较多，海洋合规手续涉及海洋、海事、海警、环保、渔政等多个部门。上述诸多因素导致海洋健康合规风险较高。

2.2　地质体密封性风险

油藏建库部同于气藏建库，原始气藏均具有良好的气密封性，利用油藏改建储气库需要对气密封性进行重新评价，且国内大部分油藏建库均是采用气顶油藏建库，具有油、气、水三相混合的特性，地质条件相对气藏建库更为复杂，存在潜在地质体泄漏风险（图1）。

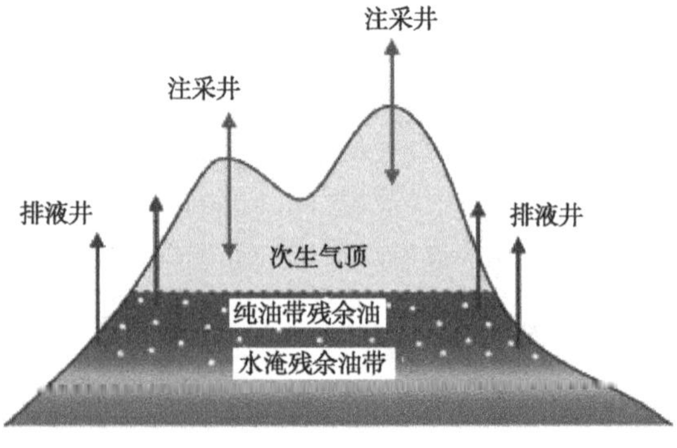

图1　油藏型储气库储气空间示意图

2.3　老井处置风险

冀东储气库部分建库区的老井处置困难，由于前期海洋油气开发的需要，部分井的井况复杂多样，尤其是存在部分需打连通井完全重入裸眼、再冲探至盖层封堵的井以及套管开窗侧钻

(斜向器)、双裸眼侧钻井、套损套漏错段井、双层套管固井质量不合格井等多种复杂工况井，老井处置难度大，处置过程中安全风险高。

2.4 注采井井控安全风险

储气库的注采气相对普通采气井具有阶段产量大、压力高等显著特点，尤其是冀东储气库，部分储层为疏松砂岩，井筒内气、液、固三相流动，大排量高速注采气工况下，井下环境复杂，井口出沙等潜在风险较高，储气库井控风险增加。

2.5 地面建设及运行风险

海洋储气库输送天然气主要依靠海管，储气库的海管口径大、压力高，同时海管建设过程中受海运、天气、海况影响较大，关键施工节点安全管控要求较高，海洋储气库无论是地面建设还是后期运行安全风险均高于陆地储气库。

3 安全风险管控及措施效果评价

3.1 总结了一套海洋项目合规手续办理流程

面对海洋项目合规手续项目多、类别杂、层级高、流程复杂、批复难度大的情况，总结出了一套符合国家政策的海洋储气库项目手续办理流程。海洋储气库合格手续共分为立项备案、征地(征海)、专项评价、设施设计审查、施工许可等五大类，手续办理工作具有环环相扣、缺一不可、前后对应等显著特色，合格手续办理需要按部就班、稳步推进，以冀东储气库为例，共取得了自然资源部、生态环境部、农业农村部等国家部委和省级政府部门的批复函 42 份(图 2)。

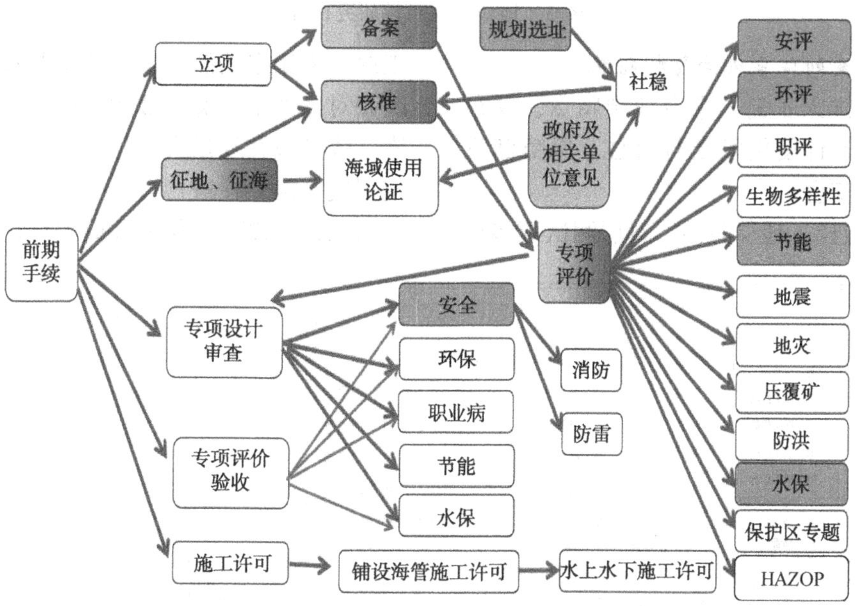

图 2　海洋项目合规手续办理流程图

3.2 应用了一系列地质体密封性监测技术

油藏地质体密封性是储气库安全运行的重要保障，南堡凹陷整体表现为复杂断陷，应力机制多变、断裂复杂、结构多样。面对上述特点，可以采用室内实验与理论分析相结合的方式，综合套管原位地应力测试，构建四维地质力学模型，从盖层和断层两方面综合评价地质体封闭性与极限承压能力，指导储气库的运行压力设计。

一是地质体盖层、断层静态密封性评价技术。冀东储气库通过井震结合，开展盖层顶面构造精细解释与厚度预测、断层精细解释，明确了盖层展布状况和断裂组合关系，结合岩石力学室内试验等资料，建立了盖层、断层静态封闭性技术指标体系，定性定量评价盖层、断层静态密封性。

二是集成原位地应力测试技术。根据冀东储气库地层特点，制定了储层大流量注入和盖层小流量注入的测试方案，实现了对压裂缝破裂、重张和闭合过程的精细控制，解决了“深斜套管井、地层温度高和储层渗透率高”等深孔地应力测量技术难题，获取了盖层、储层和底板可靠的最小主应力大小数据，实现了“冀东油田首次原位地应力测试、国内首次套管井原位地应力测试”双突破，为储气库超压设计提供精确可靠的数据支撑。

三是初步形成四维地质力学模拟技术，支撑了圈闭动态密封性评价。基于盖层顶面构造精细刻画、断层精细解释，采用室内实验与理论分析、矿场原位地应力测试与区域应力场模拟、宏观与微观、静态与动态研究相结合的方法，形成了“基于储气地质体静态封闭性为基础，四维地质力学模拟定量评价动态封闭性”为核心的油藏建库圈闭密封性综合评价技术(图3)。

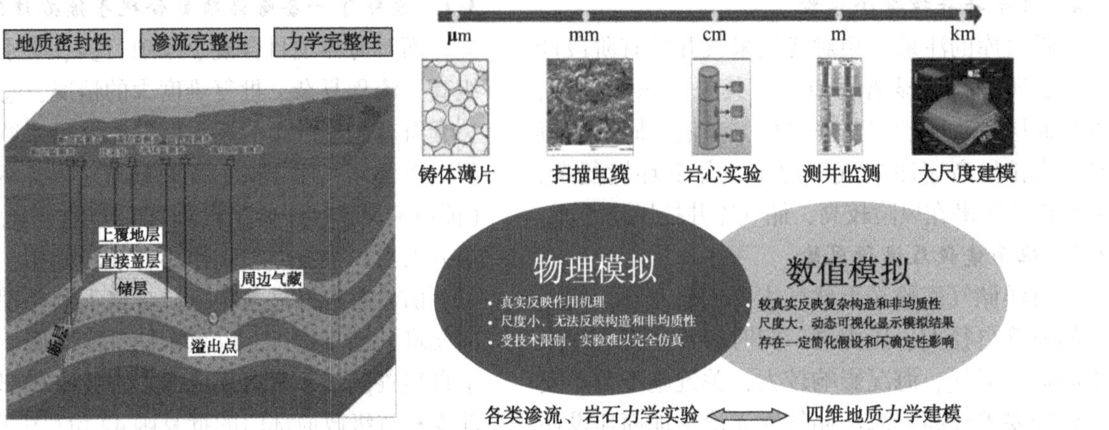

图3 地质体密封性研究机理

3.3 采用了一系列注采风险防控措施

3.3.1 基于海洋人工岛、平台地域特点，冀东储气库设计使用气密封管柱，保障储气库井筒安全

针对高气液比、地层防砂、对层测试等多种工况，采用多功能气举排液工艺管柱，实现储气库井对宽液量、宽气液比生产的需求，针对储气库一线排液井气量大、生产压力高等特性，设计使用气密封管柱进行自喷生产，避免套管长期承受高压，可以有效保障井筒安全(图4)。

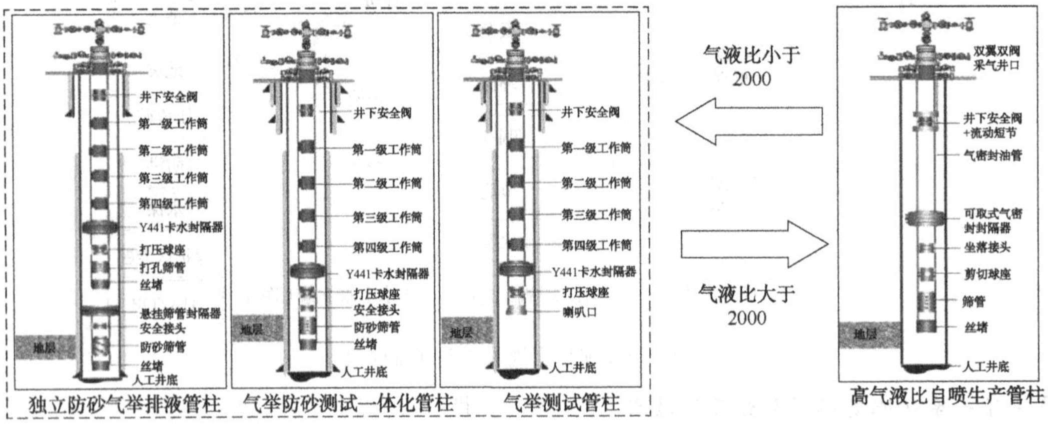

图4 多种类型的气密封管柱

3.3.2 完善建库再利用老井评价技术，保证再利用老井井筒完整性

为保证建库再利用老井的井筒完整性，实现老井的安全利用，依托扇区水泥胶结测井技术、四十臂井径成像技术和电磁探伤测井技术对井筒完整性进行复测，可以有效保障老井利用的安全性。

3.3.3 更换套管头，完善井口及监测工艺，建立完整性屏障

针对储气库井井口漏气风险，更换具备气密封能力的套管头装置，实现井口压力的实时监测，采气树设置井口安全阀，由采气树-套管-水泥环完善为油管-井下安全阀-封隔器-油层套管-水泥环，建立储气库井的井口完整性安全屏障。

3.3.4 建立海洋油藏型储气库井安评估管理预警机制，健全井筒安全控制技术体系

建立储气库井“优选、控制、监测、预警”四位一体井安全评估预警诊断体系，结合生产实际进一步优化井筒完整性控制要点图版，提高现场应用的可行性和操作性(图5)。

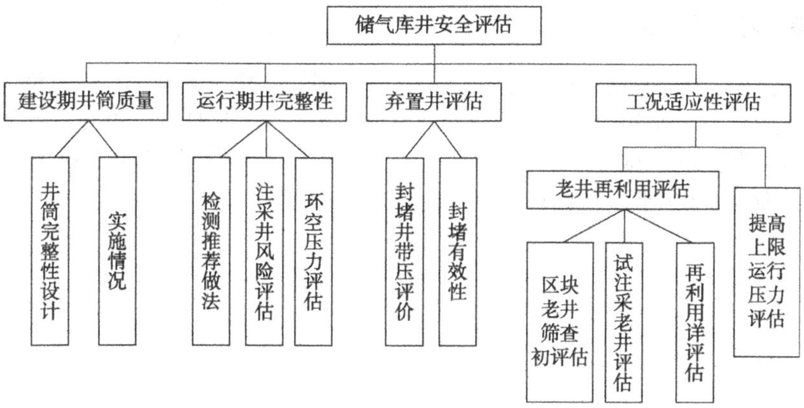

图5 储气库安全评价流程图

3.3.5 针对油藏型储气库井口出砂特点，实时监测井口出砂动态，及时调整生产运行参数

对注采井、冲蚀严重的采气井和排液井井口加装出砂监测仪，实时监测出砂动态，进一步优化生产压差，并及时调整生产运行、更换油嘴及丝堵周期，生产管线安装井口除砂滤砂装置，确保地面管线运行安全。

4 海洋油藏型储气库面临的安全挑战

4.1 油藏建库，高强度注采导致流体分布复杂，注采运行不确定因素多、井控风险大

油藏型储气库油、气、水三相互驱，地下流体分布复杂，建库不同阶段注采气能力变化大，井控风险增大，油藏型储气库出砂风险随着注采轮次的增加而增加，出砂对井口及管柱产生冲蚀损伤风险大，在深层高温、多轮次强注强采条件下，注采管柱受力复杂，管柱密封失效等安全风险高，油藏建库，注采气井及排液井生产过程中油气水同出，给地面处理工艺带来较大挑战。

4.2 储气库老井众多，老井的再利用评价及处置方法需进一步深化

储气库老井安全处置利用是储气库建设的关键因素，目前在储气库老井处置利用的过程中，仍有多项关键技术仍未攻克，如带斜向器的开窗侧钻井等复杂井的利用处置、老井再利用水泥环有效封隔临界长度计算等安全技术仍需要进一步研究，海洋储气库老井的处置仍然面临较大挑战。

5 海洋油藏性储气库未来的安全发展方向

5.1 加快“地质体密封性”动态监测系统部署

部署地质体密封性监测系统，实现对注采活动中断层、盖层的实时监测，保障储气库运行安全。

5.2 开展多相流高速注采冲蚀预测与防治技术研究

开展砂岩油藏地层在周期性强注强采下出砂机理与预防措施研究，为储气库防砂完井技术决策提供理论和技术支撑。

5.3 开展油藏型储气库地面配套工艺研究

针对油藏型储气库油气水同出情况，配套建设地面工艺系统，不断优化和总结，逐步形成具有油藏建库特色的地面工程技术体系。

5.4 摸索形成不同井况的老井处置技术

加强技术调研，明确制约因素，开展关键技术攻关和斜向器打捞、双层套管锻铣、套管套铣打捞等矿场试验，攻克建库技术瓶颈。

5.5 开展储气库井带压作业技术攻关研究

为减少常规作业对储层污染，下步研究论证带压作业起下井下安全阀的可行性，同时研究攻关气井修井作业过程中暂堵体系研究，实现堵得住，解得开，安全高效作业的目的。

5.6 建立完善储气库井安全评估数字化平台。

建设储气库井工程数据库，实现井工程静态数据和环空压力动态数据的存储，环空压力、液面的实时采集-传输，环空压力的实时预警与评价。

6 结论

冀东储气库是中国石油第一座海洋储气库，本文总结了海洋储气库在建设过程中面临的建库风险，提出了海洋建库风险防控的主要措施，论述了安全风险防控措施的可行性及应用效果，分析了海洋建库面临的挑战及安全管理的发展方向。

参　考　文　献

[1] 杨琴，余清秀，银小兵，等，枯竭气藏型地下储气库工程安全风险与预防控制措施探讨。石油与天然气化工，2011，第4期：410-418.

[2] 丁国生．中国地下储气库的需求与挑战[J]．天然气工业，2011，31(12)：90-93.

[3] 李建君．中国地下储气库发展现状及展望[J]．油气储运，2022，41(7)：780-786.

[4] 闫怡飞；张胜跃；闫相祯；储气库注采井失效模式与风险评估技术[J]；石油管材与仪器；2019年02期：8-12.

石油石化企业员工安全培训模式与效果评估研究

张利华　程　伟　冯　兵

（中国石油西南油气田公司）

摘　要　石油石化企业安全生产存在非常大的安全隐患和风险，为了应对严峻的安全形势，梳理总结我国石油石化企业的七大安全培训模式现状及效果分析，并进行特点、优势、劣势和适用人群的对比，对成人学习特征、费曼学习法进行分析，结合石油石化企业培训提出了培训模式及效果、体系建设相关的建议和思路，可以为石油石化企业安全培训工作提供借鉴。

关键词　石油石化；安全培训；培训模式；培训体系；培训效果

石油石化企业属于高危行业，具有高压、高温和有毒有害物质等特点，生产贮运加工过程中存在易燃、易爆、泄漏及人员伤亡等潜在危险。因此从根源上抓好安全管理才是根本，员工自身安全意识和应急处理能力的培养，即安全培训教育工作是控制风险预防事故的关键，也是安全生产法提出的以人为本的核心思想。安全培训工作的关键又是培训的有效性，即培训效果，学员意识形态及行为的正向改变才是培训的目的。石油石化企业在安全培训上不断借鉴国内外先进企业经验，并不断探索适合自身行业发展的安全培训模式。

但安全培训也存在“走过场”形式主义，形成员工能力缺失。基于此，本文系统梳理石油石化企业的不同安全培训模式现状，并对各种方法的特点、优势、劣势和适用人群进行对比总结分析，基于成人学习特点、费曼学习法的分析，并提出安全培训体系的构想，并立足我国石油石化企业安全发展现实情况，从体系建设、培训模式与效果等方面提出适合石油石化行业的安全培训建设的对策建议。

1　石油石化企业员工安全培训模式及效果分析

石油石化企业安全培训模式随着形势的变化也在不断发展，安全培训在传统方法的基础上引用了新型的培训技术，目前主要的培训模式主要有七种培训模式。

1.1　传统面对面、集中课堂培训

传统面授培训模式是一种历史悠久且广泛应用的教育培训方式，它的核心在于培训教师直接面对受训者进行语言授课，老师在讲台上讲，学员在下面听。这种方式在师资质量、互动性和直观性方面具有明显优势。可以选择经验丰富的讲师来进行面对面的教学，这样可以确保培训的质量。讲师和学员之间可以实时互动，学员有疑问可立即提出问题并获得反馈，这种即时的互动交流有助于提高学习效率。与在线培训相比，面授培训更加直观和生动。讲师可以通过实物展示、现场演示、视频演示或 PPT 演示等方式，使学员更容易理解和掌握知识点。

但这种方法教重于学，培训活动以老师为主，学员处于被动地位。而且这种方式有时会受生产的制约，比如生产设备出现故障，一个学员正在上课，单位来电话，正在接受培训的学员就必须马上回去，培训就此终止。因此时间和空间不够灵活，存在一定的局限性。

1.2　师傅带徒弟

师傅带徒弟是一种传统的培训模式，它的核心在于通过经验丰富的老员工(即师傅)直接指导新员工(即徒弟)，以实现技能和知识的传承。这种方法的主要特点一是个性化培训，徒弟能够获得针对其岗位和个人发展的定制化指导；二是徒弟在工作中跟随师傅学习，能够实际操作并从中积累经验；三是师傅在教导徒弟的过程中，也会将企业的安全文化价值观和工作理念传授给徒弟；四是如果一起工作时间长，师傅对徒弟的影响安全意识形态影响可能往往是长期的深远的；五是师傅在指导徒弟的过程中也不断总结反思自己的知识储备，对师傅也有促进作用。

但这种学习方式受到师傅个人素养和能力的限制，局限于自己的岗位，且如果没有一定的激

励机制，师傅不愿花时间和精力教授徒弟。

1.3　网络培训法

网络培训法，采取网络课程开展培训，也称为线上网络培训或远程教育，是一种现代化的安全生产培训方式，它利用互联网技术为学员提供灵活、多样化的学习体验。这种培训模式的主要特点一是时间和地点的灵活，学员可以通过网络随时随地接受培训，这大大增加了学习的灵活性；二是成本效益好，线上培训通常比传统的面授培训成本更低，因为它减少了对物理空间的需求和相关的运营成本，且学员可以边工作边学习，从而不会因培训而损失收入；三是高质量的教育资源，线上培训平台能够请到专业的讲师授课，学员可以享受到高质量的课程和服务。

但网络培训法也有一些局限，比如学习效率可能受到外界因素的影响，以及课程内容可能不够更新及时。总的来说，网络培训法作为安全生产教育培训的一种模式，以其独特的优势，成为了传统面授培训的有力补充。

1.4　安全实地模拟演练

安全实地模拟演练法是一种通过模拟真实工作场景来培训员工的方法，它特别强调对紧急情况的应急处理能力的培养。这种培训模式的主要特点一是实践性强，通过现场模拟，使员工能够亲身体验紧急情况，从而更好地掌握必要的操作技能和决策能力；二是针对性强，模拟演练可以根据企业的具体需求和潜在的风险因素进行设计，确保培训内容与企业的实际情况紧密相关；三是反馈及时，在模拟演练中，员工可以立即得到专业人士的指导和反馈，有助于快速纠正错误并提高应急响应能力；四是记忆深刻，相比于理论讲解，模拟演练更加直观和生动，有助于加深员工的记忆和理解；五是安全和经济可控，由于模拟演练是在控制的环境中进行的，因此可以避免在实际紧急情况中可能带来的风险和损失。

模拟演练法是安全生产培训中一种非常有效的方法，它通过模拟真实的紧急情况，帮助员工提高安全意识和应急处理能力，从而在日常工作中更好地防范和应对各类事故。可以用于消防演练、石油天然气和化学物质泄漏事故演练、紧急情况下通讯和协调演练、海上石油平台逃生演练等应急演练。

1.5　安全仿真虚拟现实技术训练

虚拟现实技术（VR）为现代教育培训提供了沉浸式的学习体验。石油石化企业的作业环境风险很高，实地模拟演练往往存在一定的安全隐患和经济成本。虚拟现实技术通过高度逼真的三维图像和声光电效果可以模拟动火、高处作业、临时用电、受限空间、管线打开、试压及吹扫、起重、脚手架、盲板抽堵等直接作业及各类交叉作业的典型实际生产危险作业场景，将学员带入一个虚拟仿真、身临其境的环境中，学员可根据需要通过角色扮演、情景体验，操作多种交互设备来驾驭环境、操作工具和操作对象，从而达到培训学员掌握各种安全技能的目的，还可以降低培训成本和安全风险。

这种培训模式的主要特点一是学习效率高，沉浸感有助于提高学员的直觉、学习动机、专注力和记忆力，3D 展示使得复杂抽象的概念更易于理解；二是节省了培训成本，石油石化生产设备很多是大型化，设备投资巨大，通过虚拟现实仿真软件，对石油石化设备和流程进行模拟，可以无限地使用那些昂贵的无法获得的设备；三是环境安全性高、重复性好，VR 技术尤其在石油石化高危行业等灾害应急救援培训方面显示出优势，可以模拟灾害情况，帮助学员学习如何在紧急情况下做出反应，如模拟火场逃生自救及救援、模拟钻井井喷井漏事故应急抢险、模拟石油天然气及化学物质爆炸事故抢险、体验高处作业区的恐惧等，避免在实际操作中的风险，还可重复练习，并根据情况调整培训内容，直到掌握所需技能；四是反馈和评估效果快，虚拟现实技术可以提供实时的反馈和评估机制。通过监测学员在虚拟环境中的表现和操作数据，帮助学员及时纠正错误和提高技能。心肺复苏虚拟现实体验场景如图 1 和火灾逃生虚拟现实体验如图 2。

图 1　心肺复苏虚拟现实体验

图 2 火灾逃生虚拟现实体验

因此，虚拟现实技术不仅能够提高学习效率，还能增加学习的乐趣，是传统培训模式的有力补充。虚拟现实技术在石油化工等高危行业安全培训中的应用，很好地解决了石化企业培训所面临的危险性大、投资大、成本高、难以重复的诸多缺点。对提升培训效果，提高培训质量，保证化工生产平稳运行，减少事故发生，起到了保驾护航的作用。但由于虚拟现实技术由于是一种新型方法，需要相关设备和技术支持，不易于实施，目前行业还用得不多。但尽管初期投入较高，VR 安全教育培训系统可长期反复使用，对于需要持续、大规模的安全培训来说，利用 VR 进行安全培训要比传统培训方式更节省成本。而且随着技术的不断发展和完善，VR 安全培训的优势将更加凸显，未来有望在石油石化高危企业中得到广泛应用和推广。

1.6 安全专题展览式纸质资源培训

安全专题展览或纸质资源培训是一种通过展示安全生产相关资料和信息，以及提供纸质安全学习手册或读本、操作指南来进行教育培训的模式。是通过直观的展示和书面材料来传授安全知识，旨在提高员工的安全意识和操作技能，从而减少工作中的安全事故。这种方法主要是让员工进行自学或集体学习，而且便于员工随时查阅相关知识，加深对安全操作规程和应急措施的理解。这种培训成本较低，易于实施。适用于那些需要传达基础安全知识和技能的场合。但随着法律法规的变化和生产技术的发展，安全专题展览和纸质资源需要定期更新，以确保培训内容的时效性和准确性。

1.7 安全竞赛和考试

安全竞赛和考试培训是通过竞技的形式来提升员工的安全技能和意识。安全考试大到国家组织的注册安全工程师考试，小到班组安全考试，都是提升员工安全知识的手段。安全竞赛往往模拟真实的工作场景，让员工在实际操作中学习和运用安全知识，从而加深对安全操作规程的理解和记忆。通过团队合作或个人竞技的方式，员工可以在竞赛中相互学习、交流，提高团队协作能力，同时也增强了培训的趣味性和参与感。竞赛中的奖励机制能够激发员工的学习热情，使他们更加积极地参与到安全生产中，从而提高整体的安全水平。竞赛可以直观地展示员工的安全技能水平，同时也是一种检验安全培训效果的有效方式。通过竞赛，员工能够在紧张高效的氛围中学习安全知识，提高安全技能，从而在实际工作中更加注重安全生产，减少安全事故的发生。安全竞赛和考试不仅是一种新型的安全教育培训模式。

但安全竞赛和考试依赖员工自愿参与，只能覆盖到参与竞赛和考试的员工，而无法涵盖到所有员工。虽然竞争可以激发员工的参与热情，但也可能产生一定的竞争压力，影响他们的学习效果。

2 石油石化企业员工安全培训模式特点比较分析

安全生产是国家政府关注的重要领域，安全人才培养作为安全保障工作的重要一环，成为国家和行业关注的重点。我国石油石化企业在生产过程中积累了丰富的经验，实践了很多安全培训模式，为国家及行业的安全生产做出重要支撑。通过梳理这些安全培训模式，各具特色，具有一定的优势和劣势，具体对比分析见表 1。

表 1 安全培训模式特点比较分析

培训模式	具体内容	优势	劣势	适用人群
传统面对面集中培训	视频演示、PPT 演示； 通过语言表达； 专家集中授课	受训人数多； 答疑方便快捷； 培训效率高	实地成本高； 学员无法离岗学习； 学员容易分散注意力； 培训效果不定	适用绝大部分员工

续表

培训模式	具体内容	优势	劣势	适用人群
师傅带徒弟	经验丰富的老员工(即师傅)直接指导新员工(即徒弟)； 实现技能和知识的传承	个性化培训； 对师傅也是一种促进； 师傅对徒弟潜移默化影响大	受到师傅能力和个人素质的限制，有一定的局限性	适合新员工、新岗位
网络培训	提供网络在线视频课件资源或远程培训； 移动学习平台； APP答题； 微信公众号	互联网信息资源获取便捷，时间地点灵活； 师资力量不受限制； 作为一种辅助培训，适合受训者自学或集中学	受训者缺少监管； 需要技术支持	适用有一定文化的年轻员工、中青年员工； 对年纪大的文化不高的操作员工不友好
安全实地模拟演练	给学员模拟一种真实工作场景，要求其担任角色并出演，如消防演练	训练内容针对性强； 覆盖各个领域、训练成果易转化	演习人力、物力成本高 前期设计及组织复杂程度高	适用安全技术人员、技能人员
安全仿真虚拟现实技术训练	模拟危险的生产现场场景，学员通过交互设备来驾驭环境、操作工具和操作对象	针对安全技术训练效果显著	需要较为强大的技术支持，不适合大范围开展	适用安全管理和技术人员
安全专题展览或纸质资源培训	展板、卡片、书籍、报刊等文本材料让员工自学	培训成本较低，易于实施	易受到时间地点限制 培训效果需要监管	适用绝大部分员工
安全考试或竞赛	通过竞技的形式来提升员工的安全技能和意识	理论与实践结合加深受训者印象	周期长，参与人员积极性难以调动； 覆盖员工有限	适用积极爱拼的年轻或中青年员工

3　石油石化企业安全培训模式思考和体系建设构想

3.1　基于成年人的安全培训

安全培训教育，首先要明确和分析培训对象是谁，有什么学习特征和需求，继而进行课程的开发才有效果和效率。企业员工培训是基于成人学习特征的安全培训，成年人的感知力较低，逻辑记忆力较强，他们培训学习方式与学生是不同的。

成人学习特征分析：一是目的明确，注重实用性，他们参加安全培训期望所学知识能够直接应用于实际工作中解决工作中的问题，因此培训内容需要紧密结合实际案例和操作技能让他们觉得有用才愿意学；二是经验利用，成年人在长期的工作和生活中积累了丰富的经验，他们在学习时会将个人的工作经验带入到培训中，这些经验可以作为学习的基础，但也可能成为阻碍学习的障碍，需要通过培训来更新或纠正；三是成年人学习热情来自内驱力和尊重需求，他们希望自己学习的努力能够转化为成果，如获得奖金、证书、个人能力提升、实现职业发展等。

基于成年人开展的安全培训：一是明确培训目标，确保培训目标有针对性、具体实用，与成年人的实际需求和期望相匹配，以解决问题为核心，这有助于激发学习动力；二是灵活的培训模式，提供多种学习资源和方法，如网络课程、实地演练、警示教育片、安全知识竞赛等，采用讨论、案例分析、角色扮演等互动形式，增加参与感，鼓励思考和经验分享，少灌输，有助于知识的吸收和应用，并提供自主学习的资源和时间，满足不同员工不同层次的安全培训需要；三是重视实践操作，强调实践操作和模拟演练，让成人学员通过实际操作来巩固知识和技能，增强记忆；四是及时提供反馈与评估，帮助学习者了解自己的学习进度和不足之处，同时，通过测试或评估来确保培训效果；五是激励认可，尊重成人学习者的文化背景和个人价值观，并通过证书、奖励或其他形式的认可来激励学习者，让他们感受到学习的成就和价值。

因此，进行员工安全培训时，要提升培训效果，需建立符合成人学习特征的培训模式，即ASK培训模式，从内心改变开始，让他们有学习意识态度(是基础)，即要让学员感兴趣认同，知识和技能听明白，即复杂抽象的问题简单化，最终形成安全行为的改变(图3)，从而达到安全的培训目的。

3.2　基于“费曼学习法”学习效果的思考

各种安全培训，投入了投入了大量的人力物力财力成本，最期望的是能达到预期的培训效果，各种学习方式学习效果见图4，能检验学习效果的重要途径即学习效果最好的方式就是有能力把学习到的内容传播给另一个人，这就是著名的“费曼学习法”，是诺贝尔获得者费曼发现的一种独特学习方法，该方法的核心是把复制的知识简单化，以教代学，让输出倒逼输入，它是最符合大脑工作原理的学习方法，它不只是一种学习方法，更是一种思维方式。

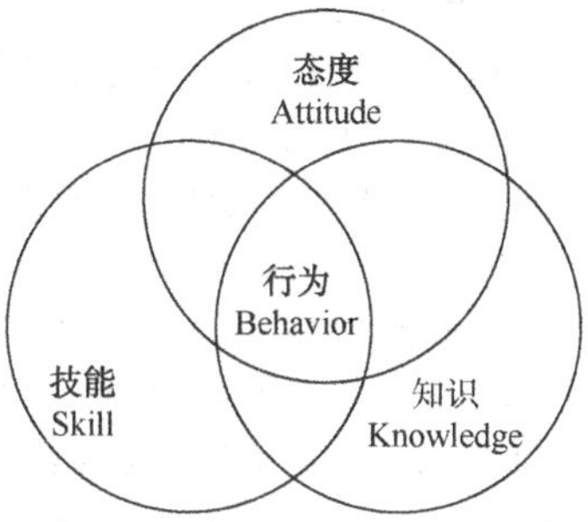

图3　影响行为的ASK关系

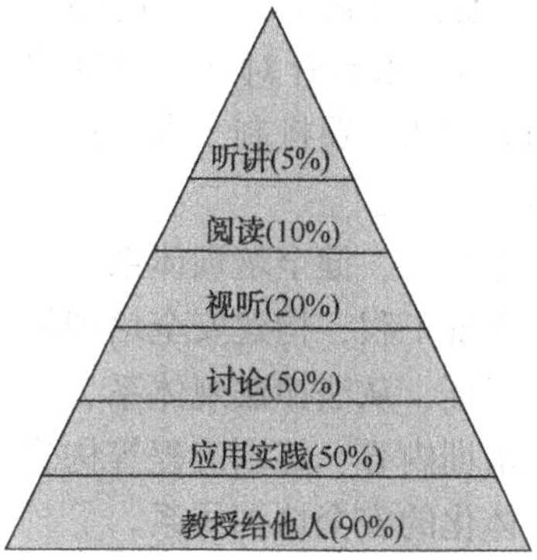

图4　学习效果金字塔—学习方式与内容留存率

因此要提升培训效果，可以充分利用费曼学习法，把复杂的知识简单化，并有针对性的培训学员马上就需要的知识和技能，并让学员把知识和技能立即用于生产实践中或传授给身边的同事，配以激励机制，可以大大的提高培训效果。

3.3　安全培训体系建设构想

安全培训是安全生产中一项非常重要的工作，国家把安全培训工作纳入法律法规和部门规章中，但安全培训工作是一个系统工程，因此做好顶层设计，确立总体思路，以人为本，制定和实施安全培训战略，建立安全培训知识内容体系（图5），该框架将受训人员按不同角色和职责划分为7类，并设计7种培训模块，提出了一个教学设计模型，包括需求分析、课程设计、课程开发、培训实践和教学评估环节，这使得安全培训可以迭代改进。综合应用好各种培训模式，并随着生产形势的变化不断发展与完善。

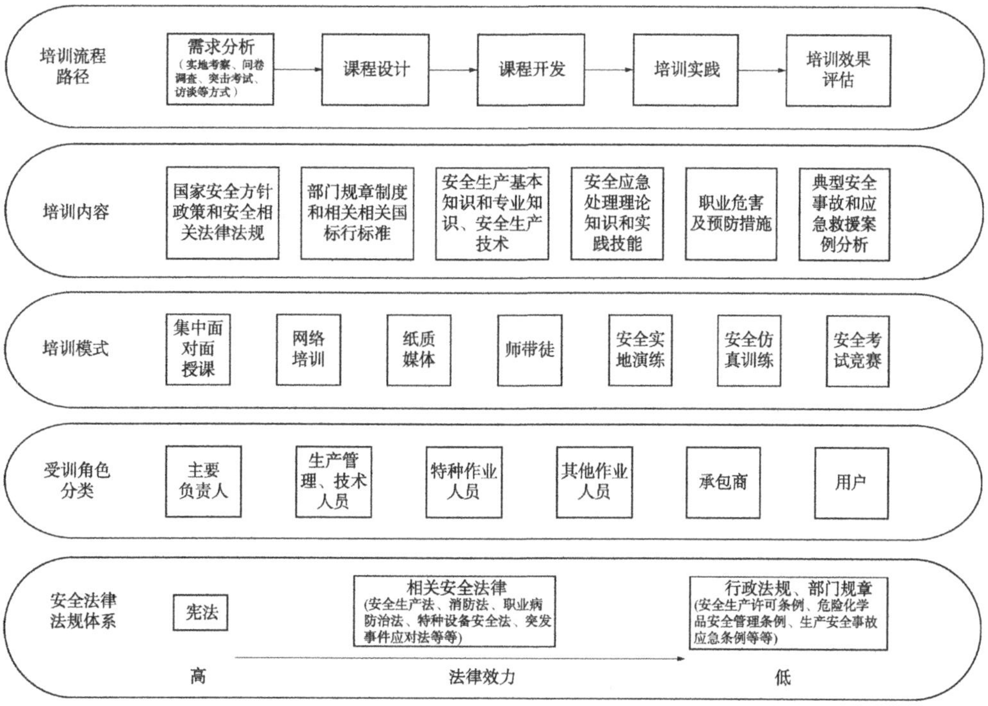

图5　石油石化企业安全培训体系框架

4 结论与建议

石油石化企业安全培训是优化员工安全意识态度，提升安全知识和技能，改变人的不安全行为的重要手段，是避免各类生产事故的发生的一项重要工作。但培训要基于成人学习特征，坚持以“目标明确，实用有趣，内驱和尊重，讲师引导”为原则，根据员工的需求有针对性的开展安全培训，建立以奖励为主的奖罚机制，真正达到安全培训效果而不是“走过场”。

（1）在体系建设方面上，健全培训体系。安全培训工作作为一项系统工程，构建安全培训体系是做好工作的必然保证，从法律法规体系、角色分类、培训模式、培训内容、培训流程等构建全方位、多层次、立体化的安全培训体系。

（2）在培训模式和效果方面上，引入新型技术。学习国外国家好的经验，总结自己的教训，除了传统的好的培训模式，还可以采用诸如网络培训、安全实地模拟演练、安全仿真模拟、安全技能竞赛等种类丰富的培训模式，运用著名的“费曼学习法”，基于受训者学习兴趣的培训模式来提升安全培训效果。

参 考 文 献

[1] 中国安全生产科学研究院．安全生产法律法规[M]．北京：应急管理出版社，2022.

[2] 蒋旭刚，杨俊燕，李杜风．我国煤矿安全培训体系构建及发展趋势探讨[J]．矿业安全与环保，2015，42(01)：116-119.

[3] 张忠义，南婕．培训项目中的课程研制方法[J]．继续教育，2011，25(01)：29-31.

[4] 赖晓云．基于成人学习理论的系统化培训课程的开发方法[J]．现代企业教育，2003，(10)：18-20.

[5] 赵相泽，徐澜涛．技能人才培训效果评估的方法创新与运用[J]．中国培训，2017，(08)：25-26..

[6] 刘惠萍．浅谈企业培训需求预测分析的方法及作用[J]．胜利油田党校学报，2013，26(02)：70-71.

[7] 黄智琴．企业如何加强员工培训质量的过程控制[J]．人才资源开发，2010，(06)：97-98.

[8] 李芳．企业培训课程体系建设“五步法”[J]．经营与管理，2011，(05)：93-95.

[9] 隋进军．虚拟现实技术在石化企业安全培训中的应用[J]．产业与科技论坛，2018，17(09)：67-68.

[10] 尹红心，李伟．费曼学习法[M]．南京：江苏凤凰文艺出版社，2021.

天然气净化装置尾气达标排放分析与探讨

华 佳 罗仁江 罗 聪 何纯小雅 雷中勇 熊钒君

（中国石油西南油气田公司）

摘 要 随着《陆上石油天然气开采工业污染物排放标准》（GB 39728—2020）的发布，对污染物排放量制定更加严格的要求。牢固树立"超标就是事故"、"超标就是违法"的底线思维，进一步强化污染物达标排放的监管。在装置运行期间，稍有不慎容易造成尾气的超标情况。通过对装置在设计、施工、运行、维护方面的分析和探讨，总结存在的不足、制定控制措施、总结经验教训、提高装置的安全平稳长周期运行，实现全时段尾气的达标排放。

关键词 净化装置；尾气超标；原因分析；控制措施

国家生态环境部开展大气污染防治专项整治，将生产装置检维修过程等超标排放纳入整体排放达标管控。对污染源在线监测数据1小时以上持续超标或一天内累计超标4小时及以上的，将会被通报，并纳入绩效考核。虽通过对硫磺回收尾气处理装置的改造，在运行期间仍出现超标的情况，以下是对尾气超高原因分析、本质问题探索、控制措施和经验教训的总结。

1 尾气超高的情况分析

1.1 原料气过滤分离单元

1.1.1 上游气质气量波动

当原料气气质气量波动时，会影响脱硫单元酸气量和酸气浓度，进而对硫磺回收、尾气处理单元操作造成影响，严重时将导致尾气 SO_2 超标。

1.1.2 原料气带液

原料气带液时，导致1200#系统发泡拦液风险增大。

1.2 脱硫单元

1.2.1 吸收塔、再生塔发泡拦液

吸收塔、再生塔一旦发生拦液情况会造成酸气气质气量的波动，因此需极力避免此种情况。

1.2.2 脱硫单元溶液循环泵故障停运

该设备故障停运会触发单列主体装置联锁停运，导致酸气流量波动，进而影响硫磺回收、尾气处理单元运行。

1.2.3 脱硫吸收塔、闪蒸罐液位调整不当

当脱硫塔和闪蒸罐液位调整时，需将脱硫塔液位调节阀和闪蒸罐液位调节置为手动，同时平稳调节阀的开度，保证富液流量平稳。待脱硫塔和闪蒸罐液位稳定时再将脱硫塔液位调节阀和闪蒸罐液位调节阀置为自动。若操作上有不当，从而引起酸气流量不平稳。

1.2.4 过滤器切换操作不当

在过滤器差压达到80kPa时，需进行过滤器清洗及切换操作。过滤器切换后由于设备阻力下降，极易造成进入再生塔富液流量瞬时增大，导致酸气量波动大，若硫磺回收单元主燃烧炉配风不及时，极易造成进入尾气处理装置废气的气质气量波动大，导致尾气中的 SO_2 超标。

1.2.5 贫富液换热器堵塞，压差过大

在闪蒸罐液位调节阀LV-1202全开时闪蒸罐D-1202液位持续升高，且现场贫富液换热器前后压力表差值升高，富液流量计示数相比正常值下降，表明贫富液换热器堵塞。根据酸气量波动趋势，若2∶1分析仪比值风量、回收单元配风不及时，容易造成尾气超标。

1.2.6 再生塔补液操作不当

分析脱硫溶液组分胺液浓度低于40%（w）、溶液系统低液位，需进行再生塔补充新溶液操作，若不进行调整，会降低酸气解吸量，从而造成1400#配风过多，尾气排放超标。

1.2.7 蒸汽系统故障，再生塔蒸汽量少，再生不合格

蒸汽系统故障，再生塔蒸汽量少，C-1202解吸的酸气量下降，从而造成1400#配风过多，尾气排放超标。

1.2.8 活性炭过滤器的投用和停用

活性炭过滤器投用时必须同时投用后过滤

器，否则会加剧溶液发泡，从而造成尾气超标。

1.3 硫磺回收单元

1.3.1 硫磺回收装置风机故障停运

硫磺回收、尾气处理风机故障停运会触发硫磺回收、尾气处理装置联锁停运，此列因空气低低流量联锁。

1.3.2 进入主燃烧炉的配风操作不当

根据比值分析仪的反馈数据调整回收单元配风操作，2：1在线控制在2：1~3：1之间较为合适，如超出此范围易引起尾气超标。

1.3.3 进入主燃烧炉的酸气量调整操作不当

根据实际工况炉膛温度来调节主路与支路酸气配比而调整酸气进入主燃烧炉，如有不当易引起尾气超标。

1.3.4 液硫管线堵塞，引起系统回压波动

由于硫磺回收单元液硫夹套管线及液硫封堵塞，引起回压异常。大量硫蒸气或液硫在1500#在线炉燃烧，不仅直接造成SO_2排放超标，同时会引起H_2的大量消耗而误导操作人员认为回收单元配风过多而采取大量降低配风，大量剩余H_2S在灼烧炉燃烧产生SO_2，造成尾气排放超标恶性循环。

1.3.5 主燃烧炉的温度和反应器温度控制

配风偏多导致主燃烧炉温度高于1240℃时，大量SO_2在主燃烧炉生成，也会导致尾气排放超标。

1.3.6 反应器催化剂积碳、粉化性能下降。

反应器催化剂性能下降，转化反应率降低，也会造成尾气排放超标。

1.3.7 装置高负荷运行或低负荷运行。

当处理量升高，装置需高负荷运行时，需按照比例配制一套和二套装置酸气进入量，同时根据氢含量、主炉温度、R-1501床层温升来调节风量，避免尾气排放超标。

1.4 尾气处理单元

1.4.1 尾气处理装置高、低负荷运行

尾气处理装设计原料气处理量与现在实际的原料气处理量不匹配，处于低负荷状态运行，如在操作上不调整，易引起超标情况。

1.4.2 CPH装置SO_2穿透

二氧化硫穿透造成设备管线腐蚀及溶液污染，造成系统溶液发泡，装置波动，溶液pH快速降低。同时，在急冷塔会发生低温克劳斯反应，引起急冷水系统积硫堵塞、塔盘积硫、浮阀卡死，泵口粗滤器堵塞，泵受损，急冷水pH降低。

1.4.3 急冷水pH偏低

当急冷水PH缓慢下降时，查看1400#和1500#配风是否恰当，R-1501床层温升是否正常，尾气SO_2是否超标。

1.4.4 尾气处理单元发泡拦液

发泡拦液操作类似脱硫单元的操作。

1.4.5 氢分析仪故障

在氢分析仪故障无法判断1400#配风时，需重点关注R-1501床层温升，利用该温升指导1400#配风，同时提高1500#溶液循环量。

1.4.6 尾气在线分析仪故障

1.4.7 在线燃烧炉、尾气灼烧炉熄火

1.4.8 加氢反应器床层温度异常、催化剂性能下降

1.5 蒸汽及凝结水系统

当发生单台或多台锅炉停运时，会造成蒸汽管网压力降低，蒸汽流量下降，影响脱硫单元溶液、尾气处理单元溶液再生效果，从而可能导致尾气排放超高。

1.6 装置开停车过程

当发生装置停电，导致单列或全装置停车时，在处置过程中可能导致尾气SO_2、颗粒物、氮氧化物超标。

1.7 尾气氮氧化物、颗粒物超高

正常情况下由于尾气处理单元灼烧炉配风不当，容易导致尾气氮氧化物、颗粒物超标。当尾气氮氧化物持续升高时，生产班组应立即调整灼烧炉配风，尤其是调整二路配风，将二路风量提高，氮氧化物浓度一般会下降。

2 尾气超标本质分析

2.1 从计算公式分析

在线监测仪采样管路接头脱落使空气吸入测量室，导致该时段废气排放的颗粒物折算值超标。

根据HJ 76—2017《固定污染源烟气（SO_2、NO_x、颗粒物）排放连续监测系统技术要求及检测方法》中污染物折算公式：

$$C_{折}=C_{sn干}\times\alpha/\alpha_s$$

式中，$C_{折}$为折算成实际过量空气系数时的污染物排放浓度，mg/m^3；$C_{sn干}$为污染物标准状态下干基质量浓度，mg/m^3；α为实际测量的污染源过量空气系数；α_s为污染物排放标准中规

定的该行业标准过量空气系数，mg/m^3；

$$\alpha=21\%/21\%-C_{vo2干}$$

式中，$C_{vo2干}$为排放烟气中氧含量干基体积浓度,%。

当尾气在线监测仪所测氧气越靠近21%时，在公式中，标准过量空气系数固定为1.2，所以实际测量的污染源过量空气系数越大，烟尘折算浓度越高。

2.2 从公式思考的问题

通过式(1)可看出，排放浓度与烟气绝对湿度紧密相关，湿度越低，浓度越低。CH_4燃烧也会生成水。

污染物干基浓度和湿基浓度转换：

$$C_{干}=\frac{C_{湿}}{1-X_{SW}} \quad (1)$$

式中，$C_{干}$为污染物干基浓度，mg/m^3(μmol/mol)；$C_{湿}$为污染物湿基浓度，mg/m^3(μmol/mol)；X_{SW}为烟气绝对湿度(又称水分含量),%。

注：公式中干基浓度与湿基浓度的工况状态条件应相同。

通过式(2)可分析得出，烟气流速与烟气温度紧密相关，温度越低，流速越低。

固定污染源烟气排放连续监测系统输出参数计算方法的烟气流速和流量的计算，其中烟道断面湿烟气点流速或线流速如下：

$$V_P=K_S\times V_0\times\sqrt{\frac{T_S+273}{273}\times\frac{101325}{P_S+B_a}}\Big/\sqrt{0.6465} \quad (2)$$

式中，K_S为皮托管系数；V_0为皮托管差压开方信号；T_S为烟气温度,℃；P_S为烟气静压，Pa；B_a为大气压力，Pa；V_P为湿烟气点流速或线流速，m/s。

2.3 从数采思考的问题

实时数据上报间隔5min；分钟数据上报间隔10min(在线报警)；连续计算平均数据4h。在1h内，每5min就会取一次平均值上传系统，1h总共上传12次；1h内，每10min就会取一次平均值用于报警计算，每小时采数6个。如果分钟数据上20000，其他59分钟即使为200，(20000+200×59)/60=530，异常1min多就会超标，如果上10000，也就是2min多。

3 分析思考和探索

3.1 尾气装置联锁回路的优化

尾气处理装置诸多联锁均为单信号，在此列举的是灼烧炉空气流量低低。由于是单信号，非常容易出现仪表信号故障导致装置联锁的情况，建议将此类均改为2选2或者3选2。如果单信号不投入联锁，假如出现尾气风机故障或者全装置掉电，进入尾气灼烧炉的联锁阀未手动关闭，尾气立即会出现超标情况。

3.2 强化2∶1在线仪的运行

尾气装置的平稳运行，特别是在异常情况下，比如原料气波动导致的酸气的波动，2∶1在线仪是直接决定操作平稳的保障。但是，目前引进分厂的2∶1在线仪长期存在积硫带液、反馈滞后、用高压蒸汽保温仍然存在堵塞的情况，限制了硫黄回收装置的操作，一旦出现配风问题，就会影响尾气装置运行。

建议增加一台2∶1在线分析仪，2台共同运行进行比对，甚至是否可以考虑采取在各级反应器出口增设在线分析仪，用于监测催化剂效果等方式，加强监控手段。

3.3 全装置掉电和开停产的研究

如全装置掉电，原料气放空和酸气放空的同时，依然存在在恢复进气生产的时候，与开停产的过程一样的问题。一旦出现装置停电恢复，就存在SO2超标的风险。

通过打开酸气火炬助燃燃料气阀门，将脱硫装置酸气放空，增大运行列酸气量至满负荷运行。增加尾气处理装置重沸器蒸汽流量，启运尾气处理装置贫液泵、富液泵，将溶液循环量提高，增加重沸器蒸汽流量，尽量降低尾气中H_2S含量。同步进气，持续放空，减小硫黄回收装置酸气进气负荷。

3.4 NO_x、颗粒物的思考

我们目前的焦点大多集中在如何预防SO_2超标的问题上，应当未雨绸缪啊，NO_x和颗粒物同样有国标的要求。但是目前我们对上述两种的认识较浅、管控措施较少。

(1) NO_x和颗粒物两种物质的监测只有尾气在线监测仪能够实现，目前无法提前预判并处理；

(2) 颗粒物的形成即使是用氮气进行冷吹或者除硫均有可能将反应器中的颗粒物带入监测系统，是否可能考虑在线颗粒物监测仪器同时增加机械过滤并定期更换的工艺手段实现减排；

(3) NO_x的形成，主要是氮气与空气的反应，是否可以在主燃烧炉、在线炉增加NO_x在

线监测，随时掌握各级燃烧情况即使调整；

（4）富氧回收工艺的应用，在提高转化率的同时，减少燃烧副产物的形成。当然，也将面临了用氧成本增加等一系列问题。

4 管控措施及经验总结

4.1 提高思想认识，专人监控数据

（1）坚决树立“超标就是事故”理念，做好现场污染源在线监控系统监测数据的监控，设置高浓度报警，落实专人做好24h瞬时数据报警响应，及时处置。

（2）针对开（停）车、除硫作业、吹扫作业、置换作业、设备切换等容易出现污染物超标排放或因工况波动可能造成设备数据失真引发系统超标报警的重点环节，提前研判，制定操作方案或应急预案。在作业前要严格按规履行备案手续，在作业过程中要做到“监-运”联动，做到对分钟级超标数据的及时响应，实时监测数据（分钟监测值）出现超过限定排放标准（浓度或速率）80%时，就必须采取有效措施进行工艺、工况调整。

4.2 强化工艺操作，保证尾气达标排放

（1）及时与气矿沟通，避免因其操作导致原料气的气质气量出现大幅波动，影响酸气的浓度和流量。

（2）提高脱硫溶液的分析频次，掌握溶液的发泡趋势，及时采取调整操作或加注阻泡剂等方式保障脱硫系统平稳运行。

（3）精细主燃烧炉的配风操作，根据比值分析仪的反馈数据调整回收单元配风操作，当比值分析仪出现异常时，及时对2：1分析仪进行校验。通过主燃料炉温度、加氢反应器温度、H_2含量等参数判断配风是否合适，必要时联系分析人员对尾气进行取样分析，监控到异常趋势需迅速做出调整，当出现系统不可控时，则对酸气进放空操作。

4.3 制定可操作的处置方案，及时开展应急处置

4.3.1 回收装置切换及开停产的处置措施

硫黄回收装置在切换过程中，应及时调整运行装置配风量（注意提前开大风机进口阀开度），尽量使H_2S：SO_2比值尽量维持在2：1左右（在当量配比下略微差风，防止过量SO_2进入尾气处理装置。停运装置按《硫黄回收单元停工操作卡》进行停运操作，在酸气切换燃料气过程中，增加化验分析频率，防止过量空气进入系统造成硫黄或硫化物自燃，导致尾气超标。停运装置惰性气体除硫时，略低于化学当量配比燃烧，要适当延长惰性气体除硫时间，保证各级反应器除硫彻底。特别是对各级反应器进行除硫的初期阶段，及各级反应器进口阀切换时。由于过程气温度较高（一般控制在300℃），存在过剩氧的情况下，反应器以及过程气管道中的硫化亚铁易自燃而引起硫黄燃烧，造成尾气数据过高或超标。所以在惰性气体除硫过程中，每2h对尾气进行取样分析，严格控制过程气氧含量$<0.01\%$，CH_4含量$<0.01\%$。过氧除硫时尾气转入尾气灼烧炉，逐步少量增加过程气中氧含量，当发现硫黄回收装置反应器温度上涨或尾气在线分析仪数据有上涨趋势，应立即降低过程气中氧含量，防止尾气超标。

4.3.2 动设备掉电引发停车的处置措施

当动设备恢复运转后，按紧急停产后的开产程序，及时同步调整回收及尾气处理装置运行参数，尽快达到进气条件，尽量实现同步进气恢复生产。若硫黄回收装置两列同时运行时因某列主风机故障停运，此列因空气低低流量联锁。运行列因酸气总管压力升高酸气流量增加，应及时增加空气量，防止过量H_2S进入尾气处理装置。打开酸气火炬助燃燃料气阀门，将脱硫装置酸气放空，增大运行列酸气量至满负荷运行。增加尾气处理装置重沸器蒸汽流量，启运尾气处理装置贫液泵、富液泵，将溶液循环量提升至$70m^3/h$，增加重沸器蒸汽流量，尽量降低尾气中H_2S含量。关注尾气排放各项数据、在线燃烧炉温度、CPH反应器床层温度、氢分析仪浓度、急冷水pH值、尾气灼烧炉温度、尾气处理装置再生酸气量等重点参数。

4.3.3 尾气在线监测仪故障的处置措施

认真做好在线监测设施设备的运维和预防性检查，采取措施避免因工况变化引起的设备数据失真造成超标误报，在线监测系统运维人员实施2h响应。发生因设备异常造成的超标报警，运维人员要第一时间进行故障排除，监测频率按1次/h执行，相关人工监测数据需第一时间补录入系统，直到数据恢复正常为止，确保自证清白。配齐足量的在线监测系统相关配品、配件和比对样等日常耗材，杜绝因维护不到位、备件不到位而造成在线监测系统无法正常运行和比对校

准的现象发生。

4.3.4 加强环保制度与尾气装置的培训

（1）将环保制度和要求逐一细化，开展班组培训和考试，实现人人过关。

（2）按净化厂"一厂一策"、"一环节一策"的原则制定相应的操作方案或应急预案，定期开展演练和推演，使员工熟练掌握处理的方法和措施，

（3）结合人员培训，充分调动技师、技术干部、操作人员的学习热潮，特别对于尾气装置制定专项学习计划和考核方案。

5 结束语

本文介绍了尾气超高的诸多原因，在工艺操作、维护保养、基础管理等方面可能造成尾气招标的情况。通过对装置在设计、运行、维护、管理方面的分析和探讨，总结存在的不足、制定控制措施、总结经验教训，形成尾气达标控制操作规程和系统化管理流程，为净化装置的安全平稳运行提供技术和管理支持。

参 考 文 献

[1] 杨威，常宏岗，何金龙，吴明鸥，刘卓曼，陈超，等. 西南地区天然气净化厂尾气减排方案探讨[J]. 石油与天然气化工，2015，44(1)：17-20.

[2] 陈赓良，李劲. 对降低尾气处理装置S02排放的认识与建议[J]. 石油与天然气化工，2014，43(3)：217-222.

[3] 宋彬，李金金，龙晓达，天然气净化厂尾气S02排放治理工艺探讨[J]. 天然气工业，2017.37(1)：137-144.

[4] 温崇荣，段勇，朱荣海，胡天友，李小云. 我国硫磺回收装置排放烟气中SO$_2$达标方案探讨[J]. 石油与天然气化工，2017，46(1)：1-7.

扑救石油化工火灾常见问题及应对措施研究

田　勇　李瑞海　王思聪　陶德鑫

（大庆油田有限责任公司消防支队）

摘　要　石油化工在人民日常生活和国民经济中发挥着重要的作用，在整个储存运输以及生产过程中存在火灾危险隐患，容易产生多火点、大面积、立体化以及复爆复燃等现象，加大整体灭火难度。石油化工火灾呈现复杂化、多样化特征，使火灾扑救更为艰难，为此相关人员需要准确掌握正确扑救方法，掌握主动权。基于此，本文根据扑救石油化工火灾常见问题及应对措施予以分析。

关键词　扑救；石油化工；火灾；常见问题；应对措施

石油化工行业是我国经济发展的重要支柱产业，对国家能源安全和经济社会发展具有重要意义。然而，由于石油化工行业的特殊性和复杂性，火灾事故频发成为制约该行业安全生产和可持续发展的重要障碍。火灾不仅造成人员伤亡和财产损失，还对环境造成严重污染，严重威胁人民群众的生命财产安全和社会稳定。

1　石油化工火灾特点

通过对过去一段时间内石油化工行业火灾事故的数据统计和分析，可以揭示火灾的发生规律和特点，为制定有效的防控措施提供科学依据。根据统计数据显示，我国石油化工行业火灾事故频发，造成严重的人员伤亡和财产损失。主要火灾原因涉及操作失误、设备故障、电气问题以及火灾隐患未及时排除等。此外，火灾事故还常常伴随着爆炸、毒气泄漏等严重后果，给社会带来巨大的安全风险和环境压力。

2　石油化工火灾常见问题

2.1　企业管理不当

通过分析实际火灾案例可以发现，火灾发生的源头即部分企业没有严格按照国家规范对生产环节进行有效管理。许多企业为降低生产成本，提升自身利润，往往会在生产及储存环节疏于管理。同时，政府部门权责交叉，使得出现推诿卸责的现象。

2.2　安全意识淡薄

在石油化工产品的生产过程中，存在生产人员职责素养较低的问题。该问题使违章操作现象频发，极大程度增加石油化工火灾发生的概率。同时，部分企业管理人员也会产生松懈心态，不能长时间在安全管理过程中保持严谨负责的态度。

2.3　化工设备故障

由于石油化工产品的生产过程长期处于高温高压状态，并且部分石油化工产品具备一定的腐蚀性，使得生产设备容易出现较多的故障。一旦维修管理或发现不及时，将极有可能引发火灾事故。石油化工产品经过反应后会产生有毒有害物质，一旦发生灾害事故，火灾现场产生的有毒烟气，对周边环境会造成影响，严重威胁救援人员的生命安全，一旦未采取有效防护措施，易造成人员中毒。

3　扑救石油化工火灾应对措施

3.1　集中力量；统一指挥

石油化工所引发的火灾和其他形式的火灾不同，火灾现场十分复杂，情况多变，相关人员需要耗费较长的灭火时间，整体发展较为迅速，一旦爆炸便会造成严重影响，此外，化工产品存在某种毒害性，进一步加大火灾的扑救难度。首先，相关部门需要具备良好灭火能力的装备和强大兵力，并按照以快制快和以大对大的对策，合理控制火势蔓延，彻底消除火灾。其次，相关部门需要创建统一组织指挥机构，明确最高指挥部门以及指挥人员，从而形成联系密切、操作敏捷、权责明确、上下统一的组织指挥系统。除此之外，还需要进一步明确火场核心内容，全面调集各方力量，集中全部有效兵力融入火场主要场面当中，形成灭火救援的统一行动方案，并全面发布战斗指令。最后，严重的情况下，还需要实现跨区域的增员调集人手，明确分工，重点抓住后勤指挥、前沿指挥以及调度指挥等工作，促进调集工作的一次性到位，前沿在攻防指挥中，后方车辆会陆续设置布放，不间断补充灭火剂。

3.2　准确掌握火灾现场

首先，石油化工火灾存在快速性、多变性以及突然性，存在较大的扑救难度。为此指挥人员应该充分借助不同手段、方法和途径，准确把握石油化工现场基础状况、救援力量和救援条件，坚持实事求是基础原则进行合理判断分析，全面掌握火场救援的各个层面，在客观实际基础上，做好灭火指挥主导。消防队员赶到火场后要了解火场的外部情况，准确掌握火情和化工设备的运行情况，与化工企业有关管理人员充分沟通，取得化工设备安装图、化工生产工艺流程图和火场平面图。同时，在充分了解化工厂火灾发展状况的基础上，与石化企业专业技术人员和企业内部消防人员进行沟通，整理现场数据，为消防救援工作提供准确依据。其次，在实际灭火操作中，相关部门还应该利用通讯设备或电台和企业维持联系，做好外围观察，如果遇到烟火冲天的问题，则应该全面调派各种力量资源，做好打持久战的基础准备。在化学火灾的消防救援工作中，必须对现场火灾进行全面调查，及时掌握火灾的发展状况。联系周围的环境因素以及设备特征，选择适合灭火剂。负责组织指挥的人应该始终将目光放到火场中，实施侦察并准确掌握火场动向。最后，相关人员需要借助各种设备仪器，针对燃烧装置以及临近装置容器实施观察测量。确定火灾的具体位置和火灾发展状况，观察火灾现场周围环境，分析火灾事故对周围环境的威胁，确定具体的消防救援路线。然后，识别化学火灾火焰的颜色，以确定是否可以引发爆炸。并采取针对性灭火防护措施，才可以尽快将火势全部扑灭，从而最大程度上提升灭火效率。

3.3　有效应用固定灭火装置

首先，石油化工区域拥有宽敞的消防通道，临近水源，灭火设施全面，拥有专门消防队，配置充足灭火剂。如果没有破坏相关固定灭火装置，是初期灭火的有效措施，其具备威力大、操作简便和启动快速等特征。相关人员需要通过合理应用灭火装置，以此有效控制火势发展，补充移动灭火装置缺陷。同时，相关人员要借助固定灭火装置，也是快速控制，预防爆炸，控制火势，争取灭火机会，掌握主动权的基础性措施。为此针对石油化工火灾，应该合理利用氮气、蒸汽、干粉、泡沫和水喷淋等固定设施灭火，促进移动消防装置和固定装置相结合。其次，石油化工企业有很多生产装置，拥有较强连续性，管线纵横，而对应物料的蔓延程度会直接影响火灾救援时间。在出现火灾问题后，为进一步遏制火势蔓延，相关人员需要通过关阀断料方式灭火。具体实践操作中，事前通过和技术操作人员协商研究，形成有效处理方案，确保阀门可以发挥出断料功能。关阀工作应该由单位相关专业技术人员实施，消防人员负责维护安全。最后，石油化工火灾事故往往具备另外两大特点，其一是爆炸风险高；其二是存在有毒气体。因此，消防部门可以在日常训练过程中模拟石油化工火灾事故，使消防队员对该类火灾环境形成充足的认识。由于消防设备的充足、完善与否对于消防队员能否及时顺利的扑灭火情具有极大的影响，因此，应当结合石油化工火灾事故的特点，针对性的为消防部门配备数量充足且种类齐全的消防设备。

3.4　火灾安全培训与宣传

加强火灾安全培训与宣传是增强员工火灾防控意识和技能水平的重要手段。通过定期的培训和教育，向员工普及火灾防控的基本知识、操作规程和应急处理方法，提高他们的自我保护能力和灾害防范意识。同时，加强对管理人员和关键岗位员工的专业培训，提高他们的火灾防控技能和管理水平。此外，相关人员通过多种宣传手段，如宣传海报、宣传片、安全提示等，提高员工对火灾防控工作的重视程度，形成全员参与、共同推动的良好氛围。

4　总结

综上所述，火灾防控是石油化工行业安全生产的重要内容，油化工企业必须从自身实际情况出发，对火灾事故特点进行综合分析与准确把握，针对性地采取合理措施加强管理，切实提高防火水平，保障消防安全。

参 考 文 献

［1］白延波．石油化工火灾扑救中的几个关键环节［J］．今日消防，2023，8(09)：55-57.
［2］王炜．石油化工火灾扑救中的作战安全问题及建议［J］．当代化工研究，2023，(18)：179-181.
［3］郭斌．石油化工火灾扑救中的作战安全问题及建议［J］．石化技术，2022，29(12)：200-202.
［4］李华杰．扑救石油化工火灾常见问题及应对措施研究［J］．消防界(电子版)，2022，8(09)：70-73.

大型石油企业专职救援队适应国家应急救援体制改革的人才队伍建设模式的构建与实施

矫冠瑛　黄德卫

（中国石油华北油田公司）

摘　要　为打造一支适应国家消防改革、与企业安全稳健发展相匹配、竞争力强的人才队伍，论文从构建人才队伍能力模型和机构改革入手，利用模型开展考核评估、摸清人才队伍底数，坚持问题导向、规范人才队伍序列、聚焦人才评价选拔、培训、训练、奖励、约束等方面，出实招、补短板，将单位发展目标与人才队伍建设紧密联系，实现人才队伍"自我价值提升与完成单位目标"同步推进，从而建立一套大型石油企业专职救援队伍建设的新模式。

关键词　企业专职救援队；应急救援；体制改革；人才队伍；能力模型

为提高国家应急管理水平和防灾减灾救灾能力，2018 年消防救援队伍转制，在原有防火灭火和以抢救人员生命为主的应急救援任务基础上，增加了水灾、旱灾、台风、地震、泥石流等自然灾害和交通、危化品等事故的救援，职责大幅拓展。国务院常务会议决定消防员将调整为准入类职业资格。在这种大背景下，大型石油企业专职救援队的人才队伍建设也面临着全新的形势，一是新时代国家应急救援体制改革，面临的救援任务更加严峻复杂，风险元素更多元，对应急救援人员能力素质提出了更高的要求。二是石油企业发展需要具有强大人才支撑的专职消防队伍保驾护航，华北地区共有华北油田公司、华北石化公司、渤海钻探公司、新疆油田运输公司等 17 家中国石油企业，业务范围涵盖常规油气开发、煤层气开发、石油石化以及 LNG、CNG、LPG 运输等，保卫目标类杂、点多、面广。本文针对当前制约大型石油企业专职救援队人才队伍建设主要问题进行了分析，并通过构建岗位能力模型，形成了适应国家应急救援体制改革的人才队伍建设模式。

1　当前中国石油企业专职救援队发展形势

为贯彻国家消防机制改革精神，强化中国石油消防安全和专职消防队伍建设，集团公司下发《关于进一步加强集团公司消防安全和专职消防队伍建设有关工作的通知》（中油质安〔2019〕285 号），授权专职消防队伍集团公司消防安全的监督与考核职能，并实施统一命名。华北油田公司进一步明确消防支队的定位，提出了"对标国家综合应急救援队伍，加强灭火救援和应急抢险能力建设，全力保障油田生产安全"的要求，这对企业专职消防队的人才队伍建设提出严峻挑战。

2　消防支队人才队伍建设存在问题分析

2.1　人才结构不合理

华北油田公司消防支队用工总量 526 人，平均年龄 46.7 岁，其中 35 岁以下 241 人，占 45.8%，45 岁以上 132 人，占 25.1%。从年龄上看，整体偏大，且新老员工两极分化严重，年龄结构不合理。

消防支队管理人员 115 人，其中消防安全监督占比 3.4%，高级工程师仅 1 人，工程师 18 人；专业技术人员 19 人，主要集中在消防指挥方面，装备、通信等方面的人才比较匮乏，且无工程师以上职称。操作技能人员 392 人，技师仅 2 人，初级工占比 23.7%、中级工占比 37.8%、高级工占比 20.9%。从专业结构上看，支队各类专业技术人才整体水平还不高。

2.2　人才队伍建设发展道路不畅通

消防支队因用工形式和薪酬待遇等问题，在人才培养的过程中，存在着人才大量流失现象。从个人价值实现、待遇提高、发展空间来看，技术和操作人员无法与经营管理相比，职位晋升几乎成为其发展成长的唯一通道，但管理岗位有限，无法满足所有人晋升的需要。

2.3 人才管理机制“进口”不通“出口”不畅

由于公司转型发展，实施控编控岗，每年只有院校招聘这一“入口”，且只招收硕士研究生以上学历的应届毕业生，而这类人员由于薪酬待遇、发展空间和工作危险性等因素，又很少会选择企业专职消防队就职，导致消防支队人才队伍青黄不接，后备力量明显不足。另一方面，由于应急救援工作的特殊性，对体能、技能和反应能力要求较高，年龄较大人员很难胜任此工作，而因为缺乏到龄转岗机制，超过45岁以上员工无法转出。“进口”、“出口”的不通畅，造成了消防支队人才流动活力不够。

3 人才队伍建设模式的构建与实施

3.1 分析影响能力素质的因素，构建各岗位能力模型

构建能力模型是知名企业广泛使用的人力资源管理工具。拥有了科学的能力模型，就相当于拥有了优秀人才的“基因图谱”，而这些基因融入了企业的发展要求、企业文化、核心价值观和行业特点，为评价人员的能力和特点提供了科学依据。

3.1.1 构建能力模型的指标体系

能力评估模型的指标体系分为两级，针对经营管理、专业技术队伍，一级因素确定为“德能勤绩素”，二级因素包括政治思想、工作态度、工作创新、领导能力、身体素质等共20项指标；针对操作技能队伍，一级因素确定为“体能、理论、日常表现、技能、战术”，二级因素包括三公里、岗位应知应会、工作创新、装备操作、六熟悉等20项指标(见表1)。

3.1.2 构建能力模型

(1) 操作技能队伍人员能力模型构建

步骤一：根据岗位、年龄等因素，完善了体能、理论、技能、战术四个因素的量化指标(见表2)；

表1 能力模型指标体系集

经营管理、专业技术人员能力		操作技能队伍人员能力	
一级因素	二级因素	一级因素	二级因素
德(B11)	政治思想(C111)	体能	三公里(C211)
	道德品质(C112)		单杠(C212)
	遵纪守法(C113)		双杠(C213)
	廉洁自律(C114)		综合体能(C214)
勤(B12)	工作态度(C121)	理论(B22)	岗位应知应会(C221)
	工作作风(C122)		政治理论(C222)
	爱岗敬业(C123)		法律规范(C223)
绩(B13)	履职成效(C131)	日常表现(B23)	工作完成情况(C231)
	工作创新(C132)		工作创新(C232)
	知人善任(C133)		团队协作能力(C233)
	奖惩荣誉(C134)		奖惩荣誉(C234)
能(B14)	业务水平(C141)	技能(B24)	车辆上装操作(C241)
	工作效率(C142)		装备操作(C242)
	团队协作(C143)		原地着装(C243)
	领导能力(C144)		百米负重(C244)
	解决问题能力(C145)		水带连接(C245)
	决策能力(C146)		佩戴空呼(C246)
	学习能力(C147)		高空项目(C247)
素(B15)	身体素质(C151)	战术(B25)	六熟悉(C251)
	心理素质(C152)		战术编程(C252)

表 2　四个因素量化指标(部分)

科目	年龄	个数	分数	个数	分数	个数	分数	个数	分数	备注
单杠引体向上	32 岁以下	12	100	10	85	8	75	6	60	(100－85 分，75－60 分)每多做一个成绩浮动 7.5 分。(85－75 分)每多做一个成绩浮动 5 分。
	41 岁以下	10		8		6		4		
	50 岁以上	8		6		4		2		
综合体能	25 岁以上	56″	100	1′01	85	1′05	75	1′11	60	时间浮动 1 秒，成绩浮动 2.66 分。

步骤二：结合工作实际，制定了“日常表现”下四个二级因素的量化指标(见表 3)；

表 3　“日常表现”影响因素量化指标

一级因素	二级因素	评判标准
日常表现	工作完成情况	作为主要负责人或关键岗位人占所参加工作次数的比例为量化指标
	工作创新	完成的 QC 成果、合理化建议、论文、成果等的数量为量化指标
	团队协作能力	所在集体获得的处级以上奖励的数量为量化指标
	奖惩荣誉	本人获得的处级以上个人奖励的数量为量化指标

步骤三：制定等级评价标准(见表 4)。

表 4　操作技能人员能力等级评价标准

级别	标　准
优秀	1. 综合成绩在 85 分及以上，其中半数以上课目在 85 分以上； 2. 所有课目成绩均在 60 分以上，其中 60%以上的课目成绩 85 分以上
良好	综合成绩在 70 分及以上，且 80%以上课目成绩在 60 分以上
及格	综合成绩在 60 分及以上
不及格	综合成绩在 60 分以下或达不到上述标准

(2) 经营管理、专业技术队伍人员能力模型构建

步骤一：确定权重(见表 5)

为使构建的能力模型能够全面的体现人员综合能力要求，高程度的实现人岗匹配，选取应急救援系统中人力资源管理部门、业务部门、优秀基层员工等 7 名常年从事人员管理、作战指挥、基层战斗岗位工作的业务骨干参与权重的确定。为了降低专家的主观性，在进行权重计算的过程中，将专家的加权权重考虑进去，同时使用层次分析法和模糊综合评估法，进一步提高结果的客观性。

表 5　经营管理、专业技术队伍能力模型指标体系影响因素所占权重

研究对象	一级因素	首层权重	二级因素	次层权重
大型石油企业专职应急救援队伍经营管理、专业技术人员能力(A1)	德(B11)	0.3842	政治思想(C111)	0.3842
		0.1762	道德品质(C112)	0.1762
		0.3375	遵纪守法(C113)	0.3375
		0.1021	廉洁自律(C114)	0.1021
	勤(B12)	0.4447	工作态度(C121)	0.4447
		0.3872	工作作风(C122)	0.3872
		0.1681	爱岗敬业(C123)	0.1681
	绩(B13)	0.3321	履职成效(C131)	0.3321
		0.2731	工作创新(C132)	0.2731
		0.2570	知人善任(C133)	0.2570
		0.1378	奖惩荣誉(C134)	0.1378

续表

研究对象	一级因素	首层权重	二级因素	次层权重
大型石油企业专职应急救援队伍经营管理、专业技术人员能力(A1)	能(B14)	0.1730	业务水平(C141)	0.1730
		0.0812	工作效率(C142)	0.0812
		0.0679	团阶协作(C143)	0.0679
		0.2407	领导能力(C144)	0.2407
		0.0520	解决问题能力(C145)	0.0520
		0.2757	决策能力(C146)	0.2757
		0.1095	学习能力(C147)	0.1095
	素(B15)	0.5789	身体素质(C151)	0.5789
		0.4211	心理素质(C152)	0.4211

步骤二：制定影响评估结果的各种因素的评判标准(表6)

表6　影响因素量化指标

一级因素	二级因素	评判标准
道	政治思想	以年度政治理论考虑平均值分数为量化指标；应急救援过程中服从指挥情况
	道德品质	以组织部例行的对干部测评为量化指标
	遵纪守法	以公安部门受理案件为量化指标
	廉洁自律	以纪律检查委员会年度受理案件为量化指标
勤	工作态度	以完成上级年度各项重点工作实效性为量化指标
	工作作风	以业务工作系统中的工作统计数据处理为量化指标
	爱岗敬业	以参加支队及公司级以上组织的与本业务有关的各类活动占比为量化指标
绩	履职成效	以执行应急救援任务期间、课题研究过程中作为主要负责人所参加次数的比例为量化指标
	工作创新	以年度撰写、发布的专题报告、战术研讨和QC等成果应用的数量为量化指标
	知人善任	以所属人员取得的荣誉为量化指标
	奖惩荣誉	以本人年度年度奖惩情况为量化指标
能	业务水平	以年度撰写相关专业性学术论文数量或职称等级为量化指标
	工作效率	以完成上级交付任务的时效性或超前完成的占比为量化指标
	团队协作	以组织本单位进行拓展训练、战术协同训练等促进团队合作的相关培训、训练次数为量化指标
	领导能力	以所辖单位成员对评估对象进行民主测评为量化指标
	解决问题能力	以应急救援和日常工作中，所辖单位成员对评估对象的测评为量化指标
	决策能力	以评估对象所指挥的应急救援工作响应时间(含出警时间和初期处置时间)在整体应急救援人员的排名为量化指标
	学习能力	以相关专业继续教育、外语、计算机及注安、注消取得证书情况为量化指标
素	身体素质	以战训业务考核为量化指标
	心理素质	以日常工作中或应急救援过程中，情绪状态、人际关系、适应情况和决策准确性等方面表现为量化指标

步骤三：制定等级评价标准(见表7)。

表7　经营管理、专业技术人员人员能力等级评价标准

级别	标　　准
优秀	综合得分不低于90公并高于平均值
称职	除优秀、基本称职、不称职等次外，其他人员可评为称职等次
基本称职	综合得分不足80分的；内部评价优秀和称职得票率达不到三分之二的；根据其他规定应评为基本称职等次的

续表

级别	标　准
不称职	综合得分不足 70 分的；内部评价不称职得票率超过三分之一的；根据其他规定应评为不称职等次的
备注	领导班子受到诫勉，或者被评为一般、较差等次的，主要领导不得评为优秀等次。本人受到诫勉谈话的，当年年度考核不得评为优秀等次。本人涉嫌违法违纪被立案调查尚未结案的，参加年度考核，不写评语、不定等次；结案后，不给予处分或者给予警告处分的，按规定补定等次。其中，受行政警告和党内警告处分的当年，参加年度考核，不得确定为优秀等次；受党内严重警告处分的当年，参加年度考核，因与职务行为有关的错误而受严重警告处分的，确定为不称职；因其他错误而受党内严重警告处分的，只写评语不定等次

通过构建具有企业专职应急救援队伍特色的人才队伍能力模型，可以清晰描述该支队发展所需要的人员标准，使得人才选拔有靶向，使用有依据，考核有尺度，培养有目标，努力有方向。

3.2　适应职能调整，统筹推进机构改革

随着消防改革的不断深入，企业专职救援队伍职能不断拓展，该支队通过组织机构改革、精简两级机关人员，实现了管理职数的管控和支队、大队、执勤站扁平化管理。通过油田生产变化消减 1 个执勤站和采取集中接警、优化接处警流程，为人才队伍体系构建奠定了坚实的基础。

3.3　利用能力模型，科学组织人才考核评价

第 1 条以能力模型指标为切入点，通过多维度测评的方式，制定《考核评估暂行办法》完善考核评价制度。为了减小分析中的误差，不仅要以客体(指标、人员、部门、类别)为变化量对同一个考核期进行横向比较分析，让单位、个人了解自己在支队中的位置(见表 8)；还要以客体(人员、执勤站)为变量对不同考核期的同一考核指标进行比较分析，以确定单一指标的不足。综合考核评价结果作为表彰、调整、使用、培养、奖惩的重要依据(见表 9)。

表 8　2020 年消防支队三季度考核单位部分成绩一览表

基本信息			指挥员	战斗员	驾驶员		共同项目			
序号	大队	执勤站	车辆操作	着装三盘	驾驶技能	两盘水带	战术	单杠	三公里	理论
1	一大队	任丘	88.2	88.68	89.86	72.71	79.54	91.3	94.43	96.31
2		任南	87.6	86.5	86	63.14	78.52	89.4	88.48	87.22
3	二大队	石化一	87.5	87.84	88.22	75.17	79.8	81.04	80.85	91.05
4		石化二	85.5	84.17	92.44	68.93	78.3	85.7	84.08	87.94
5	三大队	河间	90.5	80.29	88.85	61.26	81	84.0	89.08	86.58
6		肃宁	88	79.62	87.25	55.45	79.5	68.1	59.14	84.95
7		辛集	84.5	71.9	87.33	59.24	76.3	70.31	70.61	84.76
8		赵县	86	85.85	89	68.91	77.92	68.95	54.18	82.48
9	四大队	霸西	86.25	89.76	87.87	68.4	80.83	74.8	64.55	86.72
10		岔河集	85.75	75.3	84.71	57.87	77.25	73.1	51.48	73.65
11		永清	84.25	76.48	87.85	51.51	76.93	81.66	71.55	84.43
12		储气库	85.33	86.31	87.16	44.81	79.58	77.75	72.82	75.44

表 9　考核结果应用表

序号	等次	应　用
1	近三年连续评为优秀等次的	同等条件下优先考虑
2	近三年连续未评为优秀等次	不得列为后备干部人选
3	评为称职等次的	进行勉励谈话，并指出不足，分析原因，督促改进
4	评为基本称职等次的	进行诫勉谈话，指出问题和不足，限期改进，扣减当年绩效工资总额的 5%至 10%；三年内不得列为考察对象；连续 3 次评为基本称职的，予以调离岗位、降职等组织处理；试用期内评为基本称职的，延长试用期 3-6 个月

续表

序号	等次	应　用
5	各大队综合排名倒数10%名的人员	管理、技术人员有党委组织部进行组织谈话，操作人员由大队进行谈话，指出问题和不足，限期6个月改进，季度跟踪，扣减当年绩效5%；连续2次综合排名倒数的，组织培训，限期6个月改进和提高，扣减当年绩效10%，未见成效的，予以调离岗位、降职等组织处理

3.4　优化队伍职位序列，畅通人才发展通道

结合自主经营需求，分综合管理（包括人力资源、财务等）、企业管理、工程管理方向设置高级主管、主管、主办的管理职位序列；根据火灾扑救、抢险救援、现场监护及安全监督核心任务特点，分应急救援、安全监督方向设置首席专家、技术带头人、基层技术员的专业技术职位序列；在原有的技师、高级工、中级工、初级工序列的基础上，设置操作技能专家、高级技师等高技能操作人才岗位，并且高级技师可以直接转评工程师，打通高级操作人才向专业技术人才的成长通道。

3.5　加强培训管理，助推人才能力提升

围绕“人才成长和胜任能力提升”的培训目标，将能力模型中的各项指标分解成小的培训维度，针对培训维度设计培训课程，形成培训课程体系。从支队职能拓展所需的人才能力、模型评估发现的能力短板、取证、职业技能鉴定和职业生涯晋升等方面，分析培训需求。年分层级开展6期101人次业务培训班，参培人员装备操作、战术应用、组训能力得到普遍提升，为中心工作的开展打下良好的基础。

3.6　开展课题式研究、启发式训练，促进人才队伍成长

为了促进人才队伍建设，实现战力持续提升，该支队推行“课题式研究，启发式训练”模式（见图1）。通过利用风险矩阵评估法，从事故发生的可能性和危险程度两方面，编制四级风险矩阵（见表10），确立目标并进行定级；分析、比对近年来支队扑救的油田火灾及国内外同类型火灾，制定火灾分析柱状图（见图2）。指挥员先行研究，找出关键节点，确定研究方向；消防员按照目标理化性质、工艺流程、火灾特征、风险防控、战术措施等内容，选择课题开展研究。

表10　四级风险矩阵

危害程度									
员工伤害	财产损失	环境影响	声誉	危害程度级别	风险矩阵				
一次死亡10人以上，或者50人以上重伤	一次造成直接经济损失人民币5000万元以上	事故影响造成或可能造成跨省级行政区域纠纷	引起国家领导人关注，或国务院、相关部委领导做出批示。引起国际或全国范围公众关注。	5	Ⅱ 5	Ⅲ 10	Ⅲ 15	Ⅳ 20	Ⅳ 25
一次死亡3-9人，或者10-49人重伤	一次造成直接经济损失人民币1000万元以上、5000万元以下	事故影响造成或可能造成跨地（市）级行政区域纠纷	引起省部级或集团公司领导关注，或做出批示。引起区域公众关注。	4	Ⅰ 4	Ⅱ 8	Ⅲ 12	Ⅲ 16	Ⅳ 20
一次死亡3人以下，或者3人以上10人以下重伤，或者10人以上轻伤	一次造成直接经济损失人民币100万元以上、1000万元以下	事故影响造成或可能造成跨县（市）级行政区域纠纷	引起地（市）级领导关注，或做出批示。引起当地公众关注	3	Ⅰ 3	Ⅱ 6	Ⅱ 9	Ⅲ 12	Ⅲ 15
造成3人以下重伤，或者3人以上10人以下轻伤	一次造成直接经济损失人民币10万元以上、100万元以下	事故影响对周边环境造成影响	负面信息已在集团公司范围内部传播，且有蔓延之势	2	Ⅰ 2	Ⅰ 4	Ⅱ 6	Ⅱ 8	Ⅲ 10
造成3人以下轻伤	一次造成直接经济损失人民币10万元以下、1000元以上	事故影响仅限于生产区域内，没有对周边环境造成影响	负面信息在集团公司所属企业内部传播，且有蔓延之势	1	Ⅰ 1	Ⅰ 2	Ⅰ 3	Ⅰ 4	Ⅱ 5
				发生概率级别（年）	1	2	3	4	5
					在国内行业内没有先例	国内同行业有过先例	集团公司内有过先例	预期中会发生	在装置生命周期内经常发生
					事故发生可能性等级				

图 1　“课题式研究、启发式训练”模式流程图

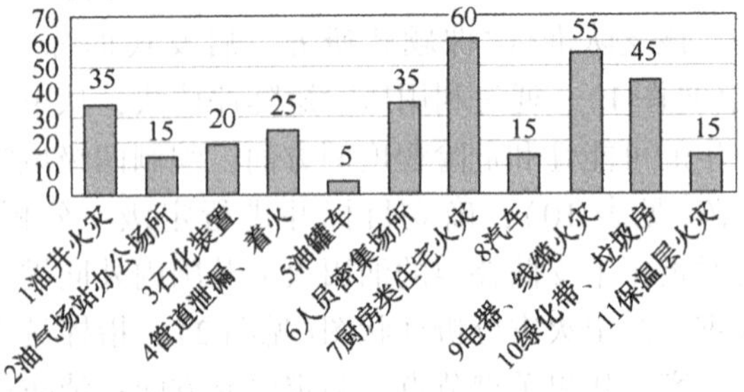

图 2　2007~2020 年油区火灾分析

4　结束语

通过对人才队伍建设模式构建与实施，一年来该支队员工胜任能力普遍增强，操作岗位人员技能等级晋升 78 人，管理技术岗位等级晋升 5 人，其中 2 名技术人员被评为油田公司青年岗位能手，5 名操作人员被评为油田公司青年岗位技术能手，1 人被聘为中国石油应急救援消防装备组副组长，2 人遴选为中国石油技能鉴定教材编纂组编委，2 人参与集团公司企业规范编写，先后有 11 人被河北省应急救援厅聘请为应急救援体能、技能教员，累计为省应急救援队伍培训 246 课时。由该支队编写的《石油石化典型目标灭火救援作战指南》于 2019 年 6 月在国内公开出版发行，受到公安部消防局、河北省总队、集团公司安全环保部高度肯定，并且在吉林石化、辽河油田、大港油田、中原油田以及浙江总队等单位推广。同年，该支队组织两支代表队参加了河北省首届应急救援队伍体能技能竞赛，获得 4 个团体、8 个单项名次。

参 考 文 献

[1] 廖先玲，陈颖，姜秀娟，闫伟．企业知识创新能力模型构建及其网络结构研究——知识流动视角[J]．科技管理研究，，(8)：210-217.

[2] 张建兵，张弛，张俊磊，鲍明铭，周霞．国有企业领导班子配置标准体系量化研究方法和框架的构建[J]．现代国企研究，2018，(23)：60-64.

[3] 孙垦，蔡洪涛，杨崇豪．风险定量分析中风险矩阵的构建方法[J]．华北水利水电学院学报，2011，(5)：158-160.

丙烯卸车快切阀泄漏应急处置及思考

曹建平　何鸿娥　梁　宵　李福诚　线昭德　贺新文　高　升

(中国石油庆阳石化公司储运运行部)

摘　要　随着国家石油化工的高速发展，中国天然气管网集团有限公司的成立，长输油气管道遍布全国，管道全生命周期内的安全运行问题，受到了我国监管部门及石油人前所未有的关注。近期我厂丙烯卸车流程中的关键部件-远程快速切断阀，突发泄漏的紧急处理事件为案例，通过阐述管道泄漏事件发生经过和应急处置全过程，并对管道泄漏发生原因进行深入系统分析，希望切实提高长输管道管理水平，为我国长输管道安全高效平稳运行提供参考和借鉴。

关键词　油气管道；丙烯泄漏；应急处置；环境保护

油气输送管网系统属于石化行业重要的基础设施，天然气更是遍布全国大小城市，其安全、稳定运行关系到国家民生和社会经济发展。但是，由于管网规模巨大，路途遥远，环境复杂，设备运行条件艰苦等因素，在运行过程中会面临各种突发事件的威胁，如地质灾害、人为破坏、设备失效等，这些突发事件会给管网运行系统带来安全隐患，严重时油气管道发生泄漏，造成巨大损失。2013年11月22日10时25分，位于山东省青岛的东黄输油管道泄漏原油进入市政排水暗渠，发生爆炸，造成62人死亡、136人受伤，直接经济损失7.5亿元，胶州湾海面约3000m被污染，同时也造成城市的供水、供气、供电设施及周边建筑物受到不同程度损坏，其产生的恶劣影响引起国内外的高度关注。事故发生后，党中央、国务院高度重视，11月24日习近平总书记到山东考察，并专程来到青岛看望、慰问伤员和遇难者家属，本论文对庆阳石化储运部-丙烯卸车过程中，远程快速切断阀突发泄漏的处理全过程进行总结，通过实例还原应急过程，以供同行业兄弟单位参考，共同成长，提高事故处理应急能力。

1　液化丙烯的特性

丙烯气主要组成成分为丙烯，该分子含有3个碳原子，带有一个不饱和双键，极难液化贮存及运输，为了便于贮存，采用加压，变成液态后，存放在压力球罐中，因此，液化丙烯气是一种无色挥发性液体。它极易自燃，特别危险。

1.1　液化丙烯气泄漏对人体的健康危害

丙烯气对人体健康有危害，长期吸入可引起头痛，大量泄漏可冻伤，窒息；本品为单纯窒息剂及轻度麻醉剂；吸入可引发急性中毒，中毒情况因丙烯浓度及时间决定，吸入丙烯可引起意识丧失，当浓度为15%时，需30分钟；24%时，需3分钟；35%~40%时，需20秒钟；40%以上时，仅需6秒钟，并引起呕吐。慢性影响：长期接触可引起头昏、乏力、全身不适、思维不集中；个别人胃肠道功能发生紊乱。

1.2　对安全的危害

丙烯气在空气中的含量达到了一定的浓度范围后，与空气混合形成爆炸性混合物，它遇到明火就能爆炸，引发事故；与二氧化氮、四氧化二氮、氧化二氮等激烈化合，与其他氧化剂接触也可剧烈反应。其气体密度比空气大，能在较低处扩散到相当远的地方，遇火源会着火或爆炸。

1.3　对环境危害

液化丙烯气在空气中，可导致空气污染，引发温室效应。

2　丙烯卸车管道及流程简介

丙烯气相自丙烯球罐（304单元）顶部引出，经丙烯气相管线（管线长度2500m）至分液罐（308A-D-101）进口，分液后经分液罐顶进入压缩机（308A-K-101）增压，增压后气相丙烯进入缓冲罐（308A-D-102）进口，丙烯气相经缓冲罐顶通过DN50管道送至丙烯卸车鹤管（308-RLA-128），与槽车气相接口相连，增压丙烯气进入槽车，将槽车内液相丙烯压出，通过管道送到丙

烯球罐内(304 单元)。当质量流量计显示卸车流速<0.3m/s 时，停丙烯压缩机，完成丙烯卸车作业。(流程如图 1)

1) 丙烯气相：自丙烯球罐(304 单元)→丙烯输送管线→分液罐→压缩机→缓冲罐→丙烯卸车鹤管→汽车槽车；

2) 丙烯液相：自汽车槽车→丙烯卸车鹤管→质量流量计→管网→丙烯球罐(304 单元)

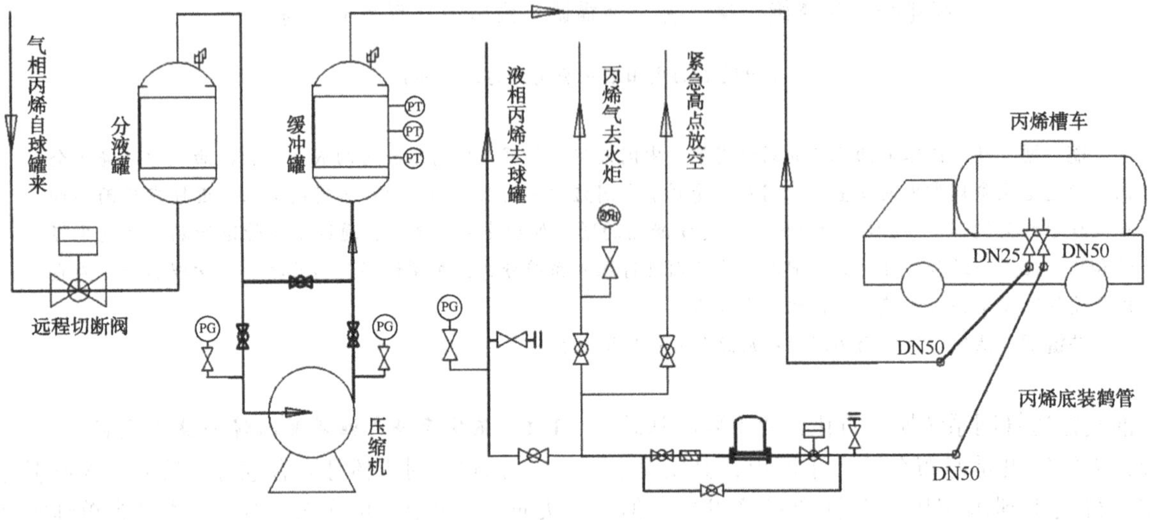

图 1

3 事件经过

2023 年 12 月 28 日 8：30 时，兰州维达保运人员，在巡检过程中，发现 308 界区二层管架 1 台阀门的阀体表面有结霜现象，并出现不明气体渗漏现象，巡检人员随即报告车间，车间辖区技术人员随即奔赴现场检查，经确认，该阀门为丙烯卸车远程切断阀(电动球阀)，其阀门颈部(与电动头连接处)有裂纹，不断有丙烯气渗出，裂纹深度及造成的后果不得而知。车间领导根据现场情况，立即采取切断物料和泄压措施，并将情况向主管部门汇报。见图 2。

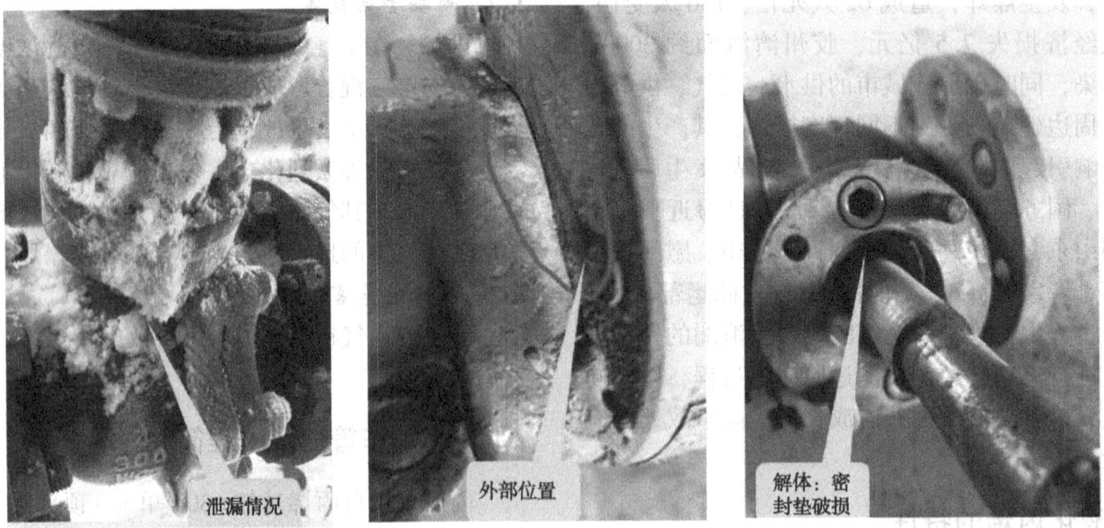

图 2

4 处理过程(步骤)

4.1 管理人员接到报告后，立即指令当班班组启动液态烃泄漏应急处置操作卡

1) 立即停止卸车泵；

2) 关闭离泄漏点最近的管线阀门；

3) 通知开票室关闭丙烯鹤位紧急切断阀；

4) 同时依次关闭 308 单元界区非事故管线及其他管线(汽油、柴油、航煤等)紧急切断阀；

5) 关闭槽车气相加压进气阀；

6）关闭槽车卸车液相阀；

7）关闭卸车鹤管液相阀；

8）关闭卸车鹤管气相阀；

9）打开放火炬线卸压。

4.2 运行部启动应急处置程序

1）拆除槽车气液相卸车鹤管；

2）封堵雨水系统，防止泄漏介质进入雨水沟；

3）通知其他所有液化烃鹤位和成品油鹤位停止所有灌装作业；

4）疏散现场人员沿上风向尽快离开现场（不得启动车辆）；

5）疏散现场人员沿上风向尽快离开现场（不得启动车辆）。

4.3 后续处置

1）管线退料至火炬系统；

2）接蒸汽缓慢吹扫丙烯管道；

3）确认管线物料退料干净后交检修；

4）运维单位将备用阀门检查，液压试验，经确认合格后，拆除故障阀门，安装备用阀门；

5）安装完成后，通氮气试压，试压合格后，投入使用；

6)主管部门召开故障分析会，讨论阀门故障原因，启动追责程序；

7）对全厂的快速切断阀逐个进行检查确认，对在用的该批次阀门进行评估。

5 应急结果

经过机动处，生产运行部、维保单位、车间领导及岗位员工的密切合作，泄漏事故及时得到处理，未造成任何伤害及经济损失，并于12月30日早8：50恢复正常生产，未影响聚丙烯装置的正常生产。

6 原因分析

（1）阀门运行时间太长，密封垫老化；

（2）环境温度大幅度下降导致阀门密封垫间隙增大；

（3）卸车系统压力超压可能引起；

（4）厂家制造存在缺陷。

7 事件启示

丙烯快速切断阀门泄漏后，车间立即启动应急程序处理，未造成任何伤害及经济损失，结合山东省青岛的东黄输油管道泄漏引起的巨大损失，我们感觉到炼油化工行业危险随时都可能发生，未觉先知，防患于未然才是安全的根本保证。

（1）加强岗位人员的培训，增强安全意识，本次安全隐患，维保人员巡检认真，及时发现了隐患，避免了隐患的进一步扩大，有必要加强对岗位员工的安全教育。

（2）深入开展隐患排查治理，加强油气管道日常巡护，保证设备设施完好，确保安全稳定运行。建立健全隐患排查治理制度，落实企业（车间）主要负责人为隐患排查治理第一责任人，实行谁检查、谁签字、谁负责，做到不打折扣、不留死角、不走过场，特别是老旧油气管道，地下管网、长输管道、年久失修及边缘设备，要制定检验计划，落实整改措施、责任、资金、时限和预案，限期更新、改造或者停止使用。对不认真开展自查自纠，存在严重隐患的车间，要依法依规严肃查处问责。

（3）提高油气管道应急管理及应急处置能力。要将应急演练纳入日常工作，反复练习，应急预案内容和现场救援过程，牢记于心，接到事故报告后，基层领导及技术人员必须第一时间赶到事故现场，油气管道要根据输送介质的危险特性及管道状况，制定有针对性的专项应急预案和现场处置方案，并根据实际情况，检验预案的实用性、可操作性，不能"一定了之"、"一发了之"；并定期组织演练，提高应急响应能力；事故现场情况及救援需要及时划定警戒区域，疏散周边人员，维持现场秩序，确保救援工作安全有序。

（4）完善管道档案、安全标准规范。要组织力量加快开展油气管道普查工作，摸清底数，建立管道信息系统和事故数据库，深入研究油气管道可能发生事故的成因机理，开展油气管道安全法规、标准学习，完善油气管道的管理细则，以法合规制定油气管道检测频次、风险评价、环境应急等标准规范。要开展油气管道长周期运行、泄漏检测报警、泄漏处置和应急技术研究，提高油气管道安全保障能力。

8 结论

炼油化工行业危险随时都可能发生，未觉先知，防患于未然才是安全的根本保证。装置设计时的合理性，建设时的规范性，岗位人员的认知及能力，运行过程中的及时维护、定检、维修，才是石化安全运行的根本保证。

制定具有针对性的专项应急预案和现场处置方案，定时定期不间断演练，提高应急响应能力；出现事故，及时将事故消灭在萌芽，则是应急管理的理想状态，但往往在现实中，事故从发生，发现，出警，都有滞后现象，以及其他原因，好多事故发生后并未有效处理而造成巨大损失。

不应急是最好的应急，只有切实提高政治站位，有针对性地扎实开展日常岗位练兵，建立建全设备档案，详知管道状态及运行情况，建立QHSE体系思维，定期开展风险辨识，开展应急处置，才能有效保障石化行业安全平稳高效运行。

参 考 文 献

[1]《山东省青岛市“11·22”中石化东黄输油管道泄漏爆炸特别重大事故调查报告》

应急演练在石油化工企业存在的不足与改进建议

李 刚

（中国石油宁夏石化公司消防支队）

摘 要 应急演练是提高员工应急处置能力的一项重要措施。科学的、经常性的开展应急演练，能够有效地避免和减少事故发生后造成的损失。本文从目前应急演练在石油企业企业实践中的现状进行剖析，论述了应急演练过程中存在的不足和需要改进、完善的内容，使应急演练能够真正的做到"练为战"，提高应急演练的效果，达到应急演练的目的。

关键词 应急预案；应急演练；假设事故；灾情；风险辨识；应急演练的效果

石油化工企业存在易燃、易爆、易发生泄漏等多种风险，制定科学、有效地应急预案，定期组织开展应急演练，不断提高员工的应急处置能力是应对风险的重要措施。

1 应急演练的概念

1.1 应急演练的定义

应急演练是指预先设定事故情境，应急组织机构的各个成员针对假设的事故情况，按照预案中制定的应急响应程序和措施履行各自职责和任务的团队训练活动，简单地讲就是一种模拟应急响应的实践活动。

1.2 应急演练的作用

通过开展应急演练，可以增强全员的忧患意识和警惕意识，学习和巩固专业知识，进一步熟悉应急处置程序和措施，提高部门、人员间的协同合作能力，提高应急队伍的实战能力，为快速有效地开展应急响应积累经验。同时，还可以检验应急预案的实用性，为预案修订提供参考，使其更符合实际。

2 企业应急演练的现状和不足

目前，各企业、二级单位、车间(站、队)、班组都针对重点装置、重点部位制定了相应的应急预案(应急操作卡)，并按照计划定期组织开展应急演练。通过作者对某企业的调研，绝大部分的应急演练都比较单一，都是以有效、成功的处置事故、灾情来完成了全部演练内容。很少有应急演练针对一旦假设事故、灾情未得到有效控制后迅速蔓延，现场指挥部(指挥组、指挥员)怎样疏散现场抢险救援人员，转移救援设施、器材，组织二次、三次应急救援处置等内容进行演练。当然，迅速、有效、一次性地处置事故、灾情是我们想要达到的理想状态，但是，事故、灾情发生后受到多种因素的影响会出现多种可能，作者建议应在部分重点部位的应急预案中针对多种可能都要制定相应的处置措施，并在应急演练中落实，使员工掌握应对事故、灾情多种可能的措施，使应急演练真正的达到预期的效果。

2.1 思想认识不到位

部分单位对应急预案和演练重视程度不够，在编制应急预案时没有将所有的因素和后果都考虑到。在应急演练过程中，员工存在侥幸心理，认为事故发生的概率很低，演练只是为了应付上级检查，抱着"做完了事"的态度参加，演练时态度不严肃、行动不积极、汇报不及时、处置不到位，没有把演练当成实战对待，演练的效果甚微。

2.2 风险辨识不到位

在预案制定的过程中对事故、灾情的风险辨识不到位，对事故、灾情造成的后果估计不足，认为依靠现有的应急力量和资源能够在短时间内使事故、灾情得到有效控制。未考虑到事故现场的多种因素可能会导致事故、灾情迅速蔓延。

2.3 预案的内容不完善，演练方案不科学，缺乏真实性

每次开展应急演练需要相关人员都要参与，某些单位考虑到各岗位人员比较分散，演练时间长会影响完成生产任务，为了节约应急演练的时间，在制定应急预案的时候为了操作便利性使预案的类容比较单一。

演练多是按照既定的预案开展，演练内容、

演练时间、演练地点都是事先确定的，且演练情境设置过于简单，处置过程过于机械化，没有真实事故发生时的突发性和不确定性，一切都是“规定动作”，把演练变成了“演戏”，影响了演练的真实性，没有发挥应急演练检验预案、锻炼队伍的作用。

2.4 应急人员能力素质不能满足应急需求

各企业、二级单位、车间(站、队)、班组虽然建立了应急响应机制，但是缺少应急人员的培养制度和专业的培训师资力量，演练人员未掌握应急救援的专业知识，只能生搬硬套应急预案，不能根据不断变化的事故情境做出准确的判断和应对。专业知识的缺失也导致演练组织形式单一、照搬照抄，演练人员不能正确认识应急演练的作用，导致演练流于形式，不能发挥暴露问题的作用。

2.5 演练评估效果差

虽然建立了演练评估机制，但是由于专业知识的缺失，评估人员仅能根据个人工作经验和既定的评估检查表对演练过程、人员表现、预案适用性进行点评，缺少灵活性，评估效果受限于人员的经验水平，不能正确地反映演练人员的真实水平和演练的效果。同时，评估人员来自演练单位内部，思维具有局限性。

3 应急演练的改进建议

针对上述应急演练中存在的问题，建议采取以下措施，提高应急演练的质量，充分发挥应急演练的作用，促进应急管理水平的提升。

3.1 加大宣传，增强员工思想认识

企业要加大对应急演练重要性的宣传，使员工充分认识到应急演练是防止事故扩大、减少事故损失、保护人身安全的有效措施，通过演练，可以提高自身在突发情况下的应急能力，妥善地处置事故或者安全地撤离危险区域，提高自救、互救的能力，从而激发员工的参与热情，增强演练效果。

3.2 加强危害辨识

组织专业人员成立危害辨识小组，充分的对假设的事故、灾情进行风险辨识，针对所有可能产生的后果制定相应的预防措施，并严格落实。

3.3 转变演练方式，增强真实性

改变以往演练预先告知的模式，实行“双盲”演练，即不预先告知演练时间与地点、不预先告知事件类型，而用“突然袭击”的方式开展演练，从而真实反映出员工的应急能力和站队、班组的应急管理水平，充分暴露不足之处并加以改进。并且，可以用日常工作模拟突发事件，以干代练，提高员工的应急能力。

3.4 在演练中增加应急避险、紧急疏散和撤离等科

有针对性的增加事故、灾情未得到有效控制后迅速蔓延，现场抢险救援人员避险、紧急疏散和撤离等科目。提前明确紧急撤离命令下达的时机和下达人人，避险的地点，撤离的方式、信号、路线，尤其要充分考虑在夜间救援现场嘈杂、有烟雾的恶劣环境下，如何确保所有现场抢险救援人员能够在第一时间能够准确接收到疏散撤离信号，可以考虑使用特殊的声光、提前约定的信号等多种方式相结合的形式同时使用，使参演人员熟悉后能做到忙而不乱。

3.5 要充分利用班组安全活动这个安全教育载体

规定每个月安全活动中，班组必须组织不少于一次应急演练，以改变当前大多数班组安全活动只动口不动手、形式意义大于实际意义的现状。每次演练结束后，班组组织开展讨论，争取每个员工都要发言，总结在应急演练中存在的优缺点，并针对存在的问题制定改进措施。

3.6 做好应急预案的编制

贴合实际、实用性强的应急预案是做好应急演练的基础。在编制应急预案时，可结合以往的事故经验、演练评估、风险评价结果等内容，并邀请有关专家共同参与应急预案的修订和完善，使其与生产实际相符，增强预案的实用性。同时，要明确预案的启动条件和处置方法，方便学习和掌握。

3.7 加强应急演练评估

改变以往重演练轻评估的思维方式，牢固树立评估是为了更好地完善预案内容，提升演练效果的思想。在本单位各级领导和专兼职安全管理人员参与评估得同时，邀请上级单位和兄弟单位的安全管理人员、班组长共同也参与，正所谓“他山之石可以攻玉”，多听取外单位人员提出的意见和建议，切实发现、查找出在应急演练中存在的问题，为进一步完善、修订应急预案提供客观、真实的依据。

4 结束语

通过高质量的应急演练，检验和改进应急预

案，提高基层车间(站、队)、班组应急处置能力，最大程度减少人员伤亡、环境破坏、财产损失，保障石油化工企业的安全、平稳运行。

参 考 文 献

[1] 刘华成，苏志远，刘美君．应急预案演练存在问题与改进建议[J]．石油化工安全环保技术．2010.26(01)：11-13.
[2] 杨新坤．我国应急管理人才培训体系的现状与发展研究[J]．办公室业务．2014(1S)：210.
[3] 张红莉．对当前烟草行业应急演练的几点思考[J]．中国职工教育2013(3X)：83，93.

国家专业应急救援队伍综合应急救援能力提升策略与方法研讨

周明明

（国家能源集团宁夏煤业有限责任公司应急救援中心）

摘　要　本文旨在探讨如何提升国家专业应急救援队伍综合应急救援能力。通过对相关文献的综合分析和工作实际研究，本文提出了一系列改进措施，包括加强培训与演练、优化指挥协调机制、强化资源保障、推进科技支撑等方面。本文认为，只有不断优化国家专业应急救援队伍的综合应急救援能力，才能更好地为人民群众的生命财产安全和企业生产安全提供强力保障。

关键词　国家专业应急救援队伍；综合应急救援能力；提升策略；方法

应急救援是国家公共安全体系的重要组成部分，国家专业应急救援队伍作为国家应对各类突发事件不可或缺的救援力量，其综合应急救援能力的提升对于保障人民群众生命财产安全、维护社会稳定具有重要意义。特别是近年来，随着全球气候变化、城市化进程、工业生产精细化加快等因素的影响，自然灾害、安全生产事故等突发事件频繁发生，对应急救援工作提出了更高的要求。在这样的背景下，如何提升国家专业应急救援队伍的综合应急救援能力，成为了一个亟待解决的问题。

1　国家专业应急救援队伍现状分析

1.1　建设与发展

国家专业应急救援队伍从建立至今，经历了一系列的发展阶段和重要事件，其建设历程对国家应急救援体系的完善和发展起到了积极的推动作用，日益完善的法律法规、规章制度和保障机制，使得国家专业应急救援队伍具备了更强应对各类突发事件的能力。目前，国家应急救援队伍框架已基本搭建完善，救援范围有效覆盖了各个行业，队伍布局也较为合理，能够快速响应各类突发自然灾害和安全生产事故。

1.2　问题及分析

国家专业应急救援队伍受到建设模式、投入程度及历史原因等多种因素影响，现有队伍的综合应急救援能力还存在较多的不足：一是部分指战员缺乏系统的培训和演练，无法熟练掌握相关的技能和流程，可能在实际救援行动中出现动作失误或救援效率低下的情况；二是个别队伍缺乏足够的专业装备和物资，无法有效应对各种自然灾害和突发事件，影响救援行动的整体效率和效果；三是不同部门或机构之间的协调与沟通不足，导致应急救援行动的整合和协同效果不佳。四是缺乏某些领域的专业人才，如医疗、化工、地质等，在处置特定类型的灾害或事故中救援工作受到限制。五是应急救援预案和规划不够完善或缺乏针对性，无法有效应对各种突发情况，在紧急情况下的应对措施不够明确和有效。

2　队伍综合应急救援能力提升策略

2.1　加强队伍的基础建设

2.1.1　健全职业保障体系，助力队伍科学发展

通过进一步构建和完善国家专业应急救援队伍从业人员职业保障机制，全面提升职业的社会认同感、队伍的荣誉感、使命感和从业待遇吸引力，稳步保持和增加专业应急救援队伍从业人员数量，强化指战员引进、培养、选拔和退出制度建设，全力筑牢队伍健康、快速、科学发展的基石。

2.1.2　完善装备配备机制，强化应急保障水平

根据不同类型突发事件的救援实际需要，及时对救援装备及器材进行更新与完善，同时保证其质量和性能达标。此外，持续优化装备和器材在采购、更新、维保、使用及淘汰等方面的管理和运行机制，扎实提高队伍实战中的应急装备保障水平，从根源上提升救援效率及安全性。

2.2.3 优化救援指挥架构，提升协作应对能力

通过持续优化上下统一的指挥系统，建立健全信息共享与协同工作机制，不断强化队伍的组织和协作，全力提升队伍响应速度和应对能力，确保应急救援行动协调、高效地开展，顺利完成各类应急救援任务。

2.2 加强队伍的能力建设

2.2.1 强化业务培训力度，提高技术知识水平

持续加强队伍各类指战员业务培训的力度，形成管理人员重点培训管理创新和决策能力；技术人员重点培训现场分析、技术革新、技术业务、技术攻关等能力；操作人员重点培训操作能力、应知应会、装备操作维护和现场处置等能力，根据培训需求，分别制定不同层级的菜单式培训课程，强化实际演练和模拟训练，提升全体指战员的技术知识水平。同时，重点加强与相关科研机构和专家的合作，推动应急救援技术的创新和应用。

2.2.2 推动装备器材统型，提高装备使用效能

在完善应急救援装备、器材标准和规范的基础上，推动重点装备、器材的统型、统配工作，争取实现主要装备品种、规格、型号上的相对统一，便于在联合或大型救援行动时，实现装备、器材的互通、互用，节约救援资源，提升救援效率。同时，全面开展指战员装备操作过关培训，全力提升人机联合能力，确保充分发挥装备效能。

2.2.3 规范处置流程标准，提高应急处置能力

通过建立规范、可行的各级应急预案、演练方案，明确各类事故、事件的处置流程和标准操作规范，压实各救援行动组的职责和任务，从严、从难、从实的开展各级演练，认真组织演练评估和战术研讨，不断强化巩固处置流程和操作规范，全面提高队伍在紧急情况下的应变能力和救援效率。

2.2.4 构建多种合作机制，提高协同救援能力

积极探索建立区域信息共享平台，强化区域各救援力量之间的信息和资源共享，制定联合行动方案，明确队伍在联合行动中的角色和任务，通过联合训练，提升队伍之间的熟悉和默契程度，切实增强各队伍协同救援的实战能力。同时，建立完善的评估与反馈机制，及时总结协同救援行动中的经验教训，不断提高协同救援能力，为应对各类突发事件提供更加高效、有力的保障。

3 队伍综合应急救援能力提升方法

3.1 制定科学合理的训练计划

3.1.1 制定训练计划和时间表

训练计划和时间的制定，应该在国家、行业相关标准的基础上，结合队伍上一年人员的训练情况和充分评估的基础上科学制定。同时，还应综合考虑到本身队伍人员的健康、伤病、运动能力、设备设施配备等实际情况，科学规划训练时间，合理安排训练周期，确保训练效果的最大化，避免因过度训练，从而造成非战斗性减员和人员受伤。

3.1.2 确定训练内容和目标

国家专业应急救援队伍的训练主要以业务知识培训、体能训练、基础技能训练、专业化的训练操法及现场应急演练为主，因此在确定训练内容时，应根据队伍的性质和救援服务范围，结合自身实际情况，选择合理的技能矩阵和培训矩阵，并根据各自队伍的实际情况制定训练达标的长期及阶段性的目标和指标。同时，制定科学、合理的训练、考核标准和规范，指导各类指战员规范开展训练，并且通过训练考核、岗位练兵、技能竞赛及全员能力评估等多种形式，验证训练效果和目标、指标完成情况，及时调整训练计划和内容，明确改进措施和提升要求，持续保持和提升队伍的综合救援能力。

3.1.3 开展模拟演练和实战演练

应急救援能力的提升主要是队伍实战能力的提升，一是应该结合队伍实际制定切实可行的演练计划，明确演练的目标、场景、类型、等级和时间，实现队伍应对灾害类型的全覆盖。二是在演练前采取“桌面+实战”的形式，对参与人员进行相关理论、操作技能、救援程序及安全注意事项进行全面培训，并且结合“盲演”的形式对培训效果进行验证，确保演练取得实际效果。三是充分借助先进的模拟软件、虚拟现实技术等，创造多样化的应急演练实景，着重加强指战员心理素质和面对突发情况的应对决策能力，提高演练的效果和效率。四是制定符合实战要求的演练评估标准，对演练进行全过程数据记录和效果评估，及时总结经验和不足，做好演练的改进和提升。五是注重跨部门、区域的演练，促进各队伍之间的协作与沟通，提升协同作战能力。

3.2 搭建数据和信息管理系统

3.2.1 收集和整理数据和信息

应急救援相关数据和信息的收集和整理，可以有效提升队伍应急响应的能力和速度，因此建立科学合理的数据收集和信息管理系统，需要设立、培训相关的信息化部门和人员，充分利用先进的信息化的手段，明确信息和数据收集的分类与标准，实时收集各类应急救援相关数据和信息，并对收集的各类信息进行分类、分析和验证，进行可视化、标准化处理，确保信息的准确性和可靠性，实现信息和数据的共享与沟通。同时，要注重信息和数据收集系统的维护和信息的安全保密措施，建立数据库，为应急救援行动科学决策提供支持，持续提升队伍应对突发事件的能力。

3.2.2 建立数据和信息的共享平台

构建及时、有效的数据与信息共享平台，需要根据队伍的实际需求，采取数据库管理系统、云计算平台、GIS、大数据分析、移动应用APP、API接口、区块链、数据可视化等相关工具、技术合理搭建，切忌“大而全”，追求“小而精”，便于操作和使用。同时，应合理设置相关层级权限，组织对使用人员开展全面、深入培训，实现数据采集的整合和实时更新，促进救援数据和信息共享，提高应急响应效率和协同性。

3.2.3 收集数据和信息应用

收集应急救援数据和信息具有十分重要的意义，其应用领域广泛。例如，通过分析历史灾害数据和趋势，可以进行风险评估与预防，为制定相应的预防措施提供科学依据。在救援资源规划方面，了解各种救援资源的分布和可用性，可以更合理地调配资源，提高救援效率。同时，根据数据分析结果，可以有针对性地开展人员培训和演练，提升救援队伍的专业技能。在实际救援中，实时数据和信息能够为决策者提供关键支持，帮助他们做出更准确的判断和决策。此外，通过比较不同时期或不同地区的救援数据，可以对救援行动的效果进行评估，发现问题并提出改进措施。应急救援数据还可用于科研创新，推动新技术和装备的研发，提高行业整体水平。充分利用这些收集的数据和信息，能够确保救援工作的顺利进行，更好地协调工作，并且可为法律法规的制定提供参考，使救援工作有法可依。

3.3 建立应急救援队伍的长效机制

3.3.1 健全应急救援队伍的人员培养机制

健全应急救援队伍的人员培养机制能够为应急救援队伍的健康和可持续发展提供不可或缺的动力。首先，应该制定科学的选拔标准，例如，要求指战员具备良好的身体素质，能够适应高强度的工作环境；具备专业的救援技能，特别是执行灭火、急救、绳索技术操作时，需要指战员有较强的心理素质，能够在紧急情况下保持冷静、科学处置。其次，要系统的开发培训和实训课程，如组织指战员参加专业的应急救援业务理论知识课程，学习各种救援技术和知识；利用虚拟演练系统，进行模拟演练，强化指战员在面对火灾、泄漏、爆炸、地震等情况下的应对能力。同时，建立实战培训机制，充分利用实战的环境、氛围，组织观摩、参与真实的救援行动，积累实战经验。在开展业务知识和实战技能培训的过程中，还应注重团队协作能力培养，可以通过开展团队拓展动、协同演练等，培养指战员的团队合作精神。鼓励自我提升，支持指战员参加相关的培训和学习，如参加职业资格考试、生产工艺培训等，不断提高自身素质。为验证人员的培养、培训效果，应建立公平、公正、科学的考核评估体系，定期对指战员进行业务知识、技能考核和绩效评估，根据考核结果给予奖惩或晋升，畅通职业发展通道，激发指战员的工作积极性和归属感。此外，要关注指战员的心理健康，提供系统的心理辅导和支持。比如，成立心理咨询小组，为指战员提供心理援助等措施。建立科学的人员培养机制，可以有效提升应急救援队伍的综合素质，能够更好地应对各类突发事件。

3.3.2 完善应急救援队伍的激励机制

进一步完善应急救援队伍的激励机制。包括物质奖励、精神激励、职位晋升等多个方面开展。在给予物质奖励，如发放奖金、奖品的同时进行精神激励，如颁发荣誉证书、公开表扬等，让指战员感受到自己的工作得到了认可和尊重。另外，提供职业发展机会，如晋升、培训等，有助于提升指战员的职业技能和发展空间。改善工作环境和条件，关注指战员的家庭生活，建立“帮扶”机制，帮助指战员解决实际工作和生活困难，让他们更加安心工作。提高社会对应急救援工作的认可度，加强团队建设，建立良好的反馈机制，都能进一步提升指战员的工作积极性和责任感。

3.3.3 加强应急救援队伍的监督和评估机制

加强应急救援队伍的监督和评估机制，需要建立完善的监督体系。首先，要明确评估标准，定期开展演练和考核。同时，要注重装备和物资管理，收集反馈信息，进行数据分析和总结。在实施过程中，要确保客观性、公正性、科学性、合理性，注重时效性，做到激励与约束并重，加强信息反馈和沟通，持续改进和完善机制，提升监督和评估人员的专业能力，并保障安全和保密。

4 结束语

经过本文的分析，我们可以清楚地认识到提升国家专业应急救援队伍综合应急救援能力，关键在于提升应急救援队伍人员培训和培养水平，加强应急救援队伍装备与技术支持，强化应急救援队伍组织与协调能力，构建应急救援队伍保障体系等多个方面，应急救援队伍综合救援能力不足不但使队伍在救援过程中面临较大隐患，还对国家应急管理事业的发展具有严重的影响。因此，提升国家专业应急救援队伍综合应急救援能力最有效的方法，树立“一体化”推进思路，强化应急救援队伍系统化建设，才能够将应急救援队伍建设成为一只“专常兼备、反应灵敏、作风过硬、本领高强”的新时代应急救援队伍，为防范化解重大安全风险和保护人民群众生命安全发挥更大作用，为坚决维护国家安全和社会稳定提供更加有力的保障。

参考文献

[1] 杨洪波；以消防部队为依托组建综合应急救援队伍的瓶颈和建设方向思考[J]；法制与社会；2011 年 34 期 .

[2] 滕五晓；胡晶焱 . 基层综合性应急救援队伍组建模式和管理机制研究[A]；上海行政学院学报；2015 年 1 月；第 16 卷第 1 期 .

"三不机制"在承包商管理中的应用实践
——以川南某气矿为例

曾正荣　覃　莉　孟　伟　周　程　闫华梅　周　晓　陈　露

（中国石油西南油气田公司）

摘　要　承包商的活动直接影响企业的安全环保管理，承包商管理是企业安全环保管理工作的重点和难点。从中国石油集团公司近三年发生的生产安全事故统计来看，大多数生产安全事故与承包商有关，承包商已经成为影响企业安全绩效的关键因素之一。分析当前承包商管理存在的主要问题，指出承包商事故隐患大多是因承包商违规产生，借鉴"三不机制"在纪检监察领域的成功应用，创新提出"不敢违，不能违，不想违"的承包商管理机制。综述了"三不机制"在承包商管理中的应用实践，通过九条禁令、HSE合同违约追责、"六位一体"监督检查、承包商业绩考评形成"不敢违"的威慑，利用承包商"五关"、分级分类培训和过程管控规范承包商"不能违"的行为，建立激励机制促进承包商"不想违"的自觉。实践证明，通过"严管厚爱"措施，构建承包商安全管理"不敢违、不能违、不想违"的"三不机制"，使承包商作业现场安全管理趋于规范，违章行为大幅降低，事故事件得到明显遏制。并以川南某气矿为例，"三不机制"的实践应用使承包商施工作业现场各级检查突出问题在两年之类下降57%，建设项目实施进度提升10%，提炼出承包商管理的经验，这些对策措施对培育优良承包商队伍、提升企业安全绩效具有一定的实践意义。

关键词　承包商；安全管理；三不机制；九条禁令；激励约束

中国石油作为"能源的饭碗"的顶梁柱，连续6年天然气产量突破千亿立方米，2023年国内外油气产量当量3.3亿吨，随着油气勘探开发规模的快速扩大，企业采用"市场化运行、项目化管理、社会化服务"的"油公司"模式来实现降本增效，迫使开发过程中大量依靠承包商。承包商的类型和数量不断增加，在工程建设、检修作业、设备维保、检测评价等各项工作中，均发挥着重要的甚至是不可或缺的作用。不同承包商由于企业性质、安全理念、管理模式、人员素质等均存在较大差异，给油气田安全管理带来较大困难。

以川南某气矿为例，近3年来每年各类承包商总量约300家，高峰时年参加服务作业人员逾1万人。在各级安全检查中，与承包商相关的问题隐患数量在各类安全问题隐患中居于前三，分析发现问题隐患主要集中在高处作业不系安全带、风险管控措施不落实不受控、服务质量不到位、劳保着装不规范等，大多问题是因承包商员工违规产生。随着近年工作量成倍增长、承包商作业数量急剧增加，承包商能不能管住成为安全生产能不能稳住的最大变量，承包商管理成为当前管理的"重中之重"。鉴于"三不机制"在纪检监察领域的成功应用，川南某气矿在承包商安全管理方面构建了"不敢违、不能违、不想违"的"三不机制"，"三不机制"在该气矿的应用验证了该机制的实用性和有效性。

1　不敢违

不敢违侧重惩治和威慑，是不能、不想的前提。通过颁布承包商安全管理九条禁令、严肃HSE合同违约追责、加强监督检查和对违规承包商进行警示通报、严肃承包商业绩考评，形成"不敢违"态势。对承包商违规行为的坚决从严查处，提高了承包商违规成本，产生了强大震慑力，强化了不敢违的氛围。

1.1　九条禁令

近年中国石油发生的亡人事故绝大部分都是承包商作业过程中发生的，在承包商管理过程中安全措施不落实、技术负责人在岗时间达不到要求、未达到开工条件擅自动工等问题屡见不鲜。为加强承包商安全管理，川南某气矿制定并颁布了承包商安全管理九条禁令：

（1）严禁无票证从事危险作业。

（2）严禁特种作业无有效操作证人员上岗操作。

(3) 严禁作业许可零分票。

(4) 严禁高危和风险作业未落实风险管控措施。

(5) 严禁下发停工令后仍强行施工。

(6) 严禁项目技术负责人在岗时间低于70%。

(7) 严禁高危作业施工方案、HSE 作业计划书、应急预案未经审批擅自开工。

(8) 严禁施工方案、工艺、设备等重大变更未执行变更管理规定。

(9) 严禁危险物品、危险废弃物等未按规定设置运输、储存、使用和处置设施。

承包商安全管理九条禁令的培训是其实施的前提，九条禁令不仅写入 HSE 合同中，还将其纳入每个项目开工前的培训，要求承包商组织全员培训，同时将九条禁令及违约追责条款在施工作业现场进行目视化，确保现场员工在潜移默化中入脑入心。

1.2 HSE 合同违约追责

在与承包商签订的 HSE 合同中明确了承包商违约追责条款，其按严重程度分为 1～3 级：Ⅰ级最高，Ⅱ级次之，Ⅲ级最低。为保障九条禁令的权威性，违反九条禁令在追责条款中严重程度属于最高的Ⅰ级，每个工程施工 HSE 合同写明违反九条禁令的处罚机制，并明确了《建设工程施工 HSE 合同违约处罚目录(零容忍条款)》，如表 1 所示。

表 1　建设工程施工 HSE 合同违约处罚目录(零容忍条款)

序号	违约追责条款	违约追责处理比例(处罚标准)			严重程度	备注
		合同金额≤100 万元	100 万元<合同金额≤1000 万元	合同金额>1000 万元		
1	无票证从事危险作业	10 万元/次	30 万元/次	50 万元/次	Ⅰ	零容忍
2	无有效特种作业操作证或专业技术资格证书开展相关工作	10 万元/人	10 万元/人	10 万元/人	Ⅰ	零容忍
3	未严格执行作业许可管理制度，导致检查发现"零"分票	10 万元/次	10 万元/次	10 万元/次	Ⅰ	零容忍
4	高危和风险作业未落实风险管控措施	5 万元/次	10 万元/次	20 万元/次	Ⅰ	零容忍
5	下发停工令后仍强行施工	10 万元/次	30 万元/次	50 万元/次	Ⅰ	零容忍
6	关键作业、危险作业项目技术负责人在岗时间低于 70%	5 万元/人	10 万元/人	20 万元/人	Ⅰ	零容忍
7	高风险作业施工方案、HSE 作业计划书、应急预案未通过审批擅自开工	10 万元/次	30 万元/次	50 万元/次	Ⅰ	零容忍
8	施工方案、工艺、设备等重大变更未执行变更管理规定	10 万元/项・次	10 万元/项・次	10 万元/项・次	Ⅰ	零容忍
9	未按规定设置危险物品、危险废弃物等运输、储存、使用和处置设施	5 万元/项・次	5 万元/项・次	5 万元/项・次	Ⅰ	零容忍

自 2022 年承包商九条禁令实施以来，川南某气矿对 61 家次承包商进行违约追责处罚，共违约追责 268.84 万元，最大处罚金额 60 万元，对承包商形成较强震慑力。

1.3 监督检查和警8 通报9 9 6 3 4

为核实承包商的 HSE 现场管理是否到位，在作业过程中必须进行全方位检查，因此建立了对各类承包商通过全员监督、属地监督、业务监督、专业监督、信息化监督、外部监督共六个维度落实"六位一体"监督体系，形成横向到边，纵向到底的监督管理机制，全面落实各级监督责任，充分发挥有系统、分层次的安全监督体系作用。

对发现的承包商施工作业现场突出、典型和重复问题采用 QHSE 和管理提升曝光、经济处罚、约谈承包商负责人等方式进行警示通报，"零容忍"承包商不良行为，强化承包商履责。自 2022 年以来，川南某气矿向承包商发送警示通报 10 份，约谈承包商 20 余家/次，QHSE 和管理提升曝光 20 次，承包商施工作业现场突出问题和"低老坏"问题 2023 年同比 2022 年下降 33%，同比 2021 年下降 57%。

1.4 承包商业绩考评

在承包商年度业绩考评时，收集记录承包商的不良表现留作考核评估的依据。对承包商突出、典型和重复问题、全年被约谈、通报处罚情况、不良业绩处理情况、年度合同违约情况、年度国家公示企业信用风险信息及行政处罚记录、合同系统黑名单等信息进行全面梳理，建立并定期更新台账，解决信息不对称、不充分问题。

建立承包商量化考核评分体系。按承包商类别建立量化考核评分表，组织项目管理部门、使用单位、完工交接部门、专业部门等相关单位对承包商进行综合考评，实行4级量化考评：甲级(综合评分≥90分)、乙(90分>综合评分≥70分)、丙(70分>综合评分≥60分)、丁(综合评分<60分)。对于综合考评为丙级的承包商采取以下方式加强监管：使用频率降低、重点项目不用、严格监管履约检查次数、发现出错立即停用；对于综合考评为丁级的承包商实施清退，已签订合同正实施项目履行升级监管，列入失信名单，不再委托工作等。

2　不能违

在严厉惩治形成震慑的同时，承包商管理制度严密制定或修订出台，严把承包商“五关”，开展承包商分级分类培训，严格承包商过程监督和管控，不能违的笼子越扎越牢，推动承包商管理迈向标本兼治。

2.1　承包商“五关”

承包商“五关”是指承包商资质关、QHSE业绩观、队伍素质关、施工监督关、现场管理关。通过对“五关”的把控建立承包商队伍安全能力评估和准入制度，从源头提升承包商安全管理水平。

对承包商“五关”严格说来是对承包商资质和经历的审查。承包商的资质包括企业和人员的资质，企业的资质重点对承包商的资格合格证、市场准入证、资质等级证书、营业执照、税务登记证、组织机构代码证等证件是否齐全、健康安全环保机构是否健全；人员的资质指承包商提供的员工的作业资格、健康体检证明、社会保险证明、安全教育培训资料和承包商安全生产责任险缴纳证明，以确认作业人员有能力安全地完成施工作。对承包商的经历审查则重点关注承包商过往的业绩情况，同时对承包商现场关键人员开展能力评估，有效遏制“高资质市场准入、低能力队伍作业”现象。

2.2　承包商分级分类培训

实施承包商分类培训，针对企业和人员开展个性化培训。企业分为常年相关方和临时相关方，常年相关方要定期开展安全培训教育，及时传达政府、企业有关规章制度、现场风险、应急等培训，固化承包商人员意识，提高承包商技能；对临时相关方要做好安全技术交底，同时扩展培训检验方案，采用提问、视频操作录像等提高培训效果。人员分为一般操作人员、一般技能操作人员、管理人员，一般操作人员(辅助工、雇佣民工)通过案例视频培训，考核通过视频语音表达现场安全风险及控制措施；一般技能操作人员(焊工、电工、管工)等，通过案例视频和技术标准课件方式开展培训，用视频和纸质方式进行考核；管理人员培训内容更加广泛，主要包括法律法规、标准规范、制度、质量安全管控要求、事故案例等，通过笔试进行考核。

丰富承包商培训资源，将各类承包商安全教育培训纳入培训计划，根据监督检查中发现的管理短板及知识欠缺项制定详细培训计划，编制形成承包商安全培训手册、案例图册、培训视频、专项方案模板、技术管理手册等资料，不断强化知识盲点和弱点的培训力度，培训考核合格后方能得到工作牌并需持证上岗。

优化承包商培训方式，采取“点、线、面”结合方式强化承包商作业人员培训。点-现场培训：在施工作业现场检查过程中，针对检查发现问题现场培训，同时根据项目特点，每个项目开展一次具有针对性的应急演练。线-专项培训：针对顶管、吊装、焊接、防腐等作业，编制专项培训方案并组织培训；面-集中培训：组织开展承包商人员集中培训。

2.3　承包商过程管控

制定承包商责任清单、问题正负面清单、资料目录清单，将承包商过程管控标准化清单化，监督检查内容清单化。根据不同项目和服务类别，精研各项管理规定，制定承包商责任清单，包括监理责任清单、施工人员责任清单，督促监理人员和施工人员履职。对设计、施工等单位易犯、易错问题建立正面清单，向承包商传达、培训和督促；对屡犯不改的承包商建立负面清单，立即通报其上级部门，并纳入合同约定进行考核。强化基础资料管理，每个项目开工前建立资料目录清单，确定专人负责资料收集、审核及归档；施工过程中按照项目进度同步完善资料，项目完工验收后根据资料目录清单清点资料。通过各类清单的建立和实施，2023年建设项目实施进度相比2021年同期提升10%。

通过"六位一体"监督强化承包商过程管理。一是全员监督，动员全体员工参与承包商施工现场监督检查工作，所有部门和单位、各级领导和员工排查上报施工作业现场风险隐患，并给与上报人进行奖励，营造人人参与、齐抓共管的良好氛围。二是属地监督，属地员工对属地范围内的承包商进行监督检查。三是业务监督，承包商管理部门或项目管理部门定期组织开展检查等监督。四是专业监督，专业监督机构 QHSE 监督站和基层单位专兼职安全监督人员对辖区内承包商作业开展检查，专业监督形成周汇报、月分析工作机制。五是信息化监督，各级监督人员通过安眼系统、信息化视频监控、无人机巡检、电话抽查等信息化方式开展承包商检查。六是外部监督，充分利用第三方咨询团队或者地方政府部门的检查检验承包商的监督成果。通过"六位一体"全方位的监督手段，极大的促进了承包商队伍和人员履职，减少施工作业现场"低老坏"问题。

3 不想违

只有厚植不想违的土壤，才能让不敢违、不能违在承包商团队和员工思想深处扎下根来，增强不想违的自觉。气矿通过 2022 年、2023 年连续两年组织召开年度承包商管理工作会，宣贯承包商管理要求，让气矿"严管厚爱"承包商理念逐步深入各承包商人员思想；同时通过优先推荐、优先使用、工作量倾斜、表彰奖励等方式营造不想违的土壤。

对承包商综合评价为甲级的承包商通过优先邀请选商、项目优先选择、金额分配倾斜、手续优先办理、检查无事不扰等方式培育更优良的合作氛围。每年召开一次承包商管理工作会，工作会上对排名在前 30% 的甲级承包商按照综合评分排名顺序进行现场评优表彰，从中评选优秀、杰出和卓越承包商，除大会现场颁奖外，还对获奖承包商给与通报表扬，并向其上级单位发送表扬信。

合作共赢已成为与承包商的共识。大多数承包商已多次合作，承揽、实施项目的能力已经得到普遍认可，与承包商的紧密合作已成为趋势。"优势互补、互利共赢"的合作模式，不仅使双方能力在合作中进一步的提升，也使双方在大发展背景下跑出了加速度。

4 结语

以川南某气矿承包商管理为例，系统阐述了"三不机制"在承包商管理中的应用，通过承包商安全管理九条禁令、承包商违约追责、监督检查和警示通报、承包商业绩考评、承包商"五关"、承包商各类人员分级分类培训、承包商过程管控、表彰奖励、优先推荐或使用等机制建设，构建科学严密的承包商管理体系，"不敢违、不能违、不想违"各有侧重、相互融合，才能提升企业的安全生产管理水平，降低承包商事故风险。

结合目前油气田企业承包商管理现状，建议应重点从以下四个方面改进承包商管理：一是要对评估分级的承包商通过"升降级"管理方式实现动态监管；二是要通过信息化手段建立"黑名单"，加强承包商单位业绩信息共享，对不重视安全管理的承包商进行通报批评，推进承包商单位落实安全责任；三是要持续完善激励约束机制，从而使得所有承包商单位和员工牢固树立安全生产意识；四是要把强化承包商管理作为一项系统工程，各部门统筹联动、多措并举、标本兼治，在严厉惩治形成震慑的同时，加强制度建设，形成承包商安全管理文化，一体推进不敢违、不能违、不想违，加快构建长效机制。

参 考 文 献

[1] 戴厚良．当好能源保供顶梁柱[N]．经济日报，2024-01-23.

[2] 高军，石凯，朱林等．页岩气开发绿色承包商三级综合评价体系[J]．天然气工业，2021，41(10)：133-140.

[3] 王以朗，朱进，罗旭．油气田工程技术服务承包商安全管理难点与对策——中国石油西南油气田公司承包商管理实践[J]．天然气工业，2012，32(06)：82-84+113-114.

[4] 韩亚栋．持续保持高压态势一体推进"三不"机制[N]．中国纪检监察报，2019-01-09.

[5] 刘伟，刘丰伟，杜敏睿等．油田企业承包商安全管理现状和对策[J]．现代职业安全，2022，(07)：47-49.

[6] 王学文，江维，何磊．承包商 HSE 管理体系研究：以油气管道行业为例[J]．安全，2023，44(06)：15-20+105. DOI：10. 19737/j. cnki. issn1002-3631. 2023. 06. 003.

[7] 朱良，谢照强，辛龙．关于承包商安全管理的探究[J]．工业安全与环保，2023，49(S2)：9-11+20.

挥发性有机化合物治理研究分析

庄金辉　袁　川　朱　兵　王　鹏　张乘然

（中国石油塔里木油田公司克拉采油气管理区）

摘　要　挥发性有机化合物（VOCs）是石油天然气行业中的重要污染源之一，其排放对环境和人类健康造成严重影响。本文从石油天然气行业的角度出发，探讨了VOCs治理的重要性和必要性，介绍了VOCs的来源和排放途径，分析了VOCs对环境和人类健康的影响，总结了国内外VOCs治理的现状和存在的问题，并提出了相应的对策和建议。

关键词　挥发性有机化合物；石油天然气行业；污染源；环境影响；治理对策

随着工业化的进程和经济的发展，石油天然气行业在国民经济中的地位日益重要。然而，随之而来的是VOCs排放的增加，给环境和人类健康带来了巨大危害。VOCs是一类易挥发的有机化合物，包括苯、甲苯、二甲苯、乙烯、丙烯等，其排放来源主要包括石油开采、储运、加工、燃烧等环节。这些VOCs排放到大气中，会对大气质量、生态环境、人类健康等造成不良影响。

为了减少VOCs的排放，保护环境和人类健康，各国纷纷采取了一系列治理措施。我国也在不断加强VOCs治理方面的工作，但仍面临着许多问题和挑战。因此，本文旨在从石油天然气行业的角度出发，探讨VOCs治理的重要性和必要性，介绍VOCs的来源和排放途径，分析VOCs对环境和人类健康的影响，总结国内外VOCs治理的现状和存在的问题，并提出相应的对策和建议，以期为VOCs治理提供参考和借鉴。

1　VOCs来源和排放途径

VOCs的来源多种多样，主要包括石油开采、储运、加工、燃烧等环节。其中，石油加工和燃烧是VOCs排放的主要来源。

石油加工是指将原油加工成各种石油产品的过程，包括裂化、重整、脱硫、脱氮等。在这些过程中，VOCs会通过泄漏、挥发和喷洒等方式排放到大气中。例如，在炼油厂的储油罐、储油池、储油车等设施中，由于设备老化、维修不当或操作失误等原因，会发生泄漏，导致VOCs的排放。

石油产品的燃烧是VOCs排放的另一主要来源。石油产品作为能源被广泛应用于各个领域，如汽车、船舶、工业生产等。石油产品燃烧时，VOCs会在燃烧不完全的情况下排放到大气中。特别是在低温燃烧条件下，VOCs的排放量会更高。

除了石油加工和燃烧外，石油开采也是VOCs排放的重要来源。石油开采过程中，VOCs会通过钻井、采油、采气等过程排放到大气中。例如，在钻井过程中，钻井泥浆中的溶解气体会随着泥浆喷出而排放到大气中。

除了以上几个主要来源外，VOCs还可以通过其他方式排放到大气中，如石油储存、运输等环节。例如，在石油罐车运输过程中，由于装卸不当或车辆老化等原因，会发生挥发和泄漏，导致VOCs的排放。

总之，VOCs的排放途径多种多样，需要从源头控制和治理，才能有效减少其排放量。

2　VOCs对环境和人类健康的影响

VOCs的排放对环境和人类健康造成了严重影响。首先，VOCs是大气污染的重要组成部分，对大气质量造成不良影响。VOCs可以与氮氧化物、颗粒物等大气污染物发生复杂的反应，产生臭氧、二次有机气溶胶等物质，对空气质量和能见度造成影响。此外，VOCs还会导致酸雨的发生，对土壤和水质造成污染。

其次，VOCs对生态环境造成不利影响。VOCs是生物毒性较强的化学物质，对植物和动物都有一定的毒性。在植物方面，VOCs会干扰植物的生长和发育，导致叶片脱落、叶片变黄等现象。在动物方面，VOCs会对动物的呼吸系统、神经系统等造成损害，对动物的生存和繁殖产生不良影响。

最重要的是，VOCs 对人类健康造成的危害是不可忽视的。长期接触 VOCs 会导致多种疾病，如呼吸系统疾病、神经系统疾病、癌症等。其中，VOCs 对呼吸系统的影响最为明显，会导致哮喘、慢性支气管炎等疾病。此外，VOCs 还会对人体的皮肤、眼睛等造成刺激和损伤。

需要指出的是，VOCs 的影响不仅是单一的，而是相互影响和叠加的。例如，VOCs 与氮氧化物反应生成的臭氧不仅对空气质量造成影响，还会对植物的生长和发育造成损害，从而影响生态系统的平衡。

综上所述，VOCs 的排放对环境和人类健康都造成了不可忽视的影响。

3 国内外 VOCs 治理的现状和存在的问题

3.1 国内 VOCs 治理的现状

随着我国经济的快速发展，VOCs 排放量也在不断增加。根据环保部发布的数据，2018 年我国 VOCs 排放总量为 1089.9 万吨，同比增长 1.3%。其中，工业领域是 VOCs 排放的主要来源，其次是交通运输、石油化工等领域。此外，农业、建筑等领域的 VOCs 排放也逐年增加。目前，我国已经成为全球最大的 VOCs 排放国之一。为了减少 VOCs 排放对环境和人类健康的危害，我国政府采取了一系列措施，如加强法律法规的制定和实施、推广清洁生产和低碳技术等。

为了控制 VOCs 的排放，我国制定了一系列相关法律法规和标准。例如《大气污染防治法》《挥发性有机物排放标准》《印刷、染整、造纸等工业企业 VOCs 污染物排放标准》等。此外，各地方政府也相继出台了一些地方性的 VOCs 治理措施，如北京市的《北京市挥发性有机物（VOCs）污染防治条例》、上海市的《上海市挥发性有机物污染防治条例》等。

在技术方面，我国也在积极推广清洁生产和低碳技术。例如，采用低 VOCs 含量的涂料和溶剂，推广 VOCs 回收利用技术等。此外，我国还在不断探索新的 VOCs 治理技术，如光催化氧化、生物处理等。

3.2 国内 VOCs 治理存在的问题

尽管我国在 VOCs 治理方面采取了一系列措施，但仍然存在一些问题。

首先，我国 VOCs 排放量依然较高。虽然我国已经成为全球最大的 VOCs 排放国之一，但仍然有很大的提升空间。此外，由于我国经济发展的不平衡性，一些地区的 VOCs 排放量较高，需要加强治理。

其次，我国 VOCs 治理技术仍然不够成熟。尽管我国在不断探索新的 VOCs 治理技术，但与国外相比，仍然存在一定的差距。例如，我国在光催化氧化技术和生物处理技术方面的研究相对较少，需要加强研究和开发。

第三，我国 VOCs 治理存在监管不力的问题。一些企业存在违法排放的情况，但由于监管不力，难以得到有效治理。此外，一些地方政府和环保部门存在不作为或者不严格执法的情况，需要加强监管力度。

3.3 国外 VOCs 治理的现状

与我国相比，发达国家在 VOCs 治理方面更为成熟。例如，欧盟已经制定了一系列 VOCs 治理标准，如《欧盟挥发性有机物排放标准》《欧盟挥发性有机物排放限值》等。此外，欧盟还制定了一些针对特定行业的 VOCs 排放标准，如《欧盟汽车行业 VOCs 排放标准》等。

美国在 VOCs 治理方面也取得了一定的成效。例如，美国环保局制定了一系列 VOCs 治理标准，如《美国挥发性有机物排放标准》、《美国汽车行业 VOCs 排放标准》等。此外，美国还采取了一些技术手段，如吸附、吸收、催化氧化等技术，对 VOCs 进行治理。

3.4 国外 VOCs 治理存在的问题

尽管国外一些发达国家在 VOCs 治理方面比我国更加成熟，但仍然存在一些问题。

首先，一些国家的 VOCs 排放量仍然较高。例如，美国在 VOCs 排放量方面仍然位于世界前列，需要加强治理。

其次，一些国家的 VOCs 治理政策存在缺陷。例如，一些国家的 VOCs 排放标准相对较低，需要加强标准的制定和实施。

第三，一些国家的 VOCs 治理存在技术落后的问题。尽管一些国家在 VOCs 治理技术方面比我国更加成熟，但仍然存在一些技术落后的问题。例如，一些国家对于新兴的 VOCs 治理技术研究不足，需要加强研究和开发。

总之，国内外 VOCs 治理存在着一些共性和差异性问题，需要不断加强研究和探索，以减少VOCs排放对环境和人类健康的危害。

4　VOCs治理的对策和建议

在VOCs治理问题上，石油天然气行业应该采取一系列的对策和建议，以减少VOCs的排放量和对环境的影响。

4.1　加强监管和管理

加强对石油天然气行业的监管和管理，是减少VOCs排放量的重要措施。政府应该建立健全的法律法规，对石油天然气行业的VOCs排放进行严格的监管和管理。同时，应该加强对石油天然气企业的执法检查，对违规排放VOCs的企业进行处罚。

4.2　推广清洁生产技术

石油天然气企业应该推广清洁生产技术，减少VOCs的排放量。清洁生产技术是指在生产过程中，通过改变生产工艺、优化设备、改进原材料和产品等方式，减少废气、废水和固体废物的排放，达到节能、减排、环保和经济效益的目的。石油天然气企业应该加大对清洁生产技术的投入力度，逐步实现生产过程的清洁化、低碳化和循环化。

4.3　建立VOCs排放监测系统

石油天然气企业应该建立VOCs排放监测系统，对排放量进行实时监测和数据分析。通过监测系统，及时掌握VOCs排放量的情况，发现问题并采取有效的措施进行治理，避免造成环境污染和健康危害。

4.4　加强员工培训和意识教育

石油天然气企业应该加强员工培训和意识教育，提高员工的环保意识和责任感。通过培训和教育，让员工了解VOCs对环境和人体健康的危害，掌握VOCs的治理方法和技术，增强员工的环保意识和责任感，从而减少VOCs的排放量。

4.5　积极开展技术研发和创新

石油天然气企业应该积极开展技术研发和创新，推出更加环保、低碳的新技术和新产品。通过技术创新，可以进一步减少VOCs的排放量，实现石油天然气行业的可持续发展。

综上所述，VOCs治理是一个全球性的环境问题，石油天然气行业应该采取一系列的对策和建议，减少VOCs的排放量和对环境的影响。只有在政府、企业、员工和社会各方的共同努力下，才能实现VOCs治理的目标，保护人类的生存环境和健康。

互联网+模式下“线上+线下”双应急监督管理实践

孙　珀　董颜鸣　尚军祥　徐大炜　李　欣　徐　超　潘修瑞

（克拉玛依红山油田有限责任公司）

摘　要　随着公司数字化、物联网的探索和建设，传统的QHSE监督模式已不能满足和适应公司现代化发展需要。为实现公司智能化转型和持续健康安全发展需求，公司提出了在基于“互联网+”环境下开展线上+线下新型监督模式的创新方案。通过物联网，利用生产现场的视频监控设备实施远程在线监督，由监控系统对现场违章、异常行为进行主动识别、自动抓拍、即时推送、自主监督。线上+线下新型监督模式提高了监督效率，达到了提质增效、降本增效的目的，为油田企业开展视频监督提供了一套可借鉴、可复制、可推广的监督模式和实践经验。

关键词　“互联网+”；线上应急监督；线下应急监督；应急与监督联动；实践应用

针对承包商监管不到位、作业现场违章行为多发频发、作业现场不能监督全覆盖等问题，为认真贯彻落实全员、全方位、全过程、全天候“四全”安全生产管理要求，切实抓好安全环保各项工作，公司在原有油气生产物联网基础上建设视频监控系统平台，利用摄像头24h不间断运行的特点，依托无线网络技术、数据传输存储技术、图像处理技术，在油区布设视频监控设备，构建监控面覆盖油区各站场、各油井的监控系统，实现对整个油气生产现场的监控。

1　监督创新的背景与意义

红山公司是由中国石油天然气股份有限责任公司、新疆能源(集团)有限责任公司、新疆生产建设兵团投资有限责任公司三方合作，以稠油开采为主的油田企业，合作面积100.1平方公里。目前有各类油井1894口、稠油处理站1座、管汇站206座、接转站24座、注汽站19座，有在册员工500名。已建成能够承载部分区域单井数据传输、视频监控的数据传输网络。为降低企业成本，加强生产过程监控，实现作业全过程监督，进一步推进油田生产管理模式创新，达到强化安全、过程监控、节约人力资源和提高效益的目标，但在应急安全监督实践中仍存在一些短板。

1.1　危险作业频繁，现场监督不到位

油田企业的施工作业往往处在易燃易爆、有毒有害、高温高压等危险环境中，新改扩建及各类检维修作业频繁。红山公司油气生产现场每日施工点多达60余处，参与施工的有属地单位8个、承包商20余家。涉及动火、进入受限空间等8项许可作业。一旦作业现场风险管控不到位，极易发生安全事故事件并造成不良社会影响。但由于施工作业点多面广，部分施工开工早，连续施工周期长，现场监督无法实现全过程、全天候监督。尤其在节假日、中午、夜间及施工收尾阶段，往往监督力量薄弱，存在监督不到位的情况。

1.2　现场违章取证难，违章行为多发频发

对违章所涉及的单位及人员进行处罚，必须要有充分的证据予以佐证。但由于安全监督工作不能达到“四全”管理原则要求，且监督手段单一，监督人员只能通过访谈、现场验证的方式开展监督检查。对未到现场审批、提前审批作业许可证等类似可能存在违章行为的现象，由于取证难，缺少证据，不能按违章进行处理。相关人员也不知悔改，对违章作业始终抱有侥幸心理，导致习惯性违章屡禁不止，现场违章行为多发、频发。

1.3　现场监督检查覆盖率低

目前红山公司有各类油井1894口、管汇站、接转站、注汽站等油气站场300余处。监督人员每日除了对承包商检维修作业进行旁站、巡检，还要对管汇站、接转站等油气站场设备设施、电气消防、环境保护、属地人员操作等进行检查。目前红山公司每日对许可作业的监督覆盖率约为70%，未实现监督全覆盖。由于油气站场较多且各站场较分散，每日对油气站场的监督覆盖率约为30%，部分偏远站场可能存在检查频次少、长期未检查的情况。

2 国内油田视频监控应用现状

目前，各油田企业只有少部分实现了油井远程监控，但站库基本都安装了视频监控系统，其主要功能是以巡检、监控为目的。视频监控系统也没有实现智能抓拍、智能记录、智能分析判断等功能。如胜利油田所属的新春油田，已安装视频监控800余套，实现对油区视频监控全覆盖，但监控系统还不具备智能分析识别功能；个别油田根据环境特征，对部分油井实现了远程视频监控，如辽河油田对400多口处于水洼地的井实现视频监控，便于对该区域的油井进行巡检、监控；个别关键站库实现了智能监控，如塔里木乙烷制乙烯项目启用了智能监控系统，对现场未戴安全帽等违章行为可视频进行智能分析自动报警。也有单位采取集中区域监控，如新疆油田风城作业区，在每个采油区设有瞭望台，可见监控范围达5公里。

3 视频监控系统的实现策略

基于红山油田已建视频监控平台现状，秉承经济性、安全性、可靠性、稳定性及可扩展性原则，对红山视频监控系统平台进行扩建。建设一套网络化的全天候网络视频监控系统，不但确保井场视频监控系统主体技术先进，还提升了系统的性价比。

3.1 前端摄像机设置

红山公司井场主要为多井丛式井场与单井井场，井场分布于管汇周边。根据监控需求，在井场外合适位置布置6m监控立杆，固定摄像机选用具备前端智能分析功能的200万像素高清定向枪型摄像机。通过优化，用水泥杆作为立杆，利用现场已建灯杆或多井场共用立杆，优化后减少立杆142根，节省投资约15万元。该工程费用总计1787万，其中设备购置费855万，安装工程费932万，井场单套设备及建设成本为2.88万。目前现场共架设摄像头885台，其中移动摄像头5套、固定摄像头880套(表1、表2)。已接入公司视频监控平台的承包商有4家共6支队伍、25台摄像头，其中钻井18台、修井3台、活动锅炉4台。已实现主要功能有实施预览、录像回放、入侵报警、远程喊话等7项功能(表1)。

表1 视频监控设备布设及主要功能

视频应用类别	数量/台	视频监控系统平台主要功能						
		实时预览	录像回放	警界抓拍功能	抓拍图片查询	图像远近焦距调整	远程喊话	云台旋转
管汇点	188	√	√	√	√	√	√	无、全为枪机
平台井、散井	588	√	√	√	√	√	√	无、全为枪机
安保应用	32	√	√	√	√	√	无	无
红山公司移动视频	5	√	√	无	√	√	√	√
钻井、修井移动视频	21	√	√	无	√	√	无	修井有此功能
生产操作间视频	51	√	√	无	√	√	无	部分有

表2 移动、固定摄像头适用范围杠

设备	移动摄像头	固定摄像头
覆盖范围	重点边远井、新投井、钻井、地面新建施工现场	管汇点、井场、泵房等其他固定场所
监控内容	关键边远井作业、新井注气、钻井搬迁吊装、新建站场施工	设施运转、滴漏跑冒、人员操作、检维修施工
适用范围	边远井、新投井、新建项目、钻井、试油	设备集中、固定场所

3.2 视频传输网络构建

视频传输网可以采用有线光缆与无线传输的方式。通过对比优化，在原有有线视频网络基础上，新建1套无线视频传输专网，用于红山公司所有视频业务的传输，项目总投资约600万，较有线光缆传输方案减少投资约3400万(表3)。

表3 有线光缆与无线传输方式对比

对比项	有线光缆	无线传输
建设工程量	约146.4km	约600点
建设周期	长	短
施工难度	大	小

续表

对比项	有线光缆	无线传输
征地费用	约 3400 万	基本无需征地
通信可靠性	高	高
组网灵活性	低	高
投资	约 4000 万	约 600 万

无线网络按单路视频上行带宽按不低于 4Mbps 设计，井场及管汇视频监控数据上传无线视频专网，选用基于时分多址(TDMA)原理及时隙划分技术的无线网桥组网。结合集油区所需覆盖的点位位置和已建通信塔资源，租用铁塔公司设置在油区内的 4 处通信塔作为主站，每个基站采用点对多点无线网桥设备，对附近点位进行无死角覆盖。利用无线网桥设备直接实现前端设备的网络接入问题，使得整个无线网络的选点优化、合理，避免了错误选点带来的重复建设和浪费资源。

3.3 智能视频监控系统架构

视频监控系统利用计算机视觉技术对视频信号进行处理、分析和理解，在无人为干预的情况下，系统通过对序列图像自动分析，对监控场景中的变化进行定位、识别和跟踪，并在此基础上分析和判断目标的行为，及时发现异常情况并发出警报，协助安全生产管理及监督人员处理突发状况。视频监控系统集实时视频监控、周界报警联动、视频核查追踪采集、存储处理、网络管理、用户管理、相关业务流程控制、远程维护、安全机制等功能于一体。

4 新型监督模式实践路径

4.1 线上、线下应急监督定义

线上监督指登陆视频监控平台，利用视频监控设备对生产现场进行实时在线远程监督或通过视频回放对关键环节、重点工序等工作过程及作业环境进行的监督。线下监督指监督人员在作业现场以旁站、巡检的方式开展的实地监督。

4.2 设立线上监督机构、建立规章制度

制定发布视频监督管理办法，明确业务分工、岗位职责、工作流程，为开展视频监督提供机构建制与制度依据。

4.3 明确线上管理职责，细化岗位分工

在线监督实行网格化管理，责任到人。按照岗位分工，登陆监控平台，对人员操作、设备设施、环境保护、作业许可等进行实时在线监督。

4.4 线上监督实践应用

4.4.1 视频监控实时在线浏览，作业现场监控画面快速切换

视频监控系统对监控对象按照区域、项目类型等进行了分类，监督人员登陆视频监控平台后，可以快速浏览各站场的监控画面，对现场正在进行的施工作业、人员操作等进行监控。根据监督需要，可以在监控平台上任意切换作业地点，对重点关注、危险作业的施工现场进行在线监督。通过录像回放，可以还原作业现场，对关键环节、重点工序等进行验证，对视频回放中发现的问题进行追溯，确保施工安全、质量可靠。

4.4.2 图像智能分析、事件联动报警

视频监控系统建立了一套可自学习的智能分析系统，通过已有的视频大数据进行人的不安全行为及物的不安全状态视频特征训练，形成适合油田生产智能分析算法，完成建立油气生产违章行为数据库、违章行为识别算法库，利用计算机自学习能力及时识别生产现场、作业活动中的人员违章、环境污染、越界闯入等违章和异常情况进行自动报警，形成智能分析诊断，异常自动报警，人工确认后处置监督新模式。

4.4.3 远程喊话，纠正制止不安全行为

大量的事故调查分析表明，造成事故的原因大多出于人的不安全行为和物的不安全状态，据海因利希估算，由于人的不安全行为而造成的事故占事故总数的 80% 以上。通过视频监督，监督人员以不同视角、不同站位对现场作业人员的执行操作、协同配合、安全意识、作业环境等进行观察、判断，当发现作业人员存在不安全行为、作业环境不良时，线上监督立刻通过远程语音喊话对其行为进行纠正制止并督促整改，严重时可叫停作业。

4.4.4 图像抓拍，违章取证

线上监督发现作业人员存在违章行为时，可以对监控屏幕图像进行抓拍，也可通过录像、剪辑功能，对整个作业过程进行录像取证，为责任判定、违章处罚提供了充分有力的证据，对现场违章作业人员起到了有效的震慑作用。

4.4.5 通过视频回放，开展问题调查

利用视频回放功能，还原作业现场，对已发生事故事件的原因进行调查分析，找到问题根源，制定纠正预防措施，有效避免了同类问题再

次发生。例如，2019 年 10 月 17 日 11：10，线上监督发现某井抽油机曲柄反转，经现场检查排除故障后恢复正常，但曲柄反转原因尚未清楚。通过视频监督反复回放和现场试验，最终找到了造成曲柄反转的原因。主要是由于抽油机启动箱低速出线 B 相端子未压紧，B 相电源线接头松动，造成 B 相接线端子烧，导致电机缺相。启抽时，抽油机驴头正停在下死点，采油工松刹车，曲柄下落，在曲柄逆向运行的惯性作用下启抽，抽油机电机启动并反转。

4.5　线下监督工作实践

线下监督与线上监督形成互补。工程质量监督、HSE 监督等各专业监督可以在作业现场及非作业现场，通过开展“查思想”、“查管理”、“查技术”、“查纪律”四查工作，全面整改发现的安全隐患和管理短板，坚决防止事故发生。通过线下对责任单位、责任人进行约谈问责、违章处罚、业绩考核，查找管理缺陷，填补管理漏洞，夯实现场安全管理，为开展线上监督奠定基础，创造条件。

4.6　线上+线下监督联动配合

线下监督在现场对人员资质、施工机具、五交底、施工方案等进行检查。涉及到作业许可的，监督人员对各项安全措施进行验证、签字确认后撤离作业现场，由线上监督对作业现场进行接管，开始在线实时监督。当线上监督发现作业现场有违章行为或异常状况时，立即通知线下监督到现场进行核实并及时向线上监督反馈处置情况。

5　取得成效

5.1　投用后比较

自视频监控系统平台投用以来，发现问题的能力提高，与去年同期对比，查处问题数量增长247%。线上+线下监督累计查处问题 406 起，其中线上 273 起，占 67%。线上监督查处的 273 项问题中，人的不安全行为最多，共 145 项，占53%。如图 1~图 4 所示。

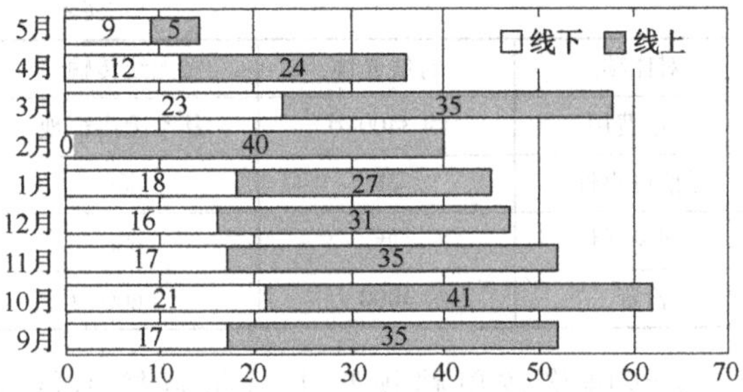

图 1　监控平台投用后查处问题

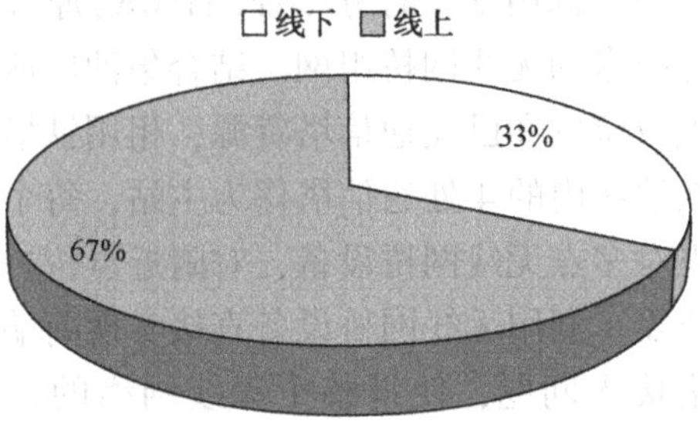

图 2　线上、线下查处问题对比

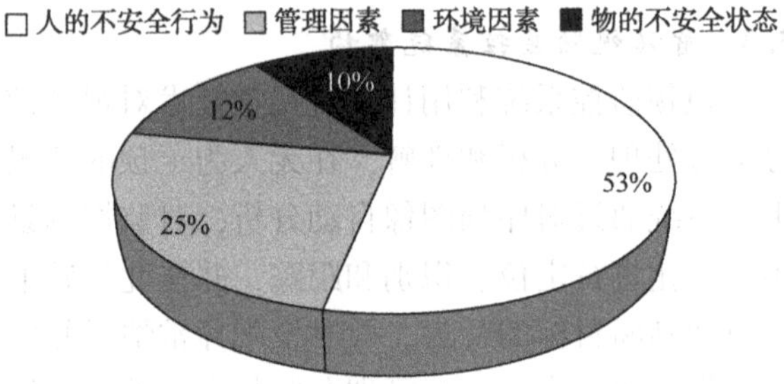

图 3　线上监督查处问题对比

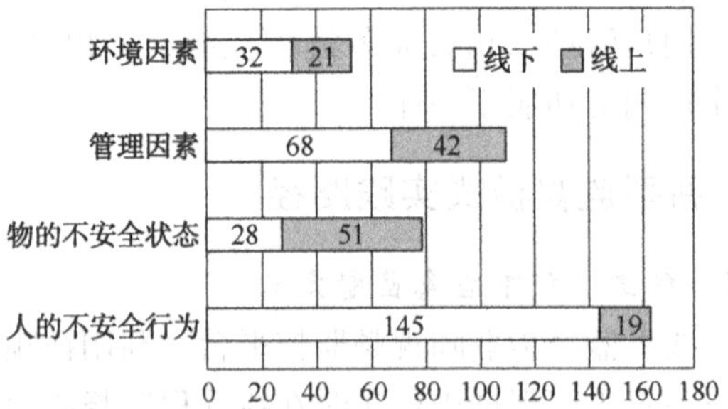

图 4　线上、线下查处问题分类对比

5.1　违章行为得到有效管控

通过线上+线下监督以及视频监控的强大威慑力，现场作业人员的习惯性违章、不安全行为得到有效管控，安全习惯已逐渐养成并逐步固化，安全意识得到明显增强。人的不安全行为由线上监督开展初期平均 29 起/月下降至平均 8 起/月，降幅达 72%。

5.2　实现减员增效、提质增效

视频监控系统实现用视频监督代替现场监督，由原来一人现场旁站一点，变为现在一人远程监控多个作业点。通过取证培训，由原来专岗专人，变为现在一岗多能。公司通过机构重组，精干监督队伍，实现扁平化无层级管理后，QHSE 监督减少 13 人，按人均用工成本 22 万元/年估算，每年减轻人力资源成本约 286 万元，达到减员、优岗、提质、增效的目的(表 4)。

表4　监督机构及监督人员调整前、后对比

时间节点	QHSE 监督层级	QHSE 监督组/监督机构	专职 QHSE 监督	工作量
改革之前	公司、作业区、班组	7个 (3个安全组+3个工程组+1个监督站)	28人 (监督站+作业区专业组)	线下
改革之后	业务中心、班组	1个 (监督中心)	15人 (取消作业区，成立监督中心)	线上+线下
增减情况	减少1个管理层级	减少6个专业组 (安全组、工程组、监督站合并)	减少13人 (合并职能相同、重复设置的岗位)	线下监督工作量不变，增加线上监督

5.3　实现对生产现场的可视化管理、提高应急响应能力

视频监控设备提供了生产作业现场的真实环境，公司领导及各中心相关人员能够通过视频监控平台随时查看油气生产现场，掌握施工作业进度，始终保持对生产现场的有效管控。特别是盘根刺漏、管线破损泄漏等情况下，能够通过视频监控及时发现，避免污染面积扩大，减少处理费用，提高应急响应能力，有效缩短现场问题处置时间并为公司领导远程决策提供依据。

5.4　实现“四全”安全生产管理

视频监督投用后，全员、全方位、全过程、全天候“四全”安全管理要求得以实现。公司全员可以按照监督权限、业务分工进入相应区域，对各自负责的属地通过线上、线下两种途径开展监督检查、隐患排查。解决了现场监督不连续、夜间无监督、施工场景不能还原、长期巡检人员易疲乏等问题。实现对施工过程、生产运行、质量管控、环境保护、疫情防控等多环节、全方位监督。

5.5　降低员工在危险环境中的暴露风险

稠油开采过程中伴随着高温高压、易燃易爆等风险，不确定因素多，生产安全风险高。通过井场及管汇视频监控建设，实现电子巡检，远程监督，避免现场人员暴露在危险环境中，减少人员在危险环境中的工作时间和接触频次，降低了安全风险。

5.6　特殊时期发力并彰显优势

疫情防控特殊时期，油区、办公楼实行封闭管理，各中心充分发挥视频监控系统远程监控能力，开展线上监督、电子巡检，及时纠正违章隐患，有针对性地向现场作业人员下达工作指令，实现线上调度、线下执行，最大限度减少现场及机关办公人员，使人员少流动、不聚集、不串岗，做到疫情防控和生产运行两手抓、两手硬，有效地保障了疫情防控期间油气生产安全。

6　结论与展望

（1）通过视频监控体统图像智能识别，提高了作业过程中的风险识别率，利用违章行为数据全面分析研判各类隐患的成因，实现油田作业过程的完整性风险管控。

（2）通过线上、线下监督效果对比分析，线上监督在对人的不安全行为和环境因素的风险管控方面效果显著。

（3）线上+线下新型监督模式补齐了安全生产管理的短板，丰富了监督方式，拓宽了覆盖面，加强了监督发现和分析问题的能力，提高了监督工作效率，降低了企业成本，提升了公司应急处置能力。

（4）“互联网+”背景下，油气生产企业全面实现远程视频监控是必然趋势。随着5G+AR技术的发展，基于该技术的新一代视频监控系统功效及智能化水平将更加卓越。

参　考　文　献

[1] 戴厚良. 在董事长办公会议上的讲话[R]. 2020-04-13.

[2] 朱萍，马韵洁，吴艳平. 移动视频监控系统在公安行业中的应用[J]. 电子技术与软件工程，2016(14)：201.

[3] 刘岩. 油田承包商HSE管理存在的问题探讨[J]. 化工管理，2019(12)：202-203.

[4] 吴群，王田，王汉武，赖永炫，钟必能，陈永红. 现代智能视频监控研究综述[J]. 计算机应用研究，2016，33(06)：1601-1606.

[5] 李鹭光. 在上游业务安全生产专题分析视频会议上的讲话[R]2020-04-27.

[6] 何毅敏. 浅析视频监控系统在长江典型航道整治工程现场监管中的应用[J]. 中国水运. 航道科技，2018(06)：49-56.

第三篇　安全风险防控监测技术装备篇

随着科技进步和社会发展，安全风险防控监测技术装备在安全生产和应急管理等领域的融合应用，极大提高了管理效率，全球各大石油石化公司纷纷通过提升安全应急技术装备的研发和配备水平来支撑和引领企业高质量发展。目前我国石油石化企业部分安全风险防控监测技术装备研发和配备水平与国际先进水平仍有差距，部分技术仍被国外“卡脖子”，难以充分满足石油石化安全应急工作需求。本篇从风险监测装备、智能穿戴装备、井控装备、无人机、智能机器人等石油石化主流安全风险防控监测技术装备入手，列举了相关技术装备的新技术、新进展和新突破，并介绍了相关装备的应用情况、发展趋势和经验借鉴等。

基于 Bow-tie 屏障模型和 HSE 监督检查信息化系统的双重预防机制构建与实践

范建超　刘　木　刘金良　黄金雨

（中国石油集团海洋工程有限公司）

摘　要　为遏制重特大事故，实现企业双重预防机制建设，本文将 Bow-tie 屏障模型和双重预防机制构建相结合，制定安全风险分级防控屏障，通过 HSE 监督检查信息化系统进行隐患排查治理来修复和补充屏障的失效或减弱，并在海洋钻井平台拖航作业中进行应用和实践。

关键词　双重预防机制；Bow-tie；安全屏障；HSE 监督检查信息化系统

2016 年国务院安委会办公室印发了《关于实施遏制重特大事故工作指南构建双重预防机制的意见》，从行政上要求企业构建安全风险分级管控和隐患排查治理双重预防机制（以下简称双重预防机制）。经过 5 年的探索，于 2021 年将其纳入新《安全生产法》，使生产经营单位构建双重预防机制的要求，从“工作指南”升级为“法律规定”。

现阶段，各级政府和企业都在积极探索双重预防机制的构建和实践，本文将 Bow-tie 屏障模型和 HSE 监督检查信息化系统与双重预防机制构建相融合，以海洋钻井平台拖航作业双重预防机制构建为例，通过 Bow-tie 屏障模型进行风险辨识与评估分级、风险控制措施制定、风险分级管控实施，并应用 HSE 监督检查信息化系统进行隐患排查、隐患治理、隐患验收，从而有效帮助企业实现双重预防机制构建。

1　双重预防机制构建基础

1.1　双重预防机制内容

安委办〔2016〕3 号文和安委办〔2016〕11 号文明确指出，双重预防机制是指安全风险分级管控和隐患排查治理。就是准确把握安全生产的特点和规律，以风险为核心，坚持超前防范、关口前移，从风险辨识入手，以风险管控为手段，把风险控制在隐患形成之前，并通过隐患排查，及时找出风险控制过程中可能出现的缺失、漏洞，把隐患消灭在事故发生之前。

1.2　Bow-tie 屏障模型

Bow-tie 模型是风险评估过程的图解表示形式，用来描述并分析某个风险从原因到结果的路径。Bow-tie 图的中心是最不希望发生的顶事件，图形左边是事故树部分，是导致事件发生的原因及预防控制措施；图形右边是事件树部分，是事故的潜在后果和减缓后果的措施。

本文基于 Bow-tie 模型构建一种新型的 Bow-tie 屏障模型，将屏障分为预防性屏障和减缓性屏障。其中，预防性屏障是本文着重研究的风险分级防控的屏障，而减缓性屏障是事故发生后为减轻事故后果的严重程度而采取的应急处置措施。预防性屏障又包括安全文化屏障、体系制度屏障、组织监管屏障和硬件屏障（设备、设施、工器具以及安全附件等），而安全文化屏障、体系制度屏障、组织监管屏障又统属软件屏障。风险评估为 I 级的风险由公司通过安全文化屏障进行监管，风险评估为 II 级的风险由分公司通过体系制度屏障进行监管，风险评估为 III 级的风险由基层单位通过组织监管进行管控，风险评估为 VI 级的风险由岗位员工通过硬件屏障进行管控。这样可以根据风险等级的程度来确定是由哪一层级通过相应的安全屏障进行管控，避免安全屏障间数量重复、功能重叠，进而形成环环相扣的因果关系链条，便于事故原因的追本溯源。

1.3　HSE 监督检查信息化系统

HSE 监督检查信息化系统依据中石油集团云服务+海上平台局域网两级数据交互技术、海上平台生活区局域网+作业现场离线检查数据交互技术，以防爆手机或多功能防爆对讲机等手持端 APP 为信息采集终端，结合 PC 网页端实现多场景业务处理。充分利用二维码、蓝牙、图像识别、流程引擎等技术建设符合实际现场工作需要的现场 HSE 监督检查服务。由于本系统应用于海上钻井平台，为解决海上平台通信问题，所有 APP 应用开发均为可离线存储版，整体采用内外网混合方式，避免因为网络环境变化引起的重复上传，提高系统的适应能力。网络设计如图 1 所示。

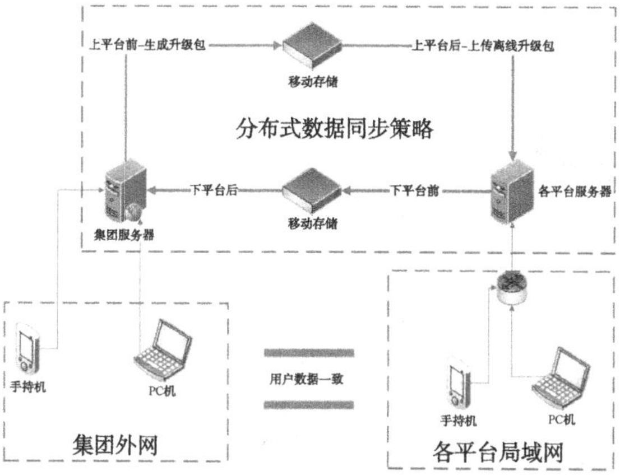

图 1　信息化系统网络设计

HSE 监督检查信息化系统中的隐患排查治理模块中资料库、周期性检查、专项检查、随手拍、问题跟踪、统计查询等功能。资料库中有现场使用的各种法律法规、标准规范、体系文件，为现场的隐患排查提供依据；周期性检查模块涵盖各岗位的巡回检查项点，岗位员工可以通过该模块进行班前、班中巡回检查；专项检查模块包括固有的 16 项专项检查表，也可以根据国家、公司相关要求临时建立相应的专项检查任务，供现场进行专项隐患排查使用；随手拍模块为各级管理人员和操作岗位提供随时发现隐患，随时拍照上传系统的工具；现场管理人员可以通过问题跟踪模块将现场发现的隐患指定相应岗位员工进行整改，管理人员分派任务前各岗位也可以自由认领隐患进行整改，问题整改完在系统上传整改情况和证据，管理人员现场验证整改效果，进行闭环管理；统计查询模块可以实现隐患分类统计和归纳分析的功能，为管理层做决策提供依据。HSE 监督检查信息化系统提升公司、分公司、基层单位、岗位员工的安全管理，为现场提供隐患排查治理的赋能工具。

2　基于 Bow-tie 屏障模型和 HSE 监督检查信息化系统的双重预防机制构建思路

安全风险分级管控实际上就是辨识风险、评估风险、控制风险、分层级落实责任的过程，可以利用 Bow-tie 模型建立时的事故树分析某项作业存在的风险，然后通过风险矩阵法对风险进行评估分级，再对每项风险设置合理有效的预防性和减缓性安全屏障。这些屏障和安全风险分级管控的原则一致，如基层岗位员工通过设备、设施、工器具以及安全附件等来实现对硬件屏障的保护作用；基层单位通过对岗位员工的培训、监督、考核等实现组织监管屏障的保护作用，并对硬件屏障产生影响；分公司通过技术支持、考核激励、规章制度等实现体系制度屏障的保护作用，并促进组织监管屏障和硬件屏障的形成；公司通过发挥有感领导的示范、引领作用，形成安全文化屏障，使公司自上而下形成良好的安全文化氛围，进而对各个屏障产生积极的促进作用。

同时，隐患的出现会导致屏障的失效或减弱，而所有屏障同时失效或减弱，就有可能导致事故的发生。公司各层级通过 HSE 监督检查信息化系统对隐患进行排查、分类、整改、验证、分析等实现隐患排查治理的闭环管理，彻底消除隐患，完成对既有屏障的修复和补充。因此，基于 HSE 监督检查信息化系统的隐患排查治理是对既有屏障失效或减弱的一种修复手段，可以将各级屏障恢复其保护功能，将风险降低到可接受水平，保障现场安全生产。基于 Bow-tie 屏障模型和 HSE 监督检查信息化系统的双重预防机制构建如图 2 所示。

3　基于 Bow-tie 屏障模型的双重预防机制构建在海洋钻井平台拖航作业中的应用

3.1　风险辨识

对海洋钻井平台拖航作业进行风险分析，建立拖航作业的事故树，如图 3 所示。通过图 3 事故树对海洋钻井平台拖航作业危险有害因素进行定性分析，可知产生海洋钻井平台拖航事故的主要危险有害因素为：破舱漏水、碰撞或搁浅、固定失效、桩腿失效、升降装置故障、拖缆断裂、拖轮故障、恶劣天气、操作失误、沟通失效、海盗破坏等。

3.2　风险管控

对海洋钻井平台拖航事故建立安全屏障系统，从硬件屏障和软件屏障（安全文化屏障、体系制度屏障、组织监管屏障）进行分析，确立事

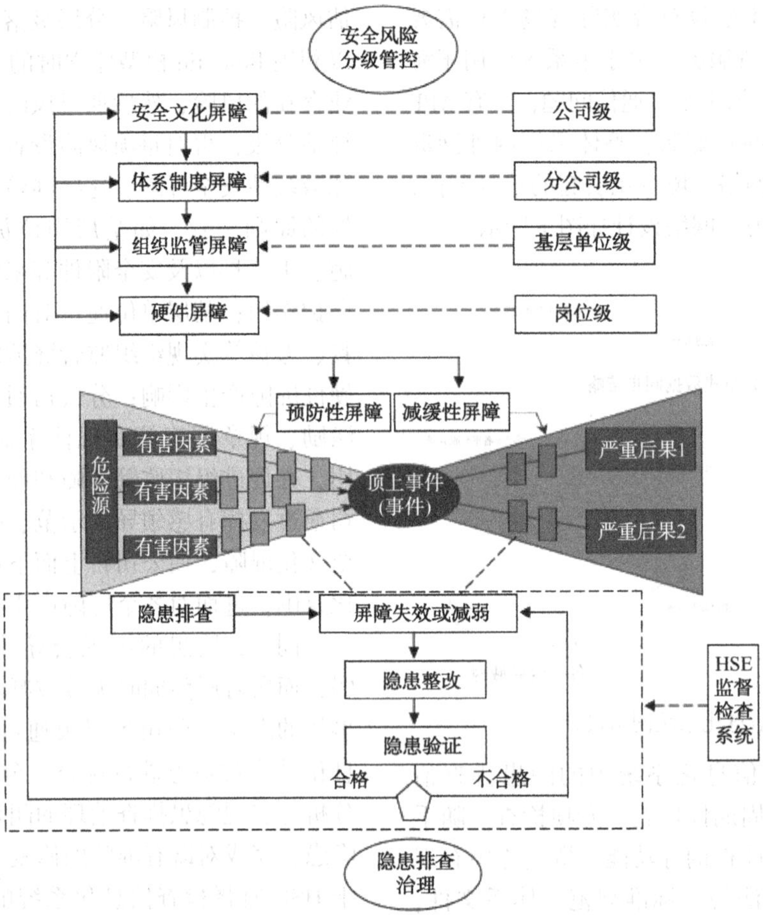

图 2　基于 Bow-tie 屏障模型和 HSE 监督检查信息化系统的双重预防机制构建

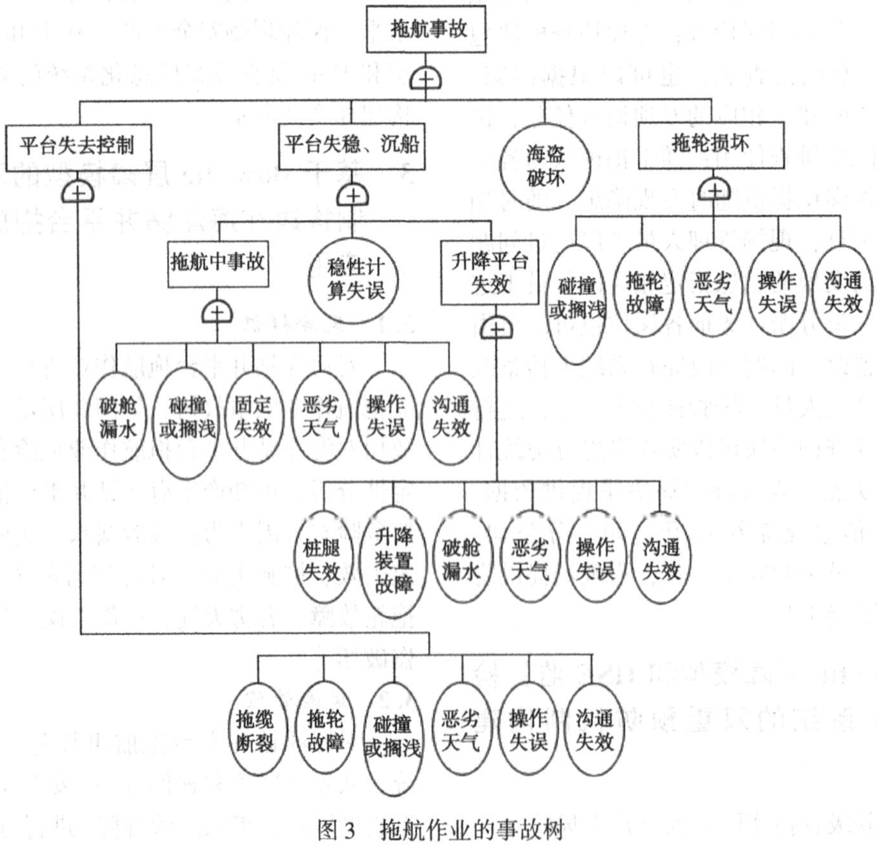

图 3　拖航作业的事故树

故前的预防性安全屏障和事故后的减缓性安全屏障，以将海洋钻井平台拖航事故风险降低到可以接受的水平。针对每个事故原因和后果建立的安全屏障系统为：

（1）防止破舱漏水

在硬件屏障方面，平台配有堵漏应急材料；可以通过安装临时气动隔膜泵对进水的舱室进行抽水；平台各舱室采用分隔设计，满足任一舱室破舱情况下仍能保持平稳；还可通过调载保持平台稳性。在软件屏障方面，按照应急物资储备要求配备应急堵漏物品；按拖航作业管理的要求，在拖航前对平台的水密装置包括：水密门、海底阀、海底栓、通风门窗、舱盖和舱室的透气孔进行检查；按操船手册进行平台破舱后的稳性控制。

（2）防止碰撞或搁浅

在硬件屏障方面，拖带船舶性能适任；使用最新航海图；配有通讯系统，可以对航道上的船只进行通讯，避让航道。在软件屏障方面，按规定办理进出港手续，由引水员指挥平台进出港；编制拖航计划，选择合理安全的拖航线路；发布航行警告；平台24小时有人员瞭望值守。

（3）防止固定失效

在硬件屏障方面，平台配备固定设备设施的配件。在软件屏障方面，制定拖航前固定检查制度，并严格执行。

（4）防止桩腿失效

在硬件屏障方面，平台桩腿配有阴极保护装置，避免桩腿因腐蚀降低桩腿载荷能力；平台桩腿设有载荷监控装置，在升降桩控制室对每个桩腿的载荷进行监测。在软件屏障方面，平台桩腿由第三方每年进行外观检查，每4年进行特检；每次作业前，作业人员对桩腿进行外观检查。

（5）防止升降装置故障

在硬件屏障方面，平台升降装置配有齿轮冗余设计，并可通过仪表指示数据进行状态监测。在软件屏障方面，作业人员对桩腿升降装置进行定期维护保养；升降平台时桩腿操作人员向桩腿涂抹滑油，并关注升降装置仪表指示。

（6）防止拖缆断裂

在硬件屏障方面，平台拖缆经过第三方检验，满足拖航使用要求，并配有备用拖缆。在软件屏障方面，拖缆定期以及拖航前由第三方进行检验；拖船按照规定航速拖带。

（7）防止拖轮故障

在硬件屏障方面，拖航所选择的拖轮具备适航能力；拖航时有副拖。在软件屏障方面，拖航前对拖船进行第三方检验。

（8）防止恶劣天气

在硬件屏障方面，陆地气象单位每天会按时向平台发送天气预报，在遇台风等恶劣天气情况下，会增加气象预报的频次，时刻关注天气变化；配备风速和风向仪，可以通过该气象装置随时关注平台所在位置的气象状况。在软件屏障方面，制定防台风应急预案和应急撤离程序，并严格执行。

（9）防止操作失误

在硬件屏障方面，作业人员具有相应资质，能够适任拖航作业。在软件屏障方面，制定相应的安全操作规程，并严格执行。

（10）防止沟通失效

在硬件屏障方面，平台配备高频对讲机、海事卫星电话等通讯工具。在软件屏障方面，平台制定和拖轮及陆地的沟通机制，并定期与拖轮沟通，测试通讯工具，确保随时可用。

（11）防止海盗破坏

在硬件屏障方面，平台设有高压消防水枪，可以阻碍海盗登船。在软件屏障方面，航线设计时要避开海盗频繁出现的海域，必要时通过政府申请护航；拖航作业管理平台拖航期间24小时有人员瞭望和巡检。

（12）防止人员溺亡

在硬件屏障方面，当平台发生无法控制的事故时，平台人员可以乘坐救生艇筏进行逃生，避免人员大范围的伤亡；平台人员也可以通过守护船撤离；在恶劣海况无法靠船的情况下，平台人员可通过直升飞机撤离。在软件屏障方面，制定弃平台应急预案，并定期进行演练和培训。

因此，可以制作拖航事故Bow-tie屏障模型，如图4所示。

3.3 隐患排查治理

海洋钻井平台拖航作业中，由于破舱漏水、碰撞或搁浅、固定失效、桩腿失效、升降装置故障、拖缆断裂、拖轮故障、恶劣天气、操作失误、沟通失效、海盗破坏等风险都会导致拖航事故发生，而通过建立的38个屏障都可以防止这些风险引发事故。公司可以将这38个屏障导入到HSE监督检查信息化系统中，形成拖航作业

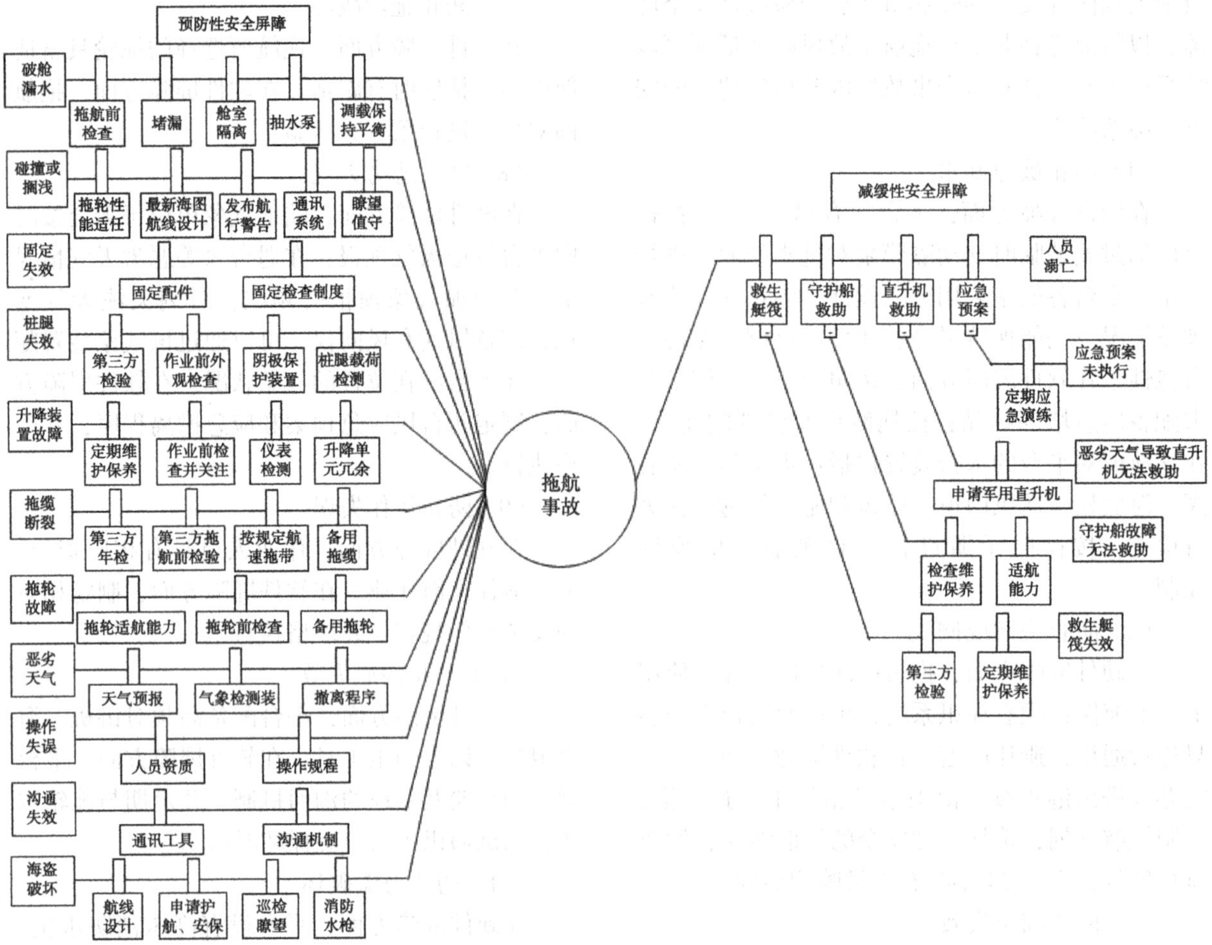

图4　拖航事故 Bow-tie 屏障模型

专项检查任务，由公司级、分公司级、基层单位级、岗位级分别对相应的屏障进行排查，如果发现隐患及时录入 HSE 监督检查信息化系统，形成拖航作业专项检查隐患清单整改任务。相应岗位对整改任务进行认领或由公司管理人员进行任务分派将任务安排到具体的岗位员工。认领或接受到整改任务的员工，根据要求对隐患进行整改，整改完成后，将整改照片或证据上传至系统。管理人员或监督人员到现场对整改情况进行验证，如果整改情况不合格，则在系统上将任务退回到相应岗位，进行重新整改，重新验证；如果整改情况符合要求，则在系统上完成验证，实现隐患排查治理的闭合管理。公司领导层可以通过 HSE 监督检查信息化系统统计的多次拖航作业中出现的同类隐患进行分析，科学决策，改进体系制度，完善安全文化，形成隐患排查治理的持续改进，彻底消除隐患，最终实现对既有屏障的修复和补充。

4　结论

基于 Bow-tie 屏障模型和 HSE 监督检查信息化系统的双重预防机制构建，可以有效地指导现场开展风险辨识，建立安全屏障，制定风险管控措施，明确不同层级之间相应的管控职责，并通过 HSE 监督检查信息化系统进行的事故隐患排查治理，彻底消除隐患，实现对安全屏障的修复和补充，完成闭环管理和持续改进。

参考文献

[1] 吴东平，彭其勇，程宗华. 石油企业构建双重预防机制的分析与建议[J]. 油气田环境保护，2022，32(1)：55-58.

[2] 张力. 基于屏障思维的双重预防机制建设模型研究[J]. 安全，2020，41(12)：53-58.

红外气云成像监测系统在长庆油气田站场的研究与应用

左　晨　姚欣伟　任晓峰　董占民

（长庆工程设计有限公司）

摘　要　安全生产对石油天然气集输场站至关重要，气体泄漏监测系统能够有效进行危险预警，并对决策判断提供信息分析基础，有助于实现危险快速响应及处理。基于被动红外光谱成像技术的气云成像泄漏监测系统将环境中的红外辐射能量进行图像记录与处理，并转化为光谱可视化呈现。该系统在长庆油田某联合站及天然气净化厂开展现场应用试验，取得了较好的效果，且其大范围、远距离、快速定位泄漏源、动态直观的优势有助于实现厂区全方位精准监测，在减少成本的同时提高生产效率，具备良好的推广和应用价值。

关键词　红外成像检测；气体泄漏；泄漏检测

1　前言

国内经济飞速发展之下，对石油天然气等能源的需求日益增多；然而，石油天然气生产及储运过程中，存在着产生及泄漏有毒有害、可燃气体的风险，其中，油气处理场站及石油化工厂的管道老化或者其他原因导致的气体泄漏隐患严重威胁生产安全。最近发生在2018年的“11·28张家口爆炸事故”，由于氯乙烯气柜发生泄漏，气体扩散到厂区外公路上，遇明火发生爆燃，造成23人死亡，22人受伤，经济损失及社会负面影响巨大。“安全第一，预防为主”，加强对有毒有害及可燃气体泄漏的监测与防控，形成预警机制，可有效避免因泄漏导致的重大安全事故的发生。

油气田场站通常使用固定式点型可燃/有毒气体探测器作为检测气体泄漏的主要方法。通过探测器的安装使用，可发现异常浓度的气体泄漏，向场站自控系统发出警报，从而及时处理异常气体泄漏，保障生产安全。此外，随着近年来物联网技术的发展，利用工业无线网、传感器和气云成像系统，实现了现场作业环境、人员、设备三位一体场站全域气体监测与预警管理，降低了人工成本，提高了检测精度和准确率，有效的降低了气体泄漏造成重大安全事故的风险。

2　气体泄漏监测技术现状

传统的固定式点型可燃/有毒气体探测器多应用电化学、催化燃烧、激光法等检测原理，被动扩散式的报警方式受环境、泄漏气体浓度等因素的影响很大，存在监测精度低、适用范围窄的缺点。

随着红外感应技术的发展，具备快速定位泄漏源、动态直观等优势的气体泄漏红外成像检测技术应运而生，成为气体泄漏检测的有效手段之一。

作为发展较早的红外热像仪生产厂家，美国FLIR公司研制出了一款本质安全型光学气体热像仪FLIR GFx320，能快速探测气体泄漏，快速预警以维护危险场所安全。加拿大Telops公司研发生产的Hyper-Cam成像光谱仪空间分辨率和成像质量高，可有效实现石化企业的气体泄漏监测。但是，其技术成本较高，且由于要完成光谱扫描，系统运行速度较慢。此外，近年来广泛应用的气云成像系统，通过领先的探测算法和特有的高光谱成像技术，对泄漏源进行精准定位，准确的检测出泄漏气体的浓度和体积。然而由于需安装于特定地点，只能对小范围内的管道设备进行监测。在面积较大的厂区内，常常需要多台设备同时监测，大大提高了人工监管成本和设备成本。因此，研发一款低成本、适用范围更广的基于红外成像检测技术的气云成像泄漏检测系统，提高效率的同时降低了生产成本，对于保障油气生产及石油化工行业的安全生产至关重要。

3　红外气云成像监测系统

针对现有红外成像检测技术存在的不足，本

研究中的基于红外气云成像的探测系统，可实现7天24小时全天候不间断运行，不受任何极端天气影响，对1km范围内气体泄漏事件实时(1/30秒)预警，通过自动邮件、短信、可视化方式推送报警信息。

该系统主要由四个模块构成(图1)：

模块一，红外气云成像模块接收环境中的红外辐射并生成成像信息后发出；

模块二，视频采集模块采集环境中的视频信息并发出；

模块三，图像处理模块接收成像信息和视频信息并进行融合处理，由于高清相机与红外探测器相的结合，可得到实时气体影像和气体浓度组分，以形成可视化实时监测数据并发出；

模块四，中控模块接收实时监测视频，根据得到的信息分析不同的气体并判断当前环境气体位置与浓度，形成判断结果并发出预警。

红外气云成像监测系统设计理念先进，主要拥有以下功能和特点：(1)探测范围广，可监测硫化氢、甲烷等30多种可燃、有毒及VOCS气体，涵盖了上游油气集输场站的全部气体场景；(2)测试精度高，由于探测原理不同于以往产品，检测精度不受气体浓度影响，在较低的浓度下就可发现气体泄漏点，防微杜渐，将危害消灭在萌芽状态；(3)利用物联网技术，把监测系统与报警系统物联，形成实时监测，实时报警，实时治理的泄漏监测系统，真正实现早发现、早报警、早治理。

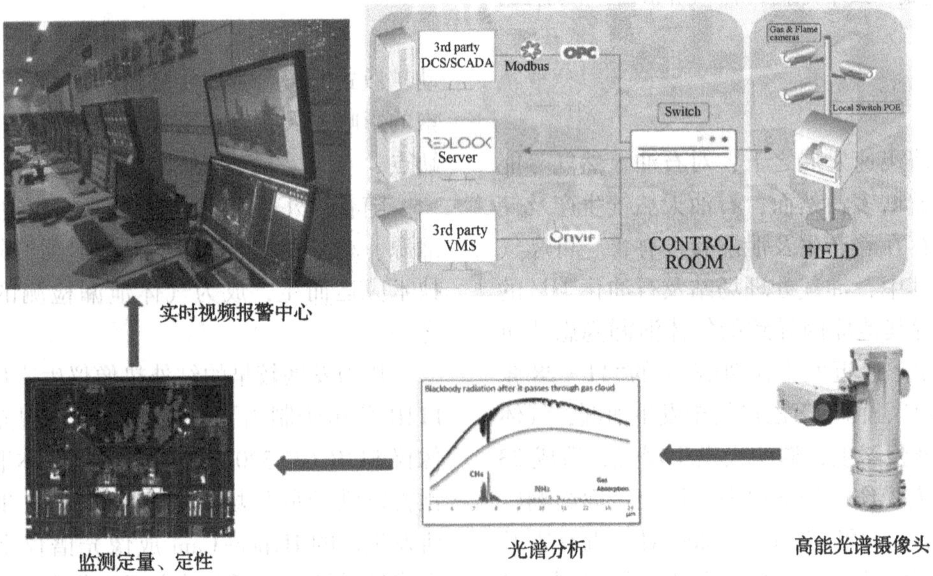

图1　红外气云成像监测系统构成

4　技术特点

4.1　被动红外成像检测技术

气云成像监测系统，基于被动吸收红外光谱的技术，运行在红外光谱区，不需要光源，因此不受白天或黑夜的影响。同时对于每一种气体的吸收峰不同，对于已知的气体可以进行准确监控。

相比于主动红外成像检测技术存在的局限性：由于辐射源光谱的限制，能够检测到的气体种类少；信号随着距离的增大而减弱；系统结构较为复杂，需要扫描机构的辅助；体积重量大，对激光等辐射源需求高，且安全性能低。被动红外成像检测技术在扩大了可检测光谱范围和气体种类的同时，增强了远距离探测能力；此外，被动红外成像检测技术采用系统结构简单的陈列式探测器，再不需要辐射源和反射背景的情况下，可直接成像。如图2所示。

4.2　非制冷技术

本系统采用非制冷型红外焦面探测器，利用红外辐射的独特热效应，探测材料温度变化带来的结构或物理量变化，并换成电学信号的输出，适用于大范围、远距离探测。相比于制冷型探测器——光子探测器需工作在低温环境，且具有连续使用时间仅为1年的局限性。非制冷技术在滤光片、红外焦面的应用大大增加了探测器的使用寿命，可有效降低生产成本(表1)。

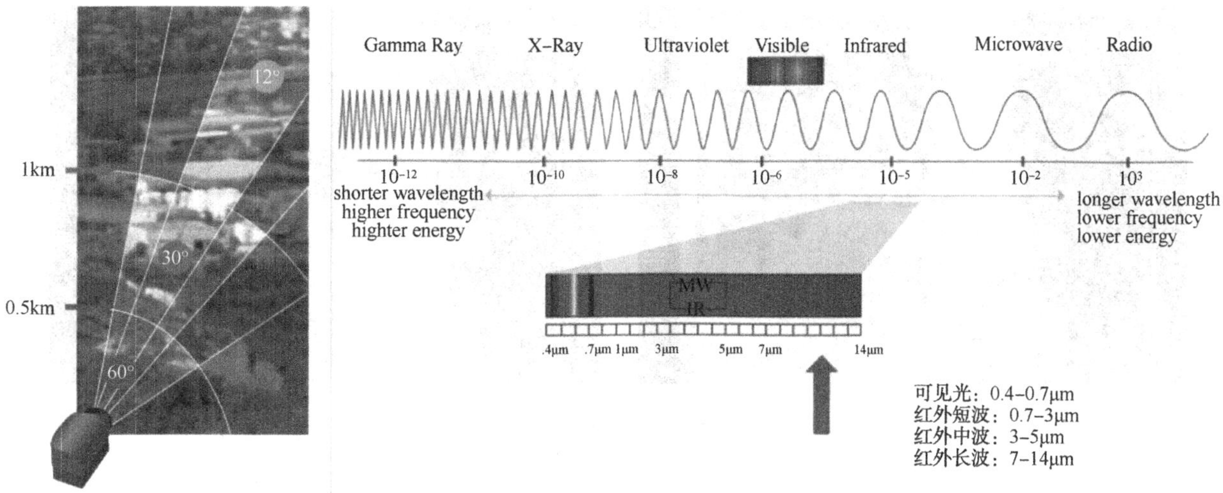

图2　被动红外成像检测技术探测能力与检测光谱范围

表1　制冷技术和非制冷技术对比

	制冷技术	非制冷技术
测量的光谱波段不同	3.1～3.2μm	7～14μm
需要制冷系统	需要	不需要
连续使用时间	1年	10年
一次投入成本	较高	较低

4.3　利用气象数据判定泄漏源的方位角

本系统利用气象数据判定泄漏源的方位角，可实现采用少量监控设备即可对大范围的监控区域实施监控，同时可以快速确定泄漏位置。泄漏气体VOCS具有在可见光下不可见，泄漏时温度较高且呈现扩散性的特性，利用监控区域红外热成像和可见光图片的差异，可确定VOCS的泄漏位置，并能够排除烟气、水汽干扰，准确度高，不需要样例训练库。

5　现场应用

5.1　应用场景

红外气云成像监测系统可在油田脱水站、联合站、气田集气站、天然气处理厂、天然气净化厂等场景广泛应用。本系统已完成长庆X天然气净化厂和X联合站的检测设计，并在X天然气净化厂深化应用。开展现场试验的X天然气净化厂主要承担天然气脱硫脱碳、净化外输任务。目前站内气体泄漏监测以固定点型催化燃烧式可燃气体探测器和电化学有毒气体探测器和人工现场巡检为主，尚未实现可视化监控和连续巡检。为进一步提高气体泄漏监测和巡检的可靠性，现在X净化厂内设置1套红外气体成像监测系统，进行厂内可燃气体、有毒气体和VOCS可视化实时监测，实现气体泄漏可视化连续监控，追踪气体飘散方向，减少人工巡检强度。如图3所示。

5.2　应用效果

X天然气净化厂安装的红外气体成像监测系统主要由红外线气体分析仪(前端感知设备)、气体泄漏光谱成像及火焰监测系统管理软件(后端智能分析软件)、服务器(后端智能分析硬件)以及防爆箱、三脚架和云台立杆等安装附件组成。

系统服务器设置在控制值班室，通过红外高光谱监测技术对厂内可燃气体、有毒气体和VOCS进行可视化连续监测。以及实时显示泄漏气体浓度，并对目标区域内火焰进行实施监测，并迅速定位泄漏点发出报警。从现场测试结果看，红外气云成像监测系统在气体泄漏位置识别、泄漏识别准确度、泄漏响应方面均取得较好的应用效果。如图4所示。

此外，通过对X天然气净化厂的监测设计发现，传统的该规模天然气净化厂需要约160个固定式可燃/有毒气体探测器，而使用红外气云成像泄漏监测系统只需要3个前端红外气体分析仪，在提升检测精准的同时，有效降低了运维成本，实现了石油天然气工程“本质上更安全”的目标。

6　结论

(1)被动红外气云成像监测系统可适用于多种复杂的环境中，可实现全天候、各种天气状况

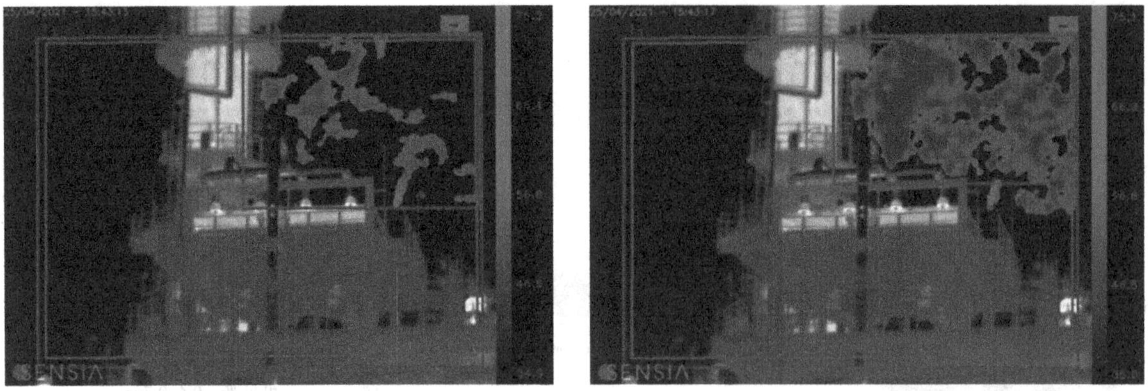

图 3　测试气体成像图

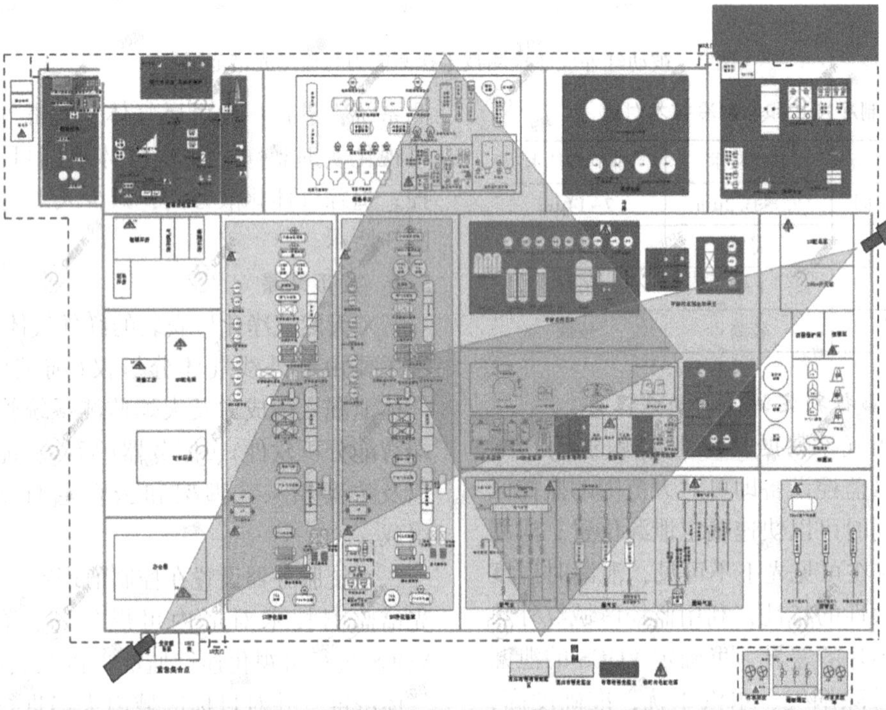

图 4　X 净化厂红外气云监测检测点布置图

下的精确监测。采用的非制冷型探测器具备体积小、功耗低、成本低、可靠性高、可昼夜昼夜连续工作的优点，并且，与高清摄像头的结合可得到实时气体影像和浓度分析，实现可视化连续监控和气体泄漏即时预警。

（2）产品的控制模块可通过后台数据平台对得到的信息进行分析处理，判断气体浓度与类型，有针对性的发出预警，便于快速判断并采取相应措施。

（3）被动红外气云成像监测系统在石油天然气上游集输场站得到了较好应用，能够快速、精准识别气体泄漏位置及浓度，并且对面积较大的厂区能够低成本高效率的实现全方位监测，具有良好的推广价值。

参 考 文 献

[1] 熊仕富. 红外热成像甲烷气体探测与识别系统关键技术研究[D]. 长春理工大学.

[2] 王宏伟. 我国安全生产与应急管理关系的变迁与整合：兼对“11 · 28”张家口重大爆燃事故的反思[J]. 中国安全生产，2018(12)：6.

[3] 郑为建，余春超，杨智雄，等. 宽谱段环境污染气体红外遥测技术研究[J]. 红外与激光工程，2019，48(11)：8.

[4] 张颖，周学军，张艺，等. 新型可燃气体探测器在海上平台的适用性分析[J]. 石油化工自动化，2020，56(5)：61-63，75. DOI:10.3969/j.issn.1007-7324.2020.05.015.

[5] 张静宇，孙秉才，冯兴，等. 石油石化企业泄漏检

测技术现状及前景[J]. 油气田环境保护，2020，30(2)：37-40. DOI：10.3969/j.issn.1005-3158.2020.02.010.

[6] 刘欢，胡畔宁，魏莱. 气云成像摄像机气体泄漏监测技术研究及应用[J]. 天然气技术与经济，2019，13(1)：5.

[7] 迟晓铭，肖安山，朱亮，等. 石化企业气体泄漏红外成像检测技术研究进展[J]. 安全. 健康和环境，2021，21(2)：5.

[8] 冼敏元，薛晨亮，王飞，等. 气云成像泄漏监测技术在海上钻井平台的应用[J]. 设备管理与维修，2022(3)：90-92. DOI：10.16621/j.cnki.issn1001-0599.2022.02.38.

[9] 刘秀，王岭雪，金伟其，等. 危险气体泄漏的光学遥测技术及其进展[J]. 红外技术，2009，31(10)：563-567，572. DOI：10.3969/j.issn.1001-8891.2009.10.002.

[10] 朱亮，邹兵，高少华，等. 红外成像光谱在泄漏气体处置中的应用研究[J]. 激光与光电子学进展，2015，52(8)：112-117. DOI：10.3788/LOP52.080701.

[11] 北京锐百凌科技有限公司. 一种气云成像设备：CN201820249279.0[P]. 2018-11-09.

[12] 李家琨，金伟其，王霞，等. 气体泄漏红外成像检测技术发展综述[J]. 红外技术，2014(7)：513-520.

[13] 张旭，金伟其，李力，等. 天然气泄漏被动式红外成像检测技术及系统性能评价研究进展[J]. 红外与激光工程，2019(S2)：13.

[14] 童晶晶，高闽光，刘志明，等. 长光程开放光路FTIR监测城市空气中 C_2H_4 浓度[J]. 红外技术，2010，32(8)：491-494. DOI：10.3969/j.issn.1001-8891.2010.08.014.

基于视频AI识别技术的安全生产监管平台的设计与应用

许永雷　张竞之　王　蕾　高文利　高　洁　赵佳佳

（中国石油宝鸡石油机械有限责任公司）

摘　要　安全生产视频分析与识别技术是保障我国石油企业智能化建设和高质量发展的核心技术支撑。为及时对生产现场隐患进行实时监测和预警，视频AI(Artificial Intelligence，人工智能)识别关键技术已经成为安全生产领域的研究热点。本文以中国石油宝鸡石油机械有限责任公司泵业分公司机加车间、精密加工车间、装配车间为研究对象，以安全生产管理为研究内容。首先，对企业当前建设安全生产监管平台的需求和必要性进行了分析；其次，明确了该平台建设的总体规划，厘清建设原则与拟实现目标，并在此基础上提出了“人-机-环”全域视频AI感知的“云-边-端”协同计算系统架构，构建了视频识别端节点传感器、边缘计算设备、视频识别场景云服务体系；最后，对现场安全生产、重点区域监测、人员违规行为等重点领域进行视频图像监管、数据分析，依托人工智能技术为安全生产赋能。结合计算机视觉、边缘计算、大数据处理、云服务、智能终端等先进技术手段、进行了现场管理安全生产视频AI识别的具体功能设计。围绕安全生产算法，构建AI安全生产管理平台、生物特征库、数字孪生可视化系统三位一体的应用体系，明确智能识别与预警联动控制响应机制。从而有效解决当前视频监控与安全隐患识别预警存在的效率低、响应慢、效果差等问题，提升石油企业生产现场现代化发展水平。

关键词　安全生产；现场管理；视频分析；AI识别；系统架构；算法

1　引言

工业4.0强调数字化、网络化、智能化的生产环境，而安全生产平台正是对这一理念的具体实践。通过数字化技术与智能算法的融合，企业能够更好地适应日益复杂和快速变化的工业环境，提高生产效率，增强竞争力。宝鸡石油机械有限责任公司(以下简称宝石机械)是中国石油天然气集团有限公司下属的装备制造企业，属于离散型制造企业。泵业分公司为宝石机械所属二级单位，其生产工序包含机械加工、热处理、产品组装、油漆、高压力试验、产品空运转试验等。因泵业分公司生产工序较齐全，其建成后在宝石机械内部推广价值高，所以宝石机械将泵业分公司作为AI安全生产管控试点单位，通过AI等新技术应用，打造多场景AI智能安全管控系统，拟实现在安全生产智能化监管平台上集中管控安全生产的需求，实现全天候的“感知-预警-溯源-管理”完整闭环。

2　需求及必要性分析

2.1　需求分析

(1) 提高实时监测与响应能力

传统的监控系统往往受限于人工操作和观察，无法实现对“三违”行为的实时准确识别。而安全生产平台能够通过自动分析监控画面，实时检测潜在的违规行为，提高监测系统对生产现场的实时监测与响应能力，对于预防事故、处置风险事件至关重要。

(2) 降低事故风险与损失

在生产现场，事故不仅可能导致人员伤亡，还会造成设备损坏和生产中断，从而带来巨大的经济损失。平台通过实时监测并迅速识别潜在风险，降低事故的发生概率。为企业提供了更为全面的安全保障，有效降低了事故的风险和可能造成的损失。

(3) 提高监控效率与减轻人员负担

基于AI算法的安全生产平台不仅仅是技术

的升级，更是监控效率的提升。传统监控系统需要人工观察和分析大量监控数据，而这对监控人员的经验要求较高且易于疏漏。平台的建设能够自动识别潜在风险和异常行为，使监控人员能够更专注于处理紧急情况和制定更有效的安全策略，从而提高整体管控效率效益。

（4）实现智能决策支持

通过对历史数据和趋势的深度分析，为管理层提供决策支持。平台能够提供有针对性的安全改进建议，帮助企业优化生产流程，提高整体安全水平。

2.2 必要性分析

泵业分公司的安全风险主要涉及大型结构件加工吊装翻转风险、热处理工序及热装工序高温灼伤风险、大件吊装风险、液缸等承压件静水压试验高压力风险、泵及泵组出厂试验、型式试验风险、油漆工序安全环保风险等。目前车间内的安全生产管理主要依靠人工识别、主管人员监督和员工自觉遵守的传统方式，急迫需要数字化智能化手段的应用：即通过AI等技术应用，对生产过程中的行为进行分析处理，实现对安全隐患的自动识别和预警，以及员工行为的智能监控和管理，有效杜绝员工“三违”行为的发生。一是通过违章抓拍、危险侦测等智能应用可自动及时纠正员工不安全行为。二是分类识别现场人员，明确各类人员作业区域，规范生产现场各类人员管控，充分利用生产监控系统跟踪员工行为，让员工时刻保持警惕，倒逼员工规范操作。三是通过对现场安全问题的定期统计分析，利于后期采取针对性措施，可为后续强化安全管理提供依据。

3 安全生产监管平台总体规划

3.1 建设原则

（1）实用性原则

以现行需求为基础，充分考虑发展的需要来确定平台规模。

（2）可靠性原则

平台设计能有效保障可靠性，一方面最大限度地减少故障的可能性，另一方面保证平台能在最短时间内恢复。

（3）安全性原则

平台应能提供不同权限和信任度管理，防止平台外部人员的非法侵入以及操作人员的越级操作，保护建设者的合法利益。

（4）规范性原则

平台设计所采用的技术和设备应符合国际标准、国家标准和行业标准，为系统的扩展升级、与其他系统的互联提供良好基础。

（5）可扩充和扩展化原则

所有系统设备不但要满足当前需要，并在扩充模块后满足可预见将来需求，如设备的扩展，应用的扩展和办公地点的扩展等。保证建设完成后的系统在向新技术升级时，能保护现有的投资。

3.2 建设目标

（1）针对生产作业过程及作业现场高风险点，可实现对违章行为的及时抓拍告警，对现场进行实时安全生产监管，实现风险快速协同处理、告警追溯等功能，达到规范作业行为、防范安全隐患、降低风险损失的目的，提升现场作业安全管控效率。

（2）通过互锁、连锁控制等在高风险区域应用，可有效降低区域安全风险及设备运行隐患，提高本质安全水平。

（3）重点要害部位标准化管理和作业许可管理，实现管理层面安全可控。

（4）针对管理人员对现场三违行为的监管，提升各级管理人员安全管控能力，将“三管三必须”落实到位。

3.3 总体框架

总体框架基于云协同计算技术架构设计，该架构将系统分为设备层、传输层、服务层和应用层，实现云计算数据和边缘计算数据之间的实时交互。该系统构建了视频识别端节点传感器、边缘计算设备、视频识别场景云服务应用体系，提出了智能识别与预警联动控制响应机制。打通了人-机-环信息交互感知与联动控制数据链，实现了数据共享联动和预警协同，形成了全面感知、实时互联、分析决策、自主学习、动态预测、协同控制的现场管理安全监管多维度主动感知新模式和工业互联网应用平台，如图1所示。

4 安全生产监管平台功能设计规划

4.1 AI安全生产管理平台

（1）数据可视化

在AI安全生产平台首页，通过接入现有及

新建的监控视频流，以安全生产数据为核心、可视化管理为手段，为管理人员提供展示、分析一体化的管理辅助系统，首页可将经智能分析的安全生产数据分类统计，汇聚计算，展示一定时期内的违规作业次数，并可分区域、工种、作业类型进行分类统计，如图2所示。

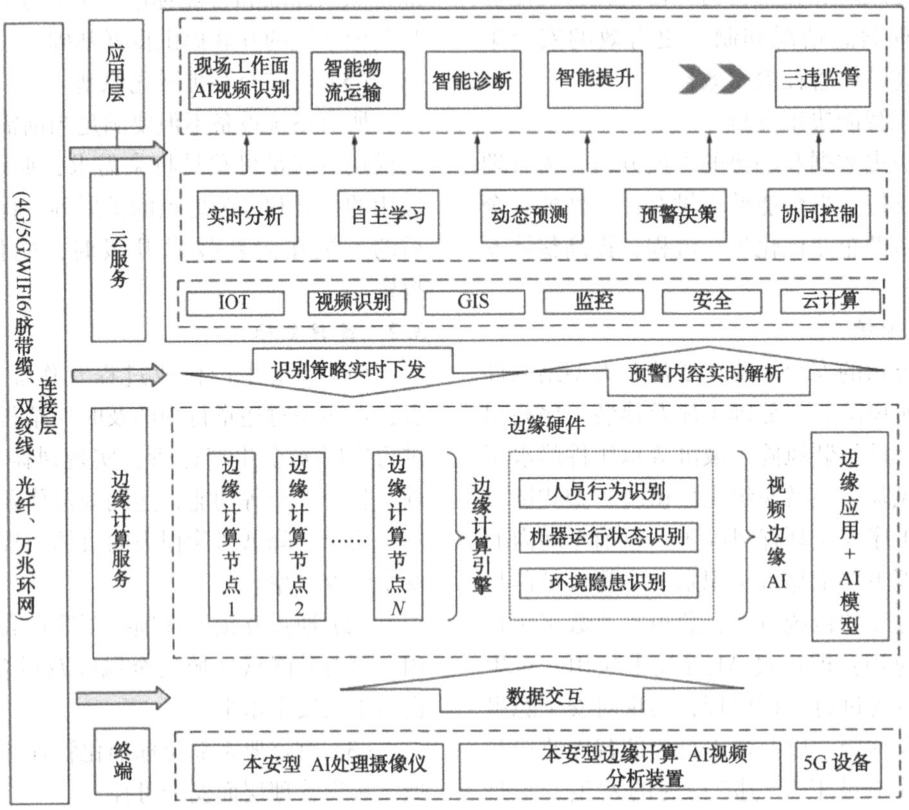

图1　数据可视化

图2　数据可视化

① 算法管理

算法管理支持对算法信息的创建与管理。同时支持对算法能力集的管理。

在算法管理界面，对算法进行管理和设置全局参数后，摄像头可以选择不同算法进行适配，并支持自定义绘制所需管控区域，并根据管控区域场景对算法全局参数进行微调，支持复制已有的摄像头配置对其他摄像头进行快速设置，如图3所示。

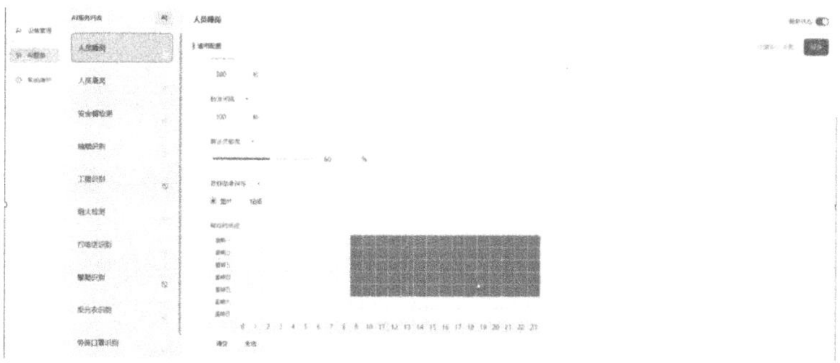

图3　算法管理配置界面图

② 设备管理

设备管理包括摄像机管理，主要功能是管理各监测点位的对应摄像头，可为对应点位添加摄像机，添加摄像机时可为此摄像机选择对应配套算法，同时支持多协议设备快速接入。提供4G、NB-IoT、LoRa等不同网络设备接入方案，解决异构网络设备接入管理痛点。提供MQTT、HTTPS等协议的设备接入方式。支持多种通信模式：支持RPC和PUB/SUB两种通信模式，以满足不同场景下的需求。终端能力管理：智能终端设备的服务、能力管理，可以实现设备属性的动态增减，平台可以做到端到端的动态呈现。高性能扩展：支持线性动态扩展，支撑多设备同时连接。设备管理模块的主要职能为宏观管理和调控所有前端设备，实现前端设备的远程管理，如图4所示。

③ 系统管理

系统管理面向系统用户及系统管理员使用。

系统用户的功能：系统登录、个人信息维护、用户密码修改。

系统管理员的功能：用户管理、角色及权限管理、组织机构及部门管理、帐号管理、系统日志管理，如图5~图7所示。

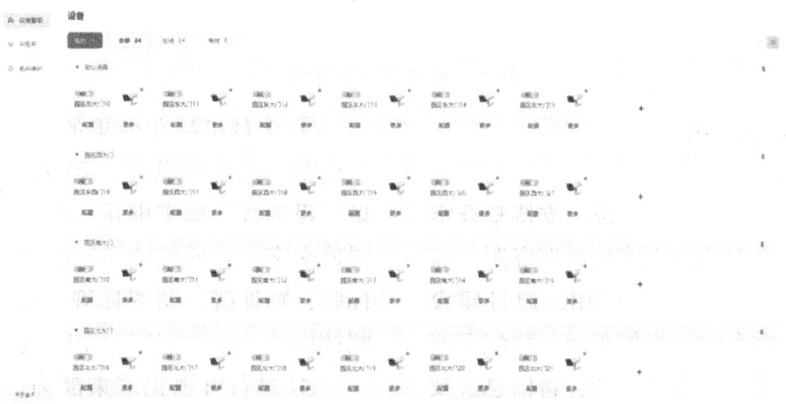

图4　设备管理界面图

图5　账号管理界面图

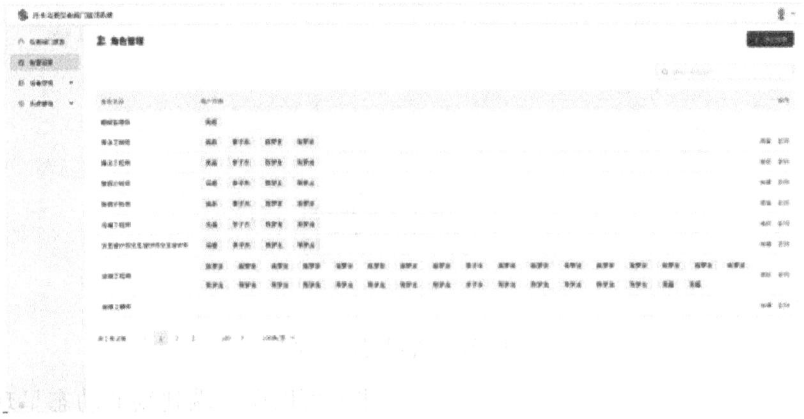

图6　角色管理界面图

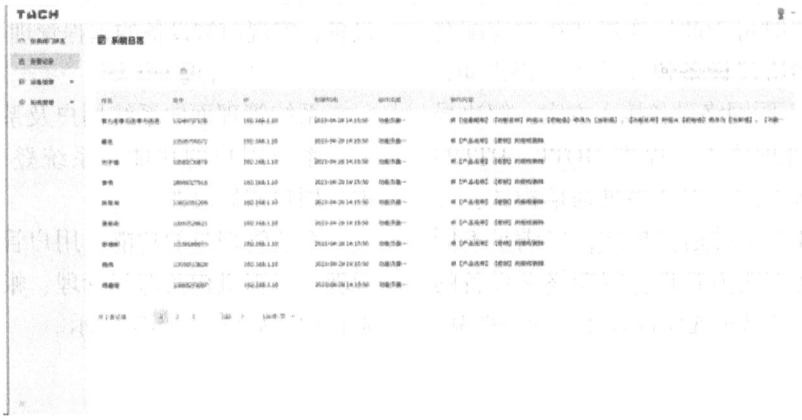

图7　系统日志界面图

4.2　数字孪生可视化系统

（1）系统概述

安全生产数字孪生可视化系统，支持整合宝石机械泵业分公司现有信息系统的数据资源，深度融合大数据、AI等前沿技术应用，通过建设宝石泵业分公司精密车间、机加车间、装配车间的整套三维可视化系统及安全生产，将信息、技术、设备与交通运输业务需求有机结合，覆盖宝石机械泵业分公司实际生产过程中多个业务领域，为安全生产保障提供全方位数字孪生可视化支撑。

（2）功能描述

① 按照实战需要，实现综合态势监测、安全生产监测、便捷通行监测、环境空间监测、设备运维监测、运输车辆监测等全流程贯通的全景指挥能力。

② 多种数据接入，能够支持第三方数据接入功能。包括WebService/WebApi服务、关系型数据库、物联网、视频实时数据等，实现统一上图分析。

③ 多种可视化效果的呈现，可以支持提供色块图，三维柱状图，弹出式标牌，道路线效果，投影线，楼宇虚化，模型标注，屏幕图片，屏幕文字，普通区域线，迁移线，热力图，视频标牌，贴地线，贴图标牌，贴图线，线上文字，圆柱标注，空间文字，空间线效果等。

④ 具备可视化渲染能力，可以支持多种数据源混合叠加综合展示，并且支持3Dmax、BIM等多种模型的渲染呈现。

⑤ 能够实现指挥中心大屏跟随控制端联动，达到镜像效果。并且可连接平板电脑设备，替代鼠标实现对大屏内容的操作控制。

（3）系统技术架构

① 支持集成视频监控系统，对泵业分公司厂房的位置、分布、边界进行可视化监测，高度融合工厂现有数据资源，对生产进度、产品质量、设施运维、能效管理、仓储物流、安防管理等管理领域的关键指标进行综合监测分析，辅助管理者全面掌控厂区运行态势，实现监管区域三维全景可视化和智能化管控，最终实现厂区监管

区的综合运营态势一屏掌握。

② 支持将安全生产数据以图形化和易于理解的方式呈现。提供实时监测，让管理人员可直观了解实际生产环节中的各类不安全因素，包括违规行为监测、安全防护监测、危险源监测、区域监测等。还支持自动生成风险警报，迅速识别潜在风险，并促使采取及时有效措施。通过数据分析、图表和仪表板，管理人员可以深入了解安全生产趋势和问题，支持决策制定。有助于提高生产环境的安全性、效率和员工安全意识，降低事故风险，实现安全生产的更加智能、更加高效的监管，如图8所示。

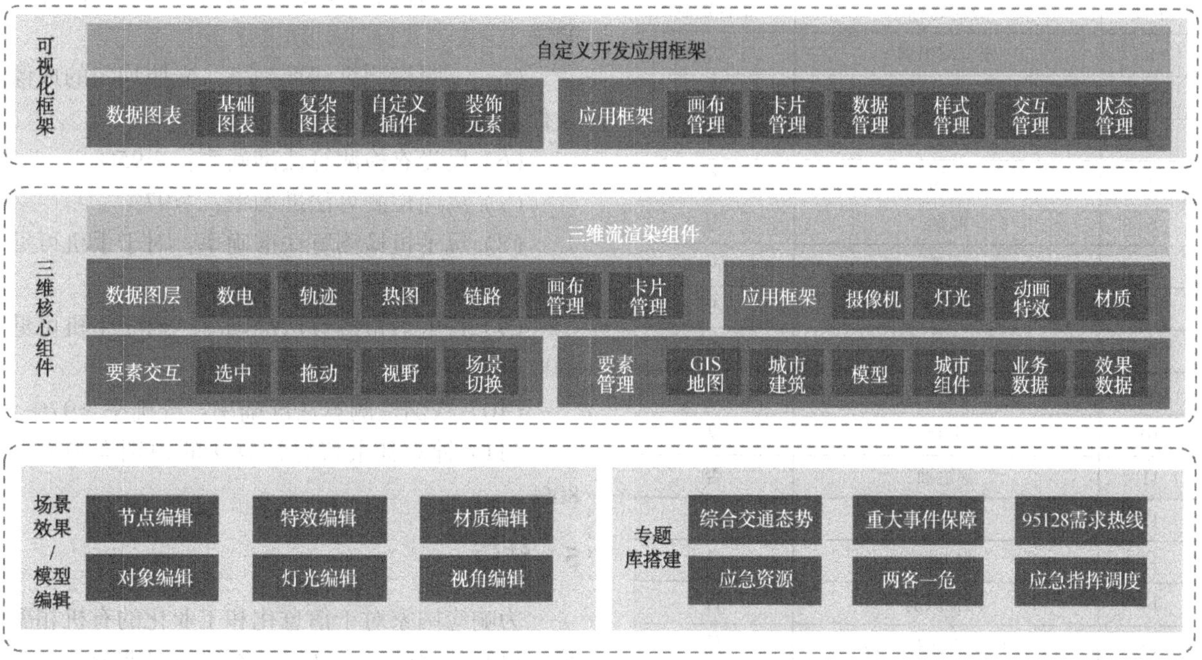

图8　技术架构图

4.3 生物特征库

（1）人脸采集

支持自助采集终端、客户端、移动端等方式进行人员信息底库的采集录入。

（2）人员管理

对厂区人员信息的管理（管理人员、操作人员、外来人员等），包括人员信息的录入、编辑、删除、查询等功能。

（3）访客管理

对厂区访客人员信息的管理，包括人员的录入、编辑、删除、查询等功能。支持访客通过邀请链接采集个人信息。

（4）人脸检索

可通过上传人脸照片进行系统检索，由系统自动搜索预期相似的人员信息，以相似度排序，并关联该人员的通行记录。

（5）数据配置

用于配置各类人员信息字段是否必填、是否在表单页显示、是否在列表显示及设置各字段在列表中的排序。

（6）人脸属性

可查看各人员注册照片的各项属性，如年龄段、性别、模糊度、发型、发色等。

（7）数据同步

可在页面中查看各人员应下发信息与下发结果，通过数据同步功能，可针对下发失败数据进行重新下发。

（8）识别记录

可在特征库中直接查看人员识别记录，识别记录包含照片、设备类型、设备名称、进出标识、识别区域、时间、温度值等，同时支持多条件组合查询，可批量导出人员识别记录。

（9）人脸特征库自动同步

应用系统通过API接口与平台建立数据通讯连接，平台需要实时推送应用系统所需的数据，实现人脸库的自动同步。

4.4 安全生产算法

安全生产算法是本次项目建设的核心内容，基于机器视觉的安全生产算法具有高效、实时、精确和自动化等特点。通过摄像头、传感器和深度学习技术，在工业环境中实时监测、识别和分析物体、人员、设备等，以确保企业生产经营活动安全进行。根据不同的场景及不安全因素定义可分为违规行为类、安全防护类、危险源监测类、区域监测类。具体算法如表1所示。

表1　安全生产算法列表

序号	算法名称	是否定制
1	安全帽识别	否
2	反光衣	否
3	跌倒	否
4	离岗	否
5	吸烟	否
6	烟雾	否
7	火焰	否
8	防护镜	否
9	面罩	是
10	手套	是
11	穿短袖	否
12	工服	是
13	安全带	是
14	人脸识别	否
15	人体姿态(递东西)	是
16	区域无人	否
17	玩手机	否
18	睡岗	否
19	吊装无接触	是
20	吊装狭小空间站位	是
21	焊接规范检测	是
22	车辆检测	否
23	管线、管汇异常检测	是
24	作业间大门未关闭	是
25	砂轮机使用人数检测	否
26	漏液	是

以机加车间、精密加工车间、装配车间为测试对象，根据目前阶段实验验证，安全生产算法识别准确率以达到较高水平：

（1）安全帽识别算法准确率：准确率≥90%。

（2）抽烟识别算法准确率：卷烟成像可见时检出率≥90%。

（3）烟雾识别算法准确率：对于团状、柱状等非弥散于整个成像范围的烟雾识别准确率≥90%。

（4）火焰识别算法准确率：识别率应≥95%。

（5）工服检测算法准确率：光照均匀的成像条件下准确率≥95%。

（6）反光衣检测算法准确率：≥95%。

（7）离岗检测算法准确率：≥97%。

（8）玩手机检测算法准确率：对于手机可见的监控视角成像，准确率≥90%。

（9）打电话检测算法准确率：对于手机可见的监控视角成像，准确率≥90%。

（10）跌倒检测算法准确率：准确率≥97%。

（11）针对其余特异性算法的识别准确率≥80%。

5　结语

为响应国家对于信息化和工业化的有机相融战略机制的保障，本文以宝石机械泵业分公司为例，提出了一种智慧化安全生产监管平台的设计办法。通过视频AI识别技术并配合平台内置的其他应用层功能，展示统计结果、点位情况并执行操作反馈，协助安全生产管理人员对生产现场整体的可视化、统一化、智能化管理。从而有效推动石油企业生产现场现代化建设，实现安全生产、企业经济的高质量发展。

参考文献

[1] 陈少英. 基于时序动作分析检测的智能化视频识别[J]. 电脑与信息技术，2023，31(05)：23-26.

[2] 杨洋. AI智能视频识别分析技术在智能化掘进的研究与应用[J]. 工矿自动化，2023，49(S1)：26-28+46.

[3] 夏博强. 智能视频识别技术在石油石化行业中的应用研究[J]. 中国新通信，2023，25(08)：62-64.

慧眼智能头盔系统在石油工程行业的应用

付全彬　陈　栋　周　博　张　舜　蒲春发　曾喜生　焦文杰

（中石化经纬有限公司）

摘　要　随着信息技术的不断发展，石油工程工业化、数字化与智能化信息化技术的融合也在不断推进，石油行业现场存在多项难题：设备多、工艺复杂、人员素质参差不齐、作业风险大、安全管控难；施工区域广，作业点分散，领域专家稀缺，现场驻守模式难以同时支持多个作业点；手机等通讯工具无法进入油气防爆区域，远程指挥直达现场、即时联动较为困难；固定机位的传统视频监控，难以做到无死角全覆盖，风险隐患不能被完全洞查。为了解决以上问题设计了一款适用于石油工程现场以安全帽为载体的智能化穿戴设备，集成无线通信、物联网、人工智能、北斗定位、传感器等技术，研发了一套集成终端统一管控、图像分析、深度学习、应用模块等的管控平台，实现视频通话、语音通讯、语音操控、拍照、录像、回传、定位、异常报警等功能，达到工业化应用目的。同时，本文也提出了目前对于智能安全帽的工业化应用尚处于初级阶段，安全帽被智能安全帽取代是必然发展趋势的观点，也提出要不断发挥和丰富AI技术在石油工业领域的应用，为现场作业提供集中、便捷、智能的一体化支撑，从而达到让现场作业更安全、更高效，提高安全管控能力。本文通过慧眼智能头盔的应用实例解决石油工业现场施工技术支持及安全管理难题，丰富行业内对智能单兵系统的理论及应用研究。同时为其他工业行业现场生产管理提供了解决方案，具有较高的学术交流及应用价值。

关键词　石油工程；智能化；穿戴设备；安全帽；远程支持；安全管控

国家十四五规划纲要中明确提出“加快壮大新一代信息技术，推动互联网、大数据、人工智能等同各产业深度融合”。大力发展大数据、物联网、云计算、人工智能建设，是当今世界科技与信息化强国必争之路。

未来信息技术的应用方向将主要体现在以下几个方面：一是通过传感器感知工人的工作环境和身体状态，提供实时的数据，以便及时发现和解决问题；二是通过物联网技术，实现设备之间的互联互通，形成智能化的生产环境；三是通过云计算技术，实现数据的共享和分析，提高安全管理和生产效率。在石油化工领域，安全是最为重要的一环，智能安全帽正是一种结合传感器、物联网、云计算等技术的智能化安全保障设备。智能安全帽本身有安全防护作用，同时集成了多种传感技术，可以获取环境数据、人员数据，能够根据具体业务实现信息化需求，加上佩戴方便，不会对工人工作进行干扰，因此，在该领域中的应用具有广泛前景。

1　现状与问题

1.1　国外现状

由微软（Microsoft）开发的增强现实产品HoloLens 2，可以应用于工业智能化QMS、虚拟培训、设备维修等方面。DAQRI开发的智能眼镜DAQRI Smart Glasses，可提供环境感知、头部追踪、音频输出等功能，并支持与AR SDK进行交互。AR智能眼镜Vuzix M300，主要应用于生产制造、医疗保健、维修与保养等领域。Appotronics公司开发的Scene AI Studio是一种基于SLAM和深度学习的AR技术，目前主要应用于智能制造、军事模拟训练等领域。RealWear公司设计研发的外挂于安全帽上的头戴式计算机HMT-1Z1，使用语音操控，解放双手，以AI人工智能、AR增强现实和IoT物联网等技术方式捕获数据，帮助数字时代的企业人员安全、高效、智能地完成工作，适合于远程设备检维修协助与知识分享的应用场景。

1.2　国内现状

继国外AR技术的兴起，国内众多企业也纷纷加入AR技术的阵营。比如，上海亮风台、广州虹科、杭州灵伴等研发的双目或单目工业AR眼镜，在实际生产中能够满足远程协作、实操培训、智能巡检、展览展示等应用场景。西南油气田川中油气矿携手昆仑数智引入增强现实AR、人工智能 AI 等新兴技术，完成了基于 AR 智能眼镜的作业辅助系统建设，实现了操作流程和作业知识的可视化、精准化及前后方高效协同，提升了现场作业能力，打造了行业标杆，支撑了新区数字化管理。

1.3　问题分析

石油工程行业现场面临许多实际难题：设备多、工艺复杂、人员素质参差不齐、作业风险大、安全管控难；施工区域广，作业点分散，领域技术专家稀缺，现场驻守模式难以同时支持多个作业点；手机等通讯工具无法进入油气防爆区域，远程指挥直达现场、即时联动较为困难；固定机位的传统视频监控，难以做到无死角全覆盖，风险隐患不能被完全洞查。施工作业人员为满足多种应用需要，通常需携带众多电子设备和纸质资料，增加了现场人员的工作负担。

因受限于石油工程野外作业环境的复杂性，基于 AR 眼镜主要采用光波导技术，受自然光线影响，适用于一些特殊应用场景，且采购成本和操作难度较高，不利于向现场作业人员普及推广；而国内智能安全帽的设计还不能适应石油工程现场复杂的作业环境。开展石油工程现场施工人员穿戴设备的智能化应用，设计一款适用于作业现场的利于普及推广的智能头盔，会成为石油工程现场作业人员的必备穿戴设备。

2　慧眼智能头盔的设计与主要功能

慧眼智能头盔是采用“穿戴设备+平台+人工智能(AI)+物联网(IoT)”的融合模式，自主设计研发的一款工业级防爆智能移动作业终端与智能管控平台。以解放作业人员双手，实现作业现场人员动态管理、现场安全管理、应急指挥联动管理、统一管控、移动应用等功能为目的。为现场作业人员和管理人员提供施工队伍人员动态、井位地图导航、远程监控、生产调度、远程技术协助、应急指挥联动等服务，以功能一体化智能安全帽作为现场安全管理与隐患治理移动作业终端，解决现场作业多样化需求。如图 1、图 2 所示。

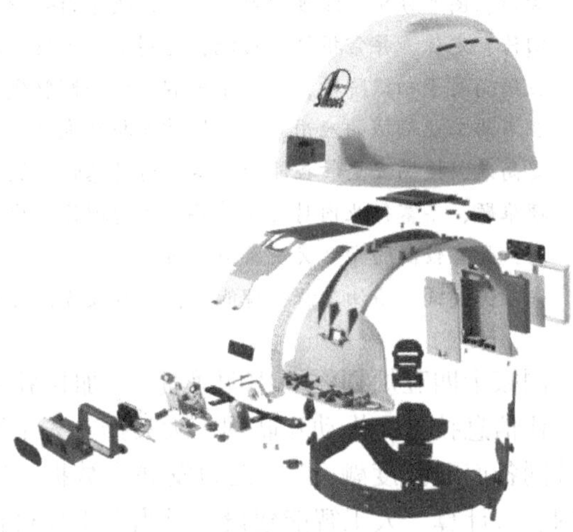

图 1　智能头盔爆炸图

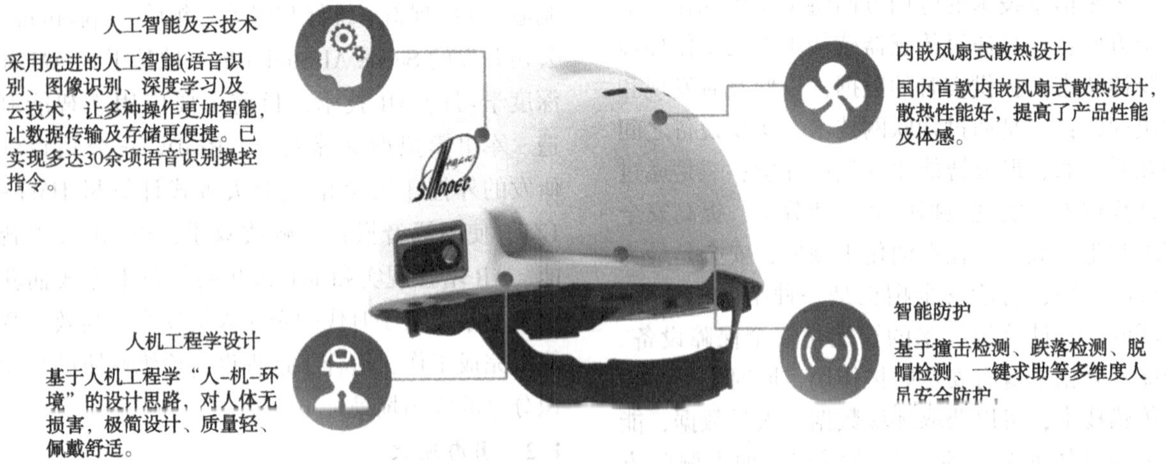

图 2　智能头盔功能设计

2.1　智能头盔

(1) 设计理念：从野外恶劣的工业化作业环境上，要考虑电子电路隐藏式设计、本安型防爆、噪声干扰、散热性、防水、防尘、防摔、防静电、工作温湿度、重量及佩戴舒适性等，同时要满足安全帽本身头部防护功能不变。采用基于人机工程学“人-机-环境”的设计思路，对人体健康无损害，设计极简、质量轻、佩戴舒适。内嵌风扇式散热设计，散热性能好，提高了产品的性能及体感。

（2）集成技术：集成了智能通讯、智能通用、智能记录、智能分析、智能传感等 7 大模块。其中，通过集成北斗定位、全网通、WIFI、蓝牙等通讯模块，实现智能通讯与定位导航功能；通过集成陀螺仪、气压传感、红外传感、加速度传感等传感器，实现智能检测安全帽佩戴状态与环境信息；通过集成图像传感器、麦克风、扬声器等模块，实现音视频智能记录。

（3）智能化设计：采用先进的人工智能语音识别、图像识别、深度学习及云技术，让多种操作更加智能，让数据传输及储存更便捷，实现30余项语音识别操控指令。并具有智能防护功能，基于撞击检测、跌落检测、脱帽检测、一键求助等多维度人员安全防护。同时，在语音通讯、视频通话、帽间通话时提供更人性化语音提示，让佩戴人员不再感受到被监控，而是感受到一种被尊重的体验。

（4）主要功能：智能头盔具有语音操控、拍照录像、实时回传、一键求助、视频通话、语音对讲、群组通话、帽间通话、局网广播、智能防护、北斗定位、消息传达、状态感知、人脸识别、实时互动、远程操控、统一管控及语音智能归类等功能。

2.2　管控平台

管控平台基于 B/S 架构采用可定制化设计，针对不同应用场景配置不同的功能模块。其中，可视化指挥调度平台能与现场作业终端进行实时可视化沟通与远程指导、历史记录溯源、焦点关注、GIS 地图、人员定位管理、智能安全帽状态控制，具有数据中心模块、电子围栏管理模块、图像分析模块、人员数据模块、系统接口模块等。其中，集群调度模块可多机构、多终端视频通话，远程控制智能头盔拍照、录像、可视对讲等功能；焦点关注模块可将重要视频、重要图片分类显示，同时可显示视频、图片类别统计、人员轨迹等。如图 3、图 4 所示。

图 3　平台功能首页

图 4　平台功能部分界面

2.3　经纬慧眼 APP

通过手机或 PAD 安装经纬慧眼 APP，可查看智能安全帽定位信息，控制智能安全帽拍照、录像、标记重要视频、照明、北斗定位等功能的开/关，同时可进行实时视频通话，实现远程指导。APP 还支持查看安全帽下所有历史视频、音频、图片、轨迹等信息。也可作为智能终端接入管控平台，与平台端实时视频、实时对讲、一键求助、拍照、录像、标记信息、信息回传等功能。如图 5 所示。

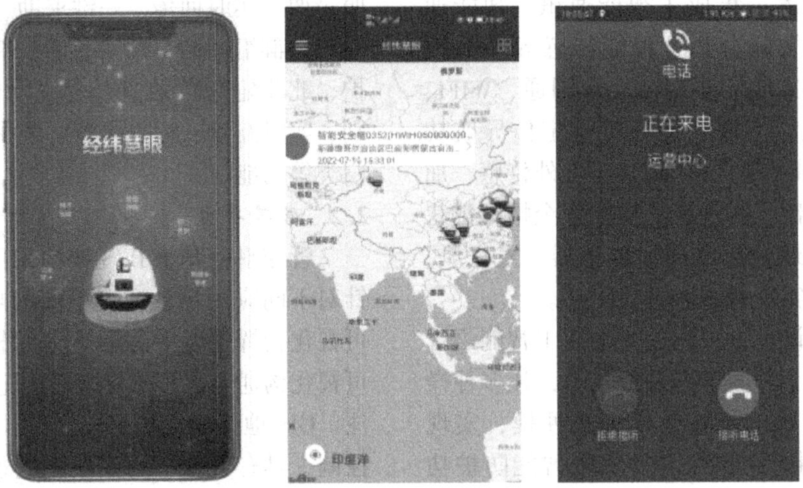

图 5　经纬慧眼 APP 部分界面

2.4　关键技术

由于所涉及的关键技术较多，本文仅以 WebRTC 实时音视频技术和智能语音归类技术为例作介绍。

2.4.1　WebRTC 实时通信技术

WebRTC(Web Real-Time Communication)实时通信技术是一套基于浏览器端实现媒体数据传输的新标准，是直接在 Web 浏览器内驱动实时通信(语音、视频和任意数据)方法的 API。简单的说，WebRTC 是一种 HTML5 规范，无需在浏览器中安装任何插件就可以在网页内进行实时通信，并可直接在浏览器和设备之间添加实时媒体通信。

(1) 防火墙穿越技术

由于企业大多数用户都位于防火墙后面，而终端位于互联网层，因此在 WebRTC 通信中需要克服防火墙 NAT 穿透的问题。采用 STUN 和 TURN 技术，通过中转服务器解决了防火墙 NAT 穿透的问题。如图 6 所示。

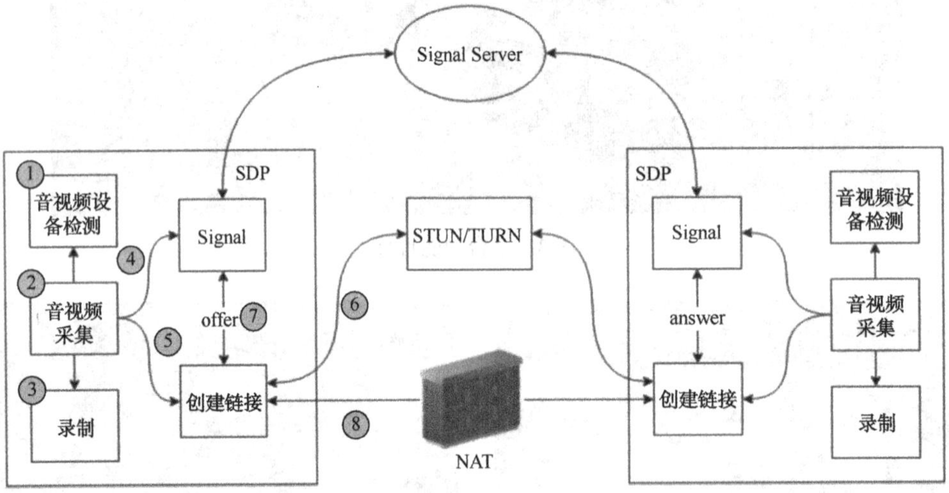

图 6　STUN 和 TURN 技术框架图

(2) 媒体协商与音视频同步技术

WebRTC 中需要进行媒体协商，媒体协商需要考虑各种不同设备、带宽和网络条件下音频和视频的编解码、传输协议、码率等。在 WebRTC 通信中，需要进行音视频同步，使得视频和音频可以实现实时的同步，达到理想的视频通话效果。音视频同步同样需要考虑到不同的设备和网络条件，需要对音视频的延迟进行控制。

(3) 传输安全机制

通过采用 DTLS-SRTP 协议来保证通信数据的安全性，其中 DTLS 协议用于建立安全通信信道，SRTP 协议用于实现媒体数据的加密和解密。

DTLS(Datagram Transport Level Security)数据报安全协议，基于 UDP 场景下数据包可能丢失或重新排序的现实情况，为 UDP 定制和改进的 TLS 协议。DTLS 提供了 UDP 传输场景下的安全解决方案，能防止消息被窃听、篡改、身份冒充等问题。DTLS 协议能够做到以下几点：

- 所有信息通过加密传播，第三方无法窃听；
- 具有数据签名及校验机制，一旦被篡改，通信双方立刻可以发现；
- 具有身份证书，防止其他人冒充。

SRTP(SecureReal-time Transport Protocol)安全实时传输协议，SRTP 是在实时传输协议(Real-time Transport Protocol)基础上所定义的一个协议，为单播和多播应用程序中的实时传输协议的数据提供加密、消息认证、完整性保证和保护安全实时传输。

2.4.2 智能语音归类技术

语音控制技术，通过对常用操控语音指令进行人工智能训练学习，形成语音知识库，将语音指令识别转换成控制信号，实现免手动操作达到解放双手的目的。

而智能语音归类技术基于语音控制技术，可以对音视频、图片在智能头盔端按语音进行自动归类。智能语音归类技术可以实现本地化的数据处理，提高了数据处理的效率和安全性，可以避免人为因素对数据归类的影响，提高了数据处理的准确性，是一种基于人工智能技术的创新应用。传统归类模式是将音视频、图片上传到平台后再进行人工归类，这种方式需要耗费大量的时间成本，并且在数据处理过程中会存在数据泄露的风险。而慧眼智能头盔采用语音智能归类技术，可以在本地实现音视频、图片的归类，提高了数据归档的便捷性。

3 应用效果

3.1 功能优势

经纬慧眼智能头盔针对作业环境和作业人员的适用性，在防爆、防抖、降噪等方面做了设计与实现，让现场操作更加便捷，同时消除了由于作业工具繁多带来的安全隐患。在钻井现场 8 个区域（井场、发电机房、钻台、钻井泵、泥浆罐、仪器房、会议室、二层平台）开展了多轮严格测试，防抖、防爆、防雨、防尘、防摔等 9 项指标已达到相关标准，并取得了 Ex ibIICT4 Gb 防爆级别认证。可通过语音控制、手机操控所有功能，操控灵活便捷，提高了现场作业效率和作业的智能化程度；平台与终端高度集成应急通讯等多项功能，尤其在油气防爆作业区域，具备实时监测作业人员的安全状态和位置，通过一键求助、撞击报警、跌落报警、摔倒报警等功能，切实保障了现场工作人员安全；平台后端实现文字转语音、音视频通讯、消息推送、统一身份认证等能力服务接口，为各业务系统集成、消息实时传达现场提供了便利。

3.2 现场应用情况

慧眼智能头盔系统以其功能与性能优势，已陆续在钻井、录井、定向、压裂等多个石油工程专业领域投入现场应用。

应用场景一：安全督查方面，安全督查大队在西南、西北、西南、胜利、中原等工区利用慧眼智能头盔进行施工现场督查和远程督查，现场督查过程全程录像、风险隐患拍照取证、信息回传、事后通过平台回溯分析，提高了工作效率和督查质量。如图 7 所示。

应用场景二：远程技术支持方面，定向井技术服务中心利用慧眼智能头盔实时视频远程指导现场钻台摆工具面、仪器检维修。同时也为承包商队伍配备了慧眼智能头盔，通过平台加强对承包商队伍的远程监管力度。录井施工过程中，录井项目部利用平台远程视频指导作业人员进行仪器检维修和传感器调试。如图 8 所示。

图 7　现场安全督查与远程督查

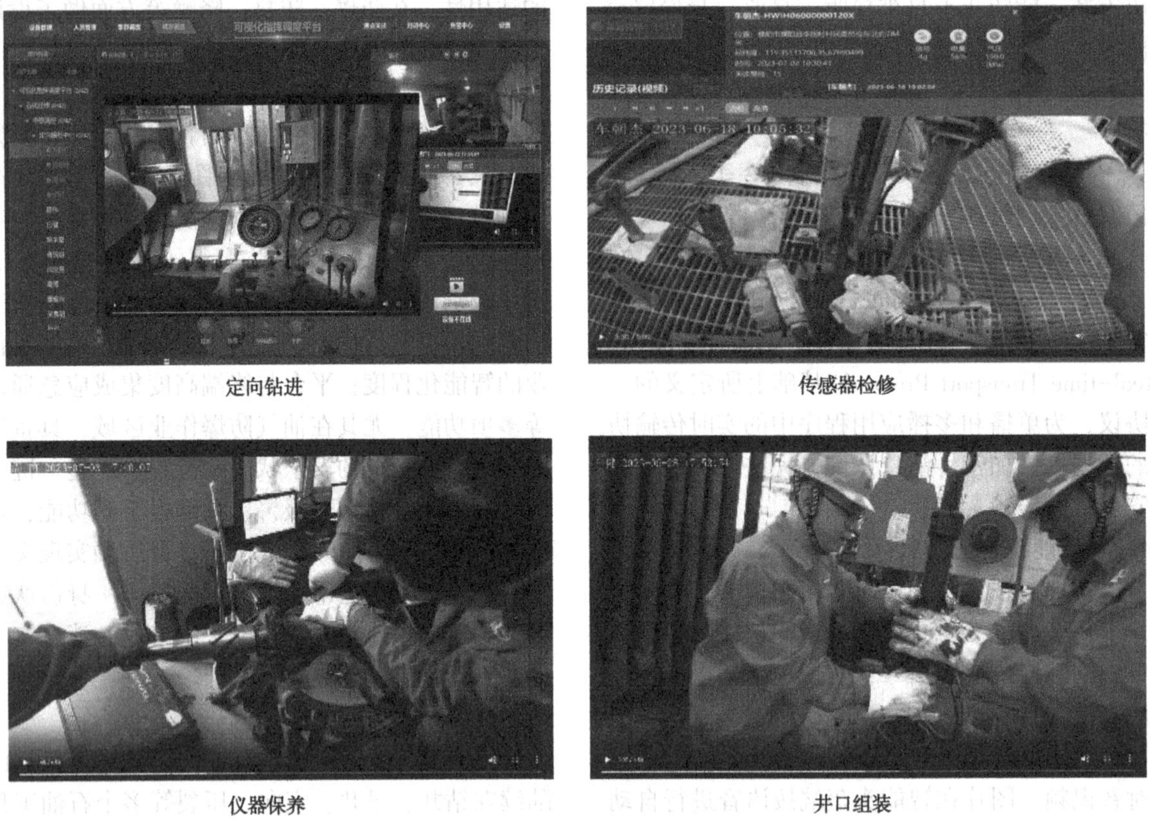

定向钻进　　传感器检修

仪器保养　　井口组装

图 8　远程指导与技术支持

应用场景三：远程指挥协同联动方面，中石化重点井和示范区已开始投入应用，生产管理人员和甲方人员远程视频连线，了解重点井现场施工情况，多方协同联动、下达作业指令、指挥现场施工。如图 9 所示。

截至目前，慧眼智能头盔已在 100 多口井进行了现场应用。安全环保督察利用慧眼智能头盔开展现场督察工作，现场督查全过程录像、风险隐患拍照取证、信息回传，事后回溯分析，让安全督查过程与考核工作更规范、更透明、更公平，同时也提升了督查人员整体素质和能力水平。支队在日常监督巡检过程中通过智能头盔进行实时记录和通讯，安全督查人员通过智能头盔对现场隐患进行远程督查，对吊装、受限空间、高处等风险作业进行了全程录像，回传 200 余次，发现风险隐患并及时纠正处置 23 次。

仪器工程师远程检修仪器设备 30 余次，钻井工程师对钻头、钻杆磨损情况拍照回传 20 多张，专家通过管控平台远程指导现场优化施工、下达作业指令 50 余次，有力的保障了现场生产安全和作业效率，取得了良好应用效果。如图 10 所示。

图 9　重点井协同指挥

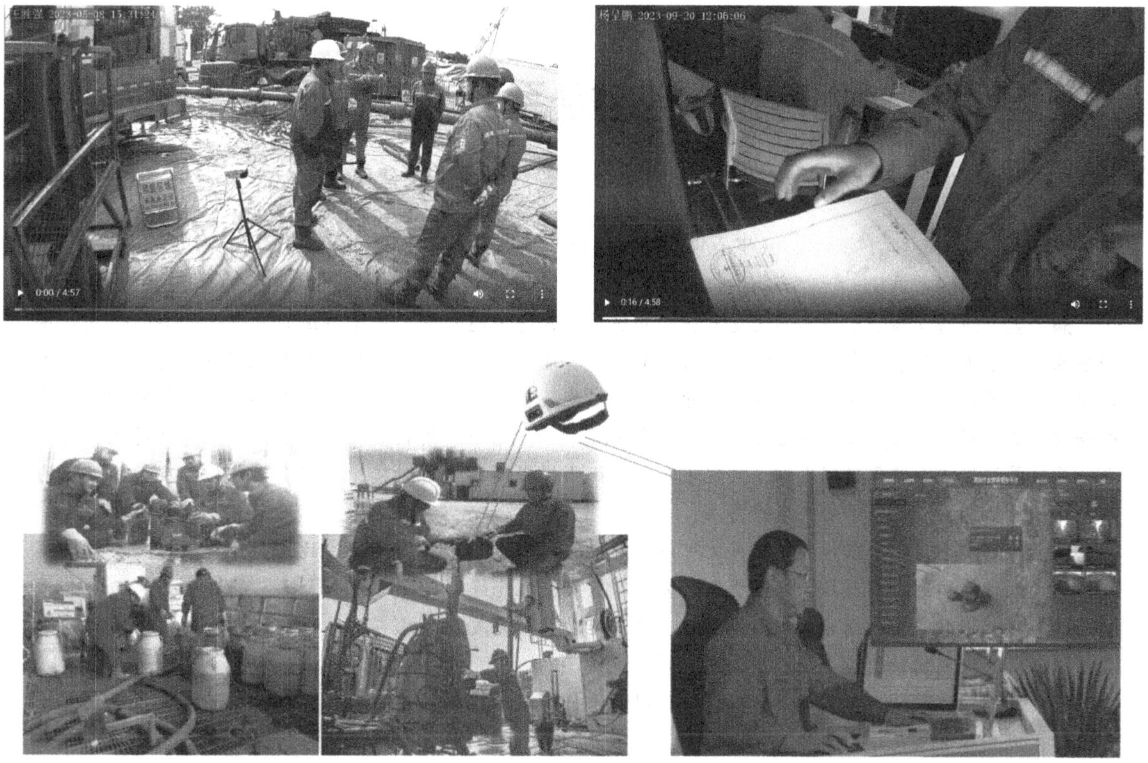

图 11　专家远程支持

通过智能头盔的普及应用，解决了施工现场面临的具体问题：

（1）实时视频连线，方便了专家和管理人员远程直观掌握现场实际情况，减少跑井驻井频次，提高工效；

（2）方便了远程指挥与现场即时联动，解决了手机、对讲机等通讯工具无法进入防爆区域的困难；

（3）方便了作业施工，解放了作业人员双手，改变了手持单兵不便工作的现状；

（4）便携式的头戴监控更易于对受限空间等直接作业环节风险管控，解决了固定机位监控难以做到无死角全覆盖的难题。

4　结束语

智能化和数字化是国家战略也是企业数字化转型发展的必然趋势，智能安全帽被视为企业智能化和数字化落地的一把利器，可远程管控现场作业，有效降低施工作业风险，提高现场作业效率，降低各项管理成本，其潜在社会效益与经济效益较大。随着国家《安全生产法》的实施，对石油工业现场作业监管越来越严格，安全帽被智能安全帽取代成为必然发展趋势，只是智能化程度和功能存在差异。

目前对于智能安全帽的工业化应用尚处于初级阶段。必须以“互联网+”思维发展智能穿戴产品，不断改进穿戴产品的设计与更新迭代，持续发展不同系列穿戴产品，提升完善不同应用场景的适应性和智能化能力，进一步开展基于智能头盔的现场作业风险智能识别技术研究，解决石油工程现场作业过程中的风险智能提醒与报警，从而达到让现场作业更安全、更高效，提高安全管控能力。为现场作业提供集中、便捷、智能的一体化支撑，发挥 AI 技术在石油工业领域的应用。

安全生产智能视频监控系统技术研究与应用

高向军　王云飞　吴　勇　张佳健

（中石化经纬有限公司胜利测井公司）

摘　要　随着视频监控技术的飞速发展，其应用场景越来越广泛，对于系统的兼容性、全面性及数据安全性提出了更高要求。本文围绕经纬公司安全生产智能监控系统进行剖析：本系统建设集行车监控、生产监控和厂区监控于一体的综合视频监控管理系统。实现车辆定位、实时监控、大屏显示、视频回放、轨迹查询、语音对讲、主动安全报警分析、AI智能识别、车辆管理、资料查询等功能，为经纬公司远程作业支持系统等提供安全监管数据支撑，实现了与各大视频提供商的无缝对接、真实全景监控以及视频数据的安全高效传输。要满足以下安全生产需求。

（1）提高安全性：车载视频监控系统可以实时记录行车过程，对发生的事故或纠纷提供证据，帮助解决争议。此外，通过视频监控，驾驶员和乘客的人身安全也能得到更好的保障。

（2）提升驾驶安全：通过回放监控录像，可以帮助驾驶员发现自己在驾驶过程中的问题，如不规范驾驶行为，从而提高驾驶技能，减少事故发生的可能性。

（3）提高服务质量：车载视频监控系统可以记录行车过程，帮助公司对服务进行质量监控，规范驾驶员行为，提高服务质量。

（4）防范违规违法行为：车载视频监控系统可以记录行车过程，对于防范劫车、偷窃等犯罪行为有很好的威慑作用。同时，如果发生这类事件，录像也能提供破案线索。

（5）便捷管理：对于公司车辆，车载视频监控系统可以方便管理者远程查看车辆的运行情况，提高管理效率。

（6）提高应对突发事件的能力：在遇到突发事件或紧急情况时，车载视频监控系统可以提供实时的现场画面，帮助指挥中心做出快速、准确的决策。

关键词　视频监控；流媒体格式兼容；AI智能识别；车辆定位；智能化；车载无线通讯技术

1　引言

在当前的安防市场中，智能视频监控系统的兼容性、全面性和数据安全性是用户关注的重点。本文旨在解决现有视频监控系统中存在的流媒体格式不兼容、全景监控画面失真以及数据传输安全隐患等问题，提出了一套综合解决方案。

2　技术特点

系统设计遵循技术先进、协议兼容、功能齐全、性能稳定、节约成本的原则，着眼后续系统的升级、改造、维护等工作，应用的信息技术应具备以下特点：

先进性：在保证开放性和实用性原则的基础上，采用先进的存储、管理技术，适当的网络组合，使其发挥最佳的集成效果，保证一段时间内系统整体处于先进水准。

可扩展性：本方案所设计的系统为自主研发，模块可定制扩充，支持GB/T 28181标准、JT808部标位置协议、JT1078、JT1077视频技术协议，后续可接入其他厂商视频设备。

实用性：该系统可管理车载移动监控设备、智能安全帽、移动式布控球、北斗定位设备、固定监控设备、海康及大华等主流视频监控系统，完全满足经纬公司现有视频监控安全生产管理需求

3　技术标准

经纬公司车辆视频监控平台符合《道路运输车辆卫星定位系统终端通讯协议及数据格式》（JT/T 808—2011）、《道路运输车 辆卫星定位系统平台数据交换》（JT/T 809—2011）、《道路运输 车辆卫星定位系统视频平台技术要求》（JT/T 1077—2016）和《道路运输车辆卫星定位系统视频通信协议》（JT/T 1078—2016）要求。T/T 1076—2016道路运输车辆卫星定位系统车载视

频终端技术要求；GB/T 28181—2016 公共安全视频监控联网系统信息传输、交换、控制技术要求。真正满足行业对于路况监控，驾驶员监管，车辆运行全状态掌握的各项要求，以及场地监控等各项需求。

4 技术优势

（1）支持 JT 808 部标位置协议，支持 JT 1078、JT 1077 视频技术协议，支持苏标主动安全协议，支持 GB 28181 协议，支持海康硬盘录像机 SDK 私有协议看视频。

（2）实时视频采用 websocket+FLV+MSE+H5（video 标签）技术，免除客户安装 ActiveX 插件系统兼容性问题，迎合未来浏览器发展方向。

（3）对不支持 h265 编码视频硬解码的电脑，前端采用 WebAssembly+ffmpeg+canvas 技术实现软解码播放。

（4）服务端缓存视频最新关键帧，前端播放器缓存一定帧数，对多人同时播放一路视频，实现视频快速打开，并流畅播放。

（5）轨迹存储技术，为解决大量轨迹数据存储查询效率问题，采用 redis 集群临时存储 1 小时轨迹数据，然后使用同步工具，把轨迹数据按每月每车一文件，序列化到文件系统中。减少了磁盘 IO 切换以及读写轨迹的耦合，方便单车轨迹分析和维护。

（6）实时数据采用 Apache Flink 是一个在有界数据流和无界数据流上进行有状态计算的分布式处理引擎和框架。Flink 设计旨在所有常见的集群环境中运行，以任意规模和内存级速度执行计算。Flink 这样的流批系统主要包含了采集数据（source），处理数据（process），导出数据（sink）三个部分。采集数据方式包含了实时数据的流处理和历史数据的批处理方式。数据源可以来源于应用、设备、日志，数据库等其他数据，导出数据与导入数据一样可以将数据导出到各种类别的接收数据的服务。除了采集数据和导出数据，Flink 中最核心的内容还有中间通过流式计算来处理有状态和无状态的数据这一部分，在 Flink 中，应用程序由用户自定义算子转换而来的流式 dataflows 所组成。这些流式 dataflows 形成了有向图，以一个或多个源（source）开始，并以一个或多个汇（sink）结束。

（7）定时数据分析采用的是 xxl-job，将任务抽象成分散的 JobHandler，交由“执行器”统一管理，“执行器”负责接收调度请求并执行对应的 JobHandler 中业务逻辑。因此，“调度”和“任务”两部分可以相互解耦，提高系统整体稳定性和扩展性。

（8）报警数据存储，用的是 clickhouse 时序数据库，在大批量数据查询时，实现数据高性能查询分析。

5 系统介绍

本系统采用 B/S 架构。浏览器：IE8 及以上版本；应用中间件：符合 Java EE8 及以上规范的各种应用中间件，如 Websphere、Weblogic、JBoss 等，也可运行在 Tomcat8.0 及以上版本；JRE 版本：JRE8.0 及以上版本；数据库可应用：MySQL5.7 等及相应升级版本的关系型数据库。

5.1 系统架构（图 1）

采用 netty 作为服务器端编程框架，持久层使用 clickhouse+mysql，缓存数据库 redis。网关中每个端口都对应一个服务，且为 TCP 连接，端口与服务的对应关系：

（1）JT 2011/2013 定位协议，GB 2019 部标定位协议，可根据配置选择协议标志，现默认两种协议都支持。

（2）JT 1078 通讯协议以及 H.264/265 视频编码格式的车载安防设备。

（3）GB 28181 通讯协议以及 H.264/265 视频编码格式的厂区安防设备。

（4）主动安全报警附件信息服务，触发需要在部标服务有主动安全报警，且下发 9208 指令，9208 指令中，消息体有主动安全数据上发的 ip 端口，在数据库可配置。

（5）设备实时视频数据服务，通过 TCP 方式接收视频数据，后再组成自定义 FD 协议通过 TCP 方式发生给视频服务。

（6）设备历史回放视频数据服务，通过 TCP 方式接收视频数据，后再组成自定义 FD 协议通过 TCP 方式发生给视频服务。

（7）设备实时视频数据服务，通过 TCP 方式接收视频数据，后再组成自定义 FD 协议通过 TCP 方式发生给视频服务。

（8）设备历史回放视频数据服务，通过 TCP 方式接收视频数据，后再组成自定义 FD 协议通过 TCP 方式发生给视频服务。

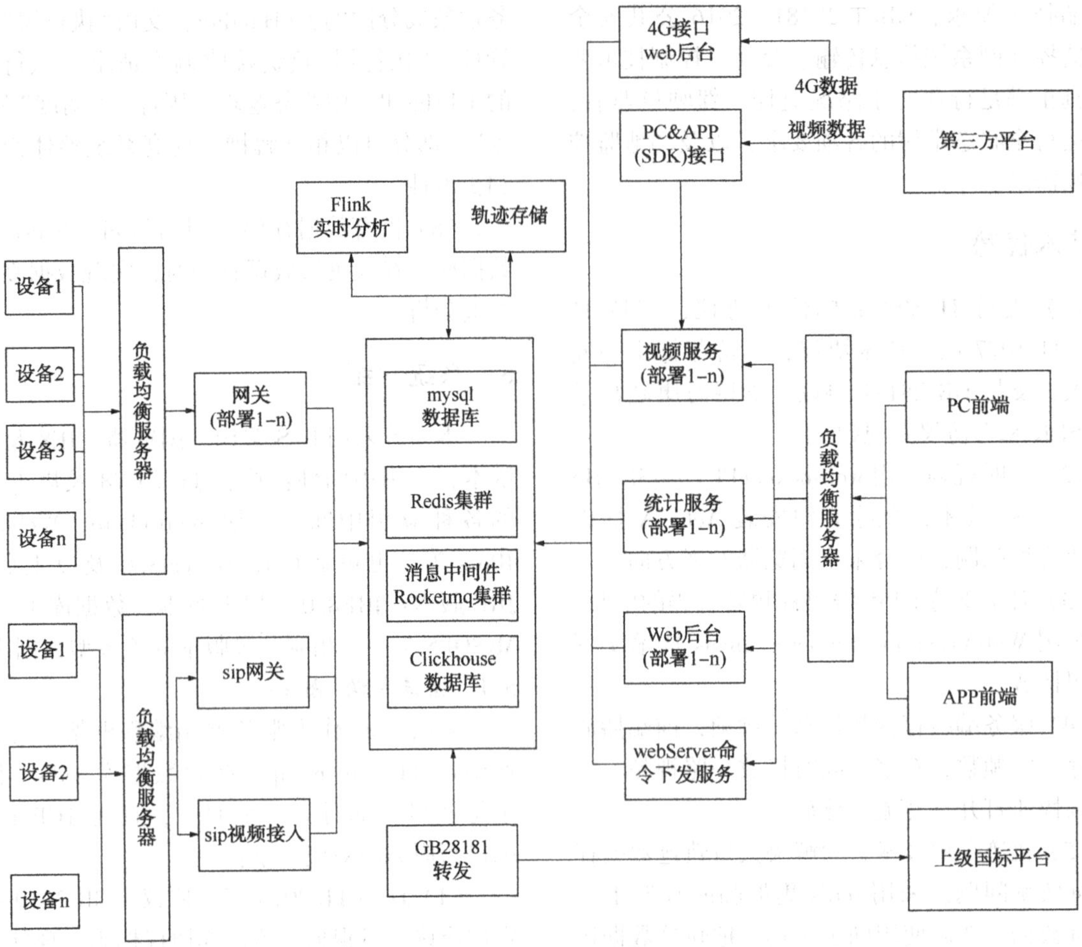

图1　技术架构图

5.2　安全体系架构

(1) 集中用户管理。系统用户在不同的业务系统有不同的角色定义，对应不同的功能权限，需构建相应的用户集中管理模式，实现用户统一身份和标识管理、统一认证及单点登录。

(2) 用户命名统一。使用中石化统一身份帐号，实现用户命名统一，为用户集中管理及信息共享提供支撑。

(3) 身份认证。系统对不同岗位人员实行分级授权，对用户的访问权限实行有效的管理。

(4) 访问控制。实现有效的安全隔离和访问控制；同时，在系统权限方面，对每一个不同的角色，依照最小授权原则，分配完成其任务的最小权限，并使用基于角色的访问控制机制来控制用户对信息的访问和操作；基于组织架构下的层级授权管理。

(5) 数据安全交换。在系统安全、网络安全的基础上，实现内网和专网间的数据安全交换。

(6) 系统操作日志。通过操作日志功能，定义和区分操作级别，根据操作级别进行记录，为日志分析功能提供数据，发现并处理安全问题隐患，增强系统防护性能。此外，系统根据需要设计相关日志统计功能，对诸如访问量等系统性能参数进行比对，以便系统管理员及时调整和优化系统性能。

(7) 安全防护体系。建立完善的安全防护系统，从安全规章制度建设、安全管理手段建设等方面保障系统的安全可靠、稳定运行。

5.3　系统功能

本系统是“集成化”、“智能化”的平台，通过接入移动、固定视频监控设备，获取边缘节点数据，支持信息化集成与联动；通过视频资源进行整合和集中管理，实现统一部署、统一配置、统一管理和统一调度。

系统主要包含监控大屏、实时监控、电视墙、视频回放、历史轨迹、安全监控、综合报表、规则管理、资料管理、手机 APP、专属定制等 11 项主要功能，特别是对驾驶员安全驾驶行为进行 AI 分析，主要包括：疲劳驾驶、接打手持电话、长时间不目视前方、驾驶员不在驾驶位置、抽烟等不安全驾驶行为的实时监测，并自动报警。

5.3.1　监控大屏(图2)

（1）展示不同主动安全报警的次数，不同的颜色代表不同的报警类型，可以实现二级穿透。

（2）展示账号下车辆总数和实时在线车辆数。

（3）显示账号内各个公司下车辆的数量。

（4）显示当前账号内车辆行驶里程统计。

（5）显示账号下各种车辆类型的数量，点击车辆树状图可跳转到实时监控，且显示筛选只显示选择的车辆类型。

5.3.2　实时监控(图3)

（1）实时播放车辆各个视频画面和展示位置数据。

（2）可实现平台对车辆的对讲功能和查看车辆胎压数据，兼容大华设备和易甲文设备的对讲。

（3）可以实现车辆视频的截图，录制及子码流主码流切换批量导入、导出功能。

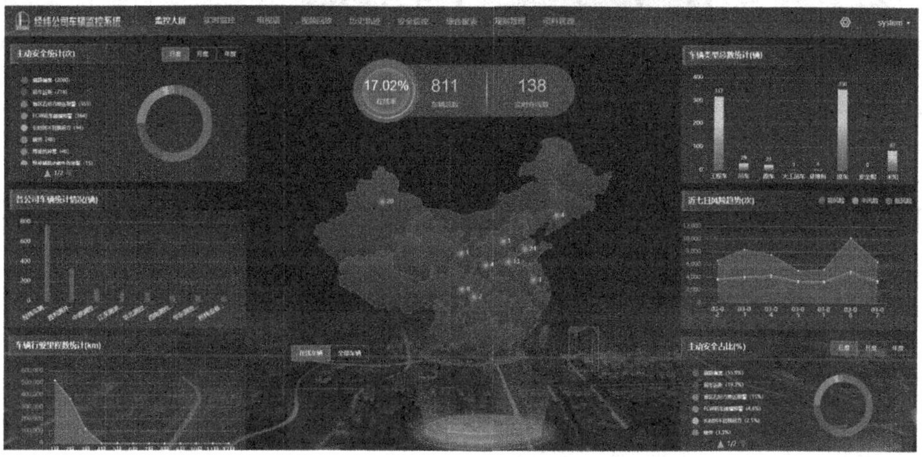

图2　监控大屏

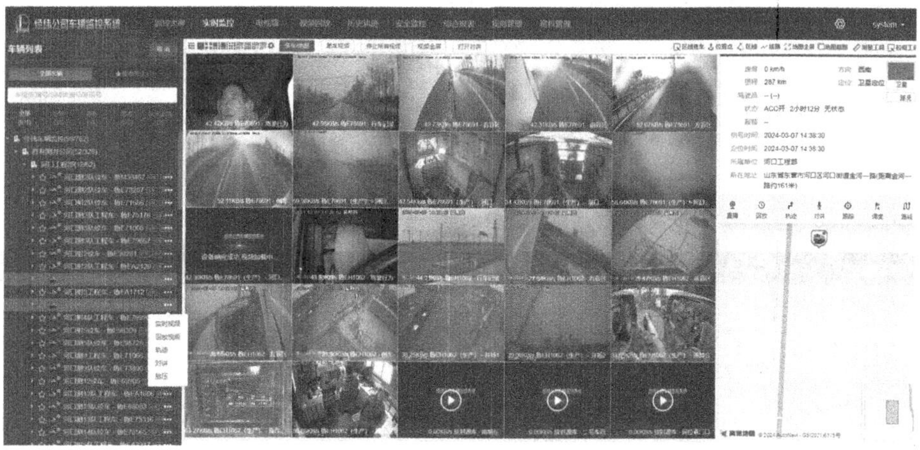

图3　实时监控

5.3.3　电视墙(图4)

多窗口播放某个车组下、所有在线车辆特定摄像头通路的画面。通过别名找到车辆资料对应通道。

通道别名包括：驾驶行为、行车记录、右盲区、前盲区、左盲区、倒车、盲区360、井口、井场、滚筒仓、操作面板、操作室、源仓1、源仓2。

5.3.4　视频回放(图5)

支持多画面、等时矩阵等多种回放方式，高效查看车辆在特定时间的视频画面。具备截图、录制、下载等功能。

5.3.5　历史轨迹

用来查询车辆的历史行车轨迹。如图6所示。

（1）速度曲线图：查看一段时间内车辆速度变化趋势，可以设置速度阈值，超速部分显示为红色，点击轨迹可以跳转到相应的地图位置。

（2）轨迹明细：查询轨迹数据后点击播放按钮，车辆图标演示运行轨迹，且可调整速度与进度。

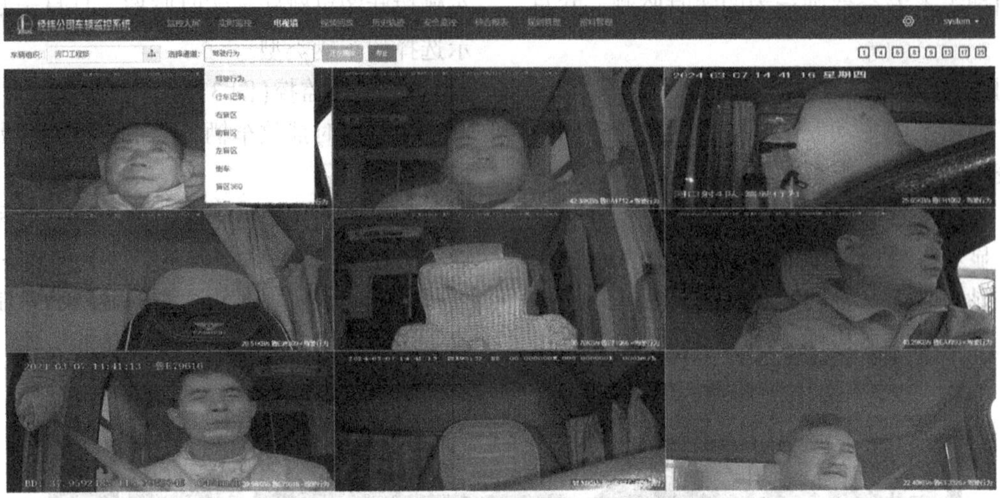

图 4　电视墙

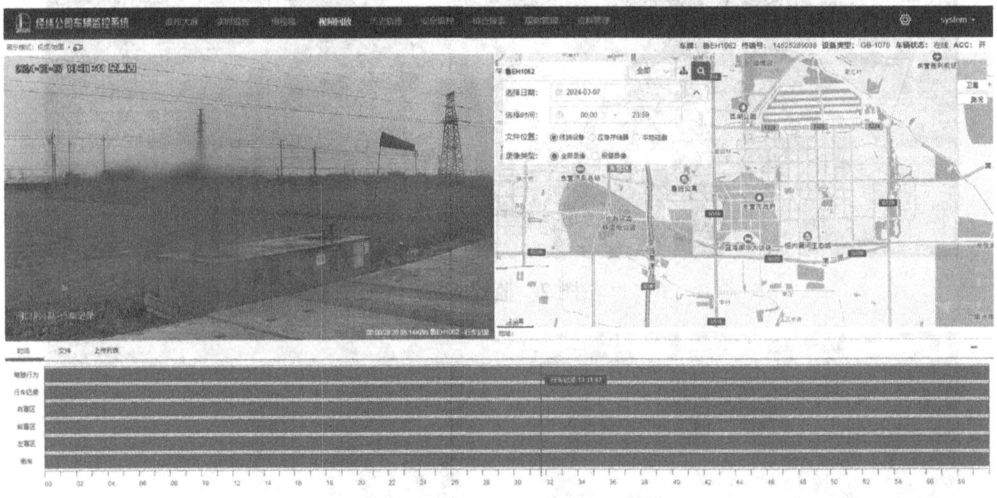

图 5　视频回放

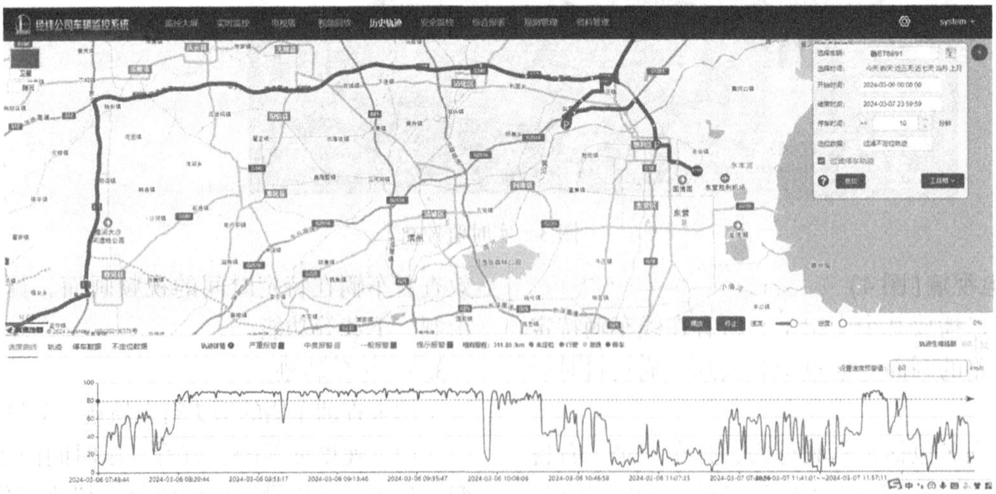

图 6　速度曲线和历史轨迹

5.3.6　安全监控(图 7)

(1) 主动安全报警分析包含：疲劳驾驶、接打手持电话、长时间不目视前方、驾驶员不在驾驶位置、前向碰撞、车道偏离、车距过近等驾驶行为的实时监测。

(2) 车组驾驶行为统计：按组织架构批量统

计查询驾驶安全的评分和图标显示。

（3）驾驶员评分：针对每个驾驶员驾驶习惯分析得出相应的评分。

（4）驾驶习惯分析：通过车载视频主机根据每个驾驶员的照片分析出相对应驾驶的名称和驾驶习惯。

5.3.7　综合报表

（1）多媒体统计

图片查询：用来搜索查询车组车辆抓拍图片。

（2）视频上传列表：用来搜索查询上传视频文件。

如图8所示。

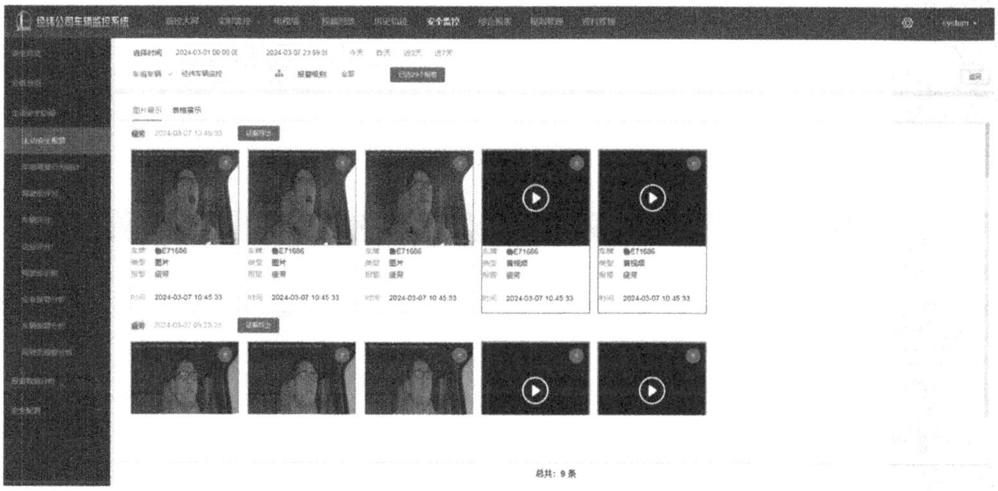

图7　安全监控功能示意图

图8　综合报表

5.3.8　记录查询(图9)

操作记录：查看平台车辆、用户操作记录以及账号登录日志详情。

5.3.9　资料管理(图10)

对系统用户、车辆、驾驶员等基础资料进行管理；对系统权限、角色、层级进行管理。

5.3.10　手机APP

包括：首页、实时定位、实时视频、报表分析、我的5项功能模块。

（1）首页：在线率、车辆总数、车辆类型、视频类型、主动安全报警分布等数据统计，驾驶行为实时报警功能。

（2）实时定位：车辆实时位置及报警数据查询。如图11所示。

（3）实时视频：查看车辆实时视频数据。如图12所示。

（4）报表分析：轨迹回放，驾驶行为、报警数据总览，日里程、离线、停车数据统计。如图13所示。

（5）我的：用户密码修改、权限设定，参数设置下发，功能介绍。如图14所示。

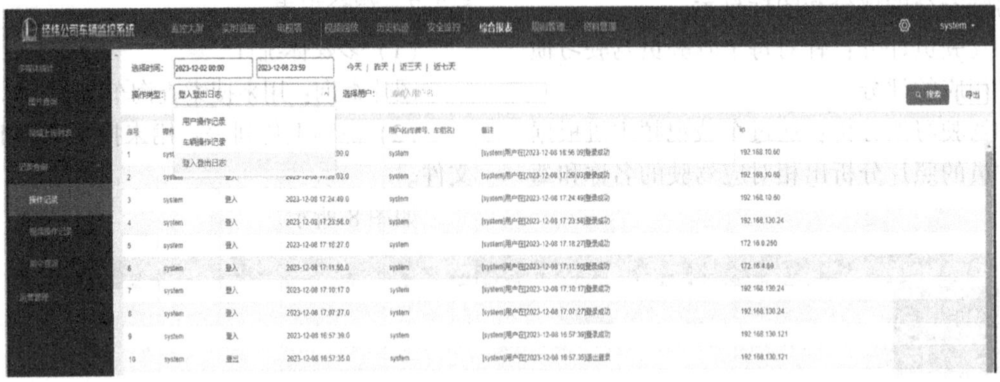

图 9　记录查询

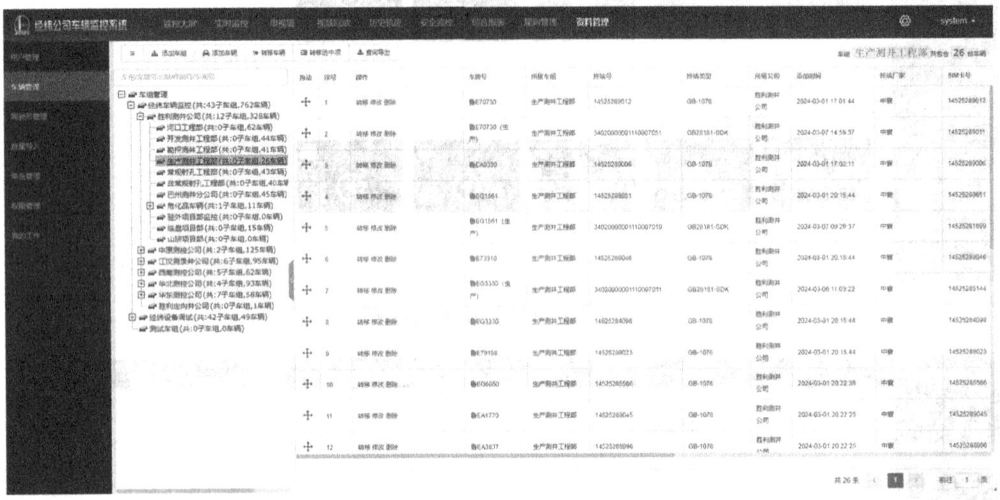

图 10　资料管理

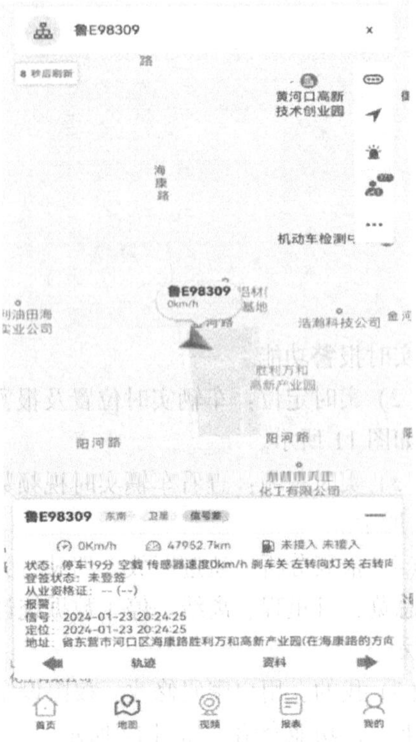

图 11　实时定位

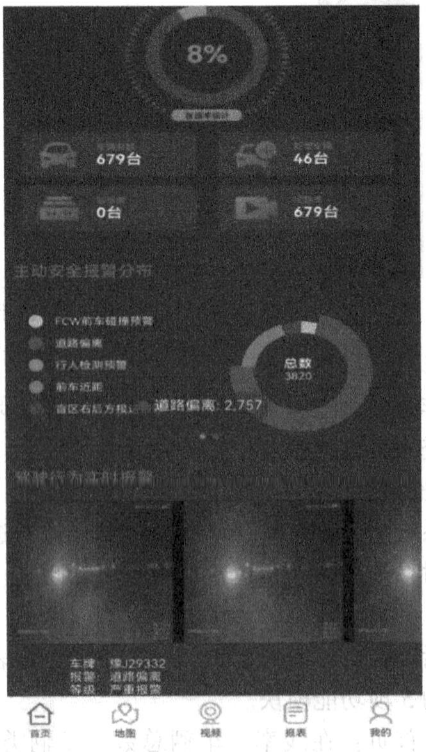

图 12　实时视频

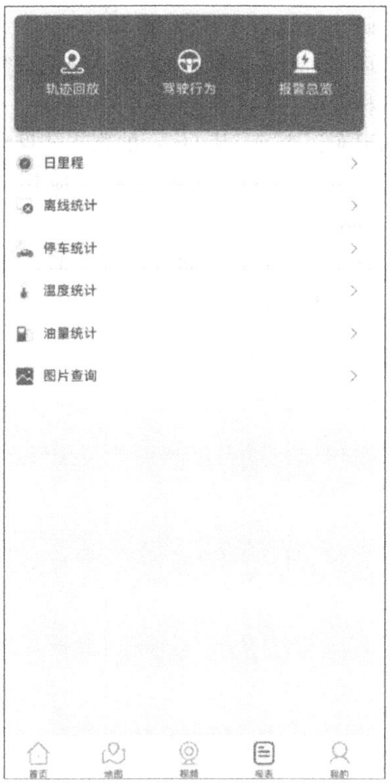

图 13　报表分析

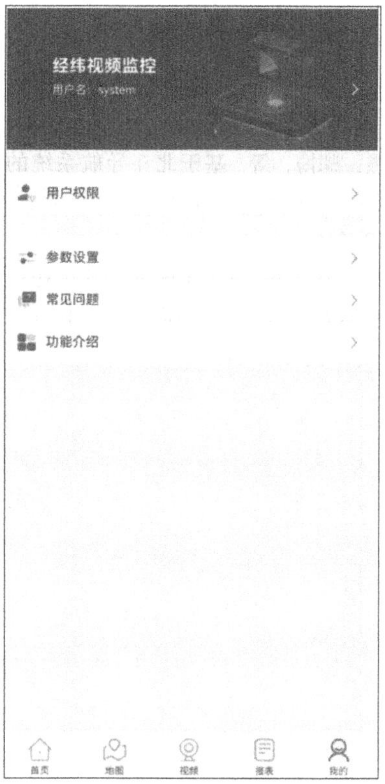

图 14　“我的”

6　实验结果分析与应用推广

6.1　实验结果分析

为验证本文提出的综合解决方案的有效性，我们搭建了一个实际的视频监控系统测试环境，并进行了详细的实验测试。实验结果表明，该系统能够成功兼容大华、海康等主流视频提供商的流媒体格式；呈现出的 360 度全景画面真实自然，无明显失真和拼接痕迹；通过 APN 加密通道传输的视频数据在安全性、稳定性和传输效率方面均表现出色。

6.2　应用推广

在与中石化经纬公司生产部门的安全生产需求进行对接分析后，2022 年经测试与实验取得较好效果，至发文截稿日年已安装部署 1000 余辆工程车辆、3700 余套摄像头，实现指挥部与车辆、指挥部与施工现场、施工现场与井口的实时视频传输与语音讲；与北斗系统结合实现全方位定位、超速报警等功能；实现安全生产电子周界预警、车辆行驶安全告警等功能。

7　结论与展望

本文针对视频监控领域的关键技术进行了深入研究，提出了一套综合解决方案。该方案在流媒体格式兼容、360 度真实全景呈现以及 APN 数据加密传输等方面取得了显著成果。未来工作中，我们将进一步优化系统性能、拓展应用场景，并探索将人工智能技术应用于视频监控领域的新思路和新方法。

结合中石化石油工程业务特点及使用过程中发现的问题进一步依托北斗通信平台完善工程车辆无网络覆盖区域的位置监控、车辆行驶信息统计、行为分析报警等功能，实现以下功能。

7.1　无网络覆盖区域数据传输

在无网络覆盖区域，例如沙漠，终端无法及时回传定位数据，使用北斗短报文技术，将车辆位置数据和应用救援信息在无网络覆盖区域回传。

7.2　车辆安全分析功能

通过采集车辆行驶工作参数，包括车速、温度、轮胎转速、发动机扭矩、油门位置、刹车位置、挡位、空调等各类设备工作数据，结合车辆位置数据和驾驶员行为数据进行各个驾驶行为分量以某种加权的方式计算，利于人工智能技术，进一步规范安全驾驶行为。

参 考 文 献

[1] 刘伟. 基于北斗一号的车载导航终端设计与实现[D]. 电子科技大学，2010.

[2] 严安，徐灏，鄢博，等. 基于北斗导航系统的移动报警应急系统设计[J]. 空军雷达学院学报，2011，25(3)：213-216.

[3] 谷炜，张群，卫李蓉. 基于GIS的物流配送中心末端大规模车辆路径优化问题研究[ ]. 中国管理科学，2013，(S1)：379-389.

[4] 颜菲菲. 基于Web的远程数字视频监控系统的设计与研究. 济南：山东大学，2005.

[5] 包环宇. 无线多路视频监控系统的研究与设计[D]. 吉林大学，2011.

[6] 郝卫东，李静. 基Linux的嵌入式网络视频监控系统研究与设计. 计算机系统应用，2008，(8)：87-88.

[7] 丁吉吉. 基于B/S的智能视频监控的研究. 西安：西安理工大学，2008.

基于AI数字化技术建设在标准化卸车管理中的研究

高迎博 杜 强 梁博文 韩蕊笑 董 肃

（中国石油兰州石化公司）

摘 要 卸车的高风险及人员操作的不确定因素，是影响安全平稳生产的主要因素之一，加之液化烃属于高危化学品，在储运装卸过程中容易发生损耗，造成效益损失。近年来，随着我国AI数字化技术的广泛应用、消费市场规模的拓展及数字化工厂的建设，将其应用在罐区标准化卸车管理过程中，能够有效降低卸车过程出现卸车人员出现违规操作并对卸车过程中出现的泄漏等问题实现及时报警响应，在实现卸车过程安全管控方面具有一定的重要意义。本文浅析了单位液化烃卸车管理现状，在不新增设备设施的情况下，对装置摄像头进行AI数字化技术赋能并不断测试完善，为高效进行标准化卸车管理提供了基础及经验。

关键词 卸车管理；安全管理；AI数字化；标准化卸车；数字化应用

1 研究背景

装卸栈台是石油化工原料和产品进出的主要手段，通过装卸车栈台可将各装置生产出的产品、副产品装车出厂，将外购的原料卸车输送到相应储罐储存供各装置使用。石油化工原料和产品装卸栈台的安全管理中稍有疏忽，就会酿成事故。主要发生跑料、冒罐、火灾、爆炸和中毒事故，静电、杂散电流和明火是导致突发事故的直接原因。汽车装卸车作业属于高风险作业，部分车辆装卸过程处于半敞开状态，装卸过程操作人员时常到罐车上进行检尺、观测液位等操作，存在较大安全风险，可能发生着火爆炸事故。因此，加强对汽车装栈台卸车标准化管理尤为重要。

2 卸车管理现状及思考

2.1 汽车卸车栈台的概况

汽车卸车栈台是石油化工与煤化工企业的配套工程设施。负责将汽车槽车运来的外购原料经卸车泵提升或经中压氮气压送到罐区进行储存。卸车操作由栈台操作人员通过观察流量计显示值或控制卸车泵出口压力进行控制卸车流速，从而完成企业的装卸车任务。

2.2 卸车现状

本运行部卸车主要涉及轻烃、拔头油、液化气等危险化学品，此类危险化学品发生泄漏出来，由于压力的降低，便可急剧气化，体积将会骤然膨胀250倍左右，并能迅速扩散蔓延，极易酿成着火爆炸事故。为规范卸车管理，运行部编制《标准化卸车流程》、多项管理要求及与其相应的考核方案，要求卸车班组、司机及押运人员对照流程严格执行。

2023年前半年运行部原料罐区卸车过程存较多问题，卸车过程中违章情况时有发生，甚至出现司机及押运员在无属地操作人员的情况下独自进行卸车操作、现场使用手机及不佩戴安全帽等问题。原料罐区日均卸车25次，违章率峰值高达16%，每日高频次的卸车作业导致安全风险显著提升。

2.3 针对卸车现状的思考

针对运行部卸车过程中存在的问题，我们成立调研攻关小组，对卸车过程中容易出现的违章问题进行摸底调研和统计分析，结果如图1所示。

经分析总结，小组成员统一认为出现上述问题的根本原因是人员操作的不稳定性，且此类违章均可通过优化管理办法及技术进行减少或杜绝。为有效控制人员操作的安全行为，运行部结合炼化企业数字化转型试点项目向公司申请进行AI数字化识别的试点工作。

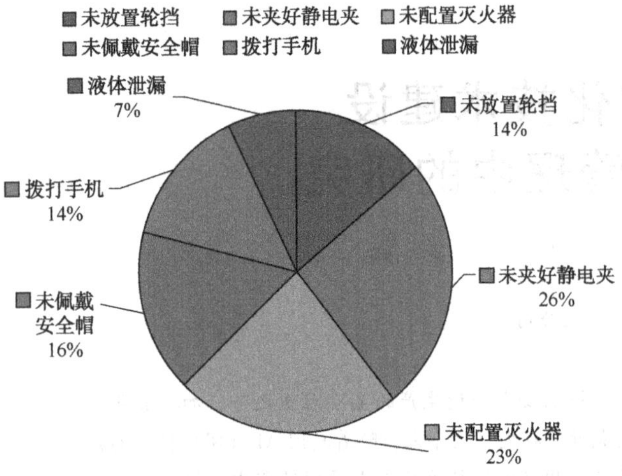

图 1 调查期间现场卸车问题分布

3 AI 数字化技术的应用

3.1 AI 数字化技术的应用基础

AI 数字化技术主要围绕炼化企业典型业务场景，基于 AI 智能识别技术的隐患识别算法及支持系统进行研究探索，主要对运行部生产现场人、机、环境的安全行为或状态进行自动识别，可以实现实时快速响应，覆盖多种隐患类型，并提供可视化分析数据。AI 数字化技术的利用可有效识别现场隐患风险，减少事故发生概率，助力人工监督或传统生产视频人工监控效率的提升。

3.2 AI 数字化技术在标准化卸车管理中的应用

3.2.1 AI 数字化技术的在标准化卸车管理中的试运行

为确保运行部卸车期间安全环保平稳受控，经攻关小组与昆仑数智技术人员对接，2023 年 8 月至 9 月在运行部汽车卸车台组织开展各类算法适配素材采集及算法验证，主要针对卸车过程中无轮挡、未夹静电夹、灭火器配置不合规、不佩戴安全帽及现场使用非防爆手机进行报警信息采集(如图 2 所示)，在未安装新摄像头的基础上利用原有的 9 个摄像头(5 个数字，4 个模拟)进行试运行。试运行前进行了 43 次模拟测试，其中有效报警 43 次，见表 1。

图 2 AI 数字化技术试运行期间测试现场图

表 1 AI 数字化技术试运行期间测试数据

相关算法	测试次数	识别次数	预警次数	留证次数	测试结论	测试时间	备注
卸车时无轮挡、不夹静电夹、无灭火器、不戴安全帽	43	43	43	43	识别率大于 99%，预警成功率大于 99%，留证成功率大于 99%	2023/8、2023/9	6 次无轮挡 11 次不夹静电夹 10 次无灭火器 7 次不戴安全帽 6 次打手机 3 次液体泄漏

3.2.2 AI 数字化技术试运行中存在的问题

试运行期间，AI 数字化技术共监测到“人员离岗”“现场不戴安全帽”等人员违章 58 次，经与装置人员核实实际违章次数为 46 次，精准识别率仅有 79%。可见 AI 数字化技术识别逻辑仍存一定问题，识别过程中存在多次误报情况。我们攻关小组人员对试运行期间的 AI 数字化技术在卸车管理过程中存在的识别问题进行了统计，如下：

(1) 针对冬季棉帽及其他类型及颜色的安全

帽误识别。

(2) 人员采用低趴姿势或视角问题造成人员睡岗误识别。

(3) 光线原因导致人员离岗误识别。

(4) 未明确灭火器数量。

(5) 罐车尾部静电夹断开会导致卸车制动,无需识别。

(6) 针对溜车轮挡颜色的识别不全面。

3.2.3 AI数字化技术在卸车管理中的优化完善

针对上述存在的问题,我们攻关小组及时对接昆仑数智人员对AI数字化技术算法进行优化完善后继续进行模拟测试,测试结果见表2。

表2 AI数字化技术优化完善后测试数据统计报

序号	相关算法	测试次数	识别次数	预警次数	留证次数	测试结论	测试时间	测试内容
1	乙烯卸车气体泄漏、液体泄漏、作业过程静电夹脱落、不戴安全帽、监护人打手机事件	14	13	13	13	识别率大于90%,预警成功率大于99%,留证成功率大于99%	2023/12/17至2023/12/22	7次不戴安全帽 1次液体泄漏 2次静电夹不接地 4次打手机
2	乙烯卸车气体泄漏、液体泄漏、作业过程静电夹脱落、不戴安全帽、监护人打手机事件	7	7	7	7	识别率大于99%,预警成功率大于99%,留证成功率大于99%	2023/12/17至2023/12/22	4次不戴安全帽 1次气体泄漏 2次静电夹不接地
3	乙烯卸车气体泄漏、液体泄漏、作业过程静电夹脱落、不戴安全帽、监护人打手机事件	5	5	5	5	识别率大于99%,预警成功率大于99%,留证成功率大于99%	2023/12/17至2023/12/22	1次不戴安全帽 2次静电夹不接地 2次打手机
4	乙烯卸车气体泄漏、液体泄漏、作业过程静电夹脱落、不戴安全帽、监护人打手机事件	6	6	6	6	识别率大于99%,预警成功率大于99%,留证成功率大于99%	2023/12/17至2023/12/22	2次不戴安全帽 2次气体泄漏 1次静电夹不接地 1次打手机
5	睡岗、玩手机、脱岗	10	10	10	10	识别率大于99%,预警成功率大于99%,留证成功率大于99%	2023/12/17至2023/12/22	3次玩手机 7次睡岗

同时,经过与装置人员核实及调取视频发现上述误识别的情况已全部避免,在12月至1月试运行期间,AI数字化技术监测报警39次,实际违章39次,识别准确率大于99%。

4 结论

AI数字化技术在标准化卸车中的应用为现场安全隐患识别增加了保障,经过本单位对卸车过程中AI数字化技术的应用与不断优化,现阶段精准识别率大于99%,人员违章率已经明显下降,但针对AI数字化技术的应用是一个长期的过程,在后续的突发情况及异常情况出现误识别时,我们会继续积极与AI数字化技术人员对接,不断优化完善AI数字化识别数据库,为操作人员的巡检监控及安全管理人员的远程管理提供更加便捷的工作途径,为突发事件的应急处置增加了保障。

4.1 AI数字化技术在卸车管理中带来的经济效益

AI数字化技术在标准化卸车管理中的应用,对安全管理业务的主要效益为对隐患的及时识别报警及快速回溯,通过对初期隐患或风险征兆进行视觉上的及时发现和确认,大幅提升企业对生产安全的管控能力,预防人员安全或气体泄漏发现不及时导致重大事件事故的发生,是主要的安全效益点。而影响该效益的本系统主要技术支撑指标为系统本身的安全隐患识别率、实时预警成功率和视频流程成功率,固主要对以上指标进行统计,见表3。

表 3　直接效益估算表

<table>
<tr><th>序号</th><th>指标名称</th><th>效益描述</th><th>上线后指标</th><th>数据来源</th><th>单位</th><th>估算值</th></tr>
<tr><td>1</td><td>安全隐患识别率</td><td rowspan="2">识别率和成功率高是系统助力提升安全隐患和风险预防能力的关键。主要的安全效益为及时识别隐患并上报，避免或降低重大人员伤亡或起火爆炸事故发生，减少相关安全损失</td><td>>90%</td><td>技术团队测试+业务部门统计</td><td>%</td><td rowspan="2">隐患识别率和准确率均≥90%，大幅提升了隐患发现、上报效率和质量。助力现场安全管理能力的提升。
根据全国相关数据统计，每避免一次人员伤亡事件，可为企业减少相关(现场损失+人员赔偿)20 万~120 万/人；
每避免或者制止一次装置设备火灾/爆炸事件，可以为企业减少相关损失至少百万级别(设备/装置损失+设备/装置翻新+停工损失)</td></tr>
<tr><td>2</td><td>实时预警成功率</td><td>>99%</td><td>业务部门统计</td><td>%</td></tr>
<tr><td>3</td><td>视频留证成功率</td><td>视频留证成功率是系统助力安全管理效率提升的必要补充</td><td>>99%</td><td>业务部门统计</td><td>%</td><td>提升安全追溯和管理效率，助力每个人落实重视安全管理，最低人工管理成本创造最大安全效益</td></tr>
</table>

如表 3 所示，经模拟测试及使用后的 AI 数字化技术在标准化卸车管理中的安全隐患识别率在 90%以上，实时预警成功率及视频留证成功率均在 99%以上，大幅提升了运行部卸车现场隐患发现、上报效率和质量。同时，在后续 AI 数字化技术的应用中，违章率的降低、现场泄漏的及时预警和避免各类事故事件的发生，也可将的经济效益凸显出来。

参 考 文 献

[1] 李欢. 液化烃的装卸安全问题探讨[J]. 中国科技期刊数据库工业 A，2022(8)：0114-0117.

[2] 李强. 数智化汽车装卸栈台[J]. 中国科技期刊数据库工业 A，2022(8)：0195-0198.

[3] 杨景波，周淑花. 汽车装卸车栈台的安全管理[J]. 中文科技期刊数据库(全文版)工程技术，2022(11)：0128-0132.

炼化生产现场安全隐患AI智能识别应用

郝岱宗　李宥辰　魏天林　王　龙

（中国石油兰州石化公司）

摘　要　随着国民经济的快速发展，国家对炼化企业的安全运行重视程度越来越高。在这样的背景下，公司作为试点单位，承担了中石油数字化转型科研开发、应用实施的重大任务，共包括计划调度、工艺技术、设备管理、安全环保、化工销售、用能优化、平台赋能等多个板块共计31个应用场景，旨在通过本次数字化转型试点项目的实施，为公司高质量转型升级发展赋予强劲的动力。本文主要通过2023年公司系统大检修期间炼油运行某部常减压区域配合昆仑数智推进现场视频AI识别功能测试所做的一系列工作，介绍如何通过AI智能识别实现对人员违章、周界安全、操作规范、施工安全、设备工况、环境环保等方面的自动识别与告警，进一步提高炼化企业对现场安全环保的管控能力，助力企业实现数字化转型升级与高质量发展，为企业的安全发展贡献数字力量。

关键词　炼化生产；安全隐患；AI智能；算法模型；数字化转型；视频监控

随着现代科技的迅速发展，数字化应用越来越深入社会各行各业当中。石油化工行业作为国家经济持续发展的支柱性产业之一，也不可避免的需要通过各种新技术来提升装置安全环保技术水平，强化事故事件的预防告警能力。公司作为中国石油数字化转型第一批试点单位，积极承接相关科研开发与实验应用的重大任务。安全环保场景作为中石油集团规划的炼化企业八个一体化方向之一，其应用场景主要就是以提升风险管控能力为核心，实现风险隐患自动识别、事故隐患快速处置，为炼化企业实现绿色生产及本质安全奠定基础。计划通过该项目的AI识别算法开发，逐步实现对现场的人员违章、周界安全、操作规范、施工安全、设备工况、环境环保等方面存在的异常情况进行自动识别与告警推送，提升各装置现场安全环保运行水平。

1　现状分析及需求

石油化工行业属于典型的高危行业，其生产运行特征决定了每一套装置都存在大量风险点，且影响范围通常较大，因此从管理的角度看，其存在事故多发、管理难度较大、人工监管效率低等特点。

（1）安全生产事故事件易发生。石油化工行业从原料储存到炼化生产，从产品存放到货物运输，涉及到的各个生产环节都存在高低不同的安全环保隐患。而隐患往往可能会酿成重大安全环保事故，事故事件的发生在带来人员伤亡、财产损失的同时，也对企业形象、发展前景带来不可估量的损失。

（2）安全环保管理难度大。安全环保管理具有长期性、复杂性、全员性、系统性等特点，同时离不开各专业间的协调配合。一个企业的安全环保管理水平与各级管理人员、一线生产操作人员对安全环保的重视程度息息相关，工作人员越重视，发生安全事故的几率就越低。企业发展的安全环保投入与经济性间的平衡也一直是安环管理的重点和难点。

（3）人工隐患排查与监盘效率低。传统炼化企业的隐患排查主要依靠各级管理技术人员、操服人员反复的通过现场巡检、日检等方式进行摸排检查，存在人力资源消耗大、效率低、效果差的问题。虽然目前企业均在不断完善视频监控系统，但由于人工监盘存在大量不确定因素，因此当前视频监控系统依然存在监盘不到位、响应不及时、监控覆盖率不足等问题。

综上所述，依靠现有的管理模式与技术手段，已经无法满足炼化企业高质量安全发展的需求。针对炼化企业现场安全环保管理的难点、痛点，围绕现场安全环保管理的典型业务场景，经过与昆仑数智业务人员对现场监管功能与需求的对接，旨在通过建设基于视频AI隐患智能识别技术的算法开发与应用，实现对企业基层全场景中的人、机、环境的不安全行为或状态进行实时自动识别与快速告警响应，提供可视化记录与分析，同时覆盖多种安全环保隐患类型，从而实现有效识别现场风险隐患，大幅降低事故事件发生的概率，助力基层装置提高人工监盘效率。

2　智能隐患识别分析技术的设计与建设

2.1 功能服务

本系统功能服务主要包括智能隐患识别、智能隐患管理、算法管理与基础服务。各功能服务具体内容见表1。

表1　隐患AI智能识别功能明细表

序号	功能名称	功能内容
1	智能隐患识别	人员违章
		操作规范
		设备工况
		周界安全
		施工安全
		环境环保
2	智能隐患管理	预警处理
		标签收藏
		智能统计
		智能推送
		隐患检索
		大屏展示
3	算法管理	算法配置管理
		分析设备管理
		算法版本管理
		作业流程规则
		流媒体服务管理
4	基础服务	账户管理
		日志管理
		录像管理
		权限管理
		组织管理
		第三方接入

2.2　模型服务

安全环保隐患AI智能识别的核心技术就是算法模型的创建，如何通过建立精准的算法模型，实现对各类安全环保隐患的实时智能识别是本技术应用的基础。公司通过创建试点单位的形式，在2022-2023年中，通过昆仑数智的技术开发人员与炼油运行某部常减压区域、乙烯运行某部乙烯区域的大力配合，针对炼厂六类典型安全隐患，人员违章状态安全隐患、门墙周界安全隐患状态、现场作业操作安全隐患状态、生产区域施工安全隐患识别、设备运行安全隐患状态识别及环境状态及环保隐患。自研典型17种业务算法，现场验证了各类算法模型服务的可靠性。具体模型服务内容见表2。

表2　隐患识别算法模型明细表

序号	算法模型	模型内容
1	人员违章	室内睡岗
		室内离岗
		长时间玩手机
2	操作规范	乙烯卸车
3	设备工况	装置起火
		装置冒烟
		机泵起火
		机泵冒烟
		管廊起火
		管廊冒烟
4	周界安全	人员翻墙
		非法聚集
5	施工安全	高处作业
		动火作业
		喷涂作业
6	环境环保	液体泄漏
		气体泄漏

2.3　隐患识别与报警管理

当以上算法模型下装到某一视频监控点后，该点就具备了自动识别下装算法内的违规行为与异常状态的功能，可代替人工长时间盯屏监控，只需要日常做好报警平台登陆，在接到报警时及时现场确认处理即可，操作简单，上手快，不增加操作成本。

报警管理功能可自动对隐患进行分类，自动记录隐患发生地、时间段，对隐患问题自动排查、录视频，便于管理技术人员、操作人员快速查看本区域所属各装置各时间段内触发的安全环保隐患自动识别结果，以便于调查取证。同时，该系统目前可通过中油即时通进行报警推送，实现管理人员全天候接收安全环保隐患报警，具体例子见图1、图2。

2.4 隐患分析与管理

安全隐患智能识别系统可自动根据时间、区域、隐患类型等多种维度，对记录内隐患进行统计分析，便于管理技术人员及相关责任人快速评估风险，加强风险管控，提升安全环保管理水平。具体情况见图 3。

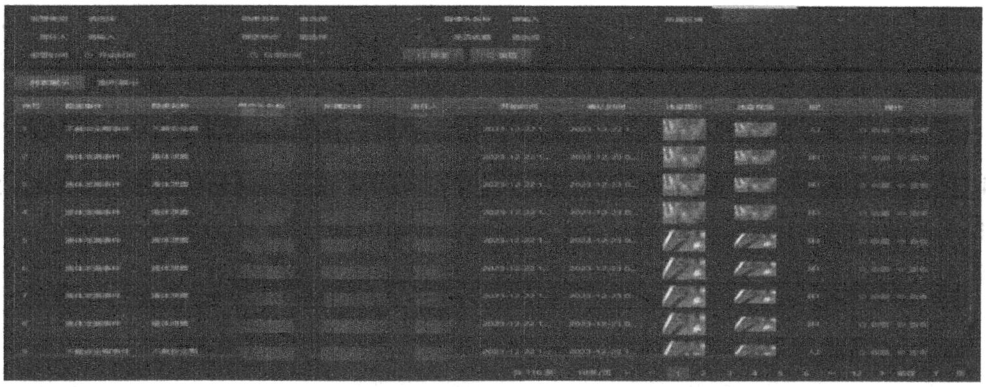

图 1　隐患管理明细图

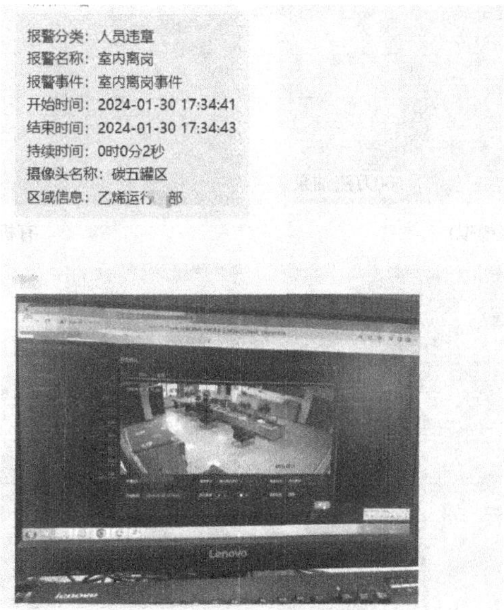

图 2　即时通报警推送验证

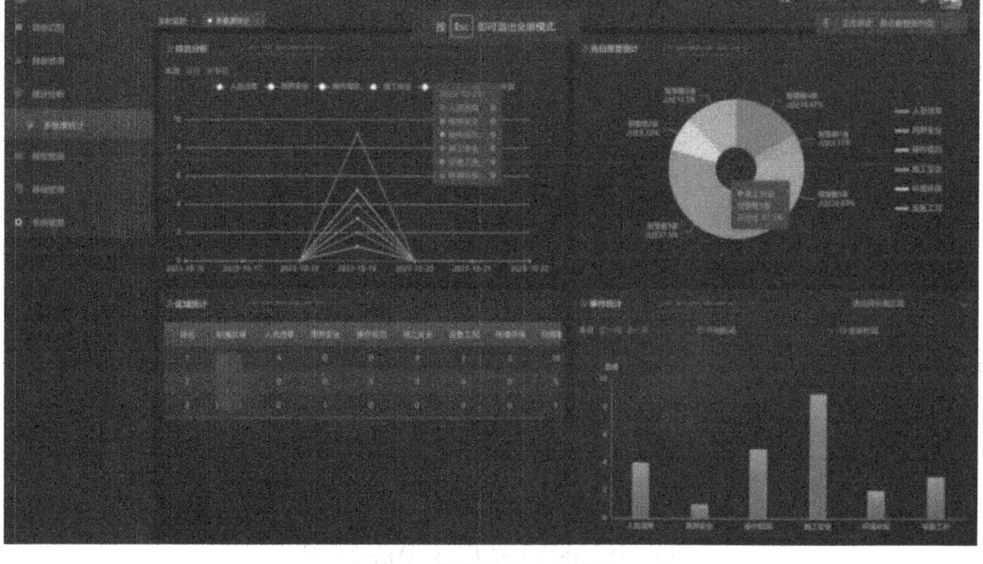

图 3　多维度统计分析图

3　应用效果验证及价值

基于公司 2023 年系统大检修，昆仑数智项目组及公司安全环保部及炼油运行某部常减压装置，在装置停工状态下，共组织 24 次各类算法的适配素材采集及算法验证。对日常固定摄像头难验证的算法，如起火、冒烟、施工、环境环保等四类 14 种算法进行适配素材完善及验证。

大检修结束投产后，昆仑数智项目组、公司安全环保部及乙烯运行某部卸车台、治安保卫部，共组织 21 次算法的适配素材采集及算法验证，重点对乙烯卸车类算法进行适配素材完善及验证。

3.1　典型算法验证—起火冒烟

1）在常减压区域现场适配及验证，本算法可识别炼化企业常见不同类型可燃物起火冒烟。验证情况见图 4。

2）结合炼厂复杂环境，如泵房内逆光、小火焰、曝光度强、距离远、夜间光污染等情况，基于图像增强技术、区域神经网络技术，大幅提升类似复杂环境下的识别成功率。验证情况见图 5。

一般可燃物火焰(纸张模拟)　　有机液体(煤油模拟)

有机气体(乙炔燃烧模拟)　　有机固体(塑料袋燃烧模拟)

图 4　起火冒烟算法现场验证图

极小火焰识别　　装置远距离　　夜晚泵房强灯光干扰火焰识别

逆光环境识别　　装置曝光度强+远距离　　夜晚装置灯光干扰+远距离火焰识别

图 5　复杂环境下起火冒烟算法验证图

3.2 典型算法验证—气体泄漏

1）结合炼厂真实素材训练、适配及完善，采用区域动态特征技术进行研发及改进适配，并在常减压区域现场验证，可识别水蒸气及有机气体泄漏等不同类型泄露。验证情况见图6。

2）结合炼厂现场环境实际，如不同距离、不同浓度、夜间光污染等复杂环境，基于小样本识别技术与图像增强技术，可实现白天近距离气体泄漏最短0.5s报警，远距离最短1s报警，所有泄漏均在3s内报警，同时大幅提升夜间强光干扰下的远距离气体泄漏报警识别率。验证情况见图7。

水蒸汽泄露识别

有机气体泄露识别

图6　气体泄漏算法验证图

近距离小浓度0.5s报警

夜晚泵房强灯光干扰气体泄漏识别

近距离小浓度气体泄漏报警

夜晚装置灯光干扰+远距离气体泄漏

图7　复杂环境气体泄漏算法验证图

3.3 典型算法验证—动火作业

结合炼厂现场环境及检维修数据，基于联合识别技术或区域识别技术进行研发及改进适配，实现动火作业下的模型算法，并进行现场验证。包括不戴安全帽、没有灭火器、监护人中途离开、消防通道占用、工作服不规范、不戴防护面罩、气瓶间距不足、乙炔瓶倾倒等场景。算法验证见图8、图9。

3.4 典型算法验证—高处作业

结合炼厂现场环境及检维修数据，基于人员识别技术进行研发及改进适配，实现高处作业以下事件的模型算法，并进行现场验证。包括不戴安全带、安全带挂钩使用不规范、监护人离开作业现场等。算法验证见图10。

3.5 典型算法验证—人员违章

结合炼厂现场环境及检维修数据，基于人体

关键点识别等技术，实现人员违章以下事件的模型算法，并进行现场验证。包括室内睡岗、离岗、打手机、现场不戴安全帽等。算法验证见图11。

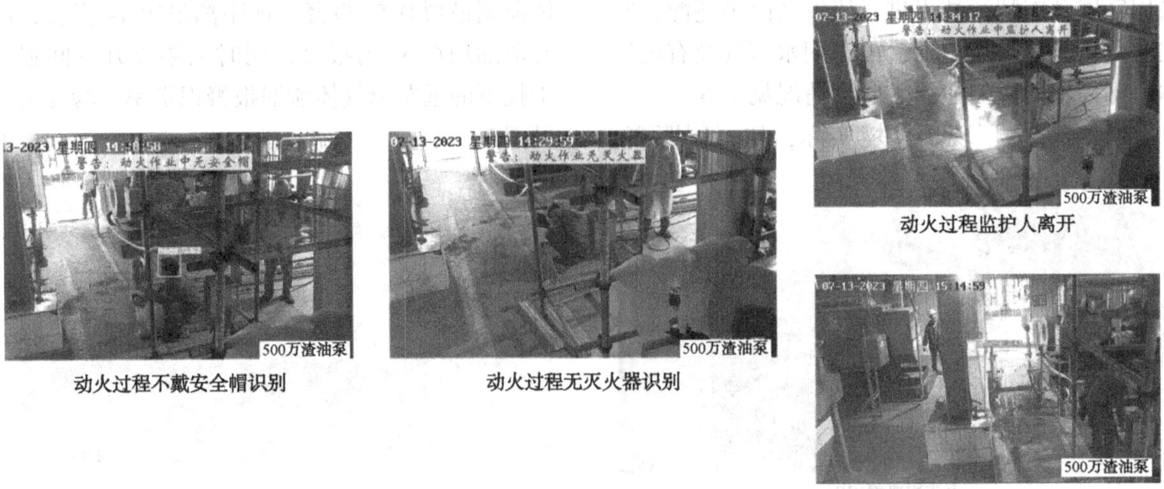

动火过程不戴安全帽识别　动火过程无灭火器识别　动火过程监护人离开　消防通道占用识别

图8　动火作业算法验证图

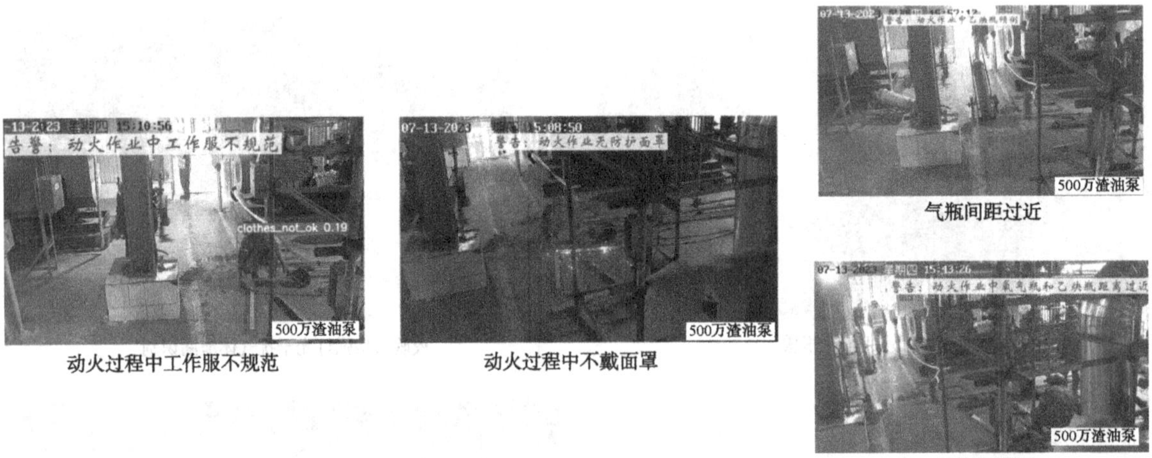

气瓶间距过近　动火过程中工作服不规范　动火过程中不戴面罩　乙炔瓶倾倒

图9　动火作业算法验证图

不戴安全带识别　挂钩位置错误识别(不挂、只挂一个、低挂)　监护人离开识别

图10　高处作业算法验证图

3.6　应用价值

本系统的应用价值主要体现在：一是生产安全提质增效，能够在2~5s内主动识别安全环保风险并声光报警、信息推送，预警准确度可达到90%以上，大幅提升提升安全隐患管理质量，上手简单便捷，提高员工工作主动性；二是安全管理降本增效，该系统智能化程度高，精准度高，节省人力，可将安全环保隐患消灭在萌芽状态，防微杜渐，实现综合降本增效；三是推广建设科技增效，本系统可基于生产装置原有视频监控系统尽可能利旧，节约资金投入与建设周期，同时基于安全算法隐患库和集团公司云端架构，便于

不戴安全帽

室内打手机

室内离岗

室内睡岗

图 11　人员违章算法验证图

技术的复制推广与应用，逐步在安全环保领域内落实集团公司数字化转型与智能化战略的目标。

4　存在的问题

安全隐患 AI 智能识别系统已经于 2023 年 6 月上线试运行，期间运转良好，可以实现设计中的各类隐患与违规行为识别。经过近半年的运行情况来看，目前还存在部分问题亟待解决：一是隐患识别功能依托于现场视频监控摄像，对其硬件清晰度要求较高，目前试点的两套装置中常减压区域摄像头多为模拟信号，清晰度无法达到系统运行需求，因此现场覆盖范围还较小，达不到全装置覆盖监控的需求，需要公司投资更新此类监控设施，提高硬件水平满足使用需求；二是隐患识别的算法模型还需要持续优化，对于操作室内人员离岗的监测方面还存在部分误报的情况；三是目前的算法模型包含的作业监督类型还较少，需要昆仑数智与公司进一步深化合作，开发出更多作业监督的算法模型满足现场各类施工作业的监管需求。

参 考 文 献

[1] 田欣，张晓刚. 基于工业互联网的石化企业视频 AI 隐患智能识别管理系统的应用研究与建设，工业安全与环保，2023 年第 49 卷增刊.

[2] 何英博. 智能监控分析技术助推石油化工企业数字化转型升级，信息技术与应用，1671-2064(2023)14-0052-03.

石油石化企业充电储能场所氢泄漏风险感知与监测技术

王　鑫　仲　诚　唐伟亮　唐　斌

（中国石油兰州石化公司）

摘　要　铅酸蓄电池在工业场所使用的主要危险性在于充电过程中会电解析出一定体积的逸散氢气。这就会出现属于爆炸性气体的氢气在构筑物空间顶层聚集。逸散的氢气和空气混合后会形成爆炸性气体混合物（爆炸极限4.0%~75.6%体积浓度），因此铅酸蓄电池在通风不良场所进行充电补能具有较高的火灾、爆炸危险性。

基于在“平衡移动定理”和“马斯充电三定律”的启示下，通过水的电解反应方程式可计算出1Ah电量完全用来电析水能够产生0.418L的氢气，并结合实际充电过程拟合（时间t-电流A）充电曲线，验证了充电过程中氢气逸散峰值出现在整个充电周期的80%处。假定在一个完整的充电周期内逸散的全部氢气聚集在构筑物顶部，可给出逸散氢气层能达到4.0%爆炸下限时混合气体厚度层的计算方法，并以此为泄露监测依据来指导现场初期消防预警工作的开展。

关键词　充电场所；氢泄漏；爆炸混合气体；计算方法

电动叉车操作简单灵活，操作人员的操作强度远低于内燃叉车。相比于内燃型叉车具有无污染、操作方便、节能、高效等优点。由于经济的发展和环保节能要求的提高，电动叉车的使用得到了快速发展。市场占有率逐年上升。尤其在石油化工、物流仓储、工程等行业，电动叉车正逐步取代内燃型叉车。工业场所电动设备的大量使用带来了相应工业动力电池的安全管理问题，如在其补能充电过程中充电间内强制通风措施管理不当有可能会造成严重的爆燃事故，因此必须依照现有的国标GB 51157—2016规范，满足生产或存储场所内工业动力电池充电间强制机械通风换气次数不应少于8次/h的管理要求。

1　铅酸蓄电池充电反应过程及析氢原理

电能消耗完毕的铅酸蓄电池完成了由活性化学能向电能的转化，此时正负极活性物质均为$PbSO_4$。此后的充电过程需由外界向电池进行补能充电，使正负极$PbSO_4$重新转化为PbO_2和Pb，保证了将电能重新转化为活性物质的化学能存储在电池内部。

$$2PbSO_4+2H_2O \longrightarrow PbO_2+Pb+2H_2SO_4$$

铅酸电池在热力学上是不稳定系，因为它的端电压是2V，远高于水的分解电压1.23V，因此作为水解的副反应是不可避免的。

充电过程发生的副反应：

负极离子方程式：$4H^++4e \longrightarrow 2H_2$

正极离子方程式：$2H_2O \longrightarrow O_2+4H^++4e$

综上：$2H_2O \longrightarrow 2H_2+O_2$

上述可逆反应中，作为主反应充电过程是必要的，但同时伴随的水解副反应消耗一部分能量是不利于主反应进行的也是无法避免的。而且在敞口充电过程中难免有灰尘等杂质进入电解液内部，这样就会进一步增加电解过程内阻提高端电压，促使水解逆反应的发生。

2　充电过程中析氢量的理论计算方法

在可逆反应中“平衡移动原理”作为一个可定性预测化学平衡点的基本原理，其基本主旨可理解为如果改变可逆反应的条件（如浓度、压强、温度、电压等）化学平衡就会被破坏，并向减弱这种改变的方向移动。

在工业动力电瓶的充电过程中外界向电池充电，随着主反应的不断进行电能不断被存储，主反应的生成物越来越多。根据“平衡移动原理”，主反应的反应速率将会降低，然而此时外加充电电流不变，蓄电池接受的电能不变，则更多的电能去参与副反应发生，因此电解水反应的速率会逐步提高，伴随着产生大量的逸散氢气。在极限情况下，铅酸电池充满电后若继续对蓄电池进行充电，则电能会全部用来电解水，而不再被蓄电池吸收转化成能量进行储存，这样可通过电离方程式及单位换算计算出该部分能量转化产生的逸散氢气量。

电解水反应式：

总的电极反应式：$2H_2O \longrightarrow O_2+2H_2$

负极离子方程式：$4H^++4e \longrightarrow 2H_2$

正极离子方程式：$2H_2O \longrightarrow O_2+4H^++4e$

已知一个电子的电量为 1.6×10^{-19}C

则 1mol 的电子电量为 $1.6\times10^{-19}C\times N_AC$

（N_A 为阿伏伽德罗常数取 $N_A=6.02\times10^{23}$）

又已知，在标况下(0℃，101kPa)下，1mol 气体体积为 22.4L

1C=1A·S，所以 1Ah=3600C

由此可得出，1Ah 电量全部用于电解水可以电析出的 H_2 体积 V_0

$$\frac{4\times1.6\times10^{-19}C\times N_AC}{3600C}=\frac{2\times22.4}{V_0}$$

可得 $V_0\approx0.418L$

即 1Ah 电量全部用于电解水可以电析出体积为 0.418L 的氢气。

以实际电瓶容量最大公约数 100Ah 计算整个充电周期内产氢量。

表 1　铅酸蓄电池失水量

名称	叉车南库(700Ah)	叉车北库(700Ah)
失水平均值	29.1	28.8
失水 mL/100Ah	4.15	4.11

从表 1 可以得出，工业动力电池在一个完整的充电周期内，蒸馏水的损失量约为 4mL/100Ah。

根据物质守恒和能量守恒定律，结合现场测量记录可认为充电过程中损失的电解液主要是电解水的副反应，受热蒸发量微乎其微。

以目前在用电池容量最大公约数 100Ah 为例，在整个充电周期内，按照损失的水完全来源于电解水来计算氢气的逸氢量。

总反应式为：$2H_2O \longrightarrow O_2+2H_2$

$m(H_2O)=\rho\times V=1\times4=4g$

$n(H_2O)=\frac{m}{M}=\frac{4}{18}=0.22mol$

在标况下(0℃，101kPa)下，取气体摩尔体积为 22.4L/mol

$$V(H_2)=\frac{4\times22.4}{18}=5L$$

综上在一定条件下，单位容量为 100Ah 的蓄电池在充电周期内损失约 4mL 水，同时生成 5L 的氢气

$m(H_2O)$ 为水的质量；$n(H_2O)$ 为水的摩尔质量；$V(H_2)$ 为氢气的体积。

通过上述计算可得出在一个充电周期内能够产生的最大氢气体积，再根据氢气 4.0% 的爆炸下限，可以计算出该体积氢气能够达到爆炸下限所需空间体积的最大值，如表 2 所示。

表 2　单组容量蓄电池产生氢气体积

序号	电池容量	产生氢气体积/L	爆炸下限最大体积/L
1	700Ah	35.0	875

3　叉车充电间充电曲线及析氢床层计算方法

蓄电池充电时间相关原理

计算铅酸蓄电池理论充电时间的方法为：

$$充电时间(h)=\frac{充电电池容量(Ah)}{充电电流(A)}$$

上述公式一般用于计算工业蓄电池的理论充电时间，随着单片机及电子集成电路的进步，智能化的充电方案应运而生。目前工业动力电瓶配备的充电桩大多数采用自动充电方案，当单片机通过端电压监测到铅酸蓄电池充满时会自动切断电源进入待机模式，这样既可以有效阻止电池过充，又可以大大减少逸散氢气的产生量从而延长了电池的连续使用寿命。因为充满电后蓄电池不再接受外加电能，此时若继续对蓄电池进行充电只会将电能完全用于电解水的副反应。

3.1　充电时间实际拟合(时间 t-电流 A)曲线

目前笔者现场在用充电机为林德 E D48V 和施能 CZB3 充电机均属于多级恒流充电模式，符合脉冲充电特性曲线，即充电电流随蓄电池的端电压升高而下降；在一个完整的充电周期内，首先使用 60A 左右的大电流进行恒流充电，当端电压达到析氢电压 2.4V 时，自动将充电电流减小 1/3；当电瓶电压重新升至 2.4V 时，再将充电电流减少 1/3；经过 2~3 级递减之后，随后进入小电流涓流充电模式，如图 1、图 2 所示。

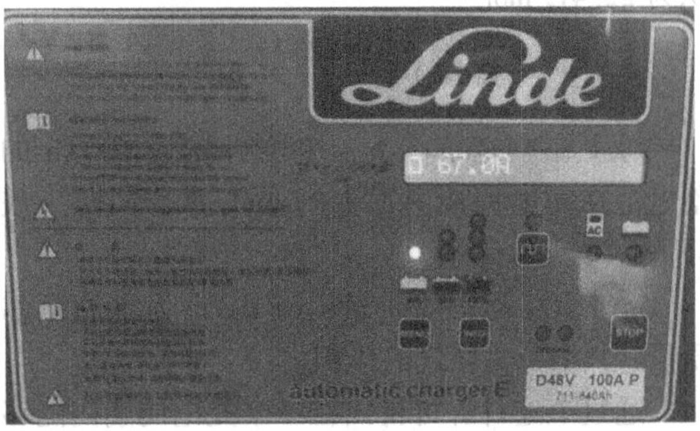

图 1　第一阶段的恒流电流为 67A

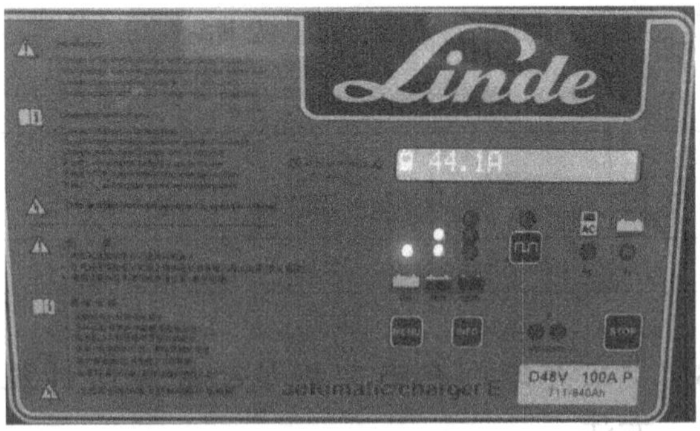

图 2　第二阶段的恒流电流为 44A

广义上讲传统的充电方式通常包含恒流充电过程，在恒流充电过程中充电电流保持不变。而根据马斯定律在充电过程中为保证电池尽可能的少析氢，施加给电池的外电流就要随充电时间呈指数性的下降。相反如果长时间采用恒流充电，在恒流充电后期可能出现充电电流超过耐受电流而导致电池电解液出现析气反应或温度上升，影响电池寿命。因此，传统的恒流充电方式易引起电池性能的下降、充电效果差，如图 3 所示。

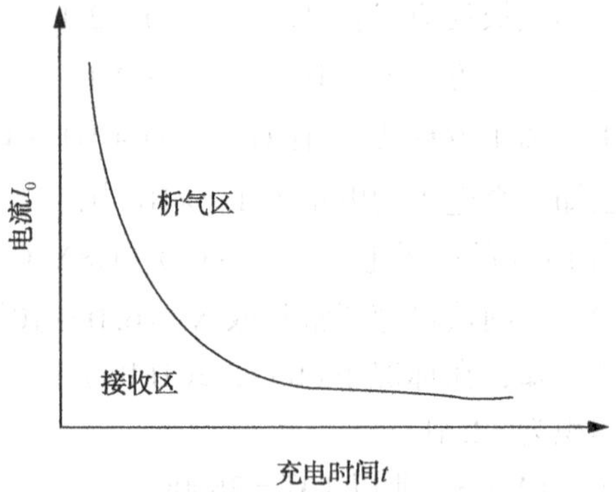

图 3　马斯曲线

理论充电时间：

$$I=I_0\exp(-\alpha t)$$

式中，I 为充电电流(随时间 t 变化)；I_0 为初始充电电流；α 为充电耐受比。

根据现场充电情况可拟合出实际(时间 t-电流 A)充电曲线，如图 4 所示。

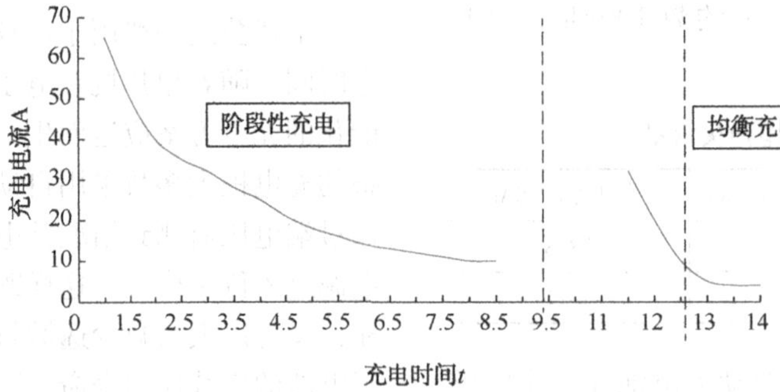

图 4　一个充电周期内(时间 t-电流 A)充电曲线

3.2　从冗余和极限条件下考虑满负荷充电条件下氢气混合层厚度

充电间总容量与氢气层分布规律计算。

根据前面的研究可计算得出，每种容量的蓄电池，在充电周期内能够产生的氢气的最大体积。再根据氢气的爆炸下限 4.0%，假设蓄电池充电过程中产生的氢气全部均匀分布在厂房的顶部，厂房顶部的面积是一个确定值，则此时达到爆炸下限的氢气层厚度是可以计算得出的。这个数值是在忽略了氢气逸出所带出的酸雾和电解水蒸发基础上得出的，所以是理想情况下的最大值，如表 3 所示。

表 3　充电间蓄电池数量及总容量

序号	充电间	充电机数量(个)	极限总容量(Ah)
1	叉车北库	17	11900
2	叉车南库	30	21000

假设这些蓄电池一起充电，充电过程中产生的氢气全部均匀分布在构筑物的顶部，如图 5、图 6 所示，由于构筑物顶部面积是一个确定值，则此时达到爆炸下限的氢气混合层是可以计算得出。

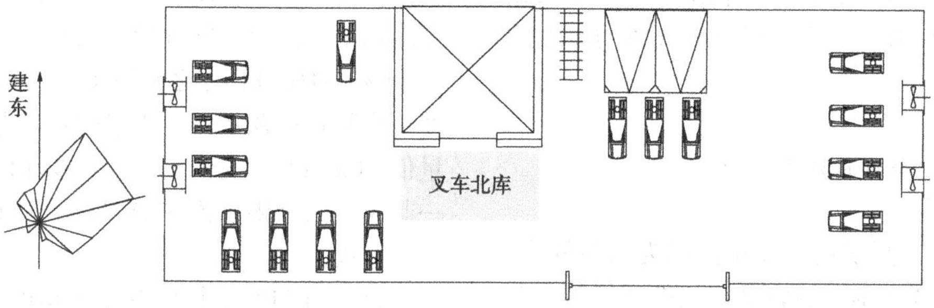

图 5　叉车北库充电示意图

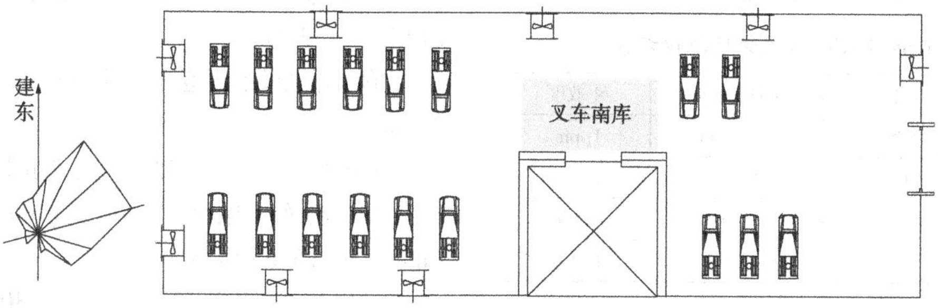

图 6　叉车南库充电示意图

叉车南库充电间尺寸：长(m)×宽(m)×高(m)= 51×15.65×4.3

$$V(H_2)=\frac{21000\times5}{100}=1050L$$

$$V_{max}=\frac{1050}{4.0\%}=26250L$$

$$氢气含量(按体积计算)=\frac{1.05m^3}{51\times15.65\times4.3}=0.03\%$$

$$叉车南库：D(H_2)=\frac{26.25m^3}{51\times15.65}=3.29cm$$

$V(H_2)$为氢气的体积；V_{max}为空气体积；$D(H_2)$为氢气层厚度。

叉车北库充电间尺寸：

长(m)×宽(m)×高(m)= 26.3×15.8×6.0

$$V(H_2)=\frac{11900\times5}{100}=595L$$

$$V_{max}=\frac{595}{4.0\%}=14875L$$

$$氢气含量(按体积计算)=\frac{0.595m^3}{26.3\times15.8\times6.0}=0.02\%$$

$$叉车南库：D(H_2)=\frac{14.875m^3}{26.3\times15.8}=3.57cm$$

$V(H_2)$为氢气的体积；V_{max}为空气体积；$D(H_2)$为氢气层厚度。

综上所述，假设在一个充电周期内逸散的氢气若全部均匀的聚集在充电场所顶部，叉车南库会形成一个厚度为 3.29cm，叉车北库会形成一个厚度为 3.57cm 的混合氢气层。

3.3　一般情况下电池总容量与氢气层的分布计算关系

由于氢气的密度远远小于空气，氢气一般在充电场所的顶部聚集。假设蓄电池充电过程中产生的氢气全部均匀分布在充电场所顶部，充电场所的顶部是一个确定值，则此时达到爆炸下限的氢气层厚度是可以计算得出。

充电间尺寸参数：

长(m)×宽(m)×高(m)= S×h

$$V(H_2)=\frac{C\times5}{100}(L)$$

$$V_{max}=\frac{\frac{C\times5}{100}}{4.0\%}=\frac{5C}{4}(L)$$

$$D(H_2)=\frac{\frac{5C}{4}(L)}{S}=\frac{5CS}{4}$$

对单位进行换算：

$$D(H_2)=\frac{5CS}{4}\times10^{-3}\times10^{2}=\frac{CS}{8}cm$$

$V(H_2)$为氢气的体积；V_{max}为空气体积；$D(H_2)$为氢气层厚度。

掌握此公式可以快速计算出任何充电间顶部，达到4.0%氢气爆炸下限混合气体的厚度为$\frac{CS}{8}$cm。

3.4 现场测量数据及结果论证

3.4.1 检测设备

本次验证性测试选定叉车南库为试验样本，采用检测仪器为GasAlertXTⅡ型便携型气体检测仪，该仪器可对硫化氢、一氧化碳、氧含量、可燃气体进行自动识别检测，如表4所示。

表4 GasAlertXTⅡ气体检测仪参数

序号	气体	测量范围	灵敏度
1	H_2S	0~200ppm	1ppm
2	CO	0~1000ppm	1ppm
3	O_2	0~30%	0.1%
4	可燃气体	0~100LEL	1.0%

3.4.2 检测过程及分析计算

为保证数据的准确性，数据采集采用两台相同型号仪器交叉测量，仪器编号分别为MA218-006857和MA214-015905。检测以充电过程中电瓶前0.5m、后0.5m、左0.5m、右0.5m、上0.5m，5点为采集点来建立基础数据库，如表5所示。

表5 现场仪器测量数据

序号	车号	H_2含量(LEL)				
		前(0.5m)	后(0.5m)	左(0.5m)	右(0.5m)	上(0.5m)
1	01506	0	0	0	0	11
2	00531	0	0	0	0	15
3	01520	0	0	0	0	21
4	01531	0	0	0	0	13
5	40155	0	0	0	0	17
6	01528	0	0	0	0	12
7	01543	0	0	0	0	31

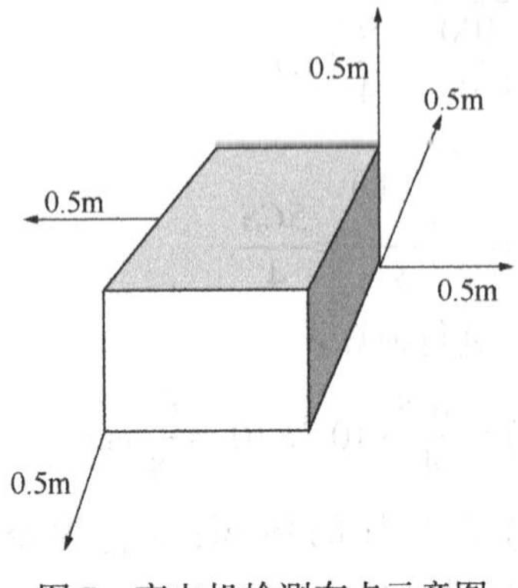

图7 充电机检测布点示意图

由图7可知在连续检测中，前、后、左、右方向均未检测出氢气含量，只有在正上方数值会在11%~31%(LEL)之间波动，这可以用氢气密度较小易在屋顶上方聚集来解释。考虑以最大测量值31%(LEL)为依据，计算在库内所有蓄电池一起充电的极限状态下整个库内空间体积H_2的百分浓度。

首先由LEL折算成百分比体积

VOL%=爆炸下限×爆炸下限浓度(LEL)

测量过程中氢气最大体积浓度：4%×31%(LEL)=1.34%

单组电瓶测量范围内体积：2×1.5×1.1=3.3m^3

极限状态下库内30台电瓶同时充电

叉车南库充电间尺寸：长(m)×宽(m)×高(m)=51×15.65×4.3

$$\text{氢气含量(按体积计算)}=\frac{30\times1.34\%}{51\times15.65\times4.3}\approx0.01\%$$

3.5 现场轴流风机强制通风风量的确定

根据所选房间的换气次数，计算厂房所需总通风量，进而计算得轴流风机数量。

计算公式：

$$N=\frac{V\cdot n}{Q}$$

式中，N为风机数量(8台)；V为场地体积(3432.045m^3)；n为换气次数(次/时)；Q为所选风机型号的单台风量(3920m^3/h)。

可得n=8.7次/h大于充电间换气次数8次/h要求。符合GB 51157—2016规范要求。

4 总结与结论

(1) 在极限满负荷状态下，若一个完整的充电周期内产生的氢气全部均匀的分布在充电场所顶部，可通过理论计算得出叉车南库库内H_2体积含量为0.03%，混合氢气层厚度为3.29cm，叉车北库库内氢气体积含量为0.02%，混合氢气层厚度为3.57cm。

(2) 在极限满负荷状态下，采用两台相同型号仪器进行交叉测量电瓶前0.5m、后0.5m、左0.5m、右0.5m、上0.5m，5点数据，并考虑以最大测量值31%(LEL)为依据，可计算在库内所有蓄电池一起充电状态下整个库内H_2的体积含量为0.01%。

（3）对比理论计算和实际测量两组数据分析可知，其数据均远低于 GB 51157—2016 充电间（区）空气中最大含氢量（按体积计算）不超过 0.7%的规定要求。说明在现有的操作和强制排风措施下现场风险受控。

（4）分析理论计算和实际测量数据相差 0.02%=2‰的原因，一是测量仪表精度为 1% LEL=0.4%=40‰（体积分数），远高于 2‰的宽度，二是实际测量数据要比理论计算值要低，这是因为实际检测是在通风环境中进行，所采集的数据不是单体空间内释放氢气的全部值。

参 考 文 献

[1] 孙书静. 酸性蓄电池室的防火防爆[J]. 叉车技术，2010(40)：39-41.
[2] 何汶静. 铅酸电池寿命不常的原因[J]. 电动车，2017(03).
[3] 张辉. 铅酸蓄电池充电场所氢气产生及分布规律研究[J]. 蓄电池，2016(07).
[4] 刘巍，马蓓蓓. 铅酸电池的可持续生产：概念及应用[J]. 电池工业，2016(01).
[5] 曹建伟，周潮，胡晓霞. 变电站蓄电池室节能减排的设计[J]. 技术与市场，2018(10).
[6] 龙德刚. 电动车铅酸蓄电池使用寿命研究[J]. 现代商贸工业，2011(01).
[7] 吕耀文. 蓄电池充电方法的研究[J]. 内蒙古科技与经济，2009(02).
[8] 安石妍. 铅酸蓄电池发展现状与回收利用[J]. 黑龙江科技信息，2012(13).
[9] 杜莎. 磷酸铁锂 VS 三元锂电发展[J]. 新能源技术，2020(30)：12-16.
[10] 时元福. 磷酸铁锂电池在新能源车上的应用[J]. 工程机械，2020(07)：04-07.

智能化管控平台在智慧化油库建设中的应用

葛芸芸

（中国石油新疆油田公司）

摘　要　随着科技的快速发展，智慧油库作为能源行业中的重要组成部分，越来越多地采用智能化管控平台来实现高效、安全和可持续的运营管理。本论文围绕智能化管控平台在油库安全管理中的应用情况为主要内容，分析总结了应用中存在的优势和挑战，并提出了未来发展的展望。

关键词　智能化管控平台；应用效果；智慧油库建设

1　智能化管控平台概述

1.1　智能化管控平台的定义与特点

智能化管控平台是一种基于物联网、大数据、人工智能等先进技术的综合管理系统。它能够实现油库各环节的智能化管控，包括设备监控、数据采集、安全预警、决策分析等。通过该平台，油库管理人员可以实时掌握油库的运行状态，进行科学决策，提高油库的运营效率。

1.2　智慧油库建设中的需求与挑战

智慧化油库建设面临着诸多挑战，油库重大危险源多、安全风险高，如油品储运过程中的安全风险、设备老化与维护问题、人员管理难度大等。而安全风险智能化管控平台建设，能够有效地解决这些问题，同时，智慧化油库建设也需要考虑到油库的特殊环境与条件，落实国家应急管理部、集团公司HSE（安全生产）委员会有关危险化学品安全、工业互联网+安全等工作要求，推动油库数字化转型、智能化升级的业务发展需要，加强互联网、大数据、人工智能和实体经济的深度融合，因此需要采用安全可靠的信息化技术手段。

1.3　安全风险智能化管控平台的系统功能架构设计

参照《油气储存企业安全风险智能化管控平台建设智能（试行）》，结合实际情况，以风险管控为核心，创新研发智能化管控平台，打造全过程信息化监管最强“大脑”。通过接入企业实时监测、视频监控、人员定位、设备状态、特殊作业等数据，实现安全管理基础信息、重大危险源安全管理、双重预防机制建设、特殊作业许可与作业过程管理、智能巡检、人员定位等基础功能的信息化、数字化、网络化、智能化。具体系统架构图见图1。

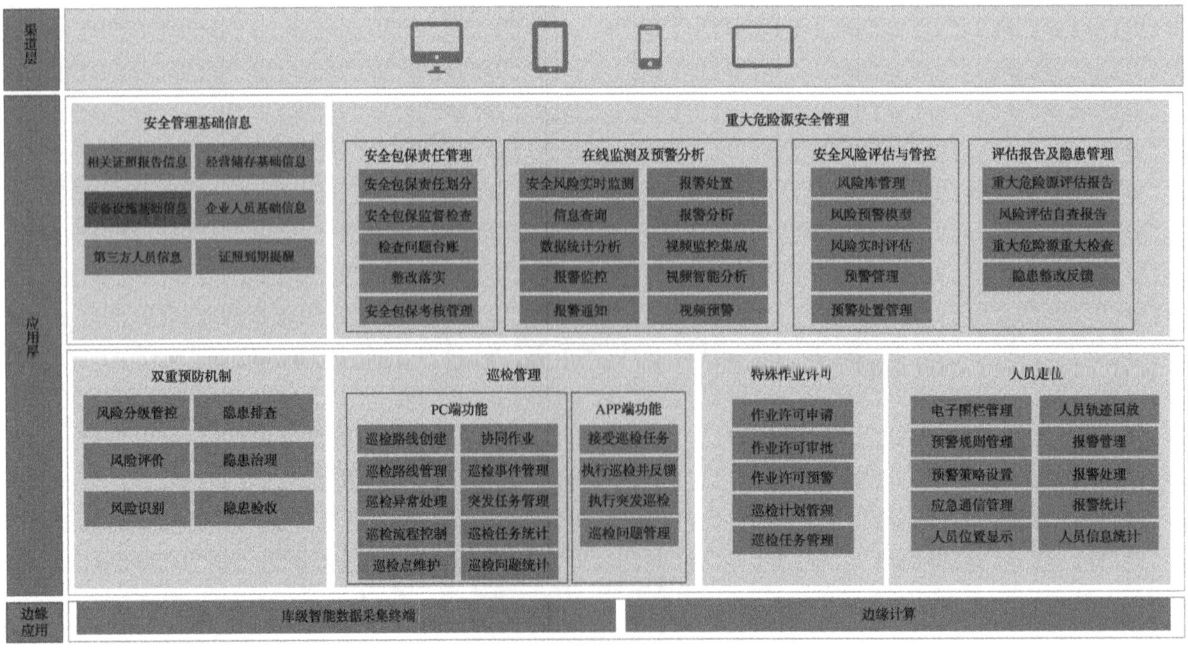

图1　系统功能架构图

2　智能化管控平台的应用实践

某企业已建安全生产风险智能化管控平台中，涵盖生产运行、作业过程、综合安全等三大主题域，包括安全管理基础信息、重大危险源管理、双重预防、作业许可、人员定位、智能巡检6个功能模块，92项功能。

2.1　安全管理基础信息模块

安全管理基础信息是安全风险智能管控平台基础，主要包含生产标准化取证信息、建设项目三同时管理、人员基本信息、安全监管人员、特殊作业人员管理、注册安全工程师信息管理、特种设备管理、特种设备作业人员管理、承包商人员管理、教育培训、特种设备检验(包括检验计划、检验结果、检验机构)、消防设备管理、基础信息报表统计等13个功能模块。该油库基层岗位人员录入设备设施电子档案，对企业人员和第三方人员信息进行补充维护等，避免了承包商人员信息、准入情况、培训记录、作业违章记录等问题发生，实现了各基础数据与属地监管部门平台互通，基础数据与其他功能板块共享。

2.2　重大危险源管理模块

重大危险源安全管理通过连接传感器和监控设备，对油库内的重大危险源进行监测和管理，解决了线下建档登记、备案审查相关数据资料保存、追溯问题，同时通过离线判断服务，实时掌握各部门数据在线情况，并通过离线告警触发机制，提醒管理人员关注数据状态，解决正常检维修/标定期间产生的预警困扰，帮助各级监督管理人员，通过视频智能分析，抓取现场人员违规违章行为等。

2.3　双重预防模块

双重预防机制的管理，油库现有HSE信息系统中的危害因素辨识和隐患排查治理模块是两个相对独立的功能，存在风险识别不全面、管控措施不到位等问题。通过安全风险分析对象管理、岗位管理、四色图管理、Hazop分析及风险评估、隐患录入、隐患整改、隐患验证、隐患台账等功能，可以自动监测关键参数，并在异常情况下发出警报，同时也可以提醒岗位人员进行核查和处理，实现任务推送、排查治理跟踪、异常状态自动预警等全流程管理。

2.4　作业许可模块

特殊作业许可与作业过程管理：油库危险作业主要涉及动火作业、受限空间作业、盲板抽堵作业、高处作业、吊装作业、临时用电作业、动土作业、断路作业8类，通过管控平台记录和审核作业许可，实现了易发生安全事故的非常规作业、特殊作业和危险作业的逐级审批、系统辅助监管，确保按照规定程序进行操作，并可以及时采取必要的安全措施。

2.5　人员定位模块

人员定位管理复杂，安全管理难度大，管控平台系统采用B/S架构部署，在终端网页实现了对岗位员工以及外来维保、施工人员等进行在线人员数量和信息统计、定位、电子围栏、SOS呼救功和轨迹回放等功能。实现对油库内人员的实时定位和追踪，可及时探测人员主动呼救报警、长期静止报警、人员越界报警、高空跌落等信息，并进行报警提示及响应，以便在紧急情况下进行快速响应和救援，并确保人员的安全。

2.6　智能巡检模块

借助信息化手段实时监控收集巡检数据并进行分析，实现巡检轨迹全程可查、运行参数实时比对、异常报警即时提示，有效强化巡回检查监督执行力，以高质量巡检保障装置安全运行及时发现设备异常或安全隐患，并通知相关人员进行处理和维修。解决了人工巡检不规范、数据上传不及时、不准确，管理难等问题，确保责任到人，杜绝安全风险，帮助油库巡检效能最大化。

3　智能化管控平台的应用效果

智能化管控平台的研究与应用，既是管理手段的创新，也是管理思想的创新，通过智能管理平台的建设，实现了“智慧油库”的既定愿景，对油库整体流程进行彻底的变革，使油库的安全防控管理能力更加智能化、现代化。自动化操作和数字化管理，减少了人工干预和手动操作的错误和延误，并降低人员劳动强度，减少岗位设置；实时监测和预警能及时发出预警信号，帮助管理者快速响应问题和风险；数据集成和共享整合了不同系统和部门的数据，实现信息的共享和协同工作，促进企业内部的沟通与合作，提升管理效能；决策支持和优化通过数据分析和模型建立，为管理者提供决策支持的指标和建议，帮助优化资源配置和流程设计，提高生产效益和质量，降低企业成本。

然而，智能化平台的应用也面临一些挑战。

技术要求高，智能化管控平台需要先进的技术支持，包括物联网、大数据分析、人工智能等，这对企业来说可能是一个技术投入和培训的挑战；数据安全和隐私保护，平台涉及大量的企业数据和信息，如何保障数据的安全性和隐私保护是一个重要的挑战，需要加强网络安全和数据管理措施；组织变革和文化转型，智能化管控平台的应用需要企业进行组织变革和文化转型，包括改变工作方式、提升员工技能和意识等，这对企业来说是一个调整和适应的挑战。

4 结语

综上所述，智能化管控平台在智慧化油库建设中的应用具有重要意义，能够有效地解决油库运营过程中的诸多问题，提高运营效率，降低运营成本，保障安全。未来，随着科技的不断发展和研究的不断深入，智能化管控平台的应用将会更加广泛，实现更高效、精准的管控和决策支持，为智慧化油库建设提供更加有力的支持。

参 考 文 献

[1] 曲泰安，高大鹏，白雪，等. 钢铁行业智能化能源管控平台的建设与应用[J]. 鞍钢技术，2020(04)：65-70.

[2] 刘卫英，王艳萍，田珍，等. 水泥企业安全生产智能化管控的研究与应用[J]. 劳动保护，2023(09)：87-89.

[3] 阎涛，曾恒，陈晓亮，等. 智能化园区管控平台在"智慧安全"管理中的研究与应用[J]. 军民两用技术与产品，2021(12)：25-31. DOI:10.19385/j.cnki.1009-8119.2021.12.013.

人工智能大语言模型在应急抢险救援中的应用

刘 强 陈 容 刘 勇 朱 姝

（中国石油新疆油田公司应急抢险救援中心）

摘 要 随着人工智能技术的不断发展，人工智能大语言模型作为其中的重要应用之一，在各个领域展现出巨大的潜力。本文重点探讨了人工智能大语言模型在应急抢险救援中的智能化应用。文章从人工智能大语言模型的基本原理和特点出发，详细讨论了其在应急抢险救援中的具体应用场景，分析了其优势和挑战，并展望了人工智能大语言模型在未来的发展方向和应用前景。人工智能大语言模型在应急抢险救援领域具有广泛的应用场景，如智能指挥、决策支持、智能预警、风险评估、智能救援、资源调度、智能辅助与协同合作等。然而，人工智能大语言模型在应用过程中仍面临数据隐私和安全、算法可解释性、系统集成和实时性等挑战。本文对于提高应急抢险救援的效率和准确性具有重要意义。

关键词 人工智能；大语言模型；应急抢险救援；辅助决策；预测模拟；数据分析；自主学习

1 引言

随着自然灾害和人为事故的频繁发生，应急抢险救援工作变得越来越重要。传统的抢险救援方法在面对复杂多变的情况时存在一定的局限性。而大语言模型的出现为应急抢险救援带来了新的机遇和挑战。本文将探讨大语言模型在应急抢险救援中的智能化应用。

2 大语言模型的基本原理和特点

大语言模型是一种基于深度学习技术的人工智能模型，旨在模拟人类语言的生成和理解能力。它是通过大规模的训练数据和神经网络模型来实现的自然语言处理模型。其主要目标是生成具有语法正确性和语义连贯性的文本。它通过学习大规模的文本数据集，从中提取语言规律和模式，并利用这些规律和模式生成新的文本。

2.1 大语言模型的核心原理：

大语言模型的核心原理是基于循环神经网络（Recurrent Neural Network，RNN）或者是其变种，如长短期记忆网络（Long Short-Term Memory，LSTM）或门控循环单元（Gated Recurrent Unit，GRU）。这些网络模型具有记忆和学习能力，可以处理序列数据，如文本。

在训练阶段，大语言模型使用大量的文本数据进行学习，通过预测下一个词或字符来训练模型。通过不断迭代和调整模型参数，使其能够更准确地预测下一个词的概率分布。这样，模型就能够学习到语言的规律、语法结构和语义信息。

在生成阶段，大语言模型可以根据给定的上下文，预测下一个可能的词或字符。它可以生成连贯的句子、回答问题、完成文本生成任务等。

大语言模型的训练需要大量的计算资源和海量的文本数据，通常使用分布式计算和并行处理来加速训练过程。同时，为了提高模型的性能和泛化能力，还可以采用一些技术手段，如注意力机制、残差连接等。

2.2 大语言模型的特点：

上下文理解能力：大语言模型能够理解上下文的语义和语法结构，从而生成与上下文相关的合理文本。这使得模型能够根据输入的抢险救援场景信息生成相关的应急指导和建议。

多样性和创造性：大语言模型不仅可以生成符合语法规则的文本，还能够展现一定的创造性，生成多样化的文本内容。这使得模型能够提供多种应急抢险救援方案，满足不同场景和需求。

快速响应能力：大语言模型具有高效的计算和推理能力，可以在短时间内生成大量的文本。这使得模型能够在紧急情况下快速响应，提供实时的应急辅助和决策支持。

持续学习和优化：大语言模型可以通过不断的学习和优化提高自身的性能和效果。它可以从用户的反馈中获取信息，并根据反馈进行模型参数的更新和调整，以提供更准确、实用的应急抢险救援建议。

总之，大语言模型以其强大的上下文理解能

力、多样性和创造性、快速响应能力以及持续学习和优化的特点，结合 AI 人工智能平台，形成一套整体的智能辅助决策平台（如图 1 所示），为应急抢险救援提供了新的可能性和潜力。在接下来的部分中，我们将详细探讨大语言模型在应急抢险救援中的具体应用场景和效果。

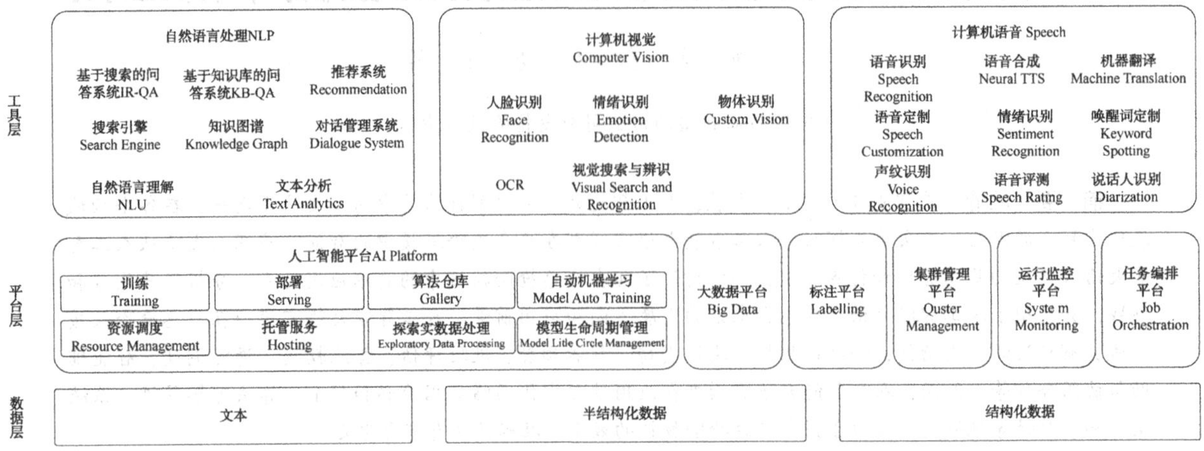

图 1　大语言模型+AI 智能平台

3　应急抢险领域的大语言模型训练

分割数据集：将历年应急抢险数据、预案和灾害数据经过预处理，将数据分割成训练集、验证集和测试集。通常，可以按照 70%（训练集）、15%（验证集）和 15%（测试集）的比例进行划分。训练集用于模型训练，验证集用于调整超参数以优化模型性能，测试集用于评估模型在未见过的数据上的表现。

词汇表构建：基于训练集数据，构建词汇表。词汇表包含了所有在训练数据中出现的单词或字符。可以选择字级别或词级别的词汇表，也可以使用词片（subword）方法，如 Byte Pair Encoding（BPE）或 WordPiece 等。

词嵌入：将文本数据中的每个单词或词片转换为高维向量表示。这些向量可以通过预训练的词嵌入模型（如 Word2Vec、GloVe 等）获得，也可以在训练过程中与模型一起学习。

确定超参数：为模型训练过程设置超参数。超参数包括学习率、批次大小（batch size）、训练轮数（epochs）、优化器（如 Adam、SGD 等）等。合适的超参数设置对模型性能至关重要。

模型训练：使用训练集数据进行模型训练。在每个训练轮次（epoch）中，将数据分成若干批次（batch），并依次输入模型进行训练。每次训练后，计算损失函数（如交叉熵损失）并更新模型参数。为防止过拟合，可以使用正则化技术（如 L1、L2 正则化）和 dropout 等。

模型验证与调优：在每个训练轮次结束后，使用验证集评估模型性能。根据验证集上的表现，调整超参数以优化模型。可以使用网格搜索（Grid Search）、随机搜索（Random Search）或贝叶斯优化（Bayesian Optimization）等方法进行超参数调优。

早停策略：为避免过拟合，可以设置早停策略。当模型在连续若干轮次（如 10 轮）验证集上的性能没有提升时，停止训练并保留最佳性能的模型。

模型测试：在完成模型训练和调优后，使用测试集评估模型在未见过的数据上的泛化能力。

模型评估：在训练和微调过程结束后，需要对模型进行评估，以确保其在实际任务中的性能达到预期。可以使用标准的自然语言处理评估指标（如准确率、召回率、F1 分数等）对模型进行评估，并与其他现有模型进行比较。

模型部署：当大语言模型达到满意的性能后，可以将其部署到实际应用场景中。包括将模型集成到应急抢险救援智慧平台等应用系统上。

模型维护与更新：根据不断积累的实战数据和应急抢险经验，需要定期更新和维护大语言模型，以确保其保持最佳性能。包括使用新的数据重新训练模型、调整模型参数等。

通过以上步骤，可以训练出一个针对应急抢险领域的大语言模型。在实际应用中，可以根据需求对模型进行微调（fine-tuning），以对特定任务提供相应作战决策辅助，如油气田、民用设施、自然灾害等应急抢险任务。

4　大语言模型在应急抢险救援中的应用场景

在应急抢险领域，大语言模型具有广泛的应用场景，可以提供实时的信息分析、决策支持和指导。以下是几个典型的应用场景：

智能指挥与调度：大语言模型可以通过分析海量的历史抢险救援数据和相关知识，实现智能指挥和调度。它能够根据不同的灾害类型和紧急程度，自动推荐最佳的抢险救援方案，并提供决策支持。

信息搜集与分析：在抢险救援过程中，及时准确的信息是至关重要的。大语言模型可以通过分析社交媒体、新闻报道和其他公开信息源，实时搜集和分析灾害发生地区的相关信息。它能够自动提取关键信息，进行情感分析和事件关联分析，为抢险救援人员提供全面的信息支持。

智能问答与咨询：大语言模型可以作为一个智能问答系统，回答抢险救援人员和受灾群众的问题。它能够理解自然语言问题，并基于其学习到的知识和经验，给出准确的答案和建议。这种智能问答系统可以大大提高抢险救援工作的效率和准确性。

资源调配与优化：在抢险救援过程中，资源的合理调配和优化是关键问题。大语言模型可以通过分析历史数据和实时信息，预测灾害发展趋势和需求变化，从而优化资源的分配和利用。它可以提供实时的资源调度建议，帮助抢险救援人员更好地应对突发情况。

智能风险评估：大语言模型可以通过分析历史灾害数据和相关知识，进行风险评估和预测（如图2）。它能够识别潜在的灾害风险因素，并提供相应的预警和建议。这种智能风险评估系统可以帮助抢险救援人员提前做好准备，减少损失和伤亡。

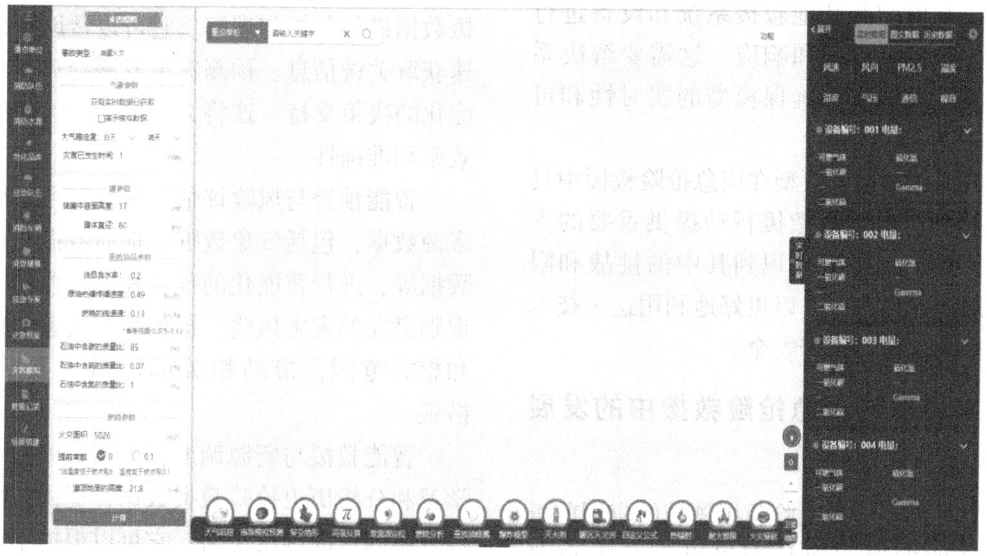

图2　大语言模型辅助决策对灾害进行评估、模拟和预测

综上所述，大语言模型在应急抢险救援中具有广泛的应用场景。它可以提供实时的信息分析、智能指挥与调度、智能问答与咨询、资源调配与优化以及智能风险评估等功能，为抢险救援工作提供强有力的支持和指导。然而，大语言模型的应用还面临一些挑战，如数据隐私和安全性等问题，需要进一步研究和解决。

5　大语言模型在应急抢险救援中的优势和挑战

大语言模型在应急抢险救援领域具有许多潜在的优势，可以为救援行动提供有力支持。然而，同时也面临一些挑战和限制。以下是对其优势和挑战的详细描述：

5.1　*优势*

快速响应和决策：大语言模型具备高速处理和分析大量信息的能力，可以迅速响应并提供救援行动所需的决策支持。它可以快速分析救援现场的各种数据，如地理信息、人员分布、资源需求等，帮助指挥部门做出及时而准确的决策。

智能预测和模拟：通过学习和分析历史数据和模型，大语言模型可以进行智能预测和模拟，帮助救援人员更好地了解可能发生的紧急情况和灾害影响。这有助于提前做好准备，并制定相应的救援策略和应对措施。

多模态数据处理：大语言模型不仅可以处理文本数据，还可以处理图像、声音和视频等多模态数据。这使得它能够从多个角度全面分析救援现场的情况，提供更全面准确的信息和指导。

5.2 挑战

数据隐私和安全：在应急抢险救援中涉及大量敏感数据，如个人信息、地理位置等。大语言模型的使用需要保证数据的隐私和安全，防止数据泄露和滥用。

算法可解释性：大语言模型往往是基于深度学习算法构建的，这些算法通常具有较高的复杂性和黑盒特性，难以解释其决策过程。在救援行动中，对算法的可解释性要求较高，以便救援人员能够理解和信任模型的决策。

系统集成和实时性：在应急抢险救援中，需要将大语言模型与其他救援系统和设备进行集成，以实现实时监测和响应。这需要解决系统集成的技术问题，并确保模型的实时性和可靠性。

总的来说，大语言模型在应急抢险救援中具有巨大的潜力，可以为救援行动提供重要的支持。然而，我们也需要认识到其中的挑战和限制，并持续研究和改进，以更好地利用这一技术来保护人民的生命和财产安全。

6 大语言模型在应急抢险救援中的发展方向

大语言模型在应急抢险救援领域的应用前景广阔，未来的发展方向呈现出以下几个重要趋势：

深度融合与整合：未来的发展方向之一是将大语言模型与其他技术和系统进行深度融合与整合。例如，将大语言模型与图像识别、传感器网络等技术相结合，实现多模态的信息处理和综合分析，提升抢险救援的效率和准确性。

实时决策与响应：随着大语言模型计算能力的提升，未来的发展方向之一是实现实时决策与响应能力。通过结合大语言模型的自动推理和决策能力，可以在紧急情况下快速生成最佳的救援方案，并实时调整和优化。

自主学习与适应能力：大语言模型的发展方向之一是实现自主学习和适应能力。通过不断与实际抢险救援场景的交互，模型可以从实践中不断学习和优化，逐渐形成更加精准和可靠的应急响应能力。

隐私保护与安全性：在应急抢险救援中，涉及大量的敏感信息和个人隐私。未来的发展方向之一是加强大语言模型的隐私保护和安全性，确保救援行动过程中的数据安全和信息保密。

大语言模型在应急抢险救援中的发展方向包括深度融合与整合、实时决策与响应、自主学习与适应能力以及隐私保护与安全性。这些方向的发展将进一步提升抢险救援的效率、准确性和可靠性。

7 大语言模型在应急抢险救援中的应用前景

智能指挥与决策支持：大语言模型可以通过深度学习和自然语言处理技术，对大量的抢险救援数据进行分析和理解。它可以帮助指挥部门快速获取关键信息、预测灾害发展趋势，并提供智能化的决策支持。这将大大提高抢险救援行动的效率和准确性。

智能预警与风险评估：大语言模型可以结合多源数据，包括气象数据、地质数据、社交媒体数据等，进行智能化的预警和风险评估。它可以识别潜在的灾害风险，提前预测灾害的发生概率和影响范围，帮助相关部门做出及时的应对措施。

智能救援与资源调度：大语言模型可以通过学习和分析历史抢险救援数据，提供智能化的救援方案和资源调度策略。它可以根据不同的灾害类型和地区特点，推荐最佳的救援行动方案，并优化资源的分配和调度，以提高救援效率和救援成功率。

智能辅助与协同合作：大语言模型可以与其他智能化系统和设备进行无缝集成，实现智能辅助和协同合作。例如，与机器人、无人机、传感器等设备结合，可以实现远程监控、物资运送、灾情勘察等任务，提高救援人员的安全性和工作效率。

总之，大语言模型在应急抢险救援中的应用前景非常广阔。随着技术的不断发展和创新，我们可以期待它在救援行动中发挥更大的作用。

8 结论

本文综合分析了大语言模型在应急抢险救援中的应用，并对其优势、挑战、发展方向和应用前景进行了探讨。大语言模型的出现为应急抢险救援工作带来了新的机遇和挑战，同时也需要我们认真面对其中的问题和难题。未来，随着技术的不断发展和应用场景的拓宽，大语言模型在应急抢险救援中的作用将会越来越重要。

参 考 文 献

[1] 徐月梅，胡玲，赵佳艺等. 大语言模型的技术应用前景与风险挑战[J/OL]. 计算机应用：1-10[2023-10-08].

[2] 华程. 基于云计算的人工智能训练平台应用策略研究[J]. 电信快报，2021(01)：17-19+42.

[3] 范仲毅. 人工智能训练师[J]. 成才与就业，2019(03)：72.

基于分布式光纤温度传感技术的管线泄漏感知研究

马　赟　张永虎　于　徽

（中国石油新疆油田公司）

摘　要　按照中石油“数字化转型、智能化发展”总体部署，以业务需求为驱动，以信息技术为手段，打造全面感知、自动生产等生产管理新模式要求，开展分布式光纤传感技术与油区转输管道业务深度融合研究。本文首先阐述了分布式光纤温度传感(DOFTS)技术的国内外研究进展，并与目前已有的管道泄漏监测技术作了对比；其次论述了基于后向拉曼散射的分布式光纤温度传感(DOFTS)技术理论基础，包括温室效应、光路解调原理及泄漏定位技术；最后以XJ油田MB/AH等区块为应用场景，对分布式光纤现场敷设方案、设计思路及噪声分析/处理方法、信号衰减/补偿方法等作了简单介绍，最后对分布式光纤温度(DOFTS)传感技术今后发展给出了浅析展望。

关键词　分布式光纤；拉曼散射；温室效应；光路解调；衰减补偿

光纤传感技术是将光纤作为媒介，利用光波感应外界信号的传感技术。光纤作为敏感原件，可以对被测信息进行传输和感知，实现了“传”与“感”的结合。经过多年的研究，光纤传感技术不断完善，分别出现了光纤中瑞利散射、布里渊散射、拉曼散射与温度及应力等物理量之间的关系。本文主要介绍了基于拉曼散射的分布式光纤温度传感(DOFTS)技术在XJ油田某区块转输管线中泄漏监测中的应用。

1　DOFTS技术国内外研究现状

1.1　国外研究现状

1981年英国南安普顿大学首次提出了DOFTS技术的定义，为光纤分布式测温奠定了理论基础；1983年英国Hartog研制出基于液芯光纤的分布式温度传感器，首次在100m光纤上实现1℃精度及1m分辨率的分布式温度测量；1985年，Dakin等人研制出基于拉曼散射的DOFTS系统，首次实现了固体石英光纤的分布式温度测量，论证了基于拉曼散射原理的光纤测温的可行性；1987年，英国YORK技术有限公司首次推出了商品化的拉曼后向散射效应的DOFTS系统。目前，英国Sensornet公司研发的DOFTS产品在60km距离内实现0.01℃的精度及1m的分辨率，处于国际领先地位。

1.2　国内研究现状

DOFTS技术在国内的研究起步较晚，但近三十年来发展也较为迅速。1991年，重庆大学研制出DOFTS实验样机，实现了1km光纤上的分布式温度测量。1995年，中国计量学院光电研究所张在宣等人研制出多模光纤拉曼DOFTS系统，在1km距离内温度分辨率为0.1℃；2013年，王剑锋等人将拉曼放大技术应用到分布式光纤拉曼温度传感中，实现了在50km距离内分辨率达到了2m。近几年，分布式光纤拉曼温度传感受到了国内各大高校以及科技公司越来越多的关注，使得国内在该领域的研究得到了大力发展。

1.3　与其他管线相关泄漏感知技术对比

1.3.1　流量平衡法

流量平衡法是在管网各站点安装流量传感器，根据上游流入介质是否与下游流出介质的体积相平衡来判断管道是否发生泄漏，该方法成本较低，但无法定位泄漏点位置。

1.3.2　超声波法

超声波法是指通过寻找泄漏声波中的超声波强度最大点进行泄漏定位，灵敏度较高，但信号衰减较快，需在管线中放置多个波传感器进行泄漏监测。

1.3.3　次声波法

次声波法时指通过测量泄漏时产生的次生信号到达管道两端传感器的时间差，并配合波速来估算泄漏点的位置；由于次声波频率较低，在传播过程中不易衰减，但易受到环境噪声影响，主要应用于长距离的管道泄漏监测(图1)。

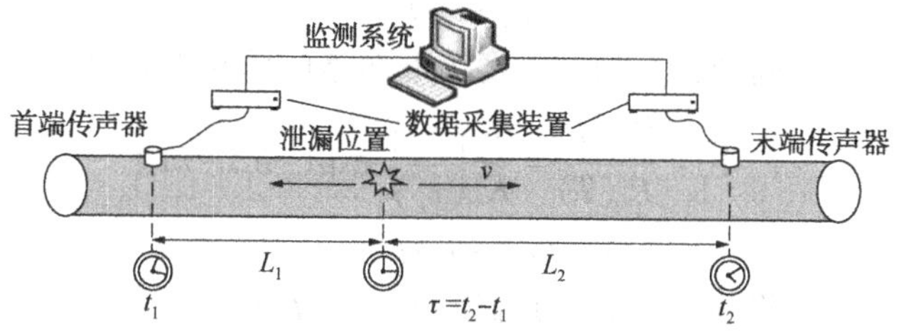

图1　次声波管道泄漏监测示意图

1.3.4　负压波法

当管道发生泄漏时，由于管内压力大于管外压力，管内介质由于压差作用快速向外喷涌，泄漏点附近的局部压力会瞬间降低，产生瞬时压降，这种压力波动即为负压波。负压波会从泄漏点向管道两端传播，利用安装在管道两端的高频动态压力传感器监测到的时间差，结合负压波的波速估算定位泄漏点位置。由于管输过程中的停泵、关阀等操作会形成压力波动，负压波法会产生误报现象；此外，对管道微小泄漏反应不灵敏，较易产生漏报现象。

1.3.5　管线泄漏感知技术对比(表1)

表1　管线泄漏感知定位技术对比表

	灵敏度	定位精度	误报率/漏报率	成本费用
流量平衡法	低	低	高	低
超声波法	较高	较高	较低	高
次声波法	较高	较高	较低	低
负压波法	中等	较高	较高	低
DOFTS法	高	高	较低	高

2　DOFTS技术理论基础

2.1　分布式光纤传感技术概述

光纤传感技术是利用光波作为信息载体在光纤中进行传输，光纤所处环境的压力、温度等因素发生变化时，会引起光信号的某些特征量(如相位、强度、偏振态等)发生改变，通过检测特征量的变化实现传感功能。由于光纤抗辐射、抗电磁、抗干扰，并且体积小、易弯曲，耐腐蚀，与传统电学式传感器更适用于某些恶劣环境下使用。

在分布式光纤传感器中，当外界环境作用在光纤上时，光信号特征参量会发生变化，通过测量特征参量能够实现光纤沿线的信息传感。

本文所述的DOFTS是指在散射光的温度效应的基础上进行温度测量，通过光时域反射(OTDR)技术对光纤定位，最终实现对光纤沿线温度空间分布状态以及温度变化信息的连续测量。

2.2　分布式光纤传感中散射分类

在光纤中，根据散射光频率的变化与否，分为瑞利散射，布里渊散射和拉曼散射。

瑞利散射光频率与入射光频率一致，仅改变了方向；在瑞利散射光频率两侧出现布里渊散射光，其光强比瑞利散射低，且频率发生改变；拉曼散射光强比布里渊散射更低，拉曼散射中高频率为反斯托克斯光(Anti-Stokes)，低频率为斯托克斯光(Stokes)。如图2、表2所示。

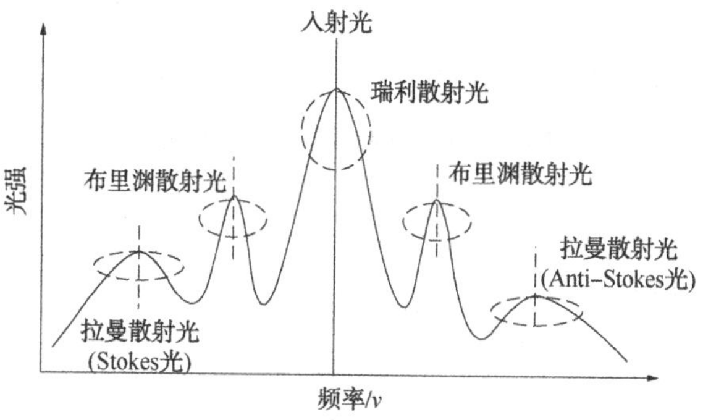

图2　分布式光纤散射分类图

表2　分布式光纤散射分类对比表

名称	种类	特　点
瑞利散射	弹性散射	适用于应力弯曲、故障点检测
布里渊散射	非弹性散射	适用于温度、应变等长距离高精度测量，但装置复杂，测量时间较长
拉曼散射	非弹性散射	适用于温度测量，结构简单

2.3　基于拉曼散射的光纤温室效应

通过量子学可得知：光的散射是由光子与介质分子的碰撞引起的。在碰撞的相互作用中，产生了能量交换，引起入射光子和介质分子的动量和能量发生变化。当发生非弹性碰撞时，入射光子的能量变化会引起散射光子的频率发生变化，产生拉曼散射。拉曼散射光谱中包括频率降低的反斯托克斯(Anti-Stokes)光和频率增加的斯托克斯(Stokes)光。根据Anti-Stokes光和Stokes光功率可推导出两种光对温度的相对灵敏度，如公式(1)、(2)所示。

$$\frac{dP_{as}(T)}{P_{as}(T)}=\frac{h\Delta v\exp(h\Delta v/kT)}{kT^2[\exp(h\Delta v/kT)-1]}dT \quad (1)$$

$$\frac{dP_s(T)}{P_s(T)}=\frac{h\Delta v}{kT^2[\exp(h\Delta v/kT)-1]}dT \quad (2)$$

式中，h 为普朗克常数；k 为玻尔兹曼常数；v 为拉曼频移量；T 为热力学温度。

可以得出 Anti－Stokes 光的温度灵敏度是 Stokes 光的温度灵敏度的 $\exp(h\Delta v/kT)$ 倍，图 3、图 4 为 Anti-Stokes 光和 Stokes 光灵敏度曲线（横轴代表温度℃，纵轴代表灵敏度%）。从图中可以清晰地看出两条曲线的灵敏度差异，也证明了 Anti－Stokes 光相较于 Stokes 光对于温度更灵敏。

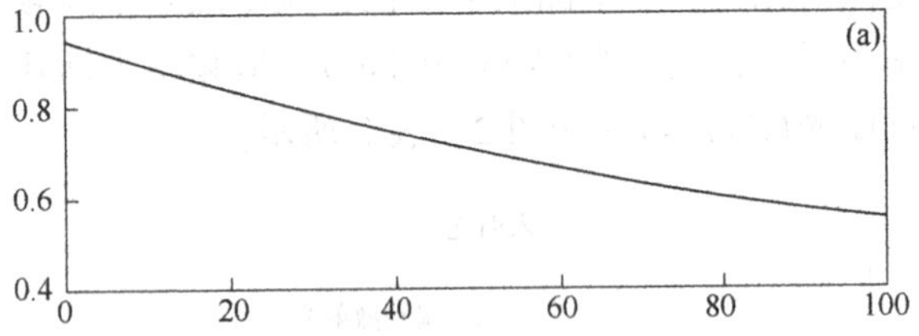

图 3　Anti-Stokes 光灵敏度曲线

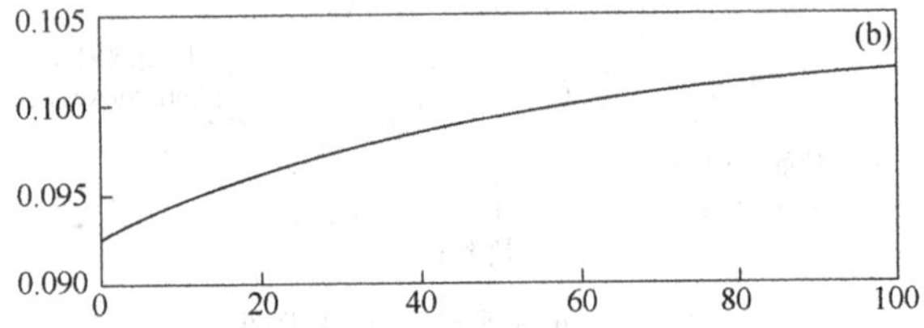

图 4　Stokes 光灵敏度曲线

2.4　基于 Anti－Stokes 光和 Stokes 光双路解调原理

目前在分布式光纤拉曼温度传感中，常用的温度解调的方法是采用基于反斯托克斯光和斯托克斯光的双路解调。

由于瑞利散射光强度较大，在双路解调中作为参考信号会影响测量精度，因此引入了斯托克斯光作为参考信号。斯托克斯光对温度相对不敏感，并且反斯托克斯光和斯托克斯光，两束光强度差别较小。

假设设定温度为 T_0，反斯托克斯光和斯托克斯光功率分别为：

$$P_{as}(T_0)=P_0K_{as}v_{as}^4\frac{1}{\exp(h\Delta v/kT_0)-1}\exp[-(\alpha_0+\alpha_{as})L]$$

$$P_s(T_0)=P_0K_sv_s^4\frac{1}{1-\exp(-h\Delta v/kT_0)}\exp[-(\alpha_0+\alpha_s)L]$$

那么 T_0 温度下两路信号的比值为：

$$F(T_0)=\frac{P_{as}(T_0)}{P_s(T_0)}=\frac{K_{as}}{K_s}\left(\frac{v_{as}}{v_s}\right)^4\exp(-h\Delta v/kT_0)\exp[-(\alpha_{as}-\alpha_s)L]$$

同理，在测量温度 T 下两路信号的比值为：

$$F(T)=\frac{P_{as}(T)}{P_s(T)}=\frac{K_{as}}{K_s}\left(\frac{v_{as}}{v_s}\right)^4\exp(-h\Delta v/kT)\exp[-(\alpha_{as}-\alpha_s)L]$$

将两式相除，并解调出温度 T 为：

$$\frac{1}{T}=\frac{1}{T_0}-\frac{k}{h\Delta v}\ln\left(\frac{F(T)}{F(T_0)}\right)$$

式中，T_0 为参考温度；k 为玻尔兹曼常数；h 为普朗克常量；Δv 为拉曼频移量；$F(T)$ 和 $F(T_0)$ 分别为测量温度 T 下和参考温度 T_0 下反斯托克斯光功率与斯托克斯光功率的比值。

该方法不仅可以消除光源功率波动带来的影响，并且反斯托克斯光和斯托克斯光功率和损耗系数相差较小，对设备（如波分复用器）的选择要求不高，且不会由于信号光和参考光的差值过大带来影响。

2.5　光时域反射（OTDR）定位技术

在分布式光纤传感中主要是利用光时域反射 OTDR（Optical Time Domain Reflectometer）技术进行光纤定位。

光源发出一定宽度的脉冲光进入到光纤，并在光纤 L 处发生散射，假设从光源发出脉冲光开始计时，到接收到 L 处的散射光为止，时间为 t，可计算 l 的位置为：$L=vt/2$（v 为光在光纤中的速度；t 为从光源发出脉冲光到探测器接收到 L 处的散射光的时间）。OTDR 技术工作原理如图 5 所示。

光源以一定频率发出脉冲光，探测器会接收到光纤各处位置的背向散射光。当某一位置发生断裂或故障，脉冲光强度就会发生变化，从而实现对光纤的定位。

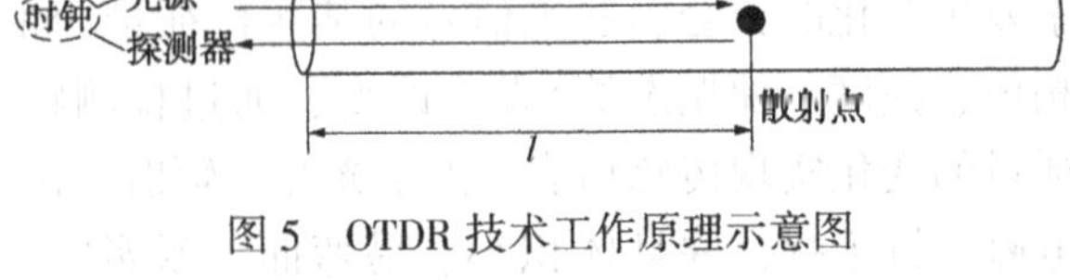

图 5　OTDR 技术工作原理示意图

3　DOFTS 技术在油田中的应用

3.1　应用背景介绍

MB/AH 油区是国内第一个投入规模开发的致密油油田，XJ 油田高效建产、稳产上产的主力区块，油藏区域位置呈高度分散、点多、线长、面广等特点。油区紧邻 ALK 湖、MNS 湖、KB 铁路等敏感区域，油区地面集输系统输油、输气管线深埋地下、纵横交错、线路长，常规管道泄漏监测技术误报率高、定位不精准，难以满足“生产安全、绿色环保”的要求。

3.2 分布式光纤现场敷设方案

MB/AH 油田共建有转油站 4 座，注输联合站 1 座，转输干线 8 条。管道规格为 DN250，设计压力 6.0MPa；管输介质为混输液，起输温度 40~50℃，运行压力 1.0~5.0MPa；采用聚氨酯泡沫塑料保温埋地敷设(埋地深度约为 2 米)，伴行光纤与管道同沟敷设。管道沿线有河流、道路、铁路等多处穿越，并建有阀室。

本项目在采油厂厂级监控中心设置 1 套管道动态泄漏监测管理平台，系统配置数据服务器、监控客户端以及监控管理平台软件；同时，在 M18 转油站、M2 转油站、AH2 转油站及注输联合站各配置 1 套管道泄漏监测系统主机，可采集上下游站管道的光纤温度分布，该系统主要由光纤温度解析主机、传感兼传输光缆、数据处理系统以及报警显示终端等组成。如图 6、表 3 所示。

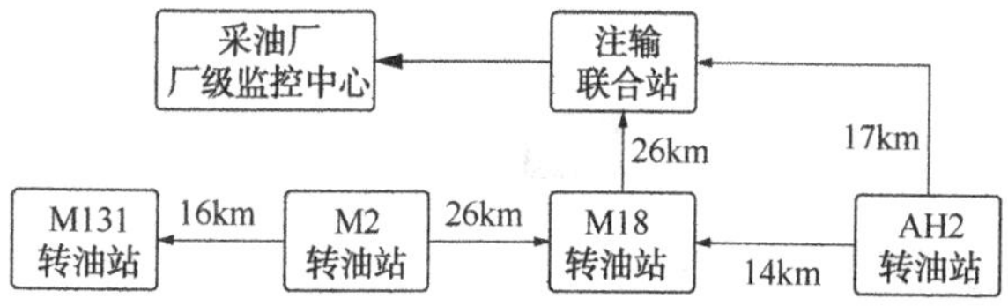

图 6　MB/AH 油田光纤敷设现状图

表 3　MB/AH 油田光纤敷设管道现状表

名称	设备安装点	监控管道名称
1	M18 转油站	M18 转油站~M2 转油站
2		M18 转油站~注输联合站
3	M2 转油站	M2 转油站~M131 转油站
4		M2 转油站~M18 转油站
5	M2 转油站	M2 转油站~收发(M131~M2)
6		M2 转油站~阀池(M18)
7	AH2 转油站	AH2 转油站~M18 转油站
8		AH2 转油站~注输联合站
9	注输联合站	注输联合站~AH2 转油站(复线)
10		注输联合站~M18 转油站(复线)

3.3 分布式光纤温度传感系统设计思路

分布式光纤拉曼温度测量系统主要由光源激光器、波分复用器、探测器、信号采集及控制电路、传感光纤及应用软件组成。

光源发出激光脉冲送入波分复用器中，并连接光纤将脉冲光耦合到传感光纤。当传感光纤置于在温度场中，光脉冲会在光纤的各点发生散射，波分复用器过滤瑞利及布里渊散射光，剩余拉曼散射光(分离为斯托克斯光和反斯托克斯光)，分离出的两束光采用基于反斯托克斯光和斯托克斯光的双路解调实现对温度解调并分别进行光电转换，电信号传输到数据采集卡中进行模数转换，数字信号经过解调算法和降噪处理后会在应用软件上显示光纤沿线的温度信息。如图 7 所示。

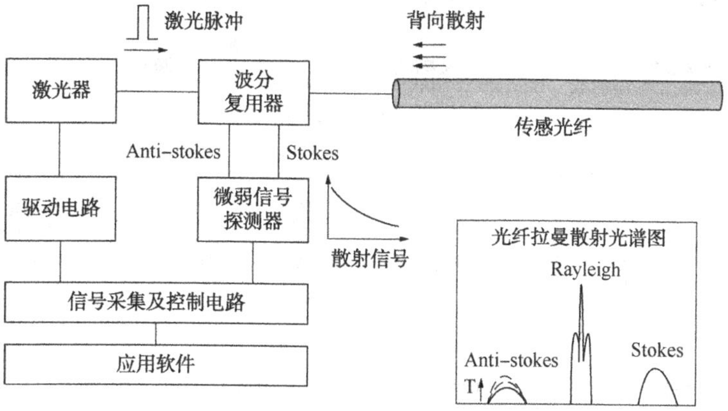

图 7　分布式光纤拉曼温度测量系统图

3.4 分布式光纤温度传感系统信号处理方法

3.4.1 噪声分析及处理方法

根据拉曼光谱学，对温度具有较强灵敏性的 Anti-Stokes 比 Stokes 散射光强度小，较易消失在系统的噪声中，获取空间温度信息较难困难。如：自发辐射噪声、探测器中的内部噪声(热噪声、散粒噪声等)以及对其他散射光(瑞利光)的隔离不够形成的噪声。分布式光纤温度传感系统中的噪声主要来自于探测器中的内部噪声。

本项目主要采用累加平均算法处理内部噪

声。由于光纤所携带的温度信号经过多次累加平均处理后信号的幅值不变，而系统中的随机噪声多次累加平均后会使其均值显著降低。因此，可利用累加平均算法可以有效地消除噪声，并得到所需要的温度信息。

此外，还可通过小波变换在不同频率空间对信号进行分解，并通过不同频域内信号与噪声的表现特征实现对其区分，剔除噪声并保留信号，将保留的信号进行重构，也可消除噪声。

3.4.2　信号衰减及补偿方法

基于拉曼散射的光纤测温系统中入射波波长与拉曼频移波数，Anti-Stokes 和 Stokes 光波长分别为：

$\lambda_{as}=1451\text{nm}$，$\lambda_s=1663\text{nm}$；

若入射光波速 $v_{in}=2.0775\times10^8\ \text{m/s}$，则 Anti-Stokes 和 Stokes 光波速分别为：

$v_{as}=2.0759\times10^8\text{m/s}$，$v_s=2.0795\times10^8\text{m/s}$。

由于色散导致两种散射光在光纤中的传输速度不同，对于相同的采样间隔，采集的数据点并非对应于光纤中的同一位置，进而产生位置误差。随着时间的累积误差逐渐增大，因此需要对此进行补偿控制。

考虑到 Stokes 与 anti-Stokes 两者散射光的波速不变，速度差也不变，因此，两种散射光的位置差与时间变化成线性关系。本次项目采用采样偏差 1/4m 作为阈值，通过线性插值算法进行补偿。即：构造经过全部样点的分段一次多项式以近似代替原连续函数，在图像上可以简单理解为将相邻样点间以直线段相连接。该方法计算量小、计算效率高。

3.5　分布式光纤温度传感系统监控平台

以云平台为基础，采用大数据支撑业务处理，建立管道全线安全预警系统，实现多条集输管线统一集中在线监控、态势感知、泄漏自动诊断分析等功能。如图 8、图 9 所示。

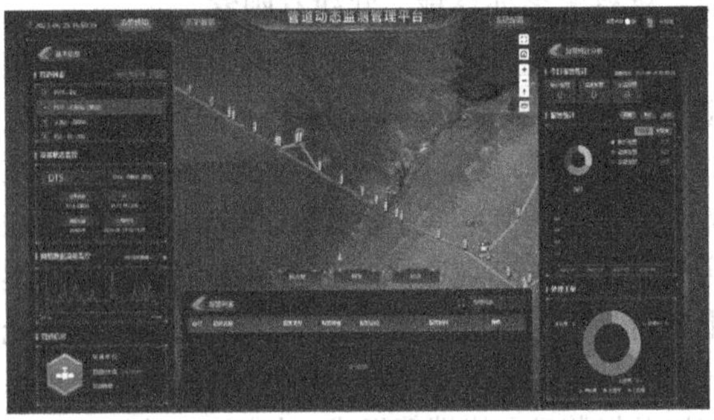

图 8　分布式光纤温度传感系统平台

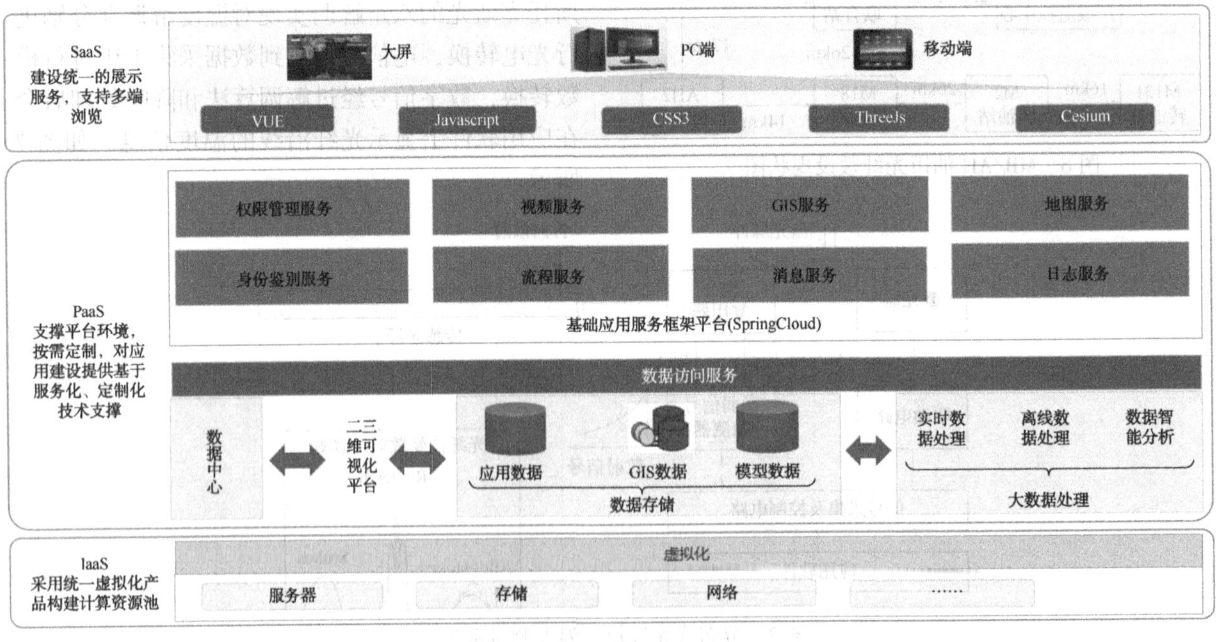

图 9　分布式光纤温度传感系统架构图

4　结论及展望

本文概述了分布式光纤温度传感（DOFTS）技术国内外研究现状及理论基础，并以 XJ 油田 MB/AH 区块 M18 转油站、M2 转油站、AH2 转油站及注输联合站，介绍了基于拉曼散射光的分布式光纤敷设方案及设计思路，并分析了噪声的产生及信号衰减机理，并提出了处理及补偿方法。

从文章中可看出，分布式光纤拉曼温度传感是一种近年来发展相对快速的新型测温技术，因能够实时监测光纤沿线各点所处环境温度的变化也被广泛应用于诸多领域。随着该项技术的研究发展，对DOFTS系统的性能指标也提出了更高的要求，因此，使用更先进的信号处理技术对采集的数据进行分析与加强，提升DOFTS系统的性能指标，对DOFTS发展和应用具有重要的意义。例如：通过机器学习算法寻找、归纳数据特征，是一种有效的传感信号分析和处理手段，在分布式光纤传感领域也得到了广泛研究与应用，在信息提取、信噪比提升、空间分辨率提升等方面都展现出优异的效果。

参考文献

[1] Hartog A. A distributed temperature sensor based on liquid-core optical fibers[J]. Journal of Lightwave Technology, 1983, 1(3): 498-509.

[2] Dakin J P, Pratt D J, Bibby G W, et al. Distributed optical fibre Raman temperature sensor using a semiconductor light source and detector[J]. Electronics Letters, 1985, 13(21): 569-570.

[3] 郑丹凤. 分布式光纤温度传感系统测量精度的改进与研究[D]. 西安：西安建筑科技大学，2011.

[4] 黄尚廉，梁大巍，刘龚. 分布式光纤温度传感器系统的研究[J]. 仪器仪表学报，1991，12(4)：359-364. DOI:10.19650/j.cnki.cjsi.1991.04.004.

[5] 张在宣，刘天夫，张步新，陈阳，陈晓竹. 激光拉曼型分布光纤温度传感器系统[J]. 光学学报，1995，15(11)：1585-1589.

[6] 王剑锋，刘红林，张淑琴，余向东，孙忠周，金尚忠，等. 基于拉曼光谱散射的新型分布式光纤温度传感器及应用[J]. 光谱学与光谱分析，2013，33(4)：865-870.

[7] Hao H, Zhang H L. Design of flow measurement system based on LabVIEW[J]. IOP Conference Series: Materials Science and Engineering, 2020, 789(1): 012027.

[8] 方超. 基于VMD-SSA和阵列定位输气管道泄漏监测系统研究[D]. 淮南：安徽理工大学，2022.

[9] 刘良果，梅茜迪. 次声波的输气管道泄漏监测技术综述[J]. 石化技术，2018，25(12)：203.

[10] Chen Q, Shen G, Jiang J, et al. Effect of rubber washers on leak location for assembled pressurized liquid pipeline based on negative pressure wave method [J]. Process Safety and Environmental Protection. 2018, 119: 181-190.

[11] 刘德明，孙琪真. 分布式光纤传感技术及其应用[J]. 激光与光电子学进展，2009，46(11)：865-870.

[12] 常胜，李伟良. 分布式光纤温度传感检测技术及应用[J]. 广东电力，2002，15(4)：36-38.

[13] 张明生. 激光光散射谱学[M]. 科学出版社，2008.

[14] Farahani M A, Gogolla T. Spontaneous Raman scattering in optical fibers with modulated probe light for distributed temperature Raman remote sensing [J]. Journal of Lightwave Technology, 1999, 17(8): 1379.

[15] 张在宣，王剑锋，余向东，郭宁，吴孝彪，冯海琪，等. Raman散射型分布式光纤温度测量方法的研究[J]. 光电子·激光，2001，12(6)：596-600.

[16] Kapron F P, Adams B P, Thomas E A, et al. Fiber-optic reflection measurements using OCWR and OTDR techniques [J]. Journal of Lightwave Technology, 1989, 7(8): 1234-1241.

[17] 王宗良. 分布式光纤拉曼温度传感系统信号处理及性能提升[D]. 山东：山东大学，2015.

[18] 张旭平，张宜昕，王亮，余贶琭，尹国路，等. 分布式光纤传感技术研究和应用现状及未来[J]. 光学学报，2024，44(1)：1-63. DOI:10.3788/AOS231473.

[19] 熊小琴，杨君，程猛猛，李妍，何立军. 原油输配系统优化及应用[J]. 新疆石油天然气，2021，17(3)：74-78.

[20] 冯小刚，黄大勇，鄢雨，赵黎，张绍鹏，宋多培. 李晓华站完整性管理与智慧管网建设及应用[J]. 新疆石油天然气，2020，16(2)：88-92.

[21] 祝守丽，祁明业，黄波，柳玉均，王海瑞. 克—独反输管线运行优化研究[J]. 新疆石油天然气，2021，17(2)：82-87.

[22] 李宏波，罗平亚，白杨，李道雄，常爽，柳新国. 机器学习算法概述及其在钻井工程中的应用[J]. 新疆石油天然气，2022，18(1)：1-13.

[23] 祝守丽，祁明业，黄波，柳玉均，王海瑞. 克—独反输管线运行优化研究[J]. 新疆石油天然气，2021，17(2)：82-87.

宁夏石化公司长周期安全运行智能技术探析

马红艳　张新军

（中国石油宁夏石化公司）

摘　要　炼化企业效益的前提是“安全、平稳、高效、长周期”运行。而长周期运行是一项系统工程，涉及到工程设计、工厂建设、运行管理等，包括工艺、设备、安全、环保、检维修、分析化验、物资采购等多个专业，核心是“本质安全”及“风险控制”。基于此的长周期运行管理技术革新及技术进步是各家炼化企业不断的追求，如何更好得用数智化搭台，采用新技术、新工艺、新材料，来提高企业的长周期运行管理水平，是宁夏石化公司近年来不断的探讨的课题，强化制度建设，规范工作流程，提高工作标准，“建章立规”，同时重点着力在薄弱环节的提升研究，如作业许可管控、工艺设备变更风险识别、现场隐患排查治理、一分钟应急等，提升本质安全能力，夯实安全长周期管理的基础，提高装置的运行能效，实现装置高质量运行、提高企业的核心竞争力。通过加快数智化工厂建设，助力工厂高效运行，以数字技术与业务的迭代转型，各类智能优化技术的研究和应用，为高质量发展赋能。公司先后组织实施了能源管控、生产现场安全受控、工艺防腐、工艺平稳性等平台的建设和使用，打通了操作变动、变更管理网上审批流程，并建设了网络学院，员工实现了日常多媒体小课堂各类生产技术培训，这些极大的助力了现场本质安全的管理提升，生产和风险的受控管理及工厂公用工程的管理和优化，夯实了长周期运行基础。

关键词　长周期；本质安全；风险控制；数智化；高质量发展

1　前言

宁夏石化公司是集炼油、化肥一体化石化企业，其中现有原油加工能力500万吨/年，2011年12月投产，2023年投产在运行的化肥装置年产尿素80万吨。公司炼油为典型的“燃料型”加工流程，化肥为国内首套天然气为原料的“国产化”装置，开工运行以来经济效益逐年向好。公司目前顺势而为、乘势而上，以“建设具有核心竞争力、和谐幸福和绿色安全的一流石化企业”为发展战略目标，开启了高质量发展的新局面。企业追求“安全、平稳、高效、长周期”运行的过程中最大的难题是安全的长周期运行，这是企业效益的前提。长周期运行是一项系统工程，涉及到工程设计、工厂建设、运行管理等，包括工艺、设备、安全、环保、检维修、分析化验、物资采购等多个专业，核心是“本质安全”及“风险控制”。因此长周期运行管理技术革新及技术进步是企业永久的追求，如何更好得采用新技术、新工艺、新材料和数智化新技术结合来提高企业的长周期运行管理水平，是宁夏石化公司近年来的重点着力点。通过加快数智化工厂建设，各类智能优化技术的研究和应用，如生产现场安全受控管理、工艺防腐、工艺平稳性系统、能源管控、设备管理等平台的建设和使用，助力了现场本质安全的管理提升，生产和风险的受控管理及工厂公用工程的管理和优化，夯实了长周期运行基础。

2　宁夏石化公司长周期管理数智技术

（1）细化生产全过程管控要点，以长周期运行为目标，数智化搭桥，提高生产运行和工艺技术管理水平。

① 通过管理创新，利用宁夏石化公司综合管理体系信息平台下的管理制度子目录，网上可以实时、动态查询最新的生产管理制度，如操作规程管理、报警管理等，并随时可以在记录表单子目录下下载在用的各类单据，如承包商管理等，强化制度建设和执行，开展生产装置和岗位标准化建设，规范生产全过程管理。如图1所示。

② 变更即风险，变更是最大的安全风险。通过强化变更管理，打通网上审批流程，实现操作变动、工艺/设备变更的网上审批，各类技术文件如检维修方案、开停工方案、操作规程、操作卡及变更前风险评价、培训交底均实现网上审批，确保变更受控。如图2所示。

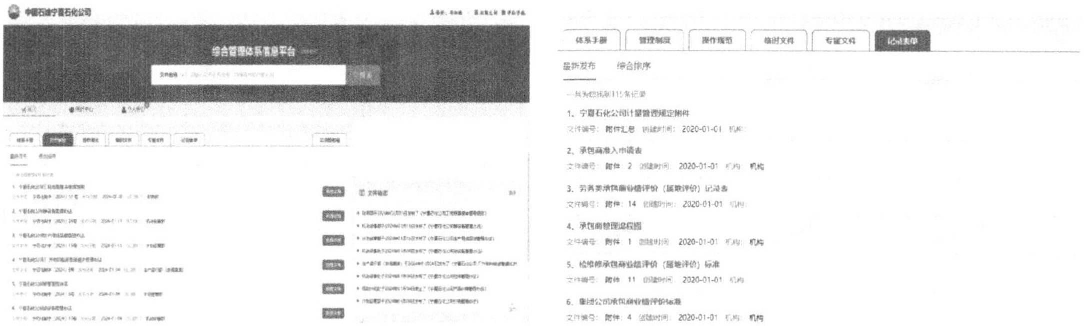

图 1

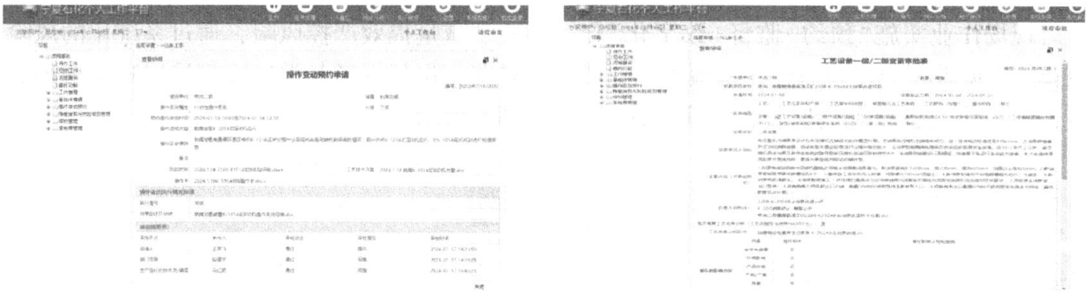

图 2

③树立生产波动就是生产事件的管控思维，强化操作波动管理，不放过装置小波动，通过对日常生产波动的管控，实现当日分析、解决问题，当日出波动总结报告，促进管理和操作水平的提升。与宁夏石化 e 学院结合，将日常波动做成多媒体课件，放在网上学院里进行学习并在各类会议上进行安全经验分享，杜绝同类事件的发生。如图 3 所示。

图 3

④ 建立工艺平稳性体系，强化操作平稳率、仪表自控率、联锁投用率及高频报警率等四率管控，通过建设宁夏石化自控平稳率监控系统，对装置的报警情况和实时自控率及控制状态做到实时监控，及时进行操作调整，并上报分析偏差原因，通过偏差管理，持续推动“四率”提升，确保操作平稳受控。如图 4、图 5 所示。

（2）借助数字化手段，打通巡检系统、工业视频系统、工艺防腐管控系统、ERP 系统，卡具管理平台，现场作业预约、变更审批等，实现现场管理的标准化、规范化和可视化过程，降低现场风险，提升现场管理水平夯实长周期生产基础。

① 通过建设生产现场安全受控管理平台，对现场巡检情况进行实时管理，巡检人员实时位置、巡检内容及有无异常可以随时进行监控；开展操作前“STOP 5 秒”四问、落实现场作业“四有”

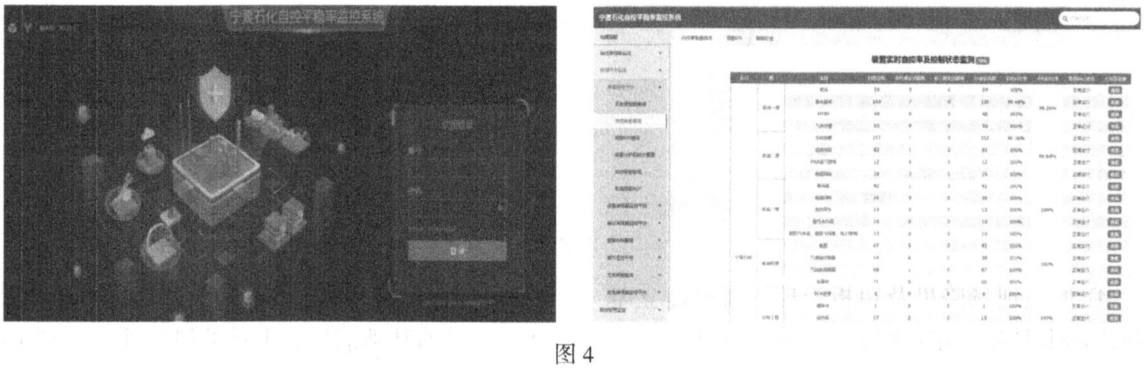

图 4

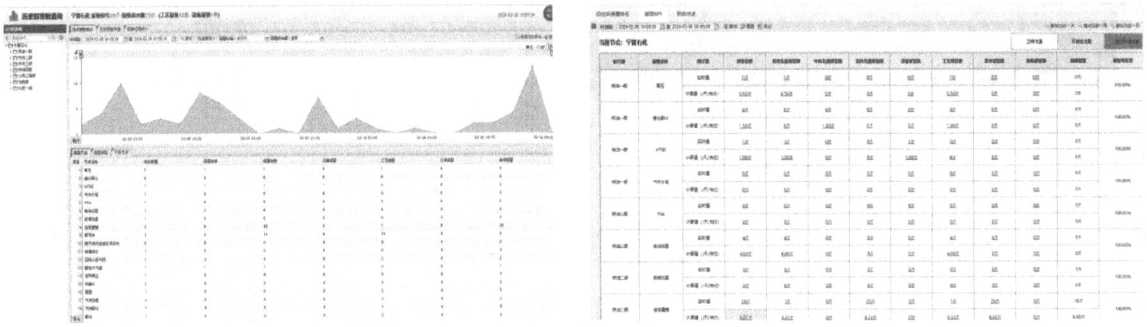
图 5

要求，对现场作业实施“预约+监督+数字化”作业管控模式，除非紧急出现事件，未预约作业严格考核，预约作业各级现场监督人员实时跟踪，实现减量提效严控风险，通过系统化的风险管控思路，保障现场各类风险管控屏障安全可靠。如图 6 所示。

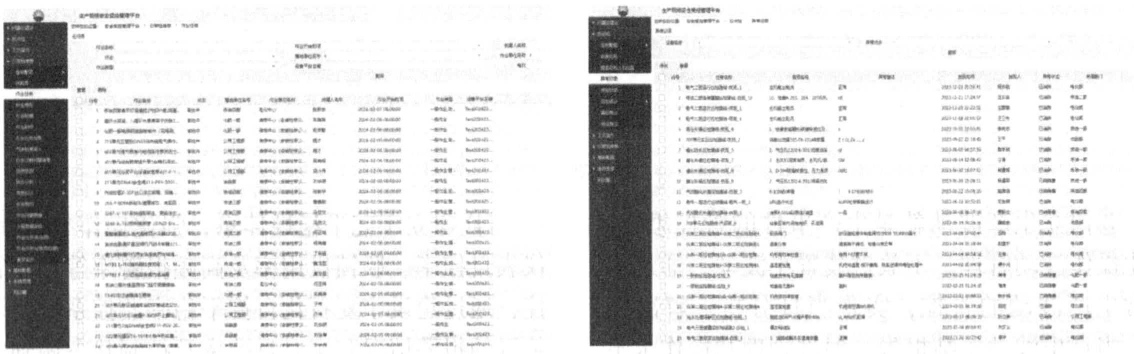
图 6

② 通过建设宁夏石化工艺防腐管控平台，实现对装置腐蚀实时监测及水冷器运行、工艺防腐措施的管控，极大的促进了源头管控，本质安全。如图 7 所示。

③ 通过能源管理优化智能系统的建设，实现低温热水、蒸汽、循环水的系统管理和优化，对公用工程系统的高效利用及现场资源优化配置提供了有力的支撑。如图 8 所示。

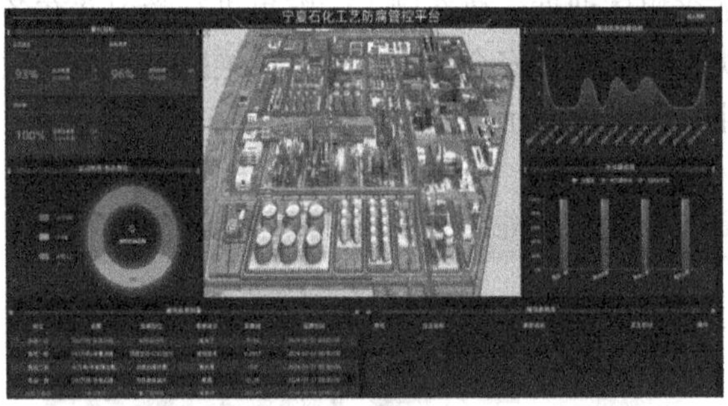

图 7

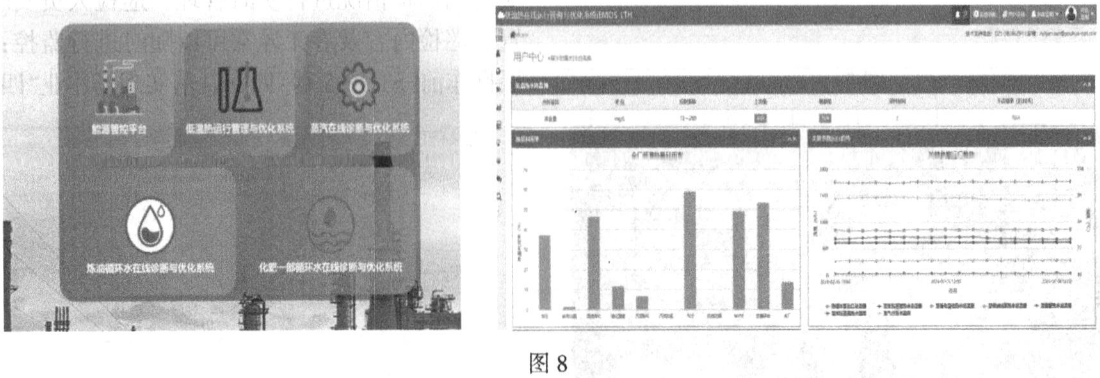

图 8

④ 加强现场隐患及短板管理，通过建立基于风险的卡具数字化管控平台，实现现场卡具全过程、全方位、系统化风险管控，将卡具的建立、卡具的基础信息、卡具的风险评估、日常巡

检管控、卡具风险的月度评估、卡具管控的预案、检维修作业、备品配件、检修窗口条件、卡具去除等卡具管理全过程进行统一、规范和标准化管控，将卡具风险降至最低。

（3）树立“质量是企业的生命，今天的质量就是明天的效益，今天的质量就是明天的安全。”的理念。以质量求生存，推动质量变革创新，深化质量管理，推动质量进一步提升。

强化质量制度的建设，建立《宁夏石化公司过程质量管理办法》，以“工匠精神”精益求精的雕琢原料及产品质量、项目设计及施工质量。强化全过程质量管理，补齐质量波动管理的短板，通过MES管理系统下的质量数据查询，可以实时监控各馏出口质量，实现生产过程重点质量的管控，同时搭建馏出口质量合格率统计报表，对质量波动及时调整，实现当日波动，当日分析、解决，当日出质量波动总结报告，月度进行考核。积极提升公司产品质量、服务质量，达到出厂产品质量合格率100%，汽柴油质量优于国家标准，化工产品质量达到国内领先水平，客户满意度持续提升，为建设质量强国、提升“中国石油”品牌价值做出应有的贡献。如图9所示。

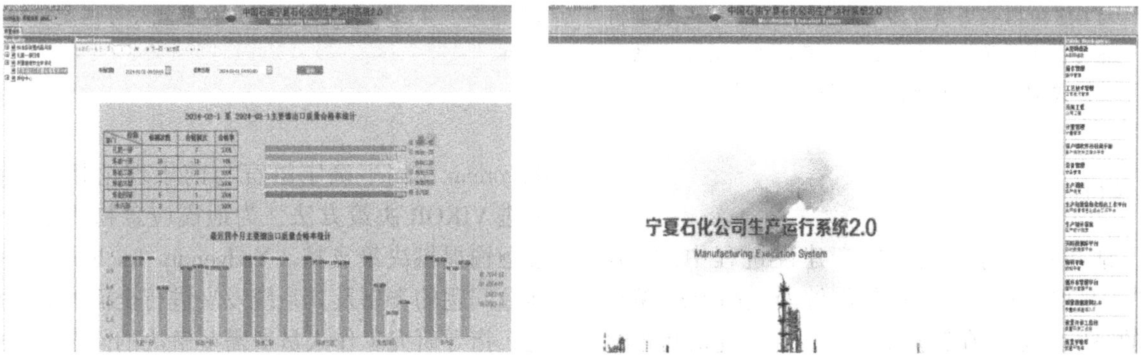

图9

3　实施效果

长周期生产管理是一项系统工程，涉及专业多，对安全生产、企业创效意义重大。宁夏石化公司统筹发展和安全，坚决守住安全环保底线红线的前提下，针对企业的弱点，作业许可管控、工艺设备变更风险识别、隐患排查治理等，探索数智化赋能，提升企业本质安全能力，从技术上抓住本质安全的核心，从管理上织密本质安全的防护网，消除短板，着力夯实安全生产管理基础，强化应急处置保障能力建设，为企业高质量安全长周期运行保驾护航。

（1）实现了从施工作业安全管理向工艺过程安全的转变，积极开展装置HAZOP分析、SIL定级，评估过程系统风险，实现全部装置三年一评估，非计划停车呈现逐年下降趋势。

（2）实现了炼油装置长周期运行四年，化肥长周期运行2个200天，目标300天。操作平稳率、仪表自控率、联锁投用率及高频报警率98.5%以上，产品质量合格率100%。

（3）实现了操作变动及变更审批100%。

参考文献

[1] 覃伟中等主编.《石油化工智能制造》，化学工业出版社，2018：8-37.

[2] 化学工业出版社，化工环境保护手册.

钻井液智能调配和应急保障算法研究

陈梦圆　何　涛　肖沣峰　梁　浩

（中国石油川庆钻探钻井液技术服务公司）

摘　要　钻井液应急调度是保障石油与天然气顺利开采的基石。针对钻井液调度过程中存在的信息同步率低、调度方案经济性差、运输行程动态变化等问题。开展钻井液智能调配和应急保障算法研究，借助生产运行数据，根据调度流程重新设计各调度环节操作并完善约束，对比线性规划、整形规划、表上作业、退火算法等，采用运筹学动态规划方法，求解降低钻井液调度运距，完成智能调算法推荐与预览，同时借助GIS地图模块横向集成第三方运输平台获取车辆实时位置信息。算法测试运行过程中钻井液公司调度经济支出明显降低，生产运行效率提升，建设成果显著。

关键词　钻井液；运输问题；应急保障；动态算法

1　引言

钻井液作为油气田生产建设过程中的“血液”，是保障石油与天然气能够安全高效勘探开发的坚实基础。在钻井工程中，许多复杂问题的解决需要通过及时调整钻井液体系或性能才可以完成。随着石油钻井工程技术的进步和发展，在生产过程中对钻井液及其配套服务的要求也不断提高，钻井液技术服务公司的调度工作量快速增长，导致公司现有的生产运行模式矛盾日益突出，具体体现在：①调度站与井场间供求信息无法提前掌握，订单信息同步效率低下；②钻井液位置、泥浆类型与储量综合调度的人工依赖性太强，点对点的调度方案经济性差；③调度过程中第三方承运单位的行程不能实时追踪，应急抢险时效性得不到可靠保障。

针对运输过程中存在的难题，国内外学者开展了一系列相关研究。张凯源等人以派车成本与油耗成本之和的总成本最小为目标，建立了多车型多车舱的车辆优化调度模型，提出一种基于C-W节约算法的“需求拆分→合并装载”的车辆装载策略，并综合利用Relocate和Exchange算子进行并行邻域搜索改进，获得优化的成品油配送方案。邓先瑞等人以最短路径为目标函数，采用粒子群算法对多约束配送车辆调度的数学模型进行求解，通过对每次迭代产生的粒子群进行分类操作，加快算法搜索速度的同时避免陷入局部最优。丁雪枫等人针对属性权重未知情形下的地震应急物资运输方案决策问题，提出了一种Pythagorean模糊不确定语言与前景理论相结合的改进VIKOR决策方法，为地震应急物资是否合理运输提供决策支持。Yadvendra Kacher等人对运输问题的类型及其系统发展进行全面的总结概述，指导研究工作人员对需要解决的问题进行分类并选择相应的优化标准。

综合以上问题与国内外学者的相关研究，不难发现传统的动态规划求解方法与改进的元启发式算法已经在农业运输、集货运输、企业运输与露天矿运输等多个行业成功应用，而石油与天然气开采过程中钻井液的运输问题仍未得到有效解决。为此，为提升钻井液调配过程中站与井之间钻井液体量的协同性，调度决策的经济性、信息追踪的时效性以及运营管理的科学性，同步运行系统完善钻井液日报管理模块，采用运筹学动态规划运输问题求解方法完成调度方案推荐，借助GIS地图模块横向集成第三方运输平台获取车辆实时位置信息，通过先进的物联网与大数据技术进行智能化管理，最终通过钻井液智能调配与应急保障算法以提升钻井液公司的生产运行效率。

2　调配过程

2.1　技术现状

随着川渝300亿大气区建设步伐加快，公司钻井液服务保障工作量快速增长，2022年以来，钻井液公司在川渝地区累计服务进尺167.75万米，服务钻井、试油井次600余口，钻井液仓储配送量共计27.28万方，应急处置92井次，调用应急钻井液2.61万方。巨大的工作量与公司现有的生产运行模式矛盾日益突出：①川渝地区作业井难度系数大，井控风险高，公司应急保障运行模式急需改变，提升调度人员决策的科学性、精确性、快速性、经济性；②钻井液公司目前已建钻井液调度站 7 座，下步拟建调度站 3 座，拟全面落实川渝地区 2 小时物资保障圈，因此井-井，井-站，站-井的钻井液调动是生产运行的基础，需合理调度以提升公司生产运行效率和保障质量；③川庆公司暂无钻井液仓储配送及区域应急保障系统，需建设该专业模块，以实现实时掌握井场、站点钻井液库存和需求、可视化界面推送调度方案、订单实时追踪、统计分析报表自动生成等，促进公司信息化、数字化建设转型。

2.2 调度流程

钻井液调度分常规调度与应急调度两种情况，包含订单申请、订单审核、调度管理、运输管理以及订单签收五大环节。常规调度过程中，由作业队发起钻井液体系-密度-量的转出申请，经项目部初步完成转入点安排，运行办调度人员通过运距矩阵核算方案的经济性并交由第三方运输单位安排运输，运输车辆在到达转出/转入点后由作业队进行签认工作。应急调度过程中作业队钻井液申请单直接提交至运行办进行调度处理。调度流程见图 1。

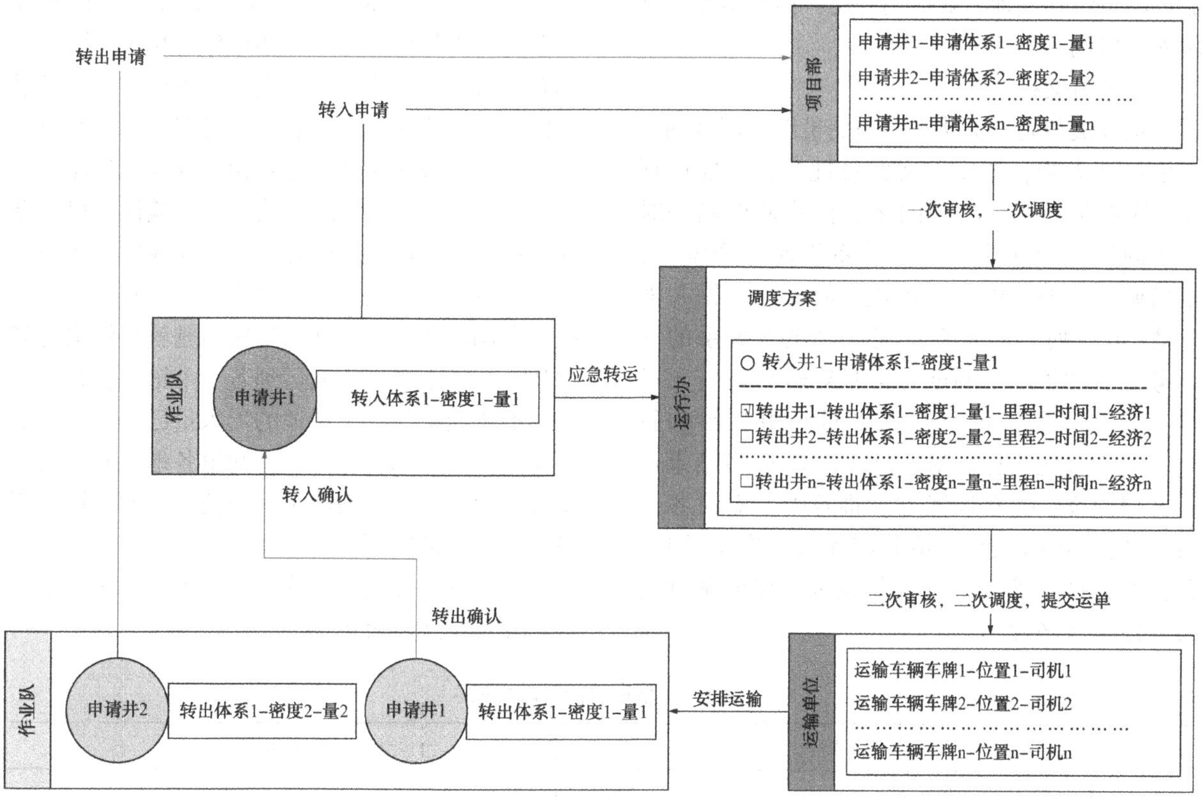

图 1 钻井液调配流程

由于开发井数量众多，现场工况多变，在开发过程中多数井场对钻井液的需求大于供应，仅在固井与完井等少数情况下作业队会申请对钻井液的转出。运行办调度人员通过人工方式无法对转出与转入需求进行提前统计分析，当多数作业队发起转入申请时，仅依靠各项目部协调附近井场转出一定量的钻井液以达到供需平衡，整个申请、审核与调度均为点对点单向过程。同时，交由第三方运输单位的运单不能及时返回派车信息，后续运输、转出与转入过程中存在时间差与信息差，各单位之间需频繁沟通确认方能确保调度的顺利进行。

2.3 需求分析

钻井液公司现有的调度模式虽然保障了当前调度的及时性，却无法从全局出发，构造供大于求的订单申请状况，完成科学经济的调度管理以及运输、签收信息的整体建设。针对调度过程中存在的一系列问题，钻井液公司急需要建立一套能够集成数据统计、方案推荐与路线追踪的智能调度与应急保障算法，以提高钻井液在供需方面的信息传递效率，减少人工成本，改变应急保障的传统运行模式。其系统需求主要包括以下三个方面：

(1) 生产需求

目前公司钻井液调配仍然采用传统的单据提交填报、电话安排指挥，凭经验式安排调动，存在以下现状：①信息传递效率低下，调度人员无法全面掌握队站需求，调度指令精确性、经济性不高，更改频繁；②应急抢险时需电话询问邻近队站储备，调度指令下达后需每小时向运输单位核实任务执行情况，无法实时掌握整体进展情况；③数据统计分析难，单据审核耗费大量人力物力，管理优化提升难以更上一层楼；④智能物流调配系统在其他行业应用广泛，但在钻井液领域尚无应用。

(2) 方案推荐

钻井液位置、泥浆类型与储量综合调度的人工依赖性太强，调度方案经济性差，主要体现在：①申请后立即处理的运行模式使得同一时间段内钻井液转出与转入关系不能完全统一，全局调度数据不能完整体现，故需建立钻井液申请-审核列表展示系统完成对供求关系的统筹考虑；②传统的调度方案只对转出与转入进行一对一考虑，各个方案之间的相互影响较大，需通过优化算法对整体方案的最终结果进行合理预算；③在调度方案推荐时，需对各个站/井转入转出关系、钻井液体系密度量信息、路径方案推荐等进行可视化预览，保证调度的时效性与经济性。

(3) 路线追踪

由于调度过程中的运输交由第三方承运单位，故其车辆的行程不能实时追踪，应急抢险时效性得不到可靠保障，其可视化功能展现为：①运输单位安排运输之前，调度人员有权对调度单进行修改与撤回；②运输单位安排运输后，需对其运输车辆进行实时追踪；③运输车辆到达转出/转入点时，需对车辆信息与转出/转入信息完成核查，通过一系列的信息传递保证整个调度过程的连贯性与科学性。

3　智能应急调度

3.1　运输问题

运筹学(operations research)通常用于研究在一个组织内如何运行和协调运作的相关问题，其具有用科学的方法进行研究、整体视角、寻求最优以及多学科交叉的特点，通过明确问题和收集数据、建立数学模型、开发相应计算机程序，根据模型求解问题的解决方案、模型验证、以及做好应用准备、最终按管理层要求完成项目实施。

在石油与天然气开采过程中，经常碰到大量的物资调运问题。标准的运输问题就是解决把某种物资从若干个产地调运到若干个销地，在每个产地的供应量与每个销地的需求量已知，并且供应总量与需求总量相等，且知道各地之间的运输单价的前提下，如何确定一个使得总的运输费用最小的方案的问题。

对于钻井液运输，这些数据可汇总于产销平衡表和单位运距表1中。

表1　运输问题的表格表示

供需平衡表						单位运距表				
供给点	需求点				供给量	供给点	需求点			
	1	2	…	n			1	2	…	n
1					a_1	1	c_{11}	c_{12}	…	c_{1n}
2					a_2	2	c_{21}	c_{22}	…	c_{2n}
…					…	…	…	…	…	…
m					a_m					
需求量	b_1	b_2	…	b_n		m	c_{m1}	c_{m2}	…	c_{mn}

在钻井液调度过程中，部分转出订单需要先将钻井液由转出井场运至储配站，经调整后再运输到合适的接收井场，这类钻井液调度问题可以通过建模转化为平衡的运输问题模型求解，以降低调度过程中管理与运输成本增加带来的影响。

3.2　算法分析

3.2.1　线性规划法

假设需要决策的是n种产品的产量，用决策

变量 x_j 表示产品 $j(j=1, 2, \cdots, n)$ 的产量。每种产品的单位贡献(如边际利润或边际收益)为 c_j。设共有 m 种资源，其中资源 $i(i=1, 2, \cdots, m)$ 的可用数量为 b_i，系数 a_{ij} 表示每单位产品 j 所消耗的资源 i 的数量。考虑到所有可用资源的限制，资源配置问题的一般模型为。

$$\max z=c_1x_1+c_2x_2+\cdots+c_nx_n$$

$$s.t.\begin{cases}a_{11}x_1+a_{12}x_2+\cdots+a_{1n}x_n\leqslant b_1\\a_{21}x_1+a_{22}x_2+\cdots+a_{2n}x_n\leqslant b_2\\a_{m1}x_1+a_{m2}x_2+\cdots+a_{mn}x_n\leqslant b_m\\x_1,\ x_2,\ \cdots,\ x_n\geqslant 0\end{cases} \quad (1)$$

在以上线性规划的求解中，假定所有参数(包括目标函数系数、约束右边项、矩阵)都是常数。但实际应用中这些系数往往是估计值和预测值。比如：如果市场条件发生变化，目标函数系数就会发生变化；矩阵往往使因参数条件的改变而改变；约束右边项是根据资源投入后的经济效果决定的一种决策选择。因此虽然线性规划在实践中得到广泛的应用，但存在两方面的不足：一是不能处理多目标的优化问题；二是其约束条件过于刚性化，不允许约束资源有丝毫超差。

3.2.2　表上作业法

表上作业法是单纯形法在其求解运输问题时的一种简化方法，其实质是单纯形法，故也称为运输问题单纯形法。但具体计算和术语有所不同。可归纳为：

① 找出初始基可行解，即在有$(m\times n)$格的产销平衡表上按照一定的规则，给出$(m+n-1)$个数字，称为数字格。它们就是初始基变量的取值。

② 求各非基变量的检验数，即在表上计算空格的检验数，判别是否达到最优解。如已是最优解，则停止计算，否则转到下一步。

③ 确定换入变量和换出变量，找出新的基可行解，在表上用闭回路法调整。

重复(2)，(3)直到得到最优解为止。

这与一般动态规划问题不同。产销平衡的运输问题总是存在可行解。因有：

$$\sum_{i=1}^{m} a_i=\sum_{j=1}^{n} b_j=d \quad (2)$$

必存在

$$x_{ij}\geqslant 0,\ i=1,\ \cdots,\ m,\ j=1,\ \cdots,\ n \quad (3)$$

这就是基可行解。又因

$$0\leqslant x_{ij}\leqslant \min(a_i,\ b_j) \quad (4)$$

故运输问题必存在最优解。考虑到，一产地的产品假如不能按最小运费就近供应，就考虑次小运费，这就有一个差额。差额越大，说明不能按最小运费调运时，运费增肌越多。故该算法可能开始时节省一处的费用，但随后在其他处要多花几倍的运费。

3.2.3　整数规划

线性规划问题中，有些最优解可能是分数或小数，这是因为线性规划是连续变量的优化问题。但在实际中，常有要求问题的解必须是整数的情形(称为整数解)。

在求解整数线性规划时，如果可行域是有界的，首先容易想到的就是穷举变量的所有可行的整数组合，比较它们的目标函数的数值以定出最优解。对于小规模的运输问题，变量数很少，可行的整数组合也是很小时，这个方法是可行的，也是有效的。对于大规模的问题，可行的整数组合数是很大的，穷举法是不可取的。

分支定界只需检查可行的整数组合的一部分，就能定出最优的整数解。分支定界可灵活用于计算机求解纯整数或混合的整数规划问题。

设有最大化的整数规划问题 A，与它相应的线性规划问题 B，从解问题 B 开始，若其最优解不符合问题 A 要求的整数条件，那么 B 的最优目标函数值必是 A 的最优目标函数值 $z*$ 的上界，记作 $z-$；而 A 的任意可行解的目标函数值将是 $z*$ 的一个下界 $z-$。分支定界法就是将 B 的可行域分成子区域(称为分支)的方法，逐步将小 $z-$ 和增大 $z-$，最终求到 $z*$。

3.2.4　动态规划法

在很多决策问题中，可将决策过程分为若干个互相联系的阶段，决策的目标是使整个过程达到最优的效果。各个阶段决策的选取不是任意确定的，它既依赖于当前面临的状态，又要考虑到对未来过程的影响。当各个阶段上的决策确定后，就组成了一个决策序列，因而也就决定了整个过程的一条活动路线。这种把一个问题看作是一个前后关联具有链状结构的多阶段过程被称为多阶段决策过程，把处理它的方法称为动态规划方法。

动态规划方法的关键在于正确地写出递推关系式和边界条件。要做到这一点，必须先将问题过程划分成相互联系的若干阶段，恰当地选取状态变量和决策变量并定义最优值函数，从而把一个大问题转化为一族同类型的子问题，然后逐个进行求解。即从边界条件开始，逐段递推寻优，在每一个子问题的求解中，均利用了它前面的子问题的最优化结果，依次进行，直至得到最后一个子问题的最优解，便得到整个问题的最优解。

动态规划的最优性定理：考虑一个 n 阶段的决策过程，策略 $p_{0,n-1}^{*}=(u_0^{*},\ u_1^{*},\ \cdots,\ u_{n-1}^{*})$ 为最优策略的充要条件是对任意阶段 $k(0<k<n-1)$ 和初始状态 $s_0\in S_0$，有

$$V_{0,n-1}(s_0,\ p_{0,n-1}^{*})=\underset{p_{0,k-1}\in P_{0,k-1}(s_0)}{opt}\{V_{0,k-1}(s_0,\ p_{0,k-1})+\underset{p_{k,n-1}\in P_{k,n-1}(\tilde{s}_k)}{opt}V_{k,n-1}(\tilde{s}_k,\ p_{k,n-1})\} \quad (5)$$

上式中 $p_{0,n-1}^{*}=(p_{0,k-1},\ p_{k,n-1})$ 且 $s_k=T_{k-1}(s_{k-1},\ u_{k-1})$ 它是由给定的初始状态 s_0 和子策略 $p_{0,k-1}$ 所确定的 k 阶段状态。

设 $f_k(s_k)$ 为第 k 阶段初始状态为 x_k 的前提下，从 k 阶段到 n 阶段采用最优决策所得到的最大效益。在最后一个阶段，有

$$f_n(s_n)=\max_{x_n\in D_n(s_n)}v_n(s_n,\ x_n) \quad (6)$$

其中 $D_n(s_n)$ 是由状态 s_n 所确定的第 n 阶段的允许决策集合。设上述问题的最优解为 $x_n=x_n(s_n)$。

在第 $n-1$ 阶段，有

$$f_{n-1}(s_{n-1})=\max_{x_{n-1}\in D_n(s_{n-1})}[v_{n-1}(s_{n-1},\ x_{n-1})*f_n(s_n)] \quad (7)$$

其中 $s_n=T_{n-1}(s_{n-1},\ x_{n-1})$。求解此一维极值问题，可以得到最优解 $x_{n-1}=x_{n-1}(s_{n-1})$ 和最优值 $f_{n-1}(s_{n-1})$。

在第 k 阶段，有

$$f_k(s_k)=\max_{x_k\in D_k(s_k)}[v_k(s_k,\ x_k)*f_{k+1}(s_{k+1})] \quad (8)$$

其中 $s_{k+1}=T_k(s_k,\ x_k)$。通过求解，可以得到最优解 $x_k=x_k(s_k)$ 和最优值 $f_k(s_k)$

以此类推，直至第一阶段，可以得到：

$$f_1(s_1)=\max_{x_1\in D_1(s_1)}[v_1(s_1,\ x_1)*f_2(s_2)] \quad (9)$$

其中 $s_2=T_1(s_k,\ x_k)$。通过求解，可以得到最优解 $x_1=x_1(s_1)$ 和最优值 $f_k(s_1)$。

由于初始状态 s_1 已知，故 $x_1=x_1(s_1)$ 和 $f_1(s_1)$ 是确定的，从而 $s_2=T_1(s_1,\ x_1)$ 可以确定。进一步地，可以得到 $x_2=x_2(s_2)$ 和 $f_2(s_2)$。这样，按照与上述递推过程相反的顺序推算下去，即可逐步确定每个阶段的决策及效益。

3.3 模型建立

运输问题是一种特殊的最小费用网络流问题，其中每个节点都是一个纯供给节点或一个纯需求节点。即所有的流都从供给它的某个源头节点出发，而后直接到达一个需要它的需求节点，中间不经过其他中间步骤或调度环节。一个运输问题中的商品流可能是任何东西，唯一必要的条件就是需要从供给源头节点流入需求节点。

分析钻井液调度过程中的运输问题，已知有 m 个转出地点 A_i，$i=1,\ 2,\ \cdots,\ m$，可转出供应某种体系密度下的钻井液，其相应的供应量分别为 a_i，$i=1,\ 2,\ \cdots m$；有 n 个井场 B_j，$j=1,\ 2,\ \cdots,\ n$，需钻井液申请体系-密度-量分别为 b_j，$j=1,\ 2,\ \cdots,\ n$。

若用 x_{ij} 表示从 A_i 到 B_j 的运量，钻井液调度运输问题的数学模型为：

$$\min Z=\sum_{j=1}^{n}\sum_{i=1}^{m}(c_{ij}x_{ij}) \quad (11)$$

从 A_i 到 B_j 运输单位物资的运价（单价）为 c_{ij}：

$$c_{ij}=\rho\cdot V_\rho\cdot d_{ij}\cdot\alpha \quad (12)$$

其中，ρ 为钻井液的体系-密度，g/cm^3；V_ρ 表示该体系-密度下的量，m^3；d_{ij} 表示 A_i 与 B_j 之间的距离，$d_{ij}\geqslant 50km$；α 为单位运价，1.05 元/(t·km)。

其相应的约束为：

$$\sum_{j=1}^{n}x_{ij}=a_i,\ (i=1,\ \cdots,\ m) \quad (13)$$

$$\sum_{i=1}^{m}x_{ij}=b_j,\ (1,\ \cdots,\ n) \quad (14)$$

$$x_{ij}\geqslant 0 \quad (15)$$

在此基础上，需结合实际情况添加相应约束：

$$t_{ij}<T \quad (16)$$

t_{ij} 表示从从 A_i 到 B_j 实际运输钻井液所用的时间，T 代表申请井作业队要求钻井液到达的时间。

$$|\rho_a-\rho_b|\leqslant 0.2 \quad (17)$$

申请与调度的钻井液需完成体系匹配且密度差小于等于 $0.2g/cm^3$。

3.4 算法求解

物流和供应链管理是经济管理中的一类重要问题。供应链是一个由物流系统和该供应链中的所有单个组织或企业相关活动组成的网络。为满足供应链中各方的需求，需要对物品、服务及相

关信息，从产地到消费地高效率、低成本地流动及储存进行规划、执行和控制。运筹学中对运输模型的研究为达到上述目的提供了相应的理论和方法基础。

将上述钻井液运输问题使用表格表示，所得表现形式见表 2：

表 2　钻井液运输问题的表格表示

转出	转入								转出量
	B_1		…	B_j		…	B_n		
A_1		c_{11}			c_{1j}			c_{1n}	a_1
	x_{11}			x_{1j}			x_{1n}		
…	…	…	…	…	…	…			
A_i		c_{i1}			c_{ij}			c_{in}	a_i
	x_{i1}			x_{ij}			x_{in}		
…	…	…	…	…	…	…			
A_m		c_{m1}			c_{mj}			c_{mn}	a_m
	x_{m1}			x_{mj}			x_{mn}		
转入量	b_1		…	b_j		…	b_n		

这就是钻井液运输问题的数学模型。它包含 $m\times n$ 个变量，$(m+n)$ 个约束方程。其系数矩阵的结构比较松散且特殊。

$$
\begin{array}{c}
\begin{array}{ccccccccccccc} x_{11} & x_{12} & \cdots & x_{1n} & x_{21} & x_{22} & \cdots & x_{2n} & \cdots & x_{m1} & x_{m2} & \cdots & x_{mn} \end{array}\\
A=\left[\begin{array}{ccccccccccccc|c}
1 & 1 & \cdots & 1 & & & & & & & & & & a_1\\
 & & & & 1 & 1 & \cdots & 1 & & & & & & a_2\\
 & & & & & & & & \ddots & & & & & \\
 & & & & & & & & & 1 & 1 & \cdots & 1 & a_m\\
1 & & & & 1 & & & & & 1 & & & & b_1\\
 & 1 & & & & 1 & & & & & 1 & & & b_2\\
 & & \ddots & & & & \ddots & & & & & \ddots & & \\
 & & & 1 & & & & 1 & & & & & 1 & b_n
\end{array}\right]
\end{array}
\tag{18}
$$

运输问题数学模型有以下三个特征：

（1）该系数矩阵中对应于变量 x_{ij} 的系数向量 P_{ij}，其分量中除第 i 个和第 $m+j$ 个为 1 以外，其余的都为零。即各变量 x_{ij} 在 A 中系数列向量 p_{ij} 的结构为：

$$
\begin{aligned}
p_{ij}&=(0,\ \cdots,\ 1,\ \cdots,\ 0,\ \cdots,\ 1,\ \cdots,\ 0)^T\\
&=e_i+e_{m+j}
\end{aligned}
\tag{19}
$$

其中，$e_i=(0,\ \cdots,\ 1,\ \cdots,\ 0)^T$，第 i 分量为 1，其他为 0。

（2）对于产销不平衡的运输问题，存在以下关系式：

$$
\sum_{j=1}^{n} b_j=\sum_{j=1}^{n}\left(\sum_{i=1}^{m} x_{ij}\right)=\sum_{i=1}^{m}\left(\sum_{j=1}^{n} x_{ij}\right)=\sum_{i=1}^{m} a_i=Q \tag{20}
$$

所以模型最多只有 $m+n-1$ 个独立约束方程，即系数矩阵的秩 $\leqslant m+n-1$。由于有以上特征，所以求解运输问题时，可用比较简便的计算方法，习惯称为表上作业法。

（3）对产销平衡的运输问题，一定存在可行解。又因为所有变量有界，因而存在最优解。

传统的运输问题动态规划求解方法具有典型的弹性约束、多目标与动态规划等特点，而在钻井液的调度问题中，其规划方案的约束与目标相对固定，故如粒子群、遗传、模拟退火与蚁群等多种启发式优化算法同样能够发挥巨大作用，能够在模型的精度和可处理性之间作好平衡。在敏感性分析阶段，通过钻井液历史调度单复现调度流程，根据流程所需数据设计调度算法流程如图 3 所示。

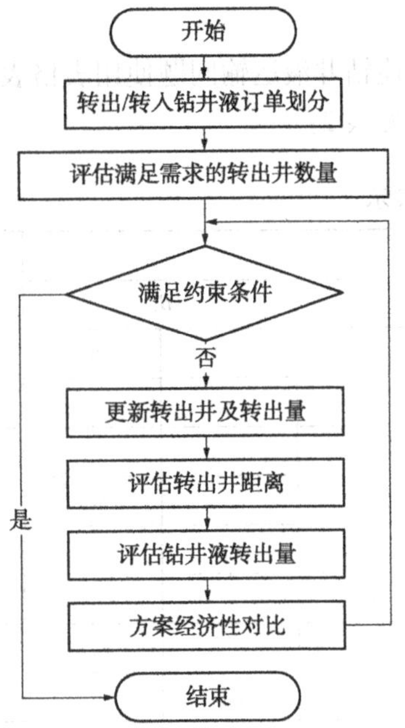

图 3　钻井液调配和应急保障算法求解流程

4　算法应用分析

平台对接，钻井液调配和应急保障算法模块采用主流计算机语言 JAVA 基于分布式计算技术进行开发，整体采用 WEB B/S 结构，前端采用 JQUERY EASYUI 框架，后端采用主流技术框架 SPRINGBOOT 框架，平台与 MYSQL 之间以 JDBC 连接进行结构化数据管理。客户端通过 AJAX 请求服务端，服务端连接数据库，根据规则封装数据返回给客户端以进行展示如图 4 所示。

算法测试阶段，根据钻井液公司 2022 年 1 月至 6 月泥浆调度台账进行分析，2022 年上半年调度泥浆 2166 单，平均每单运费 1.37 万元。其中，井至井的调度单占比约 60%，调度站转出与接收占比进 40%。单月最高调度泥浆 448 单，单日最高调度泥浆 20 单。选取调度频次较高的高磨储配站相关订单进行流程与算法复验，将计算所得运费与实际经济进行对比，所得平均误差如图 5 所示。

系统测试阶段，订单申请数为上半年申请数的 1.9 倍，单次运输价格降低至 1.28 万元/单(图 6)，经济支出降低约 7%，钻井液公司生产运行管理模式发生如下变化(图 7)：

(1) 作业队申请订单数成倍增加：相较于传统的订单单向申请，双向申请与时间约束管理可在一定程度上为调度管理提供更多的解决方案。

(2) 各部门职能覆盖范围增加：相较于传统的片区点对点调度模式，项目部和运行办在原有的职能基础上可以同时把控前后流程的调度状态，提升了调度的全局性。

(3) 调度时效性增强：相较于传统的电话追踪运输状态，通过时间约束与运输追踪，作业队从申请发起到订单签收过程中调度管理模式更加完善，整体调度时间缩短，效率提升。

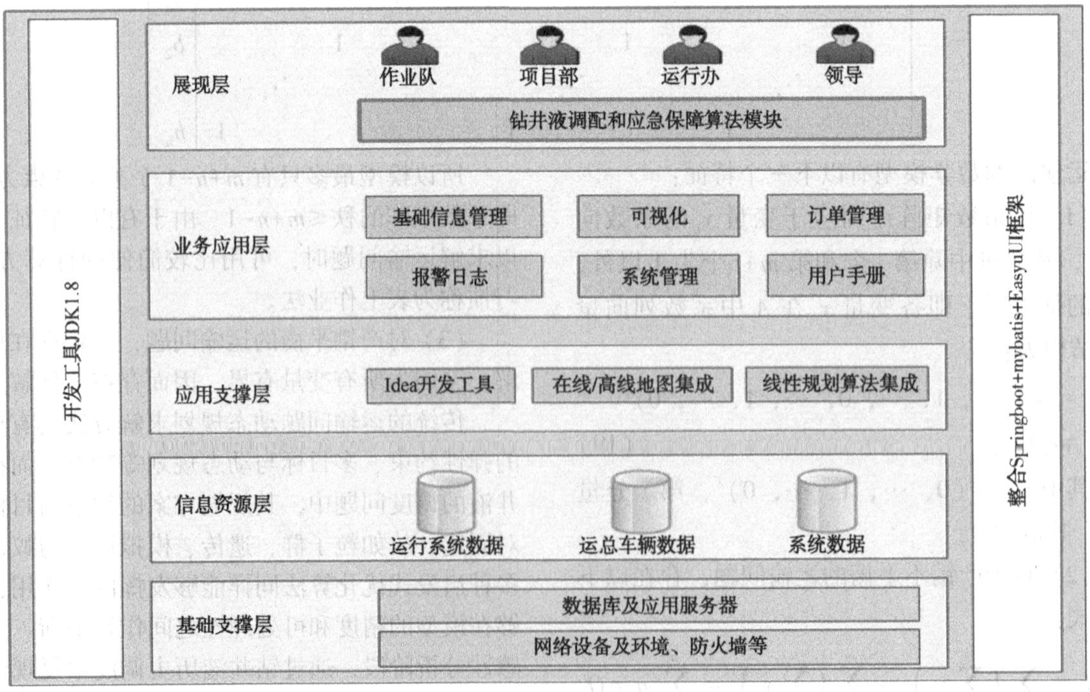

图 4　钻井液调配和应急保障算法模块架构图

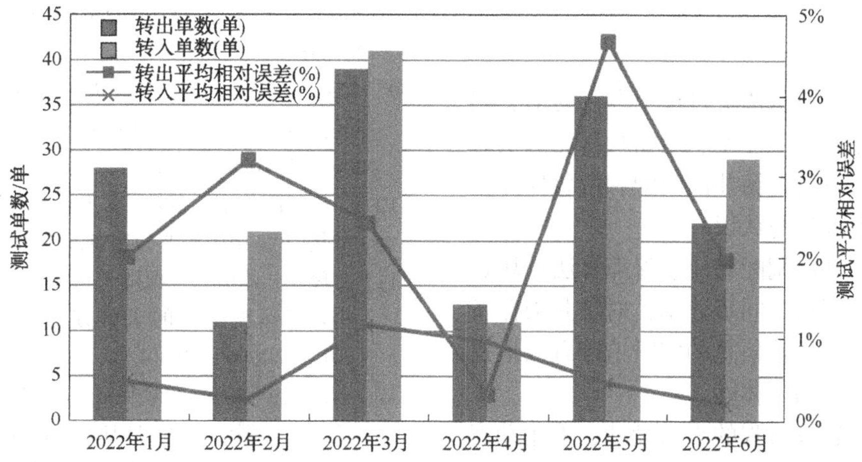

图5 2022年1~6月高磨站订单经济测试结果

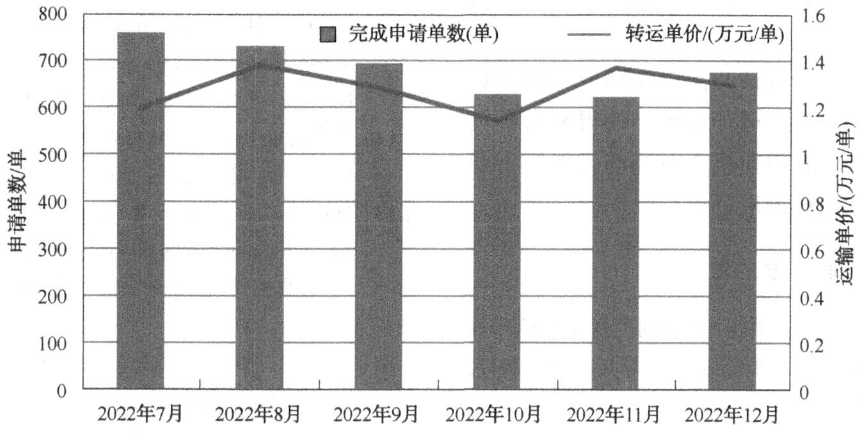

图6 2022年7~12月申请单数与运输单价

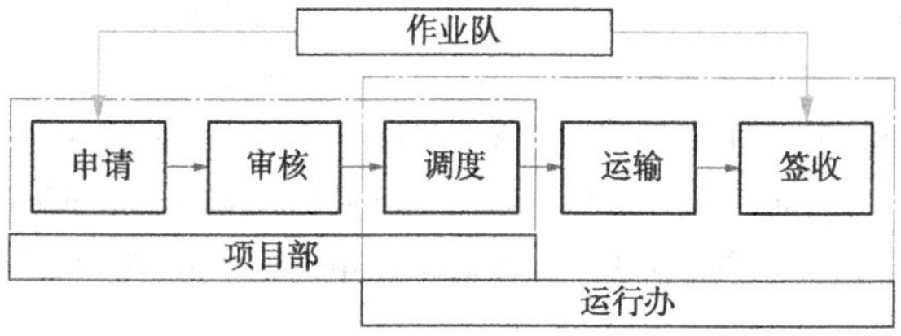

图7 钻井液公司部门与调度流程变化

(4) 整体调度经济下降：相较于传统的调度盲区与运输盲区，新建一体化订单管理模块在规范申请与调度过程的同时也对第三方运输起到一定的约束作用，使得井-井之间的调度频次升高，调度站中间调度频次降低，极大节约了调度成本。

(5) 信息传输效率提升：根据传统的各个环节纸质报表的统计形式，新建平台在各个环节建立统计报表功能，对各阶段操作信息进行记录，信息传递的速率提升。

以2022年10月26日泸203H9作业队固井值班为例，通过智能调度与可视化平台方案推荐，将原计划转至威远储配站的钻井液部分运输至威202H24，节省运费约3909元。调度台账见表3。

表3 泸203H9固井值班台账

时间	体系	密度/(g/cm^3)	量/m^3	转出	转入	运距/km	运费/元
10月27日	油基	2.2	40	泸203H9	泸203H9	50	4620
10月27日	油基	2.2	7	泸203H9	威202H24	129	2078
10月27日	油基	2.2	73	泸203H9	威远储配站	135	22794
平台方案	油基	2.2	43	泸203H9	威远储配站	135	13410
10月28日	油基	2.2	30	威远储配站	威202H24	50	3465
平台方案	油基	2.2	30	泸203H9	威202H24	129	8940

5 结论

为解决钻井液应急调配过程中存在的信息同步率低、调度方案经济性差、运输行程无法实时追踪等问题，通过搭建钻井液调配和应急保障算法模块取得如下成果与认识：

（1）通过钻井液调配和应急保障算法模块建设加强钻井液公司信息同步速率，对钻井液储备信息、申请信息与运输信息的实时追踪有效地提升了调度的协同性与一体性。

（2）通过对管理流程的重新设计，采用动态规划方法对申请单进行约束，有效地降低了储配站中转次数，使得整体运行效率提高，运输经济支出降低 7%。

（3）通过设计整合钻井液调配和应急保障算法模块，对接公司生产运行系统，使得平台极具扩展性与兼容性，有望向整个石油与天然气行业中的类似物资调用过程进行推广。

参 考 文 献

[1] 张源凯，孙丽君，胡祥培. 成品油配送多车舱车辆指派及路径优化问题研究[J]. 运筹与管理，2017，26(07)：1-9.

[2] 邓先瑞，于晓慧，李春艳，赵光峰. 基于种群分类粒子群算法的物流车辆调度优化[J]. 计算机工程与应用，2016，52(10)：237-240+258.

[3] 丁雪枫，钟俊慧. 基于改进 VIKOR 方法的地震应急物资运输决策问题研究[J]. 运筹与管理，2022，31(02)：36-41.

[4] Kacher Y，Singh P. A Comprehensive Literature Review on Transportation Problems[J]. International Journal of Applied and Computational Mathematics，2021，7(5)：1-49.

[5] 盛秀艳，窦志伟. 农业运输问题的表上作业法与图上作业法的比较[J]. 安徽农业科学，2010，38(14)：7202-7203. DOI：10.13989/j.cnki.0517-6611.2010.14.211.

[6] 彭程，隋晓梅，王辉俊. 用于求解露天矿运输问题的改进差分进化算法[J]. 工矿自动化，2018，44(04)：104-108. DOI：10.13272/j.issn.1671-251x.2017100044.

[7] 邵良杉，闻爽爽. 基于海鸥优化算法的企业平衡运输问题研究[J]. 数据与计算发展前沿，2022，4(02)：121-130.

[8] 刘云飞，赵磊，朱道立. 出口汽车零部件集货运输问题的双层遗传算法[J]. 计算机集成制造系统，2016，22(09)：2227-2234. DOI：10.13196/j.cims.2016.09.019.

[9] 李跃光，张远平. 一种改进的蚁群算法在垃圾运输问题中的应用[J]. 湖南师范大学自然科学学报，2010，33(02)：18-23.

[10] 彭程，薛伟宁，黄铁. 露天矿运输问题的模拟退火优化[J]. 中国矿业，2018，27(04)：138-141.

[11] 李珍萍，徐清云，栗娜，马圆圆. 带时间限制的最小费用运输问题的求解方法[J]. 运筹与管理，2011，20(06)：9-14.

[12] 谢海斌，陈迪三，梁燕燕. 一般梯形模糊逼近算子及其在模糊运输问题中的应用[J]. 运筹学学报，2017，21(01)：65-77. DOI：10.15960/j.cnki.issn.1007-6093.2017.01.007.

[13] Ficker A M C，Spieksma F C R，Woeginger G J. The transportation problem with conflicts[J]. Annals of Operations Research，2018：1-21.

[14] 郭嗣琮，张景姝. 具有弹性约束的模糊运输问题求解[J]. 运筹与管理，2012，21(06)：10-16.

[15] Mardanya D，Roy S K. Time variant multi-objective linear fractional interval-valued transportation problem[J]. 高校应用数学学报：英文版(B 辑)，2022，37(1)：20.

[16] 孙晓燕，李自良，彭雄凤等. 利用动态规划法求解运输问题的最短路径[J]. 机械设计与制造，2010(02)：223-224. DOI：10.19356/j.cnki.1001-3997.2010.02.089.

[17] 张美玉，黄翰，郝志峰. 非动态 TP 的 PSO 求解[J]. 计算机科学，2008(06)：206-209.

[18] Singh G，Singh A. A hybrid algorithm using particle swarm optimization for solving transportationproblem[J]. Neural Computing and Applications，2020，32(4).

[19] Singh G，Singh A. Solving bulk transportation problem using a modified particle swarm optimisation algorithm[J]. International Journal of Swarm Intelligence，2021，1(1)：1.

[20] Raj K AA D，Rajendran C. A Hybrid Genetic Algorithm for Solving Single-Stage Fixed-Charge Transportation Problems[J]. Technology Operation Management，2011，2(1)：1-15.

[21] Balaji A N，Nilakantan J M，Nielsen I，et al. Solving fixed charge transportation problem with truck load constraint using metaheuristics[J]. Annals of Operations Research，2019，273(1-2)：207-236.

[22] Kazharov A A，VM Kureĭchik. Ant algorithms for solving transportation problems.[J]. Izv. ross. akad. nauk Teor. sist. upr(1)：32-45.

应急虚拟仿真在消防培训的应用研究

赵　星　陈　容　李灵圣

（中国石油新疆油田公司应急抢险救援中心）

摘　要　近年来，消防队伍的岗位职能逐渐扩大，消防培训教育的主要话题逐渐从如何做好实战训练过渡到如何在有限的时间、空间和装备条件基础上来提高应急反应效率，消防队伍战斗力如何提高并加以体现。同时，消防队伍面临的消防行动、救援行动难度升级，行动越来越困难，这也从现实层面上对消防队伍的训练和人员的自身知识素养提出了更高的要求。应用虚拟仿真技术能创造逼真的实训环境，对灾害场景进行直观形象的展示，便于在可视状态下对火灾发生发展的过程进行推演训练，学员在虚拟化的场景中参训，实现身临其境的感觉且避免人、物、财产等损失。通过该技术手段来提高消防队伍的实战训练水平，改进训练工作，切实增强消防队伍的应急救援能力。

关键词　虚拟仿真技术；消防培训教育；灾害场景；推演训练；可视化

虚拟仿真是一种利用计算机创建和模拟现实活动的新兴技术，而虚拟仿真教学是利用计算机软硬件共同搭建的一个软件平台，来创建各种虚拟现实模拟下的真实环境，并根据真实环境中的理论和实际操作情况在虚拟环境中进行设计、运行、操作、验证等教学方式。具有沉浸性、交互性、虚化性、逼真性几个特征，通过虚拟仿真环境教学不仅是一种新的教学方法和教学手段，更是教育现代化、智能化的基石，可以通过虚拟现实和仿真技术，提高学习效率和学习者的主观能动性，把虚拟仿真教学运用到实操教学中具有传统教学无法比拟的巨大优势。

1　现状分析

消防救援演练是消防救援部队提高消防救援能力和水平的重要手段。传统消防救援演练方式成本高、模式固化，演练效果有限，很难实现无预设条件的盲演。目前，消防培训主要开展灭火救援、应急危险化学品事故处置、消防装备维护操作以及应急通信等实战应用训练。随着消防部队的建设发展，个人防护、消防车辆等各类消防装备训练已在消防教育培训中全面开展，部队战斗力得到了大大提升。特别是近两年，消防培训更加规范，专业技能得到有力加强。但还存在一些问题，主要体现在以下几方面。

1.1　消防装备更新快、油料及设备价格昂贵、训练考核损耗大

消防培训中所需的实训油料及设备昂贵，资金投入较大；随着技术进步，装备、设备更新换代加速，成本高；一些高精端设备、仪器精密，操作不当易损坏，维修价格高；部分实操教学存在安全隐患。

如表 1 所示，六只队伍，保守计算，取 2022 年一月至八月平均油价为 8.05 元每升，每周演练拉动一次，一次需要投入 1356.55 元，按一个月四周计算，每月演练拉动需投入 5426.2 元，一年就需要投入 65114.4 元，期间如果设备损坏，水带爆裂投入会更多。

表 1

	队伍名称	值勤车数	单次拉动每车油耗	总油耗	价格
2022 年一月至八月新疆 0 号柴油平均价格 8.05 元每升	消防一大队	16 辆	5L	80L	644 元
	消防二大队	9 辆	3L	27L	217.35 元
	消防三大队	4 辆	4L	16L	128.8 元
	消防四大队	8 辆	3L	24L	193.2 元
	消防五大队	3 辆	4L	12L	86.6 元
	风城中队	4 辆	3L	12L	86.6 元
	每周拉动投入需 1356.55 元，每月 5426.2 元，一年 65114.4 元				

1.2 灭火救援实训环境创建难

为了体现面向实战、面向火场的教学理念，在实际教学中需要给学员提供真实的，全面反映事故现场的实训环境，如烟热环境、建筑倒塌现场、危险化学品泄漏事故现场等。受场地和建设技术的限制，实际搭建的现场环境往往和真实的火场环境差别较大，真实性、交互性差，并且后期环境维护费高。

如油气厂站发生火灾事故，危险性极大，容易造成人员财产的双重损失，故一般对油气场站特殊环境下的应急救援演练和教学培训是较难实现的，且花费成本非常之高。

1.3 消防指战员流动性频繁，大型实战经验不足

因职业领域的特殊性，各级指战员流动性频繁，基层管理压力较大，导致基层的指挥员扎实开展灭火救援基础工作的时间和动力不足；基层普遍缺乏议战研战的氛围，缺乏对灭火救援理论的研究学习，基层指挥员与下属同训练同吃苦的经历过少，对消防救援装备器材的实战测试、性能掌握走走过场，对灭火救援对象的战术研究也缺乏实用性，基础工作弱化，日常开展的实战化训练多为处置程序训练，加上社会上现在火灾安全知识宣传力度大，实战火灾机会少，各级指战员实火扑救经验少，基层指战员实战能力难以得到锻炼提升，势必导致初战决胜的信心不足。

1.4 新疆应急抢险点多面广跨度大联动差

新疆地广，每个消防站之间距离较远(最远有350公里)，管辖区域大，站点之间联合演练机会和联动机会较少，受天气环境的影响下，指战员只能在室内进行简单枯燥地体能训练，很难在户外进行实际有效地各种训练。

2 虚拟仿真技术优势

随着信息技术与虚拟现实、增强现实以及混合现实等技术的广泛应用，数字化消防救援模拟训练在消防救援人员培训、应急安全管控等方面得到大量应用。通过对各类灾害事故与人员行为的仿真模拟，构建灾害事故应急处置的虚拟环境为各级决策与指挥人员、事故处置人员开展模拟训练、预案推演提供支撑，对消防救援队伍、应急安全人员针对不同场景开展消防救援技战术应用、协同配合以及消防救援装备操作培训，熟悉预案流程和应急处置程序发挥了重要作用。

2.1 提升训练效果

虚拟仿真训练尽管不能完全代替真实环境中的实际技能训练，但可以缩短实际动手训练的时间，提升训练效果及效率。仿真培训通过对虚拟环境的优化，可以帮助学员尽快熟悉操作流程、操作方法以及各类故障处理。

2.2 摆脱客观因素制约

在实训课程中，现有设备的数量，场地，指导老师的实操水平，班组人员的数量，天气等都会成为制约实训课程开展的因素。而虚拟仿真软件则可以通过重复再现各种操作练习，不受时间、空间和人员的限制。

2.3 降低实训危险性

部分课程的实训存在着一定的危险性，如当面对危险化学品爆炸事故时，在复杂环境下的人员搜救等行为，可以通过虚拟仿真环境进行反复的训练可大大减少实训人员的危险性。

2.4 降本增效

在实训环节中，一项技能操作需要通过反复练习才能被学员掌握，通过虚拟仿真技术可以有效弥补设备等外部条件的不足，减少设备损耗和耗材支出，实现降本增效。

2.5 激发学习兴趣

虚拟仿真技术可提供多功能、可交互、系列化的集成训练方案，进而在教学培训环节进行应用。由于学历、年龄、心理特点等原因，学员大多数排斥概念、原理方面的陈述性知识，而对实际动手的专业实践兴趣浓厚。运用虚拟仿真技术可以提高培训的直观性和趣味性，其交互性和逼真性也易于激发学员的学习兴趣。

3 主要功能设计

虚拟仿真技术的应用可针对消防队伍训练，主要包括各级消防救援指挥员、消防救援班组及消防救援单兵。

3.1 虚拟场景浏览

系统可实现灵活的漫游视角控制，使视角自动飞行定位到指定的坐标位置(图1)。学员可以快速熟悉重点单位现场环境，如装置、建筑、设备、设施等的位置及分布情况，装置及建筑物的内外部结构，同时系统可实现多种人称视角，可切换如第一人称、第三人称、飞行视角等摄像机视角。并实现虚拟场景中导航及自动寻路、小地图、指北针等基础功能。

图 1

3.2　灾害事故动态设置

系统可实现典型灾害场景(高层建筑、大型化工企业等)及典型灾害模型(如火灾、爆炸、泄露、障碍、人物等)，在加载的虚拟场景中，根据重点部位的危害特点快速构建科学、合理、不同等级的灾害事故，实现动态展现灾情随时间、气象环境的实时变化。

3.3　虚拟信息查询

系统可实现对重点区域的基本信息查询及定位，查询内容包括单位的基本信息、装置设备信息、消防设施信息、消防应急救援力量、MSDS危险化学品库信息、预案等(图 2)。

图 2

3.4　事故灾害评估分析计算

系统提供事故辅助分析计算(包括热辐射分析、超压分析、爆炸影响范围分析、罐区灭火剂量计算、原油储罐沸溢时间估算等)、消防灭火计量计算等分析计算模型，辅助指挥人员进行灾害评估分析研判。

3.5　虚拟数字化预案制作生成

系统支持在虚拟仿真演练过程中进行任意范围的截图、录屏、预案保存等功能，制作生成的各阶段的作战部署图、录屏视频、脚本文件存储在预案数据库中，指挥人员可在演练过程中随时调取、查看并修改应用。

3.6　演练流程控制

系统支持推演流程控制，主要包括保存进度、推演回溯、暂停推演、结束推演功能(图 3)。

图 3

3.7　过程干预控制

根据推演需要对灾情变化(如人员伤亡、车辆损坏、道路塌方等事件)、环境信息(如天气、风向、风力、时间、温度等参数)、资源使用(如车辆、人员、装备等)以及角色等进行过程干预，以此增加演练的难度。

3.8　环境设置

系统支持环境设置，在虚拟模型场景中，通过引擎粒子特效，可设置多样化的天气特效。主要包括天气特效设置、风向特效设置、风力级别设置以及时间、温度的设置(图 4)。

图 4

3.9　虚拟可视化作战部署

系统支持现场固定及半固定消防设施、消防车辆、消防人员、移动消防装备的可视化部署，指挥人员可通过托拉拽的方式将应急资源摆放到虚拟场景中，并且可以根据现场救援需求调整车辆车头方向及灭火剂、冷却用水喷射方向、方式。指挥人员可对救援车辆、人物的入场顺序、停靠位置、作战任务逐一进行部署。

3.10 应急指挥调度

系统提供指挥部、警戒线、警戒人员、疏散区域、进攻路线、疏散路线、障碍破拆、支持设置车辆集结点、设置规划行车路线等功能及模型，可在虚拟场景中进行设置及拖拽摆设。

3.11 空间测量工具

在指挥作战中，系统支持在虚拟空间中进行测量，包括距离、面积、长度、高度、仰角等操作，辅助人员了解现场受灾大小情况(图5)。

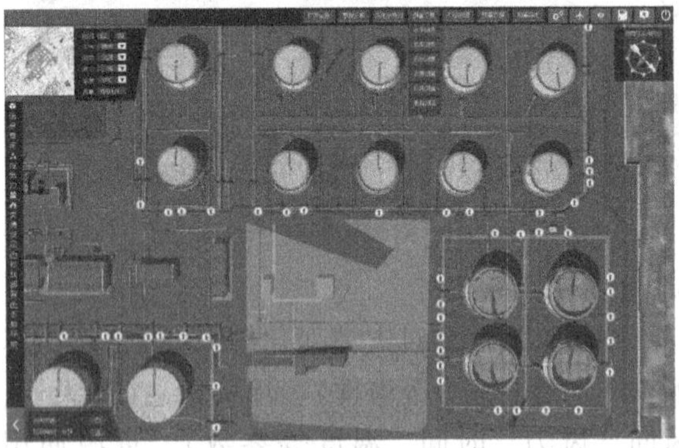

图5

3.12 参训人员角色扮演

系统支持以第三人称跟随视角或第一人称视角控制本身所属的资源，控制相应的动态模型进行走、跑、行进、救火等多种不同的动作表现，通过生动形象的人物动作，以游戏的方式对整个救援过程进行虚拟仿真表现(图6)。

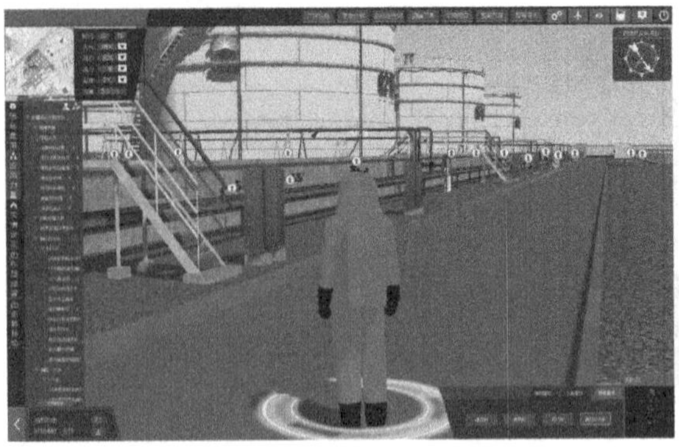

图6

3.13 定位及导航

系统实现人员、车辆行进路线规划，导航功能根据规划路线显示行进距离；系统根据后台设置的车辆行驶速度、人员行走/奔跑速度计算到场。系统支持自动寻路功能.

3.14 车辆操作

在推演过程中，可以模拟人员以第一人称对车辆的操作，控制车辆移动、喷水、喷泡沫、供水等动作，并根据车辆的具体功能，形象生动的在虚拟场景中的完美体现(图7)。

图7

3.15 现场数据反馈

针对指挥下发的指令可以通过反馈功能，与指挥建立联系，并能够通过截屏、文件传输等附带资料。

3.16 演练评估总结

在系统后台建立标准评估指标库，推演结束后，通过导入自定义评估标准模板，实现对力量调集、火情侦查、灭火战术、战斗编成、力量布置、战术运用、灭火剂选用、战术调整等内容进行考核与评估。通过对事件发生顺序进行全流程自动记录，自动生成推演各阶段、角色、日志的信息，与标准答案进行差异化对比，实现对推演全操作过程的自动量化评估。对于不可量化评估标准的评估项，系统支持评估专家手动添加，实现自动评估数据和专家团队研讨、论证相结合的评估机制；支持生成评估报告并能够打印及导出；支持演练评估总结与演练过程回放。

3.17 演练全流程观摩

用户可以实现对参演角色的跟踪可以对整个流程或具体任务执行进行观摩。该功能端适用于任何人员登录使用。

4 应用途径

4.1 指挥员电子沙盘战术研讨

利用指挥员电子沙盘战术研讨系统，依照消防救援实战流程，替代传统的现场演练、单调的桌面式讨论训练，系统可增强教师与学员之间的互通性，使训练内容更逼真、更具体。系统支持可控性的推进演练进程，自定义设置编辑演练阶段，包含前情设定、基础信息查询、力量调集、灾情侦察、作战部署、战斗结束等阶段。经制作研讨成功的应急救援方案可作为虚拟数字化预案保存至系统预案库中进行统一管理。在制作战例研讨过程中，支持灾情根据需要人为的干预变化，且可实现多人或单人的协同研讨操作。

指挥员电子沙盘战术研讨系统有利于培养学员观察、分析和综合思维能力，提高学员的语言表达能力、提高学员在特定场景环境下应急组织能力、操作能力、团队协作能力和应变能力。

4.2 多人协同模拟演练

利用多人协同模拟演练系统可最大程度地还原消防实战演练场景，实现多指挥层级、多部门、多角色、跨区域、全链条情景化的协同演练训练。演练实施过程中不同的部门/指挥层级/角色采用的不同来对推演端进行区分，包括导演端、指挥端、执行端、评估端、观摩端五大端口。通过对各类灾害数值模拟和人员行为数值模拟仿真，在虚拟虚拟仿真空间中，模拟典型灾害的发生、发展过程以及人们在灾害环境中可能做出的各种反应，有效地对救援人员的应急能力做出评估，科学合理的分配各相关机构，组织人员的权责，改善各部门之间的配合。在应急能力和技能培养的基础上，将应急预案、应急响应、应急协调、应急处置等相关核心训练内容结合起来，训练各级决策与指挥人员、事故处置人员面对救援工作内容，着重培养人员应急防范、应急处置、指挥协同调度、辅助决策、职业判断等方面能力，发现应急处置过程中存在的问题，检验和评估应急预案的可操作性和实用性，提高应急救援反应能力。

4.3 单人/多人沉浸式训练

基于虚拟虚拟现实技术，通过 VR 头戴眼镜设备、VR 空间定位设备、VR 手持交互设备和 VR 跑步机设备等软硬件设备相结合实现多种培训目的。以典型事故应急作战预案为蓝本，构建灾害典型虚拟仿真场景，实现单人、多人联网的心理素质训练，对灾害环境的体验感知；对应急救援基本流程动作的掌握；对应急救援的新型装备、技术的培训，为学员构建全新的“智能交互+实景虚拟态势融合”的仿真培训数字化、智能化模式。

该培训方式可实现虚拟虚拟场景漫游、碰撞检测、对 VR 手柄、动作捕捉设备、模拟器的配合实现模拟交互、AI 交互、对应急救援中各种标准化操作、典型故障处置及应急事故处置进行操作考核评估、引导教学模式将按照指导信息逐步完成引导式操作培训，引导信息包括语音讲解、多媒体视频动画、文字及所需操控的控制单元高亮闪烁等相结合的多种展现形式，帮助学员了解培训课程所学内容(图 8)。这种逼真的体验效果，极大的提高了培训的效率，解决学员不在一线无法感受灾害现场的痛点，更能让学员深刻的认识到相关灾害的严重后果。打破传统的被动式培训，让学员能够感受可能发生的各类危险场景，从而亲身感受灾害，能够很好的突破时间和空间上的限制。

图 8

4.4 消防车辆、装备桌面交互式培训

通过虚拟虚拟现实技术来实现在桌面式的电脑端交互培训，实现对各类消防车辆与消防装备的操作(常规、应急等)，系统支持消防车辆和消防装备模型动作自动分解，支持学员以第一或第三人称视角间自由切换，通过鼠标操作消防车辆模拟操纵台与消防装备操作控制台，来进行触控式人机交互仿真培训，当学员触发操纵台或操作面板按钮、开关等控制单元时，系统内的消防车辆或消防装备模型自动分解出与之相应动作，实现交互式虚拟现实仿真培训(图 9)。

图 9

5 列举针对油气场站、油罐火灾的虚拟模拟演练及仿真培训

当油气场站、油罐发生灾害事故时，往往其态势以及灾害的后果是难以控制的，灾害的扩张程度是取决于现场的指挥人员及救援作战人员能够及时且正确的进行救援，在过往以前的油气场站、油罐火灾事故时，由于现场救援人员对导致事故的物质理化特性不够了解，采用的灭火救援物质不正确，对现场的及周边的应急物资、应急资源不了解，不能快速的以最短路径到到达现场，且指挥人员和执行人员之间的配合程度，以及对火场环境的不够了解，不能快速准确的做出判断和决策部署，导致灾害事故的扩大，那么利用虚拟虚拟仿真技术可以实现通过虚拟仿真建模，对某一油气场站进行 1：1 仿真场景还原，通过匹配不同的角色开展应用训练。

可实现训练整场演练的总负责人如何更好的控制本次演练的进度，在演练进程中可以进行过程的干预操作，包括油气场站的事故灾情变化、所处环境信息（包括对天气、风向、风力、时间、温度等条件进行改变）、应急资源（包括对车辆、人员、装备应急资源数量的增加和删减）的使用，以及演练中对各角色进行过程干预，以此增加本次演练的难度。

可实现针对指挥人员在指挥决策战斗部署方面中的训练。当在油气场站中发生火灾事故时，指挥人员可对相关信息进行查看，包括油气场站所处的位置情况、环境、应急物资、应急专家、应急力量等情况。也可以对灾害引发的化学爆炸反应情况进行预判，查询其物质的化学和物理特性信息，方便指挥人员快速做出救援判断。通过在系统中调取查看与本次事故相关的应急预案进行辅助作战参考。在了解完事故的基本情况后，可以进行战斗力量的部署，包含救援人员、应急装备和物资。也可以实现利用系统中的小工具对现场的情况进行 1：1 测量，如测量油气场站的事故灾害实际距离、面积、高程以及高度。通过灾害事故分析计算，实现生动形象的展现灾害发生发展过程、热辐射分析、超压分析、爆炸影响范围分析、原油储罐沸溢时间的估算以及消防灭火剂量计算及力量需求的分析。通过科学的算法分析，引导指挥人员准确的调集救援力量。在系统中进行应急通讯会商或视频通话，实现文字指令、语音指令两种方式的任务发布。

可实现一线的救援人员对灾害事故的侦检、灭火、破拆等处置中的训练，以及对车辆、设备的操作运用情况展开训练。实现记录本次演练的全过程操作，自动解析并生成阶段记录、角色记录、日志记录。对本次演练情况进行评估、总结，打分，实现评估人员和专家人员对场景中以第一人称视角、第三人称视角进行自由浏览，并可实现角色视角绑定，能够跟踪并观察任意参演角色救援处置过程。

通过虚拟虚拟仿真技术也可以实现在虚拟油气场站虚拟环境中，人员对装备操作和车辆的使用开展教学培训。通过控制系统中的操作面板，实现对车辆和装备的训练，通过反复训练，以此达到节约成本，保护人身、环境等不受到伤害。

6 结语

采用虚拟虚拟仿真技术来构建在虚拟环境下单人或多人协同的沉浸式模拟演练场景，为演练人员提供与现实环境中的视觉、操控相一致的模拟环境。

加强消防单兵理论知识、专业技能、装备操控的快速学习与掌握运用，以及提高心理应对能力。

加强战斗班组在救援作战过程中的配合能力、提升应急预案的快速反应执行能力，实现评估应急准备状态，发现并及时修改应急预案、执行程序等相关工作缺陷和不足。

提高各级指挥员在灭火救援中的临场指挥决策及技战术应用能力。

加强消防救援队伍在灭火救援过程中的执行能力、快速反应能力、各队伍与各部门之间的配合协同能力，检验消防救援队伍在应急预案执行过程中的配合能力。

参 考 文 献

[1] 胡晓辉，万嵩．计算机虚拟仿真技术在高教中的应用研究[J]．高教学刊，2015(24)：81-82.

[2] 张媛媛．虚拟仿真技术在消防专业教学与技能鉴定中的应用[J]．消防技术与产品信息，2016(8)：109-110.

数字孪生技术在井喷失控抢险领域的应用探索

胡旭光　刘贵义　王　超　李红兵　罗　林　邓靖宇　孔祥州　王　亮

（中国石油集团川庆钻探工程有限公司）

摘　要　井喷失控是石油天然气工业领域性质严重、损失巨大、难以控制的灾难性事故，尤其是“三高井”井喷失控着火后，井口火势大、热辐射高、流体冲击强，导致近井口作业风险极高。数字孪生技术能将物理模型、传感器更新、运行历史等数据进行充分利用，将多学科、多物理量、多尺度、多概率的仿真过程集成起来，在虚拟空间中完成映射，可将数字孪生书与油气井井控抢险技术相融合，实现抢险机具远程控制、抢险信息深度融合、抢险指挥实时高效。通过开展井控应急抢险数字孪生关键技术研究，初步掌握了恶劣抢险环境大覆盖高速网络构建技术、抢险机具数字孪生控制技术、多源信息融合技术及决策指挥技术，实现了井控应急抢险技术与数字孪生技术的深度融合，促进了技术升级与迭代。

关键词　井喷失控；数字孪生；虚拟空间；孪生控制；深度融合

数字孪生是一种超乎实际的概念，它可以看作是一组相互依存的重要设备之间的数字化映射。数字孪生充分利用物理模型、传感器更新、运行历史等数据，集成多学科、多物理量、多尺度、多概率的仿真过程，在虚拟空间中完成映射，反映相对应的实体装备的全生命周期过程。数字孪生在较长时期内主要应用于航空航天等军事领域，2012 年，NASA 公布了“建模、仿真、信息技术和处理”路线图，数字孪生才首次进入大众视野，并迅速引起了学术界和产业界的极大兴趣，越来越多的企业逐渐开始进行相关布局。作为新兴技术的风向标。现今，数字孪生技术的发展具有通用化、拟实化、集成化和智能化的方向发展。虽然数字孪生技术目前受限于各行业的信息化和数字化水平参差不齐，通用化平台较少，但随着各行业数字化转型的持续推进，生产过程中积累的数据更加丰富，加之区块链等信息技术和计算机领域软硬件的快速发展，构建更具普适性的拟实化、集成化、智能化数字孪生体是大势所趋。

在石油天然气行业中，数字化转型已经由早期的工程应用和学科集成转向基于云计算、大数据、人工智能和物联网四大技术的交叉融合，通过使用新的数字技术和强化数据计算能力等实现效益增长。虽然目前数字孪生化在油气行业中还属于初级概念阶段，但是由于孪生化能够基于现有的各种基本设备，进行数据的采集、处理和建模及仿真，为用户提供智能应用、精确管理和可靠运维等功能，可以推测数字孪生将是石油天然气行业持续数字化转型的一个可靠方式和重要方向。

1　数字孪生在失控井抢险中的技术需求

“三高井”井喷失控着火后，井口火势大、热辐射高、流体冲击强，对抢险技术、装备及作业安全的要求极高，导致处置过程极其复杂、周期极其漫长。目前井控应急抢险主要依靠人员协同配合、机具远程遥控，虽然现有技术装备已实现了近井口作业无人化，但面对“高温、高热、高噪、高冲击”的复杂抢险环境，作业全过程的高风险和低时效仍然存在，主要体现在以下方面：(1)抢险人员安全性难以保障。指挥人员需要近距离观察机具和井口装置动态，操作人员需在机具附近遥控操作，均面临一定的安全风险，尤其是当风向突变或抢险作业导致的火势突变时，人员受伤的风险大大增加；(2)抢险机具操作稳定性难以保障。现场水、火、烟雾交织环境下，干扰因素多、视野受限，机具到位、对中、对正等远程操控难度较大，影响作业效率，长时间近井口作业增加了机具故障可能性；(3)抢险协同指挥及时性难以保障。应急抢险环境恶劣，工况复杂多变，需要多“人-机”动态协同作战，后方科学指挥决策与前方准确执行响应是抢险作业安全高效实施的关键，但目前抢险主要依靠对讲、传话等传统沟通模式，在井场瞬时动态变化时难以快速将信息传递至指挥决策中心，同时抢险指令传递至操作一线也存在时间滞后，影响前后方协同联动效能。

通过数字孪生构建三维动态井场，远程集中控制抢险机具，开发信息化指挥系统，实现井喷失控现场“近井口作业无人化”向“抢险井场无人化、机具操控精细化、决策指挥信息化”突破，大幅提升油气井井控抢险效率和能力。

2　数字孪生技术挑战

2.1　抢险现场高速网络难以全覆盖

油气井钻完井现场大多位于沙漠、戈壁、深山等偏僻区域，周边民众较少，网络信号通常较为受限，且通常面临高温、高热、高湿的气候环境，抢险现场高速网络全覆盖难度大，信息传输受限，而高速稳定的网络覆盖是实现抢险现场数字孪生的基础。

2.2　抢险机具精准远程操控难度大

遥控机具时，机具端的视频监控受作业现场的水雾、烟雾、火焰等恶劣环境因素影响，存在视野差、可视范围小等情况，由此可能引发远程操控的判识画面不清晰，导致操作效率低或引发误操作，同时基于视觉的感知也无法在行进中分辨与障碍物距离关系，无法准确把握关键位置的测量精度和安全性。地面环境重构模型的搭建难以结合地形地貌、地面装备等信息，无法将机具动作模型置入控制系统，设备动态难以实时呈现，高精真彩点云模型、井场三维数字化精准建模难度大，进而影响抢险机具精准远程操控。

2.3　多源信息融合难度大

快速融合可燃气体分布、有毒有害气体分布、温度场分布、气象信息等现场关键信息是井控应急救援的关键。由于采集的数据量大，且传感器类型不同，采集到的多源信息格式各不相同，单一、零散的数据可靠性和关联性不足，不能对多传感器和信息源所提供的不完整信息加以融合，不能够作为决策指挥的依据，缺乏复杂多源异构信息的特征提取方式，难以构建参数特征匹配模型，多参数关联下的信息交互较为局限，多源信息融合难度大。

2.4　缺少一体化决策响应

目前无法结合环境与作业工况信息进行数据挖掘与模式识别，缺少对多源数据的分析处理能力，无法实现三维地貌展示、风险态势预警等功能，对专家组决策指挥帮助有限。因此有必要开展环境、工况、人员、机具综合态势分析模型技术研究，实现抢险现场一体化决策响应。

3　数字孪生关键技术

3.1　大覆盖高速网络构建技术

抢险救援现场环境恶劣，需要获取的数据种类多，采集点分散，偏远井场公网基站信号无法全覆盖，信息传输与网络容载能力有限，网络构建需满足以下五方面需求：(1)高温、高湿等恶劣环境下的稳定可靠运行；(2)需同时满足抢险现场的高带宽、远覆盖需求；(3)对网络传输质量要求高，满足远程操作等需求；(4)抢险环境复杂多变，网络必需具备一定的扩展性、灵活性；(5)需满足多种数据源集中融合。

搭建抢险现场组网架构，融合当前最为先进主流的LTE专网和Mesh自组网技术，采用多载波、多种高效功率放大技术，能降低设备功耗，减小发射信号衰减，提升信号覆盖，将业务系统、指挥中心、核心网、无线组网及现场抢险设备呈梯度融合，可解决偏远井场公网基站信号无法全覆盖、信息传输与网络容载能力有限等问题。同时根据现场情况部署信号补盲单元进行信号盲区的覆盖，LTE专网技术采用电信级架构，稳定性高，具有覆盖范围广、接入点多的特点，解决了现场大量分散的设备无线网的接入，传输距离达到半径3km，实现一级中心周边3-5km范围内人员、气象、机器人、有毒有害气体监测数据等各类业务数据的接入及回传，见图1。

图1　网络覆盖图

组网模块均采用高性能芯片，具有高集成度和高自主性，自主算法，具备双向无线鉴权、鉴权功能，可以防止未经授权的用户使用网络，同时可通过配置工作频点、工作带宽、覆盖模型及组网模式等多重手段组合，防止非法用户入侵网络，网络数据均加密传输，支持AES等多种加密算法，确保数据精确性和可靠性。

3.2 抢险机具数字孪生控制技术

要实现抢险机具孪生控制，需搭建抢险现场三维高精度地形，实现机具集中远控，开发集中控制机具的数字孪生系统通过激光遥感测绘技术获取地形地貌点云数据，进行井场三维虚拟化，并赋予虚拟井场绝对坐标。对救援机具进行智能化改造，利用传感器技术、视频监控技术、无线传输技术等，依靠实时采集的机具定位、定姿、定向数据驱动虚拟空间机具三维模型还原物理机具作业实况。在虚拟空间中通过绝对坐标将机具模型与井场模型进行精准匹配，利用机具三维姿态和实时图传画面，达到实体机具在虚拟空间中实时映射。在操控方舱内依据机具三维模型姿态和三维井场判识，通过操控台对实体机具远程精准控制。

3.2.1 高精度三维地形构建技术

通过无人机搭载激光雷达，对作业区域进行扫描，生成具备绝对坐标的井场点云数据，基于点云数据生成三维模型，微型无人机载雷达体积小，便利性好，但测程短，在最佳工作区间内受火焰影响大，推荐选择测程更高、能有效规避高温区域的轻型无人机雷达。将此模型作为底图资源置入孪生系统中，见图2。

图2 生成的三维地图

3.2.2 机具智能改造技术

对抢险机具智能化改造，使其具备位置、姿态、方向的感知能力，并具备对周边环境的视频采集和点云建图能力，同时机具具备联网能力，将上述数据做低时延传输，研制配套远程操控驾驶舱。同时，对机具进行三维建模，根据机具各部件运动姿态与动作，标定机具3D模型的关键运动节点与轴心点，通过与传感器数据地址绑定，保证机具3D模型的孪生动作与现场机具动作一致。针对抢险破拆机器人、长臂抢险机器人等抢险机具，构建抢险机具模型库，在模型精度和系统流畅度之间达到平衡，得到抢险机具的三维外观模型，见图3。结合救援机具动作原理，将其动作转录成数字模型，根据其运动数字模型，确定相应数据的传感器安装方案，提供机具姿态还原所需数据。

图3 抢险机器人三维模型

3.2.3 机具数字孪生控制技术

开发虚实映射场景模块，将机具模型与坐标体系井场模型融合叠加，实现高精度场景还原与机具位置坐标可视，引导抢险人员远程精准操控，见图4。通过采集车身姿态、位置、状态传感器数据，实时回传至数字孪生系统，在虚拟井场内映射物理机具实况，从全局呈现，方便设备协同作业和车身姿态掌控。方舱内操控人员基于实况画面远程安全驾驶。各部分视角相互补充，操控人员根据实时图传远程作业，通过俯瞰视角，掌握车身周边空间三维实况进行协同作业，指挥人员了解井场抢险全貌。多种远控方式结合，保证安全，突发状况互相替代，以及根据实况选择最优操控方式。

图4 抢险机具孪生控制系统

3.3 多源信息融合技术

针对抢险现场全天候不间断气象监测及数据采集需求，研制风温气象监测仪，建立短期风速风向预测模型，通过实测数据进行模型校正，见图5。针对危害气体扩散在线监测，研制自组网环境下危害气体监测硬件，通过在井场周围多点布设采集装置，构建危害气体监测面，通过开发传输终端对数据集中采集后，经自组网回传至指挥平台。建立气象条件下危害气体扩散预测模型，融合气象数据、三维地势数据，开发了危害气体扩散监测模块，能可视化呈现井场周围气体分布，见图6。针对抢险人员生命体征在线监测，建立了运动状态分类识别模型，开发了人员生命体征在线监测模块，可实现人员心率、体温、姿态以及位置等信息实时监测。

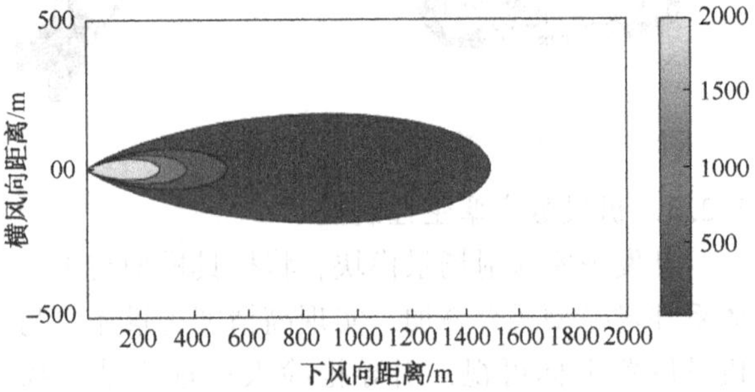

图5　有毒有害气体扩散浓度分布

图6　气体扩散分布预测图

3.4　决策指挥技术

运用数据挖掘与模式识别技术，融合气象监测、气体监测、人员监测、机具状态、三维地形、温度场监测等信息，搭建决策指挥平台，建立态势风险预警模型，开发适用于自组网环境的气象信息、危害气体等多源数据采集、传输及应用模板，解决了应急抢险过程中监测参数无法进行有效综合分析判识的问题，形成可靠有效的综合分析方法，实现多种影响因素下的风险判识预警，可为应急抢险决策指挥提供科学判断依据。

4　结论与展望

近年来，中国石油为应对高质量发展需要，正在全方位开展数字化转型、智能化发展推进工作，数字孪生所特有的精准分析、预判、仿真、互联、迭代优化、支持生产管理优化重构等技术应用特点必将成为油气田业务实现变革的关键技术之一。该技术在油气井井控应急救援领域同样具有较为广阔的应用前景，但因数字孪生技术与井控应急救援相融合的技术进步仍处于起步阶段，面临技术难点还需在摸索中不断突破，建议在如下方向持续深入攻关：

（1）恶劣抢险环境下数字孪生技术是建立在高速网络基础上的，因此建立稳定、快速的网络是应急救援数字孪生的重要部分。研发的快速网络还需在沙漠、戈壁等环境中开展现场实测，优化网络流畅度，同时根据网络技术发展及时升级迭代。

（2）抢险机具智能控制是数字孪生的难点，虽已实现基础功能，但实际抢险过程中数字孪生远程控制的真实感、代入感、体验感的融合程度还与实际操作存在一定差距，还需不断完善高仿真虚拟场景，提升机具控制灵敏度。

（3）多源信息融合中数学模型的准确性是关键，但抢险环境下的各种模型涉及气象、气体分布、温度分布、水雾分布等多种因素影响，模型的建立难度和准确性难以保证，建议针对不同模型考虑主要影响因素，形成具有指导意义的理论模型，再进行优化完善。

参　考　文　献

[1] 杨传书. 数字孪生技术在钻井领域的应用探索[J]. 石油钻探技术，2022，50(3)：10-16.

[2] 杨天翔，吴曦，李锐，等. 数字孪生技术在油气行业中的应用研究[J]. 天然气技术与经济，2022，16(5)：70-77.

[3] 张好林，杨传书，李昌盛，等. 钻井数字孪生系统设计与研发实践[J]. 石油钻探技术，2023，51(3)：58-65.

[4] 苏兴华，詹胜，胡刚，等. 石油钻井数字孪生架构设计[J]. 信息系统工程，2021，51(3)：26-30.

[5] 杨令瑞，田强，王和富. 奥斯曼3井抢险带火作业技术[J]. 钻采工艺，2007，27(5)：46-48.

[6] 胡旭光，罗园，郑冲涛. “三高井”井喷失控着火井口重置关键技术与装备[J]. 钻采工艺，2021，44(5)：7-10.

[7] 伍贤柱，胡旭光，韩烈祥，等. 井控技术研究进展与展望[J]. 天然气工业，2022，42(2)：133-142.

[8] 曾颖，石峰，刘英. 数字孪生技术在油气田业务中的应用现状及未来需求[J]. 信息系统工程，2021，51(9)：90-92.

感知技术应用联动在管道保护中的应用

王嘉欣　卞　辉　李　潇

（国家管网集团山东省分公司）

摘　要　随着我国经济的发展，民众对于石油的需求也在不断提升。管道输送油品具有成本低、污染小、输量大等优点，成为油品输送的常用输送方式之一。国家管网集团管辖油气管道总里程约 10×10^4km，其中天然气管道总里程约 5.4×10^4km，原油管道总里程约 2.1×10^4km，成品油管道总里程约 2.5×10^4km，逐步形成了一套完善庞大的管道输送体系。油气管道覆盖地域广，受外界因素影响较大，一旦发生火灾、爆炸等事故，将危及管道周边公共安全。

应用多源感知技术等智能手段为全面即时感知管道异常事件提供技术支撑，本文介绍了光纤预警系统与视频监控技术、无人机巡护系统联动感知技术应用现状，通过数据融合应用分析，提出了感知技术综合应用于油气管道保护领域，能有效解决以往光纤预警处置低效、事后无法查证等难题，是一种新的预防性手段，可以有效提升管道保护工作效率，保障管道运行安全。

该技术在某成品油管道进行了试验验证，通过设置机械挖掘类入侵、人工挖掘类入侵等场景，DAS 技术加入华为相位还原算法，验证发现该技术具有采得全、识得准、学得快等优势。感知技术 7×24h 在线，企业巡检人力资源节省 50%，可避免无效巡检，提升人工巡检效率，有效减少油气泄露次数，降低环境污染和爆炸风险，符合国家双碳要求。

关键词　管道安全；光纤预警；视频监控联动；人工智能；预防

某成品油管道于 2008 年建成投用，全长 152.5km，该管道设计压力 10MPa，运行压力为 5.5MPa/3.5MPa，管道主材为螺旋焊钢管和直缝钢管两类，材质为 L415，主要规格为 Φ457×7.9/8.7/9.5/11.2mm；管道为 3PE 防腐层采用强制电流阴极保护，输送介质为汽/柴油，设计温度为常温。管道穿越高铁、高速公路、河道、人口密集型高后果区情况普遍，第三方施工损坏风险较高。2022 年对 152.5km 管道启用光纤振动预警系统，在传统的人机联防模式下，监控人员接到电话或告警短信后到达事发现场，管道管理人员根据现场风险等级给出处理措施并协调相关资源。由于光纤预警系统穿越区域条件复杂，无效报警信息难以避免，导致大量无效人力物力成本的付出。而且，管道管理人员到达现场存在时间差，无法及时发现威胁管道的第三方行为或管道损坏事件。

1　感知技术国内外应用现状

1.1　卫星监测技术

（1）星载 InSAR（合成孔径雷达干涉测量）技术。InSAR 技术最早始于 20 世纪 60 年代，21 世纪初国外开始用其对管道沿线地表变形与管道基础设施进行监测，均取得较好效果。我国应用研究起步较晚，近 10 年取得较大进展，在国土、公路、铁路等领域开展地表变形监测，油气管道行业还处在理论研究和技术探索阶段。

（2）光学卫星影像。20 世纪 80 年代中期到 21 世纪，国际光学卫星影像经历了从胶片返回向光电传输、敏捷型高分辨率侦测一体式光学卫星发展历程。美国利用卫星影像结合地球化学资料实现了油气藏探查。我国卫星技术始于 1970 年，目前形成了资源系列、高分系列、环境/实践系列、小卫星系列、气象系列、海洋系列等卫星技术，并应用遥感卫星技术进行管道设计选线及辅助管道日常管理。

受重访周期和资费影响，这两种技术一般用于大范围地灾普查、周期性地貌及周边环境变化分析等。而且卫星为周期性运行，无法对管道进行实时监测，而且监测费用高昂，暂不能实现。

1.2　光纤预警技术

分布式光纤传感预警技术国外技术已经比较成熟，国内近年来也掀起了研究的热潮，经过 M-Z 干涉技术、DVS、DAS 等技术进化，可在侵入活动对管道造成实质性破坏之前，发出预警信号，从而使得阻止破坏发生成为可能，实现预防式监控。分布式光纤传感预警技术以管道伴行光缆为传感元件，实现全管线、全天候、连续实时监控。

1.3 无人机巡护技术

近年来，随着无人机技术、通信技术和人工智能技术的发展，无人机所具有的长距离、即时传输、即时识别报警等优势，在长输油气管道巡护业务中得到体现。目前，我国的部分管道已实现无人机定期巡航管道，能够通过智能识别并回传数据，预警回传相关信息。部分管道已实现了无人机自动机库的布设，开展全自主巡检、巡逻作业，并可以自动进行拍摄作业，无需人员抵达现场。但是由于部分地区受空域禁飞影响以及无人机续航能力的限制，无人机巡护还不能做到全天候实时监测管道，而且无人机巡护的速度较快，长时间覆盖巡航成本较高。

1.4 视频智能识别技术

随着人工智能技术的发展，目前采用视频智能识别技术的第三代工业电视监控系统已用于管道现场管理，智能识别和信息回传效果较好。但受摄像头照射距离和数据信号传输影响，视频智能识别技术暂时无法实现对管道全覆盖监视。

1.5 GNSS 地表位移监测技术

GNSS(Global Navigation Satellite System，全球导航卫星系统)技术在 20 世纪中叶得以研究发展，1994 年美国建成 GPS 系统，1996 年俄罗斯建成 GLONASS 系统，目前国内部署完成了 BDS3 系统。早期专业型 GNSS 监测设备成本昂贵，仅在兰成渝管道等个别地段开展了科学研究。随着高精度、小型化、千元级 GNSS 监测设备研制成功，目前，国内已广泛用于兰郑长管道和中俄东线管道滑坡、土体崩塌等易发生地质灾害管段的监测，能够实现对地质灾害的提前监测。

1.6 智能阴保监控技术

埋地管道采用防腐层辅以阴极保护的腐蚀控制系统，管道电位测试特点为点多线长，管道经过的地域错综复杂，在湿地、沙漠、戈壁等地方开展管道电位测试工作极不方便。生产运行过程中需开展阴极保护的监测检测，采集评定阴保数据和运行参数，定期管理维护阴保设备装置。意大利 SNAM 公司在其所辖 32625km 天然气管道上安装 17000 个智能电位采集仪，通过 Wireless 传至 PEGASO 系统统计分析数据。国内智能电位采集仪最早出现在 2005 年，主要用于技术理论研究和现场试验，目前已在中俄东线等新建管道全面应用。阴极保护远程监控系统由现场感知设备和后台分析软件组成，一般 3~5km 设置一个智能电位采集仪(智能桩)。

1.7 振弦式应力应变监测技术

20 世纪 30 年代，振弦式应变计在国外问世。20 世纪 70 年代，我国大坝、桥梁、公路等土木工程中得以应用。近年来，随着 X70、X80 等高强钢管道里程不断增加，大口径高强度的管道途经地质灾害区越来越多，该技术广泛也被应用于管道本体监测上。

1.8 雨量监测技术

雨量计用来测量降水量、降水强度、降水起始时间等数据。2000 年左右开始用于油气管道沿线地质灾害监测预警中，目前常用的是翻斗式雨量计。一般用于滑坡、土体崩塌、洪涝灾害等易发生地质灾害的管段。

2 感知技术应用系统联动

文中所述成品油管道的安全防护，目前以光纤预警系统、视频监控系统、无人机巡护系统、泄漏监测系统等为主，感知技术应用联动的提出，充分综合了各系统的优劣势，以分布式光纤传感预警技术为基础，对管道沿线的活动进行探测识别，在重点区域视频监控、无人机巡线，结合前端智能识别技术，实现对管道的周边预警信息实时回传，及时现场确认信息的有效性，再及时派人员前往现场处置，确保管道全方位的综合监控，减少人力资源的浪费。

3 联动系统路径和功能

3.1 联动系统实现路径

视频监控系统根据光纤预警系统告警信息以及智能检测系统电位异常点信息，实时调用离事件发生地最近且最合适的高清摄像头，对准事发地点及周围进行抓图录像(包含可见光与热成像)，实时上传到人工智能识别系统，识别事发区域是否有大型施工机械包括挖掘机、推土机、定向钻等施工，把计算结果、图像、录像实时推送至 Web 客户端和 APP 端。Web 客户端弹窗和语音提示告警，APP 端消息推送，管理人员可快速查看告警详情和实时视频并做出判断，如有必要 APP 可导航至事发位置。联动系统工作路径如图1所示。

光纤出现预警信息后，由监控室人工识别是否出动无人机，视频监控覆盖不到的管段，后台会向无人机发送预警位置的坐标，无人机库自动出动无人机巡航到预警位置，反馈现场信息。无人机库自动巡护系统主要由自动升降平台、自动换电系统、温控系统、除湿系统、监控系统和智能计算机系统组成(图2)。

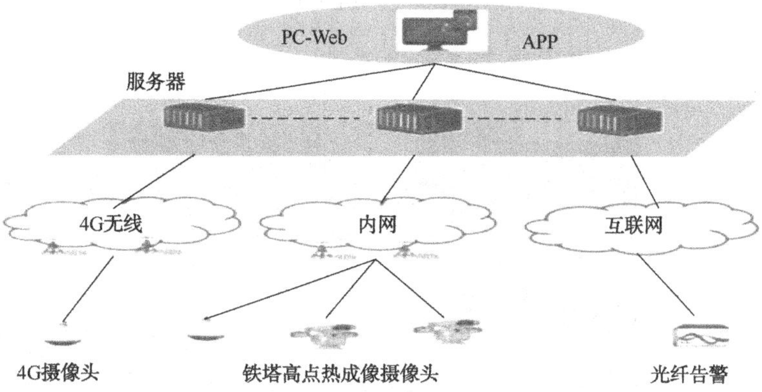

图1　联动系统工作路径

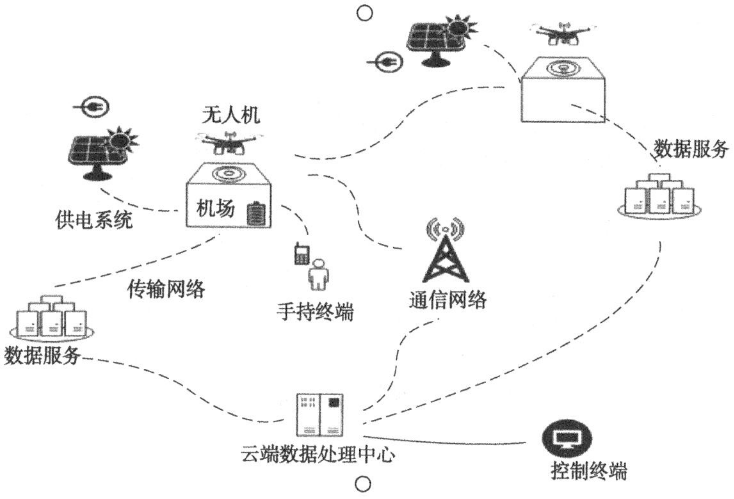

图2　无人机自动机库系统

3.2　联动系统工作步骤

光纤预警等异常信息与视频监控联动系统处理过程主要分为四个步骤：①接收光纤预警等预警系统信息。接收预警系统发出的事发地位置信息，通过系统运算识别并推送至联动系统；②事发地与监控摄像头相对坐标转换。根据事发地和监控摄像头位置信息，测算并搜索最近且最合适的监控摄像头，采用三角定位法解算大地坐标，得出事发地需要联动的监控摄像头的方位、距离，根据距离和摄像头安装高度计算出摄像头下倾角(T)，从而得到摄像头方位角(P)；③合适倍率计算。根据事发地相对于监控摄像头的距离，结合镜头倍率曲线计算出镜头大小，系统根据该值控制镜头变倍至合适倍率(Z)，确保事发地目标在视频画面中的尺寸不会过小或过大；④视频监控系统联动。调用摄像头相应接口，摄像头根据计算得到的PTZ(方位角、下倾角、倍率)指向事发地目标，实现实时抓图和录像。系统实景图如图3所示。

图3　系统实景图

3.3 联动系统主要功能

(1) IMS(资产完整性管理系统)地理信息模块呈现管线桩位信息。系统采用直观形象的2D方式呈现管线及输气方向，以标签标示桩位等信息(图4~图7)。

(2) 摄像头覆盖管线分析。因管线涉及区域场景复杂，摄像头受到树木、建筑、桥梁等物体遮挡，联动系统需统计摄像头对管线的覆盖情况，以便在联动时快速搜索最合适摄像头(图8)。

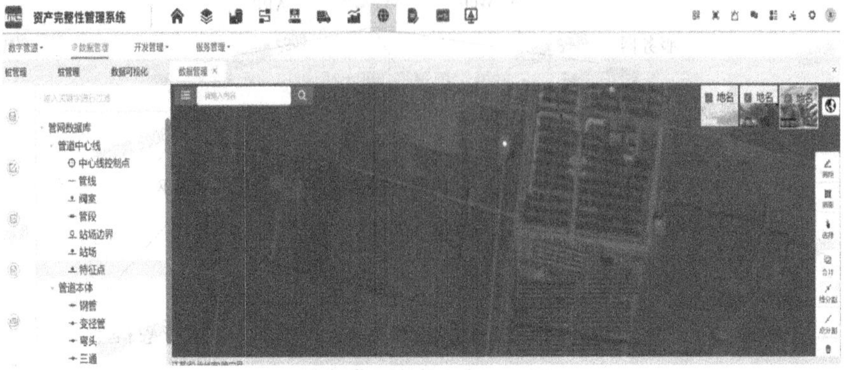

图4　地理信息模块

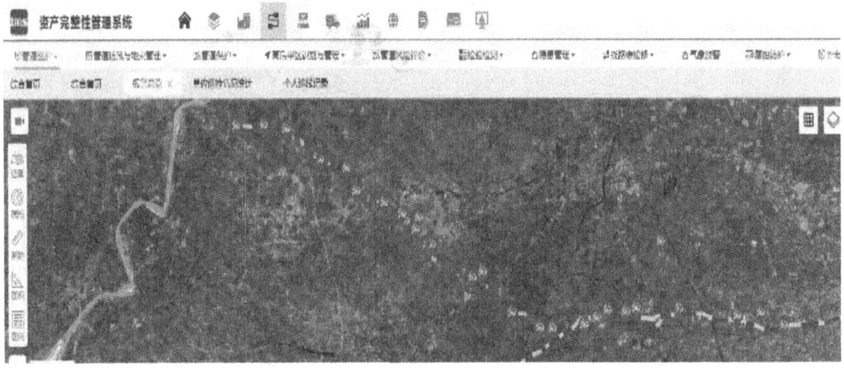

图5　沿线视频监控分布概览

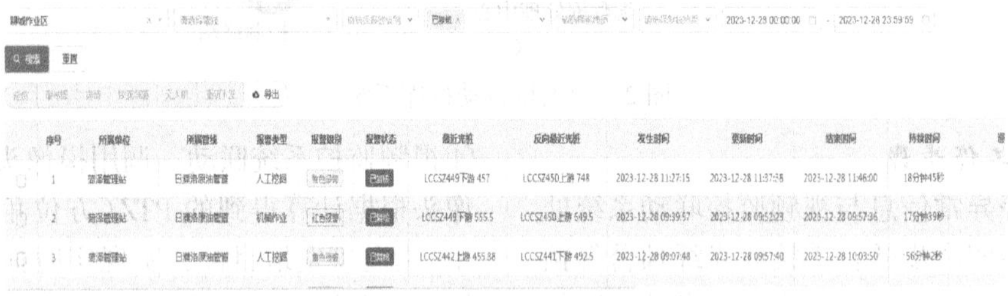

图6　报警事件历史信息

图7　地图报警事件展示

图 8　摄像头覆盖分析

（3）定向查图功能。监控视频界面点取需要查看的位置，摄像头自动指向目标位置，可与自定义 POI 结合使用，由于施工机械是移动的，可以在地图上点选快速查找，结合云台控制功能进行微调，并可截存本地录像。视频监控系统轮巡图如图 9 所示。

（4）AI 识别。针对管道沿线区域复杂场景中大型机械的识别，智能识别模型融入实际场景图像和视频数据后，专门对场景做了多次迭代优化，目前识别模型识别准确率从上线最初的 70%提升到 90%以上。视频监控报警信息如图 10、图 11 所示。

（5）APP 功能。实现了管线桩位 GIS 呈现、告警接收导航与处理反馈等(图 12)。

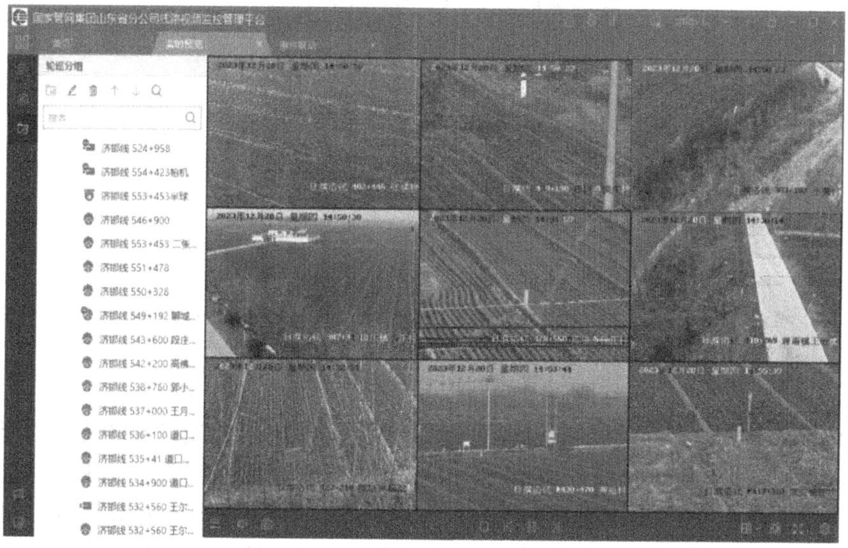

图 9　视频监控系统轮巡图

图 10　视频监控报警信息

图 11　视频监控报警信息

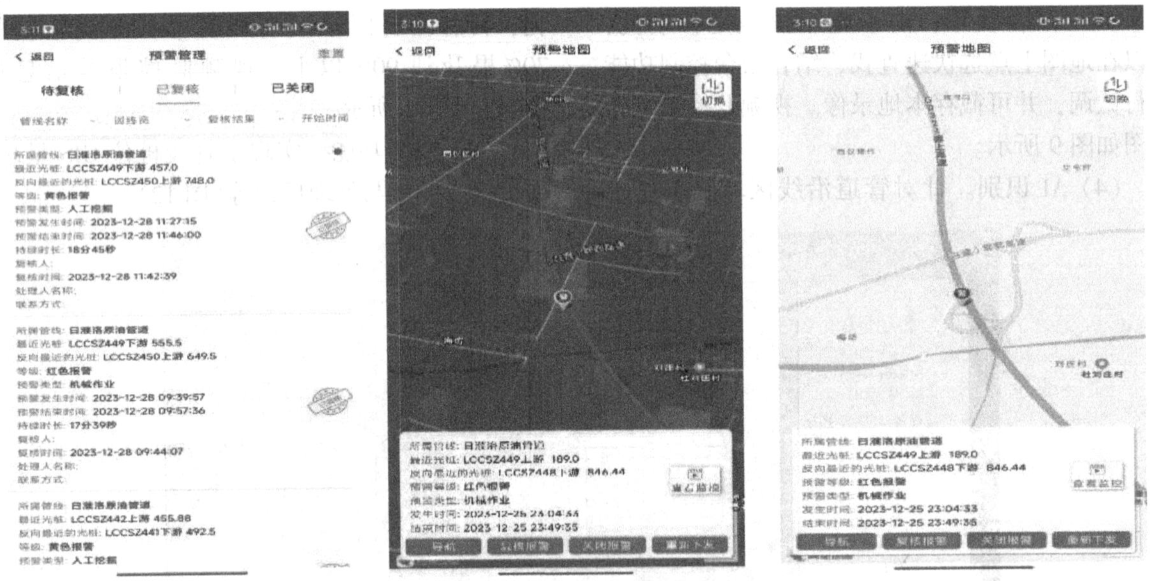

图 12　APP 功能示例

3.4　无人机巡护智能联动

无人机管控模块航线下发定时任务和即时任务有两种模式(图 13)。定时任务是指航线任务设置作业时间信息，形成计划任务，定时自动下发航线任务至无人机；即时任务是指下发航线任务后立即执行。光纤预警系统发现异常信息后，与视频系统联动反馈，如视频监控无法覆盖段，系统将会向监控平台传达是否出动无人机的选项指令，并向附近无人机发送任务坐标信息，由监控人员判断并操作，是否出动无人机。

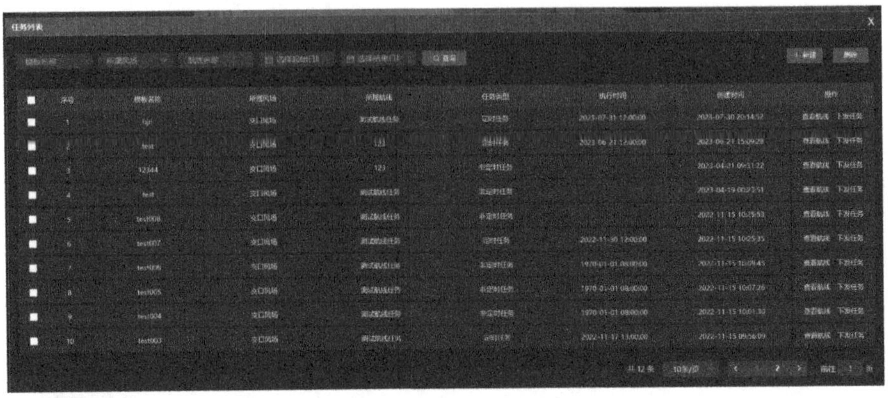

图 13　航行任务下发

4　感知技术综合应用探讨

近年来，随着智能管道建设的推进，很多院校、科研机构及应用单位探索对多源数据在“互联网+”时代的融合应用。

自光纤预警发现异常情况为事件起点，以GPS地理信息位置为定量，查询分析周边摄像头覆盖情况，及时回传现场图像、巡线人员手持终端自动导航至报警位置进行现场报警确认后事件结束。

以巡线人员发现异常情况为事件起点，通过在APP端发起相应请求，以GPS地理信息位置为定量，查询分析周边摄像头覆盖情况，开始录制回传现场图像，保留作为管控痕迹，巡线人员完成现场审核后结束事件。

光纤振动报警测试如图14所示。

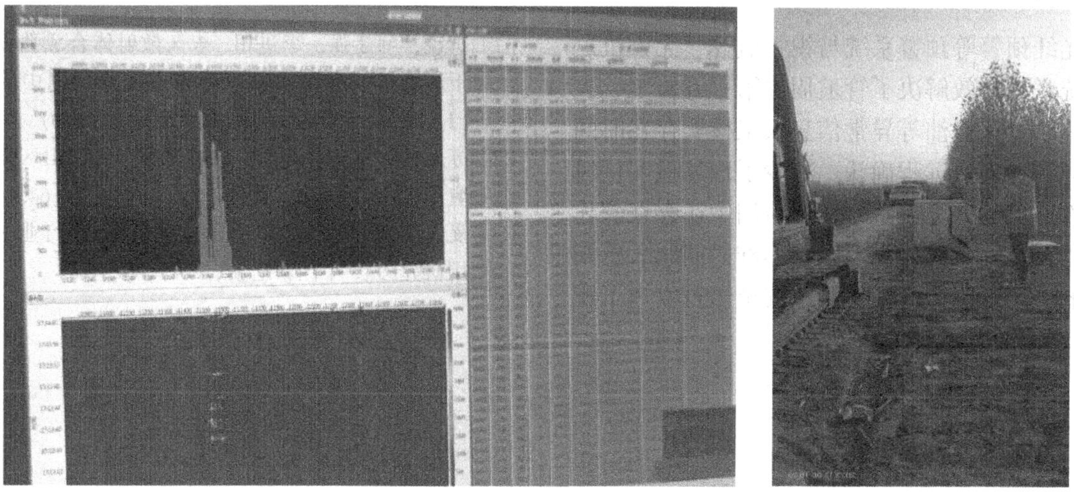

图14　光纤振动报警测试

5　现场应用实践

该管道在两站间约40km光纤预警与视频监控无缝联动，接入前段智能化识别视频监控21个。投入运行三个多月，辨识高危行为263条，低风险行为为101条。光纤预警系统发出机械施工告警，通过联动视频监控核实管道周边存在机械取土行为。光纤预警告警联动视频监控系统告警下发APP，管道管理人员立即赶到现场核实事件并进行处置，通过APP反馈处置结果(图15)。

图15　告警联动处置结果

受数据传输链路、报警阈值、报警机理等因素影响，在相对复杂、多源感知技术应用较集中的情况下，对管道安全监测的作用还有待于提升。笔者基于现场管理，提出以下建议：

（1）深化应用。比如光纤测温监测技术，需要根据管道及周边环境温度变化规律对温度报警阈值进行精细化设置。光纤应变监测和管道本体应力监测之间的逻辑关联关系需要深入研究。

（2）构建基于多源数据融合的油气管道安全监测技术，数据互为佐证，为高效提出管理决策提供技术支撑。

（3）构建空、天、地一体化油气管道智能巡检服务体系，形成遥感卫星环境感知、光纤实时泛在感知、无人机现场巡查、重点区域物联监控、人员协同作业等全方位服务能力。

6 结语

光纤预警等预警系统与视频监控、无人机巡护系统联动有效解决了管道周边第三方施工、人为破坏、打孔盗油等异常信息人工核实存在时间差的问题。通过远程确认，减少了现场核实低风险事件造成的人力浪费。实际应用中还存在农作物遮挡以及施工机械类型识别不准的问题。感知技术的应用，为保障油气管道安全运行发挥了积极作用。

随着油气管网数字化建设的不断完善，充分利用已建和新建智能感知系统，将提升管道的综合监控技术水平，实现管道全生命周期综合信息的互联共享，大数据分析能力将得以充分释放，管网的全方位感知、综合性预判、一体化管控、自适应优化能力也将得到更大提升。

参考文献

[1] 黄锐，韩建强，李进田. 永久散射体合成孔径雷达干涉测量技术在中缅油气管道沉降监测中的应用[J]. 激光与光电子学进展，2022，59(16).

[2] 苏庆伟. 无人机技术在长输天然气管道山区段巡护应用研究[J]. 化工管理，2023，31：61-64.

[3] 夏博强. 智能视频识别技术在石油石化行业中的应用研究[J]. 中国新通新，2023，62-64.

漩涡撇油器溢油回收性能测试

于智成

[中海石油(中国)有限公司深圳分公司]

摘　要　海面溢油是一种严重的海洋环境污染事故。海面溢油事故快速应急预案设计中，机械式撇油器是一种重要的溢油回设备。针对现有撇油器的回收效率和速度的不足，本文提出了一种基于自由表面漩涡质点运动特性研发的漩涡撇油器设计。该种撇油器通过形成自由表面漩涡，快速富集水面上的浮油，并将浮油通过漩涡输送至撇油器出口。基于这一理念，设计了小尺度溢油回收特性测试系统及实验平台，以中质原油模拟溢油，开展漩涡撇油器溢油回收特性测试。同时加工了相同尺度的浮盘式撇油器和堰式撇油器作为对照。通过对比测试发现，相同动力条件下，浮盘式撇油器在处理量和运行稳定性方面较差；堰式撇油器运行较为稳定，但处理量较小，低于 $2m^3/h$；漩涡撇油器吸收表层油水混合物速度较快，处理量达到 $6\sim7m^3/h$，可快速完成溢油回收作业。该种撇油器设计为海面溢油回收提供了新的思路和参考。

关键词　溢油；撇油器；表面漩涡；实验测试

海面溢油是一种严重的海洋环境污染事故。溢油可能存在多种来源，诸如陆源污染、海运污染、大气污染和自然界污染等。海面溢油严重威胁海上生态安全和相关人员生产生活安全。当遭遇海面溢油事故时，制定合理的快速应急预案是相关从业人员的重要任务。应急预案中的溢油回设备选择是其中的重要组成部分。机械装置回收溢油是一种重要的溢油回收方式。机械式溢油回收装置包含撇油器、收油网、油水分离设备、机械抓手等。其中撇油器是指专门设计用来回收水面溢油-油水混合物而不改变其物理、化学特性的任何机械装置。撇油器的基本工作原理是利用油和油水混合物的流动特性、油水密度差以及材料对油/油水混合物的吸附性，将油从水面上分离出来。目前现行的撇油器主要包含堰式、亲油式、真空式等不同类型撇油器。然而现有撇油器的回收效率和回收速度受海洋环境限制较大，急需一种能在短时间内快速回收并处理海面溢油的装置。

为此，基于自由表面旋涡质点运动特性，本文提出了一种漩涡撇油器。该种撇油器由浮筒和收油罩构成，浮筒为撇油器提供浮力，收油罩则诱导形成漩涡(原理如图 1 所示)，液体表面的油层在表面旋涡中沿着液体表面运动进入底部出口排出，完成溢油回收作业。据此开展原理性测试，探讨该种装置的溢油回收特性。为便于对比分析，设计制造了相同尺度的圆盘式撇油器和堰式撇油器，作为对照组进行测试分析(图 2)。

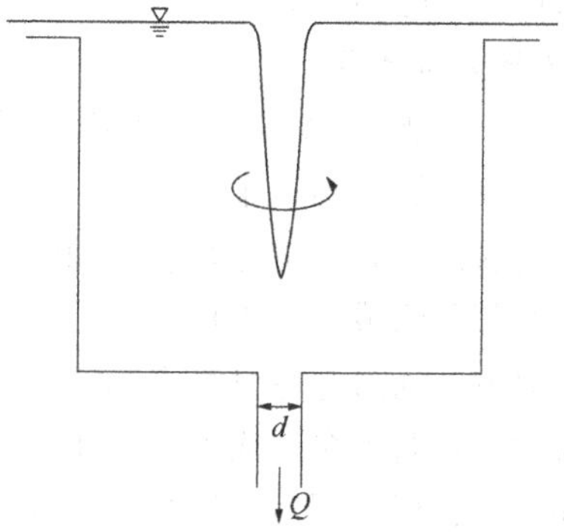

图 1　漩涡撇油器原理图

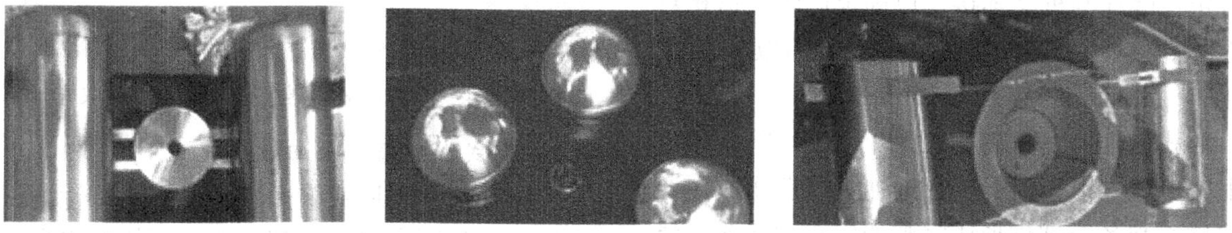

(a)浮盘式撇油器　(b)堰式撇油器　(c)漩涡撇油器

图 2　测试用撇油器

1　研究方法及实验设置

1.1　测试装置及流程

实验测试流程如图3所示，为一套自循环系统。撇油器放置于模拟溢油的测试水池中，水面泼洒中质原油模拟溢油。撇油器放置于水面上，通过流量计、压力表、手动阀与泵连接，泵下游通过阀门控制并设置取样点可通过速闭阀法取样，快速获取管道中混合液体的含油率。泵的下游直接排入测试水池中，水池中上游和下游通过隔油板隔开。

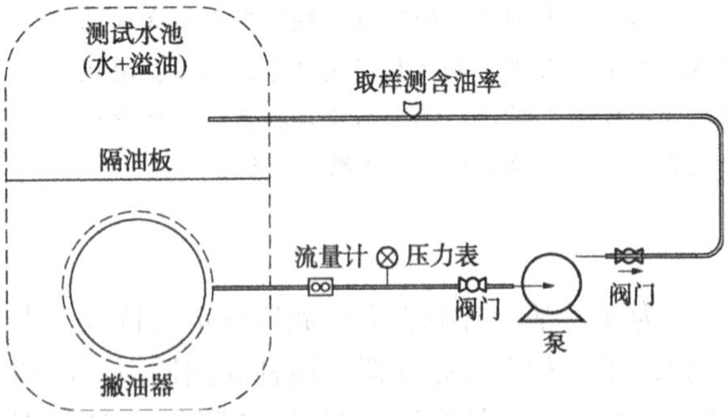

图3　实验测试流程

流程中的泵为溶气泵，最大流量 $10m^3/h$。溶气泵与变频器连接，频率可调范围1～50Hz，为连续变频。流程中的压力表为罗斯蒙特3051型压力变送器，参考精度为0.075%。测试流程中的流量计采用LWGY型涡轮流量计，准确度等级为1.0级，电容供电。

1.2　测试所需撇油器

图3给出了测试过程中涉及到的三种撇油器。其中浮盘式撇油器(图2A)是一种结构形式较为简单的撇油装置。由浮盘、吸油管、两个浮筒和框架四部分组成。其工作原理是在管道泵提供动力前提下，通过浮盘分割水和溢油层。浮盘上方的溢油层在管道泵造成的吸力作用下进入撇油器内部管道，以实现溢油回收。浮盘撇油器的浮筒则为撇油器整体提供浮力。浮盘-钢管配件通过定位螺栓与框架连接，以固定调整浮盘相对液面的高度。管道通过快接形式与后续管道泵连接。

堰式撇油器(图2B)主要由浮球、堰口和连接框架组成。堰口由异径三通加工改造而成。通过焊接组装各个部件形成完整的堰式撇油器，浮球则通过螺纹丝杠与堰口框架连接。调整螺母位置可调节浮球高度，进而控制堰口水位。

漩涡撇油器(图2C)由浮筒、收油罩、连接框架和收油管四部分组成。收油罩顶部水平外沿与螺杆丝杠焊接。浮筒焊接支撑框架，螺杆通过螺母与框架连接。浮筒位置可调，通过丝杠与框架的相对位置改变浮筒高度。收油罩底部连接快接头，方便与钢丝软管及下游动力系统相连。

1.3　测试介质

测试中的采用某中质原油模拟海面溢油。原油密度受温度影响，测试表明，原油密度受温度影响，遵从温度-密度曲线变化规律。测试过程中，水池温度在23℃，原油密度约为 $960kg/m^3$。原油溢油在水面以块状和丝状形式存在。

2　测试结果分析

2.1　浮盘式撇油器溢油回收效果

图4中红圈内区域所示，当撇油器在平静水面运行时，圆盘中心进口出现微小漩涡。同时原油成块进入撇油器，撇油器出口钢丝管间或出现黑色油块。此时，管道内流量为 $3.5m^3/h$。尽管溢油可以有效进入撇油器内部管道，但浮盘式撇油器回收速率非常小，影响流域范围有限。在 $2.5m^2$ 水域内泼洒原油后，撇油器运行40min仍未有效减少水域中溢油量，溢油回收速率过低。经过取样测试得到出口含油率为1%～2%(图4左)。更为不利的是，当提高溶气泵变频器频率时，尽管流量短时间上升，但由于圆盘中心入口吸气漩涡尺寸增加，导致溶气泵进气。半分钟后流量反而下降至 $2.9m^3/h$。可见，浮盘式撇油器在平静水域回收溢油特性较差。

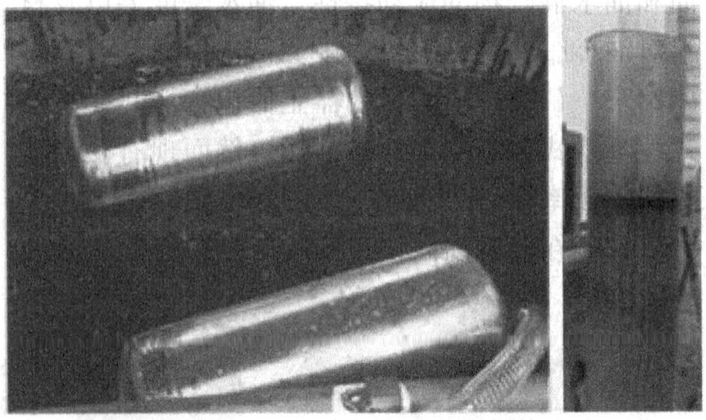

图4　浮盘式撇油器运行效果及出口取样

2.2　堰式撇油器溢油回收效果

图5给出了堰式撇油器溢油回收特性测试图像记录。从图中可以看到，堰口围栏高出自由液面，开口处形成了稳定的流动。溢油粘度和污染物对这种回收方式影响不大。随着泵的抽吸，大

块溢油开始进入堰口(图5右)。块状溢油并未堵塞堰口处的混合液流动，撇油器可在短时间内快速吸入溢油。由此可见，大块溢油和污染物等对堰式撇油器影响较小。然而此时的流量约为1.7m^3/h，小于浮盘式撇油器回收量。出口取样含油率约小于2%。当调高变频器频率，提高泵的流量时，尽管瞬时流量提高，但一段时间后流量下降，堰口进气严重，管道吸空。这种现象说明堰口尺寸决定稳定水位，当堰口尺寸较小时，设计流量也较小。超过设计稳定流量，堰式撇油器将停止工作。但整体来说，堰式撇油器运行状况较圆盘撇油器稳定。

2.3 漩涡撇油器溢油回收效果分析

图6给出了入口流量为7.2m^3/h时的漩涡撇油器运行状况。当撇油器开始运行时，水面尚且平静(图6A)。收油罩底部管道抽吸罩内液体。随着罩内液体逐渐减少，收油罩水位略有上浮提高了进入收油罩上方水域的混合流体含油率，导致收油罩上方出现溢油块状聚集，如图6B所示。此时，收油罩外围水域表面浮油含量降低。随着撇油器继续运行，水域内的溢油含量进一步下降。从图6C可以看到，撇油器右侧水域溢油基本完全清空，达到了较为理想的回收效果。喷洒溢油分散剂进一步提高了撇油器的回收效果。经过多次注射剂喷洒溢油分散剂后，水域溢油形成类似团块状分布，更有利于油水互相分离。如图6D所示，当被分散剂分割的团块状溢油进入溢油罩后，水面基本为纯净水相或少量含油乳化液。随着撇油器运行，水域中剩余的小团块溢油进一步进入撇油器，实现溢油回收。

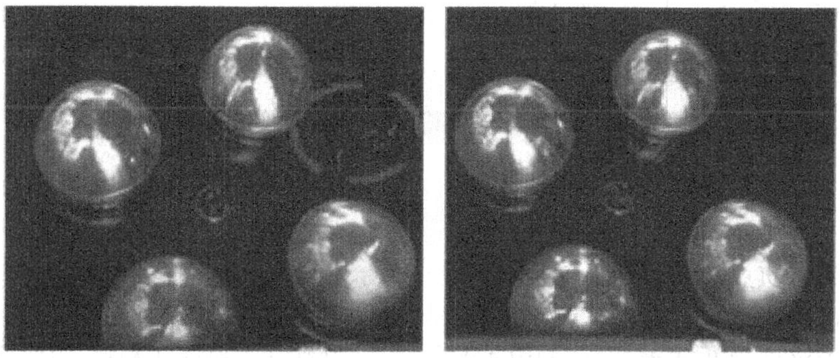

图5 大块溢油进入堰口过程(左：大块溢油进入前，右：大块溢油进入时)

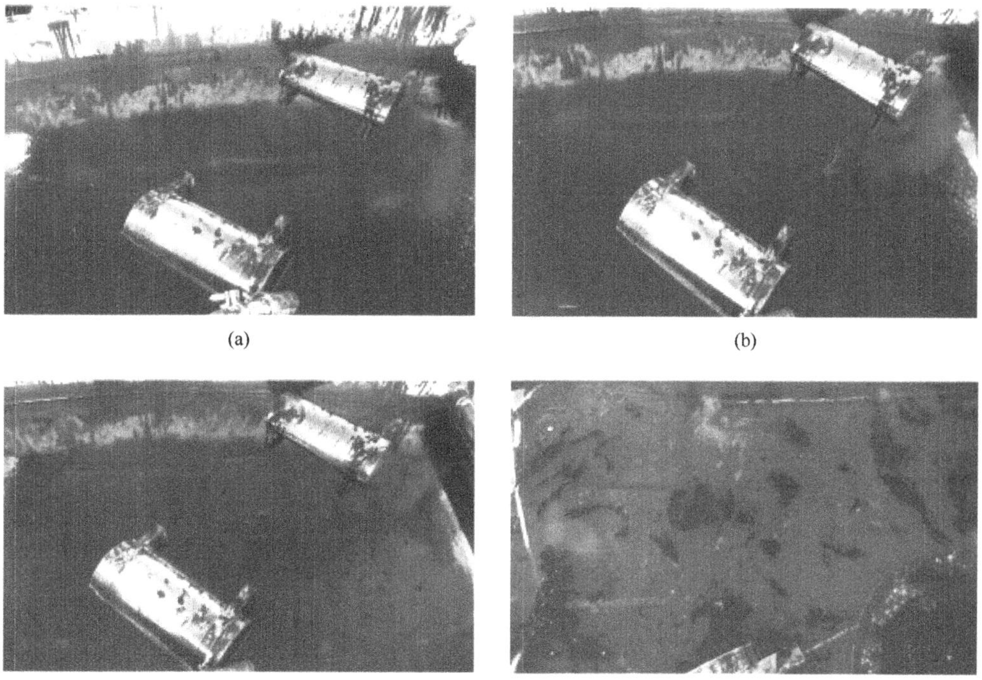

(a) (b)

(c) (d)

图6 收油罩式撇油器溢油回收过程

表1汇总了不同工况下撇油器溢油回收流量计完成回收作业的时间。从中可以看到，在相同动力条件下，浮盘式撇油器和堰式撇油器均难以在规定条件下完成溢油回收作业。收油罩式撇油器则可在短的时间(6min左右)内完成溢油回收作业。通过对收油罩式撇油器出口取样，发现总体出口含油率不超过5%。究其原因，主要是由于收油罩内部空间较大，管道负压及地表科式力共同作用下形成漩涡，携带收油罩内表层水和浮油通过撇油器回收进入下游循环系统。

表1　撇油器溢油回收特性汇总

工况编号	撇油器类型	流量/(m^3/h)	溢油回收时间/min	备注
1	浮盘撇油器	≤3.50	未完成	400mL 油
2	堰式撇油器	1.70	未完成	400mL 油
3	漩涡撇油器	6.55	6	400mL 油
4	漩涡撇油器	7.19	5	400mL 油
5	漩涡撇油器	6.58	6	470mL 原油+分散剂

3　结论

基于自由表面漩涡质点运动特性，本问提出一种漩涡撇油器。通过形成表面漩涡，加速浮油层富集及吸收，提高溢油回收速率。并在相同动力条件下，对比测试了相同尺度的浮盘式撇油器、堰式撇油器和漩涡撇油器的溢油回收特性。研究表明，浮盘式撇油器在处理量和运行稳定性方面较差，不能满足溢油回收需求；堰式撇油器运行稳定性较好，但处理量较小；漩涡撇油器内部构造可使管道负压和地表科式力共同作用下形成漩涡，加速油水混合液进入溢油回收管路系统，提高回收速率，改善回收效果。

参 考 文 献

[1] 李杨，孙寿伟，袁宇翔，等. 防火围油栏和撇油器在海上井喷溢油处置中的适用性分析及展望[J]. 石油工业技术监督，2024，40(01)：47-52.

[2] 张银东，杨杰，张兴明. 海上溢油堰式回收技术的原理与改进[J]. 海洋环境科学，2015，34(02)：290-293.

[3] 李海峰. 自由表面旋涡的机理研究[D]. 上海大学，2009.

[4] 张元怡. 气液分层流漩涡携带实验研究[D]. 山东大学，2020.

[5] 杨帆，施徐明，戴韧，等. 自由表面旋涡数值模拟与涡、汇模型理论分析[J]. 排灌机械工程学报，2013，31(04)：325-330.

[6] 唐梓钧，刘颖，刘晖. 原油水分及密度测定准确性分析[J]. 质量与认证，2023(07)：48-50.

华北油田安全环保智能化系统研究与实践

孙　炀　贾俊杰

（中国石油华北油田公司）

摘　要　本文旨在研制并应用 QHSE 风险信息管控技术，为华北油田公司的“安眼工程”——安全生产智慧眼可视化智能识别工程提供技术支撑。安眼工程是一个重要的数字化转型工具，用于上游业务管理、安全风险控制和生产经营，通过视频监控、物联网、移动互联网等技术的综合应用，实现对施工作业现场及生产场所的全员、全过程、全方位、全天候监控。结合大数据和人工智能技术，工程能够智能识别人的不安全行为、物的不安全状态、环境因素和管理缺陷等风险，并发出预警，从而减少现场监督工作量，提高监督效率，实现降本增效、提质增效的目标。本研究重点开发施工作业现场及生产场所视频报警、预警的软件算法，推进安全管理从依赖人工监督向“人防+技防+智防”的转变。

关键词　QHSE 风险管控；安眼工程；智能化识别；人工智能；数字化转型

QHSE 风险的信息管控技术研制与应用是对“安眼工程”的技术支撑项目，安眼工程全称为安全生产智慧眼可视化智能识别工程，是对上游业务管理、安全风险控制以及生产经营等方面产生重大影响的工作，是实现勘探与生产各业务生产管理和安全监管数字化转型的有效手段。该工程创新的安全生产监管模式，主要是利用视频监控、物联网、移动互联网等技术手段实现对施工作业现场及生产场所的全员、全过程、全方位、全天候的监控，并结合大数据、人工智能技术实现对人的不安全行为、物的不安全状态、环境因素和管理缺陷等风险的智能识别与主动预警，辅助管理人员实现便捷的远程监管与快速的违章处置，从而减少人员现场监督工作量，提高监督成效，实现企业降本增效、提质增效。

华北油田公司为加强施工作业现场、生产现场 QHSE 风险管控，开展了多批次安防、安控建设，有效提升了公司 QHSE 风险管控能力。但原有的管控方式多依靠人工现场监督，缺乏信息化、智能化的报警判别技术，在面对“人的不安全行为、物的不安全状态、环境事件、突发事件”等几大类别风险源识别不及时、不全面，风险识别判断的准确率不能有效保证，无法摆脱人力盯控的局面。

本项目通过研究用于施工作业现场及生产场所视频报警、预警的软件算法，为安眼工程提供核心技术支持，从而辅助管理人员实现便捷的远程监控与快速的违章处置，减少人员现场的监督工作量，提高监督成效。实现安全管理从“人防”向“人防+技防+智防”的转变。

1　技术思路

安全环保智能化系统的搭建是从运行环境与算法设计两个方面着手设计，保证系统的顺利实施。硬件依托数据中心超融合服务器构建可复用的软件容器，为后期部署提供统一运行环境。算法以自主研发与技术引进相结合的模式。平台采用依托于已建智能视频分析平台研制华北油田智慧安眼预警平台，实现针对安全工作的整体管控。安全环保智能化系统如图 1 所示。

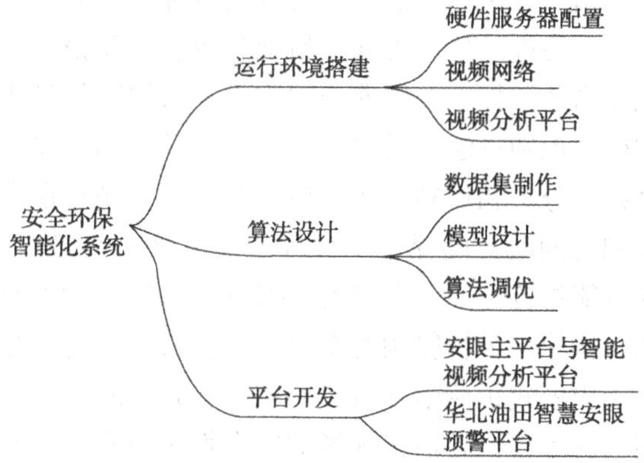

图 1　安全环保智能化系统

2　关键技术研究

2.1　运行环境设计

物联网技术的快速发展与广泛应用对平台运行环境提出更高的要求。在搭建平台运行环境的过程中，边缘服务器和安眼中心云起到关键作用。边缘服务器多为物联网设备和云服务器之间的计算和存储节点，减少数据传输延迟和带宽压力，提高系统的效率和可靠性。安眼中心云作为一个集中式的管理和监控平台，能够接收来自设备的数据，并对其进行实时监控和分析。

依托超融合平台对外提供云服务，包括云虚拟机，云容器等业务，可以同时接入办公网和将来的生产网，可支撑1700核虚拟，网络环境能够满足未来的发展趋势，安眼系列平台都将部署于超融合平台上，可实现统一管理与维护。超融合云平台网络如图2所示。

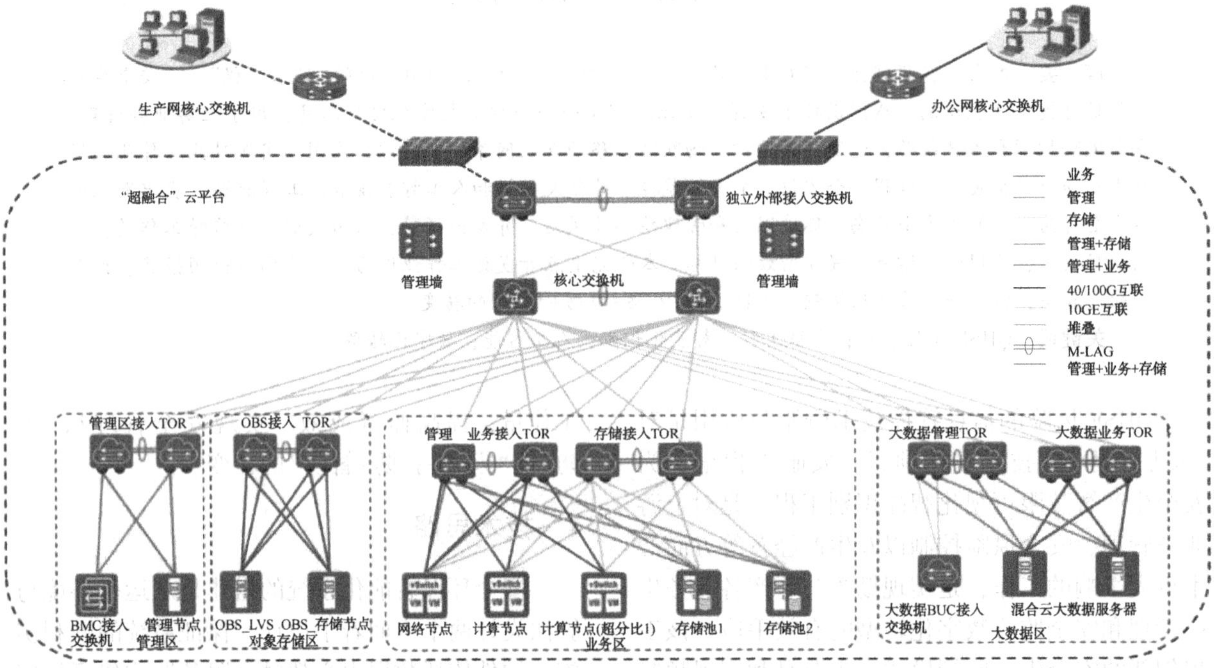

图2　超融合云平台网络

2.2　算法设计

随着人工智能(AI)技术的不断进步，其在油田应用中的潜力逐渐被挖掘。华北油田致力于推动AI技术的发展，并将其应用于现场高效监控。通过精准分辨和智能报警为攻关目标，研究设计了三个关键的研究方向：精准分辨、智能报警和现场高效监控。在精准分辨方面，采用图像处理和模式识别算法，通过对油田现场设备和环境的高精度分析和识别，在实现装置异常检测和泄漏监测的同时，确保生产过程的安全性和高效性。在智能报警方面，利用大数据分析和机器学习算法，构建一个智能预警系统，能够通过实时数据和历史模式预测潜在故障和事故，并及时发出警报。这不仅提高油田现场的安全性和可靠性，还减少人为错误和生产中断的风险。最后，在现场高效监控方面，利用物联网技术和云计算平台，建立一个实时监控系统，能够远程监控和控制油田现场设备和生产过程，为生产指导和决策提供准确支持，最大程度地提高生产效率和资源利用率。

通过优选8种通用算法和定制18种算法(表1)，针对油气井站、井下作业和非常规作业等不同场景的差异性，开展现场调优和预警信息推送研究。借助华北油田采油一厂的配合模拟实验，连通油气井站，并对1900余路风险作业视频逐步开展现场优化。通过不断调整算法参数和优化模型，实现对油气井站、井下作业和非常规作业的精细化监测和控制。

通过建设完整的算法训练和优化流程(图3)，完善数据清洗、智能标注、数据管理、算法生产、模型评测、模型部署等能力，聚焦现场需求，完成3种算法场景的模型研发工作。

针对不同的工况场景共设计出5类算法框架，分别为：动作行为类算法、帧差分类别算法、目标检测类算法、小目标检测算法、人员着装分类算法。

(1) 在目标检测累算法框架方面，主要进行人的不安全行为和物的不安全状态检测。检测算法主要包含：骨干特征网络、特征金字塔网络、多任务回归头网络。通过特征金字塔实现多尺度卷积，从而可以检测出不同像素大小的物体。

表 1　算法种类

	场景	序号	算法名称
定制算法	高处作业	1	施工人员在操作过程中上下抛物
		2	同一坠落方向交叉作业
		3	高处佩戴安全带识别
	受限空间	4	人员进入受限空间时间超时、警告牌设置情况
	动火作业	5	气瓶没有减震圈、护帽
		6	违规滚动气瓶
		7	电焊、切割作业未佩戴护目面罩
	起重作业	8	吊钩无防脱装置
		9	人员手扶吊物
		10	吊物上站人
		11	使用机械作业时人员进入旋转半径
	修井作业	12	人站在油管排上、未使用小滑车
	生产现场	13	区域入侵识别
		14	油、水异常泄漏
		15	消防通道占用识别
		16	未设置消防器材识别
		17	人员跌倒识别
		18	画面遮挡
通用算法	通用	1	未佩戴安全帽
		2	未穿戴劳保服
		3	明火识别
		4	烟雾识别
		5	在作业区域抽烟
		6	在作业区域接打电话
		7	人员脱岗
		8	人员睡岗

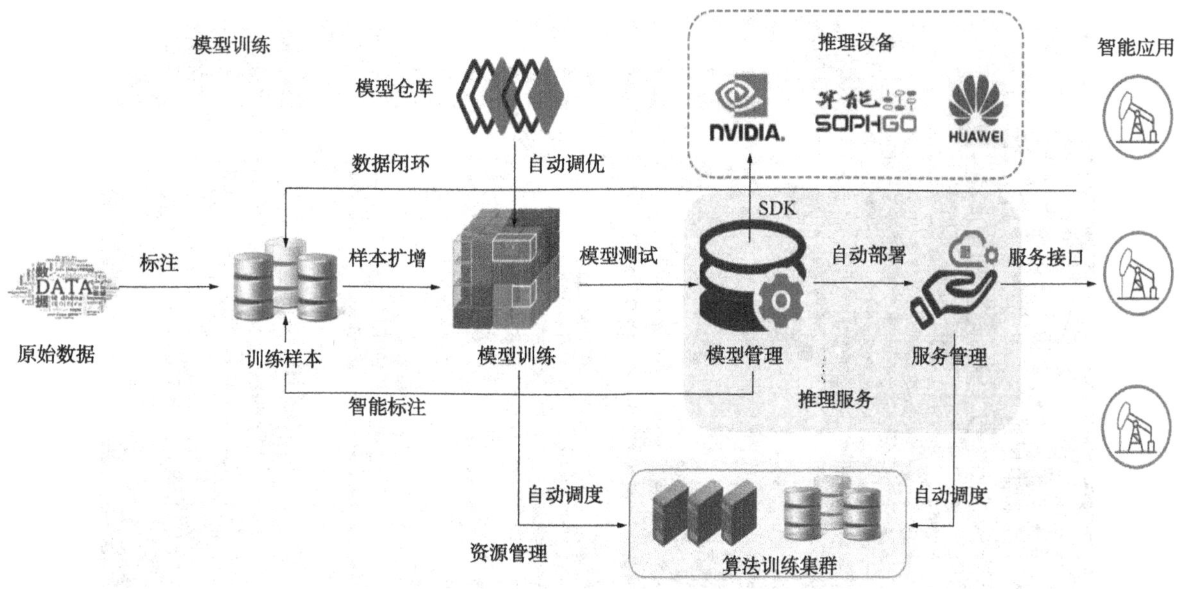

图 3　算法训练及优化流程

（2）在帧差分类别算法框架方面，采用帧差分注意力机制的漏油检测算法和画面遮挡算法，有效提取视频中的漏油区域及遮挡区域。

（3）在人员着装分类算法框架方面，采用multi-task的训练方式，在支持是否正确穿戴的基础上，同时支持主流工作服、安全帽的颜色识别，有助于区分不同场景人员身份信息。

（4）在小目标检测算法框架方面，利用小目标检测技术，采用轻量级卷积神经网络+多尺度卷积算法，支持超小火焰、烟雾的准确识别，实现在危险发生初期及时预警的功能。

2.3 平台融合与开发

基于安眼主平台、智能视频分析平台及安全可视化平台构建华北油田超融合云平台（图4），致力于打造华北油田智慧安眼预警平台。视频汇聚平台主要用于对接多厂家多类型视频资源，具有实时视频、录像回放等功能，实现视频数据采集，稳定、及时、可靠地接收和共享实时视频数据及报警信息。2023年度目标为2000路，目前已推送1500余路。

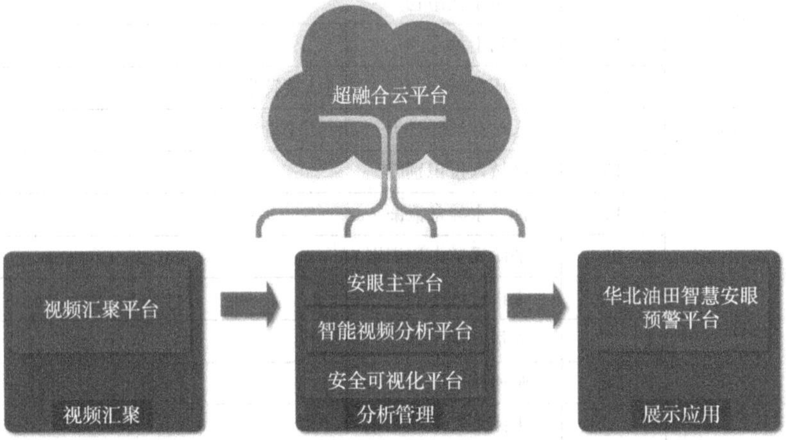

图4　平台融合框架

安眼主平台主要实现预警结果的汇聚、分级管理、预警闭环处置、可视化等业务功能，初步实现算力设备和AI分析算法的统一调度管理。智能视频分析平台可以按需定制化智能分析轮巡策略，设定轮巡通道范围，对纳入轮巡范围的视频通道进行分组管理，逐一对分组进行算法布控。安全可视化平台深度挖掘历年安全监督、体系审核等海量数据的业务应用价值。利用大数据分析模型，开展风险态势分析、管理短板分析，自动识别出较大及以上隐患、重复问题、共性问题，从而为分级防控提供支持。华北油田“安眼工程”可视化平台如图5所示。

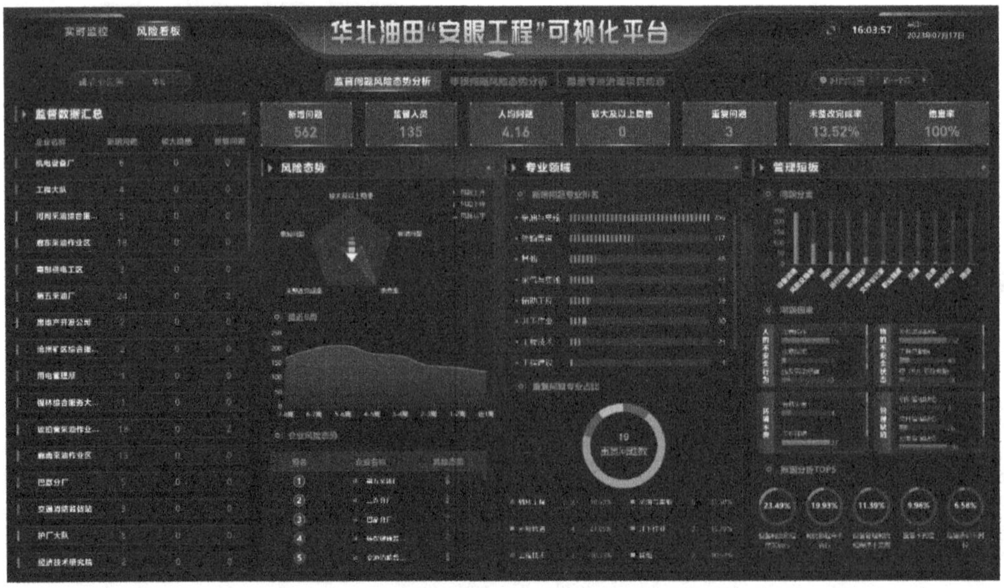

图5　华北油田安眼工程可视化平台

按照“贯通集成、信息共享”原则，构建华北油田智慧安眼预警平台(图6)，现已完成重大危险源、风险作业、风险看板等功能的整合，目前正在开展预警信息分级推送的部署与调试。

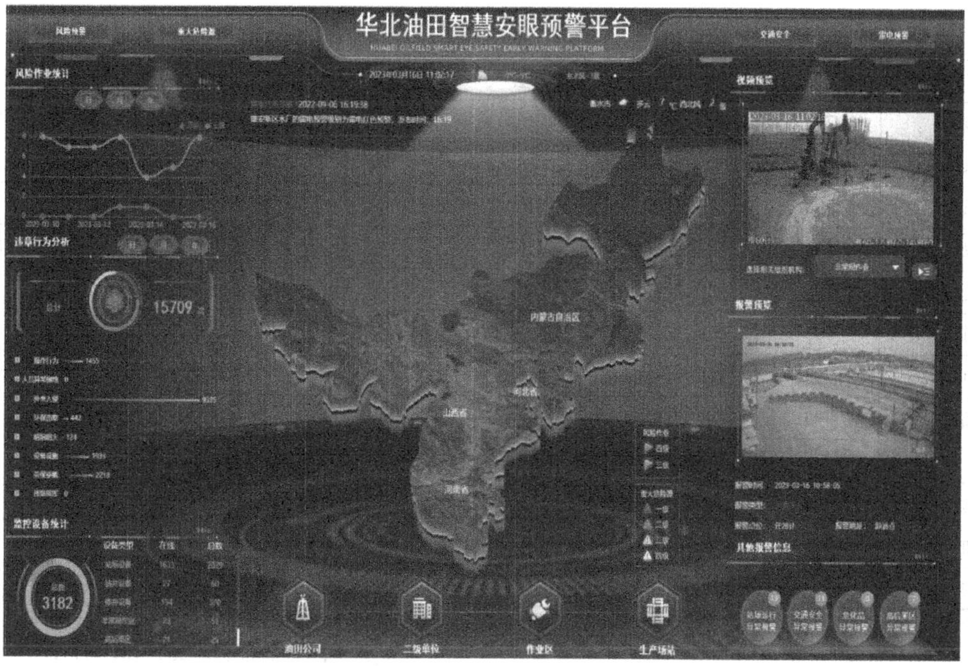

图6　华北油田智慧安眼预警平台

3　现场应用与预期效果

通过图像分析服务器的应用，关键部位的识别和启停识别性能得到了显著优化。在训练阶段，收集了40万份实验数据样本作为训练集，经过为期六个月的深入训练，算法不断调整和优化，最终将关键部位的识别率从50%提升至90%，实现了重大突破。同时，在启停识别方面，准确率达到了100%，展现了图像分析服务器在关键部位识别和启停识别方面的卓越性能。这一成果为智能化系统在安全生产领域的应用提供了有力支撑，为确保生产过程的安全性和可靠性发挥了重要作用。井场闯入智能识别如图7所示，关键区域智能监控如图8所示，跨河管道智能识别如图9所示。

图7　井场闯入智能识别

图8　关键区域智能监控

图9　跨河管道智能识别

如表2所示，通过在华北油田安全环保智能化系统中部署并不断优化算法，实现了算法准确率的显著提升。这一改进得益于对算法的持续调整和优化，从而使其在实际应用中的表现更加出色。通过对算法的不断优化，系统能够更准确地识别和分析现场视频数据，提高了监督效率和质量。

表 2　算法测试结果

算法名称	路数	预警数量	核对正确数量	准确率
安全帽	793	实际报警数 72	核对告警数 62	85%
抽烟识别	793	实际报警数 26	核对告警数 19	70%
明火识别	793	实际报警数 6(人工测试)	核对告警数 5	80%
烟雾识别	793	实际报警数 6(人工测试)	核对告警数 5	80%
工装	793	实际报警数 49	核对告警数 38	85%
睡岗	793	实际报警数 54	核对告警数 46	85%
离岗	793	实际报警数 88(人工测试)	核对告警数 88	100%
打电话	793	实际报警数 5	核对告警数 3	75%
区域入侵	278	实际报警数 17(人工测试)	核对告警数 16	94%
视频遮挡	793	实际报警数 300(包括网络卡顿)	核对告警数 179	80%
漏油	450	实际报警数 0	核对告警数 0	80%
摔倒	793	实际报警数 2(人工测试)	核对告警数 0	70%

4　结论

华北油田的安全环保智能化系统建设为视频监控领域带来了革命性的变革，将传统的“人工盯防”模式升级为高效的“智能识别”模式，极大地推动了新型监督模式的实践与发展。通过对基于信息技术的 QHSE(质量、健康、安全、环境)管理模式的优化，风险管控能力得到了显著提升，进而增强了监督检查的效能。

智能化系统的应用显著促进了公司的安全生产水平，有效地消除了潜在的事故隐患，大幅降低了企业的非生产性经营成本。此外，智能化系统的部署还显著提高了企业应对安全生产事故的反应能力，确保了在紧急情况下能够迅速采取有效措施，减轻损失，保障人员安全。

综上所述，华北油田在智能化系统建设方面的成果体现了其在安全生产管理方面的创新与突破。这一变革不仅提升了公司的经济效益，更为社会和企业的可持续发展做出了重要贡献。展望未来，智能化系统的应用将更加广泛，为企业的长远发展奠定坚实的基础。

参　考　文　献

[1] 郭闻风，阳艳. 华北油田 AI 识别擦亮“安全千里眼”[N]. 中国石油报，2023，10(004).

[2] 李秉军，刘玉芳，刘贵强，等. 油田站场无人值守模式的推广应用[J]. 石油石化节能，2023，13(01)：54-58.

[3] 张媛，张腾跃，陈彦军，等. 华北油田绿色效益开发探索与实践[J]. 石油科技论坛，2022，41(05)：75-81.

[4] 巩峰，訾晓晨，鲁晓醒，等. 数字化管控在华北油田油气站场中的应用[J]. 石油知识，2022，(02)：60-61.

[5] 杨梅红，唐小南，朱挺力. 油田地面工程安全管理的研究[J]. 化工管理，2017，(28)：215.

[6] 陈蒙，杨昊楠，韩东，等. 智慧工程在华北油田的研究与应用[J]. 石油知识，2017，(03)：48-49.

[7] 郭铁路，唐佳，夏阳. 浅谈智慧油田信息安全体系建设[J]. 中国管理信息化，2017，20(08)：67.

[8] 张俊娜，韩超臣，陈家伟，等. 一种联合边缘服务器部署和服务放置的方法[J/OL]. 计算机工程，1-16[2024-02-23].

[9] 史振飞，胡朋，李波，等. 基于成本感知的边缘服务器部署方法[J]. 计算机工程与设计，2024，45(01)：63-70. DOI:10.16208/j.issn1000-7024.2024.01.009.

[10] 申光鹏，苗鸿宾，余浪，等. 基于深度学习的目标识别与抓取研究[J]. 制造技术与机床，2024，(02)：85-90+98.

遥感技术在油田甲烷异常排放监测中的应用研究

刘新军　徐春伟　田　宇

（大庆油田有限责任公司 HSE 监督总站）

摘　要　为了实现对油田甲烷排放的有效监管，结合易产生甲烷排放场所实际情况，分析对比了国内外先进监测技术的优缺点，确定甲烷激光探测器作为油田甲烷排放的监测手段，并在监督工作中进行应用。选取某原稳站作为试验研究对象，找出对甲烷激光探测结果的影响因素为探测高度、探测角度和探测部位，通过现场试验结果，建立了相应的修正系数表，指导该技术在油田监督工作中的应用。应用后填补了某油田甲烷监督空白，具有较强的推广应用价值。

关键词　甲烷；排放；激光探测；修正系数

近年来，油田加大了对甲烷排放的管控力度。2020 年，中国石油天然气集团有限公司印发《中国石油天然气集团有限公司甲烷排放管控行动方案》，文件中确定了 2025 年、2035 年集团公司甲烷管控排放控制目标，并提出 5 点具体要求：一是实施常规火炬熄灭工程；二是实施整体密闭流程改造工程；三是实施 LDAR 系统建设工程，全面开展泄漏检测与修复；四是实施井筒排放气体回收工程；五是实施施工作业气体排放管控工程。为深入落实集团公司甲烷排放管控要求，进一步加强甲烷（天然气、伴生气）排放管控，2023 年，某油田下发了关于《进一步严格甲烷排放管控》的通知，要求相关部门开展甲烷排放管控专项检查，强调严肃甲烷排放事故事件责任追究。因此，油田亟需甲烷排放监督手段，对甲烷异常排放实施有效监督。

1　油田甲烷排放监督现状

油田生产过程中易产生甲烷排放。如正常生产状态下的井口阀门不严、管线或设备设施老化穿孔、尾气收集处理装置失效、储罐敞口运行等情况都会造成甲烷非正常排放；非正常生产状态下又分为两种情况，一种是有计划的单井作业或站内检维修作业。单井作业如勘探评价井和新井试采试气过程、气井排液过程和油井套管气放空过程的甲烷排放。站内检维修作业前，天然气工艺设备和工艺管线需要进行清空、吹扫、置换，大量天然气会沿着火炬放空系统外排，若此时火炬点火装置故障则会造成大量甲烷气体冷排放，检维修期间，站内火炬也会点长明火，确保下游来气端不超压运行。另一种是，当系统运行压力过高，安全阀动作时的应急状态下，

安全阀释放出的天然气经火炬系统外排，也存在因火炬自动点火装置失效甲烷冷排放的风险。

由于甲烷无色无味，缺少甲烷排放的监督技术手段，所以监督人员无法实施有效监督，甲烷违排问题很难被发现；同时，这些存在甲烷外排风险的场所，分布范围广，涵盖了油田的采气井、天然气集气站、天然气原稳站、天然气深冷和浅冷站以及采油厂的联合站和转油站等场所，某些井、站地处偏远、分布零散，常规手段很难实现区域监督。

2　甲烷激光探测技术的应用

为解决甲烷异常排放难发现的问题，通过检索国内外先进的甲烷检测技术，目前比较先进的甲烷检测技术有气相色谱-质谱技术、红外气体热成像技术和激光探测技术，对应的设备分别是 GC-MS 2000 便携式气相色谱-质谱联用仪、P-0GI 1000 便携式红外气体摄像仪和 TGE SA3C32A 甲烷激光探测器，其优缺点对比见表 1。

通过对比，甲烷激光探测器最适合油田甲烷排放现场监督需要，为此，选择甲烷激光探测技术作为甲烷异常排放的监督手段。

2.1　确定监测对象和监督内容

监测对象：排查油田生产过程中涉及到的单井、工艺管线、场站设备设施，确定采气井、天然气管线、天然气处理站尾气排放口、油气站场储罐、火炬等为主要的甲烷激光监测对象。

表 1　各种甲烷监测设备优缺点对比表

优缺点	设备名称		
	GC-MS 2000 便携式 气相色谱-质谱联用仪	P-0GI 1000 便携式 红外气体摄像仪	TGE SA3C32A 甲烷激光探测器
优点	持久：电池可连续工作 3h 以上，支持在线更换电池； 范围广：内标自动校正，可准确分析上百种挥发性有机物； 轻便：总重量<18kg	可视：气体可视化成像； 遥感监测：可实现远距离非接触式的检测； 范围广：可探测的气体种类多达 400 余种	快启：30s 开机完成自检，单次分析时间 0.1s； 唯一性：只测甲烷，不受其他气体影响，监测值精度高； 遥感监测：可实现远距离探测(0~100m 之间)； 轻便：超强的便携性，各种甲烷激光探测器重量≤600g
缺点	分析时间长，开机 15min 以上，单次分析时间最短需要 4min，无法满足监督需要	只对正在泄漏的气体具有灵敏反映，对于排放后的气体无法有效监测	对使用人员操作水平要求较高

监督内容：包括甲烷常规监督和甲烷高风险监督。甲烷常规监督指对在正常生产状态下的单井及油气场站的监督；甲烷高风险监督指对有计划的、非正常生产状态下的、容易产生甲烷逸散的单井及场站设备设施的监督。

主要内容如下：

一是勘探评价井和新井试采试气过程；

二是气井排液过程和油井套管气放空过程；

三是天然气集中处理站检修期间和天然气集输管线维修更换期间，火炬放空情况；

四是集气站、油气处理厂、中转站、联合站等重点场所阀门及尾气排放口是否有甲烷逸散；

五是油气场站内储罐敞口运行造成的甲烷排放；

六是其他油气场所(正常生产的采气井、气管线、计量站等)。

2.2　应用研究

2.2.1　工作原理

甲烷激光探测器的工作原理，见图 1。

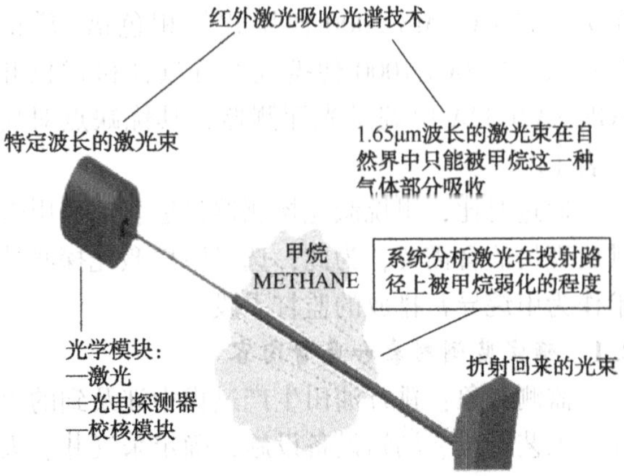

图 1　甲烷激光探测器工作原理图

甲烷激光探测技术主要采用红外光谱吸收法检测空气中的甲烷气体浓度。当甲烷气体受到红外光束照射时，甲烷分子吸收一部分光能量并将其转换为分子的振动和转动能量，产生分子振动能级和转动能级从基态到激发态的跃迁。光谱中，甲烷在 1.65μm 处形成一个极强的吸收峰，其强弱由甲烷气体浓度来决定，激光束被甲烷部分吸收红外信号发生衰减，仪器接收反射光束的信号，根据其衰减程度获知甲烷气体的浓度。

2.2.2　监测条件

对甲烷排放口进行监测时，可采用手持或机载两种方式。对于采气井、集输管线等相对较矮的地面设施可采用手持方式进行泄漏检查，对于火炬、储罐、尾气排放口等相对较高的设施采用无人机搭载方式。根据油田现场实际，无论采用哪种方式，要测出相对准确的数值至少需满足三个条件：

一是必须形成反射路径，若从地面透过甲烷逸散区域对空监测没有反射路径，无法测出有效数值；

二是探测距离不能过大。由于激光束会随着距离增大而发生衰减，探测距离应在有效监测距离(100m)范围内；

三是探测中心必须准确。监测时，激光应对准正在发生甲烷排放的部位，或者对准已经排放后形成的逸散云的中心位置，否则，无法保证激光束穿过甲烷逸散区域。

2.2.3　影响监测准确性因素研究

选取某原稳站火炬放空口作为试验地点，开展多次现场试验，对影响数值准确性因素进行研究，研究发现，光照度、温度等环境因素对监测结果几乎没有影响，探测高度、探测角度、探测部位的不同对监测结果影响很大，为此，对这三个参数进行深入研究。

2.2.3.1 探测高度对甲烷浓度值的影响

根据激光探测原理，监测的气体积分浓度值与激光路径上的甲烷浓度值和厚度有关(图2)，当监测距离过远或者过近时，均存在较大误差。距离过远时，光束发生衰减，一部分反射波没有被回传接收；距离过近时，探测器处在被测气体中，测得的厚度偏小，为此，需要建立激光探测光程与获得甲烷浓度值之间的关系，确定了合理的激光探测距离。

根据光程公式(1)

$$L = nr \quad (1)$$

式中，r 为几何路程(波程)，m；L 为光程，ppm. m。

图2中 $L = 250\text{ppm} \times 2\text{m} \times 2 = 100\text{ppm} \times 5\text{m} \times 2 = 1000\text{ppm. m}$

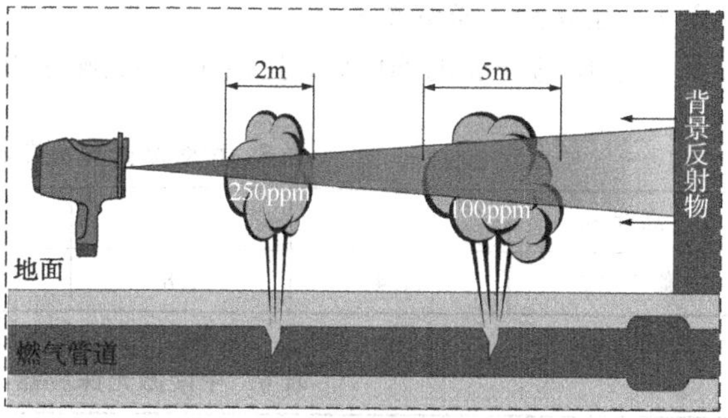

图2 激光探测甲烷浓度示意图

在某原稳站火炬放空口开展相同部位、相同探测角度、不同探测高度的试验研究，在不同的瞬时排放量下测试多组甲烷浓度数据，数据结果反映浓度变化规律具有一致性，现将其中1组数据结果进行展示，见表2。

表2 相同部位、不同探测高度测得的甲烷浓度值统计表(瞬时排量：60m³/h)

高度/m	60	50	40	35	30	25	20	15	10
浓度/ppm. m	不显示	1200	7800	13160	13750	12700	6530	3750	3200

结论：甲烷激光探测器距离目标最佳距离为30m，此时测得的数值最准确。

2.2.3.2 探测角度对甲烷浓度值的影响

对于同一排放口、在监测距离相同的情况下，不同的探测角度测得的甲烷浓度值不同。主要因为光线穿过被测气体照到地面或其他物体后发生漫反射，入射角不同，漫反射后接收激光路径上的光束数量不同，光束数量越少，损失光波越多，残差越大，测得的值越小，当残差达到一定值时，无法测出数值，因此，需要验证激光探测角度与获得甲烷浓度值之间的关系，确定了合理的激光探测角度。

在火炬放空口开展相同部位、相同探测高度、不同探测角度的试验研究，在不同的瞬时排放量下测试多组甲烷浓度数据，数据结果反映浓度变化规律具有一致性，现将其中1组数据结果进行展示，见表3。

表3 相同部位、相同距离、不同探测角度测得的甲烷浓度值统计表

激光与地面间的夹角/°	60	65	70	75	80	85	90	95	100	105	110	115	120
浓度/ppm. m	不显示	不显示	16500	18750	22100	25258	25470	25220	21980	19160	16750	不显示	不显示

结论：发出的激光与地面所成角度越接近90°，残差越小，测得的值越准确。

2.2.3.3 探测部位对甲烷浓度值的影响

同一个排放口、相同探测距离、相同探测角度，当探测部位不同时，测得的甲烷浓度值不同。由于逸散的类蘑菇云中心浓度比边缘浓度高，厚度比边缘厚度大，探测部位不同，被吸收的(1.65μm 甲烷)波长也不同。

开展垂直探测、距离30m，对不同探测部位开展甲烷浓度值测试研究，见表4。

表4 不同探测部位，测得的甲烷浓度值统计表(当日东南风，风速3.4m/s)

排放口上方探测部位	距中心点东侧3m	距中心点东侧1m	距中心点东侧0.5m	距中心点南侧1m	距中心点南侧0.5m	中心点	距中心点北侧1m	距中心点北侧0.5m	距中心点西侧1m	距中心点西侧0.5m	距中心点西侧3m
浓度/ppm. m	不显示	2643	3858	2656	3722	5180	2879	4355	3656	4250	不显示

结论：探测部位越接近于排放口中心点位置，测得的甲烷浓度值越准确。

2.2.4　建立修正系数参照表

通过现场开展的50次试验结果，对测得的结果数据做统计分析，最终建立探测高度、探测角度、探测部位的修正系数表(表5~表7)，将修正系数输入到回放程序数据中，修正测得的甲烷浓度值，为提高监督质量提供了技术支持。

表5　甲烷激光探测器不同探测距离修正系数参照表

高度/m	50	40	35	30	25	20
修正系数	11.4	1.8	1.1	1	1.1	2.1

表6　甲烷激光探测器不同探测角度修正系数参照表

激光与地面间的夹角/°	70	75	80	85	90	95	100	105	110
修正系数	1.6	1.3	1.2	1	1	1	1.2	1.3	1.6

表7　(夏季)甲烷激光探测器不同探测部位修正系数参照表

排放口上方探测部位	距中心点东偏北45°1m	距中心点东偏南45°1m	距中心点东侧1m	距中心点东侧0.5m	距中心点南侧1m	距中心点南侧0.5m	中心点	距中心点北侧1m	距中心点北侧0.5m	距中心点西侧1m	距中心点西侧0.5m	距中心点西偏北45°1m	距中心点西偏南45°1m
修正系数	3.0	3.1	2.5	1.2	2.4	1.2	1	1.8	1.1	1.7	1.1	1.6	2.3

3　应用效果

2023年3—6月，某油田某监督机构对油田可能导致甲烷异常排放的井、间、站以及长输管道进行了抽查监督，发现了甲烷异常排放问题31个(表8)。从表中数据可以看出，甲烷激光探测技术可以满足对油田甲烷气体异常排放的监督需要。

表8　油田甲烷异常排放监督问题统计表

排放点	问题/个	产生原因	解决措施
单井	21	井口阀门不严、井口阀门不严、放空过程中火焰熄灭	更换阀门，确保采气树阀门密闭； 对放空全过程火焰状态进行监测，一旦发现火焰熄灭，立即关闭阀门，并重新组织再点火
管道	5	穿孔	及时进行堵漏
储罐	3	液位计校验时存留孔洞进行封堵、未关闭量油孔	液位计拆除后，立即封堵孔洞； 量油后及时封闭量油孔，保证流程密闭
尾气排放口	2	(三甘醇精馏柱、乙二醇)尾气处理装置失效	立即停止生产活动，待维修处理完毕或更换尾气处理装置后方可恢复生产活动

4　结束语

甲烷激光探测技术可以很好地应用到油田环保监督工作中，该技术在现场应用后，增加了甲烷排放的监测手段，填补了油田甲烷异常排放缺乏监督手段的空白，同时，对于甲烷违规排放起到极大的震慑作用，可以有效促进油田甲烷管控水平的提升，具有很好的应用前景。

参考文献

[1] 郭玉华. 气相色谱-质谱联用技术在环境检测中的应用[J]. 资源节约与环保，2021，39(9)：44-45.

[2] 张飙，魏庆农，张伟. 一种光离子化检测系统的设计与试验研究[J]. 大气与环境光学学报，2007，2(2)：140-145.

[3] 马士明. 便携式光离子化检测器的研究与实现[D]. 四川：西华大学，2010.

[4] 李海. 基于光离子化技术的 VOCs 检测研究[D]. 重庆：重庆邮电大学，2019.
[5] 周杨. 光致电离型检测器在有毒气体检测中的应用[J]. 石油化工自动化，2015，51(6)：83-85.
[6] 杨万斌，李小兰. 苏玛罐采样/气相色谱-质谱法测定工作场所空气中恶臭气体[J]. 广东化工，2018，45(7)：234-235.
[7] 王建国，李亮. 气相色谱-质谱法测定环境空气中挥发性有机物的分析方法比对[J]. 环境与发展，2017，29(4)：142-144.
[8] 吕鸿浩. 基于 TDLAS 技术的光路校正系统研究[D]. 北京：华北电力大学(北京)，2019.
[9] 贾军伟，李伟，柴昊，等. 基于 TDLAS 的气体检测技术算法[J]. 红外与激光工程，2019，48(5)：202-208.

基于互联网技术的企业作业许可管理系统设计与实现

邱　阳　李建波

（中国石油集团测井有限公司质量安全监督中心西部分中心）

摘　要　本文介绍了基于互联网技术在多客户端中企业作业许可管理系统的应用。该系统采取了多种功能来提高企业作业许可管理的效率和安全性。其中，系统审批流程主要围绕定岗定责，分级管理，过程监督，数据存储四个方面进行设计。具体功能包含作业预约、作业预约审批、作业申请、作业审批、作业查询、作业过程数据、作业证归档、基础配置、数据字典以及数据可视化等。此外，该系统可以预留接口与其他软件平台数据交换。为企业建立一套完善的作业许可管理系统，加强作业许可管理的安全有序进行，防止作业许可管理过程中可能产生的危险。

关键词　作业许可；作业许可管理；非常规作业；特殊作业

安全生产事关人民福祉，事关经济社会发展大局。党的十八大以来，习近平总书记多次对安全生产工作发表重要讲话，一再强调要统筹发展和安全。中国石油天然气集团有限公司一直以来都在极度关注特殊作业和非常规作业的安全管理工作。并建立了对应的管理办法。

作业许可是指在从事特殊作业及非常规作业前，为保证作业安全，必须取得授权许可方可实施作业的一种管理制度。作业许可管理包括作业许可的范围界定、申请、批准、实施、取消和关闭，以及作业许可证管理。

特殊作业是指从事高空、高压、易燃、易爆、有毒有害、窒息、放射性等可能对作业者本人、他人及周围建（构）筑物、设备设施造成危害或者损毁的作业，包括动火作业、受限空间作业、管线打开（盲板抽堵）作业、高处作业、吊装作业、临时用电作业、动土作业、断路作业、射线作业等。

非常规作业是指临时性的、缺乏作业程序规定的，无规律、无固定频次的作业，如装卸催化剂类作业、临近高压带电体类作业、设备（管线）试压类作业、含物料排凝（放空）类作业以及酸（碱）洗类作业等。

实行作业许可管理，是控制非常作业和特殊作业风险的重要措施之一，通过识别、分析与控制非常规作业及特殊作业过程中的风险，执行与风险相关联的安全规范，计划和协调本区域与临近区域的作业许可的实施，可有效控制和消除临时性作业活动风险，减少和防止各类安全事故的发生。特种作业的操作常常涉及高温、高压、有毒、有害等极端环境，操作人员需要有丰富的专业知识和经验，才能确保作业的安全有序进行。因此，对于石油企业来说，建立一套完善的作业许可管理系统显得尤为重要。

随着石油行业的快速发展，作业许可管理已经成为石油企业安全生产管理中最为重要的一环。

1　系统功能架构

在作业许可管理系统构架（图 1）部分中，提供票面可视化编辑器的作业票管理系统（图 2）是一种十分实用的管理工具。这个系统支持用户通过拖拉拽的方式自定义编辑作业票票面及流程，实现作业票从预约、申请、审批到验收归档的全过程管理。这样的管理方式可以帮助企业更好地规范施工作业安全管控工作，降低或规避作业过程中潜在的风险，更好地保障作业人员的安全。

2　系统功能介绍

现有的特种作业管理系统存在着流程混乱、审批不规范等问题，无法有效减少作业许可管理的申请审批等管理操作风险。为此，本文提出了一套企业作业许可管理系统，旨在解决特种作业

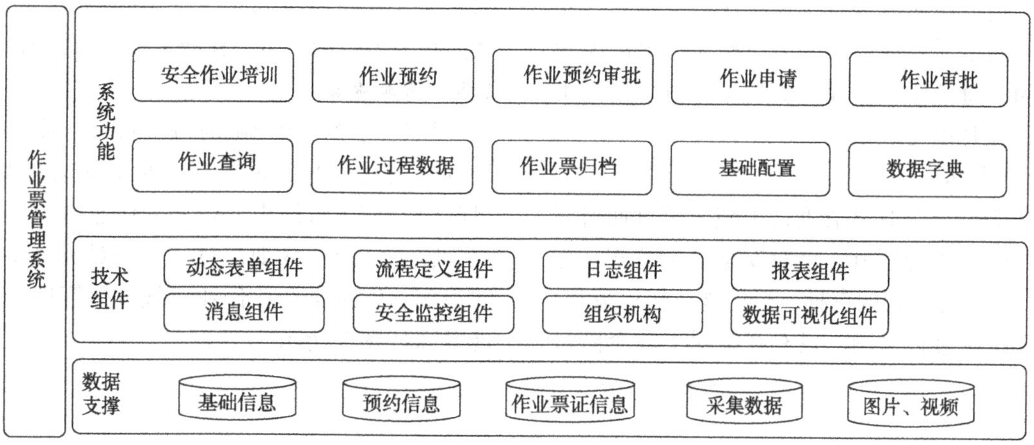

图 1　作业票管理系统功能架构

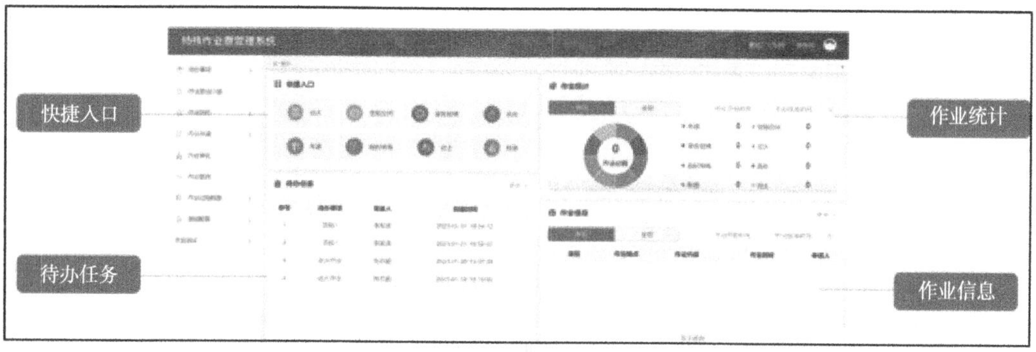

图 2　作业票管理系统首页

管理中的种种难题，提高工作效率，降低企业运营风险。该系统功能齐全，包括作业预约、作业预约审批、作业申请、作业审批、作业查询、作业过程数据、作业票归档、基础配置、数据字典以及数据可视化等，同时支持与其他软件平台的数据交换。

2.1　作业预约

通过对作业预约单中作业类型、内容、时间、地点等作业基本信息的填写，让作业活动的负责人提前了解要进行的特殊作业信息，并对作业活动是否合理做出初步的判断，一旦发现作业活动不合理，能够及时干预，从而降低作业活动的风险。作业预约界面如图 3 所示。

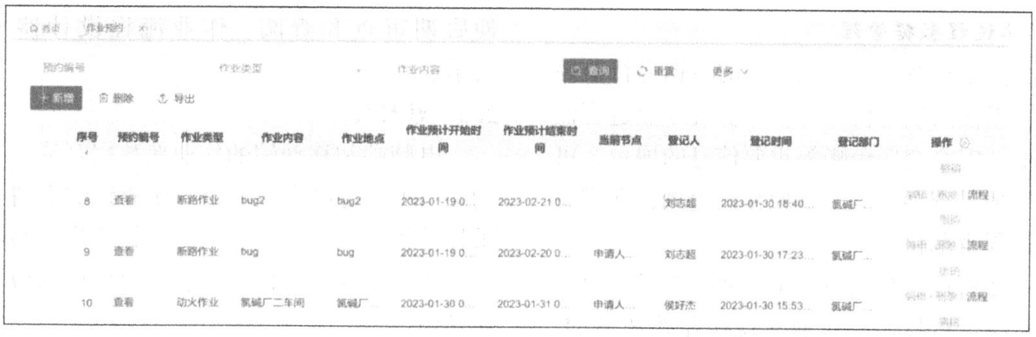

图 3　作业预约界面

2.2　作业预约审批

该功能是对作业预约信息进行审核，审批通过后才能进入作业申请环节。相关负责人可通过作业预约审批，对未来即将执行的特殊作业进行审核，预先了解作业类型、作业位置、作业时间、作业内容等信息，提前预判可能涉及的作业风险，提前预防把控，及时发现并中断重大安全隐患的作业，保障企业安全。

2.3　作业申请

通过作业申请，实现对动火作业、高处作

业、临时用电作业等特殊作业的作业票填写，相比于线下的纸质申请，线上电子作业票可以缩短填报时间，避免错填、漏填的现象，可以提高工作效率，提升填写规范。

2.4　作业审批

该功能是对作业申请进行审核，审批通过后才能进入作业执行环节。是对安全措施落实、作业执行、验收等过程的审批，严格规范作业流程，加强特殊作业过程控制，只有在确保上一个阶段的工作无误审核通过后，才可进入下一个阶段，从而减少事故的发生。作业审批界面如图 4 所示。

2.5　作业查询

该功能允许用户随时查询特种作业的状态和进度。实现对本企业所有作业票证信息的查询，可随时查询了解历史作业票的作业内容、作业过程、作业结果等详细信息，实现对历史作业票证的追溯，促进了企业作业票规范化管理。作业查询界面如图 5 所示。

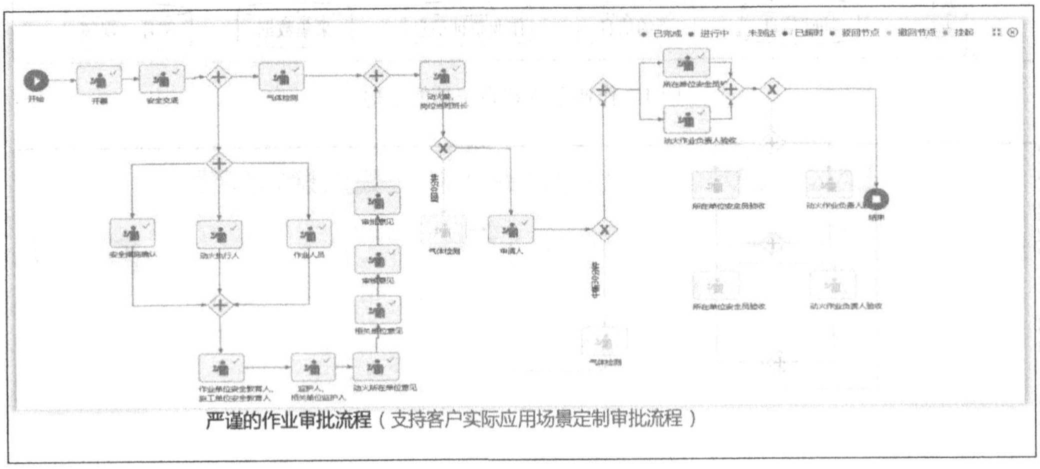

图 4　作业审批界面

图 5　作业查询界面

2.6　作业过程数据管理

该功能是对特种作业过程中的数据进行监控和记录，以便后期分析和评估。实现作业过程监护人变更、安全交底台账等重要信息的展示，可通过系统随时查询浏览，方便存储追溯，促进特殊作业过程规范化。

作业票管理系统的另一个重要功能是全过程管理。该系统可以帮助企业实现作业票从预约、申请、审批到验收归档的全过程管理。这样的全过程管理可以使企业更加清楚地了解作业的具体情况，及时发现和处理作业中存在的问题，从而更好地保障作业人员的安全。

2.7　流程设计器

该功能是对特种作业相关票据进行归档，以便后期审查和查阅。作业流程设计器如图 6 所示。

2.8　移动端

电脑端和移动端的作业票数据互通，通过移动端(图 7)可以实现对所有作业票的申请、录入采样分析、安全措施签字、审核签发、验收等完整流程的操作，方便快捷，同时可以适应多种工作环境。

2.9　数据可视化

该功能是对系统中的数据进行可视化展示和分析(图 8)。作业票管理系统的票面可视化编辑器是该系统的一大特点。该编辑器可以让用户通过简单的操作，轻松地自定义编辑作业票的票面。用户可以根据作业的具体需求，自由选择需

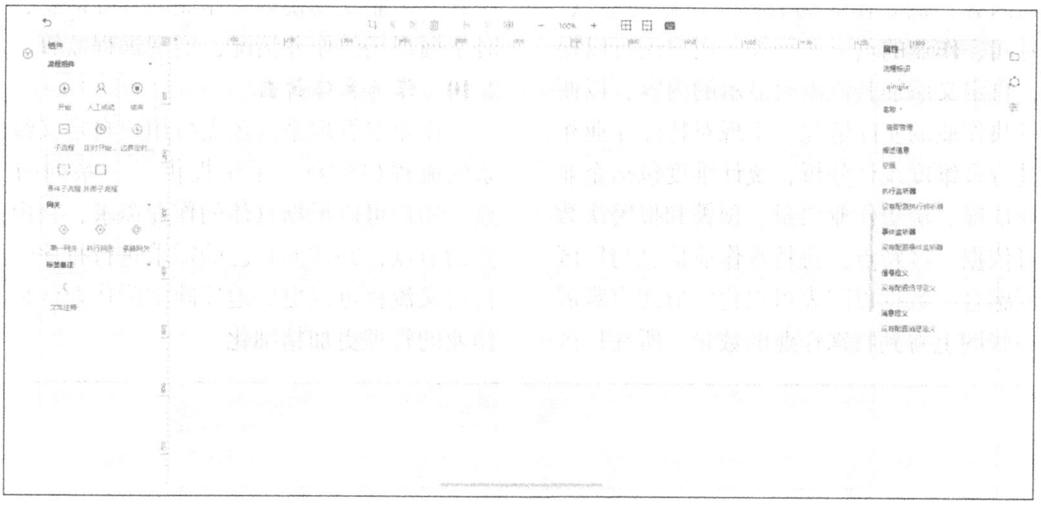

图 6　作业流程设计器

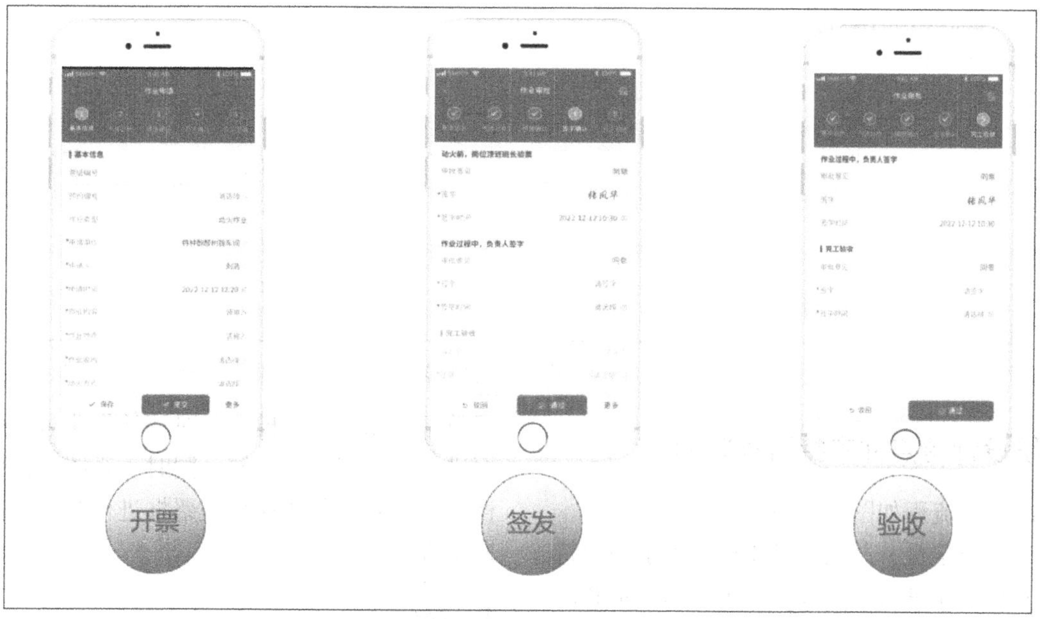

图 7　移动端操作界面

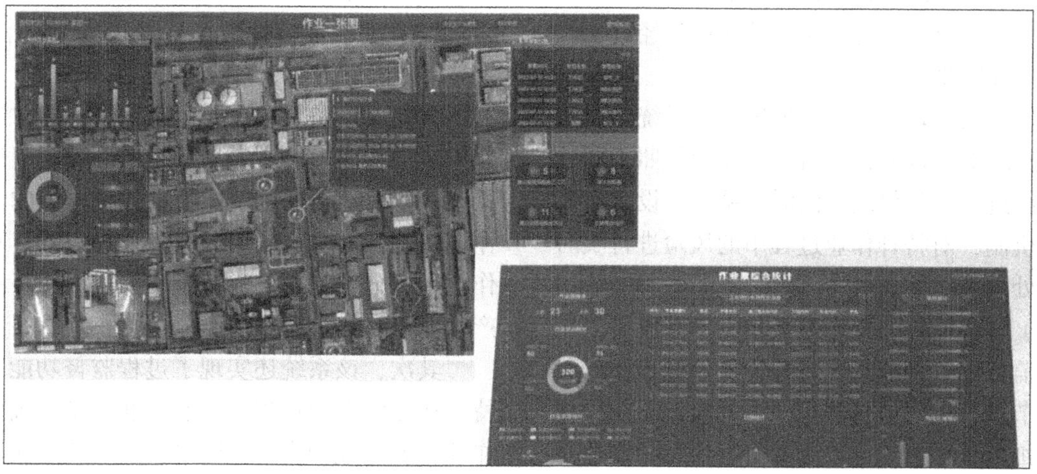

图 8　可视化界面

要显示的内容，例如作业的名称、作业的地点、作业的时间、作业的负责人等等。用户还可以根据需要，自定义添加其他需要显示的内容，以便更好地反映作业的实际情况。实现对特殊作业相关数据进行多维度统计分析，统计维度包括企业当日作业情况、历史作业票量、预警和报警次数等。也可依据厂区特点，将特殊作业信息与厂区地图深度融合，数据以图表可视化的形式直观展现。在一张图上看到特殊作业的数量、所在厂区位置、作业现场视频，作业内容等信息，便于及时掌握现场的作业情况，实现远程监管。

2.10 作业票编辑器

作业票管理系统还支持用户自定义编辑作业票的流程（图9）。系统提供了一系列的流程节点，用户可以根据具体的作业需求，自由选择需要的节点，并按照自己的需求进行排序。这样的自定义流程可以更好地反映实际作业的情况，使作业的管理更加精细化。

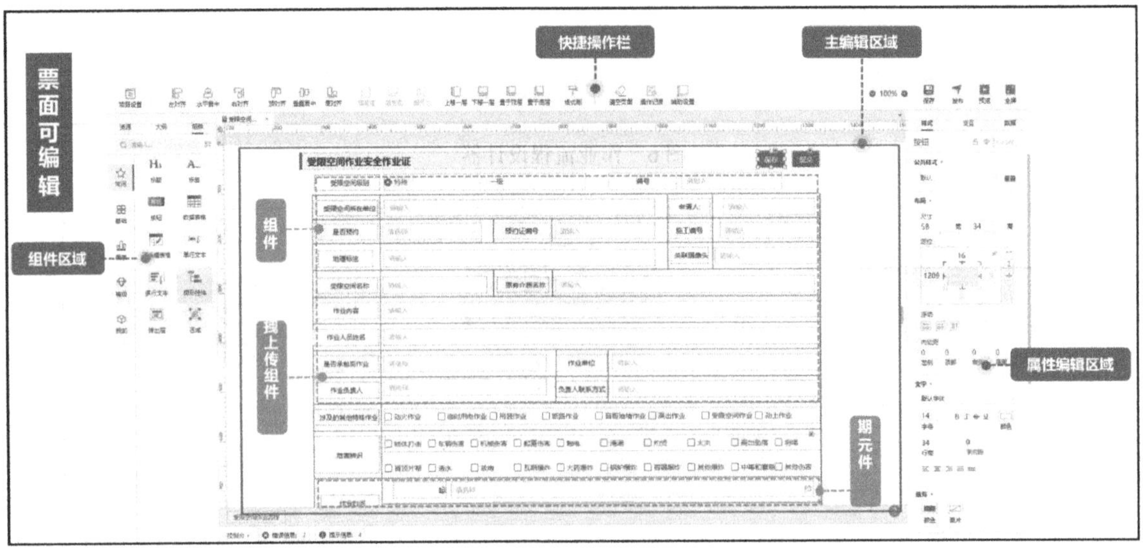

图9　作业票编辑器

3　系统设计特点并支持流程定制

系统审批流程如图10所示。

(1) 定岗定责，严控审批流程。为了确保特种作业安全有序进行，系统采用了定岗定责和严控审批流程的管理模式。具体而言，系统中的每个环节都有明确的责任人，且在审核流程中设置了多级审批，以确保每一次特种作业都经过了严格的审核和审批。

(2) 分级管理，多级监控风险。系统中采用了分级管理的管理模式，将特种作业按照不同的风险等级进行分类管理。同时，系统中设置了多级监控机制，对特种作业过程中的风险进行实时监控和处理。

(3) 过程监督，操作遵循指引。系统中采用了过程监督的管理模式，对特种作业过程中的每一个环节进行实时监督和记录。同时，系统中提供了详细的操作指引，以确保每一次特种作业都按照规定的流程和标准进行。

(4) 数据存储，一切记录存档。系统中采用了数据存储的管理模式，对特种作业过程中的数据进行统一管理和存储。同时，系统中提供了归档功能，对特种作业相关票据进行归档，以便后期审查和查阅

4　结论

本文介绍的基于互联网技术的企业特种作业票管理系统，是一种应用广泛的企业作业管理工具。

首先，该系统实现了定岗定责，即对特种作业人员进行明确的职责划分，明确各个岗位的职责和权限，从而保证企业特种作业人员的安全和作业效率。同时，采用分级管理的方式，对特种作业进行分类管理，避免了不同等级的特种作业产生混淆和安全隐患。

其次，该系统还实现了过程监督功能，即对特种作业的整个过程进行监控和记录，确保特种作业的安全顺利进行。同时，该系统还实现了数据存储和查询功能，允许用户随时查询特种作业的状态和进度，以便进行及时的调整和管理。

图 10　审批流程

最后，该系统还具备良好的扩展性和数据交换能力，可以方便地与其他系统进行数据交换，以实现信息共享和互通。这种扩展性和数据交换能力，使得该系统不仅具有较高的实用性和可靠性，而且还可以适应企业发展的不同需求和变化。

综上所述，基于互联网技术的企业特种作业票管理系统，是一种具有广泛应用价值的作业管理工具。该系统不仅可以提高企业特种作业管理的效率和安全性，还具有良好的扩展性和数据交换能力，适应企业发展的不同需求和变化。总之，作业许可管理对于石油企业来说非常重要。系统的可视化编辑器是该系统的一大特点，可以帮助企业更好地规范施工作业安全管控工作，降低或规避作业过程中潜在的风险，更好地保障作业人员的安全。该系统还支持用户自定义编辑作业票的流程，以及实现作业票从预约、申请、审批到验收归档的全过程管理。通过使用这个系统，石油企业可以更好地进行作业许可管理，确保生产安全。

参 考 文 献

[1] 朱锟，张国琴. 石化企业直接作业安全监护管理分析及对策[J]. 浙江化工，2020，51(5)：41-43.

[2] 李彬，张建辉. 浅谈石化企业直接作业环节的安全监管[J]. 石油化工安全环保技术，2019，35(5)：3-5+36+72.

危化品车辆运输安全风险数字化监管的探索与实践

余　杨

（中海石油气电集团有限责任公司）

摘　要　2024年国务院安委办1号文再次强调，要持续推进危险化学品安全风险管控数字化转型。在数字化浪潮背景下，危险化学品运输安全监管模式正经历重大变革与创新，利用数字化手段提升管理水平是大势所趋。本文以中海石油气电集团有限责任公司（简称气电集团，下同）LNG槽车运输安全风险数字化监管的探索与实践为蓝本，基于气电集团LNG槽车点多、面广、量大的痛点，加快推进槽车运输安全监管的数字支撑能力建设，破解安全风险预警与监管难题。气电集团以数字化转型为抓手，围绕LNG槽车运输全生命周期，构建"承运准入—运力审批—在途监控—违规管理—数据分析"五大流程模块，实现槽车运输安全监管可视化，以及承运商准入、违规、退出的管理闭环，助力LNG槽车运输"两点一线"的安全监管；同时，基于大数据技术对系统沉淀的运输数据进行画像分析，深度挖掘数据价值，进行有效的事故预警和风险研判，推动数字技术与危险化学品运输安全管理深度融合。通过建设专业化的物流监管中心、健全安全监管和反馈制度、深化网络安全管理等保障措施，筑牢运输安全数字化管控的坚实防线，在增强安全监管精细化水平，提升风险管控成效，强化人员安全意识，提升合规管理能力以及助力风险研判科学化等方面切实发挥了作用。

关键词　数字化；安全监管；能源企业；槽车运输；全生命周期管控

2023年，中共中央、国务院印发《数字中国建设整体布局规划》，成立国家数据局推动数字经济及数字化进程，各行业数字化转型应用实践加速推进。在"双碳"目标下，天然气作为传统油气能源中最具潜力的清洁能源，我国LNG（液化天然气）供应与公路物流量急剧增加，加上LNG易燃、易爆特性，发生事故频率较高。数字化技术的应用，使得安全监管的运作方式正在被重塑，向高效化、智能化的路径发展。气电集团通过构建全生命周期的数字化安全监管平台，达到安全可控、提质增效、风险合规、科学预判等成效，为其他行业企业安全运输工作提供参考。

1　槽车运输安全风险数字化监管的背景

1.1　危化品车辆运输安全是民生大事

安全生产事关人民群众生命财产安全，事关经济发展和社会稳定大局。党中央、国务院历来高度重视安全生产工作。习近平总书记多次对安全生产工作作出重要指示批示，提出"坚持人民至上、生命至上""从根本上消除事故隐患、从根本上解决问题"等一系列关于安全生产重要论述，党的二十大报告也提出"加强重点行业、重点领域安全监管"，都为做好新时代安全生产工作提供了根本遵循和行动指南。

1.2　气电集团槽车运输安全监管的现状

气电集团负责统一经营和管理中国海油天然气及发电板块的业务，LNG槽车运输是连接下游销售与用户的关键环节，是保障液态销售的重要基础，同时也是冬季保障民生用气的重要手段。气电集团LNG槽车运输呈以下特点：一，槽车运输量逐年增多，日出车量高，调度工作量大，管理难度增大；二是运输LNG的槽车点多、面广、无固定位置，目前气电集团注册承运商300余个，槽车6000余辆，司机2万余名，槽车活跃区域覆盖全国26个省份及直辖市；三是运力主要依托外部车辆，外部槽车具有管理复杂、掌控力度小、司机水平参差不齐等特点。

2　槽车运输风险防控的数字化设计

气电集团统筹推进LNG槽车监管的数字化落地，主动打造了全流程的槽车数字化监管系统（图1），发挥数字平台赋能，实现刚性风险管控；同时引入数字思维，以业务和用户为中心，围绕槽车物流运输各环节重点推进承运商准入、计划审批、在途监控、违规管理等场景风险管控，强化系统集成、深化移动应用和落实数据分析，促进运力、数据等要素高效流转，坚持高质量发展和高水平安全良性互动。

2.1　严把承运商准入关口

承运商准入是槽车承接气电业务的第一道关卡，通过对企业资质、车辆证件、人员证件信息等一系列标准，对承运商进行筛选，确保合作承运商的可靠性。通过统一承运商认证模板，解决了承运商材料作假、认证流程不透明、认证时间过长等痛点。通过系统的自动化工作流，将承运商认证审批流程标准化、透明化(图2)，各环节的责任人和审批进度全部电子化呈现。避免了黑匣子式的管理，同时支持承运商实时查看审批节点和结果，确保审核人员和提交数据的可视化和可追溯，实现审批过程、记录线上留痕。

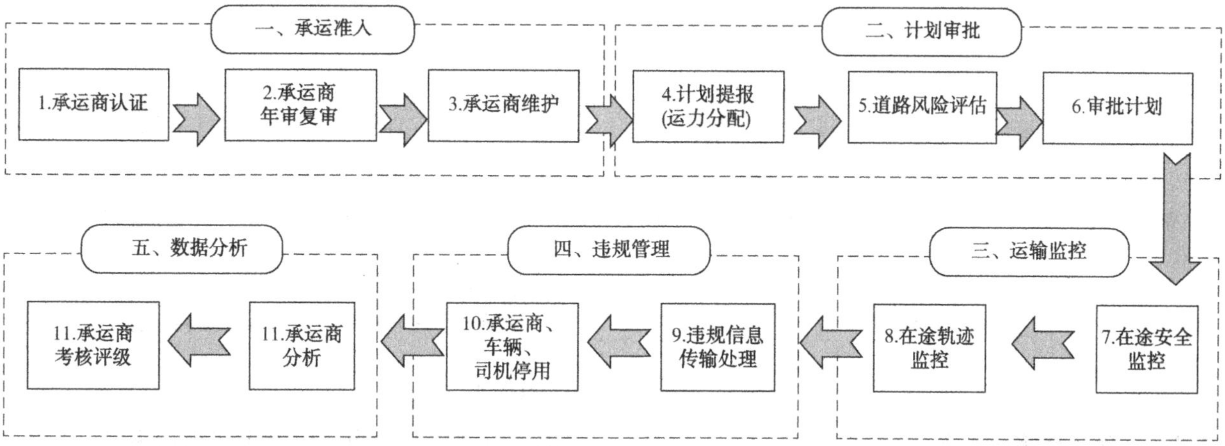

图1　槽车运输全流程线上化

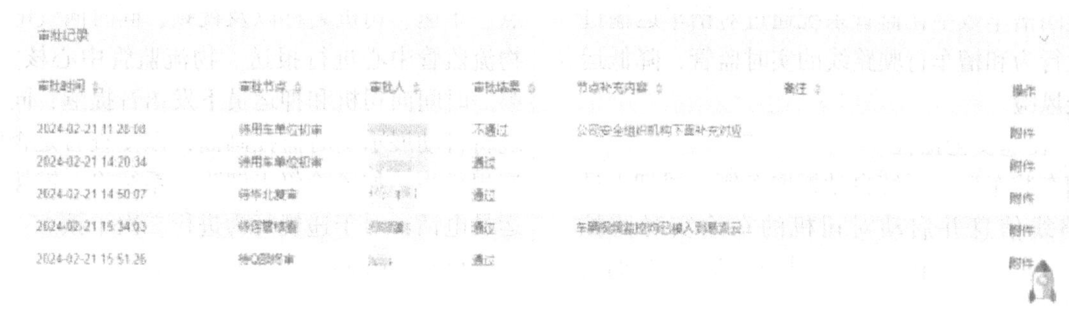

图2　承运商认证审批流透明化

2.2　物流计划智能审批

通过槽车数字化监管系统可实现用户在线实时提报、调整用气需求，缩短了线下往复沟通的过程；采用运力智能分配、运力竞价与运力接单三种模式(图3)，以公开化透明化智能化的方式实现车货智能匹配，规避了因人工手动分配运力导致的误操作风险，提升了运力分配效率、丰富了配送业务模式。

2.2.1　计划提报(运力分配)

用户根据自身用气需求将每日提气计划提报槽车数字化监管系统，信息包括预期送达时间、运输数量、提货仓库和卸货点等，当计划信息发生变化，可随时通过系统修改，确保运输有序开展。

2.2.2　运输道路风险评估

提报提气计划后，系统自动根据装、卸货地校验该路线是否做过道路风险评估，如不存在将自动提醒业务单位在进行补充。道路风险评估的内容包括运输行驶的路线、易发生的事故点、车辆密集区、各路段的最高限速等风险信息以及风险预防措施。在实际运输过程中，将道路风险评估作为运输的前置环节，提前分析预知运输中存在的风险点，并列举预防措施，系统 APP 会将道路风险评估实时推送至司机，提示运输路线中的风险点以及相应预防措施，以确保运输过程的安全。

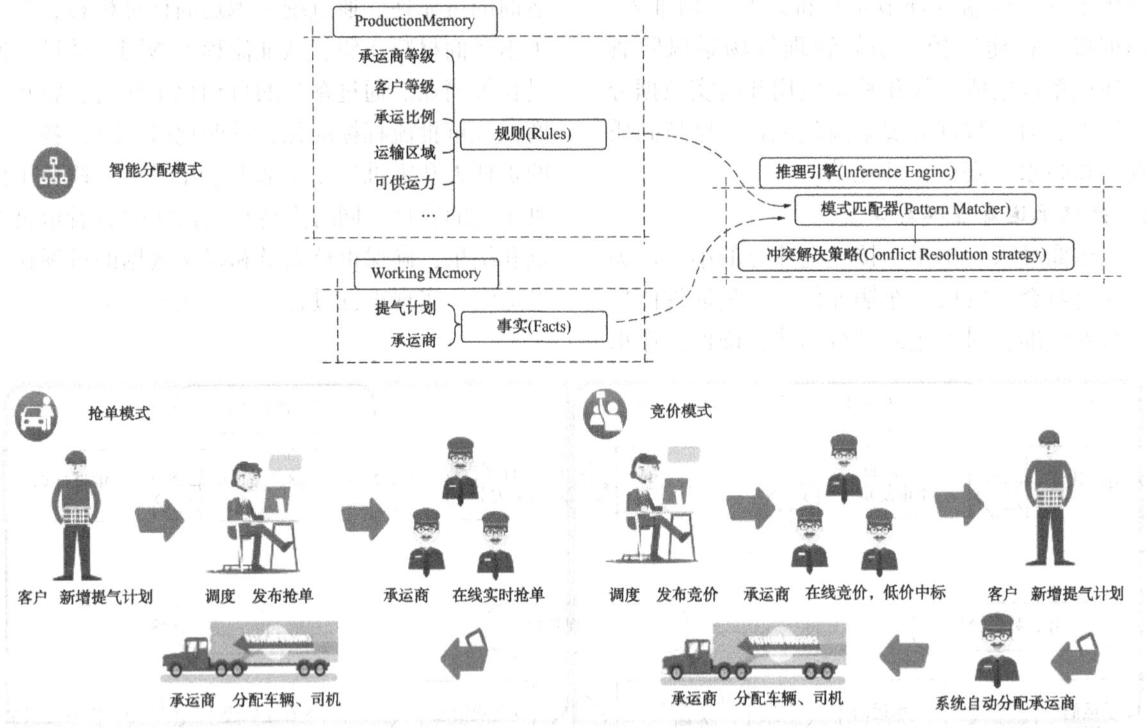

图 3　物流计划智能审批模式

2.3　在途运输实时监管

槽车运输在途监控是槽车管控重要的环节，气电集团槽车数字化监管系统通过对槽车运输过程司机行为和槽车行驶路线的实时监管，降低运输安全风险。

2.3.1　在途安全监控

槽车装车后，系统自动抓取车辆、司押人员以及路线信息并启动对司机的在途实时监控(图 4)。运输过程中，车载主动防御设备将实时监测槽车内外情况，当司机发生违规行为时，系统将自动识别、报警，并记录违规类型、时间、地点、车速、司机名称以及视频，同时向气电集团物流监管中心进行报送。物流监管中心核实后，第一时间向司机和押运员下发语音提醒，同时系统将自动展示实时监控画面，以便查看是否停止违规行为，如风险仍未解除，系统将一键拨打押运员电话，对于违规行为进行二次干预。

槽车运输危险驾驶分类见表 1。

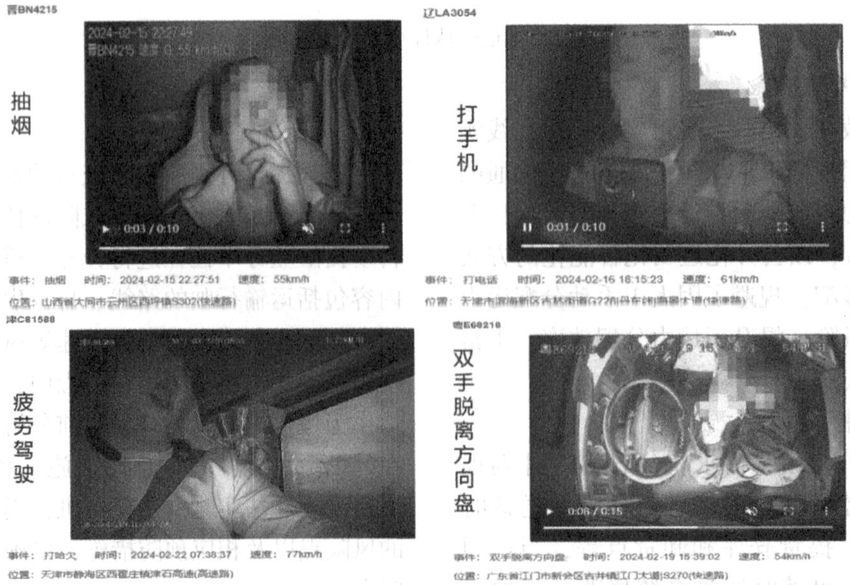

图 4　槽车运输实时监管

表 1　槽车运输危险驾驶行为分类

槽车运输异常情况等级分类		
违规等级	违规行为	违规行为释义
严重	疲劳驾驶	（1）驾驶员每日驾车时间超过 8h 以及不能及时发现或准确处理路面情况。 （2）驾驶员连续驾驶超过 4h 未停车休息或者停车休息时间少于 20min。 （3）槽车驾驶员驾驶期间在 1h 内打哈欠 3 次及以上
	超速	（1）高速公路，时速超过 80km/h(含 80)； （2）普通公路，时速超过 60km/h(含 60)； （3）特殊规定路段，时速超过规定速度； ……
	抽烟	驾驶员在车辆驾驶过程中出现抽烟现象
	打(玩)手机	驾驶员边驾驶车辆边拨打手机，看视频等情况
	吃东西	驾驶员边驾驶车辆边吃东西的情况，如嗑瓜子、吃饼干、吃馒头等
	不系安全带	驾驶员未按照安全行驶规定出现不系安全带的情况
	双手脱离方向盘	驾驶员在车辆驾驶过程中出现双手脱离方向盘的情况
一般	摄像头遮挡或角度不正	在车辆行驶过程中，由于摄像头模糊或者被遮盖出现无法正常查看到驾驶人员驾驶行为的情况
	视频无画面	在车辆行驶过程中，未正常开启视频监控设备(视频监控设备处于关闭状态)或者由于信号原因导致无法对视频画面有效进行实时监控的情况

2.3.2　在途轨迹监控

槽车装车后，系统根据道路风险评估中的预设路线对槽车行驶轨迹开展实时监控，一旦车辆偏离预定运输路线范围，系统会自动记录偏离距离与偏离时间，并将预警信息推送监管部门(图 5)。如有特殊情况，司机可通过 APP 上传偏离原因和相关支持材料，例如道路封堵情况、道路临时管制通知等。在槽车送达指定卸货地后，司机在 APP 中点击送达按钮，系统会自动记录送达时间和送达所在的位置，系统通过卸货地匹配算法，结合指定卸货地经纬度、槽车实时经纬度以及司机送达时经纬度，判断槽车是否准确送达指定的卸货地，完成“两点一线”运输闭环监控。

图 5　轨迹监控及送达确认

2.4　违规情况闭环管理

系统将在途运输过程发现的违规数据自动上传至违规管理模块(图 6)，根据已制定的承运商违规处罚管理规定，对承运商的违规内容、风险等级以及历史违规情况自动匹配处罚建议，并由业务单位进行确认，由业务单位进行处罚并上传处理结果，实现承运商违规处理的标准化。系统通过线上统一存档、处理结果线上留痕，推动承运商违规线上管理高效闭环。

对于屡查屡犯的承运商，实行黑名单管理。系统设置黑名单模块，对严重违规或多次违规的承运商进行限制或禁止合作，纳入黑名单后将无法继续在气电集团，从而避免因承运商、司机素质参差不齐而造成严重运输事故。该模块具备智能研判功能，当运商触及“零容忍”违规事项后(表2)，系统将直接将承运商或者司机纳入黑名单。

图6　承运商违规管理模块

表2　气电集团零容忍违规事项

<table>
<tr><th>序号</th><th>违规事项</th><th>处理措施</th></tr>
<tr><td>1</td><td>车辆存在违规烧气或携带烧气设备</td><td rowspan="10">当事人进黑名单，取消作业资格；
当事车队停业整顿或列入承运商黑名单</td></tr>
<tr><td>2</td><td>司押人员存在吸食毒品、酒后作业、滥用违禁药品等行为</td></tr>
<tr><td>3</td><td>司押人员不服从管理、违规操作、造成严重后果的行为</td></tr>
<tr><td>4</td><td>司押人员不服从中海油槽车安全管理规定，无理取闹，发生打架斗殴行为</td></tr>
<tr><td>5</td><td>90个自然日内，承运商发生3起及以上驾车过程中吸烟、接打电话、疲劳驾驶、双手脱离方向盘、违规用电、私改设备等行为</td></tr>
<tr><td>6</td><td>90个自然日内，承运商发生3起及以上在高速公路匝道、拐弯处超速行驶情况</td></tr>
<tr><td>7</td><td>高架桥、隧道、人口密集区等重要地段发生安全责任事故，造成不良后果或社会影响</td></tr>
<tr><td>8</td><td>在两会、重大活动等敏感时段发生安全责任事故，造成不良后果或社会影响</td></tr>
<tr><td>9</td><td>造成人员死亡或多人受伤的责任事故</td></tr>
<tr><td>10</td><td>发生LNG槽车突发事故后，30分钟内未向用车单位汇报的行为</td></tr>
</table>

2.5　承运商数据分析

系统还具备承运商数据看板模块(图7)，包含液态出货量、槽车总量、承运商违规情况等信息，协助管理部门实时掌握承运商管理情况。同时，根据根据承运商基本信息、运输情况、违规情况等数据，包括承运商名称、主要承运区域、历史承运数量违规频率、违规类型分析、月度/季度/年度违规数等多维度的信息，绘制承运商画像，对于屡查屡犯或画像评分较低承运商进行预警，为管理单位提供针对性数据。

3　槽车运输风险防控数字化保障措施

3.1　成立专业化的物流监管中心

为保障槽车运输安全监管的数字化转型，成立统一的物流监管中心，以集约共享的模式，为分布在全国的承运商、槽车、驾驶人员提供7×24h的监管服务。常态化开展政策解读、管理要求、系统功能等培训，加强槽车安全监管意识、监管能力、核查能力，为在途运输的安全监管提供专业化、高效化服务。

3.2　健全监管和反馈机制

建立与危化品全链条安全风险智控相匹配的管理长效机制，发布《LNG槽车安全管理标准》《关于LNG槽车违规处罚管理规定》等多项制度；完善车辆实时监管、预警和处理闭环机制，进一步加强运输车辆在途管控；健全重点环节的风险防范化解机制、应急处置机制和防控协同等机制，推动形成横向到边、纵向到底责任链条。

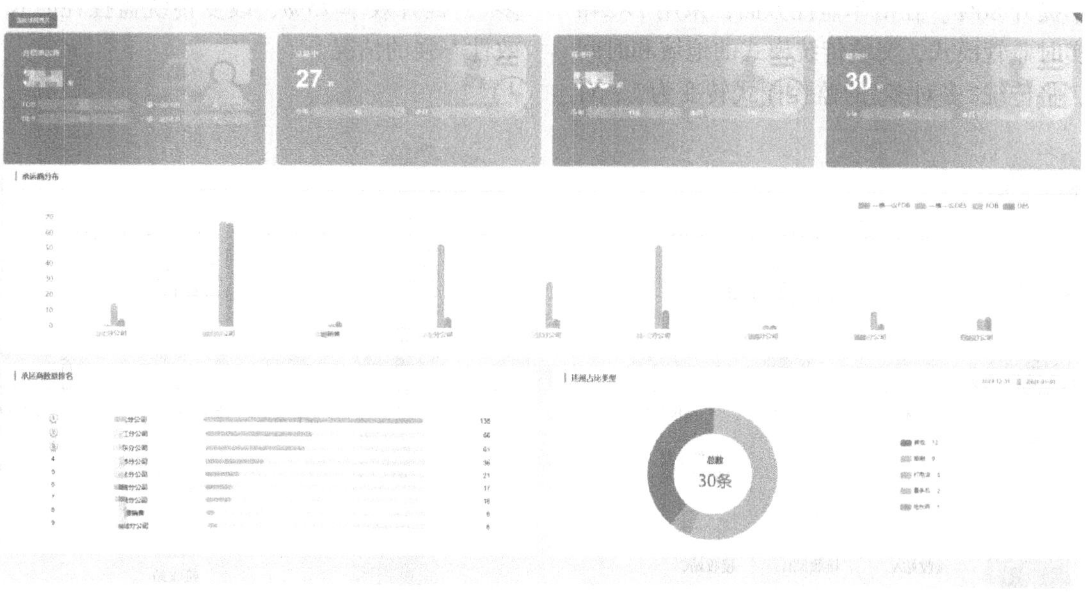

图 7　承运商数据分析模块

3.3　深化网络安全保障

严格落实网络安全工作责任制和相关制度要求，持续完善安全管理机制，强化网络安全主动防御能力，加快网络安全系统建设，基本建成“全面感知、安全可控”的网络安全保障体系。

4　槽车运输风险防控数字化的实施效果

气电集团利用数字技术优势，提升 LNG 槽车运输的安全监管质量和效率，并构建全覆盖、高效率的风控体系，有效防范业务风险的同时，促进数字技术与安全生产的深度融合，推动天然气产业链下游安全管理由防事故向控风险、由传统方式向现代化管理深刻变革。

4.1　提高安全监管精细化水平，风险管控成效显著

利用数字化技术，对车辆和人员的资质、行为，槽车运输的路线、轨迹、道路风险等信息进行实时、准确、全面、客观的记录和管理，对人、车的工作情况进行实时监测、识别、判断、处置和统计分析，实现全流程线上运行跟踪、动态监管、精准把控。2023 年，槽车监控核查量 27 万车次，同比增加 187%，发现违规数量 1431 车次，违规比例 0.53%，同比去年减少 67%，槽车整体违规呈现下降趋势，槽车安全管理水平取得较大的提升。槽车核查及违规比例变化如图 8 所示。

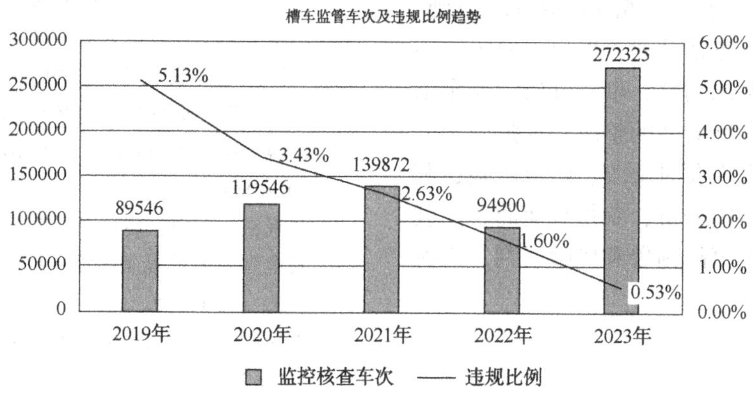

图 8　槽车核查及违规比例变化

4.2　提升槽车安全监管效率

依托全流程、可视化的数字化槽车安全监管系统，构建多方协同共治的格局，以共享信息、畅通数据提升了管理效率(图 9)。在承运商准入环节，由原先的线下材料审核转变为线上可视化审核，审批流转快速高效，提升效率 60%以上。在计划审批方面，通过线上物流集中调度方式，充分发挥数字化系统快捷、便利的优势，计划处

理效率提升 80%。在槽车监控方面，采用 7×24h 集中实时监管模式，突破传统模式的地域和时间限制，将传统“多对多”的监控模式转变为“一对多”，提升效率 75%，改变传统监控耗时长、时效性不强的情况。

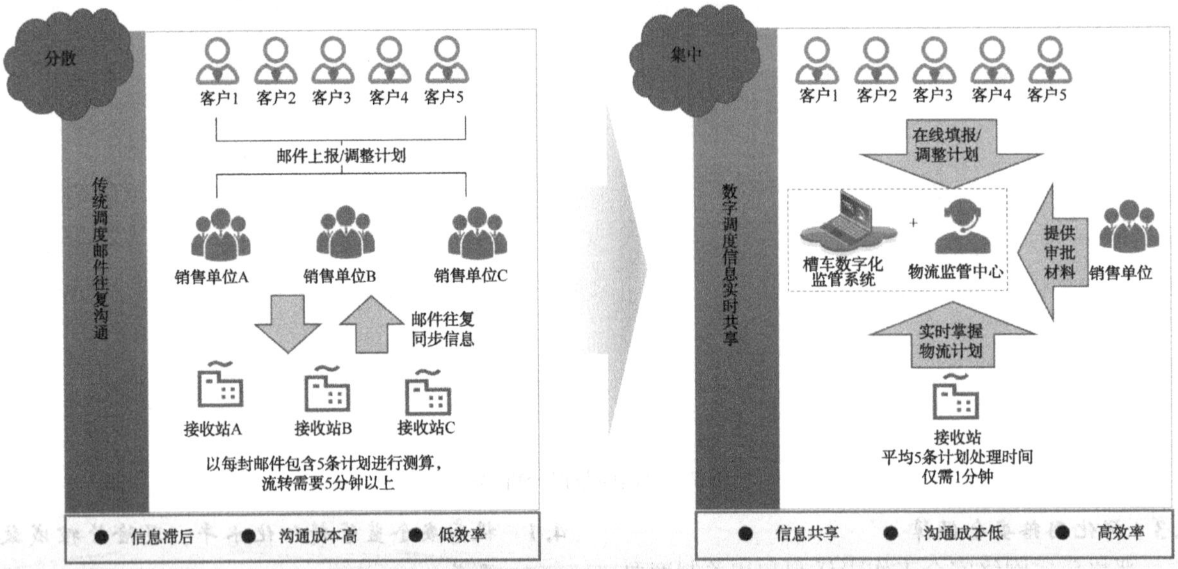

图 9　集中监管效率提升

4.3　违规闭环管理，主动提升安全责任意识

通过全面排查 LNG 运输承运商底数，依托系统将所有外部承运商、车辆、人员线上管理，将 LNG 运输全流程，以及车辆、人员等信息上线管理，构建了承运商从准入认证到违规退出的信息化闭环管理，减少承运商监管盲区，提高业务单位责任意识。截至目前，违规处理功能模块已累计处理承运商违规信息 687 条，处理率 100%。

4.4　助力槽车管理科学化和智能化

基于沉淀的运输信息可视化展现承运商及业务单位的绩效排名，为管理部门制定管理措施、考核方案提供抓手，也帮助业务单位全面了解司机驾驶行为、制定奖惩制度、事故分析、安全培训等，对承运商开展针对性的整改，加强安全监管频率，做到及时发现及时整改、防范风险；利用大数据画像技术智能分析，获得承运商、驾驶员画像，开展有效的事故预警和风险研判，为科学决策提供参考。

5　总结

气电集团聚焦物流运输这一能源供应的“生命线”，以安全监管效能提升为导向，借力数字技术的高渗透特点，与传统安全监管深度融合形成管理新模式、新动能，发挥平台引擎作用，实现安全监管数字化、精细化、合规化的跨越式发展，在数字化转型探索实践中迈出了坚实步伐。未来，公司将立足当下，以强化数字化支撑能力提升风险管控水平，持续拓展数字化与业务融合的深度和广度，引领行业监管数字化转型向纵深推进。

参　考　文　献

[1] 本报评论员. 以高水平安全保障经济社会高质量发展[N]. 新余日报，2024-02-19(001).

[2] 门寿卫. 新形势下安全生产工作思路方法探析[J]. 中国应急管理，2024，(01)：63-66.

[3] 仲音. 抓实抓细安全生产工作落实[N]. 人民日报，2024-01-28(003). DOI：10.28655/n.cnki.nrmrb.2024.000911.

[4] 林现喜，杨勇，裴存锋. 基于风险管控的 LNG 槽车安全管理体系及其实践[J]. 油气储运，2021，40(05)：590-595.

[5] 王建国. GDPL 公司项目组合管理体系建设和应用[D]. 电子科技大学，2012.

[6] 马宝成. 坚定不移贯彻总体国家安全观[J]. 内蒙古师范大学学报(哲学社会科学版)，2023，52(05)：13-19.

智慧消防在天然气处理厂的构建研究

杨洪军

（中国石油吉林油田公司消防支队）

摘　要　天然气处理厂作为重要的石油天然气站场，具有较大的安全风险。通过分析天然气处理厂潜在的火灾风险以及常规消防安全管理过程中暴露的风险，提出构建智慧消防安全管理系统。运用物联网、互联网、计算机等技术手段，搭建智能研判联动处置平台，实现系统集成化、智能化消防管控功能，在提升消防安全管理效率，升级消防管控水平层面，做积极努力的探索研究。

关键词　天然气处理厂；火灾危险；消防管理风险；智慧消防安全管理系统

随着我国科技、经济、社会的持续快速发展，天然气处理厂作为提供清洁能源和化工原料的核心工厂，建设规模不断扩大，产品储量不断增加，伴随而来的是火灾风险的日益变大。当前常规消防监控手段已很难满足该类油气站场的消防安全实际需要，亟需采用新的技术手段即时整合处理各类消防预警信息，优化传控集成模式，运用科技赋能使消防安全向智能化、网络化智慧转型。

1　天然气处理厂存在的火灾危险

天然气处理厂是对天然气进行脱水、凝液回收和产品分馏的工厂，工艺流程线路长且过程复杂（图 1），制成的产品包含有液化石油气、稳定轻烃、乙烷、丙烷等，制取过程需多次经过高温加热、低温分离等技术措施，其原料的介质属性和工艺过程导致火灾风险指数高居不下。

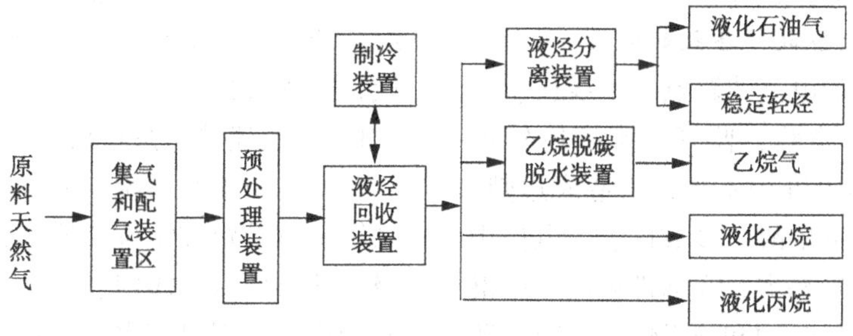

图 1　天然气处理厂生产工艺流程图

1.1　易燃性和易爆性

天然气、液化石油气、稳定轻烃、乙烷、丙烷均属于甲类火灾危险性物质，具有最小引燃能量小，自身燃烧热值大，爆炸极限范围宽，气体或其蒸汽与空气混合能形成爆炸性混合物，遇火源、高热极易引起燃烧爆炸。

1.2　挥发性和扩散性

天然气、液化石油气、稳定轻烃、乙烷、丙烷出现泄露，均具有快速挥发、无限扩散的特征。且天然气密度比空气轻能够随风在空中飘荡；液化石油气、稳定轻烃的蒸汽密度和乙烷、丙烷的密度比空气重，能在地面以上较低处随风扩散。

1.3　起火原因多样性

天然气本身及其产品的甲类火灾危险特性决定了处理厂在生产过程中，若防火防爆保护措施不到位、压力温度参数调控不匹配、保养检维修未如期开展或作业处置操作不当等，易造成可燃介质的外泄或残留，当遇有雷击、电气及静电或撞击火花、明火、高温热源等情况时都可能引发火灾爆炸事故。

1.4　灭火处置复杂性

天然气处理厂装置生产区占地规模大、介质传输管汇交错纵横、反应釜塔参差林立，给灭火射流带来障碍影响。同时，不同区段装置内部介质不同，高温、低冷设备都有设置，消防扑救所需有效灭火药剂也不相同，灭火处置极其复杂。

2 常规消防安全管理存在的风险

常规消防安全管理严重依赖人的业务能力和责任心，自动化程度低，管理成本高，风险漏洞明显。

2.1 消防系统自动化水平低导致的风险

处理厂设置的消防供水系统、冷却喷淋及灭火系统，消防电动泵和备用柴油泵，这些消防设施设备的设置虽然满足相关标准规范要求，但事实上，一旦发生火情，只能依靠人工手动启泵、手动打开消防管路阀门，导致错过灭火的最佳时期。且由于喷淋及水炮等控制阀门距离装置和储罐较近，火灾发生时，人员靠近操作危险性较大。

2.2 缺乏自动识别联锁保护导致的风险

目前天然气处理厂大部分设置有可燃气体探测报警系统、火灾探测报警系统、固定消防冷却及灭火系统、工艺生产 DCS 系统和 ESD 系统，这些系统被接入中控室进行集中显示，但各系统平台仍相互独立运行。在出现火险或事故时，须先通过人工决策后再制定处置措施，无法快速智能识别实现联锁自动保护，存在明显滞后风险。

2.3 电气线路仪表设备故障导致的风险

生产装置区域内的电气线路点多、线长、面广，且安装位置相对隐蔽，监管、维护比较困难。如果在使用过程中维护不当，易造成过热、短路、起火等电气火灾事故。多数仪表、电控柜为露天设置，工作环境恶劣，零部件被风吹雨淋日晒易腐蚀，造成电气防护和绝缘性能下降、防爆效果等级下降，进一步增加了故障、失火、爆炸的风险。

2.4 人工巡检巡查没有到位导致的风险

现有安全系统中被在线监测的对象均是可感知设备，对于不具备感知功能的设备只能依靠人工进行巡检巡查。虽然采用电子巡更系统能够避免巡检频次不足、提高巡检质量的效果，但人为过失的检查错判或漏点缺位却无法得到及时有效的纠正。消防设施监管和消防安全管理工作易形成底数不清、状态不明、数据不能及时更新录入的风险。

3 智慧消防安全管理系统的构建

智慧消防安全管理系统是指运用物联网、专网通信、移动互联网+等信息传感与通讯方式，采用“感、传、知、研、判”技术手段，融合计算机、互联网、大数据、传感器、视频监控、自动化控制、软件工程等技术，对生产区域内的重要节点设备、消防设施器材、防火间距和通道等情况进行智能化感知、识别、定位、跟踪、监控、管理，实现实时、动态、互动、融合的消防信息采集、传递和处理，通过信息处理、数据挖掘和态势分析，对火险隐患及时进行智能研判，为消防安全管理提供一个全方位、全时空的平台交互系统。

3.1 智慧消防安全管理系统的组成

3.1.1 搭建可视火情预警综合智能处置平台

设置并整合现有的四类预警系统：可燃气体探测报警系统、电气火灾监控系统、火灾探测报警系统、视频安防监控系统。通过可燃气体探测器、电气火灾监控探测器、感温感烟火焰探测器、视频捕捉安防摄像头，以及手动报警按钮、声光警报器等末端预警装置，对各个场所的气体泄露、电气故障、烟雾、高温、火焰等异常情况进行实时监控，实现第一时间信息采集预警。同时在确保各独立系统分别采集信息后，同步将过滤后符合“与逻辑”参数的重要信息传送至“预警综合智能处置平台”，通过预设逻辑筛选进行区域智能预警提示。

3.1.2 搭建消防系统自动冷却灭火保障平台

对消防供水系统、喷淋冷却系统、泡沫灭火系统、自动跟踪定位射流灭火系统进行自动化升级，使重要截止阀门、电动机泵具备电气远程控制操作，实现对储水(泡沫)罐液位、消防机泵、泡沫比例混合器、报警阀组、启闭阀门、管道压力等关键节点部位的运行状态监测和远程联动控制，建立消防系统自动冷却灭火保障平台。同时对灭火器、消火栓、水枪、水带等其他需要定期检查维护的设施器材，配设“二维编码”身份固定，通过人工携带手持式扫描设备进行检查录入，实现消防全域系统设备数字化智能化保障。

3.1.3 搭建集中管理智能研判联动控制平台

扩展升级控制中心联动控制平台，建立计算机综合控制系统，将上述二个消防功能平台和生产工艺中的 DCS 集散控制系统、SIS 安全仪表系统、ESD 紧急停车系统等纳入中心控制平台，各系统通过局域网络以 TCP/IP 安全协议方式进行组网连接，通过计算机“与”逻辑组合关系的预设定程序，对实时接收的所有报警和事件数据进行即时在线智能研判，结合图象窗口和人机接口，赋予中心平台综合优化分析和智能研判处置功能。同时建立中心平台对各系统的运行自检功能、记录查询功能、手机 APP 联网推送功能，实现系统消防全域智慧处置。

3.2 智慧消防安全管理系统实现目标

3.2.1　秒级预警，联动保护防范于未燃

通过智慧预警、智慧监控功能，依据现有技术规范标准，系统平台在接收到报警信号后，经联动控制器逻辑编程确认，3S 内按设定的控制程序准确发出联动控制信号，联动保护动作开始，险情被迅速消除。

3.2.2　快速研判，智能启动灭火于初起

当火情发生时，智能研判联动处置平台对所接收的全部信息数据进行优先逻辑筛选，智能生成处置对策，并在图形显示装置上弹出提示，在预设时间内无人工应答时自主启动灭火冷却保护功能，将火灾消灭于萌芽状态。

3.2.3　自动巡查，盲区覆盖管控于精准

在站场内实现消防安全的物物相联、信息互通，摒弃原有依靠人工巡查的检维护模式，转“盲管”为可视化监控，通过平台信息数据反馈，即时确认系统、设备是否正常运行，及时排除各种设备故障和火灾风险隐患。

4　建设智慧消防系统面临的困难

4.1 智慧消防技术层面还没有颁布完善的规范标准

智慧消防安全管理系统的构建需要完善的标准体系作为指导，需要有统一的关键数据接口标准，只有这样才能确保各应用程序的互操作性和兼容性，但这是需要时间和广大的技术者、管理者不断创新实践的。

4.2 三维建模和改造升级涉及安全保密和资金投入

智慧消防系统的显著特征是立体呈现、数据互联、智能管控。为能实现可视化直观呈现，需要实施计算机三维图形模拟建模，这样就存在厂站的生产规模、装置工艺等需要安全保密的信息被泄露的风险。同时对原有非智能设备的改造升级也需要大量的资金投入。

5　结论

基于智能终端配置、集中智能处置、远程电动控制、人机互联融合的智慧消防安全管理系统，更能切实满足新时代复杂化安全生产的需要，降低危险减少风险，提高管理处置效率，升级消防管控水平，真正做到对消防安全的精准有效管控。

2019 年国家应急管理部已明确提出要分步有序推进智慧消防建设，在物联网、云计算、人工智能等科学技术的加持下，消防安全管理步入万物互联的智慧管控时代已是科技发展的必然。因此我们应积极探索实践，力争早日让智慧消防为油气产业保驾护航，推动天然气处理业务向着更安全、更高效、更智慧的方向不断开拓发展。

参考文献

[1] 董利锦. 基于物联网的智慧消防安全服务云平台[J]. 科技经济导刊，2015，26(04).

[2] 丁宏军. 基于物联网技术的智慧消防建设[J]. 消防技术与产品信息，2017.

[3] 朱海. 物联网技术在“智慧消防”背景下的应用展望[J]. 中国应急救援，2017.

[4] 葛俭辉. 物联网技术在“智慧消防”建设中的应用初探[J]. 消防科技与经济发展——2014 年浙江省消防学术论文优秀奖论文集，2015.

可控震源智能化升级在风险防控方面的应用与展望

乐　彬　王光德　李二贵　贾纯子　曹文娟　王　萌

（中国石油集团东方地球物理勘探有限责任公司）

摘　要　可控震源是石油地震勘探的一种主要的激发源，在国际石油地震勘探市场上占比70%左右，可控震源是一种大型移动作业设备，最大激发出力在80000磅左右，是高精度、高效率、安全环保油气勘探开发的利器。近几年东方物探公司在开发、应用、推广以USM（高效混叠激发系统），VSC（高精度定位导航），VIS（辅助驾驶系统）为核心装备的可控震源智能化升级的同时，也重点考虑了通过智能化手段来减小可控震源的施工风险，本文着重从USM，VSC和VIS三个方面阐述了可控震源智能化作业在减小施工风险所做的一些技术突破和成果。

关键词　可控震源；智能化作业；USM；VSC；VIS；风险防控；轨迹；电子围栏；激光雷达；红外

陆地可控震源是石油地震勘探的大型机电液一体化的高精尖技术装备，陆地勘探应用率在70%以上，目前全球只有美、中、法等少数几个国家掌握设计与制造技术。相对于传统的井炮可控震源是一种绿色、环保激发源，在HSE（健康、安全和环境）方面具有明显优势，首先可控震源杜绝了民爆管理的安全风险，传统井炮激发采用炸药进行井下激发，而可控震源使用发动机作为动力源，杜绝了民爆管理成本和风险；其次是减少了噪音和振动，可控震源通过扫描时长的累计来达到井炮脉冲式的能量输出，可控震源产生的振动更小。近年来，东方物探公司开展了电驱震源的研发并取得了一定的成果，同时电磁震源的研发也在推进中，在节能减排方面也做了先导性的探索，可控震源日趋成为一种更加安全、更加环保、更高质量的地震勘探装备。

从2009年开始，东方物探公司积极响应集团公司号召，努力践行绿色勘探发展，大力推广可控震源，随着“两宽一高”技术的推广以及可控震源在高密度采集中相对于炸药激发的独特优势，可控震源的应用范围不断扩大，市场份额节节攀升，国内项目占比从2010年18%左右，提高到了2023年的55%以上。但可控震源在石油勘探中仍然存在一些施工风险，并随着应用场景不断增加，也暴露了一些新增风险。近年来东方物探公司相继开发了以高效混叠激发管理系统（USM）、可控震源高精度定位导航系统（VSC）和可控震源辅助驾驶系统（VIS）为核心的可控震源智能化作业模块，该模块在提高可控震源智能化作业的同时也着力加强了可控震源施工的风险管控，本文通过对可控震安全风险的分析，结合上述三个子系统相关安全风险控制功能应用，阐述了可控震源的智能化作业模块在石油勘探风险控制中的应用现状与发展趋势。

1　可控震源勘探面临的安全风险

可控震源的施工环境包括沙漠、戈壁、农田（主要在冬季）、草原、山前带、城区、油田等地区，其中主要是地表恶劣或通行条件复杂地区，特殊的施工条件加上野外多变的气候变化给人员、设备和环境都带来了一定的安全风险；同时随着可控震源的推广应用和技术水平的提高，一个项目的应用数量从5~6台上升到了40~50台，施工模式从一组集中施工演变成了分散式施工，例如某施工设计采用2台1组，25组可控震源距离分离同步激发（DSSS）方式的勘探项目，就意味着50台震源散落在大约50多km^2的区域同时在施工，这无疑又加大了安全风险。这些风险主要体现在以下三个方面。

1.1　人员存在风险

主流的大吨位可控震源一般长10m，宽3.5m，高3.5m，自重大于30t，存在较大的视野盲区，通过能力比一般工程车辆差很多；同时可控震源24h连续施工（图1），施工强度大，作业压力也大，在长时间高强度、重负荷下，操作人员的疲劳和注意力分散可能会导致操作失误，进而造成物体打击、车辆伤害等事故事件的发生。单纯靠强化人员培训和安全意识教育，无法完全消除人为操作失误和疏忽带来的安全风险。

1.2　可控震源行驶通行风险

可控震源施工地的地理环境和气候条件更加多变复杂，沙丘、山前、农田以及黄土塬等复杂地表(图2)；雨、雪、雾、沙尘暴等恶劣气候条件，这些都给可控震源的安全作业造成了较大障碍。常见的潜在风险包含行走路线选择不合理，人员操作控制不当，隐患排查不到位等情况，这些会造成设备误陷、侧滑和翻车等事件的发生。

图1　可控震源施工场景图

图2　可控震源在部分复杂地区施工场景图

1.3　限制区域准入风险

传统的施工设计和施工管理措施难以应对当前的复杂情况。如在石油管线密集的油田区、精密设备厂区、文物古迹和民用建筑危房等保护区域，或者伊拉克、科威特、外蒙古等一些安保级别较高的敏感区域(图3)，这些区域的施工风险包括对油气管线的碾压风险，噪音、振动对建筑物、精密设备设施的破坏风险，碾压和振动在雷区产生的爆炸危险。更严重的是，一旦在敏感区域的安保出现问题，会对公司造成财产损失、人员伤亡、信誉损失、行业竞争力的下降等不可估量的恶劣影响。

2　风险控制措施

可控震源智能化系列升级模块为油气勘探施工提供信息化赋能，提高可控震源施工的数智化管控水平，同时也增强了可控震源安全生产的感知、监测、预警和评估能力，实现可控震源从静态分析向动态感知转变，实现风险管控从事后应急向事前预防转变，有效提升了野外生产的本质安全水平。

2.1　对人员的风险管控

2.1.1　智能化无人带点新模式

传统的可控震源施工时，会为每组可控震源配备带点员工，带点员工负责寻找可控震源的激发点位，然后挥舞红旗指挥可控震源停到点上。可控震源施工大都采用多台震源组合施工，施工时噪音大，振动激起的尘土漂浮，视野受限严重，尤其夜间施工时，虽然带点工穿着反光背心，但由于长时间的不间断施工，可控震源操作手和带点工会很疲劳，容易分神，存在着诸如碾压、碰撞等人身伤害风险。

VSC是东方物探公司研发的一套为可控震源施工量身打造，提供厘米级定位精度，实现无标识炮点施工的多功能智能导航系统(图4)。VSC的自动化操作彻底替代了人员带点，完全避免了人员直接接触危险区域的风险，消除了施工中对带点人员造成伤害的可能。同时VSC的无标识炮点施工模式，简化掉了炮点的踏勘、实测和插旗标识三个环节，大幅节约了勘探施工成本。

图3　东方物探在伊拉克、外蒙古雷区施工现场照片

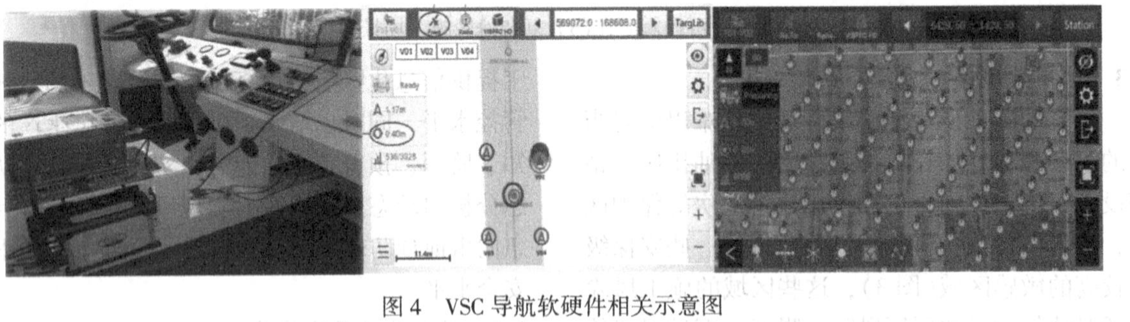

图4　VSC导航软硬件相关示意图

2.1.2　辅助驾驶新应用

VIS是东方物探公司自研的可控震源辅助驾驶系统，该系统可以实现自动选择炮点，震源自主驾驶前往炮点，系统自主判定落点精度，自动落板，自动发送信号给仪器，仪器收到信号后自动遥控启动震源等功能。

VIS在对施工人员的风险管控方面主要做了以下三个功能扩展：

1）车速的自适应控制

当可控震源在颠簸比较严重的地形施工时，如果仍然按照设定车速快速通过，会导致车辆剧烈颠簸，不仅给操作手造成了很差的操作体验，对可控震源的机械结构也会造成不利的影响，为此开发了地形的崎岖度识别以及与车速的关联控制功能。

崎岖度的识别在硬件上依靠激光雷达(图5)

进行地形扫描识别，为控制决策模块提供立体环境信息。

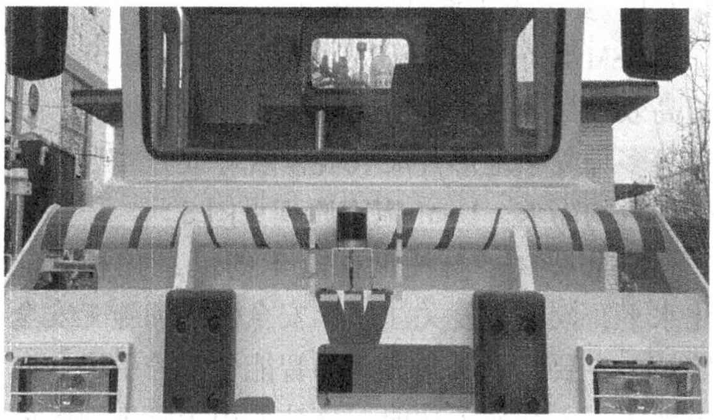

图 5　激光雷达安装位置示意图

激光雷达安装在可控震源驾驶室前面的横梁上，这个安装位置和安装高度基本上能够保证对可控震源行驶范围 100m 内的检测。

激光雷达以及相应软件对地面崎岖度得出一个量化的指标，控制系统再根据这个量化数值来实现对可控震源车速的自实行控制：即颠簸地形，自动减速；平坦地形自动加速。

2）障碍物检测及遇障停车

VIS 安装有激光雷达和毫米波雷达，这两种雷达均能检测到障碍物，但各有优势。激光雷达的缺陷是会误触发，比如当有比较明显的扬尘时，它就会判断为障碍物从而停车，这就需要结合毫米波雷达来进行障碍物判断，现在的算法是当两者都判断有障碍物时，才最终判断为障碍物，进而停车，见图 6。

目前系统的障碍物检测距离范围 1～50m，检测宽度 6m，10m 内障碍物检测精度大于长 0. 5m×宽 0. 5m×高 0. 5m。

3）红外摄像对生命体征的识别

可控震源辅助驾驶系统设计之初就特别关注对于人员的识别和避让，为此系统加装了红外摄像头，采用红外目标区域检测方法实现对生命体征的识别，在障碍物识别功能的基础上，为人员的风险管控上了双保险，见图 7。

图 6　VIS 障碍物识别示意图

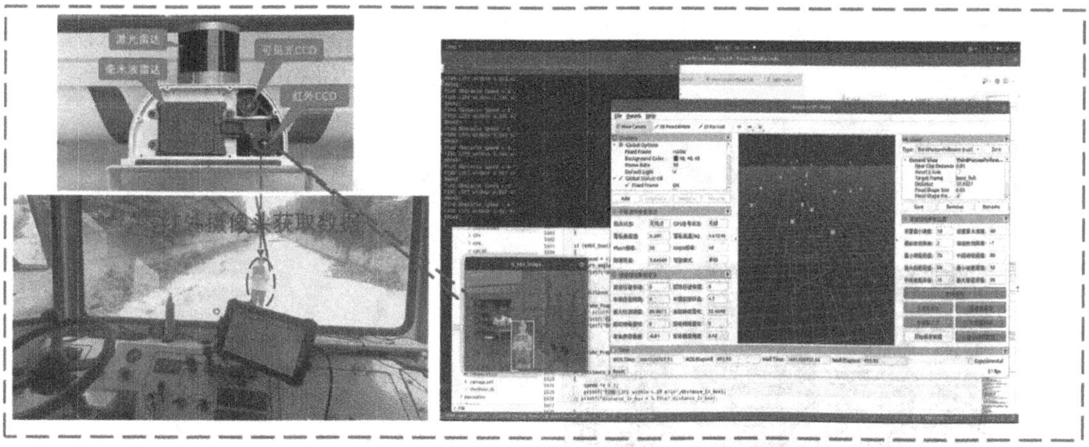

图 7　红外摄像头识别生命体成像的功能框图

当生命体距离车前方5m以内的时候，在终端会发出警报，此时刹车阀启动，自动停车；当车前方50米未检测到生命体时候，终端显示生命体距离为999m，车正常行驶；当车前方5m外但是在10m内检测到生命体时，车会减速至正常行驶速度的一半。

此外，VIS还具有按照轨迹自动行驶、二次落板防拖板、安全冗余控制(障碍急停功能，急停开关，油门和刹车停止辅助行驶)等多项安全相关控制功能来确保辅助驾驶施工的安全性。

2.2 对行驶通行的风险管控

可控震源施工的大部分区域是沙漠、山前、黄土塬等地形复杂地区，同时由于可控震源24h的施工特性，所以行驶风险管控也尤为重要，可控震源智能化升级模块采取了以下管控措施。

2.2.1 安全施工设计的应用

USM是东方物探研发的具有自主知识产权的高效勘探的技术利器，满足在山地、城区、沙漠等多种复杂地形开展大规模震源或井震混合勘探项目的需求。USM施工原理见图8。

USM提高了石油勘探施工的信息化和智能化水平，同时高度关注施工安全设计和施工安全监控，主要采取了两方面的智能化管控手段。内镶地图导入和显示功能。该功能用于管理视图窗口中卫星地图的下载和显示，可选择高德、百度、天地图进行显示，施工中，地图作为底图，炮点和可控震源的位置的实时显示，见图9。

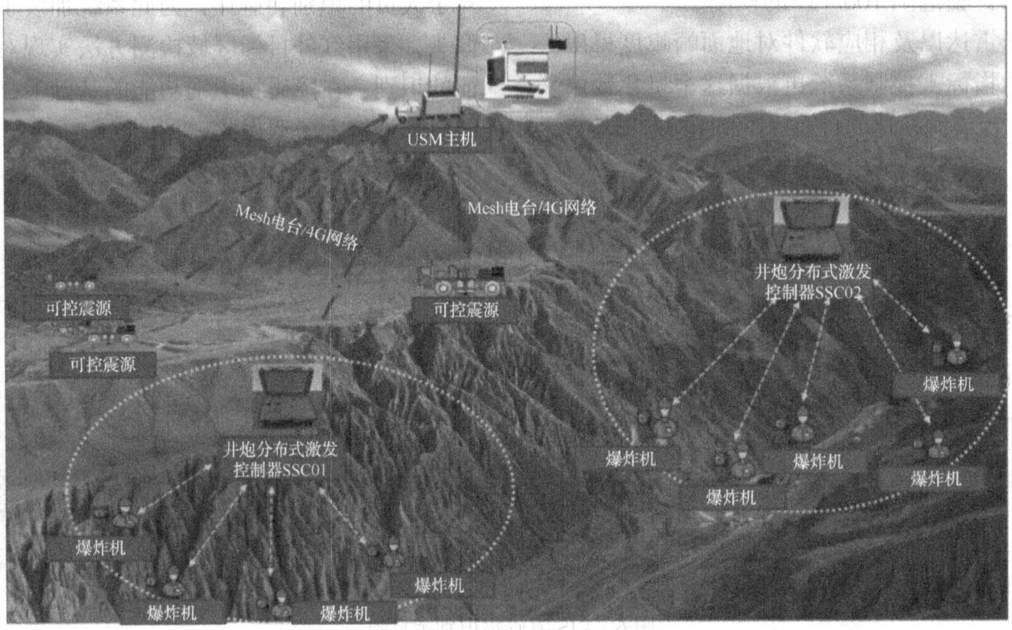

图8　USM施工原理示意图

图9　地图管理示意图

在使用移动数据网络的条件下，可控震源的实时位置每5s进行刷新，在地图适度清晰的情况下，在控制室内就可以掌握可控震源的施工环境，从而采取合理的安全管理措施。

2.2.2　安全轨迹的应用

可控震源大部分施工区域十分复杂，既有起伏巨大的沙漠、沟壑纵横的农田区，又有道路、车辆、人流复杂的城区。为了增强施工的安全性，缩短道路反复试错的时间成本，地震队会绘制可控震源施工轨迹计划，VSC支持这些轨迹的导入和使用，同时VSC也支持轨迹本机采集，见图10。

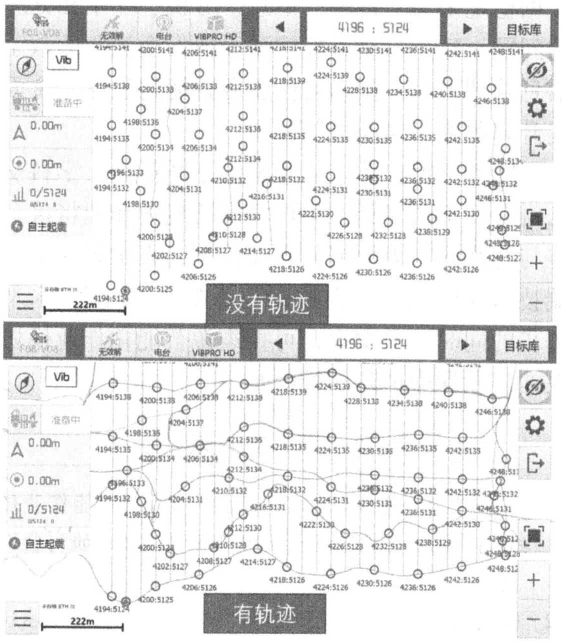

图10　没有轨迹和有轨迹的炮点施工对比图

图中显示的轨迹是施工先导车顺着地形起伏实际踏勘出的线路，实际施工时，可控震源就可以沿着这个轨迹顺序放炮。相反如果没有这个轨迹，现场施工管理面对如此复杂的炮点分布，是很难做出合理又安全的施工规划的，这样在具备按轨迹施工的功能后，不仅大大提升了生产效率，还避免了来回穿越沙丘带来的安全隐患，极大的降低了可控震源施工中的行驶风险。

2.3　对限制区域的风险管控

对敏感区域的风险管控主要体现在地标安全提示、禁炮区域管控、放炮区域准入、地理电子安全围栏等方面。

2.3.1　地标安全提示

当可控震源在油田区、城区、农田区等复杂地区施工时，常常会有路口、石油管道、水网、建筑物、高速等地标，这些地标都是在施工时需要重点关注的，USM可以添加这些地标文件并发送给可控震源的VSC，用于保证施工安全、合理规划施工路线，提高施工的便利性。

2.3.2　禁炮区域管控

可控震源在重点区域施工时，这些区域可能包含重点文物、精密仪器、危险老建筑等敏感设施，对于这些重点区域，USM可以随时添加禁炮区域。禁炮区域用于控制施工范围，防止误操作造成环境和安全事故，添加禁炮区域后，区域内的炮点将不能被激发。

2.3.3　放炮区域准入

可控震源在城区施工时，市政管理人员会指定规划一些区域用于放炮，指定区域外的地表不能够进行可控震源振动操作，对于这些特殊区域，USM可以随时添加放炮区域。放炮区域用于控制震源施工范围，添加放炮区域后，仅震源处于区域内时可以正常激发，当震源返回Ready信息包含区域外位置时，系统自动停止该组激发，并在震源激发窗口弹出提示："炮点不在工作区域"。

2.3.4　地理电子安全围栏

VSC的地理电子安全围栏功能是为有特殊安保需求而开发的，当震源位置靠近预警地理围栏时，将触发预警，这时VSC导航界面会突然变红，出现"warning"文字以及报警声音，见图11，预警距离由导航软件参数决定，预警声音可以选择。

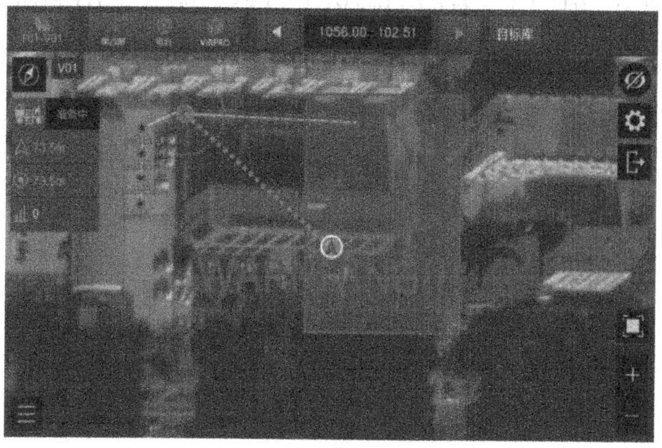

图11　VSC触发报警示意图

VSC导航在科威特科西项目施工时，有一片区域是雷区，为了减少清理成本，当地清理公司只清理了最小化的震源行走区域，行走区域包括震源放炮通道和搬家通道，震源只允许在放炮通道和搬家通道内行走和施工，在这些区域内施工震源不报警，离开这个区域就会触发报警，为此我们设计了相关方案，最终保障了项目的施工安全。

3 可控震源智能化升级取得的应用效果

东方物探公司的可控震源研发、应用处于世界领先水平。EV56 高精度可控震源应用于国内外 300 多个勘探项目。开启了高精度地震勘探的新时代，树立了新的国际标准，大幅提升了中国石油物探的硬核实力。

2017 年以来先后研发了以 USM，VSC 和 VIS 为核心的可控震源智能化作业技术，本着研发一代，应用一代，完善一代的思路，注重技术的实用性、可靠性，取得了不错的应用效果。USM 已在长庆、新疆、华北、青海、吐哈、辽河等多个油田探区推广应用，助力六十一个项目安全生产，有效提高生产效率达 30%。VSC 从成功研发到实际应用以来，共计投入 2000 套次，应用场景包括国内各探区和国际上沙特、阿联酋、科威特等高端探区，助力项目安全，兼顾缩短施工时间和人力成本，同时 AI 路线优化功能，为绿色勘探提供了扎实的基础。VIS 从 2019 年开始研发至今，在单台震源无人驾驶的基础上，又实现了多台震源自动编组施工，经过了沙步二维项目，以及阿北凹陷南部三维地震项目等多个项目的生产验证，显著减轻野外一线物探工作者的劳动强度。

通过可控震源智能化作业模块在野外生产作业中的应用，有效的管控了可控震源施工中的风险，累计助力可控震源安全生产达 180 万工时。

4 结论

可控震源智能化作业模块中的 USM 和 VSC 系统已经比较成熟，在提高生产效率的同时也有效的增强了对可控震源施工风险的管控，VIS 系统还需要在典型物体(包括野外采集站、电瓶等地面采集设备)和雨、雪、雾气、尘土等的识别方面进一步提高，进一步提高可控震源自动驾驶时的风险管控水平。同时在可控震源设备运行状态监控方面(水温、液压油温度、振动高压等)等方面还几乎处于空白，为此下一步准备开展可控震源数字化平台集成应用研究，解决震源实时数据稳定采集、传输、汇总、分析、显示和处理的问题，建立一套可控震源设备安全控制的数字信息管理平台，推动可控震源智能化发展，全面提升震源施工风险控制能力。

随着国家整体工业水平的不断提高，学科交叉融合的不断发展，可控震源智能化作业将进一步与物联网、大数据、自动控制、人工智能等尖端技术深度融合，在推动可控震源“四化”水平进步的同时，再次提升可控震源智能化作业模块在油气勘探中风险防控的水平。

参 考 文 献

[1] 刘小峰，王先春，法炜，等. 可控震源智能作业技术与应用. 中国石油学会 2022 年物探技术研讨会论文集，2022.

[2] 张俊元，牛天伟，王亮，等. 基于复杂地形车速自适应控制技术探讨. 物探装备，2023(5)：314-317.

石油地震勘探队伍智能化安全管控技术

易昌华　乐　彬　乔永杰　何媛媛　贾会永　刘伟达

（中国石油集团东方地球物理勘探有限责任公司）

摘　要　我国智能化安全管控技术开发潜力巨大，是今后石油地震勘探开发领域的重要方向。施工前安全设计、施工中安全监测预警和突发事件应急救援是智能化安全管控技术的关键内容，也是石油地震勘探采集工作的重要组成部分。本文介绍了安全风险防控、智能监测、应急通讯等技术原理和应用，实现了前移安全防线，实时安全监控，快速应急救援，建立了石油地震勘探风险数据库，形成了电子围栏、风险数据分享和一键求救等核心技术内容，攻克了无网络地区通讯问题，扩展了野外施工通讯能力，实现了智能化安全管控技术在石油地震勘探采集领域全方位多角度的应用。

关键词　安全管控；风险监测；应急通讯；智能预警

近年来，地震勘探地表日趋复杂，十万道级以上三维地震勘探已成为常态，野外作业人员、设备、车辆等资源投入大，作业范围点多面广，施工环境复杂多变，导致项目风险倍增。安全信息传递不及时，覆盖人员不全面，工区大范围无网络，应急通讯需求紧迫，传统的安全管理技术在实现地震勘探项目安全高效运作中困难显著。

按照国家科技兴安的战略部署和中国石油集团公司“数字化转型、智能化发展”工作安排，东方物探公司率先打造了智能化地震队系统，实现了地震勘探的“数据平台化、管理信息化、业务智能化”的多学科协同作业。目前，该系统已在国内外300多个项目，共105000km^{2}三维地震勘探中推广应用。智能化安全管控技术作为智能化地震队中的重要一环，是以智能设备、软件系统、网络安全技术、网络通讯技术、云存储等运行保障环境为基础，利用地物数据信息和人员位置信息、复杂工区的地表数字化技术、系留无人机通讯技术等，实现了风险分级管控防线前移，将实时监控、数据共享、及时预警、应急通讯集为一体，筑牢了风险分级防控和隐患排查治理双重预防机制根基，大大增强了野外生产安全风险防控能力，有效的提升了项目安全管理水平，树立了智能化安全价值思维，完善了公司安全管理体系的落实方法，引领地震勘探采集的安全管理工作进入了智能化时代。

1　地震勘探面临的主要风险

1.1　地形地貌复杂，天气条件恶劣

当前地震勘探环境呈现出更高、更深、更荒、更杂的特点，即向更高的山域、更深的海域、更荒凉的地域、更复杂的城区、工业区、经济区延伸。此外，严寒、酷暑、冻雨、沙尘、狂风等复杂气候和恶劣天气，以及洪水、滑坡、暴雪、泥石流等自然灾害，给分布在工区各处的人员、设备带来很大的风险。

1.2　人员车辆量大，作业点多面广

石油地震勘探属于劳动力密集行业，一个勘探项目少则三五百人，多则一两千人，一线岗位操作人员绝大部分是季节工，这些人员大多来自陕甘云贵川等经济不发达地区，教育程度不足，文化水平低，安全意识淡薄。虽然经过各层级的安全培训，但是安全意识和安全技能的提升不是一蹴而就的，需要长时间的沉淀和培养。另外，由于野外工作环境的艰苦和地震勘探项目的不连续性，季节工的流动性很大，几乎每天都有新员工加入，迫切需求使用科技手段固化作业流程，升级监管手段，提升本质安全。

随着项目规模的不断扩大，投用的设备数量和种类越来越多，例如可控震源、油罐车、水罐车、钻机、推土机等特种车辆，分布在几十、上百平方公里，复杂的地形和道路交通环境，使得交通风险倍增。

1.3　网络通讯盲区，应急救援困难

地震勘探项目施工位于荒芜人烟的沙漠、深山、戈壁等的区域，由于没有商业通讯基础设施建设，无网络信号，地震队往往通过增高电台天线，架设中继站等方法，扩大电台通讯范围。但是受限于电台功率、天线高度、地形影响等，通讯无法覆盖全工区，存在死角盲区。一旦发生突

发事件，救援信息不能及时发送，造成应急救援行动滞后，事发地点不能精确定位，给应急救援带来困难。

2　物探项目智能化安全管控技术

2.1　施工前安全设计

东方物探公司研发了智能化地震队系统，利用物联网、大数据、云计算和人工智能等信息化技术，对物探采集技术设计、测量放样、排列管理、钻井作业、井震激发和数据采集等技术深度融合再造，整个智能化地震队系统的软硬件代码100%自主可控，已形成采集业务的8个领域33个产品，实现了物探采集质量安全管理、作业安全管理、人员安全管理和设备安全管理等管控目标，打造形成了集物探采集技术和项目智能化安全管控为一体的智能化系统。

（1）数字地形风险识别

数字地形风险识别技术主要用于石油地质勘探采集项目的室内设计工作，项目设计人员利用数字地形分析工具对复杂工区的地表进行数字化操作，将地形的特征和属性进行有效的量化，将登山作业区划分为高、中、低风险。根据作业区的风险等级配置物探作业队伍，高风险区由经过物探作业技能培训考核合格的专业登山运动员作业；中风险地区由经过登山技能培训考核合格的物探人员作业；低风险地区由普通物探人员作业。数字地形风险识别技术建立了一个“人机互补、人机制约”的安全系统，通过优化安全系统设计、配置和运行管理，为风险分级防控提供有力依据，有助于形成ALARP（最低合理可行）的管控措施，在保证生产的同时，最大限度保障项目人员、设备的安全。

（2）行驶路线智能设计

行驶路线智能设计是专门为石油地震勘探特种作业车辆而设计的路径规划系统，在山地、沙漠、黄土塬、水网密集等复杂地形、地貌区域有效提升行车安全控制。行驶路线智能设计基于人工智能、机器学习和优化算法，结合工区数字地形图和预设路线，利用算法对信息进行处理和识别，在满足车辆动力、稳定性等约束条件下，自动生成安全、高效、节能的行驶路径，而且通过车辆携带的传感器还可以实时获取车辆周围的环境信息，实时调整行驶过程中的路径规划方案。行驶路线智能设计通过PDCA（预设、实施、调整、优化）四个环节，将安全管控防线前移，并对风险进行智能化动态防控，有效降低了特种作业车辆的侧滑、陷误、翻车等事故，为施工团队提供了一个高标准的安全保障。

（3）电子围栏

电子围栏技术是一种智能化的周界安全防护系统，通过先进的电子通讯技术，根据工区中的自然保护区、安保区、文物区等管控区域的分布，在其周边定制合适的电子围栏，人员、车辆、设备一旦靠近这些区域，电子围栏系统会立即启动进行报警提醒，有效防止误入“禁区”。在夜间、节假日、恶劣天气等情况下，设置禁出区域电子围栏，有效防止误出“防区”，如图1所示。电子围栏技术提高了危险区域的精确度，为野外施工人员提供了及时的安全提醒功能，体现了项目施工前安全设计的预防理念，从源头上将风险因素进行了有效的隔离。

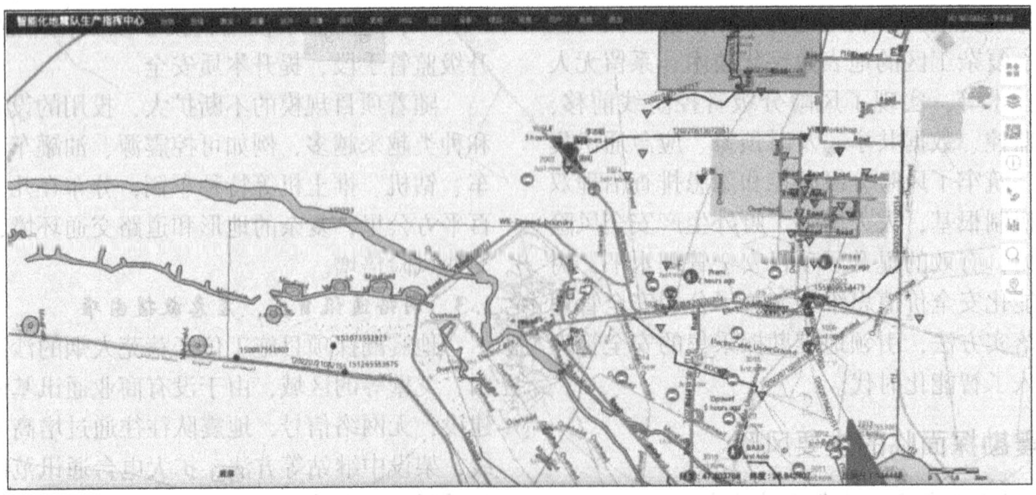

图1　电子围栏示意图

2.2 安全监测与预警

（1）风险数据共享

风险数据共享技术是将作业人员纳入安全管控工作的参与者和传递者，作业人员在作业过程中识别风险点，通过手持设备进行一键上报，其他作业人员靠近时报警提醒，共同构建了一个实时、全面的风险数据库，实现了风险数据共享的目的，保证了人员的安全，如图 2 和图 3 所示。风险数据共享技术实现人人、时时参与隐患排查治理，“一站式”信息传递，降低了人员在风险中暴露的机率，有效的降低了安全事故发生的可能性，提升项目应对风险的能力，保障了石油地震勘探采集工作的安全开展。

图 2　道路塌方

（2）天气预警

天气预警是从国家突发事件预警中心提取天气预警数据，并根据项目位置信息，实时推送到项目所有人员的手机上，如图 4 所示。及时准确、位置精准的天气预报为项目生产安排提供了安全管理依据，方便项目管理人员制定施工设计方案，也有助于预防极端天气、地质灾害造成的人员伤害、设备损失等事故。

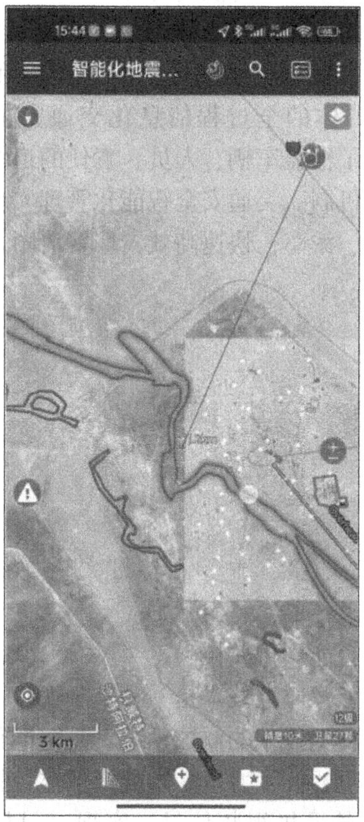

图 3　靠近报警

图 4　天气预警信息

(3) 交通安全智能化管理

交通安全智能化管理是业界首创集“用户申请、领导审批、电子调度、实时监控和司机汇报”五位一体的全过程信息化交通安全管理系统，构建了覆盖车辆、人员、责任的道路交通安全管理新机制。交通安全智能化管理实现线上申请、审批、派车，快速高效，职责清晰，有效的降低了未授权动车、超速行驶，疲劳驾驶，私自变更路线等不安全行为，并实时为驾驶员提供外部道路环境信息，减少驾驶员观察盲区，提了高野外施工项目交通运输的安全性能，降低了交通事故，推动形成各司其职、相互联动、综合监管工作的新格局，形成以优良传统管理与智能化管理相结合的新模式。电子路单如图 5 所示。

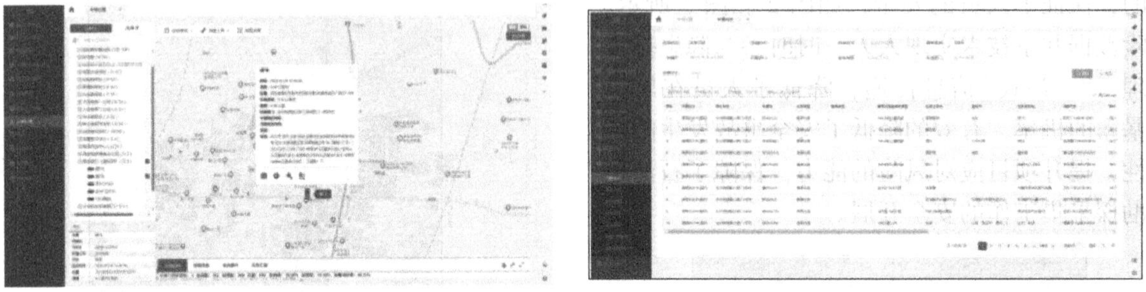

图 5　电子路单

(4) 智能影像监控

智能影像监控技术是一种基于视频图像处理和计算机视觉技术的监控系统，是智能化安全管控工作的重要技术力量。智能影像监控技术是利用摄像设备采集视频信号，实现对目标进行检测、跟踪、识别以及行为分析和预警等任务，见图 6。智能影像监控技术更加强调自动化、智能化和高效化，实现了机修站、节点设备充电现场、钻井作业现场等特定区域的实时监控，达到早发现，早报警，早处置，有效预防设备设施被盗、人员伤害，降低洪水、火灾等事故造成的损失，保障了石油地震勘探采集工作安全高效运行。

图 6　智能影像监控

(5) 北斗防汛预警

北斗防汛预警是基于北斗短报文技术和 Lora 低功耗物联网技术，研制出的一套适用于野外作业的智能防汛预警系统。该系统通过在重点监测水域布设无线标尺，结合山顶基站和北斗设备，实现了作业区的水位、气温等指标的监测和事前预警，能够有效保障野外作业人员的生命财产安全，发布调度指令，做到提前预警、减少损失，见图 7。

2.3　应急救援

(1) 系留无人机通讯

系留无人机搭载各类通讯设备长时间滞留在空中，可为基础网络盲区提供可靠的宽窄带通信服务，保障物探采集项目的应急通讯和数据传输，弥补传统通信方式的不足，见图 8，系留无人机通讯还具有高度的灵活性和可扩展性，利用升高优势能够满足各类地形需求，保障物探采集项目区域内人员、车辆等通讯通畅。系留无人机通讯技术的实现和应用，有效的提高了工区通信能力，全面的实现了野外项目生态圈各要素终端的互通互联和信息共享，为救援和管理人员提供实时、准确的信息传递，为应急救援提供了有力保障。

图 7　北斗防汛预警系统

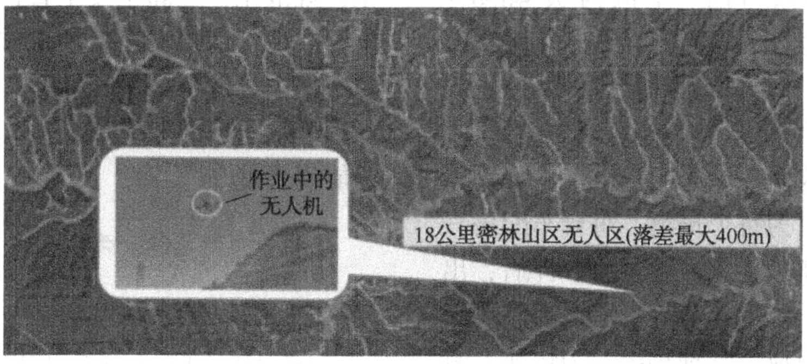

图 8　系留无人机作业

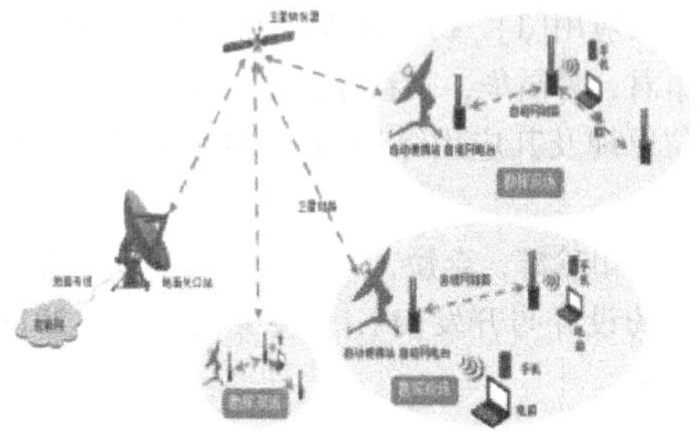

图 9　北斗短报文技术

（2）一键求救

一键求救技术是基于北斗三代短报文设备的位置监测技术，通过北斗三代短报文终端设备向卫星发送短报文，卫星将短报文转发到地面控制中心，地面控制中心再将短报文转发给用户或指定的接收者。北斗三代短报文终端的水平、高程定位精度均优于 10m，服务范围广，最大支持 1000 个汉字传输，转发成功率优于 99.9%，性能稳定，能够满足国内石油地震勘探人员搜救、事故救援等应急响应需求，见图 9。一键求救技术是一项突破性的主动安全管控技术，在安全管控工作中具有重要的应用价值。

3　应用及其效果

石油地震勘探智能化安全管控技术，通过融合施工前安全设计、施工中实时监控、突发事件应急救援，建立了高度集成的一体化产品，实现了石油地震勘探安全管理向数字化、智能化方向转变。该技术已在 491 个项目推广应用，实现了近 600 百万人工时无事故，安全行驶里程 60000 $\times 10^4$km，“数字化转型、智能化发展”助力安全管理。

长庆物探分公司某三维项目(图 10)，震源工作量工区主要河道、停车场出入口、节点库房、数据库、职工食堂等关键部位，布设智能影像监控，实现了 24h 无间断、360° 无死角全天候、全过程、全范围自动化监控，远程报警信息实时传到手机上，并可以随时查看监控实况，一方面为项目管理人员提供方便快捷、全面详实的监控信息，另一方面消除了监控人员暴露在风险中的隐患，实现本质安全，为石油地震探勘采集项目的开展保驾护航。

图 10　项目施工现场

青海物探分公司某二维项目，工区位于羌塘盆地腹地，北接可可西里无人区，西临普若岗日冰川、东临格拉丹东雪山。工区海拔 4800～5600m，整体落差达 700m 以上，属于极地高寒气候，昼夜温差大。海拔高、气温低、暴风雪等恶劣自然气候环境给安全管理工作提出严峻挑战，在严格做好风险防控措施的基础上，分别以班组、车辆为单位，为每个班组、每台车配备一个一键求救终端设备，确保发生紧急事件后，出事地点、现场情况、周围环境等信息，能够为可靠及时的发送给项目应急管理小组，为快速、有效的开展救援提供帮助，最大限度保证人员生命安全，降低事件影响。

4　结束语

石油地震勘探采集智能化安全管控技术的建设和应用，使得地震队在风险识别、风险评估、风险控制以及应急救援等管理方面高度融合，建成风险分级防控和隐患排查治理双重预防机制，实现数字化助力安全设计，提高前瞻性，“短链条扁平化”风险预警，提升时效性，通讯监测助力应急救援，提高有效性，促进安全管理精细化、规范化，提高了安全管控工作的效率，实现了石油地震勘探安全管理工作的信息化控制，实现了安全管理工作的“在线监督、快速反应、闭环管理”，使得风险防控工作由传统模式转变为智能模式。

参 考 文 献

[1] 文虎成，田涛，张绍辉，等．油田井下作业可视化安全管控技术研究与应用[J]．石油工业技术监督，2024(1)：40-43.
[2] 方守川，吴绍玉，乔永杰，等．无线网状网络技术原理及应用[J]．物探装备，2020(1)：5-8.
[3] 于素君，易昌华，李春芬，等．北斗卫星导航系统定位原理及其应用综述[J]．物探装备，2020(1)：59-63.
[4] 李维，田珍辉，李锐，等．施工现场安全监督管理系统的设计与开发[J]．信息系统工程，2018(4)：60-61.

海上油田作业安全分析智能化系统创新实践

祁高升　张宗超　尹晓辉　孟祥龙　段国喜

[中海石油(中国)有限公司天津分公司]

摘　要　海洋石油平台一般远离陆地，投入成本高，设备布置集中，作业人员相对密集，内部空间受限，同时受到气象海况影响，施工作业存在较高风险。随着渤海油田增储上产战略实施，作业量同步增长，现场施工风险管控面临新的挑战，本文意旨通过介绍中国海油海上油田作业安全分析智能化系统建设实践，理清油田作业安全风险分析数字化和智能化建设要点，将安全风险分析技术和数字化、智能化技术相结合，该系统通过集合专家力量，建立作业重要步骤、风险和措施、事故事件等数据库，利用大数据分析、人工智能算法等技术，开发风险管控措施智能推荐、流程人为干预、流程审批等功能，可在六个场景下实现七大作用，指导施工人员编制和校对作业风险分析方案，解决风险辨识不到，管控措施制定不合理，反复修改效率低等六个主要问题，实现海上作业安全风险分析管控标准化和智能化，降低作业风险分析难度，提高作业危害因素识别的全面性、精准性，以及预控措施的有效性，借助数字化、智能化技术赋能各级安全管理人员，探索科技兴安路径，为油田企业安全管理提升提供借鉴。

关键词　作业风险；数据分析；风险管控；标准化；智能化

海洋石油开发生产长期伴随着作业风险高的特点，海上平台远离陆地，内部空间狭窄、设备布置集中，作业人员相对密集，同时受到气象海况影响，施工作业存在较高风险。中国海油原则上要求所有作业活动都应开展作业安全分析(Job Safety Analysis，以下简称JSA)，JSA分析是事先或定期对某项工作进行安全分析，识别危害因素，评价风险，并根据评价结果制定和实施相应的控制措施，达到最大限度消除或控制风险的方法。渤海油田通过二十多年的实践应用，JSA风险分析已成为油田作业安全风险管控的有效工具。施工作业项目通过事先安全风险分析，再结合工作许可证审批制度，达到最大限度控制作业风险的目的。

随着近年来中国海油实施增储上产战略，渤海油田成为增储上产主战场，现场作业量逐年攀升，人均工作量大幅增加，安全管理力量存在摊薄风险。作业安全风险分析质量的高低，很大程度上取决于参与危害分析人员的实践经验和专业能力，作业危害识别和预控措施的有效性，将会对预防生产安全事故产生直接影响。通过建设施工作业风险智能分析系统，为现场作业风险管控提供技术支撑，利用智能化技术调用数据库资源，赋能油田各级管理人员，实现海上作业安全风险分析管控标准化和智能化。

1　海上平台施工作业风险分析存在的主要问题

通过对海上采油平台作业现场实地调研，选取典型施工作业，访谈施工人员，查阅近两年300余份施工安全风险分析资料。经过筛选、合并、总结、提炼，发现施工风险分析执行过程中主要存在六个问题。

① JSA风险分析受人员知识水平、工作经验等影响，存在风险分析不全面、重要施工步骤划分不合理、危险因素识别不到位、整体质量不高的问题；

② JSA风险分析单经常需要反复修改审核后才可实施，耗费时间长、现场工作量大、效率低；

③ JSA风险分析单编写标准要求不统一，编写内容格式不尽相同，存在多个版本；

④ JSA风险分析单纸板文件存储，查找调阅费时费力，部分资料有丢失现象，信息化智能化程度不高；

⑤ JSA风险分析单线下填报，缺乏有效的数据采集、数据分析机制，无法实现持续迭代，无法挖掘数据价值指导后续工作；

⑥ JSA风险分析主要考虑施工作业过程中的风险，未能将设备设施固有风险和周围的环境

风险考虑在内，未能有效应用双重预防机制成果。

2 建设施工作业安全风险智能分析系统

根据海上平台施工作业情况，按照业务信息化、资源数字化、数据标准化、业务智慧化的实施路线进行智能化系统的功能设计及技术设计，建设施工作业安全风险智能化系统，解决JSA风险分析在执行过程中存在的问题，实现作业安全风险管控规范化、用“活”双重预防机制成果、用信息化和智能化技术赋能作业安全风险分析，实现油田安全生产。

2.1 搭建框架，建立智能系统模型

邀请安全专家和专业技术人员对系统整体构建进行会商讨论，从技术层面、人员管理层面、过程执行层面、后期维护层面共计提出23项需求，最终确定项目整体架构五大模块：资源管控、流程管理、系统管理、历史管理、待办管理。资源管理模块是整个系统的数据工厂，是JSA分析的核心资源，可存储并配置JSA中施工作业步骤、危险因素、预控措施等数字资源。资源管理模块分为二级模块，一级模块分为人员岗位管理、设备设施管理、施工大类管理、阶段步骤库管理、危险因素管理和预控措施管理；二级模块根据一级模块分类，实现一级模块的维护，可对各类JSA业务资源进行实时改进和优化，实现作业步骤优化、危险因素更新、预设预控措施补充等；流程管理模块是整个系统的业务枢纽，可实现步骤自动生成、危险自动识别、预控措施主动推荐，并可在此基础上根据实际情况手动添加/删减内容形成终版文件；系统管理模块可是实现为用户提供系统帮助功能，为不同的账号分配用户管理权限；历史管理模块是用户可按所在设施、施工时间、所属专业、设备类型等调出JSA工单，查看JSA历史记录，调出该JSA相关数据，高质量JSA分析设置星标，并可实现一键推荐入库；待办管理模块是整个系统的暂存仓库，实现未完成流程及待审批流程的提醒、调出、完善，并可自动提示到相应岗位进行填报或审批，形成待办信息。

2.2 数据筛查，建立系统数据库

(1) 制定数据采集标准，规范数据录入。本系统建设涉及的关键数据有三种，分别为作业步骤、风险识别和预控措施。作业步骤规范描述是基础，按照以动词开头对作业步骤描述；步骤风险精准识别是关键，首次提出应用危害因素引导词对识别的风险精准描述，按照人员、机具、环境和管理四方面对施工步骤风险识别，参照国标GB/T 13861编制《海洋石油作业过程危险和有害因素分类代码指南》作为数据规范的标准；预控措施是针对具体识别出的风险制定的管控措施，从工程、管理、人员等方面制定具体可行的措施，保证预控措施的针对性和有效性。

(2) 建立作业风险和措施数据库。通过收集、整理历史JSA分析单文件，以1000多份JSA单为基础数据，经过筛选、整合、完善形成线下风险分析库资源，建立了由13大类，300余份JSA组成的线下数据库。对于每项作业JSA分析中的内容，按照不同的专业分工，邀请机械、电气、仪表、生产、安全、结构等专业人员，按照人机环管的思路，重新梳理补充完善，建立高质量线下风险数据库和措施数据库。由系统开发人员建立了标准化的数据模板，专业安全管理人员，进行了二次的筛选、优化、整合，保证录入系统数据质量高，可用性强。在录入风险分析信息时，可以选择LS法或LEC法，对每个危险情况的发生概率、影响范围、可能造成的损失等进行分析，评估相应的风险等级；在录入预控措施信息时，对于每个危险情况及其对应的风险等级，制定相应管控措施。

(3) 建立施工类型和作业步骤数据库。根据海上施工近5年的作业内容，对各项施工进行分类，总共划分为10大类，分为检验类、设备检修类、改造类等，每个大类按照机械、电气、仪表、工艺、结构、外输等分为不同的小类，按照施工类别，分门别类的建立各种类型施工作业的步骤库。

(4) 建立设备设施固有风险数据库。根据海上平台的设备布局，按照设备类别、安装位置及相互影响，识别出设备固有的风险和设备所在的环境风险，建立设备设施固有风险数据库。

(5) 建立人员岗位数据库。按照海上设施人员编制分别建立各设施人员岗位数据库，主要分为员工、班组长、专业监督、安全监督和总监岗位，根据公司安全管理审批制度，设置审批流程和配置不同级别员工的权限。

(6) 建立模板中心数据库和动态分析单数据库。对历史JSA风险分析工单数据进行梳理和优

化，分门别类的建立施工风险分析单作为单据基本模板，建立模板中心数据库，为用户调用单据提供支持。动态分析单数据库是存储新建和调用修改使用的 JSA 风险分析工单，开发智能算法，对存储的分析单进行排序筛查，可实现高质量 JSA 风险分析工单一键导入模板中心数据库，实现数据库的滚动更新。

（7）建立事故事件数据库。对历史事故事件进行分类编码，将事故事件和施工作业风险分析相关联，在开展施工风险分析时，可实现调阅往期同类型施工作业事故警示案例，提高人员风险意识和管控措施执行力。

2.3　数据关联，实施风险和管控措施相对应

（1）实施施工作业步骤库和风险措施数据库相关联。对施工作业每项步骤进行风险识别，在数据库中抽取施工台账、施工步骤、危险识别等工作流程信息，结合 JSA 流程管理关注点，对业务流程及产生的数据进行关联整合，将识别的风险与具体的管控措施关联。

（2）实施设备固有风险和作业活动相关联。将设备固有风险和施工作业活动相关联，确定所要检修设备后，将设备固有风险自动调入到 JSA 风险分析表格中。建立常用施工作业风险分析模板，将具体施工内容分解，关联数据湖主数据的步骤库、危险因素和预控措施库。

通过五个模块功能建设和数据的关联，主要实现七大作用，一是风险智能识别推荐，二是管控措施智能推荐，三是人为干预补充完善，四是工作质量和效率提升，五是员工风险分析能力提升，六是历史数据积累查询，七是风险管控措施迭代升级。

2.4　UI 设计，易用性和简洁性并重

（1）简洁的布局和导航：采用直观布局和导航结构，建立数据库搜索引擎，使用户能够快速找到所需的功能和信息。清晰的菜单和导航栏、易于理解的图标和标签，有助于用户快速定位并浏览系统的各个部分(图 1)。采用一致的设计风格，有助于用户建立对系统的熟悉感，提高界面的可预测性和可用性。

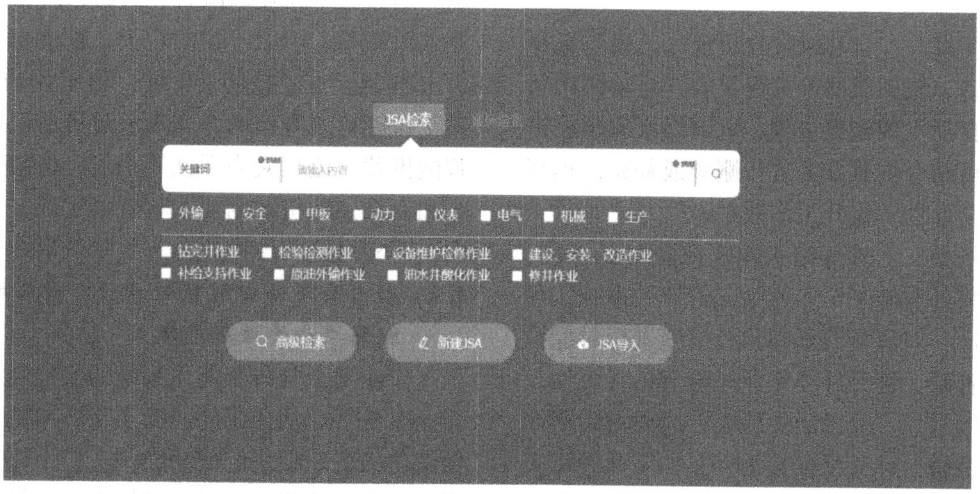

图 1　系统登入界面

（2）明确的操作反馈：系统提供了明确的操作反馈，让用户知道操作是否成功。例如，在用户提交表单或执行关键操作时，显示适当的提示信息或成功/错误消息，以便用户能够了解操作的结果。

（3）友好的人机交互：通过数据的积累、关联，通过危险自动识别、措施智能推荐等功能减少 JSA 流程中的人工介入，点选勾选目标设备、施工类型后，系统自主推荐岗位人员、建议施工步骤，自动识别危险、主动分析风险、智能推荐预控措施。

（4）简化的用户输入：减少用户的输入工作量，通过默认值、自动填充和智能推测等技术，简化用户在系统中的输入过程。尽可能减少必填字段和重复输入，以提高用户的效率和满意度。

（5）明确的指导和帮助：为用户提供明确的指导和帮助信息，帮助他们了解系统的功能和使用方法。例如，提供用户指南、帮助文档或提示工具，以便用户随时获取帮助和解决

问题。

（6）直观的统计分析：对各类JSA数据进行深度分析、图形化展示等，实现JSA各流程相关数据的关联分析、历史施工信息对比，形成统计数据，并以图表形式展示。

2.5 内测检验，验证智能系统功能

施工作业风险智能分析系统初步建成后，第一阶段开展小范围测试，邀请专业人员使用测试，在测试阶段收集用户反馈问题，并进行了相应的技术及制度优化。第二阶段开展用户测试，通过编制系统操作手册、视频培训教程和实操演练培训，使用户掌握风险智能分析系统的使用方法，在系统测试阶段收集相关反馈意见，根据意见增加了交叉作业、非计划关停、夏季和冬季作业等固定内容，开发了承包商携带的施工作业JSA分析单一键上传和校对功能，扩展了风险智能分析系统应用范围，极大提高现场作业工作效率和质量，真正找准了用户的痛点。

3 施工作业安全风险智能分析系统应用场景

应用场景一：自动风险分析模式，通过选择设施、设备、施工类型等关键要素，自动跳出新建单据，自动生成施工步骤、危险因素和预控措施，员工可结合推荐方案进行删减或补充，提高风险分析全面性，提升工作效率。

应用场景二：外部施工作业风险对标查漏，可以实现将外委施工作业风险分析导入系统，利用大数据库，对风险因素和预控措施进行对标检查，查漏补缺，提升外委作业风险分析有效性。

应用场景三：经过历史检验的高质量周期性工作风险分析，建立星标数据库，如需开展相关作业，直接调用，节省工作时间，提升工作效率；通过JSA分析会的方式，强化学习和完善预控措施，避免JSA分析和执行脱节。

应用场景四：推进“双重预防机制”落地，在JSA中设定必有项，例如环境、设备、二防两提升、关停风险分析等必有内容，自动调出通用且完善的风险和控制措施。

应用场景五：对新员工和承包商员工开展风险识别和管控训练，通过模拟施工作业的方式，利用数据库的资源自动分步、自动分析风险、自动调用风险控制措施，提升员工风险识别能力。

应用场景六：利用案例库搜素引擎，可以查阅历史事故警示案例，为作业安全培训提供素材。

4 施工作业安全风险智能分析系统应用成效

4.1 作业风险管控规范化，安全管理效率和精度再上新台阶

通过智能化技术，解决了数据易丢失、无法横向比较、累积数据无法充分挖掘数据价值的问题，使JSA存储完整有序、JSA编写更加全面规范，大幅节省JSA分析单编制时间成本。将JSA的编写者变为JSA的审查者，，规范作业风险分析，提升现场安全管理效率和精度，使JSA实施更加省时高效，切实为一线员工减负提效，实现用智能化技术赋能安全管理。

4.2 推进由“人防”向“技防”升级，筑牢双重预防机制防线

进行JSA回头看检查，对比系统投用前后各十份典型的JSA分析表，发现系统投用后的JSA中的风险提示及预控措施较之前都更加全面、准确。通过施工作业风险智能分析系统，弥补了作业人员经验、能力不足的短板，推进安全风险分析由“人防”向“技防”升级。利用大数据分析、人工智能算法等技术，实现危险自动识别、措施智能推荐、流程人为干预等功能，将制度体系执行和双重预防机制的要求有效落实到JSA分析表内，落实风险管控措施，有效降低事故发生率。

4.3 助力渤海油田智能化建设，开拓科技创新赋能安全管理新思路

作业安全分析智能化系统的实践应用是海上作业安全管理从传统的经验主义转向更加科学和精细化的管理模式的成功案例。借助作业风险分析智能化系统建设的经验继续发力，打造了作业施工方案线上审批系统，使方案编制人员有据可依，内容更加清晰明确，大大减少了返工修改的次数。项目负责人减少反复打印文件送审的时间，审批人由于方案标准化后审批效率更高，执行人由于方案标准化规范化后与现场的体系要求一致，安全控制措施更合理，施工效率更高。

5 结语

通过海上油气田施工作业风险智能分析系统建设应用，基本涵盖了海上所有施工作业类型和风险，实现施工作业步骤分解得当，施工作业风

险识别全面，风险管控措施精准，双重预防机制落地，历史经验迭代升级等目标；在不改变现有管理流程的情况下，消除人员安全技能差别、人员轮换调整、管控标准不统一等风险分析短板问题，实现风险识别和预控措施更有针对性、更全面，为施工作业安全进行提供数智支持。

参考文献

[1] 陈国明，朱高庚，朱渊．深水油气开采安全风险评估与管控研究进展[J]．中国石油大学学报(自然科学版)，2019.

[2] 操秀英．打通海上智慧油田的“信息大动脉”[N]．科技日报，2023-06-20(005).

[3] 朱少华，赵俊杰，何小勇，等．智慧系统在建筑工程中的应用[J]．智能建筑与智慧城市，2022(11)：81-83.

[4] 吴伟，朱雷．智慧安全管理系统在电厂日常运营中的应用[J]．河南科技，2020(05)：35-37.

[5] 王秀军．作业安全分析(JSA)指南[M]．中国石化出版社，2015.1

基于贝叶斯网络的海上稠油热采井口装置泄漏风险预警技术研究

葛伟凤[1]　张　川[2,3]　王金江[2]　李文涛[4]　冯其瑞[4]

(1. 中海油能源发展股份有限公司安全环保分公司；2. 中国石油大学(北京)安全与海洋工程学院；
3. 辽河油田公司安全环保技术监督中心；4. 中海油安全技术服务有限公司)

摘　要　海上稠油热采井口装置油气泄漏事故频发，严重影响油气生产。为了解决这些问题，本文分析了井口装置泄漏失控机理，建立了井口泄漏风险预警分级标准，采用鱼骨图分析了井口装置泄漏的主要影响因素，利用贝叶斯网络建立了有针对性的井口装置泄漏风险预警模型。对渤海稠油热采井口装置应用该预警模型，得出井口装置泄漏概率为0.64，需要采取措施降低井口泄漏风险。通过贝叶斯网络逆向推理，查找了井口装置泄漏的主要原因及相应风险等级，结果表明，贝叶斯网络预警模型在稠油热采井口装置泄漏风险预警上具有可行性，为防止井口装置泄漏进行提前干预提供了依据。

关键词　海上稠油热采；井口装置；贝叶斯网络；泄漏；风险；预警

采用蒸汽吞吐技术进行稠油开采过程中，井口装置(阀门、法兰等)因受到流体冲刷、人员操作、设备管理等多种因素的影响，常发生油气泄漏事故。由于海上平台空间有限，设备设施布局紧凑，尤其是井口区空间狭小，通风不良，一旦发生油气泄漏，泄漏的油气不能及时扩散，导致井口区可燃气体浓度升高，可燃气体探头报警，连续大量泄漏还会引发紧急关断系统动作，井口安全阀关闭，影响油气生产正常进行。此外，扩散的油气遇到明火会引发火灾、爆炸事故，造成人员伤亡、设备损坏。因此，分析稠油热采井口装置泄漏风险，开展井口装置泄漏风险预警，对保障稠油开采安全、可持续生产具有重要意义。

目前，稠油热采的研究热点主要集中在注蒸汽管道热补偿、井筒管柱、井口套管伸缩补偿等方面，而井口装置泄漏方面，主要集中在注蒸汽管道、热采井井筒管柱、气井井口装置泄漏、稠油井井口装置渗漏等定性分析方面，尚无针对海上稠油热采井口装置泄漏风险预警方面的研究。寇秀玲等对稠油井井口密封装置的渗漏原因进行了分析，并提出了相应对策措施。陈浩等分析了井口装置的失效机理及影响因素；茹贤林运用故障树分析法(Fault Tree Analysis，FTA)，以井口装置为顶事件开展定性化分析，得出漏失为最大故障原因；马亮等对页岩气开采井口装置的泄漏风险因素进行了分析，并提出了安全防护措施。

鉴于此，本研究对稠油热采井口装置泄漏影响因素进行全面分析，利用贝叶斯网络(Bayesian Network，BN)方法构建井口装置泄漏风险BN模型，对井口装置泄漏风险进行预警，为井口装置风险管控提供技术支持。

1　基于BN的稠油热采风险预警模型

贝叶斯网络是一种有向无环图，由节点、有向弧及条件概率表组成，有向弧显示了节点之间的走向关系，方向由根节点指向叶节点，条件概率表达了由根节点到叶节点之间的逻辑关系。通过贝叶斯网络的逆向推理功能可以实现风险预警的反向追踪，即找出导致事故发生的关键因素进行提前干预。

以风险预警理论和BN为基础对井口装置泄漏风险预警进行研究，对影响井口装置泄漏的因素进行风险大小排序，可以及时对稠油热采井口装置泄漏事故潜在风险隐患进行事前控制。基于BN的井口装置泄漏风险预警理论框架如图1所示，首先根据井口装置结构、工艺流程、人员操作、管理等方面确定井口装置泄漏的影响因素，并根据影响因素及其逻辑关系建立井口装置泄漏事故树，进而映射到井口装置泄漏贝叶斯网络模型。根据井口装置泄漏及各影响因素导致泄漏可能性和严重程度建立风险等级矩阵，依据风险矩阵对井口装置泄漏风险进行预警，并对导致井口装置泄漏的各影响因素风险进行排序，为井口装置管理提供依据。

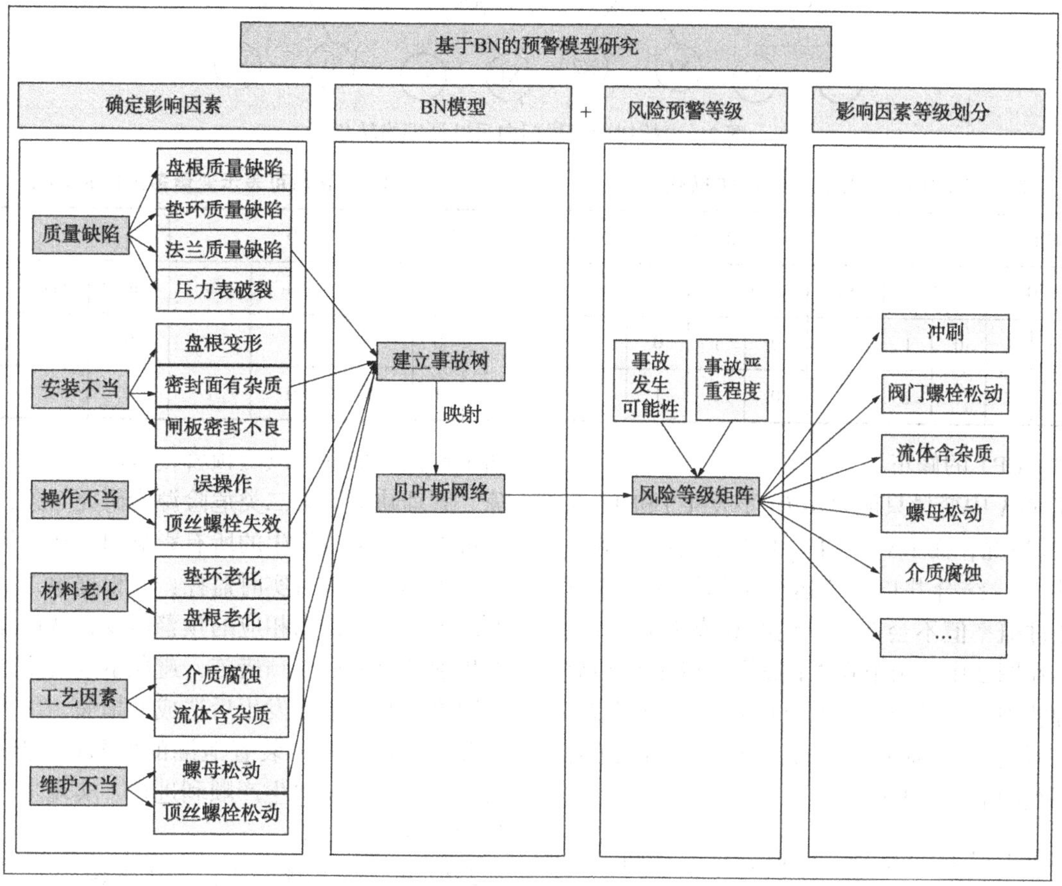

图1　基于BN的井口装置泄漏风险预警理论框架

1.1　BN参数确定

BN参数"先验概率"和"条件概率表"(Conditional Probability Table，CPT)是进行模型计算的基本参数。在稠油热采过程中，高速流动的油气中含有硫化氢、二氧化碳、砂子等，会对井口装置造成腐蚀和冲刷，使得相关节点的准确先验概率和条件概率难以获取，给BN模型参数的确定带来了较大的挑战。结合专家经验和模糊集理论的参数估算模型可以作为获取参数的替代方法，对无法直接获取的先验概率和CPT进行处理。

(1) 事件发生概率的模糊数表示

在缺少节点事件发生概率数据的情况下，可以采用专家调研的方式，用自然语言来模糊地估计节点事件的发生概率。基于模糊集理论，采用7级自然语言将各事件的模糊性描述转化成相应的概率值，见表1，以此来估计BN中各节点的先验概率。

表1　自然语言与三角模糊数的对应关系

自然语言	概率范围	三角模糊数
非常低(VL)	<1%	(0.0，0.0，0.1)
较低(L-VL)	1%~10%	(0.0，0.1，0.3)
稍低(FL)	10%~33%	(0.1，0.3，0.5)
中等(M)	33%~66%	(0.3，0.5，0.7)
稍高(FH)	66%~90%	(0.5，0.7，0.9)
较高(H-VH)	90%~99%	(0.7，0.9，1.0)
非常高(VH)	>99%	(0.9，1.0，1.0)

(2)CPT的确定

根据事故树向贝叶斯网络的转换方法，以及事故树基本事件与中间事件、顶事件之间逻辑门，可以建立根节点与叶节点之间的拓扑结构，见图2。逻辑"与门"、"或门"与贝叶斯网络CPT的对应关系见表2。

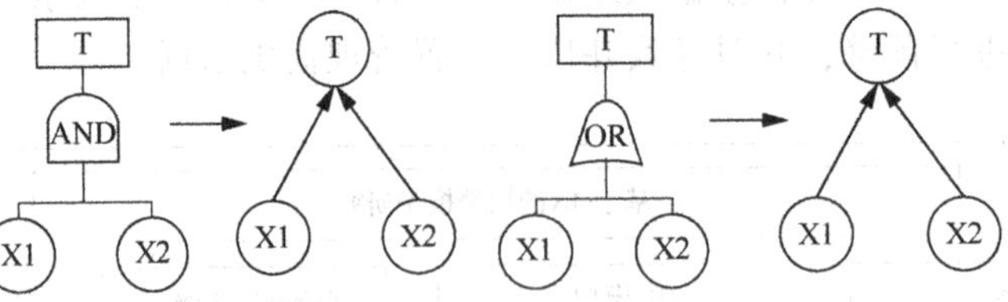

图 2　事故树中逻辑门向贝叶斯网络转化

表 2　逻辑门向贝叶斯网络 CPT 转化

或门的 CPT					与门的 CPT				
X1	0		1		X1	0		1	
X2	0	1	0	1	X2	0	1	0	1
T	0	1	1	1	T	0	1	1	1

表 3　修正后可表示变量多态性的 CPT

X2		0			1		
X1		state 0	state 1	state 2	state 0	state 1	state 2
T	0	1	1	0	0	0	0
	1	0	0	1	1	1	1

(3) CPT 的修正

在 FTA 中变量只能表示 0(不发生)和 1(发生)两种情况，而 BN 在 CPT 中能够表达变量的多态性[13]。结合井口装置运行实际情况，节点间的条件概率值不会都是单纯的 0 或 1 的关系。例如，在图 2 中，根节点 X1 被假设成正常和故障两种状态，而实际上 X1 可能存在 3 种状态：state0(不发生)、state1(可能发生)和 state2(发生)，修正后的 CPT 见表 3。

由于 CPT 的灵活性，可以表达节点间不确定性逻辑关系，克服了逻辑门只能表达确定性逻辑关系的弊端。例如，图 2 中的或门，X1 或 X2 中有一个发生，则 T 一定发生，但在实际情况中 T 不一定发生。即使 X1 和 X2 同时发生，T 都不一定发生，据此修正后的 CPT 见表 4。

表 4　不确定性修正后的 CPT

X1		0		1	
X2		0	1	0	1
T	0	0.96	0.13	0.15	0.06
	1	0.04	0.87	0.85	0.94

综上，在实际分析过程中，由于影响井口装置泄漏因素的复杂性，需要结合历史数据、专家经验等方式对节点事件的发生概率和 CPT 进行修正，以保障井口装置泄漏的风险分析的准确性。

1.2　风险预警技术

风险预警技术是通过分析装置或作业场所风险等级，对即将发生的事故进行提前预警，为早期干预提供依据。风险预警技术以人失误、物故障、管理缺陷等第二类危险源为研究对象，通过对可能造成事故发生的所有影响因素建立风险评估预警体系，进行实时监控，并根据第二类危险源的风险等级给出相应的预警信息，从而在事故发生前及时采取干预措施，避免事故发生或者最低限度的减轻事故发生后造成的损失。因此，建立并完善适合井口装置泄漏的“风险预警系统”成为保证井口装置生产顺利进行、实现生产效益最大化的重要举措。

1.2.1　井口装置泄漏失控演化机理

井口装置涉及阀门、法兰、安全阀等装置，井口装置发生泄漏的影响因素较多。在放喷过程中，井口装置内油气流动速度快、压力高，井口装置在正常生产过程中不太可能发生油气泄漏，即使发生泄漏也仅是井口装置法兰、管道连接处微量挥发性有机物的短时泄漏，但此时泄漏的可燃气体量少，能够及时扩散，不会引发报警装置启动，但是如果部分装置出现穿孔、连接松动等情况，导致油气连续泄漏，泄漏速度大于扩散速度，则会引发报警装置启动、甚至导致井口安全阀关断。此外，油气泄漏后处置方式不同，造成的后果也各不相同，井口装置泄漏后事故演化过程见图 3。

1.2.2　风险预警等级划分

井口装置不同部件发生油气泄漏的概率不同，发生油气泄漏后，不同泄漏量引起的事故后果严重程度不同。井口泄漏的严重程度由专家根据生产运行情况给出，结合井口阀门、法兰连接等装置泄漏可能性和泄漏后引发可燃气体检测器报警、地面安全阀关断等不同后果，应用风险矩阵方法，根据评价准则对井口装置泄漏发生的可能性、泄漏后造成后果的严重性进行等级划分。泄漏发生的可能性分为5个等级，见表5，根据井口装置泄漏可能造成的后果将严重性分为4个等级，具体见表6。

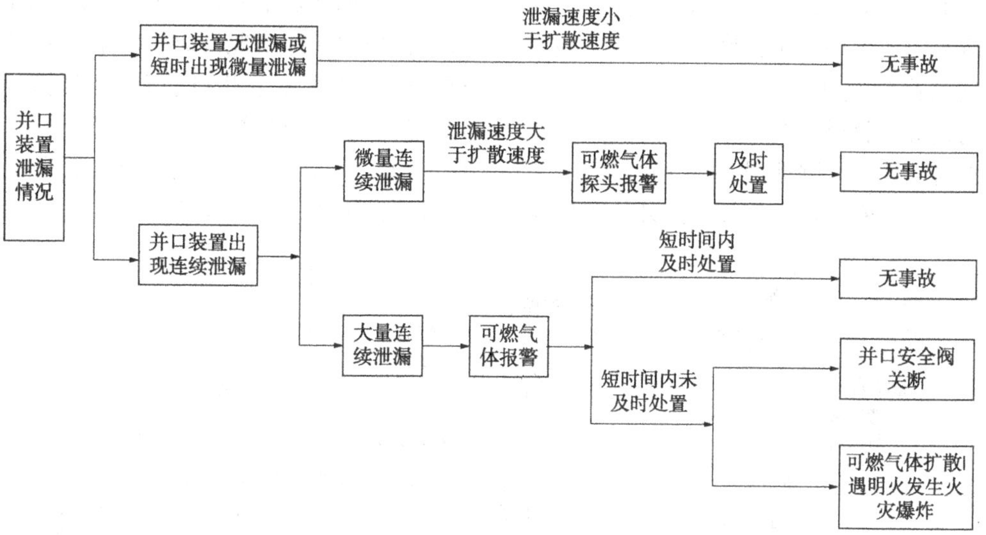

图3　井口装置泄漏后事故演化过程

表5　井口装置泄漏发生的可能性分级

等级	发生可能性	概率区间	描述	风险得分
Ⅰ	极少发生	0~0.01	不易发生，但有可能发生	1分
Ⅱ	很少发生	0.01~0.1	认为不可能发生	2分
Ⅲ	偶尔发生	0.1~0.3	发生过几次	3分
Ⅳ	容易发生	0.3~0.65	多次发生过	4分
Ⅴ	频繁发生	0.65~1	经常发生	5分

表6　井口装置泄漏的严重性分级

等级	严重性	描述	风险得分
Ⅰ	不严重	偶尔微量泄漏，能很快扩散，不会引发可燃气体检测器报警	1分
Ⅱ	一般	微量连续泄漏，泄漏一段儿时间后引发可燃气体检测器报警	2分
Ⅲ	较严重	连续大量泄漏，短时间内引发可燃气体检测器报警，地面安全阀关断	3分
Ⅳ	严重	大量泄漏，如不及时处置遇明火易发生火灾爆炸	4分

根据井口装置泄漏发生的可能性分级和严重性分级，用半定量的思路构建井口装置泄漏风险预警分级矩阵，风险等级划分见表7，风险预警分级标准见表8。

表7　井口装置泄漏风险等级(风险评价指数矩阵)

可能性 严重程度	不严重	一般	轻严重	严重
极少	1	2	7	13
很少	2	5	9	16
偶然	4	6	11	18
容易	8	10	14	19
频繁	12	15	17	20

表8　井口装置泄漏风险预警分级标准

序号	风险等级	风险评价指数	风险描述
极少	一级	1~5	完全可以接受的风险
很少	二级	6~9	有条件接受的风险
偶然	三级	10~17	不希望发生的风险
容易	四级	18~20	完全不能接受的风险

2　案列分析

以渤海油田某平台稠油热采井口装置为例，对井口装置泄漏风险进行预警分析，验证风险预警模型的有效性。

2.1 井口装置结构及运行工艺

海上平台稠油热采井口装置包括套管头、油管头、采油树等，具体设备设施有地面安全阀、生产主阀、生产翼阀、油管悬挂器、连接法兰、清蜡阀、顶丝、油嘴等。在放喷阶段，井口装置生产的油气为高温高压流体，流体中含有硫化氢、二氧化碳等腐蚀性气体以及砂子，对阀门、油嘴、弯头腐蚀性、冲刷性强，易导致阀门等装置腐蚀穿孔、密封圈老化、失效。此外，若作业人员对井口装置维护保养不当、误操作等也会造成井口装置泄漏。

2.2 井口装置泄漏事故树建立

海上稠油热采井口装置发生泄漏的影响因素较多，依据实际情况及研究成果，采用鱼骨图来进行海上稠油热采井口装置泄漏的影响因素辨识，包括装置质量缺陷、装置安装不当、人员操作不当、对设备维护不当、材料老化以及介质腐蚀等工艺因素，如图 4 所示。

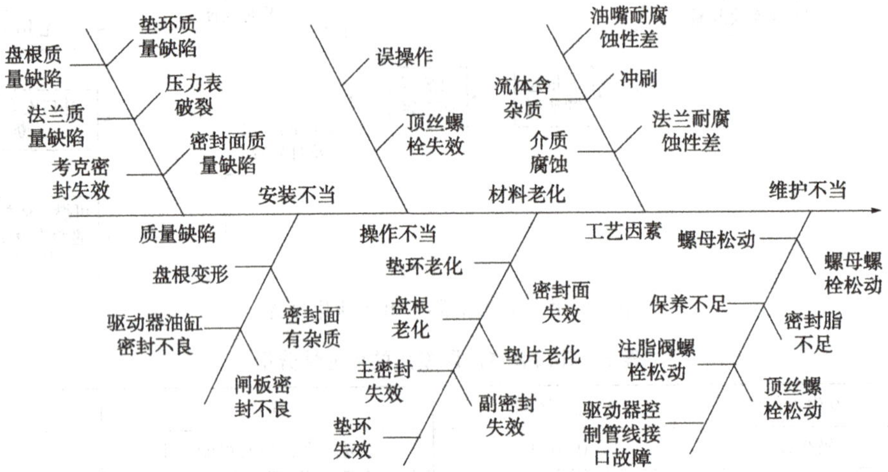

图 4　井口装置泄漏影响因素辨识

以井口装置泄漏为顶上事件，以图 4 中辨识的影响因素为基本事件，构建井口装置泄漏事故树如图 5 所示，井口装置泄漏中间事件、基本事件如表 9 所示。

表 9　井口装置泄漏中间事件及基本事件

符号	事件描述	符号	事件描述	符号	事件描述
T	井口装置泄漏	M19	密封垫损坏	X14	法兰耐腐蚀性差
M1	阀门泄漏	M20	盘根失效	X15	法兰质量缺陷
M2	连接处泄漏	M21	密封失效	X16	密封面有杂质
M3	设备故障泄漏	M22	密封面损坏	X17	垫片老化
M4	闸阀外漏	M23	密封面不密合	X18	顶丝螺栓松动
M5	注脂单流阀泄漏	M24	油嘴腐蚀	X19	顶丝螺栓失效
M6	法兰连接处泄漏	X1	垫环质量缺陷	X20	主密封失效
M7	油管头连接处泄漏	X2	垫环老化	X21	副密封失效
M8	仪表泄漏	X3	螺母松动	X22	垫环失效
M9	油嘴处泄漏	X4	密封面失效	X23	压力表破裂
M10	阀盖与阀体处泄漏	X5	阀门螺栓松动	X24	考克密封失效
M11	阀杆盘根密封不良	X6	介质腐蚀	X25	密封面质量缺陷
M12	法兰腐蚀	X7	盘根质量缺陷	X26	流体含杂质
M13	密封不严	X8	盘根变形	X27	驱动器油缸密封不良
M14	油管头顶丝泄漏	X9	盘根老化	X28	驱动器控制管线接口故障
M15	油管挂连接处泄漏	X10	密封脂不足	X29	闸板密封不良
M16	阀门内漏	X11	保养不足	X30	冲刷
M17	安全阀内漏	X12	注脂阀螺栓松动	X31	油嘴耐腐蚀性差
M18	油嘴失效	X13	误操作		

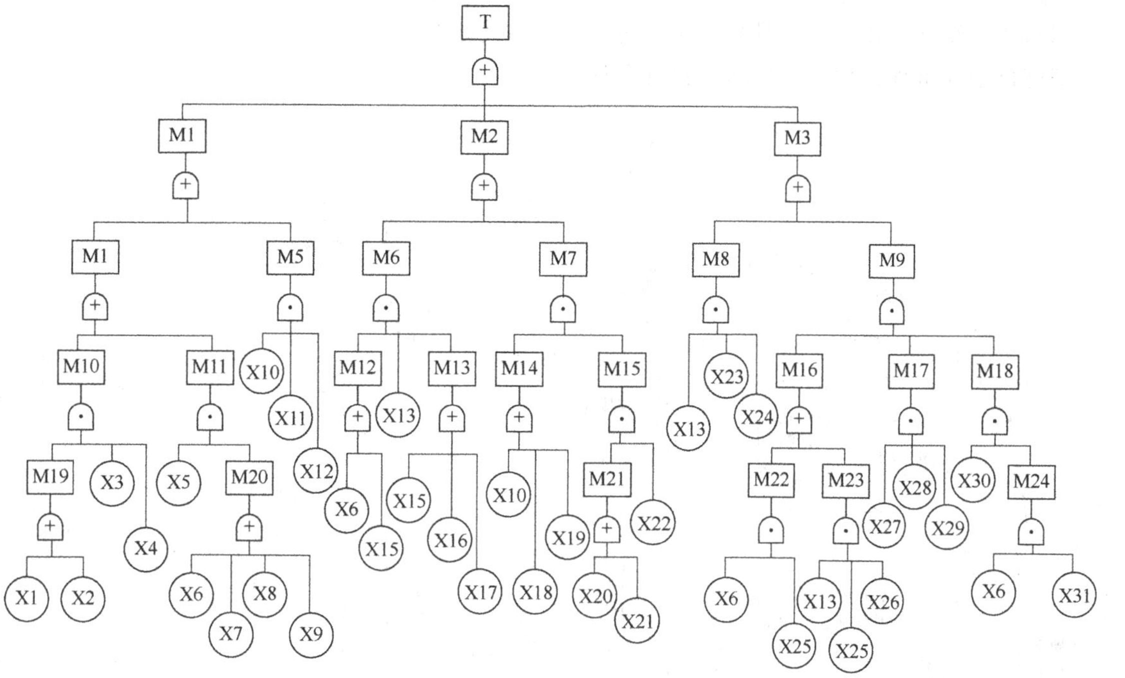

图 5　井口装置泄漏事故树

2.3 构造贝叶斯网络

事故树基本事件失效概率采取专家打分和三角模糊数理论获得，通过模糊理论综合处理 5 位专家评判意见，得到基本事件的先验概率如表 10 所示。

表 10　基本事件代号及先验概率

事件名称及代号	先验概率	事件名称及代号	先验概率	事件名称及代号	先验概率
垫环质量缺陷 X1	0.225	注脂阀螺栓松动 X12	0.443	垫环失效 X22	0.225
垫环老化 X2	0.225	误操作 X13	0.557	压力表破裂 X23	0.225
螺母松动 X3	0.443	法兰耐腐蚀性差 X14	0.443	考克密封失效 X24	0.225
密封面失效 X4	0.25	法兰质量缺陷 X15	0.25	密封面质量缺陷 X25	0.225
阀门螺栓松动 X5	0.443	密封面有杂质 X16	0.357	流体含杂质 X26	0.75
介质腐蚀 X6	0.75	垫片老化 X17	0.096	驱动器油缸密封不良 X27	0.225
盘根质量缺陷 X7	0.386	顶丝螺栓松动 X18	0.225	驱动器控制管线接口故障 X28	0.225
盘根变形 X8	0.357	顶丝螺栓失效 X19	0.2	闸板密封不良 X29	0.225
盘根老化 X9	0.225	主密封失效 X20	0.225	冲刷 X30	0.75
密封脂不足 X10	0.225	副密封失效 X21	0.443	油嘴耐腐蚀性差 X31	0.443
保养不足 X11	0.443				

根据事故树到 BN 的转换算法[12]，将图 5 所示的井口装置泄漏事故树转化成 BN，事故树顶事件和基本事件被转化成相对应的根节点和叶节点，见图 6。

2.4 风险预警

将表 10 中基本事件先验概率代入图 6 井口装置泄漏贝叶斯网络模型中，经 GeNie 软件运算得到井口装置泄漏概率为 0.64，说明该井口装置泄漏可能性较高，需要采取措施降低井口泄漏风险，保障井口装置安全稳定运行。

应用 GeNie 软件对井口装置泄漏贝叶斯网络预警模型进行逆向推理，相应节点的后验概率及风险评价指数见表 11，可以找出井口装置泄漏的关键因素。

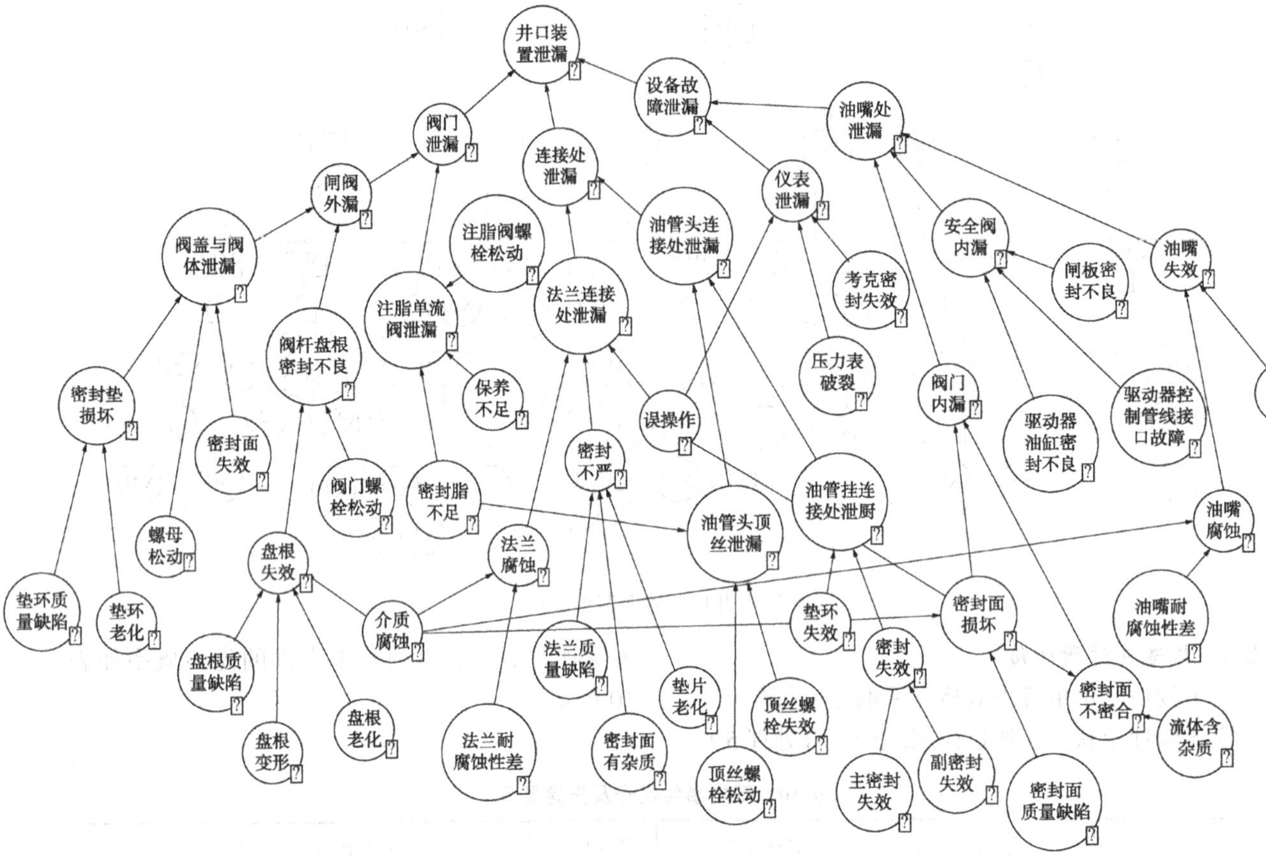

图 6　井口装置泄漏贝叶斯网络

表 11　节点后验概率及评价指数统计表

节点代号	节点名称	概率预测	概率等级	严重度等级	风险评价指数
X1	垫环质量缺陷	0.23	Ⅲ	Ⅱ	6
X2	垫环老化	0.23	Ⅲ	Ⅱ	6
X3	螺母松动	0.44	Ⅳ	Ⅲ	14
X4	密封面失效	0.25	Ⅲ	Ⅱ	6
X5	阀门螺栓松动	0.44	Ⅳ	Ⅲ	14
X6	介质腐蚀	0.75	Ⅴ	Ⅰ	12
X7	盘根质量缺陷	0.39	Ⅳ	Ⅱ	10
X8	盘根变形	0.36	Ⅳ	Ⅰ	8
X9	盘根老化	0.23	Ⅲ	Ⅱ	6
X10	密封脂不足	0.22	Ⅲ	Ⅲ	11
X11	保养不足	0.44	Ⅳ	Ⅱ	10
X12	注脂阀螺栓松动	0.44	Ⅳ	Ⅱ	10
X13	误操作	0.56	Ⅳ	Ⅱ	10
X14	法兰耐腐蚀性差	0.44	Ⅳ	Ⅰ	8
X15	法兰质量缺陷	0.25	Ⅲ	Ⅱ	6
X16	密封面有杂质	0.36	Ⅳ	Ⅰ	8

续表

节点代号	节点名称	概率预测	概率等级	严重度等级	风险评价指数
X17	垫片老化	0.1	Ⅲ	Ⅰ	4
X18	顶丝螺栓松动	0.23	Ⅲ	Ⅱ	6
X19	顶丝螺栓失效	0.2	Ⅲ	Ⅱ	6
X20	主密封失效	0.23	Ⅲ	Ⅱ	6
X21	副密封失效	0.44	Ⅳ	Ⅱ	10
X22	垫环失效	0.23	Ⅲ	Ⅱ	6
X23	压力表破裂	0.22	Ⅲ	Ⅲ	11
X24	考克密封失效	0.22	Ⅲ	Ⅱ	6
X25	密封面质量缺陷	0.23	Ⅲ	Ⅰ	4
X26	流体含杂质	0.75	Ⅴ	Ⅰ	12
X27	驱动器油缸密封不良	0.23	Ⅲ	Ⅱ	6
X28	驱动器控制管线接口故障	0.23	Ⅲ	Ⅱ	6
X29	闸板密封不良	0.23	Ⅲ	Ⅱ	6
X30	冲刷	0.75	Ⅴ	Ⅱ	15
X31	油嘴耐腐蚀性差	0.44	Ⅳ	Ⅰ	8

通过表 11 可知，风险评价指数在 10~17 之间的有：X7、X3，X5，X10、X11、X12、X13、X26，X21、X23、X26、X30，风险等级为三级，是企业不希望存在的风险，因此要采取措施及时干预，降低相应节点事件风险等级。风险评价指数在 6~9 之间的有：X1、X2、X4、X29，风险等级为二级，为有条件接受的风险，企业应按照风险指数大小顺序进行重点防范。风险评价指数在 1~5 之间的有：X17、X25，为一级风险，虽然是完全可以接受的风险，但也应予以关注，在风险等级发生变化时，应进行干预。通过贝叶斯网络的概率推算及风险等级划分及结果分析，可以看出该井口装置泄漏并没有四级风险的事故，反而后果小发生概率较高的失效节点 X30(冲刷)成为井口装置风险最高的部分，需要做好防范。

3 结论

依据井口装置泄漏影响因素，基于贝叶斯网络建立了井口装置泄漏风险预警模型，通过将该预警模型在稠油热采井口装置上进行应用，得出如下结论：

(1) 在建立风险预警模型过程中，全面、准确辨识井口装置泄漏影响因素，建立符合现场实际情况的风险分级矩阵，能够使预警更准确。

(2) 可以依据建立的贝叶斯网络预警模型对井口泄漏风险进行预警，且预警结果符合现场实际情况。

(3) 通过贝叶斯网络逆向推理功能，能够查找导致井口泄漏的重要影响因素，从而进行提前干预，做到风险管控“关口前移”。

参 考 文 献

[1] 谭智勇．渤海海洋平台采油树平板阀阀杆密封性能研究[D]．四川：西南石油大学，2016.

[2] 胡晓明，张佃臣，罗莹．海上稠油热采平台注蒸汽管道热补偿设计[J]．化学工程与装备，2020，(03)：150-151.

[3] 董卫．注蒸汽稠油热采井井筒管柱安全分析研究[D]．山东：中国石油大学(华东)，2018.

[4] 马长亮，付建民，张明，等．稠油热采井口套管伸缩补偿装置[J]．中国石油和化工标准与质量，2017，37(11)：113-114.

[5] 寇秀玲，万志敏，李海军，等．浅析稠油井井口密封装置渗漏原因及对策[J]．新疆石油科技，2014，24(2)：42-43.

[6] 陈浩，梁爱武，李悦钦，等．井口装置的失效分析[J]．天然气工业，2004，24(7)：65-67.

[7] 茹贤林．采气井口装置的故障树分析[J]．设备管理与维修，2019，(03)：59-60.

[8] 马亮，雷月鑫，陆海宁．基于页岩气井口装置泄漏风险分析及安全防护探究[J]．中国设备工程，2020(05)：136-137.

[9] 王文和，补艳，蔡治勇，等．页岩气开采过程风险

因素分析及其安全对策[J]. 安全与环境工程，2016，23(01)：133-139.

[10] 王烨炜，杨昭勇，陈增辉，等. 苏里格气田井口采气树常见故障原因分析及对策[J]. 石油和化工设备，2014，17(7)：87-88.

[11] 补艳. 页岩气井口装置泄漏风险及安全防护研究[D]. 重庆：重庆科技学院，2017.

[12] BOBBIO A，PORTINALE L，MINICHINO M，et al. Improving the analysis of dependable systems by mapping fault trees into Bayesian network [J]. Reliability Engineering & System Safety，2001，71(3)：249-260.

[13] 张攀科，罗帆. 水上机场航道冲突风险机制的FTA-B N建模[J]. 中国安全科学学报，2018，28(9)：177-182.

[14] 刘健，朱元坤，秦浩智，等. 基于贝叶斯网络水下采油树系统泄漏风险分析[J]. 润滑与密封，2018，43(01)：109-114，129.

深层煤层气井控安全动平衡压井方法研究与实践

薛　攀　马　召　郝晟烨　杨彦飞

（中石油煤层气有限责任公司临汾采气管理区）

摘　要　鄂尔多斯盆地东缘大宁-吉县区块深层煤层气井排采后期，地层压力系数普遍小于1，地层亏空严重。采用循环法、挤注法、灌注法等常规压井方法时，用液量大、对储层伤害性高，且存在一压即漏，漏完即喷的问题，常规压井方法已经不适应深层煤层气现场实施。基于区块深层煤层气井特点，以及安全控制井筒压力的思想，提出了“析、注、算、灌、测、观”六步动平衡压井法，通过在油管和套管中定量注水压井，持续灌液维持液柱高度，稳定井底压力，建立安全压力窗口，保障施工安全进行。在大宁-吉县区块不同地层条件、不同井型中进行的46次动平衡压井全部顺利实施，大大提高了井下作业的效率。研究结果表明，六步动平衡压井法有效降低用液量，降低压井对储层伤害，同时保证了施工效率与施工安全。

关键词　鄂尔多斯东缘；深层煤层气；地层亏空；动平衡；压井

我国陆地深层煤层气资源储量丰富，据估算，埋深在1000m以深的煤层气资源量达到$22.45\times10^{12}m^3$，约占煤层气总资源量的61%，具有丰富的发展前景。

大宁-吉县区块位于鄂尔多斯盆地东南缘晋西挠褶带南段，主要开采山西组5#煤层和太原组8#煤层，煤层埋深垂深1500~3500m，属于深层煤层气。前期采用速度管柱，借助地层自喷与气举等方式快速降低井底压力，形成井底生产压差，保持稳定生产。生产后期地层能量亏空，地层产水量快速下降，逐步替换采用长冲程、低冲次的三抽设备采气工艺为主，配合射流泵等生产工艺，保持连续稳定生产。

在更换生产方式，替换井下设备，以及修井等的井下作业过程中需要对原井进行压井，以形成压力安全窗口，保障施工过程的安全。但由于该区块深层煤层气井单井生产周期长、产气量大、地层亏空严重、易漏易喷，且曾采取注酸除垢、解堵工艺疏通地层通道，井筒内会产生并残留硫化氢气体，经长时间生产，油管结垢严重，油管和环空流动通道受阻，井下条件复杂。

常规循环压井法由于地层亏空，漏失严重，难以建立循环，需搭配暂堵工艺，采用先堵后压的方法进行压井。但因地层为缝洞相连，暂堵过程需要花费大量的时间和物料，同时在堵漏过程中也会漏失大量的压井液，造成地层污染，因此不适应深层煤层气压井工艺，典型井W1井身结构示意图（见图1），典型井W1生产曲线见图2。

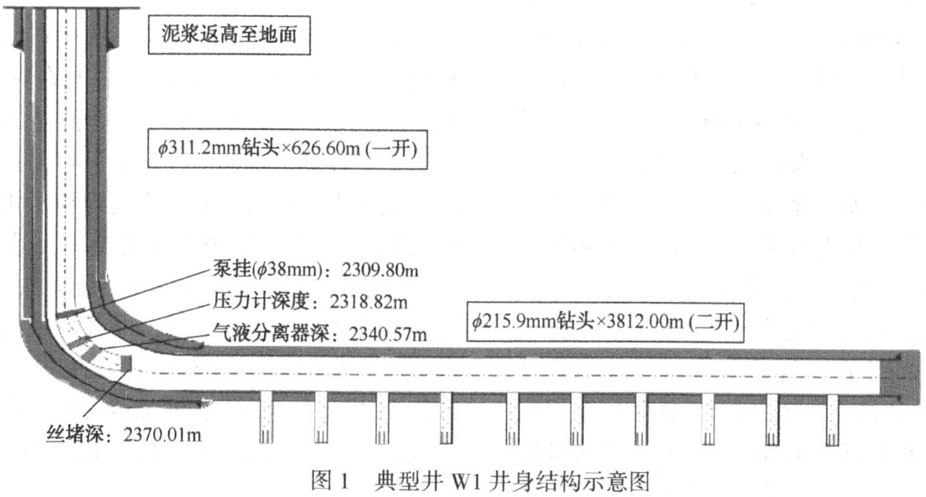

图1　典型井W1井身结构示意图

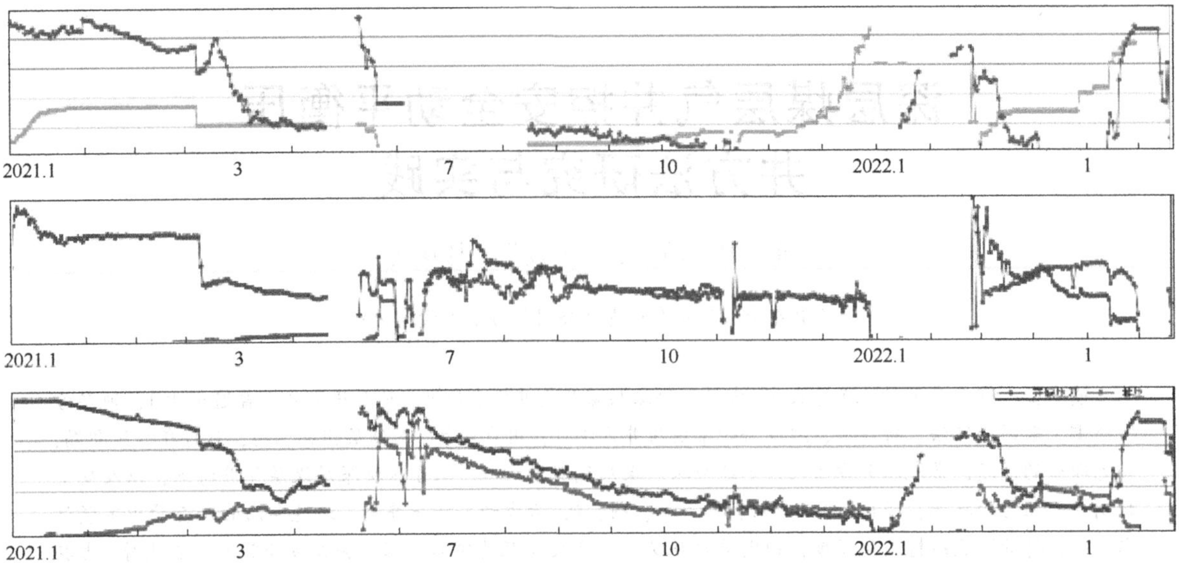

图 2　典型井 W1 生产曲线

在对以往常规压井技术进行适应性分析的基础上，本文以大宁-吉县区块深层煤层气井为例，提出了动平衡 6 步法压井方法。此方法在测验地层压力的基础上，对压井漏失速率进行测算，在施工过程中实时向井筒内动态灌注压井液，使得井筒内的液柱高度维持在气体解析液面以上，在保证井底压力动态平衡的基础上，达到不喷不漏或者少漏，完成井下作业施工，满足现场施工需求。此方法已经在大宁-吉县区块深层煤层气井修井过程中进行了推广应用，取得了良好的现场应用效果，为深层煤层气连续稳产提供了有力支持。

1　传统方法应用分析

W1 井于 2020 年 12 月 23 日投产，初期采用柱塞气举的方式进行生产，投产 60 天后上产至 1000~2000m^3/d；截至目前，日产水 5~8m^3/d，日产气 10000~15000m^3/d。该井发现产液减少，功图显示游动凡尔或柱塞异常。开机生产后，产液不稳定，日产气量下降 4000m^3 左右，无法满足稳定生产，依据设计要求进行修井作业。

依据设计进行常规循环压井作业，开井泄压后进行 17 次灌水压井作业，累计灌液 467m^3，累计返液 15m^3，耗时长，用水量大，对储层后续生产影响大，对后期气井生产不利。

由于长时间生产，气井井底属于欠平衡状态，且单井产量较大，压井过程中存在气侵情况，无法建立循环或者循环效果欠佳，导致地层漏失，因会损耗大量的压井液，若采用先堵后压的方法，由于地层为缝洞相连，需要花费大量的时间和物料才能堵住地层，同时在堵漏过程中也会漏失大量的压井液，这样不仅会损耗更多的压井液，造成地层污染，而且增加了施工作业成本，因此常规循环压井方法并不适用于深层煤层气井。压井轮次与累计流量关系如图 3 所示。

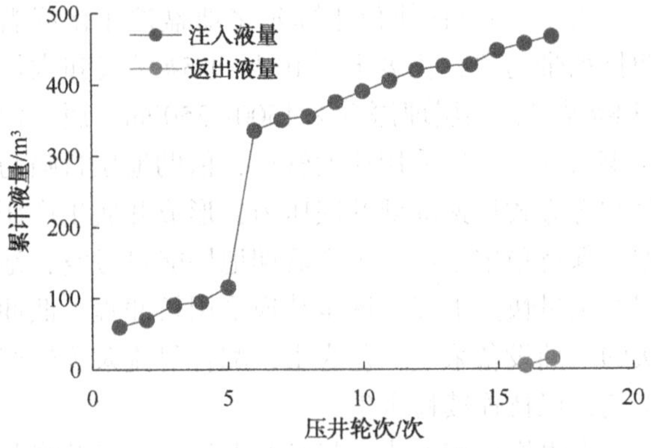

图 3　压井轮次与累计流量关系

常规挤注法压井是根据井筒生产状态，配置较高密度的压井液，且数量一般在井筒容积的 1.5 倍，使用泵车将高密度压井液挤入地层。因地层产量较高、地层亏空较大，容易造成压井液的大量漏失，同时将井筒内的煤粉、水垢等杂质挤入地层，将杂质“镶”入裂缝里，造成近井地带地层裂缝堵塞，导致井的产能无法及时恢复，影响后期生产效果；同时，挤注完成后，受地层中气多水少的原因，挤注的高密度压井液在短时间内向周边地层消散，井筒内液柱高度稳定时间不长，就出现“挤注难、漏失快、稳压短”的情况，无法满足井下作业施工作业需求。

常规灌注法压井是往井筒内灌注一段压井液，用井筒液柱压力平衡地层压力的压井方法。此方法多用在井底压力不高、作业施工简单、作业时间短的井。其特点是压井液与油层不直接接触，基本排除了油层受损害的可能性。这种压井方法设备简单，操作方便，施工井恢复正常生产快。但对于深层煤层气井，生产套压普遍较高，且产量较大，停产后放压时间较长，灌注困难，同时会出现气侵现象，严重影响压井质量。灌注法压井耗时长、耗液量大，压井效率不高、效果不好，且实用性不强，不满足现场施工需求。

在已有认识的基础上，以灌液法为基础提出动平衡压井技术，主要是保持井底压力相对稳定，经过对该井前期生产情况的了解分析，同时施工前测算井筒最大漏失量，在施工过程中实时向井筒内动态灌注压井液，使得井筒内的液柱高度维持在气体解析液面以上，在保证井底压力动态平衡的基础上，达到不喷不漏或者少漏，完成井下作业施工，满足现场施工需求。

2　动平衡压井原理

（1）深层煤层气压井适应性分析

鄂尔多斯盆地东部煤系地层沉积环境主要为河流、三角洲沉积，受沉积和成岩作用控制，煤系地层具有低孔、低渗特征。深部煤层埋深大、地层压力平均 20MPa；含气量平均 25m³/t；含气饱和度平均 96.6%；储层渗透率极低，基质孔隙度在 3.60%~6.11%，平均为 3.65%，基质渗透率在 0.001~0.060mD，平均为 0.016mD，储集物性较差，属于特低孔、特低渗储层；孔隙类型以微孔为主，宏孔次之，介孔欠发育，总体表现出“高压、高含气、特低渗”的特点。

根据试采井的生产情况统计分析，深层煤层气井平均见气压力 19.4MPa；平均见气时间仅 9d，由于游离气占比高，58%的井开井即产气。生产特征可划分为 3 个阶段。初期阶段表现出投产后即产气，产气量达到较高值，初期产液量较高，呈逐步下降趋势，此时气液比随着井底压力的下降缓慢上升，约投产两个月后平均气液比超过 500m³/m³；中期阶段产气从游离气为主过渡为吸附气为主，统计当压裂液返排率达到 30%~50%时，产水量降低至较低值，单井日产液量为 0.08~0.6m³，此时井底压力降低至 6MPa 以下，气液比上升速度加快，从 1000m³/m³ 上升至 10000m³/m³ 以上；后期阶段井底压力和套压较低，几乎不产液，产气量缓慢下降，气液比维持在较高水平。

对于生产中后期井压井过程中，压井液以缓慢向煤层中漏失为主要特征。漏失过程主要分为压井液漏失至压裂裂缝，压井液漏失至天然裂隙，压井液向基质漏失三种模式。其中，由于深层煤层气水平井均采用大规模体积压裂，且采用压裂砂平均规格为 40~70 目，漏失至压裂裂缝速率较快，且漏失容易。天然裂隙微孔隙渗透率低，漏失速率次之，漏失强度较低。基质主要以特低渗孔隙为主，漏失速率低，且相对于普通砂岩基质储层或页岩基质储层，煤层气生产主要以解吸为主，且储层基质亲水，基质吸水后容易降低有效孔隙度，进一步降低渗透率。且基质表面容易形成气水混相区，在毛管力作用下形成不易流动的区域。

因煤储层敏感性，大量适用压井液容易造成基质污染，进而使得后期产量收到破坏。结合深层煤层基质性质，可以通过控制压井过程中的井底压力，以降低压井过程中压井液向地层基质中的漏失速率，进而降低对储层的污染。

（2）动平衡压井可行性分析

动平衡压井法是在地层持续漏失的条件下，保持井底压力恒大于地层压力一个值 Δp_w，且小于套管抗内压强，建立地层—井筒压力平衡，稳定地层中流体不进入井筒的一种压井方法。

根据达西定律，限制地层流体流入井筒需要满足一定压差 Δp_w，此阶段井底压力需达到地层流体能够推回地层的临界压力差，气体推回地层临界压差表示为：

$$\Delta p_w = p_w - p_p \tag{1}$$

式中，Δp_w 为流体推回地层临界压差，MPa；p_w 为井底压力，MPa；p_p 为地层压力，MPa。

气体压回地层临界压差可以表示为：

$$\Delta p_w = \frac{Q\mu \ln(R_e/R_w)}{2\pi Kh} \tag{2}$$

式中，Q 为压井流量，m³/s；μ 为流体黏度，mPa·s；R_e 为井底压力波及半径，m；R_w 为井筒半径，m；K 为地层渗透率，μm²；h 为地层厚度，m。

考虑地层渗透率变化，可得到动平衡压井方

法适用模型为：

$$p_w=\frac{Q\mu\ln(R_e/R_w)}{2\pi hK}+p_p \quad (3)$$

压井成功后，井底压力为：

$$P_w=\rho gH \quad (4)$$

P_w 为井底压力，MPa；ρ 为井筒中液体密度，g/cm^3；g 为重力加速度，N/kg；

可获得压井过程控制液面高度数学模型为：

$$\rho H=\frac{Q\mu\ln(R_e/R_w)}{2\pi hKg}+\frac{p_p}{g} \quad (5)$$

压井过程中，井底压力波及主要范围为压裂大尺度裂缝，长期生产前后 R_e 变化范围忽略不计。进入煤层解析生产阶段，长期生产后，地层压力降低，煤岩基质收缩，主裂缝张开，压井波及范围内渗透率 K 增大。因此在投产初期获得压井所需最大的井底压力，即获得最大$(\rho H)_{max}$。

在长期生产后，压井液同样满足(5)式，此时可获得长期生产后压井液的参数值$(\rho H)_n$：

$$(\rho H)_n=\frac{Q\mu\ln(R_{en}/R_w)}{2\pi hgK_n}+\frac{p_{pn}}{g} \quad (6)$$

由于波及范围以及渗透率变化幅度较小，暂时忽略其对后续造成影响，获得压井后近似的压井液累计漏失量：

$$(\rho H)_{max}-(\rho H)_n=\frac{p_{po}}{g}-\frac{p_{pn}}{g} \quad (7)$$

动平衡压井第一次压井以$(\rho H)_{max}$为最小压井液泵注参数进行泵注，通过测算第一次见气时间以及计算得累计漏失量计算在压井过程中的压井液漏失速率，进而调整压井过程的综合压井液量，最后通过测算压力安全窗口获得压井所需准确液量，进而压井。

3　动平衡压井工艺

动平衡压井法结合深层煤层气井的生产特点，通过分析测算出井筒内需要液柱高度，动态灌注压井液至井筒内，在地面上使用设备定期测试液柱高度，通过观察套压变化，检测井口气体，记录井口从有压有气到无压有气，再到无压无气的变化时，注入的压井液的方量，保持井筒内的液柱高度维持在气体解析液面以上实施。在施工过程中，实时动态灌注，保持在井口无压无气，井筒液柱高度相对稳定。即动平衡压井法就是通过“理、析、注、算、灌、测、观、备”八步法，保持井底压力处于动态平衡状态，平稳安全的完成各项施工作业。

3.1　理清单井特性

深层煤层气井非均质性较强，对于单井压井过程，首先以地质资料以及生产资料判定地层条件，分析地层岩性特征，裂缝渗透性特征，理清压井过程中井筒液体与地层流体、气体的渗流关系，判定施工井是否可采用动平衡压井方法压井。

3.2　计算安全液面

以投产初期资料为基础，查阅井史资料，分析生产井未见气、即将见气、见气初期 3 个生产阶段对应的动液面位置和井底压力数据，以即将见气动液面临界点为基准，结合见气初期产气量，排除液柱内气侵影响，获得投产初期需要的泵注压井参数$(\rho H)_{max}$。

3.3　第一次试注压井液

在配备适当低密度的压井液，地面采用放压后灌注或者泵车加单流阀的灌注方式或者关井挤注的方式，将部分清水或者低密度压井液，注入到井筒里，控制压井液 ρH 不低于投产初期计算获得值$(\rho H)_{max}$。

3.4　计算压力安全窗口

泵注时记录井口从有压有气到无压有气，再到无压无气的变化用时，通过计算漏失速率优化第二次压井用压井液量，进而注入适当的压井液，同时关井观察，测算压力安全窗口时间不少于起出原井管柱时间。若观察期内井口出现提起溢流情况，需增加注入量后，再次关井观察，多次注入及观察步骤直至观察期内无溢流。

3.5　动平衡压井

根据管理要求，合理控制管柱上提速度，计算出井筒内因管柱上提液柱损失速率，结合最大漏失速率，综合推算出安全灌液速率。在施工时，实时向井筒内灌注压井液，灌注速率不小于安全灌液速率。

3.6　测试液面高度

在起原井管柱前、作业过程中，在坐封油管挂后，可采用动液面检测设备，随时测试井筒内动液面。动液面在安全液面之外，需要提升实施灌液速率；动液面在安全液面之内，就保持这样的作业速度即可。

3.7　观测井口气体

在作业过程中，井口属于敞口状态，需实时观察监测井口可燃气体，若井口有可燃气体溢出或者在阳光下观察井口影子，出现“炊烟袅袅”感觉，就需要提升实施灌液速率或者降低施工速率，实时观察井口直至井口无气状态。

3.8 现场应急准备

施工前摸排现场井控设备、井控物资满足井控要求，按时开展井控装备现场安装、试压和维护保养，组织队伍开展井控应急演练，现场人员素质满足井控管理要求，建立完善管理区井控应急协同机制，确保施工现场井控管理工作分工明确、界面清晰，管理到位、不留死角，措施得当、井控可控，科学查验、安全施工。

由于DJ区块深层煤层气井的产气量大，受现场条件、储存运输及井底压力的限制，油基型压井液和泡沫压井液无法满足需求，目前区块内压井液主要以水基型压井液为主。若使用氯化钙、泥浆、重晶石等高密度材料混配压井液，存在料场库存少、运输难度大、现场配置困难等施工问题，结合气井生产特点，高密度压井液会出现漏失大、气侵快，同时成本高、对地层污染严重，因此，通常选用氯化钠或者氯化钾混配压井液，具有气侵小，成本低、污染小、油田易取得的优点。

根据《Q/SY 02553—2018井下作业井控技术规范》和公司井控要求，煤层气井压井液密度附加值0.02~0.15g/cm^3。综合考虑井深、地层压力、漏失情况、地层流体中有毒有害气体的含量、井控装置配套情况，含硫化油气井压井液当量密度附加值或压力附加值宜取上限。考虑到地层压力在开采过程中逐步降低，深层煤层气井漏失量大，同时施工现场配备的防喷器满足施工需求，通常在地层压力系数的基础上附加0.02~0.15g/cm^3。为降低压井液对煤层的损害，优先使用清水压井液。

4 动平衡压井法的应用

DJ区块2023年采用动平衡压井方法实施压井作业共计46井次，其中有日均产量高达$10\times10^4\sim12\times10^4$ m^{3}的高产井和套压维持在近10~15MPa的高套压井，也有无压有气稳定生产的低沉没度井，均在保持井底压力动态平衡的状态下，高效的完成了井下作业施工，未出现井控安全风险，达到快速平稳恢复生产产能的目的，实现“低成本、高效率、无污染、周期短、恢复快”生产管理要求。举例说明：

W2井为工区内典型直井，射孔8#煤层进行开采，稳产2年后出现不产液情况，依据井口油套压力情况，决定开展检泵作业。作业前经查阅投产及生产过程资料，分析出解析液面位置，结合当时产气量，排除液柱内气侵影响，综合计算出安全液面为1918m；油管依次挤注清水4m^3、6m^3、12m^3，油压逐步降至0MPa，坐岗观察12h出口无气体显示。经过测算，下步工序作业时间6h，观察时间满足施工需求。最大漏失速率为2m^3/h，起下管柱速度一般为10m/min，结合油管尺寸，油管上提液柱损失速率为0.7m^3/h，安全灌液速率为2.7m^3/h。施工过程中，井筒内动液面基本稳定，井口无气体显示，施工总用液量约48m^3，平稳完成检泵作业。

W3井为工区内典型定向井，射孔5#煤层进行开采，投产1年后日产量迅速掉落1.5×10^4 m^3·决定开展更换射流泵作业。作业前经查阅投产及生产过程资料，分析出解析液面位置，结合当时产气量，排除液柱内气侵影响，综合计算出安全液面为2358m。油管分次挤注清水5.2m^3、2.4m^3、1.2m^3，油压逐步降至0MPa，坐岗观察10h出口无气体显示。经过测算，下步工序作业时间6h，观察时间满足施工需求，最大漏失速率0.88m^3/h，起下管柱速度一般为10m/min，结合油管尺寸，油管上提液柱损失速率0.7m^3/h，安全灌液速率=最大漏失速率+油管上提液柱损失速率1.58m^3/h。施工过程中，井筒内动液面基本稳定，井口无气体显示，施工总用液量约32m^3，平稳完成更换射流泵作业。

W4井为工区内典型深层煤层气水平井，投产1年后发现井口不产液，无压、井口“炊烟袅袅”气体，决定开展检泵作业。作业前经查阅投产及生产过程资料，分析出解析液面位置，结合当时产气量，排除液柱内气侵影响，综合计算出安全液面为1483m；油管挤注清水1.5m^{3}后无气，坐岗观察6h出口无气体显示。经过测算，下步工序作业时间6h，观察时间满足施工需求，最大漏失速率0.25m^3/h，起下管柱速度一般为10m/min，结合油管尺寸，油管上提液柱损失速率0.7m^3/h，安全灌液速率0.95m^3/h。施工过程中，井筒内动液面基本稳定，井口无气体显示，施工总用液量约12m^3，平稳完成检泵作业。

“八步法”动平衡压井方法实施情况表见表1。

表1　“八步法”动平衡压井方法实施情况表

井号	安全液面/m	泵注量/m^3	最大漏失速率/(m^3/h)	灌注速率/(m^3/h)	复测液面/m	井口气体	入井液性	总体泵入/m^3
W2	1918	22	2.7	2.7	1725	无	清水	48
W3	2358	8.8	1.58	1.58	2098	无	清水	32
W4	1483	1.5	0.95	0.95	1468	无	清水	12

5　结论

（1）鄂尔多斯盆地大宁－吉县区块深层煤层气井特殊的地质条件和长期排采导致地层能量亏空，常规压井方式难以有效形成循环，且对敏感储层伤害性较大，不适用于煤层气井井下作业施工。

（2）深层煤层气井井下作业中，地层能量衰竭，经46井次的压井施工试验证明，对储层伤害性小的清水压井液能够满足压井液密度配置要求，经清水压井液压井后，能满足井下作业施工压力安全窗口要求。

（3）以安全控制井筒压力的思想提出一种适用于深层煤层气压井作业的六步动平衡压井方法，该方法包括计算安全液面、第一次试注压井液、计算压力安全窗口、动平衡压井、测试液面高度、观测井口气体。

（4）综合考虑地层压力以及井筒静液柱压力，给出了八步动平衡压井法压井过程中最小静液柱高度的计算方法。

（5）经过现场46次施工实践，八步动平衡压井方法能有效建立安全压力窗口，保障施工安全，且有效减少了压井液的漏失，防止储层污染。且能快速平稳恢复生产产能，实现“低成本、高效率、无污染、周期短、恢复快”生产管理要求。

参 考 文 献

[1] 徐凤银，肖芝华，陈东，等．我国煤层气开发技术现状与发展方向[J]．煤炭科学技术，2019，47(10)：205-15.

[2] 孙钦平，赵群，姜馨淳，等．新形势下中国煤层气勘探开发前景与对策思考[J]．煤炭学报，2021，46(01)：65-76.

[3] 徐凤银，闫霞，林振盘，等．我国煤层气高效开发关键技术研究进展与发展方向[J]．煤田地质与勘探，2022，50(03)：1-14.

[4] 黄中伟，李国富，杨睿月，等．我国煤层气开发技术现状与发展趋势[J]．煤炭学报，2022，47(09)：3212-38.

[5] 包赟添．可控不压井作业技术的应用研究[J]．化工管理，2017，(24)：114.

[6] 郑雅各．低压区块修井作业压井与否选择探究[J]．化工管理，2016，(12)：52.

[7] 朱传云，王兴忠，孔祥伟．油气井压井方法选择[J]．西部探矿工程，2023，35(03)：20-3.

[8] 范伟东．塔河油田高压气井压井技术探讨[J]．化学工程与装备，2014，(11)：140-1.

[9] 袁波，汪绪刚，李荣，等．高压气井压井方法的优选[J]．断块油气田，2008，15(1)：108-110.

[10] 陈晓华，刘学子．液面监测技术在塔河油田TK916井修井中的应用[J]．内蒙古石油化工，2012(20).

[11] 李黔，杨先伦，伍贤柱，等．压井过程中井底压力的控制方法[J]．天然气工业，2013，33(9)：87-90.

[12] 李颖涛．延安气田新型压井液技术研究与应用[J]．中国石油和化工标准与质量，2023，43(07)：178-80.

[13] 刘和兴，柳亚亚，马传华，等．深水水平井气侵井控临界压井排量研究[J]．中国海上油气，2023，35(02)：138-45.

[14] 张志恺．可控不压井作业技术研究与应用[J]．化工管理，2013，(20)：138.

[15] 党文辉，石建刚，孔祥伟，等．平推压井法排量优化新模型及泵压分析[J]．钻采工艺，2023，46(04)：33-37.

[16] 张杰，杜肖潇，李鑫，等．复合式置换法压井参数计算研究[J]．科学技术与工程，2022，22(04)：1399-407.

[17] 滕学清，孙宝江，张耀明，等．无安全压力窗口裂缝性地层五步压回法压井方法[J]．石油钻探技术，2018，46(06)：20-25.

“事故-安全”平衡模型在迪那2凝析气田的应用

李海涛　惠延安　罗敬丰　牛绍茳　苑仁鑫

（中国石油塔里木油田公司迪那采油气油气管理区）

摘　要　迪那2凝析气田是西气东输工程的第二大气田，气藏原始地层压力高、产量大，为安全平稳高效的开发好该气田，安全管理就显得尤为重要。本文引入“事故-安全”平衡模型安全评估分析法，通过对此平衡模型应用研究，证明该平衡模型可用于迪那2凝析气田开发的现场安全管理。

关键词　事故；安全；平衡模型；应用

迪那2凝析气田位于新疆塔里木盆地北缘的库车县和轮台县境内，气藏原始地层压力106MPa、地层温度为136℃，气田设计规模为年产气数十亿m^3、年产油几十万t，生产井三十多口，于2009年投入开发。目前该凝析气田还有日产几百万方的天然气和几百吨的凝析油，气田生产井的高压天然气在井口节流至12MPa后，进入计量汇管或生产汇管，经集气站轮换计量后进入集气干线。从开发初期开始，塔里木油田就非常重视气田开发的安全管理，从计划、组织、指挥、协调、控制等管理机能，控制来自自然界的、机械的、物质的不安全因素及人的不安全行为，但还是避免不了一些伤亡事故的发生，所以做好气田安全开发一直是气田管理者追求的目标。孟娜等曾研究过安全管理力学分析方法（SMMA），但只是理论层面的研究；王文先[2]也研究了对人的不安全行为分级及控制，但事故事件仍然发生。几年前，李海丽等研究了系统安全与事故之间的转化过程与关系，分析影响安全的各种因素，并构建了安全管理“事故-安全”平衡模型。笔者通过对李海丽等所研究“事故-安全”平衡模型的分析、优化完善及应用，以期为现场安全管理提供一种新的分析方法，同时也为其他采油气管理区事故事件的预防提供一定的参考。

1　“事故-安全”平衡模型

“事故-安全”平衡模型是近几年提出的一种新的安全管理方法，主要是将力学概念引入安全管理中，从而实现系统安全状态与事故之间的转化过程与关系的评估分析。参考文件[4]中，李海丽等在研究系统安全与事故之间的转化过程与关系时，将影响系统安全的各种因素分类为促进系统安全的因素$F_{人}$、$F_{调控}$和$F_{物}$，造成系统事故的因素（隐患）$f_{人}$、$f_{阻力}$和$f_{物}$，构建了安全管理“事故-安全”平衡模型（见图1）。

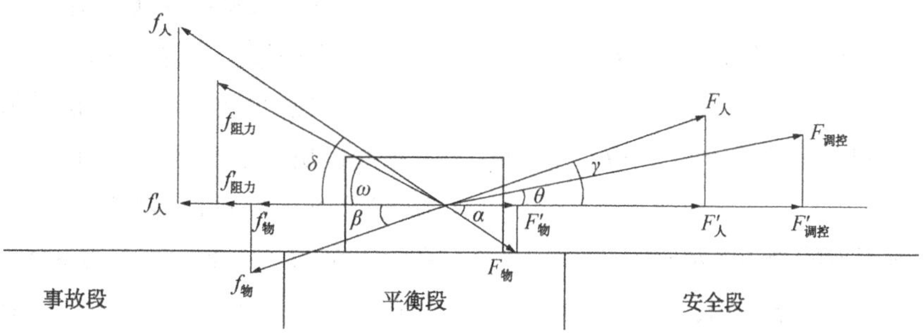

图1　“事故-安全”平衡模型

图1中：α、β、γ、θ、δ、ω分别表示各种安全管理因素力与水平方向的夹角，$F'_{人}$、$F'_{物}$、$F'_{调控}$、$f'_{人}$、$f'_{物}$、$f'_{阻力}$等分别为促进系统安全的因素和造成系统事故的因素在水平轴上的分量。

在生产系统静止时，安全程度最高。生产系统一经启动，各种影响因素就发挥作用，根据力学知识可以求得 $F'_{人}$、$F'_{物}$、$F'_{调控}$、$f'_{人}$、$f'_{物}$、$f'_{阻力}$ 等参数。

促进系统安全因素的合力：$F=F'_{人}+F'_{物}+F'_{调控}$

造成系统事故因素的合力：$f=f'_{人}+f'_{物}+f'_{阻力}$

系统各种影响因素的合力：$R=F-f$

R 大于0时，模块沿着“事故-安全”轨道向右运动，模块可能会处在“安全-事故”的平衡段，表示暂时可能不会造成事故；模块沿着“事故-安全”轨道再向右运动，模块可能会处在“安全-事故”的安全段，表示系统基本不会造成事故；R 小于0时，模块沿着“事故-安全”轨道向左运动，模块会可能处在“安全-事故”的事故段，表示系统极有可能会造成事故。利用该模型分析系统目前的安全状态，从而运用各种知识和措施来实现系统安全。

2 “事故-安全”平衡模型优化完善

李海丽等提出的安全管理“事故-安全”平衡模型只考虑了 $F_{人}$、$F_{调控}$、$F_{物}$、$f_{人}$、$f_{阻力}$ 和 $f_{物}$ 等影响因素，主要考虑了各因素水平方向合力的影响，并未提及垂直方向各因素对安全事件的影响，也没有考虑各影响因素如何量化，各影响因素所涉及要素也不全面；另外事故段、平衡段、安全段的取值范围也没明确，只是一个定性评估分析模型。在实际工作中难以对现场事故事件原因及某系统安全状况进行量化分析，有待进一步优化完善。

2.1 “事故-安全”平衡模型水平数轴刻度

通过实践，本文对“事故-安全”平衡模型进行了优化和完善，将影响系统安全的各因素设置为促进系统安全的因素 $F_{人}$、$F_{物}$、$F_{环境}$、和 $F_{管理}$，造成系统事故的因素 $f_{人}$、$f_{物}$、$f_{环境}$ 和 $f_{管理}$，将这些因素都设置于水平数轴上，并对水平数轴进行刻度，设数轴原点为数轴中心点。优化完善的“事故-安全”平衡模型见图2，为方便描述，设待评估系统模块重心为 G。

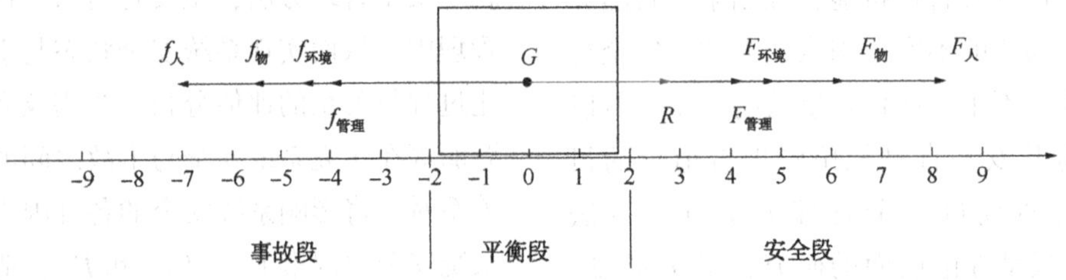

图2 优化完善“事故-安全”平衡模型

同样根据力学知识可求得图2中：简化图2模型

促进系统安全因素的合力：$F=F_{人}+F_{物}+F_{环境}+F_{管理}$

造成系统事故因素的合力：$f=f_{人}+f_{物}+f_{环境}+f_{管理}$

系统各种影响因素的合力：$R=F+f$

为便于分析，根据力学知识，可等效地将促进系统安全因素的合力F、造成系统事故因素的合力f及各影响因素的合力R表示到优化完善“事故-安全”平衡模型的数轴上，就可清楚得出待评估系统模块的安全状态(见图3)。

2.2 “事故-安全”平衡模型各种影响因素所涉及要素及量化赋值原则

2.2.1 平衡模型各种影响因素所涉及要素

为实现“事故-安全”平衡模型量化分析待评估系统模块的安全状态，首先需要完善“事故-安全”平衡模型各种影响因素所涉及要素。影响系统安全的各因素涉及人的身体精神状况、现场作业、培训评估、防护用品、管线或容器等要素很多，需要依据单位自身安全管理相关制度和要求，结合迪那2凝析气田安全管理实际，优选一些关键要素进行量化赋值(见表1)，以实现评估分析结果准确可靠。

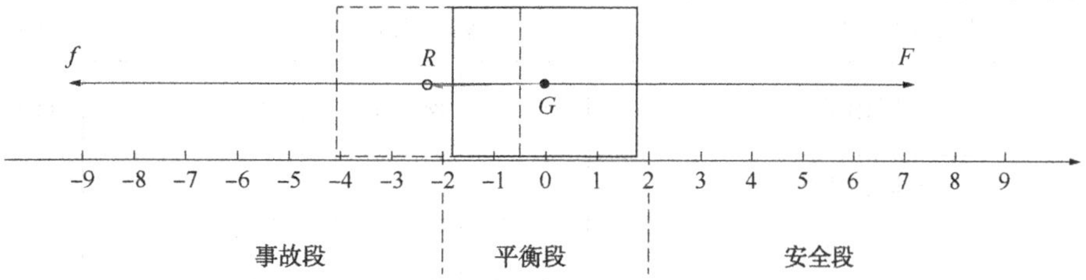

图 3　简化后的“事故-安全”平衡模型

表 1　“事故-安全”平衡模型各影响因素量化赋值及计算模板

安全因素及所涉及要素			各要素评估情况			分值汇总及权重		
促进系统安全的因素	涉及要素		一般	良	优	小计	权重分	权重分合计
F人（权重30%）	1	身体精神状况		2		5	1.5	3.6
	2	人的能力	1					
	3	风险控制						
	4	现场指挥						
	5	现场作业						
	6	培训评估						
	7	监护(监督)	1					
F物（权重30%）	1	设备、设施、工具、附件				3	0.9	
	2	有效支撑、防护						
	3	密封状况	1					
	4	电缆、静电释放、电离辐射等						
	5	振动防护						
	6	防护用品	1					
	7	管线或容器						
	8	安全监测、监控、报警系统						
	9	安全联锁、紧急停车系统	1					
F环境（权重20%）	1	气候及作业环境		2		4	0.8	
	2	固体、液体废物管理						
	3	作业场地空气		2				
	4	作业场所照明						
F管理（权重20%）	1	操作卡/修保卡/巡检卡				2	0.4	
	2	管理制度		2				
	3	方案设计						
	4	对外来施工方告风险告知						

续表

安全因素及所涉及要素			各要素评估情况			分值汇总及权重		
促进系统事故的因素	涉及要素		一般隐患	较大隐患	重大隐患	小计	权重分	权重分合计
f人（权重30%）	1	身体精神状况欠佳				-6	-1.8	-6.0
	2	人的能力不是						
	3	冒险心理		-2				
	4	违章指挥		-2				
	5	违章作业		-2				
	6	培训评估不符合要求						
	7	监护（监督）不到位						
f物（权重30%）	1	设备、设施、工具、附件缺陷			-3	-12	-3.6	
	2	管线阀门支撑、防护缺失或失效		-2				
	3	密封不良（失效）						
	4	电缆破损、无静电释放、无电离辐射保护	-1					
	5	无效振动防护		-2				
	6	防护用品缺失或不合格						
	7	管线或容器渗漏、泄漏、刺漏		-2				
	8	安全监测、监控、报警系统缺失或失效		-2				
	9	安全联锁、紧急停车系统缺失或失效						
f环境（权重20%）	1	恶劣气候或恶劣作业环境				-1	-0.2	
	2	固体、液体废物破坏环境	-1					
	3	作业场地空气不良						
	4	作业场所照明不足						
f管理（权重20%）	1	操作卡/修保卡/巡检卡不适用	-1			-2	0.4	
	2	管理制度缺陷						
	3	方案设计缺陷	-1					
	4	对外来施工方告知不清楚或未告知风险						

2.2.2　各种影响因素所涉及要素量化赋值原则

应用“事故-安全”平衡模型对某系统进行评估分析打分前，首先应根据 $F_{人}$、$F_{物}$、$F_{环境}$、$F_{管理}$ $f_{人}$、$f_{物}$、$f_{环境}$、$f_{管理}$ 等影响因素对系统安全的风险大小，设置各影响系因素的权重值（见表1），再根据促进系统安全各影响因素所涉及要素的评估结果，将评估为“一般”的要素赋值“1”、评估为“良”的要素赋值“2”、评估为“优”的要素赋值“3”；造成系统事故各影响因素（隐患）所涉及要素的评估结果，将评估为“一般隐患”的要素赋值“-1”、评估为“较大隐患”的要素赋值“-2”、评估为“重大隐患”的要素赋值“-3”。表1将自动计算促进系统安全因素的合力 F、造成系统事故因素的合力 f 及系统各影响因素的合力 R，最后根据 R 正负值大小确定待评估系统模块左移还是右移。如表1中，促进系统安

全因素的合力 F 为3.6，造成系统事故因素的合力 f 为-6.0，各影响因素的合力 R 为-2.2，系统模块将由坐标轴原点向左移动2.2个单位，系统处于事故段(图4)，表明该系统处于易发生事故状态。

图4平衡模型中的事故段、平衡段、安全段的取值，笔者则运用优化完善平衡模型对迪那2凝析气田以往年度事件及一次投产成功案例进行评估分析，并运用统计学方法确定平衡模型中事故段、平衡段、安全段的取值范围，即事故段(-∞，2)、安全段〔-2，2〕、平衡段(-2，∞)安全段，当然此取值范围并不是固定不变的，需根据油气田以往安全管理实际、已发生事故事件情况进行分析确定。

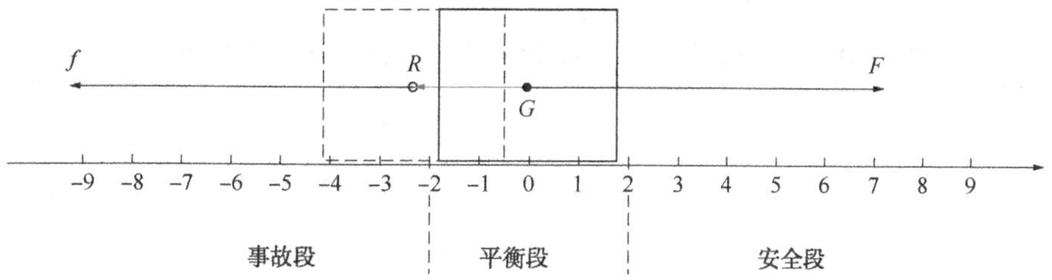

图4　优化完善"事故-安全"平衡模型应用示例

2.3　"事故-安全"平衡模型使用原则

(1) 使用平衡模型进行评估分析前，首先需根据待评估系统特点确定各种影响因素所涉及关键要素，再对各个要素进行评估打分，对不适用项不打分。

(2) 对于已发事故事件，可使用"事故-安全"平衡模型逐项评估分析各影响因素，分析造成事故事件的原因，帮助气田吸取教训，改进安全管理措施，提高安全管理水平。

(3) 对于某生产场所、施工现场及设备设施进行安全状态评估分析时，则实行较大、重大隐患单项否决制，即评估中若发现较大、重大隐患，评估总分值较高、且待评估系统可平移至安全段，也必须排除较大、重大隐患，再进行系统安全状态评估，直至待评估系统无较大、重大隐患，且系统安全状态处于安全段时方可投产或投运。

3　优化完善"事故-安全"平衡模型在迪那2凝析气田的应用

3.1　DN2-17井大桥以东φ168计量干线刺漏事件评估分析

DN2-17井大桥以东φ168计量干线发生刺漏事件，经现场排查，刺漏点位于管线焊缝处。根据优化优化完善"事故-安全"平衡模型分析：该段计量干线焊接施工质量不达标，焊缝本体存在缺陷，在含 Cl^-、CO_2 介质环境下，该处发生局部腐蚀，随后介质进入基管、内衬夹层，电偶腐蚀加剧了基管的腐蚀，$f_{物}$ 中的要素"设备、设施、工具、附件缺陷"存在较大隐患，引起 $f_{物}$ 增大；初始的焊接操作卡存在缺陷，封焊、根焊和填盖的硬度指标均较难控制，特别是在封焊部位硬度超标，$f_{管理}$ 中的要素"操作卡/修保卡/巡检卡不适用"存在较大隐患，引起 $f_{管理}$ 增大；管线建设于2009年，处于双金属复合管应用初期，焊工、检测人员等都缺乏经验，导致焊接质量存在问题，$f_{人}$ 中的要素"人的能力不足"存在较大隐患，引起 $f_{人}$ 增大；油田双金属复合管焊接质量验收管理不规范，对焊接质量验收把控不严，$f_{管理}$ 中的要素"管理制度缺陷"存在较大隐患，引起 $f_{管理}$ 增大。根据各影响因素所涉及要素量化赋值原则，此次φ168计量干线刺漏事件详细评估分析见表2。

由表2可以得出：

促进系统安全因素的合力：$F=1.4$

造成系统事故因素的合力：$f=-3.9$

系统各种影响因素的合力：$R=-2.5$

待评估事件模块将由坐标轴原点向左移动2.5个单位，模块处于事故段(图5)，说明表2中分析得出的较大隐患是引起事件发生的主要要素。

3.2　DN2-H19井投运前安全评估分析

DN2-H19井投运前安全审查，查出单井支线未试压，采气树放喷管线无支墩支撑，$f_{物}$ 中的要素"管线阀门支撑、防护缺失或失效"存在重大隐患，引起$f_{物}$增大；单井站出站流程处安全阀及手动放空流程未安装，$f_{物}$中的要素“设备、设施、工具、附件缺陷”存在重大隐患，引起$f_{物}$增大；井场防雷防静电接地扁铁未检测，$f_{物}$中的要素“电缆、静电释放、电离辐射等”存在较大隐患，引起$f_{物}$增大；井场远程通讯未连通调试，现场缺少光模块，$f_{物}$中的要素“安全监测、监控、报警系统缺失或失效”存在较大隐患，引起$f_{物}$增大。利用优化完善“事故-安全”平衡模型进行分析，分析过程和以上刺漏事件评估分析一样，可以得出：促进系统安全因素的合力 F 为1.5，造成系统事故因素的合力 f 为-4.0，各影响因素的合力 R 为-2.5，待评估系统将向左移动2.5个单位，系统处于事故段(图6)，表明DN2-H19井投运前的安全处于易发生事故状态。

表2　DN2-17井大桥以东φ168计量干线发生刺漏事件评估分析表

安全因素及所涉及要素			各要素评估情况			分值汇总及权重		
促进系统安全的因素	涉及要素		一般	良	优	小计	权重分	权重分合计
F人（权重30%）	1	身体精神状况	1			3	0.9	1.4
	2	人的能力						
	3	风险控制						
	4	现场指挥						
	5	现场作业	1					
	6	培训评估						
	7	监护(监督)	1					
F物（权重30%）	1	设备、设施、工具、附件				1	0.3	
	2	有效支撑、防护						
	3	密封状况						
	4	电缆、静电释放、电离辐射等						
	5	振动防护						
	6	防护用品	1					
	7	管线或容器						
	8	安全监测、监控、报警系统						
	9	安全联锁、紧急停车系统						
F环境（权重20%）	1	气候及作业环境	1			1	0.2	
	2	固体、液体废物管理						
	3	作业场地空气						
	4	作业场所照明						
F管理（权重20%）	1	操作卡/修保卡/巡检卡				0	0.0	
	2	管理制度						
	3	方案设计						
	4	对外来施工方告风险告知						

续表

安全因素及所涉及要素			各要素评估情况			分值汇总及权重		
促进系统事故的因素	涉及要素		一般隐患	较大隐患	重大隐患	小计	权重分	权重分合计
*f*人（权重30%）	1	身体精神状况欠佳				-2	-0.6	-3.9
	2	人的能力不是		-2				
	3	冒险心理						
	4	违章指挥						
	5	违章作业						
	6	培训评估不符合要求						
	7	监护(监督)不到位						
*f*物（权重30%）	1	设备、设施、工具、附件缺陷		-2		-7	-2.1	
	2	管线阀门支撑、防护缺失或失效		-2				
	3	密封不良(失效)						
	4	电缆破损、无静电释放、无电离辐射保护						
	5	无效振动防护						
	6	防护用品缺失或不合格						
	7	管线或容器渗漏、泄漏、刺漏		-2				
	8	安全监测、监控、报警系统缺失或失效	-1					
	9	安全联锁、紧急停车系统缺失或失效						
*f*环境（权重20%）	1	恶劣气候或恶劣作业环境				0	0.0	
	2	固体、液体废物破坏环境						
	3	作业场地空气不良						
	4	作业场所照明不足						
*f*管理（权重20%）	1	操作卡/修保卡/巡检卡不适用	-2			-6	-1.2	
	2	管理制度缺陷		-2				
	3	方案设计缺陷		-2				
	4	对外来施工方告知不清楚或未告知风险						

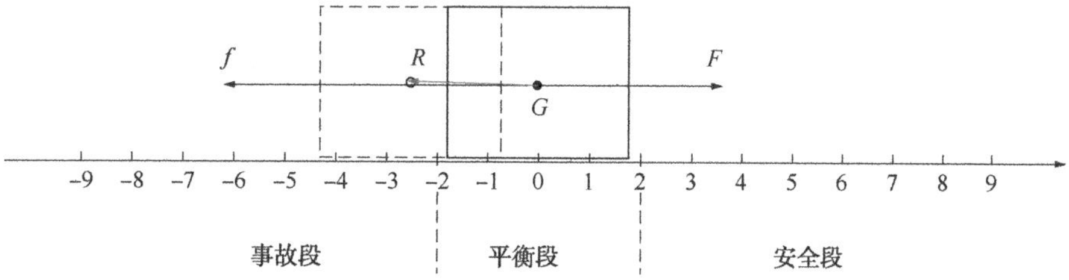

图5　DN2-17井大桥以东φ1688计量干线刺漏事件分析

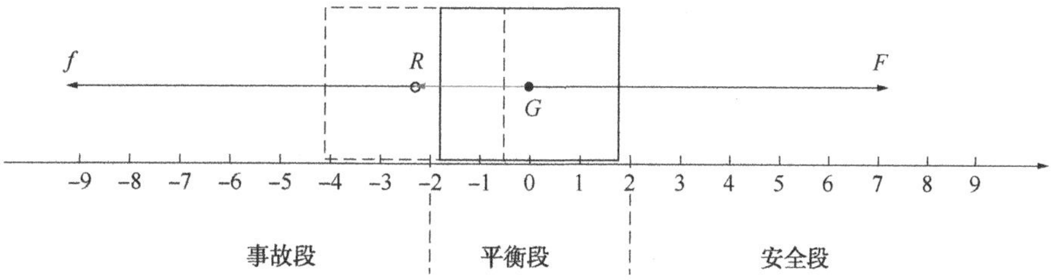

图6　DN2-H19井投运前安全状况评估结果

通过对查出较大、重大隐患的整改，运用优化平衡模型再次对 DN2-H19 井投运前安全状况进行评估分析，得出促进系统安全因素的合力 F 为 3.6，造成系统事故因素的合力 f 为-0.7，各影响因素的合力 R 为 2.9，待评估系统模块将由坐标轴原点向右平移 2.9 个单位，如图 7 所示，表明 DN2-H19 井投运前安全状况已处于安全段，虽然还有一般隐患需要后续整改，但并没有影响该井成功投运。

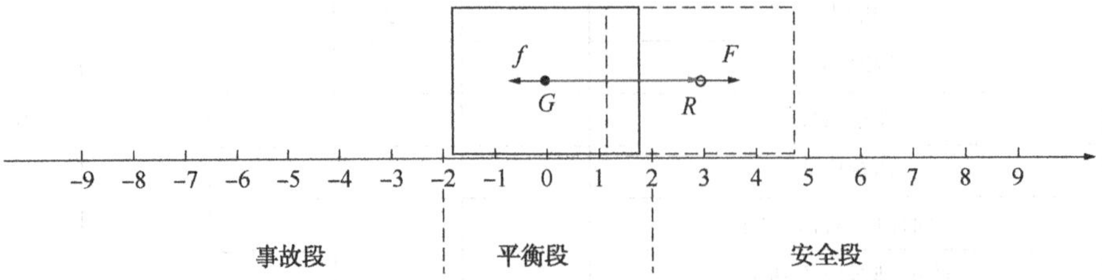

图 7　DN2-H19 井投运前二次安全评估结果

4　结论

（1）优化完善“事故-安全”平衡模型，建立了系统安全各影响因素所涉及要素的量化赋值原则，实现了系统安全状态的量化评估。

（2）通过在迪那 2 凝析气田试用，证明优化完善“事故-安全”平衡模型可用于油气田开发生产中事故事件及某系统安全状态的评估分析。

（3）优化完善“事故-安全”平衡模型，为油气田现场管理者和生产者提供了一种新的系统安全评估分析方法。

参 考 文 献

[1] 陈宝智，王金波 . 安全管理[M]. 天津：天津大学出版社，1999.9：1-5.

[2] 孟娜，吴超 . 安全管理力学分析方法（SMMA）及其应用研究[J]. 中国安全科学学报，2009，19(4)：55-61.

[3] 王文先 . 对不安全行为的分析与控制[J]. 中国矿业，2003，12(7).

[4] 李海丽，陈勇，黄湛，等 . 基于“事故-安全”平衡模型的安全分析法研究[J]. 石油化工安全环保技术，2019，35(4)：22-25.

超深超高压动态监测安全管理创新实践与成效

吴伟民　朱　兵　邵剑波　张乘然　庄金辉

（中国石油塔里木油田公司克拉采油气管理区）

摘　要　开展“三超”气井的动态监测所面临的安全风险大，难度高，为了最大限度减少风险事故的发生，油气藏地质研究所首先以问题为导向制定年度动态监测方案，针对现场管理开展资质大审查、安全大检查、安全大讨论等行动，同时完善应急和经营管理，“三步曲”提高全员安全意识，并创新研发动态监测新技术，从制度保障与技术保障两个方面进行创新实践，形成了一套“以人为本，我要安全”的管理模式，为动态监测业务开展夯实了安全基础，实现了上千次动态监测单井测试“零事故”的成效，对同类型业务管理具备一定的借鉴意义。

关键词　“三超气井”；动态监测；安全；管理

随着勘探开发技术不断发展，于2008年在克深2井完井测试获得高产，标志着克深气田的发现，克深气田是国内罕见的超深超高压裂缝性致密砂岩有水气藏，具有地层压力超高（≥120MPa）、地层温度超高（≥165℃）、埋藏超深（≥6000m）的特点，属于典型的“三超”气井。克深气田全面开发多年，井口装备老化严重、环空异常持续带压、地层出砂井筒结垢等问题愈发凸显，导致单井测试开展难度越来越大，同时目前气田水侵形势严峻，气田开发对各类动静态资料录取需求又不断提高，动态监测安全隐患日益突出，严重影响了气田开发调整方案的制定，制约了气田精准排水工作的开展。怎样保障生产安全成为永恒的话题，经过10余年对安全保障措施的不断探讨，引进、消化、吸收国内油气田安全管理宝贵经验，从管理与技术两个层面出发，形成了一套行之有效的安全管理模式，在克深气田应用取得良好的效果，具备一定的借鉴意义。

1　基本概况

1.1　气田概况

克深气田位于塔里木盆地库车坳陷克拉苏构造带克深区带克深段，行政上隶属于新疆维吾尔自治区阿克苏地区拜城县。克深气田勘探开发主要经历了三个阶段。第一阶段（2001—2010年）：在盐相关构造建模理论指导下，利用克拉苏地区构造建模研究成果及新采集地震资料处理攻关成果，2008年、2009年发现克深2和克深5气藏。第二阶段（2011—2015年）：在克深2气藏叠后时间偏移和叠前深度偏移处理攻关基础上，2011年以后相继发现克深8、9、6、10、13气藏；通过克深5气藏叠前深度偏移处理成果，2015年发现克深11、24气藏。第三阶段（2016年至今）：2016年以后相继完成开发方案编制，克深2、克深8、克深6、克深13、克深9、克深5、克深10气藏先后投产。

克深气田自上而下钻揭第四系、新近系、古近系、白垩系，古近系库姆格列木群为区域性盖层，主要含油气层段为白垩系巴什基奇克组。由北向南发育一系列突发叠瓦构造，北部应力强，变形剧烈，构造高陡，主要发育高陡断背斜和突发构造，大断裂发育，缝网非均质性强；南部变形较弱，构造相对平缓，主要发育宽缓断背斜，断层级别变小，缝网相对均匀。各区块气藏气藏幅度分布在360～650m之间，气藏中部埋深5850～7750m，地层压力103～136MPa，压力系数1.64～1.84，以常温高压层状边水干气气藏为主。

1.2　动态监测业务概况

动态监测指运用各种仪器设备，采用一定的方法和手段，获取单井和油气藏资料，为油气田开发提供支撑的一项工作。目前克拉采油气管理区油气藏地质研究所（以下简称地质所）动态监测业务范围包含四个方面（表1），一是试井类，包括产能试井、压恢试井、压降试井和流（静）温流（静）压测试等；二是测井类，包括产气剖面、注入剖面、饱和度测井和能谱水流等；三是流体分析类，包括天然气组分全分析、地层水组分全分析、PVT取样分析和注入水质分析等；四是其它类，包括地面计量、示踪剂注入、通井取样和动(静)液面监测等。

表1　克拉采油气管理区动态监测业务范围

分类	具体项目
试井类	产能试井、压恢试井、压降试井、梯度测试
测井类	产气剖面、注入剖面、饱和度测井、能谱水流
流体分析类	天然气和地层水组分全分析、PVT取样分析、注入水质分析
其它类	地面计量、示踪剂注入、通井取样、动(静)液面监测

1.3　测试现场存在的安全风险

目前单井测试现场存在的安全风险不光体现在设备方面上，人员方面也不能忽视：首先单井测试现场涉及三种高危作业，分别是高处作业、吊装作业、管线打开作业。现场高处作业主要风险点包括高处坠落、人员疲劳作业、不良天气因素等；吊装作业主要风险点包括重物超载、吊装器材不稳定、吊装点错误、吊装角度不正确、较大风力影响、掉物坠落等；主要风险是存在吊装物品坠落砸人可能；管线打开作业主要风险点包括：可燃气体泄露、爆炸和火灾、人员中毒、高压伤人、环境污染、设备损坏等。其次在测试中途同样存在许多风险，主要有井口刺漏、钢丝断裂、工具卡阻、机械伤害等。同时在作业人员方面也存在风险点，一是部分作业人员安全意识淡薄、作业素质低下，二是部分监督监护人员玩忽职守，对安全措施不确认，监护过程中不关注作业人员行为，造成风险失控。

1.4　现行标准与制度

以《塔里木油田公司动态监测管理办法》(2021)为框架，结合油田公司试井规范等标准，地质所立足自身，细化实施细则，包括《克拉油气开发部动态监测管理实施细则》《克拉油气开发部油气水井资料录取管理实施细则》《克拉油气开发部钢丝投捞作业安全管理实施细则》，各部门严格遵守各项制度标准，实现油田公司、油气生产单位、作业区三级管理。同时严格按照《QSY TZ 0690.2—2022动态监测队伍人员装备配套要求》和《QSY TZ 0690.1—2022动态监测队伍人员及装备资质档案要求》对承包商开展检查，严格参照《塔里木油田公司动态监测承包商考评实施细则(试行)》进行考评，工作量分配严格与承包商能力评估、季度考核、季度数据质量公报挂钩，突出“能干者多干、优秀者多干”的理念。气田动态监测管理技术标准的推广应用，使得各测试项目更具针对性、适用性。

2　安全管理创新实践

2.1　以问题为导向针对性制定年度动态监测方案

过去的动态监测资料只注重对生产井的检验和疑难井的分析，缺乏对整个区块系统和连续的监测，不能很好的反映各个气层的受效特点，所以地质所每年年末组织相关专业技术人员研讨确定下年动态监测计划，以老区定点监测、新区前期评价支撑、综合治理研究调整需求为资料录取原则，同时对各区块测试采取定点井与非定点井相结合的方式，按照“井点部署具有代表性、监测时间具有连续性、监测结果具有可对比性、录取资料具有针对性、监测方式具有同一性、现场施工具有安全性”的要求开展监测工作，为气藏精准治理夯实基础。制定好年动态监测计划后还需根据管理区重点工作安排、承包商队伍组织、突发异常井情况等发布月动态监测计划，落实到井、时间、负责人，加强生产组织和现场管理，确保在安全前提下取全取准各项资料。

2023年计划完成动态监测400井次，其中试井类共114井次、生产测井类57井次、流体分析类122井次、其它类107井次，预计费用3327.793万元。动态监测施工时间主要集中在4—10月份，压力恢复、系统试井、静梯测试充分利用中秋、克拉、克深处理厂全停检修的窗口期，尽量减少关井时间，充分考虑年度油气生产、检维修、人员队伍、仪器设备等情况，尽量把各类计划做实做细。计划确定后，及时与属地方、作业方保持密切沟通联系，确保计划最大程度的实施落地。加强进度跟踪与对比分析，根据上一阶段的完成情况灵活调整一下阶段作业计划安排。重要的复杂的工作尽量往前安排，为各类突发情况预留冗余时间。

2.2　现场管理措施

2.2.1　以核查机制为抓手扎实开展资质审查行动

建立常态化承包商资质资格核查机制，突出抓好“开复工前现场核查，过程中监督检查，阶段性综合考评”三个环节，承包商单位(队伍)按要求建立资质档案，内容包括作业队伍人员信息表、公司及队伍人员持证信息表、井下仪器信息表、防喷设备信息表、电缆/钢丝信息表、公司及队伍资质证书等，每年底交于动态监测实施部门和行业管理部门进行备案。设备方面各承包商应配备符合国家、行业质量标准并满足作业要求的设备(仪器)，且按要求配备相应安全、环保、防恐等设施与器材，同时按规定对设备(仪器)进行校验、维护、探伤等，钢丝和电缆按规定进行拉力试验，做好记录留存备查。在核查硬件的同时更加关注人员方面，做到管队伍就要管资质资格，以资质资格核查管好队伍。各岗位人员必须熟知各岗位职责及相关行业标准、规范、工艺流程等，并能熟练运用，且熟知相关安全风险及防范控制措施等。

每年开展资质大审查专项行动，严格按照《QSY TZ 0690.2—2022 动态监测队伍人员装备配套要求》和《QSY TZ 0690.1—2022 动态监测队伍人员及装备资质档案要求》，作业过程中严格作业队伍的资质审查、开工前的检查验收、改进工艺工序与操作方法、完善安全预案等，对6家有缆测试承包商和1家示踪剂承包商开展全面检查，从公司到作业队伍资质、人员证件，再到各类设备档案、检验报告等，做到查无遗漏，把牢安全第一关，筑牢安全防护墙，确保入场前所有人员资质、设备档案齐全，将不合格因素拒之门外，为年后施工作业奠定基础。2022 年累计排查问题 13 项，并已全部完成整改。

2.2.2 落实“四查”要求全面开展安全大检查整治活动

对于施工单位而言，必须深刻认识当前安全生产面临的严峻形势，严格遵循全员、全过程、全天候、全方位“四全”安全管理原则，建立常态化现场监督检查工作机制，落实“四查”要求，每年年中高质量高标准开展安全生产大检查整治活动，根据油田公司统一部署和管理区框架方案，地质所进一步细化工作清单和人员组织，由总地质师和一级工程师带队对承包商厂房和现场施工小队进行全方位隐患排查，2022 年累计排查问题 65 项，摸清了现场动态监测安全施工的薄弱环节，明确了后期隐患排查和隐患治理工作的重点。此外，还形成了“清单化”的隐患排查方法，解决了“不会查、查不出”这一老大难问题，增强了隐患排查整改工作的针对性、指导性、时效性，为现场监护人员减轻了负担，避免了形式主义和弄虚作假。

2.2.3 打造甲乙方协同攻关模式举行安全大讨论

根据库车山前气藏特点和井筒现状，每年开展两次安全大讨论，集中地质所现场管理人员和承包商各单位负责人，汇报目前动态监测开展情况，并提出发现的问题、技术难点等，大家畅所欲言，共同探讨，形成对应解决措施，并针对反馈情况调整下阶段工作安排，极大提高了工作效率，加强了现场管理能力。通过建立阶段讨论制度，突出奖励激励机制，靠制度体系运行建立长效机制，靠机制引导鼓励员工发现问题、削减风险、消除隐患、提质增效，打造甲乙方协同攻关模式，实行了研发、设计、生产一体化攻关，不断总结库车山前绳缆作业的经验做法，目前已形成 5 类共 10 条技术管理建议并已报管理区分管领导审批。

2.2.4 严格执行常态化过程监督检查

作业前作业单位安排专业技术人员联系业务部门，收集相关资料，当面沟通交底，做到六清楚：井况清楚、施工目的清楚、井筒及井下流体清楚、施工工序清楚、测试风险清楚、风险控制措施清楚，并且严格执行方案四级审批、三级培训制度，业务部门在作业前需对人员资质、设备台账、检验报告等纸质档案一一核对。作业期间实行承包商技术负责人、属地主管及业务部门负责人三重监护，同时业务部门按照“谁发包、谁监管，谁用工、谁负责”的原则，牢固树立安全意识，严格遵守规章制度，对不同作业现场形成针对性隐患排查清单，并建立隐患排查指标，每月每人两个较大隐患、四个一般隐患，通过指标约束员工严格执行常态化监督检查，同时月末对完成结果较好员工进行奖励，双管其下，筑牢安全墙。截止目前，每月常态化监督检查全员参与率达 100%，隐患整改率 100%。

2.3 应急技术保障

由于“三超”气井测试存在高风险性，不仅要在技术在完善创新，还应建立全面的应急救援机制。自 2014 年克深地区开展第一口试井作业以来，经过近 10 年对各类异常情况的处理，从技术上不断总结经验，不断改进措施，目前已形成了针对阻流管阻卡、井筒堵塞物阻卡、井下安全阀阻卡等复杂情况的处理方法，确立了适合库车山前绳缆作业的设备要求，同时制定了针对动态监测作业的应急处理机制。

针对现场作业队伍，每年年初制定应急演练计划，提交业务部门审核，每年按计划扎实开展应急演练，并留存记录，同时在新到一个区块测试第一口井时需要新增贴近现场实际的演练，强化人员安全素养，杜绝安全风险发生；与生产办公室联合确立了应急救援组织，以事故单位主要负责人或分管领导负责，组成应急领导小组，各有关部门和单位密切配合，进一步细化了工作流程和职责界面，能够保证第一时间协调应急物资和技术力量到达现场解决生产问题。

2.4 经营管理

强化管理理念的持续创新，就传统的管理理念进行优化和创新，一是坚持目标导向，突出“开复工前现场核查、过程中监督检查、阶段性考核兑现”三个环节，建立公平竞争、优胜劣汰的选商育商机制，培育高质量战略合作方，为率先建成世界一流大油气田提供保障。二是坚持评用结合，每季度、每年度从综合业务能力、作业经验、队伍稳定性、设备性能、应急保障等多方面对承包商单位(队伍)进行考评，统筹集中招标方案工作量分配原则、考评排序和作业需求量等对承包商进行月度工作量分配，突出“能干者多干、优秀者多干”的理念，同时要求承包商对工作量分配情况进行书面回执，确保经营工作合法合规。

2.5 “三步曲”提高全员安全意识

意识决定行为，行为决定结果，安全管理不光包含设备、制度、资质等方面的管理，员工安全意识的提高也是不可忽视的一环，因为人是整个行业的主导者，只有增强每一位员工的安全生产意识，提升安全操作水平，才能预防和控制风险的发生，将事故隐患消灭在萌芽状态。

2.5.1 “要我安全”转变为“我要安全”

虽然针对安全管理制定了各种制度，但是很少有员工真正去理解，只是机械地遵守执行，有时也存在“喊口号”做表面文章的形式主义，难以真正提高员工的安全意识，不能充分调动和发挥员工的主动性和积极性。因此，要提高全员安全意识，首先要改变员工的思维角度，从“要我安全”转变为“我要安全”。地质所长期通过会议宣贯、文化走廊、事例警示等方式，让员工明白“一人安全，全家幸福”，了解安全生产不仅是公司的需要，更是自身安全的需要，将这个观念灌输到每一位员工大脑里并生根发芽，使员工被动地执行制度，转变为主动查找不足，达到了安全生产的目的。

2.5.2 对标规范、标准，优化操作形成习惯

有调查显示，超过90%的安全事故都是因为员工的不安全行为导致，其中员工不遵守操作规程、习惯性违章、操作失误等又占了大部分，因此，地质所梳理动态监测业务涉及的各类规章制度、标准规范，定期组织员工学习，不断对标改进，同时不定时组织现场作业人员考试，对照标准查漏补缺，培养员工主动发现错误能力，让标准化操作形成习惯，杜绝事故发生，要求员工做到“3不过”，即发现问题不过班，分析问题不过天、整改措施不过夜，经过长期实践，形成“你干我看，我干你看”的互相找茬模式，安全操作风险大大降低。

2.5.3 营造安全文化氛围

安全生产是企业的生命线，安全文化建设是确保实现本质安全的重要途径，调研著名企业杜邦公司创造的骄人安全业绩发现，优秀、先进的企业安全文化能引领、激励、规范全体员工的安全行为。地质所总结提炼企业安全核心价值观，从精神和物质两个方面，结合业务部门安全文化建设特点，构建共同的安全价值理念，营造和谐的安全文化氛围，通过各种途径，持续地灌输给全体员工，引导和改变员工理念和行为方式，全面增强员工安全素养，在地质所形成了良好的安全文化氛围，从而实现持久安全。

3 技术创新与应用

面对“三超气井”井下动态监测井口压力高、井控风险大、储层温度高和 CO_2 分压高的巨大挑战，地质所自主改进了2013年以前国内有缆测试防喷器(70MPa)+防喷管+防喷盒的井口防喷设备组合，形成了目前以三级防喷器(140MPa)+防喷管+阻流管+密封盘根+防喷盒的井口防喷组合为核心的克拉苏技术(图1)，有效解决了有缆测试井口防喷难题；同时创新了超深井井下投捞接头工具，通过投捞的方式大幅缩减了高危作业时间，由以前的7d下降至目前的8h，有效避免了绳缆腐蚀、井口渗漏等事故的发生。通过引进先进技术、自主研发创新工具，

为安全生产再增添一重牢固保障。

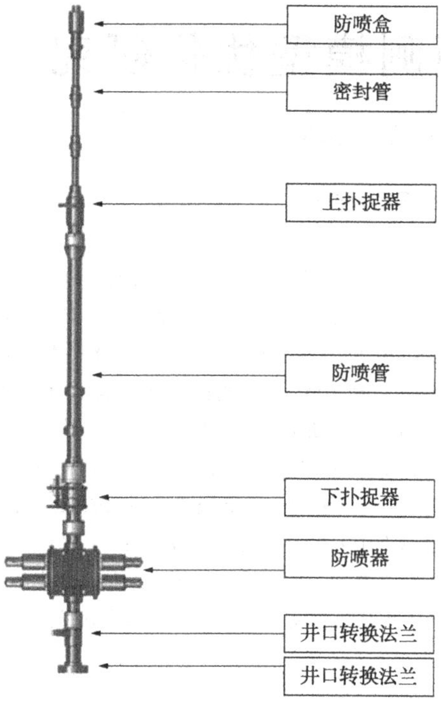

图 1　钢丝投捞井下温压监测技术井口三级防喷装置

4　总结

安全管理不是一成不变的，是一个长期累积的过程，需要全员参与、总结、改进、提升，通过 10 余年对动态监测安全管理的不断改进完善，从方案制定、现场管理、人员设备、应急保障、经营管理、安全文化等方面，全方位保障安全生产，不放过每一个安全细节，全面构建了具有地质所特色的“以人为本，我要安全”的安全管理体系，使安全理念根植于心，在克深气田上千次动态监测作业中未发生任何一起事故，取得较好成效。

参 考 文 献

[1] 马群，王胜军，蒋国军，等．库车前陆盆地“三超”气井产能预测方法对比[J]．天然气技术与经济，2018，12(02)：31-34+82.

[2] 江同文，孙雄伟．库车前陆盆地克深气田超深超高压气藏开发认识与技术对策[J]．天然气工业，2018，38(06)：1-9.

[3] 左振涛，王锋，张露．石油化工企业高危作业风险管控措施[J]．价值工程，2017，36(30)：79－81. DOI：10.14018/j.cnki.cn13－1085/n.2017.30.033.

[4] 赵伟兰，金大权，张春雨，等．气田动态监测精细管理及效果[J]．中国石油企业，2017，No.386(06)：85-86.

[5] 谢荣华．国内油田动态监测技术新进展及发展方向[J]．测井技术，2007，No.189(02)：103－106. DOI：10.16489/j.issn.1004－1338.2007.02.003.

[6] 罗瑞振，韩建红，李国平，等．高含硫气田试气作业的安全措施与管理——以普光气田为例[J]．天然气工业，2009，29(07)：112-115+146.

[7] 石利军．浅谈企业安全检查中的“四查”[J]．现代职业安全，2021，No.235(03)：52.

[8] 石书德，刘军．中央企业技术创新体系建设现状分析[J]．石油科技论坛，2015，34(05)：30-35+42.

[9] 王达胜．川渝地区勘探开发“三高”气田的安全思考[J]．天然气工业，2007，No.166(08)：115-117+144-145.

[10] 杨鹏．新形势下石油企业经营管理面临的机遇和挑战[J]．石化技术，2019，26(11)：233+235.

[11] 马立权．采油作业现场安全风险的预防与控制[J]．化工设计通讯，2019，45(04)：62.

[12] 王崇军，杨敏，陈涛，等．提高安全意识、形成安全文化氛围从日常工作抓起[J]．科技与企业，2014，No.265(16)：59. DOI：10.13751/j.cnki.kjyqy.2014.16.060.

[13] 魏伟，韦元亮，陈依，等．精细分类、对标管理实现后期气田高质量开发[J]．中国石油和化工标准与质量，2020，40(13)：33-34.

[14] 邵勇青．企业安全文化建设新途径探索[J]．当代石油石化，2020，28(07)：48-54.

高温高压气井套管磨损预测模型优化研究

张　伟[1]　刘　举[1]　黄　锟[1]　刘军严[1]　李明飞[3]　陈家雄[1]　孙建忠[2]

(1. 中石油塔里木油田公司；2. 中石化江汉石油工程有限公司；3. 西安石油大学)

摘　要　井筒是进行试油、生产等作业的重要场所，生产套管强度安全是试油完井及长期生产的必要屏障。塔里木油田库车前陆盆地天然气资源非常丰富，库车山前地区超深井钻井周期长、套管磨损严重，导致套管强度降低。若仍按新套管强度制定后期工艺及施工参数，将导致套管变形等事故复杂，甚至导致单井报废。针对套管磨损问题，前期开展了套管磨损实验，具备了进行套管磨损预测的能力，但预测精度一直困扰着科研人员，因此需探索提升套管磨损预测精度的可行方法。为此，首先采用五次样条法提高三维井眼轨迹拟合精度，在此基础上，突破以往"二维"分析方法局限，建立了"半橄榄形"三维套管磨损程度分析方法。采用新算法，进行了四口井的套管磨损分析并与60臂井径测井数据进行了对比分析，分析结果表明套管磨损程度的预测值与测井数据沿井深方向的变化趋势大体一致。五次样条曲线计算井斜角最大差值0.605°，平均差值为0.111°，方位角最大差值4.33°，平均差值1.667°；而三次样条曲线计算最大井斜角差值2.703°，平均差值1.025°，方位角最大差值6.91°，平均差值3.454°。明显，五次样条插值拟合得到的井斜角、方位角误差更小，更接近测井数据，更加有效。对套管磨损关键位置的数据进行了对比分析，四口井的预测平均误差为7.35%。

关键词　超深超高温超高压；套管磨损；精度；半橄榄模型；五次样条

1　引言

套管被磨损后其强度降低会导致套管的承载能力降低，给后续井下作业以及后续作业带来巨大的影响，严重磨损时会导致井下套管变形甚至挤毁，造成油气的泄漏，造成巨大的资源损失。

国内外均有关于套管磨损的研究，但是国外起步较早。从最初的小型磨损试验机的研制，到耐磨带、防磨器的发明，都在推动套管磨损研究的发展，而从中获得的研究成果也在指导着油田科学地降低套管磨损。国内关于套管磨损的研究较晚，早期套管磨损规律及防磨减磨措施的研究更多参考的是国外的先例，有时并不能有效解决国内油田套管的磨损问题。近些年来，随着我国勘探技术的不断进步，以及油气井数量的急剧增多，为套管磨损问题提供了许多研究案例。国内的学者也提出了一些更有针对性的新的发现和见解。

套管磨损的直接后果是降低了套管的抗挤和抗内压强度，对套管柱的安全构成威胁，严重的甚至可能导致井眼报废。因此目前急需提升套管磨损预测精度的可行方法，以及根据套管磨损后剩余强度指导现场作业。

2　基于五次样条插值的三维弯曲井眼轨迹方程

三维弯曲井眼轨迹的精确拟合，可以使得管柱力学以及应力强度分析和三维弯曲磨损套管分析等井下安全分析更加精确可靠。考虑井眼轨迹井斜角、方位角、测深等关键参数的影响，使用传统三次样条插值方法拟合井眼轨迹方程有一定缺陷，而五次样条曲线拟合的三维弯曲井眼轨迹曲线更有优势。五次样条曲线是可高阶微分的其次五次样条拟合的曲线其曲率扁化幅度更小，所以通过五次样条拟合的三维弯曲井眼轨迹曲线更加平滑，并且其拟合的三维弯曲井眼轨迹曲线连续性更高和有更优秀的收敛性；五次样条拟合井眼轨迹曲线可以克服三次样条拟合曲线的局限性，提高了拟合的精确度，所以采用五次样条拟合的三维弯曲井眼轨迹更加良好。

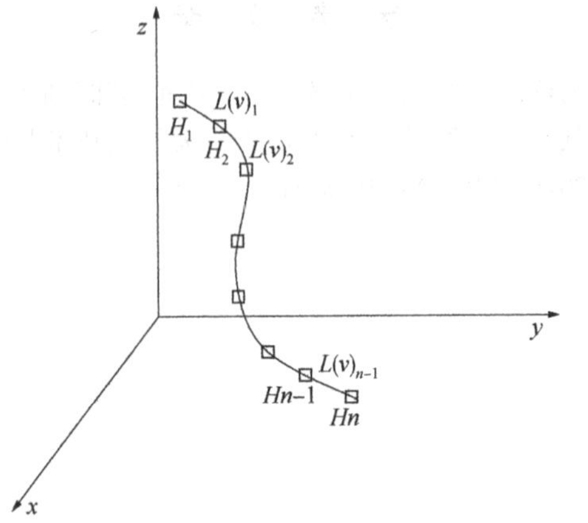

图1　五次样条拟合三维弯曲井眼曲线图

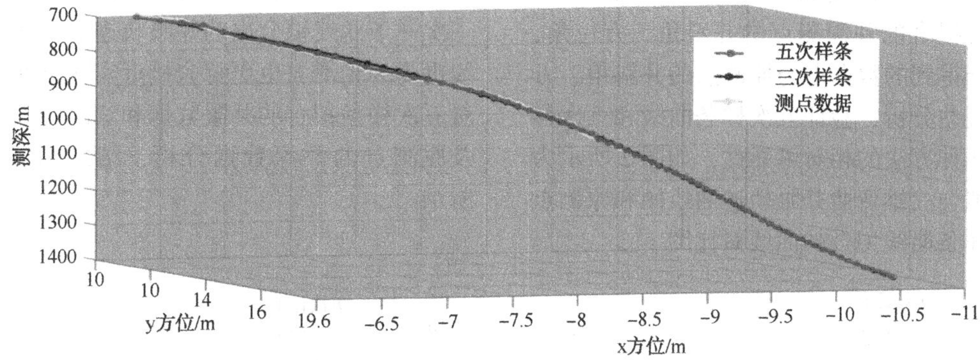

图 2　五次样条和三次样条插值拟合的井眼轨迹图

表 1　五次样条和三次样条插值与原测点误差分析表

测深/m	实测值/°		五次样条/°		差值/°		三次样条/°		差值/°	
	井斜角	方位角	井斜角	方位角	井斜角	方位角	井斜角	方位角	井斜角	方位角
698	1.329	322.24	1.329	322.24	0	0	1.329	322.24	0	0
728	0.915	307.89	1.025	305.66	−0.11	2.23	1.689	310.72	−0.774	−2.83
758	0.342	52.15	0.163	55.8	0.179	−3.65	1.263	56.83	−0.921	−4.68
788	0.931	10.66	0.823	12.8	0.108	−2.14	1.654	15.56	−0.723	−4.9
818	0.949	314.35	0.813	316.69	0.136	−2.34	1.431	308.72	−0.482	5.63
848	0.28	45	0.473	48.9	−0.193	−3.9	1.898	47.53	−1.618	−2.53
878	0.622	18.44	0.663	15.9	−0.041	2.54	3.325	16.53	−2.703	1.91
908	0.916	298.7	0.854	301.3	0.062	−2.6	2.912	297.32	−1.996	1.38
938	0.833	287.5	0.823	285.6	0.01	1.9	0.31	290.81	0.523	−3.31
968	0.586	8.54	0.678	10.32	−0.092	−1.78	−0.439	6.28	1.025	2.26
998	0.888	349.03	1.063	351.4	−0.175	−2.37	−0.356	342.12	1.244	6.91
1028	1.907	324.45	1.594	325.6	0.313	−1.15	3.696	330.55	−1.789	−6.1
1058	1.117	319.24	0.512	316.82	0.605	2.42	1.253	322.41	−0.136	−3.17
1088	0.905	294.98	0.916	296.71	−0.011	−1.73	0.76	300.79	0.145	−5.81
1118	0.809	287.09	0.859	284.32	−0.05	2.77	0.24	291.67	0.569	−4.58
1148	0.987	336.15	0.967	338.62	0.02	−2.47	0.355	332.81	0.632	3.34
1178	1.038	330.67	0.986	332.82	0.052	−2.15	0.8	329.42	0.238	1.25
1208	0.75	289.38	0.709	286.45	0.041	2.93	1.408	289.81	−0.658	−0.43
1238	0.302	44.74	0.468	47.83	−0.166	−3.09	1.171	50.51	−0.869	−5.77
1268	0.846	354.65	0.732	350.32	0.114	4.33	−0.782	349.65	1.628	5
1298	0.785	301.67	0.701	302.65	0.084	−0.98	−1.501	296.87	2.286	4.8
1328	0.447	274.21	0.516	273.62	−0.069	0.59	−0.675	278.89	1.122	−4.68
1358	0.36	295.36	0.393	295.98	−0.033	−0.62	−2.166	293.72	2.526	1.64
1388	0.465	286.35	0.465	286.35	0	0	0.465	286.35	0	0

五次样条曲线插值就是将一系列的空间井眼离散点拟合成一条平滑连续的三维井眼轨迹样条曲线。图 1 为五次样条拟合井眼简易效果图。

为了验证五次样条拟合三维弯曲井眼轨迹方程的精确度和有效性，对某井 698m 到 1388m 这一段井深处，利用 MATLAB 软件依次用五次样条曲线和三次样条曲线拟合出井眼轨迹数据点，得到其各自拟合的井深测点的井斜角、方位角，用各自拟合得到的数据点与原测点的井斜角、方位角进行误差分析，验证五次样条曲线和三次样条曲线这两种方法的相对可靠性，如图 2 所示为五次样条拟合三维弯曲井眼轨迹曲线图和原测点以及三次样条曲线拟合的曲线对比图。

由图 2 可以看出，使用五次样条曲线曲线和三次样条曲线拟合出的井眼轨迹中，五次样条曲线更为为光滑，也更符合接近实际数据点。分别对五次样条拟合的井眼数据和三次样条拟合的以及原测点的井深数据分析，结果如表 1、图 3 所示。

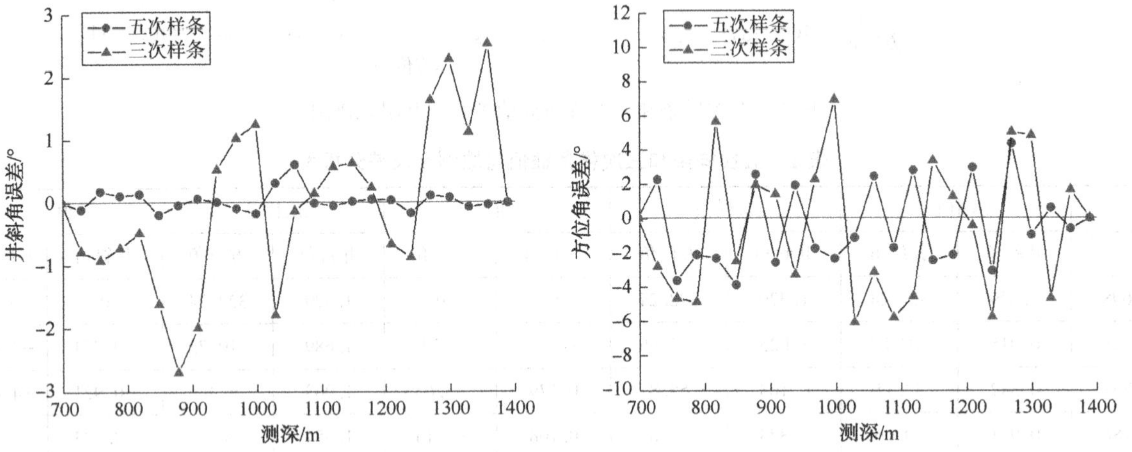

图 3　五次样条和三次样条插值的井斜角(上)、方位角(下)误差分析图

由表 1、图 3 可得知，五次样条曲线拟合井眼轨迹得到的井斜角数据最大差值为 0.605°以及平均误差为 0.111°，而三次样条曲线拟合的最大差值为 2.703°以及平均误差 1.025°。五次样条曲线拟合井眼轨迹得到的方位角数据最大差值为 4.33°以及平均误差为 1.667°，而三次样条得到的数据最大差值为 6.91°以及平均误差 3.454°。由此可见，基于五次样条插值方法的三维弯曲井眼轨迹方程的拟合更加精确，接近实测值。

3　三维弯曲井眼中“半橄榄形”磨损套管的磨损体积以及磨损深度计算模型

在钻井过程中，钻杆在钻盘的带动下沿套管某一侧内壁旋转钻进，钻杆在临近两侧的轴向力作用下会紧紧的靠在套管内壁的一侧，钻杆接头随着钻杆的旋转与套管产生摩擦并随着钻井时间不断加长导致套管内壁某一侧不断磨损。如图 4 为三维弯曲套管磨损示意图。在三维弯曲井眼中套管磨损形态为“半橄榄形”“半橄榄形”磨损套管横截面磨损形状为月牙形，纵向俯视磨损部位内侧为中间宽两边窄的磨损形态，在磨损深度最大位置开始，向两侧延伸，月牙形面积逐渐减小。图 5 为某油田实际磨损套管图。

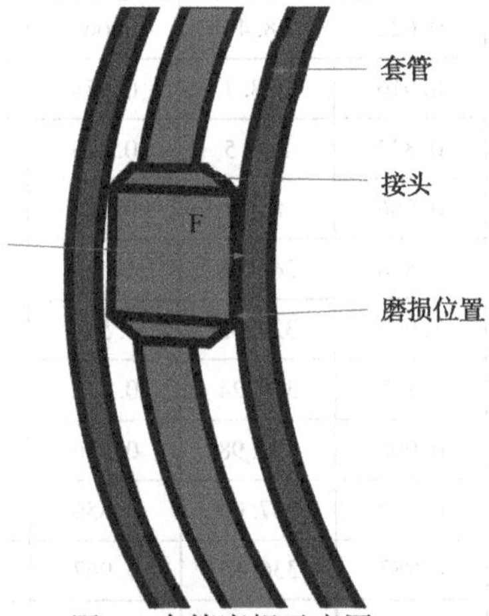

图 4　套管磨损示意图

图 5　实际套管磨损图

取钻杆与套管的磨损位置的一段作为研究对象。首先，在套管磨损最深处位置建立笛卡尔坐标系如图6，钻杆接头对套管内壁表面的一侧造成磨损。三维弯曲磨损套管的横向截面为一个圆环被磨损掉一个月牙形。半径为 r 的里面小圆为钻杆接头的外径大小的圆，中间半径为 R 的圆为三维弯曲磨损套管的内壁，外侧最大圆为磨损套管外壁。

当套管存在狗腿度时，磨损形态不是规则的月牙形形状，在三维弯曲井眼中套管磨损形态为“半橄榄形”，“半橄榄形”磨损套管横截面磨损形状为月牙形，纵向俯视磨损部位内侧为中间宽两边窄的磨损形态(图7)。在磨损深度最大位置开始，向两侧延伸，月牙形面积逐渐减小。

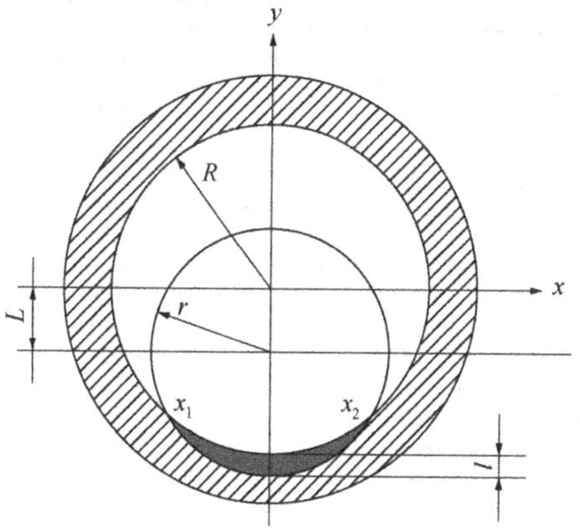

图6　套管磨损最深处坐标系图

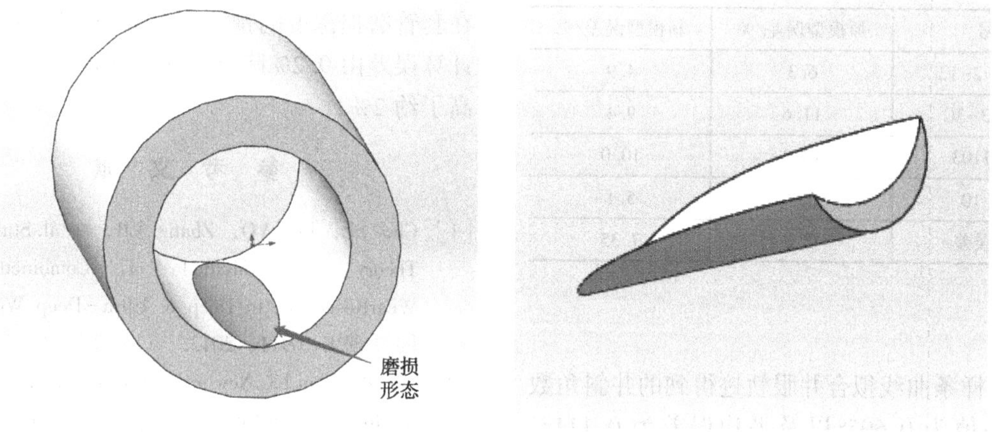

图7　三维弯曲井眼中套管磨损形态图

4　改进后的套管磨损程度预测模型精度分析

4.1　新旧模型的异同点分析

将五次样条法的模拟井眼轨迹的算法植入到套管磨损程度预测软件中，并对克深2-2-12井、塔中83-3C井、克深1103井及博孜10井等4口井进行了重新分析。通过对比分析发现：

(1) 原模型通过采用井斜、方位角两个参数在二维平面内合成狗腿度来计算套管与钻杆之间的接触力。新模型采用五次样条拟合的三维弯曲井眼轨迹，提高了管柱力学分析、套管磨损分析接触力的求解精度。

(2) 原模型假设套管磨损形状为月牙形磨损，而在三维弯曲井眼中套管磨损形态为“半橄榄形”“半橄榄形”磨损形态的横截面形状为月牙形，纵向俯视磨损部位内侧为中间宽两边窄的磨损形态，在磨损深度最大位置开始，向两侧延伸，月牙形面积逐渐减小。因此，本项目基于“半橄榄形”磨损形态，建立了套管磨损预测新模型，提高了套管磨损深度的预测精度。

4.2　原模型与新模型计算精度对比分析

课题组基于三维井眼轨迹的描述方法及套管“半橄榄形”的磨损形态，建立了套管磨损预测新模型，并分别利用原模型与新模型对克深2-2-12井、塔中83-3C井、克深1103井及博孜10井四口井进行了分析计算。其中克深2-2-12井的套管磨损深度预测误差由6.3%提高了4.9%(表2)，塔中83-3C井的套管磨损深度预测误差由13.35%提高了10.01%，克深1103井的套管磨损深度预测误差由11.6%提高了9.4%，博孜10井由5.7%提高了5.1%。四口井的总体对比分析结果如表3所示。结果表明，新模型采由于是采用五次样条曲线描述三维井眼轨迹，使得对于接触力及磨损形状等模型关键参数的求解更加准确，新模型与原模型相比，在套管磨损深度的预测误差方面，四口井的平均计算误差由 9.2%降低到了 7.35%，计算精度提高了约 2%。

表 2　克深 2-2-12 井原模型与新模型计算结果对比

井深/m	测井(扩径)/mm	软件预测值/mm	软件预测值/mm	误差/%	误差/%
		新模型	原模型	新模型	原模型
5580	2.89	2.71	2.70	6.2	6.5
5895	1.52	1.34	1.28	11.8	15.7
6075	1.20	1.22	1.18	1.7	1.7
6165	0.91	0.92	0.93	1.0	2.1
6450	0.46	0.48	0.49	4.3	6.5
6525	3.19	3.31	3.37	4.3	5.6
误差平均值				4.9	6.3

表 3　新模型与原模型计算精度总体对比结果

井号	原模型误差/%	新模型误差/%
克深 2-2-12	6.3	4.9
塔中 83-3C	11.6	9.4
克深 1103	13.3	10.0
博孜 10	5.7	5.1
平均误差	9.2	7.35

5　结论

五次样条曲线拟合井眼轨迹得到的井斜角数据最大差值为 0.605°以及平均误差为 0.111°，而三次样条曲线拟合的最大差值为 2.703°以及平均误差 1.025°。五次样条曲线拟合井眼轨迹得到的方位角数据最大差值为 4.33°以及平均误差为 1.667°，而三次样条得到的数据最大差值为 6.91°以及平均误差 3.454°。五次样条插值拟合得到的井斜角、方位角误差更小，更接近测井数据，更加有效。

新模型采由于是采用五次样条曲线描述三维井眼轨迹，使得对于接触力及磨损形状等模型关键参数的求解更加准确，新模型与原模型相比，在套管磨损深度的预测误差方面，四口井的平均计算误差由 9.2%降低到了 7.35%，计算精度提高了约 2%。

参 考 文 献

[1] Chu SL, Pei YQ, Zhang LB, et al. Study on the Theory and Method of Combined Casing WearResistance in Deep & Ultra-Deep Well Drilling[J]. SPE 16911, 2013.

[2] Gao DL, Sun LZ. New method for predicting casing wear in Horizontal Drilling[J]. Petroleum scienceand Technology, 2013, 882-892.

[3] 张鑫，李军，张慧，等．威荣区块深层页岩气井套管变形失效分析[J]．钻采工艺，2021，44(1)：23-27.

[4] 周波，毛蕴才，汪海阁，等．基于非均匀载荷的注采井套管损坏机理及抗挤套管校核方法[J]．钻采工艺，2021，44(2)：9-12.

[5] 娄尔标，刘洪涛，秦宏，等．双层组合套管抗外挤强度影响因素研究[J]．钻采工艺，2021，44(3)：28-32.

含汞气田装置绿色检修清洗技术研究与应用

张劲尧

（中国石油塔里木油田公司克拉采油气管理区）

摘　要　汞及其化学物质均有剧毒，在含汞气田装置检修清洗的过程中，汞及其化合物的扩散会造成环境污染，严重威胁检修作业人员的职业健康。含汞气田装置清洗及汞防护一直是国内外面临的一大技术难题，目前也没有成熟的经验可供参考。以KS含汞气田装置绿色检修为例，革新了含汞容器清洗方法，优化了检修工艺流程，发明了环境汞及人体汞防护装置，最终形成了一套含汞气田装置绿色检修清洗技术。通过将该技术运用于含汞气田装置检修工作，装置清洗时长明显缩短，清洗效果显著提升，环境汞浓度大幅降低。实践表明，该技术具有一定的经济、安全、社会价值，可为含汞气田装置的绿色、安全、高效检修提供技术支撑。

关键词　含汞气田装置；绿色检修；汞污染；控制方法；清洗

中国部分气田天然气含汞量较高，天然气中的汞进入处理装置中，与油污、水垢等一起粘附在设备内壁并在内壁渗透扩散，特别容易在死角处聚集，导致天然气处理装置及管线中汞浓度超标。汞具有高毒性、腐蚀性、易挥发性，可能引起汞腐蚀，降低装置的可靠性；并且当检修作业人员进入汞浓度超标的有限空间作业时，就会发生汞中毒事故，因此装置内汞的存在给设备及检修作业人员的安全均造成严重威胁。为降低装置内汞浓度、减少汞对设备及检修作业人员的安全危害，在检修期间应对含汞装置进行汞清洗及汞浓度监测，并对清汞过程中产生的含汞废液、废气进行处理，避免造成汞污染。

含汞装置清洗技术复杂，需综合考虑设备内部结构、汞的物理化学性质、气液除汞技术、清汞操作流程等。以KS含汞气田装置绿色检修为例，目前主要采用物理清洗法，即经过多次高温蒸煮实现对装置内汞的清洗；但现场实践表明该方法存在多处弊端，如清汞不彻底、周期过长等。为缩短含汞装置清洗时间、降低清洗成本、提高清洗效果，需开展天然气处理装置含汞容器清洗研究，形成一套成熟的清洗技术，保证含汞气田装置安全高效检修。

1　检修期间汞的危害性分析及控制标准

KS气田是西气东输主力气田，介质具有高压、高含氯离子、高含汞的特点。含汞气田在正常运行、应急处置、检维修过程中，含汞物流存在泄漏或超标排放的可能性，检修过程中可能会出现检修现场、办公区域环境汞超标的现象。为保障含汞气田安全绿色检修、减少汞污染，根据汞浓度划分汞危害风险等级，充分结合检修人员作业过程汞接触极限，在汞的分布规律研究和含汞气田生产实践基础上，对汞的危害进行识别，解决气液排放中的汞污染问题。需针对检修工作现场、办公区环境汞浓度超标的问题进行研究，解决含汞装置检修作业期间产生的废气、废液、废渣的处置问题，为作业人员创造一个绿色的检修环境。

1.1　汞的危害

汞是高毒金属，极易挥发形成汞蒸汽，气温愈高，蒸发愈快愈多。天然气处理站检修期间，检修作业人员打开设备容器进行维修时，若没有采取特殊的预防措施，容器内汞的富集会导致检修作业人员汞中毒，并且会使大气和水体产生汞污染。期间设备打开时易形成小汞珠，留存于工作台、地面等缝隙中，既难清除，又增加了汞表面面积，提高了蒸发量，很容易吸附在衣着及皮肤上，易将汞污染带到家庭中引起危害。

1.2　汞的工作环境控制标准

据GBZ 2.1—2019《工作场所有害因素职业接触限值》规定，汞—金属汞（蒸汽）时间加权平均容许浓度为0.02mg/m^3。

2　含汞气田装置检修清洗技术应用

2.1　建立检修清洗工艺

建立一套装置检修清洗工艺，首先就地取

材，利用现有工艺改造排污管线，使容器清洗废液废气实现密闭排放；其次设计一体化全自动容器循环清洗装置，利用导热油加热清水提供热源，通过敷设热洗管网实现热水循环清洗，见图1。此工艺能够有效控制厂区内环境汞浓度，为检修作业营造清洁工作环境。

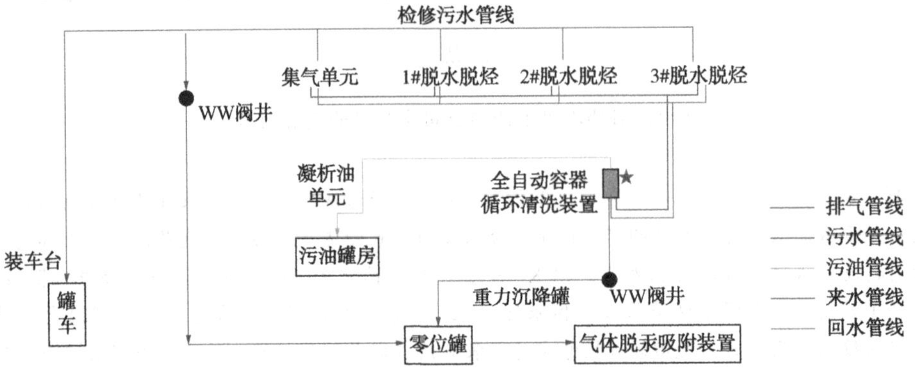

图1　检修清洗工艺流程简图

2.1.1　废液密闭排放

利用废旧油管敷设密闭检修污水管线，延伸至厂区外密闭装车，实现容器检修、蒸煮过程中的废液密闭排放。一方面防止含汞废液落地，另一方面防止废液污染下游容器，造成堵塞。废液密闭排放能够有效控制厂区内环境汞浓度，实现绿色检修。

2.1.2　废气密闭排放

检修蒸煮的气体汞浓度高，直接排放会严重污染厂区环境。利用现有+新建采出水脱汞吸附装置，将容器蒸煮产生的废气进行净化处理，达标后排放。废气密闭排放大大降低了厂区汞蒸汽含量，有效保障了员工职业健康。

2.1.3　制作密闭收汞器

检修蒸煮排液结束时，部分汞会残存在容器底部和管线末端。通过制作密闭收汞器，可以作为容器底部、管线末端的收汞装置，实现检修清洗结束后容器、管线内含汞杂质集中、密闭处理，减少排液管线堵塞风险；日常收汞过程中，可达到防漏、防挥发的作用。密闭收汞器可以控制流量大小，随时拆卸、移动，使用极其方便。

2.2　自研全自动容器循环清洗装置

自研全自动容器循环清洗装置的主要原理是利用导热油加热清水提供热源实现全自动容器的清洗，再通过热洗管网实现热水循环清洗。循环清洗装置可进行油水分离、收集汞单质，该装置由热水产生装置罐体、支架、防冲板、挡油板、加热盘管、视窗、尾气清洁装置、杂质收集装置、循环泵组成，上设温度、压力、液位远传及就地显示，并有电动调节阀，通过可编程逻辑控制器(PROGRAMMABLE LOGIC CONTROLLER，PLC)进行就地控制，预留有远传接口可以通讯至主控室，利用PLC控制温度、液位、压力，对容器进行循环清洗。

2.3　容器和管道内汞清洗方法

主要采用物理清洗法，通过对历年检修经验的不断总结，形成“三步清洗法”，采用自动循环清洗设备和清洗工艺管网解决清洗难度大的问题，减少资源浪费，有效提高了检修效率。

第一步热水清洗。通过热洗装置管线向容器注入温度约75~85℃、占容器容量约70%的热水进行初步清洗，停留30min，用氮气加压将管内的废液排至场站内污水处理单元。初步清洗后利用清洗工艺管网进行循环热洗。

第二步蒸汽预清。从热水注入点向容器内注入115~120℃的蒸汽，蒸煮溶解容器内壁和内构件的油污、水垢和固体杂质。蒸煮过程中，打开设备顶部排气口进行密闭排气。当容器内部温度上升至蒸煮温度要求，向容器内注入蒸汽，时长60min。打开液相排液阀将冷凝液及蒸汽排至场站内污水处理单元，当容器内的液体排净后关闭排液管线手阀。当连续3次在装置泄压口测得汞浓度低于40μg/m^{3}时，方可结束蒸煮。

第三步冷水清洗。停止蒸煮后，用测温仪检测容器表面的温度低于50℃。通过热洗装置向容器内加入占容器容量80%的冷水对容器进行冷却循环清洗，当容器壁冷却至环境温度，完成清洗。打开容器人孔后，在人孔处安装轴流风机，并打开容器的排污口、蒸汽入口等进行连续强制通风；双人孔或尺寸较大的排污口，宜采用双轴流风机加大通风量进行容器检修作业。

KS天然气处理站投运以来，历经多年的现场检修实践，形成了系统的含汞装置检修工艺与清洗方法，使单台容器汞清洗时间从8d缩短至4d，实现了检修汞污染物全部密闭回收。

2.4 流散汞处理方法

自制接液槽及底部活性炭吸附盒，在需要打开的容器或设备周围，利用“接液槽+活性炭吸附盒+防渗膜”做到废水、汞、污油等“三废”不落地，确保流散汞不落地，便于回收。

2.5 不同类型容器密闭清洗工具

针对以往含汞容器检修存在的技术短板，从减少高危作业次数、降低员工作业风险以及提升清洗效率方面考虑，研究发明了3种类型的含汞容器密闭清洗工具，主要思路为通过高压清洗机将清水(或热水)增压至20MPa，通过工具喷嘴形成高压水流，将清洗工具通过容器人孔伸入容器内部对容器内壁及内构件进行高压冲刷，加快清洗效率，提升清洗效果。配合自制加工的人孔盖板可以实现密闭清洗，减少检修现场环境汞浓度，同时避免检修作业人员进入高含汞容器内部进行清淤作业。

2.5.1 汇管密闭清洗工具

汇管密闭清洗工具工作原理为将水增压至20MPa，通过多水眼喷头的7个喷嘴形成360°环状水流，对汇管内壁进行高压冲刷，喷头依靠水流后坐力自动进入汇管内部，通过拉动高压软管可对全管段进行冲洗。

汇管密闭清洗工具省时、省力，用该工具清洗集气汇管能减少1d时间；且只需2人便可轻松操作，而用消防水冲洗需要3~4人。汇管密闭清洗工具的冲击压力是使用消防水龙带冲击压力的30倍，对淤泥和汞冲刷效果好。只需约2t水便可完成集气汇管清洗，若用消防水常规冲洗，至少需要10t。清洗过程中人员只需在容器外部进行密闭清洗和排污，汞蒸汽便不会挥发至容器外部。

2.5.2 分离器密闭清洗工具

分离器密闭清洗工具的工作原理为可以旋转的三维高压清洗喷头，配合高压清洗机使用，利用水射流产生的冲击力对容器内部含汞淤泥进行冲刷，利用水流反作用力自动旋转，10min左右可完成一个球形清洗轨迹，对分离器内部三维空间360°旋转清洗，无盲点全覆盖。

此工具优点：冲击力高，清洗油泥快，省时省力，2人即可操作；较以往方法用水减少4/5，产生污水少，减少污水处置费用；自动旋转实现三维密闭清洗，无需人员进入清洗，保障检修作业人员安全。

2.5.3 分离器底部冲淤工具

分离器底部冲淤工具工作原理为一种多水眼喷头，接入站内消防水，通过喷头形成圆锥形水流，通过硬质管线将喷头深入分离器底部直接对沉积的淤泥进行冲洗和稀释。

此工具优点：能深入容器底部，快速稀释容器底部沉积的淤泥，无需敞开人孔用消防水冲洗，无须人员进入掏淤，安全便捷，省时省力。

3 检修作业人员汞防护措施

研发设计一套汞防护综合隔离舱，检修作业人员出场，可有效防止汞污染，保障检修作业人员职业健康，见图2。

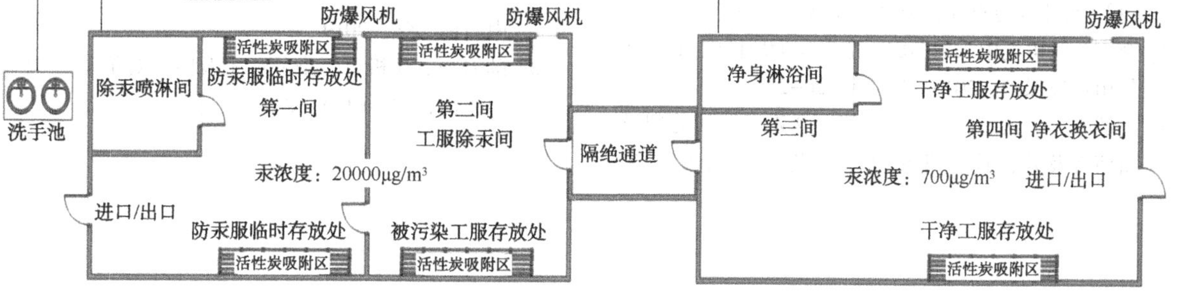

图2　汞防护综合隔离舱平面图

汞防护综合隔离仓主要包括4个房间。第一间：除汞喷淋间，检修人员穿戴防护服，首先进入除汞喷淋间，喷淋除汞，去除防护服表面汞污染，并将防汞服放置到临时存放处；淋浴污水经排污管线排至密闭收汞池收集；气相经活性炭吸附区净化，减少汞蒸汽扩散，以免造成健康危害及环境污染。第二间：工服除汞间，检修作业人员将脱掉的工服放置在被污染工服存放处，通过对污衣换衣间换气，并经活性炭吸附区净化，脱除工服汞污染。第三间：净身淋浴间，检修作业人员经隔绝通道进入净身淋浴间进行淋浴冲洗，防止汞渗进皮肤造成危害。第四间：净衣换衣间，检修作业人员淋浴冲洗完毕后，更换干净工服；通过对净衣换衣间持续换气，并经活性炭吸附区净化，降低室内汞浓度；彻底避免检修作业人员将污染物带离施工现场，实现工作区与生活区隔离开。

4 结论

高含汞装置检修应该建设专有检修清洗流程工艺及设备设施，容器的清洗过程借助全自动多用含汞容器清洗设备，利用现有的热源优势和清洗管网，解决现场特种车辆使用时间长、水资源消耗大等问题。

在设备清洗过程中利用清洗管网做到全密闭清洗，降低甚至杜绝汞造成的环境污染；汞防护综合隔离仓可有效杜绝检修工作人员将汞污染带离作业现场造成二次污染，为含汞气田装置检修选择适当的汞防护措施提供依据，为含汞气田天然气处理系统前期设计、装置检修工艺提供了宝贵借鉴经验，同时也为高含汞气田的工作人员提供安了安全保障。

参 考 文 献

[1] 邓筑井，蒋洪，段方玮，等．油气中汞的形态分析[J]．天然气与石油，2013，31(5)：30-33.

[2] 李娜．气田气中汞的形成、危害及治理措施[J]．油气田环境保护，2016，26(2)：20-22.

[3] 文韵豪，王秋晨，杨紫晴，等．含汞天然气处理设备清洗及处置技术研究[J]．石化技术，2023，30(2)：88-90.

[4] 段世文．天然气脱汞装置设计的思考与建议[J]．油气田地面工程，2016，35(12)：36-39.

[5] 李燕玲．汞对KS气田集输系统危害机理研究[D]．成都：西南石油大学，2018.

[6] 陈浦，荣少杰，董飞跃，等．天然气中汞的危害及脱汞方法探讨[J]．化学工程与装备，2014(7)：205-208.

[7] 牛瑞，蒋洪，陈倩．含汞设备汞污染控制技术[J]．油气田地面工程，2016，35(6)：83-87.

[8] CARNELL P J H，ROW V A. A re-think of the mercury removal problem for LNG plants [R] Billingham：Johnson Matthey Catalysts，2007.

[9] 薛艳．石油中汞的分析方法进展[J]．当代石油石化，2008，16(6)：33-35.

[10] 中华人民共和国国家卫生健康委员会．工作场所有害因素职业接触限值：GBZ 2. 1-2019 [S]．中国标准出版社，2019：8.

[11] 蒋洪，黄靖珊，李立民，等．某天然气处理厂处理装置汞污染控制研究[J]．石油与天然气化工，2021，50(5)：119-128.

[12] 唐宁，柴立元，闵小波．含汞废水处理技术的研究进展[J]．工业水处理，2004(8)：5-8.

[13] 许皓，张鑫，张慧甜，等．含汞废物管理政策法规及处置技术应用分析[J]．清洗世界，2022，38(2)：135-136.

[14] 王钎宇，牛勇，陶杰，等．海上退役平台旧设备、设施汞处置[J]．中国海洋平台，2018，33(6)：6-11.

[15] 黎瑶，操自强，张烁，等．难清洗油管清洗技术研究[J]．石油工程建设，2008(5)：38-41.

[16] 邢雪阳，赵健，郭公浦，等．自旋式高压旋转射流清洗油管装置的设计与研究[J]．清洗世界，2016，32(1)：17-21.

[17] 马永乾，何英，徐依吉．水射流清洗技术在石油行业中的应用[J]．清洗世界，2005(11)：4-9.

[18] 张金成．清管器清洗技术及应用[M]．北京：石油工业出版社，2005.

[19] 吴昊．清汞剂开发及性能评价实验[D]．成都：西南石油大学，2019.

[20] 陆海菊．浅析汞污染的危害及防范对策[J]．环境与生活，2014(18)：213.

含油污泥无害化处置技术概述与油田现场应用

郭宇恒　李　皓　李宝强　李　强　王　博　袁　欢

（中国石油塔里木油田公司）

摘　要　含油污泥是石油化工行业的主要污染物之一，其特点是含油率高、粘度大、固液难分离，且含油污泥中含有大量苯系物、酚类、芘、蒽等有毒物质，若不对其进行有效处理，不仅会浪费掉其中的可利用资源，而且会对环境造成极大的损害。本文对目前应用较多的含油污泥处理技术做了归纳总结，并对其优缺点及适用范围做了简单介绍，随后，总结了几个油田的含油污泥的处置情况。最后，根据油田含油污泥的特点，提出了“固液预分离+破乳混合+固液分离+深度脱油”的处理方案。现场应用结果表明，本组合工艺对于该含油污泥具有很好的处理效果，污泥的含油率可以稳定控制在1%以下，其余指标也均满足油田公司对于含油污泥的处置要求，具有良好的经济效益和社会效益。

关键词　含油污泥；处理技术；现场应用；危险废物；无害化处置；含油率

在石油开采、运输、炼制以及含油污水的处理过程中，会有大量含油污泥产生。含油污泥主要由原油、浮渣和剩余活性污泥组成，此外还有少量污油罐的罐底泥和沉砂池的泥砂。含油污泥含油很高、产量大、处理难度大，此外，含油污泥还含有大量苯系物、酚类、芘、蒽等有毒物质。目前，我国每年产生的含油污泥总量达500余万吨，若不经处理直接排放，不仅浪费了污泥中的原油资源，而且会对环境造成极大的破坏。含油污泥对地表水、空气和土壤均有不同程度的污染，一是含油污泥中渗出的液体会污染地表水甚至地下水，导致水中石油类污染物严重超标；二是含油污泥中的酚类、醛类、烃类等轻质组分挥发，会导致空气中挥发性有机物超标；三是污泥中含有大量的石油类物质，不仅导致土壤中石油烃物质的严重超标，土壤板结，而且地表植被会遭受严重破坏。由于含油污泥具有极大的危害和危害性，含油污泥已被列入《国家危险废物名录》中的废矿物油及含矿物油废物（HW08类）。此外，《国家清洁生产促进法》和《固体废物环境污染防治法》也对含油污泥进行无害化处理做了相关规定。因此，研究各种含油污泥的无害化以及资源化处理方法具有很大的实际应用意义。

1　含油污泥的常规处理技术概述

目前，并没有一种适用于各种含油污泥的处理方法，生物处理、固化处理、焚烧处理、调质-脱水处理工艺等是目前常用的处理方法，但是这些方法各有优劣。因此，在实际运用过程中，应根据污泥的性质选择相应的处理方法。油田集输过程中产生的含油污泥主要产生于转接站、联合站的油罐、沉降罐、污水灌、隔油池底泥等。此类含油污泥通过适当的分离技术，油回收率可达到98%以上。炼油厂污水处理厂产生的含油污泥主要由油泥、浮渣和剩余活性污泥组成，此外还有少量污油罐的罐底泥和沉砂池的泥砂。这些含油污泥含油率通常在10%～50%，含水率在40%～90%，同时伴有一定量的固体。

1.1　调质-脱水处理技术

污水处理过程产生的含油污泥含水率达90%以上，导致污泥体积庞大，运输困难。为此，采用调质-脱水进行预处理，可以大大降低污泥含水率，减少污泥量，脱水污泥也可以直接进行固化或者填埋。调质是使用化学和物理方法来调整粒子群的物理性状和排列状态，以便适应不同的脱水操作，从而提高机械脱水的性能。调质过程中选定的调节剂起着关键作用。调节剂分为有机无机调节剂、有机絮凝剂，相比之下，有机高分子絮凝剂能够破坏胶体的稳定性，从而增强含油污泥的脱水性能。该方法运行操作简单，处理效果好，比较实用。

1.2　生物处理技术

生物处理对低含油污泥的处理效果较好。污泥的生物处理是微生物利用油泥中烃类作为自身新陈代谢的能量，将其分解并最终转化为H_2O和CO_2等无机物。此外，生物处理可以增加土壤腐殖质含量。比较常用的生物处理方法有微生物降解、堆肥处理法、土壤耕作法等。该方法主要有操作方便，无二次污染，成本低以及作用持久等优点。但是，选择合适的菌种较为困难，无法回收有效资源，且生物处理对含油率较高的污泥处理效果较差。

1.3 固化处理技术

固化处理主要是向含油污泥中添加一些固化剂、添加剂等，使其发生稳定的不可逆物理化学反应，以固化含油污泥中的有害物质，避免有害物质的渗出和溶出，并使其具有一定的强度，以便后续堆放、储存以及进一步处理。固化技术比较适用于低含油率污泥的处理，但固化中加入的有机固化剂可能造成二次污染，对高含油率的污泥处理效果并不理想。

1.4 焚烧处理技术

污泥焚烧技术是将带有一定含水率的含油污泥送入焚烧炉内，通过高温燃烧使其成为稳定的残渣。焚烧技术适用于各种成分的含油污泥，是一种较好的无害化和减量化处理方式。焚烧法需要专门的焚烧炉，该方法可以比较彻底地去除含油污泥中的有害物质。但是，焚烧处理技术成本高，也需要配套的气体污染治理设备，以免造成对大气的二次污染。而且，如果不能充分利用燃烧所产生的热能，将会造成极大的资源浪费。

对于含油污泥的生物处理、固化处理、焚烧处理、调质-脱水处理工艺，以及萃取方法、固化燃烧、热解处理资源化技术，在今后的现场应用中必然会各取长短、互相结合，以便寻求出更好的处理方法，对含油污泥进行更为有效的处理。下面简要介绍几个油田在钻井废物处置方面的几个实际工程，为含油污泥的无害化处置提供更加高效的解决思路。

2 含油污泥组合处理技术

2.1 含油污泥处置要求

目前，我国含油污泥处理问题一直难以得到有效解决。2015 年起国家针对环保方面采取更加严格的措施，对于油田废水的处理和油泥的处置提出了更高的要求。为了更好的保护当地环境，积极引入新型、高效的环保技术。本项目针对的是油田开采过程中所产生的含油污泥进行处置，达到油田公司相关的设计标准要求。表 1 所示为油田公司对于污泥处置的要求。

表 1　岩屑、废弃泥浆、环保治理过程中的底泥、含油污泥综合利用污染控制指标

污染物	污染物控制指标/(mg/kg)	分析方法		
汞	0.8	原子荧光法	HT 702—2014	固体废物汞、砷、硒、铋、锑的测定微波消解/原子荧光法
砷	—	原子荧光法	HT 702—2014	固体废物汞、砷、硒、铋、锑的测定微波消解/原子荧光法
铬	—	原子荧光法	HT 491—2009	土壤总铬测定火焰原子吸收分光度法中
镉	3	原子荧光法	GB/T 17141—1997	土壤质量铅、镉的测定石墨炉原子吸收分光光度法
铅	375	火焰原子吸收	GB/T 17138—1997	土壤质量铅、镉的测定石墨炉原子吸收分光光度法
铜	150	石墨炉原子吸	GB/T 17141—1997	土壤质里铜、锌的测定火焰原子吸收分光光度法
锌	600	石墨炉原子吸收	GB/T 17138—1997	土壤质里铜、锌的测定火焰原子吸收分光光度法
镍	150	火焰原子吸收	GB/T 17139—1997	土壤镍的测定火焰原子吸收分光度法
含水率/%	≤80%	火焰原子吸收	HT 613—2011	土壤干物质和水分的测定重量法
含油率/%	≤1%	火焰原子吸收	HT 637—2012	水质石油类和动植物油的测定红外光度法

2.2 含油污泥处置方案与工艺路线

根据油田含油污泥的特点以及油田实地的条件，选取“污泥预处理+破乳混合+固液分离+深度脱油”作为污泥处置的主体工艺。其中，污泥预处理的主要作用是通过立式离心机的离心作用，使固相颗粒的含液量逐步变小，最终达到比较理想的脱油效果。破乳混合过程中向油泥中加入一定量的改性萃取剂，该萃取剂具有较强的亲油特性和一定的电负性，通过选择性萃取作用和电荷中和作用，可将大部分吸附于油泥固体表面上的污油转移到萃取剂中，进一步降低油泥的含油率。同时，改性萃取剂中的部分有机物对重金属具有很强的螯合作用，可以显著降低污泥中重金属的含量，保证最终处理污泥的重金属含量满足要求。固液分离单元采用卧式离心机，利用固相与液相的密度不同实现良好的固液分离效果。分离液体依靠重力作用流出离心机，附着于离心机滚筒内壁的固相物质采用螺旋输送器输送到离心机外部，做后续处理。深度脱油单元利用深度脱油药剂以及搅拌器的混合作用，使得污泥的含油率被进一步降低，保证整套污泥处置装置的平稳、高效、达标运行。图 1 所示为含油污泥处置的工艺路线。

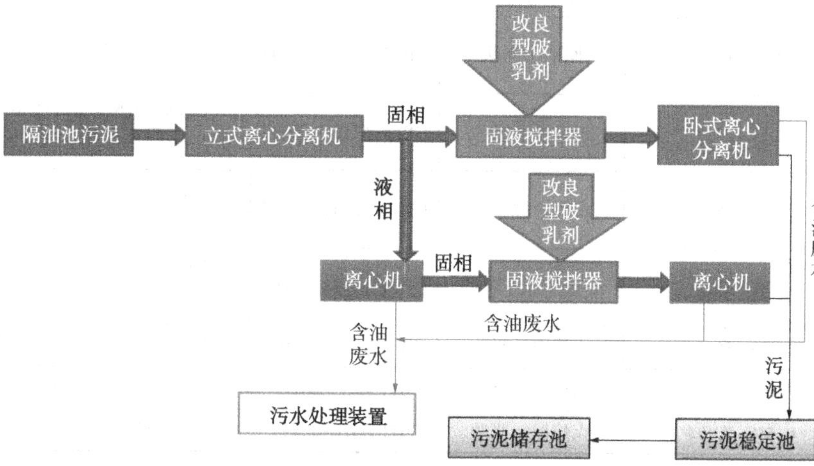

图 1　含油污泥处置工艺路线图

上述工艺路线中，将隔油池污泥通过螺旋输送器送入立式离心机固液分离后，固体物质含油率大约在 5%左右，分离后的固体物质进入固液搅拌器进行破乳除油、去除重金属处理后再进入离心机进行固液分离，通过破乳除油、重金属去除、离心处理后含油量大约在 1%～2%之间，重金属含量基本上稳定达标。为了更好的去除油，第二次离心后的固体物质进入深度脱油装置进行深度脱油，经过深度脱油后固体物质的含油率稳定在 1%以内（表 2）。在进行固液分离的过程中产生的液相进入废水处理装置进行处理。

表 2　污泥经立式离心，固液搅拌后离心，深度脱油后含油率及金属情况

处理单元	处理效果	
	含油率	重金属
立式离心	5%	部分去除
固液搅拌后离心	1%～2%	深度去除，达标
深度脱油	<1%	稳定达标

2.3　应用关键技术阐述

1）立式离心机原理。

立式离心机是根据离心过滤的原理工作：含油污泥通过入料口，经布料锥进入筛兰与螺旋刮刀之间的空间。在离心力的作用下，液体和小的颗粒（离心液）透过物料层，穿过筛网，沿上机盖流入机座上的集水槽，然后通过设在机器两侧的排液管排出机外；粗颗粒物则保持在筛网内侧，因螺旋刮刀与筛兰之间有一转速差，螺旋刮刀就将粗颗粒从筛网上刮下，并将其推送至筛网底部，从而把脱水后的固相颗粒物卸到机器下边的收料漏斗里。这一脱水过程连续不断地进行。

2）特点和优势。

（1）高效的固液分离，可以将含油污泥中的固相颗粒含量降到最低，减少了废弃物的处理量。

（2）有效的分离和更大比例的回收液相，可用于油田的注水驱油工作。

（3）常用磨损件可以从装置顶部更换；不需要移动任何装置、就可更换皮带。

（4）内转体的刮刀上喷涂了碳化钨防腐耐磨材料，可延长其使用寿命，降低维护成本。

2.4　含油污泥处置效果及后期目标

本含油污泥组合处理工艺经过为期两周的调试后进行生产性试验，系统连续运行正常，经过其处理的含油污泥的含油率均低于 1%，具体的经处理的污泥指标如表 3 所示。

表 3　含油污泥经处理后各项指标

污染物	污染物控制指/(mg/kg)	分析方法		
汞	0.4~0.6	原子荧光法	HT 702—2014	固体废物汞、砷、硒、铋、锑的测定微波消解/原子荧光法
砷	0.1~0.8	原子荧光法	HT 702—2014	固体废物汞、砷、硒、铋、锑的测定微波消解/原子荧光法
铬	0.07~0.1	原子荧光法	HT 491—2009	土壤总铬测定火焰原子吸收分光度法中
镉	0.4~1.3	原子荧光法	GB/T 17141—1997	土壤质量铅、镉的测定石墨炉原子吸收分光光度法
铅	11~24	火焰原子吸收	GB/T 17138—1997	土壤质量铅、镉的测定石墨炉原子吸收分光光度法
铜	25~68	石墨炉原子吸	GB/T 17141—1997	土壤质里铜、锌的测定火焰原子吸收分光光度法
锌	40~100	石墨炉原子吸收	GB/T 17138—1997	土壤质里铜、锌的测定火焰原子吸收分光光度法
镍	13~89	火焰原子吸收	GB/T 17139—1997	土壤镍的测定火焰原子吸收分光度法
含水率/%	30%~50%	火焰原子吸收	HT 613—2011	土壤干物质和水分的测定重量法
含油率/%	0.5%~0.8%	火焰原子吸收	HT 637—2012	水质石油类和动植物油的测定红外光度法

由表 3 可以看出，经过上述含有污泥处理工艺处置后，污泥的各项指标均明显优于油田公司所要求的含油污泥处置要求，因此本组合工艺适合应用于油田含油污泥处置。然而，本组合工艺的处理路线相对较长，工艺比较复杂，设备投资较高，而且处理成本也仅仅能够达到油田公司所能承受的成本的上限。因此，今后的目标是在保证满足油田公司要求的前提下，尽量简化工艺路线，优化系统运行参数，实现降低投资和运行成本的双重目标。

3　结论

含油污泥属于危险废物，需要妥善的安置和处理。本文在总结了常用含油污泥处置工艺和实际含油污泥处置工程效果的前提下，提出了适合油田含油污泥特点的组合处理技术。现场应用表明，经该组合处理技术处理后的污泥，各项参数明显优于油田公司的环保要求，具有很好的应用前景。同时，应该从简化工艺路线和优化工艺运行参数入手来降低含油污泥处置的投资和运行成本，实现经济与环境的双赢目标。

参 考 文 献

[1] 高琦琳，由庆，王国辉．含油污泥在我国油田中的应用[J]．中国石油大学胜利学院学报，2010(1)：8-11.

[2] 刘惠卿，盘英，李玉嫦．“三泥”处理现状[J]．石油化工环境保护，2001，24(1)：33-36.

[3] 胡华龙，韩梅．利用石化污泥生产新型除油吸附剂的试验研究[J]．交通环保，2001，22(4)：12-14.

[4] 吕雪峰．含油污泥处理现状及新型工艺探讨[J]．环境保护与循环经济，2013(1)：56-58.

[5] 吴丽华，王志强．胜利油田的油泥沙现状及处理工艺探讨[J]．油气田环境保护，2005，8(4)：23-25.

[6] 刘惠卿，盘英，李玉嫦．“三泥”处理现状[J]．石油化工环境保护，2001，24(1)：33-36.

[7] 刘志林，完石光，于莹．石化含油污泥的资源化利用[J]．环境保护与循环经济，2010，30(12)：58-61.

[8] Jacob S M，Karsner G G，Tracy III W J. Liquid sludge disposal process：U. S. Patent 4，786，401 [P]. 1988-11-22.

[9] 李晖，宋绍富，屈撑囤，等．含油污泥处理工艺研究及其发展[J]．辽宁化工，2013，12：019.

[10] 万慧茹，方晓牧．含油污泥处置技术浅析[J]．环境保护与循环经济，2008，28(11)：35-37.

[11] 苏虹，丁桑岚．油田污泥无害化资源化处理研究[J]．环境科学与管理，2011，36(4)：69-71.

[12] 刘洋．含油污泥的处理方法[J]．油气田地面工程，2012，31(2)：73-73.

塔里木油田“三超”气井压井工艺技术的探索与实践

徐鹏海　庄金辉　张宏强　张馨云　张凌茜

（中国石油塔里木油田分公司克拉采油气管理区）

摘　要　塔里木油田库车山前属于典型的“三超”气田，气井生产工况极为苛刻、复杂。近年来，随着库车山前开发的不断深入，油管渗漏、断裂、变形等管柱失效事件逐年增加，管柱失效导致的井控风险进一步加大，尤其是一级井屏障失效后，A环空高压气体可能窜通至外环空或地面，井控、环保风险不可接受，大修作业是恢复井屏障的唯一途径。为了安全、高效实施库车山前高压气井大修作业，以井筒为研究对象，分析了不同井屏障状态下的井控风险、压井配套工艺技术、井控风险防控配套技术。研究结果表明：①针对单井井屏障状态，选择合理的压井工艺是大修井成功的前提；②带压作业可有效应对处理浅部管柱断脱、循环压井短路这一复杂难题。结论认为：正反挤压井，正反循环压井、带压作业处理浅部断脱管柱等工艺技术对山前大修井的井控应急压井是有效的。近年来，经过探索，形成了库车山前“三超”气井不同井屏障失效状态下的应急压井配套工艺技术，保障了库车山前大修井安全、高效。

关键词　库车山前；高压气井；井控；压井

塔里木油田库车山前“三超”气井具有地层压力超高（≥120MPa）、储层埋藏超深（≥6500m）、地层温度超高（≥165℃）的特点，井筒、地质条件异常复杂。井身结构多为塔标Ⅰ、塔标Ⅱ结构，尾管以51/2"、7"套管为主，完井油管大多采用41/2"+31/2"+27/8"复合油管组合，配套井下安全阀及液压永久式封隔器，井下安全阀最小内径65.08mm，完井油管最小内径59mm。近年来，随着气田开发的不断深入，部分井出现油管柱失效、井筒堵塞、二级井屏障退化或失效，高压气井井屏障失效带来的井控风险极高，安全隐患日益突出。此外，井屏障失效严重影响了单井的安全平稳生产，制约了气田的高效开发，大修作业是解决这类问题最根本的手段。库车山前高压气井井控风险主要是油套连通导致的各级环空异常带压，这类井存在A环空高压天然气窜通至外环空或地面的风险，因井屏障失效类型不同，压井难度大、井控风险高、施工费用高。为确保“三超”气井井控安全，从安全、科学、效益等角度探索压井配套工艺技术，进而达到安全大修和高效复产的目的。

1　“三超”气井井控难点分析

1.1　油套连通井

高压气井油套连通的原因很多，包括油管腐蚀穿孔、断裂、封隔器失效等。其中，油管腐蚀穿孔、断裂失效（图1）是导致山前高压气井油套连通的主要原因，这类井一旦出现二级井屏障失效，将引发严重的井控事故。其中，最严重的当属一级、二级井屏障均在近井口位置失效，这类井主要存在两方面的井控难题，一是正挤压井短路导致A、B环空超压，常规压井工艺无法实施；二是管柱失效类型、位置各不相同，实施压井后，在后续换装井口、处理漏点以上管柱作业期间井控风险极高。

1.2　长停井

长停井主要由于井筒堵塞、产层砂埋、井口水合物、低温低产等无法正常开井生产，该类井主要存在两方面井控难题：一是井筒堵塞无法挤压井，绳缆作业无法实施，只能采取连续油管压井；二是针对管柱断点浅且断点以下井筒堵塞的情况，作业期间随时面临堵塞点以下的圈闭压力释放，井控突发无预见性，井控安全无法保证。

图1　油管常见漏点的几种形式图

2　“三超”气井压井配套工艺技术

2.1　高压气井压井配套工艺技术

针对山前高压气井不同井屏障失效的情况，形成了正挤压井、连续油管辅助压井、堵塞器+置换压井、反循环+正挤压井、重浆帽+液体胶塞等压井方式(图2)，有效应对各类井控风险；结合不同压力系数和压井的需要，选用有机盐水、高粘度隔离液、钻井液等作为压井液。

针对管柱浅断点且井筒堵塞的井，无法有效实施压井，且堵塞情况不明，可能面临圈闭压力释放的情况，需要带压作业处理浅部断点管柱后再实施原井管柱对接(图3)，重建井筒通道；带压作业具备整套内、外防喷装备，外防喷井控装备如工作防喷器、安全防喷器等，内防喷工具如电缆桥塞、陶瓷破裂盘等，能有效应对各类异常突发的井控风险。2021年以来，油田首次在克深24井、克深2-2-20井成功实施，保障了浅部管柱断点的高压气井大修作业井控安全。

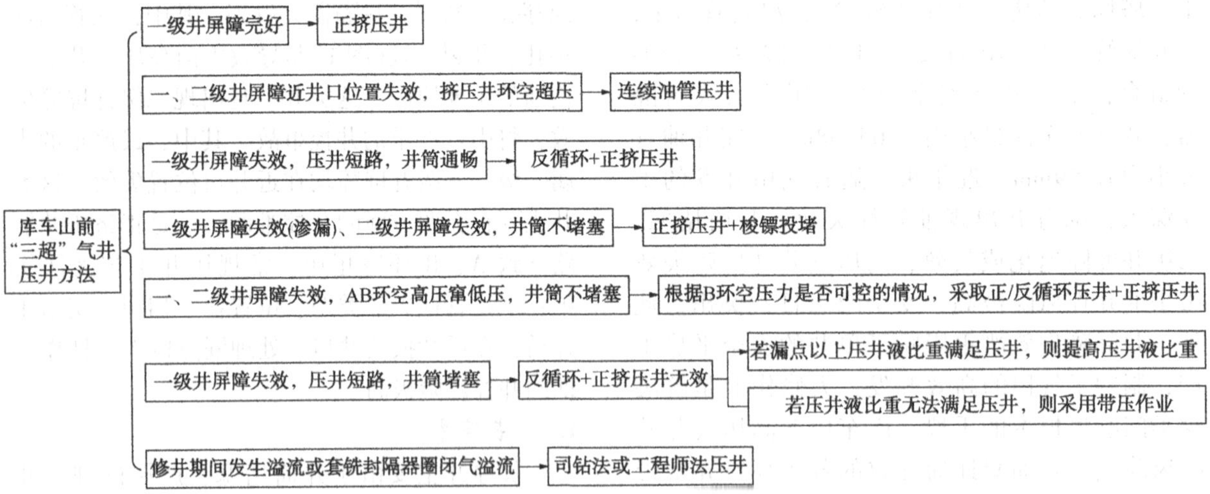

图2　压井工艺方法

2.2　不同井屏障失效类型的压井配套工艺技术

库车山前“三超”气井建井选用进口液压永久式封隔器，这种封隔器具有耐高温、可靠性高等特点，这类井大修作业管柱处理最理想的方式就是在封隔器以上进行管柱切割，一旦目标实现，即可实现深部压井，这对后续井控防控工作是最有利的。但目前库车山前多数井面临管柱渗漏、断脱，个别井甚至出现二级井屏障失效或退化，面临正挤超压，循环压井短路等复杂，即使压井成功，在后续换装井口、漏点以上管柱处理作业期间井控风险极高。

2.2.1　一级井屏障完好的压井工艺

对于一级井屏障完好的井，可通过直接正挤压井压稳地层，再进行管柱处理即可。为确保井控安全，通常选择在靠近封隔器的上部进行管柱切割，再采用高比重压井液压井，即可进行下步作业。若压井位置距离产层较高，可通过提高压井液比重，确保井控安全。

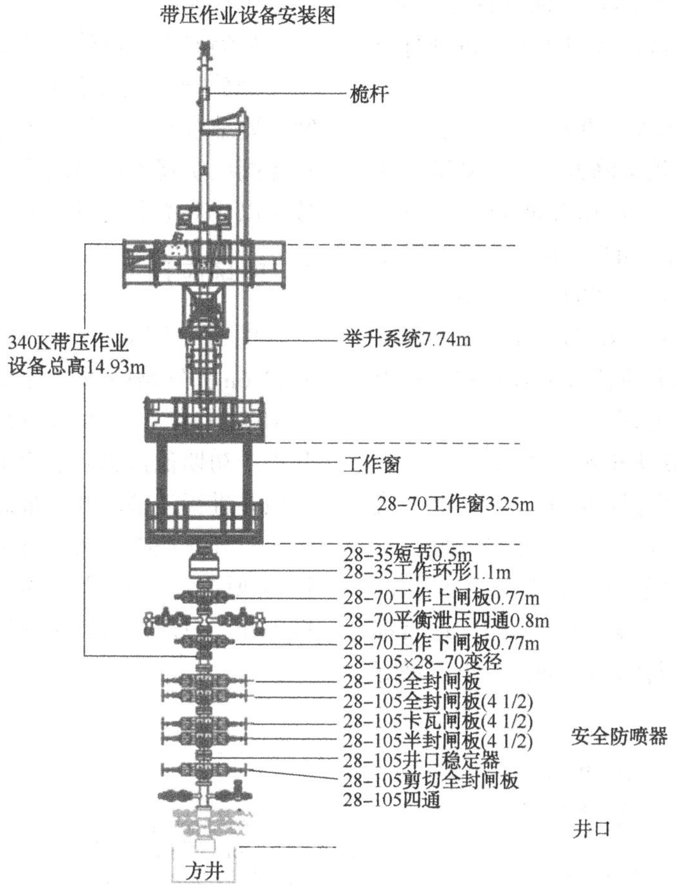

图3　带压作业设备安装图

2.2.2　一级井屏障失效的压井工艺

对于油套连通井，直接正挤压井A环空会超压，严重者A环空高压天然气窜通至外环空，井控风险极高。这类井需要先进行反循环节流脱气，将漏点以上的A环空建立液柱，再进行正挤压井。

压井结束后，在观察安全换装井口的时间后，通过正循环测算油气上窜速度，若满足安全换装井口的情况下即可正常实施下步作业。但这类井通常会面对以下几种特殊异常复杂情况：①储层物性好、地层压力窗口窄，循环即漏失，可以采取静止侯堵或吊灌+液面监测的方式摸清井下规律后进行下步作业；②漏点以上循环后，正挤压井井筒不通，这类井一是通过提高压井液比重，确保漏点以上压井液比重能有效压稳地层；二是对于断点浅、压井液比重无法有效压稳地层的情况，通常采取带压作业机处理浅部断脱管柱，再采取密封捞筒+伸缩管+油管的方式实施原井管柱对接，后续正常进行管柱切割、压井。

2.2.3　一级井屏障多漏点的压井工艺

这类井与一级井屏障单个漏点的情况相比更为复杂，即循环压井短路导致多个漏点之间的环空夹壁墙始终有天然气，多次循环也无法有效压井，且最下部的漏点越靠近储层，井下天然气置换越严重，进而导致环空气窜异常严重，常规循环压井的方法无法压稳地层。

首先需要使用高比重无固相压井液进行正循环脱气+正挤压井，再多次正循环脱气，确保将多个漏点之间的环空夹壁墙天然气循环干净；若经过多次循环仍无法将环空天然气循环干净，则需要在循环处以上井筒打高粘度重浆帽，以降低环空气体上窜至井口的时间，利用安全时间窗口换装井口并快速处理漏点以上的管柱。

2.2.4　一、二级井屏障均发生失效的压井工艺

“三超”气井井控风险最高的当属一、二级井屏障均在近井口位置发生失效，正挤压井，正、反循环压井都会导致各级环空超压，井控风险极高。这类井需要先借助连续油管进行压井，在井筒建立液柱，以降低各环空压力，再进行压井液压井。

采用连续油管配合高比重有机盐水半压井后，油压及各环空压力均会降低，在此基础上利用压力窗口，再正挤高比重压井液彻底压稳地层；在观察安全换装井口的时间后，重复挤压井，若满足安全换装井口时间的情况下即可实施下步作业。这类井的难点在前期压井，压井成功后，需要快速换装井口并将浅部失效管柱进行更换，后续正常进行管柱处理。

2.3　封隔器及下部管柱处理井控工艺

库车山前使用的封隔器为THT液压永久式封隔器，一经坐封，破坏掉上卡瓦是高效处理封隔器的手段[3]。由于库车山前大多数井有井筒结垢、出砂等情况，封隔器以下油套空间通常都有圈闭气，因此在套铣封隔器期间，要重点做好泥浆工坐岗，一旦发现溢流，可采取节流循环脱气的方式释放圈闭气；对于封隔器坐封位置较高，封隔器以下尾管较长，原井压井液无法有效压稳井筒的情况，可采取提高压井液比重的方式直至压稳地层。

封隔器以下尾管处理期间，也会随时面临圈闭气释放导致的溢流风险，在每趟打捞作业期间，要结合井况合理配置打捞管柱，如管柱内配置浮阀以实现内防喷的功能，打捞管柱增加循环接头以应对遭遇突发溢流后有可用的压井通道。

3　现场应用

现场应用案例1：克深＊＊井完钻井深6467.6m，气藏中部地层温度155.28℃，地层压力103.51MPa，井口关井压力84MPa(图4)。本井投产初期低温低产，井口有水合物被迫关井。对该井进行正挤压井，最高泵压95MPa，地层不吸液。开井放喷，持续有天然气喷出，伴有水合物和地层砂。该井井筒条件异常复杂，无法实施挤压井，只能通过连续油管压井。

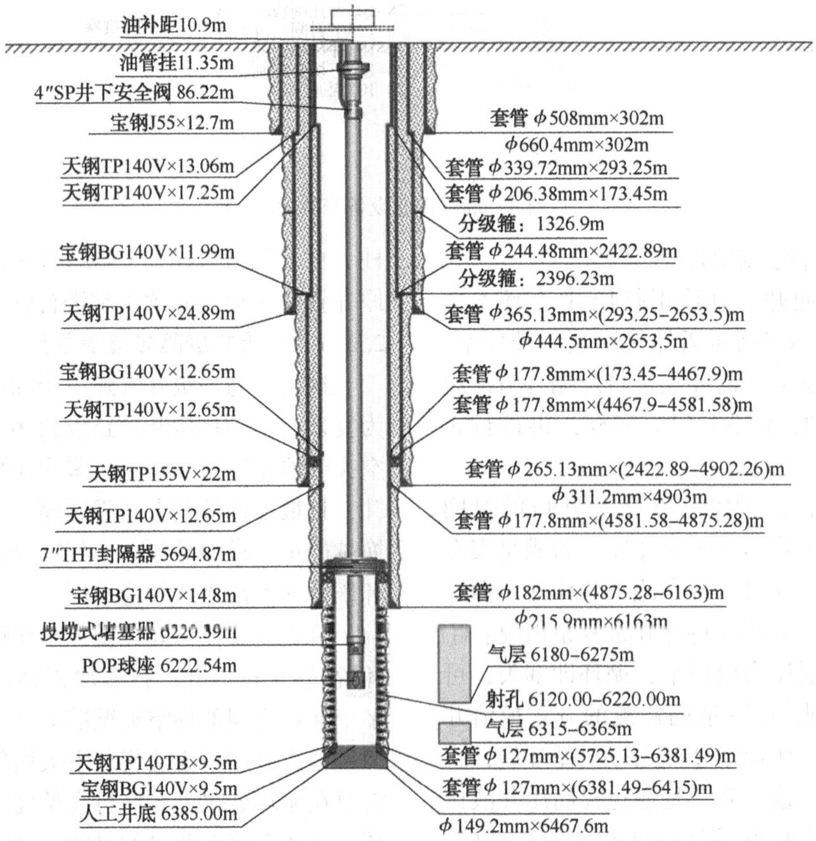

图4　井身结构图

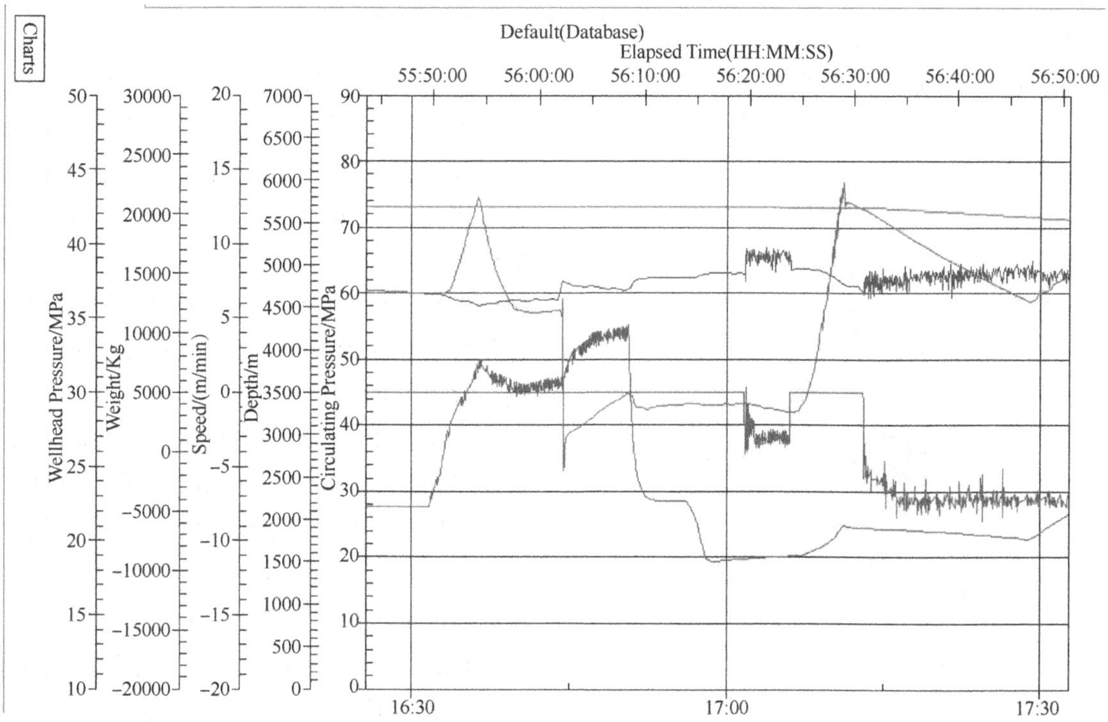

图 5　连续油管切割曲线图

图 6　切割断口

作业前，通过放喷降低井口压力至 40MPa，下连续油管并泵注密度 1.2g/cm³有机盐压井液半压井；带压下连续油管机械切割工具在预定切割目标位置实施油管切割(图 5)，切割断口平整(图 6)；切割后采用高比重压井液压井成功。后续套铣封隔器期间，发生圈闭气溢流，采用节流循环脱气的方式成功实施压井。本井首次在库车山前实施连续油管压井、切割，助力本井创山前大修作业最快记录。

现场应用案例 2：克深 ＊ ＊ 井完钻井深 6887m，投产初期油压产量大幅度波动，低温低产关井。前期连续油管疏通证实 2518m 处油管柱断脱，井筒试挤 75MPa 不通，井筒堵塞但堵塞位置不确定，本井地层压力系数 1.26，现有压井液体系无法有效实施压井，修井期间可能随时面临圈闭压力释放(图 7)。

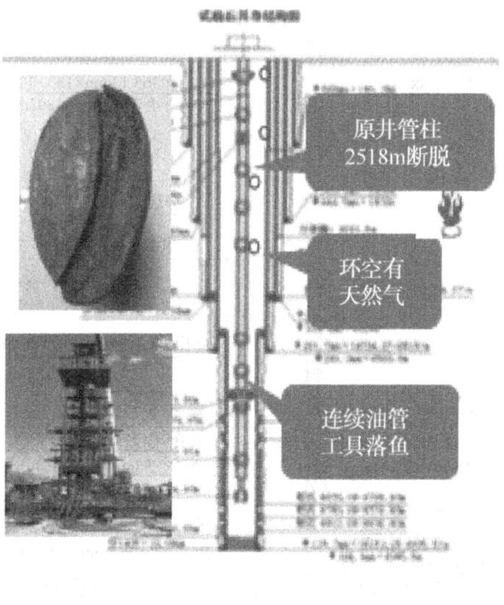

图 7　井身结构图

使用 340K 带压作业机带压起出浅断点管柱，采用密封捞筒+伸缩管+油管的方式实施原井管柱对接(图 8，图 9)，坐油管挂，回装采气树。再采用 RCT 切割工艺实施原井管柱切割，封隔器处理采用“套铣+打捞”的方式，顺利实施复杂大修作业。本井的成功实施证实了“带压作业+复杂大修”配套工艺技术是针对库车山前浅部管柱断脱井大修作业最安全、高效的手段。

图 8　密封捞筒

现场应用案例 3：克深＊＊井突发油套连通后 B 环空压力持续上涨，最终油压、A 环空、B 环空压力一致，最高达 66MPa(图 10)，由于本井三级套管头下法兰额定压力 35MPa，已超压，(井身结构见图 11)，被迫实施应急抢险压井。①采用正挤压井 A、B 环空超压，被迫中断；②正循环压井，开泵 A 环空即见压井液；③反循环压井，开泵油管及 B 环空即见压井液；综合分析本井油管及生产套管均在近井口位置失效，常规压井方法无法有效实施压井。

下连续油管，边下边泵注密度 1.43g/cm^3 有机盐压井液半压井，压井期间控制 A、B 环空节流阀，见液后关闭。半压井结束后，油压、A 环空、B 环空压力均为 16.8MPa；正挤一个油管容积的高比重压井液，油压、A 环空、B 环空压力均为 0MPa，压井成功。后续处理井筒发现本井井下安全阀下提升短节(深度 85m)严重腐蚀且井口回接套管在三级套管头卡瓦密封下部发生断裂(图 12)。

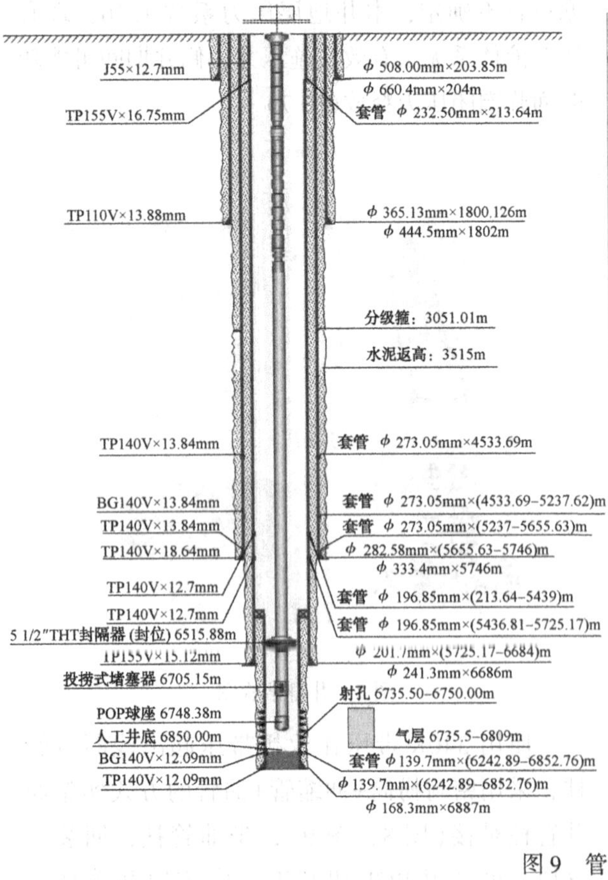

克深2-2-20井回接管柱结构图(2021-11-23)

序号	名称	内径	外径	上扣扣型	下扣扣型	数量	长度	下深
1	油补距					1	9.30	9.30
2	原井油管挂	103.00	276.00	5 7/8" ACME P	5" 12.7mmBEAR B	1	0.35	9.65
3	原井双公短节	88.90	127.00	5" 12.7mmBEAR P	4 1/2"12.7mmBEAR P	1	0.65	10.30
4	调整短节	88.90	114.30	12.7mmBEAR B	12.7mmBEAR P	4	5.91	16.21
5	新4 1/2"油管(12.7mm)	88.90	114.30	12.7mmBEAR B	12.7mmBEAR P	12	117.50	133.71
6	4 1/2"油管(12.7mm)	88.90	114.30	12.7mmBEAR B	12.7mmBEAR P	168	1645.13	1778.84
7	变扣(新)	88.90	114.30	4 1/2"12.7mmBEAR B	4 1/2"9.65mmBEAR P	1	1.50	1780.34
8	原井4 1/2"油管(9.65mm)	95.00	114.30	4 1/2"9.65mmBEAR B	4 1/2"9.65mmBEAR P	71	695.10	2475.44
9	7#变扣	95.00	114.30	4 1/2"9.65mmBEAR B	4 1/2"EUE P	1	0.69	2476.13
10	陶瓷破裂盘	101.00	146.00	4 1/2"EUE B	4 1/2"EUE P	1	0.48	2476.61
11	6#变扣	94.00	114.30	4 1/2"EUE B	4 1/2"9.65mmBEAR P	1	0.84	2477.45
12	5#变扣	94.00	114.30	4 1/2"9.65mmBEAR B	4 1/2"9.65mmBGT-2 P	1	0.84	2478.29
13	4 1/2" 伸缩管	89.00	133.00	4 1/2"9.65mmBGT-2 B	4 1/2"9.65mmBGT-2 P	1	3.73	2482.02
14	4 1/2" 伸缩管	89.00	133.00	4 1/2"9.65mmBGT-2 B	4 1/2"9.65mmBGT-2 P	1	3.62	2485.64
15	4 1/2" 伸缩管	89.00	133.00	4 1/2"9.65mmBGT-2 B	4 1/2"9.65mmBGT-2 P	1	3.73	2489.37
16	4#变扣	97.00	114.30	4 1/2"9.65mmBGT-2 B	4 1/2"7.37mmBGT-2 P	1	0.65	2490.02
17	4 1/2" 伸缩管	89.00	133.00	4 1/2"7.37mmBGT-2 B	4 1/2"7.37mmBGT-2 P	1	3.73	2493.75
18	3#变扣	92.00	114.30	4 1/2"7.37mmBGT-2 B	4 1/2"9.65mmBGT-2 P	1	0.62	2494.37
19	2#变扣	89.00	114.30	4 1/2"9.65mmBGT-2 B	4 1/2"9.65mmBEAR P	1	0.51	2494.88
20	1#变扣	89.00	114.30	4 1/2"9.65mmBEAR B	4 1/2"12.7mmBEAR P	1	1.50	2496.38
21	密封捞筒	87.00	165.00	4 1/2"12.7mmBEAR B	/	1	1.38	2497.76
22	原井4 1/2"油管(9.65mm)残体	95.00	114.30	4 1/2"9.65mmBEAR B	4 1/2"9.65mmBEAR P	1	1.13	2498.89
23	原井4 1/2"油管(9.65mm)	95.00	114.30	4 1/2"9.65mmBEAR B	4 1/2"9.65mmBEAR P	18	177.29	2676.18
24	原井4 1/2"油管(8.56mm)	97.18	114.30	4 1/2"8.56mmBEAR B	4 1/2"8.56mmBEAR P	355	3501.02	6177.20
25	变扣	74.22	131.00	4 1/2"8.56mmBEAR B	3 1/2"7.34mmBEAR P	1	0.54	6177.74
26	原井3 1/2"油管(6.45mm)	76.00	88.90	3 1/2"7.34mmBEAR B	3 1/2"7.34mmBEAR P	34	337.53	6515.27
27	上提升短节	74.22	88.90	3 1/2"7.34mmBEAR B	3 1/2"7.34mmVAMTOP	1	0.99	6516.26
28	5 1/2"THT封隔器	58.62	110.74	3 1/2"7.34mmVAMTOP	3 1/2"7.34mmVAMTOP	1	0.68	6515.87
29							1.42	6517.29
30	变扣	74.22	101.00	3 1/2"7.34mmVAMTOP B	3 1/2"7.34mmVAMTOP P	1	0.48	6517.77
31	原井3 1/2"油管(6.45mm)	76.00	88.90	3 1/2"6.45mmBGT1 B	3 1/2"6.45mmBGT1 P	19	186.48	6704.26
32	变扣	62.00	109.00	3 1/2"6.45mmBGT1 B	2 7/8"5.51mmFOX P	1	0.44	6704.71
33	投捞式堵塞器	52.00	93.00	2 7/8"5.51mmFOX B	2 7/8"5.51mmFOX B	1	0.45	6705.16
34	双公短油管	62.00	73.02	2 7/8"5.51mmFOX P	2 7/8"5.51mmFOX P	1	1.87	6707.03
35	变扣	59.00	93.20	2 7/8"5.51mmFOX P	93.2*10mmBT-FJ P	1	0.53	6707.56
36	直连油管	73.20	93.20	93.2*10mmBT-FJ B	93.2*10mmBT-FJ P	4	38.01	6745.56
37	变扣	59.00	93.20	93.2*10mmBT-FJ B	2 7/8"5.51mmFOX P	4	0.54	6746.10
38	短油管	62.00	73.02	2 7/8"5.51mmFOX B	2 7/8"5.51mmFOX P	1	2.01	6748.11
39	POP球座	35.81	95.25	2 7/8"5.51mmFOX B	/	1	0.27	6748.38

1、密封捞筒外径φ165mm，内装φ112mm篮瓦，φ120mm止退环，抗拉1100KN，全长1.38m，有效入鱼0.90m；
2、目前计算鱼顶深度2496.66m，实探鱼顶深度2496.73m，悬重上提130Klb(62.65t)，下放130Klb(59.02t)；
3、目前鱼头为114.3×9.65mmS13Cr110油管本体，外径114.3mm，内径95mm，长1.13m；
4、目前落鱼管柱结构：4 1/2"S13Cr110×9.65mm油管第252根残体×1.13m+4 1/2"S13Cr110 9.65mm油管18根177.29m+4 1/2"S13Cr110 8.56mm油管355根3501.02m+变扣×0.54m+3 1/2"S13Cr110 6.45mm油管34根337.53m+上提升短节×0.99m+5 1/2"THT封隔器×2.1m+变扣×0.48m+3 1/2"BT-13Cr110 6.45mm油管19根186.48m+变扣0.44m+投捞式堵塞器0.45m+双公短油管1.87m+变扣0.53m+φ93.2mm直连油管4根38.01m+变扣0.54m+双公短油管2.01m+POP球座0.27m，落鱼总长：4251.68m；
5、4-1/2"金属伸缩管参数：生产厂家：[illegible]，生产日期：2021.03.26，单根伸缩距2.01m（入井4根），压缩状态入井，[illegible]，单颗剪切值2.13MPa(22kN)，打开拉力：22*4=88kN，工作压力：70MPa，耐温204℃，抗拉800kN，抗扭：10000N.m；
6、陶瓷破裂盘抗拉1000KN；
7、下入原井4 1/2"9.65mmBEAR扣油管71根，下入原井4 1/2"12.7mmBEAR油管168根，新4 1/2"12.7mmBEAR油管12根，新4 1/2"12.7mmBEAR短油管4根，长度分别为：1.985m、1.985m、0.975m、0.975m。

图 9　管柱对接图

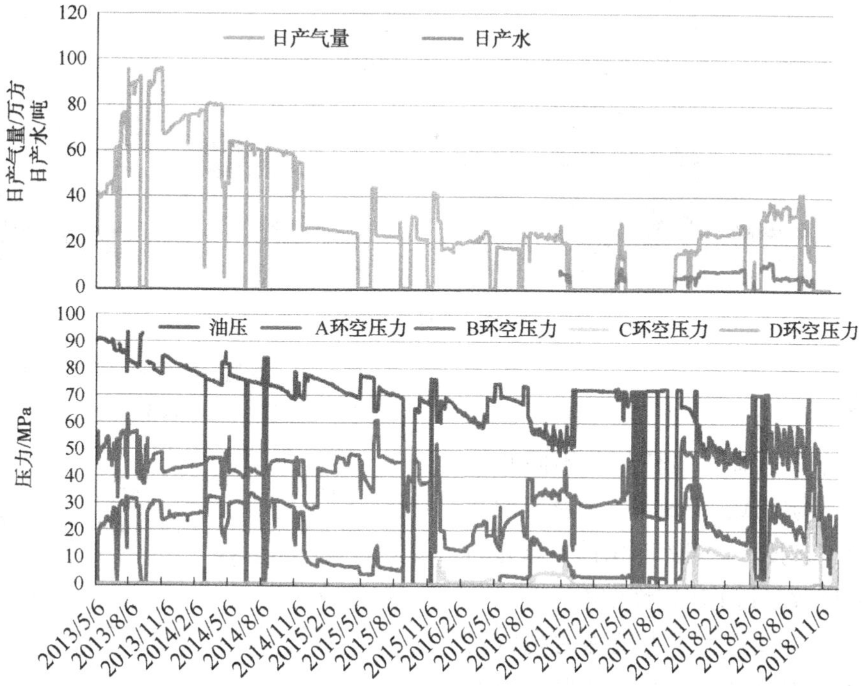

图 10　生产曲线图

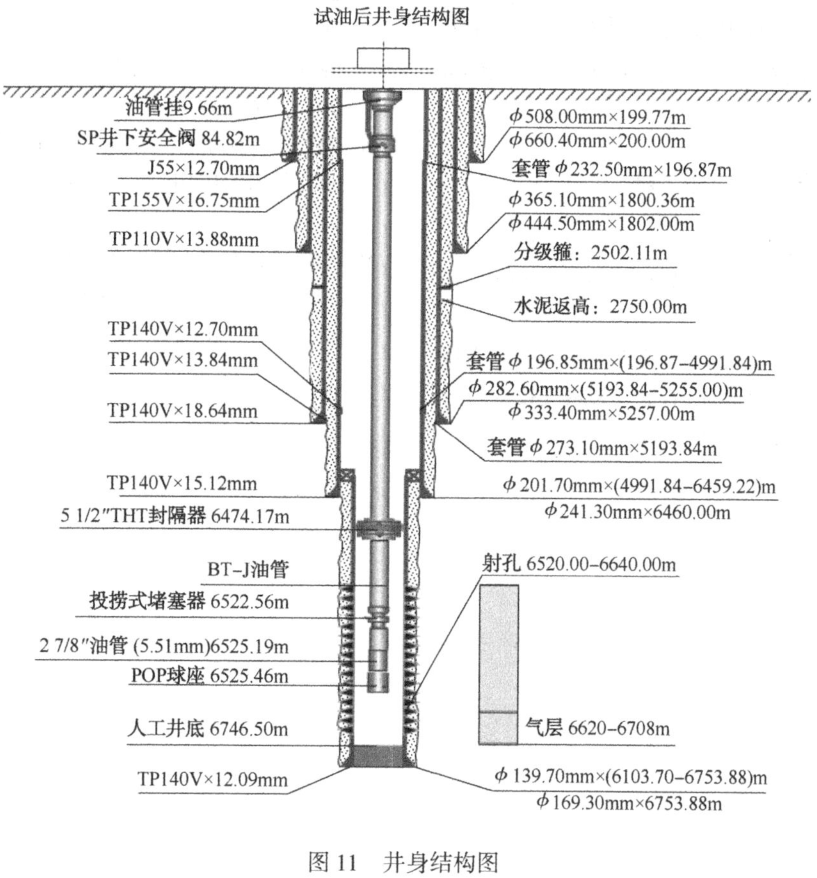

图 11　井身结构图

图 12　管柱失效图

4　结论及建议

（1）通过对库车山前“三超”气井不同井屏障失效类型的探索与实践，形成了一套系统的井控风险防控配套工艺技术，对库车山前大修井的井控安全、提质增效起到了决定性作用。

（2）针对管柱多漏点、压力敏感的高压气井，压井期间通常需要多次压井以确保井控安全，出于成本及保护储层的角度，目的层可溶性屏蔽暂堵工艺亟需研发。

（3）随着库车山前开发的不断深入，气藏压力不断衰竭，负压修井配套工艺技术将是未来的重点攻关方向。

参　考　文　献

[1] 宋晓俊，黄钟新，任亮，等．油套窜通高压气井安全生产措施[J]．天然气技术与经济，2016，10(1)：54-56.

[2] 曾努，曾有信，廖伟伟，等．克深区块高温超高压气井环空压力异常风险评估[J]．天然气技术与经济，2017，11(1)：21-23.

[3] 何银达，罗超，周忠明，等．异常高压高产气井修井工艺技术在 KL203 井的应用[J]．油气井测试，2008，17(1)：60-61.

[4] 吴青芳，赵杏林．连续油管过封隔器切割技术的应用及效果[J]．中国石油和化工标准与质量，2018(7)：171-172.

[5] 蒲洪江，伍强，杨永华，等．8000m 连续油管在超深高含硫气井的应用与实践[J]．钻采工艺，2015，38(2)：111-113.

[6] 曹学军，周赟，傅伟，等．连续油管带压作业技术在特殊复杂井况中的应用[J]．天然气勘探与开发，2012，35(2)：50-52，56.

[7] 张宝，匡韶华，魏军会，等．连续油管解堵技术在克深区块超深高压气井中的应用[J]．油气井测试，2017，26(6)：41-43.

[8] 冯广庆，谢宇．高温高压油气井井下作业技术在迪那 2 气田的应用[J]．油气井测试，2007，16(4)：39-41，43.

[9] 胡旭光，罗园，刘贵义，等．气井带压作业油管内密封工具应用现状与发展趋势[J]．天然技术与经济，2022，16(5)：32-37.

声光电技术在油气泄漏检测领域应用前景分析

石　林　胡　涛　樊　鹏

（中石油煤层气有限责任公司）

摘　要　石油、天然气是维持我国经济高速发展的战略性资源，油气场站则是保障能源供给、关系国计民生的基础性设施。在整个集输系统中，场站的设备多，流程复杂，密封点多，由于不可避免的老化、腐蚀、密封失效等原因，场站油气泄漏事件时有发生，严重干扰正常生产，造成巨大的经济损失和环境污染。利用声光电综合检测技术，能够提高场站油气泄漏检测的准确性和效率，弥补传统目测或者化学检测技术的不足，对于发现场站油气泄漏，保护环境，减少企业经济损失，提高场站生产安全性具有非常重要的现实意义。

关键词　场站；油气泄漏；声光电检测技术；应用

1　引言

1.1　事故案例

2020年1月14日13时41分许，长炼石化公司催化重整装置预加氢进料/产物换热器E202A-F与预加氢产物/脱水塔进料换热器E204AB间的压力管道（250P2019CS-H）90°弯头处出现泄漏，发生爆燃，管道内漏出的易燃物料猛烈燃烧，并于13时51分和14时21分再发生两次爆燃。经全力救援，1月14日19时15分明火完全扑灭，该事故造成催化重整装置预加氢单元、重整单元、产品精制分离单元内建构筑物、设备设施不同程度损毁，无人员伤亡，核定直接经济损失198.15万元。

1.2　事故启示

发生油气泄漏事件，极易引起重大的安全事故，油气场站属于易燃易爆区，做好油气泄漏检测工作，是保证场站安全生产的首要条件。

2　场站油气泄漏形式及原因分析

油气场站的设备主要有各类脱水装置（分离器、恒温露点控制橇等），收、发球筒，阀门（球阀、旋塞阀、闸阀等），管线（外输管线、排污管线等），变送器，压力表，温度表等；这些设备和仪器仪表的连接形式主要是法兰连接、焊接和螺纹连接。

在油气场站，最常漏气的位置就是静密封点处，如法兰、螺纹接口处，但管线穿孔泄漏也时有发生，主要是管线弯头处，特别是排污管线和放空管线弯头处。根据现场实际，常见的泄漏形式有四种：法兰泄漏、螺纹泄漏、阀门泄漏、管道泄漏。

2.1　法兰泄漏原因分析

法兰连接是油气场站管道和设备连接的主要形式，其泄漏也是场站泄漏最为主要的形式，法兰密封主要是依靠其连接的螺栓产生的预紧力，通过垫片达到足够的工作密封比压，来阻止油气外漏。法兰泄漏常见原因有以下七种。

（1）偏口，指管道与法兰不垂直、不同心，法兰面不平行。当内部介质压力超过垫片的载荷压力时，就会发生法兰泄漏。

（2）错口，指管道和法兰垂直，但两法兰不同心。法兰不同心，造成周围的螺栓均不能自由地穿入螺栓孔。在没有其他办法的情况下，只有扩孔或用小一号的螺栓穿入螺栓孔，而该方法会降低两法兰的拉紧力。并且密封面的密封面线也有偏差，这种情况非常容易发生泄漏。

（3）张口，指法兰间隙过大。法兰的间隙过大而造成外载荷时，如轴向或弯曲载荷，垫片就会受到冲击或震动，失去压紧力，从而逐渐失去密封动能而导致失效。

（4）错孔，指管道与法兰同心，但两个法兰相对的螺栓孔之间的距离偏差较大。错孔会使螺栓产生应力，该力不消除，将对螺栓造成剪切力，时间长了会把螺栓切断，造成密封失效。

（5）应力影响，在法兰安装时，两法兰对接都比较规范，但在系统生产中，管道进入介质后，造成管道温度变化，使管道发生膨胀或变形，从而使法兰受到弯曲载荷或剪切力，容易造成垫片失效。

（6）腐蚀影响，由于腐蚀介质对垫片长时间的侵蚀，使垫片发生化学变化。腐蚀介质渗透到垫片中，垫片开始变软，失去压紧力，造成法兰泄漏。

（7）热胀冷缩，由于流体介质的热胀冷缩作用，造成螺栓膨胀或收缩，这样垫片就会产生间隙，介质通过压力泄漏。

2.2　螺纹泄漏原因分析

螺纹密封的原理主要是利用螺纹之间的摩擦力和挤压力来实现密封效果。当两个螺纹紧密配合时，螺纹之间的摩擦力会使它们紧密贴合在一起，形成一个稳定的密封结构。同时，螺纹之间的挤压力会将液体或气体挤出密封区域，从而防止泄漏。螺纹泄漏常见原因为：丝扣加工不符合要求(丝扣过深、过浅、磨损等)或是安装不规范，导致介质泄漏。

2.3　阀门泄漏原因分析

不同种类阀门密封原理各不相同，大部分阀门密封原理为：阀芯与阀座密封面紧密贴合，阻止介质流通。阀门泄漏常见原因有三种：一是密封面损坏，阀门内部的密封面损坏或磨损导致泄漏；二是密封面松动，阀门内部的密封面可能由于长期使用或者振动等原因而松动，导致其密封失效；三是阀门材料老化，阀门内部的材料可能由于长期使用或者受到环境影响而老化，导致密封失效。

2.4　管道泄漏原因分析

管道泄漏的常见原因为：管道在长期使用过程中，管内介质不断地对管道进行冲蚀或腐蚀，管道壁厚逐渐减薄，导致管道泄漏。

3　场站油气泄漏检测设备

人工巡逻检测是目前应用最为普遍的一种泄漏检测方法，巡检中主要使用的检测设备有：可燃气体检测仪和综合可视化检测仪。

3.1　可燃气体检测仪工作原理

可燃气体检测仪是在一些可能存在可燃气体泄漏的环境中使用的一款仪器，可以准确检测出可燃气体浓度，通常它的原理主要分为：催化型，半导体型以及电化学三种类型。

（1）催化型可燃气体检测仪是通过难熔金属铂丝加热后的产生的电阻变化对气体浓度起到测量的作用，空气中存在的气体进入探测器后，铂丝表面会产生氧化反应，此时产生的热量使铂丝温度逐渐升高，导致铂丝电阻率发生变化，在遇到高温等因素时铂丝温度也会受到一定的影响，铂丝电阻率发生变化后，检测的数据也会出现变化。

（2）半导体型可燃气体检测仪主要是通过半导体表面电阻变化来检测可燃气体浓度。它采用了灵敏度较高的气敏半导体元件，当它处于运行状态时，如果环境中存在可燃气体，就会使半导体电阻率下降，下降的程度与可燃气体浓度是相关的。

（3）电化学可燃气体检测仪，通过电化学传感器作为核心装置的仪器，存在于空气中的大部分可燃气体都具有电化学活性，可以被电化学传感器进行氧化或还原，产生这种反应的电流与气体浓度形成一定的比例，所以我们可以通过这种比例关系来计算出气体种类和浓度大小。

3.2　综合可视化检测仪工作原理

综合可视化检测仪是应用声学成像技术和红外热成像技术制造的一款可视化气体检测仪。

（1）声学成像技术(图1)，是利用传声器阵列测量一定范围内的声场分布的专用技术。它利用声学、电子学和信息处理等技术，将声像图与阵列上配装的摄像时所拍的视频图像以透明的方式叠合在一起，变换成人眼可见的图像，帮助人们直观地看到声场、声波、声源。

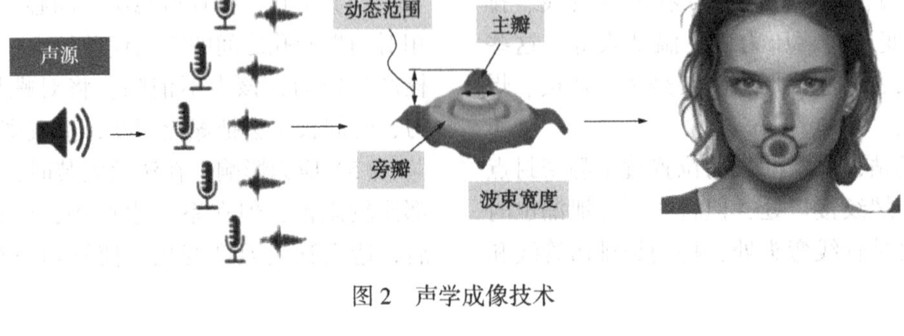

图2　声学成像技术

（2）红外热成像技术，是以红外物理学、红外光电子技术、信号与信息处理技术、数字图像处理技术及计算机应用技术为基础发展而来的一门新兴的综合性技术。红外辐射是自然界存在的一种最为广泛的电磁波辐射，它是基于任何物体在常规环境下都会产生自身的分子和原子无规则的运动，并不停地辐射出红外能量。红外辐射的能量可以用物体表面的温度来度量，物体的分子和原子的运动愈剧烈，辐射的能量愈大，物体的表面温度愈高；反之，辐射的能量愈小，温度就愈低。

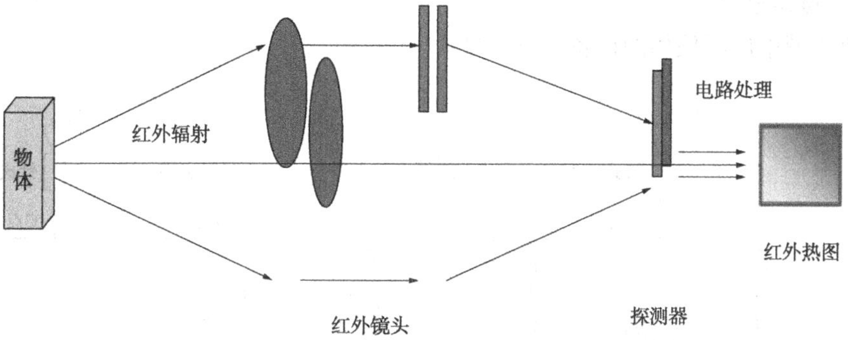

图 2　红外热成像技术

4　声光电检测技术应用效果

4.1　综合可视化检测仪现场应用

（1）中石油煤层气有限责任公司集气站引入综合可视化检测仪后，在首次使用中，发现孔板流量计放空阀阀杆处气体渗漏，渗漏速度为 0.003L/min（图 3）。由于泄漏率比较小，人耳听不到，用手也感受不到，常规气体检测仪无法检测出该漏点，然而综合可视化检测仪应用声光电技术后，能够准确检测到该漏点，充分反映了声光电技术在油气泄漏检测领域的优势。

图 3　综合可视化检测仪现场应用

（2）目前，大庆油田天然气分公司、大庆炼化、宏伟庆化等多家油田企业引入综合可视化检测仪，使用效果较好。

4.2　综合可视化检测仪优势与特点

（1）优化检测手段，利用“声光电”综合检测手段，弥补传统目测或者化学检测手段的不足；减少巡检时间，提升人效。

（2）降低运营成本，极早发现微弱故障隐患，可排入计划性检修，实现预测性维护，避免事故停电停机损失；消除泄漏，大幅减少经济损失。

（3）提升信息化水平，用机器视觉代替人眼，机器记录代替手工记录，机器分析协助人工分析，使巡检时间大大缩短，数据管理水平大幅提升。

(4) 降低安全风险，一种高效的安全检测手段，减少漏检，降低设备故障可能性，降低系统安全风险。

5　声光电检测技术应用前景

5.1　应用于阀门内漏检测

阀门是工业领域中广泛使用的设备，它的性能和状态直接影响到流体输送和控制的效果。然而，由于各种原因，阀门可能会出现内部泄漏或阻塞的情况，导致流量不稳，压力下降，能耗增加等问题。应用超声阀门内漏检测技术，可灵敏地捕捉到由于气体或液体从微小缝隙中溢出所产生的高频信号，检测阀门是否内漏(图4)。

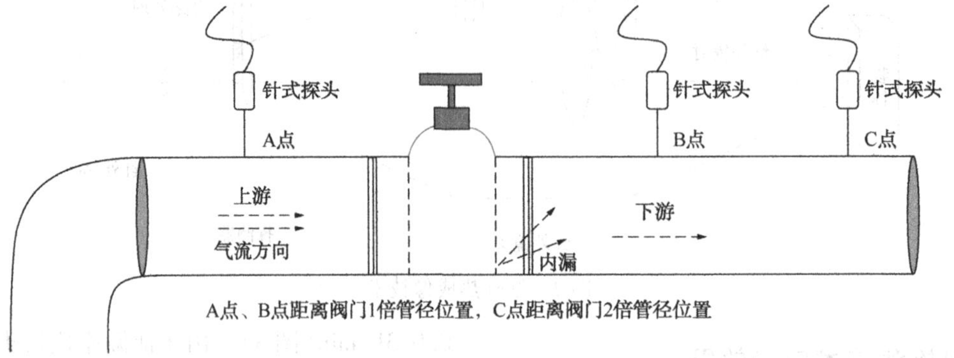

图4　超声阀门内漏检测

5.2　应用于设备安全检测

将红外热成像技术用于设备安全检测上，通过其对设备的热缺陷进行探测，可用于高温加热锅炉内部缺陷检测、电机状态监测、温度管线缺陷检测、油液位置检测、变电站、联合站变电岗、开关柜等设备的温度缺陷进行检测。

5.3　应用于无人值守场站气体监测

随着石化行业快速发展，无人值守场站逐渐成为一种常规的管理模式，要保证无人值守场站安全运行，必须做好现场生产情况监测工作，场站设备是否正常运行，场站介质是否泄漏等。应用声光电技术能够充分发挥其监测准确、灵敏的优势，通过远传设置报警，降低值班人员工作量，及时发现现场安全隐患，并第一时间进行处理。

6　结语

随着声光电技术的快速发展，各类成熟产品不断被研发，并在现场应用中取得较好效果，油气开发行业作为高危行业，安全是一切生产活动的前提，全面推广应用新技术、新产品做好油气场站安全监测工作，必将是未来发展的趋势。

参　考　文　献

[1] 杜玮暄．抽油机井口偏磨规律分析及光杆密封器随动调偏结构设计[J]．科技风．2014.
[2] 李明，段同立，魏凡亮，张清理．抽油机井井口偏磨问题分析与解决办法[J]．2019.
[3] 周聪琳，石少敏，王学军，等．井口密封器防偏磨改进研究与应用[J]．2016.
[4] 丁传文，张文军，张新利．石西油田深井抽油井口偏磨、腐蚀刺漏顽症的解决工艺[J]．2014.

基于物联网的消防应急资源智能管理技术

刘　超　陈　鑫　郭云龙

（中国石化胜利油田分公司）

摘　要　本文探讨了基于物联网的消防应急资源智能管理技术，该技术将物联网、云计算、数据分析和可视化等技术相结合，以提高火灾预防、响应和资源管理的效率。文章首先介绍了该技术的背景和研究目的，强调了其在现代社会中提高火灾安全和减少损失方面的重要性。然后，文章详细讨论了物联网在消防应急中的应用，包括各种传感器类型的使用、传感器网络的部署、数据采集与传输技术等方面的内容。接着，文章强调了数据存储与安全性的重要性，以及数据分析与可视化在消防应急中的作用。最后，文章智能消防物联网系统构建。总之，基于物联网的消防应急资源智能管理技术具有巨大的潜力，可以提高火灾应急管理的质量和效率。通过不断的创新和合作，我们可以克服挑战，实现更安全、高效和智能的消防应急管理体系。

关键词　物联网；云计算；消防应急

1　引言

1.1　背景

随着城市化进程的不断加速，城市中的火灾和其他紧急情况发生的频率也在不断增加。这些紧急情况对人们的生命安全和财产造成了严重威胁，因此及时有效的消防应急响应至关重要。

然而，传统的消防应急管理系统往往存在一些局限性，包括资源调度不够智能化、信息传递不及时、资源利用效率低等问题。这些问题可能导致应急响应的延迟和资源的浪费，从而危及生命和财产。

为了解决这些问题，物联网技术的出现为消防应急管理带来了新的解决方案。物联网技术可以将传感器、通信和数据分析相结合，实现对消防资源的实时监测、自动化调度和智能化决策。通过将传感器部署在建筑物、设备和消防车辆上，可以实时监测温度、烟雾、气体浓度等环境参数，同时跟踪消防人员和设备的位置。这些数据可以通过云计算进行处理和分析，以便预测潜在的火灾风险，优化资源调度，改善疏散路径规划，提高应急响应的效率和准确性。

因此，基于物联网的消防应急资源智能管理技术成为了解决现代城市面临的消防挑战的一种创新方法。本研究旨在深入探讨这一技术的原理、应用和未来发展趋势，以期提供更安全和智能的消防应急管理解决方案，更好地保护城市居民的安全和财产。

1.2　重要性

消防应急资源智能管理技术基于物联网的应用在现代社会中具有极其重要的意义，以下是这一技术的重要性所在：

提高应急响应速度：物联网技术可以实现实时监测和数据传输，能够迅速检测火灾或其他紧急情况的发生。这将大大减少应急响应的时间，有助于及时扑灭火源或提供救援，从而降低损失。

优化资源调度：智能管理系统可以根据实际情况自动调度消防员、设备和车辆，确保它们能够迅速到达事故现场，这将提高资源利用效率。

提高疏散安全性：基于物联网的技术可以提供更精确的火源识别和疏散路径规划，帮助居民和员工更快速、更安全地撤离建筑物。

降低火灾风险：通过数据分析，可以实时监测火灾风险因素，采取措施来降低火灾的发生，例如定期检查设备和建筑物，以及加强火源管理。

减少人员伤亡和财产损失：更快速、更精确的应急响应和资源调度将减少人员伤亡和财产损失，提高城市的整体安全水平。

2　物联网在消防应急中的应用

2.1　物联网概述

物联网（Internet of Things，IoT）是一种将各

种物理设备、传感器、软件和网络连接起来，使它们能够相互通信和协作的技术生态系统2。以下是物联网的一些关键特点：

传感器和数据采集：物联网依赖于各种类型的传感器，这些传感器能够捕捉物理世界的数据，如温度、湿度等3。这些传感器通过连接到网络，将数据传输到云端进行存储和分析。

云计算和数据分析：云计算技术允许大规模的数据存储和处理，这对于物联网数据来说至关重要。数据分析算法可以用来从大量数据中提取有用的信息，进行实时监测、模式识别和预测分析。

实时通信：物联网设备通常具有实时通信能力，能够快速传递信息。这对于紧急情况下的应急响应至关重要，如火灾警报或紧急救援请求。

自动化和智能化：物联网系统可以通过自动化和智能算法来执行任务，例如自动调度资源、优化能源使用或自动报警。这种自动化有助于提高效率和准确性。

2.2 消防应急的挑战

消防应急管理面临着多种复杂的挑战，这些挑战影响着有效的火灾和紧急情况响应。以下是一些主要挑战：

快速的火灾蔓延：火灾在短时间内蔓延，快速响应至关重要。在传统系统中，火警的检测和信息传递可能会花费宝贵的时间。

资源调度不足：有效的消防应急需要适当分配和调度资源，包括人员、设备和车辆。资源分布不均匀或不足可能导致响应延迟或无法满足需求。

信息滞后：传统的通信系统可能导致信息滞后，从而延误了响应时间。例如，火警信号可能需要经过多个层次的传递才能达到消防部门。

火源识别和风险预测：提前识别火源和预测火灾风险是挑战性的，如果能够更准确地进行识别和预测，将有助于提前采取预防措施。

资源浪费：缺乏准确的资源管理系统可能导致资源的浪费，包括时间、人力和物资。

2.3 物联网如何改善消防应急

物联网(IoT)技术在消防应急管理中具有巨大的潜力，可以显著改善应急响应的速度、准确性和效率。以下是物联网如何改善消防应急的关键方面：

实时火警检测：物联网系统可以部署各种类型的传感器，包括烟雾探测器、温度传感器和气体传感器，以实时监测火灾迹象。一旦传感器检测到火警，它可以立即通过网络传输到消防部门，实现火警的即时报告。

智能资源调度：物联网系统可以跟踪消防车辆、消防员和设备的位置和状态。当火警发生时，系统可以自动识别最近的可用资源并调度它们到达现场，从而减少了响应时间。

实时数据反馈：物联网技术允许实时监测火情的发展，并将数据反馈给指挥中心。这有助于决策者更好地了解火势、烟雾分布和风向等信息，以便采取适当的措施。

火源识别和风险预测：物联网系统可以收集大量的环境数据，并使用数据分析算法来提前识别潜在的火源和预测火灾风险。这有助于采取预防措施，减少火灾的发生概率。

资源管理和优化：物联网系统可以帮助管理和优化消防应急资源，确保它们得到最佳利用，同时减少浪费。

3 传感器技术与数据采集

3.1 消防传感器类型

消防传感器是物联网系统中的关键组件，用于监测环境参数和火灾风险因素。常见的消防传感器类型：烟雾探测器，温度传感器，气体传感器，火焰探测器，振动传感器。这些传感器类型的组合可以提供全面的火灾监测和环境参数监测，从而帮助提前识别潜在的火灾风险并触发及时的应急响应。这些传感器数据的采集和分析是物联网消防应急资源智能管理技术的基础。

3.2 传感器网络部署

(1) 传感器位置选择：传感器的位置选择对于有效的火灾监测至关重要。以下是一些传感器位置选择的考虑因素：火源附近，疏散路径，设备和设施，房间边缘，高风险区域。

(2) 传感器网络通信：传感器需要能够与中央系统或控制中心进行实时通信，以便将数据传输到云端进行分析和响应。以下是一些传感器网络通信的考虑因素：通信协议，数据传输频率，数据加密，信号强度和覆盖范围。

(3) 传感器网络管理：传感器网络需要进行管理和维护，以确保其正常运行。以下是一些传感器网络管理的关键方面：电源管理，故障检测，数据质量控制，升级和维护。

3.3 数据采集与传输技术

3.3.1 数据采集技术

数据采集是基于物联网的消防应急资源智能管理技术的核心。为了为危险源检测系统提供更充分的数据支持，必须进行数据的采集工作，并进行初步加工处理，以确保其具备标准的格式和状态，从而便于识别和处理。危险源相关数据的标记任务通常需要处理大量数据，并且这些数据通常来自单一类型的环境，不同拍摄设备的分辨率也各不相同，这可能会增加数据归档的复杂性。因此，在数据采集和处理阶段，需要对不同拍摄的图像进行分类和规范化处理，将它们转化为相同尺寸的图像集，并添加标记信息，最后编写相应的脚本。图像的采集旨在开发和提升视觉识别能力，相关人员需记录和分析危险源情况，以提高整体识别和管理效率。以下是一些常见的数据采集技术：

传感器数据采集：各种类型的传感器（如烟雾探测器、温度传感器、气体传感器等）用于监测环境参数和火灾风险因素，将数据传输到中央系统。

摄像头和图像识别：摄像头可以用于监测建筑物内外的情况，并利用图像识别技术来检测火源、烟雾或其他异常情况。

声音传感器：声音传感器可以用于监测火警报警器的响声或其他异常声音，以触发火警。

人员和设备追踪：通过使用RFID标签或其他定位技术，可以追踪消防员和设备的位置和状态。

建筑结构监测：使用传感器监测建筑结构的振动、温度和压力，以评估建筑的安全性。

3.3.2 数据传输技术

数据采集后，数据需要传输到中央系统进行分析和响应。以下是一些数据传输技术：

无线通信：无线通信技术，如Wi-Fi、蓝牙、Zigbee和LoRa，可以用于传输传感器数据。它们提供了灵活的数据传输选项。

移动通信：移动通信网络，如4G和5G，可以用于在广域范围内传输数据，尤其适用于消防车辆和移动设备。

卫星通信：卫星通信可以用于在偏远地区或没有传统通信基础设施的地方传输数据。

有线通信：有线通信，如以太网，可以用于建筑内部的数据传输，确保稳定的连接。

局域网（LAN）和广域网（WAN）：局域网和广域网可以用于将数据传输到不同位置的中央系统，以便远程监控和管理。

云计算：将数据上传到云端进行存储和分析，可以实现数据的集中管理和远程访问。

4 云计算与数据存储

4.1 云计算在消防应急中的作用

云计算在消防应急管理中发挥着关键作用，提供了强大的计算和存储资源，以支持数据分析、决策制定和资源调度。以下是云计算在消防应急中的主要作用：

大规模数据存储：云计算提供了高效的数据存储解决方案，可以容纳大量传感器生成的数据。这些数据可以包括火警信息、传感器读数、监控摄像头图像等。

实时数据分析：云计算平台可以运行强大的数据分析算法，用于实时监测火情、资源分配和疏散情况。这有助于及时识别火灾风险和制定响应策略。

资源调度和路径规划：基于云计算的系统可以通过数据分析来自动调度消防员、设备和车辆，以及规划疏散路径。这提高了资源的效率利用和响应速度。

预测分析：云计算可以用于火灾风险预测和趋势分析。通过分析历史数据和实时传感器数据，可以提前识别火源，采取预防措施。

远程监控和响应：云计算允许远程监控消防应急情况，并进行实时响应。这对于远程指挥中心、政府机构和消防部门非常重要。

4.2 数据存储与安全性

4.2.1 数据存储的重要性

数据存储是消防应急资源管理中至关重要的一环。以下是数据存储的重要性：历史数据分析，实时数据访问，资源管理，决策支持。

4.2.2 数据安全性

确保数据的安全性对于消防应急管理至关重要。以下是确保数据安全性的关键方面：数据加密，身份验证和访问控制，备份和灾难恢复，网络安全，数据隐私，监测和审计，教育和培训。数据存储和安全性是消防应急资源智能管理技术的核心要素之一。只有确保数据的完整性、保密性和可用性，才能有效地支持消防应急响应和资源管理。数据安全性措施应该与消防应急系统的设计和实施同等重要。

4.3 数据分析

数据分析是基于物联网的消防应急管理中至关重要的一环。以下是数据分析的重要性：

火灾风险评估：通过分析传感器数据，可以对火灾风险进行实时评估。这有助于确定潜在的火源和火灾风险因素。

资源优化：数据分析可用于确定最佳的资源分配和调度策略。这有助于确保消防员、设备和车辆在需要的地方和时间得到最佳利用。

趋势分析：分析历史数据可以帮助识别火灾和紧急情况的趋势和模式，从而制定更有效的预防措施。

响应优化：实时数据分析可以支持智能决策制定，帮助决策者采取最佳的应对措施。

5 智能消防物联网系统构建

在物联网领域，主要的技术包括信号识别、传感技术以及无线网络技术等。这些技术允许不同类型的设备通过各种网络通信协议实现互联，比如常见的 Wi-Fi 和蓝牙等。这种联网架构可形成广域网络，进而与消防工作紧密结合，构建智能化的消防物联网系统，以进一步提升物联网在实际应用中的效益。将人工智能技术融入消防工作，可以建立全面的智能消防监控系统。

首先，必须进行详尽的系统需求分析。在应用系统时，我们需要扩大监控覆盖范围，并准确地识别和收集设备信息、状态和环境数据。系统会对这些数据进行深入分析，以生成与火灾相关的数据。这些数据的合理推断可充分发挥消防系统的作用。鉴于消防监控工作的复杂性，我们需要构建智能网络平台结构，以监控和调控相关消防工作。这既能提高城市火灾的预防能力，加强生命和财产的安全保障，又能通过物联网实时监督城市火灾情况，并自动触发报警系统。同时，与消防设备和交通网络的连接为消防人员提供了准确的指导，提高了消防工作的效率。

其次，我们需要建立系统结构。智能消防物联网系统的核心应该采用二级监控框架结构。一级结构由与物联网相连的不同服务器组成，提高信息传输效率，同时扩大监控范围。二级结构主要包括消防部门，其中包括报警系统终端和相应的智能管理平台。通过平台，我们可以对上报的信息进行准确处理，提高信息管理效率。见图1。

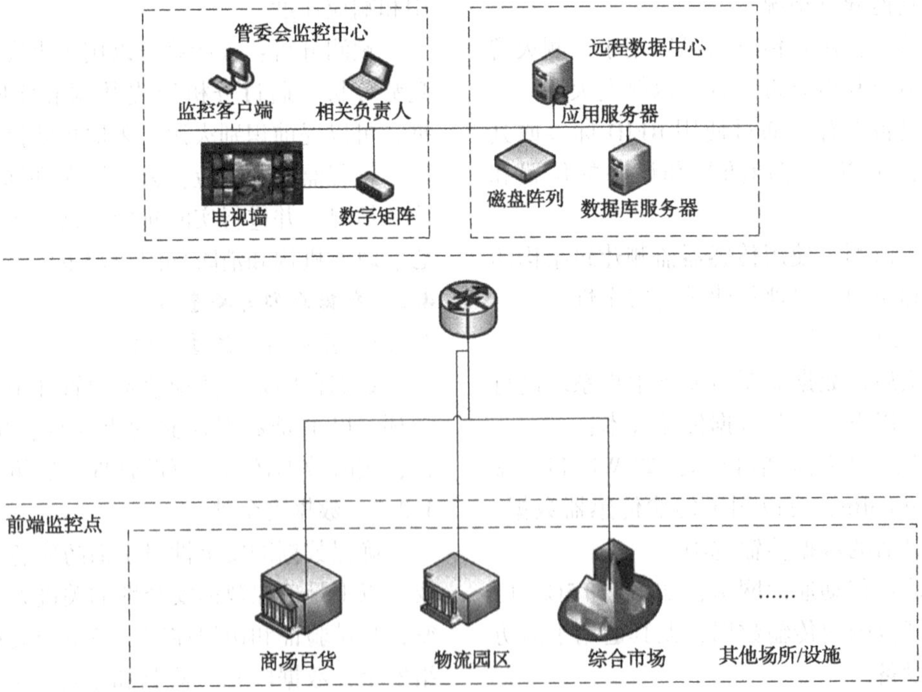

图1　监控中心联网结构

在使用智能消防物联网系统时，需要在监控范围内设置适当的服务器，并将其与物联网相结合，以收集和上传监控范围内的数据。例如，在火灾识别时，系统会立即发出报警，并为救援人员提供最佳路线。如果发现消防设施状态故障，系统会提取相关图像并将其上传到相关部门以进行维修处理。火灾扑灭后，可以通过云储存的监控数据进行详细分析和判断。

最后，实施智能消防物联网系统。为了发挥系统功能，需要搭建适应的云端服务器平台，并构建应用程序，以便信息共享、环境监控和数据传输，从而完成对区域范围内的监控和管理。我们还可以在不同区域的监测点上设置不同级别的监测子系统，以提高监测数据的有效管理。处理完毕的监控数据，如果存在问题，需要根据故障情况制定适当的解决方案，并将其反馈给相关部门。

6 总结

基于物联网的消防应急资源智能管理技术是一项关键的创新，将传感器技术、云计算、数据分析和可视化等技术相结合，以提高火灾预防、响应和资源管理的效率和质量。在本文中，我们探讨了物联网在消防应急中的应用，包括各种传感器类型的使用、传感器网络部署和数据采集与传输技术，并构建了智能消防物联网系统。综上所述，基于物联网的消防应急资源智能管理技术有着巨大的潜力，可以提高火灾应急管理的水平。通过不断的创新和合作，我们可以克服挑战，实现更安全、高效和智能的消防应急管理体系。

参考文献

[1] 杜绍魁．消防监督工作中人工智能技术的应用探析[J]．低碳世界，2021，11(11)，151-152.

[2] 吕超，颜国华，周刚，盛鹏飞．基于物联网技术的智慧消防管控系统的研究与应用[J]．电子产品世界2020，27(10)，46-48.

[3] 罗静，基于物联网技术的高层建筑消防监督管理研究．中国设备工程 2022，(20)，268-270.

[4] 唐佳，物联网技术在智慧消防中的应用．今日消防2020，5(03)，17-18.

[5] 奚洪国，关于人工智能在消防监督管理中的应用前景．今日消防 2020，5(04)，8-9.

[6] 孙继清，物联网技术在高层建筑消防监督管理中的应用研究．工程建设与设计 2023，(17)，87-89.

[7] 宋成功，消防监督检查业务中物联网技术的应用分析．科技风 2022，(02)，44-46.

[8] 刘川溥，消防监督工作中人工智能技术运用研究．科技创新与应用 2022，12(33)，189-192.

[9] 李航；郭佳；曹媛，浅谈基于消防产品的智能化监督管理措施．内蒙古科技与经济 2019，(12)，28.

[10] 陈玲平，如何做好突发公共卫生事件下的消防监督管理工作．消防界（电子版）2021，7(19)，126+128.

四足智能机器人在安全生产和应急处置中的应用研究探索

范海鹰　刘　超　陈　鑫

（中国石化胜利油田分公司）

摘　要　随着科技的不断发展，许多危险性工作逐渐被机器所取代。机器人技术在这方面发挥着重要的作用，它们能够提供智能和技术支持，以支持第一响应人员在恶劣和危险环境中执行任务。机器人可以代替人员进入无法到达或不安全的地方，从而减少人员受到的风险。这种技术的应用不仅能够提高任务执行的效率，还可以保护人员的生命安全。本研究旨在探索智能机器人在安全生产和应急处置中的应用，以解决现有灾难任务和风险干预任务所面临的困难和挑战。通过分析灾害任务的分类及机器人技术的需求，本文提出创新、成本效益和实用性的重要性，并总结了机器人技术在灾害预警、干预和恢复工作中的潜在任务。研究显示智能机器人技术在应急管理领域具有巨大潜力，能够提高救援效率、减少人员伤亡，并且对于解决灾害任务和风险干预相关问题具有重要意义。

关键词　智能机器人；四足应急机器人；安全生产；防灾减灾救灾；灾害预警；应急处置

随着现代社会的发展，安全生产和应急处置已成为社会管理的重要组成部分。特别是在面对灾害和突发事件时，及时有效地展开救援工作对于减少损失、保障人民生命财产安全至关重要。智能机器人技术作为一种新兴的技术手段，在这一领域展现出了巨大的潜力。

石油石化相关的灾害涵盖了自然灾害和人为灾害两大类别。自然灾害包括地震、洪水、火山爆发、海啸等，这些灾害可能导致建筑物倒塌、产生有毒气体和辐射、土地以及泥石流或火山口等严重后果。过去二十年间，这些自然灾害已经造成了超过10000亿美元的损失，对世界各地的经济和社会造成了严重影响。除了自然灾害外，人为灾害也可能对石油石化产业造成重大损害，如核电站事故、战争、环境污染、化学品泄漏等。这些灾害可能引发大规模的社会混乱和环境破坏，对人类健康和生活环境构成严重威胁。

为了减少灾害带来的损失，灾害管理和风险评估变得至关重要。这包括建立预警系统、加强应急响应能力、制定灾后恢复计划等措施，以应对灾害带来的风险和挑战。通过这些努力，可以最大程度地减少灾害造成的损失，保障人们的生命财产安全，促进社会的稳定与发展。

在当前社会背景下，石油石化行业面临着来自自然灾害和人为灾害的双重威胁，这不仅对生产设施和人员安全构成挑战，也可能引发环境破坏和社会混乱。为了有效减少灾害带来的损失，灾害管理和风险评估至关重要。在这个过程中，智能机器人的应用为安全生产和应急处置提供了新的可能性。

在中小型场所，智能机器人通过配备高精度传感器和智能识别系统，能够及时发现电气线路安全隐患、疏散通道被占用等问题，并协助清理障碍物，确保逃生通道畅通。对于防范手段薄弱的住宅小区，智能机器人可携带可燃气体探测器，实时监测周围环境中的可燃气体浓度，及时发现异常情况，提高安全意识。而在山林防火方面，智能机器人可以构建全天候、高频次的森林防火监测网络，实现火情的早期发现和准确报警，提高监管效能。在仓库管理方面，智能机器人通过配备高精度传感器和智能识别系统，能够检测火灾隐患，并帮助清理安全出口，提高管理效能

本研究旨在探讨智能机器人在石油安全生产和应急处置中的应用，着重关注四足应急机器人在防灾减灾救灾过程中的作用。与传统的人力救援相比，四足应急机器人具有感知、决策、执行等特征，能够在复杂危险场景中提高生产和救援效率，减少人员伤亡。然而，尽管当前技术已经取得了一定成就，但仍面临诸多挑战。如何在高

度受限和不确定的环境中找到创新、可靠且实用的技术解决方案，是当前研究亟需解决的问题之一。研究将从灾害任务的分类出发，探讨机器人系统完成任务所需的技术和功能要求，并对机器人技术在灾害预防、干预和恢复工作中的潜在任务进行概述。通过本研究，我们期望能够为智能机器人在安全生产和应急处置领域的进一步发展提供参考，为解决灾害任务和风险干预相关的问题提供新的思路和方法。

1　四足智能机器人原理

1.1　外部结构设计

四足机器人的腿部配置决定了整机的运动性能，其结构直接影响行走稳定性，因此机器人的腿部设计尤为重要。从图1放大的单腿模型可以看出，整个腿由平行四边形机构和反平行四边形机构组成。小腿的运动由平行四边形机构转移到反平行四边形机构，从而实现足端的运动。小腿输入轴主要用于提升机器人腿部高度，且机身运动不产生位移，为机器人越过障碍物提供了保证。大腿的动作比较简单。大腿输入轴驱动大腿实现机身相对地面的运动。

前体通过腰部结构与后体连接，使得前体相对于后体可进行俯仰、左右旋转和前后伸缩运动。腿部机构主要由平行四边形机构和反平行四边形机构组成，使得腿部具有更大的强度和刚度，且控制相对简单，更符合哺乳动物的运动规律

机器人的设计主要采用目前业界认可的前肘后膝关节配置，可以增加机器人的行走稳定性，降低运动过程中的能耗。从图1可以看出，这种支腿结构比串联支腿具有更大的强度和刚度，比并联支腿具有更大的工作空间和灵活性。只需要两个主驱动器就可以实现机器人的腿部运动，可见其控制的可操作性。

为了更加契合在安全生产和应急处置中的需要，该智能机器人配备了多种先进的传感器和设备：热成像双光谱云台，VR全景相机，3D激光雷达，自组网，拾音器，和气体传感器等，可在各种复杂环境下执行任务，具体结构如图1所示。

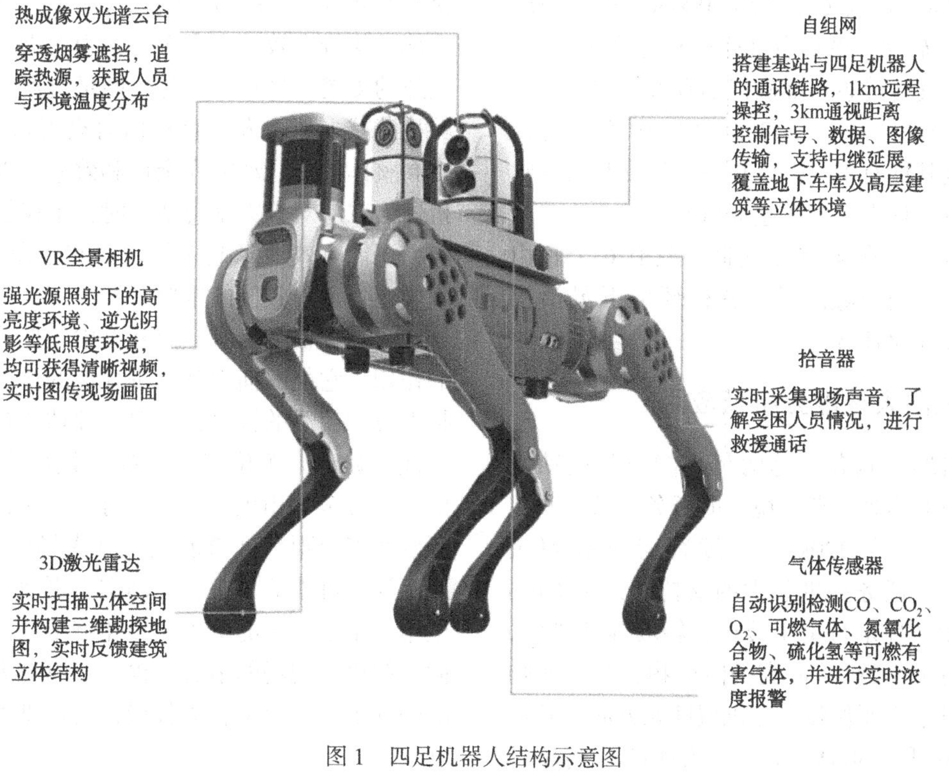

图1　四足机器人结构示意图

1.2　工作运行设计

攀爬机器人通过一种可主动改变自身状态的自适应机械臂来适应不同的地形条件，机械臂上搭载了多种传感器，对攀爬机器人的运动进行实时监测，末端装有真空吸盘，运动时始终有一端紧贴接触面，以确保安全。通过传感系统提取攀

爬机器人周围的环境信息，将这些信息发送给无线图像传输系统进行处理。当外部环境发生变化时，控制系统会根据当前的环境信息确定移动机械臂的运动方式及路径。智能控制系统通过无线图像传输系统将采集到的视频图像信息传输给控制系统，控制系统根据当前环境信息做出相应的决策，驱动机械臂相应的运动，令攀爬机器人顺利到达攀爬位置。这种方法提高了机器人与外界环境交互时的灵活程度，增强了其适应不同地形的能力。

1.3 相关检测设备

双光云台相机具备多种功能，可提供全面监测和情报支持。支持30倍变焦的可见光功能，清晰呈现远距离事故现场图像。同时，具备热成像功能，穿透夜晚或烟雾等情况，获取温度分布情况。

三维点云扫描仪及时获得高精密点云图，为灾前预防及灾后调研提供重要参考。扫描距离达120m，扫描速度32万点/s，覆盖范围360°×285°，保证全方位立体扫描。

工业级防水拾音器能在事故现场捕捉声音，拾音距离7m，音频传输距离3000m，频率响应20~20kHz，确保声音信息准确性和完整性。

工业级气体传感器准确识别有害气体，包括CO、SO_2、NO_2、O_3、PM2.5、PM10等，支持定制化检测其他有毒气体。具备高精度和快速响应，能及时发现有害气体超标情况。

机械臂重量在4~5kg之间，具有6个自由度，最大负载达3kg，可在各种环境下灵活操作，执行多样化任务。

2 四足机器人性能分析及应用

智能机器人具备卓越的负载能力和运动性能，能够应对多种复杂环境下的任务需求。其站立负载可达最大120kg，持续行走负载超过40kg，为各类任务提供强大的支持。具备6m/s的奔跑速度，稳定行走于楼梯、斜坡等环境中，越障能力更可跨越40cm高的障碍物，为快速响应任务提供了重要保障。在机械性能方面，其最大关节扭矩可达360N·m，最大跳跃距离超过1.6m，表现出优异的动力和灵活性。续航能力方面，空载持续行走时间超过5h，20kg负载下持续行走时间超过4h，确保了长时间任务的可持续执行。

该智能机器人具有极速响应的特点，能够快速部署并迅速行动，从而获取任务行动的主动权。其具备远程侦察能力，可以掌握现场全局态势，为科学决策提供重要依据。在安全可靠性方面，该机器人无惧各类危险环境，能够深入一线执行各类关键任务。在侦察方面，它可以协助消防战士迅速了解灾难现场情况，代替消防战士完成危险环境下的侦查作业，为消防救援工作保驾护航。在应急方面，该机器人能够全面掌握现场信息，通过360相机获取现场实时画面，为及时应急决策提供信息支持，赢得关键救援信息。而在搜救任务中，它利用激光雷达实时扫描周围环境，捕捉现场环境声音，红外探测生命体征，从而让搜救工作更加智能化，全力为救援工作提供支持。

2.1 四足机器人在火灾应急扑救中的应用

四足机器人在火灾应急扑救中扮演着至关重要的角色。首先，在火灾初期，它们能够快速进入火灾现场，利用水炮等设备进行初步灭火，有力地控制火势蔓延，减少火灾造成的损失。其次，四足机器人具备卓越的越障能力，能够穿越狭窄空间或危险区域，例如火场中的坍塌建筑物内部，执行有效的灭火操作，为灭火工作提供了额外的支援。最重要的是，四足机器人的使用能够显著减少消防人员直接面对火灾带来的风险，提高整体救援行动的安全性和效率。因此，四足机器人在应对火灾紧急情况时，不仅能够迅速响应，还能有效地降低人员伤亡和生命财产损失，成为现代消防救援的重要利器。

全景相机在火灾应急救援中发挥着至关重要的作用。它能够捕捉到周围环境的全面图像，包括上方和两侧的视野，这对于评估建筑结构的稳定性、确定火源位置以及搜寻被困人员至关重要。通过全景相机提供的实时视频流，消防队员可以在安全距离外就能观察到火场的具体情况，从而评估可能的危险，并制定出更加有效的救援策略。全景相机的全景视角能够帮助消防人员全面了解火灾现场的情况，提高了应对火灾紧急情况的准确性和效率，为救援行动提供了重要的视觉支持。

在火灾现场，四足机器人的沟通与指导功能发挥着关键作用。通过喊话器，机器人能够与被困人员进行沟通，向其提供重要的救援指令和安抚信息。例如，机器人可以告知被困人员如何保持安全，向他们传达救援人员的位置和预计到达时间，帮助他们保持镇静并配合救援行动。这种沟通方式不仅能够减轻被困者的恐慌情绪，还可以提高救援行动的效率和准确性。此外，四足机器人还可以利用喊话器呼叫或发出声音信号，帮助定位被困人员的具体位置。特别是在火灾现场视线受阻或噪音环境下，机器人通过定位功能可以帮助救援人员准确找到被困者，加快救援速度，提高救援成功率。

四足机器人配备的传感器在火灾现场发挥着至关重要的作用。这些传感器可以检测一系列有害气体，如一氧化碳、硫化氢、氨气等，这些气体通常在火灾中产生，对人类构成严重威胁。当机器人在火场中移动时，这些传感器会连续监测空气质量，实时收集关键的气体浓度数据，并将这些数据发送回消防指挥中心。通过传感器采集到的数据，消防指挥官可以准确了解火场内各种有害气体的浓度和分布情况。这样的信息可以帮助指挥官判断火场的危险程度，并制定更安全、更有效的救援计划。

2.2 在高温环境下的安全运行措施

在确保机器人在高温环境下的可靠运行方面，有三个关键方面需要考虑。首先，采用耐高温的材料来制造机器人的外壳和内部组件，如高性能塑料、金属合金或特种陶瓷，以确保其能够在高温环境下长时间稳定运行。其次，在机器人的外壳上增加隔热层，如使用防火材料或隔热泡沫，以减少外部高温对机器人内部元件的影响，防止内部过热。最后，设计有效的散热系统，如使用散热片、风扇或液体冷却系统，帮助机器人内部保持在安全温度范围内，有效地排除内部热量，防止因高温而导致的设备损坏或故障。

2.3 总结

四足机器人在火灾救援中扮演着关键的角色，其功能主要包括火源定位、搜索救援和火势评估。首先，四足机器人能够通过搭载的热成像传感器帮助确定火源的具体位置和火势的强度。这对于迅速控制火势至关重要，为消防人员提供了重要的参考信息。其次，四足机器人具备搜索救援的能力。它可以探测被困人员的热信号，即使在视线不佳的情况下也能快速定位并救助被困火场中的人员。这种功能大大提高了救援的效率和成功率。

3 四足机器人运动性能实验

3.1 机动性能测试

通过对四足机器人的机动性能测试(图2)，包括楼梯攀爬、高障碍翻越、极速奔跑和狭窄区域通过的测试，可以得出以下结论：

(1) 在楼梯攀爬方面，四足机器人展现了良好的稳定性和爬坡能力，能够在不同高度的楼梯上平稳移动，表现出出色的平衡性和控制能力。这意味着在火灾现场遇到楼梯等障碍物时，机器人能够有效地穿越，提高了救援行动的灵活性和效率。

(2) 在高障碍翻越方面，四足机器人展现了优秀的跳跃和翻越能力，能够轻松跨越各种高度的障碍物。这为其在火灾现场遇到墙体、障碍物等阻碍时的应对提供了有力支持，能够快速到达目标地点进行救援。

(3) 四足机器人还展现了极速奔跑的能力，在需要快速移动的情况下，能够以较高的速度穿越火灾现场，迅速到达需要救援的区域，提高了救援行动的响应速度。

(4) 在狭窄区域通过方面，四足机器人展现了良好的灵活性和机动性，能够适应狭窄的空间，通过狭窄的通道或区域。这意味着在火灾现场遇到狭窄的通道或复杂的环境时，机器人仍能够保持稳定并有效地执行任务。

图2　机动能力测试

3.2 侦查能力测试

通过对四足机器人的侦查能力测试(图 3)，可以得到以下结论：

(1) 在现场环境全景图传方面，四足机器人能够有效地传输现场环境的全景图像，为消防人员提供了全面了解火灾现场的视角。这有助于评估火势蔓延情况、确定火源位置以及搜寻被困人员。

(2) 在有毒气体检测方面，机器人能够准确地检测到空气中的有毒气体，包括一氧化碳、硫化氢等。通过传感器收集的数据，消防指挥中心可以及时评估火场的危险程度，采取相应的防范和救援措施。

(3) 在人类体征识别方面，四足机器人能够识别人类的体征，包括声音、热信号等。这有助于定位被困人员的具体位置，并指导救援人员展开搜救行动，提高救援成功率。

(4) 在远程营救沟通喊话方面，机器人通过喊话器可以与被困人员进行沟通，提供救援指令和安抚信息。这种远程营救沟通方式可以减轻被困者的恐慌情绪，保持救援行动的顺利进行

图 3　侦察能力测试

3.3 运输能力测试

在消防应急背包的运输方面，四足机器人表现出良好的运输能力(图 4)。它能够稳定地携带和运输消防应急背包，适用于火灾现场的物资运送任务。氧气瓶的运输测试结果显示，四足机器人能够有效地运输氧气瓶，并保持稳定性，确保了火灾现场的氧气补给。在灭火器的运输方面，四足机器人表现出了稳定性和可靠性，能够快速将灭火器送至需要灭火的位置，提高了火灾扑救效率。而在急救包的运输测试中，四足机器人能够有效地携带和运输急救包，为火灾现场的伤员提供及时的急救物资。

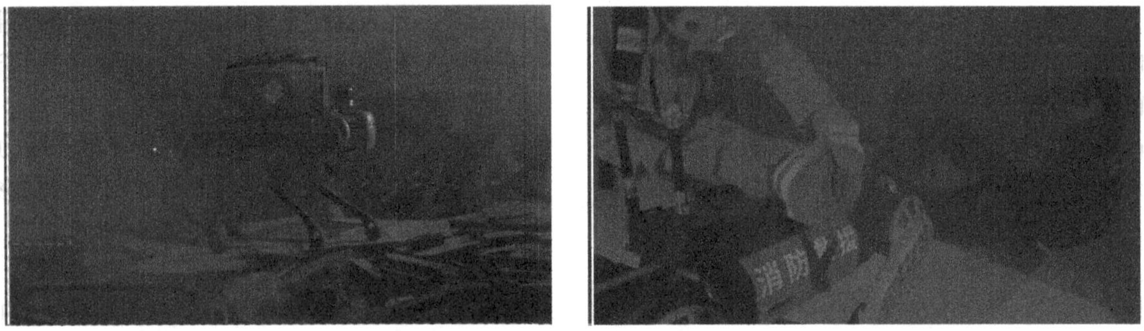

图 4　运输能力测试

4 总结

在火灾救援中，四足机器人发挥着关键作用，其功能包括火源定位、搜索救援和火势评估。通过搭载热成像传感器和其他传感器实现，这些功能可以有效提高救援效率和成功率。尽管四足机器人在火灾救援中表现出了良好的性能，但仍存在一些问题需要解决，例如在复杂环境下的定位精度和遇到异常情况时的应对能力等。与先前的研究相比，本文对四足机器人在火灾救援中的作用进行了全面的分析和探讨，并提出了一些改进和优化的建议。

四足应急机器人应用于安全生产和防灾减灾救灾过程中，执行监测预警、搜索

救援、通信指挥、后勤保障、生产作业等任务，能够实现半自主或全自主控制，部分替代或完全替代人类工作的智能机器系统的总称。四足应急机器人具有感知、决策、执行等特征，可提升复杂危险场景中生产和救援的效率与安全性，能够在复杂的地形和楼宇救援中发挥出重要作用，减少及防治消防救援人员的伤亡。四足机器人的发展与应用，代表了应急管理装备现代化发展趋势。

参考文献

[1] 陈飞．石油化工行业自然灾害风险统计及防控建议[J]．石油石化物资采购，2022(13)：141-143.

[2] 高凌云，董建文，席阳．人为灾害的经济评析--以技术灾害为视角[J]．华东经济管理，2014.28(9)：154-161.

[3] 王优先．石化企业的灾害及对策[J]．灾害学，1991.6(1)：4.

[4] 于洋．企业安全生产标准化管理模式研究[J]．中国安全生产科学技术，2013.9(12)：171-178.

[5] 张苏．石油石化企业防范应对自然灾害风险的系统性思考[J]．2023.23(8)：56-60.

[6] 袁艺．制度建设推动下的自然灾害风险与损失评估[J]．中国应急管理，2015(1)：6.

[7] 伊娜．应急管理视域中的自然灾害风险评估研究．福建师范大学．

[8] 王翔．区域灾害链风险评估研究．2011，大连理工大学．

[9] 伏云．石油化工企业安全文化建设的"五位一体"多维结构模型构建[J]．化工安全与环境．2024.37(02)：84-88.

[10] 石智伟．危化品企业智能应急处置系统研究[C]．第四届电力工程与技术学术交流会议．2023．中国广东广州．

[11] 李春春．基于智能巡检机器人的隐患预警模型在安全生产中的应用[J]．华东科技(综合)，2021.000(006)：P.1-1.

龙王庙组气藏集气管线热缩套下外腐蚀影响因素探究

沈武冬　张昌会　蔡忠明　马　鑫　蒋　志　周泓宇

（中国石油西南油气田分公司）

摘　要　龙王庙组气藏磨溪201至龙王庙西区集气站等4条集气支线智能检测发现热缩套下存在大量严重的外腐蚀现象，经分析主要原因为输送介质的高温。安岳气田磨溪区块龙王庙组气藏地面集输采气管道采用气液混输、集气干线采用气液分输方式输送，由于采出的气田水高温，导致采气管线温度较高。集气管线补口采用常温型热缩套防腐（最高耐受温度50℃），管线高温降低了热缩套的粘结性，使之剥离钢管，钢管与热缩套之间出现空隙，土壤中的水进入后发生腐蚀。影响长度因管线出站温度高低、持续时间长度而有所不同；腐蚀点主要分布于干、湿交错的山坡土壤环境。虽然热缩套剥离了钢管，但未破损，对PCM检测时加载到管线上的电流具有屏蔽作用，利用PCM检测不能发现热缩套下腐蚀情况。文章还分析了8处热缩套下无腐蚀的原因，主要原因为在热缩套安装之前涂刷了环氧底漆，环氧底漆能有效降低高温对热缩套的影响。

关键词　天然气管道；高温；热缩套；外腐蚀；焊缝；电流屏蔽作用

安岳气田磨溪区块龙王庙组气藏地面集输采气管道采用气液混输、集气干线采用气液分输方式输送，管线外防腐层为3PE，焊缝处直接包敷热缩套，未涂敷环氧底漆，采用强制电流阴极保护。一直以来，采用此类外防腐措施预防管道外腐蚀，然而由于近年川中油气矿生产层位越来越深，产出的介质温度越来越高，对管线的影响也越来越大，对热缩套等绝缘材料条件也相应提高。

2019年磨溪201至龙王庙西区集气站管线（D219mm×8mm-9.1km）智能检测后的检测数据对其中7处进行开挖验证，开挖后，验证点均位于热缩套下，管道外腐蚀严重，热缩套内布满铁锈（图1），打磨后可看到大量的腐蚀坑（图2），热缩套表面也沾满铁锈（图3，管底更严重）。

2020年对磨溪12至磨溪10、磨溪008-20-H2至西眉清管站和磨溪009-4-X1至龙王庙西区集气站等3条管线开展智能检测开挖验证，也存在同样现象。

发现这个情况后，对龙王庙组气藏已开展智能检测的10条管线开展排查工作。对距离焊缝0.5m范围内的外部金属损失点进行了数据统计，发现除了上面开挖的4条采气混输管线腐蚀严重外，其余6条集气干线外腐蚀不严重（表1）。

图1　热缩套内布满铁锈

图2　钢管表面腐蚀坑

图3　热缩套内铁锈(时钟方位4：00-8：00)

表1　龙王庙组气藏智能检测管线补口处外部金属损失统计表

序号	管线名称	外部金属损失(处)	焊缝0.5m范围内金属损失	
			数量/处	占比/%
1	磨溪201至龙王庙西区集气站	210	157	75
2	磨溪12至磨溪10	142	129	91
3	磨溪008-20-H2至西眉清管站	127	57	45
4	磨溪009-4-X1至龙王庙西区集气站	137	63	46
5	龙王庙西区复线	749	150	20
6	龙王庙西干线	2053	189	9
7	龙王庙东干线	1041	113	11
8	龙王庙西北干线	35	2	6
9	西眉清管站至龙王庙集气总站	1719	108	6
10	西眉清管站至白鹤桥联合站	2467	210	9

1　腐蚀原因分析

1.1　影响因素排查

管线开挖验证过程中，防腐层剥离前进行了电火花仪检测，未发现见铁现象；热缩套剥离后，对管线阴保电位测试，断电电位-0.9662v，在管线阴极保护标准范围内(-0.85~1.2v)；热缩套样品进行了pH值测定，测定结果为8.2左右，呈弱碱性，证明热缩套无腐蚀性；最后从智能检测数据所作的外部金属损失点沿管线分布的时钟方位和金属损失深度散点图中发现了端倪。

为了查明焊缝附近管线腐蚀情况，筛选出距离焊缝0.5m范围内的智能检测外部金属损失点，制作了沿管线“距离焊缝0.5m范围”深度和时钟散点图。从图6中可以看出腐蚀点主要集中在距离管线起点1.5km范围内，腐蚀深度沿管线逐步降低，全周向分布(图4)；管线1.5km之后集中在管底为主。初步推测外腐蚀可能与管线输送的介质温度有关，调查了7条管线的出站温度(表2)。

从表2可以看出，4条集气支线均在50℃以上，3条集输干线在50℃以下。查阅龙王庙组气藏地面集输系统设计，管线热缩套采用的是常温型热缩套(耐受最高温度50℃)，未采用高温型热缩套(耐受最高温度70℃)。到此，基本可以判断管线温度是影响热缩套剥离的主控因素。

表 2　龙王庙组气藏集输气管线出站温度调查表

管线名称	出站温度/℃
磨溪 201 至龙王庙西区集气站	57
磨溪 12 至磨溪 10	52
磨溪 008-20-H2 至西眉清管站	56
磨溪 009-4-X1 至龙王庙西区集气站	63
龙王庙西区复线	49
龙王庙西干线	39
龙王庙东干线	23

1.2　管线外部金属损失分布特征

在发现温度可能是影响热缩套剥离，导致管线外腐蚀的主控因素后，仔细分析了管线外部金属损失分布特征，发现磨溪 201 至龙王庙西区集气站在管线 1.5km 范围内存在两段未腐蚀(图 4、图 5 矩形虚线框)、两段腐蚀严重的情况。通过对照管线测绘带状图(图 6)和卫星影像图，未腐蚀的前一段经过鱼塘，后一段经过水田，管段所处环境均为土壤含水率高的土壤环境；腐蚀严重段为山坡或者旱地，处于干、湿交错的土壤环境，管段所处环境均为土壤含水率低，为了查明原因开展了以下分析。

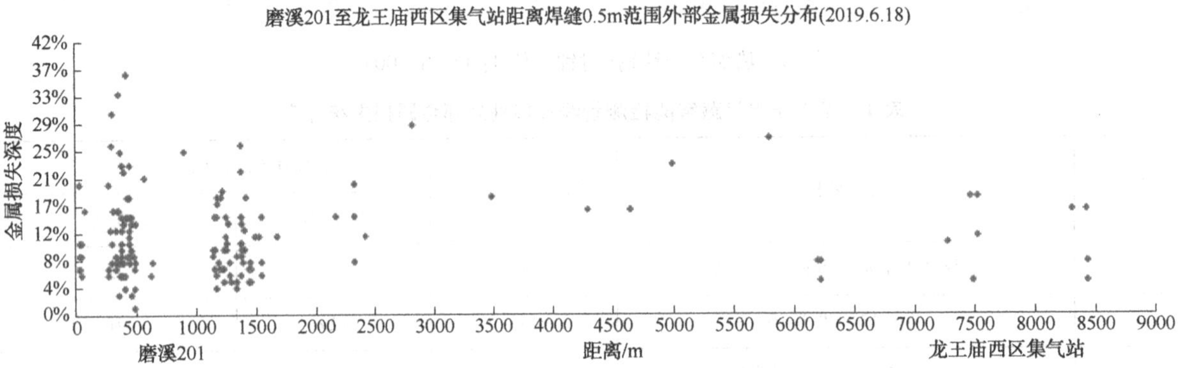

图 4　磨溪 201 至龙王庙西区集气站距离焊缝 0.5m 范围外部金属损失深度分布

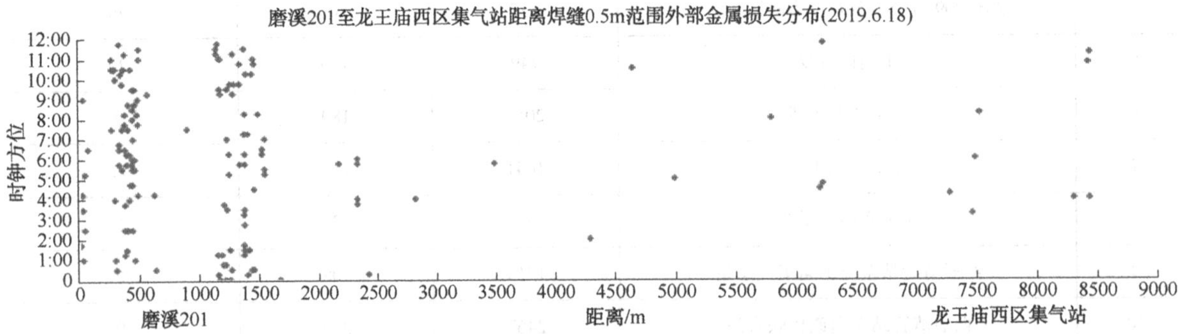

图 5　磨溪 201 至龙王庙西区集气站距离焊缝 0.5m 范围外部金属损失时钟方位分布

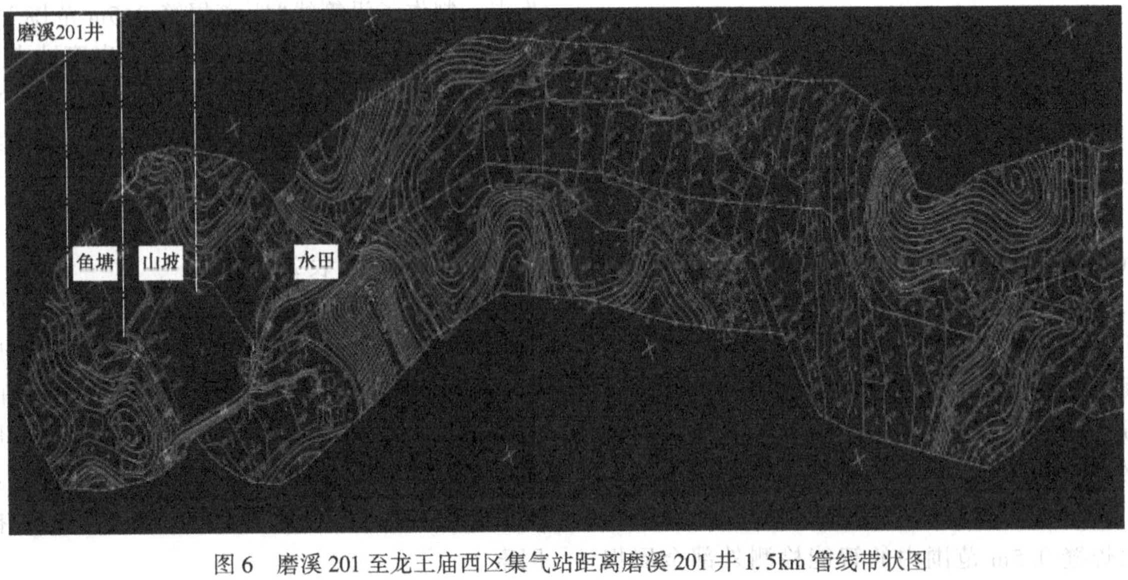

图 6　磨溪 201 至龙王庙西区集气站距离磨溪 201 井 1.5km 管线带状图

1.3 未腐蚀段原因分析

磨溪201至龙王庙西区集气站在起点至1.5km范围存在两段未腐蚀管段，分别经过鱼塘和水田，未腐蚀原因有二：

（1）管线外部土壤中的水降低了钢管外部热缩套温度，因而热缩套热熔胶未剥离钢管。由于该管线采用常温型热缩套，热缩套最高耐受温度50℃，因此只要热缩套的温度降至50℃以内，对热缩套的性能影响就很小，此点在龙王庙西区复线得到了证实。

龙王庙西区复线起点出站温度49℃，经分析龙王庙西区复线距离焊缝0.5m范围外部金属损失分布，沿管线全周向均匀分布，外部金属损失点为制造缺陷或者管线投运前就已经发生了腐蚀(图7)。

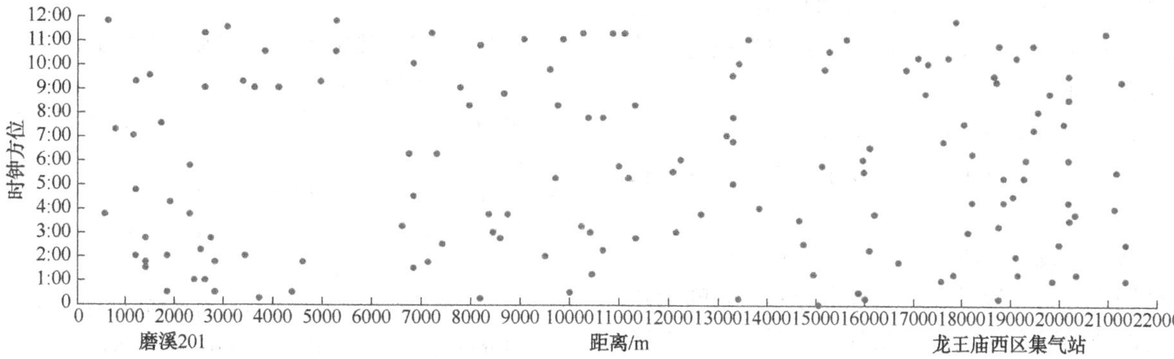

图7　龙王庙西区复线距离焊缝0.5m范围外部金属损失点分布

（2）热缩套已经剥离钢管，但由于土壤含水率高，热缩套内的水与外部土壤中的水连通，在管线阴极保护系统正常运行情况下起到了保护作用。

2015年8月龙王庙试采干线(2013年10月投运)基线评估时发现一处位于水田中焊缝补口处1.3m未补口，管体见黑色腐蚀产物，有均匀腐蚀，最大腐蚀深度1mm，腐蚀并不严重(图8)。原因为管线阴极保护系统正常，并且水田中土壤含水率高、电阻率低，阴极保护起到了保护效果。

图8　焊缝处裸管1.3m表面腐蚀不严重

以上两种原因，笔者更倾向于第一种，即热缩套的温度降至50度以内(如龙王庙西区复线)，对热缩套的热熔胶影响很小。为什么外腐蚀发生在山坡等干湿交错环境，管线中后段以管底为主，分析如下。

1.4 腐蚀段原因分析

2016年9月磨溪201至龙王庙西区集气站开展基线评估，PCM检测发现防腐层漏损点21处，其中管线起点至1.5km管段5处，5处均在水田中，处于距离焊缝0.5m范围无外腐蚀地段；坡地焊缝补口处未检测出电流漏损。说明PCM检测时，加载到管体上的电流在坡地(干、湿交错环境)管线补口处无电流漏损，即由于热缩套与3PE防腐层搭接处空隙电阻率大，电流无法流出(说明外面的金属离子也无法流入，导致管线阴极保护在该位置失效)，剥离钢管的热缩套对电流起到了屏蔽作用。

磨溪 201 井出站温度 57℃，热收缩套在高温作用下松弛、变形、鼓包，导致热缩套内钢管与外界连通。由于腐蚀严重的地段为坡地，管线处于干、湿交错环境，下雨时，水通过热缩套与钢管缝隙处进入，干旱时，管道外缺少水分，土壤电阻率增大，热缩套搭边处的电阻率同样增大，阴极保护失去作用，在热缩套内形成封闭的独立腐蚀环境。

管线中后部管底由于气田水的流动，但温度已下降较多，对热缩套影响较小，因此腐蚀也较轻微。

从以上现场检测、样品 PH 值测定以及管线温度调查分析，以及管线腐蚀点分布，判断为热缩套的热熔胶不耐高温，在管线高温的影响下导致热缩套热熔胶粘连性能下降而剥离钢管表面，雨水进入后发生腐蚀。

2 结论

安岳龙王庙组气藏井深范围一般在 5~6km，产层中的气田水温度较高，集气管线采用气液混输，因此部分产水量较高的井出站温度高于 50℃，而管线焊缝处的热缩套采用常温型，不耐高温，导致热缩套粘结性下降，剥离钢管表面而产生缝隙，使外部的雨水通过缝隙进入热缩套，在干旱时，在热缩套内形成封闭独立的腐蚀环境腐蚀钢管。

综合上述分析，龙王庙组气藏高温气液混输管线腐蚀原因为建设时焊缝补口处环氧底漆施工质量差，管线投运后高温运行导致焊缝处热缩缩套快速老化而剥离，外部游离水进入后直接与钢管接触而发生腐蚀，加上热缩套的电流屏蔽使得阴保无法起到保护作用。

参考文献

[1] 刘惟 输油管道热缩套下的腐蚀原因分析[J].（油气储运，2009 第一期).

[2] GB/T 21448—2017，埋地钢质管道阴极保护技术规范[S].

[3] 宫丽．泡沫夹克结构输油管补口处腐蚀失效原因及提高热收缩套补口质量的措施探讨[N].（材料导报，2013 年 S1 期)

[4] 黄海．埋地钢管热缩套补口材料现场应用状况调查与分析[J].（腐蚀与防护，2007 年 01 期)

[5] 刘旭．管道防腐中热缩材料附着力的研究[J].（焊管.2018(12))

[6] 尚兴彬 外加电流阴极保护电流屏蔽与阴极干扰研究[J].（石油化工腐蚀与防护，2015 第 6 期)

[7] 丁慎圆 长输管道阴极保护技术现状分析[J].（化学工程与装备，2016 年 7 月)

[8] 陈学焰 管道高温型热收缩带现场补口剥离强度不足问题分析[J].（工业、生产，2019 年第 7 期)

[9] 邱政权 管道阴极保护中的屏蔽问题(应用广场版 2006.2)

[10] 李长春 海管防腐层高温阴极剥离影响因素研究[J].（工业、生产，2017 年第 4 期)

不丢手带压更换三高气井井口主控阀工艺技术优化

杨 辉 毛 珍 何 强 夏浩然

（中国石油西南油气田分公司）

摘 要 磨溪气田龙王庙组气藏为高温、高压、高产、酸性“三高”气藏，气井产量普遍较高，在高温高压含 CO_2、H_2S 等介质工况下，气井井口装置存在冲蚀、腐蚀的风险，危害气田的安全生产。在生产过程中，发现井口装置部分阀门的阀杆螺母存在腐蚀和断裂的现象，需开展不丢手带压更换1、2、3号主控阀。不丢手带压换阀属于高风险作业，本文根据不丢手带压换阀技术原理，结合龙王庙气藏井口隐患特性和整改风险，通过开展现场施工不断优化完善工艺技术，形成步步确认，更好地指导带压换阀工艺现场实施，确保施工过程整体安全受控。

关键词 井口装置；不丢手；带压换阀；主控阀；技术优化

磨溪龙王庙组气藏为高温、高压、高产、酸性的“三高”气藏。实测气藏中部压力平均值为75.83MPa，温度平均值为140.21℃，H_2S 含量为4.58~11.68g/m^3，CO_2含量为26.29~48.83g/m^3，日产气2400×10^{4}m^3，日产水约1600m^3。气井产量、压力、温度普遍较高，天然气中含有CO_2和H_2S等腐蚀介质，“三高”气井井口装置存在冲蚀、腐蚀的风险，危害气田的安全生产。在生产过程中，相继发现井口装置部分阀门的阀杆螺母存在腐蚀和断裂的现象，检测为材质不符合龙王庙气藏的工况条件，需进行更换。不丢手带压更换主控阀技术能防止压井液对储层的伤害，保证龙王庙气田气井的稳产，能缩短换阀作业时间，节约施工费用等优点。不丢手带压换阀属于高风险作业，施工作业过程中可能出现的T型螺母断裂、阀门内漏、防喷管密封失效、天然气泄漏等风险。本文根据不丢手带压换阀技术原理，结合龙王庙气藏阀杆螺母腐蚀及断裂井口隐患特性和整改风险，通过现场施工不断优化完善工艺技术，形成了带压更换主控阀步步确认，解决了龙王庙气藏问题井口阀门阀杆螺母腐蚀断裂可能导致阀门无法开关的重大安全隐患，恢复了气井产能，确保了龙王庙气井的安全生产，更好地指导了带压换阀工艺现场实施，确保了施工过程整体安全受控。

1 不丢手带压换阀工艺技术

1.1 工艺原理

在井口有压力显示的情况下，将特制堵塞工具送入井口上法兰内孔（带压换1号阀）或者大四通侧孔（带压换2号/3号阀），将堵塞工具座封后阻断井下流体，泄去堵塞工具下游压力后，更换旧主控阀，在整个施工过程中，堵塞工具始终处于受控状态（堵塞工具被安全的连锁在井口上），该种换阀工艺为不丢手带压换阀（图1）。

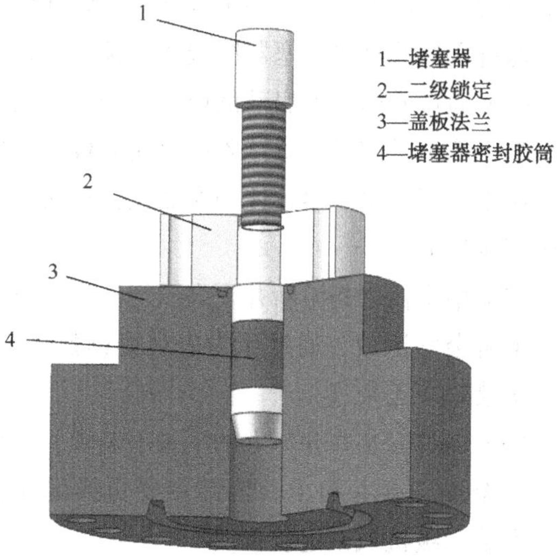

图1 不丢失带压换阀示意图

1.2 工艺设备

不丢手带压换阀工具主要包括：堵塞器、内

侧锁定装置、外侧锁定装置等部件(图2)；同时根据井工况，对选用的不丢手带压换阀工具主要受力部件(传送杆、支撑螺杆、液缸、防喷管)进行强度校核，安全系数要求大于2.5。

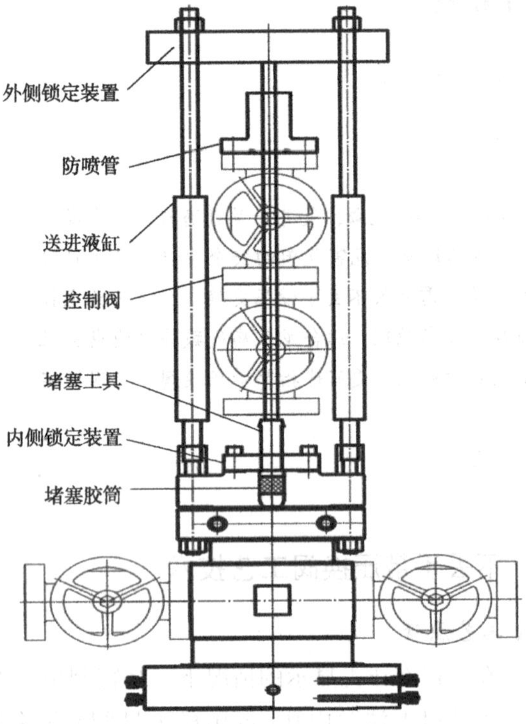

图2　不丢手带压换阀工具示意图

1.3　施工步骤

(1) 将不丢手带压换阀装置的送进液缸安装于井口油管头四通上法兰(2、3号与对侧阀门螺栓连接)，同时将防喷法兰及堵塞器安装在井口需更换的主控阀上。准确测量数据，然后开启阀门，通过送进液缸将堵塞器缓慢送达预定位置。

(2) 通过井内压力启动液压锁，密封胶筒受压膨胀。换1号阀时堵塞器胶筒封住盖板法兰内孔，换2号阀时堵塞器封住四通侧孔，从而阻断井底高压气流。

(3) 堵塞器密封阻断井下高压气流后，将堵塞器下游余气泄放，通过压力表观察读数为零，确认防喷管内无余气。

(4) 通过安装在井口上的不丢手装置，将堵塞器安全连锁在井口上，拆卸需要更换的主控阀，安装二级机械锁定装置。

(5) 拆除一级机械锁定装置，然后拆下需更换的主控阀，安装上新的主控阀，重新安装一级机械锁定后再拆除二级机械锁定，解封堵塞器，井底气流进入防喷管内，将堵塞器退回到防喷管内，关闭主控阀，拆除不丢手带压换阀装置。

1.4　工艺特点

与传统压井换阀技术相比，不丢手带压更换主控阀技术不用压井液，能防止压井液对地层的伤害，作业后对产量无影响，保证气井的稳产，同时作业周期短，费用相对较低，利于生产组织实施。

2　隐患特点及治理难点

2.1　隐患类型

龙王庙气藏气藏为中含H_2S、中-低含CO_2干气气藏。高温高压高产工况下含H_2S、CO_2等介质，井口装置存在腐蚀风险。生产过程中井口阀门出现无法开启、手轮空转的情况，MX009-4-X1井8号阀生产阀在开井过程中无法开启；MX008-15-H1开井复产时发现井口8号阀无法开启出现手轮空转。检查发现井口装置部分阀门的阀杆螺母存在腐蚀和断裂的现象(图3、图4)，经分析问题阀杆螺母材质分析为4130低合金钢，不符合龙王庙气藏的工况条件，开关过程中阀杆螺母极易断裂，阀门开关失效，存在重大安全隐患，需将4130材质阀杆螺母更换成718材质来消除井口隐患。

图3　MX009-4-X1井8#阀阀杆螺母腐蚀断裂

2.2　治理难点

油气井井口不丢手带压换阀工艺属于高危、高风险作业，国内带压作业出现过安全事故；针对龙王庙气藏气井井口隐患特点，面对“三高”特殊工况下成批量、大规模带压换阀作业，换阀过程中可能出现T型螺母断裂、阀门内漏、防喷管密封失效、天然气泄漏等风险，对施工工艺、装置设备的安全可靠性提出了更高的要求。

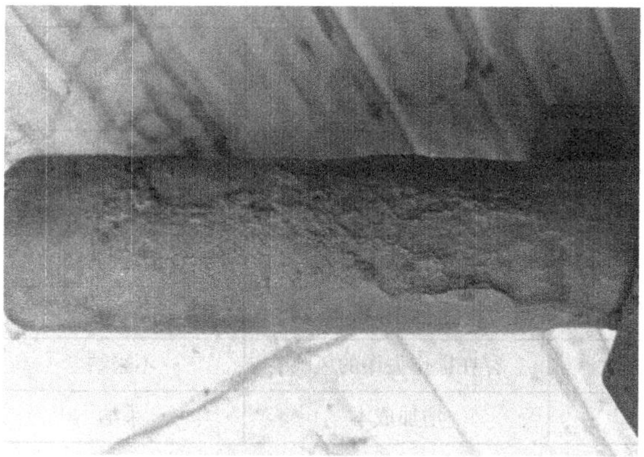

图 4　MX008-20-H2 井 7#阀阀杆螺母腐蚀

3　工艺优化改进

不丢手带压更换主控阀工艺技术成熟，在西南油气田、长庆油田、大庆油田等多个油气田使用，核心是增加了二次锁定技术，提高了安全系数。针对龙王庙气藏现场井口装置设计了不丢手带压换阀专用装置，对施工作业过程中可能出现的T型螺母断裂等情况开展风险识别并制定控制措施，持续改进、不断创新，确保施工过程的安全可靠性。

3.1　工具结构优化

针对龙王庙气藏大通径、高压、高产、含硫气井的井口装置，设计对应的带压换阀设备，根据井口装置型号和整改部位，研制了承压70MPa，分别可在 78mm、53.8mm 通道内进行有效坐封/解封的堵塞器。控制方式由液压代替了人工打压，能均速推进，控制精度高，降低劳动强度。

安装带压换阀设备时，在 1 号阀的上端保留 4 号阀作为控制阀，增加保险措施，以防 1 号阀因自身缺陷导致意外情况的发生(同理，在 2 号阀外侧保留 5 号阀，3 号阀的外侧保留 6 号阀)，加强了风险管控手段。

换 1、4 号阀时，送进液缸由初期的两侧各一根，变为在两侧各增加了两根辅助液缸，两侧共六根液缸(图 5)；换套管阀时加大了送进液缸的缸径(145mm 增加到 168mm)和活塞杆直径(39mm 增加至 95mm)增加了零部件的强度和整套的稳定性，进一步加强了施工过程的安全可靠性(表 1)。

设备上设计了限位装置，限定了送进液缸行程并增加 4 颗锁定螺母锁定，再通过测量液缸尺寸复核，确保操作者必须把堵塞器送到预定位置，否则无法下步操作，通过设备确保整个施工过程安全可靠性，避免了人为操作失误导致的安全风险。

图 5　单只液缸增加两根辅助液缸

表 1　系统结构优化

序号	系统类别	设计方案	优点	缺点	评价结果
1	控制系统	人工控制	结构简单、成本低	控制精度低、耗费人力、风险高	不采纳
		液压控制	控制精度高、劳动强度低	成本高	采纳

续表

序号	系统类别	设计方案	优点	缺点	评价结果
2	结构系统	送进液缸的缸径、活塞杆直径小	安装方便、成本低	承压等级不高、受力不均	不采纳
		增加送进液缸的缸径、活塞杆直径	提高承压能力、能匀速推进	成本较高	采纳
		送进液缸两侧各1套	结构简单	堵塞时不稳定、受力不均	不采纳
		送进液缸两侧各3套	提高承压能力、受力均匀	成本高	采纳
3	限位系统	无	/	存在操作失误的风险	不采纳
		有	提高安全性	增加成本	采纳

3.2 部件材质优选

选择性能优质的抗硫合金材料；对原材料进行探伤，确保机加工前材料无缺陷；对优质材料采用正确的热处理工艺，以达到设计要求的机械性能及强度；选用高精度数控加工设备对材料进行精密加工；对精密加工的零部件进行检测，符合设计要求；对合格零部件进行装配及性能测试，确保设备性能达到设计要求，满足现场工况。

所有密封元件均采用优质航空密封件，氢化丁腈橡胶材质增加了抗硫性能，从而确保了密封件适应高压、高产、含硫气井的现场工况(表2)。

表2　材质优选

序号	部件	材质	优点	缺点	评价结果
1	堵塞器、传送杆、防喷管	普通45号钢	成本低	不抗硫	不采纳
		42CrMo	成本适中	低抗硫	不采纳
		718	强度高、高抗硫	成本高	采纳
2	胶筒、密封圈	低抗硫	成本低	密封性较差	不采纳
		高抗硫	密封性好	成本高	采纳

3.3 控制措施改进

对施工作业过程中可能出现的T型螺母断裂、阀门内漏、防喷管密封失效、天然气泄漏等开展风险识别并制定相应控制措施(表3)及应急方案，形成了不丢手带压更换主控阀工序步步确认单，其中十字形井口74步，Y型井口66步。操作过程中必须进行步步确认，施工单位和属地单位必须对每步进行共同确认签字后，才能进行下一步操作；同时堵塞器送进等关键步骤在设备上设计了限位装置，操作者必须操作正确，否则也无法下步操作，从而确保整个施工过程安全可靠性，避免了人为操作失误导致的安全风险。

表3　主要风险及控制措施

关键操作程序	风险提示	控制措施
关闭1号阀，关闭过程中核实阀门开关圈数	1号阀关闭过程中T型螺母断裂	WOM78-70阀门的正常开关圈数为18.5圈，关闭过程中圈数到位后若仍能旋转则可能阀杆断裂，确认后停止作业重新制定下步施工方案
缓慢开启1、4号阀，开启过程中核实阀门开关圈数	①1号阀打开过程中T型螺母断裂 ②防喷管密封失效，天然气泄漏	①1号阀打开过程中T型螺母断裂，阀门打开圈数超过正常圈数可能阀杆断裂，应先进行试送进，若能送进则继续施工；若不能送进应停止作业 ②开启阀门动作应缓慢，通过压力表观察起压情况，直至防喷管与井内压力平衡，如出现泄漏，立即关闭4号阀，更换防喷管密封件，重新安装
对堵塞器进行座封，放空防喷管内余气，压力表读数降为零，堵塞器座封成功，观察5min	堵塞器密封失效	泄压过程中如无法放空余气，证明堵塞器堵塞失败，核实理论送进距离与实际送入深度，如未到达预定坐封位置，则解封堵塞器，将堵塞器重新送至预定位置坐封，如堵塞器密封失效，则退出堵塞器检查分析原因，重新送进座封

3.4 配套措施改进

对所有带压换阀零部件进行了集成化安装处理，提高了设备的安装精度、减少了现场安装时间，提高了施工效率。操作平台由简易脚手架，改为固定式操作平台，更加稳定，牢靠；现场施工过程中在井口形成一个统一的工具面板，避免工具随意地摆放，同时现场管线及电线安装统一的管排盒约束，提高施工效率的同时更加安全规范(图6)。

图6 统一工具面板和管排盒

3.5 强度校核及室内功能测试

优化后的不丢手带压换阀工具主要受力部件(传送杆、支撑螺杆、液缸、防喷管)进行强度校核，安全系数均大于2.5；同时通过室内试验验证不丢手带压换阀装置整体性能和堵塞器在极限工况下抗压强度，结果显示不丢手带压换阀装置的密封性能及承压性能满足48MPa以内要求(表4)。

表4 室内测试数据

序号	模拟井压	上顶力	堵塞器下游压力	试验时间	结果
1	30MPa	21.7t	0	20h	无任何泄漏
2	40MPa	28.9t	0	20h	无任何泄漏
3	48MPa	34.7t	0	20h	无任何泄漏

4 现场应用情况及效果

4.1 优质高效完成了隐患整改

通过对不丢手带压更换主控阀技术的不断优化完善，安全、高效完成了35口三高气井问题阀门的整改，证实了设备、工艺安全可靠；解决了龙王庙气藏WOM井口阀门阀杆螺母腐蚀断裂可能导致阀门无法开关的重大安全隐患，确保了气井的安全生产。单井施工周期由传统压井作业20d缩短至7d，避免了压井液对储层的伤害，作业后对产量无影响，单井次施工费用可节约100万元，气藏每口井缩短施工周期13d，以每口井平均日产气$40\times10^4m^3$，单井可多产天然气$520\times10^4m^3$左右，经济效益显著。

4.2 施工工艺优化效果明显

最高施工油压48MPa、套压40MPa，证实了设备、工艺安全可靠；形成了不丢手带压换阀步确认单，对风险进行提示并制定有效控制措施，提高了施工安全系数，确保施工全过程安全受控(图7)。同时通过不丢手带压换阀工艺技术优化消除了城镇发展过程中产生的潜在重大安全隐患，为油气矿安全平稳生产运行和地企和谐发展创造了良好的环境。

图7 不丢手带压更换井口阀门

5 结论

（1）不丢手带压更换主控阀工艺避免了压井液对储层造成污染和伤害，作业后对产量无影响，同时施工周期短，可迅速恢复生产，保障了龙王庙气田的安全生产。

（2）通过对不丢手带压更换主控阀工艺的优化，形成了不丢手带压换阀步步确认，提高了施工安全系数，确保施工全过程受控、安全可靠。

参考文献

[1] 李长忠，马发明，马骏，等．采油(气)井口主控阀安全更换技术[J]．钻采工艺，2010，33(1)：108-109.

[2] 李莲明，谭中国，龙运辉，等．带压更换天然气井口采气树主控制阀新技术[J]．钻采工艺，2007，30(3)：93-95.

[3] 弓剑竹，气井带压换阀门技术分析[J]．化学工程与装置，2019，11(11)：120-121.

[4] 张小平，等．不丢手带压换阀技术在建南气田的应用[J]．江汉石油职工大学学报，2016，29(5)：39-40.

三维模型在安全应急指挥领域的探索

李美静　刘　滔　何　强　夏浩然

（中国石油西南油气田分公司）

摘　要　本文通过对龙王庙气田风险隐患的动静态因素分析，以3DGIS作为数据关联分析的底层逻辑，运用信息管理技术，通过在四川复杂地形含硫气田进行数据采集工程和应急业务应用实践，重点针对四川地区复杂地形情况下含硫天然气事故灾害类型和应急支撑数据采集内容进行研究，形成贯穿龙王庙气田全生命周期的数据完整性管理体系，探索出一套在情景构建应急演练与应急预案仿真演练方面的新技术方法，提出切实可行的安全应急建设模式，研究开发出龙王庙气田安全监管与应急防控一体化的数字化地面设备可视化平台——三维应急平台，在突发事件发生时，平台能为应急响应处置工作提供及时、高效、准确的辅助决策及三维模型数据支持，实现科学化精准化应急处置决策，有效保障安全生产。

关键词　3DGIS；完整性管理；可视化；应急指挥

随着我国工业化、城镇化不断发展，技术及管理体系的飞速变革，我们也面临着各类新的安全隐患，在这种新形势下，油气行业安全生产的防控难度不断增大，而在现有的研究领域中，油气行业应急预案在修订与实行过程中急需解决的问题有突发事件覆盖面不足、任务可操作性较差、预案内容碎片化和处置协同失灵四大类，应急处置是否符合事故特性、是否能精准指导人们处理事故成为了新的挑战。

本文将以国内迄今已发现最大的整装碳酸盐岩气藏——龙王庙组气藏为例，详细介绍通过三维建模及全生命周期数据整合打造的可视化平台在安全应急指挥领域的探索。该气藏以浅、中丘地貌为主，周边人居密集，所产天然气具有高温高压大产量的生产特性，气藏以打造“高质量、高效率、高效益”的气田为目标，严格执行国家法律法规和行业标准，认真落实安全环保“三同时”，伴随着工程建设同步开展工艺安全设计和安全应急体系建设，采集井筒、站场、管道全生命周期数据，充分整合现有信息化成果，采用先进成熟的技术手段，通过“一个气田、一个中心”的管理模式，形成了能贯穿全工艺链的生产与安全一体化管控，实现了安全生产及应急状态下快速响应、科学决策、企地协同、有效处置。

1　三维应急平台概述

为整体提升全气藏安全管控水平及应急处置能力，磨溪开发项目部探索出一个集地面工程建设、气田设施完整性、运行监控、生产指挥、员工培训、安全管理、应急救援为一体的龙王庙三维应急平台，涵盖磨溪区块龙王庙组气藏全工区范围及试采净化厂、试采干线等工程数据，采集入库气田地面设备设施数据并进行实体建模，搭建气田地面区域的全要素信息空间地理数据库，有力支持地面工程的安全、高效、节能、环保运行辅助决策。

该平台在统一三维可视化环境下，实现地面站线工艺互连，采输净化业务互通，以专题图形式统计分析生产关键指标的变化，便于直观掌握总体生产运行状况，有效整合各类安全环境监控系统，实现监视、故障、报警、联锁互通、消防工艺、视频画面、人员周界、气象环境信息的互传，为安全应急管理提供强大的数据支持，基于企业真实场景和周边环境，平时可用于危险源管理、隐患管理、预案演练；战时可用于辅助决策、多级会商、远程指挥，实现平战结合。

2　平台建设与数据采集

2.1　建设方法

龙王庙三维应急平台以GIS平台空间数据库为基础，通过GIS技术，在计算机硬、软件系统支持下，对相关地理分布数据进行采集、储存、管理、运算、分析、显示和描述，系统业务应用架构以空间地理、三维模型、矢量图形和结构化数据等数据格式为载体，由气田业务实体信息、工程设计与施工数据、工艺实时动态、地面运行动态、安全与应急信息、现场作业管理信息、站场完整性评价数据等构成数字化地面数据库并在地理空间上进行整合，使其在地图上可视化展示，便于更好支撑地面工程建设管理、物联网实时监控、地面生产动态管理、生产调度与安全应急、现场作业辅助管理、管道与站场完整性管理、现场操作可视化培训等业务，通过对基础数据和核心要素、应急资料的统一管理，强化应急预案保障机制，能够达到快速高效完成应急响应体系化流程化处理。

该应急决策辅助平台的实现，在保障管网安全、高效、可持续发展运行方面以及长期、远期实现经济效益和社会效益方面具有重要价值和作用。

数字化地面业务应用架构图如图 1 所示。

图 1 数字化地面业务应用架构图

2.2 平台数据

2.2.1 数据来源

平台中测量数据包含管线和站场两大部分，采集主要通过 GPS-RTK 设备对管道及场站周边的附属设施进行精确测量。

管线数据主要采集包括焊口、拐点、三桩一牌、浮露管、阴保设施、水工保护、穿跨越等，为保障应急救援力量合理有效利用，平台会定期更新周边信息环境信息，针对场站及管线周边 1km 范围内的单户居民，2km 范围内的密集居民区、村庄、敏感目标，以及 5km 范围内的医疗、消防、公安交警、政府、应急道路和道路特征点都进行数据采集。

站场方面，净化厂、场站、单井站、阀室等模型数据采用全息化 3Dmax 建模(图 3)，利用人工建模技术将地面流程、设备设施和建筑物图纸、照片等数据转变为模型，再通过三维模型制作软件制作关键部件的单体模型，将二者拼接，并对模型局部的拉伸、空洞、遮挡、变形等位置进行修饰处理，模型纹理映射贴图，实现对生产工艺区、地表建筑物、管线设备三维建模(表 1)。

上述数据通过实地测量采集，按不同类型形成相应统一格式后整理入库(图 2)，最终在平台上同步生成可视化的图标，搭建起一个气田地面区域的全要素信息空间地理数据库，为地面工程的安全、高效、节能、环保运行提供准确的决策支持。

图 2 管道附属设施数据入库查询

表 1　站场三维模型构建范围

类型	内　容	技术要求
总图	地坪、道路、围墙、大门、排水沟、集水坑、管沟等模型	简单模型，多角度展示
工艺管道建模	包括所有工艺管道及管件、主要的管道支吊架、管道采样点、盲板、管道，DN100 及以上法兰	
设备设施建模	工艺设备：设备外形、裙座、支腿、梯子平台、栏杆、吊柱、设备上的仪表、固定装卸设施等	精细模型+信息标记，多角度展示
	电气设备：电缆桥架、控制开关、现场机柜、配电柜	简单模型
	仪表自控通信：仪表电缆桥架、控制阀和执行机构、各种现场及远传仪表、分析小屋(外形)、现场机柜、可燃气体探测、摄像机等	中等模型+信息标记
结构模型	钢结构、混凝土结构、栏杆、梯子、爬梯、平台、设备基础、结构基础	简单模型
安全设施	静电消除器、气体探测器、灭火器、消火栓、火灾报警设备等	简单模型
主要阀门	紧急截断阀、手动/电动球阀、调节阀、旋塞阀、放空阀等管线、设备联通阀门	DN≥250mm 的阀门需按照精细模型制作；DN<250mm 的阀门用贴图来表示即可，信息标记(包括内部结构的图片或三维模型展示)，多角度展示
小品	制作细致美观，贴图清晰，与现实一致，摆放位置准确。如：消防设施、路灯、摄像头、指示牌等	
绿化	选择当地树木植被材料制作贴图，绿化带贴图真实丰富	
备注	实际物体中非永久性附属物(如空调室外机、雨水管、水箱、防盗网、节日宣传性标语、临时性贴画)、污浊部分、玻璃墙面的倒影等原则上不需表现	

图 3　3Dmax 模型构建

2.2.2　数据安全

该平台数据来源完善可靠，系统访问权限、备份与恢复机制具备较高的安全性和保密性。在软件层面，基于B/S架构和C/S双重架构建立，具备自身运行状态监控及系统异常进程监控能力，对于某些来自平台本身或操作系统的异常，可实现自诊断自修复。在物理层面，平台采取双机热备策略，支持在不同的地点部署应用服务器及数据服务器，实现同步与自动更新，当某处服务器破坏的情况下，自动切换到另外的服务器及数据库，不影响整个平台的功能应用，提高平台稳定性。数据安全方面，本数据库采用的是具有C2级以上级别安全保障的数据库产品，提供加密方式保证其安全性，应用层面通过用户权限设定和权限识别验证、单点登录、主机保护、多级授权、病毒防护和入侵攻击检测等多方面来保证不同权限用户对本平台功能模块访问的实际控制。

3　建设成果与现场应用

三维模型的应用能够提高气田的应急管理水平和应急处置能力，重新将生产控制类系统与安全监测类系统进行数据和应用层面的整合，依托大数据可视化数据承载与计算分析能力，形成集安全生产受控与应急指挥的两大业务于一体的安全生产应急管理应用，实现纵向指挥调度各级人员，横向协调地方应急资源的目的，满足应急管理对平时监管监察，战时应急指挥的需求。

3.1　应急预案

为解决预案内容碎片化且可操作性低的问题，平台提供专门的数字化预案制作工具，可基于真实的场景、真实的周边情况和真实的数据，通过设定灾情，策划救援及抢修的行动方案，将文本预案制作成可视化预案，进行展示、存储，使预案具有可操作性、直观性。

同时，该平台提供演习数据库，通过触发演习数据库中的应急事件启动应急演习，实现了可视化展示事故发生、发展和抢险善后的全过程，另一方面也能更加真实的模拟典型事故，验证应急预案适应性，检验项目部各部门应急处置流程可靠性，有效提高井站员工分析判断和处理突发事故的能力(图4)。

图4　专项应急预案及应急处置模拟演练

3.2　应急资源

平台借助GIS技术，对应急物资、应急抢险队伍，以及医疗等应急救援力量标绘，完成龙王庙气田应急物资库基础数据初始化大量物资编码及应急物资信息，并与中国石油E2进行对接，实现对应急物资、应急队伍，应急专家的信息常态化有效管理。当发生事故时，结合业务范围内所覆盖的路网信息，进行物资调度、队伍调度的路径分析，得出最优的调度方案，并且通过对事故影响范围计算，快速检索相关地方公安、消防、医疗救护等应急救援力量信息，精准发送短信通报事故灾情并争取配合，应对必要的警戒、疏散、救护等周边社会范围应急处置需要，实现企业与地方应急协同联动(图5)。

3.3　应急辅助决策支撑

在出现事故险情进行应急救援时，该平台可迅速识别应急状态，并制定应急预案，在三维场景中将现场态势、分析得到的事故影响范围及后果、目前应急资源调配情况和现场部署等借助三维可视化平台展示给各级指挥中心，保障信息直观传递，进一步支撑辅助应急决策(图6)。

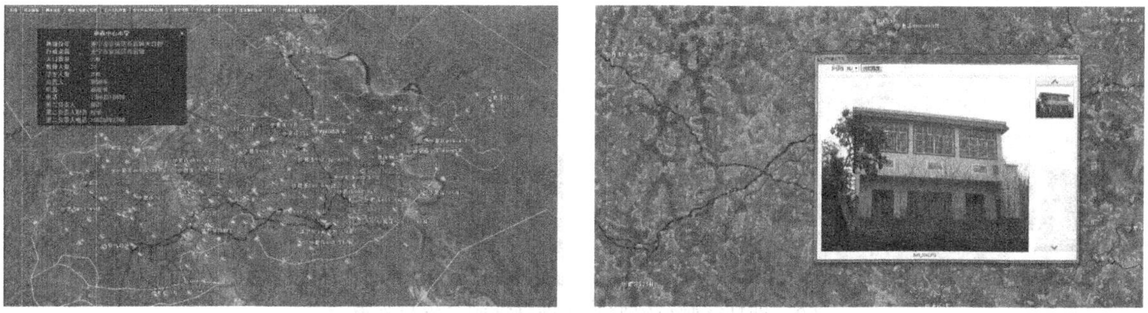

图 5　管道周边应急资源数据

图 6　现场监控调取及应急响应处置

一是为实施快速疏散提供支持，平台集成火灾、爆炸与气体泄漏快速计算模型，特别针对四川地区复杂地形和气象特征进行数据匹配，支持实时气象监测数据采集，可在演练或真正事故发生时第一时间推演有毒气体(重气体)的扩散范围，从而迅速判断最优撤离路线，保障人员生命安全(图 7)。

二是快速分析应急控制方案，平台植入采气、集输、净化的工艺流程数据并实现过程建模，通过事故点上下游工艺分析，由 DCS 系统实现远程控制，全气田范围内可在事故发生后第一时间实现“八级截断、三级放空”的远程操控，无需人员现场操作，提高反应速度的同时大大降低了人员伤亡的风险(图 8)。

图 7　有毒气体扩散范围实时计算

三是实现生产与安全实时监测一体化调度，现有生产及安全业务逐步趋向现场无人化和控制集中化，平台可完成采气、集输、净化全产业链一体化调度管控，消除多机构交叉管理与现场交叠控制产生的“真空地带”，减少人为分析工作量和现场高危环境人员暴露时长，在减员增效的同时降低了生产安全风险(图 9)。

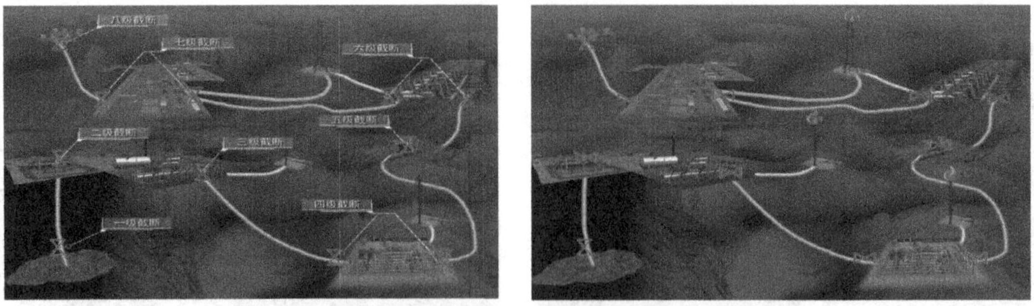

图 8　远程控制八级截断及远程控制三级点火放空

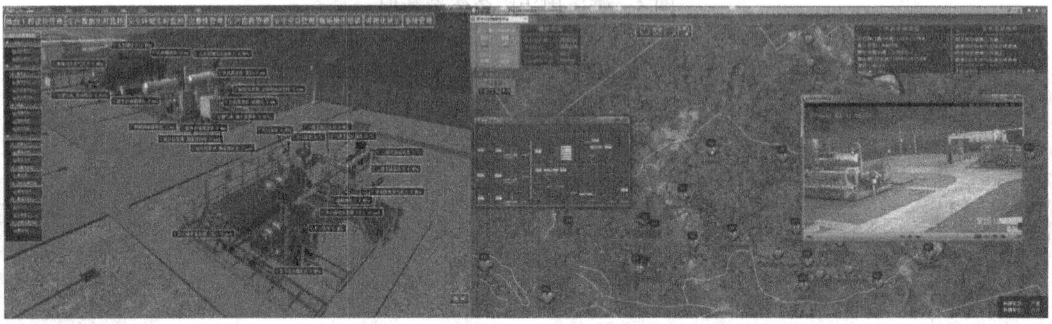

图 9　井场生产与安全实时监测一体化调度管控界面

4　成果总结及发展方向

该平台建设以来不仅科学高效处置了川渝地区洪水及强降雨灾害等突发事件，还多次开展地企协作的应急演练，改变了传统应急演练方式，依托三维应急平台应用，以模拟真实场景再现和现场信息数据联动的形式，推演各种类型灾害影响范围，为模拟演练提供不同环境设置，确保应急现场与各级应急指挥中心之间音视频信号传递准确无误，弥补了大型联合演练次数少、停工消耗大、难以全过程动态回溯分析的难题。

同时，本项目研究建立起一个具备日常管理、监测监控、预测预警、综合协调、应急联动与总结评估等多功能平台，探索了信息化设备对含硫天然气泄漏事故灾害防控辅助决策支撑作用，为建设能在复杂地形条件下获取含硫气田全面准确的应急相关信息的信息化设备，提供了宝贵经验，通过三维应急平台的创新应用，集成实时监控系统，掌握泄露点压力、温度、硫化氢浓度、风速风向等动态信息，快速模拟展示可视化应急预案动态扩散趋势和影响范围，有效指导应急救援，缩短应急响应时间，提高抢险救援效率，从而辅助预测预判事故的发展趋势，提高救援疏散效率。

以现代信息通信技术为支撑，软、硬件相结合打造的突发公共事件应急保障技术平台，将各类应急资源信息充分整合，建立气田全生命周期的完整性管理体系，形成平战结合的应急管理体系，建成地企协同的应急演练和应急响应机制，基于三维真实场景，让应急过程中的信息链、决策链和处置链高效运转，提供多方应急机构高效协同的技术手段，达到同步各方信息，协调各方行动，统一指挥，统一调度的目的，解决了传统应急方案覆盖面不足、可操作性较差、预案内容碎片化、处置协同低效等问题，为提高政府处置突发事件的能力、增强决策的科学性，具有重要意义。

参　考　文　献

[1] 庞瑞．地理信息技术在油气管道数字化管理中的应用[J]．石化技术，2023，30(09)：209-211.

[2] 刘坤，何娜，王尧．高含硫气田开发安全评价技术探讨[J]．石油与天然气化工，2013，42(4)：85~91.

[3] 罗瑞振，韩建红．高含硫气田试气作业的安全措施与管理——以普光气田为例[J]．天然气工业，2009，29(7)：112~115.

[4] 胡瑾秋，张来斌，陈怡玥，等．油气行业应急预案诊断概念的多重含义与研究现状[J]．安全，2023，44(07)：1-13+89.

[5] 张兴龙，兰才富，申耀东，等．油气管网突发事件应急决策辅助系统的开发与应用[J]．电气防爆，2023(06)：32-35.

运转设备振动监测系统设计及在天然气净化厂中的应用

彭银华　高　阳　何　强　陈　锐　周斯雅　雷　宇

（中国石油西南油气田分公司）

摘　要　天然气净化厂中，运转设备是所有设备中故障数量最多、故障诊断难度最大的设备种类。运转设备的安全平稳运行直接影响气田的正常运行。随着信息化、智能化的发展和提升，通过实时监测运转设备振动、温度、转速等参数，计算机自动分析，及时发现故障、诊断故障、提出处置建议成为可能。针对天然气净化厂运转设备特点，提出一种新的振动在线监测及故障诊断系统设计方案，该系统建立了更实用、敏锐的报警模型，及时发现早期故障，通过建立基于规则的专家知识模型和基于历史故障的识别模型，实现设备故障自动诊断。实际应用表明，该系统可实时、准确监测运转设备的运行状态，故障诊断准确、及时；满足天然气净化厂运转设备状态监测与实时诊断的要求。

关键词　天然气；运转设备；在线监测；故障诊断

2020 年以来，国内天然气产量突破 $1900\times10^8m^3$，天然气在油气结构中占比超 40%；天然气在能源体系中逐渐成为主力军。天然气净化装置作为天然气生产的关键一环，其生产的平稳性直接影响天然气产能发挥。天然气净化装置运转设备作为工厂的心脏，为各类工艺介质的输送提供动力；运转设备的运行情况，直接关系着整个气田的生产。长期以来，国内天然气净化厂运转设备检修多采用定期维修和故障后维修模式，这两种检修模式不以设备的运行状态为依据，而以到期必修和缺陷处理为原则，存在过度维修或维修不及时等问题。

随着科学技术的不断发展，特别是计算机的广泛应用，运转设备状态监测和诊断技术得到长足发展。基于状态监测和诊断分析的预防性检修模式逐渐成为天然气净化厂运转设备检修管理的发展方向。天然气净化厂运转设备振动监测系统可及时准确地评价运转设备的运行状况，在部件出现故障的初始阶段查出并监视其发展，不仅可以减少装置停产、防止设备损坏事故，而且可使检修与维护的工作更及时和准确，实现设备预防性检修。

1　系统设计

天然气净化厂运转设备主要包括电机、离心泵、离心风机等，故障类型主要包括转子不平衡、不对中、共振、机械松动、轴承故障、齿轮故障、电机气隙不均匀、电机转子笼条断裂、电机定子断路等；运转设备发生这类故障时，在振动分析中均能发现对应的特征参数。因此，根据这种故障与振动特征参数(对应 1 个或多个特征参数)的对应关系，设计了一种适用于天然气净化厂的运转设备振动在线监测和故障诊断系统。

1.1　在线监测系统架构

设备振动在线监测系统由三层结构组成：分别为机组数据获取层、数据处理层、应用分析层(图 1)。

数据获取层主要包括信号感知单元、数据采集与处理单元、通讯单元。信号感知单元主要由安装在设备表面的加速度传感器、转速传感器、温度传感器等组成。传感器将振动、转速等信号转化为电信号并传送给数据采集与处理单元。数据采集与处理单元将电信号进行抗混叠滤波、AD 采集、特征值分析并结合工况数据进行智能筛选与存储。将数据转换成 TCP/IP 格式经过通讯单元传送到中控室数据处理层。

数据处理层主要包括数据服务器、WEB 服务器、工程师站及网络隔离装置等硬件系统，以及安装在服务器上的分析系统。对来自于机组的振动数据、转速数据、温度数据等进行处理和储存，提取故障特征信息，在机组故障模型的支持下进行诊断评估。

应用分析层为数据中心。机组健康状态评估管理系统利用各机组故障征兆特征数据，结合齿轮故障模型、滚动轴承故障模型、滑动轴承故障模型及各类型机组故障模型自动给出健康状态评估报告，诊断分析人员根据现场机组数据，在自动诊断结论的指引下，对机组机型评估，出具详细的机组评估报告。

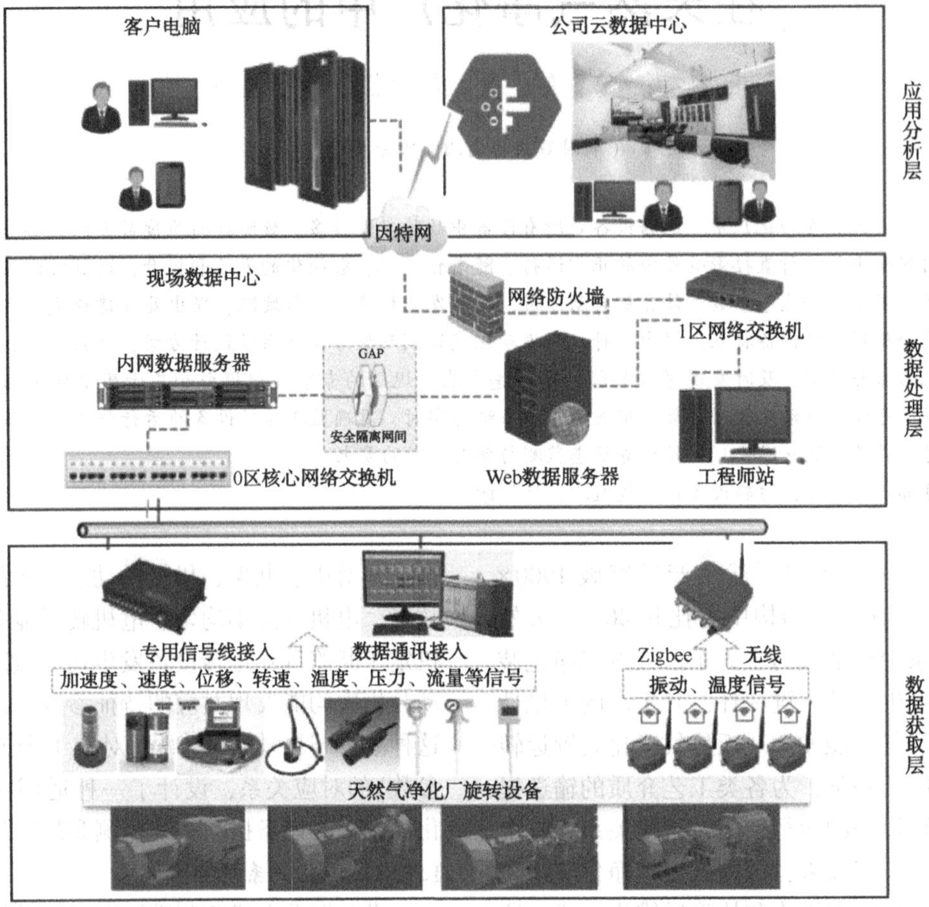

图1　振动在线监测系统网络拓扑图

1.2　系统报警模型

系统采用多参数综合报警。系统计算同一组数据中振动有效值、温度有效值，计算同一组数据中振动的突出频率数值；计算时间前后两组数据之间的温度有效值的差值；计算时间前后两组数据之间的振动有效值的差值。并对计算后的参数设计判断程序，如图2所示。

判断过程：

温度预警1：前1个月温度有效值乘以125%得到的数值，为温度上限数值。温度预警2：后1h的温度有效值数据减去前1h的温度有效值数据，再减去室内温增长数值。

振动预警1：前1个月振动有效值乘以125%得到的数值，为振动上限数值。振动预警2：在转速相同或者相近的情况，两组数据转速有效值的差值在[0~额度转速＊5%]之内，后2h的振动有效值数据减去前2h的振动有效值数据。如果两组数据转速有效值的差值在[0~额度转速＊5%]之外，则后1h的振动有效值数据减去前2h的振动有效值数据。如果两组数据转速有效值的差值在[0~额度转速＊5%]之外，则后1h的振动有效值数据减去前3h的振动有效值数据，连续比较三组数据即结束。振动预警3：根据被测动设备的轴承参数，计算故障特征值频率数值。该特征频率数值±10%即为参考的故障特征值频率参考区间。计算出的频率数值，有落在频率参考区间的，即为接近。反之则不接近。

数据多功能预警的输出，以0或者1的形式输出，结果可以通过指示灯提醒设备运维巡检人员，或者通过通讯模块传输至服务器后台进行显示。其预警特点是：温度预警1、温度预警2、振动预警1、振动预警2、振动预警3五个模块，是输出1，否输出为0。默认情况下：$K1=K2=K3=K4=K5=0.2$；$K1*$温度预警$1+K2*$温度预警$2+K3*$振动预警$1+K4*$振动预警$2+K5*$振动预警$3=S$；$S\geqslant 1$，则触发报警输出；$S<1$；则为正常；$K1$、$K2$、$K3$、$K4$、$K5$为个报警输出的权重，可根据工业现场的情况进行调整。

例如：如果工业现场能准确知晓动设备的故障特征频率，如果该频率出现，即为故障发生，在这种情况下，即可将振动预警3的权重$K5$修改为1。或者根据人工诊断经验，如果该频率出现，八成的可能性为故障，可将振动预警3的权重$K5$修改为0.8。机械故障的发生，一般会伴随其他特征的出现。机械故障会伴随有效值呈增长趋势，$K4*$振动预警$2+K5*$振动预警$3=0.2+0.8=1$，同样触发报警。通过上述报警模型，可进一步更准确实现天然气净化厂运转设备故障预警。

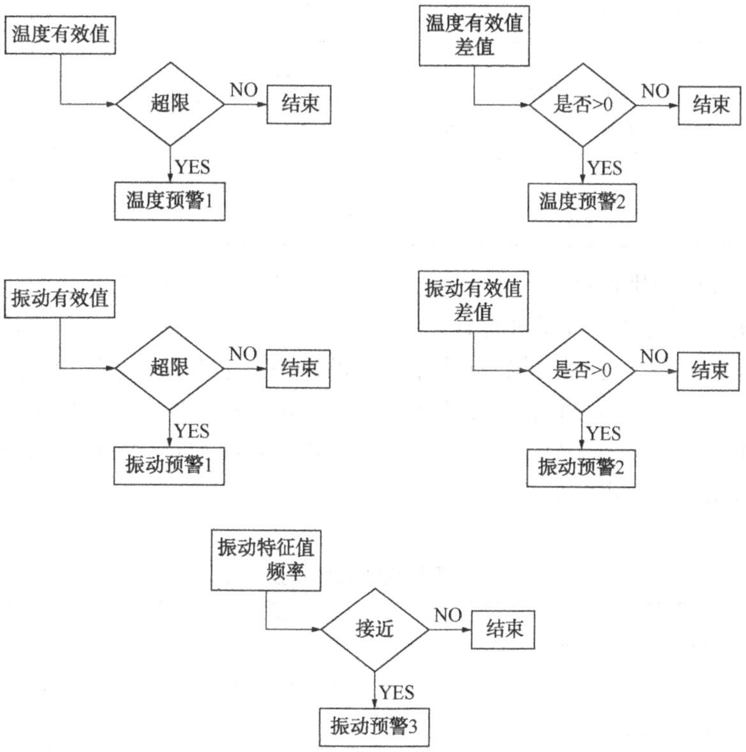

图2　报警判断模型

1.3　系统诊断模型

天然气净化厂运转设备振动监测系统故障诊断模型主要包括基于规则的专家知识模型和基于历史故障的识别模型。

(1) 基于规则的专家知识模型

针对天然气净化厂不同设备的结构原理、轴承型号、润滑方式、安装方式等，通过历史故障、模型试验、专家经验、数学计算等方式获得不同故障情况下，时域、频域的特征值，并对特征参数设定阈值和判断逻辑，从而实现故障判断和定位(表1)。

表1　多级离心泵专家知识模型故障诊断逻辑

序号	问题描述	诊断逻辑	故障及措施
1	不平衡	① 通频速度 $VRMS$ 超危险值 ② 转速一倍频速度 $VSpeedX1$/通频速度 $VRMS>0.7$ 逻辑关系：①&②	① 检查旋转部件是否有开裂/断裂等导致的合成质量中心偏移问题； ② 检查叶轮是否有明显冲刷腐蚀等不均匀磨损，导致的叶轮合成质量中心偏移问题； ③ 检查平衡盘上现有的配重块是否有松动或移位，导致原有平衡状态被破坏的问题； 根据检查结果，决定现场是否进行动平衡处理。

续表

序号	问题描述	诊断逻辑	故障及措施
2	不对中	① 转速二倍频速度 *VSpeed*X2>1mm/s ② 转速二倍频速度 *VSpeed*X2/转速一倍频速度 *VSpeed*X1>0.5 逻辑关系：①&②	检查现场设备对中情况(平行对中和角度对中)并调整对中。
3	流体激增(假设叶片数 *n*)	① 通频速度 *VRMS* 超危险值 ② 转速 *n* 倍频速度 *VSpeed*Xn/通频速度 *VRMS*>0.5 逻辑关系：①&②	① 检查叶轮和壳体间流道间隙是否沿壳体周向有明显的差异问题，该差异能导致明显的流体激振力现象； ② 检查叶轮是否有因为流体激振力长期作用导致的异常磨损问题。
4	滚动轴承磨损	① 高频段加速度 *RMSH* 超危险值 ② 高频段加速度 *RMSH* 超报警值 ③ 中频段加速度 *RMSM*2 超报警值 逻辑关系：①or②&③	检查设备低速盘车、从启机到运行过程、正常运行时三种不同状态下轴承是否有异音。如果是刺耳啸叫的声音，可能来源于轴承滚子打滑或者润滑不良；如果是有规律的敲击声音，则可能来源于滚道磨损/剥落等；情况轻微的，建议加强轴承润滑并观察运行；情况严重的建议更换轴承。

(2) 基于历史故障的识别模型

根据已有的历史故障案例及数据进行建模，建立了一个历史故障特征库。历史故障特征库中存放历史故障特征数据模型。历史特征数据模型中保存净化厂已发生故障的关键参数及依据专家分析判别，从故障数据中提取出的故障诊断的特征向量。历史特征数据模型中同时包含运转设备故障情况、故障部位、故障诊断结论，故障采用的措施，维修方案数据等(表2)。

历史故障库中的各特征模型与设备实时监测数据进行匹配对比分析，自动进行逻辑判别。

表2　基于历史故障的识别模型

序号	历史故障情况	故障特征分析	特征参量设置
1	2020年10月31日，电机温度急剧上升，在6h内从39.319℃升至102.82℃，现场检查发现电机缺项。	① 电机温度超报警值60℃，温升>10℃/h； ② 全频段加速度 *RMS* 急剧上升；*RMS* 由正常情况下 5.7m/s² 升至 14m/s²。	① 温度超报警值60℃； ② 温升>10℃/h； ③ 0.1～10kHz 加速度 *RMS*>9m/s²
2	2020年11月，高压泵轴承箱漏油。	高频峭度轻微上升，由3上升至4；频谱未见明显变化。	5000～10kHz 峭度>3.5
3	2021年3月12日，高压泵轴承外圈剥落。	泵输出端短时间内全频段加速度 *RMS* 急剧上升，正常值 5.2m/s² 升至 16.8m/s²。	0.1～10kHz 加速度 *RMS*>11m/s²

在线监测系统进行故障诊断时，首先进行基于历史故障特征库的自动诊断逻辑判别；若无对应故障识别，再进行基于规则的专家知识模型识别。两种识别模型可不断进行优化，提高故障诊断范围和准确率。

2　系统功能

天然气净化厂运转设备振动监测系统主要包括机组运行详情、特征值及趋势、数据分析、报警、启停机记录、运行报告、系统自检、故障记录、故障诊断、远程报警等功能，系统总体界面如图3所示。

天然气净化厂运转设备振动监测系统包含的功能模块及其主要作用如下：

(1) 机组运行详情模块：显示各台运转设备的温度、振动有效值、转速以及系统对设备运行状况的评价，如优秀、良好、观察等；方便设备管理人员快速掌握设备总体运行情况。

（2）特征值及趋势模块：对设备每一监测点数据进行分析，实时显示该点不同频段下的振动速度有效值、振动加速度有效值、峰值、峭度等13项特征值及报警情况，并提供历史趋势曲线。设备管理人员可根据不同特征值情况，对设备运行情况进行更准确的判断。

（3）数据分析模块：提供特征值趋势分析、频谱分析、波形分析、包络分析等，为设备管理人员提供丰富的故障分析工具。

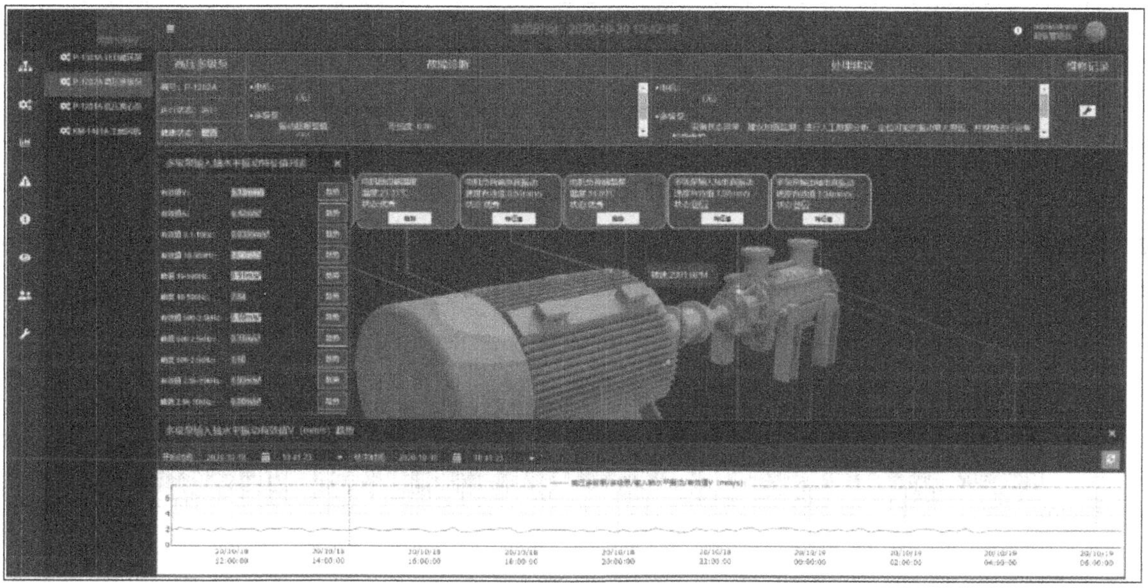

图3　天然气净化厂运转设备振动监测系统总体界面

（4）历史报警查询模块：提供实时报警显示和历史报警查询功能，显示振动和温度报警点及测点信息。

（5）启停机记录模块：系统可记录设备启停机时的瞬态状态及启停机的时间、启停机次数，方便查看设备启停机状态及累计运行时间。

（6）运行报告模块：系统可自行给出设备健康状态评估报告，报告包括设备运行良好或者报警的状态提示，机组开机运行时长、启停次数、累计运行时间、设备在每种状态下持续的时间、设备的维修建议等内容。

（7）故障记录模块：系统可录入设备故障时间、故障情况、检维修情况等，方便系统诊断优化。

（8）故障诊断模块：系统可自动给出故障诊断结论及处理建议。

（9）远程报警模块：在系统与外网联通的情况下，设备发生异常时，可实时向指定人员发送短信、邮件、微信推送等，及时报告设备故障情况。

（10）系统自检：可自动进行系统自检，并显示系统故障情况，方便维护。

3　应用案例

天然气净化厂运转设备振动在线监测系统已投入实际应用。某天然气净化厂脱硫溶液循环泵为多级卧式离心泵，电机转速2950r/min，泵轴承型号是圆锥滚子31312。泵两端轴承箱轴向和径向分别安装1支振动加速度传感器，联轴器处安装1支转速传感器。利用滚动轴承故障特征频率计算公式，计算得到轴承特征频率见表3。

表3　脱硫溶液循环泵

脱硫溶液泵轴承型号	31312
泵输出端轴承内圈故障频率 BPFI	455.382Hz
泵输出端轴承外圈故障频率 BPFO	331.285Hz
泵输出端轴承滚珠故障频率 BSF	133.193Hz
泵输出端轴承保持架故障频率 FTF	20.699Hz

2021 年 3 月 7 日 10 时 12 分，振动在线监测系统诊断模块发出一级报警，提示循环泵入口端轴承外圈故障。利用系统数据分析功能对近段时间振动数据进行分析。

3.1 趋势分析

调取了 2021 年 11 月 2 日至 2021 年 03 月 7 日，泵输出端通频加速度趋势图(图 4)，可见设备于 2021 年 3 月 5 日前，振动一直平稳，且落在预设的一级报警线内；于 2021 年 3 月 5 日，发生缓慢飘升，触发一级(黄色)报警，且飘升速度明显变快，于 3 月 7 日晚触发二级(红色)报警。

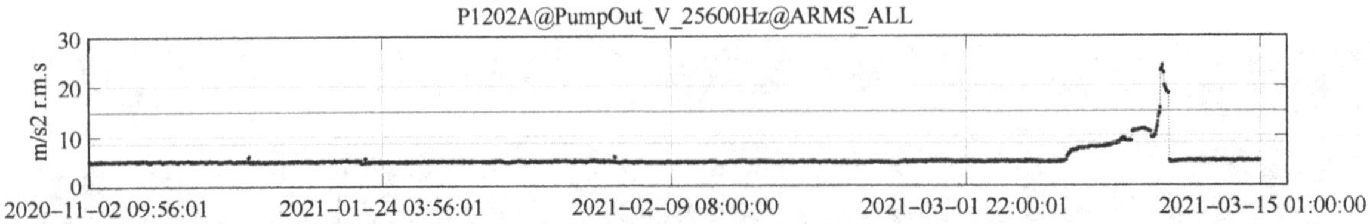

图 4　脱硫循环泵输出端通频加速度趋势图

3.2 波形分析

正常无故障状态下，该测点的波形中没有规律冲击现象，波形图峰值较低，约 17m/s²，如图 5a 所示。

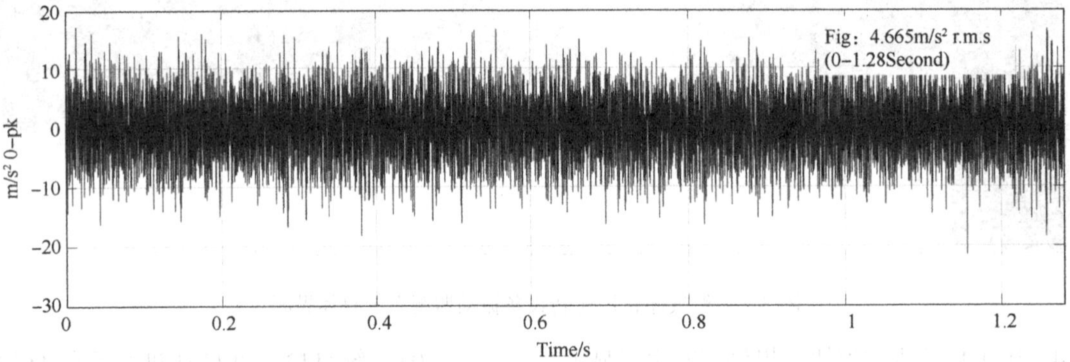

(a)正常状态下的波形图

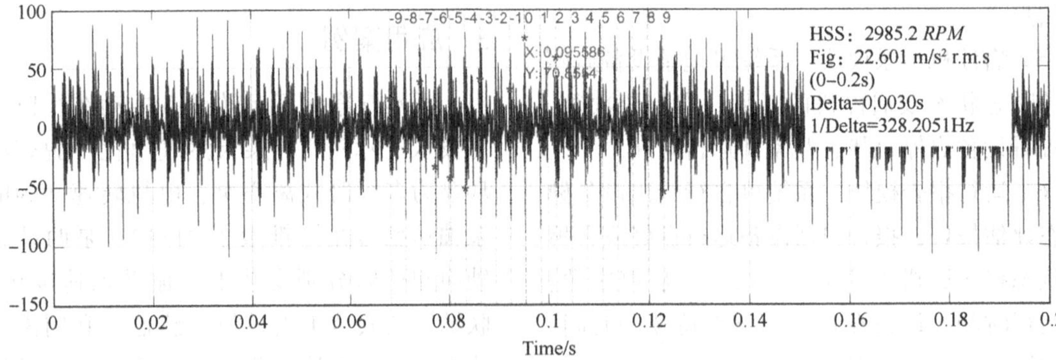

(b)故障状态下的波形图

图 5

轴承振动产生异常时，波形图存在明显有规律的冲击现象，使用游标进行度量，发现冲击间隔为 0.003s，对应 328Hz；波形图峰值大幅度增加，约为 100m/s²，超过正常值的 5 倍；对应轴承特征频率，判断泵轴承外圈发生故障(图 5b)。

3.3 频谱分析

正常无轴承故障状态下，该测点的低频和高频段均无明显轴承故障频率的存在，频谱有效值 *RMS* 较低，为 4.437m/s²，如图 6a 所示。

轴承产生异常时，频谱图上从低频段到高频段均充满了轴承故障带来的频率成分信号。游标进行度量，发现该故障特征频率的基频为 332.8Hz，非常接近轴承外滚道的故障特征频率。此时频谱有效值较大，为 21.776m/s²，是正常状态下的 5 倍(图 6b)。

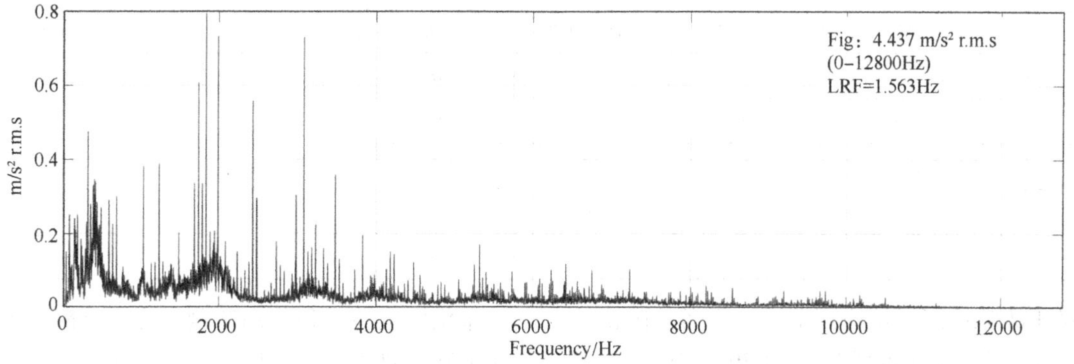

(a)正常状态下的频谱图

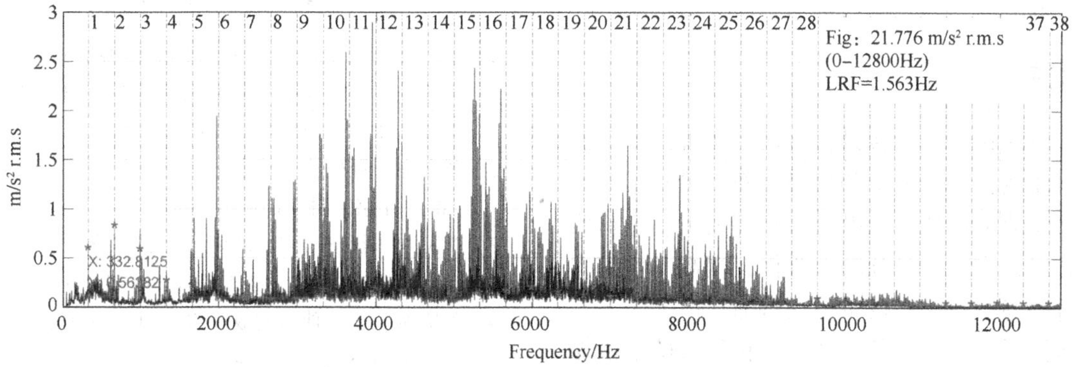

(b)故障状态下的频谱图

图 6

结合系统自动诊断结论及振动分析，判断脱硫循环泵入口端 31312 轴承外滚道存在故障；停机对设备进行检修，发现轴承外滚道有明显剥落(图 7)。通过系统进行的数据分析及系统自动诊断结论与故障实际情况相符，系统监测及诊断准确有效。

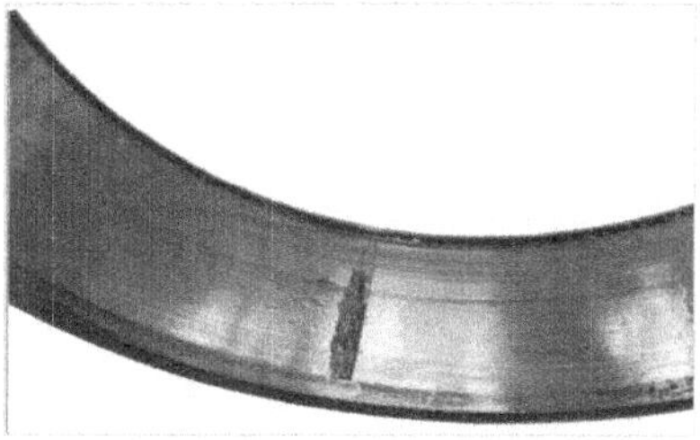

图 7　轴承外圈剥落

4　应用总体情况

运转设备在线监测系统在某净化厂 4 台离心泵，2 台离心风机，2 台柱塞泵，8 台电机，2 台变速器，共 18 台设备上进行了应用。2022. 3～2023. 3 系统共诊断各类故障 63 次，其中不对中、润滑油、轴承磨损等早期故障 60 次，仅需进行维护保养；电机超温、轴承故障等需停机检修故障 3 次，未出现非计划故障停机和返厂检修。故障诊断系统应用前后情况如表 4、表 5 所示。

表 4　2019—2021 故障障诊断系统应用前设备故障情况

<table>
<tr><th>序号</th><th>设备名称</th><th>故障次数</th><th>返厂检修次数</th><th>维修费用</th><th>停产影响</th></tr>
<tr><td>1</td><td>TEG 循环泵</td><td>3</td><td>0</td><td rowspan="5">219 万元</td><td rowspan="5">停产 5 次，影响气量 99 万方，损失 148. 5 万元</td></tr>
<tr><td>2</td><td>低压贫胺液泵</td><td>9</td><td>0</td></tr>
<tr><td>3</td><td>高压贫胺液泵</td><td>10</td><td>1 次</td></tr>
<tr><td>4</td><td>主风机</td><td>7</td><td>1 次</td></tr>
<tr><td colspan="2">合计</td><td>29</td><td>2</td></tr>
</table>

表 5　2022. 3—2023. 3 故障障诊断系统应用前设备故障情况

序号	设备名称	故障次数	预防性维护	返厂检修	维修费用	停产影响
1	TEG 循环泵	1	8	0	17 万元	无
2	低压贫胺液泵	0	14	0		
3	高压贫胺液泵	1	17	0		
4	主风机	1	20	0		
合计		3	59	0		

对比故障诊断系统应用前后，设备故障次数减少 7 次/年，预防性维护增加 59 次/年，维修维护费用降低 76%，天然气净化装置运行更平稳、安全。

5　结语

针对净化装置运转设备特点，实现设备状态的实时监测，数据分析和故障诊断，可及早发现设备潜在故障征兆，辅助设备管理人员制定检修维护方案，实现设备预防性维修，提高净化装置的运行平稳性，延长设备使用寿命。

将该系统应用于某天然气净化厂脱硫溶液循环泵，有效的监测出设备振动异常，并诊断出故障原因和位置。现场应用表明，该系统满足天然气净化厂运转设备状态监测与在线诊断的实时性和精确性要求，具有广泛的推广价值。

参　考　文　献

[1] 中国天然气发展报告[R]. 国家能源局石油天然气、国务院发展研究中心资源与环境政策研究所、自然资源部油气资源战略研究中心，2021.

[2] 黄文虎，夏松波. 设备故障诊断原理、技术及应用[M]. 北京：科学出版社 1996.

[3] 李民中. 状态监测与故障诊断技术在煤矿大型机械设备上的应用[J]. 煤矿机械 200627(3)：534-535.

[4] 董庆典. 滚动轴承的故障诊断[J]. 工程技术：文摘版，2016(8)：245-246.

[5] 宁少慧. 基于嵌入式传感器的齿轮箱早期故障诊断研究[D]. 太原：太原理工大学，2017.

安全运行智能监控技术在某海上油田配电系统应用

邵伟民　李孝岭　林俊锋

（中海石油（中国）有限公司湛江分公司）

摘　要　海上油田配电系统安全运行至关重要，一旦配电系统设备发生电气接地、运行状态异常、电气设备高温等故障而引发电气火灾，会给海上石油平台的安全和生产构成巨大的威胁。鉴于目前某油田中低压智能监控手段单薄，配电系统运行存在安全隐患，急需建立一套电气配电间安全运行智能化监控装置，包括继电保护定值在线监控及预警系统、中压无线测温及局部放电监控系统、环境温湿度监控系统、低压配电间红外热成像监测系统、低压柜在线绝缘监测及定位系统等，通过智能化手段全面监控中压、低压电气设备的运行状况，监控电气设备运行状态实时数据，实现早期火灾隐患提醒。针对运行异常状态报警，生产和维护人员第一时间做出主动操作和干预，减少和避免因电气设备故障引起的事故发生，将配电间隐患控制在萌芽状态，保障配电系统安全、正常运行。

关键词　安全运行；智能化监控；在线绝缘监测；早期火灾；隐患控制

1　引言

海上平台真空断路器，六氟化硫断路器和空气断路器等开关设备在整个海上电网分配电能过程中起到重要作用。由于海上平台的特点是高盐度和高湿度，电气设备在此环境中运行，容易出现低绝缘乃至绝缘击穿。针对某海上油田配电系统运行无有效监控情况下，在配电间探索、建立一套集智能监控、报警及定位的安全运行装置，显得尤为重要，该系统能够实时监控电气设备的运行温度、湿度、绝缘故障定位等，能够早期预警电气设备故障，避免发生电气火灾。

2　现状及弊端分析

2.1　中压系统现状及弊端分析

海上油田中压 6.3kV 系统运行时，目前对于真空断路器进出线温度、局部放电情况都无法实时监测，只能通过手持测温设备测量温度，或者利用大修时机对断路器进行电气校验，检测中压柜运行状况，该方式时效性差，无法及时发现中压系统故障，一旦运行过程中发生故障，损失无法估量。

2.2　低压系统现状及弊端分析

2.2.1　低压绝缘检测系统缺点

380V 低压配电柜目前安装绝缘监测仪表，该检测法仅能监测单个母排的绝缘，并不能确定哪个负载发生绝缘接地故障。绝缘监视仪表存在以下弊端：

（1）当分布电容发生变化时，监测仪表不能有效适应，导致仪表失效或指示错误绝缘值；

（2）由于低压母排成分复杂，无法精准反应绝缘状态；

（3）海上油田电潜泵等变频设备占据主要部分，此监控仪表对此类负载无法有效监控绝缘状况。

2.2.2　温度监控手段单一

目前低压配电系统负载只能通过日常巡检发现温度异常设备，以及定期手持热成像对低压电气设备温度检测，温度监控手段时效性差，无法实时监控负载温度变化，对于油田安全生产存在一定风险。

针对上述中低压系统存在短板、弊端，海上油田建立一套集中低压负载温度、局部放电、在线绝缘监测及定位装置。该装置能够在终端实时监控：

（1）监控中压负载断路器温度、局部放电综、综合保护器整定值，当温度、局部放电值超过设定值或整定值变化时，发出报警提醒专业人员及时现场处理；

（2）监控低压负载温度及绝缘故障定位，当温度异常时发出报警并提醒；当低压系统绝缘较低或接地时，通过终端监控画面能够定位是哪个回路负载，实现快速、精准定位，及时完成故障排查，保证电力系统安全运行。

3　安全运行智能监控装置建立

该海上油田的中低压电力系统智能化监控装置由 5 大组成部分，分别为继电保护定值在线监控及预警系统、中压无线测温及局部放电监控系统、环境温湿度监控系统、低压配电间红外热成像监测系统、低压柜在线绝缘监测及定位系统。

3.1　继电保护定值在线监测及预警系统

该系统主要由交换机、继电保护器及通讯线路组成，继电保护器通过以太网线与交换机连接，交换机通过网线接入能控系统局域网（图 1）。

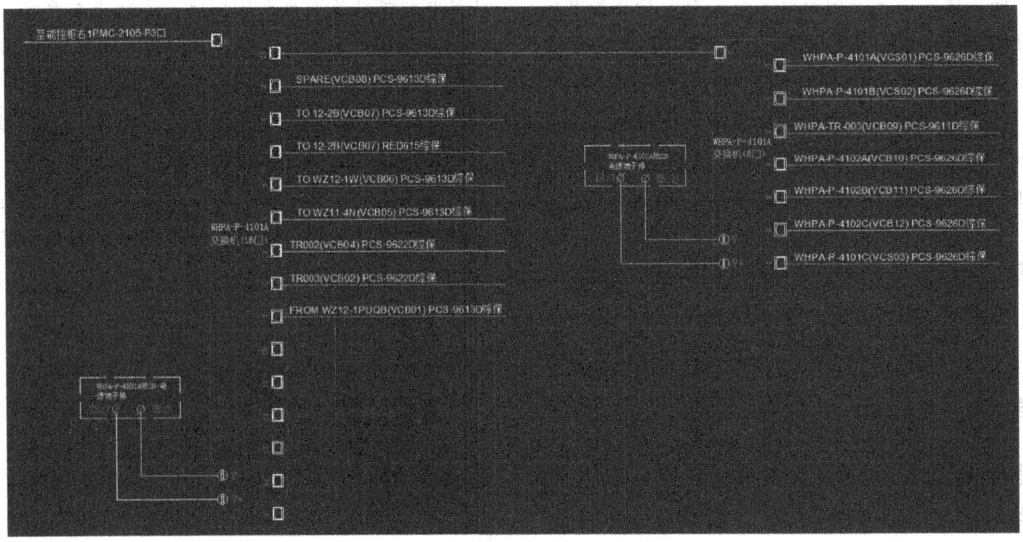

图 1　网络交换机与综保连接图

该系统可以打通系统与保护装置之间的通讯联系，实现现场保护装置的信息化管理，同时还可以从现场 SCADA 中读取电网运行状态，当电网运行状态发生重大改变时进行保护装置的在线校核，并对校核发现的问题发出报警，从而提升继电保护装置综合管理水平。

3.2　中压无线测温及局部放电监控系统

3.2.1　无线测温技术

无线测温技术在中压设备一次回路无线温度测量中的应用，解决了传感器的能量需求问题，使传感器不受传统电池的约束，体积小，可靠性高，安装方便，使用方便，保养更方便，产品更环保，技术更先进。

3.2.2　局部放电监测技术

本改造采用方式为超高频信号检测。中压柜内安装局部放电传感器，利用传感器接收局部放电超高频信号，通过对信号分析、计算后直观局放数值传送到后台服务器，从而达到监测中压柜内局部放电情况。

3.2.3　无线测温及局放系统

无线测温及局放系统主要由四部分组成：无线温度传感器、局放传感器、无线温度局放接收终端、数据服务器。无线测温及局放系统框图如图 2 所示。

无线温度传感器安装于真空断路器（VCB）梅花触头上，感应取电；局放传感器安装于中压盘电缆室底部，采用粘贴方式进行固定，探头对准进出线母排位置，利用二次室控制回路 220V 低压电源供电。实时温度和局放量通过无线传输到接收终端，实现在后台服务器数据实时监控及报警。

监控数据到达后台服务器，服务器通过与 PLC 或触摸屏的通信，监控现场各个传感器的实时温度、局放历史曲线。设置报警值，如果出现过热情况，能够及时定位并通知油田相关作业人员，针对异常温度变化的母排、梅花触头进行检查，以防止异常状态发展成电气故障，从而引起电气火灾。

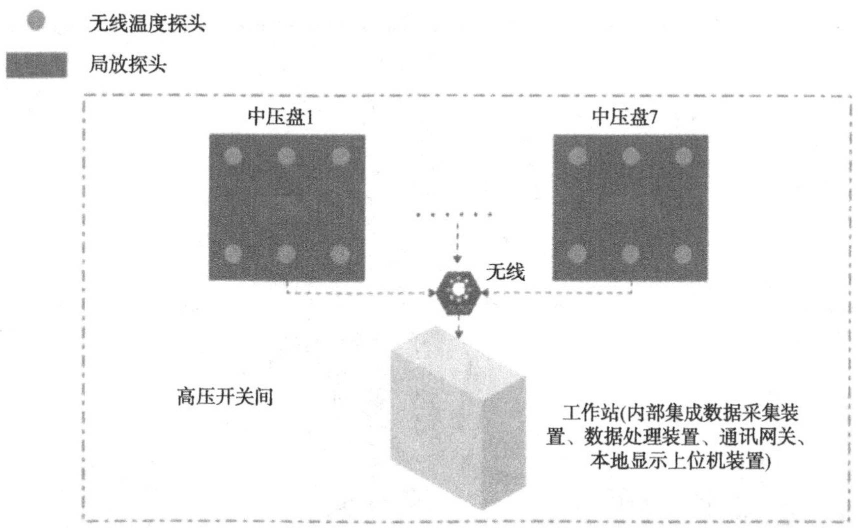

图 2　系统框架图

3.3　环境温湿度监测系统

电气配电间的温湿度变送器将物理测量信号转换为 0~5V 或 4~20MA 标准信号，通过 PLC 模拟量模块读取，通过编程软件与上位机或 PLC 进行通讯、组态，监控各电气间的温湿度数值变化，并做出对应判断和报警，实时提醒工作人员电气设备运行环境的温湿度情况，以便及时调整电气设备运行的环境状态，避免在高温和潮湿环境中运行的电气设备引起的电气故障。

温湿度监控系统由触摸屏和 PLC 组态，PLC 读取的温湿度数据传输到监控屏幕。监控系统可以直观、全面地显示所有受监控电气间的实时状态(图 3)。

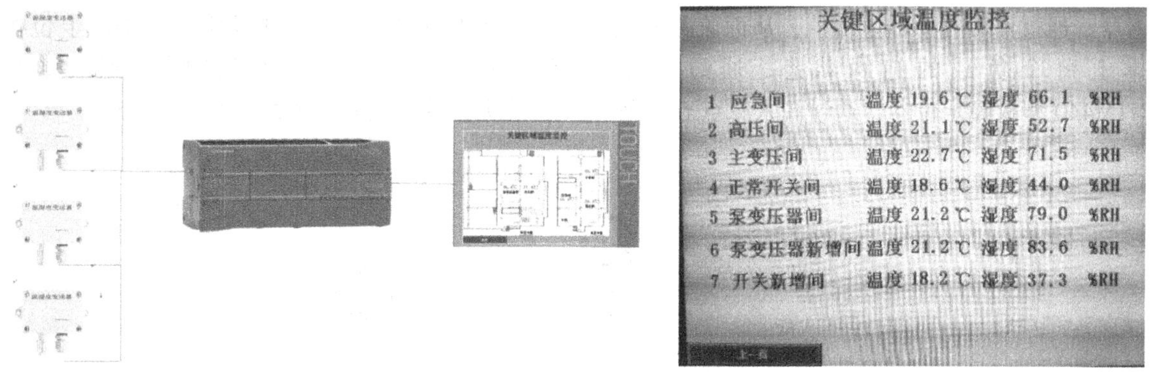

图 3　温湿度监测系统图及监控画面

3.4　红外热成像监测系统

本系统搭建采用安装热成像感温探测器 NP-FVR112，一款以焦平面测温技术作为火灾探测的主要手段，针对被检测区域的物品温度异常、火焰等特征进行识别，并发出预警、报警的可实现联网管理、可视化复核的火灾探测设备。该产品具备对被检测区域的测温报警(定温、差温、温升)、火点方位识别、视频复核等功能，可实现极早期的火灾预警、报警，火灾现场的警情远程可视化复核红外线摄像技术，具备灵敏度高、安全可靠，功能强大，使用方便，外形美观。

红外热成像监测系统通过热成像感温摄像头监控现场各传感器的实时温度，实现实时监测配电间抽屉柜、变频柜、变压器等大功率设备，设置正常温度、报警预警温度，如果出现温度过高的情况，可以及时定位并在中控监控画面报警，通知相关人员及时处理异常温度能够及时报警，实现火灾或者故障早期预警，保证电气设备正常运行(图 4)。

图 4　热成像感温监测画面

3.5　低压柜在线绝缘监测及定位系统

3.5.1　在线绝缘监测与定位技术

通过 WRITM685 型绝缘监视仪，该监测仪在四段母排 LA、LB、LQ 及 LE 变压器二次侧分别注入小电压，在每段母排上负载安装小型电流互感器，通过监测互感器电流值，从而监测整段母排上每个负载的绝缘状态。通过安装 WRITM440 型故障定位器，通过注入二点五赫兹电信号，判断故障电流流经的具体回路。当负载发生绝缘低或接地故障时，实现精确定位到每一个检测回路上的负载，进行声光报警，提醒现场工作人员进行相关处理。

3.5.2　绝缘监测系统组成与搭建

低压柜在线绝缘监测及定位系统由上位机、绝缘故障定位仪、绝缘故障监测仪、通讯接口扩展模块、零序电流互感器等组成(图 5)。

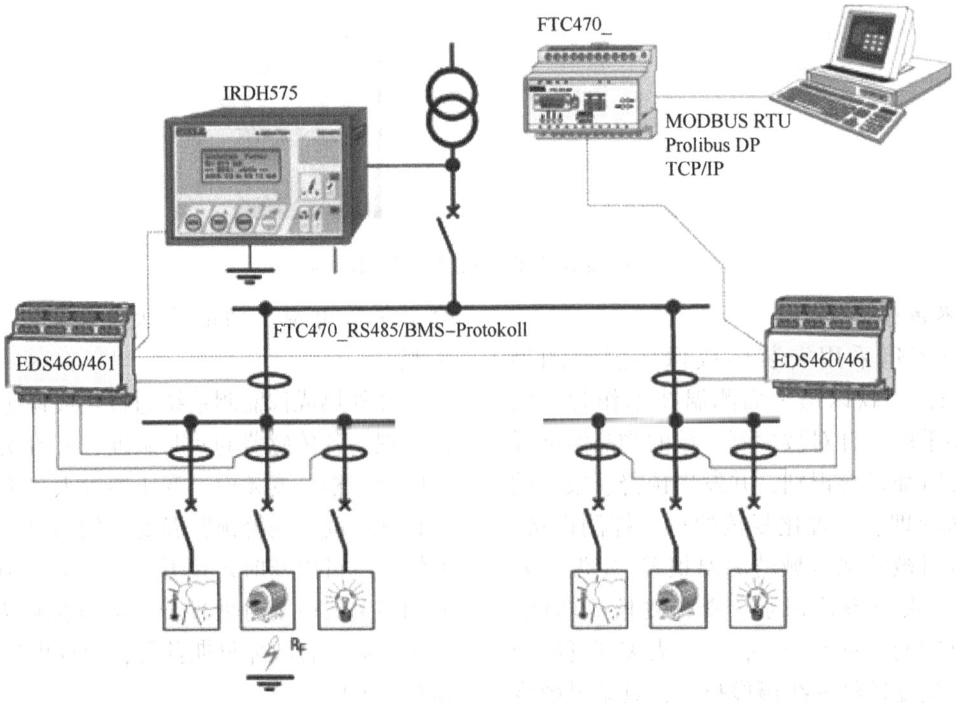

图 5　在线绝缘监测系统图

在线绝缘监测及定位系统搭架主要分为三部分：

(1) 安装在线绝缘监测装置。绝缘监视设备连续监视 IT 系统(不接地系统)的绝缘电阻，并且当值下降至响应值时会发出报警，提醒相关人员早预防、早检查。

(2) 建立绝缘检测仪与 PLC 的通讯，通过 MODBUS-TCP 通讯协议实现 PLC 对绝缘监测仪数据的实时读取，自主编写程序，实现报警锁定等功能。

(3) 自主开发图形化监控界面，使用户更直观了解设备绝缘状况。可以精确定位到绝缘减弱点，让巡检及检修人员都可以直观、方便的看到设备的绝缘状况，提前发现设备绝缘问题。

3.5.3　系统应用效果

通过巡检监控画面上的设备绝缘情况，提前发现系统中设备绝缘的薄弱点。从而提前对出现问题的电气设备制定维修计划，提高电气检修作业的效率，用最短的时间解决最突出的问题，提升供电系统的稳定性和安全性，保障油田安全稳定生产。

本套绝缘监测及定位系统不仅能更加精确的测量三相与地之间的绝缘阻值，而且能快速定位到故障点，无需对设备进行倒停排查，为故障排除节省时间，如厨房设备非常容易出现接地故障，而且设备并非持续性使用，将应急段负载纳入绝缘监测定位系统后，在使用后的第一时间内就查找出中控中央空调回路存在绝缘故障，持续为安全生产保驾护航(图 6)。

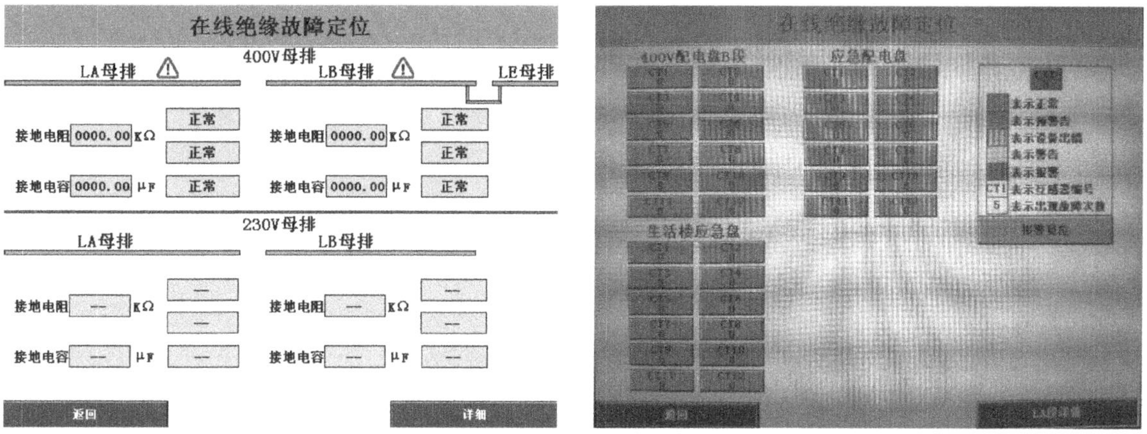

图 6　在线绝缘定位监控画面

4　智能监控装置应用

4.1　应用效果

某海上油田搭建五套监控系统组成的安全运行智能监控装置，主要实现成套中压开关柜母排和出线电缆的无线测温、继电保护参数以及局部放电监控，确保实时掌握中压柜运行状况；温湿度、红外热成像、在线绝缘监控及定位系统实现监控低压柜运行状态。从而实现海上石油平台的各类电气设备全方位 24 小时不间断的安全监控。当运行环境温湿度超限，关键电气设备温度异常，电气设备绝缘故障时，可以第一时间做出主动操作和干预，减少和避免因电气设备故障引起的事故发生，从而为可能发生的电气火灾做出早期预警，有效减少电气火灾的发生。

特别是低压在线绝缘监测定位系统多次检测设备绝缘故障并及时发出提示，每次均能指引维修人员迅速找到故障设备，及时排除设备绝缘故障，避免了约 5 次/年因设备绝缘二次故障引起的短路停电事故，避免间接经济损失约 150 万元/年。

4.2　推广价值

(1) 本项目适用于所有海上油气产生平台，低于 1000VIT 系统电网均可安装，项目施工不停电、不停产、施工周期短、见效快，设备稳定不影响电网质量。在充分利用先进监测技术的同时，能根据现场需要编程扩展、订制本土化界面，操作简单快捷无需专业人士均可快速使用，因此推广前景广阔。

(2) 项目投入少，易于实施，运行维护方便，对新油气田的设计建造提供了成功的参考案例，具有很强的借鉴意义。

5 结束语

安全运行智能监控技术的应用使该海上油田实时监控及掌握中低压电气设备运行状况，帮助油田现场多次发现电气设备的隐患，避免现场火灾等事故的发生，接下来油田现场将进一步进行总结，充分利用本套智能监控系统，确保电气设备安全运行，保障电力系统安全保供。

参 考 文 献

[1] 李运正．无线测温技术应用研究[J]. 数字技术与应用．2017年第1期.
[2] 陈鑫，吴占友，杜银昌．低压绝缘监测及定位系统在海上石油平台的研究与应用[J]．机电信息 2018. 9.
[3] 变电站无线测温系统的应用研究[J]．电力技术．2010年.
[4] 刘成平．关键区域温湿度监控系统在油田的智能化应用浅谈[J]. 中国石油化工．2012年第7期.
[5] 周赞强，沈标，李平．一种应用于交流IT系统的高精度绝缘监测仪设计[J]. 电气应用．2015年8期.

直升机救援在油气生产中的应用

杜镇平　郭　琦　朱海泉　周　源

（中国石油冀东油田公司）

摘　要　油气生产中，人员受伤或突发疾病需要及时进行救治。特别是海上作业人员在遇到伤病是否能第一时间得到救治，主要依托直升机救援。海上石油设施设置的直升机甲板要保证其结构强度稳定、安全，还要保证直升机在起降过程中灯光助航设备清晰明显、通信设备运转良好，并且直升机在起降过程中一旦发生危险，要保证第一时间进行消防救助。

关键词　直升机救援；应急管理；油气安全生产；以人为本

"安全生产，以人为本"是集团公司对所属企业的要求。今天，当现场作业人员受伤、突发疾病，在宝贵的生命与社会责任面前，不能不引发我们对第一时间救治进行思考。

1　研究背景及意义

1.1　研究背景

安全生产是石油企业永恒的主题，搞好安全生产，是全面落实科学发展观的必然要求。以人为本是社会各个行业首要要求，生命至上遇突发事件人的生命是摆在首位的。

海上石油作业主要分为人工岛和导管架平台两大类，在石油开采的同时需要配备各个专业的人员，在人员在作业过程中受伤或突发疾病，天气、海况不予许情况下只能依托直升机进行救援。在人工岛、导管架平台需要设置直升机停机坪。

直升机停机坪，也即是供直升机起降的场地，一般要求配备相应的助航设备、航管通信设备、气象设备、气象设施、消防救援设备、机场标志表示等，使之能符合直升机安全起降要求。

直升机按中国民航局 CAAC 标准通常分为：小型、轻型、中型、大型和重型 5 种类型。小型直升机最大起飞重量在 2t 以下，轻型直升机最大起飞重量在 2~4t 左右，中型直升机最大起飞重量在 4~10t 左右，大型直升机最大起飞重量在 10~20t 左右，重型直升机最大起飞重量大于 20t。

直升机停机坪的几何形式可分为圆形、方形、矩形。同样的直升机停机坪也可根据以下方式来进行区分：

（1）形式划分划分：表面直升机坪，高架直升机场，船上直升机场，直升机水上平台。

（2）使用功能划分：商务停机坪，消防停机坪。

（3）结构划分：钢结构直升机坪，混凝土结构直升机坪。

1.2　研究意义

直升机救援工作是一项系统工程，也是应急管理工作的重要组成部分，是开展突发事件应急处置工作的主要依据和基本内容。

直升机使用条件如遇恶劣天气海况，守护船无法完成救援任务的；海上作业、驻岛人员突发急重伤、病情严重需紧急下岛救治或其他紧急情况需调用直升机救援的。应由事发单位主要领导决定并申请，报主要领导，调用直升机组织救援。同时通知属地管理单位提前做好直升机接机准备工作。

企业的组织体系、管理模式、风险大小以及生产规模不同，按照各层级要求，从公司到班组、岗位分别制订相应的总体预案、专项应急预案、现场应急预案，其中要涵盖突发事件人员撤离和人员伤病直升机救援的处置程序，形成体系，互相衔接，并按照统一领导、分级负责、条块结合、属地为主的原则，建立协调联动机制。加强领导，落实责任，推进本单位应急组织体系、指挥平台、监测预警、预案体系、培训演练、应急队伍、物资保障、科技支撑等方面建设，提升综合应急能力。按照民航局规定定期开展对停机坪防滑网、照明设施、消防设施、通讯设施等的检查工作。

参照国际做法，将直升机接机人员培训分为

HDA 和 HLO。每 2 年要对涉海属地单位人员进行直升机接机指挥员、直升机协助员进行取证、换证培训。最后直升机救援依据应急预案、处置程序，第一时间进行救助处置。我认为，当前迫切需要汲取同行的经验教训，避免重演别人的错误，同时在加强救援管理工作的过程中，坚定不移地执行相关的制度，才能实现我公司快速发展与安全稳定运行的有机衔接。

2　油气生产安全典型案例对我们的启示

2015 年 11 月 17 日 16：29 某人工岛井下作业员工突发阑尾炎，由于当日海况较差，守护船无法靠泊登陆点。协调直升机进行救治。17：05 直升机从天津某机场起飞，17：40 安全降落某人工岛停机坪，17：55 接阑尾炎病人和看护人员两人起飞，18：21 安全抵达天津某机场，由救护车送往医院进行治疗。

2020 年 11 月 18 日 9：00 某人工岛承包商人员出现肚子胀气、头晕等症状，驻岛医生经过检查初步诊断为胰腺炎需要紧急下岛就医。当时海上风力 7~8 级，守护船无法靠泊登陆点。协调直升机就行救治，10：30 直升机起飞，11：05 降落人工岛停机坪，11：09 病人由驻岛医生等 2 人陪同登记，11：36 降落机场送往医院救治。

油气生产中人员伤病无小事，只是如何在海况、天气受限不能正常发船的情况下，最短时间将伤病人员进行救治，不让伤病员病情、伤势扩大。这就要求应急管理常态化的工作落到实处。

3　直升机救援的应用

直升机救援的前提是其他交通设施受外部影响无法进行救援时使用直升机救援。推行停机坪设置的优势在于：一是合理利用现有资源，保证人员安全的以人为本的思想，形成企业安全保证，有力于企业的安全基础创建；二是建立直升机救援程序，在为紧急处置时刻减少企业的管理层次和中间环节，缩短救援时间半径，避免逐级报送、反馈的繁琐环节，利于救援管控；三是应急办公室对中控室点对点信息传递、信息共享，上下级之间信息传递的渠道缩短，提高了救援工作效率。

以上是对直升机救援工作的理解与认识。海上油气生产属于高风险行业，涉海油田位处环渤海区域，人员受伤不能及时进行救治导致亡人，会在社会上造成不良影响，因此，需要全员统一思想，提高认识，不断学习和运用直升机救援程序，加强对事故的分析预测，掌握第一时间救治的主动权，将第一时间救治放在首位。

4　结束语

现如今，随着中国的国际化发展，势必会在重要的经济城市发展直升机交通，可以为重要的商务人士和重要的商务活动提供直升机交通服务。在提高商务效率的同时，石油企业形象也得到提升，同时要满足消防方面的规定要求。

参 考 文 献

[1] 刘景凯．企业突发事件应急管理[M]。北京：石油工业出版社，2010.4
[2] 穆剑，苗文成，马鸿发．海上油气田安全监督实用技术手册[M]。北京：石油工业出版社，2012.8
[3] 熊璟．石油企业安全生产行政监管机制研究[D]。西南石油大学出版社，2013

安全风险智能化视域下的应急管理平台研究与实践

刘 义 米朝清 王海君 黄振宇 彭 耘

（广东珠海金湾液化天然气有限公司）

摘 要 随着信息技术的快速发展，智能化、信息化已成为化工行业应急管理的关键。本文首先分析了化工厂面临的主要安全风险，介绍了安全风险智能化平台构建，随后探讨了如何在安全风险智能化视域下的智能化技术在应急管理中的应用，特别针对不同场景的信息化技术在应急管理方面的作用，并结合实际案例，深入研究了智能化视域下应急管理平台的构建与实践。同时介绍如何整合、打通不同信息化技术的之间孤岛，真正让信息化、智能化技术助力应急管理水平提升。

关键词 安全风险；智能化；信息化；集成；应急管理

1 引言

化工厂作为高危行业，一旦发生事故，后果往往极为严重。因此，加强化工厂应急管理，提高风险防控能力，是当前化工行业面临的重要课题。近年来，随着大数据、云计算、物联网等技术的快速发展，智能化、信息化已成为应急管理的新趋势。

2 化工厂面临的主要安全风险

化工厂涉及大量危险物质和复杂工艺，常见的安全风险包括：物质泄漏、火灾爆炸、环境污染等。这些风险不仅威胁到员工和公众的生命安全，也对企业声誉和经济效益造成巨大影响。应急管理坚持“防为上，救为下”，一是做好事故防范，这里面包含了应急准备、风险管理，其次才是救援，“工欲善其事，必先利其器”，应急救援、应急管理也是需要与时俱进，积极应用新技术应对安全风险。

3 智能化技术在应急管理中的探讨和应用

3.1 基于厂区三维地图的“一图管控”

化工厂作为高危行业，一旦发生事故，往往会造成严重的人员伤亡和财产损失。因此，如何快速、准确地进行应急救援，成为了化工行业亟待解决的问题。传统的二维地图难以全面展示化工厂的复杂布局和设备分布，而三维地图则能够提供更直观、更全面的信息，为应急救援提供有力支持。

笔者认为，无论是安全风险智能化管控平台建设、还是应急管理系统建设以及生产管理系统建设，都应当建立好底层的可视化三维的地图数据，且三位地图仿真度高，能够从不同的视觉区调取和查看，在基于底层地图的基础上，构建多重应用，使得管理人员具有“上帝之眼”去实施安全管理、应急管理等场景，真正实现“数据一屏展示、指标一屏分析、指挥一屏联动、场景一屏透视”。

某厂区 3D 地图示意图如图 1 所示。

围绕安全应急管理，将地图、安全应急数据集中在一张屏幕上，形成安全应急管理综合驾驶舱，基层安全管理基础信息、重大危险源状态、主要生产参数、隐患数据、特殊作业分布、人员分布、应急资源分布、环境监测数据，投射在已有的大屏设备上，通过自动获取应用层的数据，汇聚成一张或多张安全生产驾驶舱综合展示图，实现信息实时综合展示。安全生产驾驶舱综合展示平台为企业综合指挥提供全方位的、动态的企业安全生产运行辅助决策信息。将采集的数据形象化、直观化、具体化，通过速度表、音量柱、预警雷达、雷达球等大数据图表，形象标示企业安全运行的关键数据。具体的主要功能有：

信息互联互通：基于高精度 3D 地图，可以不同视觉查看、放大、缩小，获取某点的周围的应急资源、视频系统、人员分布、工艺参数、环境气象等。快速定位与导航：三维地图可以提供精确的定位和导航功能，帮助救援人员快速找到事故发生的具体位置。通过地图上的虚拟漫游和路径规划功能，救援人员可以迅速制定救援路线，提高救援效率。

直观展示与模拟分析：三维地图能够直观地展示化工厂的布局和设备分布，帮助救援人员更好地了解事故现场的情况。此外，通过模拟分析功能，还可以预测事故的发展趋势和影响范围，为救援决策提供科学依据。

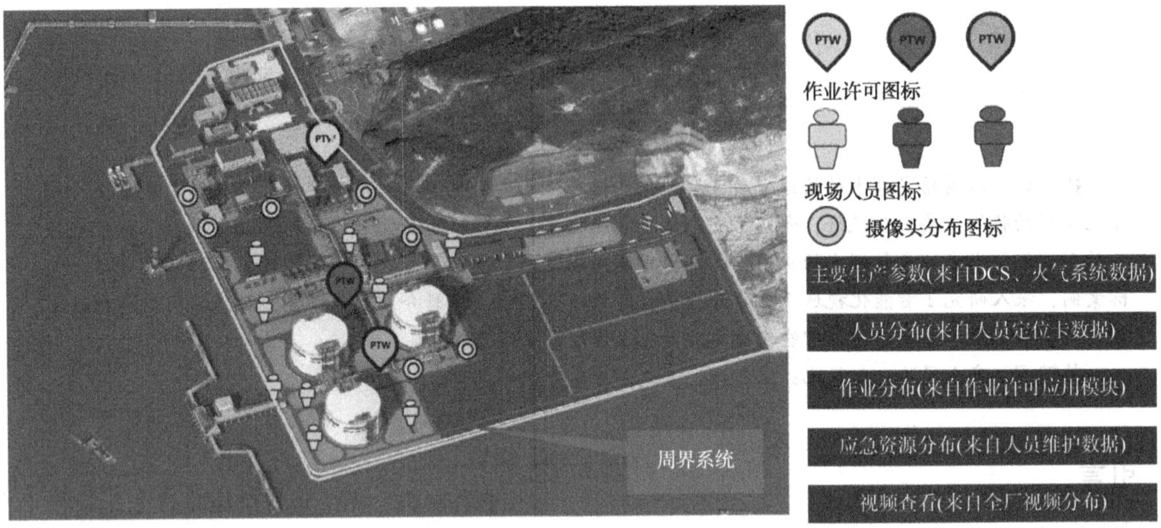

图1 某厂区3D地图示意图

实时更新与信息共享：三维地图可以实时更新化工厂的最新情况，包括设备状态、人员位置等。通过信息共享平台，不同部门和救援队伍可以实时获取地图信息，协同开展救援工作，提高救援效果。

3.2 实时监测与预警

化工企业泄漏是造成事故的重要原因，控制泄漏就是控制风险，因此，如何快速及更早期的发现易燃易爆泄漏源对日常安全管理至关重要。要将泄漏监测与罐视频监控系统、危险参数监控报警联动，当前，泄漏监测智能化装备发展迅速，针对天然气泄漏监测，目前有一种智能化技术是扫描式激光气体遥测仪，采用光学吸收法，不间断扫描遥测气体泄漏，遥测距离不小于100m，可以监测到浓度为5ppm的泄漏，远远比常规火气探头精度高，系统通过软件组态实现扫描式激光气体遥测仪的全区扫描、视频联动，发生报警时，摄像头对准泄漏点、自动对焦，将泄漏点视频画面在储罐智能联动监测系统工控机弹窗显示，并在DCS大屏幕上弹窗显示，这有助于快速发现泄漏源，减少泄漏对环境和人员的影响(图2)。监测系统还具有以下特点：

(1) 及时响应与处置：在泄漏事件发生时，泄漏监测系统能够提供准确的泄漏位置和范围信息，为应急响应提供有力的支持。企业可以根据这些信息迅速调动救援力量，采取合适的处置措施，防止泄漏扩散和事故升级。

(2) 预防与减少事故：通过持续的泄漏监测，企业可以及时发现并修复潜在的泄漏点，降低泄漏事故的发生率。同时，这也有助于企业识别和管理高风险的设备和区域，进一步减少事故的可能性。

(3) 环境保护与合规性：泄漏监测系统有助于企业及时应对泄漏事件，减少对环境的影响。此外，符合相关法规和标准的泄漏监测系统也是企业合规性的重要保障。

(4) 智能化决策支持：基于人工智能算法，可以构建智能化决策支持系统，辅助决策者快速制定应急预案和救援方案。

3.3 人员定位技术的应用

化工生产由于其特殊性和复杂性，一旦发生事故，往往伴随着严重的人员伤亡和财产损失。因此，快速、准确地确定事故现场的人员位置，对于实施有效的应急救援至关重要。化工人员定位技术的出现，为这一问题提供了有效的解决方案，当前，人员定位技术较为成熟，但是在续航能力、立体定位方面以及与其他视频监控等联动方面需要企业自主策划，并通过技术公司来实现。

人员定位技术主要利用无线通信技术、传感器技术、地理信息系统等多种技术手段，主要有RIFD定位、UWB定位、北斗定位，实现对化工厂内部人员位置的实时监测和定位。由于考虑管廊上空定位、室内定位，往往需要多种技术综合应用，这就是集成和二次开发，该技术可以准确获取人员的位置信息、移动轨迹以及工作状态等，为应急救援管理提供有力支持。在事故发生时，通过化工人员定位技术，可以迅速确定事故现场的人员位置，为救援人员提供准确的搜救目标，提高搜救效率。可通过实时监测人员的移动轨迹和工作状态，可以及时发现潜在的安全风险，为应急救援提供预警信息。

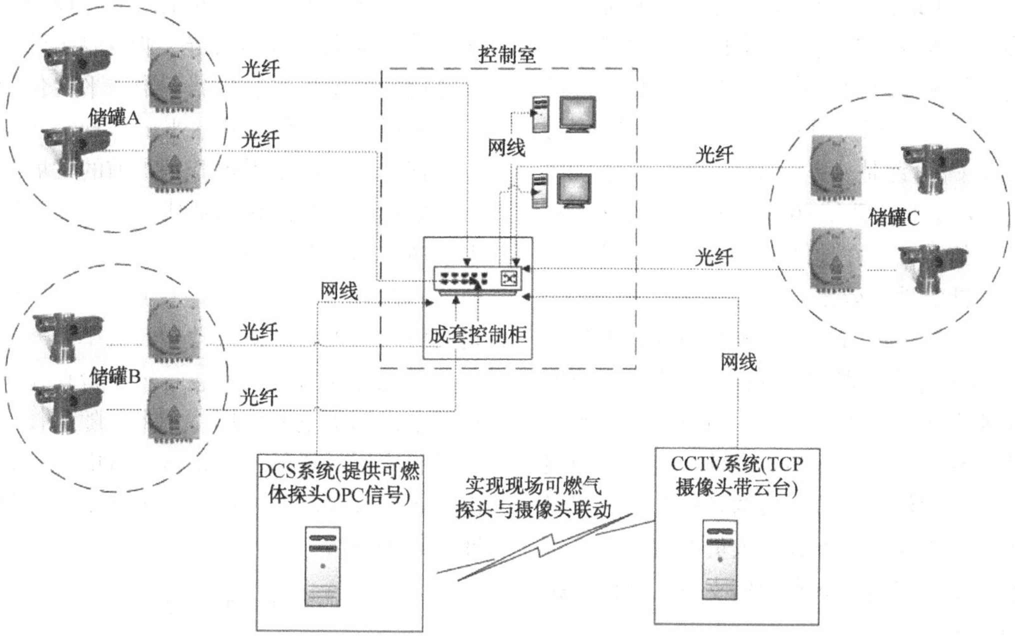

图2　泄漏监测与预警示意图

基于人员定位数据，可以更加合理地分配应急资源，确保资源能够迅速、准确地送达需要的地方。通过分析人员定位数据，可以为应急决策提供数据支持，提高决策的科学性和准确性。

3.4　应急智能化装备的应用

在事故救援阶段，如何快速掌握事故救援现场情况、救援队伍救援行动等第一手信息对应急指挥长来说非常重要，其指挥决策的基础来源于现场的情况，但是通过对讲机、电话传输信息不能完全了解现场情况，这就需要救援队伍佩戴智能化单兵装备，随着信息技术的飞速发展，传统的消防单兵装备已难以满足现代消防救援的需求，需要一种基于融合终端的新型数字化消防单兵系统，系统基于融合终端的设计理念，可以采用可穿戴消防单兵头盔，智能头盔应集成多种传感器、通信技术以及人工智能技术，实现了消防单兵装备的数字化、智能化和网络化。系统总体架构包括感知层、网络层和应用层三个层次。主要包括：

（1）感知层：通过集成多种传感器，如温度传感器、烟雾传感器、压力传感器、视频传输等，实时感知火场环境信息，为消防人员和指挥人员提供准确的火场情报。

（2）网络层：利用无线通信技术，如4G/5G、Wi-Fi等，实现消防单兵装备与指挥中心之间的实时通信和数据传输。

（3）应用层：通过人工智能技术，对感知层采集的数据进行分析和处理，为消防人员提供决策支持，如路径规划、火源定位等。

消防救援单兵装备前线采集的数据要能够汇聚至大屏幕上，与原来的视频监控系统形成统一的监控画面，同时，还应配置手持PAD系统，便于指挥人员移动指挥。

3.5　智能化、信息化的集成

要实现智能化、信息化的高水平建设和应用，目前市面上还缺乏一整套的完整的解决方案，这需要将多种技术、多家公司的技术整合在一起，企业必须要对场景进行构建，依赖专业技术做深度开发和整合，在传统的消防救援过程中，各种信息系统如3D地图、视频监控、人员定位、单兵系统等往往各自为战，数据之间缺乏有效的互通与整合，这导致信息化水平程度低，没有达到信息化成熟的效果，发生事故时，救援人员在决策和执行过程中也无法充分利用这些信息，进而影响救援效率。信息化和智能化的集成将这些问题纳入了解决范围，旨在打通数据孤岛，提高消防救援的整体效能。

首先是3D地图和视频的整合，3D地图提供了精确的地理位置和建筑结构信息，而视频则提供了实时的现场画面。将两者融合，救援人员可以在虚拟的三维环境中看到真实的火场情况，从而更加准确地评估火势、制定救援策略。此外，通过AI技术，系统还可以自动识别火源、烟雾等关键信息，并在地图上进行标注，进一步提高救援的针对性和效率。

其次，人员定位与单兵系统的整合，人员定位技术能够实时追踪救援人员的位置和行动轨迹，确保他们在火场中的安全。而单兵系统则集成了通信、导航、生命探测等多种功能，为救援人员提供全面的信息支持。将两者整合，不仅可以帮助指挥中心实时掌握救援人员的状态，还可以为他们提供准确的导航和通信支持，确保救援行动的顺利进行。

最后是信息化与智能化的全面集成。在打通3D地图、视频监控、泄漏监测、、应急资源分布数据、人员定位与单兵系统的基础上，我们还需要构建一个统一的数据平台，这个平台就应当与安全风险智能管控平台统一起来，因为安全风险管理与应急管理数据大部分相通的，从而实现各系统之间的数据共享和互通。通过大数据分析和人工智能技术，我们可以对这些数据进行深度挖掘和处理，发现隐藏的信息和规律，为救援决策提供更有力的支持。

4　结论与展望

信息化与智能化在安全风险管理领域方兴未艾，其技术也在日新月异，但是无论如何变化，信息化的数据集成、数据汇聚、平台化管控、消除数据孤岛都是信息化水平的体现，实现安全和应急管理信息化水平提升是当前的发展趋势。

信息化与智能化的集成将为应急救援领域带来革命性的变革。通过打通数据孤岛，实现3D地图、视频、人员定位与单兵系统的全面集成，我们可以大大提高应急救援的效率和安全性。

智能化视域下的应急管理平台在化工厂应急管理中发挥了重要作用。未来，随着技术的不断进步和应用场景的不断拓展，智能化应急管理将进一步提升风险防控能力，为化工行业的安全发展保驾护航。

参　考　文　献

[1] 陈虹安. 智能化应急救援系统的设计与实现[J]. 信息记录材料，2023，24(7)：194-197.
[2] 童志伟. 大数据平台推动基层应急管理智能化[J]. 劳动保护，2023，3：84-85.

雷电预警系统在原油储罐站场的应用分析

王耀欣

（国家管网集团有限责任公司西部塔里木输油气分公司）

摘　要　随着国民经济的发展，大型储油罐的建设项目日益增多，单罐容积及罐区总容积越来越大，雷击一直是油罐火灾事故的重要引发因素，因此，雷电预警系统在原油储罐站场的应用也越来越广泛，雷电预警系统能够实现区域雷电临近预警，同时可预判雷电运动趋势，根据雷电预测发生区域分级进行预警并执行相应的应急预案，做到及时管控雷电可能造成重大危害的关键作业，并通过雷电运动趋势提前告知雷电运动下游油气储运企业采取必要应急措施，促进安全生产。

关键词　雷电预警；原油储罐；防雷；应急措施

1　雷电的形成和危害

雷电是自然界的一种静电放电现象。地面上的水蒸气上升遇到高空中的冷空气积聚成水滴，水滴积聚成带有正电荷和负电荷的积云，随着带电积云不断变厚，电位相应升高，当电场强度升高达到一时，就会产生云间放电或对地放电。雷电分为直击雷、感应雷、球形雷和雷电侵入波。发生在大型油库的主要是感应雷和直击雷。感应雷是处于雷云和大地之间的大容量金属油罐会感应和积聚与雷云电荷极性相反的电荷，当雷云放电后，云与大地间的电场突然消失，　而金属油罐上的电荷就会产生极高的感应电压并对地放电。直击雷是雷电直接击中油罐或附近建筑物，产生强烈的机械振动和热效应。然雷击总的持续时间很短但放电时瞬间电流、感应过电压却很大可达几百千安、几百千伏，不管哪种雷击，除了引起直接损害外，更大的危害是对于油气浓度较高的场所，由于放电引起的火灾爆炸及随之而带来的巨大经济损失和人身伤亡损失。

雷电灾害在全球的危害越来越大。据统计，1951—2003 年，每年发生 15～20 起石化储罐火灾事故，其中 31%因雷电破坏引起。同时据有关资料显示，各行业各类油罐 107 例火灾事故中，有 65 例火灾被确定为雷电引起，占总数的 61%。通过以上数据可以发现雷电对储油罐有很大的火灾危险性。

2　油罐雷击着火的原因分析

随着石油行业的发展，储油罐趋于大型化，罐区趋于集中化、现代化，雷击油罐的火灾危险性也越来越大，油罐雷击击着火原因主要有防雷装置失效或未设置防雷装置；油罐变形或和一、二次密封不严密等，对原因进行细化分析如下。

（1）通过燃烧的三要素分析，雷电放电火花、达爆炸浓度极限的可燃气体或液体蒸气是雷击着火的两个关键因素。大型浮顶油罐雷击着火一般是发生在油罐密封圈不严密处，如果一二次密封间油气浓度达到或超过爆炸下限遇雷击放电火花时会发生着火燃烧，甚至爆炸。

（2）强雷电流是引起火灾的重要因素之一。雷击直流电击，其放电尖端脉冲时间一般约 50～100μs，雷电流幅值约 5～200kA，极端情况下可达 400kA，持续时间一般为 0.03～0.15s。雷电流放电尖脉冲雷电流频率约 25～1000Nz，使导体产生集肤效应，电流透入深度一般小于 0.5mm。当每平方米电压达到 50 万～1000 万伏时，便发生强烈雷击。由此可见雷电流对油罐及其电子设备可能造成重大威胁。

（3）大型浮顶罐的雷电电流泄放途径少。传统浮顶罐大多由 2 根 $25mm^2$ 的铜绞线导通电流，而大型浮顶罐由于其体量大，2 根铜绞线不足以满足快速泄放雷电流的要求，而且其导电片、扶梯、软导线等泄放通道的结构并不完善，一旦雷电流无法快速导通，会产生尖端放电现象。

（4）大型油罐密封结构存在重大火灾隐患。大型外浮顶油罐受浮盘转动、密封装置不够完善的影响，易燃气体极易在密封圈内积聚。对于

$10\times10^4m^3$ 的浮顶罐，如密封失败，油蒸气可在此大量积聚，而且考虑到浮顶罐为半开放式，非常容易受气候温度风向的影响，一旦受到雷击，极易导致火灾和爆炸。

（5）大型浮顶罐中存储油品具有易燃易爆等火灾危险性。大型油罐中存储的油品闪点较低，具有易燃性、易爆性、挥发性、流动扩散、沸溢喷溅等特点。浮顶罐是储存原油的，其闪点在-6.7~32.2℃之间，其挥发性较强，并且原油油气爆炸极限范围是1.1%~6.4%，爆炸极限较低，油气浓度容易处于爆炸范围内，一旦遭遇雷击，很可能产生爆炸事故。

3　雷电预警系统原理介绍

3.1　雷电预警系统定义

GB/T 38121—2019 基本定义，含有雷电探测仪的系统，该系统能监控监测区域的雷电活动，并能通过处理所得数据对特定目标区域发出有效雷电警报。特定目标区域：通常认为是半径5km内。见 GB/T 41089—2021。监测区域：通常指的是雷电探测仪的探测范围，基于大气电场预警的一般在半径15km以内。

3.2　雷电形成的过程

根据可探测到的雷电现象，雷电的生命周期包括四个不同阶段(图1)：始阶段、成长阶段、成热阶段、消散阶段。第一阶段积云期，云通过其内部电荷的分离起电、电荷分布在云内不同区域，并产生一个在地面上可测量的静电场、通常该静电场被认为是一次雷暴发生前第一个可探测的现象。第二阶段成长阶段，特证是发生首次云闪(IC)或地闪(CG)，在云内电荷区域发展到一定程度后，山观首次云闪。然而在某些情况下，首次云闪与首次地闪之间并无明显时间延迟。第三阶段成熟阶段，特征息地闪和云闪均有发生。第四阶段消散阶段，本阶段的特征是云闪和地闪发生率均开始衰减旦大气静电场降低至晴天时的水平。

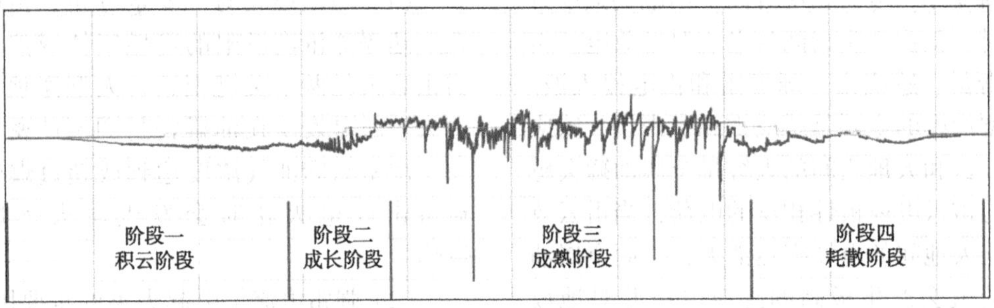

图1　雷电发生的四个阶段

3.3　主要的雷电监测技术有：

（1）FSM，对大气静电场进行连续观测，能监测雷电发展的完整4阶段。（2）MDF，磁场定向法。（3）TOA时间到达，国内常称之为时差法，基于GPS授时。（4）RF无线电频率。

雷电的发生总是与大气电场密切相关的，要发生雷电，大气中电位梯度需达到大气击穿电位梯度。据研究，一般空气介质击穿电位梯度大约为 3×10^{13} V/m。若空气介质中有半径为1mm的水滴，击穿电位梯度只要 10^{13} V/m。当大气电位梯度达到大气的击穿电位梯度时，将会有雷电的发生。因此，可以从大气电场的变化情况监测雷电。考虑到油气储运行业的特殊性，要求雷电预警探测单元应满足全天候、不间断、免维护的要求。目前，雷电预警系统广泛采用大气电场仪进行雷电预警(图2)，基于大气电场精准测试和云计算技术，建立了罐区雷电监测预警系统，可实现站点之间预警信息的自动校准比对、故障站点自动剔除、小区域雷电精确预警、雷云运动轨迹拟合及运动趋势预测等功能。系统主要由雷电预警装置、服务器及客户终端组成。系统可实现提前10~30min的雷电临近预警，预警有效率达90%以上。小区域的雷电临近预警，为石化行业的安全生产提供了保障，预警发生时，及时通知生产作业人员关闭设备停止操作，并撤离雷电风险场所，从而防止发生雷击引起的燃爆和人身伤亡事故，促进了石化行业的安全生产。

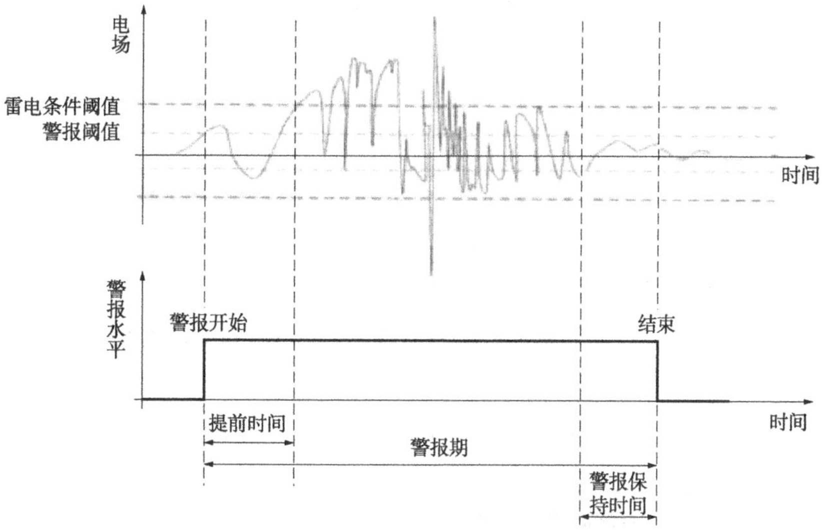

图 2　雷电预警基于电场测量的警报

4　雷电预警等级及应对措施

通过设定不同的电场强度阈值对其有效范围内的油气库进行不同等级的预警，即：1) Level-1 雷电预警，电场强度阈值为 2kV · m^{-1}，表征雷暴已形成，对初始生成的雷暴及已在服务对象远端发生的雷电活动进行预警；2) Level-2 雷电预警，电场强度阈值为 4kV · m^{-1}，表征雷暴已经逼近，对正在逐渐向服务对象移动或本地成长起来的雷暴活动进行预警；3) Level-3 雷电预警，电场强度阈值为 8kV · m^{-1}，表征雷暴已经来临，对正在接受服务的对象周边发生的雷电活动进行预警。为了获得较好的预警效果，第一等级(Level-1)的电场强度门限值设置相对较低，以求尽可能早地提醒服务对象，为他们合理安排生产提供足够的时间保障。第二等级(Level-2)将进一步明确雷电活动信息，使决策者充分了解实时雷电活动情况，做出合理决策安排。第三等级(Level-3)则为服务对象执行应对雷电灾害紧急措施提供参考和帮助。雷电预警系统测量原理模型和实物图如图 3 所示。大气电场仪电厂强度分析图如图 4 所示。

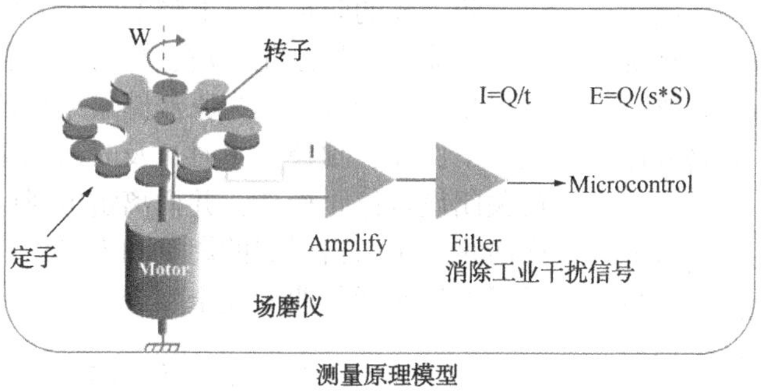

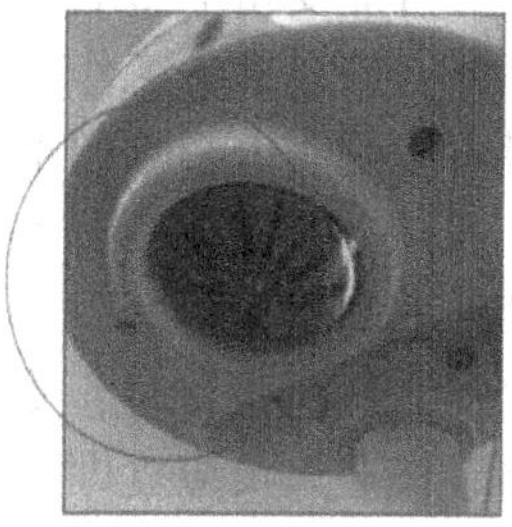

图 3　雷电预警系统测量原理模型和实物图

对雷电的高敏感性且雷电发生位置距离服务对象远近对其安全生产具有不同程度的影响等因素，将雷电警报信息分成四个等级来界定雷电接近程度。具体等级判定条件：1) 绿色：无雷电活动；2) 雷电黄色警报，雷电一级预警、远方雷电或降雨活动，30～60min 左右；3) 雷电橙色警报，雷电二级预警、近处雷电活动，5～20min；3) 雷电红色警报，雷电三级预警、本地雷电活动，随时发生。

当发生一级黄色报警时，在高空作业且撤离时间长的应立即做好撤离准备，并做好相关设备设施的防护。站控值班人员通知消防岗、值班干部，同时注意对可能受雷电影响的重要设施、储罐的视频监控及光纤光栅火灾报警系统的监控，再次检查和确认固定消防设施完好状态，做好应对突发事件的应急准备。

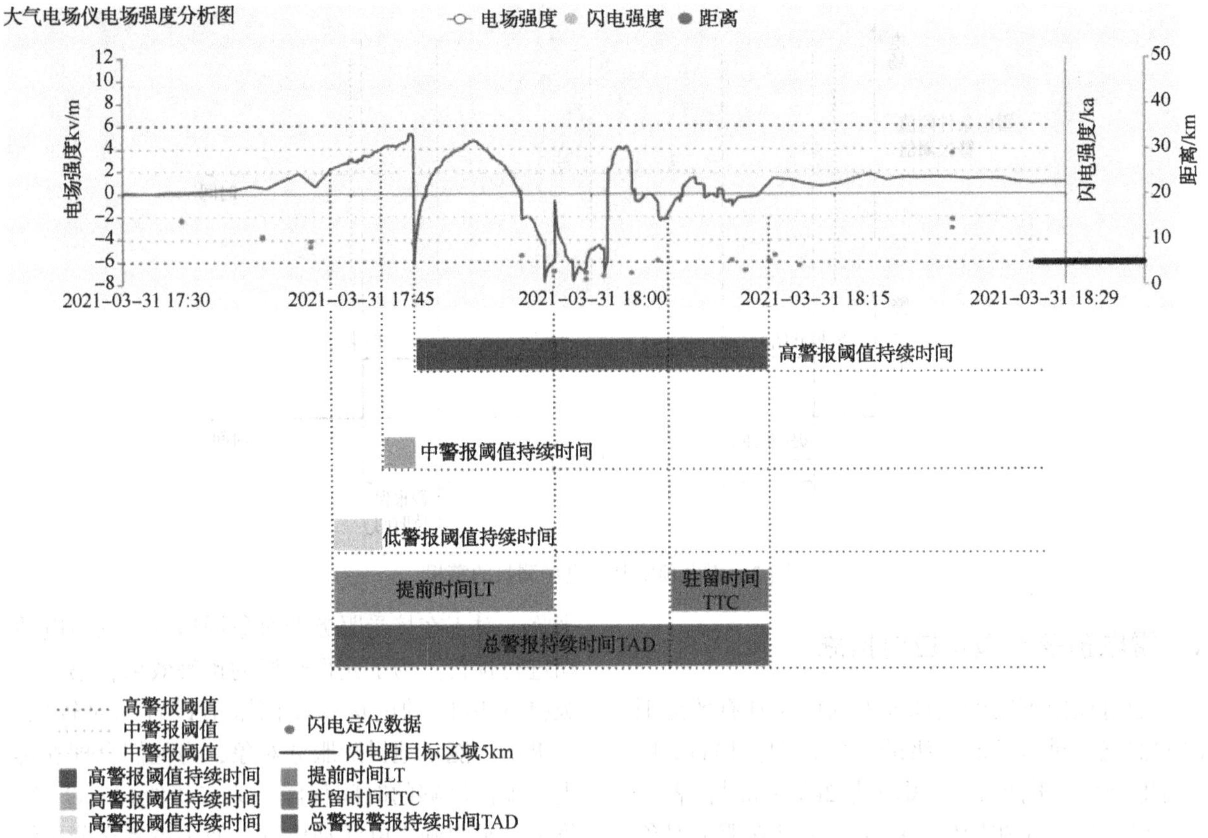

图 4　大气电场仪电厂强度分析图

当发生二级橙色报警时，高空作业人员应立即开始撤离，受雷电影响的重要设施、储油罐作业人员应做好撤离准备，并做好相关设备设施的防护，通知消防控制室等应急值班人员开始做好应急准备。值班干部到中控室，通过工业电视监控系统加强对可能受雷电影响的重要设施、储罐监控，安排部署应急准备工作。站控值班人员进一步加强对可能受雷电影响的重要设施、储罐的视频监控，通知上级调度及有关部门，并做好应对突发事件的准备工作。

当发生三级红色报警时，受雷电影响的重要设施、储油罐作业人员应立即开始撤离设施、储油罐本体，消防控制室等应急值班人员进入应急状态。消防战斗人员进入一级战备，人员着装待命、随时准备出警。值班干部进一步加强对可能受雷电影响的重要设施、储罐监控，通知站领导进入应急状态。站控值班人员进一步加强对可能受雷电影响的重要设施、储罐的视频监控，做好应对突发事件的准备工作。值班人员发现异常情况或接到异常事件报告后，立即启动应急程序，开展消防灭火，并按照应急响应程序逐级上报。

5　结语

雷电预警系统为区域的雷电临近发出预警，解决了石油罐区雷电危害防护难题，提升了我国罐区雷电安全应急响应能力。随着物联网技术、传感器技术、智能算法、嵌入式等技术的快速发展，防雷领域也正在向智能化、信息化发展。研发智能雷电监测及雷电防护装置，开发远程监控综合防雷成的防雷质量下降的问题，实现对防雷系统智能化、规范化、信息化的科学管理，将是下一步努力的方向，为原油储罐站场的安全生产提供了保障，预警发生时，及时通知生产作业人员关闭设备停止操作，并撤离雷电风险场所，从而防止发生雷击引起的燃爆和人身伤亡事故，促进了油气储运行业的安全生产。

参考文献

[1] 张虹．浅谈大型原油储罐的防雷安全措施[J]．石油化工安全环保技术，2011，27(3)．

[2] 曾明辉，蒋慧灵．大型浮顶罐的综合防雷技术探讨[J]．中国公共安全·学术版，2013，(2)．

[3] 高剑，刘全桢，刘宝全，毕晓蕾，刘娟，姜辉，刘璇．新型雷电预警系统在石化行业的应用[J]．安全健康和环境，2017，17(07)．

[4] 刘璇．原油罐区雷电预警及防护技术[J]．安全健康与环境，雷静电与电气安全专栏，2023，23(3)．

油田罐区挥发性有机物密闭回收技术研究进展

孙博尧　李　东　李士军　刘志江

（吉林油田公司勘察设计院）

摘　要　VOCs是轻烃等挥发性有机物，严重污染大气环境，危害人们的身心健康。逐步开展石油生产板块VOCs综合整治，大幅减少生产环节VOCs排放，不仅减少油品损耗造成的经济损失，促进环境空气质量改善，同时可以积极推动油气田地面工程集输系统密闭改造，实现全流程的密闭生产和操作。针对油田罐区挥发性有机物特性，区别石化行业储罐VOCs治理技术，切实可行研究适合油田罐区的密闭回收技术，具有一定的实际意义。

关键词　VOCs；密闭回收；大罐抽气

1　研究背景

我国正面临细颗粒物（PM2.5）污染形势依然严峻和臭氧（0^3）污染日益凸显的双重压力，挥发性有机物（VOCs）是形成0^3和PM2.5的重要前体物，是当前大气污染控制的关键指标，也是“十四五”大气污染治理的重中之重。同时为坚决贯彻落实国家VOCs排放管控有关要求，为实现绿色安全发展目标，控制上游企业VOCs排放成为安全、环保重点工作。

根据《挥发性有机物无组织排放控制标准》GB 37822—2019的定义，挥发性有机物Volatile Organic Compounds（VOCs）是参与大气光化学反应的有机化合物，或者根据有关规定确定的有机化合物。《陆上石油天然气开采工业大气污染物排放标准》（GB 39728—2020）采用非甲烷总烃（主要是C2～C8）作为VOCs排放控制项目。

石油是多种碳氢化合物的混合物，其中轻组分在常温下蒸气压较高，极易挥发，故在油品储运过程中，储罐会因温度、压力波动等会产生挥发性有机物（VOCs），从而造成油品损耗，根据规范中关于挥发性有机液体储存排放的控制要求，需要对原油储罐采取相应措施。开展油田罐区VOCs治理，可以大幅减少上游企业VOCs排放，不仅减少油品损耗造成的经济损失，而且还能促进罐区安全环保高质量发展。

2　主要研究方向

2.1 研究范围

罐区VOCs主要来自于储罐的大小呼吸、清罐排空、罐区工作损耗、动静密封和开口管线泄露、非正常工况损耗等。吉林油田各级集输站场原油储罐185座，主要为固定顶储罐、外浮顶储罐。

浮顶储罐VOCs排放主要分为四部分：边缘密封损耗、浮盘附件损耗、挂壁损耗、浮盘接缝损耗。浮盘的选型和边缘密封均会显著影响储罐VOCs排放。

固定顶储罐VOCs排放量主要分为两部分：静止储存过程中的蒸发损失，即小呼吸损失；储罐进行收发物料过程中产生的工作损失，即大呼吸损失。

在常压储罐静置储油时，既使储罐采用隔热措施，也会随着大气温度升高和太阳辐射强度增加，罐内气体空间和油面温度上升，气体空间的混合气体积膨胀，而且油品加剧蒸发从而使混合气体的压力增加，当罐内压力增加到设定值时，VOCs就会呼出罐外。常压储罐收油时，油品进入储罐内会发生闪蒸，产生一些VOCs，且随着油面上升，气体空间的混合气体受到压缩，罐内压力不断升高，当罐内压力增加到设定值时，

VOCs 就会呼出罐外。

挥发性有机液体储存排放控制要求，见表 1。

表 1　挥发性有机液体储存排放控制要求

物料	现有或新建储罐	物料真实蒸气压/kPa	单罐设计容积/m^3	排放控制要求
原油	现有	>66.7	>100	①
		≥27.6 但≤66.7	>500	②
	新建	>66.7	≥75	①
		≥27.6 但≤66.7	≥75	②
2 号稳定轻经	—	—	—	②

① 符合下列要求之一：

a）采用压力罐或低压罐；

b）采用固定顶罐，采取油罐经蒸气回收措施；

c）采取其他等效措施。

② 符合下列要求之一：

a）采用浮顶罐。外浮顶罐的浮盘与罐壁之间采用双重密封，且一次密封采用浸液式、机械式鞋形等高效密封方式；内浮顶罐的浮盘与罐壁之间采用浸液式、机械式鞋形等高效密封方式；

b）采用固定顶罐并对排放的废气进行收集处理，非甲烷总经去除效率不低于 80%；

c）采用气相平衡系统；

d）采取其他等效措施。

依据规范提出的界定条件，目前吉林油田各站场使用的外浮顶罐数量少，采用一次浸液式弹性填充密封和二次高效密封，满足规范的要求。吉林油田固定顶储罐数量较大，多数为含水油功能罐，净化油罐，且未采取油气回收措施，因此，固定顶罐 VOCs 治理为本次主要工作范围。

2.2　控制措施

目前石化行业较为成熟的技术有吸附、吸收、冷凝、膜分离技术、几种方式组合对储罐挥发气进行回收、处理或达标排放。

与石化行业挥发性有机液体储存介质多元、储罐容量大、年周转次数相对较低的特点不同，油田储罐储存介质相对简单，挥发物主要为烃类物，且石化行业，石油从井筒采出，通过地面集输系统进行输送和处理，集输过程中储罐具有容量较小、年周转次数较高、工作时间长、静置时间短的特点。

从投资和能耗分析，适用于油田储罐的控制措施是将原油储罐中挥发出的轻烃成分进行收集、压缩，再送到站场的天然气管线或燃气加热炉，以达到节约能源、防止空气污染、实现原油密闭集输的目的。

3　主要研究进展

目前油田储罐密闭回收技术应用并不广泛，没有形成相关技术规定等，需对不同技术进行研究，有必要的情况下进行现场试验。

3.1　大罐抽气技术

大罐抽气技术在油田已有较长时间的应用，基本控制原理为在呼吸阀向外呼气之前，由抽气装置将伴生气抽出，增压至气处理系统；在呼吸阀向内吸气之前，通过补气设施将伴生气补充至罐顶。实现罐顶呼吸阀不动作，隔绝空气，回收储罐伴生气的目的。

大罐抽气技术根据抽气装置不同又可按细分为：往复式活塞压缩机型大罐抽气装置、气液活塞泵型大罐抽气装置、螺杆式压缩机型大罐抽气装置。

储罐 VOCs 治理技术路线对比表见表 2。

表2　储罐 VOCs 治理技术路线对比表

序号	装置名称	优点	缺点	安全性
1	吸附－再生油气回收装置	1. 相对独立成系统； 2. 移动式吸附收集橇可适用无加热炉系统和天然气系统站场； 3. 多个移动收集橇可只依托1套再生装置轮流再生，减少备用数量及再生装置数量。	1. 固定式吸附－再生油气回收装置对安装空间有一定要求； 2. 吸附再生流程较长； 3. 无法吸附甲烷（C1），造成资源浪费； 4. 油田站场暂无应用实例。	1. 来气可含空气； 2. 吸附后排放的气体仍存在甲烷。
2	往复式活塞压缩机型大罐抽气装置	1. 油田有应用实例； 2. 大气量设备价格低； 3. 适用 $2000m^3/d$ 及以上挥发气量。	对安装空间有一定要求； 压缩机运行维护较为复杂； 挥发气量小时设备频繁启停，容易损坏。	来气不含空气，回收气可作为燃料。
3	活塞气液泵型大罐抽气装置	1. 装置流程短；无需润滑油系统、进口分液罐及出口分液罐； 2. 小气量设备价格低； 3. 安装空间小； 4. 适用 $1000m^3/d$ 及以下挥发气量。	油田站场正在进行试验。 所咨询的厂家需完善防爆轰阻火器等设备，价格将增加。 大于 $1000m^3/d$ 气量设备暂无应用实例。	来气不含空气，回收气可作为燃料。
4	活塞式压缩机型大罐抽气装置	1. 装置设备价格低； 2. 有补气流程； 3. 300、500、1000、2000～$5000m^3/d$ 产品系列齐全。	1. 正在进行现场试验。	来气不含空气，回收气可作为燃料。
5	螺杆式压缩机型大罐抽气装置	装置设备价格低。	大罐抽气暂无应用案例。	来气不含空气，回收气可作为燃料。

大罐抽气技术在油田应用较早，但并没有大规模应用，且具有以下优点：

1）装置规格小型化，最小能够实现 $200m^3/d$ 收气，适应挥发气量小的站场；

2）装置尺寸更小，减少占地；

3）设备价格更低，大幅减少投资；

4）设计出口压力更高，避免出现后端压力高时，装置无法启动的问题；

5）部分装置能够实现气液混输，工艺流程更为简短；

6）可回少收部分油气。

同时也存在以下缺点：

1）仪表系统存在故障率，装置运行存在一定安全风险；

2）需要编制专用操作规程，人员定期巡检，维护保养；

3）部分装置补气流程不完善。

3.2　油气挥发抑制主动防护技术

固定顶储罐油气挥发抑制主动防护装置由地面橇装设备和罐顶压力检测部分两部分构成，地面橇装设备上设置缓存储气罐 A 和压力储气罐 B，站内原油储罐 Z 罐顶设计压力变送器，当检测到储罐内部油气压力增高接近呼吸阀呼气开启压力时，同时监测氧气含量，当氧气含量正常，则系统压缩机与调节阀系统自动动作吸入多余的油气挥发气，由压缩机将挥发的油气由负压罐压缩至压力储气罐储存，压力罐的气体达到压力后自动排放至内部天然气管网，当氧气含量上升但未超标时，启动天然气补充气稀释，当氧气含量超标，自动停机，并且切换至安全排空管线。

通过以上动作逻辑始终维持储罐内部微正压和较高的油气浓度，以此到达油气挥发抑制，同时储罐呼吸阀不动作，过量的油气均接入天然气管网，实现油气回收再利用。

油气挥发抑制主动防护装置控制系统流程图，如图1所示。

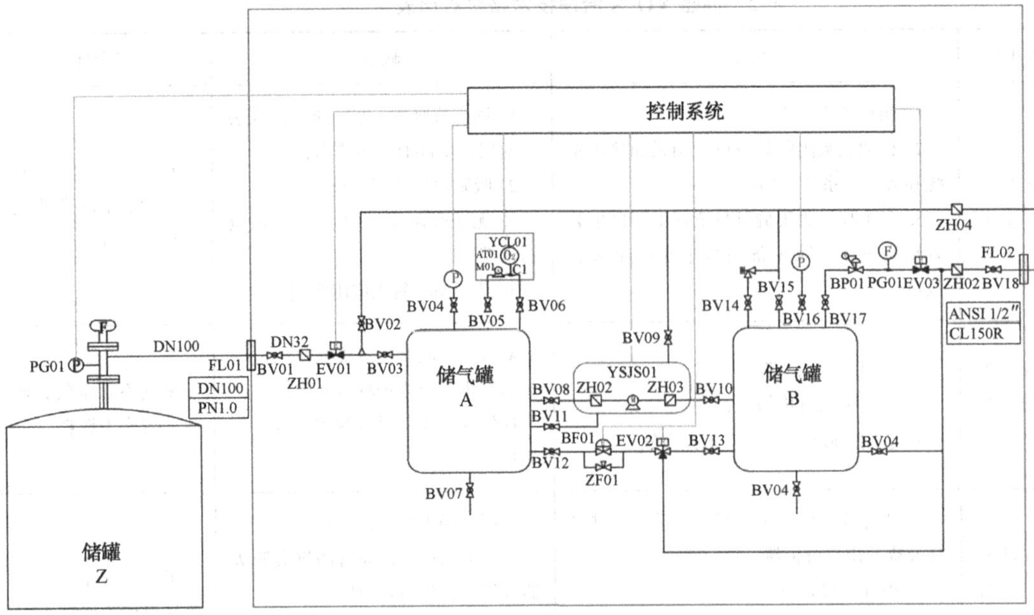

图 3-1　油气挥发抑制主动防护装置控制系统流程图

3.3　储罐油气压缩回收系统

本系统分两个单元，第一部分为压缩单元，第二部分为燃气混合单元。以下结合工艺流程附图(图 2)对装置工艺过程进行说明：

当有来气时，根据发油泵的启动信号或者主进气管线上的来气信号，设备自动启动，油气首先进入到压缩单元处理，油气压缩机自动开启一定数量，并根据进气量的大小自动匹配变频，混合气净化后经压缩机压力提升至 0.8MPa(A)，先经过气分分离后进入油气储存罐，之后进入经流量计、减压阀(0.25MPa)进入氧均质罐与原油伴生气混合均匀后进入业主焚烧炉燃烧，当氧均质罐氧含量≥5%时，压缩后的废气主切断阀关闭，废气通过紧急排放管直接排放。压缩后的混合气经流量计、减压到 0.25MPa 进入氧均质罐与原油伴生气混合均匀后进入业主焚烧炉燃烧，氧均质罐设置两台氧浓度分析仪，任何一台探测到氧浓度≥5%时，废气主切断阀关闭，不在进入氧均质罐。

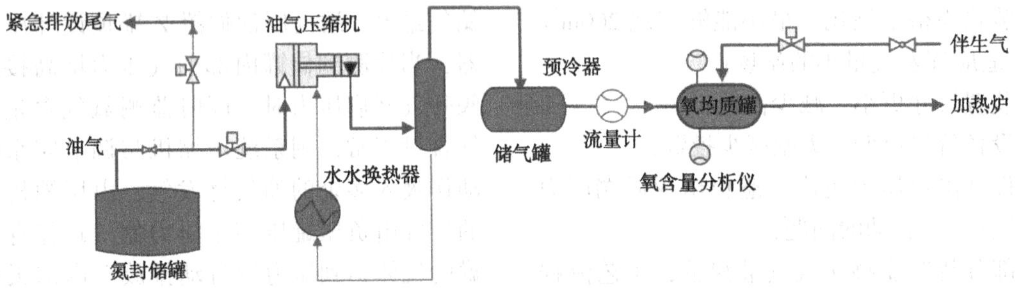

图 2　储罐油气压缩回收系统流程图

4　下一步工作方向

4.1　开展 VOCs 排放量核算方法研究

国内的油气田企业原油储罐 VOCs 排放量核算研究起步较晚，而国家的 VOCs 排放的控制要求不断提高，重视程度也越来越高，因此，储罐的无组织 VOCs 排放核算方法体系和标准还有待进一步完善和提高[4]，接下来首先需要开展各类储罐物料真实蒸气压检测，结合检测结果安排储罐挥发气量实测，通过实测值确定治理技术路线。

4.2　加强系统安全控制措施研究

储罐密闭回收工艺首先应该满足安全要求，可能出现储罐气相连通存在火灾爆炸风险，储罐本体安全风险，罐顶连通仪表控制系统失效风险，罐顶气去明火设备处理风险等。

接下来应该积极主动加强系统安全控制措施研究，开展系统风险分析，展开专项评估，制定安全控制方案；增加仪表控制冗余，进行压力联锁控制；大型储罐增加远程切断阀；分类连通收集、分布式氧含量检测、管道可靠阻火防护技术等。

5　结束语

为满足安全、环保要求，针对 VOCs 治理攻坚工作，解决挥发性有机液体储存 VOCs 排放控制问题，补齐短板，有必要进行油田罐区挥发性有机物密闭回收技术研究，目前吉林油田正在积极推进此项工作，精准攻坚、做精做细，对不同技术进行试验评价，做好基础研究，保证油气回收装置安全、平稳运行，力争早日完成罐区 VOCs 治理，助力实现吉林油田“十四五”绿色安全发展规划目标。

参 考 文 献

[1] 丁锋，李丛妮 . VOCs 油气回收工艺探讨与分析[J]. 天然气与石油，2016，34(4)：28-31.

[2] 陈海洋 . 常压罐区 VOCs 密闭收集系统的安全控制措施[J]. 石油化工安全环保技术，2020，36(4)：48-51

[3] 王翠然，海婷婷，田炯，等 . 江苏省石化行业 VOCs 排放特征、治理现状及对策探析[J]. 污染防治技术，2015，28(6)：17-22.

[4] 杨静怡，朱胜杰陈鹏 . 外浮顶原油储罐 VOCs 泄漏损耗及排放量核算[J]. 安全、健康和环境，2017，17(5)：37-40.

人工智能识别技术在钻井及井下作业违章行为的应用

巩延年　滕艳达

（大庆油田技术监督中心）

摘　要　针对油田钻井及井下作业现场视频监控靠人工值守工作量大、存在监控遗漏和滞后，缺乏实时识别报警等问题，通过利用目标检测跟踪、智能变焦、实例分割和有向管状物体识别等技术研发了8种钻井及井下作业违章行为识别模型，开发了配套的视频智能分析与报警系统。现场应用表明，该系统可有效识别用脚蹬踹扣合吊卡、转盘转动时附近有人员或工具、吊卡开口向下、液压钳未安装或关闭护板、人员在管桥上行走等现场典型违章行为，提升了钻井及井下作业安全管理智能化水平。

关键词　钻井；井下作业；违章；监控；智能识别

油田钻井及井下作业工作任务繁重、外部承包商队伍逐年增加，具有施工危险性大，操作人员多，事故事件频发等特点，及时发现、预防和杜绝钻井及井下作业现场违章行为已成为安全生产监督的重点。但目前钻井及井下作业现场的远程视频监控主要是依靠值班人员进行观察和记录，并事后进行问题追溯，人工值守很难做到长时间保持高度专注和面面俱到，发现违章行为问题会有遗漏或相对滞后。因此，亟需针对油田钻井及井下作业现场典型的违章行为包括脚蹬踹扣合吊卡、转盘转动时附近有人员或工具、吊卡开口向下、液压钳未安装或关闭护板和人员在管桥上行走等问题，通过掌握视频图像智能分析的关键技术，构建违章识别模型，基于远程视频监控系统和网络，同步对钻井及井下作业多路监控视频及时进行违章行为自动识别及报警，为提高智能化管控水平提供技术支持。

1　关键识别技术介绍

通过采集建立违章行为数据库，开发数据标签分类的识别映射方法，对视频内的行为主体进行大数据量的人工操作标记，建立运动目标跟踪、检测和识别模块，将相关的图片、视频加入到训练集中进行再训练，对模块进行持续修正和优化，从而保证违章行为智能识别的准确性。

1.1　目标检测技术

利用神经网络对图片中已标的训练可识别物体进行检测，最终输出检测物体的矩形边界框以及识别置信度。

1.2　目标跟踪技术

对目标或人进行移动监控跟踪，实现准确的定位和实时的跟踪，跟踪结果的准确性决定了违章行为判定的可靠性与连续型。

1.3　人体关键点检测技术

通过提取检测人体的18个点位，实现人体动作识别、行为分析等任务，在完成人体关键点检测之后进行关键点的跟踪。

1.4　方位码技术

一种目标间方位关系的编码方法，以实现对两个以上的目标检测对象间的方位关系进行通用的描述和判别。采用方位码结合深度学习技术，实现违章的最终判定。

1.5　智能变焦技术

根据钻井及井下作业工作面，利用智能变焦将跟踪目标定位至吊卡、液压钳等小型设施附近。

1.6　小目标识别技术

为减少计算显存占用，加快模型推理速度，正常1080P或720P原始图片为降低分辨率至640x640左右送入模型检测。对于正常大小目标物，上述做法对模型识别精度影响轻微，甚至在某种程度上可以提高识别准确率。

1.7　实例分割技术

实例分割技术的目标是限定边框、针对边框的标记以及针对检测目标的逐像素掩码，将背景与检测目标区分开来。

1.8 有向管状物体识别技术

针对人员肩扛油管不同肩违章行为，通过有向管状物体识别技术按人肩扛的前后顺序排序直接拟合点位，再进行分类判断其是否同肩。

2 钻井违章模型研发分析

2.1 研发钻井“三违”模型1：起下钻摘挂吊环时人员正对吊卡吊耳开口方向

在起下钻摘挂吊环的工作中，可能发生吊环意外意外脱落的情况，若此时有人员正对吊耳吊卡开口方向，弹出的吊环会对人员造成严重伤害，见图1。

图1　钻井模型1错误示范

2.1.1　识别难点

(1) 人员工作过程中会对吊卡遮挡，无法观测吊卡吊耳开口方向；(2)人员正对吊卡吊耳开口方向的判定。

2.1.2　算法逻辑

采用目标检测模型识别吊环、吊卡、吊耳、工鞋，利用方位码技术组合吊环、吊卡、吊耳成组合体；记录最近100帧组合体各部分坐标信息，同时利用目标跟踪识别组合体是否出现向下或向上移动趋势。

2.2 研发钻井模型2：钻具坐转盘面时，用脚蹬踹扣合吊卡

钻具坐钻盘面时，需要用吊卡扣住，部分员工为方便省事选择用脚蹬踹扣合吊卡，如此会造成吊卡扣合不紧实而造成安全事故。见图2。

2.2.1　识别难点

(1) 利用单张图片信息识别脚蹬踹扣合吊卡会造成误报较多；(2)人员脚蹬踹扣合吊卡动作连贯、迅速，捕捉窗口期短暂，识别特征不突出。

图2　钻井模型2错误示范

2.2.2　算法逻辑

采用基于transformer架构的动作识别模型，该模型输入8帧图片序列(保证1s内均匀抽取5帧，则动作总覆盖时长1.6s)，实现端到端违章识别(输入图片序列，直接输出是否存在脚蹬吊卡行为)。首先在总时长18h的钻井作业视频上采用预测生成无监督学习方式对模型进行预训练，其后在训练集上微调。

2.3 研发钻井模型3：钻具紧扣时未坐吊卡

利用液气大钳等钻具连接或拆卸未坐吊卡的钻杆是非常危险的举措，因钻具没有固定措施而造成安全生成事故，见图3。

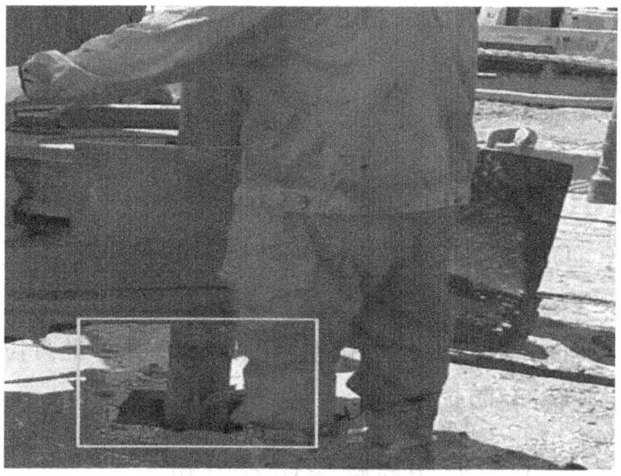

图3　钻井模型3错误示范

2.3.1　识别难点

(1) 现场作业环境复杂，各井队间差异性较大，泥浆等杂物会干扰判定结果；(2)人员使用钻具紧扣钻杆时可能会造成遮挡。

2.3.2　算法逻辑

首先采用目标检测模型识别液气大钳、旋转面、吊卡、(未坐吊卡)井口，利用方位码技术判断液气大钳与未坐吊卡井口是否呈上下位置。

2.4 研发钻井模型 4：转盘转动时附近有人员或工具

当进行钻井作业时，若防护罩上出现工具，则工具可能因震动移动到滚轮方补芯附近，高速旋转的滚轮方补芯将工具击飞会造成安全事故，同样人员在高速旋转物体周边行走是非常危险行为，见图 4。

图 4　钻井模型 4 错误示范

2.4.1　识别难点

（1）现场作业环境复杂，各井队间差异性较大，泥浆等杂物会干扰判定结果；（2）工具具有多样性；（3）人员在防护罩旁边或其上行走会影响防护罩边界识别；（4）防护罩上方下垂物体至防护罩上影响结果判定。

2.4.2　算法逻辑

基于蒙特卡罗数据生成方法训练分类神经网络，具体做法为：结合生成对抗网络 GAN 以及人工标注和人工裁剪的方式生成大量“工具”，将“工具”沿防护罩内部与外边界随机分布生成训练数据。采用目标检测模型识别滚轮方补芯、旋转面，利用方位码技术判断滚轮方补芯是否位于旋转面/防护罩之上。

3　井下作业违章模型研发分析

3.1 研发井下作业模型 1：人员在提放油管桥上的管柱时，吊卡开口向下

若吊卡开口向下，一旦吊卡销损坏，会造成油管掉落，引起安全事故，见图 5。

3.1.1　识别难点

（1）作业场所距离摄像头过远，难以看清；（2）在夜间、逆光、阴影下等情况时，吊卡轮廓不清晰，无法判断其开口方向。

图 5　井下模型 1 错误示范

3.1.2　算法逻辑

首先采用目标检测识别井下作业工作面，当工作面上有人员作业时，利用变焦接口调用摄像头聚焦于工作面中心点并放大，直到工作面在图片中占比超过阈值则停止变焦。在变焦成功后，利用目标检测识别吊卡开口方向状态、吊环，利用方位码技术判定吊环与吊卡呈吊起态势，同时动态跟踪吊环与吊卡组合物判断运动状态。当识别结束后，摄像头根据变焦参数恢复至原位。

3.2 研发井下作业模型 2：人员在使用液压钳过程中，未安装或关闭护板

液压钳未安装或关闭护板，对使用人员手部等会造成安全隐患。

3.2.1　识别难点

（1）作业场所距离摄像头过远，难以看清；（2）在夜间、逆光、阴影下等情况时，无法判断液压钳护板是否缺失或者是否关闭。

3.2.2　算法逻辑

首先采用目标检测识别井下作业工作面，当工作面上有人员作业时，利用变焦接口调用摄像头聚焦于工作面中心点并放大，直到工作面在图片中占比超过阈值则停止变焦。在变焦成功后，目标检测识别液压钳、护板缺失或未关闭时的齿轮，利用方位码技术组合液压钳及其内部齿轮形成异常状态，跟踪使用至卸下液压钳过程中是否出现异常状态，见图 6。当识别结束后，摄像头根据变焦参数恢复至原位。

3.3 研发井下作业模型 3：人员在管桥上行走

由于管桥上油管不固定，且有可能湿滑，当人员在上行走时，极易对人身安全造成伤害。

3.3.1　识别难点

（1）管桥区形状复杂，布局各异，对分割造

成干扰；(2)当人员在管桥上或周边行走时，会影响分割结果；(3)在夜晚、逆光、强光反射等情况下，背景与管桥区边界无法区分、难以识别。

图6　井下作业远景图及智能变焦放大图

3.3.2　算法逻辑

首先采用目标检测识别人，再利用人体关键点检测识别人中常用关键点。采用实例分割模型分割出管桥区域，对分割结果进行精细化后处理(消除分割结果中的孔洞特征)。最后利用方位码技术判断人体关键点脚踝部位与管桥区域的方位关系，见图7。

图7　管桥区域分割结果图

3.4　研发井下作业模型4：人员肩扛油管时不同肩

在肩扛或手抬油管过程中，有可能会因意外发生油管滑落的情况，若人员不同侧则极易对人身安全造成伤害，见图8。

图8　井下作业模型4错误示范

3.4.1　识别难点

(1)由于背景管状物体干扰，或人员错位，造成误报；(2)由于角度不合适、距离较远、逆光、夜间作业看不清而无法识别，造成漏报。

3.4.2　算法逻辑

修改神经网络结构，实现端到端人员肩扛油管时不同肩违章直接判定，具体做法为将原网络检测框预测(中心点坐标、长、宽(x，y，w，h))修改为肩扛(手抬)三个关键点位($x1$，$y1$，$x2$，$y2$，$x3$，$y3$)预测。

4　违章行为智能管理平台建设

4.1　功能模块

钻井及井下作业现场违章行为管理平台基于钻井及井下作业现场移动监控设备和远程视频监控系统进行研发，具备监控任务管理、违章处理、统计报表、组织结构管理、摄像头管理、设备管理等功能，实现了实时识别报警、报警视频图像截取，可对钻井及井下作业现场8种典型违章行为应用场景进行识别，同时具备深度学习算法模型，可根据现场不同环境学习训练后，快速搭建其他应用场景。

4.2　技术架构

管理平台的硬件基础设施由集团内部私有云提供，确保安全可靠。在基础设施之上，主要分为数据层、服务层和应用层3层来构筑管理平台应用。数据层由RDBMS和File System两部分组成，其中RDBMS用来管理形式化的业务数据比如摄像头清单、违章记录等，File System存储非形式化数据比如违章视频、日志等；服务层是针对三违管理平台开发的一些复用程度较高的中间构件，有了服务层和数据层的支持，可确保上层应用的持续稳定运行；应用层是结合三违管理平台的业务需求定制的软件功能，管理业务模型和数据，为管理人员提供一个可视化的操作界面。

5 应用效果

考虑到内网和外网的管理便利性，采用固定和移动视频监控采集两种方式，系统采用 RTSP 协议获取内外网监控平台中监控摄像头的码流，然后进行违章行为智能识别分析，以钻井及井下作业现场 8 种典型违章行为为例，采集视频分辨率不低于 1280 * 720px，目标在画面中的像素大于 50×50px，视频帧率为 25 帧/s，在满足光照、视角、分辨率、无遮挡等条件下，通过测试视频流对该算法验证，能够准确识别井下作业现场 4 种典型违章行为，识别准确率大于 80%。但是，由于钻井及井下作业野外作业受光照强度、大雾、拍摄角度、人员遮挡等环境和干扰因素影响，存在一定的误报、漏报。目前，某油田共应用到 6000 路摄像头，违章问题发现率显著增加。

钻井及井下作业“三违”行为模型测试结果统计表，见表 1。

表 1　钻井及井下作业“三违”行为模型测试结果统计表

序号	场景	模型类型	测试视频数/个	精确率/%	反应时间/s
1	钻井	模型 1	142	82	2~8
2		模型 2	397	85	2~8
3		模型 3	107	89	2~8
4		模型 4	145	85	2~8
5	井下作业	模型 1	(放大后)851	(放大后)90	(放大后)2~7
6		模型 2	(放大后)835	(放大后)85	(放大后)2~7
7		模型 3	821	95	2~7
8		模型 4	833	96	2~7

6 结语

基于油田钻井及井下作业现场现有的远程视频监控系统，通过对人工智能神经网络的深度学习及理解，研究基于人工智能算法、目标动态跟踪等智能视频图像分析的关键技术和违章行为智能识别模型构建，开发了视频监控智能分析与报警平台，及时进行井下作业现场违章行为自动识别及报警，将现场识别报警图像和视频及时推送给监控管理人员，减轻了视频监控人工值守工作量和工作压力，避免了视频监控遗漏和滞后问题，提升了钻井及井下作业现场安全风险提前研判、实时预警及应急处置能力，创新了违章行为安全管控模式，提高了钻井及井下作业现场安全事故事件防控水平。

参 考 文 献

[1] 李千登，王廷春，郝文亮等．钻井作业典型违章行为视频监控智能分析技术研究[J]．工业安全与环保，2015，45(12).

[2] [南非] 里沙尔·赫班斯(Rishal Hurbans)．人工智能算法图解[M]．北京，清华大学社出版，2021.

[3] 周波，谢光．人工智能在模式识别中的关键技术探究[J]．现代信息科技，2019，3(22).

[4] 李环．人工智能中人脸识别技术的应用分析[J]．科技论坛，2021(01).

[5] 刘晓垒，马祥厚．人工智能技术在油田联合站生产安全预警中的应用[J]．信息系统工程，2020(2).

[6] 李雪松，张骁，管震，等．基于图像识别技术的钻井井漏溢流智能报警系统开发[J]．世界石油工业，2021，28(1).

[7] 曾瑜民．探讨神经网络算法在人工智能识别中的应用[J]．信息通信，2019，(07).

基于 PLC 控制的油库远程自动均衡卸油方法研究

李金峄　孙英锴　李炳阳　李丹丹　柏　栋　王国亮

（国家能源集团宝日希勒矿物资供应中心）

摘　要　目前我国油库普遍存在智能化水平不高等问题，尤其是卸油部分，依靠传统的人工调节方式，不但效率低而且有一定的安全隐患，为了解决这些问题，本文提出了一种基于 PLC 控制的油库远程自动均衡卸油方案，并将该方案应用于国家能源集团宝日希勒矿油库，通过实际应用表明，该方案能够实现远程均衡卸油，提高了卸油效率，减少了人员强度，有效提升了油库的智能化程度，并为油库进一步智能化升级提供了有力的科学指导。

关键词　油库；均衡卸油；自动化；远程

1　引言

随着经济的快速发展和工业化水平的提升，能源尤其是石油产品的需求日益增加，这对油库的存储和调度能力提出了更高的要求。然而，传统的油库管理模式多依赖于人工操作，不仅效率低，且容易因操作失误造成安全事故，给环境和人类安全带来严重威胁。中国油库管理现状正处于由传统向智能化、自动化转型的关键时期。随着信息技术和物联网的发展，越来越多的油库开始采用高级的监控系统、自动化控制和数据分析技术来提升运营效率和安全性。这一转型不仅提高了油品存储和调度的精确性，还降低了人为错误和安全风险，为油库管理带来了新的机遇和挑战。

因此，开发一种智能化的油库管理系统，利用先进的信息技术和自动化控制技术来优化油库的运营管理，成为了提升能源供应效率和确保安全的关键。本研究旨在通过采用 PLC 控制，研发一种新型的油库远程自动均衡卸油方法，以期实现油库管理的高效化和智能化，降低人为操作的风险，提升油库的安全管理水平，从而更好地满足现代社会对能源高效利用和环境保护的双重需求。

通过引入和应用智能化管理系统，提升油库的运营效率和安全水平，实现油库管理的现代化和智能化。这不仅有助于提高能源供应链的效率，还能降低人为操作错误导致的安全风险，符合当前能源管理和环境保护的双重需求，对于推动油库管理技术的发展具有重要的实践意义和长远的社会价值。

2　理论基础与技术

2.1　PLC 控制理论

在油库自动化系统中，PLC 通过连接传感器实时监测油罐的液位、温度和压力等参数，并根据预设的控制逻辑进行自动控制，以确保油罐内部油品的稳定储存和安全运行。PLC 可以实现对输送泵站、阀门等设备的自动控制，并根据实时的油品流量、压力等参数进行智能调节，以保证油品输送的稳定、高效和安全。通过 PLC 技术，可以实现对油品库存管理、订单管理、配送管理等方面的智能化设计和实现。同时，PLC 还可以实现对油库整体系统的智能化监控和管理，提高系统的整体运行效率和管理水平。PLC 可以实现对油品存储和输送过程的安全监测和控制，及时发现和处理潜在的安全隐患。同时，PLC 还可以实现对油品存储和输送过程的环保监测和控制，降低对环境的影响，最大限度地保护环境。

基于 PLC 的油库自动化系统具有重要的研究意义。首先，油库自动化系统的研究可以有效提高油库的管理水平，实现对油品储存和输送过程的智能化控制，从而提高生产效率，降低成本，保障生产安全。其次，研究基于 PLC 的油库自动化系统，可以为油库行业的现代化和智能化提供技术支持，推动油库行业的发展。最后，基于 PLC 的油库自动化系统的研究还可以为其他工业领域的自动化系统

基于 PLC 的油库自动化系统在油库行业中

发挥重要的作用，为行业的现代化和智能化提供更好的技术支持。

综上所述，基于PLC的油库自动化系统的研究具有重要的理论和实际意义，对于推动工业自动化技术的发展，提高工业生产效率，降低生产成本以及确保安全生产都有着重要的意义。因此，基于PLC的油库自动化系统的研究和实践具有重要的现实意义和发展前景。在现代工业生产中，油库作为储存石油产品的重要设施，其自动化管理对于提高生产效率、降低生产成本具有重要意义。而PLC作为一种广泛应用于工业控制领域的自动化控制技术，其在油库自动化管理中的应用也越来越普遍。因此，研究基于PLC的油库自动化系统具有重要的理论和实际意义。

2.2 远程监控技术

油库远程控制技术的研究现状涵盖了多个方面，包括油库智能监控管理、自动化控制系统的发展，以及远程监控技术的应用趋势。

在油库智能监控管理方面，系统主要聚焦于泵房工艺流程监控、状态监控、作业调度和阀组监控等关键技术。这些技术使得油库的运营更加高效和安全，通过动画展示、自动选择作业路径和实时监控阀门状态等手段，提高了作业的精确度和灵活性。

此外，油库发油系统的现状研究指出了系统的自适应能力、保护措施的完善性，以及信息化网络安全性的重要性。这些研究成果为油库远程控制技术的进一步发展奠定了基础。

远程监控技术的发展现状和趋势研究表明，随着数字化和智能化的推进，油库管理正朝着更加自动化、信息化的方向发展。这包括油料收发自动感知系统、零发油自动灌装系统和油库安全防范系统集成等技术，它们共同构成了一个综合的、智能化的油库监控和管理体系，能够实现远程控制和优化油库的运营效率。

这些研究成果和技术进展为油库远程控制技术的发展提供了丰富的理论基础和实践案例，对于提升油库的运营效率、安全性和智能化水平具有重要意义。随着技术的不断进步，未来油库远程控制技术有望实现更多创新应用，为油库管理带来更多可能性。

2.3 油库卸油技术现状

油库卸油技术的现状展示了自动化和信息化水平的显著提升。具体来说，现代油库发油系统已经采用了高级的自动化装备和技术，如容错以太网、开放的网络结构以及与多种管理系统的通信接口等，这些技术不仅提高了系统的计量精度和操作规范性，还增强了系统的自适应能力和安全措施。

此外，一些油库通过智慧化改造升级，实现了销售、装卸一体化智能运营，显著提升了油品进出库的效率。例如，某油库通过对下装式发油设备进行升级和安装一卡通装车系统等措施，有效消除了装车作业的安全风险，实现了油库生产流程的整体监控和安全管理水平的全面提升。

在整体市场层面，中国成品油仓储市场保持了快速增长的态势，油库建设持续进行且库容达到较高水平，展现了油库卸油技术及其基础设施的发展趋势。这些进展表明，油库卸油技术正朝着更高效、更智能、更安全的方向发展，不断提高油库的运营效率和管理水平。

3 系统设计与方法论

3.1 均衡卸油方案

在构建基于PLC控制的油库远程自动均衡卸油方案中，关键在于利用可编程逻辑控制器(PLC)的灵活性和可靠性，来实现油库卸油过程的自动化和智能化管理。本方案通过精细设计PLC的控制逻辑和程序，对卸油过程中的关键参数如流量、压力和阀门状态进行实时监控和精确控制，确保油品的均衡卸载并最大程度提高安全性和效率。

够根据油品类型、卸油需求和存储罐的状态，动态调整卸油策略。通过对油泵的启停控制、阀门的开闭调节，以及与油库监控系统的数据交换，PLC能够实时响应系统状态的变化，自动执行最优的卸油操作。为了保障卸油过程的安全，本方案还集成了多项安全监控措施，包括泄漏监测、静电防护和紧急停止机制。PLC系统能够在检测到任何异常情况时，立即采取应对措施，如关闭阀门、停止泵运行等，从而避免潜在的安全风险。基于PLC控制的油库远程自动均衡卸油方案，通过高度自动化的控制逻辑和程序，实现了油品卸载过程的高效率和高安全性。该方案不仅优化了油库的运营流程，也为油库管理提供了一种高效、智能的解决方案。

根据现场情况，现有工作流程卸油如图所示，共计5个鹤位，通过安装电动执行机构控制阀门比例调节，通过自动计算实现远程卸油，也为监测方案如图 1 所示，整体抽油方案如图 2 所示。

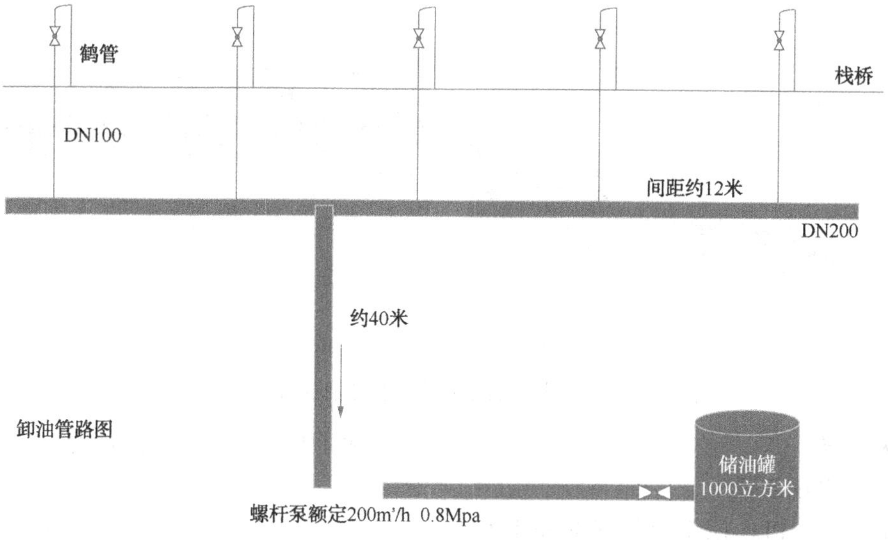

图 1　液位监控系统

同时安装在鹤管垂管部分安装液位计，实时了解剩余油量，以调节阀门进行动作。

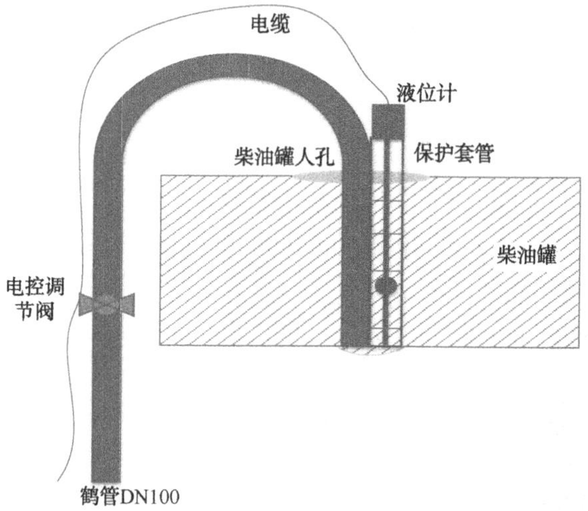

图 2　火车罐体抽油方案

3.2　PLC 卸油系统设计

PLC 控制的油库远程自动均衡卸油系统设计涉及将 PLC 技术应用于油库管理，以实现卸油过程的自动化和智能化。系统通过 PLC 对油泵启停、阀门控制等关键操作进行精确控制，同时集成传感器实时监测油品流量、压力等数据，确保卸油过程安全、高效。该设计还可能包括紧急停止机制和安全警报系统，以应对潜在的风险和异常情况，从而提升油库操作的整体安全性和可靠性。S7-1500 是西门子推出的一款高性能、大中型 PLC(可编程逻辑控制器)，它属于 S7 系列中的高端产品。S7-1500 以其强大的处理能力、丰富的功能模块和出色的可靠性，广泛应用于各种工业自动化控制系统，因此本系统选用该 PLC，实物如图 3 所示。

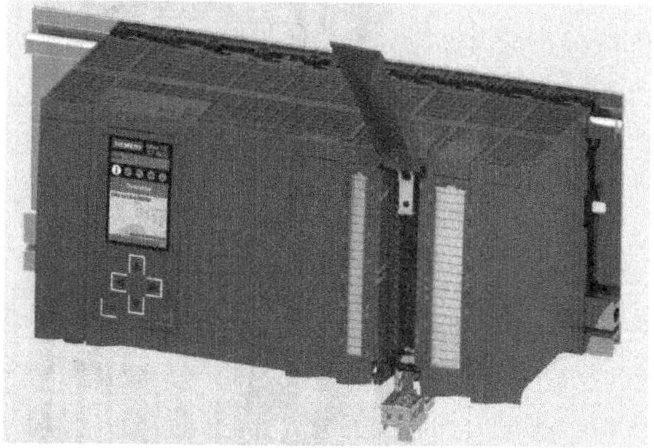

图 3　S7-1500 PLC

4　工程应用研究

4.1　宝日希勒矿油库现状

国能宝日希勒能源有限公司物资供应中心是神宝公司所属二级单位，负责宝日希勒能源有限公司生产的所需设备、材料、配件、燃油的储存管理工作。燃油作为公司生产的必备物资，供应中心建有油库一座。油库位于内蒙古自治区呼伦贝尔市陈巴尔虎旗宝日希勒镇，负责公司生产的所需燃油存储和供应。经实地走访深入调研发现目前该企业所属的油库管理现状是该公司对油库的运行管理仍停留在依赖传统管理方式，信息化水平较低，信息化基础设施较为落后，因此对该油库进行改造。宝矿油库储油罐和卸油栈桥如图4所示。

图4　宝矿油库储油罐和卸油栈桥

4.2　工程实施方案

4.2.1　PLC控制系统部署

如图5所示，是PLC控制柜的内部和正面图，表1是I/O地址分配情况。

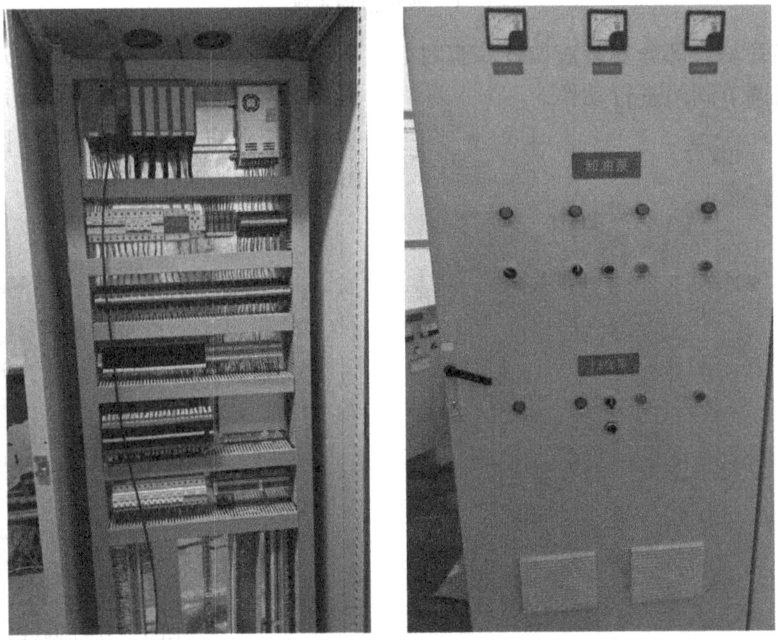

图5　PLC机柜内部图正面图

表1　I/O地址分配

名称	数据类型	地址	注释
XY_ TJF1_ AI_ WF	Int	%IW256	卸油鹤管#1调节阀阀位反馈
XY_ AI1_ BY2	Int	%IW258	备用
XY_ TJF3_ AI_ WF	Int	%IW260	卸油鹤管#3调节阀阀位反馈
XY_ TJF4_ AI_ WF	Int	%IW262	卸油鹤管#4调节阀阀位反馈
XY_ TJF5_ AI_ WF	Int	%IW264	卸油鹤管#5调节阀阀位反馈
XY_ XYBQ_ AI_ YL	Int	%IW266	卸油泵前压力
XY_ XYBH_ AI_ YL	Int	%IW268	卸油泵后压力

续表

名称	数据类型	地址	注释
XY_ TJF2_ AI_ WF	Int	%IW270	卸油鹤管#2 调节阀阀位反馈
XY_ SCBQ_ AI_ YL	Int	%IW272	扫仓泵前压力
XY_ SCBH_ AI_ YL	Int	%IW274	扫仓泵后压力
XY_ YWJ1_ AI_ YW	Int	%IW276	卸油鹤管#1 液位计液位
XY_ YWJ2_ AI_ YW	Int	%IW278	卸油鹤管#2 液位计液位
XY_ YWJ3_ AI_ YW	Int	%IW280	卸油鹤管#3 液位计液位
XY_ YWJ4_ AI_ YW	Int	%IW282	卸油鹤管#4 液位计液位
XY_ YWJ5_ AI_ YW	Int	%IW284	卸油鹤管#5 液位计液位
XY_ AI2_ BY8	Int	%IW286	备用
XF_ XYB1_ AI_ FF	Int	%IW288	#1 卸油泵频率反馈
XF_ XYB1_ AI_ AF	Int	%IW290	#1 卸油泵电流反馈
XF_ SCB1_ AI_ FF	Int	%IW292	#1 扫仓频率反馈
XF_ SCB1_ AI_ AF	Int	%IW294	#1 扫仓电流反馈
XF_ XFSC_ AI_ YW	Int	%IW296	消防水池液位
XF_ AI1_ BY6	Int	%IW298	备用
XF_ AI1_ BY7	Int	%IW300	备用
XF_ AI1_ BY8	Int	%IW302	备用
XY_ TJF1_ AO_ WC	Int	%QW256	卸油鹤管#1 调节阀阀位给定
XY_ TJF2_ AO_ WC	Int	%QW258	卸油鹤管#2 调节阀阀位给定
XY_ TJF3_ AO_ WC	Int	%QW260	卸油鹤管#3 调节阀阀位给定
XY_ TJF4_ AO_ WC	Int	%QW262	卸油鹤管#4 调节阀阀位给定
XY_ TJF5_ AO_ WC	Int	%QW264	卸油鹤管#5 调节阀阀位给定
XY_ AO1_ BY6	Int	%QW266	备用
XY_ AO1_ BY7	Int	%QW268	备用
XY_ AO1_ BY8	Int	%QW270	备用
XF_ XYB1_ AO_ FC	Int	%QW272	#1 卸油泵频率给定
XF_ SCB1_ AO_ FC	Int	%QW274	#1 扫仓频率给定
XF_ AO1_ BY3	Int	%QW276	备用
XF_ AO1_ BY4	Int	%QW278	备用
XF_ AO1_ BY5	Int	%QW280	备用
XF_ AO1_ BY6	Int	%QW282	备用
XF_ AO1_ BY7	Int	%QW284	备用
XF_ AO1_ BY8	Int	%QW286	备用

4.2.2　比例调节电动执行结构

电动执行机选用恒春公司的 CKDJII 电动执行机构，CKDJII 电动执行机构设计简洁、结构紧凑，具有非常宽泛的力矩输出范围，输出角度 0~90°(90°~300°可选)，广泛用于电站、冶金、石油、化工、水利、机械、轻工、消防和环保等行业，其端子说明如图 6 所示。如图 7 所示卸油控制比列调节阀施工图和图 8 为安装完成后图。

端子号	端子名称	端子说明	端子号	端子名称	端子说明
1	Power1*	交流动力电源输入端1	13	S4	继电器4，常开
2	Power2*	交流动力电源输入端2	14		
3	Power3*	交流动力电源输入端3	15	S3	继电器3，常开
	接地		16		
11	24Vdc(+)	非稳压24Vdc(+)端出端	17	S2	继电器2，常开
12	24Vdc(-)	非稳压24Vdc(-)端出端	18		
7	APC(-)#	比例控制电流输入(-)端	19	S1	继电器1，常开
	B1#	总线控制主接口B端	20		
8	APC(+)#	比例控制电流输入(+)端	23	R-L-OPEN	远程打开联锁信号输入端
	A1#	总线控制主接口A端	24	R-L-CLOSE	远程关闭联锁信号输入端
9	CPT(-)#	阀位电流反馈(-)端	25	ESD	紧急动作
	B2#	总线控制从接口B端	26	R-OPEN	远程打开信号输入端
10	CPT(+)#	阀位电流反馈(+)端	27	R-STOP	远程停止信号输入端
	A2#	总线控制从接口A端	28	R-CLOSE	远程关闭信号输入端
22	MONI-NO	监视继电器触点1端。不在远程或报警使执行器无法远程控制，与触点MONI-COM闭合	5	R-COM	远程开关量信号公共端(220DC/AC)
21	MONI-NC	监视继电器触点2端。不在远程或报警使执行器无法远程控制，与触点MONI-COM断开	4	R-COM-220 VCA	远程开关量信号公共端(220VAC)
6	MONI-COM	监视继电器公共触点			

图 6　CKDJII 端子说明

图 7　卸油控制比列调节阀施工图

图 8　卸油控制比列调节阀安装完成图

4.2.3　组态界面开发

三维力控组态软件在当今的自动化工业中得到了广泛应用，被广泛应用于电力系统、给水系统、化工、天然气等领域，用于监控、数据收集和进程控制等方面。力控组态编辑。为方便对生产过程进行统计、记录，并在发生事故后对原因进行查询等，就必须要有一些记录的曲线和报表，在力控系统中，可以提供实时曲线、历史趋势、专家报表等，供使用者选择。如图 9 所示，为控制系统界面。

4.3　应用效果与评价

基于 PLC 控制的油库远程自动均衡卸油系统的应用效果表现在提高了油库卸油作业的自动化程度和安全性。系统通过实时监控和自动调节卸油过程中的关键参数，如流量和压力，确保了卸油过程的平稳进行。此外，系统还能有效预防和应对潜在的安全风险，如泄漏或超压等异常情况，通过自动化控制减少了人为操作的需求，从而降低了事故发生的可能性。用户反馈显示，该系统不仅优化了油库的运营效率，还提升了整体的作业安全标准，获得了积极的评价。

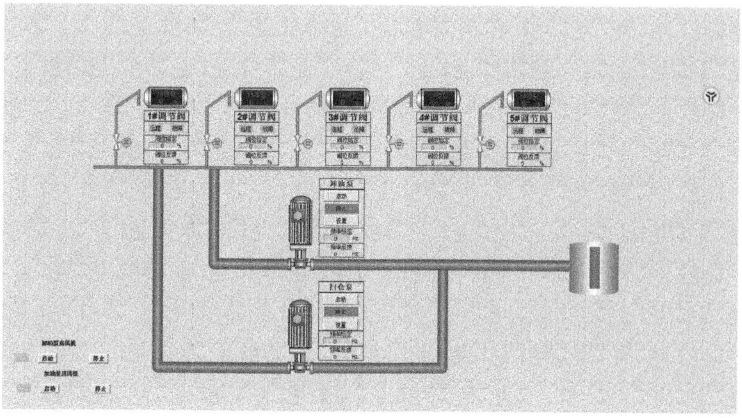

图 9　控制系统画面

5　结论

为了解决油库智能化水平不高，卸油不均衡等问题，本文引入 PLC 对卸油系统进行升级改造，提出了基于 PLC 控制的均衡卸油方案，并将其应用于宝日希勒矿油库，通过现场应用表明改造后的卸油系统有效提高油库的运营效率和安全性，通过自动化和智能化管理，确保了油品卸载过程的稳定性和准确性。该系统的实施为油库管理提供了创新的解决方案，展现了现代控制技术在提升传统工业操作中的重要价值

参　考　文　献

[1] 温浩海．探索装配式在油库建设中的应用与创新[J]．中国设备工程，2024(01)：237-239.

[2] 黄忠胜，许亮，古自强．WIA-PA 无线通信技术在油库中的应用[J]．无线互联科技，2023，20(24)：1-3+7.

[3] 马轩，严长征，陈晓冬．油库隐患管理系统的开发与应用[J]．化工管理，2023(34)：79-81+101. DOI：10.19900/J.CNKI.ISSN1008-4800.2023.34.021.

[4] 彭玫瑜．浅谈油库智能化水平提升方案[J]．石化技术，2023，30(10)：224-226.

[5] 刘献，贾晓博，李辉，等．基于风险理念的油库安全管理[J]．化学工程与装备，2023(08)：240-242. DOI：10.19566/J.CNKI.CN35-1285/TQ.2023.08.063.

[6] 路景萱，易万里，祝彦会．成品油库存智能优化系统[J]．石油知识，2023(04)：48-50+52.

[7] 余江．成品油库中智能技术的应用路径[J]．中国石油和化工标准与质量，2023，43(13)：187-189.

[8] 曾勇昭，文彬，刘华冰，等．数字化交付提升销售油库安全环保管理初探[J]．广州化工，2023，51(10)：222-224.